U0906950

黑龙江省政区图

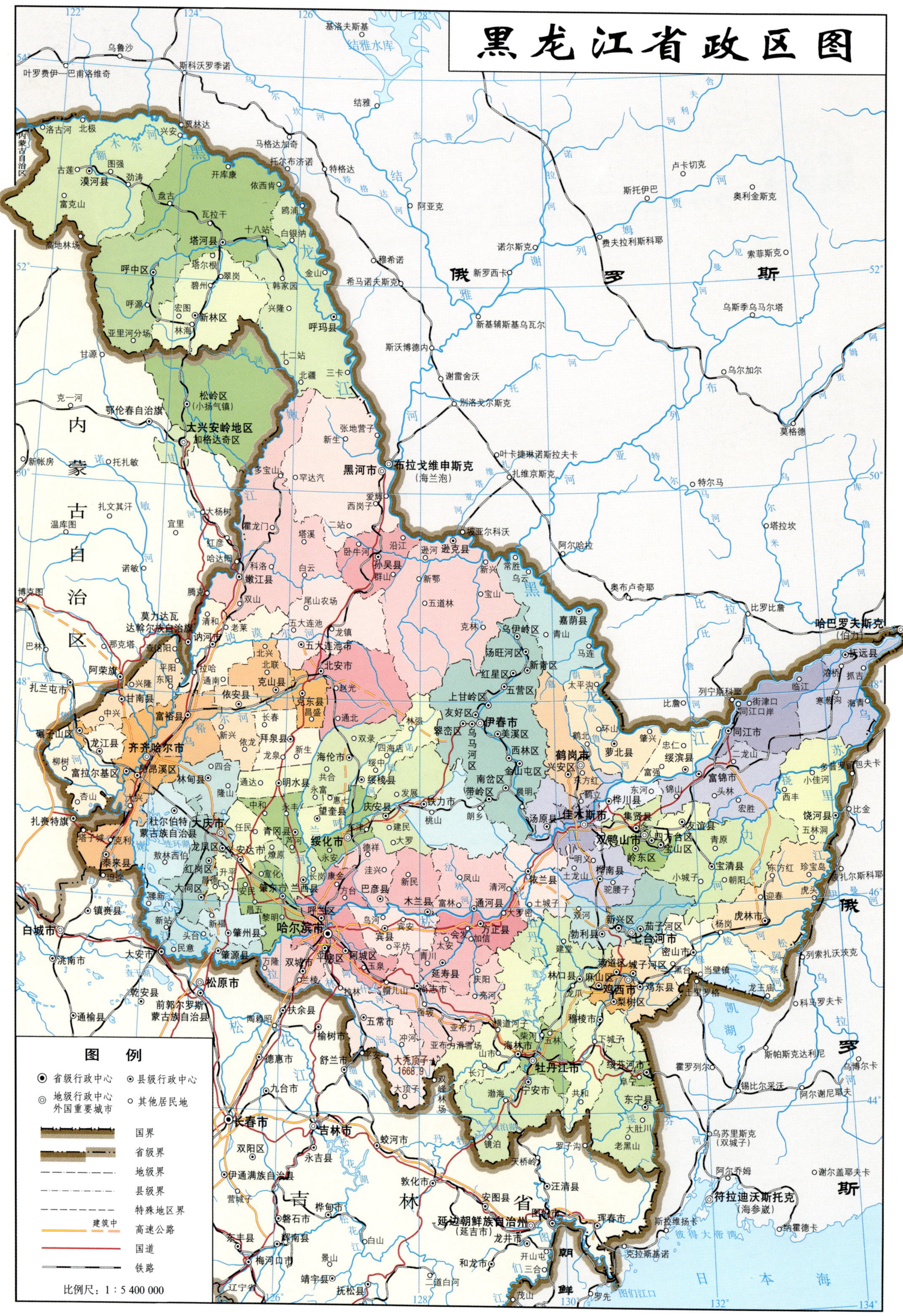

此图由哈尔滨地图出版社提供

黑龙江省旅游图

黑龙江省旅游图
图例
省级行政中心
县级行政中心
地级行政中心
外国重要城市
其他居民地
国界
省级界
特殊地区界
建筑中
高速公路
国道
铁路
比例尺：1：5 400 000
俄罗斯
内蒙古自治区
吉林省
朝鲜
日本海
哈尔滨市
齐齐哈尔市
大庆市
绥化市
黑河市
伊春市
鹤岗市
佳木斯市
双鸭山市
七台河市
鸡西市
牡丹江市
大兴安岭地区
加格达奇区
长春市
吉林市
松原市
白城市
延边朝鲜族自治州
（延吉市）
布拉戈维申斯克
（海兰泡）
哈巴罗夫斯克
（伯力）
符拉迪沃斯托克
（海参崴）
乌苏里斯克
（双城子）
漠河县
塔河县
呼玛县
孙吴县
逊克县
嘉荫县
抚远县
同江市
富锦市
饶河县
虎林市
密山市
绥芬河市
东宁县
宁安市
海林市
五常市
尚志市
依兰县
方正县
通河县
木兰县
巴彦县
呼兰区
肇东市
安达市
青冈县
明水县
拜泉县
克山县
克东县
依安县
富裕县
讷河市
五大连池市
北安市
嫩江县
甘南县
龙江县
林甸县
杜尔伯特蒙古族自治县
肇州县
肇源县
双城市
宾县
阿城区
延寿县
林口县
穆棱市
勃利县
桦南县
桦川县
汤原县
萝北县
绥滨县
宝清县
友谊县
集贤县
庆安县
铁力市
绥棱县
海伦市
望奎县
兰西县
神州北极风景名胜区
雅克萨古战场遗址
五·六火灾纪念馆
白卡鲁山
1396
大白山
1528
大黑山
867
五大连池世界地质公园
镜泊湖
兴凯湖
太阳岛
扎龙风景名胜区
大亮子
1668.9
平顶山
1429
神顶峰
831
黑龙江
松花江
乌苏里江
嫩江
此图由哈尔滨地图出版社提供

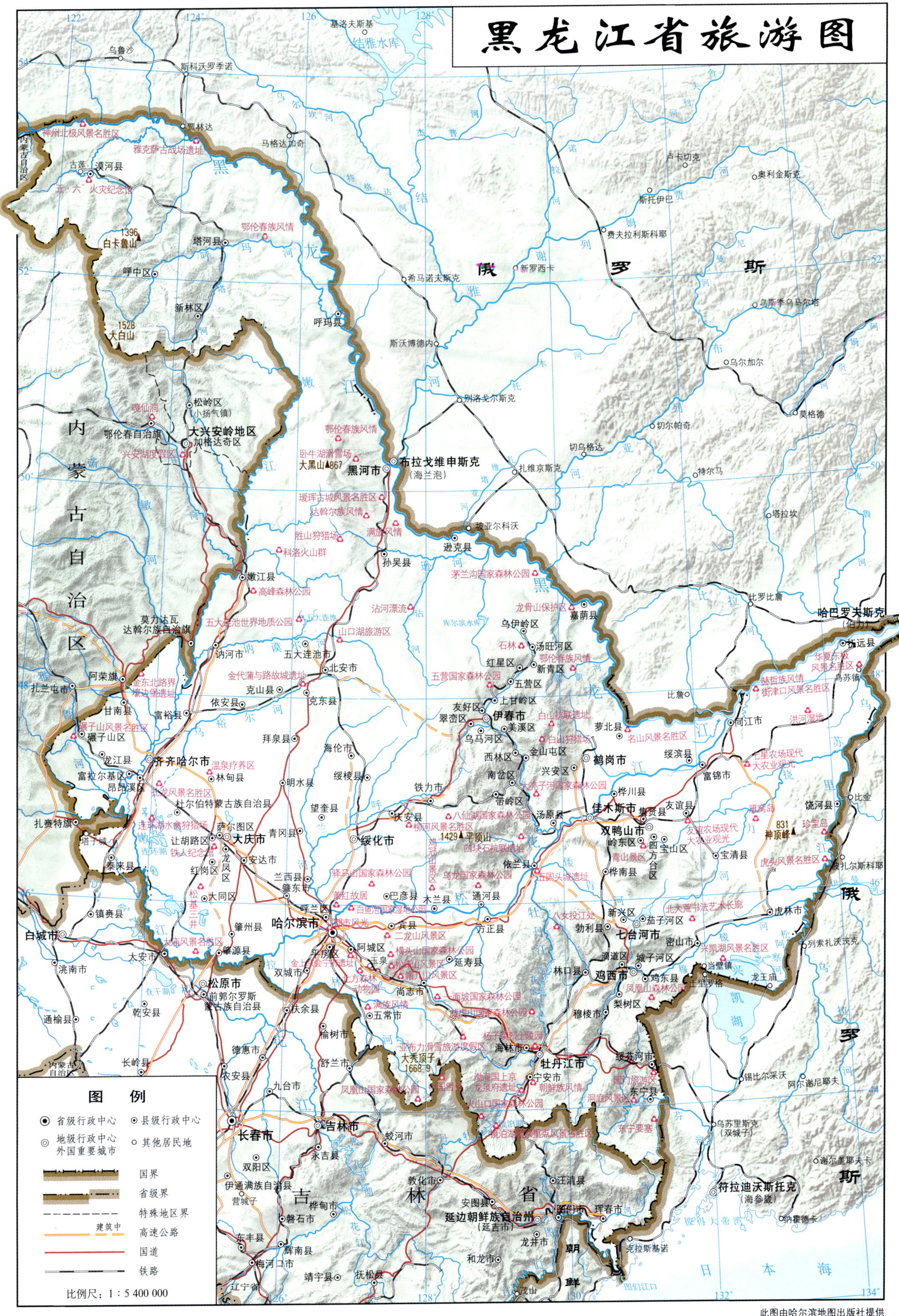

图书在版编目(CIP)数据

黑龙江宣传工作年鉴. 2012 / 张效廉主编. -- 哈尔滨：黑龙江大学出版社, 2014.2
ISBN 978-7-81129-513-9

Ⅰ.①黑… Ⅱ.①张… Ⅲ.①宣传工作－黑龙江省－2012－年鉴 Ⅳ.①D64-54

中国版本图书馆CIP数据核字(2014)第028001号

责任编辑 张怀宇 韩 健
装帧设计 徐 洋 屈 佳
图片提供 张克君 张力佳 徐 旭 谢景刚 曲伟祺

黑龙江宣传工作年鉴（2012）
HEILONGJIANG XUANCHUAN GONGZUO NIANJIAN (2012)
张效廉 主 编

编辑发行 《黑龙江宣传工作年鉴》编辑部
地　　址 哈尔滨市南岗区花园街294号
电　　话 （0451）53631553
邮　　箱 xcnjbjb@163.com
出　　版 黑龙江大学出版社
地　　址 哈尔滨市南岗区学府路74号
印　　刷 黑龙江龙江传媒有限责任公司
地　　址 哈尔滨市高新技术开发区哈平集中区镜泊路8号
开　　本 850×1168 1/16
印　　张 48.75 彩插 30
字　　数 1370千
版　　次 2014年2月第1版
印　　次 2014年2月第1次印刷
书　　号 ISBN 978-7-81129-513-9
定　　价 268.00元

ISBN 978-7-81129-513-9

龙江三峡

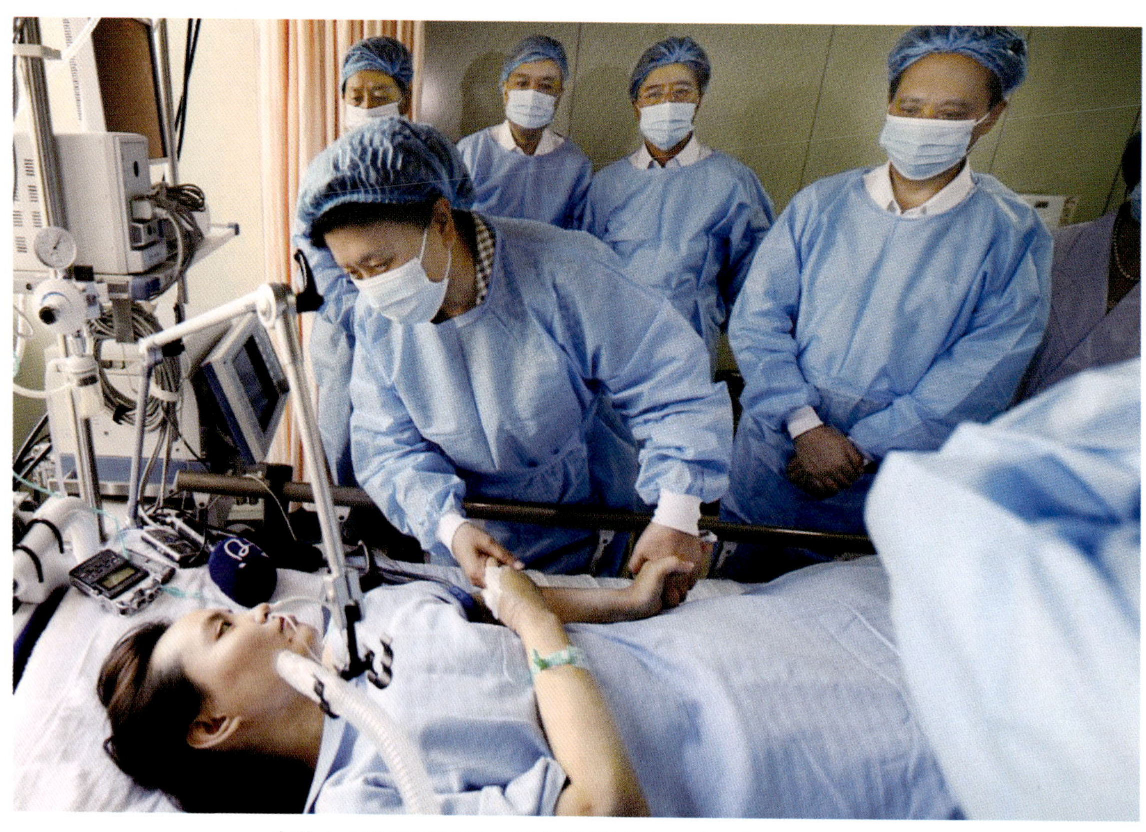

中共中央政治局委员、国务委员刘延东到医院看望张丽莉

省委书记吉炳轩出席联合国书法作品展

省委副书记、省长王宪魁（中）出席在黑河举办的中俄民间文化艺术品展览

省政协主席杜宇新出席中国·鹤岗中俄界江文化旅游节

省委副书记杜家毫在黑龙江历史纪念馆开馆仪式上讲话

省委常委、宣传部长张效廉(右一)听取龙广十八大报道组情况汇报

省委常委、秘书长杨东奇（右一）赴京看望张丽莉

省委常委郝会龙（右二）指导党史纪念馆布展工作

省委宣传部常务副部长李寅奎（右二）在黑龙江新闻社指导工作

副部长陈永芳（前排右二）参观黑龙江工程学院工程文化博物馆

副部长张翔

副部长赵德信

部务委员刘光慧

部务委员李红（中）

省 文 化 厅

省长王宪魁在第三届中俄文化大集开幕式上致辞

文化部副部长赵少华出席第三届中俄文化大集参观展销活动

省长王宪魁与俄罗斯阿穆尔州州长一同观看第三届中俄文化大集开幕式演出

黑龙江历史纪念馆隆重开馆

省领导参观黑龙江历史纪念馆展览

黑龙江历史纪念馆基本陈列《红旗·黑土·丰碑》

黑龙江历史纪念馆基本陈列

全省文化工作会议

省文化厅厅长宋宏伟在“哈洽会”文化产业展区指导工作

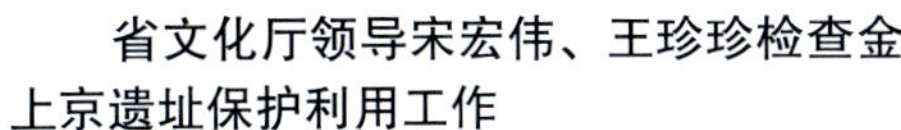

省文化厅领导宋宏伟、王珍珍检查金上京遗址保护利用工作

省文化厅副厅长綦军到大庆检查推进重点文化产业项目建设

省文化厅副巡视员张学文主持重点文化产业项目推介会

东北地区合作行政首长会议专场演出《东极之夜》

黑龙江省庆祝中国人民解放军建军85周年大型演出

大型民族风情剧《达斡尔人》参加第四届全国少数民族文艺会演获金奖

话剧《大湿地》入选国家舞台艺术精品工程资助剧目

评剧《半江清澈半江红》入选国家舞台艺术精品工程资助剧目

黑龙江省两处遗址入选中国世界文化遗产预备名单

新春佳节期间省博物馆人流如织

群众排队等候文物专家鉴定收藏品

黑龙江省麦秸画工艺品参加2012年中国黄山非物质文化遗产展

哈尔滨文庙举行祭孔大典

省曲艺团将惠民演出送到田间地头

省京剧院送戏到基层

省评剧院文化大篷车开到百姓家门口

文化惠民让百姓乐开花

绥化市

由香港《大公报》社联合美国、俄罗斯等23个国家驻港领事馆及香港30多位具有国际声望的政商界人士共同举办的第二届中国最具海外影响力市（县区）评选活动中，绥化市获评2012中国最具海外影响力城市，中共绥化市委常委、宣传部长于丽颖出席颁奖仪式。图为美国驻港领事Scott Robinson和香港《大公报》总编辑贾西平为绥化颁奖

2012年，绥化市宣传思想文化工作紧紧围绕党委、政府中心工作，在传承中创新，在实践中开拓，在服务中发展，取得明显成效。“学习培训之冬”活动为全市广大干部群众提供了理论学习平台，获得全省宣传思想文化工作十大创新奖。新闻宣传浓墨重彩、亮点频现，为经济社会发展营造了强势舆论氛围。以“三树三育”工程为统领，推进社会主义核心价值体系建设，推出全国重大典型、感动龙江人物、“最美警卫战士”高铁成。“寒地黑土·金色舞台”群众文化活动丰富多彩，安达籍书法家吴庆东作品获“兰亭奖”佳作奖一等奖，肇东市农家书屋被授予2012年全国示范农家书屋。组织开展卫生秩序、生态绿化、文明素质、服务质量“四大升级行动”，大力实施农村环境创优“三年行动计划”，城乡环境面貌明显改善。拉美记者团、全国网络媒体龙江行（绥化站）考察采访等主题外宣活动，进一步提升了绥化知名度和影响力。

拉美记者团到绥化进行采访活动

“爱在路上”龙视首届“观众节”火炬传递活动

百名大学生送十八大精神到基层

“最美警卫战士”高铁成

情系朝阳 爱满绥化——绥化市2012年捐资助学活动启动仪式

哈洽会文化产业展馆绥化展厅

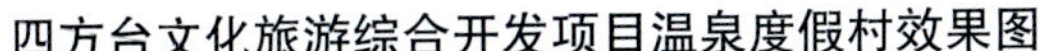

四方台文化旅游综合开发项目温泉度假村效果图

绥化维民动画科技公司

第五届"寒地黑土·金色舞台"系列群众文化活动

肇东国画就是肇东人民的生活画，以群体优势在国内画坛上占有一席之地。先后在北京、郑州等国内几十个城市和新加坡、美国等10多个国家和地区展出，有100余幅作品被中国美术馆、中国国家博物馆等单位收藏。肇东国画创作群体拥有中国美协会员7人，黑龙江省美协会员42人

中国书法之乡——安达

吴庆东作品荣获中国书法领域政府最高奖『中国书法兰亭奖』佳作奖一等奖

海伦二人转是北派二人转，以唱腔见长，被列入首批国家级非物质文化遗产名录

海伦剪纸造型简洁洗练，刀锋粗犷有力，富有写意神似的特点，在国内外具有较大影响力

兰西挂钱起源于清末，具有创作题材民俗性、表现内容广泛性、纹理装饰细腻性、刀工手法多样性的特点，独特精美，具有很高的观赏和收藏价值

1. 中国新闻社黑龙江分社成立揭牌仪式

2-3. 张丽莉同志先进事迹报告会

大型舞蹈诗剧《绽放的生命》在哈尔滨首演

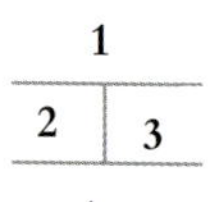

1-4.“党的旗帜高高飘扬”迎接党的十八大胜利召开文艺晚会

中韩日俄“文化创新与传播”交流活动

“火热时代 多彩龙江”文艺作品展开幕

1/2 第28届中国·哈尔滨国际冰雪节启幕

3/4 第十五届中国黑龙江国际滑雪节开幕盛典

迎新春电视文艺晚会

第23届哈洽会第一次新闻发布会

2012年度感动龙江人物（群体）颁奖晚会

省委宣传部

1-2. 全省宣传部长会议

3. 全省宣传部长座谈会在哈尔滨召开

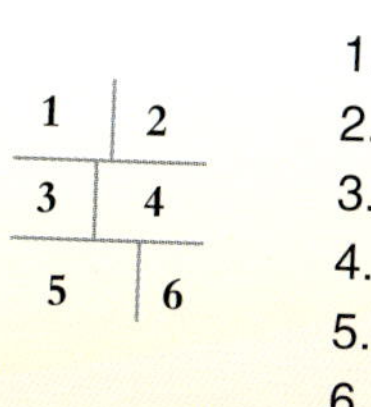

1.
2.
3.
4.
5.
6.

宣传教育处策划社会宣传工作

改革发展办研讨文化体制改革方案

《黑龙江宣传工作年鉴》编辑部讨论文稿

省新闻出版局

1. 全省新闻出版工作会议

2. 全省全民阅读活动获奖单位和个人代表

3. 全省农家书屋工程建设总结表彰会

4. 黑龙江省暨哈尔滨市集中销毁盗版及非法出版物活动启动仪式

省社科院

1. 参加第五届东北亚区域合作发展国际论坛的领导与外宾合影
2. 第五届东北亚区域合作发展国际论坛会场
3. 黑龙江省残疾人事业发展研究中心揭牌仪式
4. 首届中国沿边地区发展高层论坛
5. 《光明日报》头版头条报道省社科院“走转改”工作
6. 黑龙江省工运研究中心揭牌仪式
7. 全国首届伊玛堪学术研讨会在省社科院举办

光明日报

激活市场保民生
——住房体制改革观察

谈改革 看发展

善思者 行无疆
——黑龙江省社会科学院“走转改”活动纪实

上海合作组织成员国元首理事会第十二次会议将在京举行

踏在风火轮上的新疆脚步

北斗导航系统正走向应用

数量多 范围广 质量高
“光明日报创先争优理论征文”颁奖

76亿元改善农村学生营养

省 文 联

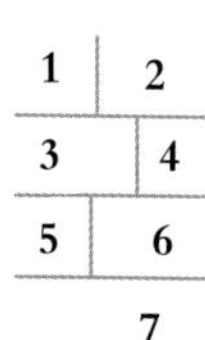

1. 中国文联"送欢乐、下基层"赴黑龙江边防线慰问演出采风活动
2. 中国文联党组书记、副主席赵实，中国文联副主席、中国曲协主席、著名评书表演艺术家刘兰芳等赴赫哲族家庭走访慰问
3. 纪念毛泽东同志《在延安文艺座谈会上的讲话》发表70周年"龙歌"音乐会
4. 军地艺术家及文艺工作者迎庆十八大走进军旅采风活动
5. 迎接党的十八大胜利召开文艺晚会
6. 省美术馆五十年馆藏经典版画作品展在中国美术馆拉开帷幕
7. "龙江书刻"研究所揭牌仪式

黑龙江日报报业集团

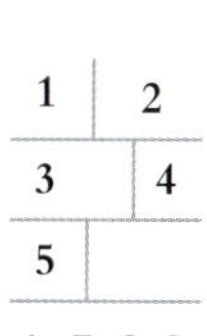

1. 社长杨殿军（左二）和中国报业协会副会长余清楚（右一）为中国报业书画艺术研究院黑龙江分院、中国报业北极传媒基地揭牌

2. 杨殿军被授予第六届“王选新闻科学技术奖”特别贡献奖

3. 杨殿军会见俄罗斯远东媒体客人

4. 总编辑段文斌（右）会见美国《国际日报》总编辑朱易

5. 生活报“冰城市民品牌消费年度调查”及颁奖晚会

6. 老年日报重阳敬老系列活动——横头山观赏红叶

7. 生活报“放心豆芽”系列报道

8. 生活报举办的“哈尔滨万人徒步大赛”

9. “生活报啤酒大篷”入驻哈尔滨国际啤酒节

省出版集团

1. 张效廉参观第八届中国（深圳）国际文化产业博览交易会黑龙江展区

2.《爱铸师魂——学习宣传时代楷模张丽莉英雄事迹读本》首发式

3. 东北网划归黑龙江出版集团交接会

4. 香港新闻工作者联合会一行到黑龙江出版集团考察

省委外宣办、省网信办

1–2. 黑龙江文化产业代表团访问韩国光州
3. 中国东北地区与俄罗斯远东地区媒体定期交流活动
4–5. 第六届全国网络媒体龙江行活动授旗仪式
6. 省网信办在策划网络媒体重大活动

省画院

1. 献礼辉煌——黑龙江省画院庆祝党的十八大美术作品展开幕式
2. 曹香滨的兴安秋韵之二·山果熟了
3. 张海东的中国画作品 用生命抒写忠诚的优秀蒙古族士官——郃忠利烈士

黑龙江新闻社

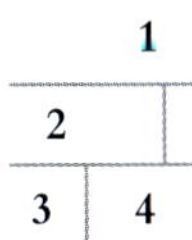

1. 省委宣传部常务副部长李寅奎到黑龙江新闻社指导工作

2-3. 央视网络电视台台长汪文斌一行到黑龙江新闻社进行工作指导

4. 省政府新闻办主任谭宇宏（右三）陪同韩国驻沈阳总领事赵百相一行访问黑龙江新闻社

省农垦总局

1 2 3 4 5 6

1. 黑龙江垦区“百场万人舞太极”活动展示大会在建三江人民广场开幕
2. 第二届“感动北大荒”人物（群体）评选活动颁奖晚会
3. 垦区首次以农垦总局的名义单独组团参加中华人民共和国第十二届冬季运动会
4. 首届北大荒少儿版画大赛颁奖
5. 北大荒系列丛书
6. 北大荒鱼展馆

哈尔滨铁路局

1. 哈大高速铁路通车运营仪式
2. 世界上第一条高寒高铁——哈大高铁
3. 现代化的铁路枢纽客站——哈尔滨西客站
4. 行驶在龙江大地上的“和谐型”大功率机车

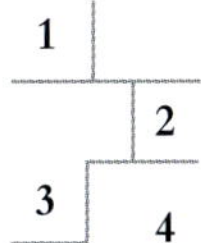

省直机关工委

1 | 2

1. 省直机关学习张丽莉同志先进事迹座谈会
2. 省直机关庆祝中国共产党成立91周年暨“创先争优”表彰大会

省委高校工委

1	2
3	4
5	6

1. “精准、精密、精细、创新”的机械文化成为现代文明对生产的普遍追求
2. 工程项目的“伟大与失败”不仅在于技术路线和方法，也与工程文化有关
3. 科学严谨、精益求精、顽强拼搏、无私奉献的文化品质是测绘事业发展的宝贵财富
4. 建造美观舒适又坚固安全的道路与桥梁，是路桥工程师的目标与理想
5. 汽车是工程项目团队紧密合作的典范
6. 在工程师召唤仪式上颁发工程师之戒，警醒每位毕业生牢记工程师的责任与义务

哈尔滨市

1	2
	4
3	
5	6
7 8 9	

1. 省委常委、市委书记林铎参观“科学发展 成就辉煌”——哈尔滨迎庆党的十八大图片展
2. 市委常委、宣传部长张丽欣在“议论风生哈尔滨 合力共创文明城”新闻网进行录播
3. 市委领导出席第三届哈尔滨冰雪动漫节开幕式
4. 市领导与获得2012年度“感动哈尔滨”人物（群体）代表合影
5. 哈尔滨市中小学教师国学讲堂
6. 全市开展爱国歌曲大家唱活动
7. 哈尔滨市道德模范和身边好人互动
8. 哈尔滨市童谣传唱
9. 第24届哈尔滨冰雪电影节

齐齐哈尔市

1. 黑龙江省美德阳光建设工程启动仪式
2. 黑龙江省三关爱志愿服务活动启动仪式
3. 贺岁微电影《脑瓜子让驴踢了》
4. 《达斡尔人》剧照
5. 齐齐哈尔市鹤文化产业园

1	2
3	4
5	

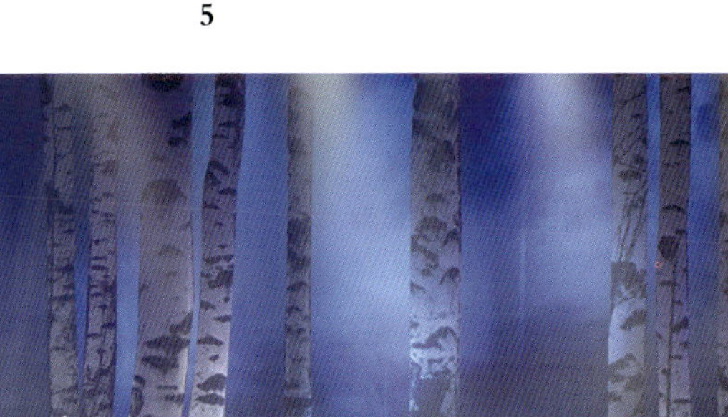

铁锋区鹤文化产业园项目简介

铁锋区鹤文化产业园是我省“十二五”期间文化产业重点项目之一，2012年被省委宣传部、省文化厅、广播电视局、新闻出版局列入省级文化产业实验园区。鹤文化产业园将设置五大功能板块：第一部分：丹顶鹤旅游纪念品营销、生产基地；第二部分：鹤文化艺术精品馆、环保英雄徐秀娟纪念馆；第三部分：综艺主题演艺剧场；第四部分：神鹤丹丹生态游乐园；第五部分：鹤文化产业创意、研发中心。鹤文化产业园，以打造“主题城市文化品牌”为主线，依托扎龙自然保护区得天独厚的地理资源优势，坚持“产业带动文化，产业服务社会，产业促进繁荣”的宗旨，大力实施“文化产业化，产业项目化”战略，拟于三年内初步建成集“活化资源、物化鹤城、商化经营”为一体的，具有鲜明扎龙湿地特色的“世界鹤文化特色产业园”。

该项目拟选址在齐扎公路17公里处，毗邻温泉小镇，总用地面积60万平米，土地性质为已批复的旅游用地，拟总投资35亿元。项目计划分两期进行，一期主要投资建设神鹤丹丹游乐园；二期投资建设丹顶鹤旅游纪念品营销、生产基地，丹顶鹤艺术精品馆，雕像公园，环保英雄徐秀娟纪念馆，鹤文化产业创意研发中心等。

项目全部建成后，预计年可接待旅客100万人次，实现经济效益2亿元。

鸡西市

1	2
3	
4	5

1–2. 市委常委、宣传部长董濮主持肃慎文化民间艺术节
3. 迎庆党的十八大文艺晚会
4. 绿色发展研讨会
5. 兴凯湖国际春季观鸟节开幕式

齐齐哈尔市

1. 黑龙江省美德阳光建设工程启动仪式
2. 黑龙江省三关爱志愿服务活动启动仪式
3. 贺岁微电影《脑瓜子让驴踢了》
4. 《达斡尔人》剧照
5. 齐齐哈尔市鹤文化产业园

铁锋区鹤文化产业园项目简介

铁锋区鹤文化产业园是我省“十二五”期间文化产业重点项目之一，2012年被省委宣传部、省文化厅、广播电视局、新闻出版局列入省级文化产业实验园区。鹤文化产业园将设置五大功能板块：第一部分：丹顶鹤旅游纪念品营销、生产基地；第二部分：鹤文化艺术精品馆、环保英雄徐秀娟纪念馆；第三部分：综艺主题演艺剧场；第四部分：神鹤丹丹生态游乐园；第五部分：鹤文化产业创意、研发中心。鹤文化产业园，以打造“主题城市文化品牌”为主线，依托扎龙自然保护区得天独厚的地理资源优势，坚持“产业带动文化，产业服务社会，产业促进繁荣”的宗旨，大力实施“文化产业化，产业项目化”战略，拟于三年内初步建成集“活化资源、物化鹤城、商化经营”为一体的，具有鲜明扎龙湿地特色的“世界鹤文化特色产业园”。

该项目拟选址在齐扎公路17公里处，毗邻温泉小镇，总用地面积60万平米，土地性质为已批复的旅游用地，拟总投资35亿元。项目计划分两期进行，一期主要投资建设神鹤丹丹游乐园；二期投资建设丹顶鹤旅游纪念品营销、生产基地，丹顶鹤艺术精品馆，雕像公园，环保英雄徐秀娟纪念馆，鹤文化产业创意研发中心等。

项目全部建成后，预计年可接待旅客100万人次，实现经济效益2亿元。

牡丹江市

1 2
3
4
5 6
7 8 9

1. 中国横道河子油画村揭牌仪式
2. 市委常委、宣传部长闫岩参加奉献“我们的爱心”捐赠仪式
3. 召开公共文化服务体系示范区创建工作会议
4. 李长顺同志先进事迹报告会
5. 评剧《王彦生》剧照
6. 群众文化进京展演
7. 黑龙江省首部院线动画电影《智取威虎山》首影式
8. “镜泊胜景”大型多媒体实景演艺
9. 中华优秀传统文化“六进”活动启动仪式

佳木斯市

1	2
3	4
5	6

1. 市委常委、宣传部长赫贵涛为感动人物颁奖
2. 省直文艺家采风团书画笔会
3. 张丽莉在课堂上辅导学生
4. 《丽莉之歌》剧照
5. 鱼水情深——庆“八一”军民联欢会
6. 佳木斯松花江畔夜景

佳木斯市

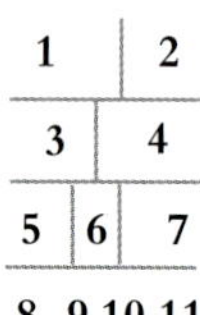

1. 佳木斯市"双学双做创三优"暨学雷锋情满三江志愿服务月活动启动仪式
2. 开展城乡环境卫生"春风行动"
3. 佳木斯市召开"迎十八大，开展文明交通行动"整治会战动员大会
4. 佳木斯英雄赞歌晚会图片
5. 大型综合主题公园——桦川县悦来公园
6. 汤原县大亮子河森林公园
7. 佳木斯松花江畔的敖其影视城
8. 开展文明交通引导行动
9. 佳木斯市前进区第十一届社区文化节
10. 举行"学习雷锋 学习张丽莉 做美德少年"网上签名寄语活动暨全市学雷锋中小学校志愿服务站开通仪式
11. 佳木斯"寻访身边的感动"大型宣传活动

大庆市

1	2
3	4
5	6
7	8

1. 大庆文体旅集团成立
2. 北京·大庆文化周开幕式
3. 大庆市“三关爱”志愿服务活动启动
4. 电影《百合花开》
5. 舞剧《鹤鸣湖》
6. 《绽放的生命》剧照
7. 肇源华誉影院
8. 杜蒙草原影城

鸡西市

1	2
3	
4	5

1-2. 市委常委、宣传部长董濮主持肃慎文化民间艺术节
3. 迎庆党的十八大文艺晚会
4. 绿色发展研讨会
5. 兴凯湖国际春季观鸟节开幕式

双鸭山市

1. 张效廉在第七届中国龙江国际文化艺术产业博览会双鸭山展区
2. “双鸭山大讲堂”学习型组织与文化建设专题报告会
3. 新闻战线“走基层 转作风 改文风”广场晚会
4. 双鸭山首届“文化名家”颁奖仪式
5. “北大荒之都·湿地文化节”文艺汇演现场

伊春市

1. 市委常委、宣传部长王雪梅（中）主持新闻发言网络管理舆情信息培训班开班仪式
2. 第23届哈洽会伊春展厅
3. 市长高环出席2012杜鹃花观赏节开幕式
4. 第8届冬季摄影节现场采访
5. 第3届森林音乐会

1	
2	3
4	
5	

七台河市

1			
2			
3 4 5 6			
7	8 9 10 11		

1. 市委常委、宣传部长郭占力（左一）检查农村环境整治工作

2. 七台河之夏文艺演出

3-4. 黑陶制品

5. 松林玉工艺品

6. 干部群众在写有“军民固国防、迎庆十八大”的长卷上签名

7. 勃利密塞挂牌仪式

8-11. 勃利密塞历史图片

鹤岗市

1. 邀请全国政策科学研究会副会长赵琛教授作题为"复命精神——打造以结果为导向的执行模式"的学习报告会

2. 市长张雨浦在哈洽会上接受央视记者采访

3. 中国·鹤岗中俄界江文化旅游节暨第四届东北东部（12+2）区域合作圆桌会议开幕式

4-5. 黑龙江流域博物馆

1 2
3
4 5

黑河市

1. 文化部副部长赵少华参加第三届中俄文化大集开幕式
2. 市委常委、宣传部长李洪祥(右)参加中国黑河旅游品牌专列启动新闻发布会
3. 第三届中俄文化大集开幕式
4. 《黑河风云》海报
5. 中国国际文化休闲周闭幕式
6. 黑河国际旅游摄影艺术周开幕式
7. 第三届中俄文化大集文化产业项目推进会

1 2
3
4 5
6 7

大兴安岭地区

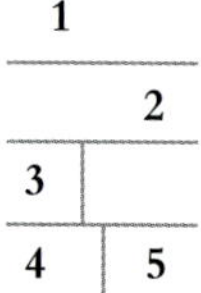

1. 地委、行署对进入全国精神文明创建工作先进行列的单位进行表彰奖励

2. 数字电影《呼玛河的孩子》开机仪式

3. 爱心大集启动仪式

4. 地直机关文明礼仪讲座

5. 白银纳鄂伦春民族艺术团在北京中华民族博物院鄂伦春博物馆的精彩演出

绥芬河市

1. 王宪魁省长视察绥芬河市
2. 爱心火炬传递活动
3. 首届新丝路东北亚森林小姐大赛
4. 庆“七一”万人大巡游活动
5. 东北亚旅游美食文化节
6. 中俄电视歌手大奖赛

抚远县

1 | 2
3
4

1. 中国 · 抚远首届东极国际文化节
2. 黑瞎子岛湿地公园
3. “心向党，爱祖国，诵经典” 广场文化系列活动
4. 俯瞰东极抚远城

《黑龙江宣传工作年鉴》编撰委员会

滕惠群　阎大红　张雨晨　娄　杨

主要撰稿人

省委宣传部(李荆复　李文远　邹国平　李超音　刘世凯　吴鑫东　王晓东　王　涛　赵福义　牛长亮　郭圣耀　刘　波　张　翀　王双莹　张春锋　张金粟　赵良韬　石　岩　刘　丹　王宝萍)

省文化厅(李文娣)

省广播电影电视局(李世忱　赵雯霞)

省新闻出版局(赵常程)

省社科院(孙　策)

省社科联(崔家善)

省文联(丰　收)

省作协(罗纯睿)

黑龙江日报报业集团(刘达英)

省出版集团(张国田)

省委外宣办(于　震)

省网信办(郭　庆)

省文明办(梁　喆)

省画院(秦　宏)

省新闻社(韩东锡)

省新协(李明宇)

哈尔滨市委宣传部(李焕坤)

齐齐哈尔市委宣传部(赵　岩)

牡丹江市委宣传部(周鸿宇)

佳木斯市委宣传部(王治省)

大庆市委宣传部(单晓明)

鸡西市委宣传部(张殿才)

双鸭山市委宣传部(许　博)

伊春市委宣传部(刘　丽)

七台河市委宣传部(赵志忠)

鹤岗市委宣传部(范锡锎)

黑河市委宣传部(王秀玲)

绥化市委宣传部(杜国龙)

大兴安岭地委宣传部(汤晓刚)

绥芬河市委宣传部(张　江)

抚远县委宣传部(高增红)

省农垦总局(张志鹏)

哈尔滨铁路局(李晓虹)

大庆油田有限责任公司(于海龙)

省直机关工委(梁舒淇)

省委高校工委(张　颖)

省统计局(林　利)

目　　录

序　　言

概况综述

重要会议

重要工作

重大活动

重大典型

先进人物

先进单位

先进经验

重要成果

调研成果

文艺创作

文化场馆(爱国主义教育基地)

精品图书

文化建设项目

荣誉奖励

领导讲话

文件汇编

机构设置

数据统计

大事记

序言

Xuyan

哈尔滨 阳明滩大桥

深入学习贯彻十八大对文化建设的战略部署 努力实现全面建成小康社会的文化目标

（代序）

中共黑龙江省委常委　宣传部部长　张效廉

党的十八大从建设社会主义文化强国的战略高度，对文化建设部署了“加强社会主义核心价值体系建设、全面提高公民道德素质、丰富人民精神文化生活、增强文化整体实力和竞争力”四项战略任务，进一步明确了到2020年全面建成小康社会时“文化软实力显著增强”的奋斗目标。宣传思想文化战线学习贯彻党的十八大精神，就要按照中央精神和省委要求，大力推进文化改革，发展“八大工程”，确保顺利实现全面建成小康社会的文化目标。

一、加强社会主义核心价值体系建设，筑牢全省人民团结奋斗的共同思想基础

党的十八大报告指出，到2020年全面建成小康社会时，社会主义核心价值体系深入人心，公民文明素质和社会文明程度显著提高。建设社会主义文化强国，必须大力开展社会主义核心价值体系建设这一“铸魂工程”，努力用社会主义核心价值体系引领社会思潮、凝聚社会共识。当前和今后一个时期，全省宣传思想文化系统要深入实施文化素质提升工程，坚持“三个倡导”，推进“三大建设”，实现“两个提升”，打牢“一个基础”。坚持“三个倡导”：即以“引领风尚、铸魂龙江”为主题，在全省大力倡导普及24字核心价值观，扎实开展学习弘扬黑龙江优秀精神主题教育实践活动。推进“三大建设”：即以坚持“四个更加自觉”为主要内容，深入实施中国特色社会主义理论体系普及计划，大力推进学习型党组织建设；以“知荣辱、讲正气、作奉献、促和谐”为主题，深入开展道德领域突出问题专项教育和治理，广泛开展志愿服务，推动学雷锋活动常态化，扎实推进公民道德建设；以“创三优、强素质、建美好家园”为主题，继续打好净化公共环境、整治交通秩序、加强安全管理三大攻坚战，推动“三优”创建工程向县城、村镇延伸，深入推进“三优”文明城市建设。实现“两个提升”：即努力实现人的文明素质和社会文明水平全面提升。打牢“一个基础”：即打牢全省人民紧密团结在以习近平同志为总书记的党中央周围，在省委省政府领导下，聚精会神搞建设、一心一意谋发展、全力以赴奔小康的共同思想基础。

二、大力发展公益性文化事业，满足人民群众日益增长的精神文化需求

党的十八大报告指出，到2020年全面建成小康社会时，文化产品更加丰富，公共文化服务体系基本建成。建设社会主义文化强国，必须更好地保障人民基本文化权益，让人民群众特别是广大农村、边远、贫困地区群众广泛享有免费或优惠的基本公共文化服务，为人民群众提供更多更好的精神食粮。当前和今后一个时期，全省宣传思想文化系统要深入实施文化事业惠民工程，推动完善“一个机制”，推进“两大建设”，实现“两个达标”，推进“一个免费开放、四个延伸”，开展“两项活动”。推动完善“一个机制”：即推动落实以公共财政为支撑，完善公共文化服务体系，确保公共财政对文化建设投入的增长幅度高于财政经常性收入增幅，提高文化支出占财政支出的比例，完善投入机制。推进“两大建设”：即推进“文化大世界”、省博物馆、省美术馆、省群众艺术馆、哈尔滨大剧院等大型标志性文化设施建设，推进涉及基层群众切身利益的公共文化基础设施建设。实现“两个达标”：即力争到2015年，市(地)级城市图书馆、群众艺术馆、博物馆达到国家二级馆以上标准，县级图书馆、文化馆达到国家三级馆标准。推进“一个免费开放、四个延伸”：即全面推进各级文化馆、博物馆、图书馆、纪念馆等免费开放，提高服务效能；推进公共文化服务向社区、农村、边远地区、民族地区延伸。开展“两项活动”：即深入开展群众性文化活动和文化志愿服务活动，尊重人民主体地位，为人民群众提供广阔文化舞台，引导群众在文化建设中自我表现、自我教育、自我服务。

同时，还要深入实施文化精品打造工程，建立“龙江创作”文艺作品题材规划和精品立项制度，加强文学、影视、舞台、造型等八个文化艺术创意中心建设，重点打造电视连续剧《东北抗日联军》、电影《张丽莉》等精品影视剧，彰显龙江特色、龙江风格和龙江气派。

三、继续深化文化体制改革，努力将文化产业打造成为龙江经济支柱性产业

党的十八大报告指出，到2020年全面建成小康社会时，文化产业成为国民经济支柱性产业。

当前和今后一个时期，全省宣传思想文化系统要大力深化文化体制改革，解放和发展文化生产力。深入实施文化体制创新工程，推进“两项改革”，实现“一个突破”。推进“两项改革”：即推进转企改制后文化企业公司制股份制改造，完善法人治理结构，建立现代企业制度，建设合格市场主体；深化公益性文化事业单位内部人事、分配、社会保障制度改革，建立健全事业单位法人治理结构，提高服务效能。实现“一个突破”：即重点推动省出版集团、龙江传媒集团上市融资，实现全省上市文化企业零的突破。

深入实施文化产业开发工程，贯彻“一个指导方针”，构建“一三五”产业布局，探索“八大融合”发展模式，实施“六个一批”发展战略，实现“一个总目标”。贯彻“一个指导方针”：即全面贯彻“以大开发带动文化大发展”的指导方针，围绕城市新区、产业园区、旅游景区、文化资源核心区的开发建设，大力推进文化产业跨越式发展。构建“一三五”产业布局：即大力实施黑龙江省《文化产业发展“十二五”规划纲要》，构建“一核、三点、五区”文化产业布局。探索“八大融合”发展模式：即探索完善“文化+科技、金融、旅游、地产、教育、体育休闲、物流、信息”

的文化与其他产业融合发展模式，发展新型文化业态。实施“六个一批”发展战略：即推动设立省文化产业发展基金，鼓励有实力的国有文化企业跨地区、跨行业、跨所有制兼并重组，重点打造省出版集团、报业集团、演艺集团、网络集团、文旅集团、文投集团等一批有实力、竞争力、影响力的龙头骨干企业；重点打造冰雪大世界、冰尚杂技舞蹈等一批有地域特色、龙江气派的文化品牌；重点发展文化旅游、新闻传媒、出版发行、动漫游戏、网络信息、影视剧制作、数字内容、演艺娱乐、印刷复制、工艺美术及文化会展等一批特色或综合的文化产业集群；重点建设黑龙江（大庆）国家级文化创意产业试验园区、哈尔滨平房动漫产业发展基地、哈尔滨群力文化产业示范区等一批文化要素集聚、文化企业集中的基地园区；重点推进哈尔滨“音乐之城”、新华（大庆）国际石油资讯中心、大庆“北国之春梦幻城”等一批省级重点文化项目；重点扶持伊春木艺、赫哲族鱼皮制品、绥棱黑陶等一批“专精特新”的中小微型文化企业。加快城市文化综合体建设，实施文化消费补贴计划，积极培育和拓展大众文化消费市场，创新引领新型文化消费。积极发挥口岸城市地缘优势，大力发展对外文化交流和文化贸易。实现“一个总目标”：即力争到“十二五”期末，文化产业增加值突破1000亿元，占GDP的比重达到5%，努力完成三年增一倍、五年翻两番，成为国民经济支柱性产业的战略目标。

概况综述

Gaikuang Zongshu

齐齐哈尔——和平广场

概况综述

省委宣传部

2012年，黑龙江省委宣传部按照高举旗帜、围绕大局、服务人民、改革创新的总要求，围绕迎接学习贯彻党的十八大和省第十一次党代会这条主线，贯彻落实年初工作部署，扎实推进文化建设“八大工程”，各项工作取得长足进展，为黑龙江省“八大经济区、十大工程”建设，为富强文明和谐大美幸福龙江建设，提供了坚强的思想保证、舆论支持、精神动力和文化条件。

理论武装工作扎实推进

组织指导各级党委中心组开展理论学习，为省委中心组学习做好服务，省委中心组全年集中学习4次，编辑出版《黑龙江省中心组学习典型经验汇编》。研究制定《关于加强和改进理论宣传工作的意见》，组织召开全省理论宣传工作座谈会，召开学习胡锦涛总书记7·23讲话精神座谈会，编辑出版《科学发展之路》、《励学汇智龙江》等理论宣传读物，拍摄理论文献电视片《文化伟力》并在央视播出。深化学习型党组织建设，开展“领导干部学习能力试点”先进典型宣传，组织了全省学习型党组织、领导班子、领导干部、党员标兵的评选表彰。举办3期哲学社会科学教学科研骨干研修班，培训社科教研骨干500余人，举办第10期中青年专家学者理论研讨班，设立“大美大爱龙江”重大委托课题，建立文化建设“八大工程”4个研究基地。组织国家社科基金项目申报，年度立项69项，获资助经费1035万元。做好省第十一次党代会和党的十八大精神的学习宣讲，对全省干部群众学习作出全面部署，举办全省学习宣传贯彻十八大精神理论骨干培训班，召开省城理论界学习宣传贯彻十八大精神座谈会，开展十八大精神网上理论测试和知识竞赛。组建省委宣讲团，赴全省各地开展省第十一次党代会和十八大精神宣讲活动，共组织宣讲70余场次。编写了反映我省近年发展经验成就的《八大经济区 十大工程发展战略思行录》一书。

舆论引导能力不断提升

精心组织重大会议、重要活动宣传报道，圆满完成全国全省“两会”、省第十一次党代会等重要会议和两岸经贸论坛等重要活动的宣传报道任务，获省委充分肯定。十八大宣传报道浓墨重彩、反响热烈。会前，组织开展“科学发展 成就辉煌”、“回眸发展路 喜迎党代会”等主题宣传报道活动；会中，及时准确全面报道大会盛况，报道重要决议决定和文件发布，报道全省人民喜迎盛会的热烈氛围；会后，指导媒体开办“学习宣传贯彻落实十八大精神”专题专栏，多层次、多角度宣传党的十八大精神，党的十八大宣传热烈喜庆、提气鼓劲，实现新闻报道零差错、出版播出无事故，得到了省领导充分肯定。组织开展“建设现代化大农业”、“大美龙江竞风流”等20余次重大主题报道活动，全面呈现了各战线各领域发展成就。开展十大优秀新闻报道活动评选和十佳新闻工作者评选，加强新闻战线精品创作，严肃各项新闻宣传纪律，规范新闻传播秩序，推动全省新闻战线积极开展“走转改”和三项学习教育活动，新闻从业人员的职业修养和素质建设进一步加强，新闻宣传工作和新闻队伍建设获得双丰收。积极稳妥应对突发敏感事件，妥善处理了哈医大“3·23 杀医案”、哈尔滨三环路高架桥匝道侧翻等突发事件，赢得舆论话语权，有力维护了全省发展大局。

思想道德建设硕果累累

推出了以张丽莉为代表的一批全国和全省重大典型。在全省广泛开展向张丽莉同志学习活动，中宣部、教育部、黑龙江省委联合在人民大会堂举办了张丽莉同志先进事迹报告会，并在全国开展巡回报告，引发群众广泛共鸣，李长春、刘云山、刘延东同志接见了报告团成员。按照刘云山、李源潮同志批示精神，在“七一”前宣传我省优秀基层党支部书记张宝金同志事迹，在全国引起强烈反响。组织了“大爱满龙江”英模先进事迹全省巡回报告活动，集中学习宣传张丽莉、高铁成、谢尚威、郭肖岐等一批先进典型的事迹和精神，组织开展“寻找身边的美”、“感动龙江”、“六个十佳”、“百堂党课送基层”等一系列主题教育实践活动，以先进典型和凡人善举鼓舞和感染人民群众向上向善、共建龙江。开展“大美大爱龙江”主题征集活动，征集各类作品近5000 件，歌曲 300 余首。深化高校思想政治工作，制定我省高校思想政治教育工作测评体系实施细则。举办了“书香高校”读书活动，开展大学生年度人物暨道德模范人物评选活动，有 10 人获选年度人物，20 人获选道德模范人物，受到大学生欢迎，在社会引起良好反响。举办 2012 年“我最喜爱的健康卫士”网络评选活动，评选出“十佳贴心医生”、“十佳乡村医生”、“十佳美丽天使”、“十佳公共卫士”，为医疗事业健康发展营造了良好社会氛围。宣传推出教育卫生系统先进典型，推出了全国“最美乡村教师”刘效忠、陈艳梅、何宏继等，有 6 名优秀乡村医生被推荐为全国“最美乡村医生”候选人。做好国防教育工作，开通“红色家园”—省爱国主义教育基地网上展馆，开展“热爱人民军队，共筑钢铁长城”主题宣传教育活动，开展第十二个全民国防教育日主题活动，举办“迎庆十八大 军民话国防”国防教育日专场文艺演出，推荐申报 3 家国家国防教育示范基地，编辑印发《黑龙江省国防教育基地图册》。

公共文化服务惠及城乡

五大惠民工程取得重大进展，乡镇综合文化站建设实现全省覆盖，农家书屋实现全省覆盖，农村数字电影放映工程全面完成，文化信息资源共享工程实现乡镇覆盖，广播电视村村通工程步伐加快。协调推进省博物馆、东北抗联博物馆、渤海上京博物馆等重大标志性文化场馆建设。公共文化设施免费开放工作水平进一步提升，受益群众大幅增加。组织开展金色田野、城市之光等丰富多彩的群众性文化活动，其中第五届“黑龙江之冬”国际文化艺术节的“龙江百姓文化季”活动，送文艺演出 700 余场、电影 2200 多场、图书价值 130 多万元、培训辅导 900 余次，开展读书活动 800 余场，直接惠及千万群众。以喜迎十八大为主题，举办大型群众文化活动“党的旗帜高高飘扬”，组织了东北三省魔术大赛和戏剧小品大赛，举办庆祝党的十八大美术作品展、魔术歌汇《笑满神州歌满天》、“话说龙江”—黑龙江省美术馆经典版画作品展等活动。举办了“龙歌”音乐会、全省新人新作音乐大赛、青年歌咏比赛等文艺活动，激发了龙江文化活力。

文化艺术精品不断涌现

加强文艺精品创作引导，出台《黑龙江省繁荣文艺创作打造文艺精品工程规划方案》。组织开展“火热时代，多彩龙江”文艺家深入生活采风创作活动，催生出大批优秀文艺作品，省委书记吉炳轩出席活动启动仪式座谈会，鼓励广大文艺工作者创作出更多更好作品，活动得到中宣部表扬。以张丽莉事迹为素材，创作诗剧《张丽莉之歌》、舞剧《生命的绽放》、音乐剧《茉莉飘香》等，好评如潮。以张丽莉、高铁成、谢尚威等英模事迹为素材撰写的报告文学即将出版。先后以纪念延安文艺座谈会讲话发表 70 周年、庆祝建党 91 周年、建军 85 周年为主题举办了全省性的美术书法摄影作品展活动。以特色文化资源为题材，推出一批龙江品牌文艺精品。音画剧《达斡尔人》在第 4 届全国少数民族文艺汇演中获 11 个奖项，评剧《半江清澈半江红》入围“国家舞台艺术精品工程”重点剧目，评剧《风雪夜归人》获第8届中国评剧艺术节“优秀剧目奖”，话剧《大湿地》晋京展演，电影《萧红》荣获上海国际电影节最佳摄影奖，电视剧《焦裕禄》在央视黄金时段播出，电视剧《闯关东前传》、《返城年代》播出后反响热烈。在中宣部第12届“五个一”工程奖评选中，我省囊括文艺类全部奖项，省委宣传部获组织工作奖。

文化体制改革跟上全国步伐

按照中央规定的时间表路线图，如期完成重点领域改革阶段任务。出台《关于加快全省国有文艺院团体制改革的实施意见》、《非时政类报刊出版单位改革实施意见》等政策文件。推进省歌舞剧院、省杂技团、省曲艺团、北方剧场整体转制，组建黑龙江省演艺集团。推进市地国有文艺院团改革，哈尔滨、鸡西相继成立演艺集团。全省首批10家非时政报刊完成转企改制，第二批34家单位转企改制正在推进。启动东北网络台转企改制工作。全省完成转企改制的国有经营性文化单位276个，核销事业编制11246个。哈尔滨、大庆、鸡西3市被评为全国文化体制改革工作先进地区，省出版集团、大庆市文体旅集团、省广电网络公司、龙广之声文化传播公司等8家单位被评为全国文化体制改革工作先进单位。推进以省图书馆、省电台、省电视台等为重点的事业单位内部管理机制改革。推进文化行政管理体制改革，全面完成电影管理职能划转，哈尔滨实现广播电视局台分设，成立哈尔滨广电传媒集团。

文化产业快速发展

制定《黑龙江文化发展“十二五”规划》，成立重点文化企业股改上市工作领导小组，组建省文化改革与发展促进会、京龙国际文化交流中心、省文化产业投资集团、北方文化产权交易所等文化产业发展平台。积极推进省出版集团、报业集团、演艺集团、广电网络公司、文投集团等省骨干企业及哈尔滨报业集团、大庆新闻传媒集团、大庆文体旅集团、牡丹江新闻传媒集团、鸡西演艺集团等地方重点企业建设发展。加快推进省图书物流配送中心、哈尔滨群力文化市场、齐齐哈尔中环文化广场等产品市场建设，黑龙江北方文化产权交易所等要素市场正式运营。推进黑龙江文化改革与发展促进会、北京·龙江文化发展中心等社会团体和中介机构建设。成功举办第8届深圳文博会黑龙江文化产业展、第23届哈洽会文化产业展、第7届中国龙江国际文化艺术产业博览会等文化展会，深圳文博会和哈洽会共签约54个项目，签约额达268亿元。突出抓好重大项目建设，推进126个重点文化产业项目建设，已建(在建)超千万元项目83个，其中超亿元项目59个，完成投资259.41亿元。文化与多业态融合成效明显，中国云谷、大庆新华08、哈尔滨大剧院、冰雪大世界、伏尔加庄园、大庆黑渔湖国际艺术村等规模和影响不断扩大。加强重点文化产业园区(基地)建设，哈尔滨市被授予首批国家级文化和科技融合示范基地，同源文化发展公司、伊春市柏承工艺品公司被命名为国家文化产业示范基地。与韩国开展文化产业合作，签约20个文化产业项目。2012年文化产业增加值实现400亿元，同比增长115亿元，增幅为40.3%。

干部人才工作有序推进

举办全省宣传文化战线高级干部研修班、省直宣传文化系统主要岗位干部培训班、新任县委宣传部长培训班等各类培训班9个班次，培训干部500余人次，各市(地)和省直宣传文化系统共举办培训班182个，培训干部25649人次。在培训方式上，与清华大学、北京大学、复旦大学等国内名校联合，更好地提升了宣传干部尤其是新任领导干部业务能力。着力培养专业人才，把“六个一批”人才作为示范带动工程来抓，完成第三批“六个一批”人才评选，筹备实施“黑龙江文化名家”和“黑龙江基层文化英才”工程。开发全省宣传文化人才工程与项目管理系统，实现人才信息数字化管理。加强领导班子和队伍管理。按照干部管理权限，全年考核班子10个，新任领导班子成员4人，考核班子成员51名，省直宣传文化系统领导班子进一步充实。加强基层队伍建设，充实全省乡镇综合文化站专职人员，全年开展基层培训80余场次，2000余人参加。

深入开展“创先争优”活动，改进评比方式，激发了队伍干劲。

机关自身建设迈上新台阶

政务工作扎实高效，严格落实中央和省委关于公文处理有关规定要求，完成我部公文改版及处理流程改革，公文处理进一步规范有序，圆满完成全省宣传部长会议、全省宣传部长座谈会等大型会议活动的组织、筹备及服务工作。完成中宣部宣传信息网络测评和保密系统改造升级工作，保密工作水平实现较大提高。后勤服务工作取得较好成效，较好完成群力新城小区住房认购工作和住房货币化补贴发放工作，机关节能降耗实现了规定目标，车辆安全运行无事故。加强对各项经费的科学管理，有力地保证了部内各项工作正常运转和下级单位资金使用，在2012年度部门预算编制中，获得省级部门预算编制三等奖。组织老干部赴云南考察，做好老干部例行体检等工作。创新督办方式方法。以层层签订责任状方式推动工作任务落实，把文化建设“八大工程”分解为144个具体项目，落实到处室和具体责任人，有力推动了各项任务的完成，编撰完成《黑龙江文化蓝皮书》(2011卷)，编撰出版《黑龙江宣传工作年鉴》(2010卷、2011卷)，其中2010卷被评为中省直专业年鉴一等奖。加强调查研究工作，征集年度调研课题18项，编发《黑龙江宣传》24期，刊稿164篇，在中宣部《宣传工作》上刊发2篇稿件，在《人民日报》刊发了《用大众化方式推进理论大众化》《让党的声音直达群众心灵》两篇典型经验。图书资料工作更加以人为本，秉持“科学发展，服务至上”的理念，认真做好图书资料的更新、借阅、编发工作，全年编发《学习参考》和《内部文汇》16期，编辑理论文章90余篇。机关党的建设不断加强，开展“机关讲堂”集中学习活动，组织部机关专题辅导学习6次，组织开展部机关干部职工参加深圳文博会、赴铁力学习考察、赴省外疗养等活动，起到了开阔视野、放松身心的作用。组织开展篮球赛、硬笔书法作品展等文体活动，营造了愉快的工作环境。全年共发展8名同志加入党组织。

对外宣传彰显龙江特色

围绕省委省政府中心工作和“大美大爱黑龙江”主线，组织开展“产业推介招商活动”、“新材料产业博览会”、“哈洽会”、“中日经济合作会议”等活动的宣传推介。举办“情动香江，携手共赢”龙港两地媒体联谊会，扩大了香港主流媒体对我省的了解。协拍大型纪录片《连接中国》“大美大爱黑龙江—哈尔滨篇”，受众覆盖180多个国家(地区)。推进新闻发布工作规范化、制度化、专业化，制定印发《关于进一步加强和改进突发事件新闻发布工作的实施意见》，首次在省直12个厅局设立专职新闻发言人，组织省政府新闻发布会43场，30余个部门进行了信息发布和政策解读，依托网络进行网上直播，拓展了权威信息的传播渠道。开通“黑龙江发布”腾讯微博，全年发布微博1400余条，成为党委政府信息传播的又一平台。在北京、韩国首尔等地举办省内重大活动的新闻发布会，取得良好效果。发挥我省地缘资源优势，策划开展中俄边境媒体定期交流，开展对周边国家的文化交流，举办中韩日俄四国“文化创新与传播”交流活动和“黑龙江文化产业合作发展”2012韩国交流活动。深化与中央媒体、省外媒体、境外媒体的合作，开通“东北亚之声”广播，信号覆盖黑河及毗邻的俄罗斯边境地区，协调中国日报和香港大公报、香港文汇报、美国国际日报等境外媒体在对象国和地区刊发黑龙江新闻专版78块。外宣平台建设得到加强，《伙伴》杂志印刷发行实现了俄罗斯“本土化”，《远东经贸导报》由半月版改为周报，扩大了对俄传播信息量。《你好，俄罗斯》俄语电视节目全年制作播出52期1040分钟，成为远东地区了解中国的窗口。东北网俄、英、日、韩外文频道点击率节节攀升，成为境外受众了解中国黑龙江的重要“母语”渠道。黑龙江新闻邻邦网开通手机邻邦网，对韩影响力不断增强。

网络信息管理工作规范有力

加强网上正面宣传，以全省全国“两会”和党的十八大、省十一次党代会的宣传报道为重点，配合哈洽会、冰雪节等省内重大活动，组织各网站开设专题，刊发稿件8000余篇，协调人民网、新华网制作我省成就展示专题3个。举办"科学发展、大美龙江"第六届全国网络媒体龙江行活动，制作宣传黑龙江专题42个，提升了我省影响力。组织策划"十年发展 点滴印记"、"寻找身边的美丽故事"、"学雷锋树新风学铁人立新功"等网络文化主题活动，有力促进了网络文明建设。进一步健全网上舆论引导机制，出台《关于进一步加强全省网上舆论引导工作的实施意见》和《黑龙江省突发网络舆情应急处置办法》，与省政府督查室共同制定《网民留言回复办理意见(内部稿)》。加强网络内容管理，制定了《黑龙江省关于加强和改进互联网管理工作的实施意见》，将省网宣办更名为"黑龙江省互联网信息工作领导小组办公室"(简称省互联网信息办)，并调整充实和强化了工作职能。建立了省直有关单位互联网信息工作联席会议制度，提升了与省直有关部门的沟通协调能力。进一步规范互联网新闻信息服务审批、备案管理，规范网上新闻信息传播秩序，加强微信博客等互动业务管理，对淫秽色情低俗信息及政治类有害信息进行清理整治，开展黑龙江省文明网站创建评比，净化了网络环境。加强舆情信息工作，编发《舆情信息》230期，《舆情专报》29期，《舆情抄告》6期，向中宣部报送舆情信息7500余条，建立舆情分析研判联席会议制度，组建舆情分析员队伍，定期开展舆情研判。舆情信息多次得到领导批示，成为服务决策、推动工作的有效参考。

精神文明创建成效显著

深化"创三优、强素质、建美好家园"创建活动，开展环境整治"春风行动"、"春绿行动"，城乡面貌极大改善，全省城市主次干道完好率近90%，文明工地平均达标率超91%，城市建成区绿化覆盖率达36.32%，城市污水处理率超63%。开展文明交通活动，优化了交通秩序。开展"于雪梅式窗口"、"十行百家巾帼文明岗"活动，提高了窗口行业服务水平。根据《黑龙江省"三优"文明城市测评体系》对全省13个市地及绥芬河、抚远进行了测评，形成了全省城市文明指数测评报告。大庆市、绥芬河市获全国文明城市称号，哈尔滨市、伊春市获得全国文明城市提名资格。省道德模范评委会特别授予张丽莉、谢尚威全省道德模范荣誉称号。开展学习道德模范活动，探索建立帮扶道德楷模长效机制，与哈尔滨银行共同发起设立"温暖龙江基金"。结合道德模范高校巡讲活动，举办"道德讲堂"活动。开展创建"文明餐桌"活动，营造"文明消费、勤俭节约"的良好社会风气。开展文明单位读书活动，营造文明和谐的书香氛围。加强志愿服务组织化建设，有176万干部群众成为注册志愿者，在全省2966个社区、3135所中小学校和1500多个高校的院系和驻区驻市单位共建立了2万多个志愿服务工作站。举办全省"三关爱"志愿服务活动，开展"五个一百"和五星志愿者创评活动，修改完善《黑龙江省志愿服务条例》，工作得到中央文明办领导批示肯定。围绕喜迎十八大组织开展全省第七届"邻居节"活动，开展"百万志愿者助邻里"活动，活动评选出98名"好邻居"、78个优秀社区。加强未成年人思想道德建设，实施美德阳光建设工程，开展学雷锋、学张丽莉志愿服务活动，依托乡村学校少年宫，开展倡导"五个学会"、争创"四个美德阳光"活动，在全国乡村学校少年宫建设经验交流会上作了经验介绍。拍摄"走向希望"西部开发助学工程专题片，举办"责任与使命"受助学生巡回报告会，编撰出版"托起明天的太阳"未成年人心理健康教育系列丛书。

省文化厅

2012年，全省文化系统在党委政府的领导下，深入贯彻落实党的十七届六中全会、十八大和省委全会精神，紧紧围绕推进文化建设“八大工程”，着力推进文化体制改革，较好完成了全年工作任务，取得了一些新突破。

一、抓建设强服务，公共文化服务体系建设稳步推进

有效实施重点文化工程项目。新建乡镇综合文化站24个，全面完成乡镇综合文化站建设任务，实现乡乡有文化站目标。完成全部文化站设备采购配送工作，基本实现全省900个文化站设施建设、设备配发全覆盖。大力实施数字图书馆推广工程，省文化厅与省财政厅联合印发《黑龙江省数字图书馆推广工程实施方案》，完成省图书馆和哈尔滨、牡丹江、伊春三市四馆中央下达资金建设任务。落实中央补助资金，依托各级图书馆、文化馆站、社区文化中心，建设公共电子阅览室1042个，为204个社区文化中心和文化活动室配发设备，使越来越多城乡居民基本文化需求得到保障。依托省群众艺术馆组织3期文化站长培训班，全面完成首轮乡镇文化站长培训工作。开展首次全省优秀文化站评选活动，共评出优秀文化站50个。国家公共文化服务体系示范区(项目)创建工作成效显著，牡丹江示范区创建工作顺利通过国家督导组中期验收。

公共文化服务能力显著提升。全省各级图书馆、文化馆站全部实现免费开放。落实国家补助资金5205万元，新增免费开放博物馆33家，使全省国家支持免费开放博物馆达88家。各级博物馆在办好阵地展览同时，深入挖掘馆藏文物资源，积极引进外省资源，举办丰富多彩的临时展览，仅省直博物馆，全年举办临时展览60余个，全省博物馆年接待观众970万人次。全省图书馆年接待读者780余万人次，省图书馆年流通读者突破240万，比去年同期增长38.9%，举办各类活动667次，龙江讲坛举办讲座52期。各级图书馆在全省建有流动分馆站近千个。全省基层图书馆可无障碍免费共享数字资源总量已达79TB，共享工程年服务受众以百万计。文化馆免费开放后，活动人数大增，全年接待群众380余万人次。公益文化单位公共文化服务主阵地作用凸显。

群众文化活动蓬勃开展。全省“城市之光”和“金色田野”品牌群众系列文化活动在宁安举行启动仪式，各级文化部门和农垦、森工系统组织开展各类主题文化活动2.3万余场，参与群众超2000万人次。省文化厅投入资金230万元，奖励扶持134个群众文化品牌群体。争取省级财政资金345万元，为300个城市广场文艺团队配发便携式音响设备，有力推动了全省城乡群众文化活动的繁荣发展。组织实施“春雨工程”文化志愿者边疆行活动，荣获文化部颁发的“全国基层文化志愿活动优秀项目奖”。

二、抓规划抓引导，艺术创作生产成果丰硕

涌现出一批具有较高艺术水准的优秀作品。全年新创排剧(节)目503部(个)，获省级以上奖项293项。大庆文体旅集团出品的大型舞蹈诗剧《鹤鸣湖》获中宣部精神文明建设“五个一工程奖”，话剧《大湿地》获“优秀剧目奖”，代表黑龙江省参加全国优秀剧目展演广获好评。《大湿地》与评剧《半江清澈半江红》成功入选“国家舞台艺术精品工程”年度资助剧目。齐齐哈尔创排的大型达斡尔族风情剧《达斡尔人》代表黑龙江省参加第四届全国少数民族文艺会演，获“表演金奖”等十余个奖项。省京剧院新创大型京剧《月照塞北》被文化部确定为全国京剧院团6部重点扶持剧目之一。省评剧院新创排的现代评剧《风雪夜归人》参加第八届中国评剧艺术节获优秀剧目奖。根据“最美女教师”张丽莉的英雄事迹，创排了话剧《师爱芬芳》、音乐剧《茉莉飘香》、舞蹈诗剧《绽放的生命》和《丽莉之歌》等，从不同角度讴歌了大美大爱的时代精神。全省“唱神奇黑土地·颂富饶黑龙江”中小型舞台艺术作品征集活动，发现一批具有浓郁龙江特色的原创艺术作品。省龙江剧院完成25部龙江剧精品折子戏录制工作，为龙江剧的剧目积累和传承留存了珍贵的艺术财富。

各专业院团抓好创作生产的同时，积极组织演出活动，实现演出6145场。圆满完成黑龙江省庆祝中国人民解放军建军85周年文艺演出、“2012年东北四省区合作行政首长联席会议《东极之夜》文艺晚会”等演出任务。省杂技团为庆祝十八大胜利闭幕，特别创排了大型魔术歌汇《笑满神州歌满天》。继续组织“送欢笑到基层”演出活动，省直艺术表演团体深入160余个乡镇演出300余场，行程3万多公里，观众累计达60万人次，取得了文化惠民的良好效果。省曲艺团多年坚持服务基层的事迹被刘云山批示肯定，中宣部新闻局组织中央媒体进行宣传报道。

三、抓重点打基础，文化遗产工作取得突破性进展

重要遗址的保护展示工作成效显著。渤海遗址保护展示工程基本完成，开展了遗址保护规划编修、遗址公园保护规划编制等工作，为遗址保护升级做好准备。金上京遗址保护规划获国家文物局批复，由省政府公布实施，遗址考古发掘等展示基础工作正式启动；七三一遗址保护规划已报国家文物局，开始遗址公园规划编制工作，金上京遗址和七三一遗址双双被国家文物局列入向联合国申报世界文化遗产预备名单。中东铁路历史建筑群和边境要塞遗址群的保护工作顺利推进。经过艰苦的协调，哈齐客专工程涉及中东铁路历史建筑迁移工作取得阶段性成果，横道河子、昂昂溪中东铁路历史建筑群保护规划正在编制。

文物保护基础工作扎实推进。召开全省第三次全国文物普查成果发布暨总结表彰会，全面总结了黑龙江省第三次全国文物普查工作，向社会发布了普查成果和基础数据，普查成果转化利用工作正有序开展。历时5年的长城资源调查工作圆满完成，国家正式认定黑龙江省长城资源总长266公里，保护工作全面启动，部分抢救性保护项目顺利竣工。开展了省级文物保护单位保护现状调研和文物保护项目排查摸底工作，基本廓清文物保护整体状况，正有计划地开展抢救性维修工作。完成第六批省级文物保护单位的评审工作，完成最后一批省级文保单位保护标志制作。完成哈尔滨莫斯科商场旧址等一批重点国保单位安技防项目实施和立项。组织“中国文化遗产日”黑河主场城市宣传活动、“5·18国际博物馆日”大庆主场城市宣传活动。国家首次确定黑龙江省文物保护工程勘察设计甲级资质、施工一级资质单位各一家，填补省内空白。

考古科研工作取得新成果。全年共开展文物调查勘探37项，考古发掘项目7个，考古发掘面积8000平方米。开展金上京城址考古发掘工作，出土了大量精美建筑饰件。配合基本建设开展的调查勘探和考古发掘，进一步丰富了考古学资料，特别是在我国东北地区首次发现旧石器时代晚期至新石器时代早期完整的地层剖面，为考古研究提供重要佐证。出版考古学专著《渤海上京城考古研究》，首次有两项考古研究项目获省哲学社会科学研究规划立项。完成《东北亚考古资料译文集》第8集的编译工作。

博物馆事业整体提升。圆满完成中共黑龙江历史纪念馆建设布展任务。开展全省博物馆陈列展览精品评选活动，形成一批具有龙江文化特色的精品陈列。瑷珲历史陈列馆、大庆铁人纪念馆、东北烈士纪念馆顺利通过国家一级馆运行评估，黑龙江省博物馆被评为国家一级博物馆。各博物馆积极开展有针对性的藏品征集活动，一批珍贵文物和自然标本被博物馆收藏,《黑龙江省博物馆馆藏文物精粹》由国家文物出版社出版发行。完成全国首次可移动文物普查先期调研工作，为全面开展普查奠定基础。完成全省各级各类博物馆登记年检工作，全省有172家博物馆通过年检，全年新审批设立民办博物馆8家。

非物质文化遗产保护工作扎实有效。推进联合国非物质文化遗产保护名录项目履约工作，组织“赫哲族伊玛堪”国家级、省级传承人进行说唱录制,整理了一批文字和音像资料,研究提出了《伊玛堪说唱保护工作规划》和传习所、传承人相关管理规定。成立望奎皮影戏研究所,整理、改编15折传统影卷和45段皮影唱腔，整理皮影戏曲牌13种。组织实施重点项目保护，对44个国家级和省级濒危项目开展记录式保护,完成大量文字、音像、实物资料摄录整理工作。确定公布了第三批省级名录保护单位和传承人，又有2名传承人被确定为国家级代表性传承人,东北大鼓传承人获“中华非物质文化遗产传承人薪传奖”。新命名了牡丹江流域民族文化生态保护实验区,修改完善了《赫哲族文化生态保护区规划纲要》。出版《黑龙江省非物质文化遗产名录图典》、《黑龙江省非物质文化遗产系列丛书》。

四、抓申报重服务,文化产业健康发展

国家重点项目申报取得丰硕成果。精心筛选成长性好、特色鲜明、管理规范的企业,科学指导、积极推荐申报国家文化产业示范基地和扶持项目,获得丰厚回报。2家公司被评为第五批国家文化产业示范基地;16家企业入选年度国家文化出口重点企业目录;2家公司通过国家动漫企业和重点动漫企业认定；配合省财政厅推荐13个产业项目申报2012年度国家文化产业发展专项资金,其中8个项目共获3900万元扶持,4家企业获得绩效奖励,1家企业入选国家动漫品牌建设和保护计划。推荐2家文化企业进入全省品牌单位行列。

省重点文化产业项目推进工作进展顺利。落实省政府常务会议确定的全省重点文化产业项目推进工作任务，积极推进年度18个重点产业项目落地、开工。召开全省文化产业项目推进工作会议,研究部署任务,明确分工和工作机制;协调政府相关部门并多次向省政府专题汇报;深入项目现场检查督导,解决实际问题。2012年项目整体推进良好,除1个项目调整终止外,其余项目全部实现开复工。长期运营的冰雕艺术展营销于美国、泰国、以色列、中国澳门等地,经济效益丰厚,品牌影响日增;冰上杂技产业基地孵化作用日益凸显，全年境内外演出840场。

五、抓管理重建设,文化市场规范有序发展

文化市场平安建设成效明显。针对管理上的突出问题和阶段性重点，全年开展四次专项整治行动;针对敏感时期特殊要求,开展十八大文化市场专项保障行动,全年出动执法人员32万人次,查办案件947件,保持了全省文化市场稳定健康有序发展。完成全省文化市场计算机监管平台省级监管指挥中心升级建设,在全省推广应用文化市场综合执法电子政务系统，全面提升文化市场监管的规范化、信息化水平。省文化厅联合省关工委,组织召开全省“五老”义务网吧监督工作表彰大会,极大鼓舞了社会各界参与网吧监督管理热情。全省地市级文化市场综合执法改革工作全部完成,67个县区成立了文化市场管理工作领导小组,68个县区组建综合执法机构,组建综合文化责任主体90个。统一了全省文化市场综合执法标识,树立文化执法队伍新形象。组织执法人员业务培训,全年集中培训234人。开展以案代训网络文化市场重点督办案件查处工作,组织全省文化市场综合执法考评,有效提高了文化市场执法队伍执法水平。

文化市场建设取得新进展。网吧连锁工作正式启动。省文化厅联合省公安厅、省工商行政管理局印发《关于推进黑龙江省网吧连锁经营的实施意见》、《关于推进网吧连锁整合和开展网吧连锁企业认定管理工作的通知》，明确网吧连锁经营模式和网吧连锁企业认定标准。开展首届艺术品市场法制宣传周活动，完成全省艺术品经营单位登记备案，两家经营单位被文化部评定为“诚信画廊”。

六、抓项目树品牌，对外文化交流和贸易呈现新局面

圆满完成第三届中俄文化大集活动的组织承办工作。第三届中俄文化大集首次提升为中俄两国文化部和黑龙江省、阿穆尔州政府共同主办，跨境同期举行，活动规格高、规模大，双方共举办6大板块30余项活动，取得圆满成功。两省(州)长率团高层互访交流，多项交流合作达成共识；文化展销、推介洽谈取得社会效益和经济效益双赢；双方分别举行盛大开幕式和丰富多彩的文化活动，互派高水平文艺团体交流演出；数万民众跨境赶集，使活动真正成为两地人民的盛大节日。中俄文化部、两省州政府对活动给予充分肯定，中俄媒体争相报道，"中俄文化大集"已成为黑龙江省乃至国家对俄文化贸易和交流的品牌项目。

高质量落实国家和省重要对外文化交流项目。落实文化部央地对口合作年度计划，全年组织黑龙江文化代表团和艺术团6次出访蒙古国乌兰巴托，接待蒙古代表团来访3次，取得良好的交流效果。组织省文化艺术发展中心和省杂技团组成黑龙江艺术团参加俄罗斯"中国文化节"远东之旅活动，行程3000多公里，访演4个州(区)6个城市，产生积极广泛的影响。成功举办第二届黑龙江友城文化周活动，邀请俄罗斯、日本、韩国多个团体来哈交流演出。第二十九届哈尔滨之夏音乐会邀请20多个国家和地区的顶级艺术团组为市民奉献30多场视听盛宴。全年完成国家级对外交流项目11个，落实省委、省政府对外交流项目5个，组织审批对外文化交流项目47批次，其中出访项目22个，来访项目25个，涉及五大洲30多个国家和地区。

七、抓重点攻难点，圆满完成国有文艺院团体制改革阶段性任务

按照中央和省关于深化文化体制改革的部署，省文化厅把国有文艺院团改革作为全年工作重中之重，逐一攻克改革过程中出现的重点难点，推动改革在较短时间里取得一个又一个阶段性成果。6月8日，正式出台《中共黑龙江省委办公厅 黑龙江省人民政府办公厅关于加快全省国有文艺院团体制改革的实施意见》和《黑龙江省演艺集团有限责任公司组建方案》。6月11日，召开全省国有文艺院团体制改革推进会议。6月26日，举行黑龙江省演艺集团有限责任公司挂牌仪式。同时，通过组织政策解读、约谈党委政府领导等，指导督促市、县推进院团改革。目前全省79个国有文艺院团中，国家允许保留1个，完成转企改制24个，完成划转26个，撤销27家，并确保了整个队伍稳定。文化部、省委省政府主要领导对这些成果给予充分肯定。黑龙江省多个地市和单位受到中宣部表彰。

八、抓基础促长远，人才培养工作扎实有效

实施专业艺术人才培养计划，从最急需的专业艺术人才和领域入手，培养最具发展潜力的青年人才。2012年已派出50人分别到中央戏剧学院、中国传媒大学、北京舞蹈学院完成为期一年的学习培训。同时采取"请进来"方式，依托省艺术职业学院，全年举办两期为期半年的"综艺晚会策划编导培训班"、"艺术职业教育管理干部读书班"，聘请名师为学员集中授课，培训学员60人。制定出台《黑龙江省文化厅领军人才梯队管理办法》，审核确定了三个厅级梯队，上报考古所为省级领军人才梯队得到批准。黑龙江艺术职业学院"东北少数民族民间舞蹈"专业被民政部、教育部、文化部确定为全国民族文化示范专业，舞台、音乐表演两个专业被教育部、财政部确定为年度高等职业学校重点扶持专业，舞蹈、影视两个专业被省教育厅确定为"十二五"重点建设专业。

省广播电影电视局

2012年,在国家广电总局和省委省政府、省委宣传部的正确领导下,全省广播影视系统以迎接、宣传、贯彻党的十八大和省十一次党代会为中心,扎实工作、锐意进取,圆满完成了各项任务目标,推动了事业产业的长足发展。

一、广播电视宣传工作成效显著

全省广播影视系统把确保导向正确作为政治生命线,不断强化围绕大局、展示新风、追求卓越、服务人民的工作理念,实现了舆论引导力和媒体传播力的创新领航。

主题主线宣传氛围浓厚。全省系统以迎接宣传贯彻党的十八大和省十一次党代会为主线,集中优质资源、精锐骨干、主要精力,多点出击、立体呈现、全景聚焦,全面深入地开展了主题宣传,营造了自豪、自信、自觉、自强的浓厚氛围,仅十八大期间,省电台、省电视台就在中央台发稿110余条。

新成就宣传声势强劲。精心组织开展了"科学发展·成就辉煌"等主题教育,深入宣传十七大以来党的建设和各项事业发展取得的巨大成就,深入宣传省十次党代会以来各地各部门贯彻落实科学发展观、加快经济发展、促进社会和谐的喜人成就,省两台围绕大项目建设推出了200余篇深度报道,全景展示了我省经济社会发展的辉煌成就。

新实践宣传扎实深入。紧紧围绕"稳中求进"的总基调和"八大经济区"、"十大工程"建设的生动实践,省电台推出了《粮安天下》、《龙江交通精神》等系列报道和"百名记者走基层"等大型主题采访活动。省电视台开辟了《十大新兴产业》、《看龙江》等30余个专栏,充分展示我省经济社会发展的新思路和新举措。各市县台通过专题报道、深度报道、典型报道等多种形式,生动展现了当地在推动科学发展过程中的新办法、新经验。

新形象呈现大美龙江。以全面展现"五个龙江"建设崭新形象为重点,以大力弘扬社会主义核心价值观为核心,深度挖掘报道了"最美女教师"张丽莉、"最美叔叔"谢尚威、"最美法官"金桂兰、"最美战士"高铁成等优秀典型。

宣传创新成果丰硕。全省系统坚持"三贴近"原则,深化"走转改"活动,积极探索建立新闻记者基层联系机制,省两台建立基层联系点307个,派出编辑记者2000多人次,推出了"龙广记者走园区"、"行走松花江畔"、"走基层 看龙江"、"主播走基层"等多个系列主题报道,播发稿件1510篇。

对外影响不断扩大。全省系统牢固树立一盘棋思想,上下联动,密切配合,努力实现龙江大外宣的格局。2012年,省电台在中央台发稿近500篇,省电视台在中央电视台发稿1902条,继续保持对上报道的领先态势。省电台朝语广播在中央台民族中心发稿124篇,在国际台发稿106篇,在韩国广播公司(KBS)播出新闻193篇。省电视台成功实现卫视节目在北美地区免费落地播出,在俄罗斯、乌克兰成功举办黑龙江电视周活动,《你好, 俄罗斯》、《这就是黑龙江》两档外宣节目影响不断扩大。

二、大力实施品牌战略

坚持品质至上,强化品牌建设,广播影视内容生产持续健康快速发展,积聚了"龙江创作"的"正能量"。

省两台努力打造《朝朝侃谈》、《平常饮非常道》、《一路有你——高端访谈》、《都市夜航》、《能人驾到之乡亲乡爱》、《非常生活派》、《真相》、《葵花朵朵向太阳》等节目品牌。各地品牌节目交相辉映,涌现出《早安哈尔滨》、《绥化新闻21》、《直播七台河》

等一批群众喜闻乐见的品牌节目栏目，在各类评奖中连获殊荣。省电台的《朝朝侃谈》荣获“2012 年度广播电视创新创优栏目”，广播剧《中国有个北大仓》获“五个一工程”奖，省电台的《农耕之梦》、《居上》、《黑龙江大小兴安岭全面停止主伐》分获中国新闻奖的一、二、三等奖。

以“十八大献礼剧”推荐工作为牵动，全省影视创作生产形成持续繁荣的良好态势，全省全年共创作生产了 7 部电影、11 部 359 集电视剧。经我省推荐的包括《返城年代》、《狂飙支队》在内的 5 部电视剧，全部被总局确定为向十八大献礼的全国推荐剧目。纪录片《学习》被中组部确定为全国思想教育教材，《文化伟力》被广电总局评为优秀纪录片。专题片《寒地黑土地上的奇迹》得到了省委书记吉炳轩同志的表扬。电视剧《松花江上》与我省年度重点扶持的电影《萧红》喜获中宣部“五个一工程”奖，同时电影《萧红》还获得了第十五届上海国际电影节最佳摄影奖。数字电影《抵抗！抵抗！》获第十二届数字电影“百合奖”二等奖。

十八大期间，电视剧《焦裕禄》、电视政论片《文化伟力》分别在央视一套黄金时段和央视纪录片频道热播。电视剧《松花江上》在中央一套，《文化站长》在中央四套，《再婚进行时》、《浴火危城》在中央八套黄金档播出，受到了广泛赞誉和一致好评。此外《小兴安岭深处》、《闯关东前传》等一批高质量的影视产品即将与观众见面，“龙江创作”品牌影响力进一步增强。

三、民生工程扎实推进

省局以列入省政府工作报告的广电民生工程和与省委宣传部签订责任状的民生项目为牵动，圆满完成了公共服务目标任务，有力促进了广播影视公共服务。

超额完成“村村通”工程建设任务。通过卫星接收、光缆联网等方式，大力推进“村村通”建设，共实现对 327 个广播电视盲村的覆盖，完成了“十二五”时期我省“村村通”工程总建设任务的 64%，是年初确定的 150 个盲村建设任务的 2.18 倍。

超额完成直播星“户户通”建设指标。2012 年，全省计划直播卫星覆盖 200 个村。省局和省网络公司组织 10 个市地 33 家分公司，在相关配套资金不到位的情况下，为每户减免安装费 30 元，黑河、伊春、大兴安岭网络分公司还为 2000 户每户补贴购买机顶盒费用 100 元。截至年底，通过直播星覆盖 346 个村屯、开通 9444 户，是年初确定的 200 个村建设任务的 1.73 倍。

圆满完成广播电视发射台站更新改造。经多方努力，筹集建设改造资金 1000 多万元，对省局直属的 904 台、514 台、803 台、915 台和齐齐哈尔 759 台、黑河 913 台、北安 918 台以及边境地区的萝北台、抚远台、洛古河台的信号源系统、发射系统、供电系统进行升级改造。改造后的台容站貌有较大改观，各项技术指标均达到或超过国家规定标准，覆盖质量明显改善。

全面实现城镇数字影院建设。经过一年奋战，确定的 20 家县级数字影院全部完成建设改造任务，使我省县级影院数量达到了 32 家、影厅 81 个，全省新增座席 1 万多个。

全力实现农村电影放映工程建设目标。克服资金管理方式与拨付渠道不理顺等难题，落实了国家和省级年度放映补贴配套资金 1629 万元，电影放映场次和服务质量普遍提高，全年放映农村公益数字电影 10.86 万场。

全速推进网络基础设施建设。2012 年，全省新建省级干线光缆 1600 公里，完成数字整转 80 万户，省网直管用户全部实现数字化，其中高清率达 30%。完成了哈轴、哈工大等大型中省直企事业有线站网业务技术整合，以及肇州、汤原、克山等小片网整合，整合用户 8.5 万户。

四、产业发展态势良好

在全球性经济衰退和传媒业竞争激烈的背景下，全省产业发展再创新高，经营收入达到 44 亿元，同比增长 8.4%。

在全行业普遍下滑的大趋势下逆势上扬，省、市、县三级同步增长，全省广告收入达到 20 亿元，同比增长 9.6%。

全省广播电视网络收入达到 19 亿元，同比增长 6.5%。省网络公司第二次增资扩股工作全面完成，公司总资产已达 30.69 亿元。

目前，进入我省的城市电影院线共 11 条，年度新增城市影院 13 个，城市数字影院达到 53 家，影院票房收入达 2.5 亿元，同比增长 31%。

全省广告、网络之外的其他产业收入达到 5 亿元，同比增长 11%。省电台与中国移动合作，开展手机终端销售业务，销售手机 1.7 万台，实现产值 2500 万，创造了龙江手机销售的新纪录。龙广“云绿”项目成为哈尔滨市电子商务示范城试点项目，前景可观。

五、行业管理不断规范，安全播出得到切实保障

2012 年全省系统正确认识和把握国家从严从紧的行业管理趋势，切实加强广播影视管理工作，促进了广播影视健康有序发展。

年初以来，先后召开了全省广播影视工作会议和科技、传媒、影视、纪检等专题工作会议，成立了科技委，签订了广告自律公约，开展了“关注民生、服务发展”群众最满意单位评议活动。通过行政管理与行业自律相结合等方式，切实加强了宣传导向管理、播出秩序管理、传媒机构管理、科技管理和安全播出管理等各项管理工作，保持了正常工作秩序。

黑河局、农垦总局文化委、齐齐哈尔广播电视台等单位不断丰富监管措施，畅通社会监督渠道，深化群众投诉受理工作，建立并完善了“政府监管、社会监督、行业自律”的三位一体广播电视广告监管体系。大庆局建立了职责明确、反应灵敏、运转有序、统一高效的管理系统。

2012 年全省共出动执法人员 4526 人次，执法车辆 1043 台次，查处非法销售点 19 家，收缴、扣押、拆除非法销售、安装和使用的卫星接收设施 13209 个，大庆还成功破获一起卫星反宣渗透案件。受理核查广告投诉 200 余次，停播违规广告 44 条，整改 10 条，确保了广播影视正常监管秩序。

2012 年，省局多次组织开展了安全播出大检查，检查了 53 个单位和 171 个要害部位，整改隐患 44 项。全省各地从基本制度建设入手，制定了多项管理制度，投入了大量的人力物力财力，仅十八大期间，全省系统就累计投入 4 万余人次进行安全播出保障工作，实现了十八大安全播出的零事故，被总局评为全国广播电视设施安全保护工作示范单位。

六、始终坚持人才为本

学习型组织建设不断深化。全省系统不断深化学习型组织建设，开展了十八大精神研讨、学习十八大心得、“三会一课”、文化先锋、读书交流等系列主题活动。

统筹规划全省各类管理人员、专业人员、从业人员的学习培训。全年共举办了 14 个省级广播影视系统专业培训班，培训干部职工 460 名。

全省各地紧密结合自身发展实际，通过公选、遴选、招聘等多种方式，选拔了一批年轻的高素质专业人才充实到广电队伍中，提高了队伍素质，优化了各层次专业岗位人员的结构体系。

七、工作质量整体提高

一年来，全省系统以干事创业为基础，迎难而上、补齐短板、成绩显著。省电台投入近 2000 万元用于广播覆盖网络建设，实现了哈尔滨到北极村 1400 公里交通广播全程同频覆盖、哈尔滨到嫩江以北 600 公里的无缝覆盖。省电视台全台网项目进入试运行阶段，扩容升级了大洋和索贝两个高清制作网，完成了 8 号、9 号演播室的高清化改造，实现了都市、新闻两个频道采录与制作的全部高清化。省网络公司投入巨资用于网络建设与改造，为“全程全网、全省一网”、数字化、高清化目标提供了重要保障。

全省系统以“创新”为动力，创新观念、创新思路、创新方法，打开了创新发展的新局面。省电台创新发展理念，不断强化“爱心·责任·服务·助力”的“四位一体”发展定位，摸索出了“4+2”发展模式，彰显了龙广力量，各项指标都实现了快速增长，巩固了全国十强地位。省电视台不断深化“三项制度、一个流程”的综合改革,率先建立了频道利润目标考核体系、成本核算体系、自制节目综合评估体系、节目管理制度体系;不断强化改革创新力度,叫响了“中国龙 行天下”的口号,稳定了卫视频道的“十强”实力;提升了产业实力,超额完成了广告创收的金牌指标,增幅在省级电视台中位居前列。

在开展“三创”活动中,全省系统共涌现出“三创”先进单位131个、先进个人1096名。省局全面超额完成了全年工作目标和绩效考核目标,在省直机关目标考核中实现了“九连冠”,连续三年获全省“关注民生、服务发展”群众满意同类别单位第一名。

省新闻出版局

2012年,全省新闻出版战线深入贯彻落实十七届六中全会和党的十八大精神,坚定不移深化改革,千方百计加快发展,积极主动服务,扎扎实实管理,工作取得显著成效。

把握导向,舆论引导能力不断提高。组织出版了11种迎十八大的相关作品。组织策划了31种弘扬社会主义核心价值体系选题,有8种入选总署“双百”出版工程首批重点选题,其中1种入选中宣部、总署弘扬社会主义核心价值体系出版工程选题。倾力打造了《爱铸师魂——学习宣传时代楷模张丽莉英雄事迹读本》,为深入学习张丽莉感人事迹提供出版支持。围绕省委、省政府建设“八大经济区”、实施“十大工程”的发展战略和推动富强文明和谐大美幸福龙江建设,组织报刊媒体设立专栏,共发稿750多篇。

积极推动,新闻出版领域改革不断深化。非时政类报刊改革取得阶段性成果。首批10家单位已经完成转企改制,将按照总署的要求如期完成第二批32种报刊出版单位的转企改制任务。《格言》等47家报刊出版单位完成了转企改制或已经成为企业性质。公益性新闻出版单位内部人事、收入分配和社会保障制度改革稳步实施。黑龙江日报报业集团深化人事制度改革,构建科学选人用人机制。哈尔滨日报报业集团实施了30多项综合配套改革措施,形成了独具特色的现代企业管理运行机制。省图书音像发行集团等一批出版发行单位,结合自身特点,在企业化运营、深化机制改革等方面进行了积极探索。加快推动新闻出版单位联合、兼并、重组。推进省级党报和地市党报、省级都市报与地市晚报的联合,指导推动已转制单位建立现代企业制度,支持黑龙江出版集团等符合条件的企业上市。

大抓项目,新闻出版产业整体实力不断壮大。2012年全省新闻出版业实现总产值105.6亿元,占文化产业核心层产值的56%,同比增长15.5%;增加值32.6亿元,同比增长15.9%;利润总额8.7亿元,同比增长15.9%。推动新闻出版重大产业项目建设,稳步实施《黑龙江省新闻出版业“十二五”规划》,建立了产业项目联席会议制度,明确了产业项目推进的原则、任务,操作程序。积极向国家改革发展项目库申报项目,两年来累计获得国家各项资金支持2443万元。列入“十二五”规划的25个重大项目,2012年在建和计划实施的10个项目进展情况良好。大力发展数字出版等战略性新兴产业。有15家单位获得网络出版权。哈尔滨出版社、北方文艺出版社开展手机出版、电子书、有声读物及手机游戏等业务。黑龙江大学出版社开发社科类网络电子书业务,哈尔滨工程大学出版社依托“三海一核”学科优势开发电子书项目。加快发展印刷复制业。以黑龙江新华印刷集团、黑龙江日报报业集团印务中心为引领,推动印刷产业升级改造和设备更新换代。鼓励非公有资本进入印刷和发行领域。非公有印刷发行企业已达70%以上,中外合资、合作或外商投资印刷企业9家。黑龙江同源文化发展有限公司等民营企业发展势头强劲。“走出去”取得实质进展。黑龙江出版集团在俄罗斯的中国文化中心发展取得阶段性成果,在韩国投资成立的中国语言出版社与韩国最大门户网站携手合作,实现版权贸易1亿韩元。黑龙江新闻社在韩国首尔创办了韩文版报纸,期发行量已达2万份。《伙伴》已实现在俄印刷,《远东经贸导报》继续开拓俄罗斯市场。

打造精品,龙版出版物竞争力不断提升。深入实施黑龙江精品图书出版工程,鼓励具有较大市场潜力,社会效益显著的大众类精品项目,逐步加大对数字出版的扶持力度。人民网等多家媒体对我省精品工程的经验和成果予以报道。全省图书整体质量不断提高,出版产品结构中精品比重已突破10%。在国家出版基金的评选中,取得了新的成绩,有3个项目获得国家出版基金支持402万元。报刊品牌创建活动进展顺利。《格言》、《男生女生》等品牌期刊继续保持较高的市场占有率;《学习与探索》、《求是学刊》等一批优秀学术期刊的业内影响力不断提升;《小作家报》期发行量已突破120万份,跻身国内同类报纸前列。

文化惠民,新闻出版公共服务能力不断增强。高标准完成农家书屋全覆盖工作。经过三年努力,全省共建设农家书屋10040家,实现了全省行政村、农场、林场、种畜牧场全覆盖,惠及人口近2000万人。省局被总署授予"全国农家书屋工程建设突出贡献单位"荣誉称号,部分市地的农家书屋和管理员分别被总署授予全国示范农家书屋和优秀管理员称号。在全省部分地区开展了数字农家书屋试点,召开了全省农家书屋工程总结表彰大会,表彰突出贡献单位和先进个人。全民阅读活动不断向基层深入。组织向社区、残障人士、未管所、特殊群体捐赠图书活动,推动全民阅读活动逐步向农村、残疾智障、贫困弱势群体拓展。首次召开了全省全民阅读活动总结表彰会,表彰了全省全民阅读活动优秀项目、组织工作先进单位和先进个人。建设了一批党报城乡公共阅报栏(屏)和市地版本报刊馆。有11家党报已建城乡公共阅报栏(屏)76个,其余3家党报阅报栏(屏)正在建设中。建设完成12个市地版本报刊馆,并向公众开放,各报刊出版单位共免费赠送报刊401种,2万余册(份)。积极推动城乡发行网点建设。省新华书店正在进行流动汽车书店试点,成熟后向市地、县(市)新华书店推广;成功研发了多媒体数字化终端设备——"新华易购",并投放试运行。

科学管理,新闻出版依法行政能力水平不断提高。加强导向管理,重视和强化审读工作,坚持图书"三审制",建立报刊"五级审读"网络,坚持重点审读和日常审读相结合,日常审读和舆情分析相结合,确保出版物的出版导向和内容质量。坚持依法行政。举办了2期市地执法人员培训班,培训400人次。加强对行政处罚案件审核把关和指导,省局成立了行政执法协调小组,建立了相应的工作制度和规则,指定第三方机构专门受理非法出版物鉴定。加强省直管试点县(市)新闻出版工作,进一步明晰试点县新闻出版(版权)行政管理职责。加强市场监管。持续开展"3·15"质检活动,开展了春季中小学教辅材料出版发行专项整治行动,检查印刷复制企业492家次、出版物发行单位1759家次,收缴盗版和非法教辅材料4984册,审读教辅材料近5000册,对50种教辅出版物进行了质量抽检。规范报刊出版秩序。加大对"四假"的打击力度,开展了规范记者站、记者证管理工作,持续开展打击"新闻敲诈"、治理有偿新闻专项行动。6家记者站予以注销,对通过年检的128家报刊记者站向社会公示,接受群众监督。加强对广告刊发质量追踪和虚假违法广告的查处,通报了2家省内主要都市类报纸刊发广告情况。扎实做好知识产权管理工作。持续开展打击网络侵权盗版"剑网行动"及打击侵犯知识产权和制售假冒伪劣商品专项行动。各市地集中销毁盗版出版物40万件。完成了省直机关正版软件采购安装任务,得到了国家督查组的高度评价。召开了政府机关软件正版化阶段性成果新闻发布会和市地级政府机关软件正版化推进会议。省内五家新闻出版集团总部的软件正版化工作进展顺利。深入开展"扫黄打非"专项斗争。全省共出动执法人员6500人(次),开展各类检查1380多次,收缴各类盗版和非法出版物129900余件,取缔无证经营出版物店档摊点119家,查办行政案件315起,移交司法机关7起,审结刑事案件2起,4人被依法判处有期徒刑。

加强建设,工作作风不断改善。"效能建设活动"取得显著成效,修订完善了涉及政务、事务、财务等30多项工作制度,研究制定产业项目、行政执法、行政审批等近10个工作机制，初步构建了“权责一致，分工合理，执行有力，高效顺畅”的管理体制和运行机制。行政审批制度改革不断深化。13个市地新闻出版行政管理部门在当地政府的政务大厅设立窗口，为行政管理相对人提供方便、优质、快捷的行政审批服务。省局政务大厅全年受理的行政许可和非行政许可申请全部按时办结。开展了第二次群众评估，满意率达到99%。加强党风廉政建设。深入贯彻中纪委和省纪委反腐倡廉工作的要求，强化重点领域和关键环节的监督制约，制定制度125项，建立起规范新闻出版行政权力运行的制度体系，构建廉政风险防控的高压线，为新闻出版的发展提供纪律保证。

省社会科学院

2012年，在省委、省政府的正确领导下，在省委宣传部的关怀指导下，省社会科学院以科研为中心的各项工作取得了丰硕成果，一流地方社科院建设取得重要进展。

一、服务全省经济社会发展，发挥思想库智囊团作用

2012年，围绕省委、省政府中心工作，服务全省经济社会发展大局，上报研究报告和建议25篇，其中获省委书记批示14篇，多项成果被相关部门转化，应用对策研究成果进入地方党委和政府决策程序继续保持良好态势。

作为服务省委省政府，服务全省经济社会发展的一项重要工作，继续承办由黑龙江省政府、中国社会科学院联合主办的第五届东北亚区域合作发展国际论坛，东北亚六国代表齐聚哈尔滨，大型企业、客商共同承办论坛，“政、企、研”直接交流。其间分设“首届中国沿边地区发展高层论坛”和“首届伊玛堪学术研讨会”两个分论坛。中国社会科学院和全国8个沿边省区社科院的领导、专家学者聚集一堂，共同研讨推进沿边发展；国内外学者一起研讨非物质文化遗产——赫哲族伊玛堪说唱的保护与传承，达成多项共识。省长王宪魁对系列论坛的成功举办给予充分肯定，认为省社会科学院的做法具有指导作用。

党的十八大召开以来，省社会科学院专家学者在深入学习领会会议精神的同时，肩负起社会科学工作者的责任和义务，积极宣传、解读、阐释十八大精神。相关专家学者通过接受省电台、电视台采访，在省报发表理论宣传文章，参加省委宣讲团，深入基层宣讲等形式，对推进全省学习贯彻十八大精神起到了重要作用。

省社会科学院主编的《黑龙江社会发展报告(2012)》和《黑龙江经济发展报告(2012)》由社会科学文献出版社出版。蓝皮书编撰质量逐年提升，为省委、省政府了解省情提供重要参考。省社会科学院牵头完成的《中国东北地区发展报告(2012)》也由社会科学文献出版社出版。通过《要报》直通车报送的对策建议大都获得省领导的认可和好评。

二、服务龙江文化发展繁荣，基础理论研究成果丰硕

黑龙江历史文化研究工程进入编撰推进阶段。在全省范围遴选优秀专家组建编写队伍，研究部署《黑龙江通史》的编写工作，已完成启动阶段各项安排，全面进入编撰推进阶段。

2012年共出版专著、编著、译著21部；发表论文173篇，其中在核心以上期刊发表论文51篇、译文3篇；多篇论文被《光明日报》、《新华文摘》、《中国社会科学文摘》等刊载或摘编。

2012年共确立各类课题58项。其中，获国家社科基金项目5项、省社科规划项目27项。2012年省社会科学院有3项国家社科基金项目结项，其中成果鉴定等级良好1项；12项省社科规划项目结项，其中成果鉴定等级为良好以上的11项。

在第十五届省社科优秀成果评奖中再获佳绩，省社会科学院43项成果获奖，其中一、二等奖达到11项。

三、强化人才队伍建设，重视青年成长成才

2012年，通过调整带头人梯队、资助后备带头人，加强省级领军人才梯队建设，并成功申报新增省级领军人才梯队2个，省级领军人才梯队已达18个。3人入选2011年度“六个一批”人才。开展职称聘任工作，晋升19人。面向社会两次公开招聘专业技术人员和管理人员16名。出台《青年科研骨干人才遴选和管理办法》，遴选7名同志为青年科研骨干人才。开展系列比赛活动，提高青年人员的科研能力、公文写作能力、语言表达能力和外语能力，鼓舞全院青年找差距、学先进、促发展，立足岗位、学习进取、增长才干。

四、强化开门办院，延伸服务触角

进一步强化与兄弟省市社科院的合作，先后赴10家兄弟省市社科院开展学习调研。与省内各相关厅局、市地、高校和大中型企业进行广泛联系与合作，实现跨学科、跨单位的联合攻关。与省总工会联合成立黑龙江省工运研究中心，与省残联联合成立残疾人事业发展研究中心，在农垦设立省情调研基地。目前已陆续在全省组建了12家市地分院、设立了4个省情调研基地。积极开展对外学术交流活动，获省第三届社会科学学术年会优秀组织奖，并有24篇论文获奖；出访团组8个21人次；配合开展2个团组60余人次的中国社会科学院国情调研；分院开展了12项课题研究。

五、强化办刊办学，实现新突破新提升

《学习与探索》成为黑龙江省唯一入选首批国家社会科学基金资助的百种期刊之一，刊物内在品质、学术影响力、期刊形象稳中有升，转载率保持较高水平。《黑龙江社会科学》、《西伯利亚研究》的学术影响力逐步增强。《黑龙江年鉴》、《中国—东北亚国家年鉴》的办刊质量明显提升，对外影响进一步扩大。

研究生教育深化培养制度改革，创新管理机制。聘请专职督导员参与研究生重要培养环节的督导；推进研究生与指导教师互选机制，完善导师队伍建设；鼓励研究生参加院所学术活动。职工大学强化合作共建机制，不断拓宽办学渠道，实现稳步发展。

六、强化自身建设，提升发展水平

一年来，省社会科学院专家学者走出书斋、深入基层，转变作风、改进文风，用丰富的社会实践认识世界、传承文明；以丰硕的科研成果创新理论、咨政育人，服务科学决策，丰富了“走基层、转作风、改文风”的内涵，赢得了省委、省政府领导同志的充分认可和社会各界的普遍好评。《光明日报》头版头条以“善思者，行无疆”为题，加编者按报道了省社会科学院“走转改”工作纪实。

一年来，院党委成员和广大中层干部尽职尽责维护班子团结、维护发展大局，凝心聚力，谋事干事，毫不放松地加快一流地方社科院建设，强化民主集中制，强化议事程序和决策机制。凡是涉及“三重一大”的事项由党委班子集体决策；班子成员认真执行有关廉洁自律的各项规定，结合岗位述职述廉，以良好的道德品行，为全院职工做出了表率。扎实开展廉政风险防控工作，全院上下营造了风清气正、务实创新、奋发进取的浓厚氛围。

省社会科学界联合会

2012年省社科联在省委、省政府和省委宣传部领导下，按照“高举旗帜、围绕大局、服务人民、改革创新”的总要求，以学习贯彻党的十八大精神、繁荣发展全省哲学社会科学为主题，以“三服务一加强”为主线，紧紧围绕省委“八大经济区”、“十大工程”、文化建设“八大工程”和经济发展“十大产业”等中心任务，突出抓好理论武装、学术研讨、社科评奖、社科普及、社团管理、基层基础建设等各项工作，为开创全省哲学社会科学工作新局面，加快推动龙江经济社会实现更好更快更大发展做出了应有贡献。

一、把握方向，服务大局，在推进理论武装上取得新成绩

一是学习宣传党的十八大和省十一次党代会精神，努力发挥社科工作者的理论骨干作用。组织各学会围绕省十一次党代会提出的“五个龙江”建设和推动龙江经济社会科学发展开展了一系列学术交流、理论研讨和专题调研，宣传在前、贯彻在前。党的十八大闭幕后，省社科联及时下发学习贯彻落实党的十八大精神的通知。并召开省社科联七届三次主席团会议，省委常委、宣传部部长、省社科联主席张效廉同志就如何学习贯彻十八大精神作了重要讲话和动员部署，在全省社科理论界迅速掀起学习宣传贯彻党的十八大精神的热潮。全省各级社科联组织通过座谈会、研讨会，开辟期刊专栏、网站专版，在当地讲坛举办系列讲座，选送优秀专家参与宣讲活动等方式，广泛宣传党的十八大和省十一次党代会精神，进一步回答了坚持和发展中国特色社会主义、繁荣发展黑龙江的一系列重大理论问题和现实问题。

二是围绕省委、省政府中心工作，发挥社科界“思想库”和“智囊团”作用。省社科联联合或指导省经济学会、省县域经济学会、省应用经济研究会、省农村发展研究会、省金融学会等先后举办了“黑龙江省八大经济区优化升级研讨会”、“黑龙江省县域经济发展论坛”、“黑龙江农民专业合作社建设和土地规模经营论坛”、“黑龙江垦区建设国家安全食品生产基地专题研讨会”、“自主创新：金融与装备制造——金融支持黑龙江省装备制造业实地考察座谈会”等研讨交流活动，将学术交流与全省经济社会发展的实践密切结合，为党委和政府决策当好助手和参谋。各市地社科联也紧密围绕当地中心工作开展学术活动，为地方经济社会发展献计出力。哈尔滨市社科联举办了“哈南工业新城建设理论研讨会”，齐齐哈尔市社科联组织了“新城开发与旧城改造中融入城市文化元素研究”，牡丹江市社科联召开了“城市文化特色与地域经济文化研讨会”，双鸭山市社科联开展了“加快时代新城建设，推进城乡一体化发展研究”，绥化市社科联进行了“新时期传统农业拓宽农民增收渠道研究”，等等，从不同的角度为当地经济社会发展提供了理论支持和智力帮助。

三是关注基层，深入实际，深入推进“走转改”活动。省社科联开展了第三次社科专家垦区行调研活动。组织省内10余位经济、社会、农业、旅游领域的专家学者到建三江农管局各农场调研考察，就垦区现代化农业种植、产业发展、旅游名镇建设、文化旅游资源开发、农场精细化规范化管理等事关垦区发展中的重点问题进行论证，提供建议。组织部分专家学者赴齐齐哈尔市开展省情考察活动，进学校、到工厂，切身感受改革和发展带来的巨大变化。配合学术年会活动，指导和组织相关社团开展了心理专家龙江行、医学专家社区行、著名作家校园行、养生专家市地行等活动，增强了社科界深入实际、服务基层的主动性和自觉性。

四是围绕社会主义核心价值体系建设，深入推进公民思想道德建设。配合省委宣传部召开了“大爱满龙江”专题研讨会，深入总结最美教师张丽莉、“最美女生”郭肖岐、“最美叔叔”谢尚威等英雄群体产生的社会原因和时代价值，以及构筑精神新高地的现实意义。各市地各学会围绕弘扬“闯关东精神”、“北大荒精神”、“大庆精神”、“铁人精神”、“大兴安岭精神”也开展了一系列学术研讨和理论宣传工作。围绕贯彻《中共中央办公厅关于深入开展学雷锋活动的意见》，哈尔滨市社科联推出了“学习雷锋事迹，弘扬雷锋精神”系列讲座，鹤岗市社科联组织召开了鹤岗市社科界学雷锋座谈会，大兴安岭地区社科联开展了“学雷锋、见行动”主题系列活动等，在建设社会主义核心价值体系上传达了全省社科界的正能量。

二、丰富载体，活跃社团，在提升学术活动水平上取得新成效

成功举办第三届社会科学学术年会。历时4个月的年会以“繁荣文化·发展龙江”为主题，注重理论创新和实践应用的结合，关注龙江经济社会发展和文化大发展大繁荣中的热点问题，有效推动了优秀成果的推介和转化。年会开展活动300余项，收到论文620篇，吸引了200余家单位参加，近10万人以不同形式参与其中，增进了学者交流，促进了学术发展，密切了社团组织合作，产生了良好的学术影响和社会反响

精心组织第三届社团学术活动月。第三届社团学术活动月以“发展社团、发挥优势、繁荣文化、助力发展”为主题，围绕学术研讨、课题研究、社科普及、咨询服务、成果评奖、专业培训等方面，共举办了124场丰富多彩的学术活动，参与人员近万人。各级社团围绕本地经济社会发展中热点问题和各学科前沿问题，举办了一系列高水准的学术活动。省人生科学学会召开的“萧红文化、反封建与当代人生科学化学术研讨会”、省经济管理科学学会召开的“促进我省经济社会又好又快发展理论研讨会”、省统一战线史研究会召开的“纪念统一战线90周年理论研讨会”等，都起到了促进学科建设、活跃学术交流的作用，在社会上产生了很好的反响。

在学术交流活动中，省社科联充分发挥指导协调作用，鼓励各社团打破学科界限，加强学术资源的统筹整合，探索社会化运行机制。“诚信龙江高层论坛”、“第三届区域经济发展与生命健康论坛”、“中俄TRIZ理论研讨会”、“马克思主义中国化时代化大众化与中国意识形态建设座谈会”等学术活动，都体现了联合组织、多种形式、优势互补的特点。既有若干社团联合举办，也有社团与机关、教学、科研机构联合举办；既有本省地域性的，也有全国性，甚至国际性的；或以社科界、理论界专家学者为主，或是理论研究单位与实际工作部门互动交流的，体现了龙江社科界活跃、和谐、繁荣、共进的交流氛围。

三、坚持导向，鼓励创新，在推出社会科学精品力作上取得新进展

一是修订评奖办法，圆满完成第十五届社会科学优秀成果评奖工作。在省委宣传部的领导下，省社科联（省评奖办）对已实施了24年的《黑龙江省社会科学优秀科研成果评奖暂行办法》进行了修订。经省委组织部、省人力资源和社会保障厅、省财政厅等相关部门会签，省委宣传部部长办公会议审定，新办法由省委办公厅和省政府办公厅联合发文颁布。以此为依据开展的全省第十五届社会科学优秀成果评奖工作，程序和办法都有一系列的改革和创新，调整了奖项设置和评价体系，初评设立联评组，复评聘请省外评委，终评采取异地评审，全过程实行纪律监督，注重向青年和哈埠以外高校成果倾斜等，使评奖工作做到公平、公正和公开。经过初评、复评、终评三轮评审，从申报的1181项成果中，共评选出荣誉奖和一、二、三等奖及佳作奖599项。其中，一等奖56项，二等奖78项，三等奖191项。获奖的优秀成果，充分反映了全省哲学社会科学研究的整体实力，集中体现了全省哲学社会科学事业

的繁荣发展。《中国社会科学报》在头版对本届评奖情况进行了报道。

二是设立出版资助项目，扶持社科学术著作的创作和出版。为鼓励和支持社科理论人才积极从事专业理论研究，缓解社科著作出版难的问题，省社科联与省财政厅共同提出并启动了黑龙江省首次社科学术著作出版资助项目。与省财政厅联合下发了《关于申报黑龙江省社会科学学术著作出版资助项目的通知》。与省新闻出版局共同召开了多出精品、落实出版项目的座谈会，确定了定点出版单位。省内30多家单位共申报了85部作品。经过通讯评审、专家会议终审和领导小组审定，共确定优秀社科资助著作25部，除3部著作因重大选题备案等原因延期外，22部著作顺利出版，为出版资助项目的长期设立开了好头，奠定了良好基础。《中国社会科学报》对此项工作予以宣传报道。

三是努力办好各类期刊，加强学术交流的阵地建设和信息工作的载体建设：办好社科联系统的4本正式期刊。省社科联主办的《学术交流》、齐齐哈尔市社科联主办的《理论观察》、大庆市社科联主办的《大庆社会科学》和黑河市社科联主办的《黑河学刊》，坚持正确导向，切实提高期刊质量，充分发挥了学术成果的传播作用。《学术交流》杂志紧密围绕党的十七届六中全会、十八大精神和省委、省政府的中心工作，进行选题策划、栏目调整，紧扣中心，提高质量，继续保持双“核心”和CSSCI扩展版的地位，2012年《学术交流》所刊发文章被《中国社会科学报》、《中国社会科学文摘》、《新华文摘》、《高校文科学报文摘》、《人大复印报刊资料》全文转载和论点摘编达40余篇，在中国人民大学“人文社科综合性期刊”全文转载排名中，位列全国596种期刊中的第47位；在“语言文学学科期刊”全文转载排名中，位列280种期刊的第19名，省社科联内部指导性期刊《社会科学界》在省新闻出版局办理了连续性内部资料出版物准印证，使《社会科学界》的编辑发行工作更加规范化。《鸡西社会科学》、《佳木斯论坛》、《鹤岗社会科学》、《七台河社会科学》、《伊春社会科学》在规范管理、提升质量方面也都取得了长足进步。加强了社科网站建设，继续丰富网站信息，对社团领导机构和联系方式进行了重新核对和维护更新。编辑全省社科年鉴，《黑龙江社会科学年鉴》(2011卷）的整理编辑和补充修改工作基本完成，年鉴总字数为130万字。

四、打牢基础，整章建制，在强化社科联组织建设上取得新突破

修订三项管理制度。为形成既能有效整合资源，又能充分激发各社团活力的工作机制，省社科联党组成员带头走访了部分基层社团组织和委托管理单位，为制度的修订做了摸底调研。在省委宣传部、省法制办、省民间组织管理局的领导和专家的支持帮助下，起草和修订了《黑龙江省社会科学界联合会会员管理办法》、《黑龙江省社会科学界联合会社团管理办法》、《黑龙江省民办社科研究机构管理办法》。经省委宣传部审定、省社科联七届三次主席团会议审议通过，现已正式印发施行，基本构建了社科联制度建设的总体框架。

推进高校社科联建设。制定出台了《关于加快发展黑龙江省高校社科联的意见》，为加快高校社科联组织建设提供了制度保障。全年成立了哈尔滨师范大学社科联、哈尔滨金融学院社科联、哈尔滨工业大学社科联和哈尔滨理工大学社科联。目前，共成立高校社科联11家，占全省本科院校的33%。各高校社科联成立后，积极指导、组织、协调校内校际学术团体和社会科学工作者开展各类学术活动，密切了省社科联与高校社会科学工作者及校内学术团体之间的联系。

加强社团规范化管理。一是开展了团体会员重新确认和吸纳工作。对所属149家团体会员进行重新确认和信息审核，其中对133家社团和4家民办社科研究机构进行了重新确认，新吸纳了省可持续发展研究会、省农村劳动力资源开发研究会、省旅游产业发展促进会、省总会计师协会4家社团为团体会员。截至目前，省社科联共有团体会员143家，为省社科联换届工作奠定了基础。二是做好社团管理和年度检查工作。协同省民政厅完成了对业务主管社团的年检审，批准了10余家社团变更法人、名称、业务主管单位，开展了2012年度社团标准化业务考核。先后推动了省金融学会、省高等教育学会、省伦理学会、省心理咨询师协会、省地方志协会、省会计学会、省统计学会等10余家社团进行换届，完成了对省北大荒创业文化研究会的整改。三是开展第二届全省特色社团评选工作。评选出31个省级社团和29个市地社团为"黑龙江省社科联系统特色社团"。四是对各市地社科联、高校社科联开展2012年度考核评比工作。评选出"先进集体标兵"8个，"先进集体"16个，"先进工作者标兵"24人，"先进工作者"32人，进一步激发了各级社科联和社科工作者的积极性和创造性。

建设社科专家库。通过调查研究、申请立项、程序开发、数据库建设等阶段，完成了全省社科专家管理系统第一期建设工作。管理系统现有6个大栏目32项功能，已经可以基本满足数据统计、学者遴选、资料分析等方面的使用需求。目前收录省内36家单位推荐的专家学者415人，为了解全省社会科学工作者队伍状况和培养选拔各类专家奠定了基础。

五、扩大影响，强化品牌，在社会科学普及上创造新业绩

"龙江讲坛"喜迎六周年，讲坛的品牌影响力和覆盖面都有新提高。一是讲座数量创历史新高。全年举办讲座52期，超出年计划2倍。全国科技活动周期间，连续举办讲座9期。二是讲座质量和层次有较大提高。重点推出文史、教育和健康等主题讲座，邀请了韩国名医金南洙，著名学者王蒙、易中天、马瑞芳、喻大华，著名表演艺术家六小龄童，作家肖复兴、贾宏图、孟翔勇，台湾中山医学大学教授黄俊铭等10余位名家。三是讲坛抓住社会热点和焦点，配合全国两会、高考、世界读书日、全国助残日等精心策划选题，增强讲坛的针对性。四是继续挖掘本省历史文化资源，策划推出了金史名臣名将系列讲座、儒家智慧系列讲座等，着力推动优秀传统文化的传播。五是首次走出国门宣讲。11月2日，由"龙江讲坛"推荐的专家首次作为中国文化访问团成员访问蒙古国。东北林业大学教授尚杰在蒙古国首都乌兰巴托作了题为《黑龙江经济发展与环境保护》的精彩讲座。六是"龙江讲坛"系列丛书的教育卷、健康卷和文史卷，在黑龙江人民出版社正式出版发行，三卷合计76万字。以其知识性、趣味性、学术性、普及性，广受赞誉，被省农家书屋工程采购5700余册，又被全省科技活动周评选为12部全省科普优秀作品之一。2012年，各市地、各高校的讲坛精彩纷呈，品牌实力凸显，已成为全省社会科学普及工作不可或缺的重要力量。"哈尔滨讲坛"、"大庆讲坛"、"牡丹江人文公益大讲堂"、伊春市"林都大讲堂"等都受到当地广大市民的赞誉喜爱。

第三届全省社科普及月活动圆满成功。本届科普月围绕"普及社会科学·助力文化建设"的主题，向社会公众展示和传播社会科学成果、宣传和普及社会科学知识。"龙江讲坛"于8月举办了系列讲座，省文博学会等单位开展专题科普活动近30项。各市地社科联举办讲座、咨询、展览、论坛等活动，将科普月的影响力和辐射力最大限度地推向基层。

首批科普基地运行良好。黑龙江省图书馆、黑龙江省博物馆、哈尔滨市图书馆、大庆铁人王进喜纪念馆、齐齐哈尔市博物馆、侵华日军第七三一部队罪证陈列馆6家单位作为首批黑龙江省社会科学普及基地，按照张效廉部长"建好基地，发挥作用"的批示，有效整合了更多的社会资源，开展了形式多样的科普活动，成为公众学习社会科学知识的重要平台，充分发挥了科普基地的示范作用和品牌效应。

省社科普及工作受到了业界同行的肯定，在全国第十四次社会科学普及工作经验交流会上，黑龙江省5位同志被评为全国优秀社科普及名家，5位同志被评为全国优秀社科普及工作者，4部作品被评为全国优秀社科普及作品，4家单位被评为全国人文社科普及基地。

六、加强自身建设，提升服务能力，各级社科联组织的工作水平迈上新台阶

以目标责任制为抓手，着力提升工作效能。2012年，省社科联机关通过建立“责权清晰、目标合理、分工明确、奖惩严明”的目标责任制，把社科联各项工作细化分解，明确责任，层层落实。将社科联七届七次全会工作报告中确定的5个方面17项目标，分解成58条124项具体任务。通过把重点工作和主要指标落实到部门和人头，调动了干部的积极性、主动性和创造性，有效提升了省社科联机关工作的整体效能，2011年省社科联被省委宣传部授予理论武装先进单位称号。

着眼自身职能定位，成立省社科信息中心。为全面履行省社科联作为全省社会科学团体的管理中心、社科情报的交换中心、社科人才的服务中心、社科知识的普及中心、社科信息交流中心的作用，经省编委批准，省社科联原下属单位学术交流杂志社、省社会科学信息咨询服务中心已合并为黑龙江省社会科学信息中心。其主要职责任务是：承担社会科学信息的收集、整理及相关信息咨询服务，主办《学术交流》杂志。具体承担全国哲学社会科学研究的动态分析、社会科学类资料的编辑出版、全省社科类社团的信息整理、“黑龙江社会科学网”和“黑龙江社科专家管理系统”的管理等。省社科信息中心的成立，既保证了原工作职能的充分履行，又重新梳理和整合了有效资源，激活了新的工作潜能，对于提高社会科学信息工作水平具有十分重要的意义。

加强培训力度，提高了干部能力水平。通过有计划有步骤地对社团秘书长、基层社科联干部、高校社科联秘书长进行培训，召开高校科研处长联谊会议、优秀成果评审工作培训会议等，促进全省各社科联基层组织之间的交流和协作，有效地提高了社科联工作人员的业务水平和工作能力。

省文学艺术界联合会

2012年,黑龙江省文联深入学习党的十八大和省十一次党代会精神,进一步推动学习型、发展型、开放型、和谐型文联建设,积极组织文艺活动,推进文艺事业和文化产业发展,为推动黑龙江省文艺事业大繁荣大发展作出了贡献。

围绕中心、服务大局,以迎接党的十八大召开为核心,举办了多项丰富多彩的文艺活动。省文联先后举办了"党的旗帜高高飘扬"——迎接党的十八大胜利召开文艺晚会;纪念毛泽东同志《在延安文艺座谈会上的讲话》发表70周年"龙歌"音乐会;配合省委宣传部组织了"火热时代、多彩龙江"——黑龙江2012文艺家深入生活采风创作活动,其间专门组织了慰问演出、书画笔会、参观写生等活动。围绕省委、省政府中心工作,举办了黑龙江省美术家协会第七届新人新作展、黑龙江省第六届新人新作书法展暨第九届临帖书法作品展、第二十四届黑龙江摄影艺术展等活动。

搭建平台,实施文艺品牌战略,推出一批体现时代精神,具有龙江特色的作品。"龙江书刻"精品展暨全国书法名家作品邀请展在香港开幕;黑龙江省美术馆精心策划了"画说龙江"——黑龙江省美术馆馆藏晁楣、张祯麒、杜鸿年、郝伯义经典版画作品陈列展;黑龙江版画院25周年新作展暨黑龙江美术创作研究院美术作品展;省音协举办了"迎风飘扬的旗"——第六届新年合唱音乐会;省剧协举办了黑龙江省戏剧大赛第十二届"小梅花"评选活动;省摄影家协会与有关部门协作举办了中国黑河国际旅游摄影艺术节;省民协与有关单位共同举办了第十二届哈尔滨民间民俗博览会。

精心组织展赛活动。黑龙江省音乐家协会组织了第七届黑龙江省音乐大赛声乐比赛;省杂技家协会举办了第三届东北三省魔术比赛;省剧协举办了"大庆杯"第九届东北三省戏剧小品大赛;省美术馆举办了黑龙江美术50年——哈尔滨艺术学院师生美术作品回顾展、风景的变换——英国当代名家版画邀请展;省民协举办了中国·鸡西兴凯湖肃慎文化民间艺术节等活动,发掘了一大批文化精品。

积极推介优秀文艺作品。在第十二届精神文明"五个一工程"奖评选中,省文联推荐的多部作品获奖。由省杂技家协会推荐、省艺术研究所吴璇撰写的《文化杂技:当代中国杂技新形象》在中国杂技"金菊奖"第七次理论作品颁奖会上荣获银奖;黑龙江电视艺术家协会推荐的15部作品在全国十省区影像大赛中获奖;在第三届中国职工艺术节单项展演活动中,我省喜获奖项;在第五届中国旅游电视艺术周优秀电视节目评选中,省视协推选的我省四部作品获奖;在中国首届水上民歌展演活动中,我省赫哲族民歌"水上赫尼那"荣获银奖;在第十一届"和平杯"中国京剧票友邀请赛中,我省取得佳绩。

加强培训,培养德艺双馨人才。2012年第四期全国曲艺精品创作班在黑龙江省举办;省音协开办了第二期钢琴教师研修班;省舞协专门为以张丽莉老师为原型而创作的舞剧《最美一朵茉莉花》举办了研讨会;省书协下设的"龙江书刻"研究所成立;黑龙江省鸡西市被中国民协授予"中国肃慎文化之乡"称号,该市成立了"中国肃慎文化研究中心";黑龙江省泰来县和平镇被省曲协授予"黑龙江曲艺之乡"称号。

深入边防,积极开展文艺下基层活动。省文联2012年积极组织了中国文联"送欢乐、下基层"赴黑龙江边防线慰问演出采风活动;在"十八大"召开前夕，还专门组织艺术家开展了“迎十八大”文艺家走进军旅采风活动。

拓展渠道，加强国内外文化艺术交流。黑龙江省美术馆专门组织了“对话兵马俑”——欧盟与中国雕塑家作品提名展中欧巡展；“风景的变换——英国当代名家版画邀请展”；省书协组织了黑龙江山东妇女书法刻字作品交流展、首届黑龙江书刻精品海南展、省书协副主席王凯霞书法刻字英国展；黑龙江省书协、摄协、省新闻图片社联合举办了“龙乡情”黑龙江、河南、伊春、洛阳、濮阳两省三市书法、摄影作品联展。这些活动，大大加强了国家和地区间的文化交流。

挖掘资源，进一步推动文化产业发展。省委宣传部、省文联与合利集团共同举办了第三届中国·黑龙江万象国际木雕艺术节，市场运作前景光明；省文联与有关单位创办的中国·黑龙江造型艺术产业园区被命名为省级文化产业示范园区；2012 年《章回小说》杂志社积极拓展渠道，增量发行，实现了积极的市场引导与优质服务的结合。

省作家协会

2012年在省委、省政府的正确领导和中国作协、省委宣传部的有力指导下，省作协紧密团结全省广大作家和文学工作者，立足龙江科学发展的伟大实践，充分发挥联络、协调、服务的职能，解放思想，求实创新，各项工作稳步前进。

(一)认真学习贯彻党的十八大精神

一是领导班子带头组织理论学习。十八大召开后，在统一收听收看大会实况的基础上，省作协领导班子召开党政联席会议，专题学习讨论十八大报告、党章修正案、省委十一届二次全会精神。二是结合工作实际，制定了《省作家协会学习贯彻党的十八大精神方案》，用以指导全体干部职工的学习和工作。三是开展了一系列自学与分层次集中学习相结合的学习活动。特别是对涉及文学工作的重点部分进行重点研读。

全省各级作协也积极投入到学习宣传贯彻十八大精神的热潮中。齐齐哈尔作协举办了迎接十八大首届扎龙诗会；大庆作协召开了“学习贯彻十八大精神，推进文学创作座谈会”；伊春作协开展了“千篇散文盛赞伊春新变化、万人诵诗喜迎十八大”系列活动和以“作家与中国梦”为主题的大讨论；大庆油田作协举办了“迎接十八大，对党说句心里话”征文活动；铁路作协举办了全局职工文学征文活动，歌颂了党的丰功伟绩和伟大祖国翻天覆地的变化，展示了和谐铁路建设的丰硕成果。

(二)文学创作成果喜人

2012年全省作家创作出一大批弘扬时代主旋律的精品力作，据不完全统计，2012年全省专业作家、签约作家共出版较有影响的长篇小说40部，短篇小说集、散文、随笔集、诗集、长篇报告文学、传记文学和儿童文学等共计34部。

全省作家有多部作品喜获大奖。黑鹤长篇小说《黑狗哈拉诺亥》获第十二届“五个一”工程奖。全勇先创作的电视剧《悬崖》2012年获得第十八届上海国际电视节“白玉兰奖”最佳编剧金奖、第二届搜狐影视盛典年度最佳编剧奖以及国剧盛典年度最佳编剧奖。同时，《悬崖》还获得第二十六届金鹰奖、华鼎奖、中国百强电视剧第一名、《综艺》年度最佳电视剧奖等。黑鹤和全勇先还双双获得第七届黑龙江省“十佳文艺工作者”的称号。

张抗抗在潜心创作打磨长篇小说的同时，参加台湾新地文学社主办的“第二届世界华文文学高峰论坛”，作为嘉宾讲演，并出版了散文精选集。王阿成在《作家》、《红岩》等杂志发表短篇小说《俱乐部主任》、中篇小说《城市梦游》及文学评论等，并有短篇小说《乐天照相馆》、散文《北大荒纪行》、中篇小说《例行私事》等作品入选《小说选刊》、《中国都市短篇小说选》等国内十余种选本；贾宏图的报告文学《仰视你北大荒》、常新港的长篇小说《狂奔穿越黑夜》获黑龙江省第七届文艺奖一等奖；孟久成的报告文学《脊梁》、桑克的诗歌《潜水者》、何凯旋的长篇小说《江山图画》、陈力娇的小小说集《赢你一生》、徐岩的短篇小说《杀生鱼》获黑龙江省第七届文艺奖二等奖；王鸿达的中篇小说《片警温良友》、程琳的长篇小说《人民警察》、唐飙的长篇小说《谋杀1946》、李云迪的散文《午后的向日葵》获黑龙江省第七届文艺奖三等奖。

常新港还创作出版了小说集《橡树籽重生》、《天堂的卧室也漏雨》、《积雪的舞蹈》、《极地故事》、《一个普通少年的冬日》、《光明树》、《少年时的朋友是影子》、《老鼠米来》(韩文版)、《猪，你快乐》(韩文版)等作品。李琦在《诗刊》、《诗选刊》、《诗潮》、《人民日报》、《光明日报》等报刊发表组诗《站在大雪里》、《静默之时》、《哈尔滨纪事》等，诗歌作品入选《2012中国年度诗歌》、《中国诗歌年选》等多种选本；王左泓创作出版了长篇小说《因为有你》、《弥天大谎》、《告别青春》等以及短篇小说集《两个人的电影》；兰景林撰写的长篇报告文学《向人民报告》刊登于《中国报告文学》。

2012年全省各级作协均创作出一批文学精品，并有许多作品获各门类文学奖项。哈尔滨作协出版了《松花江上》大型系列文学丛书30部，被中国现代文学馆等收藏，邀请省、市著名作家撰写了评论文章发表，并被多次转载；齐齐哈尔作协瞄准重大历史题材和特色鲜明的题材，组织创作了多部电影、电视剧和动漫文学剧本；大庆作协出版了《北方作家丛书》第一辑共20本；绥化作协编辑出版了《绽放在寒地黑土上的文学之花》系列丛书；省直作协出版了《热风吹雨》丛书；大庆油田作协出版了《2012大庆油田作家作品选》；绥芬河作协完成了共计57万字的纪实文学作品《走进绥芬河》。全省作家的创作呈现出良好的态势。

(三)文学队伍不断壮大

2012年省作协按照新的入会标准，严格审查申报会员资格，发展了48名省级新会员，对170余名国家级会员逐一进行调查登记，进一步建立和完善了全国会员档案。

完成了2012—2016年度合同制作家聘任工作。省作协按照"以文学创作成就为首要条件"、"以中青年作家为主"、"兼顾各地市"三项原则，经过了大量细致而具体的前期准备工作，2012年7月召开了省作协2012—2016年度合同制作家聘任大会，省作协党组成员、副主席王立民代表省作协与王鸿达(大庆)、王若楠(哈尔滨)、朱珊珊(哈尔滨)、全勇先(佳木斯)、刘浪(鹤岗)、孙且(省直)、何凯旋(哈尔滨)、宋成君(齐齐哈尔)、陈力娇(绥化)、徐岩(部队)、唐飙(哈尔滨)、桑克(省直)、萧笛(牡丹江)、梁帅(省直)、程琳(牡丹江)、黑鹤(大庆油田)等16位来自全省10个市、地及产业作协的汉、蒙古、朝鲜、满多个民族的作家分别签约。本届合同制作家的聘任工作得到了省委宣传部的大力支持，专门划拨专项经费，保证了省作协有史以来第一次能够在聘任期间全程向作家发放定额创作补贴，极大地鼓舞了全省广大文学工作者。

此外，哈尔滨作协正式启动"哈尔滨文学创作所驻地签约制作家"工作；北大荒作协成立了农垦绥化管理局作家协会，并创建了《农垦绥化管理局作家协会网刊》；伊春作协新建了伊春市散文学会，整建了伊春市青少年文学院和青少年文学协会。全省文学组织和文学队伍得到进一步壮大。

(四)积极为作家成长搭建平台

省作协选取省内有创作潜质的部分中、青年作家作品，每两年出版一辑"野草莓"丛书。2012年完成了第一辑的编辑出版工作，收录了《太阳从背后升起》(王立纯)、《在乌鲁布铁》(徐岩)、《青花瓷碗》(陈力娇)、《冬天的早班飞机》(桑克)、《永无回归之路》(何凯旋)等五部作品，并召开了"野草莓"丛书首发式。著名文学评论家李敬泽、孟繁华、张清华、贺绍俊、牛玉秋在《文艺报》、《文艺评论》撰文，对首辑入选的五位作家的作品，给予了高度评价。

省作协举办了十三届省青年作家班，与北大荒作协联合举办了第四期垦区文学讲习班，精心设置安排教学内容，专家、学者讲授和编辑、学员互动相结合，使学员收获颇丰。

全省各级作协也纷纷采取多种形式，积极为作家成长培育良好土壤。鸡西、绥化、绥芬河等作协以小小说讲座、文学大讲堂等形式，邀请知名作家与作者交流文学创作方法；七台河作协通过"日报副刊"等文学园地培养青少年文学爱好者。

(五)落实"三贴近"原则，积极组织作家深入生活调研采风活动

省作协组织合同制作家赴吉林延吉一带采风，组织了赴望奎、绥化的调研活动。

齐齐哈尔作协组织了纪念毛泽东同志在延安文艺座谈会上的讲话发表70周年"聚焦大项目，欢歌新发展"大型文艺采风活动；佳木斯、大庆、鸡西、七台河、黑河、绥化、大兴安岭等作协也纷纷组织了赴桦川、杜蒙、肇源、柞木林场、石龙山风景区、望奎、逊克、漠河、阿木尔等地的采风调研活动；北大荒作协组织“巴兰河”文学采风笔会活动；大庆油田作协开展了“走进基层，走近最可爱的人”创作采风活动，进一步为作家创作积累了素材和灵感。

（六）开展了形式多样的文学活动

省作协组织部分作家、评论家，隆重召开了“回顾传统、放眼未来——纪念《在延安文艺座谈会上的讲话》发表70周年座谈会”。与会作家、评论家围绕《讲话》的历史意义及其当前创作面临的一些具体问题，结合自己的创作实践，从不同角度畅谈了《讲话》深远的历史影响。

积极参与中国作协倡导的“民族文学年”，与中央民族大学、朝鲜族创作委员会共同召开了“黑龙江省朝鲜族文学创作暨中国朝鲜族文学现状和展望”学术研讨会。

全省各级作协均结合各自实际情况组织了丰富多彩的文学活动。哈尔滨作协组织作家参与了“青岛地铁”征文活动、“全国童谣大赛”，召开了作者菲菲作品研讨会；牡丹江作协组织了“您好，牡丹江”诗歌散文歌词大赛、牡丹峰诗会及“我与镜泊风同行”大型征文活动；佳木斯作协召开了孙代君作品研讨会，全年多次举办诗词讲座和研讨活动；大庆作协举办了“倾情岁月，诗颂百湖”笔会、“诗联东油，情通天下”、“诗意生活”诗歌朗诵会及“咏梅咏雪”征文大赛以及部分作家作品研讨活动；双鸭山作协举办了七星峰采风活动，参与了“诗意金秋”——全国著名诗人走进双鸭山采风活动，并为多位作家召开了新书发布会和作品研讨会；七台河作协举办了赫胜国作品研讨会、“曙光杯”文学作品大奖赛；黑河作协召开了中俄文化交流专题茶话会；北大荒作协召开了《梁军传》出版座谈会；省直作协组织了纪念延安文艺座谈会发表70周年征稿活动，出版了《待到山花烂漫时——纪念延安文艺座谈会讲话发表70周年》丛书；森工作协组织了纪念“林业三师”参加黑龙江林区建设60周年系列文学活动；大庆油田作协举办了陈风、穆冬等多位作家的作品研讨活动；残疾人作协组织了“道德力量”征文活动；绥芬河作协举办了“东方夏都，避暑胜地”征文活动和作品“晾晒”会，对文学作品进行研讨。

（七）加强文学阵地和文学载体建设

《北方文学》、《企业文化》杂志社新设置了“幻想空间”栏目，发表二十余位新生代作家（李晁、李唐等）的中短篇小说新作，为文坛新锐在小说叙事策略和叙事手法的探索、创新与表达上提供平台；编辑出版“萧红文学院十二届青年作家班作品小辑”，共发表我省青年作家创作的小说诗歌散文作品27篇；与北大荒作家协会联合举办“我与北大荒酒的故事”征文评选，刊发的多部作品获奖。

全省各级作协也充分利用各自的工作载体，强化了文学阵地的作用。齐齐哈尔作协建立了依安文学创作培训基地，在“齐齐哈尔文艺网”开办《青年文学家》网络版月刊；佳木斯作协充分利用《东北风》发表歌颂最美女教师张丽莉的文学作品；大庆作协正式为大拉哈图和公安创作基地挂牌；鸡西作协成立了小小说创作沙龙；伊春市作协开辟了“红色之旅”和“绿色生态”两个文学采风基地，整顿组建了“绿色伊春文学网”和“红松诗韵网”、“小小说沙龙网”；七台河作协着力办好《北方作家》和《七台河作家》；鹤岗作协进一步发挥了《春雨》培养文学新人，繁荣文艺创作的作用；绥化作协充分利用《大平原》、《塞北诗声》两个刊物推介寒地黑土文学名人；大兴安岭作协发挥和利用《北极光》杂志的作用，繁荣林业文学创作，打造林业文学大军；省直作协进一步扩大《龙江党建》副刊容量，拓展创作园地；森工作协开展了纪念《大森林文学》创刊20周年征文活动；铁路作协以《奔驰》为平台，大力开展典型创作；绥芬河作协在《今日绥芬河》报上开辟“边城”副刊，为全市文学爱好者提供习作发表的阵地。

黑龙江日报报业集团

2012 年，黑龙江日报报业集团紧紧围绕省委中心工作，做大做强文化产业的市场主体，全力推进多媒体融合、多元化发展战略，继续向多元化大型传媒集团迈进。中宣部对黑龙江日报两组报道给予阅评表扬；省委宣传部 5 次阅评表扬黑龙江日报相关报道；省领导吉炳轩、王宪魁、刘国中、张效廉、张建星等对黑龙江日报 7 篇报道予以批示表扬。消息《红星村失地农民成股东》获得第 22 届中国新闻奖三等奖。

一、围绕中心、服务大局、创新报道，体现党报的优势和深度，彰显党报的权威性和影响力

黑龙江日报继续坚持“跟省委、抓大事、强处理”的办报方针，完成了一系列重大会议、战役、主题报道，以“走转改”方式宣传贯彻党的十八大、省第十一次党代表大会精神。把十八大报道作为全年报道工作的“一号工程”来抓，取得了显著成绩。省委副书记杜家毫，省委常委、秘书长杨东奇对黑龙江日报关于十八大的报道予以称赞肯定。《为耕者谋利 为食者造福——我省代表共话建设“中华大粮仓”》受到中宣部点名表扬。省第十一次党代表大会报道实现“零差错”，省委书记吉炳轩对省党代会期间黑龙江日报编辑部文章《发展为了龙江人民》提出表扬；省委副书记杜家毫充分肯定会前会中报道。张丽莉典型报道站位高，彰显党报正确引导舆论功能，吉书记对报道做出具体指示。现代化大农业报道高密度、大容量、声势强、力度大、形式新、亮点多颇受好评。

生活报聚焦社会热点、强化原创新闻、提升报道品位，加大报道力度和深度。推出《龙江记忆》、《发现黑龙江之美》等一系列大型报道，完美呈现了黑龙江省的自然与人文价值。《一个村子与一场大火的较量》、最美教师张丽莉、最美军人高铁成等一系列龙江英雄人物报道，既是生动感人的新闻写实，也是具有感召力的主流报道。《如何吃上放心豆芽》、《疯长的代连屯》等民生报道，充分体现报纸的舆论监督力量和人文关怀。生活报与多部门合作开展面向社会发放 3.6 万张旅游景点免费门票，“看新哈尔滨”万人徒步大赛，深度参与哈尔滨国际啤酒节媒体啤酒大篷等一系列社会公益活动，使报纸影响力和人气得到推广和提升。《最炫民族风》黑龙江海选、《中国好声音》系列报道，让生活报品牌通过卫视直播、网络点击完美呈现、积极推广。生活报官方微博一开通，即高居全省媒体点击率之首。老年日报坚持“办报第一”的思路不动摇，新开办《百岁教程》、《传统医学》等版面，精心策划一批报道，“老伴我爱你”征文、“敬老文明岗”等活动引起广泛反响。发起并和国内 5 大涉老网站联合举行的“中国十大养老胜地”评选活动影响显著。作为唯一的报纸代表，老年日报在国家老龄委举行的全国老龄宣传工作会议上发言。农村报加大政策、科技、市场行情信息及民生信息比重。《新农村》杂志推出《特别策划》栏目。城乡网以城市联合网络电视台黑龙江频道为载体，开播城乡网络电视，受到农民朋友欢迎。家庭保健报凭发行数量和品牌影响力，首次跻身全国健康类报纸十强。持续 8 个月的“好偏方 齐分享”验方征集和展示活动，掀起了读者关注健康、分享健康的热潮。“医学名家系列讲座”成为读者喜爱的品牌栏目。黑龙江经济报“走基层·境外园区行”大型跨境新闻报道活动得到省委常委、宣传部长张效廉重要批示。副省长孙尧致信对《黑龙江经济报·对俄周刊》创刊表示祝贺。黑龙江晨报报道的谢尚威、郭肖岐两位最美人物产生良好社会影响，省委宣传部、省精神文明办、晨报和哈尔滨银行共同发起设立“温暖龙江基金”，联合开展“寻找身边的美”活动。“最美女教师”张丽莉事迹由晨报首发，采写报道的记者肖劲彪，作为唯一的记者代表参加了张丽莉事迹座谈会和英模报告团。

集团所属其他报刊、新媒体继续提升舆论引导能力，报、刊、网、手机报的宣传报道工作都取得显著成绩。

二、优化传统经营结构，打造新的效益增长点

黑龙江日报报业集团广告经营额继续保持了较大幅度增长。生活报房地产、汽车、商业、家电、金融、二手房等领域广告全面丰收。他们采取强势营销战略，精彩营销举措接连上演。5月，龙江地产“三名”（名人、名企、名盘）评选颁奖盛典在华旗饭店举行，报纸的影响力得到精彩呈现。7月，伦敦奥运会特刊冠名广告收入近700万元，奥运特刊及系列有奖参与活动再次点燃读者热情，客户也因此得到超值回报。黑龙江日报广告部积极组织《回眸发展路 喜迎十八大》等广告专项活动，再创广告收入历史新高。老年日报广告收入实现历史性突破，达到2014万元。集团直属4报广告总收入再创新高，达到3.81亿元，同比增长6.6%。

黑龙江日报报业集团报纸发行持续稳定增长。集团着眼长远发展，向上积极争取扶持政策，向下通过细致服务争得更大支持，实现了上级部门支持党报发行的新突破。关于扩大省报发行量的请示得到吉炳轩、徐泽洲、张效廉等省领导的批示，省委组织部订2000份《黑龙江日报》赠阅给困难农村党支部，6月和7月由省财政出资向农村赠阅3万份《黑龙江日报》。协调省邮政公司加大对《生活报》征订工作考核及奖励力度，使征订增长7000多份。加强了报纸零售管理，发行质量提升与发行成本节约并重，发行数量与质量双赢。积极开拓市场，《生活报》零售及品牌展示成功打入哈西客站。《黑龙江日报》、《生活报》、《老年日报》、《农村报》分别增长了2.36%、4.16%、10.2%、8.7%。

集团印务中心持续优化产品结构，不断提升盈利能力，努力开发新产品市场，成绩斐然。通过竞标，获得历史上最大一笔订单，承印中国石油工业出版社200余万册精品图书。良好的信誉又使印务中心承担了印刷《中国共产党党章》的光荣任务。包装印刷有了长足发展，哈药集团的药盒包装和伊利集团的乳品包装已经占到商业印刷的16%。全年实现利润1388万元，超出预算指标388万元。印务中心首次获得了国家技术改造扶持资金，还获得了黑龙江省首批文化企业示范基地称号。

2012年黑龙江日报报业集团经营总收入7.6亿元，同比增长3.4%。

三、深入推进体制改革工作，积极开展多元化经营，文化产业项目建设取得阶段性成果

黑龙江日报报业集团已被列为黑龙江省文化产业上市重点扶持企业，集团将下属报刊传媒类经营性资产及业务注入龙江传媒有限责任公司，进行上市前业务整合、人员身份转换和公司股权结构调整，借助资本市场，实现整体跨越式发展，努力打造龙江第一媒体品牌。集团大庆新媒体产业基地项目已被省政府正式列为2012年重点文化产业项目，在2011年建设的基础上，2012年5月复工建设，五层的综合楼已全面完工，其余工程将陆续开工。漠河北极村中国北极传媒基地项目的土建工程已全部完成，内部装修和设备安装等工作正在进行。群力龙江传媒产业园项目前期工作进展顺利。已经获得哈市规划部门的批准。正抓紧进行产业园项目报批工作，并做好前期准备。

不断拓展经营领域，积极开展多元化经营。控股高端有机大米企业金膳道公司。利用媒体优势进一步提升金膳道的品牌影响力，逐步将金膳道打造成黑龙江首屈一指、全国知名的高端有机大米品牌。发挥《农村报》的品牌效应，进军农村生产资料销售市场。由集团出资组建的黑龙江农报科技发展有限公司注册了“农报”牌和“龙报”牌商标，经营自主品牌——“农报”牌复混肥和掺混肥，前景良好。

黑龙江出版集团有限公司

2012年是黑龙江出版集团改革发展的关键一年，在省委宣传部正确领导下，全体干部员工精诚团结、奋力拼搏，集团精品书刊规模持续壮大，产业升级有序推进，服务大局能力进一步增强，整体效益取得较大突破。

一、综合实力大幅增强

净利润比去年增长20.64%，突破1亿元大关。品牌教材教辅销售总量进一步扩大，人教版教材实现市场占有率72%，位居全国前五位；教辅方面，集团与人教社正式确立了教辅代理合作关系，并与23家教辅出版机构达成合作，教辅市场占有率达到85%，《资源与评价》、《寒暑假作业》等自有品牌市场地位大幅提高。

二、精品出版能力大幅增强

深入贯彻“二为”方向、“双百”方针，强化主题出版，推出了一批双效俱佳的精品出版项目。17种图书进入各类国家级出版工程项目，名列全国地方出版集团前茅。黑龙江人民出版社《中国流人史》、《赫哲绝唱——伊玛堪集成》、《东北历史地理》和黑龙江少年儿童出版社《神奇的红丝带——一个关注艾滋病的童话》入选国家出版基金资助项目，黑龙江教育出版社《精神家园丛书》(英文版)进入经典中国国际出版工程，《民族精神与文化主题书系》入选中宣部18种弘扬社会主义核心价值体系重大选题，黑龙江人民出版社《马克思主义与社会主义新论》，黑龙江教育出版社《人的家园——新文化论》、《社会理想的追求》、《民族精神——精神家园的内核》等6种图书进入总署社会主义核心价值体系建设“双百”出版工程，黑龙江人民出版社《公民道德修身课程》、黑龙江教育出版社《精神家园丛书·民族精神》和黑龙江少年儿童出版社《感动一个国家的人物》等3种图书进入中宣部等10部门联合推介的百种优秀思想道德读物。《黑龙江画报》全新改版，得到原省委书记吉炳轩同志亲自指导和高度肯定，列入省直系统发行报刊系列，逐步进入良性发展轨道。《格言》继续扩大衍生品牌规模，在纸质期刊全面萎缩的行业形势下，全力保持稳步发展。《哈尔滨房地产周报》不断创新，发行量、广告收入稳中有升，《育才报》等教辅报刊为进一步扩张打下了较好的市场基础。

三、产业创新能力大幅增强

在省委支持下，集团与东北网络台整合发展，进一步完善了传媒产业链条。依托东北网的技术优势，加快数字出版。与人教社合作推进“数字校园”建设工作；与看书网、人大数媒科技公司等机构联手，挖潜数字教育领域；在有声读物、在线阅读方面积极探索；黑龙江朝鲜民族出版社与韩国最大网站Naver签约，实现《中韩·韩中辞典》数字版权贸易1亿韩元。探索进行集团内部的资源整合，通过优化配置资源实现新的增长。聚拢各社数字内容资源、渠道资源、平台资源和东北网人才、技术资源，成立东北数字出版传媒公司，集中加大投入，启动数字出版项目，搭建数字出版网络展示交易平台“东北书城”。加快数字印刷、绿色印刷升级，引进CTP技术，合作研发绿色油墨，数字化绿色印刷产业园区项目被命名为省级文化产业示范园区，印刷质量、生产能力较快提升。全面完成了图书配送中心建设准备工作，自主研发推广发行管理系统，探索设立数字智能书店、流动汽车书店，引进外贸、体彩、教育培训等多元发展业务，推动大中型书店向文化商城转型。

四、企业管理能力大幅增强

按照省委部署，积极推进重组改制工作，开展投资洽谈，优化调整方案，了解政策情况，争取相关支持，为做好下一步各项工作奠定了良好基础。进一步加强管理创新，完善企业机制。充实高层管理力量，调整优化中层队伍，广泛引进、提拔优秀人才，为年轻人才成长创造优良环境；全面落实集中资金工作，开展财务大检查，严肃财经纪律，杜绝财务漏洞。按照中央和省委部署，积极开展廉政风险防控工作；开展内部工程审计、经济责任审计8项，核减率18.8%。党建工作有序到位，党员队伍更加充实，涌现出一批先进典型，李久军同志被评为“全国文化体制改革工作先进个人”，受到胡锦涛、习近平等中央领导亲切接见，龚江红同志荣获“全国新闻出版行业第三批领军人才”称号，丁一平同志成为全国地方出版集团唯一一名十八大代表，曲柏龙同志被评为“省直机关优秀公仆”，林永万同志两度生命垂危，坚持带病工作，体现了高度的敬业精神，获“省直机关优秀共产党员”称号。集团被评为“全国文化体制改革工作先进单位”、“全省文化改革和发展工作先进单位”，被列为我省文化产业示范基地。在全省宣传部长会议上，集团和东北网荣获五项先进荣誉。

五、文化服务能力大幅增强

坚持正确出版导向，围绕大局，打造了一批主旋律文化精品。黑龙江少年儿童出版社推出《爱铸师魂》，积极宣传张丽莉英雄事迹。东北网着力强化资讯服务，贴近民生，开辟了《大美龙江》等一系列主旋律网宣专题。《黑龙江画报》继续力推地市专刊，围绕“天下粮仓”、“公路大决战”、“龙铁时速”等主题，积极展示我省改革发展新颜新貌。广泛宣传党的十八大精神，黑龙江人民出版社及时向全省输送大批学习材料，东北网开设3个十八大专题，发稿上千条，各级新华书店设立了十八大宣传专区、专架，举办了数十场相关主题宣传活动。省图书音像发行集团出色完成了全省农家书屋配送任务，到省党代会会场开展售书服务工作，组织开展了“书香龙江”等大批文化惠民活动，受到省全民阅读活动领导小组表彰，大规模开展送书下乡、进社区、进军营等活动，向佳木斯松江中学、庆安县图书馆等文化机构捐赠图书百万余元，被评为全省“十佳和谐企业”。

省委外宣办

2012年，黑龙江省外宣工作以邓小平理论、“三个代表”重要思想、科学发展观为指导，深入贯彻党的十七届六中全会和省第十一次党代会精神，围绕边境外宣大局和全省中心工作，以树立和展示“大美大爱黑龙江”良好形象为主线，积极开展对外宣传、热点敏感事件舆论应对引导和对外文化交流活动，取得扎实成效。

一、围绕学习贯彻党的十八大开展成就宣传

以“科学发展 成就辉煌”为主题，协调中国日报、香港文汇报、香港大公报、国际日报在对象国和地区刊发黑龙江专版78块，指导《伙伴》杂志开设《走向辉煌》十八大宣传专栏，述评文章纵贯全年。指导省属新闻网站系列推出《喜迎十八大》专题和“十年回眸”、“党建巡礼”、“十八大风采录”、“党史知识大讲堂”等专栏，组织10位专家在线解读十八大精神，组织100名网络评论员撰写评论文章，组织1000名微博主互动发声，吸引万余名网友参与议题讨论。突出宣传我省大项目建设、现代化大农业、生态旅游文化、口岸建设和边贸发展成就，推荐龙江经济社会发展的巨大优势与潜力。中央重点新闻网站、全国知名商业网站、全省市区重点新闻网站60余名编辑记者赴哈尔滨、绥化、伊春、黑河等地采访，制作专题40个，发布稿件200篇，图片2000幅，百度搜索量达24.5万个条目，展示了龙江网上形象。开展省直新闻媒体对口援疆采访活动，对龙江援疆项目和援疆干部的事迹进行系列报道。各地各部门以迎接宣传贯彻党的十八大为主线，全方位、多角度开展对外宣传。

二、围绕“大美大爱黑龙江”策划主题外宣活动

与五洲传播中心合作，邀请美国探索频道著名自助游节目《玩转地球》制作团队，赴哈尔滨拍摄制作大型纪录片《连接中国》“大美大爱黑龙江——哈尔滨篇”，借助该频道的39种语言及面向180个国家和地区、覆盖九亿九千万家庭的强大传播资源，生动展现了黑龙江的冰雪文化、节庆文化、民俗文化、俄侨文化、中华巴洛克建筑的独特魅力。组织协调“非洲法语国家新闻官员和记者研究班”一行44人和“拉美国家记者团”一行12人以及《国际日报》总编辑朱易、香港《文汇报》董事长王树成到我省采访考察，提高了城市的知名度和美誉度。

三、围绕全省重大活动组织对外宣传

深入开展“2012黑龙江产业(港澳粤浙)推介招商活动”、“2012中国新材料产业博览会”、“第23届中国哈尔滨国际经济贸易洽谈会”、“第12届中日经济合作会议”、“东北四省区行政长官首脑会议”、“台湾企业龙江工业行”、“黑龙江省与外埠企业项目交流合作会议”、“海峡两岸经贸论坛”等活动的新闻宣传工作，坚持“走出去”与“请进来”相结合，邀请国内外主流媒体进行采访报道，拓展了黑龙江的知名度和影响力。举办以“情动香江 携手共赢”为主题的省政府与港媒负责人联谊会，进一步密切了龙港媒体合作关系，扩大了香港主流媒体对我省经济社会发展形势的了解与认同。首次采取常规发布与专题发布相结合的方式，在第23届哈洽会新闻发布中增设了黑龙江文化产业发展、绿色食品安全等三个专题，以“黑龙江发布”微博进行直播。

四、推进新闻发布工作规范化、制度化、专业化建设

深入落实中央突发事件新闻发布工作专题会议精神，制定印发了《关于进一步加强和改进突发事件新闻发布工作的实施意见》(黑外宣发〔2012〕3号)。围绕省委省政府重点工作和社会热点敏感问题，组织有关单位和部门及时发布信息、诠释政策、公开真相、引导舆论、稳定社会。全年，围绕十八大代表人选、文化建设、宏观经济运行、妇女儿童发展规划、知识产权保护、县域经济发展、工业项目建设、大学生就业、社会保障等方面工作，召开省委、省政府新闻发布会48场。组织东北网、黑龙江省政府网、黑龙江新闻网、“黑龙江发布”微博等新媒体予以网上直播，拓展了党委政府“声音”的传播渠道。采取异地发布、境外发布等方式，举办了“黑龙江省赴京人才招聘新闻发布会暨人才合作签约仪式”、“第23届中国哈尔滨国际经济贸易洽谈会新闻发布会”、“中国黑龙江—韩国首尔经贸合作推介会暨新闻发布会”，刘国中、孙尧等省领导出席发布会并做主旨发布。

五、对外传播能力和外宣媒体阵地建设增强

借船出海，深化与中央媒体、省外媒体、境外媒体的合作，进一步加强与中央主要外宣媒体、国外驻华新闻机构和港澳媒体的交流合作，与中国日报建立了舆情信息反馈合作机制，为做好对外舆论引导和服务领导决策提供了有利条件。《伙伴》杂志认真落实《中俄边境媒体会谈纪要》精神，在提高期刊质量同时，围绕在俄印刷、扩大发行与俄罗斯远东地方政府、媒体、企业进行对接洽谈并建立合作关系，从第2期开始实现了俄罗斯“本土化”。《远东经贸导报》由半月版改为周报，扩大了对俄传播的信息量，向远东及西伯利亚地区发行52期。“你好，俄罗斯”俄语电视节目全年制作播出节目52期1040分钟，成为远东地区了解中国的窗口。“这就是黑龙江”英文新闻资讯类电视节目，每周播出7期，每期10分钟，新闻专题《“北大仓”助力全球粮食安全》获得了2012年中国新闻奖二等奖。黑龙江电视台继续与美国斯科拉有线电视网和日本岩手、北海道、新潟电视台及韩国KBS大邱放送总局合作，每月分别寄送60分钟新闻和60分钟专题片，受到海外同行及观众欢迎。黑龙江朝语广播电台继续加强对韩国KBS广播公司的交流，提供稿件180余条。东北网俄、英、日、韩四个外文频道特色鲜明，点击率节节攀升，成为境外受众了解中国黑龙江的重要“母语”渠道之一。黑龙江新闻社CNTV韩语频道于2011年11月上线，发展迅速。作为CNTV第六个外语频道，在迅速、准确、权威播报中国网络电视台重要新闻、观点及综合节目的同时，制作韩国受众喜闻乐见的视频节目，日益受到韩国各界的关注。《黑龙江新闻(韩国版)》更名为《中国周刊》，黑龙江新闻邻邦网突出朝文网站特点，自开通手机邻邦网后，对韩影响力不断增强，日点击量达67万人次。开展“2012黑龙江产业(港澳粤浙)推介招商活动”、“2012中国新材料产业博览会”、“第23届中国哈尔滨国际经济贸易洽谈会”、“第12届中日经济合作会议”、“东北四省区行政长官首脑会议”、“台湾企业龙江工业行”、“黑龙江省与外埠企业项目交流合作会议”、“海峡两岸经贸论坛”等活动的新闻宣传工作。

省精神文明建设办公室

2012年，全省精神文明建设工作认真贯彻党的十七届六中全会、中央经济工作会议精神和省委十届十八次全会和省委经济工作会议精神，以迎庆、学习、宣传、贯彻党的十八大为主线，深入落实省委文化建设"八大工程"，推进创建"三优"文明城市工程和群众性精神文明创建活动，努力提升人们的文明素质和社会的文明程度，为黑龙江经济社会更好更快发展提供精神动力和道德支撑。

(一)以深化思想道德建设为根本，广泛开展"迎接十八大、讲文明树新风"活动。在城乡社区、机关、学校、企业，依托城市公园、广场、楼院及农村文化广场，广泛开展爱国歌曲大家唱、激情广场、农民红歌赛、道德模范故事汇基层巡演、网上爱国歌曲汇演等活动。开展我推荐我评议身边好人、学模范做模范、优秀志愿者等评选表彰活动和帮扶道德模范、为好人圆梦活动，在全社会树立正确的价值导向。开展"做文明有礼的中国人"主题活动。引导人们言谈举止、公共场合、邻里相处、行路驾车、旅游观光、网上交流文明有礼，树立文明龙江的良好形象。制作展示贴近人们生活、形式新颖美观、群众喜闻乐见的公益广告，作为文明网站创建的重要内容认真抓好落实。开展弘扬"黑龙江优秀精神"贺卡寄语征集和文明短信传递活动，组织媒体开办道德模范专栏专题，办好文明龙江系列公益讲座，利用学雷锋日、公民道德日等开展道德感言征集活动，引导人们参与道德实践，奉献他人，提升自己。做好宣传教育，增强文明出行意识；组织交通引导，维护良好道路秩序；创建文明线路、文明站点，树立文明交通形象。开展"文明大行动"。实施环境整治、秩序维护、文明旅游、文明餐桌行动。

(二)以健全机制、提升素质为着力点，继续推进创建"三优"文明城市工程。广泛开展"创三优、强素质，建美好家园"主题创建活动，继续抓好城乡环境治理、交通秩序整治、市民素质提升三大工程，促进环境优化，秩序改善，服务提升，素质提高。深入推进垃圾整治、硬化绿化净化、街路整改修善、文明交通行动计划等专项工作。在党政机关开展"创文明机关，做人民满意公务员"活动，在窗口服务行业开展"礼貌待人、诚信服务"活动，在各类企业开展"践行道德承诺，负责任地做产品"活动。推动"三优"文明城市建设向县城、重点旅游名镇和"百镇"延伸，努力创造宜行宜居宜业的良好环境。落实《全省创建"三优"文明城市测评体系》和《省政府关于创新城市管理体制改革提高城市管理效能的意见》，发挥职能部门、第三方调查机构、志愿者作用，组织城市文明程度指数测评。创建文明单位要突出诚信建设，强化职业道德，完善测评标准。引导各类新经济组织、社会组织参与创建文明单位活动，拓展创建工作领域。

(三)以改善环境、惠民乐民为抓手，继续推进农村精神文明建设工作。贯彻落实中办国办《关于进一步加强新形势下农村精神文明建设工作意见》和我省《实施意见》。继续推进文明村建设示范工程，探索近郊城乡一体化、远郊城镇化、中心村社区化精神文明建设模式。制订全省文明村镇建设测评体系，组织全省农村环境整治战役，开展洁净户创评和宣传活动。实施"百城千村结对共建工程"和农民工文明素质提升计划，广泛开展文明小城镇、文明社区、文明集市、文化广场、文明户和城乡共建活动，开展创业之星、公益之星、孝老之星和文艺之星评比活动，总结宣传农村精神文明建设工作典型经验。继续开展唱红色歌曲、颂身边好人、诵中华经典、演地方曲目活动，举办第二届全省农民红歌赛，丰富农民精神文化生活。总结宣传宏志班贫困学生励志成才“感恩社会”先进事迹。

(四)以项目建设、考核测评为牵动，扎实推进未成年人思想道德建设工作。着力引导广大未成年人“心向党、爱劳动、有礼貌”，培养中国特色社会主义事业合格建设者和可靠接班人。开展以“心向党、跟党走”为主题的歌咏、读书等系列活动，开展以“爱祖国、爱家乡”为主题的网上祭英烈、向国旗敬礼、童声里的中国、中华是我家优秀童谣征集传唱等系列活动，开展以“爱父母、敬师长”为主题的系列活动。并与教育部门共同组织中小学生开展中华经典诵读和读好书活动，开展“美德阳光学生、美德阳光老师、美德阳光家长、美德阳光学校”评选活动，深化“做一个有道德的人”主题活动，组织实施未成年人思想道德建设测评和专项督查。加强图书馆、科技馆、博物馆、展览馆等校外活动阵地建设。落实中央文明办“乡村学校少年宫”建设任务，及时配套资金，推进项目建设，完善后续管理，发挥应有作用。并做好第二批乡村少年宫建设工作。推进未成年人心理健康指导站建设。坚持不懈加大网络淫秽色情和低俗信息整治力度，坚持不懈整治出版物市场和校园周边环境，为未成年人健康成长营造良好社会文化环境。

(五)以制度化建设、科学化管理为保障，扎实推进志愿服务工作。传播志愿服务精神，提升志愿服务文化自觉。开展暖心关爱志愿服务，深化关爱空巢老人、关爱农村留守儿童、关爱农民工、关爱残疾人等志愿服务活动。健全志愿服务机制，形成文明办牵头、有关部门和社会各方面共同参与的组织领导机制，把志愿服务活动纳入城市文明程度指数和文明单位测评的考核推动机制，以各城市为主登记注册、培训提高的管理运行机制，以星级评定、评选先进为主要手段的表彰激励机制，推动志愿服务常态化、上水平，实现志愿服务队伍由青年为主向全体社会成员共同参与转变，志愿服务活动由阶段性为主向经常性转变，志愿服务管理由松散型向规范化转变，进一步拓展服务领域。修订《黑龙江省志愿服务工作条例》，筹建黑龙江省志愿者组织和相关机构。用好志愿服务注册管理系统，推进志愿服务工作规范化制度化建设。组织开展“五个一百”先进集体和个人的评选表彰和经验交流活动。

(六)以弘扬中华优秀传统文化为宗旨，大力推进“我们的节日”主题活动。大力弘扬中华民族优秀传统文化，增进民族情感，凝聚民族力量，提升民族时代精神，建设共有精神家园。组织开展多种形式的节日民俗活动和文化体育娱乐活动，办好邻居节。通过经典诵读和吟咏赛诗、写春联、猜灯谜等传统文化活动，突出文化内涵，使传统节日成为文化传承载体。引导未成年人知晓、进入传统节日；突出人文关怀，开展多种形式的送温暖献爱心活动，彰显中华民族崇德向善、团结互助的风尚；突出营造氛围，组织媒体报道节日盛况，营造浓厚节日氛围。

(七)以规范管理、整合资源为手段，推进网上创建活动。充分发挥黑龙江文明网传播文明、引领风尚、推进工作的作用，组织网上创建系列活动。围绕精神文明创建重点工作，设计内容生动、形式活泼的各种网上活动，用网上活动推动实际工作。依托文明单位、高等院校和新闻单位建设网络志愿者队伍，打造网上舆论阵地，把文明网建成影响较大的工作网站。培训全省各级文明办工作人员，加快知识更新和能力提高。深入开展“创业、创新、创优”活动和学习型文明办建设活动。深化“我推荐我评议身边好人”、“师德医风网上行”等活动，运用博客、视频等多种手段，推进网上创建活动。

省网信办

2012年,黑龙江省互联网宣传管理工作以邓小平理论和"三个代表"重要思想为指导,深入落实科学发展观,认真学习贯彻党的十七届六中全会和省委十届十八次全会精神,精心组织党的十八大网上宣传报道和管理工作,围绕中心服务大局,唱响主旋律、打好主动仗。坚持"三贴近"的原则,开拓思路,创新手段,全面深入开展网上正面宣传,加强网上信息内容管理,不断提高舆论引导力和对外传播力,增强黑龙江特色文化的影响力和感染力,为全省加快推进"八大经济区"和"十大工程"建设,推动经济社会又好又快发展营造了良好的网上舆论氛围。

重点做好全国和全省"两会"的宣传。开设全国、全省"两会"专题20余个,刊发稿件3000余篇,图片2800余幅,视频20余个,展示了黑龙江省经济社会发展的新变化。为突出党的十八大主题,先后两次召开会议、三次下发通知,全面部署十八大网上宣传。全省各网站在要闻区刊发十八大新闻稿件4000余篇,协调人民网、新华网制作黑龙江成就展示专题3个。组织策划开展了以"科学发展、大美龙江"为主题的"第六届全国网络媒体龙江行"活动,制作宣传黑龙江专题42个,发稿2000余篇,图片3000余张,视频30余个,微博客等互动栏目信息200余条,百度搜索结果达245000条,提升了网上黑龙江影响力。围绕哈洽会、新材料博览会、哈尔滨冰雪节等重大活动,组织网上专题宣传,刊发稿件1200余篇,图片2000余张,视频专题10余个,展示了网上黑龙江良好形象。积极开展网络文化主题活动,组织策划了"十年发展、点滴印记"网络作品大赛活动,鼓励广大网民参与创作健康向上的网络文化作品。组织开展"爱传百城——寻找身边的美丽故事"网络文化活动,有效宣传推介了"最美女教师"张丽莉、"最美叔叔"谢尚威,哈尔滨"最美警卫战士" 高铁成等人们身边感动人物的先进事迹。扶持各网站开展迎接党的十八大"金秋作品展"、"学雷锋树新风学铁人立新功"征文活动等70余项网络文化活动。以"迎接党的十八大网上宣传"为主题,召开全省新闻网站新闻宣传评议暨黑冀网络文化交流会议,与河北省网信办进行了网络文化建设经验交流,有效促进了网络媒体在建设网络文明中发挥重要作用。出台了《关于进一步加强全省网上舆论引导工作的实施意见》和《黑龙江省突发网络舆情应急处置办法》,加强对全省网上舆论引导工作的指导。围绕学习、宣传、贯彻党的十八大精神,组织网评文章100余篇。加强网上热点问题和突发事件的舆论引导,全年共下发《舆论引导提示》29期,有效引导了教育、医疗、住房、就业、收入分配、社会保障等关系群众切身利益的热点问题。围绕"哈医大一院杀医事件"、"哈尔滨阳明滩大桥引桥坍塌"等10余起突发网络舆情,协调开展应急处置,迅速平息网上舆论态势。继续开展网民留言回复工作,与省政府督查室共同制订《网民留言回复办理意见(内部稿)》,全年回复网民留言20条。

围绕理顺体制健全机制,全面加强网络内容管理,净化了网络环境。建立了省直有关单位互联网信息工作联席会议制度,制定了《黑龙江省互联网信息工作领导小组成员单位联席会议工作规则》、《黑龙江省互联网信息工作领导小组议事规则》,进一步加强与省直有关部门的沟通协调,提高了互联网管理能力和水平。规范了互联网新闻信息服务审批、备案管理工作。开展2012年度互联网新闻信息服务资质年审工作,首次对6家中央新闻网站地方频道和2家商业网站地方频道进行审核，进一步加强了互联网属地管理。进一步规范网上新闻信息传播秩序。下发了《黑龙江省关于规范党政机关及党政干部运用微博客的意见(试行)》，加强微博客等互动业务的管理。开展了互联网及手机媒体传播淫秽色情及低俗信息的专项整治工作，共清理“偷拍”、“走光”、“露点”等低俗、淫秽色情信息300余条，后台审核中发现并屏蔽各类有害信息560余条。加大对涉黄违规网站的打击力度，协调省通信管理局关闭“欢乐购”、“欲之都商城”和“代购网”三家违法网站，网络环境得到净化。加大对省内论坛性网站的监看力度，全年共清理各类有害信息110余条。以“文明网站”创建活动为载体，推动网络文明建设。制定下发了《黑龙江省文明网站测评评比标准(暂行)》，启动“文明网站”评选工作，择优推荐十家网站参加中央组织的“文明网站”评选活动。制定了《黑龙江省属地内新闻类网站考核管理办法》，对于推动建立网站长效考核机制，进一步加强网站制度化、规范化建设，促进属地网站健康发展具有重要意义。加强行业自律建设，组织召开全省网络媒体行业自律建设座谈会，制定《全省新闻网站行业自律公约》，部分网站设立了自律专员。加强安全保障工作，提高网络信息安全防范能力。

围绕服务决策，全面加强舆情信息报送工作，较好发挥参谋助手作用。全年共编发《舆情信息》230期，《舆情专报》29期，《舆情抄告》6期。向中宣部报送舆情信息7500余条。完成约稿3500余条，上报信息12000余条。省委书记吉炳轩在舆情信息刊物上批示15次，其他省、部领导批示50余次，舆情信息成为服务决策、推动工作的有效参考。不断拓展舆情服务领域，并完善舆情搜集、整理、分析、报送等流程，提高舆情信息报送的时效性，为领导决策和舆论引导提供了可靠依据。制定下发了《舆情分析研判联席会议制度》，积极组建舆情分析员队伍，定期开展舆情研判。2012年共完成中宣部舆情信息局调研任务6次，完成中央外宣办舆情分析研判任务3次，同时完成季度、半年舆情分析成果4篇，对于指导网上舆论引导和突发舆情应对发挥了很好作用。舆情信息员队伍建设不断加强。完善舆情信息员培训和考核奖励机制，有效提高了基层舆情信息员的工作能力，扩大了舆情信息工作的影响力，对上舆情报送稳居全国先进行列。

省画院

2012年省画院在省委宣传部的正确领导下，深入学习全面贯彻党的十七大、十八大精神，深入领会和贯彻落实科学发展观，坚持“二为”方向和“双百”方针，全面贯彻落实党的文艺工作路线、方针和政策，紧紧围绕省委省政府提出的“创作文学艺术精品，造就北疆文艺劲旅，建设边疆文化大省”的战略任务，在文艺精品创作和各项工作中都取得了良好的成果。

一、参加纪念毛泽东同志《在延安文艺座谈会上的讲话》发表70周年全国美展及庆祝建军85周年等多项美术作品展览和活动并发表作品

曹香滨中国画《兴安秋韵》四幅组画参加纪念毛泽东同志《在延安文艺座谈会上的讲话》发表70周年全国美展，该展览由中国文联、中国美协、中国文联基金会主办，在中国军事博物馆展出(本次展览未评奖)，此作品发表于中国美协《美术》杂志；曹香滨中国画《呼玛河畔》参加由文化部中国画学会主办的“绿色·和谐”第三届全国中国画作品展。曹香滨参加2012年2月省委召开的黑龙江省宣传思想文化艺术界专家学者代表座谈会；参加2012年7月省委召开的2012年黑龙江省文艺家深入生活采风创作活动座谈会，做了题为《大美大爱做主题，重彩浓墨绘龙江》的大会发言。哈尔滨电视台播放专题片《丹青塞北情——曹香滨中国画艺术》。

张海东中国画《郜忠利烈士》入选庆祝中国人民解放军建军八十五周年全国美展，由文化部、解放军总政治部、中国美协主办，在中国美术馆展出；张海东中国画《吉隆坡之夜》入选全国文化系统青年书法美术作品展，该展览由文化部直属机关党委等主办，在中国美术馆展出。《临风》入选第105届巴黎秋季艺术沙龙展，在辽宁、海南、法国巡展，展览由东方文化艺术院、海南省委宣传部主办。

陈阳中国画《江南系列》参加北京女画家迎春作品展、女美术家环保作品展，展览分别由北京女美术家联谊会主办。

荆桂秋中国画参加“龙江情怀”黑龙江省中国画精品展，展览由省委宣传部主办；参加苍天圣地和谐阿拉善中国名家邀请展，展览由内蒙古阿拉善盟主办；参加庆祝《美术界》创刊40周年全国美术名家作品邀请展，展览由《美术界》杂志社、广西书画研究院主办；参加“纪念玄奘大师诞辰——中国禅意书画大展”，展览由河南省花鸟画研究会、河南偃师市委宣传部主办。

兰立斌油画作品参加“艺术北京”活动，举办“兰立斌西藏专题展”。

吴喜全中国画参加“冰雪节全国名家作品展”、“全国扶贫作品展”。

夏恩智系列中国画参加“文脉·形态四人展”，展览由省华侨联合会、省美协等主办，在省美术馆展出；参加“意趣·程式·笔墨”四人展，展览由省画院、省图书馆等主办，在省图书馆展出。

王冰中国画荣获中国书画报“华夏之星”荣誉。

二、“火热时代 多彩龙江”—2012黑龙江省文艺家深入生活采风创作活动

2012年7月，曹香滨、张海东参加省直采风团赴大庆、齐齐哈尔、九三农垦局、五大连池、黑河、北安以及佳木斯、黑瞎子岛等地体验生活，黑龙江日报、东北网发表曹香滨采风作品和创作体会。2012年12月，在“火热时代 多彩龙江”美术书法摄影作品展中，曹香滨《母亲的节日》获特别奖，荆桂秋《百花争艳》获一等奖，张海东《临风》获二等奖，王冰、吴喜全作品入选。此活动由省委宣传部、省文化厅、省广播电影电视局、省新闻出版局、省文联、省作协、省画院共同主办。

曹香滨参加中国长城书画院赴美国文化交流、画展、写生和参观活动，活动由中国长城学会主办。

三、举办美术作品展

举办了“献礼辉煌——黑龙江省画院庆祝党的十八大美术作品展”，活动由省委宣传部、省画院、省文联、省报业集团、省美协主办。

举办了“地域·创境——纪念王仙圃97周年诞辰国画展”，活动由省委宣传部、省文联主办，省美协、省画院、省美术馆承办。

黑龙江新闻社

2012年是黑龙江新闻社战略性调整和各项事业取得重大突破的一年。在省委宣传部的正确领导及省外宣办的具体指导下，紧紧围绕省委省政府中心工作，本着“夯实基础，彰显活力，创立品牌，构建大外宣格局”的工作定位，努力把各项工作落到了实处，并取得了一定的成效。

一、《黑龙江新闻》日刊发展稳定，导向正确

在报刊市场竞争激烈和读者市场逐渐萎缩的情况下，为了继续保持党报对少数民族的舆论引导作用，进一步促进朝鲜族社会和谐稳定，不断提高报纸质量，努力扩大报纸的覆盖面，报纸发行量保持了上年水平，同时降低运营成本，提高创收能力，积极探索新的经营模式，已经与东三省其他同语种媒体达成战略合作关系，通过资源互补、内容共享和广告版面互换等方式减低运营成本、扩大影响面、增加广告收入，目前收效良好。

在报道方面，紧跟形势，始终坚持正确的舆论导向。一是为迎接“十八大”的召开创造良好的政治氛围，策划组织了“在农村的田野里播下希望的种子”等系列报道。积极反映在党和各级政府的关心和支持下，全省各地朝鲜族村的新农村建设发生翻天覆地的变化。与吉林朝文报、辽宁朝文报联合策划组织了“全国朝鲜族企业家访谈录”系列报道。通过成功企业家的访谈，宣传改革开放的成果。二是借中韩建交20周年之际，策划组织了“纪念中韩建交20周年”系列报道。通过回顾中韩建交20年来取得的成绩，积极推进中韩两国友谊，也为黑龙江的经济发展起到了良好的宣传作用。

二、CNTV韩语台项目进展良好

2011年，在省委宣传部的部署和张效廉部长亲自协调下，黑龙江新闻社与央视国际达成合作关系，共同创办了中国网络电视台(CNTV)(央视网)韩语台，并于当年11月28日试播，于2012年3月28日正式开播。央视网韩语台是继英语台、西班牙语台、法语台、阿拉伯语台、俄语台后，推出的第六个外语频道。

作为中央媒体的外宣平台，CNTV韩语台开播一年来，坚持了正确舆论导向，在思想上、政治上、行动上与党中央保持一致，以特有的语言形式及时准确地将党和政府的声音传递给了韩国和世界韩语圈受众，引导受众了解中国、了解中国改革开放政策，了解中国经济发展趋势，了解中国对当前国际形势及重大国际问题的看法和立场，为提高外宣影响力，加强国际传播能力建设，起到了积极的、不可替代的作用。

三、《黑龙江新闻·韩国版》规格提高

为尽快将本报韩国版做大做强，在对过去三年工作认真总结的基础上，2012年对韩国读者市场作了进一步调研，并加强对韩国支社的领导，年初派出一名班子成员长期驻守韩国支社，调整了韩国支社人员队伍。目前，韩国版的工作已出现新的局面。

一是韩国版报纸运营采取了由本社负责报纸的编辑、排版工作，由韩国支社负责报纸发行、部分采访、广告、通联等业务的方式。具体流程是由本社韩国版编辑部完成报纸的编辑、排版后，把电子版通过电子邮箱传送到韩国支社指定的韩国当地印刷厂，报纸印刷后由韩国支社来进行报纸发行。

二是把好舆论导向，韩国版制定了层层把关的五级审读制度，保证了报纸质量。为了进一步提高本报韩国版在韩国的公信力和权威性，2012年5月，经省外宣办与国新办协调，《黑龙江新闻·韩国版》在韩国变更登记，更名为《中国周刊》，由黑龙江

省政府新闻办主办，黑龙江新闻社出版。将来有望归口国新办主管，并常年给予一定的资金支持，这使《黑龙江新闻·韩国版》的规格大大提高。

四、黑龙江新闻韩文网(邻邦网)稳步发展

该网除了作为报纸的电子版正常运营之外，还组织专人每天精心编译新华网等主流媒体的新闻信息。特别是自2011年开通了手机邻邦网后，更加突出了多媒体功能，进一步优化了栏目结构，对评论、论坛、博客等互动栏目，做到了进一步的细化管理，多层次、多方面、多角度地拓宽了外宣影响面，突出了韩文网站的外宣特点，扩大了外宣形式和内容。

2012年，邻邦网的日点击量从上一年的30万—40万猛涨到67万多次。

五、国际间合作与交流进一步加强，国际影响力不断提升

黑龙江新闻社作为黑龙江省规模最大、级别最高的少数民族新闻文化机构，无论是在国内的朝鲜族群体中，还是在韩国和朝鲜都有很高的声誉和影响力。大部分到访我省的韩朝两国文化团体和客商(包括国家使节)都要到黑龙江新闻社参观访问。

2012年黑龙江新闻社与韩国主流媒体间的交流与合作有了新的进展，与韩国的韩国网络电视台、京仁电台、韩国日报社、东亚日报社建立了合作关系。并与韩国最大媒体——朝鲜日报社(报纸、电视台综合媒体)开始了合作的探讨。

随着我国改革开放的不断深入和经济全球化的发展，国际间的往来将更加频繁，特别是我国与韩国、朝鲜等周边国家的经济合作和文化交流也将更加密切，意识形态领域的斗争亦会更加激烈。《黑龙江新闻》所拥有的多种形式的韩文媒体，以其独特的优势，必将在政治、经济、文化等方面起到更加重要的作用。

省新闻工作者协会

2012年，省新闻工作者协会（简称省记协）以“三项学习教育”活动为主线，不断深化“走基层、转作风、改文风”活动，在省委宣传部的领导下，积极发挥桥梁和纽带作用，围绕中心、夯实基础、扩大影响，完成各项既定任务，取得积极成效。

一、增强服务意识，积极完成各项评奖评优及报送工作

省记协坚持“组织、协调、服务、监督”的工作方针，配合省委宣传部做好黑龙江新闻奖和黑龙江省十佳新闻工作者的评奖工作。同时也积极做好长江韬奋奖和中国新闻奖的推荐报送工作。

经过层层筛选，推荐参选的张广雷（省电台交通广播总监）获得长江韬奋奖。推荐参评中国新闻奖的新闻作品中有10件获奖。其中一等奖1件：黑龙江人民广播电台的现场直播《农耕之梦》；二等奖4件：新晚报的通讯《用生命捍卫300万人生命线》，黑龙江人民广播电台的系列报道《居上》，黑龙江电视台的节目编排《新闻联播》、国际传播《FEEDING CHINA FEEDING WORLD “北大仓”助力全球粮食安全》；三等奖5件：黑龙江日报的消息《走股份制经营之路 让集体资产裂变式增值 红星村失地农民成股东》，新晚报的漫画《啃老去！》，黑龙江人民广播电台的消息《黑龙江大小兴安岭林区全面停止主伐》，东北网的网络访谈《龙江科普网谈——第一期“了解核辐射”》、国际传播《俄罗斯人在黑龙江》。

二、深入开展“走基层、转作风、改文风”活动，走访地市调研

自“走转改”活动开展以来，全省大批新闻记者深入基层，躬行大地。全省各级各类媒体已建立多个基层联系点，开设各类“走转改”专题专栏，媒体领导和采编人员多次深入基层蹲点调研采访，刊播了一批基层气息浓厚、饱含真情实感、内容鲜活生动的新闻佳作，真实再现了新闻工作者“在路上、在基层、在现场”的足迹，实实在在反映了全省新闻界在践行“走转改”活动中的难忘历程和丰硕成果。推动“走转改”活动与重大主题宣传及各项实际工作相结合，使全省新闻宣传工作跃上新台阶。

6月4日—12日省记协陪同由中国记协书记处书记高善罡带领的中国记协调研组到省直及地市新闻媒体进行“走转改”活动座谈调研。调研组组长高善罡对全省开展“走转改”活动给予了充分的肯定：一是精心部署、推动有力。“走转改”活动受到各级领导高度重视，并对省级新闻媒体“走转改”活动亲自指导。二是围绕中心、服务大局。按照省委、省政府提出的“建设现代化大农业”“建设大美大爱龙江”重点工作和重点民生工程，组织编辑记者深入一线，挖掘报道素材，突出报道基层建设者和普通百姓，进一步激发了全省干部群众贯彻落实科学发展观的积极性、主动性、创造性，营造了健康向上的良好舆论氛围。

三、加强队伍建设，召开“全省新闻媒体改革与发展培训班”

为学习贯彻落实十八大精神，加强社会主义核心价值体系建设，加强马克思主义新闻观教育，提升新闻工作者的整体素质，促进媒体的改革与发展，增强媒体的公信力。2012年12月7日省记协举办全省“新闻媒体改革与发展”培训班。中国记协党组书记、副主席翟惠生，黑龙江电台副台长赵鸿洋，黑龙江电视台副台长刘宁，黑龙江日报报业集团编委、政教新闻中心主任刘荣升，哈尔滨日报报业集团总编辑叶鸿南为全省省直新闻媒体主要负责人、业务骨干以及全省各市地媒体主要负责人共计240

人进行了精彩的培训。

四、圆满完成首次全国新闻界长江韬奋奖获得者休养考察赴黑龙江活动，展现龙江现代化大农业、大林业的辉煌成就

9月4日至9日，中国记协首次组织全国新闻界长江韬奋奖获得者赴黑龙江休养考察。4日下午召开了座谈会，黑龙江省委宣传部常务副部长李寅奎出席并致辞，中国记协党组成员、书记处书记祝寿臣出席并讲话。

来自新华社、中央人民广播电台、中国国际广播电台、解放军报社等二十余名长江韬奋奖获得者听取了森工、农垦等发展情况介绍。大家畅谈采访经历并就如何宣传报道黑龙江的发展变化进行了交流。

考察团一行参观了哈尔滨、亚布力林业局、省农垦总局红兴隆管理局、友谊农场和伊春等地，深入基层，相互交流，进行调研和考察。不仅对黑龙江省情有了进一步的了解，而且对黑龙江的大农业、大林业有了新的认识。他们深入调研黑龙江贯彻落实科学发展观取得的重大成就，深入总结黑龙江发展现代化大农业和大林业的先进经验，宣传黑龙江、报道黑龙江，为党的十八大的胜利召开营造良好的舆论氛围。

五、增强全省新闻从业人员的“植绿、护绿、爱绿”意识，开展“共建龙江记者林”活动

5月3日，省记协与省森工总局联合开展“共建龙江记者林”活动，来自全省16家新闻媒体的50余名新闻工作者齐聚亚布力林业局青云新区，种下一株株小树，用实际行动引领受众增强环保意识。省新闻出版局、黑龙江日报报业集团及省森工总局领导共同为“记者林”启动揭幕。省人民广播电台、省电视台、东北网、哈尔滨日报报业集团、哈尔滨市广播电视局等单位的负责人参加了启动仪式。

活动中，新闻工作者代表们纷纷表示，看到一棵棵树苗落坑填土，看到光秃秃的山丘逐渐涂染一抹抹新绿，作为“新闻人”感到欣喜和自豪。气候变暖、土地沙化、植被萎缩，这样的字样儿曾频繁出现于报道中、落笔于稿件内，作为“新闻人”有义务通过自身行动去引领公众植树护绿。

“记者林”今年规划20.5亩，位于从青云新区到亚布力滑雪场的必经之路上。省记协号召全省新闻从业人员每人捐种一棵树，并提倡以单位名义种植本单位“记者林”，从而使“记者林”不断扩建、发展，以实际行动走进基层、服务社会，为“生态龙江”建设营造良好氛围。

六、庆祝记者节举办省城新闻媒体羽毛球比赛

为庆祝中国第13个记者节，省记协举办省城新闻界羽毛球赛。此次比赛设混合团体赛、男单、女单、男双、混双及领导组男子单打等比赛项目。来自黑龙江日报、黑龙江电台、黑龙江电视台、东北网等9支代表队参加了团体比赛，一百余人参加了单项比赛。经过激烈角逐，黑龙江电视台获得团体冠军，来自黑龙江电视台的宋修来获得男子单打冠军，哈尔滨日报社的曲龄云获得女子单打冠军，黑龙江电视台的姜宏亮/李相勇、张英健/李冰茹分获男子双打冠军和混合双打冠军，哈尔滨日报社的马霆获得领导组单打冠军。

黑龙江省文化改革与发展促进会

2012年,刚刚成立的黑龙江省文化改革与发展促进会,按照省委领导关于"选准突破口,抓住着力点,尽快干起来"的指示及部领导的要求,突出一个核心,抓住两个重点,开展三项活动,发挥四个作用。边调研、边摸索、边规划、边实践,主要做了以下几方面工作:

一、组织建设进一步健全

一是强化基础建设。在充分调研论证、与有关方面沟通基础上,起草编制了《黑龙江省文化改革与发展促进会常设机构设置》、《黑龙江省文化改革与发展促进会、北京龙江国际文化发展中心联合工作机制》、《黑龙江省文化改革与发展促进会当前和今后一个时期重点工作》三个文件,并得到部领导批准,作为指导推进文促会工作的重要抓手。并按张效廉部长指示,与省文化产业联合会对接,就该会进入文促会作为分支机构、在文促会领导下开展工作达成共识。与北京文化中心建立联合工作机制,确保哈尔滨、北京两地共同任务有序推进。

二是健全工作机构。调整完善组织结构,设立四个部门,一个分支机构,设立五个专业委员会,明确工作任务和职责。从市地、省直、大学毕业生中选调选聘七名具有文化改革发展工作经验和专业知识的同志,启动推进工作。文促会办公地点设在果戈里大街省直办公区。其他工作平台建设正在逐步推进。

三是发挥整体功能。进一步明确理事(会员)单位资格条件,规范审核程序,加强会员管理。充实完善会员单位,搞好会员审核登记,筹备召开文促会理事会和会员代表会。充分发挥各位会长、秘书长、理事、会员、专委会成员的优势和作用,调动他们的积极性和创造力,推进文促会整体功能的有效发挥。

二、活动影响进一步扩大

一是承办第八届深圳文博会参展和第23届哈洽会文化产业展及第七届中国龙江国际文化艺术产业博览会取得显著成果。克服了人手少、资金缺、时间紧、任务重等诸多困难,夜以继日工作,出色完成了方案制定、组织参展、设计布展、项目推介、现场签约等任务,三个展会策划主题突出,展示特色鲜明,招商成果显著。深圳文博会上,组织了10个重大项目在会上推介,30个重点项目现场签约,总签约额155亿元。哈洽会上,有24个项目现场签约,总签约额113亿元。两个展会均获"优秀组织奖"和"最佳展示奖"。第七届文博会,邀请了中国工艺美术行业协会参与主办,扩大了参展规模,逐步向国家级、国际化迈进。

二是征得中央电视台外语频道免费拍摄播出文化旅游专题片落户我省。经与中央电视台新闻中心反复沟通,中央电视台每年一次外语频道《旅游指南》(2012年计划3集,实拍5集,播出7集,每集30分钟)专题片的拍摄任务落户黑龙江。历经20多天的拍摄采访,圆满完成了任务。中央电视台外语频道2012年春节前后播出7集(每天4个时段),重播三次,信号通过6颗卫星覆盖全球。同时还翻译成西班牙语、法语、阿拉伯语和俄语,在央视西班牙语国际频道、法语国际频道、阿拉伯语国际频道、俄语国际频道分别向全球观众播出。

三是协调组织承办了"2012中俄国际文化旅游产业发展大会"。经多次与绥芬河市委市政府沟通,多方组织协调,在绥芬河启动2012中俄国际文化旅游产业发展大会,并取得成功。大会组织了中俄文化旅游产业发展论坛,举办了中俄文化旅游经贸商品展览,中俄双方有30多家政府、文化、经贸代表团参会。

四是联合承办冰雪动漫展览。与马迭尔集团、深圳广电集团共同承办第二届中国冰雪动漫展览会、首届中国冰雪动漫主题论坛、百万青少年冰雪冬令营系列活动,历时13天。

三、项目服务进一步助推

一是积极为会员单位重点项目提供全程服务。对启动项目策划、在建项目跟踪、资助项目评估、招商项目融资、股改上市项目助推等方面,聘请专家做好咨询论证、跟进服务工作。与哈尔滨银行沟通,为全省文化企业提供20亿贷款信贷支持。推动高校与企业对接,与黑龙江大学共建文化创意、经营管理人才实验班,为文化企业提供紧缺人才。组织协调助推近百家文化企业就文化产业重点项目在几个文化产业展会期间成功推介、签约,并跟踪服务。

二是积极为会员重点项目生成壮大发展搭建对接平台。借助几个国家级展会,为重点项目招商引资举行推介签约服务;联系东北网络台、黑龙江文化产业网提供重点项目窗口,省报业集团、省广播电台、省电视台适时对龙头企业、领军人物进行集中宣传;积极与省文化产权交易所、哈尔滨经济技术开发区、群力文化产业示范区、道外巴洛克街区建立联系,为推动企业产品产权交易提供服务。

三是积极为重点项目落地嫁接助推。积极助推哈尔滨中俄油画城建设,百名俄罗斯油画家工作室落户,千幅俄罗斯油画收藏,万米俄罗斯油画博物馆项目落户松北。积极助推文化与旅游结合的驻场演出项目,促使齐齐哈尔市政府与北方演艺达成合作意向。

四、文化交流进一步发展

一是加强与国际文化经贸商会联系,中德文化产业促进会落户我省。并启动文化经贸领域项目信息沟通,文化经贸组织企业互访,文化产业促进会间合作等项工作。

二是加强与澳门文化企业合作。积极征得澳门七里香集团进驻我省,合作开发文化旅游纪念品,与新洋科技合作的“雪娃”系列产品已经投放市场。

三是加强与俄罗斯等国家文化交流。积极征得俄罗斯驻中国大使馆的支持,组织三次俄罗斯圣彼得堡艺术院士、功勋艺术家来我省进行文化艺术交流活动。组织了省直及部分市地企业(单位)负责人赴欧洲学习考察,进行文化交流活动。

哈尔滨市

2012年，哈尔滨市宣传思想文化战线坚决贯彻中央和省市委决策部署，围绕加快实施新战略、建设文化名城目标，坚持以“文化建设推进年”为牵动，实施文化建设“六大工程”，牢牢把握正确导向，有效应对各种挑战，大力推进改革创新，全市宣传思想文化工作呈现良好态势，为建设繁荣幸福文明和谐哈尔滨提供了有力的思想文化支持。

一、围绕解放思想，拓展理论武装工作，凝聚起科学发展的强大力量

把学习宣传贯彻党的十八大精神和省市委重大会议精神作为理论武装工作的重中之重，扎实推进学习型党组织建设，为经济社会科学发展提供了坚实理论支撑。一是紧跟重大决策部署，迅速兴起学习热潮。围绕党的十八大和省市党代会及全会召开，迅速组织全市学习宣传贯彻工作。起草全市学习通知和安排意见，组织市委中心组集中学习和专题报告会8场，举办培训班、座谈会、主题征文和网上答题活动，编写《学习哈尔滨市第十三次党代会精神问答》、《坚定实施新战略 奋力实现新跨越》、《新战略新跨越新思考》、《学习宣传贯彻党的十八大精神专刊》等辅导读物，运用《学理论》、《理论学习》、《中心组学习通报》、《学习型党组织建设简报》等载体解读理论、反映成果，推动持续兴起学习贯彻热潮。二是紧扣重大宣传主题，加强党的理论创新成果普及和路线方针政策阐释。组建市委宣讲团分赴全市各地巡回宣讲120余场，召开全市理论下基层通河现场会，利用专家学者基层行、党委书记上讲坛、哈尔滨讲坛、社区市民讲堂等载体，帮助干部群众准确掌握党的十八大和省市重要会议精神。组织新闻媒体开展集中宣传，推出一批深度报道、综述、社论、评论，《哈尔滨日报》推出理论专刊20余期、重要理论文章69篇，制作播出电视理论专题片《跨越》。全市各地区、各部门因地制宜，精心组织党的十八大精神宣传普及，组建各级各类宣讲团51个，宣讲小分队（宣讲小组）700多支，创建“阿城理论学习微群”、“延寿集中学习日”等一批富有特色和成效的学习载体。全年共组织各种形式宣讲1000余场（次），推动党的十八大精神进企业、进农村、进社区、进机关、进校园。三是紧贴重大理论实践问题，推出一批重大理论研究成果。开展“助推新跨越，社科大调研”活动，完成39项重大课题，召开各类专题研讨会20余次。市社科院大力实施“蓝皮书”工程，编撰出版经济、社会、旅游、农业和东北亚区域经济社会发展蓝皮书，完成应用对策类研究成果60余项。市社科联组织第十八届社会科学优秀科研成果评奖工作，评出优秀科研成果78项。

二、围绕改善民生，推进文明城市创建，城市文明程度指数大幅提升

着眼人民群众需求，把建设干净有序文明的城市环境，作为精神文明建设工作服务民生的重要任务，深入实施“三优”工程，举全市之力创建全国文明城市，塑造了哈尔滨文明向上的城市形象。哈尔滨市在全国城市文明程度指数测评提名资格城市中位列第三名，未成年人思想道德建设工作在全国127个城市中位列第八名。一是调动全市人民参与，形成创建全国文明城市的生动局面。把创建全国文明城市纳入哈尔滨市发展新战略，把增强经济综合实力作为“创城”的根本依托，把加强基础设施建设作为重要抓手，把提高管理服务水平作为主要任务，把提升市民文明素质作为核心要求，把改善民生作为价值追求，在全市打响三年“创城”攻坚战。成立高规格的“创城”工作指挥部，实施创建文明城

市行动规划，积极推进政务、市场、人文、生活、生态等八大环境建设，组织开展城市文明程度指数测评工作。创办哈尔滨文明网、《哈尔滨文明导报》、《文明哈尔滨》导刊，创编《市民文明礼仪手册》、《市民应知应会手册》，大规模组织开展户外“创城”公益广告宣传，在媒体刊播“创城”稿件2万余条，入户发放《致市民一封信》100万份，把全社会的积极性引导到“创城”实践中来。二是集合各部门力量，形成整治“三个环境”的工作态势。充分发挥统筹协调作用，牵头组织城管、执法、交通、交警等部门，联合开展卫生环境、交通秩序、窗口服务专项整治，组织实施拆除违章建筑、清除小广告、治理酒后驾车三次大规模整治战役，组织开展“杜绝车外抛物”、“弯弯腰、伸伸手”和每周固定义务劳动等一系列公益活动，近10万名干部群众参加了全市义务劳动，城市面貌发生根本性变化。在市直部门和窗口行业开展“创建共产党员先锋岗”、道德领域突出问题专项教育和“讲文明树新风，优质服务月”活动，窗口服务质量明显提升。在各区、县(市)深入开展“创三优、强素质、建美好家园”创建活动，依兰县实施“十百千”社区环境整治工程，呼兰区被省委、省政府命名为全省“三优”文明城市建设先进城区。三是大力提升市民素质，形成文明向上的“哈尔滨风尚”。加强社会主义核心价值体系教育，坚持用哈尔滨时代精神凝聚创业创新力量，用身边的时代楷模引领道德风尚。组织开展“唱爱国歌曲、诵中华经典、进道德讲堂、学身边好人、兴志愿风尚、做文明市民”主题实践活动，广泛评选身边好人、道德模范、感动哈尔滨人物(群体)、创建全国文明城市形象大使，涌现出张宝金、谢尚威、刘效忠等一批时代楷模，推出268位市级身边好人、140位黑龙江好人、15位中国好人，培育形成“哈尔滨风尚”，得到中央领导批示和新华社等中央媒体的广泛宣传。组织“科学发展成就辉煌”图片巡展，开展道德讲堂、文明大行动、邻里牵手逛新城等特色活动，承办全国道德模范和身边好人现场交流活动。普及“学习雷锋、奉献他人、提升自己”志愿服务理念，全面加强志愿服务网格化建设，全市志愿服务站点达到1000余个，志愿者队伍达到73万余人，推出“三关爱”、“南岗三日”等一批志愿服务活动品牌。召开全市未成年人思想道德建设工作会议，深入开展党史知识、经典音乐、儿童剧目、中华经典、爱国影片进校园活动，培育推出“百校千场万人诵读”等活动品牌，编印《未成年人思想道德建设系列丛书》，建成乡村学校少年宫103所。香坊区“童心向党、优秀童谣传唱”活动经验在全国推广，五常市广泛开展优秀传统文化进校园活动，方正县组织实施“导德齐礼工程”，哈尔滨市志愿服务和未成年人思想道德建设工作得到中央文明办的充分肯定。

三、围绕加快发展，深化文化体制改革，文化实力和竞争力显著增强

坚持以解放思想为先导，全面推进文化体制改革，一手抓公益性文化事业，一手抓文化产业，极大地解放和发展了文化生产力。2012年全市文化产业增加值预计233亿元，比上年增长23.2%，占GDP比重5.0%。哈尔滨市被评为全国全省文化体制改革先进地区。一是深化文化体制改革，激发文化企业的内生活力。积极探索文化体制改革新路，推进广播电视系统“局台分设”、“广播电视合一”改革，组建哈尔滨广播电视台(哈尔滨广播电视传媒集团)；推进文化市场综合执法改革，组建市文化市场行政执法局；呼兰、阿城两区及各县(市)也同步进行文化广播电视、国有文艺演出团体及综合文化行政主体合并重组等改革。转企改制后的国有文化企业市场竞争实力显著增强，逐渐成长为全市领军文化企业。哈尔滨日报、新晚报位列中国品牌媒体党报和晚报十强，哈尔滨新闻网获得中国年度影响力新闻网站称号。哈尔滨出版社股份有限公司数字出版业绩位居全国出版社前列。二是实施重大文化项目，促进文化产业快速发展。加强平房动漫产业园区、群力文化产业园区、印刷产业文化科技园区、冰雪产业基地等“六大园区”、“四大基地”建设，哈尔滨市被中宣部、科技部等五部委命名为首批国家级文化与科技融合示范基地，19个园区(基地)受到省委命名表彰。平房动漫基地入驻企业创作生产的动漫作品《云奇飞行日记》获法国戛纳电视节最佳动画片奖。“COOL·哈尔滨”冰上舞蹈演出100余场,观看人数达10万人次。区、县(市)文化产业步伐加快,南岗区、道里区、香坊区、道外区文化产业增加值占全市76.6%,道里区加强文化名区建设,完成群力文化产业示范区投资0.8亿元,群力规划展馆、关东古巷等投入使用。三是大力发展文化经贸,积极引导文化企业走出去。在第八届(深圳)文博会期间,举办哈尔滨文化产业招商活动,引进文化产业项目16个,协议引资总额30.8亿元,项目落地率达到87.5%。出台《关于金融支持文化产业发展的若干意见》,积极推进成立哈尔滨文化产业引导资金,重奖全市“十佳文化企业”和在国家及境外获奖的优秀原创动漫产品。四是加强文化设施建设,完善公共文化服务体系。加快重大标志性公共文化设施建设,哈尔滨大剧院、职工文化艺术宫和哈尔滨音乐厅建设进展顺利。市文化和新闻出版局扎实推进公共文化服务体系建设,建立社区图书分馆51个(新建2个),建成1882个农家书屋(新建231个),实现哈尔滨市乡镇文化站、行政村农家书屋全覆盖,呼兰区、尚志市、延寿县、通河县农家书屋建设受到国家新闻出版总署表彰。松北区投资350万元,建成5个乡镇文化站,为48个行政村投放文化信息共享工程设备。依兰县启动建设毛泽东伟人风采——吕厚民摄影艺术馆。五是依托特色文化资源,打造重大文化品牌和产品。成功举办第31届“哈夏”音乐会、第13届“哈博会”、第24届哈尔滨冰雪电影节暨第二届华语电影产业盛典,在中央电视台播出电视剧《浴火危城》,电影《萧红》获全国精神文明建设“五个一”工程奖,推出音乐剧《茉莉飘香》和《松花江上大型系列文学丛书》、《文史纵横大型历史文化丛书》等一批精品力作。举办激情广场·爱国歌曲大家唱走进哈尔滨、迎接党的十八大胜利召开文艺演出、哈尔滨中国画作品双年展、名家画名城大型美术作品展等丰富多彩的文化活动。区、县(市)坚持开展常态化群众文化活动,道外区被评为全国“百姓健康舞”示范城区,双城市四野指挥部旧址纪念馆被列为国家红色旅游景点景区,宾县农民画在中德建交40周年中国文化艺术周美术作品展览上展出拍卖,巴彦县被评为“中国书法之乡”。全年全市组织专业剧(院)团演出600余场,放映农村公益电影2948场,开展群众文化活动1200余场,使广大群众充分享受文化改革发展成果。

四、围绕中心工作,强化新闻舆论引导,为实施新战略实现新跨越提供了有力舆论支持

聚焦全市工作大局,把握正确舆论导向,集合各类媒体优势,加大新闻宣传力度,提高舆论引导能力,积极营造“凝神聚力谋发展、千方百计惠民生”的良好氛围。一是坚持舆论先行,精心组织重大宣传战役。在组织“坚定实施新战略、奋力实现新跨越”、“科学发展·成就辉煌”等贯穿全年主题宣传的同时,组织媒体统一打响市第十三次党代会、人大政协两会、创建全国文明城市、迷人的哈尔滨之夏、发展县域经济、迎庆党的十八大等10余个重大宣传战役,利用重点时段、重要版面和重要栏目进行全方位宣传报道,形成持续不断的宣传报道热潮。积极配合全市拆违和棚改、政风建设、基层组织建设、创新社会管理、冬季供暖及清冰雪等重点工作,组织系列报道,加强舆论监督,形成有利于工作推进的舆论氛围。哈尔滨广播电视台《我们这五年》、哈尔滨日报《温暖速递》系列报道被评为全省十大优秀新闻报道活动。二是扩大对外宣传,营造良好外部舆论环境。圆满完成冰雪节、省市党代会、哈洽会、农博会和“迷人的哈尔滨之夏”等全市重要会议和活动对外宣传报道任务,赴京宣传报道全国“两会”和党的十八大,哈尔滨市经贸招商对外宣传工作得到中央外宣办充分肯定。组织开展“中外媒体聚焦冰雪节”、“全国上星电视媒体易地采访”、“境外媒体走进哈尔滨”、“实施新战略、实现新跨越”等大型主题报道,全年对外刊(播)发重要稿件1260余篇(条),在国家级主要媒体发稿190余篇(条),全面展示哈尔滨科学发展成就。尚志市在中央电视台财经频道、农业频道宣传推介滑雪旅游、红色文化和食用菌、浆果等主导产业。积极扩大对外文化交流，市文化和新闻出版局组织对外文化交流演出40场，市广电局组织开展“遍访友城——远亲近邻”大型全媒体行动，扩大了哈尔滨的知名度和影响力。三是加强媒体建设和管理，妥善应对突发事件。加强主流媒体建设，推进《哈尔滨日报》、《新晚报》版面内容和哈尔滨广播电视台节目栏目全新改版，传播能力进一步增强。大力推进新闻宣传改进创新，出台加强新闻宣传管理、改进会议和领导活动报道、重大社会舆情和网上舆情应对、突发事件新闻发布等一系列管理规定，舆论引导机制日趋完善。针对8·14辽阳街90号路面塌陷、8·24三环路群力高架桥洪湖路上行匝道特大道路交通事故等20余起重大突发事件，建立新闻报道快速反应机制，及时准确发布权威信息，组织报道200余篇（条）。加强网上舆情和社会舆情的搜集分析研判，妥善应对“水上公园被强拆”等20余起重大网上涉哈舆情，全年编发网上涉哈舆情摘报530期，组织发布跟帖、微博评论15万余条。围绕全市大型活动和突发事件，组织召开新闻发布会36次。在新华网和新浪网开辟政务微博平台“哈尔滨发布”，粉丝数达到40余万人。组织第六届网络媒体龙江行哈尔滨站采访、第五届“好段子”文明短信大赛、“网友看北跃”网络宣传、文明网站评选等活动，唱响网上主旋律。哈尔滨市获新华网“中国城市网络形象排行榜”城市节庆传播奖、“2012魅力中国——外籍人才眼中最具吸引力的中国城市”。

五、围绕作风和能力建设，加强干部人才培养，为宣传思想文化工作提供了坚实的组织保障和人才支撑

认真落实“政风建设年”的部署和要求，切实加强干部队伍和人才队伍建设，全战线解放思想、转变观念，精神面貌发生深刻变化，思想水平和业务能力进一步提升。一是加强干部人才培养。实施全市宣传文化系统干部人才培训计划，利用国内省内高端资源，大规模开展干部培训工作，举办全市宣传部长培训班、新闻发言人培训班、理论骨干暨中心组秘书研讨班、互联网业务培训班等各类培训班17期，培训干部2200余人次，使宣传文化干部深刻领会中央和省市委重要精神，准确把握宣传思想文化工作规律。注重在实践中锻炼干部，进一步提高应对和处理复杂问题的能力。深入开展“创先争优”活动，改进考评方式，激发了队伍干劲。二是加强工作调研分析。坚持把调查研究作为破解难题、推动工作的重要手段，围绕文明城市创建工作，深入区县（市）和国内先进地区调研学习，形成《关于哈尔滨市争创全国文明城市的调研报告》，使“创城”工作上升为市委、市政府顶层设计和战略部署；围绕推进文化体制改革，深入新闻、出版、文化等单位进行调研，使“局台分设”、“广播电视合一”和文化市场综合执法改革难题迎刃而解；围绕发展文化产业，深入文化产业园区（基地）和重点文化企业调研，形成《关于哈尔滨市文化产业发展状况的调研报告》，推动全市文化产业招商和发展布局规划编制工作；围绕加强互联网建设和管理，积极学习外地工作经验，形成应对舆论挑战和政务微博建设等工作调研报告，提高了应对突发事件舆论引导能力。三是加强群众路线教育。积极转变工作作风，自觉为基层、为群众服务。市记协在新闻战线组织开展“走基层、转作风、改文风”宣传报道活动，推出一批关注基层、关注民生的生动报道；市文联在文艺战线组织开展“走基层、看新貌、促发展”采风创作活动，推出一批生动反映哈尔滨科学发展实践的文艺作品；市委宣传部机关开展“争先优、补短板、强问责，创建首善机关”、“走基层、看项目、促发展”活动，有力地促进了思想政治建设和工作作风转变。

齐齐哈尔市

2012年，齐齐哈尔市宣传思想文化战线按照“高举旗帜、围绕大局、服务人民、改革创新”的总要求，紧紧围绕市委、市政府中心工作，坚持突出重点，整体推进，开拓创新，狠抓落实，全市宣传思想文化工作取得了新成绩。

一、理论武装有力度

围绕学习贯彻党的十八大、省十一次党代会、市十二次党代会精神，发挥领导干部示范引领作用，创新理论学习方式方法，举办中心组学习会、鹤城讲坛领导干部报告会6次，各级党委(党组)中心组学习有效落实。发挥“鹤城讲坛”的导向作用，带动各县(市)区“讲坛文化”的兴起，有效扩大了理论宣讲的覆盖面，组织全市学习贯彻十八大精神集中宣讲50余次。开展理论宣讲活动200余场次，受众7万余人次。利用网上党校、网络学习城提高学习教育的时效性，获人民网“喜迎十八大党代会知识有奖竞答”组织奖。举办“全市促进文化繁荣发展理论研讨会”、“鹤文化与城市发展论坛”，不断深化理论学习交流成果。出台了《齐齐哈尔市社科研究规划项目管理办法》，完成省级重点课题3项、市级重点课题15项，编辑出版了《齐齐哈尔市第十二届社会科学优秀科研成果》、《全市促进文化繁荣发展理论研讨会优秀论文选编》等文集，《清代黑龙江将军》一书被列入国家“十二五”重点出版物，并得到省出版资金支持。

二、思想教育有成效

深入开展“弘扬雷锋精神、构建和谐鹤城”系列活动，加强社会主义核心价值体系宣传教育，提高了广大干部群众思想道德素质。举办“祖国科学发展 鹤城成就辉煌”图片展，开展“美丽的鹤城我的家”学习宣传活动，营造爱党、爱国、爱家乡的社会氛围。组织“迎庆十八大 军民话国防”全民国防教育知识竞赛，荣获喜迎十八大全国“悦达学习杯”读书竞赛组织奖。齐齐哈尔中学等4个单位获省“十佳和谐单位”荣誉称号，市工商局等10个单位(家庭)获省“和谐单位(家庭)”荣誉称号。学习宣传道德模范先进事迹，齐市1个集体获“宏益2012感动龙江年度人物(群体)”提名奖，2名个人荣获“宏益2012感动龙江年度人物(群体)荣誉称号”。加强合作交流，编辑出版了企业文化成果论文集《新发展》。首届“社会科学普及周”为提高市民的社会科学素养提供了新渠道。“鹤城农业风云人物”评选活动调动了农业科技创新的积极性。

三、文明建设有提升

深入开展“创三优、强素质、建文明鹤城”活动，优化城乡环境，改善交通秩序，提高服务质量，提升文明素质。组织开展“迎接十八大、讲文明树新风”公益广告宣传、第七届邻居节活动，在各级文明单位开展图书漂流活动，评选“2011年度感动鹤城·十佳市民”，开展“我们的节日·五倡导”、“感动鹤城·季评十件好事”等活动，树立文明新风。发挥丰林村、整洁村、查罕诺村、兴十四村等省级重点示范村引领作用，广泛开展“共沐和谐阳光 城乡家庭手牵手”活动，“喜迎十八大、放歌新生活”农民歌咏专场演出深受好评，文明村镇建设管理水平明显提升。承办全省“美德阳光建设工程”启动仪式，乡村学校少年宫、心理健康辅导站等阵地建设逐步完善，教育功能得到有效发挥。开展“三关爱”社会志愿服务活动，传递正能量，温暖全社会。承办全省“三关爱”志愿服务活动启动仪式。组织“五个一百”优秀志愿服务组织和优秀志愿者创评活动，加强志愿服务工作规范管理，全市注册志愿者已达18.7万人，占全市建成区总人口的12.6%。

四、文化建设有突破

公共文化服务体系不断完善。乡镇综合文化站、农家书屋、文化信息共享、农村数字电影放映和广播电视村村通等文化设施建设全部完成，全市156处公益性文化场所全部实现免费开放，农村文化“五项重点工程”全部达标。文艺精品生产成果不断。大型民族风情音画《达斡尔人》获全国少数民族文艺汇演金奖等11个奖项，并获全省宣传思想文化工作创新奖。创作了《血战嫩江桥》等18部文艺作品，100集中国原创动画系列片《神鹤丹丹》即将播出。微电影《脑瓜子让驴踢了 前传》获首届“国际微电影节”最佳农村题材奖。杂技《飞翔》获黑龙江省第七届文艺奖二等奖。文化产业取得新进展。鹤文化产业园成为省级文化产业试验园区，中环艺术品广场被命名为省级文化产业示范园区，黑龙江金龙马集团有限公司、黑龙江满艺工艺品有限公司被命名为省级文化产业试验基地。13个文化产业项目入选“黑龙江省十二五期间重点文化产业项目”。文化体制改革进步明显。组建了“一校”、“两中心”和齐齐哈尔演艺集团有限责任公司，成立了齐齐哈尔市文化市场管理综合执法支队。新增加24项市级“非物质文化遗产”名目，19人晋升为省级“非物质文化遗产”项目代表性传承人。首届齐齐哈尔鹤文化艺术节、齐齐哈尔扎龙国际婚礼文化节等各具特色的节会活动搅热了鹤城，激发了活力，彰显了城市特色文化。“扎龙国际婚礼文化节”荣获“2012中国报业协会广告年度创新奖”，带来了“2012节庆中国榜最具国际盛名休闲旅游节庆”、“最具投资发展潜力之旅游市”等殊荣，提升了城市形象，扩大了城市影响。

五、舆论宣传有声势

精心策划系列主题宣传活动，对市十二次党代会、市委经济工作会议、重点工作“走比看”活动、中汇城建设及各战线、各行业的先进典型进行深度报道。围绕宣传贯彻党的十八大精神和市委十二届二次全会精神，突出报道推进城市化、城镇化、城乡一体化建设的好经验、好做法，组织城市建设、民生工程等重点工作宣传，在全市形成了比学赶超的舆论氛围。深化“走基层、转作风、改文风”活动，广播电视台推出一批优秀节目，77件作品荣获省级奖励，《点击三农》节目获中国对农电视好栏目奖，以“关注中小企业发展”、“产业项目县区行” 为代表的一批栏目受到社会各界的好评。齐齐哈尔日报被中国报协授予“优秀报纸奖”，鹤城晚报被评为全省“最具影响力媒体”。齐齐哈尔新闻网被评为全国党政报刊类最具影响力网站和企网百强城市新闻网站。齐齐哈尔新闻网与齐齐哈尔移动分公司合作创办了《齐齐哈尔日报手机报》和《鹤城晚报手机报》，进一步拓展了新闻宣传渠道。

六、对外宣传有提高

围绕市委“树立开放的形象、文明的形象和进取的形象，叫响中国绿都、中国装备和中国鹤乡城市品牌”的要求，依托重要会议、重大节庆和经贸活动设计载体，搭建平台，精心策划专题外宣活动，积极推介齐齐哈尔城市品牌形象。成功组织绿博会、“哈洽会”、全国“两会”、省党代会、党的十八大等重大活动、会议的外宣活动。开展“齐齐哈尔、大庆、黑河、大兴安岭”四地市旅游联盟媒体互动宣传，借助本市知名书画家、摄影家、文艺团体的对外文化交流活动，全方位展示齐齐哈尔市风土人情和发展成就。通过市领导发表新春寄语、谈历史文化名城发展优势，联合新华社、中央电视台、经济日报、光明日报、黑龙江日报等中省直媒体，开展专题报道，组织策划了央视“江山多娇”直播等大型宣传活动，壮大舆论声势，提升了齐齐哈尔知名度。加强网络建设管理，开通市委宣传部新华网官方微博，开展“文明网站”评选活动。举办全市首期新闻发言人培训班，提高新闻发言人及宣传干部应对媒体能力，有效处置多起新闻突发事件，保证了舆论安全。

七、队伍建设有加强

积极推进人才队伍建设工程，认真组织各类人才学习培训，全市宣传文化人才队伍不断发展壮大。认真落实部长办公会制度，坚持重大问题集体讨论决定，坚持公开、公平、公正处理问题，增强了班子的凝聚力和战斗力。坚持抓好班子，带好队伍，结合“创先争优”活动，在部机关开展“五倡三创”活动，建设和谐机关，团队凝聚力明显提升。落实工作责任制，调动积极因素，加强宣传部机关和宣传文化系统党风廉政建设，形成了健康向上、团结进取，想事干事、清廉干事的工作环境。

牡丹江市

2012年，牡丹江市宣传思想文化战线围绕大局，把握规律，主动作为，全力抓好推动文化大发展大繁荣、创建"三优"文明城市两项全市重点工作，努力推动各项工作上水平，宣传思想文化工作的地位和作用进一步彰显。

一、坚持用党的理论创新成果武装干部群众、推动指导实践，进一步统一了思想，凝聚了力量

精心组织迎庆党的十八大系列宣传教育活动。积极开展"科学发展，成就辉煌"主题宣传、"上党课、讲党性、跟党走"主题教育和"喜迎十八大，放歌新生活"广场群众文化活动，为党的十八大胜利召开全力营造和谐稳定、团结奋进的社会氛围。广泛开展党的十八大精神学习宣传活动，组织党员干部专题学习培训，组建宣讲团深入基层系统辅导，召开了各种形式的座谈会、研讨会，开设"贯彻十八大精神，建设和谐幸福牡丹江"、"雪城听潮"等专栏强化媒体宣传，使党的十八大精神深入人心。全面加强理论学习。围绕全市"2012十项重点工作"，组织开展"实创大讲堂"专题讲座，打出市委中心组学习品牌，得到了省委领导的高度认可；指导推动全市各级党委(党组)切实改进中心组学习，努力在学习理论中形成新思路，在研究工作中推出新举措，其中，海林市"名师讲堂"、阳明区"常委讲学"、东安区"星期五大讲堂" 等学习形式不断丰富和创新了中心组学习。广泛开展理论普及活动。精心组织"创建理论普及示范点"、"爱读书·善读书·读好书"、"'百团千人万场'理论宣讲"等主题活动，理论宣传的吸引力、信服力和辐射力明显增强。加强重大理论现实问题的应用价值研究。以市第十一次党代会精神等市委重要决策部署为重点，推出一批以《三实两创：推动牡丹江跨越争先发展的动力引擎》等为代表的研究成果，并在中央、省主要媒体上刊发，为市委、市政府科学决策提供参考。

二、坚持正确导向，壮大主流舆论，提升引导水平，为跨越争先发展营造了浓厚的舆论氛围

深入开展系列主题宣传战役。服务全市发展大局，科学组织省市第十一次党代会、建设和谐幸福城市、践行"三实两创"共同价值理念、重点经济工作等系列宣传战役；积极做好"城乡统筹发展高层论坛"、"黑木耳节"、"冷链物流大会"等大型节庆会展活动的宣传报道工作，进一步增强了干部群众跨越争先发展的信心。强化舆情信息工作。完善新闻例会制度，切实提高应对敏感问题、突发事件等热点、难点问题的舆论掌控能力；不断加强网络舆论引导，制定《牡丹江市突发网络舆情应急处置办法》，组建由83家单位、128人组成的网络评论员队伍，拓展了工作资源，处理突发事件的网络引导机制进一步完善。创新传播体系建设。组建了涵盖报纸、广播、电视、新媒体四个板块的全媒体新闻资讯社，全新改版《牡丹江日报》、《牡丹江晨报》等主要新闻媒体，新推出的《正午时分》等四档电视栏目和重新定位的生活故事广播得到受众的高度认可；在大鹏新闻网设立东北网首家驻地市级记者站，传播体系建设水平和媒体宣传质量整体提高。深入开展"走、转、改"活动。按照中宣部"走基层、转作风、改文风"活动要求，在全市媒体中开展"媒体走基层"系列活动，共形成走转改稿件600余篇，帮助企业商家解决生产经营等困难120余件，帮助市民群众解决各种困难1300件以上，提供咨询服务4000余次，中国记协党组副书记高善罡在牡市调研期间，对新闻宣传工作和"走转改"活动给予充分肯定。

三、坚持用社会主义核心价值体系、"三实两创"共同价值理念引领社会思潮，培育了良好的社会风尚

深入开展中华优秀传统文化"六进"活动。全面加强社会主义核心价值体系建设，积极推进中华优秀传统文化进学校、进社区、进乡村、进机关、进企业、进家庭，在全市产生了广泛影响，林口县"中堂文化"进家庭、东宁县"中华经典"进社区等各具特色的实践活动备受群众欢迎。选树"我们的榜样"。制定《进一步加强和改进典型宣传的工作意见》，在市直主要新闻媒体设立"我们的榜样"专栏，推出了李长顺、张小元、刘淑珍等一批先进典型，关龙有被评为2012"感动龙江"年度人物提名奖。诵读"我们的经典"。组织开展经典推荐、经典讲座、经典诵读、经典欣赏等活动，在传播经典中传承中华经典。欢庆"我们的节日"。以"清明·感恩"、"端午·爱国"、"七夕·恩爱"等为主题，精心组织清明诗会、端午龙舟、北山庙会等群众喜闻乐见的文化活动，在欢庆节日中弘扬优秀文化。践行"我们的共同价值理念"。深入开展落实文化大讨论活动，在思路上求实，在作风上务实，引导干部群众积极践行"三实两创"共同价值理念。开展幸福观教育。在全国首创《市民幸福公约》，得到省内外的高度关注和全市人民的积极认可；孔子雕像等一批文化艺术标志建筑落户公园广场，在强化文化引领，提升城市文化品位等方面发挥了积极作用。

四、深化"三优"文明城市创建，积极改善城乡面貌，实现了市民文明素质和城市文明程度的显著提升

提升市民文明素质。积极开展"百万市民学礼仪计划"，制定并发布了5类《牡丹江市公共场所文明公约》，组织专家学者宣讲各种文明礼仪常识，提倡和引导修身律己、尊老爱幼、勤勉做事、踏实做人、和谐邻里的社会风尚和志愿服务社会的奉献精神；开展了文明交通、文明餐桌、文明旅游等主题文明日、文明月系列活动，市民文明素质得到进一步提升。广泛开展社会志愿服务活动。制定印发了《全市深入开展"弘扬雷锋精神、开展志愿服务"活动实施方案》，全市网上注册各类志愿者10万人以上，超过建成区人口8%，达到创建全国文明城市志愿服务工作的考核标准；在全省志愿服务"五个一百"创评活动中，牡市推荐的4名个人、13个集体、5个品牌获得省级表彰，"创三优志愿服务我先行"、"全民义务劳动日"、"志愿义工周末有约" 等志愿服务品牌的影响力不断扩大。切实改善城市环境。深入实施城市规划、建设、环卫、绿化、管理等"七大创建工程"，全力做好清理临街垃圾箱、整治噪音扰民、规范废品收购站点、规范出租车管理等"30个专项推进"；不断完善创建工作推进机制，城市环境、城市秩序、公共服务水平明显提升，实现了"城市面貌一年大变样、城市形象一年大提升"的工作目标。宁安市104个单位与305栋居民楼结成共建对子，海林市荣获国家级园林城，穆棱市强化了城市精细化管理，林口县创新了督查机制，东宁县全面启动了网格化城市管理，四城区全面强化了社区物业服务，"三优"文明城市创建向纵深发展。

五、加快产业发展，提升惠民水平，进一步强化跨越争先发展的文化环境和产业支撑

加强文化基础设施建设。中俄文化交流中心、东北亚体育运动中心等一批标志性文化基础设施大规模新建改建，市、县、乡、村四级公共文化服务基础设施高标准建设，五项文化惠民工程走在全省前列，全市公共文化活动场所普及率达到95%以上，各级公共图书馆、文化馆实现免费开放，全市公共文化服务网络基本建成。丰富群众精神文化生活。持续开展"欢乐牡丹江·百姓文化季"等系列群众文化活动，组建牡丹江文艺志愿者艺术团送文化送文艺下基层，帮助指导三级网络广泛开展群众文化活动，推动全市群众文化活动蓬勃开展。宁安市流人文化节、流头节，西安区朝鲜民族文化节等风格浓郁的民俗节庆活动激发了地域文化活力，海林市、穆棱市、林口县深入打造了"中国民间文化之乡"、"中国歌词之乡"、"中国书画之乡" 文化品牌，形成了地域文化特色化发展格局。不断推出文艺精品。大型旅游文化实景演艺《镜泊胜景》成功推出，黑龙江首部动画电影《智取威虎山》进入国家院线发行，评剧《好官王彦生》在全国第八届评剧艺术节上获得优秀剧目奖，全市有127项文艺作品荣获国家级表彰奖励；国家级艺术创作基地纷纷落户牡市，中国美协创作基地和中国风景名胜区摄影基地入驻镜泊湖，横道河子油画写生创作基地已初具规模，龙江刻字牡丹江创作基地已开展了多次国家级、省级创作、研讨和展览等活动。加快文化产业发展。制定文化产业十二五规划，谋划生成文化产业项目106个，文化项目储备由2011年的12项增加到118项；牡丹江文化产业园区正式进入实施阶段，东北亚云运算基地等5个项目已签约入区；新闻传媒集团成为省文化产业示范基地，东宁宝玉石文化产业园成为省文化产业试验园区，渤海靺鞨绣、和音乐器成为国家级重点文化出口企业和省文化产业骨干示范企业，文化产业发展步入快车道；健全推动文化发展繁荣的工作机制，启动了地市级首次文化产业普查，为科学谋划和深入推进文化产业发展奠定了良好基础。

六、以“城市营销年”活动为切入，进一步强化对外宣传，不断提升城市的知名度、美誉度和影响力

抓住重要节点开展对外宣传。围绕党的十八大、国家和省“两会”、“镜泊湖旅游文化节”、“国际石油钻采装备展”等重大节会、重要节点，广泛邀请境内外主流媒体集中宣传报道牡丹江，全年在人民日报、新华社、黑龙江日报等中央和省级主流媒体发稿突破2400篇，稿件数量创历史新高。加大对外文化宣传与交流。与俄方合作在中央电视台《城市一对一》栏目制作高端访谈节目，并于2012年APEC会议召开期间播出；面向东北亚，在韩、日、朝等多国举办了系列视觉艺术展，进一步扩大了牡丹江的知名度和影响力。完善新闻发布工作。建立了党委新闻发言人制度，确定了首批党委新闻发言人；与清华大学合作举办全市新闻发言人培训班，推进了新闻发布工作的规范化、专业化、制度化；调整充实了牡丹江市对外宣传工作领导小组，对外宣传工作的体制机制进一步完善。

佳木斯市

2012年,佳木斯市宣传思想文化战线紧紧围绕全市改革发展稳定大局,牢牢把握统一思想、鼓舞干劲、凝心聚力、促进发展的工作理念,求真务实,开拓创新,锐意改革,扎实工作,各项工作取得了新成绩。

一、理论武装工作扎实推进,全市人民团结奋斗的共同思想基础更加巩固

学习型党组织建设扎实推进。拓展学习阵地、活化活动载体、推进保障机制、营造舆论氛围、宣传典型群体等五大建设齐头并进,全市性督导检查、读书征文、演讲比赛等系列牵动性活动有效开展,实现了全市党组织80%以上达到学习型党组织标准的要求。中共汤原县委《着力抓好"五大建设"推进建设学习型党组织活动深入开展》、中共前进区委《启智铸基提效,建设理论实践"双深入"的学习型党组织》等一批先进经验,受到省学办的充分肯定。中心组学习进一步加强。以县处级领导干部为重点,充分发挥中心组理论学习的示范、带动和辐射作用,通过自主学、专题学、调研学等形式,不断提高领导干部的学习能力和水平;通过加强制度建设、学风建设和成果转化,促进了学习的常态化,提高了领导干部的思想政治素质、领导能力和决策水平,有力地推动了全市经济社会科学发展。理论宣传影响广泛。"佳木斯理论学习网"进一步更新、完善,已经成为干部群众自主学习的重要平台;"三江讲坛"品牌地位更加巩固,邀请国内、省内知名专家学者作报告,组织了4场高端报告会,开展20余场普及讲座,受到干部群众的欢迎;"送理论下基层"活动持续开展,全市各级党组织理论骨干下基层宣讲100余场,受教育干部群众达3万余人次;理论研究成果喜人。全年课题立项195项;207项优秀成果获市社会科学奖,其中,一批成果已经转化为现实生产力。

二、舆论引导工作积极主动,加快经济社会发展的舆论环境更加积极有利

紧紧围绕全市中心工作,综合运用消息、通讯、访谈、评论等多种形式,开展了"喜迎十八大"、"学习宣传贯彻十八大精神"、"突出发挥四大优势,全面实施九大战略"、"新农村建设"、"关注民生"、"改善发展环境"等主题宣传战役,在全市唱响了科学发展促进和谐的主旋律。集中开展张丽莉先进事迹的新闻宣传。打破常规,第一时间发出新闻通稿,及时报道市委、市政府以"最大决心、最大努力"救治英雄的进展情况;建立了历时两个月的每日进展情况专报机制,及时向省、市主管部门和领导报送张丽莉救治情况;市属新闻媒体统一开设《学习张丽莉 争当先优模》、《情系最美女教师》等系列专栏专版,连续报道、深度报道张丽莉英雄事迹,共刊播各类新闻稿件1180余篇(条),形成了强大的宣传声势。深入开展"走、转、改"活动。精心选题,科学设置专题专栏,新闻记者走基层,接地气,采编鲜活作品,反映了群众心声,拉近了与群众的距离。积极开展舆论监督。开办了《全市交通、环境综合整治"红黑"榜》、《行风热线》等专栏,组织媒体对重点工程目标落实、经济发展环境、土地房屋征收、教育"三乱"等情况跟踪报道,推动问题的解决,深受群众欢迎。

三、思想道德建设和精神文明创建不断加强,思想道德和社会文明风尚更加积极向上

主题宣传教育活动高潮迭起。围绕喜迎十八大,组织开展了"党在我心中"主题征文演讲比赛;以"迎庆十八大、军民话国防"为主题,开展了第十二个国防教育日集中宣传活动；以“热爱人民军队，共筑钢铁长城”为主题，开展了系列国防教育活动，极大地激发了广大市民爱党、爱国、爱家乡的热情。典型宣传取得重大成果。推出了全国重大典型张丽莉，对张丽莉先进事迹进行深入挖掘整理，提炼出了“舍己救人、爱生如子、爱岗敬业、争创一流、助人为乐”五种精神。这五种精神已经成为佳木斯这座英雄城市的重要组成部分，成为引领全市干部群众干事创业的一面精神旗帜，为全市经济社会发展提供了强大精神动力。精心筹划设计了八项大型牵动性活动，深入开展向张丽莉学习活动。召开了全市学习张丽莉同志先进事迹座谈会；出版了《最美女教师——张丽莉》先进事迹学习读本；组织撰写了张丽莉先进事迹报告会材料；组织张丽莉同志先进事迹报告团，巡回宣讲14场，受教育面达6万余人；举办了张丽莉先进事迹展览，组织全市各单位参观学习；全市各地、各系统分别以事迹宣传、座谈讨论、宣讲报告等形式，用张丽莉先进事迹感召人、教育人、鼓舞人。张丽莉先后获得“全国模范教师”、“时代楷模”、“2012年感动中国人物”等30多种荣誉称号。开展第三届“寻访身边的感动”活动。完成了王世伟、王佩华、刘海荣等7名感动人物的事迹挖掘工作；举办了第二届“感动佳木斯”人物(群体)颁奖典礼，出版了《身边的感动——农行杯第二届“感动佳木斯”人物(群体)先进事迹汇编》一书。积极参与了全省第四届“六个十佳”和谐单位评选活动，推荐黑龙江中医药大学佳木斯学院、富锦市繁荣社区、汤原姜丽芹家庭参加全省第四届“六个十佳”和谐单位评选活动，分别获得全省“十佳和谐校园”、“十佳和谐社区”、“十佳和谐家庭”荣誉称号。“三优”文明城市创建成效显著。进一步完善了领导包保、多方投入、目标考核、督查推进、举报监督和“一周一事一推进”等工作机制，开展城乡环境、城市秩序、服务质量整治活动，改善了城乡环境面貌，提升了城市管理水平，提高了行政和公共服务窗口的服务质量。围绕打造优美环境，以“让我们的环境更美好”为主题，开展了“春风行动”、“春绿行动”、“秋风行动”等专项治理战役，优化了城市人居环境；以“让我们的秩序更优良”为主题，开展交通、市容、市场秩序整治活动，建立了优良城市秩序；以“让我们的窗口更明亮”为主题，开展“学雷锋树新风、擦亮文明窗口、创建服务品牌”、“漂书”、“创建文明餐桌”等活动，提升了窗口服务水平；以“双学双做创三优”活动为载体，在党政机关、企业、社区分别开展了学习先进典型活动，争当岗位能手、建功标兵、道德模范等活动，提升了市民素质。未成年人思想道德建设力度加大。通过健全社会联动机制，明确职责分工等措施，对照全国测评体系，查找不足，整改工作，提升水平。发挥学校、家庭、社区“三位一体”的教育网络作用，以学校为主阵地，开展理想、法制、科学、安全等系列教育活动，全面提高学生素质；以社区为基地，建立了团支部，红领巾中队，开展多种形式的团队活动；以家长学校、家庭学堂为平台，在全市中小学校成立了家长委员会或家长学校，帮助家长树立正确家教观念，科学教子。围绕心理健康教育，举办了中小学心理健康教学研讨会和专题讲座，提高心理辅导水平；开展争做“美德阳光学生、教师、家长、学校”活动，涌现了一批“美德阳光”典型。推进“乡村学校少年宫”项目建设，汤原县香兰镇中心学校等4所学校的“乡村少年宫”建设项目已被中央文明办确定为第二批资助学校。开展清理“黑网吧”行动，净化荧屏声屏，整治出版物市场和校园周边环境，不断优化社会育人环境。群众精神文明创建活动有效推进。举办了“学雷锋情满三江志愿服务月”等系列活动启动仪式，在全市建立学雷锋志愿服务站180多个，开展志愿服务活动23万人次，推动了学雷锋活动的常态化；加强志愿组织机构建设，成立了佳木斯市志愿者协会；加大志愿者网上注册力度，网上注册志愿者人数102469人，占全市建成区人口的13.52%；组织“我们的节日”主题活动，充分利用春节、清明节、端午节等传统节日，开展“五送四进”活动，弘扬传统文化，引领社会风尚。

四、文化事业繁荣发展，人民群众的精神文化生活更加丰富多彩

文艺精品创作成果丰硕。组织文艺工作者深入生活、深入群众开展文艺采风活动，创作并推出了一批具有佳木斯特色的文艺精品。电视连续剧《松花江上》喜获全国精神文明建设“五个一”工程奖和黑龙江省第七届文艺奖一等奖；歌剧《红雪花》荣获黑龙江省第七届文艺奖二等奖；《赫哲渔歌》代表黑龙江省参加2012广东省渔歌精英赛暨全国渔歌邀请赛，夺得金奖；长篇小说《中法战争》、《左宗棠收新疆》、《银行经理》公开出版；大型音舞诗剧《丽莉之歌》，在全市、全省汇报演出；歌曲《最美的你》作为团中央向全国青少年推荐的100首歌曲之一，在国家大剧院进行演出；歌舞组合《赫哲人生活比蜜甜》入选CCTV“2012中国民族民间歌舞乐盛典”，在中央电视台多个频道播出。“三江之声”群众文化广场演出活动蓬勃开展，进一步叫响了广场文化活动品牌。举办了全市农村、职工、社区优秀文艺节目汇演、各城区专场文艺汇演及“英雄赞歌——唱给最美女教师张丽莉”大型主题晚会、“鱼水情深——庆八一军民联欢会”、“七月党旗红”群众文艺汇演、庆六一全市少儿才艺展演、市残健专场文艺演出等23场大型群众文艺演出活动，观众人数达18万人次。各县(市)区也举办了丰富多彩的文化活动。富锦市“金色田野”送戏下乡演出活动80多场，观众人数达到4.5万多人次；汤原县“红色文化艺术节”广场演出16场，观众人数达到3万多人次；东风区“和谐家园”广场演出30多场，观众人数达到2万多人次；前进区“色彩周末 缤纷生活”文艺演出5场，观众人数达到1万多人次。公共文化服务体系日渐完善。全市955个行政村的“农家书屋”工程全面竣工，达到行政村100%覆盖；全市农村电影放映达11104场，完成了每村每月放映一场电影的公益性放映目标；全市广播电视直播卫星公共服务工程在同江市街津口乡启动，实现了12个20户以下“盲村”通广播电视的工作目标，提前完成“十二五”期间广播电视“村村通”工程建设任务。

五、深化文化体制改革，文化产业发展势头更加强劲

文化体制改革稳步推进。文广新局与广播电视台完成了实质性分离；京剧团、话剧团、评剧团和歌舞团进行转企改制，完成“四团合一”，组建佳木斯演艺公司；《佳木斯日报》改革前期准备工作已完成；《三江晚报》全部面向市场，经济效益和社会效益显著提高。文化产业发展势头强劲。制定出台了《关于深化文化体制改革推动文化大发展大繁荣的实施方案》，规划设计了“一区两园三带四基地”文化产业发展总体布局。“一区”，即以佳木斯为中心，打造辐射双鸭山、鹤岗、伊春的黑龙江省东北部文化产业集聚区。“两园”，即培育建设敖其湾赫哲族文化产业园、出版物印刷包装产业园。“三带”，即由郊区敖其湾向东延伸至同江街津口，形成赫哲风情旅游带；辟建并完善佳木斯东北小延安纪念馆、侵华日军罪证陈列馆、汤原抗联六军密营、桦南土龙山农民暴动遗址、七星砬子东北抗联兵工厂、富锦五顶山军事遗址等景点，重点打造红色文化旅游带；开发包装三江泼雪节、冰雪大世界、卧佛山滑雪场、三江冰雕艺术大赛等冰雪文化项目，建设冰雪文化旅游带。“四基地”，即三江民俗工艺品生产研发基地、佳木斯图书批发零售基地、黑龙江省东北部地区广告会展基地和演艺娱乐基地。开发、设计、包装了市郊区敖其湾赫哲族文化产业园区、广电文化产业中心、中俄文化艺术城、桦川星火朝鲜族风情园、俄罗斯风情园5个重点文化产业项目，被列入“十二五”期间全省重点文化产业项目，其中三个项目获得了180万元省文化产业专项资金的扶持。组织百创山核桃和马华赫哲族鱼皮、孙茂密赫哲族鱼皮、姜涛鱼皮制品等文化企业，参加深圳文博会和哈洽会，宣传推介文化产业项目和文化产品，签约总额达200余万元。华夏赫哲鱼皮文化传播有限公司创作的《鱼皮脸谱》获得龙江文博会金奖。

六、外宣工作力度不断加大，城市影响更加深远

重大外宣紧扣主题。利用举办第三届中俄(佳木斯)农机产品展销洽谈会、全国现代农业建设现场交流会、城市四大节会等契机,加大与国家、省级和境外媒体的合作力度,全方位、立体化、多角度地对外宣传推介佳木斯,进一步提升了城市的知名度和美誉度。在省级以上各类媒体累计刊发新闻达800余条,接待各级媒体记者300多人次。中央新闻采访团深入佳木斯就张丽莉同志先进事迹进行集中采访和连续宣传。据不完全统计,截至7月10日,新华社、中央电视台、中央人民广播电台、《人民日报》、《光明日报》5家中央主要媒体共刊发相关报道310余篇(条)。仅中央电视台就有《焦点访谈》、《新闻纵横》、《朝闻天下》、《新闻联播》、《东方时空》、《新闻1+1》、《共同关注》等多个栏目进行了跟踪报道,并得到胡锦涛同志表扬。张丽莉先进事迹报告会在北京人民大会堂作首场报告,之后赴全国巡回宣讲。新闻发布及时规范。健全了新闻发布制度,对重大、热点、敏感问题,及时准确发布权威信息,召开了6场新闻发布会。举办了突发事件新闻发布及舆论引导专题培训班,培训了120余人。网络监督措施得力。成立了市互联网信息工作领导小组,出台了《佳木斯市网络评论员队伍管理办法》,组建了230人的网络评论员队伍;召开了全市网络宣传工作会议,强化网络宣传管理和舆论引导工作。建立了舆情信息收集、网络舆论引导体系。上报中宣部舆情信息13032条,上报省委宣传部12302条,中央和省领导批示34条。

七、健全机制、强化培训,干部队伍凝聚力战斗力更加提升

加强领导班子和干部队伍建设。扎实开展学习型领导班子建设,完善了日常考核与年度考核制度,促进了全市宣传思想文化工作整体水平的提升。加强对重要岗位干部考核管理,完善考评机制,建立了档案;加强干部培训,完成了省十二五期间第二期宣传文化干部培训班的人员选调工作,7名(市)县宣传部部长参加了北京、上海举办的培训班,2名县区宣传部长参加了全国县委宣传部长培训班。“新农村文化带头人工程”活动不断深入,受到省委宣传部的肯定,并在中宣部组织的人才工作座谈会上介绍了经验。加强调研工作,围绕市委中心工作和宣传工作的实际,深入基层开展调研,撰写调研报告29篇,在《奋斗》杂志上发表4篇;上报调研信息57篇,在《黑龙江宣传》上发表理论文章9篇,在《宣传工作》上发表20篇。

大庆市

2012年,大庆市围绕现代化国际化城市建设中心任务,以推进中国北方文化强市建设为主线,深化改革、锐意创新,各项工作取得显著成绩。在2013年全省宣传部长会议上,"辉煌大庆"2012北京·大庆文化艺术周活动荣获宣传思想文化工作创新奖,理论武装等7项工作获得"创先争优"活动单项工作奖。

一、强化思想道德建设,塑造城市核心价值。坚持推进社会主义核心价值体系建设,挺起城市精神脊梁,丰富市民精神家园。抓好理论武装。认真学习贯彻党的十八大和中央、省委重要会议精神,全年各级党委(党组)中心组围绕"加快大庆现代化国际化城市建设"、"加强领导班子思想政治建设"、"加强和创新社会管理"等重点内容集中学习640多次,市委宣讲团赴基层宣讲280多场次、800多名基层党组织书记参加讲党课活动,覆盖干部群众14.2万人次。弘扬大庆精神。以纪念大庆二次创业暨高新区建区20周年为契机,组织最具影响力"大庆人十大观念"征集评选,出版社科图书《大庆精神:中国共产党的伟大精神》,表彰"引领大庆"功勋人物和先进人物,推出"辉煌大庆"文艺演出、宣传画册和专题片,总结宣传推进可持续发展的成就和经验,系统梳理大庆人在开发油田、建设城市过程中孕育的特有观念,进一步强化了市民价值观念的根本取向。提升道德素质。扎实推进"我最厌恶的十大陋习"查议改、"学雷锋树新风、学铁人立新功"、道德领域突出问题专项教育和治理"百日攻坚"三大主题活动,专项教育和治理道德领域突出问题19个方面,查议改"我最厌恶的十大陋习"57项4万多条。

二、构建多元传播体系,营造良好舆论氛围。坚持内外宣联动,打好集中宣传战役,为大庆发展构建良好的舆论环境。市内宣传高扬主旋律。采取报纸、电视、网络等全媒体手段开展宣传,组织"聚焦党的十八大"等9大宣传战役,开设"激情跨越20年""项目建设进行时"等60个专题专栏,时政评论和新闻发布工作有效加强,《大庆日报》跻身中国十大地市党报行列。对外宣传取得新突破。借助哈洽会、湿地旅游文化节等契机,组织《人民日报》、中央电视台等国家主流媒体聚焦大庆,全年在省级以上媒体刊播电视专题8期、报纸专版57个、重要稿件300多篇;继续在央视全年投放城市广告,在美国纽约时报广场成功投放城市形象片,面向全世界推介大庆城市形象。网络宣传步入新轨道。邀请新华网、人民网等各大主流媒体网站,报道大庆"二次创业"纪念、"湿地文化节"、"北京文化活动周" 等重大活动,登载稿件数万条,网民点击量千万人次;制订《关于加强网络舆论引导和管理的实施意见》等政策文件,组建市网络安全协会,选任369名网络评论员,有效处置了林甸县"果菜基地"、杜蒙"县领导酒驾"等网络突发事件。

三、加快文化改革发展,增强文化整体实力。坚持把提升城市软实力作为工作重中之重,切实推动文化大繁荣大发展。深化文化体制改革。整合文化、体育、旅游优质资源,组建了拥有近30亿资产、7家核心子公司、5家外围分公司的大型文化企业。大庆组建文体旅集团的做法,得到中央文化体制改革和发展工作领导小组充分肯定,被确定为献礼十八大文化改革成果专题片《跨越》的十大拍摄点之一。大庆连续三次获得 "全国文化体制改革工作先进地区"称号。推进公益文化建设。大庆图书馆新馆、杜蒙民族歌剧院和大同文化馆建设加快推进,集中打造了10个特色滨水休闲区、5条特色文化街区;"五项”文化惠民工程基本建成,组织文艺演出、文体赛事、图书漂流、送戏下乡等活动1300余场次,电影放映5800场,大庆被省政府确定为第二批国家公共文化示范区创建城市;推出话剧《大湿地》、舞剧《绽放的生命》、电视剧《绝战》等文化精品,70多部作品获省级以上文艺奖项。累计29部(件)作品获国际奖项,舞剧《鹤鸣湖》、长篇小说《黑狗哈拉诺亥》喜获“五个一”工程奖,话剧《大湿地》获国家舞台艺术精品剧目奖。加速文化产业发展。编制《大庆市文化产业发展总体规划》及《黑龙江(大庆)国家级文化产业试验园区专项规划》,加速推进文化创意产业园、新华(大庆)国际石油资讯中心等九个分园建设,全市文化产业实现销售收入186亿元,同比增长113%。扩大文化交流开放。在北京成功举办“辉煌大庆”文化艺术周,大庆新闻传媒集团与松源广播电视总台实现跨区域战略合作。大庆交响乐团作为唯一受邀的地市级院团参加“海口之春”艺术节,经典剧目《鹤鸣湖》、《大湿地》在保利剧院和天桥剧场上演。电影《铁人王进喜》在首都高校展映100场,话剧《大湿地》作为十八大献礼剧目进京演出,舞剧《绽放的生命》全省巡演112场,全年承接外埠商演150场。

四、巩固“三城”联创成果,提升城市文明程度。 坚持不断巩固“三城”联创成果,切实提高城市人文品质。基础创建得到新加强。制订《大庆市全国文明单位测评体系分解表(试行)》等规定,进一步规范国家、省级文明单位创建标准和考核办法;实施“百家文明单位结对百村”工程,有效提高了农村精神文明建设水平。品牌创建推出新举措。深入实施“书香大庆”、“礼仪大庆”、“诚信大庆”、“文明大庆”四大品牌工程,命名20个“文明交通示范岗”、30家“餐桌文明示范店”,创新“文明姐妹花”、“文明回报店”、“文明提示语”等做法,中央文明委对此给予充分肯定,《光明日报》进行了宣传报道。三城联创取得新成效。协调督办全国城市文明指数测评和国家卫生城市测评内容213项,广大志愿者参与各类社会服务达10万人次。大庆在全国城市文明程度指数测评中名列地市级第17位,国家卫生城顺利通过复审。大庆在全省创建“三优”文明城市工程现场会上介绍经验。

鸡西市

2012年，鸡西宣传思想文化战线以学习贯彻党的十八大和省市党代会精神为主线，以倡导绿色发展为主题，以践行鸡西人精神为主旋律，立足把虚功做实，把实事做新，实施“项目化管理，品牌化打造”，“精品项目年”活动取得了良好效果。

一、坚持学以致用、学用相长，理论武装突出深度，学习型党组织建设扎实有效，绿色发展理念深入人心

推出领导干部“带学、帮学、促学、述学”项目，建立健全领导干部“带学帮学促学述学”基层联系点制度。全市县(处)级以上领导干部确定了基层学习联系点400余个，深入基层联系点上党课、做专题辅导、讲形势任务800余次。

紧扣学习宣传贯彻党的十八大和市十二次党代会精神一条主线，专题辅导学、深入基层学、课题调研学、上下联动学，通过全市两级中心组学习报告会、各界人士座谈会、赴基层宣讲等方式，唱响绿色主题，倡导绿色发展的理念从机关、企业、学校渗透到社区、乡村，受教育面达3万余人。

推出“宣传干部教育远程培训”项目，利用干部教育远程培训系统，对全市600余名宣传文化干部进行培训。全市各级党员干部结合自身工作和鸡西发展的实际，撰写体会文章和调研报告1000余篇，许兆君书记题为《绿色发展推动转型发展》的理论文章在《人民日报》发表。

二、立足打响品牌、壮大主流，内外宣传彰显力度，城市对外形象显著提升，舆论引导正确有力

推出“节庆外宣提升城市形象品牌”项目，中央电视台新闻频道《朝闻天下》栏目中“大美兴凯湖 神秘珍宝岛 活力鸡西城”形象广告的播出，让鸡西蜚声海内外。举办了“2012黑龙江·鸡西兴凯湖春季国际观鸟节”，国内外200余位高层人士、鸟类专家进行研讨，形成并签署了《兴凯湖爱鸟宣言》，省电视台法制频道连续10天播出大型现场直播节目《候鸟的春运》，吸引全国各地游客前来兴凯湖观鸟，“点旺”了兴凯湖春季旅游，丰富了兴凯湖文化内涵。举办“2012中国·鸡西绿色发展国际论坛”，来自8个国家、100余位专家学者围绕绿色发展、湿地保护进行了深入研讨，形成并签署了《兴凯湖绿色保护宣言》。中央、省及香港50余家媒体进行了大篇幅报道，共发稿300余篇，鸡西“绿色矿区、生态城市、宜居家园”的舆论强势，为招商引资、“走出去”发展及提振加快转型的信心和士气搭建了平台和桥梁，让五湖四海的朋友更好地认识鸡西、了解鸡西、走进鸡西。

“两台一报”开辟《城建三年大变样——决战2012》专栏，亮点工程细化宣传，重大工程综合报道，全局工作深度报道，为城市建设的顺利收官营造了正面舆论强势。

《鸡西日报》重点开办了《市委市政府决策信息》和《科学发展 成就辉煌 迎庆十八大系列报道》栏目，电视台突出新闻性、服务性和贴近性，形成了以《鸡西新闻》、《阿光夜话》和《民生视点》三个栏目为重点的时政新闻与民生新闻、报道速度与思想深度有机结合的板块式新闻传播。新开《精彩鸡西人》栏目，全方位展示鸡西人的精彩，成为宣传鸡西人精神的主阵地。

切实加强互联网信息宣传与管理，成立了互联网信息领导小组办公室。加强网络舆情监控，建立了以市县(市)区政府门户网为主的网络文化评论员队伍，组建了由各级党委宣传部门、高校宣传部门、窗口行业参与的“专家学者队伍”，形成了网上突发事件“监看、研判、处置、引导”四位一体的链式工作机制，积极引导社会热点，消除噪音和杂音。

三、注重典型引导、自我教育，社会主义核心价值体系建设提升高度，鸡西人精神得以弘扬，精神文明建设长足发展

推出“征集、确定、推广鸡西人核心价值观”项目，立足鸡西实际，借助电视、广播、互联网、手机短信等方式，在全社会广泛开展鸡西人精神表述语征集评选活动。活动共征集鸡西人精神表述语2000余条，通过征集评选领导小组逐条评选，初选出20条表述语在各类媒体上公布。发动社会各界人士和广大市民投票评选“我心目中的鸡西人精神”，收到选票12.7万张，评选出10条表述语，修身、爱国、敬业等词成为“主角”。最后经过多层面座谈、评估、常委会讨论，在市十二次党代会上推出了“修身、齐家、爱国、敬业”的鸡西人精神。投票中的感触与感悟，正是7000多年沉淀下来的“鸡西人精神”无声浸润每个人身心的过程。

鸡西人精神确定后，采取领导讲话、专家解读、宣讲报告、社会宣传、媒体宣传等多种方式，阐释鸡西人精神的深刻内涵，推广鸡西人精神。《鸡西日报》、电台、电视台开设了“鸡西人精神楷模”专题专栏，对200余个人物(群体)进行了宣传报道。出版了《鸡西人精神百家谈》一书。广泛开展了“践行鸡西人精神，争做合格鸡西人——身边的感动”人物(集体)评选活动。

“三优”文明城市创建活动向城镇、景区延伸，以清除垃圾、美化环境为主要内容的“春风”行动、“让城市更文明，让生活更美好”为主题的文明工地创评活动、“爱护环境卫生、争当文明市民”活动、文明城区创建活动等一系列“大动作”，让城市清爽怡人。

文明单位、文明行业的创建活动戒浅求深，在全市窗口行业开展“十、百、千”优质服务创建活动，擦“亮”了窗口。206个精神文明创建活动先进集体被重新考核和命名，经过《鸡西日报》、市政府网站公示和多部门征求意见等环节筛选，有25个不合格单位“出局”。推荐123个单位为省级精神文明先进集体。

农村环境建设和未成年人思想道德建设戒虚求实，开展了“讲文明树新风扮靓家园”主题活动，在全市中小学普遍开展了“感悟鸡西人精神”学习教育和“四个一”道德实践活动。“美德星级少年”创评活动中，美德学生、美德教师、美德家长、美德学校不断涌现。有3人被分别授予全省最佳美德阳光学生、十佳美德阳光教师、十佳美德阳光学生荣誉称号。

四、凸显地域特色、创新内涵，城市文化积淀厚重，文化体制改革激发活力，文化事业全面繁荣，文化产业快速发展

2012年4月，全市文化建设工作座谈会的首次召开，为鸡西文化建设指明了方向，为鸡西文化发展标定了新的历史方位。确立了鸡西的灵魂就是大美兴凯湖和百年矿区开发史所哺育的底蕴丰厚、内涵丰富的鸡西地域文化。

由中国文联、中国民间文艺家协会、中央民族大学和省文联、省民间文艺家协会等相关单位专家组成的评审组一致通过并决定命名鸡西市为“中国肃慎文化之乡”。鸡西开启了文化掘金之旅。

利用穆棱河改造契机，打造集民俗、展览、电影、雕塑、休闲、水上演出为一体的穆棱河文化产业园，被列入省首批文化产业试验园区。同时，银河传媒发展中心、鸡西刀背山古墓遗址文化产业园区、虎林众孚木业文化产业公司、鸡西墨玉文化产业公司等园区类示范基地、特色文化企业基地和文化产业试验园区建设现已初具规模。

不断挖掘和发扬肃慎文化内涵。举办了中国兴凯湖肃慎文化高端论坛，把肃慎文明历史从6000年延伸至7000年。开展了走进大湖文明采风活动。举办兴凯湖肃慎文化民间艺术节，挂牌成立了“中国人民大学边疆文化研究中心”。借助国内肃慎文化专家的力量，又申请成立了“中国肃慎文化研究中心”。排演了以肃慎文化为主要内容的情景舞蹈《肃慎乐舞》。确立了肃慎人形象标识：把海东青、兽皮衣、鱼叉、鱼纹陶罐、渔具等肃慎文化元素与人物像组合,设计了“肃慎人”标识。编撰了《肃慎文脉》、《图说肃慎文化之乡》、《肃慎文化论文集》等,进一步挖掘、弘扬肃慎文化,全面展现鸡西“中国肃慎文化之乡”的风采。

积极推进艺术剧院改革,成立了鸡西盛隆演艺公司。通过市场化经营,政府购买服务的方式,全年完成了市委、市政府及市直各部门接待活动和各类公益性文艺演出50余场,民营企业家投资的话剧《挂警灯的茅草屋》,在全国政法书记会议上进行演出,并在全国进行巡演。理顺市新闻传媒集团事业单位体制、机构和干部管理。集团对下属各单位实行政治责任、宣传任务和经营指标三位一体的考核机制;理顺内部经营管理体制积极创收;通过资本运作、对上争取、内部挖潜等方式筹措资金改善硬件环境,使本市的报纸印刷水平跨入全省先进行列,建筑面积5000平方米的新闻传媒编辑中心拔地而起,兴凯湖影视基地也落成揭牌,新建微波站投入使用。

文化阵地建设基础夯实。全市农村电影放映完成5508场,民生工程建设的54个农家书屋内部基础设施建设全面完成,15个乡镇文化站配备了电脑、照相机、投影仪、灯光音响等设备并投入使用。侵华日军鸡西罪证陈列馆布展工作进一步完善,对陈慕华故居和老矿办遗址进行保护性开发,“鸡西梨树党的革命历史建设展馆”落成。

群众文化活动蓬勃兴起。迎庆十八大组织开展了“鸡西人精神正气歌”主题系列群众文化活动,“城市之光”广场文艺演出达20余场。

文艺创作精品迭出。在国外大型文化交流活动中崭露头角,鸡西版画参加伦敦国际书展文化艺术展,16位版画艺术工作者的30幅作品被作为外交礼品供中国驻英国大使馆收藏使用。在全国工业版画展上,选送的50余幅版画有27幅入选,并在仅有的两枚金奖中摘走一枚,受到国家版画院高度关注,并准备在鸡西成立鸡西工业版画院。参加文化部每三年举办一次的全国第十三届“群星奖”黑龙江选拔赛,鸡西市选送的声乐、器乐、舞蹈、美术等八大类节目共获得了139枚奖牌。

鸡西市被评为全国文化体制改革工作先进地区,发掘弘扬肃慎历史文化工作首次被中宣部选入宣传思想文化工作精品案例项目库,首次获得全省宣传思想文化工作创新奖。全市理论武装工作、“三优”文明城市创建工作、农村精神文明建设工作、对外宣传工作、宣传人才队伍建设工作、调研督办工作、出版发行工作被评为全省宣传思想文化系统“创先争优”活动先进单位,并获得全国文化市场综合执法先进单位、全省农家书屋建设先进单位、全省广播电视系统先进台站等30多项省级以上奖励。

双鸭山市

2012年，双鸭山市宣传思想文化工作按照中央、省委的部署，围绕一条主线、一个主题、六大工程、十大项目的总体布局，抓重点、打战役，创亮点、打品牌，各项工作取得了较好成效，为推动全市经济社会跨越发展提供了精神动力、舆论支持、思想保证和文化条件。

一、依托“双鸭山大讲堂”重要平台，理论武装工作扎实推进

一是打造“双鸭山大讲堂”品牌。设置涵盖市、县区、行业、基层和“走基层”五个系列的讲堂构架，统一徽标，集中开展。整合市委党校、市委讲师团、市社科联的专家、学者及各县区、各单位的理论骨干，建立了“双鸭山大讲堂”讲师库和专题库，以党的十八大及省、市党代会精神为内容编印专项学习资料。市级讲堂先后邀请上海明德学习型组织研究所所长张声雄、中国浦东干部学院教授刘斌等专家来双鸭山市举办讲座。县区讲堂以宝清县“道德讲堂”、岭东区域经济发展论坛等载体为代表，行业讲堂以市妇联的母亲讲堂、市卫生局的健康讲堂为代表，全年共举办报告会、讲座100余场。“双鸭山大讲堂”，已成为“对全局有牵动、对战线有拉动、对社会有震动”的市级重要理论品牌。二是深化理论学习培训。制定下发了《2012年市委中心组学习计划》，围绕学习宣传贯彻党的十八大精神及省、市党代会精神等重大主题组建市委宣讲团，全年共深入基层开展宣讲活动50余场。以“五个一百”活动为载体，开展“百名理论骨干下基层”活动，围绕“理论超市”制定的23个“课题菜单”，组织市委讲师团、市委党校的理论骨干下基层宣讲50场次，党委书记上讲台宣讲110余场次。各县区的单位宣讲团，将宣讲触角延伸、覆盖到乡镇、厂矿，全年共开展主题宣讲230余场次。三是强化学习型党组织建设。全年，双鸭山市考核命名学习型党组织示范点100个，开设了“建设学习型党组织”、“书香双鸭山”、“学习之星”等新闻专栏，对全市建设学习型党组织的先进典型进行集中宣传，相继在人民网、《黑龙江日报》、东北网等国家、省级媒体发稿30余篇。举办全市建设学习型党组织经验交流现场会暨学习型党组织建设成果展，表彰全市学习型党组织建设四个类别的40名标兵，交流6家单位的典型经验。省委学办简报刊发了双鸭山市建设学习型党组织的先进经验，相关理论文章在《黑龙江日报》理论专刊头题位置刊登，并被人民网、黑龙江理论网等主流媒体转载。

二、突出重大主题宣传报道，新闻宣传工作亮点纷呈

一是重大主题宣传成效明显。全市5家市直主流媒体、6家县区新闻媒体及1家都市类新闻媒体联动，通过专版、专栏、通讯、综述等多种报道方式，围绕党的十七届六中全会、市十次党代会、迎庆省十一次党代会、迎庆党的十八大等7项大型新闻报道战役，15项市域内大型创建活动和会议开展报道活动。陆续开设“全会解读”、“代表心声”、“喜迎十八大”、“科学发展 成就辉煌”、“观城市转型 看持续发展”、“十八大精神在煤城”、“走基层、转作风、改文风”等30余个专栏专题，组织记者下基层2600余人次，采发报道3000余篇条。组织开展“三个一”主题活动、“杜绝虚假新闻，加强新闻职业道德建设”专项学习教育活动、“我们和人民心连心”广场文化活动等多项大型活动，累计采发新闻800余篇。二是“走转改”活动成果丰硕。全市新闻战线按照开门办报、办台、办网方针，组织新闻工作者走向

田间地头，深入厂矿车间，与人民群众同吃同住同劳动，先后建立基层联系点100个，通过“下基层档案”、“群众回访卡”、“同行评价卡”等形式推动“走转改”活动走向深化。陆续开展“优秀作品大家评”、“走转改微博群”等活动，刊发基层一线的最新报道2000余篇，群众点击率10万余人次。《双鸭山日报》“帮办专栏”全年协调解决民间纠纷近200件次，为农民工讨回打工钱80余万元。《新闻视点》栏目连同《行风热线》、《交广在线》、《挑刺》《新闻眼》等全市10个监督类栏目，全年开展助困暖心活动80余次，帮助百姓解决各类难题300余件。3月，召开了全省新闻战线“三项学习教育活动”双鸭山现场会暨全市“走转改”新闻队伍建设推进会议。6月，中国记协双鸭山新闻战线“走转改”座谈会召开，中国记协党组副书记、书记处书记高善罡对双鸭山市“走转改”项目建设给予高度评价。三是对上报道工作成绩喜人。全年在中央级和省级主流新闻媒体完成对上报道2100余条，其中《一样的城市 不一样的双鸭山》、《煤城双鸭山借力湿地绿色崛起》、《双鸭山城市经济在转型中崛起》、《双鸭山缓建办公楼 省钱干棚改》等大量报道在全国、全省影响广泛。

三、围绕迎庆十八大重大主题，宣传教育活动丰富多彩

一是实施“精彩人生 典靓四季”典型培育示范项目。联合市精神文明办、团市委、市妇联、市总工会等部门，通过摸底、统计、汇总、建档，建立了由249人组成的市级先进典型人才库，从中甄选代表全市工业、农业、经济、教育、文化等各条战线的先进群体(个人)共20个。以宣传模范典型事迹为主题，举办了“精彩人生 典靓四季”先进典型人物巡回宣讲活动，深入各县区、学校、企事业单位进行巡回宣讲10余场。二是开展“学雷锋、树新风”活动。按照7大项、24小项的活动设计，组织15支专业志愿者队伍的700多名志愿者，广泛开展关爱贫困家庭、残疾家庭活动、法律援助便民活动、义诊活动等志愿服务活动，发放《市民健康手册》200余册，宣传单、宣传画10000余份，受益群众600余人。开展了“弘扬雷锋精神，做全面发展一代新人”主题教育实践活动、万人“同唱雷锋歌曲”等系列活动，在市级媒体中开设“弘扬雷锋精神 开展志愿服务”专栏，刊(播)发相关新闻信息100余条，其中在省电视台发稿6篇，在省《新闻联播》播发2条，在省电台播发10余条，《黑龙江日报》开设了双鸭山学雷锋活动专版，报道该市学雷锋活动。三是开展国防教育宣传活动。以双鸭山市荣膺“全国双拥模范城”荣誉称号为契机，利用展板、条幅、街道电子屏等载体广泛开展国防教育宣传。围绕纪念第十二个全民国防教育日，市委宣传部与市军分区、市人防办、市双拥办联合，以“迎庆十八大、军民话国防”为主题，举办国防教育宣传图片展活动，在新兴广场展出国防教育日宣传展板近三十块，发放宣传《国防教育法》及全市关于国防建设的方针政策、国防和军队现代化建设成就的专题宣传资料2000余册。

四、打造地域特色文化品牌，文化事业产业繁荣发展

一是打响“北大荒之都”节庆文化之城品牌。制定下发了《双鸭山市打造“北大荒之都”节庆之城文化品牌的实施方案》，申请注册了“北大荒之都”、北大荒湿地文化节商标，实施以四方台区达子香赏花节、宝山区煤矿工人节等九项活动为抓手，以赏花、观鸟、消夏、祭祖、登山、民俗等活动为主线的品牌节庆文化活动。全年，新华社、《人民日报》、中央电视台、《黑龙江日报》、黑龙江电视台、东北网、香港《大公报》等30余家媒体，累计报道双鸭山市主题节庆文化活动近百篇。二是文化基础设施建设稳步发展。在市级重要文化场、馆建设方面，着力加快建设步伐，双鸭山市新地标性建筑——市文广大厦主体，目前已完成封顶；新建成的市博物馆对陈列大纲进行了进一步完善，征集抗联、民俗等各类文物3000余件，总价值84万；双鸭山大剧院土建工程已完成80%以上，预计2013年投入使用；市图书馆与黑煤职院合建工程正式列入市委、市政府的整体规划。目前，全市公共文化服务设施公益性事业单位有市群众艺术馆、市图书馆、市博物馆；艺术表演团体2家(黑龙江省龙江剧院双鸭山分院、黑龙江省龙江剧院宝清分院)。所辖四县四区共有4个文化馆、4个图书馆、4个博物馆,123个社区文化活动中心(室),40个乡镇综合文化站,482个农村文化活动大院(含农家书屋),20余个群众文化活动广场。三是城乡群众文化活动火热开展。开展"学雷锋 送亲情"文化下基层演出活动、庆"三八"真情关爱促和谐建功立业展风采演出活动、"回顾光荣历程 坚定青春理想" 双鸭山市庆祝建团90周年暨五四运动93周年文艺汇演、"双拥结硕果 共建铸辉煌"双鸭山市纪念建军八十五周年军民联欢会、东北亚国际湿地生物多样性保护论坛专场文艺演出等多项活动。全年举办"北大荒之都"、"城市之光"、"金色田野"等各类专场或广场演出累计58场(次)。四是文化产业发展加快。组织参加了第八届深圳文博会、第二十三届哈洽会和第八届龙江文博会,集贤县七星峰文化旅游景区开发项目和电视连续剧《东北抗日联军》项目在哈洽会上成功签约20.46亿元。双鸭山市的七星峰文化旅游开发项目、饶河县中俄文化交流中心项目、市文化广电中心建设项目列入全省"十二五"重点文化产业项目库。

五、紧抓"三优"文明城创建核心,精神文明建设不断深化

一是围绕迎庆党的十八大开展群众性精神文明创建工作。开展了"百万志愿者助邻里"、"喜迎十八大,歌唱祖国歌唱党"、"喜迎十八大,推进'三优'文明城市创建"、"喜迎十八大,农民唱红歌"、"迎庆十八大,学雷锋、树新风文明礼仪知识竞赛"等活动。在全市文明单位开展了"学习张丽莉,发现身边大美"、"爱我河山,共建美好家园" 等读书演讲活动。二是推动"三优"文明城市创建不断取得新突破。突出抓好城乡环境治理、交通秩序整治、市民素质提升三大工程。着重对城市主次干道、支路、城市出入口道路黑白色路面硬化覆盖率及主次干道、支路两侧人行道铺装率、绿化超高土治理率、树池覆盖率等方面强化推进,目前已达到100%覆盖。在全省创建"三优"文明城工作会议上,市委书记、市人大常委会主任李显刚做了《推进山水人和谐发展,加快煤城变美城步伐》的专题发言。三是扎实推进未成年人思想道德建设。深入实施"11531"工程,制定《双鸭山市争创全国未成年人思想道德建设工作先进城市实施方案》,分解细化了《全国未成年人思想道德建设工作测评体系》。建立了含市少儿图书馆、集贤县抗联教育基地、友谊县挹娄文化基地、饶河县珍宝岛爱国主义教育基地在内的一批爱国主义教育、国防教育、法制教育和科普教育基地,建立由中央专项彩票公益金支持建设的"乡村学校少年宫"学校2所。举办全省"学习雷锋,做美德少年"网上签名寄语活动暨全省学雷锋中小学校志愿服务站开通启动仪式,中央文明办领导参加活动,并对双鸭山市未成年人思想道德建设工作给予高度认可。在全省美德阳光建设工程总结表彰视讯会上,市委常委、宣传部长朱晓华做了题为《突出主题,创新载体,全力推进"美德阳光建设"工程》的经验介绍。四是不断深化志愿服务工作。以"弘扬雷锋精神、开展志愿者服务"为主题,组织15支专业志愿者队伍的700余人,开展对空巢老人、贫困家庭的法律援助、义诊捐赠、农技咨询等项志愿服务活动。组织文艺志愿者开展"学雷锋、送亲情,文化下基层活动",深入敬老院、社区、工厂等场所,赠送图书300余册,文艺演出20余场次。组织全市5万名志愿者开展了"绿化美化家园志愿行动",植树1.2万棵。深入开展"三关爱"活动,组织志愿者深入孤儿院、社会福利中心、脑瘫幼儿园等与贫困家庭80多名儿童结成帮扶对子,定期为他们购买学习用品、衣物,平均每年捐助善款1万多元。

六、着力展示双鸭山良好形象,对外宣传工作成果显著

一是狠抓重大活动外宣工作。"哈洽会"期间,双鸭山市共在《人民日报》、新华社、《经济日报》、中央电视台、《黑龙江日报》、黑龙江电视台、《黑龙江经济报》、香港《大公报》、香港《文汇报》等中央和省级主流媒体开辟专版7个,组织领导访谈10次,刊发稿件127条,发放外宣资料17种上万份。其中

《黑龙江日报》头版头题发表的《双鸭山招商引资集聚发展正能量》一文在全省引起强烈反响。会上《双鸭山市哈洽会签约18个项目总额88.13亿元》的新闻通稿件在30多家中央、省级新闻媒体同时刊(播)发。二是完善新闻发言人制度建设。按照全市《关于建立和完善党委新闻发言人制度的实施意见》要求，全市共有67个部门设立了党委、政府新闻发言人，共有各级政府新闻发言人67名，党委新闻发言人18名，由市委外宣办(市政府新闻办)统一指导开展新闻发布工作。全年组织召开新闻发布会38场，有关新闻被中央、省级、市级媒体及各大网站刊发，取得良好社会效果。三是狠抓舆情防控工作。针对国内新闻类网站、论坛类网站、百度贴吧等网络载体，及时监控上报重点舆情信息，编制《舆情报告》。全年编写《舆情报告》46期，向省委宣传部报送舆情信息4000篇(条)，被省委宣传部舆情信息处单篇采用6篇(条)，综合采用716篇(条)，其中《福布斯：美国应反思有关中国的“三个谣言”》、《世行：中国经济到了一个转折点》、《中日岛屿争端恐影响世界经济》等信息被省委宣传部舆情信息处上报中宣部单篇采用。

伊春市

2012年,伊春市宣传文化工作坚持“高举旗帜、围绕大局、服务人民、改革创新”的原则,以推进伊春林区“三次创业、转型跨越”为主题,以“唱响主旋律、迎庆十八大”为主线,按照“理论武装抓普及,深入人心;舆论宣传抓关键,引导有力;文明创建抓深入,提高素质;文化活动抓创新,打造品牌;文化产业抓特色,利民惠民;干部队伍抓提升,树立形象”的总体要求,抓实规定动作,创新自选动作,做好联合动作,各项工作取得良好成效,为推进伊春经济社会发展提供了精神动力、智力支持和思想保证。

(一)理论武装工作以迎接宣传十八大精神为重点,精心设计,周密安排,各项工作不断向纵深推进。一是抓好十八大、省市十一次党代会精神的宣传。以“科学发展、成就辉煌”为主题,分“会前、会中、会后”三个阶段,宣传党的十七大以来党的理论创新和党的建设取得的伟大成就。改革开放以来特别是2008年以来,省委带领全省人民建设“八大经济区”、实施“十大工程”所取得的显著成绩。市十次党代会以来,全市上下在贯彻落实科学发展观、保护生态、加快经济发展方式转变、构建和谐林区等方面取得的骄人业绩。各级党组织在执政能力建设、先进性建设、党风廉政建设上取得的重大成果。宣传伊春市十八大代表的事迹和风采,宣传广大干部群众高扬第三次创业大旗,奏响转型跨越乐章,立足本职、无私奉献、务实进取、创新开拓的先进模范事迹。组织开展主题宣传、专题宣传和对外宣传工作,在全市上下营造了团结和谐、健康向上的浓厚氛围。二是深化理论武装工作。通过制订学习计划、开展专题辅导、编印学习资料等方式,推动中心组学习活动。在新闻媒体开辟“十八大精神解读”、“三次创业、转型跨越”专栏专刊,组织专家做客《解读与访谈》节目。编印《十八大精神解读》材料,为广大干部群众提供内容详细、全面通俗的辅导材料。组建十八大精神宣讲团分赴全市各地巡回宣讲,举行巡回报告54场次。利用“林都讲坛”和各类讲堂等阵地,聘请国内知名专家进行专题辅导,先后围绕“提高领导干部与媒体打交道能力”、“领导干部政务礼仪”、“宏观经济”、“公文知识与写作”等专题对全市党政领导干部进行培训,增强了讲座的实用性。全年共组织6场报告会。开展了百名社会科学工作者下基层活动,就如何打造生态文化、旅游文化、创业文化,为伊春经济社会发展献计出策,提出合理化建议20条。

(二)文化工作以“6541工程”为重点,群众活动、文化产业、精品创作成果丰硕。一是“6541工程”扎实推进。制定下发了《伊春市十二五时期文化改革与发展规划》和《关于推进“6541工程”的实施方案》,组成重点工作推进组对基层场馆建设进行督导检查。小兴安岭地质博物馆、森林博物馆、金山屯金祖博物馆、铁力马永顺纪念馆改造工程已全面完工。围绕文化产业发展开展调查研究,先后形成了《关于伊春市民间工艺品产业发展状况的调查报告》和《推进文化事业和文化产业发展的调研报告》。二是文化产业有序发展。加大对现有文化企业扶持力度,帮助他们梳理发展思路,打造文化产业品牌,扩大基地规模。推荐美江木艺公司、侨艺公司、柏承工艺品公司等3家公司为全省首批文化产业基地,柏承工艺品公司被评为全国第五批文化产业基地,为做强全市文化产业奠定了基础。组织侨艺、美江、剀瑞林等工艺美术企业参加了“哈洽会”及全省“文化艺术博览会”、“农业博览会”、“森林产品博览会”,借助这些平台展出了“木制工艺品、玛瑙工艺品、绘画工艺品”三大类近千件各具特色的展品，签约额创历史最好水平，为打造木艺之乡奠定了基础。三是公共文化设施提档升级。狠抓公共文化体系建设工作，大力推进“文化共享工程”，加快农家书屋和林场(所)书屋建设，新建乡镇文化站4个，为212个林场(所)书屋，配送图书1530册，解决了林业职工借书难、看书难的问题，保障了人民群众基本文化权益。四是群众文化活动丰富多彩。坚持用文艺精品引领群众文化，开展文化惠民“百日工程”活动。把社区文化、广场文化纳入“大森林之声”暨第三次创业“春潮之声”等系列文化活动中，培育文化品牌，促进群众文化蓬勃发展。全年累计开展各类群众文化活动400余场次。其中，南岔区“月牙湖之夏”、铁力“松涛之声”、金山屯“金水放歌”、新青区“鹤舞新青”生态文化周等各具特色的群众文化的品牌效益日益凸显。嘉荫县创作排练的大型民族舞台剧《鄂伦春神话》为丰富旅游文化注入了活力。开展了“文化热心人”评选表彰活动，助推全民健身活动全面发展。五是文化艺术创作成效显著。紧紧围绕年初确定的“一首歌”、“一本书”、“一台节目”、“一个乐团”、“一部动漫剧本创作”、“一部电视剧播出”等“六个一”目标狠抓落实。聘请国内著名词作家石顺义、著名作曲家胡旭东合作，创作了一首歌唱伊春的歌曲《伊春是我家》，在新年音乐会与观众见面。鼓励支持市民营企业筱玫影视动漫公司创作动漫影视剧《红松小子》和《松鼠杉杉觅新家》。剧本创作已经完成并通过国家广电总局备案，动漫剧制作已完成了模型、人设、动作、表情和分镜。积极帮助协调战友集团和北广传媒合拍的电视连续剧播出事宜。该剧后期制作已全部完成并通过国家广电总局备案，完成了中央电视台初审，年底完成了与北京、湖北、河南、吉林等上星台和部分地面台播出洽谈并签约，拟定于2013年初与观众见面。积极推进文化体制改革，撤销了原两个专业文艺院团，注册成立了“黑龙江林业文工团有限公司”，并按项目承揽、市场运作的方式，对新年音乐会和春节联欢晚会进行了创作编排。推出了一批具有伊春特色、林区风格的文学、音乐、舞蹈、美术等精品力作，为“三次创业”讴歌喝彩。围绕推进“三次创业”编撰的《创业风采》系列丛书已完成稿件收集。整理了近年来全市文学爱好者在各种媒体上发表的赞美、歌颂伊春的好作品，伊春《散文》和《诗歌》，力争明年截稿并印刷。编撰的《伊春旅游摄影攻略》和《伊春民俗》等系列书籍，已完成稿件初审。市文广新局创作的《肚皮舞》等20余个舞蹈作品、《林城情缘》等5个话剧小品、5首歌曲、2篇报告文学，在黑龙江省第十三届群星奖比赛中，共获得金奖4个、银奖3个、铜奖10个，伊春市获优秀组织奖。立足于把森林音乐会打造成林都伊春的城市名片，积极探索市场运作模式，不断丰富曲目内容，采取网上票务销售方式，有效提升了音乐会的质量和影响力。

(三)新闻宣传以“走转改”活动为重点，把握关键，打好战役，形成良好舆论氛围。一是结合全市实际扎实推进“走转改”活动。以提升记者队伍整体素质，发挥媒体舆论监督作用为目的，制定下发了“记者走基层、足迹遍兴安”的实施方案，在市级媒体分别开辟了《三次创业百场千户行》专栏，用大量鲜活的新闻报道，全方位、多角度地反映全市基层干部群众在“推进三次创业，加快转型跨越，努力建设美丽富庶、文明和谐、健康幸福新伊春”的实践中表现出来的崭新风貌和取得的辉煌业绩。对《伊春日报》进行了改版，增加了《地方专刊》、《部门专栏》等内容，全面提高了评论质量，丰富了《向阳林》内容，增加了报纸的可读性。制定印发了《关于进一步改进领导活动和会议报道的意见》和《加强和改进舆论监督工作的实施办法》，把更多的黄金时段和版面留给基层，提高了新闻报道质量。伊春市的“三项”活动得到了中国记协领导的高度评价。全年累计共发反映基层经济社会民生等方面稿件700多篇，并在中央台发稿3件，省电视台发稿15件。借助十八大召开的契机，全面宣传伊春生态文明建设成果，先后在中央电视台的《新闻联播》和《焦点访谈》、中央人民广播电台的《新闻和报纸摘要》、《光明日报》

等媒体中发稿 13 篇。二是集中力量组织开展新闻报道战役。定期召开新闻通气会,统筹安排市委、市政府的重要决策部署,有计划、有步骤地开展主题性新闻宣传,特别是针对十八大、省市十一次党代会等内容,制定详细的实施方案,定期听取新闻宣传汇报,指导和检查新闻报道进展。全年相继开展了重点工程、产业项目、棚改、招商引资、创建文明城等系列新闻宣传,完成稿件五百余篇,反映了全市经济社会建设的重大成果。加大与上级媒体的沟通联系,拓宽发稿渠道,全年发内参 2 件、在国家级媒体发稿 61 篇、省级媒体发稿 446 篇。三是把握舆情信息,引领舆论导向。全年向省舆情信息中心报送 3500 条,被中宣传部和省宣采用 480 篇,编辑《伊春舆情专报》20 期,《舆情分析报告》1 篇。

(四)精神文明建设以创建全国文明城为重点,实践活动内容丰富,各项工作稳步推进。一是扎实推进文明城市创建工作。调整充实创建力量,建立主要领导、主管领导、联络员三级工作网络,形成工作整体合力。围绕环境整治,加强联合执法力度,组织文化、城管、工商、药监、公安等部门开展经常性专项治理行动。对照测评体系确定的重点工作、公共环境、公共秩序、公益活动、公共关系等五大项工作指标要求,修订并印发了《2012 年城市文明程度测评体系》指导性文件 21 个,绘制工作推进图板,把任务目标分解落实到责任部门。组建 QQ 工作群,举办培训会议,建立周一例会、重要情况及重要工作通报等工作制度,确保督办工作不留死角。根据国家暗访组必检线路,对 30 项 448 个实地必查点进行分层次、分重点,拉网式的排查和重点部位抽查,共梳理出基础设施建设、环境卫生、交通秩序等 14 个方面 108 个问题,并通过确定重点治理环节,落实整改责任,下发整改督办单,跟踪推进落实等方法,实现了问题整改的有效对接。全年共开展各类集中整治活动 60 次,维修道路 18000 平方米,铺设道板 9700 平方米,铺设草坪 4620 平方米,清除各类垃圾 12000 立方米,铺筑路牙石 2400 延长米,完成路灯杆维修、更换 13 项,更换井盖 40 处,拆除违章建筑 300 处,规范交通标志 26 处,规范车辆路线 6700 延长米,划交通标线 1898 平方米,新增停车位 216 个。充分发挥新闻媒体、网络媒体、大型公益广告、沿街电子屏、宣传橱窗等阵地作用,宣传创建知识和内容,播放文明礼仪温馨提示语、宣传口号和创建专题片,开设创建专题和专栏,广泛开展宣传教育活动,编印《伊春市民文明操行手册》,用文明城市的要求引领社会风尚,用文明城的标准规范社会行为。截至目前,在市级媒体发创建稿件 1000 余篇,在网络发布创建信息 1000 余条,在公交车内设置宣传标语 200 余条,设立大型宣传牌 18 块,在全市营造了良好的创建氛围。在全国文明城市测评体系中,伊春市在 61 个地级资格城市中排名 24 位,位置前移。二是公民道德建设深入发展。开辟道德讲堂,让道德模范事迹进机关、进工厂、进社区、进村镇、进课堂,全年共开展道德讲堂 122 个。组织开展"我推进我评议身边好人活动",全市有 2 名同志事迹入选"龙江好人榜"。针对社会上一些不文明现象,开展了"百姓评说蒲公英现象"和"让美食与文明同在"文明行为大讨论活动,有效提升了市民的文明素质。三是志愿服务事业蓬勃发展。壮大志愿服务队伍,建立健全志愿服务组织,招募志愿者,组织开展"五彩丝带、文明伊春"、"关爱贫困孤儿慈善救助"等志愿服务活动,全市集中开展志愿服务活动 160 次。全市志愿服务站(队)600 个,招募志愿者 90391 人,占建成区人口比例的 11.34%,规模位列全省第三,并为 300 名贫困儿童发放救助金 15 万元。四是未成年人思想道德建设卓有成效。在巩固"四自五爱"经验的基础上,进一步完善构筑学校、家庭、社会"三位一体"教育网络,在全市中小学开展了"日行一善"、"洒扫应对"等各种主题实践活动。在全国被测评的 92 个地级市中总体排名 52 位,去除已经获得全国文明城市的地市,在资格城市中排名 24 位。五是开展了以"知荣辱、树新风、促和谐"为主题的"六进"系列宣传教育活动,形成核心价值体系建设的强大合力。

（五）思想政治工作以核心价值体系建设为重点，活动多样化，引领作用突出，形成良好社会影响。一是推荐“六个十佳”。按照省宣评选活动要求，采取逐级推荐，优中精选，全市有3个单位分别荣获“十佳和谐机关”、“十佳和谐企业”、“十佳和谐村屯”称号。二是选树“三次创业带头人”。制定下发了《关于在全市开展“三次创业带头人”评选表彰活动的方案》，围绕“三次创业、转型跨越”的主旋律，挖掘一批各行各业三次创业中的致富带头人。三是评选“感动伊春”人物，选树典型群体。制定下发了《关于组织开展2012“感动伊春”年度人物（群体）评选活动方案》，采用书面投票、网络投票、手机短信投票等方式，按得票多少推出一批感动伊春人物，彰显了普通百姓的感人事迹和崇高精神。2012年共评选感动伊春人物伊春新昊绿色旅游集团董事长兼总经理赵德友、五营区桦林社区圃林委居民王艳慈、佳木斯市宏基建筑工程公司总经理黄文江等10名，提名奖6名。四是大力选树学习型党组织建设典型。在全省评比中，全市有四个单位分别获得学习型领导班子标兵、学习型组织标兵等称号，两个单位获得创建学习型党组织先进集体称号。

（六）对外宣传以塑造伊春绿色林都新形象为重点，活化载体，拓宽渠道，精彩纷呈。一是推介伊春绿色林都新形象。以“哈洽会”、“森博会”、“生态旅游节”、“蓝莓节”、“杜鹃花观赏节”、“森林生态旅游节”、“五花山观赏节”、“冰雪欢乐节”等系列活动为载体，成功举办了“中国冬季摄影节”、“网络媒体龙江行—走进伊春”等大型对外宣传活动，提升了伊春绿色林都新形象。二是利用新闻发布会宣传伊春。全年召开了六次新闻发布会，展示了伊春的旅游资源优势和独特魅力，营造了良好外部舆论环境。三是借助与《文汇报》合作契机，扩大对外宣传。全年发表了六个整版，充分反映绿色伊春、生态建设、产业转型、投资热土等内容的成功实践，扩大了影响力，提升了知名度。四是外宣品制作进展顺利。反映伊春绿色林都新形象的风光画册，编辑工作已完成图片筛选工作；与江苏广播电视总台合作拍摄以“森林和城市”为主题的3D高清电视纪录片，已完成夏秋冬三季拍摄工作。

（七）宣传队伍以提升干部素质为重点，系统培训，规范管理，干部素质明显提高。一是加强干部交流。采取“出一进一”、“职务对职务”的方式在部机关进行全岗位轮岗，实现人岗相适、职岗相应、能岗匹配，形成良好用人导向。二是加强业务培训。采取分级培训、分层施教、分类辅导的方式，举办伊春市新闻发言人、网络管理、舆情信息等宣传部长、文明办主任专题培训班。加强业务培训，聘请黑大教师对部机关干部进行了“公文知识与写作”和PPT制作技术等内容的培训，与清华大学新闻与传播学院建立合作关系，建立大学生社会实践北方基地，为全市新闻媒体与高校合作奠定了基础，使宣传干部整体素质和能力得到有效提升。三是强化制度建设。以打造“团结务实、规范高效、活力创新”的高素质团队为目标，以“内强素质，外树形象”学习型机关建设为载体，规范工作流程，培育团队文化。编印了《市委宣传部机关建设制度汇编》，执行首问负责制，建立绩效考核和双向测评（部领导和基层宣传部分别对部机关干部打分）等长效机制，有效促进了机关工作规范化，提高了工作效率。四是规范档案管理。按照年初确定的“四有”“四成册”的要求，每项工作结束以后，都要整理立卷归档，做到文字资料装订成册、图片音像制作成册、活动花絮收集成册、佐证材料整理成册，为传承事业发展奠定了坚实基础。

七台河市

2012年，七台河市宣传思想文化战线，紧紧围绕迎庆宣传贯彻党的十八大精神和省、市党代会精神，扎实推进宣传思想文化工作，继续保持积极健康向上的工作态势，为促进全市经济社会发展做出了积极贡献。

一、学习型党组织创建深入开展

坚持领导带头示范学、健全制度规范学、转变方式灵活学、丰富内容全面学、转化成果落实学，提升了市委中心组理论学习的质量和水平。市委中心组共集中学习6次，邀请外来专家学者讲学近20场次，撰写和发表各种理论或调研文章30余篇，各种外出参观学习10次。深入推进“党课大讲堂”和“道德大讲堂”载体建设，开展了读书学习月、专题报告、道德模范巡讲、读书会、演讲会、征文比赛等活动。桃山区、新兴区、茄子河区、金沙新区、勃利县将两个“大讲堂”活动与“三创”活动结合在一起，依托乡镇、街道社区学习活动阵地，开展各种宣讲活动，有效地帮助群众了解大政方针，理顺群众反映的难点热点问题，打造了基层学习新平台，提升了学以致用的能力水平。加大典型挖掘选树力度，向省委宣传部推荐典型11个，其中8个获得省级学习型党组织、领导班子、领导干部和党员标兵称号。

二、精神文明建设大力推进

“三优”文明城市创建工作水平明显提升。健全了“村(屯)清扫、乡(镇)转运、区(县)处理”的长效管护机制，打造了一批精品村屯、达标村屯；开展了“文明过马路、礼让斑马线”、“百名文明驾驶员”、“星级文明市场”、“文明诚信示范店”等一系列评选活动，交通秩序、市场秩序明显改善；开展了“创暖心服务、树满意品牌、做文明之星”、“文明医生”、“文明教师”等一系列创建活动，各级文明单位服务质量明显转变。7月，在七台河市召开了全省“三优”文明城市创建工程现场会。志愿服务参与意识明显提升。省级以上文明单位(标兵)与所在社区签订了“双百结对、共创文明”志愿服务任务表，全市80%以上的文明单位在党委、党组的领导下建立健全了志愿服务队。在“学雷锋、看行动”主题实践活动中，全市各级文明单位近400人走上街头开展志愿服务活动。市民文明素质明显提升。“文明就餐”、“文明排队”、“文明祭奠”等系列文明养成教育活动常抓不懈，《“画”说文明言行》市民文明手册、《十提倡十禁止》市民文明行为宣传短片、《村民八不》行为规范等文明行为宣传资料进商场、进社区、进机关、进学校、进村屯，形成了强大的舆论声势。

三、舆论传播能力明显增强

坚持团结稳定鼓劲、正面宣传为主，及时准确宣传党的路线方针政策，大力宣传七台河市“推动四个发展、建设幸福之城”的重大决策，大力宣传十项整治、社会管理、安全生产、十一项改革、第五届中国七台河家具节等重点工作，引导干部群众按照中央和省、市委的战略部署团结奋进。在媒体开设了“喜迎十八大、建设幸福城”、“大招商、招大商、大发展”、“十项整治在行动”等专栏，提高了新闻宣传的质量水平。以“三贴近”为突破口，持之以恒地开展了走基层活动，转变了记者的采访作风，涌现出大量反映农村、社区、企业发展变化的优秀作品。七台河电视台在四煤城率先开通安全频道，多次完成了全国全省专项工作现场会大型车载直播任务。《七台河日报》和七台河广播电视台对上报道都有新突破，发稿量稳中有升。电台获得了“中央人民广播电台优秀供稿单位”的荣誉称号，电视台在全省13个地市中获得对上报道工作第一名的好成绩。七台河日报社从省财政争取专项设备资金购买制版设备,填补了建报30年来从省争取资金的空白。七台河广播电视台成立了传媒艺术培训中心，投资106万元完成变压器配电系统和行风热线设备更新、电视台安播设备采购等项目建设。深入实施了七台河城市对外宣传战略。加强与中央和省主流媒体的联系,扩大了与友好城市、合作城市、同类城市的交流,叫响了“山水乌金城、七彩七台河”对外宣传口号。城市形象宣传片《魅力勃利》在中央电视台第七频道播出,全面展示了县域经济社会转型跨越发展的丰硕成果和良好形象。利用哈洽会、黑龙江文博会、深圳文博会等重大经贸活动,大力宣传推介了城市文化品牌。

四、主题宣传教育氛围浓厚

推动社会主义核心价值体系进机关、进社区、进企业、进校园、进农村、进家庭,促进了社会主义核心价值体系的宣传和普及。广泛开展了“知荣辱、树新风、促和谐”、“弘扬七台河精神、全力推动四个发展”主题教育实践活动,召开了范可新同志先进事迹报告会,组织开展了“大美大爱龙江”主题征集活动,举办了“龙江银行杯”“创业创新创优、建设幸福之城”主题演讲比赛等活动。在第四届全省“六个十佳”和谐单位(家庭)创建评选活动中,七台河市有2个单位分别荣获全省十佳和谐企业、十佳和谐校园荣誉称号,另有8个单位(家庭)获得全省和谐单位(家庭)称号。组织完成了勃利密塞和市革命烈士陵园融入全省爱国主义教育基地红色网上展馆建设工作,举办了爱国主义教育图片展。在“建设幸福中国”青少年爱国主义读书教育活动中,全市有2名师生进京参加全国读书教育夏令营活动,近百名师生获国家和省市级奖励,市组委会获国家级组织奖。

五、文化艺术活动丰富多彩

开展了“幸福之城”节庆系列活动,秧歌展演、彩灯展、焰火晚会等活动,营造了浓厚的节日氛围。开展了第七届“七台河之夏”系列文化活动,各类广场演出好戏连台。老年歌舞晚会、重阳舞蹈专场、大型歌剧《江姐》演出、文艺爱好者进社区等活动层出不穷,送图书、送戏、送电影下基层,深受广大群众欢迎。出版了长篇小说《草帽顶子风云》、《黑水河》,诗歌散文集《一生只有七天》、《把回忆留给青春》、《古韵清音》、《广博吟草》等多部文学作品,召开了《之秋文集》作品研讨会。有作品分别获冰心散文优秀奖、全国煤炭征文优秀奖、首届全国十省区数字影像大赛故事类二等奖。一些文学社团创作势头强劲,在域内外报刊上发表了一大批优秀作品,武陵春文学社出版《倭肯河》文学刊物两期。书法、摄影、美术协会多次开展了赴域外创作采风活动,举办了初国君、杨剑、黄秋声个人艺术作品展。有许多美术、书法、篆刻、玉雕、煤雕作品先后十余次在全国全省各类艺术作品展中参展、获奖或被组委会收藏。

六、文化产业健康发展

国有文艺院团改革顺利完成,撤销了七台河市歌舞团,保留原有人员职级和编制,人员分流到群众艺术馆、图书馆和文物管理站,实现了改革后的平稳过渡。全力推进文化市场综合执法改革进程,有效解决了区级审批权与执法权不分离的问题。城市文化综合体建设工作有序进行,与北京中视达国际传媒公司达成了初步合作意向，并签订了20亿元的合作框架协议。成立了金沙新区特色文化产业园和勃利文化产业园区。在全省文化体制改革和发展工作会议上,松林玉木制工艺品加工园区被评为省级文化产业园区。利用展会大力推介文化产业品牌和产业项目,组织文化企业参加第23届哈洽会、第八届深圳文博会、第七届中国龙江国际文博会,一些文化企业在展会上签约、获奖。

鹤岗市

2012年，鹤岗市认真贯彻落实党的十八大、十七届六中全会，省市第十一次党代会精神，紧紧围绕省、市委中心工作，按照建设边疆文化强市的要求，大力实施文化建设“七大工程”，开拓创新、攻坚克难，较好地完成了各项工作任务，为加速转型跨越、加快区域中心较大城市建设提供了有力的精神支撑。

一、以巩固干部群众团结奋斗的共同思想基础为重点，扎实推进理论武装工作

以学习宣传贯彻党的十八大及省、市第十一次党代会精神为重点内容，努力在全面准确、学以致用、用以促学上狠下功夫，不断巩固了干部群众推动跨越发展的共同思想基础。一是开展了学习宣传贯彻党的十八大精神工作。按照中央和省、市委的要求，采取中心组学习、专题辅导、报告会等形式，组织全市党员干部特别是领导干部认真学习党的十八大精神，提高了党员干部对党的十八大重大意义、主题和《报告》内涵的理解与把握。抽调理论工作者组成宣讲团深入到机关、企业、学校、社区、村屯等基层一线进行宣讲，使十八大精神覆盖到每个层面。组织全市各级领导干部撰写体会文章，在《鹤岗日报》理论专版陆续刊发，进一步把干部群众的思想和行动统一到十八大精神上来。二是开展了创建学习型城市活动。按照全省创建学习型党组织活动要求，丰富内容，拓宽领域，组织开展创建学习型城市活动。召开动员大会，由市委书记、市人大常委会主任对活动进行全面动员；制发实施方案，明确目标任务、方法步骤和工作要求；建立组织机构，由市委主要领导担任工作委员会主任，确立7个牵头单位，组建6个指导推进组以及宣传组、综合组等机构，为创建活动提供了组织保障。通过举办“全民读书月”活动、“读好书、强素质、打造书香鹤岗”征文大赛，开办论坛讲堂，开展送文化下基层活动，组织新闻宣传战役等形式，推动了学习型党组织、领导班子、机关、企业、社区、村镇、家庭等各类组织创建，进一步提升了城市学习力。特别是按照每月举办一场全市性学习报告会的要求，邀请国务院政策科学研究会副会长赵琛、上海明德学习型组织研究所所长等国内外知名教授到鹤岗举办系列专场报告会，邀请专家教授层次之高、投入之大，创历年之最。据统计，共举办全市性专场报告会8场；组织巡回宣讲40余场；为农民送书1万余册，为矿工送图书阅读卡1100余张；征集体会文章500余篇；编发简报60余期，编印理论学习期刊8期；各党委(党组)中心组开展学习400余次；举办各类讲座、论坛等活动近百场；在全市建设了一批社区市民学校；龙煤鹤岗分子公司等企业建立了“许晓林学习工作室”等一批学习基地。三是开展了理论宣传和研讨工作。围绕省、市第十一次党代会精神，干部群众关注的热点内容，通过举办巡回宣讲、鹤岗讲坛等活动，大力宣传党的最新理论和方针政策，进一步答疑解惑。围绕贯彻落实中央和省、市委中心工作，特别是深入实施“八大经济区”、“十大工程”，推进区域中心较大城市建设，弘扬鹤岗城市精神等课题，组织领导干部和理论工作者开展了系列研讨活动，推出了一批理论文章，为市委、市政府科学决策提供了理论支持。2012年以来，在《求是》、《经济日报》、《奋斗》等国家、省级重要理论刊物上推出了《阳光党务“晒”出和谐》、《探索城乡一体化新模式》、《发挥转型优势，加速弯道跨越，率先在全国欠发达地区实现城乡一体化》等多篇理论文章；全市理论工作者共撰写各类理论研讨文章、调研报告70

余篇；开展专项课题研究 2 次，在《鹤岗日报》刊发理论文章 50 余篇。

二、以服务省市委中心工作为重点，全面加强舆论宣传工作

围绕推进转型跨越、区域中心较大城市建设等内容，不断加大新闻宣传力度，提升舆论引导能力，积极营造了良好的舆论氛围。一是开展了系列新闻宣传战役。围绕省、市委重点工作，组织开展了“贯彻落实全会精神，建设区域中心较大城市”、“抢抓黄金期、大干 100 天，打赢‘三抓三保’攻坚战”等新闻宣传战役 10 余次，大力宣传鹤岗市贯彻落实省、市第十一次党代会精神，全力建设区域中心较大城市的新措施、新进展、新亮点和新成效，在全社会营造了团结拼搏、奋发有为的浓厚氛围。截至目前，共开辟专题、专栏 20 余个，刊发稿件 1 万余篇(条)，图片 2000 余幅。加大了对上报道力度，积极与中央电视台、《人民日报》、《经济日报》、《新华每日电讯》、《经济参考报》、《黑龙江日报》等主流媒体沟通联系，展示了鹤岗市经济社会建设取得的辉煌成就。2012 年以来，中央电视台《焦点访谈》栏目围绕经济建设、民生和社会保障问题对市委书记杜吉明进行了专访，新华社刊发了《和谐发展工程是保障和改善民生“新抓手”——全国人大代表、黑龙江省鹤岗市市委书记杜吉明》；《杜吉明代表：没钱的地方更要搞民生》、《如今人才“组团”东北飞——资源型城市鹤岗集团式引进高端人才，打造聚才新模式》、《曾经被煤染黑的“鹤”，脱“黑”飞翔——老煤城走新路，产业转型再造美丽鹤岗》、《决战暴风雪——鹤岗抗击“11·11”五十年一遇暴雪纪实》；《人民日报》刊发了《黑龙江鹤岗“百千万”工程切实惠民》、《跳出煤炭转型文化旅游——访黑龙江鹤岗市委书记杜吉明代表》、《黑龙江省鹤岗市实施和谐工程，为民做事，事事抓落实，件件有回音》、《只要你来，其他的事我来办》、《走街串巷听民意——鹤岗晨查组“管事儿”》；《经济日报》刊发了《立足资源谋转型——访全国人大代表、鹤岗市委书记杜吉明》，出版了《鹤南新型工业城和松鹤生态新区建设》专版。截至目前，在国家级主流媒体发稿 80 余篇(条)，实现了对上报道新突破。特别是在十八大召开期间，在中央和省级媒体刊播发新闻稿件 20 余篇(条)，专版 9 期。加强了硬件设施建设，为鹤岗日报社引进了国内最先进的高斯(中国)彩印机，实现了全彩印刷，提高了新闻宣传效果。为广播电视台购置了高清摄像机、数字视频切换台、数字视频矩阵、监测系统、虚拟演播系统等，实现了电视演播的升级换代；购置了电视制播网系统，实现了电视制播的完全数字化。二是开展了对外宣传战役。以“哈洽会”、黑龙江(香港)活动周、“中国·鹤岗中俄界江文化旅游节暨第四届东北东部(12+2)区域合作圆桌会议”、中俄旅游年暨 2012 年鹤岗·萝北全国徒步露营大会为契机，通过邀请省内外记者采访、制发城市宣传广告、举行新闻发布会、编辑出版外宣品等方式，大力宣传了鹤岗的自然资源、城市文化、发展政策和建设成就，进一步树立了鹤岗良好的对外形象。截至目前，组织开展了“看鹤岗、新形象”、“喜迎十八大、成就看鹤岗”等大型对外宣传战役 20 余次，在新华网、人民网、环球网、新浪网、搜狐网、东北网等网络媒体和香港《大公报》、香港《文汇报》等境外媒体上刊(播)发报道 4000 多篇(条)、图片 1000 多幅、音视频 300 余分钟。三是加强了网络管理工作。制发了《关于建立网络舆情联合处置工作制度的意见》、《加强网络评论工作通知》，通过组建网络评论员队伍、实施网络重点空间专人监控、编发《互联网舆情专报》等办法，加大了对网络的监管力度，营造了健康有序的网络舆论环境。截至目前，监测各类网络舆情 3 万余篇(条)，正确引导网络舆情 20 余件，编发《互联网舆情专报》120 余期。四是加强了突发事件舆论引导工作。鹤岗发生了“5·2 煤矿透水事故”、“11·11 雪灾”等重大突发事件，新华社、中央电视台、《黑龙江日报》、黑龙江电视台等媒体的大批记者蜂拥而至，市委宣传部沉着应对，通过及时协调主流媒体发布权威消息、成立突发事件舆论引导小组、组织召开新闻发布会、组建网络评论员队伍等办法，在第一时间抢占了舆论高地，掌握了话语权，最大限度地控制了负面舆论的传播和影响。同时，通过邀请记者采写救援、救治、救灾工作，最大程度地赢得了社会各界的理解和支持，得到了省委、省政府的好评。在抗击暴雪期间，在中央和省级主流媒体刊播发新闻稿件32篇(条)，充分反映了鹤岗市万众一心，众志成城，全力夺取抗击雪灾胜利的生动场面。

三、以建设社会主义核心价值体系为重点，大力开展思想道德建设和精神文明创建工作

按照建设社会主义核心价值体系的总体要求，创新载体，活化形式，进一步弘扬了新风正气。一是开展了弘扬“坚守、融合、创新、跨越”鹤岗城市精神活动。在广播电视台、《鹤岗日报》开辟了专题、专栏，对鹤岗城市精神的内涵和精神实质进行了解读，深化了全市各界对鹤岗城市精神的理解。在鹤岗门户网站刊发宣传口号，在《鹤岗新闻联播》前后播放宣传画面，营造了弘扬和践行鹤岗城市精神的浓厚氛围。采取设立宣传牌，利用电子屏、条幅、手机短信、手机报、手机电视等形式开展宣传，使鹤岗城市精神家喻户晓、深入人心。截至目前，全市260个电子屏幕实现了全天候滚动播放宣传语，设立户外宣传牌530块，悬挂条幅500余条，发送手机短信50余万条。二是深化了社会主义核心价值观教育。组织开展了“学雷锋”系列主题实践活动，召开了全市社科界学雷锋座谈会，对新时期弘扬雷锋精神进行了研讨；组织开展了“百万志愿者助邻里”、“我陪老人看鹤岗”等社会志愿服务活动，在全市形成了良好的“学雷锋”氛围。举办了“大爱满龙江”英模先进事迹报告会和潘英华、李昕泽先进事迹报告会，在全市掀起了向先进学习、向典型看齐的热潮。开展了“六个十佳”和谐单位创建评选活动，经过层层评选和推荐，推出了18个典型参加全省评选。其中，鹤岗市物价监督管理局、萝北县团结镇勤俭村两个典型单位荣获全省“六个十佳”和谐单位(家庭)荣誉称号，市文化广电新闻出版局、红军小学等11个单位荣获全省和谐单位(家庭)荣誉称号。三是开展了“学讲话、再鼓劲、谋开局、快跨越”主题实践活动。制发了《关于在全市开展“学讲话、再鼓劲、谋开局、快跨越”主题实践活动的实施方案》，把全市各单位、各部门承担的重点工作任务纳入活动考核范围，明确了具体任务、具体分工和完成时限，使活动成为推进全市各项重点工作的总载体。通过签订责任状、督导组推进、召开研讨会、编发活动简报等方式，推进主题实践活动深入开展。截至目前，编发简报65期，在媒体刊播发稿件400余篇(条)，设立宣传牌、宣传条幅100余块(条)，在《鹤岗日报》推出理论文章14篇，开展巡回宣讲20余场。四是广泛开展了群众性精神文明创建活动。开展了“寻找身边的美”、美德阳光建设工程评选、创建“文明餐桌”等精神文明创建活动，进一步提升了全体市民的文明意识。向省文明委推荐了74个省级精神文明创建活动先进集体和先进个人典型，推荐美德家庭、美德学校、美德家长、美德学生16个，文明餐桌5个，“好邻居”6个。大力开展了未成年人思想道德建设工作，组织开展了公共娱乐场所秩序和校园周边环境净化工作，成立了由280名“五老志愿者”组成的网吧监督员队伍，有效遏制了未成年人上网等不良现象。开展了优秀童谣征集传唱活动，向省申报了26件作品。加强了活动阵地建设，完善了全市179个校外教育辅导站设备，受教育未成年人达2万人次。

四、以整治城乡环境和城市秩序为重点，深入实施创建“三优”文明城市工程

坚持因地制宜、区域联合、把握重点、分步实施的原则，通过强化领导、强化治理、强化教育等措施，大力推进了创建“三优”文明城市工程，取得了良好效果。一是开展了迎宾大道景观带专项整治战役。把开展迎宾大道景观带专项整治作为城乡环境综合整治工作的一项重点任务，通过组建机构，制定方案，科学规划，加大投入，落实责任区和责任人等办法，全力推进迎宾大道景观带专项整治工作。二是开展了全市城乡环境卫生“大整洁运动”。市委、市政府联合下发了通知，动员全市人民积极投身“大整洁运动”。全市各单位、各部门分别采取召开动员会、干部大会等多种形式进行安排部署。各基层组织逐户发动人民群众参与整治活动。先后组织召开了全市城乡环境大整洁运动“百日攻坚战”动员大会、农村环境卫生整治工作会议等4次会议，对活动再动员、再部署。组织开展4次“万民上街”大清扫活动，全市各界上街头、入厂矿、下社区，针对乱贴乱画、乱扔乱倒等现象开展清扫，活动参与人数之多，范围之广，成效之大，为历年之最。开展了12个专项整治战役。按照治理内容和行业类别，把环境整治工作划分为乱贴乱画、乱倒乱扔、乱搭乱建、占道经营、牌匾广告治理等12个专项，明确了4个牵头单位，采取属地管理、分工负责、集中突破等办法，推动环境卫生整治工作由全面整治转向专项整治。开展了环境卫生七个创建活动。在全市创建了一批卫生整洁机关、企业、校园、医院、小区、村屯和家庭。开展了“双百”工程倡议活动。动员全市各界对百条街路和百个小区实施了帮建，全市157家单位和企业对74条街路进行了硬化和改造；对105个小区进行了绿化和硬化，对公共设施进行了修缮更新。三是进一步规范了社会秩序。开展了“整治国、省道严重交通违法行为专项行动”、“公路客运交通安全集中整治统一行动”等交通秩序整治工作，全年共开展整治交通秩序会战14次，查处违法违规车辆2000余台。开展了商铺牌匾、建筑市场、经营管理秩序等三项专项整治，对户外广告牌匾进行摸底调查，进行分类统计，统一规格。对施工现场围挡设置、大门设置、硬化建设、物料堆放、洗车设施建设、噪声防治以及全封闭管理等七个方面内容进行规范，开展专项检查78次，下发整改通知单57张。对居民区噪声、工业噪声、社会生活噪声等进行了全面整治；对城区内污染严重，群众反映强烈的企业实施了整体搬迁；对过期废弃的危险化学品和公安部门收缴的剧毒化学药品实施安全转移；对企业燃煤锅炉和取暖锅炉进行了全面排查，下发整改通知单91张，取缔了拒不改造的32个1蒸吨以下的锅炉，为1000余家餐饮业户更换了清洁能源。四是提升了窗口单位服务水平。在党政机关和行政部门，以转变工作作风、树立公仆意识为重点，通过组织开展“百千万”和谐发展工程、“做人民满意公仆”等主题教育活动，组织广大党员干部深入基层、深入群众，了解社情民意，解决实际困难，密切了干群关系，提高了工作效能。在窗口单位，以增强业务能力、提高服务水平为重点，开展了“服务明星评选”、“于雪梅式窗口创建”评比等活动，实施了以差异化服务、人性化服务、亲情化服务、品牌化服务“四个服务”办法，树立了服务就是职责、形象、效益的理念。在服务行业，以树立诚信理念、提高服务质量为重点，组织开展了“诚信伴我行”、“文明出租车在鹤岗”、“文明示范店”等系列活动，选树了一批服务典型，在全社会营造了文明经营、诚信服务的良好氛围，有效转变了窗口单位工作作风，优化了服务质量，提高了工作效率。

五、以满足人民群众精神文化需求为重点，全力兴起文化建设新高潮

坚持把社会效益放在首位、社会效益和经济效益相统一的原则，从提升档次、丰富内容、营造氛围、服务大众入手，大力繁荣发展文化工作，更好地满足了人民群众日益增长的精神文化需求。一是推进了文艺精品创作。发挥专业创作团体和市文联各协会的作用，通过组织采风活动、加强宣传推介、创造条件等办法，积极推进了文艺精品创作工作。创作、排演了鹤岗市首部大型歌舞诗剧《寻梦女真》。鹤岗籍音乐人创作的亚运会歌曲《蓝天》，作为我省的重点作品参加了全国“五个一”工程评奖活动。在第七届“黑龙江文艺奖”评选中，鹤岗市艺术剧院推荐的小品《血，总是热的》荣获曲艺作品二等奖。相声作品《淡门》获得全国少儿曲艺大赛三等奖。王同兴的诗作《国耻石》荣获第四届华夏诗词一等奖。截至目前，鹤岗市共组织创作各类文艺作品500余件，获省级以上奖项80余件。二是丰富了群众文化活动。以各类节会和重大事件为契机，采取专业和业余文艺团体相结合的办法，组织开展了鹤岗市春节联欢晚会，第二十一届迎春杯秧歌展演，海之梦萨克斯风音乐会，“韩东鹤岗歌友会”，“城市之光”、

"金色田野"活动启动仪式等群众文化活动20余次。举办了中国·鹤岗中俄界江文化旅游节暨东北东部(12+2)区域合作圆桌会议开幕式文艺演出,邀请阎维文、刘斌、殷秀梅以及俄罗斯、以色列等国的中外艺术家与鹤岗市演员同台表演,宣传推介了鹤岗。举办了庆祝建党91周年群众歌会,全市26支合唱团、近4000人参加了演出,营造了欢乐祥和的喜庆氛围。举办了"美在鹤岗"——风光摄影作品展,分别在哈尔滨与鹤岗进行了巡回展出。举办了迎庆"十八大"文艺巡回演出、国画作品展、激情炫鹤岗新秧歌展演等活动,进一步丰富了干部群众文化生活。三是加强了公共文化服务体系建设。加快了重大文化设施建设步伐,市博物馆主体工程和外墙装饰现已完工。投资1200万元建设的青少年科技活动中心项目进入验收阶段。投资4600万元建设的青年志愿垦荒博物馆项目进入外部装饰阶段。推进了文化惠民工程,有线电视数字化率达到90%以上,建设社区图书室30个,全市212个农村和21个乡镇实现了农家书屋、文化站全覆盖,文化信息资源共享工程,实现市、县、村屯全覆盖,10支电影放映队免费放映电影1336场。四是推进了文化体制改革工作。在"局台分离"改革工作上,以人员编制、机构设置、领导职数、国有资产等为主要内容,开展了调研活动,形成了《关于文化广电行政管理体制改革的实施方案》,并以此为依据完成了"局台分离"改革任务,把广播电视台从市文化广播电视新闻出版局分离出来,成立了市广播电视台,台与局脱离了隶属关系,真正实现了政事分开,管办分离。在国有文艺院团转企改制改革工作上,按照"创新体制、转换机制、面向市场、壮大实力"的基本要求,采取"老人老办法,新人新办法",制定了《鹤岗市国有文艺院团体制改革工作方案》,6月下旬分别上报省委宣传部和省文化厅,得到批复后,进行了转企改制改革工作。依托市艺术剧院,成立了鹤艺文化传播有限责任公司,实行了市场化运作。五是推进了文化产业的发展。加快了"龙江三峡"文化旅游集合区及其子项目的建设步伐,太平沟黄金古镇文化产业园完成了商业街、游乐设施、峡谷栈道等设施建设;黑龙江流域博物馆北方龙文化分馆及配套设施建设顺利推进;将"奥里米"古文化展示区项目纳入到集合区,集合区所辖界江长度从70公里延长至200公里,集合区面积大幅增加。2012年,鹤岗市"龙江三峡"文化旅游集合区获"省级文化产业示范园区"称号。加大了迦南星城的建设力度,完成大卫广场环路路面铺设、犹太教堂主体、中国娱乐城等工程建设,名山污水处理厂、供水、供热、排水等工程将于年底交工。将军石山庄阿隆达影视基地项目顺利通过了中国广播电视协会电视制片委员会批准,成为东北三省及内蒙古自治区唯一影视指定拍摄景地,9月26日进行了"全国影视指定拍摄景地"揭牌仪式。挖掘了漫狐动漫科技开发项目,填补了鹤岗市游戏动漫产业的空白。加大了城市文化综合体项目建设力度,借助建设新区契机,规划32万平方米文化专用地,计划打造全省东部地区最大的文化消费聚集区——鹤岗市城市文化综合体。目前,项目已进入规划设计阶段,预计2015年竣工,项目建成后,年接待文化消费者可达150万人次,预计年产值4.5亿元。六是规范净化了文化市场。组织开展了互联网上网服务营业场所、娱乐场所、出版物市场和"扫黄打非"工作专项执法检查,开展大型专项治理活动10次,收缴非法音像制品及书刊2700余盘(册),查处案件67起,取消非法摊点16处,进一步净化了文化市场环境。

六、以提高素质、转变作风为重点,努力强化队伍建设工作

针对新时期形势任务对宣传思想文化工作提出的新要求,大力抓好干部队伍建设,提高了宣传干部服务大局、服务中心工作的能力。一是加强宣传文化系统领导班子建设。按照德才兼备、以德为先的用人标准,向市委推荐了市委宣传部、市精神文明办、市社联班子人选,5名经验足、能力强、作风正、业务精的宣传干部走上了重要领导岗位。加强了领导班子思想政治建设,完善了中心组学习制度、领导班子谈心制度、领导班子议事规则等制度。

按照省、市“十二五”培训规划要求，选派10名领导干部参加了中国浦东干部学院城市文化建设与发展专题研究班、全省宣传文化系统高级干部研修班、县委宣传部长培训班，拓宽了干部知识结构，提高了工作能力。二是加强干部队伍建设。按照《关于加强重要岗位干部管理工作的意见》要求，在市委宣传部机关推行竞争上岗、差额选任等办法，先后有6名科级干部走上中层领导岗位。根据干部调整变化情况，对全市宣传文化系统911名干部基本情况进行了统计，形成了《全市宣传文化系统编制机构和干部队伍情况统计表》，建立了档案，实现了动态管理。组织开展了年轻干部挂职锻炼活动，通过基层推荐、组织考核、会议研究等程序，选调了一批干部到市委宣传部机关挂职锻炼，开阔了视野，提升了能力。三是加强人才队伍建设。开展了调查研究，摸清了鹤岗市宣传文化领域体制外人才基本情况。制定下发了《关于加强县(区)级和城乡基层宣传文化队伍建设的实施意见》，为增强基层宣传文化队伍的创造力、凝聚力和战斗力奠定了良好基础。充实调整了鹤岗市宣传文化人才信息库，对具有中高级专业技术职务的理论、新闻、文艺、经营管理和技术等方面人才500余人的信息进行了维护。完善了人才考核制度，定期对拔尖人才进行考核，做到岗位实绩与个人报酬、提职挂钩，对不能胜任宣传文化工作岗位的及时进行调整。四是抓好调查研究和舆情信息工作。建立了舆情信息工作网络，壮大了舆情信息报送队伍，实行课题报送制，提高了上报信息的采用率。加强了部刊工作，责成专人负责思考性文章、工作信息和调研报告的报送工作。截至11月初，撰写上报思考性文章和工作信息20余篇；上报省委宣传部舆情信息2800余(篇)条。五是开展“创先争优”和“两创一强”活动。按照省“创先争优”活动方案的要求，将8个子项14个方面的重点工作分解到科室，定期督办各科室工作；按照《2012年度“两创一强”活动考核内容》要求，完善检查考核、评比表彰等机制，加强了督促检查指导，有效推动了各项工作任务的顺利完成。

黑河市

2012年，黑河市委宣传部紧密联系黑河实际，以学习宣传贯彻党的十八大、省十一次党代会、市五次党代会精神为主要内容，确定五项宣传思想文化工程，精心组织，狠抓落实，取得较好成效。

一、理论武装工程得到加强

印发了《市委中心组2012年学习计划》，实行“中心发言人”制度，提出有学习笔记、有心得体会、有讲学提纲、有调研文章、有学习总结的“五有”要求。加大对各级党委中心组的督导检查，组织市委中心组集中专题学习10次，邀请省内外领导和知名专家到黑河作专题讲座。组织编印中心组《学习参阅》14期，并为中心组成员订阅学习书籍。继续开展“领导干部上讲台”活动，各级党政领导干部上讲台进行形势教育590余场。举办第三届“讲学习、强素质、促发展”主题读书月活动和迎“七一”诗文朗诵比赛。开展图书捐赠和学习型党组织督导检查工作，全市党组织有85%以上达到学习型党组织标准。策划一系列迎庆党的十八大活动，在全市掀起了迎庆十八大的热潮。学习贯彻落实省十一次党代会、市五次党代会精神。举办了全市社科工作成果图片展。深入开展“繁荣黑河边贸旅游明星城”大讨论活动。

二、舆论宣传工程得到强化

先后在媒体开设“新春走基层”、“记者走基层”、“金秋走基层 喜迎十八大”等栏目。紧紧抓住党的十八大、全国“两会”、省十一次党代会、市五次党代会、“五大连池杯”全国武术散打锦标赛、第三届中俄文化大集暨2012中国国际文化休闲周、中俄浮箱固冰通道开通等重要会议召开和重大活动举办之机，通过视频访谈、图文专访、新闻发布等多种形式，就中俄经贸合作、“三优”文明城建设、垦地共建、特色旅游、矿产开发、网箱养鱼、民生工程、干部队伍建设等市委、市政府的重点工作，进行了集中宣传。截至年底，先后在省级以上媒体发稿1700余篇，掀起宣传黑河的新高潮。拓宽载体，全力展示中俄风情之都形象。在中央电视台《朝闻天下》推出10秒城市形象片，在北京西客站LED屏推出5秒城市形象片，命名北京至哈尔滨的Z15/16高端列车为“黑河旅游”品牌专列，直观形象地展示黑河。与中央电视台合作拍摄人文专题片《黑河往事》、《热土黑河》，并在中央电视台纪录频道播出。

三、文化建设工程取得实绩

牵头组织实施由国家文化部、俄罗斯联邦文化部、黑龙江省政府、阿穆尔州政府联合主办的第三届中俄文化大集暨2012中国国际文化休闲周。这两项活动规模大、层次高，内容丰富、亮点纷呈，成效显著、影响深远。活动期间举办14场精彩文艺演出，让两岸人民共同欣赏国家级、国际性水准的文化盛宴。“两项”活动主题突出，成果丰硕，提升了黑河市的美誉度、知名度、对外开放程度和城市规划建设管理水平。这两项文化活动是黑河市文化旅游发展史上前所未有的重大节会活动，创下了诸多黑河之最。首创艺术品资产评估模式，文化产业项目建设取得突破。4月23日，国内首次“俄罗斯油画作品资产评估品鉴会”在黑河市成功举办。评估小组对黑河市中俄艺术陈列馆馆藏的303幅俄罗斯油画作品进行了资产评估，评估价值4500万元。按照黑河市城市功能的需求，规划设计了黑河市文化体育艺术中心项目，前期工作正在推进。黑河市有4个文化旅游项目列入“2012年全省文化产业重点项目”；北大荒知青文化建设开发区荣获“省级文化产业试验园区”称号，龙江国际文化展览有限公司荣

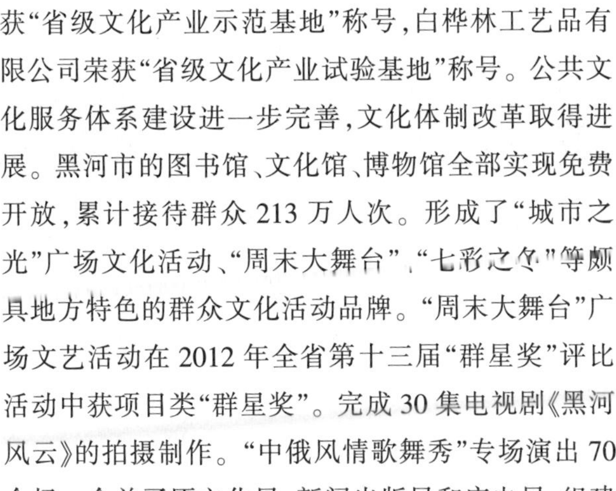

获“省级文化产业示范基地”称号，白桦林工艺品有限公司荣获“省级文化产业试验基地”称号。公共文化服务体系建设进一步完善，文化体制改革取得进展。黑河市的图书馆、文化馆、博物馆全部实现免费开放，累计接待群众213万人次。形成了“城市之光”广场文化活动、“周末大舞台”、“七彩之冬”等颇具地方特色的群众文化活动品牌。“周末大舞台”广场文艺活动在2012年全省第十三届“群星奖”评比活动中获项目类“群星奖”。完成30集电视剧《黑河风云》的拍摄制作。“中俄风情歌舞秀”专场演出70余场。合并了原文化局、新闻出版局和广电局，组建了文广新局，黑河广播电视台成立独立党委。

四、社会主义核心价值体系建设工程进一步完善

组织开展黑河市第二届普通劳动者“百业状元”评比命名表彰和“悦达学习杯读书竞赛”活动，市委宣传部获得全国优秀组织奖。宣传贯彻《黑龙江省志愿服务条例》，进一步深化学雷锋活动，推动学雷锋活动常态化，促进社会主义核心价值体系建设。举行黑河市文明单位漂书活动启动仪式，建立6个省级漂书活动示范点。组织开展2012“感动龙江”年度人物(群体)评选推荐活动，黑河市推荐的“爱心车队”成功入围。开展做“文明有礼龙江人”主题活动、“寻找身边的美”公民道德宣传教育实践和“文明餐桌”创建活动，不断提高市民文明素质和社会文明程度。编制下发《做文明有礼的黑河人——黑河市民文明礼仪手册》5000册。黑河市关爱下一代宣传工作，在全省工作会议上做了经验介绍。

五、精神文明建设工程再谱新篇

巩固“三优”创建成果，创建活动不断向县市、社区、村屯延伸，向机关、企业、社区推进。北安市成为黑龙江省首批城乡一体化试点市，7个镇纳入黑龙江省“百镇建设”试点单位，五大连池镇名列黑龙江省旅游名镇之首，双山镇成为黑龙江省场镇共建城乡一体化试点单位。大力开展“创三优、强素质、建美好家园”等主题创建活动。深入开展“创暖心服务、树满意品牌、文明诚信”单位创建活动，市民素质及窗口单位服务水平得到较大提升。加快推进社区建设，开展“文化、教育、卫生、平安、服务、和谐”六进社区活动。开展“百里文明边境线”创建活动。启动“三带百村”建设工程，全面推进城乡一体化和新农村建设，促进了“三优”文明城市和“繁荣边贸旅游明星城”建设向农村延伸、扩展。在“喜迎十八大、放歌新生活”全省第二届农民歌咏活动中，市委宣传部、文明办等11家单位获优秀组织奖。由省文明办、市文明办、五大连池管委会联合，举办了五大连池圣水节活动。结合“最美女教师张丽莉”的事迹，开展“学习雷锋、做美德少年”网上签名寄语活动，未成年人思想道德建设不断加强。

绥化市

2012年,绥化市宣传思想文化工作紧紧围绕市委、市政府工作中心和经济社会发展大局,深入贯彻中央、省市委重要会议精神和重大战略部署,坚持以推动科学发展、促进社会和谐、加快文化繁荣为着力点,以巩固共同思想基础、推进社会主义核心价值观教育、提升舆论引导能力、完善公共文化服务体系、强化"三优"文明城市创建为突破点,强化措施,狠抓落实,为推进绥化经济社会持续快速发展提供了强有力的思想保证、舆论支持、精神动力和文化条件。

一、理论武装工作扎实深入

一是"学习培训之冬"活动取得实效。围绕产业项目建设主题,采取视频讲座、巡回宣讲、专题辅导、集中培训等形式,对全市干部群众进行了全方位、大范围的教育培训。围绕十七届六中全会精神、现代化大农业、异地经济、招商引资等内容,举办专题视频讲座8次,各级党员干部10万余人次同步收听收看。围绕党的方针政策、市场经济理论、产业项目建设知识、实用技术等内容,对副科级以上干部、乡村党员干部、农村经济合作组织负责人、农村种养加带头人进行了集中培训和轮训。举办大型报告会11场、基层宣讲小分队宣讲700余次,组织近万名党员干部开展了网络答题,直接受教育干部群众近20万人次,广大干部群众思想进一步解放,求发展谋跨越的能力素质进一步提升。《黑龙江日报》、《黑龙江宣传》和省建设学习型党组织《简报》,对绥化"学习培训之冬"活动经验做法进行了宣传推广。"学习培训之冬"活动获得2012年全省宣传思想文化工作十大创新奖。二是主题学习教育活动扎实推进。以"凝心聚力、推进发展、共建和谐"为主题,以胡锦涛总书记在省部级干部专题研讨班上的讲话精神、省十一次党代会精神和市委重要会议精神为主要内容,在全市集中深入开展了学习宣传教育活动。期间,市、县两级中心组平均开展了4次集中学习。组建了省十一次党代会精神和市三届二次全会精神主题宣讲团,深入基层开展巡回宣讲。以贯彻落实省十一次党代会精神为主题,组织市级领导、县(市、区)领导和理论工作者开展了论坛研讨,在《绥化日报》推出6个理论专版,刊发23篇研讨文章;以发展"五型经济"为主题,与黑龙江经济报社联合举办了黑龙江省县域经济发展绥化论坛、肇东论坛和安达论坛,为落实省十一次党代会精神,推进经济社会发展提供了理论参考。三是十八大精神学习宣传贯彻工作全面深入。制发了学习宣传贯彻十八大精神《安排意见》,组织召开了全市宣传文化系统学习宣传贯彻十八大精神视频会议。相继开展了市委中心组集中学习(扩大)会议和市直机关领导干部专题学习会,邀请省委党校副校长祝福恩、东北农大党委副书记郭翔宇做十八大精神专题讲座。在市、县、乡、村四个层级,集中开展大规模的巡回宣讲活动。组建市委宣讲团,深入各县(市、区)开展十八大精神集中宣讲。开展了"百名大学生送十八大精神下基层"活动,绥化学院百名大学生分赴10个县(市、区)的企业、乡村、学校、社区、农户及生产一线开展面对面宣传解读。以各级领导干部和理论骨干为主体,围绕十八大精神深入开展理论研讨,推出了一批有价值和实践意义的研究成果。《绥化日报》刊发了10个县(市、区)委书记学习贯彻十八大精神的体会文章和省委党校副校长祝福恩关于"十八大报告28个新思想、新观点、新举措"的解读文章。四是学习型党组织建设不断深化。开展了2011年度和2012年度建设学习型党组织典型标兵评比活动，绥化市国税局等四个单位和个人分别荣获2011年度省级学习型领导班子、学习型党组织、学习型党员和学习型领导干部标兵称号。在全省“讲学习，强素质，促发展”主题演讲比赛中，绥化市选送的两名参赛选手分获一等奖和三等奖，绥化市获得优秀组织奖。全市各级党组织有80%以上达到学习型党组织标准，圆满完成三年创建工作目标。

二、舆论宣传工作热潮不断

一是本级宣传引导有力。围绕市委、市政府中心工作，采取集中报道、深度报道、跟踪报道等多种方式，组织开展战役性宣传报道30次，开辟了“五型经济战略”、“大项目巡礼”、“快发展创一流”等专题专栏14个，刊播报道500多篇(条)，配发评论员文章30篇。《绥化日报》推出“五型经济战略”特别报道10期。对全市四次产业项目集中开工情况进行了连续深入的宣传报道，并邀请了新华社、《人民日报》、《黑龙江日报》等省级以上主流媒体集中宣传，发出稿件900多篇(条)。二是对上报道取得突破。全年省级以上新闻媒体发出反映绥化工作的新闻稿件20000多篇(条、幅)。其中，新华社通稿5篇，《人民日报》发稿3篇，《农民日报》头版头题1篇，《黑龙江日报》头版头题7篇，中央电视台播发同期声8条、现场直播2条，黑龙江电视台新闻联播发出头条报道7条。新华社发出了《朱清文代表：强农富民应激活乡镇村活力》的全国通稿。《人民日报》刊发了《黑龙江绥化：黑土地上“种项目”“五型经济”增活力》的重点稿件。《新华每日电讯》相继刊发了《绥化“经济突围”：典型农区的完美转型》等3篇重要稿件。《农民日报》刊发了头版头题《绥化：一个粮食大市的奔涌图强之路》。十八大前夕，联合《黑龙江日报》开展了“喜迎十八大回眸发展路·走进绥化”专题采访报道活动，《黑龙江日报》陆续为绥化刊发了10个新闻专版。十八大期间，中央电视台新闻频道《新闻直播间》栏目先后两次现场直播了绥化发展现代化大农业，巩固绿色、安全、稳定大粮仓的新闻报道。三是党报党刊发行工作率先完成。《人民日报》、《光明日报》、《经济日报》、《求是》杂志、《黑龙江日报》、《奋斗》杂志、《黑龙江经济报》等党报党刊分别给绥化市委发来贺信。四是舆情宣传工作快捷高效。共向省委宣传部舆情信息中心报送舆情信息17029篇(条)，被中宣部和省委宣传部采用10451篇（条），报送率和采用率均居全省前列。

三、社会宣传工作特色鲜明

以“三树三育”工程为统领，积极推进社会主义核心价值观教育工作。一是“育优秀绥化人”主题实践活动蓬勃开展。大力宣传了“最美警卫战士”高铁成的先进事迹，中央文明委把高铁成与张丽莉、吴斌一起确定为全国三个重大典型进行了集中宣传。2012年12月，高铁成被评为感动龙江人物。在全市发起为高铁成、张丽莉捐款倡议活动，共收到社会爱心捐款94万余元。承办了全省“大爱满龙江”先进事迹报告会，得到省委宣传部的高度评价。组织参加了第四届“六个十佳”和谐单位(家庭)创建评选活动，黑龙江青化民爆器材有限公司等4个单位和家庭被评为全省十佳和谐企业、和谐村屯、和谐家庭，安达市房产局等8个单位和海伦市张文才家庭被评为全省和谐单位(家庭)。二是“育创业绥化人”主题实践活动扎实推进。组织开展了全市“五个一流”建设先进人物评选宣传活动，举办了“看发展、议变化、建家乡”原创文学作品大赛和“学习十八大·建设新绥化”主题知识竞赛，编辑出版了《黑土颂歌——绥化市“学习十八大·建设新绥化”优秀原创文学作品集》，集中展示绥化经济社会发展所取得的重大成就。三是“育道德绥化人”主题实践活动广泛深入。广泛开展“学雷锋”主题实践活动、“寻找身边的美”道德实践活动，树立了良好的社会新风尚。举办了“情系朝阳·爱满绥化”捐资助学大型义演活动，为绥化贫困学子筹集善款45.2万元。扎实开展社会主义核心价值体系建设进机关、进学校、进社区、进村屯、进企业、进家庭“六进”主题教育活动，深入开展“三远离一倡导”青少年主题教育活动，绥化经验做法在全省专项活动推进会上作了典型发言。

四、文化建设工作彰显活力

一是公共文化服务体系日趋完善。全市建成大型文化场馆35个,乡镇综合文化站、村级综合文化活动室、“农家书屋”实现了“全覆盖”,构建了市县乡村四级布局科学合理的公共文化服务体系。二是群众性文化活动丰富多彩。以“繁荣特色文化·助推经济发展”为主题,组织开展了第五届“寒地黑土·金色舞台”系列群众文化活动,全市大型广场文化活动260余场次,进一步丰富了群众精神文化生活。三是文化产业发展推进有力。突出“1+9”文化产业发展布局,探索实施企业带动、市场拉动、项目推动等文化产业发展模式,催生了绥棱黑陶产业研发、北林四方台山旅游综合开发、绥化市圣雅包装、肇东市都市百里生态文化后花园等一批文化产业项目。庆安县版画创作营销基地建设等7个项目被列为省“十二五”重点文化产业项目,海伦市工艺美术协会、绥棱现代黑陶文化艺术有限公司被确定为省级文化产业示范基地,海伦市北派二人转传承保护中心被确定为省级文化产业实验基地。2012年,全市新上3000万元以上文化产业项目9个,投资总额19.23亿元。四是文化交流推介和文艺精品创作生产彰显活力。在第八届深圳文博会上,兰西年产20万件亚麻粘贴画建设项目等4个项目作为黑龙江省重点文化产业项目进行了宣传展示。在第23届哈洽会上,绥棱黑陶、海伦剪纸等8大类99件展品参加了文化产业展,交易和签约金额30余万元。在第四届中国书法“兰亭奖”评奖中,绥化市书法家吴庆东作品获佳作奖一等奖,这是绥化历史上在国家级重大赛事中获得的最高奖项。在第七届“黑龙江省文艺奖”评奖中,邢海珍的专著《中国新诗三剑客》获得文艺评论一等奖,付清泉创作的鱼皮画《远古的回声》获得民间文艺一等奖,实现了历史性突破。五是文化体制改革全面完成。全市10个县(市、区)已分别成立了文化广电新闻出版局、广播电视台(北林区除外)、文化市场综合执法大队,圆满完成文化体制改革任务。

五、精神文明建设深化拓展

一是人居环境取得较大改观。深入开展卫生秩序、生态绿化、文明素质、服务质量“四大升级行动”,扎实推进春、秋两季城乡环境综合整治“百日会战”,先后召开电视电话会、现场会、推进会5次,深入整治一线开展专项督查4次,跟踪问效,确保落实。以“垃圾清理、规范整治、绿化美化”为主要内容,启动实施了农村环境创优“三年行动计划”。二是城乡连片创建取得阶段性成效。扎实推进“三点、四带、十城区”城乡区域连片创建,全市涌现了绥棱县上集镇大兴村,肇东、安达主街路建设,绥棱县、兰西县出城口改造,望奎县环城路建设等一大批标准过硬、示范作用明显的文明创建先进典型。三是社会文明程度明显提升。深入开展文明礼仪教育实践活动,大力推进未成年人思想道德建设,组织开展“善行绥化·共举文明”情暖万家大型社会救助活动,为困难群众送医送药2800多人次,发放救助资金30多万元、物品800多件,在全社会引起了强烈反响。中国文明网、中国社区志愿服务网和黑龙江文明网登载了绥化做法。中央文明办组织的全国“三关爱”(关爱他人、关爱社会、关爱自然)志愿服务活动启动仪式在安达市举行,与会各级领导对绥化市志愿服务工作给予高度评价。

六、外宣网宣工作成果突出

一是对外宣传工作强势推进。组织承办了拉美记者团考察采访活动,活动情况被中央外宣办、国务院新闻办《简报》刊发。邀请世界华商组织联盟访问团来绥商务考察,全面推介绥化跨越发展的新成效。实施外宣精品工程,先后制作了《敞开胸怀的绥化》外宣画册和《中国黑龙江绥化》等5部外宣专题片,精心打造了一条具有绥化特色的外宣采访线。实施大型宣传牌建设工程,在哈大高速、哈绥高速及出入城口设置大型宣传牌49处。开展了黑龙江省政协港澳委员深圳座谈会外宣活动和哈洽会专题外宣活动,对外宣传的集群效应和影响力进一步彰显。绥化市被香港大公报社和23个国家驻港领事馆共同评为中国最具海外影响力市。二是新闻发布引导有力。市本级相继举办2011年度经济运行情况新闻发布会、绥化市产业项目招商与准备之冬签约项目新闻发布会等新闻发布活动7次,中央和省级主流媒体共发出稿件70多篇(条、幅)。三是网络宣传管理取得实效。组织承办了全国网络媒体龙江行(绥化站)采访活动,全国近50家媒体记者对绥化发展成就进行集中宣传报道。依托绥化新闻网开展网上宣传,绥化新闻网连续三年位居全省地市级新闻网站之首。在第三届中国互联网品牌大奖评选中,绥化新闻网获全国地方网络最具创新力品牌大奖。

七、自身建设不断强化

切实加强干部队伍建设,开展了“走基层、转作风、改文风”活动,举办了“十二五”时期第二期宣传干部清华大学培训班,着力打造一支政治强、业务精、纪律严、作风正、形象好的宣传文化干部队伍。全面实行重点工作跟踪督办机制,采取专项督办、专人督查、实地考察、实时监督的办法,对全年主要工作进行重点督办,确保落实。大力推行立项式互动调研,形成了“市县联动、整体推进”的大调研格局。2012年,全市宣传思想文化战线共计完成调研20余次,为领导决策提供了有效参考。

大兴安岭地区

2012年，对大兴安岭宣传思想文化战线来说，是值得铭记的时间刻度。地委、行署“把资源管起来，让百姓富起来”、建设生态型花园式新林区发展战略，把大兴安岭建成全国生态环境最好、居住条件最好、收入水平最高、幸福指数最高的地区之一的发展目标，吹响了林区转型跨越的号角，全区上下思想激荡、埋头苦干、砥砺奋进，一项项发展的新成就，一项项发展的新实践，既是宣传思想文化工作发展繁荣的“食粮”，更是宣传思想文化工作服务大局，推动发展的主战场。

一、弘扬“大兴安岭精神”，让积极、正面的信念和力量推动干事创业

科学发展，“干”字当先。全区宣传思想文化系统紧扣这一主题，发挥理论武装统一思想、振奋精神、引领发展作用，大力推进学习型党组织建设。活化“兴安讲坛”、“领导干部大讲堂”、“党委书记讲党课”，深入开展了“解放思想，转变观念，干事创业，促进发展”主题学习教育活动，分赴全区机关、社区、学校举办“把资源管起来，让百姓富起来”、建设生态型花园式新林区、省十一次党代会和党的十八大精神宣讲100余场，3万余名林区干部职工聆听报告，全区上下思想进一步解放，精神进一步振奋，转型升级、招商引资、大项目建设、林下经济发展思路和能力进一步提升。与此同时，以“践行社会主义核心价值体系，弘扬大兴安岭精神”为载体，形式多样、声势浩大地开展了“学习马日史初事迹 弘扬雷锋精神”、“做文明有礼兴安人”、“美德阳光工程”和“寻找身边的美”、“我推荐我评议身边好人”等一系列活动，深入基层巡回报告11场次，田坤、马日史初、丛云龙、耿子涵等典型事迹在社会上引起强烈反响，形成了“人人为发展、个个想干事、全力干成事”的良好局面，大兴安岭精神正成为推动经济社会发展的内在动力。

二、凝聚“大兴安岭力量”，紧扣大局唱响加快发展的时代主旋律

将破解发展难题，加快推进地委、行署“把资源管起来，让百姓富起来”、建设生态型花园式新林区的发展战略作为全年宣传重点，选派精兵强将，深入农村、厂矿、社区、企业和项目建设现场采访，全面打响了招商引资、域外建厂、境外采伐、林下经济、森林防火、全民创业、城乡清洁工程、蓝莓黑木耳产业发展等30多个主题新闻宣传战役，《再造一个大兴安岭森工》等来自一线的600余篇重要报道，全方位展示了广大林区干部群众立足本职、忘我工作，抢抓历史机遇、转型发展的浓厚氛围，助推了省、地重大决策和重点工作的落实。精心策划了“回眸科学发展路 喜迎党的十八大”主题宣传，《大兴安岭走上绿色崛起之路》等200余篇系列理论、评论文章和重点报道，成为展现大兴安岭成就，凝聚发展合力的精彩之笔。成功组织了2012黑龙江(香港、广东、浙江)活动周、加格达奇机场通航、哈洽会、第四届国际蓝莓节等10余个外宣战役，《漠河空中出现天象奇观》、《又到蓝莓果香时》3000余篇重头稿件在中央电视台、中央国际广播电台、香港凤凰卫视等国内主流媒体刊播，持续推动了全区旅游和相关产业升温。4次登上中央电视台《新闻联播》，《大兴安岭——打造北方绿色生态屏障》、《资源枯竭城市转型加减法》新闻稿件2次上头条、上提要，开放奋进的大兴安岭发展形象在全国跃动而出。

三、扮靓“大兴安岭形象”，“三优”文明创建推动城乡环境提档升级

干净整洁、生态良好、文明和谐是大兴安岭提升城市综合竞争力的“金字招牌”。按照地委、行署实施城乡清洁工程的总体部署,全区宣传思想文化系统以“讲文明,创‘三优’,建幸福兴安”活动为载体,针对城乡环境整治中群众反映多、易反复、难治理的棘手问题,深入全区各地集中检查和明察暗访,公开曝光突出问题,4次在媒体通报全区各地综合排名。采取建设与治理相结合、集中会战与长效整治相结合、重点攻坚与全面推进相结合,相继组织开展了公路、铁路沿线、旅游景区景点、乡镇(林场)村屯等城乡环境卫生整治战役750余次,清运垃圾66万余吨,拆除破旧广告牌匾726处、违章建筑944处、3万多平方米。大力倡导“六大文明交通行为”,摒弃“六大交通陋习”,抵制“六大危险驾驶”行为,启动了2012年度“文明行车工程”,评选出2个文明包车组、21辆五星级出租车和78辆四星级出租车,交通环境更加文明有序。大力开展“春绿行动”,全区各地种植白桦、沙棘等乔灌木90.18万株,新增绿地面积260万平方米,大兴安岭建成区绿地率、建成区绿化覆盖率和人均公园绿地面积分别达到40.3%、45.1%和26.3平方米,远远超过全省36.4%、31.5%和12.7平方米的平均水平,叫响了生态型花园式城市品牌。在今年全省创建“三优”文明城市现场会上,大兴安岭地区作为全省五个典型之一做了发言,吉炳轩书记对大兴安岭“三优”创建工作给予了充分肯定和高度评价。

四、展示“大兴安岭底蕴”,文艺精品创作空前活跃、产业之势稳步向好

全力建设以生态文化为引领、以生态文明为显著特征的“生态文化鲜明、文化精品迭出、文化产业发达、文化事业惠民”的边疆文化强区,制定了地区《繁荣文化精品创作实施方案》和兴安文艺精品储备库,出版了《龙文化》、《北文化》、《金文化》等14部精品文艺图书。30集电视连续剧《最后的部落》剧本创作已经完成,35集电视连续剧《金魂》预计明年1月开机,将结束大兴安岭没有大型影视剧的历史。省内第一部儿童数字电影《呼玛河的孩子》即将展播,实现了大兴安岭原创影视作品零的突破。漠河神州北极文化旅游开发区被列为全省首批文化产业示范园区,总投资58亿元的漠河北极村森林文化主题公园项目有序推进,鄂伦春新村暨原始部落建设全面启动,年底完成主体建设,夯实了大兴安岭文化发展繁荣的基础。在7个县区局发现22处、570余幅远古岩画,日月星云整体天象及鹿、虎等岩画均是国内首次发现,是迄今为止黑龙江境内首次发现的最大最多最古老的岩画群,明年3月开始大规模考古,推动了文化与旅游进一步融合发展。精心实施“大兴安岭艺术名品推介工程”,动漫《武松与小老虎》在上海文化产权交易所成功挂牌,开创了大兴安岭文化产品走向市场的先河。成功举办了中国·漠河首届北极森林版画展暨中国版画名家作品邀请展,森林版画在中国(观澜)原创版画交易会等国内外展会上持续热销,部分作品荣获建军85周年全国美展最高奖励,并作为政府礼品馈赠给香港特别行政区行政长官、台湾国民党荣誉主席吴伯雄和联合国官员,提升了大兴安岭文化的国际影响。

绥芬河市

2012年，绥芬河市委宣传部以经济建设为中心，以深化改革为动力，积极探索与经济建设联系紧密、保障有力的宣传思想工作新的载体、途径和办法，深入学习贯彻落实党的十八大精神，唱响主旋律，打好主动仗，为经济建设和改革开放提供有力的思想保障、精神动力、舆论环境和文化平台。

一、以中心组理论学习为重点，全面推动理论武装工作

加强学习型党组织建设，不断增强理论武装工作的主动性和前瞻性，努力探索理论武装工作的新机制、新方式、新手段，不断深化理论学习，推进理论研究，改进理论宣传，为建设富裕文明和谐的绥芬河提供了思想源泉、精神动力和有力支持。市委常委会对理论学习进行专题研究，提出了“入脑入心求实效、学以致用促发展”的要求。制定了《中共绥芬河市委关于推进学习型党组织建设的实施意见》，召开动员大会和工作推进会议，各党委、各单位迅速行动，制定适合各单位实际的学习计划，掀起学习创建活动高潮。邀请清华大学国际关系学院教授、博士生导师、清华大学经济外交研究中心主任何茂春教授来绥讲授《国际国内形势、国际化战略与对策》。北京大学访问学者、北京大学当代企业文化研究所高级研究员、清华大学、北京大学、浙江大学、中山大学等著名高校MBA、EMBA教授主讲《打造高效执行力》。邀请国家教育部高等教育指导委员会委员、全国行为科学联席会副主席杨光教授来绥讲授《领导素质、执行力与心理行为模式创新》。世界500强中粮集团特聘领导力训练导师、国家发改委中国职业经理人资格认证指定讲师莫皓教授来绥主讲《领导沟通力》。邀请世界杰出华人讲师、领导实战智慧教练、著名实战派战略思想家、中国领导艺术研究院院长赵菊春教授来绥讲授《领导力与组织行为学》。邀请知名财经评论家、《每日经济新闻》首席评论员、《解放日报》经济评论员、央视财经频道特约评论员、复旦大学历史系博士叶檀作《中俄经济形势与绥芬河发展展望》的报告。利用“龙江发展讲坛”视频网络，组织领导干部集中听取中央宣讲团成员、教育部部长袁贵仁同志所作的党的十八大精神专题辅导报告。

二、巩固文明城创建成果，全力打造绥芬河文明品牌

以建设社会主义核心价值体系为根本，以巩固深化全国文明城市为总抓手，大力推进文明城市创建和群众性精神文明创建工作，取得了良好效果。开展“春风行动”活动，加强环境建设。开展“三关爱”志愿服务活动，建立完善学雷锋志愿服务体系。全市31个志愿服务队开展丰富多彩的志愿服务活动，共设立12个社区志愿服务工作站、成立120余支学雷锋志愿服务队，网上注册志愿者9000余人，并形成“5.15为民服务圈”、“俄语110”、“四让”等志愿服务品牌。广泛开展公共文明引导、环境卫生整治、文明礼仪知识普及等志愿服务活动。开展“文明餐桌行动”活动，倡导“节俭饮食、文明消费”的理念。开展道德领域突出问题专项教育和治理活动，举行全市推进会议，下发了实施方案。各责任部门围绕食品行业、窗口行业和公共场所三大领域，针对诚信缺失和公德失范两大问题，查找本部门存在的问题，食药监局、工商局等责任单位开展专项整治活动。开展道德讲堂建设，制定并下发《绥芬河市“道德讲堂”建设实施方案》，编印《中华传统文化经典选读》和《大爱之城绥芬河》两本教材，设立了“七类”道德讲堂，开课总量近500堂，参与群众万余人次,覆盖了各类人群,传播道德理念,引导道德风尚。深入开展"讲文明,树新风"活动,提高市民素质。广泛开展市民文明素质培训,加大具有边城特色的文明养成教育。围绕生活礼仪、社会礼仪、涉外礼仪等内容,开展文明礼仪进社区、进村屯活动。开展"我们的节日"系列主题活动,普及推广中华传统经典诵读传唱活动,开展"中华诗文诵读会"、"感人故事演讲会"、"爱国歌曲大家唱"、"中俄友人同过中秋"等活动。

三、拓展外宣渠道,形成大外宣格局

充分利用全国两会、哈洽会、省十一次党代会等契机,积极开展对外宣传,为打造对俄经贸合作桥头堡和示范区提供强有力的舆论支持。全年在新华社、中央电视台、中新社、省台省报等省级以上媒体发稿300余条。与国新办和上海东方卫视策划了《冲刺中国》大型真人秀节目。在黑龙江卫视直播"爱心火炬传递"活动,开展庆七一万人大巡游活动,成功举办中俄日韩文化美食节,东北亚选美大赛,中国名优商品展销会,中国木材行业论坛等活动,有力提升了绥芬河的知名度和影响力。进一步加强与俄罗斯、港台及新加坡等境外媒体的交流与合作。充分利用电视俄语节目平台,积极开展与俄罗斯滨海边区电视台的节目交流,编辑制作的一批反映绥芬河市商旅名城及中俄友谊的俄文专题片陆续在滨海边区电视台播出。俄罗斯电视台的节目也在我市新闻节目中播出。与新加坡电视台合作,拍摄关于绥芬河口岸繁荣的对俄民贸市场、俄语热、中俄通婚等内容的新闻专题片,通过三种语言在新加坡多个电视台播出。制作《百年口岸——绥芬河》音乐形象片,《国际商旅名城——绥芬河》外宣专题片,《印象绥芬河》外宣画册。刻录宣传光碟1000本,印发宣传画册2000册。

四、推动文化交流和文化繁荣,打造特色文化品牌

以全面推进"东北亚文化缩影"项目建设为主题,积极实施"文化惠民"工程,着力加强公共文化服务体系建设,深化文化体制改革,解放和发展文化生产力,繁荣文化事业,做大做强文化产业。民间藏品博物馆项目已开工建设。中、俄、日、韩、蒙歌舞常态化、市场化已初具雏形。乡镇综合文化站工程、农家书屋工程、文化信息资源共享工程、广播电视村村通工程、实现了全覆盖;农村电影放映工程超额完成国家设定的每月每村放映1场电影的目标;以体育馆为核心、以健身路径和健身广场为节点的全民健身工程网络格局进一步发展完善。在全市各行政村、社区和单位设立了35个图书流动站,开展了"文明礼仪伴我行"、"快乐暑假·有我相伴"、"与雷锋精神同行"等专题活动和"阅读,让绥芬河更美丽"系列主题活动20余个活动场次。图书馆与博物馆均实现免费开放,图书馆利用交通广播平台,组织策划《欢乐童年·图书馆专题》节目。群众艺术馆开展器乐、声乐、合唱、书法等专业辅导,有1800余人次参与。落实农村数字电影放映工程,全年放映农村数字电影220场次。圆满完成文明城颁奖暨"龙腾口岸 唱响春天"大型文艺演出系列活动;"兴佳杯"电视歌手大奖赛,共有来自吉林省和哈尔滨、牡丹江及周边县市共计300余人报名参赛;开展"庆七一倡文明 万人大巡游"活动,共有来自全市各界的80多支巡游队伍,近百辆花车和彩车组成的12000余人的队伍参与活动;举办"东北亚武术邀请赛暨第七期中华武术大学堂名家讲堂"活动,来自8个国家和地区以及国内15个省市区的500多名运动员参加了比赛;另外还组织了全民健身趣味运动会,"金晟杯"精英乒乓球赛,"肯德基杯"三人制篮球赛,"全市职工篮、排、乒、羽四球赛"等一系列大型群众文化、体育活动。市场管理进一步规范,产业发展迈上新台阶。开通12318文化市场监督举报电话,实行24小时受理制度。实行网络化管理,在文化市场综合执法的基础上,加大对网吧的监控力度,以"扫黄打非"、净化校园周边和查缴卫星地面接收装置工作为重点,加大对文化市场的综合执法力度。在文化遗产保护方面,将13处省级文物保护单位向省厅申报国家级文物保护单位并制定了保护区规划。参加全国第五届"薪火相传——中国文化遗产保护年度杰出人物评选”活动，推荐的孙伯言同志成功入选。加大文物征集工作力度，共征集文物300余件，新发现了部分20世纪30年代绥芬河市老照片等珍贵文物，弥补了历史空白。

五、文艺创作空前活跃，创作成果喜获丰收

一年来，文学创作成绩显著，共在国家、省市级报刊《诗刊》、《诗选刊》、《星星诗刊》、《青年作家》、《牡丹》、《北方文学》、《作品》、《绿洲》、《文艺报》、《黑龙江日报》、《诗歌月刊》等十几家报刊上发表小说、诗歌、文学评论、散文等230余篇(首)。出版诗集、小说集、散文集5部，并有诗歌、散文作品入选《小说选刊》征文等国家级、省级文学奖项。20余篇作品入选《21世纪中国最佳诗歌》(贵州人民出版社)、《新诗》(上海文艺出版社)、《当代诗》(文化艺术出版社)等国内权威文学选本。书法美术摄影等文艺创作亦现繁荣，在国家省级各项赛事上有20余人获奖并入选重要展出活动。其中摄影作品《山城初夜》获首届黑龙江电信行业联通杯摄影大赛三等奖，《晚霞映山城》入选黑龙江第二十四届摄影展，书法作品先后获得中国书法名家联合会“祝十八大全国书画名家作品展”优秀奖、第三届“羲之”杯诗书画家邀请赛一等奖，美术作品《春分时节》入选全国第十届水彩水粉画展。

抚远县

2012年,抚远县宣传工作围绕全省宣传部长会议确定的工作目标和县委提出的文化创建工程的全面实施,为建设大开放、大发展、大繁荣、充满生机活力的东极明珠提供了强大的精神动力和思想保证。

推进理论学习和理论宣传工作。

积极组织各党委开展学习成果展示活动,中心组学习扎实开展,理论调研工作成果显著。领导干部全年撰写调研和理论文章40余篇。其中《加强人才队伍建设 推进龙江科学发展》和《深入贯彻党代会精神 全面提高领导干部科学决策水平》等3篇文章发表在《中国商界》和《管理学家》期刊上,另有《不断加强学习 推进事业发展》等3篇分别发表在《奋斗》、《科技向导》和《信息周刊》杂志。

开展"弘扬抚远精神 向典型人物学习"系列活动。李学良同志是抚远县浓桥镇建国村党支部书记,2011年度全省十佳农村建设带头人。3月份,抚远县制作了向李学良同志学习的专题片在县电视台滚动播放,号召全县党员干部学习他带领群众致富,为群众谋福利的精神。最美女教师张丽莉事迹经媒体报道后,各党委分别以演讲比赛、报告会、捐款等形式开展学习活动,引发了社会的广泛关注,掀起向英雄模范学习的新高潮。

加强对外对上宣传报道,部分领域实现新突破。

2012年,抚远县对上报道工作既求质量,又求深度,全面宣传了抚远改革开放的新成果、新变化。全年在中央电视台发稿12条,在省级电视台发稿115条;在报纸和互联网媒体报道上实现了新突破,全年在省级以上媒体发表稿件253篇。其中,26篇反映抚远县经济社会发展重大成绩的稿件先后登上《黑龙江日报》头版头题。7月份,黑龙江日报社在抚远县设立记者联络点,开办每月一版的《关注·抚远》专版。11月份置办了抚远《东极周报》、开播了"抚远广播电台"。同时,抚远县还利用哈洽会、喜迎十八大等重要节庆日加大宣传报道力度,在《黑龙江日报》、《黑龙江经济报》等多家媒体整版宣传共计23版。在人才队伍建设与硬件设施配备上,今年抚远县加大了引进与投入力度。为电视台新增4台高清摄像机,1套高清非线性编辑机,还有其他一些附属设备,财政累计拨款98万余元。同时,电视台还通过公开选拔程序新招8人充实到广播电视工作者行列。通过新人录用,抚远电视台人才梯次与年龄结构更趋合理,业务领域进一步扩大,实现日播新闻。3月份开始,县电视台开办了俄语电视转播频道,同时将地方台由原来的2个增加到4个,电视栏目得到进一步丰富。

着力培育特色文化品牌,努力将文化优势转化为旅游经济发展优势。

为进一步弘扬抚远鱼文化,打造具有抚远特色的旅游文化品牌,在抓吉镇开工建设了百锅宴项目,着力打造千人同品两江鱼的宏大场面。同时,又引进一家鱼皮制品生产加工企业,开发生产销售鱼皮画、手包、腰带、鱼皮器皿以及具有抚远特色的饰品等众多手工艺品,极大地丰富了抚远旅游纪念品市场。为配合当地发展,加大宣传力度,年初重新印制了抚远宣传画册,征集县歌、县标,并在哈同公路宾县段设置4处桥体广告,这些措施对宣传抚远、推介抚远起到了不可忽视的作用。

全面开展志愿者服务活动,社会形成"我为人人,人人为我"的良好风尚。

志愿者服务工作取得重大突破。团委、教育、环保、社区的志愿者服务队伍迅速壮大，为城市发展做出突出贡献。充分利用县电视台、电台、政府网站等渠道发布信息、召集队伍，并切实围绕县委县政府的主要工作开展敬老院志愿者服务、献血宣传服务、交通志愿者服务、张丽莉爱心志愿者服务、大型活动接待礼仪服务等一系列志愿服务工作。全年活动十余次，参与人数达2000余人。公众投身社会志愿者服务事业的热情空前高涨，全社会形成关注、支持、参与社会志愿服务的良好风尚。

开展"三优"文明城市创建工作，巩固文明村镇先进县标兵和省级创建"三优"文明城市工程先进县创建成果。

抚远县是2011年度全省文明村镇先进县标兵，同时荣获省级创建"三优"文明城市工程先进县荣誉称号。2012年，在"三优"文明城市创建方面，抚远县巩固已有成果，环境卫生综合治理、园林绿化及牌匾整治工作得到扎实推进。城市绿化、美化工作成效显著，双语牌匾推广工作再战告捷，全县范围内超载超限车辆明显减少，非法占道经营现象及卸货车辆占道的情况基本消除，集中治理取得可喜成果。

加强文化队伍建设，创新文化活动载体，用文化下乡促进文化成果共享。

开办乡镇(社区)文化站长培训班，加强文化人才队伍建设。广泛开展"文化下乡"活动，取得明显成效。以"文化下乡"活动为载体，开展"三送"("送书籍进乡、送设备下村、送电影到身边")服务活动。全年共送电影下基层100余场次；成立"农家书屋"18个，送图书下乡3600余册；送文化设备下基层总价值达到20余万元。

以"庆七一、喜迎十八大"为主题，组织大型广场系列活动。

这项活动共分五个部分，参与人员分别由未成年人、文化战线工作者、青年志愿者、机关干部和妇女干部五个群体构成。第一专场是未成年人诵经典活动，以青少年诵读国学经典为主，配以千人大合唱。第二专场是由团县委组织的志愿者"三关爱"进社区活动。县内20多个执法服务单位的百余名志愿者同时在人民广场开设了集中服务与咨询台，为群众现场答疑解惑，处理矛盾争端。第三专场是由县文广新局组织的广场文化周活动。在举国同庆"七一"之际，县人民广场连续推出五场演出，为广大群众提供了丰富的精神食粮。系列活动接下来的两个专场，分别是由县直机关工委主办的机关干部广场演出和县妇联主办的"温暖之家 与爱同行 "主题演出。从7月初开始，到9月初结束，历时两个月的广场活动，切实让群众业余文化生活在自娱自乐和共娱共乐中得到极大的丰富。

牵头承办中国·抚远首届东极国际文化节，取得圆满成功。

2012年，抚远县举办了中国·抚远首届东极国际文化节活动。宣传部作为这次活动的牵头单位，负责整个活动的规划设计与部门的分工协调。这次国际文化节的成功举办，为将来把此节日打造成我省著名节庆日，形成具有本地特色的旅游文化产业，拉动全县渔业、旅游、经贸等各项事业的发展奠定了基础。首届国际文化节邀请到俄罗斯各界人士60余人和20个家庭，参加了包括鱼苗现场放流、中俄文艺交流会、中俄双方民间交流和青少年联谊、中俄抚远项目推介会及中俄旅行商联谊等活动，由于内容安排紧凑，收到的效果十分显著。中央电视台、黑龙江电视台、《人民日报》、《黑龙江日报》、《黑龙江经济报》和人民网、新华网、东北网、香港《文汇报》、香港《大公报》等11家媒体对活动进行了全面报道。

省农垦总局

垦区宣传思想文化战线按照中央“高举旗帜、围绕大局、服务人民、改革创新”的总要求,坚持以党的十八大精神为统领,全面贯彻落实省第十一次党代表大会精神,深入贯彻落实科学发展观,认真贯彻落实农垦总局党委的决策部署,创新工作方法,把握正确导向,组织实施了一系列宣传活动,各项工作保持了积极健康、蓬勃向上的良好态势,为垦区强工攻坚和城乡一体跨越发展提供了良好的思想保证、精神动力、舆论支持和文化条件。

一、继续加强理论武装,扎实推进学习型党组织建设

一是组织实施了以“凝神聚力、创先争优,全力打好新型工业化攻坚战”为主题的解放思想大讨论活动。年初以总局党委名义下发了解放思想大讨论活动《实施方案》(黑垦办文〔2012〕2 号),要求垦区各级党委以创业、创新、创优为着力点,围绕制约发展的思想观念问题,查根源、找差距,明方向、理思路,拿措施、定目标。重点围绕新型工业化攻坚战的任务目标、制约新型工业化发展的问题与对策、北大荒品牌保护和管理、新型工业化时代的北大荒文化、人才队伍建设等方面 15 个重点问题开展学习讨论活动。活动从 2 月初开始,至 3 月底(4 月初)结束,分为学习宣传、讨论调研和总结验收 3 个阶段。编发《活动简报》12 期,组织新闻媒体及时报道解放思想大讨论活动中的好经验、好做法,共开设各类专栏、专题 6 个,发稿 278 篇(条)。活动中,总局党委宣传部组织调研组分赴各管理局和龙头企业进行检查,督促各单位把解放思想大讨论活动切实推进落实到位。通过解放思想大讨论活动,垦区广大干部群众的思想认识有了升华和提高,解决实际问题的能力有了新的提升,干部工作作风有了明显的转变,切实取得了一系列令人欣喜的进展和成效。

二是用党的理论创新成果武装头脑,指导垦区发展实践。总局党委理论中心组率先垂范,紧紧围绕中国特色社会主义理论体系,围绕党的重大理论创新成果和垦区改革发展中的重大问题,确定中心组学习主题,制订学习计划,在学习中注重抓好学前调研、专家辅导、交流讨论、示范引领、学后决策等五个环节,不断提高学习质量和水平。涌现出了一批学习型党组织、学习型领导班子、学习型领导干部、学习型党员典型。垦区各级领导干部带头撰写理论文章,在各级媒体共发表 400 余篇。在北大荒网和垦区各单位网站上开辟理论专版,共发表各种理论研讨文章 1000 余篇。

三是扎实开展形势任务教育活动。充分发挥总局讲师团智囊团和思想库的作用,围绕垦区强工攻坚和城乡一体跨越发展战略,加强理论研究。通过干部学习日、专题报告会、学习大讲堂、送理论下基层等形式,加大理论普及力度,促进党的理论创新成果进机关、进管理区、进企业、进学校、进社区,答疑释惑,切实增强形势任务教育活动的覆盖面和渗透力。组织总局讲师团分组分批深入到管理局、农牧场以及管理区生产作业队巡回宣讲党的十八大精神以及省第十一次党代会和总局党委(扩大)会议精神,宣讲团成员结合垦情、局情、场情为基层群众深入浅出地读解中央、省委和总局党委的战略部署,现场或通过视频听取宣讲报告的干部群众近 5 万人次。同时,总局党委宣传部分别于 5 月、12 月在哈尔滨举办了学习宣传贯彻省第十一次党代会、党的十八大暨总局党委(扩大)会议精神理论骨干培训班,300 余名专兼职宣传干部参加学习。

二、强化新闻舆论导向，营造强劲宣传声势

一是对外宣传工作成效突出。2012年，总局党委宣传部积极对接国家、省级重点媒体，全年在省级以上媒体发稿5000余篇(条)，其中在《人民日报》、新华社、《光明日报》、《经济日报》、中央电视台、《农民日报》等国家重点媒体播发稿件800余篇。组织策划并参与撰写的《抓城，决战北大荒》在《农民日报》以头版头条刊发，受到中央领导的批示，中宣部对此专门要求中央重点媒体对垦区小城镇建设进行重点宣传。这些重量级稿件的播发对垦区起到了良好的宣传效果，扩大了北大荒的美誉度、知名度和影响力。

二是围绕重大主题活动加强集中宣传报道。重点围绕"强工攻坚、文化铸魂"的宣传主题，开展了丰富多彩的宣传活动，深入持久地宣传总局党委的发展思路、决策部署、重点工作和发展措施，用多彩的镜头聚焦垦区职工群众投身现代化大农业建设的伟大实践，浓墨重彩地讴歌了各行各业取得的光辉业绩和涌现出的先进典型。全国"两会"、省党代会、港澳活动周、哈洽会、北大荒旅游节、大豆节新闻发布会等一系列重大活动中，总局党委宣传部积极搞好宣传策划和组织实施，对内组织形式多样的成就主题报道，为活动的顺利开展营造了良好的舆论氛围。港澳活动周期间，宣传部还与有关省市、港澳媒体建立了良好的合作关系，《香港商报》、《大公报》、《文汇报》等都对垦区各项参展企业和产品进行了全面报道。

三是加强新闻队伍建设，不断提高应对新媒体的能力。通过加强学习、加强管理，积极开展"走转改"活动，召开新闻导向例会8次。针对近年来新闻媒体的变化特别是网络舆情的发展，加强垦区各级宣传干部"善待媒体、善用媒体、善管媒体"的能力，举办了垦区对外宣传工作培训班，邀请了主流媒体及新闻管理专家举办新闻知识的讲座，与省委宣传部、省外宣办、网宣办以及《人民日报》、新华社、黑龙江电视台等建立了良好的工作关系，总局党委宣传部与《农民日报》签订了战略合作协议，双方将在宣传策划、舆情沟通、品牌推介、项目对接、研修培训等多个方面开展合作，以构建更高层次的垦区对外宣传平台。

三、强化思想道德建设，深入开展北大荒精神、北大荒核心价值观教育践行活动

一是深入挖掘、宣传各类先进典型，开展向先进人物学习系列活动。先后以总局党委名义下发了开展向"全国优秀人民警察"、"任长霞式优秀公安局长"徐连斌同志学习活动，开展向见义勇为、舍身救人的"全国优秀共产党员"关龙有同志学习活动的决定。在新闻媒体宣传报道重要典型14个，开展了百名"大美大爱大荒人"系列宣传活动。组织开展了第二届"感动北大荒"人物(群体)评选和颁奖活动。

二是深入发掘北大荒历史文化资源，提高知名度和社会影响力。为纪念垦区开发建设65周年，组织编撰了《北大荒精神新论》、《北大荒源流考》、《黑土军魂——北大荒老兵群像》、《黑龙江垦区地图集》、《北大荒文化地理标志》等系列丛书，并举行了丛书首发仪式。由总局宣传部组织专家编撰的《时代精神大荒魂——北大荒核心价值观解读》，历时3年，经过10余位垦区知名专家教授和有关领导的3次集体研讨修订，也将交付印刷。

三是组织实施了纪念垦区开发建设65周年系列活动。组织北大荒人先进事迹报告团，报告团共有12名成员，分成三组，分别在总局、9个管理局和部分局直单位进行了为期一周的巡回事迹报告会，共作报告13场，现场听众4000多人。召开了纪念垦区开发建设65周年各界代表座谈会。与中国社科院当代中国研究所合作完成了《当代中国北大荒》文献纪录片拍摄工作，已进入后期制作阶段。总局党委宣传部还与纪检委、司法局、文化委等部门合作，共同开展了北大荒少儿版画精品展、法制文化书画展、红色党的生日集邮展、清风净土书画展等一系列纪念活动。

四是深入开展"六个十佳"和谐单位创建评选活动。大力推进"知荣辱、树新风、促和谐"社会主义核心价值体系进机关、进企业、进农村、进社区、进校园、进家庭即“六进”活动和“六个十佳”和谐单位创建评选活动。在全省第四届“六个十佳”和谐单位颁奖晚会上，垦区推荐的八五九农场街道社区荣获十佳和谐社区称号，北兴农场第四作业站荣获十佳和谐村屯称号，马才锐家庭荣获十佳和谐家庭称号。

四、扎实推进文明单位创建，提升垦区整体文明程度

一是开展“三优”文明城市创建活动，形成网格化城镇管理格局。起草下发垦区开展“创三优、强素质、建大美大爱龙江”活动的实施方案。通过广泛开展“文明城镇、文明社区、文明楼道、文明户”创建活动，城镇居民的文明素质得到了有效提升。宝泉岭管理局进一步完善了街道办事处组织，通过建设规范的办公场所、提高工作人员待遇、完善规章制度、增加投入，使城镇管理走上规范化、制度化、专业化轨道。红兴隆管理局开展了“五创建、争做三最美”活动。组织部分管理局、农场文明办主任参加全省文明办主任培训班和到全国文明城市考察活动。组织开展了丰富多彩的文艺体育活动，举办各种文艺演出4000余场，丰富职工群众的业余生活，满足人民群众的精神文化需要。

二是扎实开展“五项载体”创建活动，做好各级文明单位推荐申报工作。2012年是垦区省级、总局级精神文明建设先进集体申报验收年。完成了190个总局级文明创建单位、75个省级文明创建单位的初检和验收工作。举办了垦区精神文明建设培训班。在全垦区统一了汇报材料文本，规范了纸质档案，推广了电子档案，创办了精神文明建设电子简报，精神文明创建工作取得了新成效。全年共编发精神文明建设简报21期，推荐上报稿件12篇。向省推荐了一批文明单位创建的典型经验。

三是深入开展“讲文明、树新风”等主题创建活动。在“我们的节日”主题系列活动中，向省文明办推荐节日主题活动联系点4个，推荐网络文明传播志愿者4名，推荐乡村学校少年宫项目点1个。宝泉岭管理局以“礼仪宝泉”创建为平台，全面启动了“幸福社区创建工程”。在邻居节活动中，组织开展了“百叟宴”、“百家宴”、“邻里一家亲”文艺节目。

四是扎实开展未成年人教育和志愿者服务工作，开展优秀童谣征集活动，共征集到童谣179首。总局党委宣传部联合总局团委、教育局等单位组织开展了垦区“弘扬雷锋精神、共建美好家园”系列活动、以弘扬雷锋精神为主题的社会志愿服务活动和学雷锋主题实践活动。扎实开展志愿服务活动，全垦区注册志愿者数量达5000人，志愿服务工作站数量达273个。

五、强化文化建设，全面推动北大荒文化大发展大繁荣

扎实推进文化惠民工程，确保垦区文化基础设施建设与城乡一体化建设同步推进。累计建成文化馆53个、图书馆224个、博物馆(场史馆)56个、体育馆42个、文化主题公园213个、文化综合活动室388个、大型综合文体设施35个、管理局文化信息管理系统9套。大力实施全民健身工程，争取国家、省投入资金1600万元，其中健身中心1个，“雪炭工程”项目4个，国家、省级健身路径130余个，初步建成了覆盖全垦区的全民健身设施网络。完成了农垦总局数字图书馆的基础平台建设和网站测试工作。举办了垦区第四期文学创作讲习班、第十一期文艺创作培训班和第三期教师版画创作班。在全省第十三届“群星奖”比赛中，共有12件作品分获金、银奖项；在第七届“黑龙江省文艺奖”评奖工作中，大型电视文艺晚会《中华大粮仓》和摄影作品《春江水暖》荣获二等奖。

哈尔滨铁路局

2012年,哈尔滨铁路局宣传思想文化工作认真贯彻落实铁道部宣传思想文化工作会议和路局"三会"精神,紧紧围绕"凝心聚力、创先争优、科学发展、加快发展"的总目标,积极调整思路、整合资源、找准定位,较好地发挥了宣传思想文化工作的作用,为推进全局科学发展、加快发展提供了强有力的精神动力、思想保证和舆论支持。

一、以深化学习型领导班子创建活动为牵动,突出抓好两级党委中心组学习,在全局积极打造理论联系实际的学习形态

围绕推进安全风险管理、提升服务质量、发展多元经营等重点课题,特别是落实"正风气、严管理、带队伍、抓落实"工作思路和"管理规范化,作业标准化"工作主线,组织各级领导干部开展专题学习、系统学习,形成了一批高质量的学习成果。坚持铁路局领导班子成员参加站段中心组学习制度和联组学习制度,先后邀请省社会科学院专家学者就"龙江崛起形势与铁路建设发展"等内容作专题辅导,促进学习资源共享、成果共享。坚持党委中心组集中学习以专题研讨为主的学习形式,严格落实专题学习必须确定中心发言人、必须事先报送发言材料规定,确保基层单位的学习质量。坚持在全局领导干部中广泛开展读书活动,定期推荐学习书目,引领各级领导干部带头读书、带头学习、带头思考;持续加大督学考学力度,对拟提拔领导干部实行任前必考。全年组织拟提拔人员任前政治理论考试11次173人。发挥"哈铁讲坛"的媒介优势,建立了由各个层次干部职工共113人组成的授课人员储备库,围绕职工关注的理论热点问题播出10期专题讲座。发挥局党校理论培训主渠道作用,围绕全局改革发展中的重大理论和实践问题,深入开展"送理论下基层"活动,确定"菜单式"教学课题43个,组织专题辅导85场。利用全局"一报一台一刊一网"宣传主阵地,在《哈尔滨铁道报》、《先行》杂志、哈铁有线电视台上开辟"前沿观点"等专题专栏,大力宣传和解读理论热点,促进学习成果向实践成果转化。哈尔滨机务段党委获全省"学习型领导班子标兵"称号、齐齐哈尔客运段齐京车队党总支获全省"学习型党总支标兵"称号、哈尔滨工务段段长朱定波获全省"学习型党员标兵"称号。

二、开展"知我哈局、爱我哈局、强我哈局"主题教育活动,依托形势任务宣讲、主题谈心活动、强化舆论引导等载体,确保教育活动环环相扣、步步深入、取得实效

抓住宣传贯彻全路工作会议、路局"三会"精神等契机,开展形势任务教育。以"讲清形势、解疑释惑、统一思想、凝聚力量"为重点,组织开展了为期40天的全局性、集中性的形势任务宣讲活动,抽调劳卫、企管、纪委等部门负责人组成报告团,深入全局巡回宣讲30场,组织各级干部深入基层宣讲730多场,覆盖了全局所有车间班组。围绕铁路科学发展新思路、"盈亏倒逼机制"新政策、改善民生新举措等内容,组织开展了"推进铁路科学发展"大宣讲活动,路局和基层站段领导干部共作宣讲报告2415场,现场回答职工提问8755人次,职工受教育人数达到17.4万人。扎实推进"严格管理与关爱职工"主题谈心活动。以实现运输一线职工全覆盖和切实解决职工生产生活中的实际困难为目标,细化谈心内容、量化谈心目标、活化谈心载体、强化谈心指导,组织各单位广泛开展与职工"一对一"、"面对面"的谈心,进一步夯实了安全基础、密切了干群关系、增强了企业凝聚力。全局共组织谈心116515人次,其中与运输一线主要行车岗位职工开展谈心89213人次,先后受理和接待职工来电来信和面对面诉求15570件,答复解决13580件。全面加强舆论宣传和引导。通过开辟专栏专题、刊发言论短评、组织重点报道等方式,阐释方针政策,回应职工关切,放大主流声音。在落实全局工作思路和工作主线、全局安全经营工作会议精神等方面,连续以刊发"鞠政声"署名文章、特约评论员文章等方式加强舆论引导,开办"职工看管理"、"议论风声"等专栏组织讨论,营造了浓厚的舆论氛围。组织编印了《2012年形势任务教育手册》、《我爱哈局这个家》、《万众一心,攻坚克难,扎实推进哈局科学发展加快发展》等宣传资料,制作了全景再现滨洲线"安标线"及"三线"建设成果的《共建和谐家园》专题片,增强了干部职工对哈局发展成果的感性认识和历史认同,成为引领舆论的"风向标"。

三、开展经常性的安全思想教育、一人一事的思想政治工作、现场作业中的安全思想提示和疏解影响安全的突出思想问题"四位一体"的安全思想政治工作,着力构建安全思想的立体防线

开展"安全、服务、经营"三项重点任务教育。指导站段、车间、班组开展经常性安全思想教育,强化安全意识的灌输熏陶,引导职工深刻吸取"1·14"、"5·15"、"6·16"等事故教训,牢固树立"三个共识",明确"三个重中之重"工作要求,打牢安全生产的思想基础。指导基层站段研究确定主要行车工种一次作业安全思想控制关键点,发挥现场监控干部、工班长和生产骨干"一岗双责"作用,加强提示、提醒和监督,有效消除了许多事故隐患。继续开展思想政治工作最佳班组长和最佳范例"双最佳"评选活动,指导各单位运用宣讲报告、展览展示、竞赛征文等群众喜闻乐见的形式,不断提高思想政治工作效果,用身边事教育影响身边人,让职工成为教育"主角"。开通了"职工交流互动平台",实现了与"12598"哈铁热线的无缝对接,加强政策阐释宣传,协调解决职工实际困难,切实搭建起路局与干部职工沟通的桥梁和渠道,有效调动了职工群众保安全的工作热情。2012年,职工互动交流平台共受理信息4201条,发布政策解读信息315条,信息浏览量3.3万余次。

四、推进具有哈局特色的企业文化建设,在中心工作的推进中体现文化的含量和文化的力量

研究制定了《全局安全文化建设实施方案》、《安全文化建设质量评估办法》,把安全文化建设作为一项长期性、战略性任务,指导各单位采取事故案例教育、"现身说法"等形式抓好落实。组织开展"安全风险管理大家谈"活动,围绕央视"走基层"栏目播出的"最北看山工"计文革事迹和今年汛期抗洪抢险中先进典型事迹,组织开展了"我比先进差什么"大讨论活动,发动职工对照先进谈感想、找差距,弘扬清风正气。坚持"让职工身边的人讲身边的事,用身边的事教育职工",通过举办"孙奇同志先进事迹报告会",采取巡回宣讲、座谈讨论、观看专题片、参加颁奖盛典等形式大力宣传"感动龙江"十大人物刘维军、哈局"十大楷模"李晓丽等典型的先进事迹,积极传播主流价值观、唤起干部职工思想共鸣。以打造和谐健康的"家"文化为核心,对滨洲线环境文化建设进行系统规划,指导各单位大力开展安全格言、警句、谚语征集活动,广泛发动职工踊跃参与文化建设的生动实践,形成"我爱我家、我建我家、我管我家"的良好局面。

五、坚持"低调、平和、据实"的工作理念,不断加大正面舆论宣传力度

把握冬运、春运、暑运、"五一"及"十一"黄金周、哈大高铁试运行等节点,提前策划、精心组织,新闻报道的质量、数量,都取得了突破性进展。春运期间,全局在中央、省市新闻媒体发稿2293篇。其中,中央电视台发稿34篇,《人民日报》发稿5篇,向社会发布出行资讯10158条,收到了良好的社会评价。全面加大重点新闻线索的策划,抓住春耕、秋收季节农资运输线索,组织《人民日报》记者实地采访,相继刊发新闻稿件,充分反映我局为服务地方经济发展采取的有力措施;抓住开行"插秧专列"、"高考专列"线索,积极组织现场报道,中央电视台连续播发了《高考考场离我 135 公里》等 10 余篇新闻报道，充分反映了铁路部门真情服务、爱心服务的具体做法；抓住哈大高铁试运行契机，超前策划组织，中央电视台以三地连线方式进行了长达 4 个小时的试运行直播，在《新闻联播》以首条方式进行了播报，《人民日报》、《经济日报》、《工人日报》等分别在头版显著位置进行了报道，产生了广泛、良好的社会效应。协调央视新闻频道"真诚沟通"栏目对计文革进行了深度采访报道，该栏目以公益宣传片的形式进行了连续 30 多次的播报，引发了社会各界对铁路职工的关注。2012 年北京市高考语文考试作文以"火车巡逻员的故事"为基本素材，使中国铁路"最北看山工"朴素而又动人的故事，再次在社会各界产生了共鸣。不断强化新闻舆论应急处置。完善突发事件新闻处置预案，下发《局内外突发事件新闻宣传应急处置流程》，组织车务单位与各地市 22 家都市类媒体建立了合作关系，组织客运窗口单位与 46 家新闻媒体建立了 113 个出行资讯播报点。组织 8 批次列车晚点、停运、事故、严重事件等突发事件新闻舆论应急模拟演练，积累实战经验。先后针对"1·14"哈站旅客死亡事故、"6·16"货物列车脱线等事件，本着"快讲事实、重讲态度、慎讲原因"的原则，妥善引导了新闻舆论。一年来，全局新闻舆论调控总体良好，没有发生较大的负面不良反映。

六、做强做大网络宣传，网络舆情调控日益成熟

利用新华网、人民网和中国网等重点网络媒体加强报道，年度发稿达 1459 篇，在腾讯网首页连续推出了反映计文革、刘维军、李晓丽典型事迹的专题报道，在全国引起较大反响，网民跟帖达 3000 余条。协调东北网和黑龙江新闻网开辟了"服务旅客创先争优"专题网页，共发布信息 850 条，累计访问量分别达到 52 万、73 万多人次。组织基层信息员围绕春运、暑运、铁路建设等撰写网评文章 7700 余篇，其中 225 篇网评被铁道部宣传部编入《舆情专报》，3800 篇网评被网站首页推荐。做好路局微博群维护。灵活运用微直播、"微博带你游小站"、"互动微平台"等形式与网民互动，正面回应、解答疑难，微博群共发布信息 6200 余条，回应网民提问 3500 余条，中国铁路官方微博采用 237 条。组织编写了《2011 春运微博记忆——党委书记微博实录》，铁路局新浪官方微博被新浪评为"黑龙江省十大政务微博"，局官方微博群拥有粉丝已超过 56 万。

七、加强管理，夯实基础建设，全面规范宣传思想文化工作基础管理制度

制定了《全局宣传思想文化工作量化考核办法》，进一步加强对基层单位的工作动态跟踪、检查督办、量化考核、定期通报，修订完善后的制度共计 22 项、工作流程 10 项。加强对各单位宣传阵地的检查指导，组织开展基层宣传阵地专项检查 7 次，组织开展了"最佳段报段刊"评选活动，全面提升各单位的自办报刊质量，切实发挥好段报段刊、宣传栏、班组园地、食堂电视、办公网等阵地的作用。全面加强宣传队伍建设。在宣传干部中组织开展以学理论、学业务、比技能、比贡献为主要内容的"双学双比"活动，举办了宣传干部、网络信息员、通讯员、文学艺术创作骨干培训班，邀请专家授课，提高综合素质，有效提升宣传干部的业务能力；实行路局、机关及局属各单位三级新闻发布与管理制度，组建了 125 人的新闻发言人队伍。

大庆油田有限责任公司

2012年，大庆油田认真贯彻落实党的十八大精神，坚持以邓小平理论、“三个代表”重要思想和科学发展观为指导，在油田党委和油田公司的领导下，紧紧围绕永续辉煌这一奋斗目标，抓住重点，狠抓落实，推进宣传思想工作再上新台阶，取得了新的工作成效。

（一）开展喜迎党的十八大及学习党的十八大精神活动，掀起群众性宣传教育热潮。2012年11月8日召开的党的十八大，是承前启后、继往开来的一次大会。按照油田党委的要求，油田把喜迎十八大、宣传十八大当作工作主线，掀起群众性宣传教育热潮。

（二）深入开展“大庆新铁人”宣传活动，增强重大典型的引领作用。2012年，继去年开展“大庆新铁人”李新民先进事迹宣讲活动以来，按照中宣部、国资委，集团公司思想政治工作部及油田党委的统一部署，进一步深入推进“大庆新铁人”李新民宣传活动。

（三）继续开展“石油魂”宣讲活动，打造大庆精神、铁人精神文化品牌。在2011年“石油魂——大庆精神、铁人精神”宣讲活动取得显著成效的基础上，从2012年4月中旬开始，继续推进宣讲活动，做到宣讲覆盖面更广、教育面更大，成为大庆油田乃至集团公司弘扬大庆精神、铁人精神的文化品牌。

（四）深化推进“十二五”期间企业文化建设工作，促进油田文化发展繁荣。2012年，结合油田发展实际，着力加强企业文化建设，更好地发挥宣传思想政治工作优势，进一步推进油田文化的繁荣发展，助推永续辉煌的发展实践。

（五）着力做好新闻宣传及舆情管理工作，大力营造良好的舆论环境。2012年，围绕“三大战略任务”这一主线，坚持“三贴近”，突出“四重”，即重要时段、重要节点、重大活动、重大典型，开展宣传工作。今年，油田媒体先后推出61个专栏、310多个专题专版和上百篇深度报道，《大庆油田报》、油田有线电视中心共刊播油田企业新闻稿件16105条，对外刊（转）播新闻560多篇（条）。

省委高校工委

2012年,省委高校工委认真贯彻落实中央和省委精神,紧紧围绕高校改革发展稳定工作全局,积极强化理论武装,大力进行宣传教育,不断深化思想政治理论课改革,深入开展文明单位创建,全力维护校园安全稳定,宣传思想工作取得明显成效,为全省高等教育事业改革发展提供了坚实基础。

一、加强理论武装,为高校改革发展提供精神动力和思想保证

扎实推进学习型党组织建设。以党委理论学习中心组为龙头,创新学习方式,完善学习制度,提高学习效果。召开座谈会,开展调研督导,推进建设工作深入开展。制定《黑龙江省高等学校学习型党组织建设评价办法》,推进建设工作科学化规范化。哈尔滨工业大学以学习型党组织建设为载体推动世界一流大学建设;哈尔滨师范大学坚持具有自身特色的"学、讲、研、用"四维一体学习模式加快建设强校;哈尔滨理工大学求深、求新、求实推动学校各项事业;东北农业大学通过"三个一工程"擎引高水平农业大学科学发展;黑龙江大学培植干部队伍坚强执政力和事业发展旺盛生命力推动省部共建;哈尔滨工程大学通过高层次专题辅导报告汇聚学校改革发展力量。

多渠道推进理论武装工作。积极推动中国特色社会主义理论体系进教材、进课堂、进头脑,召开全省高校十八大精神"三进"工作研讨会。不断加强高校党委理论中心组建设,总结高校党委中心组工作经验。通过多种形式,深入开展社会主义核心价值体系教育活动。加强"青年马克思主义者培养工程"建设,努力培养马克思主义坚定信仰者、传播者和实践者。继续举办高校哲学社会科学教学科研骨干研修班,培养高校理论学习宣传研究骨干。在2012年全省理论宣传工作座谈会上,省委高校工委和省教育厅"让党的创新理论在高校师生中落地生根"的做法,得到了充分肯定,并获得了全省宣传文化系统创先争优理论武装工作创新奖。

大力开展形势政策宣传教育。深入学习宣传贯彻党的十八大精神,引导广大师生增强政治意识、大局意识、责任意识。为迎接党的十八大胜利召开,11月2日至7日在全省高校集中举办形势报告会20余场,为十八大胜利召开营造了良好氛围。

二、深化课程改革,增强思想政治理论课针对性实效性和吸引力感染力

参加组织相关会议。在教育部2012年全国思想政治理论课建设工作研讨会上,黑龙江省作为教育部指定的7个重点发言单位之一,做了经验介绍,得到了教育部领导和与会省市的充分肯定。3月27日,组织召开了全省高校思想政治理论课教学科研部门负责人会议,印发了工作要点,集中部署工作。黑龙江大学等12所高校在会上做了典型发言,通过经验介绍、集中研讨的形式,为加强课程建设奠定了坚实基础。

深化教育教学改革。积极推进教学方法改革,案例教学、理论网站辅助教学在全国产生影响。充分发挥马克思主义理论学科对思想政治理论课的支撑作用,推进学科建设快速发展。目前全省已建立3个博士后流动站、7个二级学科博士点及11个一级学科、40余个二级学科硕士点。设立省教育厅人文社科思想政治理论课专项任务,在已确立的2013年项目中,重点项目3项,面上项目18项,指导项目7项。

强化教师培训考察。邀请北京师范大学王炳林等5位全国研究生思想政治理论课教学指导委员会委员，在全国率先对全省130余名高校研究生思想政治理论课任课教师进行全员培训，并颁发了结业证书。举办2012年暑期全省高校宣传思想工作者和思想政治理论课骨干教师研修班，邀请黑龙江省政府科学技术顾问委员会主任陈永昌、青海省委党校马明忠教授等5位专家作专题辅导，并赴宁夏、青海进行了学习考察。

做好推荐参评工作。推荐25名教师参加全国高校研究生思想政治理论课骨干教师培训班和全国高校思想政治理论课骨干教师国内学习考察活动。推荐哈尔滨师范大学李庆霞入选了教育部思想政治理论课优秀中青年教师择优资助计划。在2012年全国高校思想政治理论课教学能手评选中，推荐的哈尔滨工业大学徐奉臻和哈尔滨师范大学康丹丹两位老师均取得优异成绩，在入选的47名教师中分别名列第一和第十九名。徐奉臻老师还在全国表彰大会上做了示范教学，她与其他13位教师的讲课录像被呈送中央领导和有关部门。

创设课程建设品牌。举办全省高校思想政治理论课中青年教师教学大奖赛，并开展“精彩一课”评选，发掘了教学新秀，创建了课程品牌，引起了强烈反响，得到了教育部认可。时任教育部社科司副司长徐维凡来哈参加表彰大会并作讲话。

三、开展主题活动，唱响迎庆党的十八大胜利召开的主旋律

广泛开展喜迎十八大主题宣传教育。以“科学发展，成就辉煌”为主题，通过标语条幅、校刊校报、橱窗展板、电视网络等媒介，以图片展览、主题征文、专题专栏等形式，大力宣传十七大以来党的理论创新和党的建设取得的伟大成就。组织高校师生通过电视、网络、电台等媒介，认真收听收看十八大盛况。邀请党的十八大代表、省委宣讲团成员、省委高校工委书记、省教育厅党组书记、厅长徐梅为高校领导干部和师生代表作专题辅导报告。

积极宣传黑龙江省教育改革发展成就。积极参与省委为迎接党的十八大胜利召开进行的中共黑龙江党史历史纪念馆筹建活动。多次协调有关处室及相关高校，搜集整理黑龙江省教育改革发展的珍贵历史资料。组织专门力量对《中共黑龙江历史纪念馆布展大纲》进行广泛讨论，共对文字稿提出修改意见20余处，内容修改意见6条，增补涉及教育发展成就意见11条，被广泛采用。有关工作受到省委相关部门好评。

组织开展全省教育系统学雷锋活动。按照中央和省委的总体要求，制发了《黑龙江省教育系统深入开展学雷锋活动实施方案》，号召全省教育系统大力学习、弘扬和践行雷锋精神，推动教育系统公民道德建设深入开展，大力推进社会主义核心价值体系建设，在全省教育系统掀起学雷锋的热潮。

四、加强文明单位创建，营造有利于高等教育改革发展的良好环境

加强社会主义核心价值体系建设。深入开展理想信念教育、国情教育、革命传统教育、改革开放教育和社会主义荣辱观教育。以深化思想道德建设为根本，广泛开展“迎接十八大、讲文明树新风”活动；组织开展校园红色短信大赛和学习弘扬黑龙江优秀精神等社会主义核心价值体系主题实践活动。组织开展学习“最美女教师张丽莉”活动，哈尔滨师范大学举行学习张丽莉先进事迹报告会，大庆师范学院创作演出歌舞诗剧《绽放的生命》，哈尔滨医科大学积极宣传医护人员在救治张丽莉过程中的优秀事迹。哈尔滨工业大学和哈尔滨德强商务学院被评为全省十佳和谐校园。哈尔滨工业大学图象信息技术与工程研究所荣获2012年度“感动龙江”荣誉称号。

丰富文明单位创建载体。组织高校师生积极参与“寻找身边的美”和“我推荐、我评议身边好人”活动，挖掘校园生活中的好人好事；开展“道德楷模巡讲(演)暨道德讲堂进高校”活动，宣传道德楷模先进事迹。在全省高校组织开展了“大美大爱龙江”主题征集活动，扩大“大美大爱龙江”系列活动的影响力、传播力。与龙广高校台共同举办黑龙江省“书香高校”系列活动，影响和带动大学生多读书、乐读书、会读书、读好书，构建学习型校园。配合省文明办开展创建“文明餐桌”活动,推荐哈尔滨工业大学阳光餐厅、东北农业大学学生三食堂等5所高校食堂为首批全省创建“文明餐桌”活动试点食堂。

加强大学文化建设。哈尔滨工业大学央视龙年春晚《机器人总动员》节目声誉全国;齐齐哈尔大学风情音画《达斡尔人》参加第四届全国少数民族文艺会演,摘得表演金奖等11个重要奖项;哈尔滨师范大学建设的黑龙江现代文化艺术产业园区积极推进;黑龙江工程学院建设了国内第一家以传播工程文化为主题、以开展工程文化教育为主旨的现代化工程文化博物馆,并开展“有品位工程学院人”活动;黑龙江中医药大学承办黑龙江省首届“龙江医派”学术文化节;齐齐哈尔医学院为新生发放2500余本“德行大医,文以化人”校园文化手册。

五、强化政治稳定,维护高校校园安定和谐良好局面

落实“包保教”责任制。召开高校防范和处理邪教工作会议,把防范和控制“法轮功”作为重点工作,与有关高校签订了责任状,把防控任务落实到具体对象,把防控责任落实到具体人头。做好敏感期的防范控制工作。明确要求有关高校“守好自己的门,管好自己的人”,特别是加强对有现实危害性的“法轮功”人员的管控,要求必要时死看死守,坚决遏制“法轮功”分子的破坏活动,实现了四个“零”目标。

开展反动宣传品清理工作。在学校家属区、学生宿舍楼、校内公示牌等地点、部位进行检查、清理,共清理反宣品传单、光盘以及其他印刷材料700余份。在清理过程中,不放过任何可疑人员,黑龙江大学当场抓获了一名正在张贴反动宣传品的“法轮功”分子并扭送公安机关。按照省委防范和处理邪教问题领导小组办公室部署,我省高校从9月初至党的十八大胜利闭幕前组织开展集中清理工作,努力实现高校校园无反宣品。

加强反邪教宣传教育。以反邪教宣传周活动为契机,推进反邪教宣传教育常态化。黑龙江大学、哈尔滨医科大学等反邪教工作情况在省内媒体上做专门报道。积极组织“凯风网”撰稿事宜,建立责任制,将工作任务分解到具体高校,对骨干撰稿人进行了专门培训。组织党的关系隶属高校工委的28所高校的领导班子成员观看了《政权之患》反邪教专题片,加强党内反邪教宣传教育,进一步提高了领导干部对防范和抵御邪教工作重要性的认识。

加强校园网络安全管理和网络舆论环境建设。做好舆情信息工作,进一步增强网上舆情获取和热点问题应对能力。严把入口关,加强对新建立高校网站的审批。强化安全,与省公安厅等部门开展专项检查活动。舆情信息报送和采用数量在六个系统工委中遥遥领先。

六、打造工作平台,加强高校思想政治工作网和高校博物馆育人联盟建设

建立黑龙江省高校思想政治工作网。2012年5月开始筹建黑龙江高校思想政治工作网。11月3日,举行了黑龙江高校思想政治工作网开通仪式暨网络文化建设与管理培训班。教育部有关领导,省委高校工委书记、省教育厅党组书记、厅长徐梅,省委网宣办副主任司兆国,省委高校工委副书记李东明出席开通仪式。全省高校100余人参加了培训和网站开通仪式。中国大学生在线、广西高校思政在线等20余家媒体发来了贺信、贺词,致以祝贺。

加强黑龙江高校博物馆育人联盟建设。11月3日,继全国高校博物馆育人联盟成立后,国内首个区域性高校博物馆育人联盟——黑龙江高校博物馆育人联盟正式成立,该联盟由省内14所已建有博物馆的高校组成。教育部有关领导,省委高校工委书记、省教育厅党组书记、厅长徐梅,全国高校博物馆育人联盟秘书长、上海交通大学党委副书记徐飞,省委宣传部副部长陈永芳,省文化厅副厅长王珍珍,省委高校工委副书记李东明等出席成立大会并讲话。会议通过了联盟工作章程,选举产生了联盟第一届会长、副会长、秘书长、副秘书长。

七、指导高校工会及妇女工作,凝聚推进高校改革发展的力量

积极推进师德建设。2012年,与省教育工会联合举办了第三届全省教育系统师德建设十佳单位、十佳标兵评选活动。评选特别奖 1 人,十佳单位 10 个,十佳标兵 10 人,先进单位 17 个,先进工作者 19 人。

积极开展妇女工作。设立省高校妇女工作委员会,组织和指导各高校妇委会的工作,积极有效地维护妇女的合法权益。评选推荐高校先进妇女工作者代表及先进工作单位代表为省三八红旗手和省三八红旗集体。哈尔滨医科大学附属第一医院赵玉娟同志荣获"全国三八红旗手"荣誉称号。

省直机关工委

2012年，在工委的指导下，省直机关宣传工作围绕中心，服务大局，服务基层，克服诸多困难，圆满完成全年工作，取得了较好的成绩。

一、学习贯彻宣传省十一次党代会、7·23讲话和十八大精神，做好理论宣传工作

省第十一次党代会召开后，工委第一时间转发《省委宣传部关于认真学习宣传贯彻省第十一次党代会精神的通知》，并且下发了《省直机关工委关于学习贯彻省第十一次党代会精神的意见》，要求省直各部门要把深入学习贯彻省第十一次党代会精神作为当前一项重要政治任务来抓，结合本部门、本单位实际，以党代会提出的奋力谱写全省人民幸福美好生活新篇章为主题，进一步发挥中心组学习的重要作用，用党代会精神统领各项工作，切实把机关党员干部的思想和行动统一到党代会精神上来。我们还以《机关党建》专刊形式刊发了中省直各部门学习贯彻省党代会精神情况，促进各部门间的学习交流，形成良好的舆论氛围。7月23日，胡锦涛总书记在省部级主要领导干部专题研讨班开班式上发表重要讲话，为党的十八大胜利召开奠定了重要的政治、思想和理论基础。工委及时下发通知，要求各部门统一思想，消除杂音，认真组织党员干部学习"7·23"讲话精神，进一步增强机遇意识、责任意识和大局意识，紧密联系我省实际，提高党员干部学习力、服务力和创新力，推动党建各项工作健康发展。为迎接党的十八大胜利召开，要求中省直各部门结合本系统、本单位在改革发展中取得的成就，唱响改革发展主旋律、回顾发展历程，展示了机关党员干部的精神风貌，使广大党员干部职工充分认识到改革开放的伟大意义、成功经验和前进方向。十八大胜利召开后，按照中央和省委的统一部署，结合省直机关实际及时下发省直机关贯彻实施意见，对学习宣传贯彻十八大精神提出具体要求；召开"十佳公仆"、"优秀公仆"学习贯彻十八大精神座谈会，以"先优"的影响力带动省直机关十八大精神的学习贯彻工作；与省委宣传部等部门联合举办了省委宣讲团党的十八大精神首场报告会，组织省直机关干部200多人参加，集中听取十八大精神宣讲；为及时宣传中省直各部门学习贯彻十八大精神的情况，在《机关党建》设立党的十八大精神学习专刊，还利用龙江机关党建网等载体集中刊发，至年底，共编发《党的十八大学习》和《学习贯彻省十一次党代会精神》专刊36期，对80多个单位和部门学习贯彻十八大精神的动态消息、经验做法进行了宣传，促进了学习贯彻，形成了良好的舆论氛围。

二、扎实推进机关学习型党组织建设，抓好思想理论建设工作

在推进学习型党组织建设工作中，着力巩固学习阵地、完善学习设施，建立领导机制、工作机制、保障机制、考核机制等长效机制，广泛组织开展了建设学习型党组织达标自查考评活动，通过深入各部门，听取汇报、召开座谈会、审查自检报告和相关资料，对省直机关各单位建设学习型党组织工作情况进行督导和考评。命名了85个单位为第一批省直机关学习型党组织，省纪检委、省委办公厅、省交通厅党组被评为全省学习型党组织标兵，省农委、省卫生厅、省审计厅、省电力公司被评为学习型领导班子标兵，省林业厅蔡炳华、省有色地勘局龚强、省民政厅杨喜军被评为学习型领导干部标兵，姜同河和王玉升同志被评为学习型党员标兵。省委工委还按照省"学办"的要求，推荐了2012年度省直机关学习型党组织建设四类标兵名单及事迹;推荐了省委组织部、省财政厅、省电力公司、省水利厅、省交通厅为三年来学习型党组织建设先进典型;完成了省直机关学习型党组织中心组学习综述材料推荐工作。

坚持"机关大讲堂",发挥示范作用。为深入推动学习型党组织建设活动,5月25日,省直工委与省金融办举办金融发展与地方经济增长专题报告会,邀请经济学博士、厦门大学经济学院副教授陈善昂同志来哈讲课,就金融业发展的布局、金融与地方经济的关系及其原理与国际经验、金融体系发展路径与地方政府的选择、金融中心建设与国内经验、黑龙江省金融业发展的主要机会等作精彩演讲,此次活动加深了大家对金融业推动地区经济增长作用的理解和认识。对省直机关尤其金融系统贯彻落实省十一次党代会精神,共同推动我省经济社会更好更快发展具有十分重要的作用。

认真组织开展省直机关全民阅读活动。为认真贯彻省委书记吉炳轩同志《静下心来好读书》的报告精神,结合2011年制定的《省直机关党员干部读书参考书目》,上半年深入调研,增强指导读书活动的针对性;搭建平台,为省直机关深入开展活动提供服务,并运用典型推动活动的深入开展。省直机关工委机关党委被评为全民阅读活动组织工作先进单位。

三、从"服务中心,建设队伍"的需要出发,扎实推进省直机关文化建设

工委坚持以人为本、满足需求、注重实效原则,创建文化平台,丰富活动载体,使省直机关文化建设呈现出繁荣发展的态势。

10月份,以迎庆十八大为主题,与省文联、省供销联社、省书法家协会共同举办了"寒地黑土"杯黑龙江省第三届公务员书法篆刻作品展。省委常委郝会龙、省直机关工委书记王晓明等有关领导出席了开幕式,并为获奖者颁发奖杯和证书。此次会展省直和各市地及相关单位积极组织投稿,许多在职及离退休领导干部带头挥毫,共收到书法篆刻作品近520余件,最终评出一等奖作品6件,二等奖作品12件,三等奖作品17件。本次征集的作品突出了"迎庆十八大"主题,歌颂中国共产党的丰功伟绩。作品风格多样,形式丰富,在继承传统与时代精神的结合上,达到了较高的水平。活动提升了机关干部和工作人员的修养和素质。

6月份组织开展了纪念毛泽东同志《在延安文艺座谈会上的讲话》70周年,暨"丹青绘镜泊,笔墨颂江山"镜泊湖采风写生活动,组织省内著名书画家8人赴牡丹江镜泊湖旅游胜地,用采风写生的形式宣传黑龙江壮美风光。

工委在认真总结机关文化建设工作经验中,明确机关文化建设的基本理念。在2012年第3期《奋斗》杂志刊发了《服务中心,建设队伍,扎实推进省直机关文化建设》及省财政厅、省教育厅机关文化建设的经验做法,起到了规范发展、引领促进的作用。

四、着力整合资源,唱响主旋律,扎实有效地推进宣传教育工作

积极组织中省直各部门结合机关党建工作实际,结合本系统、本单位在改革发展中取得的成就,唱响改革发展主旋律、回顾发展历程、展示了机关党员干部的精神风貌,使广大党员干部职工充分认识到改革开放的伟大意义、成功经验和前进方向。同时,广泛开展时代楷模和先进典型宣传教育活动,结合学习雷锋精神和"最美女教师"张丽莉事迹,宣传"最美人物"、倡导"最美精神",培育文明新风,促进和谐机关建设,不断提升学习宣传的针对性和实际效果。

为深入开展学雷锋活动,推动学雷锋活动常态化、机制化。工委提出省直机关深入开展学雷锋活动的具体贯彻意见,制定下发《中共黑龙江省直属机关工作委员会关于贯彻省委〈关于深入开展学雷锋活动的实施方案〉的意见》;3月6日,召开弘扬雷锋精神座谈会,省委办公厅、省政府办公厅等10家单位机关党委专职党务干部参加座谈,就如何弘扬雷锋精神,发掘雷锋精神时代内涵,使学雷锋活动常态化进行了交流；及时刊发省安全厅、省公安厅等部门学雷锋活动简报，促进各单位交流。

为深入贯彻省委、省政府《关于开展向张丽莉同志学习活动的决定》，6月4日下午，工委组织召开省直机关学习张丽莉同志先进事迹座谈会。省委副秘书长、省直工委书记王晓明，省直工委副书记李敏参加。王晓明同志从提高党的执政能力和党的事业发展的高度，谈了学习张丽莉同志先进事迹的重要性、必要性及具体的工作要求。为了让省直各单位更好地学习张丽莉同志先进事迹，参加了省委宣传部组织的《爱铸师魂》——学习宣传时代楷模张丽莉英雄事迹读本首发式，并为各单位订购了7000多册《爱铸师魂》一书，还组织700多人次参加“大爱满龙江”英模先进事迹报告会。

2012年，省直工委还组织开展黑龙江历史展学习参观活动。共有127个厅局，5400多名机关干部参观，工委就活动组织情况向省委做了专题汇报，并通过“龙江机关党建网”对活动情况进行了通报。

在第20个国际残疾人日，省直机关工委、省残联在哈尔滨市少年宫艺术中心联合举办了“贯彻党的十八大精神暨庆祝第20个国际残疾人日”残疾人汇报演出，近400名机关干部观看了演出。

五、全面完成其他工作任务

为集中展现省直机关干部职工爱岗敬业、奋发进取，开拓创新的良好形象，工委组织中省直各部门省直第九届“十佳公仆”评选活动，经过初选、复选、联评、考核等工作，最终评选魏海波等10名同志为省直机关“十佳公仆”、贾兴亮等10名同志为省直机关“优秀公仆”，并进行了表彰和奖励，同时将他们的先进事迹在“龙江机关党建网”和《黑龙江日报》专版进行刊发，扩大影响，营造氛围，起到引领示范的积极作用。

按省委宣传部要求，积极在中省直机关开展“六个十佳”推荐评选活动。省委组织部、省委统战部、省委政研室被评为“六个十佳”和谐机关，马健、赵冬梅、王洪涛3个家庭被评为“六个十佳”和谐家庭，黑龙江出版集团被评为“六个十佳”和谐企业。

完成了第七届“黑龙江省文艺奖”评选的后续工作。所推荐文艺作品36件共获得二等奖8件、三等奖2件，有效促进了机关文化建设的开展。

积极协调省电台、电视台、《黑龙江日报》、东北网等新闻媒体，重点完成省直党代会、“七一”表彰大会、黑龙江省第三届公务员书法展和残疾人汇报演出等活动的新闻报道工作。

重要会议

Zhongyao Huiyi

重要会议

全省宣传部长会议

2012年1月18日，全省宣传部长会议在哈尔滨召开。会议传达了全国宣传部长会议精神，表彰了2011年度全省宣传思想文化战线先进集体和个人。省委常委、宣传部长张效廉在讲话时强调，要迅速贯彻落实好省委书记吉炳轩同志对今年宣传文化工作“三个一定要”的重要指示精神，全面实施文化科学发展工程，即一定要把迎接宣传贯彻党的十八大和省第十一次党代会作为宣传工作的重中之重，努力营造健康向上的舆论氛围；一定要贯彻落实好六中全会精神和省委全会提出的各项任务要求，全面推进“八大工程”建设；一定要持之以恒地抓好“三优”文明城市创建工程。会议强调，今年我省宣传思想文化工作要始终坚持“迎接宣传贯彻党的十八大”主线，着力兴起“宣传贯彻党的十八大、省第十一次党代会”和“文化建设”两大热潮，突出抓好“迎接宣传贯彻党的十八大和省第十一次党代会、核心价值体系建设、文化改革发展、加强外宣网宣、干部人才队伍建设”等五项重点工作。各市(地)委宣传部长，绥芬河市、抚远县党委宣传部长，省农垦总局、省森林工业总局、哈尔滨铁路局、大庆油田公司党委宣传部长，省直宣传文化系统各单位主要负责同志出席会议。会议套开了全省外宣(网宣)工作会议和文明办主任会议。

全省宣传部长座谈会

2012年8月20日至21日，全省宣传部长座谈会在哈尔滨召开。会议学习贯彻胡锦涛总书记在省部级主要领导干部专题研讨班上的重要讲话精神，提出胡锦涛总书记重要讲话精神是当前和今后一个时期全省宣传思想文化战线重要的政治任务和工作的重中之重，要充分认识讲话的重大意义，深刻把握讲话的精神实质，迅速兴起学习宣传贯彻热潮，把思想和行动统一到中央精神上来。要精心开展迎接党的十八大各项工作，为十八大胜利召开营造良好氛围。要深入推进文化建设“八大工程”，确保年初确定的目标任务顺利完成。会议强调，要进一步加强理论武装工作，大力加强思想道德建设，深入推进“三优”文明创建，着力推进文化体制改革，加快推进文化产业发展，持续推进公共文化服务体系建设。目前全省文化建设“八大工程”148项重点工作各项目标任务已进入冲刺阶段，各责任单位要按照《任务分解方案》和《责任状》规定的要求和时限，将目标任务落到实处。与会代表参观考察了群力文化产业园区、文化基础设施建设、文化旅游项目和城市路桥、松花江湿地景观及生态长廊建设，会议学习传达了全国宣传部长座谈会和全国理论宣传工作座谈会精神，通报了2012年前八个月全省宣传思想文化工作情况，各市(地)委宣传部，绥芬河市、抚远县党委宣传部和省直宣传文化系统各单位负责同志座谈交流了工作亮点、思考及下一步工作打算。

全省宣传思想文化系统调研部刊工作会议

2012年4月11日，全省宣传思想文化系统调研部刊工作会议在哈尔滨召开。各市(地)宣传部分管副部长(部务委员)、研究室主任以及省直宣传思想文化系统各单位相关领导和同志参加了会议,省委宣传部部务委员刘光慧出席会议并讲话。

会议的主要任务是:传达贯彻中宣部2012年度调研部刊工作会议精神和全省宣传部长会议精神,总结2011年度调研部刊工作,表彰先进单位和优秀成果,安排部署2012年度全省宣传思想文化系统调研部刊工作。

省委宣传部研究室主任闫东明传达了中宣部调研部刊工作会议精神。刘光慧在讲话中首先回顾了2011年全省宣传思想文化系统调研部刊工作基本情况:一是各级领导高度重视,调研工作的保证力度进一步增强。二是围绕中心、突出重点,调研工作思路更加清晰。三是强化质量、注重转化,调研工作实效大大增强。形成了一批高质量的调研成果,有力地推动了全省宣传思想文化工作创新发展。关于2012年调研和部刊工作,刘光慧指出:2012年,是深入贯彻落实科学发展观、加快转变经济发展方式,全面推进“十二五”规划各项目标任务的承上启下之年;是认真贯彻落实党的十七届六中全会精神,积极推动社会主义文化大发展大繁荣的关键之年。2012年,中国共产党第十八次全国代表大会和黑龙江省第十一次党代会将要召开,这对于党和国家以及黑龙江省的发展进程,都具有特殊重要意义。所以,今年的调查研究和部刊工作,任务艰巨,使命重大。调研工作要重点抓好三个方面的任务:1.深化党的十六大以来宣传思想文化工作基本经验研究。2.搞好贯彻落实六中全会精神、推进文化改革发展研究。3.搞好国际国内形势新变化新形势新趋势的研究。部刊工作要抓好两个方面的任务:1.要加强沟通协调,形成宣传合力。2.要注重报送稿件质量,不断提升办刊水平。

会议还表彰奖励了2011年度全省宣传思想文化系统调研工作先进单位、部刊工作先进单位、优秀调研报告和优秀部刊稿件。全体同志围绕会议精神,进行了认真学习讨论,交流了工作经验和体会,提出了许多很好的意见和建议。

全省文化体制改革和发展工作会议

2012年10月22日至24日,全省文化体制改革和发展工作会议在哈尔滨召开。省文化体制改革和发展工作领导小组部分成员单位主要负责人,各市(地)、绥芬河市、抚远县常委宣传部长、分管副市长、文广新局局长,省直宣传文化系统有关单位主要负责人,省属重点文化企业负责人,受到会议表彰单位部分代表,重点园区(基地)负责人参会。省委常委、宣传部长、省文化体制改革和发展工作领导小组副组长张效廉出席会议并讲话,副省长、省文化体制改革和发展工作领导小组副组长程幼东主持会议。与会人员还就文化体制改革和发展情况深入到哈尔滨和大庆进行了实地考察。

会议传达了全国宣传部长座谈会议、第十二届精神文明建设“五个一工程”表彰座谈会议和全国文化体制改革工作表彰会议精神,对全省文化体制改革工作先进地区、文化体制改革和发展工作先进单位进行了表彰,命名了全省首批省级文化产业园区和基地。

张效廉在讲话中指出,党的十七大以来,黑龙江省以科学发展观为指导,从中国特色社会主义事业“四位一体”总体布局的战略高度,以思想解放为先导,以和谐改革为取向,以创新机制为抓手,以融合发展为途径,以完善制度为保障,积极推进文化体制改革,加快文化产业发展,在探索中创新、在创新中发展,全省文化改革发展取得历史性成就。

张效廉强调,要深化改革、加快发展,不断开创文化繁荣发展新局面。扎实推进国有文化企业改革,加快实施第二批非时政类报刊出版单位和东北网络台转企改制工作,鼓励和支持有条件的文化企业加强资本运作，面向资本市场融资。深入推进文化事业单位改革，建立健全稳定的投入保障机制，促进公共文化服务多元化、社会化。进一步深化文化领域结构调整，坚持以规划引领文化产业发展，深入实施重大项目带动战略，充分调动各方面参与文化建设的积极性，积极探索和拓展文化产业与相关产业融合发展。加快完善现代文化市场体系，积极培育和拓展大众文化消费市场，积极探索市场化、商业化、产业化的运作方式，加快推进具有较强实力的骨干文化企业和企业集团建设。着力健全文化宏观管理体制，深化文化管理体制改革，加快转变政府职能，加强国有资产管理。

张效廉要求，要强化责任、加强领导，为实现黑龙江省文化改革发展各项任务目标提供有力保障。各地各有关部门要充分认识加快文化改革发展的重要性和紧迫性，加强组织领导，完善工作机制；改进工作方法，确保任务落实；制定配套政策，提供有力保证。

全省学习宣传贯彻省第十一次党代会精神暨理论宣传工作座谈会

省委宣传部于2012年4月28日召开全省学习宣传贯彻省第十一次党代会精神暨理论宣传工作座谈会。各市(地)、系统党委宣传部主管理论工作的副部长，部分省直宣传文化系统主管理论工作的领导同志，省委党校、省社科研究单位的部分专家学者参加会议。省社科联党组书记李己华、省社科院院长曲伟、省政府研究室副主任田恃玮、省委党校校委委员韩健鹏等13位同志结合理论宣传工作实践，就进一步加强理论宣传工作，深入宣传贯彻省第十一次党代会精神作了专题发言。省委宣传部副部长张翔阐释了加强和改进理论宣传工作的重大意义、主要任务和根本要求，并就认真学习、广泛宣传省第十一次党代会精神做出了安排部署。

全省社科理论界学习贯彻党的十八大精神座谈会

省委宣传部于2012年11月28日召开全省社科理论界学习贯彻党的十八大精神座谈会。黑龙江日报报业集团、省社科联、省委党校、省政府发展研究中心、省社科院、黑龙江大学、哈尔滨师范大学等单位有关领导同志和专家学者，黑龙江省中国特色社会主义理论体系研究中心成员单位的领导及课题组负责人，共52人参加会议。省社科院副院长朱宇、省委党校副校长祝福恩、黑龙江大学副校长丁立群等8位同志作了专题发言。省委宣传部副部长张翔阐释了党的十八大的重大意义、丰富内涵、目标任务和根本要求，并对全省社科理论界深入贯彻落实十八大精神提出了具体要求。

黑龙江省文艺家深入生活采风创作活动座谈会

2012年7月5日，“火热时代 多彩龙江”——2012·黑龙江省文艺家深入生活采风创作活动座谈会在哈尔滨召开。省委书记吉炳轩出席会议并作重要讲话。会议由省委常委、宣传部长张效廉主持，省直有关单位主要负责同志，来自全省文学、美术、书法、摄影、音乐、戏剧、曲艺、广播影视界的文艺家代表出席座谈会。

会上，省歌舞剧院原副院长胡小石、省作家协会副主席王阿成、省画院副院长曹香滨先后发言，交流了新形势下如何深入生活采风创作的经验体会。

吉炳轩对我省文艺家们深入下去进行采风创作表示祝贺，祝愿大家采风顺利，满载而归。吉炳轩在讲话中说，大力发展社会主义先进文化，推动社会主义文化大发展大繁荣，是时代赋予我们的神圣责任，也是紧迫的现实任务。黑龙江正处于更好发展、更快发展、更大发展的关键时期，充分发挥文艺特有的社会功能，以优秀的作品鼓舞人、塑造人，这是时代的要求、人民的期盼，也是文艺工作者的神圣使命。

吉炳轩指出，没有人们的社会生活，就没有文学艺术。深入生活，贴近生活，透视生活，解剖生活，从人民群众的实际生活中获取创作的源泉和灵感，用人民创造历史的奋发精神来哺育自己，创作出反映生活、揭示生活、升华生活、引领生活的优秀作品，这是社会主义文艺兴旺发达的根本途径，也是作家、艺术家取得成就的成功之路。

吉炳轩强调，一部中华文明史，实际上也是一部农业革命史。中国是农业大国，黑龙江是农业大省，土地上的文章做不尽，土地上的故事讲不完。我们正在着手水利化建设、机械化建设、科技化建设、合作化建设、产业化建设、市场化建设、城镇化建设和生态化建设，这“八化”建设构成了具有中国特色的、符合龙江实际的社会主义现代化大农业的基本内容，这是一次伟大的革命，是没有硝烟的革命，它会带来大地的丰收、人民的富裕、面貌的改变、意识的更新，会使这块土地上发生翻天覆地的变化，会产生和发展新的生产力，进而会带动城乡面貌。黑龙江农垦经过六十多年的发展，正在朝着建设国际化最大的农业现代化企业集团阔步前进，农垦职工实现了耕作在广袤的田野里、居住在现代化城镇里的梦想，必将为整个中国农业的现代化、中国农村的城镇化、中国经济社会发展的城乡一体化提供十分宝贵的经验。我们党正在领导人民奋力推进兴农富民工程，黑龙江的农村面貌也在发生着巨大变化，这些历史变革是在悄声无息中进行的，无声的变革更能产生出更为辉煌的成就。在伟大的变革中创造伟大的作品，需要艺术家犀利的慧眼，把握住时代脉搏，感受到奔腾气息，能在平静之中焕发激情、发现矛盾，探寻到历史进步的轨迹、社会发展的潮流。

文学艺术表现时代文明，记录历史进步，不能离开工业革命和科技进步，乃至在这革命和进步中所发生的各种矛盾和冲突。黑龙江是工业大省，是我国的装备制造业基地，黑龙江的工业生产有过十分骄人的成就，但由于体制机制等种种原因，却行进得十分艰难。但我们的工人阶级在转型改制中做出了巨大牺牲，度过了十分艰难的阵痛。我们已经找到了病根所在，正在全力进行治疗，使我们的工业能迅速赶上科技进步的潮流，焕发出新的发展活力。新一轮的工业建设高潮已经在龙江大地上兴起，每年以几千亿的投资在加快建设。这也是一次伟大的变革，困难、矛盾、冲突，各种利益关系的调整、思想观念的转变都很激烈。特别是工业战线的光辉旗帜——大庆油田正在进行产业转型，在继续抓好油田生产的同时，全力开发新的产业，到处呈现出一派勃勃生机。大庆的发展折射出我国工人阶级的伟大、社会主义制度的优越，也是一座文学创作的富矿，取之不尽、掘之不完。大庆精神，特别是改革创新、不断创业的时代精神，值得很好挖掘和表现。

黑龙江有美丽的大森林，森工的改革发展道路，既是一部发展创业史，也是一部改革创新史，生动的故事、历经的艰辛很多，为文学创作提供了丰富的材料。

旅游是经济，旅游是产业，旅游更是文化，大美龙江、大爱龙江是文艺创作和发展的丰富源泉，也是文学艺术家陶冶情操、激发灵感、潜心创作的最佳场所。

城市的发展变迁记录了人类活动的足迹，一座城市就是一部人类活动发展变化史，也是人类改革创新史，我们的作家艺术家要把握住这个历史进步的大趋势，用丰富多彩的艺术形式记录下这历史的脚步，并引领这一趋势健康发展。

铺就在龙江大地上的一条条通往幸福的康庄大道，架在龙江大地上的一座座经济腾飞的宏伟桥梁，是全省人民团结奋斗的结晶，是龙江交通人辛勤汗水的凝固，希望大家都到这画卷里面去寻宝，用动人的事迹洗练出动人的乐章。

电视连续剧《东北抗日联军》创作研讨会

2012年7月3日、27日，电视连续剧《东北抗日联军》创作研讨会分别在哈尔滨和北京召开。电视连续剧《东北抗日联军》是省委宣传部重点策划的一部发掘红色文化资源、宣传弘扬抗联精神的重大革命历史题材项目，2011年底，经国家广电总局重大革命和历史题材影视创作领导小组批准正式立项。

电视连续剧《东北抗日联军》由省委宣传部、八一电影制片厂、龙江电影制片厂、黑龙江广播电视网络股份有限公司、黑龙江文盛文化产业投资集团、哈尔滨同利达文化传媒有限公司联合出品，计划总投资4600万元。该剧由李文岐任总导演，中国电视艺术家协会书记处原书记杜高任剧本指导，抗联史研究专家赵俊清、常好礼任党史顾问，李准、仲呈祥任艺术顾问，主要角色邀请国内一线的黑龙江籍演员担纲。为了保证剧本创作的高质量，扩大该剧在省内外、国内外的社会影响，出品方专门召开了两次大型创作研讨会。

7月3日，电视连续剧《东北抗日联军》创作策划论证会在哈尔滨凤凰酒店召开，省委宣传部、省内知名艺术家、党史研究专家代表和剧组主创人员参会。与会人员对剧本分集大纲进行了深入探讨、详细论证。会后，主创人员参照专家的意见对剧本进行了认真深入的修改和完善。

7月27日下午，电视连续剧《东北抗日联军》创作研讨会在北京梅地亚中心召开。国家广电总局电视剧管理司司长李京盛，中宣部文艺局原局长、中国文联原副主席李准，中国文联原副主席、书记处书记仲呈祥，国家广电总局电视剧管理司审查处副处长刘文峰，中国电视艺术家协会书记处原书记、中国戏剧出版社总编辑杜高等多位专家莅临研讨会。与会专家进一步剖析了剧本创作大纲，就全剧的思想精神内涵、故事梗概线索、历史真实与艺术真实的关系、人物之间的关系、文化品格、艺术风格、审美标准问题进行了深入论证研讨，并形成了一致意见。

该剧研讨会引起媒体的广泛关注，在文艺界尤其是影视艺术界引起较大反响，并掀起红色文化资源发掘的一波热潮，为扩大该剧的前期宣传和拍摄工作创造了良好的舆论环境。《东北抗日联军》计划2013年3月开机，2013年底在中央电视台综合频道播出。

社会各界学习谢尚威、郭肖岐先进事迹座谈会

2012年1月27日，双城市的谢尚威双手托住了从五楼坠下来的15岁少年，被称为龙江“最美叔叔”；2012年1月10日，密山市第二中学学生郭肖岐和同伴过马路时，将险些被车撞到的同伴推到一边，而自己却被撞伤，被人们称为“最美女生”。

2012年2月8日，由黑龙江省委宣传部、黑龙江省精神文明办主办，黑龙江日报报业集团、黑龙江晨报承办的“社会各界学习谢尚威郭肖岐事迹座谈会”在黑龙江日报报业集团召开，省内部分专家学者、相关部门领导以及义工代表和街道、新闻、企业界的受邀嘉宾出席了座谈会。大家认为，两起舍己救人的事迹先后发生在我省，对我省广泛宣传大美大爱龙江、推进建设大美大爱龙江、研讨构建社会主义核心价值体系起到了助推作用。

座谈中，人们被两位年轻人的善行义举所感动并展开热烈讨论。省社科院研究员董鸿扬说：“他们的行动带有偶然性，但其中也包含着必然性。这是他们在日常生活中乐于助人的优秀道德品质积累。这种道德选择已成了一种自觉的行为或习惯。”

省教育厅基础教育一处的何檀说：“两位年轻人的事迹是我省基础教育，尤其是学校德育工作成绩的一种显现。应该继续发挥课堂主阵地作用，使

学生在学习文化知识中受到良好道德教育。”

会上，腾讯新闻中心向谢尚威赠予“筑德基金”5万元；哈尔滨中央商城向郭肖岐赠予爱心基金1万元。

座谈会上，哈尔滨银行出资10万元，响应省委宣传部、省精神文明办、黑龙江日报报业集团黑龙江晨报倡议，共同发起设立“温暖龙江基金”，开展“寻找身边的美”活动。谢尚威、郭肖岐成为该活动的形象代言人。

全省社会各界学习张丽莉同志先进事迹座谈会

“最美女教师”张丽莉舍身救学生的壮举，彰显了师德的高尚和人性的光辉，堪称践行社会主义核心价值观的典范。

2012年5月21日，省城花园邨宾馆会议室，来自教育、医疗、新闻宣传、佳木斯市有关方面，以及道德模范、劳动模范、团员青年、妇女、专家学者等社会各界代表汇聚一堂，座谈学习张丽莉同志先进事迹。

座谈会上佳木斯市委常委宣传部长赫贵涛、哈尔滨市道外区东莱街道教育社区团支部书记洪润浩、黑龙江省教育厅常务副厅长魏兆胜、哈尔滨医大一院重症医学科主任赵鸣雁、哈尔滨市出入境管理局外管科副科长王伟、佳木斯市第十九中学副校长靳艳萍、佳木斯市第一中学高二(三)班张雪冬、哈尔滨市花园小学副校长曹永鸣、黑龙江省社会科学院社会学研究所所长王爱丽分别从不同角度发言，高度赞扬了她的高尚品质，充分表达了弘扬崇高精神决心。

张丽莉同志先进事迹报告会

张丽莉同志，女，1984年1月19日出生，2007年毕业于哈尔滨师范大学中文系，现任佳木斯市第十九中学语文教师。2012年5月8日20时38分，张丽莉和下课的学生刚刚走出校门，一辆失控的客车突然冲了过来，在这生死攸关时刻，张丽莉挺身而出，奋力推开身边学生，自己却被卷入车下遭到碾轧，以致双腿高位截肢。她把生的希望留给学生，把危险留给自己，用无私大爱谱写了一曲生命的赞歌。中央文明委授予张丽莉同志时代楷模荣誉称号。省委、省政府做出了向张丽莉同志学习的决定。

9月4日上午10时，由中央宣传部、教育部、黑龙江省委主办的张丽莉同志先进事迹报告会在人民大会堂隆重举行。会前，中共中央政治局常委李长春，中共中央政治局委员、中央书记处书记、中宣部部长刘云山，中共中央政治局委员、国务委员刘延东亲切接见了报告团成员。中宣部副部长申维辰主持报告会。教育部副部长刘利民，黑龙江省委常委、省委书记吉炳轩，黑龙江省委常委、省委秘书长杨东奇，黑龙江省委常委、宣传部长张效廉等出席报告会。

报告会上，佳木斯市第十九中学副校长靳艳萍，佳木斯市第十九中学丽莉班学生张佳岩，哈尔滨医科大学附属第一医院重症医学科主任赵鸣雁，张丽莉老师爱人、佳木斯市郊区林业局造林工作站职工李梓烨，黑龙江人民广播电台记者邹韵分别以《丽莉，我们等你回来》、《师爱点亮人生》、《你用坚强书写美丽》、《你就是我的唯一》和《茉莉花开》为题，结合亲身经历和感受，从不同侧面讲述了张丽莉老师危急时刻的大义大勇和平素生活的大善大美，向人们展开了一面德与爱的火红旗帜。会场内许多听众眼中噙满热泪，掌声经久不息。张丽莉老师的感人事迹充分体现了“学为人师，行为示范”的师德情操，诠释了社会主义核心价值观的丰富内涵。中央国家机关、首都大中小学师生近千人聆听报告。张丽莉同志先进事迹报告团先后赴甘肃兰州、湖北武汉、重庆和安徽合肥等四省市举办巡回报告四场，在社会各界特别是广大师生和青年学生中引起强烈反响。

全省文化工作会议

2012年2月15日,2012年全省文化工作会议在哈尔滨市召开。会议主要任务是:深入学习贯彻党的十七届六中全会精神和省委十届十八次全会精神,传达2012年全国文化厅局长会议、全国文物局长会议精神,以科学发展观为指导,总结2011年全省文化工作,研究部署2012年文化工作。省文化厅班子成员宋宏伟、白淑贤、王珍珍、韩慧峰、綦军、姜一海、张学文,全省各市(地)、县(市)政府主管领导、文化局长,农垦、森工、哈铁系统的主管领导、文化局(处)长,文化厅直属单位党政负责人和厅机关全体人员参加会议。副省长程幼东出席会议并讲话。文化厅党组书记、厅长宋宏伟作工作报告。省委宣传部副部长赵德信、省政府副秘书长王国才,以及省委宣传部、省发改委、省财政厅有关处室负责人应邀出席会议。

程幼东在讲话中充分肯定了过去一年全省文化战线取得的成绩:公共文化服务体系建设成效显著,基础设施建设和公共文化服务能力得到加强;艺术精品创作生产成果丰硕,专业艺术精品纷呈;文化市场健康有序,文化产业不断壮大;文化体制改革稳步推进,改革成果不断凸显,实现了"十二五"良好开局。对做好2013年工作,他讲了三点意见。一要抢抓难得的历史机遇,乘势而上,突出打造地域文化软实力,推动文化建设科学发展。二要创新思路,突破难点,实现跨跃式发展。2012年省政府对文化工作的总体要求是:深入贯彻落实党的十七届六中全会和省委十届十八次全会精神,紧紧围绕文化建设"八大工程",以培育文化事业、文化产业发展能力为重点,以改革为切入点,以创新为引擎,打造龙江特色文化,培育新的文化增长点,推动文化大发展大繁荣。要重点抓好四方面工作:加快推进文化体制改革,在增强发展活力上实现新突破;加快公共文化服务体系建设,在保障人民群众基本文化权益上实现新突破;着力培育市场主体,在加强文化产业发展上实现新突破;发展文化民生服务建设,在促进广大群众共享改革成果上实现新突破。三要加强领导,完善措施,为推动文化大发展大繁荣提供有力保障。要求各级政府加强组织领导,明确责任分工;加大资金投入,提供政策保障;加强文化部门领导班子和文化人才队伍建设,使其符合和适应新形势下文化工作的需要。

宋宏伟在报告中全面总结了2011年全省文化工作,提出,2012年全省文化工作总的要求是:深入贯彻落实党的十七届六中全会和省委十届十八次全会精神,坚定不移地走中国特色社会主义文化发展道路,紧紧围绕贯彻实施文化建设"八大工程",着力推动文化科学发展,着力推进文化改革创新,力求在筑牢基础、加快发展上有新进展,在深化改革、开拓创新上有新突破,在强化服务、改善民生上有新成效,在树立文化形象、扩大文化影响上有新定位,在提升队伍素质、提高工作效能上有新作为,进一步推动龙江文化大发展大繁荣。重点做好几方面工作:一要认清形势,争取政策保障,在维护稳定中全面完成国有文艺院团改革任务。二要扎实推进公共文化服务体系建设,加快文化设施建设,实施好重点文化工程和项目,优化公共文化服务,强化公共文化设施管理。三要着力抓好文艺精品创作生产,强化生产意识、精品意识、市场意识,突出创作生产的规划性,突出抓好艺术创作生产机制的创新和重点剧目。四要切实做好文化遗产保护利用,做好大遗址保护和基础建设,发展博物馆事业,积极开展非物质文化遗产保护。五要加快推进文化产业发展,在发展特色优势文化产业、发展文化产业园区和基地、打造文化产业服务平台上下功夫,推动文化产业成为新的经济增长点。六要不断加强文化市场建设与管理。七要全力办好对外文化工作的重大活动。八要着力壮大人才队伍,为事业发展提供有力支撑。

会议通报表彰了2011年全省文化战线在全国重要评比评选中获得较高荣誉的集体和个人。参加会议代表就贯彻落实全国会议精神和程幼东讲话、宋宏伟工作报告进行分组讨论,并向大会汇报讨论情况。王珍珍对会议进行小结,对做好会议精神贯彻落实提出要求。

全省国有文艺院团体制改革推进会议

2012年6月11日,黑龙江省国有文艺院团体制改革推进会在哈尔滨市召开。会议的主要任务是:贯彻落实中央和省委、省政府关于深化文化体制改革的要求,总结近年来国有文艺院团体制改革进展情况,部署下一阶段国有文艺院团体制改革任务。这次会议是省委、省政府召开的一次十分重要的会议,是对全省国有文艺院团改革进行的再动员、再部署,明确提出了坚决执行中央决定、全面落实改革任务的总原则,要求各级文化体制改革和发展工作领导小组和宣传、文化部门迅速进入攻坚收尾阶段,确保如期完成既定改革任务。会议由省委常委、宣传部长张效廉主持,省政府副省长、省文化体制改革和发展工作领导小组副组长程幼东宣读了《中共黑龙江省委办公厅黑龙江省人民政府办公厅关于加快全省国有文艺院团体制改革的实施意见》。省委常委、常务副省长、省文化体制改革和发展领导小组组长刘国中作了重要讲话。

刘国中指出,深化文体体制改革,是中央着眼于我国经济社会发展全局做出的重大决策。全省各级党委、政府已将国有文艺院团体制改革摆上重要工作日程,加强领导、全力推进,各级宣传部门和文化部门积极行动、狠抓落实,改革取得了积极进展:一批国有文艺院团实现转制,市场拓展能力进一步增强;党委政府的改革思路日益明确,改革政策日趋完善;干部职工积极性被充分调动,加快推进改革的氛围更加浓厚。当前加快推进改革的时间紧迫、任务重、责任大。各地有关部门必须把思想统一到党的十七届六中全会和省委十届十八次全会精神上来,结合实际,制定工作措施和方案,加快推进国有文艺院团体制改革。要坚决执行中央决定,严格按照中央公布的国有文艺院团体制改革予以保留事业单位的院团名单进行;要准确理解“四个一批”的内涵、条件与标准,认真选择改革模式;要准确把握支持政策,加大对国有文艺院团转企改制改革的支持力度,对转企改制院团的支持力度只能加大不能减小;要全面落实改革任务,6月底前完成国有文艺院团体制改革。各级党委、政府要协调各级宣传、文化、财政、人社、编制、工商、土地、税务等部门通力合作,积极落实改革相关政策;要加强督促检查确保“真改真转”,切实做到“可核查、不可逆”。

全省广播影视工作会议

2012年2月16日,全省广播影视工作会议在哈尔滨市召开。会议传达了全国广播影视工作会议精神以及全省宣传部长会议精神,总结了2011年全省广播影视工作,安排部署了2012年的工作,并决定在全省广电系统开展“三创”活动。赵洪生局长在会上代表局党组讲话。

这次会议得到了省委、省政府的高度重视,副省长程幼东专门致信说,近年来,全省各级广播影视部门在省委、省政府的正确领导下,坚持社会主义先进文化方向,以推动广播影视大发展大繁荣、满足群众精神文化需求为己任,在加强新闻舆论宣传,繁荣影视创作生产,构建公共文化服务体系,发展文化产业,推进广播电视网络融合、三网融合,数字化改造和依法加强行业管理等各方面,做了大量卓有成效的工作。新形势下,全省广播影视系统要认真学习贯彻党的十七届六中全会和省委十届十八次全会精神,深入落实科学发展观,围绕中心,服务大局,面向基层,服务百姓,牢牢把握正确的舆论导向,加快体制机制改革创新,加快事业产业发展,为推动我省文化大发展大繁荣做出新的更大的贡献。

赵洪生局长在讲话中指出,2011 年,在省委省政府和省委宣传部的正确领导下,全省广播影视系统围绕中心、服务大局,为经济社会又好又快发展营造了良好氛围。实施精品战略、繁荣创作生产,广播影视品牌建设取得明显成效。坚持科技创新、夯实事业基础,广播影视公共服务水平显著提高。加快规划引导、调整产业结构,广播影视经济实力显著增强。深化体制机制改革、坚持科学规范创新,广播影视行业管理进一步规范。提高组织能力、加强队伍建设,广播影视繁荣发展的组织基础不断加固。全省广播影视系统各项工作取得了新成绩,实现了"十二五"的良好开局。

会议认为,2012 年我省广播影视工作要以"迎接宣传贯彻党的十八大、省十一次党代会"为主线,着重在八个方面有新作为、新贡献。一是在服务大局、推动发展上有新作为、新贡献。要集中宣传发展成就,大力宣传发展实践,充分展示发展形象,积极推进宣传创新,拓展宣传阵地,确保安全播出。二是在文化传播、道德建设上有新作为、新贡献。大力推进《社会主义核心价值体系建设实施纲要》贯彻实施,大力传播先进文化,创作优秀产品。三是在公共服务、惠及民生上有新作为、新贡献。健全体制机制,强化工程建设,提高服务质量。四是在体制创新、产业发展上有新作为、新贡献。加强规范引导、完善产业体系。推动体制创新、培育市场主体。加强项目建设、增强发展后劲。整合优质资源、推进规模发展。五是在强化功能、媒体建设上有新作为、新贡献。要建设新闻立台,创新节目栏目,提高装备水平,严格管理制度,创新合作机制。六是在科技创新、技术进步上有新作为、新贡献。要加快有线电视网络建设改造步伐,积极推进"三网融合"及无线广播电视数字化,加强新技术的研发应用。七是在加强管理、规范运行上有新作为、新贡献。要保持完整的管理职能,切实履行管理职责,改进管理方式。八是在队伍建设、人才保障上有新作为、新贡献。要把加强思想政治建设放在首位,加强干部培训和人才队伍培养,深化干部人事制度改革。

全省新闻出版工作会议

2012 年 2 月 14 日,全省新闻出版工作会议在哈尔滨召开。副省长程幼东出席会议并作讲话。省新闻出版局党组书记、局长赵勤义作工作报告。

程幼东副省长在讲话中充分肯定了 2011 年全省新闻出版工作取得的成绩,新闻出版体制改革向深度拓展,非时政类报刊改革稳步推进;产业发展迈出新步伐,项目建设有序开展;龙版精品影响力和竞争力不断提升,出版了一批质量好、品位高、特色鲜明的优秀出版物;版权保护工作扎实推进,打击侵犯知识产权专项整治行动成效显著。特别是成功举办了第二十一届全国图书交易博览会,本届书博会主题鲜明,形式新颖,亮点纷呈,参展人数、展位数量、交易额等均创历届书博会最好水平,实现了社会效益和经济效益双丰收,而且进一步激发了全社会读书求知的热情,营造了全民阅读的书香氛围,在社会各界产生了极大反响。

会议指出,2012 年新闻出版工作的重点是,全面贯彻落实好党的十七届六中全会精神和省委十届十八次全会精神,把思想统一到全会的各项要求部署上来,以全会精神指导新闻出版工作。他强调要进一步明确新闻出版工作发展方向,科学定位 2012 年新闻出版工作思路,全面抓好 2012 年新闻出版各项工作,让广大人民群众共享改革发展成果。要全面落实全会提出的各项任务,推动我省新闻出版业科学发展,加强组织出版和宣传工作,积极发挥新闻出版在社会主义核心价值体系建设中的作用;把握正确出版导向,为党的"十八大"和省第十一次党代会召开营造良好氛围;深化新闻出版体制改革,不断解放和发展文化生产力;深入实施精品战略,切实加强精品力作创作生产;加大新闻出版监管力度,营造新闻出版业发展良好的社会环境。

会议强调,新闻出版是思想文化的主阵地,是文化产业发展的主力军。全省新闻出版系统一定要切实增强责任意识,从强基固本入手,进一步加强领导,完善体制机制,创新管理方法,更好地适应新形势、新任务的要求。

会议分析了新闻出版业面临的形势,要求抓住前所未有的机遇,既要坚持成功的经验和做法,又要适应新变化与时俱进,既要解决长期积累的深层次矛盾,又要应对好不断出现的新情况、新矛盾、新挑战,要继续以高度的文化自觉、坚定的文化自信,奋力推进新闻出版业跨越式发展,为实现黑龙江文化大发展大繁荣做出应有的贡献。要求2012年全省新闻出版工作要围绕八个方面展开:把全面贯彻党的十七届六中全会和省委十届十八次全会精神,作为头等大事,深入学习,把握实质,抓好落实;围绕大局,牢牢把握正确的出版导向;深化改革,推动新闻出版体制创新;打造精品,增强龙版出版物的竞争力;大抓项目,加快推进新闻出版产业发展;文化惠民,增强新闻出版公共服务能力;科学管理,提高新闻出版依法行政水平;改进作风,加强新闻出版行业自身建设。

来自全省13个市地,绥芬河市、抚远县,省森工、省农垦、哈铁系统文化广电新闻出版局负责同志;黑龙江出版集团、黑龙江日报报业集团负责同志;各图书、音像电子、网络出版单位和部分报社、期刊社负责同志;部分印刷复制、发行、动漫制作企业负责同志等,共计200多人参加了会议。

黑龙江省农家书屋工程总结表彰大会

2012年11月1日,全省农家书屋工程建设总结表彰大会在哈尔滨和平邨宾馆召开,副省长、省农家书屋工程建设领导小组组长程幼东出席会议并讲话。来自全省13个市地、2个系统、2个省管县(市)及出版、发行、印刷单位的151名代表参加了会议。大会全面总结了四年的农家书屋建设工作,表彰了在全省农家书屋工程建设中做出突出贡献的先进单位和先进个人(突出贡献单位3个,先进集体23个,先进个人33名,先进农家书屋30家,优秀农家书屋管理员37名),交流了经验,部署了下一步工作任务。会上,副省长、省农家书屋工程建设领导小组组长程幼东作了重要讲话,充分肯定了农家书屋工程建设取得的成效。

会议强调,当前和今后一个时期要积极巩固建设成果,完善管理手段和保障措施,推进农家书屋规范化建设,建立健全出版物更新、交流使用、资源整合机制,推进数字农家书屋建设试点,提供更加方便快捷的阅读服务,以充分发挥农家书屋在促进全面阅读、基层文化事业发展方面的作用。

会议指出,让群众广泛享有免费或优惠的基本公共文化服务,切实保障人民群众的基本文化权益,全面实施农家书屋等文化发展繁荣八大工程,是省委、省政府根据党的十六大特别是十七届六中全会精神做出的重大部署。农家书屋工程作为政府主导、社会参与的文化惠民工程,不仅破解了广大农村缺书少报、广大农民读书难、看报难问题,受到了基层组织和广大农民群众的热烈欢迎和积极参与,而且对保障农民群众的文化权益,使广大农民群众也与城市其他群体一样共享改革开放以来文化发展的成果起到了积极作用,深刻影响着农村文化生活。它的全面建成,是黑龙江省公益文化事业发展的重要标志,全面提升了黑龙江省农村公共文化服务水平。

会议要求,各级各部门要切实加强领导,为持续做好农家书屋工程建设工作提供保证。一是要统一思想,提高认识。把农家书屋可持续发展作为长期任务,列为重要议程,列为民生工作的重点议题,列为领导工作业绩考核项目,要发挥基层党组织建设管理一线指挥部的作用,调动广大群众、社团组织参与农家书屋管理的积极性、创造性。二是要明确责任,加强协调。继续坚持并完善"党委领导,政府主导,部门协作,社会参与,农民自主管理"的工作机制,使农家书屋工作能够有人抓、有人落实。三是要采取有效对策,加快保障机制建设。要研究用好国家和省里保障文化改革发展的政策，将农家书屋作为政府公益文化项目列入财政预算。各市地也要从农家书屋的有效利用、从全民阅读活动的需要出发，积极申请政府立项，保证对农家书屋出版物源源不断的供给。要进一步完善出版物选用机制，在品种上应当体现多样性、广泛性，在内容上应该考虑指导价值和实用价值。鼓励出版单位出版适应农村群众购买能力、贴近农民生产生活的出版产品。四是要加强监督检查，跟踪问效，定期普查，建立档案，抽查检查，看农家书屋用得好不好、管得好不好，以进一步改进管理措施。《农民日报》、《黑龙江日报》、黑龙江卫视、东北网等多家媒体对会议作了详细报道。

黑龙江省全民阅读活动表彰会

2012 年 4 月 26 日下午，全省全民阅读活动表彰会在省城哈尔滨隆重举行。省政协主席杜宇新等省领导和省全民阅读领导小组领导同志为获奖代表颁奖，杜宇新同志宣布 2012 年全省全民阅读活动正式启动。

近年来，在省委、省政府的正确领导下，各地、各部门精心组织，策划开展了一系列内容丰富、形式多样的阅读活动，涌现出一批特色鲜明、成效显著的优秀项目、组织工作先进集体和先进个人。会议通报了全省全民阅读活动情况，隆重表彰了 21 个全省全民阅读活动优秀项目、22 个组织工作先进单位和 22 名组织工作先进个人，获奖代表分别作了典型发言。省政府副秘书长王国才代表省全民阅读活动领导小组作了重要讲话。省图书音像发行集团向全省中小学捐赠了图书。

会议指出，深入开展全民阅读活动，必须把注重学习与提高认识结合起来。全民阅读是启蒙思想、开启民智、促进文化建设的基础性工程，是构建社会主义核心价值体系的重要举措，要充分认识深入开展阅读活动是提高民族文化素质、增强文化软实力的需要，是保障人民群众基本文化权益、健全公共文化服务体系的需要，是提高个人素质、构建和谐社会公共空间的需要。

会议强调，深入开展全民阅读活动，必须把重点推进和创新载体结合起来。要重点推进，分层指导，实现阅读活动“全民化”。要有针对性地分类指导，针对不同人群提出不同的阅读目标和阅读要求，坚持促进青少年阅读为“首”，满足农民阅读所“求”，关注弱势群体阅读所“需”，提升普通民众阅读为“本”，领导干部阅读为“先”。努力把学习活动成效体现到“八大经济区”和“十大工程”建设上来，促进经济社会更好更快发展。要创新载体，打造品牌，实现阅读活动“常态化”。继续组织开展参与广泛、丰富多彩、群众喜闻乐见的读书活动。因地制宜搭建特色平台，为活动创造硬件支撑。进一步创新载体，扩大活动覆盖面。要拓宽方式，创新理念，实现全民阅读“时代化”。开展网上全民阅读，开发手机阅读，云中图书馆等新型阅读领域，促进数字阅读健康发展。要典型引领，培树新风，实现阅读活动“成果化”。推广全民阅读活动中的新鲜经验，发挥典型示范和引路作用，提高全民阅读活动的影响力和吸引力，让阅读活动的优秀成果普惠广大人民群众。

会议要求，深入开展全民阅读活动，必须把加强领导和完善机制结合起来。要加强组织领导，进一步健全全民阅读活动深入开展的长效机制。把全民阅读活动纳入文化发展的总体规划，纳入新闻出版业科学发展的考核评价体系，给予稳定的经费支持。要加强沟通协调，构建党委政府主导、职能部门推动、社会广泛参与、多元推动的良好工作局面，形成推动全民阅读活动深入开展的强大合力。加大宣传力度，提高全民阅读活动的社会影响力。

各市地、绥芬河市、抚远县，省农垦、森工、哈尔滨铁路局、大庆油田、省直机关工委、省高校工委党委宣传部和文化广电新闻出版局负责同志，省全民阅读活动领导小组成员单位负责同志，获奖单位和个人，新闻出版、发行单位和学生代表出席了会议。

第五届东北亚区域合作发展国际论坛

由黑龙江省人民政府、中国社会科学院主办，黑龙江省社会科学院、华南城控股有限公司、毅德控股集团承办的第五届东北亚区域合作发展国际论坛于2012年6月14日至15日在哈尔滨市香格里拉大饭店隆重举行。中、俄、日、韩、朝、蒙等东北亚各国及欧美国家官员、学者、企业家等300多位嘉宾莅会。黑龙江省政府副省长于莎燕作主旨演讲，中国社科院副院长武寅、哈尔滨市长宋希斌、牡丹江市长林宽海以及华南城控股有限公司执行董事兼总裁梁满林、毅德控股集团董事局主席王再兴以及来自东北亚各国的30位嘉宾代表致辞和作大会发言。

第五届东北亚论坛是第二十三届哈洽会的重要组成部分，以“加快多边贸易合作，促进经济共同发展”为主题，贯彻创新、平衡、包容、可持续、安全增长理念，面对东北亚区域形势日益波动的挑战，积极探讨了区域内国家通过加强政治协商、密切经贸合作、扩大人员往来、应对复杂局面，坚持互利共赢的路径和可行性。并为推动在本地区构建充满活力、富有效率、更加开放、有利于贸易投资发展的政策环境，为经济增长提供动力提出了很多真知灼见。论坛以黑龙江省“八大经济区”和“十大工程”建设与东北亚经贸合作深层对接为切入点，为推进黑龙江省对俄、日、韩经贸合作战略升级，促进对蒙、朝经贸合作，为推进黑龙江省新一轮对外开放提出了具有前瞻性、战略性和可操作性的新鲜建议，对丰富黑龙江省深化与东北亚国家的各种合作提供了理论支撑和政策先导。

通过两天的大会和中俄、中日、中韩蒙分组会，代表们围绕俄罗斯入世与深化黑龙江省对俄经贸合作新思路，中日中韩区域合作发展新变化与黑龙江省深化对日经贸合作，中蒙中朝区域合作发展新变化与黑龙江省深化对蒙经贸合作，东北亚区域合作内外部环境的新变化、新挑战、战略调整与转型，面临的新机遇、新对策，东北亚文化多样性与人文合作交流新举措、新机制等进行了广泛深入交流和讨论，达成了多项共识。

从2008年召开首届论坛，东北亚区域合作发展国际论坛已成功举办5届，成为我国东北地区乃至东北亚周边具有广泛影响力和渗透力的多边大型论坛，东北亚地区会展特色品牌之一，从理论支撑和实践引导上有力地支持了哈洽会提升层次、扩大影响力。

省社科联召开七届七次全委扩大会议

2012年2月22日14时，省社科联第七届委员会第七次全体会议在哈尔滨市和平邨宾馆多功能厅召开。省社科联党组书记李己华，省社科联专兼职副主席及来自全省各市(地)社科联主席，高校社科联主席，各高等院校科研院所科研处长，省级社团负责人，全省社会科学普及先进集体、先进工作者代表约200人聚集一堂，回顾总结过去一年的工作，共商哲学社会科学发展大计。会议由省社科联副主席刘幸主持，省委宣传部副部长张翔莅临会议并讲话。本次会议以邓小平理论和“三个代表”重要思想为指导，以科学发展观为统领，深入学习贯彻中央和省委宣传部长工作会议精神，动员组织全省社科工作者推动社科系统开创工作新局面，为积极推进社科事业再创佳绩，为全省社会主义文化大发展大繁荣做出积极的贡献。

会上，省社科联党组书记李己华代表主席团作七届七次全委会工作报告，报告对2011年省社科联在学术研讨、社科评奖、社科普及、理论阵地建设、学会组织建设等方面工作进行了全面总结，同时对2012年省社科联系统内的工作进行了全面部署。明确了省社科联2012年工作的总体要求：进一步巩固完善“学会、评奖、平台”三大体系的建设，坚持解放思想、实事求是、与时俱进，坚持贴近实际、贴近生活、贴近群众，着力在服务全省中心工作、应对国际金融危机冲击中做出新贡献，在推进马克思主义学习型政党建设、提高思想理论水平上取得新成效，在加强社会主义核心价值体系建设、进一步凝聚全省人民团结奋进上开创新局面，为进一步繁荣发展全省哲学社会科学事业做出新的贡献。

省社科联副主席张正明宣读了《关于表彰2010—2011年度第十四次黑龙江省社科联系统先进集体和先进工作者的决定》、《关于表彰“十一五”时期黑龙江省社会科学普及先进单位和先进工作者的决定》和《关于命名首批黑龙江省社会科学普及基地的决定》。

省委宣传部副部长张翔到会祝贺并讲话，他充分肯定了省社科联在2011年里就坚持导向、服务大局、社团管理、阵地建设、人才培养等方面做出的成绩，并就黑龙江省目前处于发展特殊时期，社科联和专家学者如何发挥“智库”作用，为省委省政府中心工作、为龙江经济社会发展出谋划策提出了新的任务。同时围绕“如何深层次地挖掘我们黑龙江的底蕴内涵”，对全省广大哲学社会科学工作者寄予厚望，并对黑龙江省社科战线今后的工作提出了更加具体的要求。

省社科联召开学习“最美女教师”张丽莉精神座谈会

佳木斯市第十九中学“最美女教师”张丽莉危急时刻舍己救人的光荣事迹在全省社会科学界和社科工作者中引发了强烈反响。2012年5月14日，黑龙江省社科联召开学习“最美女教师”张丽莉精神座谈会，并组织全体干部职工进行捐款。会上，与会人员纷纷表示，通过连日来对张丽莉老师英勇事迹的学习，深受教育和触动，张丽莉老师用她的行动展现了纯洁无私的大美形象，体现了中华民族高尚的道德情操，她传递大爱、温暖龙江，是新时期雷锋精神、刘英俊精神的体现，堪称龙江之楷模、教师之典范、青年之表率。

省社科联党组号召全省社科联系统和广大社科工作者，自觉发挥社科工作者传承文明、创新理论、资政育人的重要作用，通过座谈、研讨和宣讲等多种形式，学习宣传她临危不惧、舍己为人的高尚情操和爱岗敬业、无私奉献的崇高理念；把学习宣传张丽莉同志的英雄事迹和崇高精神与弘扬雷锋精神、推进“创业、创新、创优”活动结合起来，与推动做好当前中心工作、繁荣发展哲学社会科学事业结合起来；要以张丽莉为榜样，树立崇高理想，加强道德修养，不断加强对社会主义核心价值观的忠实践行，奋发进取，勤奋求实，以崭新的精神面貌和优异的工作业绩，表达对“最美女教师”的崇高敬意！

“大爱满龙江”专题研讨会

2012年以来，张丽莉、谢尚威、高铁成等先进典型涌现，黑龙江省道德楷模辈出。6月20日上午，一场以“大爱满龙江”为主题的专题研讨会在哈尔滨市召开。省委宣传部副部长张翔，省社科联党组书记、副主席李已华，省内各高校的部分专家学者等出席会议。

会上，首先，各位与会者就各自的研究方向，从不同视角、不同侧面阐述了“对大美大爱龙江”的理解。哈尔滨工程大学杨威教授发言时说，“大美大爱”的龙江精神是对我们以往“大庆精神”、“铁人精神”和“北大荒精神”等的凝练和总结。这种精神作为一种不竭的内生动力之源，能够引领龙江人民进一步凝聚力量。弘扬“大美大爱”的龙江精神是全省进行公民道德建设，乃至践行社会主义核心价值观的重要组成部分。哈尔滨师范大学教授徐德荣发言时说，龙江大地英雄辈出，源于黑龙江这块黑土地上孕育、生发、绵延不绝的“黑土魂”。以“闯关东精神”、“北大荒精神”、“大庆精神”、“铁人精神”、“大兴安岭精神”等为代表的龙江精神,就是支撑当代龙江人生存与生活活动的“黑土魂”。黑龙江大学教授关健英在发言时说,任何新闻事件喧嚣过后总会归于平静,而其中蕴含的精神,则会成为一笔巨大的精神财富,温暖人心,引人向善、思考人生的意义和价值。东北林业大学刘经纬在发言时说,黑龙江这块肥沃的土地上从来不乏英雄人物,他们的英雄事迹代代相传,激励着无数龙江儿女为民族独立、国家富强、人民幸福的伟大事业不畏艰险、敢于牺牲、前赴后继、无私奉献,铸造了大美大爱的龙江精神。

最后,省委宣传部副部长张翔在讲话中说,深入研究阐释“大美大爱龙江”,是践行社会主义核心价值体系的重大课题,是省委打造精神高地的战略要求,是张丽莉等英模的时代呼唤,责任重大,使命光荣。黑龙江已将“大美大爱龙江”作为社科重大委托项目,组织专家学者深入研究探讨。全省社科理论界要高度重视、精心组织,迅速启动、合力推进,快出成果、出好成果,用我们的自觉担当和研究业绩,阐释“大美大爱龙江”,力推龙江科学发展。

黑龙江省八大经济区优化升级研讨会

2012年9月2日,由黑龙江省社科联主办、哈尔滨商业大学承办的黑龙江省第三届社会科学学术年会“繁荣文化、发展龙江”学术专场暨“黑龙江省八大经济区优化升级研讨会”在哈尔滨商业大学举行。黑龙江省政协副主席孙东生教授,哈尔滨商业大学校长、黑龙江省经济学会会长曲振涛教授,黑龙江省科顾委主任、省人大财经委委员陈永昌教授,黑龙江省社科联副主席刘幸,黑龙江省经济学会副会长刘世佳、王玉铁,黑龙江省经济学会秘书长赵德海教授,黑龙江广播电视大学校长孙先民教授,牡丹江师范学院副院长刘晓辉教授,黑龙江省经济学会副秘书长景侠教授,哈尔滨商业大学科研处、研究生学院、经济学院有关负责人以及经管类研究生300余人出席。会议由黑龙江省经济学会秘书长赵德海教授主持。

哈尔滨商业大学校长曲振涛教授与黑龙江省社科联副主席刘幸分别在开幕式上致辞。曲校长代表学校及黑龙江省经济学会向与会的专家、学者表示热烈的欢迎。他指出,本次研讨会旨在推进“八大经济区”建设,希望黑龙江省经济学会能科学分工,从农业经济、工业经济、现代服务业等角度,加强对“八大经济区”的研究。结合与沃顿商学院经济学家的交流,曲校长提出要充分发展农业合作组织,提高就业、城镇化建设水平。黑龙江省社科联副主席刘幸代表黑龙江省社科联,阐释了“繁荣文化、发展龙江”的年会主题,肯定了黑龙江省经济学会与哈尔滨商业大学的工作,她期待本次研讨会能圆满成功,为“繁荣文化、发展龙江”做出贡献。

黑龙江省政协副主席孙东生教授,黑龙江省科顾委主任、省人大财经委委员陈永昌教授,先后作了主旨报告。

专题报告阶段,黑龙江省人大常委、省科顾委副主任刘世佳研究员,黑龙江省广播电视大学校长、黑龙江省经济学会副会长孙先民教授,黑龙江省委党校经济学教研部崔玉斌教授,黑龙江省经济学会副会长、黑龙江省亚麻集团总经理王玉铁,黑龙江省经济学会秘书长、哈尔滨商业大学赵德海教授,牡丹江师范学院副院长刘晓辉教授分别从文化建设、中俄区域经济合作、黑龙江沿边开放、共产阶级诞生、“八大经济区”市场化、牡丹江经济发展等角度进行了报告。

本次研讨会,汇集了黑龙江省经济领域的知名专家、学者,对“八大经济区”建设进行了深入的研讨,为深入推进“八大经济区”建设提供了切实可行的建议,必将为黑龙江省经济持续健康发展做出重要贡献。

黑龙江省第三届社科学术年会

2012 年 10 月 31 日 14 时，全省第三届社会科学学术年会总结表彰大会在哈尔滨市和平邨宾馆召开，正式宣告本届年会圆满落幕。省委宣传部副部长张翔，省社科联党组书记李已华，副主席韩伟、刘幸、张正明以及各市地、高校社科联、省级社团负责人，各高等院校、科研院所科研处长，年会承办方代表，社科出版资助项目作者代表，省第二届社科联系统特色社团代表及获奖代表 200 余人参加会议。大会由省社科联党组书记、副主席李已华主持。

首先，李已华书记介绍了出席大会的领导，并代表学术年会组委会向到场的各位嘉宾及与会代表致辞。刘幸副主席作全省第三届社会科学学术年会工作报告，回顾了学术年会自开创以来取得的成果，并对省第三届学术年会从主题、定位、组织和开展等多个方面做了详尽的阐述。省社科联副主席韩伟、张正明分别宣读了《2012 年度黑龙江省社会科学学术著作出版资助项目立项通知》、《关于表彰第二届黑龙江省社科联系统特色社团的决定》、《关于表彰黑龙江省第三届社会科学学术年会获奖论文作者的决定》、《关于表彰黑龙江省第三届社会科学学术年会最佳组织单位和优秀组织单位的决定》。与会领导向社科学术著作出版资助受资助代表、特色社团代表、优秀论文及优秀组织单位代表颁发了证书和奖牌。

会上，省委宣传部副部长张翔作重要讲话，他突出强调了社会科学在龙江经济、文化和社会发展中的重要作用，充分肯定了省社科联的工作，对第三届社会科学学术年会的举办给予高度评价，并根据目前的形势和任务，对全省社会科学工作提出了明确的要求：一是把学习、宣传、贯彻十八大精神作为当前首要政治任务，精心组织，精心安排；二是把推动科学发展作为神圣使命，深入研究、确立课题、提出对策；三是把推动文化大发展大繁荣作为重要职责，突出主题、突出重点、突出实效；四是把坚守马克思主义思想理论阵地作为哲学界的战略职责，把握正确导向，多出优秀成果，加强队伍建设。

黑龙江省社科联召开主席团会议

2012 年 11 月 27 日，省社科联七届三次主席团(扩大)会议在哈尔滨召开。会议强调，全省广大社科理论工作者要履行职责发挥优势，深入学习党的十八大精神，进一步研究好宣传好贯彻好党的十八大精神。省委常委、宣传部长、省社科联主席张效廉在会议上讲话指出，要充分认识、深入理解党的十八大的重大意义，深刻领会、准确把握党的十八大的基本精神，做到“五个深刻领会、准确把握”：深刻领会科学发展观的历史地位，牢牢把握深入贯彻落实科学发展观的实践要求；深刻领会中国特色社会主义的丰富内涵，牢牢把握夺取中国特色社会主义新胜利的基本要求；深刻领会全面建成小康社会和全面深化改革开放的总体目标，牢牢把握新阶段推进现代化建设的努力方向；深刻领会中国特色社会主义事业的总体布局，牢牢把握“五大建设”重大战略部署；深刻领会全面提高党的建设科学化水平的时代课题，牢牢把握推进党的建设新的伟大工程的重点任务。

张效廉强调，社科联系统要切实履行桥梁纽带、组织协调、咨询服务、宣传普及的职责，发挥智力人才聚集、联系面广泛的优势，引领和带动全省广大社科理论工作者，持续兴起学习研究宣传贯彻党的十八大精神的热潮。社科联系统要认真履行“组织协调”的工作职责，充分发挥“联络各方”的优势，切实组织好广大社会科学工作者的学习；要认真履行“咨询服务”的工作职责，充分发挥“思想库”、“智囊团”的优势，召开座谈会、研讨会、研讨班，组织指导广大社科理论工作者，紧密结合全省实际，用党的十八大和省委十一届二次全会精神努力破解黑龙江省经济社会发展中的重大理论和现实问题；要认真履行“宣传普及”的工作职责，充分发挥理论宣传“资源丰富”的优势，积极开展党的十八大精神宣传普及活动，为学习贯彻十八大精神营造深厚氛围做出积极贡献。

会议审议和表决了《黑龙江省社会科学界联合会会员管理办法》、《黑龙江省社会科学界联合会社团管理办法》。省社科联主席团成员、各市地社科联代表和省社科联团体会员单位代表共计60余人出席会议。

第三届科研处长联谊会暨全省社科工作研讨会

为进一步促进社会科学各领域、各单位之间的交流与协作，巩固合作成效，深化合作领域，实现共同发展，12月11日—13日，由黑龙江省社科联主办，哈尔滨金融学院、黑龙江大学和哈尔滨商业大学分别承办的“第三届科研处长联谊会暨全省社科工作研讨会”成功召开。省社科联学会工作部部长王宏宇出席并主持会议，中国社会科学杂志社东北站站长曾江，学术记者、编辑郝欣，省内各高校社科联秘书长，本专科院校、党校、社科院科研处处长及主管文科副处长70余人参加会议。

主办方以创新的观念和全新的方式举办了本届会议，不仅吸纳了省内民办高校和部分专科院校加入，同时改变共同交流的模式，根据与会单位的类别、地域和发展程度，分3批组织发展水平相近的单位开展座谈，使研讨交流更加充分。本届会议以“加强学术建设，促进交流协作，推动社科发展”为主题，包括3个议题，即通报近期省社科联与各高校相关重点工作；介绍中国社会科学杂志社情况，商讨合作事宜；围绕高校社科联建设、社科出版资助、创建学术交流基地和论坛、加强交流合作等事宜进行研究讨论。

会上，王宏宇部长就省社科联2012年与高校有关的工作情况和2013年即将开展的重点工作进行了通报，着重介绍了高校社科联建设、社科人才调研、社科出版资助、社科学术交流基地和学术论坛创建、学术年会及加强交流协作等工作信息。在谈到高校社科联建设、社科出版资助、人才调研和学术年会这几项省社科联2012年开展的重点工作时，王部长在介绍几项工作进展情况、主要成效和基本内容的基础上，呼吁大家根据实际尽快推进本校社科联的组建步伐，发挥自身优势，加强参与和合作力度，共同创造双赢局面；在谈到2013年推进的学术交流基地和学术论坛建设时，他简要介绍了学术交流基地和学术论坛的创建背景、基本思路、特色定位及预期目标，强调了此项建设对于节约成本、整合资源、实现效益最大化的重要意义，期待相关单位能结合本校特色积极申请加入，也希望各位代表能集思广益，畅所欲言，对省社科联的各项工作提出意见或建议。

随后，中国社会科学杂志社东北站站长曾江介绍了中国社会科学杂志社“一报六刊”的基本情况、创办特色和办刊方向。表示希望通过会议报道、实地调研、刊物订阅、人才培训等渠道和方式，增进中国社会科学杂志社与黑龙江省各高校间的多领域交流合作。

会议交流环节，各位与会代表结合会议主题，针对重点领域工作各抒己见，特别是就高校社科联组建，社科出版资助项目认定、资金匹配、实施周期、出版单位多项选择，建立长效联谊机制，人才调研，中国社会科学报在奖励中等级认定等大家感兴趣的话题进行探讨，积极与主办方进行沟通和咨询，纷纷发表独特见解，并就一些细节问题提出了意见和建议。经过有效的沟通与交流，与会代表在加入省社科联学术交流基地和学术论坛体系、积极推荐特色领域专家人才和优秀社科学术著作、加强与中国社会科学杂志社合作等方面达成初步合作意向,同时,多家未成立高校社科联的单位纷纷表示,要将成立本校社科联作为2013年重点工作积极推进。

与会代表一致认为会议开得非常成功,增进了全省社科领域发展水平相近单位间的交流和协作,有效整合了全省社科领域优势资源,探索了社科发展新思路和新举措。希望通过进一步完善长效联谊和合作机制,推进全省特别是高校哲学社会科学工作迈上新台阶,实现新跨越。

黑龙江省文联六届二次全委(扩大)会议

2012年3月12日,黑龙江省文联六届二次全委(扩大)会议在哈尔滨召开。会议总结回顾了2011年工作,研究部署了2012年工作,增补黑龙江省文联第六届委员会委员。

省委宣传部副部长赵德信,省文联主席傅道彬,省文联党组成员、副主席计世伟,省文联副主席于文秀、王举、王立民、王亚平、曲冬梅、宗成滨等领导出席会议。省文联六届委员会委员、各团体会员单位负责人等60余人参会。会议由省文联副主席索久林主持。会上,计世伟传达了中国文联九届二次全委会精神和全省宣传部长会议精神。省文联主席傅道彬代表第六届主席团作了题为《抢抓机遇 乘势而上 不断开创黑龙江文艺事业繁荣发展新局面》的工作报告。

黑龙江省文联六届二次全委(扩大)会议的召开,将进一步推进学习型、发展型、开放型、服务型、和谐型文联建设,开创文联工作的新局面。

黑龙江省美术家协会工作会议

2月28日,2012年黑龙江省美术家协会工作会议召开。省文联主席傅道彬,省美协主席团成员、各市地美协负责人等百余人参加会议。会议由省美协副主席田卫平主持。

会上,省美协副主席徐焕昌传达了2012年中国美术家协会工作会议精神,省美协秘书长赵丹琪作了题为《坚持正确文艺方向,把握美术发展规律,持续推进龙江美术大繁荣大发展》的工作报告。总结了2011年省美协工作,提出了2012年省美协工作要点。省美协主席吴团良代表美协主席团讲话。省文联主席傅道彬代表省文联讲话,他对2011年黑龙江省美协工作给予充分肯定,希望大家今后更好地围绕中心、服务大局,更多地打造精品、推出力作,更好地深入基层、服务群众,在新的历史起点上,以高度的社会责任感、昂扬的精神状态、出色的艺术劳动,共同推动我省美术事业再上一个新台阶。

会上,全体代表进行了热烈讨论。专业委员会的代表们对艺委会的组织发展、学术作用、活动策划等方面进行了深入讨论,并提出了大展早准备、小展日常化、注重学术引导、注重理论研究等诸多好的建议。各市地美协、院校的代表在拓展工作思路、开展相互合作、加强人才培养、推出优秀作品、举办高质量展览及建立创作基地等方面进行了深入探讨。

黑龙江省舞蹈家协会主席团(扩大)会议

3月2日,2012年黑龙江省舞蹈家协会主席团(扩大)会议召开。省文联党组成员、副主席计世伟,省舞协主席团成员、秘书长以及各市地舞协负责人出席了会议。会议由省舞协主席何新力主持。

会议传达了2012年中国舞蹈家协会工作会议精神。总结了2011年协会工作,同时研究部署了协会2012年的工作要点,讨论了中国舞协对会员进行重新登记事宜,发展了一批新会员。

省文联党组成员、副主席计世伟在会上总结

发言。他对省舞协2011年的工作给予了充分肯定。他希望舞协工作今后要发挥团队优势,调动大家的积极性,大家各司其职,团结一致保发展、促繁荣。文联的工作重在出精品、重在推人才、重在队伍建设。

通过讨论,大家统一了认识,明确了目标,对今后工作充满了信心。

黑龙江省书法工作会议

4月1日,2012年黑龙江省书法工作会议在哈尔滨召开,省书协主席马国良,中央数字电视书画频道董事局主席王平,省委宣传部副部长赵德信、省文联主席傅道彬,省书协副主席马顺强、王立民、张戈、胡志平、赵学礼、赵隽明、魏锁亭,省书法活动中心副主任王斌,以及各市地书协、省直系统书协负责人百余人出席了大会。

会上,马国良作了题为《努力创作精品,推进我省书法事业大发展、大繁荣》的讲话。傅道彬代表省文联作了讲话。张戈代表省书协主席团作了题为《再接再厉,和谐奋进,努力开创我省书法事业发展新局面》的工作报告。会议增补了省书协第三届理事会理事。

会议结束后,举行了书法笔会交流。

黑龙江省曲艺家协会五届四次主席团办公会议

2012年4月12日,黑龙江省曲艺家协会五届四次主席团办公会议召开。省曲艺家协会主席黄恺,副主席孙静波、宗成滨、孙庆华、孙淑梅、郑彦清、周鸿儒等参加了会议。省文联党组成员、副主席计世伟出席会议。

会上,孙静波作了题为《奋发有为、务实创新、推动龙江曲艺事业繁荣与发展》的工作报告。会议部署了2012年工作,认真学习并讨论了中国文联关于《中国文艺工作者职业道德公约》及文艺界核心价值观,与会人员表示坚决拥护并自觉遵守。

计世伟作了会议总结。他肯定了省曲协近年来的工作后,强调我省曲艺事业的发展要在抓人才、抓队伍、抓创作、出精品上下功夫。

黑龙江省音乐家协会五届六次主席办公会议

2012年4月18日,黑龙江省音乐家协会五届六次主席办公会召开。省音协主席陶亚兵主持会议。

会议重点部署了2012年工作,审核一批申请加入省音协的音乐爱好者。2012年省音协将做好以下几方面的工作:举办“这片黑土地——纪念毛泽东同志《在延安文艺座谈会上的讲话》发表70周年龙歌音乐会”;做好中国音协举办的主要活动;举办全国少儿电子琴展演活动;举办优秀打工歌曲评选、推荐获奖作品参加全国评比;协助中国音协共同办好“成才之路”第四届全国未来词曲作家、演唱家研习班活动等。做好协会日常工作、组织第七届黑龙江省音乐大赛、举办龙年唱“龙歌”——第六届迎新年合唱音乐会、创立黑龙江音乐网等工作。

黑龙江省艺术设计协会四届二次常务理事(扩大)会议

2012年4月21日,黑龙江省艺术设计协会四届二次常务理事会召开。设计协会第四届理事会常务理事、各专业会员单位负责人以及会员代表参加了会议。

会议总结了2011年工作,部署了2012年工作,重点对中国设计艺术出版社组建工作、黑龙江设计艺术奖评奖、黑龙江 2012 年创意设计系列活动进行了系统部署。

根据工作需要，经讨论任命王磊等 8 人为省艺术设计协会副秘书长。

省作协召开六届二次全委会

省作协于 2012 年 5 月 8 日至 9 日在哈尔滨“北大荒国际饭店”召开了六届二次全委会。第一天主席团审议通过了 2011 年度工作总结、2012 年度工作安排，增补了团体会员和全委会委员。第二天全委会传达了中国作协工作会议精神，总结了 2011 年省作协工作，部署了 2012 年工作安排，会议圆满完成了各项议程。与会的委员们纷纷表示，会议精神足、日程紧凑、集思广益、民主气氛浓，达到了领精神、传经验、凝聚作家之心、鼓舞文学创作的目的。

全委会议由省作协主席迟子建主持。会议的主要内容是讨论省作协 2011 年工作总结、2012 年工作要点；讨论增补团体会员单位；讨论增补委员；讨论发展 2012 年省作协会员。通过认真讨论，提出了省作协 2011 年工作总结和 2012 年工作要点两个报告的修改意见；增补了绥芬河为省作协团体会员单位，增补省直机关作家协会的孙德君为全委会委员；会议对 2012 年度 60 名申请入会人员进行评审，其中有 46 名作家被批准为省作协会员。

主席团会议由省作协主席迟子建主持。省委宣传部副部长赵德信、省委宣传部文艺处副处长苏万新到会指导。来自全省各地市作协、产业作协的 60 名全委会成员参加了会议。

会上，省作协党组书记赵毅传达了中国作协八届二次全委会精神。党组成员、副主席何中生受主席团委托作了省作协 2011 年度工作总结报告，总结报告从加强创作导向的引导，大力弘扬主旋律；加强文学创作工作，创作成果比较喜人；开辟多种渠道，强化作家队伍建设；坚持“三贴近”，深入开展文学采风活动；突出主题，积极开展文学征文等活动；进一步开展文学作品研讨及文学交流活动；成功举办首届萧红文学奖；打造地方文化品牌，出版新版《萧红全集》、《抗战时期黑土作家丛书》；积极参加中国作协第八次全国代表大会；完善文学工作载体，加强文学阵地建设等十个方面总结了省作协2011 年的工作。党组成员、副主席王立民受主席团委托作了 2012 年度工作安排。工作安排从围绕中心工作，积极组织喜迎党的十八大系列活动；深入学习贯彻党的十七届六中全会精神，加大文学精品创作生产引导力度；抓好文学人才培养工作，加强中青年文学队伍建设；突出龙江特色，抓好少数民族文学发展繁荣的工作；坚持“三贴近”原则，精心组织深入生活采风活动；充分利用新媒体，加强文学推介宣传力度；完善运营机制，迎接文化事业单位改革；继续加强学习型、服务型、和谐型作协建设等八个方面布置了省作协 2012 年的主要工作。

会上，省作协对 2011 年度工作成绩突出的团体会员单位进行了表彰。哈尔滨市作家协会、齐齐哈尔市作家协会、牡丹江市作家协会、佳木斯市作家协会、大庆市作家协会荣获文学创作成就奖；省直机关作家协会、哈尔滨市作家协会、绥化市作家协会、省森工总局作家协会、省残疾人作家协会、省煤矿作家协会荣获文学组织工作奖；伊春市作家协会、大兴安岭作家协会、七台河市作家协会、北大荒作家协会、大庆油田作家协会荣获文学队伍建设奖；鸡西市作家协会、鹤岗市作家协会、双鸭山市作家协会、黑河市作家协会、部队作家协会、哈尔滨铁路局作家协会荣获文学导向奖。

会上还进行了文学创作情况交流。哈尔滨市作协的王阿成、大庆市作家协会的李云迪，以及作家代表陈力娇、黑鹤、程琳，评论家韦健玮等 6 位作家在会上交流文学创作体会，进行文学创作经验交流。

省作协主席迟子建在会议总结时强调，各地市作协、产业作协要认真贯彻党的十七届六中全会、省第十一次党代会精神，要深入挖掘抗联文化、创业文化等龙江特色文化资源，促进文化遗产保护、传承、利用和发展。加强以萧红文学、北方民族题材文学等为重点的文学资源开发，推动文学精品创作生产，促进文学作品的多形态转化，努力营造“文学龙江”的良好氛围，实现我省文学事业的大发展大繁荣，以优异的文学创作成绩迎接党的十八大的胜利召开。

全省“创三优、强素质、建大美大爱龙江”活动视频会

2012年3月31日，全省2012年“创三优、强素质、建大美大爱龙江”活动视频会在哈尔滨召开，副省长于莎燕出席会议并讲话，省委宣传部常务副部长李寅奎主持会议。于莎燕指出，各地各部门要按照省委省政府的总体要求，突出重点，科学谋划，整体实施，加大城市垃圾治理力度。加大城镇和村庄综合整治力度，加大城市园林绿化建设力度，加大城市秩序整治力度，把“三优”文明城市创建工作推向深入。要在党政机关积极开展“争做人民满意公务员”活动，在各窗口部门和各类企业中开展“诚信服务”活动，在全社会组织开展道德教育和文明养成系列活动，提升市民文明素质和社会服务水平，不断把创建“三优”文明城市工程引向深入。

全省创建“三优”文明城市现场会

2012年7月6日至8日，全省创建“三优”文明城市现场会在哈尔滨召开。省委书记吉炳轩主持8日下午召开的座谈会并作重要讲话。省委副书记、省长王宪魁出席座谈会并讲话，省领导刘国中、张效廉、韩学键、林铎、杨东奇、于莎燕，哈尔滨市长宋希斌出席座谈会。省文明办、省住房和城乡建设厅、省公安厅，哈尔滨、大庆、双鸭山、七台河市和大兴安岭地区主要负责同志在座谈会上发言。会议还参观考察了七台河市、双鸭山市、哈尔滨市“三优”文明城市亮化绿化、棚户区改造、路桥建设和滨水城市建设等17个项目。吉炳轩指出，2011年以来，全省上下高度重视“三优”文明城市建设工作，采取有力有效举措，加大推进落实力度，形成了全面展开、不断深化、亮点纷呈的可喜局面。吉炳轩强调，城市发展无止境，“三优”创建无终期。必须着眼于建设文明龙江，让人民群众享受美好新生活，继续大力推动“三优”文明城市建设。要完善建设规划，使城市建设有据可依、有章可循。要让城市更干净，下力解决好尘土、垃圾、污水、烟尘等突出问题。继续推进硬化、绿化、美化、净化和亮化。要加强城市交通秩序管理，整理城市管线，规范广告牌匾，打造优美靓丽的城市面貌。要让城市更讲诚信，进一步优化投资环境，树立龙江良好形象。要深入总结各地创建“三优”文明城市的经验做法，大力宣传和推广具有时代特色、龙江特点和普遍意义的先进典型。要确保组织领导到位，确保资金投入到位，广泛动员社会各界力量参与文明城市创建活动，合力共建“三优”文明城市。王宪魁强调，要把“三优”文明创建工作与安居工程结合起来，使安居工程成为“三优”文明城市建设的样板工程。要把“三优”文明创建工作与产业发展结合起来，推动产业项目的引进、落地、生根、开花。要把“三优”文明创建工作与城乡一体化发展结合起来，务必做到城乡统筹、一体化发展。把“三优”文明城市建设触角向下延伸，向外辐射。统筹抓好城市出口、城乡结合部的整治建设。向县城、农垦、森工小城镇以及重点旅游名镇和“百镇”延伸，全面实施小城镇净化、绿化、美化和“百镇”主次干道硬化工程，建设一批重点市县垃圾处理项目。要把“三优”文明创建工作与城市精细化管理结合起来。对城市软

硬件建设实行精细管理，注重细节、力求精品、打造亮点，做到长效管理、持之以恒。认真总结城市管理经验，坚决堵塞城市管理漏洞，通过精细化管理提升城市管理水平。

省委宣传部舆情信息工作会议

2012年3月29日，省委宣传部舆情信息工作会议在哈尔滨市召开。省网宣办专职副主任司兆国主持会议，省委宣传部常务副部长李寅奎出席会议并讲话。省直宣传文化系统各单位、省农垦总局、省森工总局、哈尔滨铁路局、大庆油田有限责任公司党委宣传部、省直机关工委、省委高校工委宣传部舆情信息工作主管领导、部门负责人和舆情信息直报点信息员、省委宣传部各处(室)170余人参加了会议。会议全面总结了2011年全省舆情信息工作，传达学习了中宣部2012年舆情信息工作会议精神，对2012年舆情信息工作进行了研究部署，表彰奖励了全省舆情信息工作先进单位16个、优秀信息员21名，选出“好信息”12篇。会后，对舆情信息工作人员进行了培训。

全省网络媒体行业自律建设研讨会议

2012年4月12日全省网络媒体行业自律建设研讨会在哈尔滨市召开。省网宣办专职副主任司兆国在会议上作了讲话。全省新闻网站、中央重点新闻网站和知名商业网站黑龙江频道单位负责同志32人参加了会议。会上，部分网络媒体作了发言，交流了加强网站自律建设的好经验、好做法，并共同签署了网络媒体行业自律公约。会议全面分析了全省网络媒体阵地建设面临的新形势，对迎庆党的十八大和省十一次党代会网上宣传工作做出部署，并对下一步如何加强网上宣传管理工作提出了具体要求。

全省网络舆论引导工作会议

2012年9月28日全省网络舆论引导工作会议在哈尔滨市召开。会议分析了全省网上舆论形势，明确了网上舆论引导工作任务，要求全力做好十八大网上宣传工作，为党的十八大胜利召开创造良好的网上舆论环境。省网信办主任谭宇宏主持会议，专职副主任司兆国通报了前三季度全省网络舆情。省委宣传部常务副部长李寅奎部署了迎接党的十八大网上宣传和网上舆论引导工作。中省直各单位主管新闻宣传工作的负责同志，各市地委宣传部主管网络宣传工作的副部长、互联网信息办(外宣办、网宣办)主任，绥芬河市、抚远县委宣传部主管网络宣传的副部长，各新闻网站、新闻媒体网站负责人，中央重点新闻网站黑龙江分站负责人120人参加了会议。

纪念李范五诞辰100周年座谈会

2012年5月3日，纪念李范五诞辰100周年座谈会在穆棱市举行。国家林业局总工程师陈凤学，黑龙江省副省长于莎燕，黑龙江省原省委常委、宣传部长黄枫等领导及胡耀邦之子胡德平，任弼时之女陈松，胡乔木之女胡木英，周恩来之侄周秉和，余秋里之女余元元，陆定一之子陆德等原国家领导人子女及李范五同志亲属等120余人参加了座谈会。陈凤学、于莎燕等领导在发言中提出，要全面学习李范五同志的革命事迹、杰出贡献、崇高品质和他心系民族命运、对党的事业无限忠诚、为人民幸福鞠躬尽瘁的革命精神，激励全省人民团结一致奋力拼搏，更好更快地促进我省经济社会发展。

中国·首届渤海上京文化研究及遗产保护管理学术研讨会

2012年7月21日至22日,“中国·首届渤海上京文化研究及遗产保护管理学术研讨会”在牡丹江师范学院召开。国家文物局、北京大学、吉林大学、东北师范大学、延边大学、大连大学、吉林省文物考古研究所、吉林省社科院、黑龙江省社科院、黑龙江省文物考古研究所、黑龙江省博物馆、黑龙江大学、哈尔滨师范大学等20余家高校和科研院所的40余名渤海文化研究领域和考古界著名专家学者参加了研讨会。与会者通过学术研讨和实地考察,提出了加强渤海上京文化研究及遗产保护管理的若干建设性意见。

黑龙江省社科院“抗日历史问题”第十二次国际学术研讨会

2012年8月22日至26日,省社科院“抗日历史问题”第十二次国际学术研讨会在牡丹江举办。8名来自韩国国史编纂委员会的著名学者和省社科院历史所的专家学者,专程参观了八女投江纪念馆、牡丹江市博物馆及北山革命烈士陵园、渤海历史博物馆、渤海国遗址等纪念场所,并就抗日历史问题进行了认真的研究探讨。

中国博物馆协会纪念馆专业委员会2011年度工作总结会

2012年1月7日至10日,由中国博物馆协会纪念馆专业委员会主办,爱辉历史陈列馆承办的中国博物馆协会纪念馆专业委员会2011年度工作总结会议在黑河市召开,中国博物馆协会常务理事、专委会主任委员、中国人民抗日战争纪念馆馆长沈强与来自专委会的24家主任委员、秘书长委员单位的30余名代表参加会议。

中共黑河市委常委、宣传部长李洪祥到会祝贺并致辞。中国博协常务理事、专委会主任委员、中国人民抗日战争纪念馆馆长沈强主持了专委会2011年度工作总结会议。沈强从召开2011年年会暨专题研讨会、举办“纪念与传承——‘西柏坡杯’中国纪念馆宣教形式创新展示”活动等七个方面全面总结了专委会2011年工作;专委会副主任委员、侵华日军大屠杀遇难同胞纪念馆馆长朱成山代表秘书处通报了专委会2012年工作计划;专委会秘书长于延俊对2012年专委会换届选举工作做了说明。

与会代表认真讨论了专委会2012年工作计划,认为2012年是专委会发展的关键一年。与会代表对2012年专委会换届工作的基本原则,拟任领导人选进行了深入的讨论。2012年,专委会决定编辑全国爱国主义教育基地读本系列丛书《中国纪念馆故事》,深入挖掘全国纪念馆的爱国主义教育资源,推动爱国主义教育向纵深发展;专委会还从长远出发,提出走出国门,加强与国际博协纪念馆专业委员会积极沟通联络的计划,这将有利于中国纪念馆走向世界,加强与国外同行的交流与合作。

中国知青博物馆建设与发展研讨会

由黑河市委、市政府主办,市委宣传部、市知青博物馆、上海知识青年历史文化研究会承办的中国知青博物馆建设与发展研讨会,于2012年8月22日在黑河市举行。中宣部原常务副部长、全国政协文史委主任龚心瀚,全国知青典型邢燕子、侯隽,上海知青文化研究会会长阮显忠,上海社会科学界联合会党组书记沈国明,中国博物馆协会秘书长安来顺及黑河市领导出席会议并参与研讨。

来自全国12个省(市)自治区97名知青专家学者围绕知青博物馆的建设、陈列及可持续发展等问题进行专题发言。研讨会共收纳研讨论文20余篇,经组委会专家组审核后,7篇优秀论文在会上交流。专家与知青代表从文博、历史、文物收集、资料研究等多方面阐述了我国知青博物馆的现状与发展方向,为全国知青博物馆的建设与发展提供了理论平台,同时也为黑河市知青博物馆增加反映和展示全国知青情况提供了理论依据。

在龚心瀚、邢燕子、侯隽等知青典型和代表人物的共同倡议下,会议发起并签订了"全国知青合作共建黑河知青博物馆协定",为黑河市知青博物馆建设与发展,特别是在知青文物、资料收集、整理、编辑方面提供了重要支撑。

重要工作

Zhongyao Gongzuo

七台河 亮化工程

重要工作

理论武装和社科规划

省委宣传部

组织开展国家社科基金年度项目申报工作

2012 年全省共申报国家社科基金年度项目和后期资助项目 690 项,经过资格审查、匿名通信评审、会议集中评审和领导小组审批等规定程序,共有 122 项课题入围,涉及黑龙江大学、哈尔滨师范大学、省委党校等 16 家单位,其中哲学、应用经济学、语言学、中国文学、党史党建等 20 个学科,74 项课题获得批准立项,立项率为 10.7%,共获项目资助基金 1110 万元。其中重点项目 1 项、一般项目 38 项、青年项目 22 项,艺术项目 3 项,军事项目 1 项,后期资助项目 9 项。

黑龙江大学张奎良教授中标的“融入马克思:马克思的十大理论创新研究”,何颖教授中标的“新时期国家能力及其建设问题研究”;东北林业大学张纯教授中标的“毛泽东与中国特色社会主义制度建立研究”;黑龙江省委党校闫喜凤教授中标的“国家重点森林生态功能区生态移民对策研究”等立项课题,突出了进一步推进马克思主义中国化、时代化、大众化研究,突出了进一步推进中国特色社会主义文化建设研究,突出了进一步推进哲学社会科学创新体系建设和学科基础理论研究。

国家社科基金资助期刊申报入选取得突出成效

2012 年全国规划办先后实施了两批社科类重点学术期刊资助工作,每种期刊每年国家资助 40 万元,年度考核优秀或者经费缺口确实较大的,国家还适当奖励或增加 10 万—20 万元。重点资助那些办刊导向正确、学术水平较高或者专业和地域特色突出、社会影响较大的学术期刊。经推荐评审全省《学习与探索》、《求是学刊》、《管理科学》三家期刊入选国家社科基金资助期刊,这将极大地改善这三家学术期刊办刊条件,提高办刊质量,扩大全省学术期刊在全国的学术传播力和社会影响力。

哲学社会科学优秀研究成果的转化应用迈出新步伐

国家社科基金的《成果要报》是社科界为党和国家事业发展建言献策、贡献才智的平台。全省组织报送的哈尔滨工业大学王雅林老师撰写的《超越西方“消费社会”模式走“生活型社会”之路》一稿,被全国规划办采用并刊发,体现了课题研究更加注重服务党和政府的科学决策的工作思路。省社科规划《成果要报》编发 4 期,其中《关于推动全省文化产业实现跨越式发展的对策建议》和《关于加快推进农田水利建设提高全省粮食综合生产能力的对策建议》等 3 期得到省领导批示,为省委、省政府有关部门提供决策参考。

组织开展 2012 年度省哲学社会科学研究规划项目申报评审工作

为进一步加强全省哲学社会科学研究工作,充分发挥全省哲学社会科学研究规划项目的引领和示范作用，大力推进理论创新，推动哲学社会科学繁荣发展，围绕2012年度全省哲学社会科学研究规划立项工作，征集选题，研究制订立项工作方案，下发课题指南，组织年度项目申报工作，共受理各类申报项目1292项，按照评审办法要求，经过两轮会议评审和审核，报领导批准，资助立项262项，资助经费共140.6万元。其中设立了《实施文化素质提升工程的基本思路与路径研究》、《黑龙江农村金融服务体系研究》、《黑龙江省能源安全战略研究》、《黑龙江省"八大经济区建设"市场化发展研究》等6个重大决策咨询项目。

加强省社科重大项目研究工作

为深入贯彻落实省十届十一次党代会精神，举办了第十二期哲学社会科学中青年理论骨干研讨班，在此基础上，成立了"大美大爱龙江"重大委托项目课题组，并向哈尔滨市、齐齐哈尔市、牡丹江市、大庆市等省内13个地市和哈尔滨铁路局、省农垦总局、省森工总局以及部分省属高校开展了问卷调查工作，同时，在东北网、黑龙江理论网和黑龙江社会科学网进行了网上问卷调查，课题最终形成了研究报告和专著两项成果。

加强省哲学社会科学研究基地建设

为深入贯彻落实十七届六中全会和省委十届十八次全会精神，组织开展了省文化建设"八大工程"研究基地及相关研究项目招标工作，按照省社科研究基地评审办法，经过量化考核和专家答辩评审，报领导批准，新增设了省文化产业发展基地、省文化事业发展研究基地、大庆精神研究基地等4个省级重点社科研究基地。

做好国家社科基金项目和省哲学社会科学规划项目管理工作

为进一步提高国家社科基金项目和省哲学社会科学研究规划项目管理工作科学化、规范化水平，推动各类项目顺利开展研究，推出更多优秀成果，根据《国家社会科学基金项目管理办法》、《国家社会科学基金项目经费管理办法》、《省哲学社会科学研究规划项目管理办法》的有关规定，对在研的项目认真开展年度检查，进一步规范成果鉴定结项工作，2012年全省国家社科基金项目有33项通过鉴定结项，其中黑龙江大学孙淑芳教授主持的《俄语言语行为理论与功能意向类型》、哈尔滨工程大学程早霞教授主持的《美国传统主流媒体与中国西藏》、省委党校梁謇教授主持的《工业化过程中农业补贴政策演变趋势的国际比较研究》等5项获优秀鉴定等级，21项获良好鉴定等级，优良率达到78.8%。另外，还集中组织开展了省哲学社会科学研究规划项目成果鉴定结项工作，经严格审核把关，对105项结项成果全部实行了双向匿名鉴定，其中省社会科学院郭淑梅研究员主持的《保护挖掘开发利用战略研究》、黑龙江大学段光达教授主持的《中俄界江三千里——黑龙江百村文化纪行》、省委党校刘建明教授主持的《社会资本视阈下的我国社会阶层关系和谐问题研究》等20项获优秀鉴定等级，69项获良好鉴定等级，优良率达到84.8%。

重新修订《省哲学社会科学研究规划项目成果鉴定结项管理办法》

为进一步加强和改进全省哲学社会科学研究规划项目成果鉴定结项工作，完善成果鉴定结项、成果评价和成果转化机制，充分发挥哲学社会科学优秀成果的引领和示范作用，促进多出优秀成果、多出优秀人才，结合全省实际，重新修订《省哲学社会科学研究规划项目成果鉴定结项管理办法》，印发给省内各高校、省党（干）校、省直科研院（所）、省直有关综合部门等科研单位，组织认真学习，并遵照执行。

编写"十一五"期间省哲学社会科学优秀成果选介汇编

为进一步宣传推广全省哲学社会科学研究优

秀成果，充分发挥哲学社会科学优秀成果的示范引领作用，推进学科体系、学术观点和科研方法创新，推进龙江文化大发展大繁荣服务，组织编写《"十一五"期间哲学社会科学优秀成果选介汇编》，涉及哲学、政治学和经济学等25个学科(含教育学和艺术学)。成果汇编分为政治篇、社会篇、经济篇和文史篇等4个部分。

举办全省学习贯彻党的十八大精神理论骨干培训班

省委宣传部于2012年11月29日至12月1日，举办全省学习贯彻党的十八大精神理论骨干培训班。培训班紧紧围绕党的十八大的重大意义、精神实质、科学内涵、理论贡献等重要内容，分四个专题对全省理论骨干进行集中培训。各市(地)、系统党委宣传部主管理论工作的副部长、讲师团长、理论科(处)长，各县(市、区)委主管理论工作的副部长、学习室主任、理论宣讲骨干共计350多人参加了培训。

开展全省理论宣传工作调研

为贯彻落实中宣部理论宣传工作座谈会精神，全面提升全省理论宣传工作的层次和水平，省委宣传部组建专题调研组，深入全省各市地、系统及哈尔滨日报报业集团开展了理论宣传工作调研活动。同时，组织省报、省电台、省电视台、东北网、《奋斗》杂志、《学术交流》、《学习与探索》等理论阵地负责人召开了理论宣传工作座谈会。在广泛调研的基础上，省委宣传部制定下发了《关于进一步加强和改进理论宣传工作的意见》。

举办哲学社会科学教学科研骨干研修班

按照《2010—2014年黑龙江省哲学社会科学教学科研骨干研修工作实施方案》的安排部署，省委宣传部、省委组织部、省委党校、省委高校工委、省教育厅联合制定下发了《关于认真组织好2012年度哲学社会科学教学科研骨干研修工作的通知》。全年共举办3期培训班，邀请国家及省内知名专家学者和有关领导，分专题有针对性地对500余名哲学社会科学骨干进行了集中培训。

拍摄播出大型文献电视片《文化伟力》

省委宣传部与黑龙江电视台联合拍摄了大型文献电视片《文化伟力》。省委宣传部组织省内外10多名专家学者反复研究，数易其稿，形成脚本。黑龙江电视台组织编导组奔赴全国各地进行取景、访谈等摄制工作。经过近一年的艰苦努力，完成了拍摄制作工作，并通过了国家广电总局重大理论文献影视片创作领导小组的审核。该片共分文明之源、凝聚之魂、创造之光、竞发之帆、兴业之柱、强国之路等六集。2012年11月3日至4日，该片在中央电视台军事农业频道播出。2012年11月8日至10日在黑龙江卫视重播。

组织开展省第十一次党代会精神宣讲工作

按照省委的要求和部署，组建了由省委常委、宣传部长张效廉任团长的省第十一次党代会精神省委宣讲团，5月3日至11日，省委宣讲团成员分赴各市地、宣传文化系统和基层单位作辅导报告21场，12000余名各级领导干部和各界群众现场听取报告。起草印发《省第十一次党代会精神宣讲提纲》作为基层宣讲的基本遵循。下发《关于做好省第十一次党代会精神宣讲工作的通知》，对全省宣讲工作作出安排部署。

组织开展党的十八大精神宣讲工作

按照中央和省委的要求和部署，组建了由省委常委、宣传部长张效廉任团长，省纪委、省委组织部、省委宣传部、省委政研室有关领导为副团长，10多名党政机关领导干部、著名专家学者为成员的党的十八大精神省委宣讲团。2012年12月5日至17日，省委宣讲团成员深入到全省各市地、宣传文化系统、省直管县市及部分基层单位作辅导报告40多场，现场听众2万多人。

省社会科学院

大项目引领基础理论研究

《黑龙江通史》编撰启动仪式隆重举行。9月11日，《黑龙江通史》编撰启动仪式暨编撰工作会议在省社会科学院举行。省委宣传部副部长张翔出席会议并讲话。在哈的黑龙江历史文化研究工程编委、《黑龙江通史》主要编撰人员、院各部门负责同志和历史研究所全体科研人员80余人出席会议。《光明日报》和省主要媒体的记者到会采访。启动仪式由党委副书记、院长、黑龙江历史文化研究工程编委会主任曲伟主持。黑龙江历史文化研究工程是省委、省政府确定的我省文化建设的重大项目，也是黑龙江历史文化研究工程的"龙头"项目。作为这一恢宏文化工程的组织实施单位，省社会科学院全力以赴投入工程的相关工作，特别是主体核心项目《黑龙江通史》的前期工作。一是广泛凝聚智慧，高水准运作项目。通过广泛调研取经，多次召开专题研讨会、座谈会、征求意见会，凝聚各方智慧，保证了工程和"通史"高起点、高水准运行。二是开放研究平台，广聚英才创大业。现已确定的10名分卷主编，或者是久负盛名、仍然活跃在科研战线的资深专家，或者是各单位在岗科研骨干、省领军人才梯队带头人、省级以上优秀专家；分别以他们为首，组建了各卷以中青年博士、硕士为主的科研团队。三是严把质量关口，坚持创优出精品。会议还进行了《黑龙江通史》项目签约仪式。《黑龙江通史》从先秦时期到解放战争时期，共十卷500万字左右，计划两年交稿。《黑龙江通史》(第一卷 先秦时期卷)主编、省博物馆副馆长刘晓东研究员代表全体编撰人员发言。各分卷主编先后向黑龙江历史文化研究工程编委会主任艾书琴递交了项目协议书。

召开首届伊玛堪学术研讨会。6月14日，由黑龙江省社会科学院与黑龙江伊玛堪研究中心共同主办的"首届伊玛堪学术研讨会"在黑龙江省社会科学院举行。中国社会科学院副院长武寅、黑龙江省委宣传部副部长张翔在开幕式上致辞。来自北京、辽宁、吉林、黑龙江，俄罗斯、日本的国内外知名专家学者莅会，佳木斯市、同江市及饶河县政府领导到会祝贺。会议以"传承与合作"为主题，交流民族文化研究成果，探讨伊玛堪文化内涵，围绕如何建立有效的非物质文化遗产保护机制、构建相应的支撑体系进行深入探讨。内容主要包括专家学术演讲、伊玛堪传承人示范性演唱、与会者交流、讨论、展示等专题。

推出一批基础理论研究成果。2012年共出版专著、编著、译著21部；发表论文173篇，其中在核心期刊等级以上媒体发表论文51篇、译文3篇；多篇论文被《光明日报》、《新华文摘》、《中国社会科学文摘》等刊载或摘编。2012年共确立各类课题58项。其中，获国家社科基金项目5项、省社科研究规划项目27项。2012年有3项国家社科基金项目结项，其中成果鉴定等级良好1项；12项省社科规划项目结项，其中成果鉴定等级为良好以上的11项。在第十五届省社会科学优秀成果评奖中再获佳绩，43项成果获奖，其中一、二等奖达11项。

着力开展应用对策研究

2012年，围绕省委、省政府中心工作，服务全省经济社会发展大局，上报研究报告和建议25篇，其中获省委书记批示14篇，多项成果被相关部门转化，应用对策研究成果进入地方党委和政府决策程序并继续保持良好态势。

第五届东北亚区域合作发展国际论坛实现了东北亚六国代表齐聚哈尔滨的盛况，大型企业、客商共同承办论坛，促进了"政、企、研"的直接交流。其间分设"首届中国沿边地区发展高层论坛"和"首届伊玛堪学术研讨会"两个分论坛。中国社会科学院和全国8个沿边省区社科院的领导、专家学者聚集一堂，共同研讨推进沿边发展；国内外学者一起研讨非物质文化遗产保护与传承，达成多项共识。

王宪魁省长对系列论坛的成功举办给予充分肯定，认为省社会科学院的做法具有指导作用。

党的十八大召开以来，省社会科学院专家学者在深入学习领会会议精神的同时，肩负起社会科学工作者的责任和义务，积极宣传、解读、阐释十八大精神。相关专家学者通过接受省电台、电视台采访，在省报发表理论宣传文章，参加省委宣讲团，深入基层宣讲等形式，对推进全省学习贯彻十八大精神起到重要作用。

省社会科学院主编的《黑龙江社会发展报告(2012)》和《黑龙江经济发展报告(2012)》已由社会科学文献出版社出版。蓝皮书编撰质量逐年提升，为省委、省政府了解省情提供重要参考。牵头完成的《中国东北地区发展报告(2012)》也由社会科学文献出版社出版。通过《要报》直通车报送的对策建议大都获得省领导的认可和好评。

社科联

修订《黑龙江省社会科学优秀科研成果评奖暂行办法》

2012年1月—2012年4月，为进一步做好《黑龙江省社会科学优秀科研成果评奖暂行办法》的修订工作，省社科联在2011年进行的调研工作基础上，多次召开座谈会，邀请全省社会科学界各领域、各学科的专家代表进行座谈，以电邮、信函等形式征求了兼职主席、部分评委会委员和评委的意见。通过省社科联七届七次全委扩大会议及到重点单位深入调研等形式广泛征求各有关部门、广大社会科学工作者的意见和建议，得到了积极响应和大力支持，经过筛选(重复意见)，征集的意见和建议达百余条。以此为基础，省社科联在多次修改中，不断吸纳适用的意见和建议，同时参考各省市的评奖办法，根据多年评奖工作实践经验，对现行的评奖办法从名称、结构、主要内容等方面进行调整、充实、完善。

2012年4月16日—17日，省社科联会同省委宣传部理论处、省社科院等部门的专家对《黑龙江省社会科学优秀科研成果评奖暂行办法》进行进一步修改完善，形成了《黑龙江省社会科学优秀成果评奖办法(讨论稿)》，评奖办法的修订工作进入收尾阶段。2012年6月1日，《黑龙江省社会科学优秀成果评奖办法》及其《实施细则》在省委宣传部第三次部长办公会议上通过了审议。省委常委、宣传部长张效廉做了重要讲话，充分肯定省社科联、省委宣传部理论处在评奖办法的修订工作中付出的努力和取得的成效，并对评奖办法的修订做了高度的概括，指出“暂行办法”沿用的时间很长，进行修订完善非常必要，新的“办法”变化很大，其中有实践经验的总结，也有先进经验的学习，起到了调动广大社会科学工作者的积极性，保持评奖的严肃性和权威性的作用。最后，提出了三条需要进一步修改完善的建议。6月5日，按照2012年省委宣传部第三次部长办公会议的要求，对原《黑龙江省社会科学优秀科研成果评奖暂行办法》和《黑龙江省社会科学优秀成果评奖办法实施细则》进行了修改。上报了关于以省委办公厅、省政府办公厅文件印发《黑龙江省社会科学优秀成果评奖办法》的请示，关于颁布《黑龙江省社会科学优秀成果评奖办法实施细则》的请示。7月13日，中共黑龙江省委办公厅、黑龙江省人民政府办公厅下发了关于印发《黑龙江省社会科学优秀成果评奖办法》的通知(黑办发〔2012〕21号)。7月23日，黑龙江省社会科学优秀成果评奖委员会印发了《黑龙江省社会科学优秀成果评奖办法实施细则》。

组织开展黑龙江省第十五届社会科学优秀成果评奖

第十五届社会科学优秀成果评奖委员会评委会主任由省委常委、宣传部长张效廉担任，副主任由省委宣传部副部长、省社科联兼职副主席张翔，省社科联党组书记、副主席李己华担任。8月22日，省评委会办公室下发了《黑龙江省第十五届社会科学优秀成果评奖工作方案》，第十五届社会科学成果评奖工作正式启动。省评奖办制定了《黑龙江省第十五届社会科学优秀成果评奖方案》，并将所有评奖文件、评奖信息在黑龙江社会科学网、社科联系统网络协作平台上进行了公示，供广大申报者、各初评单位下载和浏览。9月5日，省评奖办组织召开了黑龙江省社会科学优秀成果评审工作培训会议，使各初评单位对本届评奖的程序和办法有更深入的理解，掌握了评奖系统各项功能的使用方法，为高质量、高效率、高水平的初评工作奠定了基础。

8月22日—9月12日，各市(地)、高校社科联，各省级社团组织申报成果。9月18日—10月12日，各市(地)、高校社科联和部分省级社团组建了35个初评组，聘用评委共计近300名，对申报成果进行了初评。省评奖办根据具体情况，进驻了部分初评组进行指导把关。本届初评评审工作的整体质量和水平都高于往届。通过初评评审的成果共有1201项。从10月15日开始，省评奖办对各初评组报送的成果材料认真逐项进行复审，统一评分标准，对成果的社会价值及反响量化分按照评分规则进行复核。按照类别和学科进行整理和分类，编号、登记、造表，并录入网络评审系统。通过审查复核，有20项成果不符合评奖申报要求，进入复评评审的成果共有1181项。其中：专著类121项，编译著类55项，研究报告类197项，论文类808项。11月15日—11月18日，组织复评评审会议。会议在哈尔滨市长江大厦召开。复评分成专著组、编译著组、研究报告组和论文组四个小组。评委严格按照有关原则进行遴选，省内评委从专家库中抽取，省外评委从吉林省社科联推荐的专家中随机抽取，并报省委宣传部审批。复评评委均具有正高级专业技术职称，作风正派，办事公道，有较为丰富的实践经验，有一定的学术威信和学科代表性。评审会议上，评委均签订了保密责任书。复评共评选出进入终评的成果192项。12月13日—12月14日，组织终评评审会议。为了更好地保证评审结果的公正、公平、客观，做到参评成果的作者和单位完全回避，经省委宣传部同意，终评采取异地评审方式进行，由辽宁省委宣传部和辽宁省社科联协助进行评审。会议在沈阳市召开。终评组评委均由辽宁省社科专家组成，分著作组(含编译著类)、研究报告组、论文组三个组。终评组评委对复评入选成果进行审阅，结合社会反响和学术价值，进行综合评价和对比，差额评选二等奖以上成果，审查复评推荐的三等奖和佳作奖。经过终评评审，第十五届社会科学优秀成果奖共评选出599项优秀成果。

省作家协会

深入学习贯彻十八大精神

十八大召开以后，省作协领导班子在带领广大干部职工统一收听收看大会实况的基础上，专门召开省作协领导班子党政联席会议，专题学习讨论十八大报告、党章修正案、省委十一届二次全会精神。并结合省作协工作实际，制定了《省作家协会学习贯彻党的十八大精神方案》，用以指导全体干部职工的学习和工作。随之开展了一系列自学与分层次集中学习相结合的学习活动，特别是对十八大报告中涉及文学工作的重点部分进行重点研读。

全省各级作协也积极投入到学习宣传贯彻十八大精神的热潮中。齐齐哈尔作协举办了迎接十八大首届扎龙诗会；大庆作协召开了“学习贯彻十八大精神，推进文学创作座谈会”；伊春作协开展了“千篇散文盛赞伊春新变化、万人诵诗喜迎十八大”系列活动和以“作家与中国梦”为主题的大讨论；大庆油田作协举办了“迎接十八大，对党说句心里话”征文活动；铁路作协举办了全局职工文学征文活动，歌颂了党的丰功伟绩和伟大祖国翻天覆地的变化，展示了和谐铁路建设的丰硕成果。

黑龙江日报报业集团

宣传十八大精神
为省委、省政府中心工作出谋划策

《黑龙江日报》理论宣传紧跟党和国家及黑龙江省委、省政府的重点工作，充分发挥省委机关报的理论宣传引领作用，分析解读省第十一次党代表大会精神，弘扬张丽莉等英模大美大爱高尚品德，探讨科学发展的路径，宣传党的十八大精神,努力为省委、省政府的中心工作出谋划策。这一年，与省内各大学相关学科的教授、各大研究机构的专家学者及各地市、行业党委、政府工作人员密切联系,共出版了52期理论专刊,开办了《热点论坛》、《基层经验》、《新论评介》等栏目,刊发了《建龙经济论坛特别报道》及《学习宣传贯彻党的十八大精神建设富强文明和谐大美幸福龙江》等15个专版。

2012年初延续了2011年开设的《推进文化大发展大繁荣热点论坛》和《讲学习强素质促发展》专栏。5月份开始开设《贯彻落实党代会精神》专栏，宣传省第十一次党代表大会精神，共发稿20余篇,其中5月9日刊发了一个整版的黑龙江省理论社科界学者的座谈发言，对党代会的主题、发展成就、基本经验、发展趋势、基本目标、主要任务和党建等重大理论和实践问题进行了探讨和阐述。7月2日为了进一步弘扬张丽莉等英模的大美大爱高尚品德，引导干部群众践行社会主义核心价值体系，及时刊发了省内社科理论界专家学者探讨我省英模频出的内在因素、英模群体大美大爱精神主要内涵和现实意义的理论文章。“建龙经济论坛”是省政府为使广大群众及时准确了解省委、省政府推动经济社会发展的战略部署，进一步增强全社会理解、支持和参与意识而开办的论坛。3月26日起的四期论坛见报后,图片加观点的版面表达形式,令人耳目一新,得到省领导肯定,受到读者好评。

党的十八大闭幕后,理论专刊及时主动向省内社科理论工作者约稿,以阐释党的十八大的重大意义、丰富内涵、目标任务和根本要求,探讨我省全面建成小康社会的实现途径和创新举措。理论专刊自11月26日起连续以专版的形式刊发《学习宣传贯彻党的十八大精神建设富强文明和谐大美幸福龙江》稿件,如《要始终把改革创新精神贯彻到治国理政各个环节》、《全面提高党的建设科学化水平》、《必须树立生态文明理念把生态文明建设放在突出地位》、《在改善民生和创新管理中加强社会管理》等主题专版和一个省委宣传部组织的社科理论界专家学者座谈的发言摘编,共发稿60余篇,成为广大读者学习交流的平台。

哈尔滨市

组织开展党的十八大
和省市党代会精神学习宣传贯彻活动

哈尔滨市以领导干部为重点,组织市委中心组集中学习和专题报告会8场,精选课题,邀请全国各领域顶尖专家做报告，提高领导干部理论素养。开拓视野、拓宽思路,创立“调研式”集体学习新模式,实现了从“怎么讲”向“怎么干”的重大转变。利用《哈尔滨日报》、《理论学习》、《中心组学习通报》等载体释放市委中心组学习成果,有效引领和带动二级中心组学习。扎实推进学习型党组织建设,注重把学习型党组织建设与深入贯彻落实省市党代会精神、推动哈尔滨经济社会好发展大发展快发展有机结合起来,精心设计具有全局性、实践性和可操作性的学习活动,举办培训班、座谈会、主题征文和网上答题,编写《学习哈尔滨市第十三次党代会精神问答》、《坚定实施新战略 奋力实现新跨越》、《新战略新跨越新思考》等辅导读物，运用《学理论》、《学习型党组织建设简报》、《学习宣传贯彻党的十八大精神专刊》等载体解读理论、反映成果，推动持续兴起学习贯彻热潮。

加强党的理论创新成果普及工作

组建以市直委办局主要领导、社科战线专家学者和党的十八大代表组成的市委宣讲团，分赴全市各地巡回宣讲党的十八大精神120余场，听众2.5万人次。利用专家学者基层行、党委书记上讲坛、哈尔滨讲坛、社区市民讲堂等载体，帮助干部群众准确掌握党的十八大和省市重要会议精神。组织新闻媒体开展集中宣传，推出一批深度报道、综述、社论、评论，《哈尔滨日报》刊发反映十六大以来理论武装工作综述，充分展示近十年来全市理论武装成果，推出理论专刊20余期、重要理论文章69篇，制作播出电视理论专题片《跨越》，在哈尔滨电视台连续播出，重点展现和讴歌全市近年来贯彻落实科学发展观的生动实践和取得的显著成就，坚定广大干部群众实施新战略、实现新跨越的信心和决心。全市各地区、各部门因地制宜，精心组织党的十八大精神宣传普及，组建各级各类宣讲团51个，宣讲小分队（宣讲小组）700多支，形成"纵向到底、横向到边、多层次、全覆盖"的宣讲态势，创造"阿城理论学习微群"、"延寿集中学习日"等一批富有特色和成效的学习载体。全年共组织各种形式宣讲1000余场（次），推动党的十八大精神进企业、进农村、进社区、进机关、进校园。

开展系列重大理论研究

开展"助推新跨越，社科大调研"活动，完成39项重大课题，召开各类专题研讨会20余次。市社科院大力实施"蓝皮书"工程，编撰出版经济、社会、旅游、农业和东北亚区域经济社会发展蓝皮书，完成应用对策类研究成果60余项。市社科联组织第十八届社会科学优秀科研成果评奖工作，评出优秀科研成果78项。

齐齐哈尔市

认真抓好各级党委中心组学习

制定印发了《2012年市县两级党委中心组理论学习安排意见》，修订《市委中心组学习制度》，克服以往中心组学习不规范、学习安排随意性大、效果不显著等问题，促进了中心组学习的制度化、科学化、规范化。围绕学习贯彻党的十八大、省十一次党代会和市十二次党代会精神，举办市委中心组专题学习会6次，县级以上中心组学习1700多次。组织市委中心组成员赴北京、上海、杭州、浙江、绥化等地学习考察活动5次，开展全市重点工作"走、比、看"现场学习调研活动，促进了学习成果转化。建立县处级领导干部学习成效考核评价机制，在制定出台《县处级干部教育培训学分制考核管理办法（试行）》基础上，研究制定了《党委（党组）中心组学习学分考核细则》，对全市1700余名县处级干部的学习培训实施学分管理，促进了领导干部学习管理的科学化。

扎实推进学习型党组织建设

一是以"双创双争"活动深化学习。在全市组织开展"创建学习型党组织、创建学习型领导班子"，"争当学习型党员、争当学习型干部"活动，采取领导干部理论素养和学习能力考核试点、建立学习型党组织建设示范点、组织主题读书学习活动、开展学习型党组织建设专项督导等形式，进一步完善了学习型党组织创建分类推进、整体深化，强化示范、提升质量，健全机制、实现长效的工作机制。二是以先进典型引领学习。制定印发了《学习型党组织建设考评办法》、《考评细则》、《关于做好年度建设学习型党组织达标考核工作暨推荐学习型党组织、学习型领导班子、学习型领导干部、学习型党员标兵的通知》。在全市确定120家学习型党组织建设示范点，选树、推广各类学习典型180多个。同时，在全市组织开展第四届“学习之星”评选活动，评选出120名各行各业学习带头人。三是以网络平台学习拓展学习渠道。创办集“教、学、考、管”功能于一体的“齐齐哈尔市领导干部网络学习城”和“网上党校”，实现了课程供给超市化、学习培训自主化、学习时间弹性化、管理手段现代化，为广大党员干部自主学习搭建一个全新平台。

推动党的创新理论宣传普及

围绕学习贯彻党的十七届六中全会、省十一次党代会、市十二次党代会和十八大精神，组建了由市委宣传部牵头，市委讲师团、市委党校、市社科院等单位理论骨干组成的市委宣讲团，深入基层党委巡回宣讲，全年开展宣讲活动180余场次，受众8万余人次，扩大了理论宣讲的覆盖面。举办“鹤城讲坛”领导干部报告会6期，市、县两级中心组成员近3000人次参加学习，带动了全市“讲坛文化”的兴起，全市现有各类讲坛20余家，初步形成市级有“鹤城讲坛”、县区有学习讲坛、街道社区有市民大课堂的宣讲格局。开展“百名专家下基层、百堂讲座送市民”活动，以“菜单”形式供基层单位自主选题，推动了理论按需普及。举办了第七届“鹤城读书月活动”，以百种优秀图书推荐、读书报告会、专题讲座、经典美文诵读、学习之星评选、“书香城市、和谐邻里”社区文化活动等多种形式，推进学习型城市建设。

加强社科理论研究

制定出台了《齐齐哈尔市社科研究规划项目管理办法》，进一步规范和加强了社科研究规划项目管理。围绕全市中心工作，设计24个方面的项目题目，面向全社会公开招投标。编辑出版了《齐齐哈尔市哲学社会科学“十一五”期间优秀研究成果汇编》、《齐齐哈尔市第十二届社会科学优秀科研成果》、《全市促进文化繁荣发展理论研讨会优秀论文选编》和《清代黑龙江将军传》丛书。举办了“鹤文化与城市发展论坛”，编辑出版了《鹤文化与城市发展论坛论文选编》，社科理论研究不断深入。

牡丹江市

举办“实创大讲堂”专题讲座

在抓好全市各级党委(党组)中心组学习的同时，充分发挥市委中心组学习的龙头带动作用，围绕全市“2012十项重点工作”精心设计了“实创大讲堂”专题讲座，每场讲座围绕一项重点工作，由高层专家学者从理论上加以阐述，并由市级分管领导结合专家讲座内容对重点工作提出进一步要求，做到了既围绕中心工作，又有理论阐述和对下步工作的要求，收到了较好效果。在全省理论工作座谈会上，牡丹江市委中心组开展的“实创大讲堂”专题讲座学习形式得到了省委宣传部领导的充分肯定。

深化学习型党组织建设

在全市集中开展典型宣传活动，总结学习型党组织建设的成功经验和创新做法，刊登在《牡丹江日报》“学习型党组织建设”栏目内；制定下发《2012年学习型党组织建设工作方案》，对“中心组专题学习”、“创建理论普及示范点”、“开展‘爱读书·善读书·读好书’主题实践活动”、“举办‘百团千人万场理论政策宣讲’活动”等方面工作提出新的要求；深化学习市委十一届二次全会精神，引导广大干部群众树立正确的幸福观，面向全市开展征文活动，选出优秀文章刊登在《牡丹江日报》《和谐幸福大家谈》专栏。

组织开展党的十八大精神和省、市党代会精神学习教育

通过报告会、座谈会、研讨会等多种形式，积极组织干部群众认真学习省、市党代会精神，进一步武装干部群众的头脑，促进了理论学习宣传普及和各项工作的开展。做好学习宣传贯彻党的十八大精

神的各项工作，在《牡丹江日报》开设《喜迎十八大——党的知识》专栏，连续刊登《中国共产党章程》，组织引导干部群众收听收看党的十八大开幕式，通过座谈、学习、讨论，深入学习党的十八大精神。

佳木斯市

组织党委中心组学习

充分发挥各级党委中心组在理论学习上的示范带动作用，把中心组学习作为学理论、议大事、转观念、出思路、解决实际问题的有效途径。一是抓规划。制定下发了《全市各级党委中心组学习规划》、《市委理论学习中心组安排意见》，明确了全年学习内容、目标要求、组织形式和方法步骤，并列出必读书目和自学书目，指导全市各级党委中心组开展学习。同时，结合中央和省、市委重要会议召开、重大政策出台和重点工作部署，下发通知要求各级党委中心组带头开展集中专题学习，做到先学一步、多学一些、学深一点。市委理论学习中心组全年围绕党的十八大精神、中央省委经济工作会议精神、省党代会精神等内容，共组织6次集中学习，提高了领导的决策水平，推动了全市经济社会科学发展。二是抓服务。积极为中心组成员订阅《党的十八大报告辅导读本》、《理论热点面对面》、《学习活页文选》等各类学习资料，并结合最前沿的理论热点，及时收集整理相关专家学者的权威解读资料，精心编印成《中心组学习参阅》，提供给市委和全市各党委中心组成员，让他们学有抓手，学有重点。三是抓规范。结合推进学习型党组织建设，对基层党委中心组学习情况进行了专项检查，重点是对市委《关于进一步加强和改进中心组学习的意见》落实情况进行督察、指导和考评，同时，总结基层中心组学习经验，优选学习典型，有效推动了基层党委中心组学习的开展。

扎实推进学习型党组织建设

为保证换届后建设学习型党组织活动的连续性，推动建设学习型党组织工作再上新台阶，制定下发了全年工作要点，确立了建设学习型党组织活动坚持分类推进、整体深化、强化示范、提升质量的总体思路，明确了继续深入实施“五大建设”和八项重点工作任务，提出了全市党组织80%以上要达到学习型党组织要求的目标。为了实现这一目标，4月份开始，市学办组成专项检查组，对各县(市)区和市直各党委共100余家进行了督导检查，通过听取汇报、座谈交流、查阅资料和实地查看等形式，全面掌握基层工作情况，并通过督导检查进一步查找问题、总结经验、选树典型、征集建议、提出对策、指导工作，有力地推动了学习活动的深入开展；积极组织开展读书活动，举办了世界读书日佳木斯市全民读书启动仪式，组织市民群众开展读理论、读党史、读法规、读科技、读文学等全民读书活动，在全市范围广泛开展了读书活动节、经典诵读月、科普宣传周、全民阅读日和小巷读书会等生动活泼的学习教育活动，在全市营造了重视学习、崇尚学习、坚持学习的良好氛围。为把学习的软约束转化为硬要求，经过认真研究拟定了《佳木斯市建设学习型党组织活动评价标准》，明确了关于考学、述学、评学的具体工作要求，确保学习型党组织建设常态化、规范化。

学习宣传贯彻党的十八大精神

为深入学习、宣传、贯彻党的十八大精神，市委宣传部研究制定了《中共佳木斯市委关于认真学习宣传贯彻党的十八大精神的通知》，阐明了学习、宣传、贯彻好党的十八大精神的重大意义，明确了学习内容和学习重点，提出了具体工作要求，并在《佳木斯日报》上刊发。通过报纸、杂志、互联网等媒体收集整理十八大精神有关资料，精心编印了《中心组学习参阅》党的十八大专题，并及时发放到市委理论学习中心组成员和市直各党委中心组，使之成为中心组开展学习的重要参考。在市属各新闻单位统一开设了《深入学习宣传贯彻十八大精神 建设富裕文明和谐幸福佳木斯》、《深入学习贯彻十八大精神》等专栏，全方位报道各地各单位结合实际，深入学习宣传贯彻十八大精神的做法，并增加评论、记者手记、同期采访等内容，使宣传报道更加灵活，也更加贴近实际、贴近群众、贴近生活。组织召开了全市社会各界学习十八大精神座谈会。组织市纪检委、组织部、统战部、发改委、教育局、电业局等单位的领导，以及市委党校、佳木斯大学等单位的专家学者共20余人，围绕十八大提出的新思想、新观点、新论断，畅谈了学习体会，并就结合实际抓好贯彻落实等内容开展了座谈讨论，进一步在全市掀起了学习十八大精神的热潮。举办了省委宣讲团党的十八大精神报告会，市委理论学习中心组成员，市级四个班子副秘书长以上领导，各城区、市直各党委副处级以上干部以及部分机关干部、部队官兵、理论工作者和社区群众，共计650余人现场聆听了报告。广泛开展全市巡回宣讲活动，举办了全市理论骨干培训班，对全市200余名理论骨干进行了系统培训。抽调了9名专家学者组建了市委宣讲团，深入到全市各县市(区)和市直各党委进行宣讲，并成立了市县乡三级宣讲队伍，广泛开展宣讲活动，确保党的十八大精神进机关、进企业、进农村、进校园、进社区，全市共开展宣讲活动百余场。

大庆市

推进学习型党组织创建

一是发挥中心组带头作用。市委中心组围绕省委书记吉炳轩同志“建设现代化国际化大城市”的要求及省领导在大庆调研时的讲话精神，坚持自学与集中研讨相结合、理论学习与外出考察相结合，把学习场地延伸到项目现场，把学习内容扩展到文件之外。省委常委、市委书记韩学键积极发挥中心组组长负总责的作用，带头参加学习讨论，开展调查研究，交流学习体会，为全市党员干部做出了表率。全年市委中心组共进行8次集中学习，各县区、市直机关各部门、各企事业单位党委(党组)中心组全年共组织集中学习640余次。二是搭建党员干部学习平台。以“书香大庆”为牵动，在全市党员干部中开展“四个一”、“五带头”学习活动，积极推进学习向更广领域和更深层次发展。通报表彰“四个一”、“五带头”活动中表现突出的优秀党课主讲人60名、优秀学习体会撰写人60名、优秀调研报告撰写人17名及活动优秀组织单位7个。三是推进学习型党组织示范点建设。以“组织领导好、载体建设好、制度保障好、学习效果好、基础材料好”为标准，选树公布了176个全市第三批学习型党组织建设示范点。组织学习型党组织示范点集中巡检，组成三个检查组对机关、街道、社区、乡镇、村、企业等各级各类学习型党组织建设示范点进行抽查，发现典型，查找问题，提出不足，促进创建工作按时达标。四是严格对各级党组织的督促检查。市、县两级学习办对基层各级党组织进行了达标考核，全市各基层党组织(党委、总支、支部)有近90%达到学习型党组织标准,完成了市委确定的年度创建目标。公安局、统计局、城管委等单位被省学习办评选为学习型党组织标兵。

推进理论宣传向基层普及

一是开展“五进五入”送理论下基层推动深入学习。采取层层宣讲的形式，推进理论教育“进学校入课堂、进工厂入车间、进乡村入农户、进社区入家庭、进街道入商场”，全年共做宣讲报告480多场次。市委宣讲团围绕学习宣传省第十一次党代会、市八次党代会和市委八届二次全会精神，深入到驻庆高校、四县五区、高新区及全市机关各部门、各企事业单位进行集中宣讲；各县区、各单位组织理论骨干深入到机关、学校、企业、村组、社区进行深入宣讲，使全会精神家喻户晓、人人皆知。二是持续开展千名书记主题讲党课实施常态学习。围绕学习贯彻全省新一届市地、县领导干部培训班精神，以“讲政治、守纪律、树新风、强本领”为主题，从3月上旬开始，集中利用两个月时间，在全市组织开展千名书记讲党课活动。省委常委、市委书记韩学键带头撰写党课报告，为全市处级干部作了题为“领导干部要做好官做好事做好人”的党课报告，全市共有800多名基层党组织书记参加讲党课活动，听课党员干部和群众达16万多人次。三是组织系列知识竞赛活动促进广泛学习。围绕学习贯彻市八次党代会、市委八届二次全会精神和建设学习型党组织等内容，组织4次报纸、网络、电视系列知识竞赛活动，全市广大党员群众共有18万多人(次)参与知识竞赛。四是利用论坛资源强化品牌式学习。整合大庆精神铁人精神大讲堂、青春大讲堂、礼仪大讲堂等全市性哲学社会科学报告团体，打造“大庆讲坛”品牌，围绕建设“两化”城市、国际国内形势政策等重大理论和现实问题，举办各类讲座100余场。五是印发学习资料辅助自我学习。围绕学习宣传贯彻省、市党代会精神，采取图文并茂、重点注解、彩色印刷等形式，编印集理论性、政策性、可读性为一体的理论读物《弘扬大庆精神，推动科学发展，为建设现代化国际化城市而努力奋斗》，并下发到各基层读书角、报刊亭，得到广大读者喜爱和好评。

深化理论研究工作

一是提升研究基地层次与水平。向省社科规划办争取，把东北石油大学大庆精神研究中心提升为黑龙江大庆精神研究基地，进一步推动大庆精神的学习、宣传和研究；与中央编译局合作建立“中共中央编译局大庆调研基地”，充分借助中央编译局在理论研究、政策咨询、人才培训、国际合作、对外交流、理论宣传等方面的作用，加快大庆资源型城市转型和大庆现代化国际化城市建设步伐。二是开展专题研讨。举办“弘扬大庆精神，推进现代化国际化城市建设”主题论坛，积极向市内外知名专家学者进行约稿，发动各县区、市直机关各部门主要领导、社科界专家学者进行深入研究。《大庆日报》在理论版开辟了《弘扬大庆精神，推进“两化”建设》专栏，刊发论坛优秀论文；遴选出41篇优秀论文编辑《弘扬大庆精神，推进现代化国际化城市建设论坛文集》。三是总结研究成果。组建编委会认真总结近年来大庆精神研究成果，编辑出版公开发行《大庆精神：中国共产党的伟大精神——大庆精神研究文集》，全书收录了省、市、油田大企业领导，历任和现任大庆市领导，以及省内外知名专家学者关于大庆精神的相关论述文章，向全社会宣传推介大庆精神，有力推动了大庆精神走出全省走向全国。

鸡西市

建立实施领导干部“带学帮学促学述学”机制

为了促进领导干部在理论学习中发挥示范引领作用，深入扎实地推进学习型党组织建设科学化、制度化、规范化，在全市领导干部中开展“带学、帮学、促学、述学”基层联系点活动。

年初，制定下发了《全市领导干部开展“带学、帮学、促学、述学”基层联系点》活动方案。方案要求全市副处级以上领导干部要把“带学、帮学、促学、述学”作为工作职责分工的一项重要内容。按照领导干部管理权限和工作职责分工，每名领导干部要确定一个有代表性的基层单位、部门作为各自的“带学、帮学、促学、述学”基层联系点。全市副处级以上领导干部在指导、检查、督促基层联系点所分管工作的同时，要负责指导、检查、督促基层联系点的理论学习工作，促进领导干部在理论学习中发挥示范引领作用，推进学习型党组织建设科学化、制度化、规范化。

开展“带学”。组织副处级以上领导干部积极参加各类学习、培训，认真记录学习笔记，结合各自分管工作撰写学习体会或调研文章。开展“帮学”。组织领导干部到联系点上党课作专题报告，讲理想、讲信念、讲党的宗旨、讲党的路线方针政策，帮助联系点干部群众提高思想认识和政治素质。开展“促学”。领导干部根据各自联系点的实际,参加联系点的中心组集中学习,指导联系点理论学习工作,促进联系点学习型党组织建设工作的开展。开展“述学”。组织领导干部在述职的同时述学,述学结合个人工作述职、年度考核、民主生活会、任届考察述职一并进行。把本人对待学习的态度,执行学习制度的表现以及学习内容和效果,存在问题及今后努力的方向,在述职述学时一并进行。

活动开展以来,全市县(处)级以上领导干部确定了基层学习联系点400余个,深入基层联系点上党课、做专题辅导、讲形势任务800余次,撰写体会文章和调研报告1000余篇,切实发挥了领导干部学习示范带动作用,促进了基层广大党员干部理论学习的扎实有效开展;组织领导干部、理论工作者开展“党代会精神、形势任务、惠民政策、百姓关心的热点焦点”问题“四大宣讲”活动,深入机关、企业、社区、乡村、学校广泛宣讲,共组织宣讲200余场次,受众达3万余人次,进一步统一了思想,凝聚力量,振奋精神,收到了实效。

双鸭山市

精心打造“双鸭山大讲堂”理论宣传品牌

双鸭山市将“领导干部报告会”、“双鸭山讲坛”以及全市社科理论类讲座、讲坛进行整合,统一冠名为“双鸭山大讲堂”,按照项目化管理和工程化推进模式,打造全市理论宣传品牌。品牌围绕主讲堂、县区讲堂、行业讲堂、基层讲堂和“双鸭山大讲堂·走基层”五个系列,实施征集课题、制订计划、邀请专家、发布预告、组织实施、扩大宣传、成果利用、建立学库、组织培训、评选表彰等“十个环节”。统一了“双鸭山大讲堂”徽标,并先后编印了以市十次党代会、省十一次党代会精神为内容的学习资料,横向整合了市委党校、市委讲师团、市社科联的专家、学者,纵向整合了各县区、各单位的理论骨干,并聘请了多名外埠专家为特约教授,完善了讲师库和专题库。年初以来,市级主讲堂先后邀请上海明德学习型组织研究所所长张声雄、中国浦东干部学院教授刘斌等知名专家和学者来双作专题讲座,单独和联合举办了弘扬龙江交通精神先进事迹报告会双鸭山专场、学习贯彻党的十七届六中全会精神报告会、学习贯彻省第十一次党代会精神报告会和学习型组织建设专题报告会。县区讲堂以宝清县“道德讲堂”、友谊县“挹娄讲坛”、尖山区“尖山讲堂”、岭东区经济发展论坛等为代表,行业讲堂以市妇联的母亲讲堂、团市委的青春讲堂、依法治市办的法治讲堂、市卫生局的健康讲堂为代表,全年举办各类报告会、讲座110余场,收到良好社会反响。

实施“五个一百”理论宣传工程

双鸭山市创新载体、扩大规模,全力实施“五个一百”理论宣传工程。一是开展“百名党委书记上讲台”活动。组织全市各级党委(党组)书记围绕学习宣传贯彻党的十八大精神和省、市党代会精神,在本县区、本单位登台授课,各县区(委)书记运用农村党员远程教育网,实现党课的视频直播。二是开展“百名理论骨干下基层”活动。整合市委党校、市委讲师团、市社科联和各县区、各单位百余名理论骨干,有针对性地选择理论专题精心备课,设置了涵盖40多个专题的“理论超市”,按照基层党员干部所需实行“菜单式”服务,全年开展理论辅导活动130多场次。三是开展“百篇优秀理论文章展示”活动。组织全市社科理论工作者和广大党员领导干部,围绕迎庆党的十八大和学习贯彻省、市党代会精神等重大主题撰写理论文章100余篇,经市委宣传部审核把关后,通过报纸、网络、刊物等媒体开设的理论专版、专栏、专题进行集中刊发。四是开展“百题理论知识竞赛”活动。举办“全市学习省市党代会精神百题知识竞赛”、“龙江银行杯” 全市学习党的十八大精神百题知识竞赛等活动,通过《双鸭山日报》、双鸭山新闻网、双鸭山政府网等媒体刊发竞赛试题,广泛开展答题活动。五是开展“百个学习型党组织示范点”建设活动。在各县区、各单位开展了申报、推荐、评比、命名建设学习型党组织示范点和学习型领导干部标兵、学习型党员标兵活动,全年完成100个学习型党组织示范点的建设目标。

深化学习型党组织建设

双鸭山市以迎庆党的十八大为主线,进一步加强领导、细化分工、落实责任,突出“五抓”深化学习型党组织建设。一是抓建设力度。年初召开了市委建设学习型党组织领导小组(扩大)会议,调整了领导小组组织机构和工作责任分工。8月,举办了全市建设学习型党组织经验交流现场会暨学习型党组织建设成果展,表彰了全市学习型党组织建设四个类别的40名标兵,交流6家典型经验,全市建设学习型党组织的先进经验两次被省委学办简报刊发推广。二是抓示范引领。在全市开展评比建设学习型党组织示范点、学习型领导干部标兵及学习型党员标兵活动,经过各基层单位的层层推荐和考核,双鸭山市继2011年命名36个市级示范点之后,又命名了100个示范点,通过编发简报、媒体宣传等办法,充分发挥示范引导作用。三是抓机制建设。按照《双鸭山市学习型党组织建设工作考评办法》及考评细则,分别从组织领导、学习机制建设、学习载体建设、学习保障情况、学习成果转化五个方面细化考核。按照考评标准,对全市各单位学习型党组织建设进行检查验收,基本实现了80%党组织达到学习型党组织的标准和要求。四是抓载体创新。开展了“1+X”推荐读书活动,创办“微型党课”、“理论超市”,开展知识竞赛、读书征文等活动,在省主题读书征文比赛中,双鸭山市共有5件作品获奖,其中一等奖一名、二等奖一名、三等奖二名、优秀奖一名。五是抓典型宣传。市直各新闻媒体连续三年开设“建设学习型党组织”、“书香双鸭山”、“学习之星”等专题、专栏,集中宣传全市建设学习型党组织的先进典型,陆续在人民网、《黑龙江日报》、东北网等国家、省级媒体发稿30余篇,在市级媒体发稿300余篇。人民银行双鸭山市中心支行、双鸭山市地税局、孙华新、宋巨荣等四个集体和个人分别被评为全省四个类别的标兵。

深入学习宣传党的十八大精神

双鸭山市以学习宣传党的十八大精神为主题,科学制定五项具体任务,深入开展学习宣传工作。一是集中学习。组织各县区、各单位党员干部集中收听收看会议实况现场直播,认真学习党的十八大报告精神内涵,部署各级党委理论学习中心组开展集中学习,撰写学习体会。组织企业、农村、机关、学校、部队、社区的基层党组织,通过座谈会、交流会、报告会、辅导讲座等多种形式开展学习,着重抓好“两新”组织、离退休人员、下岗失业人员、流动人口中党员的学习宣传,确保各个社会群体全覆盖。二是扩大宣传。部署市直各新闻媒体利用重要时段、重要版面,精心策划开设专栏、专题、专版、专访,全方位宣传党的十八大精神,广泛转载中央、省级媒体关于学习贯彻党的十八大精神的重点理论文章,及时报道学习贯彻党的十八大精神过程中涌现出的先进人物和典型事例。三是巡回宣讲。主动邀请省委宣讲团赴双进行理论宣讲,抽调市委党校、市委讲师团的专家学者组建市委学习贯彻十八大精神宣讲团,深入各县区、各单位进行巡讲,组建各县区宣讲小分队、设立乡镇宣讲员,广泛开展十八大精神“六进”活动,把十八大报告精神深入浅出地讲解给基层干部群众。四是组织培训。组织全市理论骨干参加全省学习十八大精神培训班,面向全市宣传部长、社科理论工作者、理论骨干开展集中培训,依托媒体举办“全市学习十八大精神百题知识竞赛”。指导各学校开展学习十八大精神主题班会、团活动等,切实抓好党的十八大精神进教材、进课堂、进学生头脑的工作。五是研讨交流。组织召开全市社科理论界、新闻文化界学习十八大精神座谈会,协调各战线、系统进行研讨交流。汇集各县区、各单位报送的优秀理论文章,在媒体集中开展“百篇优秀理论文章展示活动”,并汇编成册供全市广大干部群众交流学习。

伊春市

2012年，全市理论武装工作坚持理论学习、理论研究、理论普及贯通发展，努力把学习成果转化为实践指南，不断提升理论工作科学化水平，为三次创业、跨越转型提供理论支持和思想保障。

强化党委中心组学习

2012年，伊春市通过完善和落实学习制度、学习计划、学习通报和学习考核等一系列的学习制度，使党委中心组学习得到改进和加强，做到学习常态化、制度化、规范化。制定下发《中共伊春市委理论学习中心组学习制度》、《2012年市委中心组学习计划》、《伊春市县处级党委(党组)中心组理论学习检查考核实施方案》，定期下发中心组学习通报，切实做到学习有笔记、有考勤、有专题、有体会、有交流，形成良好的学习氛围。在学习内容上，注重理论联系实际，把学习科学发展观与伊春经济社会发展紧密结合，把贯彻省第十一次党代会与伊春市三次创业、经济转型跨越发展紧密结合，把学习党的十八大精神与建设美丽富庶文明和谐健康幸福新伊春紧密结合，因地制宜地采取中心组集中学习和分散自学相结合，专家讲解和专题研讨相结合，理论学习和调查研究相结合的方法，全年市委中心组共集中学习9次，举办全市领导干部报告会5场。先后邀请专家学者分别就推进全民创业、深入学习领会省第十一次党代会精神、文化产业的发展趋势、城市品牌塑造与传播、林业应对气候变化与碳汇交易、领导干部礼仪修养6个专题进行了专业辅导，帮助领导干部深刻地理解中央、省市的重大决策和部署，不断提高全市各级中心组学习的质量和效果。通过严格学习制度，丰富学习内容，极大增强了市委中心组成员理论学习的积极性和自觉性，从而使中心组学习取得实效。同时，把每次报告会进行全程录像，制作光盘，供各级党委(党组)的中心组学习使用，扩大学习效果。先后深入到21个县(市)区(局)，就各地党委中心组的学习情况进行全面调研，掌握第一手资料，形成了全市中心组学习情况的调研报告。中心组学习成果已转化成为指导伊春市委、市政府加快转型跨越，掀起三次创业新高潮的行动指南。在2012年全省理论工作经验会上，全面介绍伊春市委中心组学习的经验和做法，受到省委宣传部领导的肯定。

扎实推进学习型党组织建设

按照省委关于推进学习型党组织建设的部署和要求，结合伊春工作实际，制定了《2012年度建设学习型党组织工作方案》，下发了《伊春市建立健全学习型党组织建设长效机制的实施办法》，明确工作方向，规范管理制度，做到用制度管学习、促学习，推动学习型党组织建设常态化、规范化、长效化。根据县(市)区(局)等不同层次以及农村、社区、机关、企业、学校等党组织的不同类型，确定了铁力市等6个学习型党组织建设示范点，以点带面，全面提升全市学习型党组织建设水平。在学习型党组织建设中，把学习科学发展观与省、市第十一次党代会，与本市三次创业、跨越转型结合起来，在全市组织开展了“第三次创业理论研讨”活动，紧紧围绕弘扬创业精神，推进第三次创业进程，组织广大党员领导干部结合自身工作实际撰写体会文章百余篇，并在《伊春日报》开辟专栏，及时刊发理论研讨文章，推进建设学习型党组织向纵深发展。同时，以“多读书、读好书”为切入点，广泛开展读书征文、优秀书目推荐、演讲比赛、学习交流等活动，全市共组织各种形式的集中学习千余场，直接受众5万余人次，学习型党组织建设已经成为党员干部“解读理论、解除困惑、解决问题”的重要载体。积极选树全市在创建学习型党组织工作中的先进单位、先进党组织、先进领导干部和先进党员。2011年度伊春市共获得四项殊荣，铁力市委获得全省学习型领导班子标兵称号，金山屯区委获得学习型党组织标兵称号，乌马河林业局乌马河经营所所长蒋永彬获得学习型党员标兵称号，友好街道办事处党工委书记刘红岩获得学习型党员标兵称号。2012 年，向省学习型党组织办公室申报了伊春市学习型党组织创建工作先进单位，推荐乌马河区委和市财政局党委为创建学习型党组织先进单位。

加大理论宣传普及力度

以学习党的十八大精神为重点，以学习贯彻省、市第十一次党代会精神为主线，利用“林都讲坛”、“林都周末讲堂”和各县(市)区(局)的文化讲堂等平台，通过邀请知名学者讲学、观看各类讲座光碟、发放当前热点图书等形式，抓好广大干部群众的理论学习。全年举办理论骨干培训班一期，专题报告会 6 场，各级各类文化讲堂千余场，向基层发放《辩证看、务实办——2012 理论热点面对面》、《伊春市第十一次党代会精神普及读本》等书籍，满足广大干部群众学习理论知识的需求。为解答当前干部群众普遍关注的热点问题提供了重要的理论读物，受到林区百姓的欢迎和喜爱。

组织学习省、市第十一次党代会精神宣讲活动，在全市 21 个县(市)区(局)采取集中宣讲、召开座谈会、入户宣讲、组建宣讲小分队等多种形式宣讲百余场，在伊春电视台《解读与访谈》栏目中，就群众关心的理论热点问题进行深入解读，为干部职工提供广阔的学习平台。组织召开《马克思主义哲学中国化与林区可持续发展》座谈会，邀请中国社会科学哲学研究所重大国情调研组与林业一线干部职工代表座谈，探索经济转型之路，研讨伊春经济如何实现跨越发展。

七台河市

市委中心组理论学习进一步加强和改善

发挥领导带头示范学习作用，通过领导带头辅导讲课、领导带头撰写理论文章和调研文章及领导带头深入联系点开展专题辅导等形式，使理论学习成为领导工作的重要部分。强化组织领导，严格过程管理，推动方法创新，从抓组织机构、过程控制、落实制度等方面入手，健全制度规范学。采取个人自学与集中学习、专题辅导与集中交流、专题调研与外出参观学习、工作部署与专题业务学习相结合四结合，转变方式灵活学习。着眼理论学习的整体性和连续性，在努力掌握传统理论基础上，加强了对中国特色理论学习以及经济、法律、科技等方面的学习，做到了丰富内容全面学。把联系实际、解决问题、推动工作作为理论学习的出发点和落脚点，不断促进学习成果向实践转化，做到了转化成果落实学。2012 年，市委中心组共集中学习 6 次，邀请外来专家学者讲学近 20 场次，撰写和发表各种理论或调研文章 30 余篇，各种外出参观学习近 10 次，市委中心组理论学习进一步加强和改善。

学习型党组织创建活动向纵深开展

继续开展“党课大讲堂”和“道德大讲堂”活动，将其作为学习型党组织创建活动重要载体，常抓不懈。开展读书学习月活动，以举办专家报告、道德模范巡讲、读书会、演讲会、征文比赛、家庭才艺表演等为主要形式，学习载体更加丰富，学习创建活动有条不紊。开辟专栏、专版，采取编印简报、撰写理论文章、开展经验介绍等多种形式，在全社会营造起了崇尚学习、尊师重教、尊重知识、尊重人才的浓厚舆论氛围。加大典型挖掘选树力度，向省委宣传部推荐典型 11 个，其中 8 个获得省级学习型党组织、领导班子、领导干部和党员标兵称号。

扎实开展十八大精神学习宣传工作

把深入学习宣传贯彻落实党的十八大精神作为贯穿宣传思想文化工作全局的主线。力求深化。抓好各级党委中心组、广大党员干部和社会各界的学习，自上而下，层层深化。开展十八大精神进机关、进企业、进农村、进社区、进校园活动。以市委党校教师为骨干组建市委宣讲团，深入区县、国税、地税、国土资源局、质量技术监督局及七煤分子公司有关单位等宣讲近百场次，宣传效果明显。力求拓展。发挥报纸、广播、电视等传统媒体优势，积极拓宽互联网新兴媒体渠道，开辟学习宣传十八大精神专题专栏10余个，发表各种理论文章50余篇，推进了十八大精神学习宣传工作向纵深发展。编发《学习宣传贯彻落实十八大精神百题问答》，开展各类理论学习、宣传、研讨、教育、竞赛活动。力求实效。努力把学习成效体现在加快全市经济结构调整、转变发展方式上来；体现在全力抓好招商引资、大上项目、上大项目上来；体现在关注民情、关心民生，多为群众办实事、解难题，加强社会管理上来；体现在为加快该市“推动四个发展、加快经济崛起、建设幸福之城”奋斗目标实现上来。

鹤岗市

推进学习型城市建设

2012年，鹤岗市按照省委关于推进学习型党组织建设的总体部署和要求，紧密结合鹤岗实际，以学习型党组织建设为龙头，丰富内容、拓展领域，组织开展了创建学习型城市活动，着力提升党员干部队伍的理论水平和工作能力，着力提升广大市民群众的道德素养和文化素质，为推动鹤岗深入实施“758”总体发展战略，加快建设区域中心较大城市提供了有力支撑。第一，强化组织领导，保证工作推进。一是成立高规格领导机构。成立了由市委书记、市长任组长，四位市委常委任副组长，相关部门主要领导任成员的全市创建学习型城市工作指导委员会，办公室设在市委宣传部，负责协调指导全市创建工作。在全市抽调了一批业务精、能力强的工作人员组建了6个指导推进组以及宣传组、综合组等机构，具体负责活动的推进工作。全市各单位、各部门按照市委统一部署，分别成立相应机构，明确主要领导是“第一责任人”的责任主体，分清职责权限，构建了上下联动、全员参与的工作格局，为推进学习型城市创建提供了坚强的组织保证。二是制定科学工作方案。按照全省创建学习型党组织工作要求，结合鹤岗实际情况，在深入学习考察、广泛征求意见的基础上，研究制定了《鹤岗市创建学习型城市实施方案》，明确了工作目标、方法措施和完成时限，细化量化了各项工作任务，提出了创建学习型党组织和领导班子、机关、企业、社区、村镇、家庭等六类组织，确定了市委组织部、市直机关工委、市总工会、市民政局、市妇联、市农委等6个牵头单位，明确了责任分工，提出了保障措施和工作要求。全市各单位、各部门也结合实际制定了各自的《实施方案》，指导创建活动有序开展。三是动员全市广泛参与。活动伊始，市委、市政府组织召开了全市创建学习型城市动员大会，市委书记、市人大常委会主任杜吉明把创建工作置于关系经济社会跨越发展、党员干部观念转变、人民群众素质显著提升的高度，对创建工作进行组织动员，安排部署工作任务，进一步提高了全市上下对创建学习型城市活动重要性的认识，增强了参与活动的积极性和主动性。全市各单位、各部门分别采取召开动员会、干部大会等多种形式，对创建工作进行全面细致的安排部署。各基层组织充分发挥战斗堡垒作用，组织街道社区和乡镇村屯工作人员、党员代表、群众积极分子，发动人民群众和社会各界自觉参与创建工作，扩大了活动覆盖面。第二，创新方式方法，丰富学习载体。在领导干部和党员干部中，组织开展了“三个一”（领导干部每月读一本书、每季听一堂课、每年学一门学科）读书学习活动，“读好书、强素质、打造书香鹤岗”征文大赛，理论知识测试，“学习增才干，跨越建新功”等系列活动，引导全市各级党员干部加强学习、提升素质，积极投身到创建活动中来。市委中心组成员先后组成6个党政考察团，赴安徽省淮南市、江苏省徐州市贾汪区、山东省枣庄市、滕州市等国内发达地区进行考察学习，把中心组学习课堂向外延伸，增强了学习的直观性和感染力。市创学办按照每月举办一场报告会的要求，先后邀请国务院政策科学研究会副会长赵琛，新加坡博维管理咨询公司董事长莫少昆教授等知名专家学者做了

“复命精神——打造以结果为导向的执行模式”、“新经济形势下城市和企业转型”等内容的专题报告,全市上下反响热烈。活动开展以来,全市各级党员干部共组织集中学习3000余次,征集学习征文500余篇,举办专场报告会8场,创历年之最。在各类企业员工中,以增强业务能力,提高服务水平,弘扬爱岗敬业精神为主要内容,组织开展了“争做知识型职工、创建学习型企业”等系列活动,通过组织技能比武、树立“传帮带”风气等办法,激发了企业员工的学习积极性,进一步提升了他们的学习能力、实践能力和创新能力,营造了尊重知识、尊重人才、尊重创造的人文环境,形成了全员学习、全程学习、团队学习的浓厚氛围。在广大农民中,以丰富科技知识,提升文明素质为主要内容,组织开展了“科技大集”和送书到户,“提素质、快发展、奔小康”,“讲文明、创和谐”等活动,有组织、有计划地对农民进行农业基础知识和实用技术培训,有效提升了农民的专业知识和基本技能,为鹤岗市的现代农业发展提供了有力支撑。第三,加强舆论宣传,营造浓厚氛围。鹤岗市注重发挥各类新闻媒体作用,通过开展宣传战役,加强对外推介等办法,全力做好创建学习型城市各阶段宣传工作,努力营造了重视学习、崇尚学习、坚持学习的浓厚氛围。下发了《关于开展创建学习型城市活动新闻宣传工作方案》等文件,明确了宣传报道的主要任务和具体要求。通过定期召开新闻例会、下发宣传要点,确定不同阶段的宣传重点。抽调精干力量,组成专题报道组,全程跟踪报道全市创建学习型城市的进展情况。在《鹤岗日报》、鹤岗电视台等媒体开辟了专题、专栏,宣传开展创建学习型城市活动的重要意义、目标任务、措施办法等内容,报道全市各界开展创建活动的思路、措施和成效;在鹤岗政府网、鹤岗新闻网等网站设置了专栏,及时宣传推介全市各单位、各部门开展活动的好经验、好做法;在《鹤岗晚报》等媒体开办了《美文赏析》等栏目,刊载创建典型的学习方法、优秀文章。鹤岗矿区电视台、《鹤岗矿工报》、宝泉岭农管局电视台、鹤北林业局电视台和鹤岗电业局电视台等区域内媒体联合联动,大力宣传报道创建工作的进展情况,在全市形成了浓厚的舆论氛围。据统计,全市各媒体共刊播发稿件1000余篇(条)。以中央和省级主流媒体为重点,组织对外宣传部门定期与各级新闻媒体进行联系沟通,及时提供报道线索和新闻素材,在有影响力的新闻媒体上刊载了一批反映鹤岗市创建工作的新闻稿件,进一步提升了本市创建活动的知名度。《黑龙江日报》于2月19日头版刊登了《让学习力创新力竞争力成长力成为推动发展不竭动力——鹤岗开展创建学习型城市活动》,黑龙江省政府网刊登了《鹤岗市各界掀起创建学习型城市热潮》、《鹤岗市举行创建学习型城市专场报告会》等文章。在《求是》、《奋斗》等国家、省级重要理论刊物上推出了《阳光党务“晒”出和谐》、《发挥转型优势,加速弯道跨越,率先在全国欠发达地区实现城乡一体化》、《探索城乡一体化新模式》等理论文章。组织全市各单位、各部门在醒目位置悬挂条幅,临街单位和公园广场的各类电子屏幕播放宣传口号,街道、社区、村屯等基层组织利用社区板报、信息栏等平台开展宣传,在全社会形成了人人参与、关注、推动创建工作的良好态势和浓厚氛围。利用手机报、手机短信等新兴媒体平台,通过编辑手机新闻、发送手机短信等形式,把创建活动的全过程融入到市民的日常生活中。创办了《全市创建学习型城市活动简报》,及时反映全市各单位、各部门的工作动态、成功做法和典型经验,为互相学习提供了交流平台。目前,已编发《简报》近百期。第四,建立完善制度,形成长效机制。一是建立和完善培训机制。依托区域内党校、行政学院等各类教育培训机构,根据培训对象的不同需求,改革教育培训模式,改进培训内容和方法,探索新的教育培训制度,分层分类开展教育培训工作。建立健全干部群众学习培训档案,进行系统管理,保障广大群众接受教育培训的权利。市委组织部进一步完善各级党组织领导班子中心组学习制度、党员干部学习制度、培训制度、调查研究制度、报告宣讲制度等多项学习性制度内容,把制度建设作为考核班子的一项重要内容来抓，真正把学习的"软任务"变成了"硬约束"，营造了用制度促学习、管学习的良好氛围。二是建立和完善了激励机制。将干部职工培训学习与干部任职考核、提拔使用和晋升、奖惩、评先等紧密挂钩，对自学成材、创新成功者给予奖励，并形成长效机制。市委、市政府年末对创建工作突出的单位和个人进行表彰奖励。三是建立和完善了考评机制。把各基层单位创建工作情况作为本单位、本部门年终评比的一项重要内容，同落实、同检查、同考核，加强对党员干部"德、能、勤、绩、廉、学"六个方面进行考核，不断推进创建活动和党员干部学习教育的科学化、制度化、规范化。四是建立和完善了投入机制。通过财政安排专项资金和鼓励企业配置专门款项相结合的办法，积极拓宽投入渠道，制定优惠政策，鼓励社会力量资助终身教育，鼓励家庭与个人增加教育和培训投入，逐步建立政府、企事业单位、社会团体和学习者共同承担的多元化投入机制。第五，注重实际成效，活动成果显著。一是提升了城市学习力。通过活动，全市上下以前所未有的状态投入到各类学习活动中，上至市委理论学习中心组，下至社区居民、普通百姓，学习意识不断增强，学习办法不断创新，学习能力不断提升，学习成果不断扩大，全市各界学习新知识、新技能的途径呈现多样化，获得新知识、新信息的速度明显提高，理论指导实践的成效显著。二是促进了观念更新。通过活动，广大干部群众进一步深化了对中央和省、市委方针政策、重大决策的学习，进一步领会了党的理论成果的思想精髓，学到了先进经验，转变了思想观念。各级党员干部经常深入实际、深入基层、深入群众，围绕群众关心的热点问题、制约经济社会发展的难点问题开展调查研究，进一步掌握了基层实际情况，增强了责任意识、危机意识、大局意识、机遇意识、竞争意识和发展意识。三是提升了工作能力。通过活动，全市各行各业深化了业务学习和技能培训，干部职工的整体素质显著提升。一些部门开展了"传、帮、带"活动，以老带新，传承业务技能，使老一代业务尖兵的工作技能得以延续。部分单位开展技能比武、专业知识测试等活动，引导干部职工主动学习业务知识和技能，有效促进了工作能力的提升。四是拉近了干群关系。通过活动，一批司法、农业、科技等部门的业务工作者深入社区、农村和各类企业，传授业务知识，培训技能尖兵，实施法律宣讲，解决实际困难，广大人民群众从中受益，社会各界群众反响热烈，进一步拉近了干群关系。

黑河市

学习宣传党的十八大精神

党的十八大闭幕后，黑河市周密部署，精心组织，迅速在全市兴起学习宣传贯彻落实十八大精神的热潮。召开市委中心组专题学习会，传达十八大精神，研究部署学习贯彻工作。印发《中共黑河市委关于认真学习宣传贯彻党的十八大精神的通知》。组织部分领导干部在黑河市分会场通过网络视频同步收听收看中央宣讲团党的十八大精神报告会。组织600余名党员干部听取省委宣讲团党的十八大精神黑河专场辅导报告。党的十八大代表市委书记刘刚通过远程教育网络，采用视频会议网络直播方式，为全市机关、企业、学校、科研院所、社会组织、街道社区等基层党员干部进行了专题辅导。举办市委中心组学习(扩大)会议，进行党章、党纪专题辅导讲座。选派30名市、县理论骨干参加全省加强中心组理论学习

制定了《市委中心组2012年学习计划》，对市委中心组学习做出安排部署。围绕全市重点工作，组织市委中心组集中学习现代化农业、高新技术、旅游产业、文化产业等内容，分别邀请省农委主任王忠林、国家林业局气候办常务副主任李怒云、原省科技厅副厅长郑志成、省科学技术协会副主席杨铭铎、中国军事博物馆美术创作室副研究员李如作专题辅导讲座，全年市委中心组集中专题学习10

次，参加学习的副处级以上领导干部1480余人(次)。完善理论学习服务体系，组织订阅中宣部推荐学习书目及其他学习书籍，编印《学习参阅》14期、学习资料12份。为进一步增强学习实效性，各级党委中心组广泛开展"学、研、行"活动，组织开展主题调研630余次、召开各类专题座谈会1220余场，与群众谈话11000余人(次)。在"领导干部上讲台讲党课"活动中，各级领导干部讲党课、形势教育报告590余场。

推进学习型党组织建设

制定下发《关于开展2012年度建设学习型党组织活动工作方案》和《黑河市第三届"讲学习、强素质、促发展"主题读书月活动方案》，全市组织开展读书活动20余项。举办全市迎七一"讲学习、强素质、促发展" 诗文朗诵比赛，61位选手参加了初赛、复赛。市委建设学习型党组织领导小组成员单位领导观摩了比赛，并为获奖者颁奖。与黑河日报社共同举办"我最喜爱的一本书"有奖征文活动，在《黑河日报》刊发10篇优秀文章。开展"情系城乡书屋、图书传递爱心"图书捐赠活动，分别为农家书屋、各中小学校捐赠图书两万余册，切实帮助部分城乡群众、广大中小学生解决"看书难、借书难"问题。组织各县(市、区)、各党委参加全省领导干部党的十八大知识网上竞赛测试活动。继续开办"市民大讲堂"，组织有关专家为群众讲解文化产业、法律、理财、住房、医保、教育、就业等知识，举办各类讲座、讲坛90余场，受众近2万人(次)。按照全省的考评标准，对全市6个县(市、区)、五大连池风景区、市直20个党(工)委学习型党组织建设进行检查验收，有85%达到学习型党组织的标准，并确定70个学习型标兵单位和个人，有3个集体和2位同志受到省委建设学习型党组织领导小组表彰。利用市级新闻媒体广泛宣传报道学习型党组织建设活动，共刊发动态消息60余条，刊发《理论专版》7期、理论文章40篇，印发建设学习型党组织《简报》11期，制作全市学习型党组织建设活动专题片1部。

学习贯彻省、市党代会精神

为推进省、市党代会精神的学习贯彻落实工作，抽调专人先后组成"市五次党代会精神宣讲团"、"省十一次党代会精神宣讲团"开展宣讲活动。宣讲团相继深入到各县(市、区)和市直各单位，通过报告会、辅导讲座等形式，组织宣讲21场。充分利用报纸、广播电视、网络等新闻媒体，抓好市五次党代会、省十一次党代会精神的宣传报道，刊发《理论专版》5期、开办专栏4个、刊发各类动态消息380余条。编印了市情教育学习读本《宏伟蓝图》、《光辉成就》、《艰巨任务》，加强市情教育。围绕省、市党代会精神，开展理论研讨活动，共征集理论文章55篇，有18篇文章分获一、二、三等奖，并摘编在《黑河学刊》上刊发。全市各部门各单位组织学习贯彻省、市党代会精神座谈会、辅导会、学习心得交流会570余场，制作学习宣传专栏200余个，营造了浓厚的学习氛围，深入推动党代会精神的学习贯彻。

绥化市

深入开展"学习培训之冬"活动

为进一步提高广大党员干部群众的政策理论水平和服务经济发展能力，绥化市从年初开始至2012年4月，在全市组织开展了"学习培训之冬"活动。精心部署发动。市委召开常委会专题研究"学习培训之冬"活动，市委书记朱清文对抓好学习培训工作提出明确要求。制定下发了《绥化市"学习培训之冬"活动方案》，对整个活动作出全面部署。举办启动仪式，市委常委、宣传部长于丽颖作动员讲话，对深入推进学习培训活动提出具体意见。注重示范引带。全市各级领导干部特别是中心组成员带头学、带头讲，积极为广大党员干部群众作出表率。全市各级党组织通过学习会、领导干部报告会、书记讲党课等形式，推动"学习培训之冬”活动深入实施，引领带动广大党员干部群众学习提高。活动期间，县乡两级中心组平均召开了2次以上集中学习会，举办各种学习会、报告会100多场次。着力创新载体。绥化市委宣传部创新学习培训形式，组织党员干部走进网络直播室，利用覆盖城乡的远程教育系统，举办视频讲座。每期讲座都在绥化市委党校设主会场，组织中省市直部门领导干部参加学习；在各县(市)区、乡(镇)、村设置分会场，组织党员领导干部集中收听收看。同时，组织党员群众在办公室和新农村建设中心户家中分散收听收看，把学习培训的触角延伸到全市各级党组织，拓展至基层党员干部群众，实现了足不出户、人不离岗就可以通过互联网直接参与市里举办的各类培训。活动期间，围绕现代化大农业、异地经济、招商引资等内容，举办了8期视频讲座，直接受教育党员干部近10万人次。全面深化普及。围绕中央、省市委重要会议和重大决策部署，层层组织宣讲团和宣讲小分队，深入基层广泛开展巡回宣讲活动，把会议精神和政策理论迅速传达到基层党员干部群众中。活动期间，全市有近20支宣讲团、近100支宣讲小分队，深入基层宣讲达700余次，受教育群众近8万人次。围绕重大的理论和实践问题及各项专业实用技术等，邀请领导和专家学者举办系列专题讲座，对广大党员干部进行面对面辅导。市县两级媒体开设了专题专栏，通过刊播活动消息、解读文章、经验体会、典型事例、辅导视频等形式，深入开展宣传活动。编写了《我们的思路，我们的理念——推进绥化经济社会大发展大跨越学习宣传读本》和《绥化市产业项目建设学习宣传读本》，系统宣传市委发展思路，专题解读项目建设知识。共编辑下发学习宣传书籍(资料)和光碟10余种5万余册(张)，编发活动《简报》100余期，绥化新闻网“学习培训之冬”专题点击量近万次。《黑龙江日报》、省委宣传部《黑龙江宣传》和省委建设学习型党组织领导小组活动《简报》对绥化“学习培训之冬”活动经验进行宣传推广。“学习培训之冬”活动获得2012年全省宣传思想文化工作十大创新奖。

扎实推进学习型党组织建设工作

2012年，绥化市结合本地实际，紧紧围绕市委提出的大力发展“五型经济”、全面建设“五个一流”、强力推进“十项升级创新”发展战略，突出“围绕中心、服务大局”主题，把学习型党组织建设的着力点放在强素质、上项目、解难题、促发展上，切实推进全市学习型党组织建设深入开展。注重学习成果转化。采取集中学习、专题讲解、外部考察、岗位锻炼等多种形式，组织各级党员干部开展大规模、全方位的学习实践活动，使广大党员干部进一步深化对中央、省委重要会议和重大决策特别是市委二届七次全会(扩大)会议及市第三次党代会精神的理解，把思想和行动进一步统一到市委“五型经济”发展战略和建设“五个一流”发展目标上来，广大党员干部的政策理论素养进一步提高，把握和运用市场经济规律、经济和产业发展政策的水平进一步提升，项目谋划生成、洽谈引进、对上争取、统筹协调和管理服务能力不断增强，为全市产业项目招商注入了强大动力，促进了产业项目快速发展。2012年，绥化市委先后举行了四批产业项目集中开工活动，共开工建设3000万元以上产业项目668个，投资1602.4亿元，创造了新开工项目数量和投资总额同比双翻番的重大突破。大力开展典型宣传。坚持把培养典型作为推进学习型党组织建设的有效方法，突出特色，形成了一大批学习型党组织建设的典型示范群体。2012年年初，绥化在全市组织开展了2011年建设学习型党组织典型标兵评比活动。经过层层推荐、严格筛选，共选拔出学习型党组织、学习型领导班子、学习型领导干部和学习型党员标兵45个。年末，全市组织开展了2012年学习型党组织四类标兵评比活动，确定2012年度四类学习型党组织标兵50个，并对获得标兵称号的单位和个人给予表彰。组织各地各部门开展了向张丽莉同志等英模学习活动，以学习型党组织领导小组文件形式下发学习《通知》,要求各级党组织把向英模学习与开展学习型党组织建设工作结合起来,认真组织实施。重点开展十八大精神的学习宣传。召开了市委常委（扩大）会议和宣传文化战线视频会议，对学习宣传贯彻十八大精神工作进行部署，下发了学习宣传贯彻十八大精神的《安排意见》,对全市学习宣传工作作出具体安排。把领导干部和机关党员干部作为学习重点突出出来,要求各级领导干部特别是各级中心组成员要发挥示范引带作用,亲自抓、带头学、带头讲,以实际行动带动广大党员干部的学习，全市各级党委（党组)中心组集中组织学习 200 余次。各级党组织也通过举办学习会、报告会、论坛讲坛、集中培训等多种形式，加大对党员干部的学习培训力度,不断增强他们学习贯彻的自觉性和坚定性。截至2012 年年底,绥化市已有 80%的党组织达到学习型党组织建设标准。

大兴安岭地区

深入开展建设学习型党组织活动

党的十八大召开后,地委宣传部抽调有关同志组成全区建设学习型党组织工作调研组,深入各县区林业局进行调研,在充分调研的基础上,制定了《大兴安岭地委关于进一步做好学习型党组织建设工作的实施方案》，对全区今后开展建设学习型党组织工作进行了再安排再部署。为加强对此项工作的领导,地委又对全区建设学习型党组织工作领导小组和办公室进行了重新调整。根据大兴安岭面临的新形势、新任务和新要求,紧密联系全区经济社会发展的实际，向基层下发学习型党组织考核细则,细化、量化活动指标 40 余项,尤其是把科学理论谋划发展、推动发展作为学习型党组织建设重点,深入开展了“解放思想,转变观念,干事创业,促进发展”主题学习教育活动,围绕省、地发展决策部署,组织广大党员干部议发展、谋发展、促发展,全区上下思想进一步解放,精神进一步振奋,转型升级、招商引资、大项目建设、林下经济发展思路和能力进一步提升。

开办“兴安讲坛”

深化“兴安讲坛”、“领导干部大讲堂”、“党委书记讲党课”作用,分赴全区企业、农村、机关、社区、学校举办“把资源管起来,让百姓富起来”、建设生态型花园式新林区、省十一次党代会和党的十八大精神宣讲 100 余场,3 万余名林区干部职工聆听报告,地区发展战略进一步深入人心。“百千万公民讲堂”、“1+1 面对面电视访谈”等,全面解读了招商引资、棚户区改造、食品安全等群众关心关注的热点,成为向基层群众普及理论、科技知识的阵地。

绥芬河市

以中心组理论学习为龙头,全面推动理论武装工作

大力推进中心组学习的制度化、规范化。按照中央、省市关于党委中心组学习安排意见要求,结合绥芬河实际,印发市委中心组学习安排意见。组织中心组专题学习报告会、研究性学习报告会、调研总结交流会、学习恳谈会及边境城市发展论坛等10 余场次。各基层部门的学习也走向了规范化和制度化。各党委积极组织各单位、各部门、中省直单位、各大企业各级领导及各社区干部参加市委理论学习中心组召开的(扩大)读书会和报告会等活动，并围绕制约绥芬河市经济社会发展和干部群众关注的重点难点问题，面向全体党员干部征集论文,为解决实际问题提供思路对策,出版了《中俄沿边开放论文集》，向上级推荐论文 10 余篇,受到国内专家、学者的好评。全市大兴调查研究之风,市委课题组形成调研报告 50 余篇,市妇联形成调研报告30 余篇，内容涉及城市发展、群众生活、社会保险、妇女权益等全市经济社会各个

方面，为市委、政府制定经济发展战略和重大决策提供了理论支持，促进了广大党员干部学理论、用理论氛围的形成。加强和改进市委中心组学习，创新形式和载体。坚持“走出去、请进来”，从理论层面上充实知识、增长才干。聘请专家学者来绥芬河“传经送宝”，做到一次确立一个专题、一次解决一个事关绥芬河改革开放和经济社会发展的问题，取得了明显成效。

科学推进理论宣传普及活动 扎实推进学习型党组织建设

加强宣传，营造舆论氛围。在报纸、电视、网站等媒体开辟“深入学习实践科学发展观，争当沿边开放升级排头兵”宣传专栏，共播(刊)新闻、专题等400余条。其中，“两个万人”活动分别在中央电视台《新闻联播》、新华社、《人民日报》等国家主流媒体播(刊)发，由此产生了广泛影响，很多来绥的俄罗斯游客都知道科学发展观。开展以贯彻落实科学发展观、展望“十二五”为主题的“思想大解放，促进大发展”大学习大讨论活动，广播、电视、报纸、网络各媒体开办“热点点击”、“理论面对面”等专栏配合宣传，刊播有关稿件221篇，网络点击上万人次。深入推进“一请二送三上网”，抓住“请进来”高层次专家学者的有利时机，开展“送下去”活动，对基层分层分类培训，并组织市民讲师团等类型多样的宣讲队伍开展理论下基层、进社区、到军营活动，扩大了覆盖面。组织社区艺术团、市民艺术团、青少年艺术团等文艺团体创作编排各种形式的宣传十八大精神的文艺作品，在全市展演，增强针对性，取得了实效。以“科学发展在身边”解放思想大讨论活动为牵动，开展“四个百”活动，即百场讨论转观念、百名领导谈发展、百个案例明得失、百篇征文聚共识，并在报纸、电视台开辟了“聚焦绥芬河发展”、“聚焦绥芬河教育发展”访谈专栏节目，深刻解读、宣讲建设示范区、争当排头兵的工作思路和措施任务，谈实质、明思路，促使广大党员干部转观念、形共识。市委宣传部组织了“前三十年发展看沿海，后三十年发展看沿边”——中俄沿边开放高层论坛。邀请十位国内著名专家学者及中央各部委的领导来绥就今后三十年中俄沿边开放的前景进行探讨，出版了中俄沿边开放高层论坛论文集；团市委组织举办我为“五个绥芬河”做贡献辩论赛，激发了广大青年学习知识，充实自身的热情；市委宣传部、市委组织部联合开展了“学习大讲堂”活动，听课人数达5000多人次。市妇联组织开展了“学习知识，完善自我，巾帼建功”活动。市委宣传部、市工商联联合举办“激情创业”演讲大赛，在社会上掀起了激情创业的热潮。绥芬河镇、阜宁镇举办为期一周的乡镇、社区党员干部党的基本理论知识培训，取得了明显实效。

抚远县

以十八大精神开创宣传思想文化工作新局面

学习宣传贯彻十八大精神，必须不断推动经济社会新发展。宣传思想文化工作必须坚守“主战线”，通过卓有成效的宣传思想文化工作，团结带领广大干部群众，加快经济社会发展。必须巩固“主阵地”，在经济社会发展的各个领域中发挥作用。必须勇当“主力军”，更加突出宣传思想文化工作在经济社会发展中的重要角色。

学习宣传贯彻十八大精神，必须紧紧围绕党委政府的中心工作。宣传思想文化工作要坚守阵地，必须以正确导向引导社会舆论，确保宣传思想文化工作不偏向、有作为。在思想引领方面，要通过开展学习型党组织建设活动，推动广大干部群众解放新思想、适应新形势、应对新挑战、认识新事物，全面贯彻党的十八大精神。在舆论引导上，面对信息化进程加快和人们思想不断变化的新形势，要在加强内宣、扩大外宣，努力构建大宣传格局的同时，更加注重舆论导向的把握。宣传思想文化工作要形成强大合力和整体效应，必须以主战线的功能定位，整合资源、整体联动，实现各方力量和资源的有效利用。在文明创建中，要整合公安、城管、文广新等部门的力量，在全县开展文明城市长效管理工作，全面实施文明交通整治、城市设施优化、市容形象美化等"八大行动"，建立组织领导、教育引导等"五项机制"，集中人力物力财力为民办实事、解难事，有效改善人居环境和城乡面貌；要积极整合县、镇、村三级资源，在全县开展和谐村居创建活动，实现以城带乡，城乡联动。在文化建设上，要继续在全县开展文化创建工程，将文化发展上升到党委政府中心工作位置，与经济工作同部署、同推进、同落实，经济部门要与县乡两级整体联动，不断加大文化招商和文化投入力度，全力推进文化事业和产业的发展。

学习宣传贯彻十八大精神，必须不断扩大宣传思想文化工作的覆盖面和影响力。必须从加强意识形态建设和加快经济社会发展的高度，充分发挥宣传工作在政治、经济、文化和社会建设中不可替代的重要作用；必须站在思想解放、理论创新的前列，在推进经济社会科学发展、和谐发展中鼓舞人心、凝聚力量；必须确立中心意识，展示经济社会建设成果，引导干部群众正确看待社会热点难点问题。宣传思想文化工作只有紧跟科技发展步伐，顺应时代发展潮流，善于捕捉新事物，反映新问题，探索新经验，才能适应发展，有所作为。还要通过加强人才引进，不断充实宣传思想文化队伍的力量；要注重人才培养，不断提高宣传文化工作队伍的整体素质；要切实提升宣传思想文化工作者的学习能力，着力提高政治理论素养，提升对宏观形势的把握能力，提升应对、运用和管理媒体的能力，将各项工作落到实处。

省农垦总局

集中开展了解放思想大讨论活动

集中开展了以"凝神聚力、创先争优，全力打好新型工业化攻坚战"为主题的解放思想大讨论活动，要求垦区各级党委以创业、创新、创优为着力点，围绕制约发展的思想观念问题，查根源、找差距，明方向、理思路，拿措施、定目标。重点围绕新型工业化攻坚战的任务目标、制约新型工业化发展的问题与对策、北大荒品牌保护和管理、新型工业化时代的北大荒文化、人才队伍建设等方面15个重点问题开展学习讨论活动。活动从2月初开始，至3月底(4月初)结束，分为学习宣传、讨论调研和总结验收三个阶段。

活动中，各单位广泛开展了以"全省学垦区，我们怎么办？"、"强工攻坚年，我们怎么干？"等为主题的理论中心组学习会、专题组织生活会、解放思想大家谈、撰写心得体会文章、开辟学习专栏等形式多样的活动，围绕制约发展的思想观念问题，破除墨守成规、故步自封、小进即满、小富即安等思想观念的束缚，牢固树立"高峰不是顶峰，前进不是成功，前面有第一，我们就是落后"的危机感和紧迫感，学习大庆油田"今天永远是起点"的奋进理念，增强风险意识、竞争意识、创新意识、进取意识，用思想大解放促进垦区实现又好又快发展。

活动期间，总局党委宣传部共编发《活动简报》12期，组织新闻媒体及时报道解放思想大讨论活动中的好经验、好做法，开设各类专栏、专题6个，发稿278篇(条)。组织调研组分赴各管理局和龙头企业进行检查，督促各单位把解放思想大讨论活动切实推进落实到位。通过解放思想大讨论活动，垦区广大干部群众的思想认识有了升华和提高，解决实际问题的能力有了新的提升，干部工作作风有了明显的转变，切实取得了一系列令人欣喜的进展和成效。

扎实推进学习型党组织建设工作

健全完善了各级党委(党组)理论中心组学习制度，严格规范了学习管理，丰富了学习内容，改进和创新了学习方式，进一步提高了各级党委(党组)中心组学习质量和水平，紧紧围绕党的重大理论创新成果和垦区改革发展中的重大课题，确定学习内容，推进领导干部理论学习制度化、规范化。总局党委理论中心组率先垂范，紧紧围绕中国特色社会主义理论体系，围绕党的重大理论创新成果和垦区改革发展中的重大课题，确定中心组学习主题，制订学习计划，在学习中注重抓好学前调研、专家辅导、交流讨论、示范引领、学后决策等五个环节，不断提高学习质量和水平。2012年，总局党委理论中心组共集中学习12次，各管理局、农（牧）场党委中心组集体研学都在10次以上。推荐上报总局、红兴隆管理局、绥化管理局、二九〇农场等党委理论中心组学习典型材料6份。

通过健全学习型党组织的考核标准和条件，总结推广创建活动中的先进经验、典型做法，选树了一批学习型党组织、学习型领导班子、学习型领导干部、学习型党员典型，推荐上报省级四类标兵12个。注重发挥垦区学习型党组织示范场和联系点的典型示范作用并结合实际加以推广。垦区各级领导干部带头撰写理论文章，在各级媒体共发表400余篇。在北大荒网和垦区各单位网站上开辟理论专版，共发表各种理论研讨文章1000余篇。

注重加强理论研究和宣传普及工作

注重加强理论研究，开展专题研讨，充分发挥总局讲师团和理论骨干的作用，积极利用手机、微博等新兴媒体开展理论宣传，加大理论普及力度。一是广泛组织了学习贯彻省第十一次党代表大会精神活动，起草并以总局党委名义下发了学习宣传贯彻会议精神的通知，多次召开媒体通气会议，安排报纸、电视、网站开设“学习贯彻省党代会精神”等专题、专栏、专版，通过策划理论专版、制作专题访谈节目、专家学者座谈、撰写理论文章等多种形式开展宣传。二是集中开展了学习贯彻党的十八大和总局党委（扩大）会议精神宣讲活动，组织总局讲师团成员、垦区宣讲骨干分赴中央党校、省委党校参加学习，组建了党的十八大和总局党委（扩大）会议精神垦区宣讲团，分4个宣讲组，深入到9个管理局、北大荒农业股份有限公司和总局各直属单位开展为期9天的集中宣讲，共做宣讲报告22场次，听众达15000人；积极组织邀请省委宣讲团成员、省委政研室主任艾立明为垦区广大党员干部做专题辅导报告。组织垦区干部群众参加了“回顾辉煌历程喜迎党的十八大”读书竞赛活动，下发《历届党代会知识读本》3000余册。三是举办了垦区理论骨干培训班，组织专家进行集中备课，并于5月、12月份分别举办了垦区学习贯彻省第十一次党代会精神、党的十八大和总局党委（扩大）会议精神理论骨干培训班，每次培训3天，邀请专家、教授14人次，专题辅导报告16场次。四是重点围绕现代化大农业建设、新型工业化、绿色垦区建设等主题开展专题研讨，推出了一批有深度的理论研究成果，并分别在齐齐哈尔管理局、绥化管理局召开研讨会，部分理论创新成果在《北大荒日报》、北大荒网、农垦电视台、《农场经济管理》和《北大荒文化》等刊（播）发。

哈尔滨铁路局

深化学习型领导班子创建活动，打造理论联系实际的学习形态

围绕推进安全风险管理、提升服务质量、发展多元经营等重点课题，特别是落实“正风气、严管理、带队伍、抓落实”工作思路和“管理规范化，作业标准化”工作主线，组织各级领导干部开展专题学习，先后邀请省社会科学院专家学者就《龙江崛起形势与铁路建设发展》等内容作专题辅导；坚持路局领导班子成员参加站段中心组学习制度和联组学习制度，确保基层单位的学习质量，促进学习资源共享、成果共享；坚持在全局领导干部中开展读书活动，定期推荐学习书目，引领各级领导干部带头读书、带头学习、带头思考；持续加大督学考学力度，对拟提拔领导干部实行任前必考，组织拟提拔人员任前政治理论考试11次173人；充分发挥“哈铁讲坛”的媒介优势，建立由各个层次干部职工共113人组成的授课人员储备库，围绕职工关注的理论热点问题录播10期专题讲座；围绕全局改革发展中的重大理论和实践问题，深入开展“送理论下基层”活动，确定43个教学课题，组织专题辅导85

场;利用全局“一报一台一刊一网”宣传主阵地,开辟“前沿观点”等专题专栏,大力宣传和解读理论热点,促进学习成果向实践成果转化。哈机党委获全省“学习型领导班子标兵”称号、齐客齐京车队党总支获全省“学习型党总支标兵”称号、哈工段长朱定波获全省“学习型党员标兵”称号。

大庆油田有限责任公司

开展党的十八大系列学习活动

2012 年 11 月份先后召开了油田党委中心组学习会;党委中心组扩大会;油田干部大会。按照油田党委安排制定了《学习宣传贯彻党的十八大精神工作方案》,从 11 月份到明年 6 月,分三个阶段对学习宣传贯彻党的十八大精神作出安排,主要是采取举办辅导报告会、开展巡回宣讲、进行理论辅导、开展理论研讨、出版政研专刊、印发学习资料、召开经验交流会、撰写公司领导署名文章、举办形势任务报告会、拍摄大型专题片、组织理论成果评选等形式,深入开展学习贯彻党的十八大精神活动。党的十八大代表李新民、张云虎先后深入大庆、吉林两个探区,以及大庆市、黑龙江省台联等企事业单位宣讲十八大精神。累计举行专场报告 12 场次,直接受众 1 万多人,6 万多名干部职工通过视频、光盘等收听收看。

组织召开先进事迹报告会

2012 年,专门成立了“大庆新铁人”李新民事迹宣传写作组，进一步深入总结挖掘李新民先进事迹。4 月 27 日,李新民在全国“五一”大会上做了发言。李新民事迹报告会走进《求是》杂志社;走进中央直属机关工委,中央国家机关工委、中华全国总工会、北京市总工会。随后,李新民赴杭州、宁波、长沙和成都等地进行宣讲。6 月 28 日,李新民在全国创先争优表彰大会上代表全国 8200 万党员做了报告。6 月 29 日,在油田“七一”大会上,李新民先进事迹报告团做了精彩报告。钻探工程公司内部,还组织 249 名基层宣讲员,成立 70 个宣讲小组,深入基层宣讲 780 多场次。同时把李新民报告会视频刻录成光碟发到海外队伍。目前,李新民先进事迹报告会已举行 800 多场,直接听众达 5 万人,先后组织召开领导干部、机关干部、科技人员、一线员工、海外员工等座谈会 120 多场。

新闻宣传

省委宣传部

开展“回眸发展路 喜迎党代会”主题宣传报道战役

组织省直主要新闻媒体进行会前、会中、会后宣传，为中国共产党黑龙江省第十一次代表大会营造隆重热烈、奋发进取的社会氛围,迎接黑龙江省十一次党代会胜利召开。从 2 月份开始,组织全省新闻媒体全方位报道黑龙江省十次党代会以来,全省在“八大经济区”和“十大工程”发展战略的牵动下,统筹推进经济建设、政治建设、文化建设、社会建设、生态文明建设和党的建设所取得的巨大成就和宝贵经验。2012 年 4 月省十一次党代会召开后,深入宣传大会盛况,宣传大会主要内容和重要精神。

开展“创三优 强素质 建大美大爱龙江”主题宣传报道战役

宣传黑龙江省建设优美环境、优良秩序、打造优质服务、提升市民素质等方面，推动全省各界、广大群众积极投身于建设“大美大爱龙江”，内强素质、外树形象，彰显黑龙江环境之美、生态之美、风尚之美。

协调引导哈医大“3·23杀医案”宣传报道

按照及时准确、公开透明、有序开放、有效管理、正确引导的方针，采取见事早、评论引、及时收的工作原则，调动主流媒体第一时间介入，卓有成效地报道了事件，抢占了舆论引导的制高点，并积极协调中宣部和兄弟省市加强调控，使该恶性案件未形成负面舆论，维护了新闻宣传秩序，稳定了社会。

组织“最美女教师张丽莉”新闻事件的宣传报道工作

在境内外媒体聚集哈医大一院的报道高峰期，省委宣传部牵头组建新闻协调小组，入驻新闻一线现场办公，把握舆论走向，加强正面引导，平稳应对突发情况，发挥了重要作用。在此期间，组织省直主要新闻单位加大报道力度，深入挖掘张丽莉感人事迹，同时以刘延东代表党中央、国务院慰问张丽莉为契机，进行新闻盘点式报道，推出爱心篇、救治篇、宣传篇、关怀篇、反响篇等几个有分量、有深度的综述报道，升华了报道思想，传递了社会正能量，成功地将这一典型推向全国。

开展“建设现代化大农业”主题宣传报道战役

全面深入反映黑龙江省建设现代化大农业的基本经验和成效进展，宣传建设大水利、应用大农机、推广大科技、开展大合作，为全省进一步夯实农业基础，加快农业现代化建设步伐，推进粮食产量再上新台阶营造良好的舆论氛围。

开展对黑龙江省公安系统中全国先进典型单位和人物的宣传

弘扬人民警察不怕牺牲、爱岗敬业、无私奉献的精神风貌，在全省特别是公安系统迅速掀起学英模、做英模、崇敬英模的热潮，推进建设富强龙江、文明龙江、和谐龙江、大美龙江、幸福龙江。

开展优化经济发展环境宣传报道

宣传全省各级党委、政府优化经济环境决策部署、工作会议，加快推进经济社会发展的相关政策规定、重要文件精神，不断改进行政管理，转变工作作风，提高办事效率和服务质量，经济发展环境不断改善，为进一步优化全省经济发展环境，积极营造全省上下合力创造优良经济发展环境的良好氛围。

开展哈尔滨市创建全国文明城市宣传报道

以“创建全国文明城市 共筑幸福美好家园”为主题，大力宣传哈尔滨市打造整洁有序城市环境、夯实文明创建基层基础和优化未成年人成长环境等方面的工作举措，引导广大市民积极参与创建全国文明城市活动，为创建工作营造浓厚的舆论氛围。

精心组织中国共产党第十八次代表大会宣传报道

按照科学谋划、掌控基调、把握导向、引导热点、展示亮点、形成合力、统筹兼顾的原则，组织省直主要新闻单位根据各自特点，采取多种形式，选取多种角度，开辟专栏专题，全面报道大会主要内容和重要精神、黑龙江省代表参会议会情况和全省各族人民多种形式迎接盛会的喜庆景象，积极营造热烈、喜庆、提气、鼓劲的浓厚大会氛围。

省广播电影电视局

促进传统广播在全媒体时代的繁荣发展

黑龙江人民广播电台(简称“龙广”)是新中国第一家地方人民广播电台。随着新媒体发展进入了全媒时代，对传统广播的功能定位提出了新要求，龙广困则思变。在新的十字路口，做出了新的抉择——重新清晰了媒体定位，打造“爱心、责任、服务、助力”四位一体的新型媒体；清醒了媒体使命，“与时代同频、与人民同心、自加压力、勇敢挑战、敢为人先、开拓进取”；彰显龙广在推动时代进步和区域发展中推广、助力、实效、担当的力量。这使龙广在创新中转型，蹚出了一条广播媒体在全媒体时代谋求生存和发展的新路。

在央视索福瑞的数据调查表上，龙广在哈尔滨上空的市场收听份额一直在70%左右，一度创造82%的奇迹，连续3年居全国广播市场份额之首。

在全国“五个一工程”奖评比中，龙广不仅连续八届12部广播剧获奖，而且还有一部电视剧、一部电影获奖；金话筒12个、长江韬奋奖3个、全国小说演播艺术家6位、中国新闻奖一等奖9个，被业界称为“黑龙江现象”。

《朝朝侃谈》高端访谈节目获广电总局全国表彰，成为全国10个受表彰的广播栏目之一。截至目前，《朝朝侃谈》节目在私家车频道收听率、市场份额已攀升至频率第六名。

在“2012‘感动龙江’年度人物(群体)”评选活动中，龙广荣获“2012‘感动龙江’年度人物(群体)”称号。

龙广首创了龙广爱心节，以每年的3月8日为时间节点，举办一系列的爱心活动。2012年，龙广举办了以“助教惠民”为主题的第三届龙广爱心节，通过开展“开往春天的校车”活动，用募集来的爱心善款，为黑龙江省四所偏远贫困学校购买四辆标配校车，缓解了当地学生的“上学难”问题；通过开展“百所希望厨房”活动，为100所学校兴建“希望厨房”，直接解决4万农村小学生的营养膳食问题。龙广交通台《一路有你》节目一年来连线6000多次，每天都有拾金不昧、爱心救助、无私奉献的感人故事在电波中传诵；龙广新闻台发起组建了3000多人的“爱心妈妈联盟”，不断给孤儿送去家庭温暖；龙广都市女性台凯淇工作室为连体畸形儿小志博、白血病少女汪芸芸募集善款30万元；龙广乡村台“惠农行”活动，历时百天，行程万里，惠农3000人；龙广的“爱心送考”活动，从北国冰城哈尔滨发展到南国鹿城三亚；龙广爱心车队联盟从最初几十人发展到现在的几万人，为成千上万的学子送去贴心服务；龙广大型暖冬行动——“牵手”，参与人数过千人，捐助爱心过冬衣物上万件。

发挥好主流媒体作用，按照各级主管部门要求做好“规定动作”的同时，创造性地做好“自选动作”，发出有思想的声音，靠“独家声音标识”和媒体品牌占领舆论制高点。

黑龙江作为中国最大的粮食生产基地，担当着保障国家粮食安全的重任。近年来打破农场和地方区县的行政壁垒，全力建设现代化的大农业、大农机、大水利、大科技，黑龙江省粮食总产量近三年每年以100亿斤的速度递增，创造了世界奇迹。龙广策划推出了主题采访报道《粮安天下》与大型新闻现场直播节目《农耕之梦》，两部作品都获得中国新闻奖一等奖。同时，龙广利用广播剧创作的优势，打造了广播剧《中国有个北大仓》，以北大荒第三代知识型农垦人为焦点，将三代农垦人的坎坷命运与从昔日开垦“北大荒”到今朝建设“北大仓”交织在一起，以独特的视角展示了独具魅力的“黑土文明”，荣获全国“五个一工程”奖。龙广还发挥品牌影响力，主动策划承办了“首届全国肉类食品行业国家级牛肉分割职业技能大赛”，充分展示了黑龙江大庄园肉业等一批优秀食品企业的标准化操作，让人们对食品安全回归了信心和信任。龙广还结合“走基层、转作风、改文风”，联合黑龙江省政府食品安全办和黑龙江卫视、都市频道策划推出了以“构建、展示中国食品安全大后方和大厨房”为主题的《百名记者走基层》大型主题系列报道活动，打响了一场展示诚信龙江、叫响龙江食品企业品牌的宣传战役。

在应对突发事件中，龙广更是主动担当，彰显了区域媒体主流的责任与力量。黑龙江“最美女教师张丽莉”勇救学生的事件发生后，龙广记者第一时间赶往事发地，通过夜间直播转院、500辆出租车鸣笛致敬、万人祈福、公益渲染、歌曲创作引领、配乐散文版丽莉日记滚动播出等方式，形成新闻报道轰动效应。龙广关于张丽莉的宣传报道被中央新闻战线“三项学习教育活动”领导小组办公室主办的《新闻战线三项学习教育活动简报》刊载。龙广新闻中心记者邹韵作为唯一媒体代表参加张丽莉先进事迹宣讲报告团，在人民大会堂作报告，并受到李长春、刘延东、刘云山等领导人接见。

在“大美龙江”的宣传热潮中，龙广开辟专题专栏并策划发起“大美龙江原创作品征集展播”活动。4个月共收到来自政府部门、事业单位、企业、文艺团体报送的原创歌曲1370首，参展作品230多首，在龙广十多个频率滚动播出上千次，激发了龙江人根植黑土、热爱家乡、创业奉献的激情。其中原创歌曲《美丽的冰凌花》等3首歌曲被央视教师节晚会选用。

深化“八大经济区”和“十大工程”的主题报道

2012年，黑龙江电视台围绕十大产业、大项目建设等内容，推出了100多篇深度报道。新闻中心制作的专题片《寒地黑土上的奇迹》，得到省委书记吉炳轩同志的表扬。电视台还围绕省委、省政府中心工作，制作了《精彩五年 丰硕龙江》、《回眸发展路》等多个专栏，出色完成了全国、全省两会报道。

为做好十八大报道，黑龙江电视台形成了数十万字的《报道方案》和《流程汇编》，创新形式、全台联动，会前、会中、会后都形成了报道声势和宣传热潮。《新闻联播》推出了《科学发展 成就辉煌》、《看龙江》等专栏，其中《科学发展 成就辉煌》还被省委宣传部誉为“2012年度全省十大优秀新闻报道活动”；《都市夜航》推出了《春华秋实》、《党代表风采录》等主题性报道；经济节目编辑部推出了《喜迎十八大——龙江新跨越》等系列报道。这些报道，展现了龙江科学发展的成就，营造了喜庆祥和的舆论氛围。十八大召开期间，黑龙江电视台在北京设立演播室，策划《李莉读报告》、《小翟访谈》等板块，每晚在《新闻联播》中直播，并回传前方报道组的大量报道。从11月7日到14日，《新闻联播》、《新闻在线》等相关栏目播出十八大消息总时长超过400分钟，占节目总时长的80%，《新闻联播》占比更是达到90%。黑龙江电视台十八大报道实现了零事故播出，创造了四个前所未有，即报道规模之大前所未有、技术保障之强前所未有、节目质量之优前所未有、各界反响之佳前所未有。省委副书记杜家毫评价黑龙江电视台十八大报道“非常及时、非常准确、非常精彩”。省委常委、宣传部长张效廉视察黑龙江电视台北京演播室时指出，栏目设置丰富多彩，新闻报道鲜活有力，赢得了赞誉，取得了丰硕成果。

围绕省十一次党代会，黑龙江电视台为高标准完成省委、省政府交办的新闻宣传任务，制定了《宣传报道工作纲要》，形成了二十六个工作方案以及20多万字的《汇编手册》。两个多小时的开幕式直播完美呈现，《新闻联播》打通编排，及时发布党代会最新动态。新闻中心制作的六期专题《奋进的春天》在卫视播出，介绍龙江过去五年经济社会发展成就，展望富强、和谐、文明、大美、幸福龙江的美好愿景。省十一次党代会的完美呈现，为十八大宣传报道奠定了基础，得到了省委、省政府领导的表扬，省委专门发来了表扬信。

黑龙江电视台还创新形式、高端策划，推出大美大爱龙江相关报道和专栏，宣传、升华了大美大爱龙江主题。5月9日《都市夜航》率先播发了“最美女教师”张丽莉勇救学生的新闻，随后全台各新闻节目均推出张丽莉报道专栏。《新闻联播》播发了国家领导人、省领导慰问、张丽莉苏醒、好转等重要、独家消息，配发了评论，做了特殊编排，连续报道。新闻频道对救治进行了多次直播。网络广播电视台发挥新媒体特点，及时跟踪事件进程。黑龙江电视台有关张丽莉的报道持续数月热度不减，得到了省委书记吉炳轩的表扬，引发了全国媒体和观众的关注。2012年度,黑龙江电视台在中央电视台新闻频道各档节目中,累计播发“最美女教师”相关报道达557条次。“最美女教师”张丽莉报道也入围“2012年全省十大新闻报道活动”。同时,黑龙江电视台各档新闻栏目还关注了“最美叔叔”谢尚威、“最美战士”高铁成、“最美法官”金桂兰、“最美阿姨”杨慧的事迹,参与主办“第五届感动龙江”评选,录制“感动龙江”颁奖晚会,大爱龙江感动全国。

2012年3月中旬开始,黑龙江卫视播出国际部拍摄制作的《大美龙江》专题,龙江大冰雪、大森林、大湿地等北国风光,给全国观众留下了深刻的印象。新闻中心在卫视黄金时段推出《游遍龙江》节目,《新闻联播》开设《龙年游龙江》、《大美龙江竞风流》、《龙江最美飘雪时》等多个专栏,《新华视点》制作《龙年龙江行》,推介龙江大美风光和旅游资源。黑龙江电视台关于龙江大美的宣传报道,提高了黑龙江的美誉度和知名度。

在伦敦奥运会、哈洽会、文博会、冰雪节、哈大高铁开通等重大事件中,黑龙江电视台均推出了一系列特色鲜明的报道。

经总局批准,2012年5月17日,法制频道正式更名为新闻频道,黑龙江电视台应对突发事件又有了新出口。2012年,新闻频道累计日常直播连线400多次,完成《七台河矿难》、《哈大高铁开通》等32场直播。

2012年8月,我省部分地区发生玉米黏虫灾害,《新闻联播》先后播发了《专家指导 科学防虫》、《黑龙江:“陆空”并举 虫口夺粮》等报道,给全省乃至全国人民吃了“定心丸”。

2012年8月28日晚上,台风“布拉万”袭击冰城,《新闻联播》通过记者体验式报道和配发评论,推出《齐心协力迎战‘布拉万’》报道;新闻频道和都市频道推出大型直播报道,坚定了市民战胜灾害的信心,哈尔滨市主要领导专门致函黑龙江电视台表达谢意和敬意。

2012年10月,我省遭遇20年未遇的罕见秋雨,粮食丰收面临威胁。黑龙江电视台展开抗秋涝报道,号召干部群众抢收秋粮。其中《黑龙江:战罕见秋雨 保颗粒归仓》报道在中央电视台《新闻联播》播出,得到省政府领导的赞扬。

黑龙江电视台深入开展“走转改”活动,加强民生报道。《新闻联播》开设了《走基层 看龙江》、《记者在基层》,《都市夜航》开辟了《小故事 大龙江》、《主播走基层》、《走基层 看民生》,公共频道推出了《咱家的幸福事》专栏,全台累计十余个专栏,深入田间地头,深入百姓身边,播发上千篇饱含真情实感的报道。

为展示我省民生建设成就,黑龙江电视台开设了《民生实事》等专栏,以大民生的视角,集中报道省委、省政府医疗保障、保障房建设、教育、就业等民生实事。《都市夜航》、《新闻夜航午间播报》、《新闻在线》、三亚龙视《第一民生》等栏目播发了上万条民生报道,为群众排忧解惑。“春雷行动”、“红盾护农行动”、“给梦想插上翅膀”等成为影响深远的公益活动,公共频道立足“公共服务”频道定位,“我来帮忙”公益形象深入人心。

2012年,黑龙江电视台继续履行媒体职责,担当社会责任,加强和改进舆论监督。《都市夜航》的《如此烧烤》、《如此加油》,《真相》节目的“假羊肉卷事件”、揭露医托内幕等报道,成为舆论关注的焦点,推进了管理制度的完善,保护了广大消费者的权益。

黑龙江日报报业集团

高度重视,周密部署 全力以赴做好十八大报道

党的十八大召开期间,黑龙江日报认真落实中宣部和省委的有关要求,高度重视,周密部署,全力以赴,创新报道形式,突出报道重点,前后方采编紧密配合协作,较好地完成了各项报道任务。

《黑龙江日报》把十八大报道作为2012年报道

工作的“一号工程”来抓，集团党组成立了主要领导负总责、副总编分工负责的领导机构，抽调相关部门的精兵强将，多次研究报道方案，策划报道栏目，确立了十八大期间实行“双总值班”制度。在校对、印刷、电力等后勤保障方面也做了周密安排，确保出版安全。整个会议期间，全部工序运转流畅，各个环节紧密相扣。每天出版的《黑龙江日报》，都能在当日中午送抵十八大黑龙江代表驻地，让代表们第一时间看到家乡的报纸，感受到龙江人民的关注与期待。

积极创新报道形式，突出龙江地域特色。《黑龙江日报》紧扣大会主题，在完成各项规定报道动作的基础上，深度报道、现场特写、图片、言论和代表专访等有机搭配，丰富翔实，灵活生动。在栏目设置、素材筛选上，根据黑龙江省代表的特点，结合黑龙江自身发展实际，集中确立了粮食大省建设、经济转型、生态保护等报道内容，重点突出，切合实际，体现了党报的权威导向作用。

努力克服不利因素，连续奋战亮点频现。为了搞好这次报道，《黑龙江日报》抽调了由中心主任、副主任组成的三人前方报道小组。在一周多的时间里，一批高质量的会议报道，受到代表和相关方面的认可与好评。省委副书记杜家毫称赞《黑龙江日报》对大会的报道“非常及时、非常准确、非常精彩”；省委常委、秘书长杨东奇也对记者采写的《党代表就该为百姓说话——农民工代表发言引发省委书记共鸣》现场特写和照片予以肯定，认为抓得好，鲜活生动，有力地烘托了会场的热烈气氛；大会期间，在中宣部组织召开的新闻宣传协调会上，《黑龙江日报》11月12日刊发的头题《为耕者谋利 为食者造福》受到了点名表扬。

张丽莉系列报道站位高，彰显党报舆论引导功能

系列报道容量大，持续时间长，实现了新闻热点与宣传热点有效结合，形成社会公众持续关注的热点。从5月12日至6月中旬，《黑龙江日报》关于张丽莉的相关报道先后形成了四次报道高潮。

系列报道主调鲜明，站位较高，充分发挥出省委机关报正确引导舆论功能。在张莉丽英雄事迹报道过程中，《黑龙江日报》连续发表的3篇评论《大美形象 龙江骄傲》、《大美大爱 龙江共鸣》、《迅速掀起向张丽莉学习热潮》，从逻辑上层层递进，饱含深情，文采飞扬，感人至深，发人深省。

系列报道深度挖掘，理性思考，通过专家访谈、理论阐述、历史追溯等多种方式，进行理性思考和深度挖掘张丽莉英雄壮举背后的核心价值。《道德内化本能 重塑精神尊严 ——省内社科学者多角度评价张丽莉》一文，从理性的高度，深度解析张丽莉英雄壮举所体现出的奉献精神正成为社会道德价值体系中的火炬和航标。《最美张丽莉——大爱龙江的历史传承》一文，对黑土地上英雄的传承进行了发掘。《龙江儿女的英雄赞歌——张丽莉壮举全景扫描及深度思考》一文，以其深度和广度，令人荡气回肠，引发共鸣。

系列报道改进文风，报道鲜活，更加贴近读者、贴近群众。《黑龙江日报》5月16日的标题《张丽莉，中央领导和全国人民牵挂你》，读来让人感到发自内心的亲切和感动。5月21日的主标题《以后你可以叫我姐姐》，一下子拉近了和读者之间的距离，拉近了党和人民群众的距离。

中宣部新闻局第253期《新闻阅评》这样评价《黑龙江日报》有关张丽莉的系列报道：黑龙江省佳木斯市张丽莉老师舍己救学生事迹发生以来，《黑龙江日报》持续一个多月进行跟踪报道。整个报道呼应群众关注热点，注重思想发掘，唱响了“共同守望中华民族高尚的道德之光”大爱之歌，为推动掀起向张丽莉老师学习的热潮发挥了积极的作用。……阅评员认为，牢记党报引领舆论的责任，从多侧面、多角度深入挖掘解析热点事件的思想意义，大力弘扬发生在我们身边英雄的感人事迹和精神境界，在建设社会主义核心价值体系中发挥出助推作用，《黑龙江日报》对“最美教师”张丽莉的宣传报道是一个范例。

现代化大农业报道声势大、亮点多

《黑龙江日报》紧紧围绕省委、省政府工作大局,深入贯彻落实“走转改”要求,大篇幅、连续性、宽视角地宣传报道了发展现代化大农业的成就和亮点,特别是6月份形成强大的舆论声势。

保障国家粮食战略安全站位高。黑龙江作为农业大省、国家重要的粮食主产区和商品粮基地,为响应中央“一号文件”,吹响了推动传统农业向现代农业发展的号角,实施了以水利化、机械化、科技化、合作化、产业化、市场化、城镇化和生态化为重要标志的发展战略,走出了一条符合龙江实际特色的现代化大农业发展之路。《黑龙江日报》分别以大水利篇、大农机篇、大科技篇、大合作篇为总领,全方位、多角度地挖掘展示各地各部门现代化大农业的现实举措和精彩实践。

服务党委政府工作大局形式新。《黑龙江日报》从6月4日开始推出《建设现代化大农业》大型系列报道。系列报道分为四大章节,对黑龙江发展现代化大农业的深刻变革进行了深入细致的梳理和剖析。每一章节分五个主题,每天拿出一、二、三版等重要版面对一个主题进行集中立体报道。头版头题刊发深度报道、独家评论,二、三版围绕一版主题以专家访谈、典型展示、照片图表等形式多角度、多侧面进行报道,《大兴水利固粮仓》、《农科联手合奏华美科技乐章》、《新技术让黑土地更具生机》、《大农机驾到,改了“天”换了“地”》、《大马力催动生产关系变革——友谊“农业联合体”站上潮头》、《调水安澜润良田》、《科技“金手指”引领增收路》、《让科技为可持续发展助力》等等,一个个事例,一组组数字,一幕幕图景,波澜壮阔地展示着黑龙江建设现代化大农业的强劲步伐,同时又从时代背景、实践样本以及生产力和生产关系层面上做了高度全面的总结和评价。

结合“走转改”宣传效果好。《建设现代化大农业》大型系列报道,历时一个多月,连续发表文字和图片类稿件百余篇,是《黑龙江日报》精心组织策划、上下通力合作的鸿篇巨制。在宣传报道过程中,《黑龙江日报》深入贯彻落实“走转改”要求,让编采人员走进县、市(区)现代农业生产现场,接地气、有底气。在探访肇东市百公里现代化大农业示范带报道中生动鲜活。因此《黑龙江日报》发表的《为增产增收打样 为产业发展开路——探访肇东市百公里现代化大农业示范带》受到中宣部阅评的高度肯定,《黑龙江日报》评论员文章《努力实现现代化大农业的新突破》极其罕见地以头版头条通八栏的方式刊发,受到省委书记吉炳轩的高度赞扬。

2012年7月20日,中宣部新闻局发表第334期新闻阅评,阅评这样评价:从6月初开始,《黑龙江日报》深入贯彻落实“走转改”部署要求,让编采人员走进县、市(区)现代农业生产现场,大篇幅、连续性、宽视角地宣传报道了黑龙江发展现代化大农业的新成就,形式之新、亮点之多前所未有,对黑龙江作为国家重要的粮食主产区和商品粮基地在粮食生产上的重要贡献给予了深度展现,着力挖掘了具有中国特色现代化大农业的体制创新有益经验。……中宣部阅评员认为农业丰则基础强,农民富则国家盛。《黑龙江日报》从去年的《写在我省粮食跃居双第一之际》系列报道,到今年《建设现代化大农业》大型系列报道,翔实地报道了黑龙江谱写现代化大农业每一个跳跃的音符和强劲的乐章。这一深度反映黑龙江建设现代化大农业深刻变革的大型系列报道,堪称主流媒体弘扬主旋律的成功案例。

省新闻工作者协会

评选2011年度黑龙江省新闻奖

黑龙江省新闻奖是全省优秀新闻作品最高奖,每年评选一次,由省委宣传部和省新闻工作者协会主办。

开展黑龙江省新闻奖评选活动,旨在检阅黑龙江省新闻工作年度业绩，展示新闻战线“三项学习教育”活动和“走转改”活动成果，发挥优秀新闻作品的示范作用，引导和鼓励广大新闻工作者坚持马克思主义新闻观，始终坚持正确舆论导向，落实“三贴近”要求，提高作品质量；促进新闻媒体多出精品，多出人才；推进新闻事业更好地为人民服务、为社会主义服务、为全省工作大局服务，为推动全省经济社会又好又快、更好更快发展提供有力的舆论支持。

本届新闻奖评选工作，共收到报纸作品277件，广播作品135件，电视作品207件，网络定评作品21件，新闻论文定评作品6件。经过评委的层层筛选，共有334件获得黑龙江省新闻奖，其中一等奖65件，二等奖102件，三等奖155件，新闻名专栏10个，特别奖2件。

深入开展“走基层、转作风、改文风”活动

目前黑龙江省“走转改”活动在省委宣传部领导下向纵深发展，全省各媒体发表了很多分量重现场感强具有说服力感染力的新闻力作。6月4日—12日省记协陪同由中国记协书记处书记高善罡带领的中国记协调研组到省直及地市新闻媒体“走转改”活动现场进行座谈调研。调研组组长高善罡对黑龙江省开展“走转改”活动给予了充分的肯定。

黑龙江省开展“走转改”活动有以下特点：一是精心部署、推动有力。“走转改”活动受到各级领导高度重视，各级领导对新闻媒体“走转改”活动亲自指导。省委宣传部和省记协周密安排，推进有力。省级主要媒体和各市地党委宣传部都建立了领导组织机构、制订计划、开展培训、完善“走转改”活动机制。二是围绕中心、服务大局。全省新闻媒体紧紧围绕省委、省政府提出的“建设现代化大农业”、“建设大美大爱龙江”重点工作和重点民生工程，组织编辑记者深入一线，挖掘报道素材，突出报道基层建设者和普通百姓，进一步激发了全省干部群众贯彻落实科学发展观的积极性、主动性、创造性，营造了健康向上的良好舆论氛围。黑龙江电台派出编辑记者600多人次深入基层开展主题报道，在“龙广记者在基层”等专栏 播发《粮安天下》、《黑土交通梦》等来自一线的优秀新闻报道540多篇。三是扎实深入、覆盖广泛。全省的报纸、广播电视、网络等各类新闻媒体行动迅速，走进田间地头、深入社区乡村，遍访企业厂矿，充分反映基层普通百姓的喜怒哀乐。黑龙江电视台年轻女记者朱芳芳不畏艰苦，走上工作岗位两年时间里，几乎走遍省内所有市县，并6次深入漠河采访。四是创新形式、丰富载体。省级主要媒体围绕“最美女教师”张丽莉的事迹，深入现场，连线百姓，团结协作，不断创新典型宣传的形式和途径。《伊春日报》设立“走转改”箴言栏，帮助广大新闻工作者领悟“走转改”真谛。伊春电视台把直播间搬到区县，通过“行风热线”直播节目推动解决实际问题。牡丹江新闻传媒集团通过“一变、一线、一点、一品、一合”，深化“走转改”活动。一变即走基层转变作风、文风，一线就是扩大基层联系点，一点是指挖掘基层工作亮点策划主题采访，一品即打造服务基层的民生品牌栏目，一合即与各县（市）区建立合作机制确保“走转改”活动持续深入开展。五是建章立制、完善机制。《黑龙江日报》按照“走转改”要求逐步建立完善领导下基层制度、基层联络点制度，奖金向深入基层采访的记者倾斜。双鸭山市委宣传部对“走转改”活动实行项目化管理、工程化推进，把全市新闻媒体“走转改”工作细化到表格、落实到相关责任人，为活动深入持久开展提供了有力保障。

哈尔滨市

组织开展“坚定实施新战略、奋力实现新跨”主题宣传报道战役

以深入宣传贯彻落实市第十三次党代会精神为主线，围绕中心，把握节奏，聚焦全市重大决策部

署和重点工程项目，加强策划设计，增加报道总量，紧扣市第十三次党代会、“冰雪节”、人大政协“两会”、文化建设推进年、第24届哈尔滨冰雪电影节暨第二届华语电影产业盛典、发展县域经济、城市道路交通整治等方面内容，展开宣传，形成持续不断的宣传报道热潮，集中刊播发相关稿件600余篇(条)，营造出哈尔滨市经济社会好发展快发展大发展的良好舆论氛围。

组织开展“创建全国文明城市”宣传战役

围绕争创全国文明城市，多次召开会议、下发方案，要求市属各新闻媒体打破常规，集中版面和时段，开设“创建全国文明城市，共筑幸福美好家园”等多个专栏，以创城“惠民、育民、聚民”为切入点，推出一批深度报道，引领全市创建工作，共刊播发相关报道2000余篇(条)，形成强大报道声势。围绕纪念雷锋同志50周年，大力宣传学习雷锋精神主题实践活动，开辟“雷锋精神50年 讲述身边雷锋”等专题专栏，刊播相关报道400余篇。大力弘扬哈尔滨风尚，集中宣传高铁成、张丽莉、杨惠、苏泽军、“救火五警察”等一批时代楷模，塑造了哈尔滨城市英雄群像，展现了哈尔滨“大爱之城”、“情义之城”的文明形象。

组织开展“迎庆党的十八大召开和学习宣传贯彻落实党的十八大精神”主题宣传

从6月份开始，安排部署市属媒体认真组织“科学发展 成就辉煌”、“喜迎十八大、展辉煌成就”、“十八大代表风采录”、“党建巡礼”、“走基层看变化”、“喜迎十八大·争创新业绩”等一系列专题宣传，《哈尔滨日报》及时刊发新华社通稿，哈尔滨广播电视台推出《走基层，我们这十年》、《老印象新地标》和《十八大和我》等大型系列报道，共集中刊播重点稿件300余篇(条)，此外，《哈尔滨日报》、《新晚报》相继推出“数字看变化，成就展辉煌”20多个图片专版，充分展示了哈尔滨市经济社会全面发展、人民生活安居乐业的喜人变化。

开展“迷人的哈尔滨之夏”系列宣传报道

撰写整体宣传报道方案，组织市属新闻媒体集中力量、超前策划、开设专栏、突出亮点，全面宣传报道“迷人的哈尔滨之夏”文化旅游五大板块活动，共刊播发新闻稿件1500余篇(条)。《哈尔滨日报》刊出24个专版，《新晚报》刊出8个专版，哈尔滨广播电视台直播开幕式重要活动、制作开幕式专题报道，推出公益宣传片和倒计时宣传片，组织副省级城市电视台参与活动报道，扩大了“迷人的哈尔滨之夏”的影响力，打造出哈尔滨又一张城市名片。

组织开展“政风建设年”和“基层组织建设年”活动宣传报道

认真做好“政风建设年”活动的宣传，加大以行政问责为主要内容的“政风建设年”活动的宣传力度，开辟“学习贯彻行政问责规定 推进政风建设年活动”、“聚焦行政问责”等专栏，大力宣传《哈尔滨行政问责规定》的主要任务、内容，反映全市行政系统深入学习贯彻行政问责规定的情况，重点报道具有审批、执法等职能的部门、窗口和关键部位的工作人员学习贯彻行政问责的情况，推动“政风建设年”活动顺利开展。认真抓好“基层组织建设年”活动的宣传报道，组织市属新闻媒体开设“强组织、增活力，创先争优迎十八大”专栏，集中宣传开展“基层组织建设年”活动的重要精神和工作要求，宣传基层组织建设年活动的进展情况和实际成效，宣传基层组织建设年活动中涌现出的先进典型，宣传加强基层组织建设的特色经验和做法。组织市属新闻媒体集中奔赴基层采访，全面反映全市深入推进社会管理创新工作动态和取得的成效，共推出典型报道、基层政法书记访谈和人物风采录累计50余篇(条)。

切实加强新闻宣传管理和服务

坚持和完善新闻通气会、协调会、务虚会制

度，及时梳理一段时期的报道重点和报道要求，协调组织重大主题、热点问题和突发事件的宣传报道工作。召开专题新闻协调会 20 余次，印发各种新闻宣传工作方案 17 期，编发《新闻报道通知》250 余期，协调各种活动宣传报道 500 余次。进一步建立和完善新闻管理相关规章制度，制定《关于进一步加强新闻宣传管理的有关规定》等规章制度，以市委、市政府两办名义印发《关于加强和改进领导活动和会议报道》和《关于建立新闻媒体应对重大社会舆情反应机制的意见》等两个指导工作的重要文件，编印《重要新闻宣传文件资料汇编》一书，举办全市宣传干部新闻业务培训班和深化"走转改"活动青年记者培训班，力争在源头上把好舆论导向。在全市新闻战线开展为期半年的"提素质、补短板、强责任"主题教育活动，着力解决新闻队伍在思想、组织、作风建设等方面存在的突出问题。

积极做好热点问题的舆论引导

按照市委、市政府应对台风"布拉万"统一部署，积极组织市属新闻媒体深入一线、全力以赴、协同作战，连续集中刊播发新闻报道稿件 300 余篇(条)，主动、全面、客观地全景呈现了全市众志成城、全力以赴应对台风"布拉万"的良好精神风貌，有效引导社会舆论，弘扬城市精神，得到了市委、市政府主要领导的充分肯定。及时做好"拆违"和"棚改"工作动态报道，每日公布各区拆违进度，对重大典型进行曝光，推动"拆违"和"棚改"工作顺利进行。妥善处置阿城西泉眼水库库区非法返迁移民搬迁安置、8·2 万名旅客滞留哈站、8·14 辽阳街 90 号路面塌陷、8·24 三环路高架桥洪湖路上桥匝道倾覆等突发事件的新闻宣传报道工作。

组织开展"走转改"主题教育活动

2012 年先后集中组织"进农户、入地头、春耕生产我先行"、"走进十县（市）、媒体县域经济行"和"走民生路、融百姓情"大型主题采访活动。市属媒体刊播发"接地气"稿件 200 余篇(条)，一大批关注基层、关注民生的鲜活报道，引起广大读者和市民的强烈反响和共鸣。

齐齐哈尔市

营造主流舆论强势

围绕市委、市政府提出的"全党抓项目、全民搞招商，努力开创全市项目建设新局面"的战略要求和打好六个攻坚战的战略目标，组织市直各新闻单位充分利用专版、专刊，采取不同形式，通过不同视角对大项目建设、新农村建设、三优文明城建设、中心城区综合整治工作、备春耕生产、市直部门服务中小企业、秋整地工作、喜迎十八大等全市重点工作进行了深度报道，为服务全市经济社会发展大局，营造了浓厚舆论氛围。市广播电视台依托频率、频道及新闻中心等宣传平台，以鲜活的新闻事件、鲜明的报道主题讴歌时代主旋律，展示了全市各行各业、各条战线取得的丰硕成果。《齐齐哈尔日报》充分发挥机关报的指导性、权威性作用，陆续开辟了《新春走基层》、《落实省市党代会精神》、《关注备春耕》、《关注三农——记者在一线》、《走基层 转作风 改文风——关注中小企业发展》、《走基层 转作风 改文风——服务大项目在行动》等专栏，积极引导公众关注全市中心工作。《鹤城晚报》突出民生报道，反映群众日常工作生活中遇到的疾和苦，特别是大张旗鼓地宣传市政府为百姓落实的 30 件实事，加强了政府与人民的沟通，拉近了政府与群众的关系。

改进新闻宣传方式

齐齐哈尔广播电视台对所属 4 个广播频率、6 个电视频道、1 个新闻中心所承办的 10 套广播电视节目、2 组广播电视新闻节目进行了改版调整，做大做强固有节目品牌，打造特色鲜明、定位准确的专业化频道，推出了一批优秀广播电视节目，创建了一批新品牌，听众、观众反响良好，77件作品荣获省级奖励，《点击三农》节目荣获了中国第四届新农村电视艺术节年度对农电视好栏目奖。《齐齐哈尔日报》开设了新闻会客厅版，常规版每期刊发一篇言论，增强了新闻宣传的思想性和引导力。《鹤城晚报》坚持开放式办报，将新闻关注点落到民生热点、难点问题上，开辟3部热线电话，使很多长期困扰市民的问题通过媒体关注得以解决。其中反映汽车加气难的稿件引起市领导和有关部门的高度重视，被列为2012年市政府30件大事之一。齐报业集团组织开展了扎龙国际婚礼文化节、品牌汽车惠农巡展、万人相亲大会、农资大集等多项惠民活动，齐报业集团获“2012中国报业广告年度创新奖”，《鹤城晚报》获得全省“最具影响力媒体”殊荣。齐齐哈尔新闻网与齐齐哈尔移动分公司合作创办了《齐齐哈尔日报手机报》和《鹤城晚报手机报》，进一步创新、拓展了新闻宣传的方式和渠道。

强化新闻队伍建设

将“走基层、转作风、改文风”活动作为强化新闻队伍建设的重要一环强力推进，广大新闻工作者深入基层、深入一线、深入田间地头，采写了大量感人至深的报道。《齐齐哈尔日报》先后推出了“关注中小企业发展”和“服务大项目在行动”两个系列报道，齐齐哈尔广播电视台策划推出了《劳动之歌》、《春耕服务台》、《产业项目县区行》栏目，受到社会各界的广泛好评。《产业项目县区行》稿件被纳入全市干部教育培训教材。通过组织新闻记者开展“走转改”活动，一大批优秀的新闻稿件问世，有效提高了全市经济、社会、民生等工作宣传的广度和深度，增强了主流舆论的影响力。坚持新闻阅评制度，加强新闻阅评员队伍建设，坚持审听、审读、审看。组织开展新闻工作者岗位培训，及时发现和纠正新闻工作中的失误，提高新闻工作者的整体素质。

牡丹江市

做好党的十八大宣传报道

从6月初开始，启动党的十八大新闻宣传报道战役，形成了分阶段、抓重点、造声势、成高潮的工作思路，制定了专门的宣传报道方案。组织全市各媒体开辟《科学发展 成就辉煌》专栏，从群众关心的热点入手、从群众身边的变化入手，充分报道牡丹江市在新一届市委的领导下，经济快速发展、环境明显改善、民生显著提高等方面内容，在4个月时间里共刊发各类稿件400余篇，有力引导全市干部群众拥护党、热爱党、跟党走。从10月中旬开始，着重宣传党的十八大召开的时代背景、重大意义等方面的内容，把干部群众的兴奋点和关注点集中到即将召开的十八大上来。十八大召开后，在媒体开设《贯彻落实十八大精神 建设和谐幸福城市》、《跨越发展正当时》等7个专栏、专版，重点宣传全市学习十八大精神和对十八大报告的解读，共报道全市70多个部门、单位深入学习党的十八大精神的动态消息，就十八大报告中群众关心、群众热议的问题和报告中的新提法、新部署进行解读，为全市学习宣传贯彻党的十八大精神创造了浓厚的舆论氛围。

组织开展经济工作宣传战役

组织媒体围绕项目建设、招商引资、园区建设、打造沿边开发先导区等重点经济工作进行宣传报道。全市媒体共开辟经济工作专栏5个，报纸、广播、电视、网络四元联动，形成全方位、多角度、立体化宣传态势，刊播了大量理性深刻、生动鲜活，反映经济工作新成绩、新亮点的报道稿件，营造了推进经济工作落实的强势舆论氛围。7月至9月，先后宣传报道了“城乡统筹发展高层论坛”、“镜泊湖旅游文化节”、“国际石油钻采设备展”、“黑木耳节”、“冷链物流大会”等多次大型会展活动，提前谋划和安排每次展会的宣传报道，实现所有环节的全程跟进和新闻宣传无偏差、零失误。同时,组织媒体采取现场直播、深度报道、系列报道、回顾性报道、专访、花絮等多种宣传报道形式,大力提高每次展会的宣传效果。

加大民生宣传报道力度

围绕市委出台的《关于加快建设和谐幸福牡丹江的若干意见》,组织媒体坚持"三贴近"原则,对《意见》进行逐条阐释和解读,先后开设《民生热线》、《市长督办进行时》、《聚焦2012利民实事》等7个民生类专栏,做到定期有专版、天天有报道,凡是与民生工程相关的报道都在标题中突出"民生"、在内容里凸显"民生",积极放大政府的声音,树立政府亲民、爱民的良好形象。在对民生工程重点项目"十大主题公园建设"的宣传报道中,在媒体开辟专版、专栏,高密度宣传"十园"建设意义,跟进建设进程;在"十园"开园当天,实现各园开园仪式的全程直播,得到市民群众的普遍关注和认可。

继续深化"走、转、改"活动

按照中宣部"走基层、转作风、改文风"活动要求,在全市媒体中开展"媒体走基层"系列活动。先后组织了"新春走基层"、"新闻媒体进军营"等多次主题活动,组织全市近百名记者深入基层一线、深入群众生产生活进行采访和创作。组织参加全国新闻战线"走转改"活动图片展。自活动开展以来,共形成走转改稿件600余篇,帮助企业商户解决生产经营等困难120余件,帮助市民群众解决各种困难1300件以上,提供咨询服务4000余次。在2012年全市评选出的83件新闻奖中,"走转改"稿件达到了80%以上。

提高新闻宣传质量和水平

从牡丹江传媒业龙头新闻传媒集团着手,将原时政综合和社会财经文娱两个资讯社合二为一,组建全媒体新闻资讯社,下设新闻采访中心、编辑中心、广播节目和电视栏目制作中心、新媒体中心四个中心,集中使用集团所有宣传资源,实现媒体资讯采编、制作、发布流程再造,打造全媒体资源融合平台,提高集团化作战水平。调整《牡丹江日报》一版设置,改进市领导活动和会议报道,增加中心工作、图片新闻、重要典型和国内外重大时事报道,重新调整定位其他版面,扩大自采新闻版面,增加新闻信息量。《牡丹江晨报》从形式到内容都做了较大幅度的改版调整,报头、报眉及版式风格更加舒朗大气,易于阅读;扩大民生服务类专刊版面数量,内容分类更加版组化,强化了本地报道和服务功能。除原有广播电视节目、栏目外,新增《正午时分》、《法制进行时》、《快乐城堡》、《江湖任我行》等4档电视栏目,重新定位生活故事广播频率,选调了一批曾从事过新闻宣传工作的业务人才充实到宣传一线,强化新闻宣传和节目采编制作力量,增加自办节目播出时间。

提升新闻媒体的文化传播能力

加大主要新闻媒体的支持资金投入力度,先后投入500余万元对摄、采、编、录及制作、播出设备进行维修改造和提档升级,购置摄录编设备60多台套,报纸采编及广播电视节目制作播出全部实现网络化、数字化。在完成数字电视建设及整体转换后,投入1000余万元进行传输网络升级,搭建数字高清及VOB互动点播平台,推进节目传输向更高水平发展。投入1000余万元改造出版印务设备,提升报刊印刷质量和出版规模,保持黑龙江东部区域出版印刷行业的领先优势。筹资400余万元搬迁重建广播发射台,扩大覆盖范围和发射功率,提高广播节目收听信号品质。切实加强市级媒体与县市广电行业管理部门的沟通合作,通过进行巡视、检查、维护,落实传输保障,保证自办广播电视节目在全市区域的转播覆盖和收听收视效果。

全面提升新闻从业人员思想道德水平和业务工作能力

深入开展"三项教育"活动,制定下发《关于

2012年在全市新闻战线深入开展"走基层、转作风、改文风"活动的实施意见》,评选了牡丹江市"十佳记者"。引进社会评价体系,让更多的社会群体及群众发挥监督作用,严格执行《禁止有偿新闻规定》、《新闻采访六要六不要》等规章制度,规范新闻工作者职业道德行为,提升新闻从业者的职业道德水平,树立采编人员良好的社会形象。采取"走出去、请进来",以会代训、以审代训,业余自学和岗位锻炼相结合的方式,实行全员培训。在全市范围内抽选资深专业骨干或媒体负责人对新闻编采人员每周进行一次集中授课辅导,帮助编采人员掌握并提高采编业务技能,适应全媒体融合发展需要。全年举办媒体业务知识专题讲座20多场,培训新闻采编人员2500多人次。

佳木斯市

开展重大主题宣传

牢牢把握正确的舆论导向,以科学发展观为统领,以迎接、宣传、学习、贯彻党的十八大精神为主线,紧紧围绕市委、市政府的中心工作,全方位、多角度地做好新闻宣传工作,为建设富裕、文明、和谐、幸福佳木斯营造了积极向上的舆论氛围。一是组织市属媒体开展党的十八大、省十一次党代会、市十二次党代会精神宣传。从各新闻单位抽调精兵强将组成专题报道小组,从4月15日开始对省十一次党代会进行宣传,重点报道了各县(市)区、各单位、社会各阶层学习、宣传、贯彻省十一次党代会精神的动态;结合贯彻落实市十二次党代会精神开展了一系列成就性宣传,反映成就,总结经验,树立典型,推动全市以实际行动贯彻落实市党代会精神;十八大召开期间,通过开设专栏、专题和专版,按照会议日程及时转发会议动态和相关评论,突出宣传好十八大主题报告,反映广大干部群众对大会的热烈反响;十八大闭幕后,全面报道了各地、各单位学习贯彻十八大精神报告会、研讨会和宣讲活动,在全市兴起学习宣传贯彻十八大精神的热潮,累计刊(播)发相关稿件300多篇(条)。二是全面推进九大战略任务的宣传。围绕市委、市政府"突出四大优势,全面完成九大战略任务"的目标,制定下发了《2012年新闻宣传工作要点》,组织市直各新闻单位统一策划,统一行动,开辟了《全面推进九大战略任务》专栏,综合运用消息、通讯、访谈、评论、直播互动等多种形式,大力宣传各地各部门推进九大战略任务新举措、新成绩、新经验和社会各界的积极反响。三是积极开展节会宣传。组织市直各新闻单位及时报道三江杏花节、三江国际旅游节、三江知青节、三江国际泼雪节的盛况,以节会宣传报道为契机,宣传节会文化,宣传全市群众文化活动开展情况,宣传市民广泛参与的热情、幸福快乐的真实感受。以召开中俄(佳木斯)农机产品展销洽谈会、全国现代农业建设现场交流会和全国农业厅局长座谈会为契机,大力宣传佳木斯的资源优势、旅游资源、民俗民风等,全方位展示城市之美。四是积极开展舆论监督。组织全市各新闻媒体统一开设《全市城乡环境综合整治"红黑"榜》,新闻单位深入全市各地抓拍影响城乡环境的反面典型,纸媒利用头版或专版等大篇幅版面连续刊发新闻图片和文字,并配发评论;电视、电台等媒体利用黄金时段播发专稿,直观反映现实问题。同时,组织各新闻单位选派带班领导、骨干记者10人,成立专项采访组,积极与市新农办、市文明办协调,全天跟踪报道全市城乡环境综合整治现场情况,报道工作进展情况和整治成果,加大曝光力度,深刻剖析评论影响全市环境的缘由,引发思考和讨论,形成高压的舆论态势,促动广大干群提高自律意识,自觉维护环境,为整治活动的开展营造了浓厚的舆论氛围,市直各新闻单位累计刊发相关稿件170余篇,刊发专版2期,推出新闻专题5期。

开展重大典型宣传

5月8日,张丽莉舍己救学生的英雄事迹发生后,市委宣传部高度重视,组织新闻媒体采取超常规措施大力宣传张丽莉先进事迹。一是及时客观报道英雄救治情况。成立了由市委常委、宣传部长赫贵涛任组长的领导小组，确定了各职能部门的新闻发言人，把握宣传报道口径，牢牢掌握新闻发布的主动权。5月9日，组织五家市属主要新闻媒体联动采访，在第一时间发出《佳木斯市全力做好"5·8"交通事故善后工作》新闻通稿，及时报道市委、市政府以"最大决心、最大努力"救治英雄的进展情况，有效避免了社会舆论的猜疑和炒作，使客观正面的宣传及时抢占舆论制高点。组织市电视台把新闻通稿报省，引起了省电视台的高度重视，第二天派记者来佳木斯市采访，10日播发了见义勇为女教师张丽莉的新闻，11日省电视台采制的新闻传送到中央电视台，当晚在中央电视台《新闻联播》中提要播发，在全国上下引起强烈反响。二是广泛宣传张丽莉先进事迹。为了确保舆论引导有序进行，制定下发了《张丽莉同志典型事迹新闻宣传方案》，先后8次组织召开专题新闻例会，并召开了由各城区常委宣传部长和卫生、教育、公安、交通等党委负责人参加的新闻宣传协调会，研究部署学习张丽莉先进事迹的新闻宣传工作。市属新闻媒体打破常规，采取超常措施集中开展宣传活动，统一开设了《学习张丽莉争当先优模》、《情系最美女教师》等系列专栏专版，开辟了新闻特刊《最美女教师，勇敢茉莉花》，编发了《张丽莉，让我们依然相信未来》、《大美大爱，时代英雄》等新闻评论，采发了《一个她感动一座城》、《回望青春岁月》、《这是一座英雄辈出的城市》等10多篇长篇通讯。市电视台采取超常措施，整合专题节目，推出了30分钟的特别节目《我们等你回来》。佳木斯电台制作了《大爱最美》等6个片花，在新闻广播、经济广播、交通广播三套频率中滚动播出，并制作播出了长达2个小时的特别节目《大爱最美》。市政府网站开辟了专题网页，推出大量张丽莉先进事迹图片。市属各新闻媒体共集中推出连续报道、深度报道、专题报道等新闻稿件1180余篇(条)，在全市形成了强大宣传声势。三是深化张丽莉先进事迹的宣传。在前一阶段的宣传基础上，抽调全市新闻单位精兵强将，从不同角度、不同侧面深入挖掘张丽莉同志的先进事迹，总结梳理张丽莉舍己救人的宝贵精神，大力宣传张丽莉"舍己救人、爱生如子、爱岗敬业、争创一流、助人为乐"五种精神，通过集中开展深度宣传，为推动全市经济社会发展凝聚了力量，为张丽莉成为全国重大典型提供了第一手素材，为展示佳木斯这座英雄城市的美好形象发挥了积极作用。

大庆市

壮大主流舆论

全市各新闻媒体按照统一部署，围绕全市大局和中心工作，坚持宣传党的主张和通达社情民意相统一，唱响主旋律、打好主动仗，积极壮大主流舆论。一是规范新闻管理。制定出台《大庆日报和大庆电视台进一步加强新闻宣传的实施细则》、《进一步规范新闻宣传管理的意见》，有效保证了新闻报道质量。二是强化新闻策划。坚持每月召开新闻例会，制定新闻宣传要点，部署推进新闻报道；适时召开协调会、通气会，传达中央、省委和市委新闻报道的意见和新闻工作要求。全年制定《迎接党的十八大新闻宣传方案》、《学习宣传贯彻十八大精神采访计划》、《市八次党代会新闻宣传方案》和《市八届二次全会新闻宣传方案》等报道方案30余个，安排温家宝总理和大庆油田职工连线拜年、吉炳轩书记来大庆视察和市委"走基层、看项目、话创业、谋发展"等活动和会议的新闻报道1200多次。三是做强新闻栏目。指导各媒体优化调整《四大帮办在行动》、《今晚60分》、《市民议事厅》等固有栏目节目的同时，推出了《大庆经济新闻》、《问答百湖》、《说和》、《微大庆》等一批新节目栏目。四是开展集中宣传。成功打响了学习宣传贯彻党的十八大精神、省十一次党代会精神、市八次党代会、市八届二次全会精神、市"两会"、第五届湿地旅游文化节、纪念大庆"二次创业"20年和重大项目建设等八大宣传战役。同时,结合不同时期市委、市政府重点工作部署,对农业和农村工作、加快发展第三产业、“三城”联创、大庆人十大观念、我最厌恶的十大陋习查议改、城乡建设领域突出问题综合整治等重点工作进行了集中宣传。全年开设《激情超越二十年》、《全市项目建设进行时》、《大庆好人榜》、《我眼中的小康生活》等专题专栏60多个。五是加强民生宣传。开通6666669热线,搭建了《水电气暖路,信息早知道》平台,发布信息8000多条;面向社会征集民生工程项目建议,刊播市民建议1539条;召开了市人大九届一次会议、市委民生热点新闻通报、市人大政情通报、市公开选拔领导干部等5场新闻发布活动。

加强新闻从业人员队伍建设

一是积极开展“走基层、转作风、改文风”活动。推出了《温暖上学路》、《西北风口变绿洲》等一批深入基层、心系群众的好稿件。二是深化“三项学习教育活动”。召开了学习贯彻省委书记吉炳轩《新闻宣传要体现时代性》讲话精神座谈会和“媒体政治责任和社会责任”研讨会,邀请经验丰富的中央级媒体工作者赴大庆交流工作传授经验。三是开展“思想道德作风建设年”活动。认真执行黑龙江省新闻从业人员“八不准”的规定,严格禁止“有偿新闻”,坚决杜绝虚假新闻,认真贯彻落实“打击新闻敲诈治理有偿新闻”专项行动。四是组织评选大庆新闻奖。积极参加黑龙江省新闻奖和“十大优秀新闻报道活动”的评选,大量优秀作品获奖励。

鸡西市

精心打造《城市三年大变样——决战2012》新闻专栏精品

坚持项目化运作、品牌化打造,将《城市三年大变样——决战2012》专栏打造成传递党和政府政策的有效载体,成为市民百姓最喜欢看、风景最明亮的明星“窗口”。

坚持把百姓的关注作为媒体的政治任务。按照“建设绿色矿区、生态城市、宜居家园和黑龙江东部地区中心城市”的要求,加大力度“完善功能、打造亮点、突出特色、提升品位”,努力把百年煤城建设成绿色新城。2010年到2012年,计划用三年时间实现“一年打基础、两年有变化、三年大变样”的城市建设任务。围绕城市三年大变样这一热点,将城建宣传战役作为全年的新闻宣传重点,通过项目化运作、品牌化打造,精心筹划设计新闻宣传精品,从2012年5月份开始,在全市各大媒体开设了《城市三年大变样——决战2012》、《加快城市建设、打造宜居家园》等专栏、专题。组织专题报道组,指派专人对城市建设进展跟踪采访、连续报道。短短4个月时间里,采写、刊播稿件317篇,从城建项目的进展到城建工作者的足迹,在媒体窗口中播出了一连串的城市建设“动画片”,从“窗口”中可以及时了解全市城建工程的规划设计、各个项目的建设动态,生动、及时、内容丰富的报道传递了市委、市政府对市民生活环境的关切和对美丽家乡的憧憬。

坚持全方位传递党和政府为民造福的声音。将宣传报道的触角延伸到城市建设的各个角落。组织多路记者对重点项目的开工、施工、竣工等进展情况连续报道,连续刊播,让社会各界及时了解项目实施的进展情况。一是亮点工程细化宣传。城市建设项目中,穆棱河综合治理改造工程是最大的亮点,以“一轴两带十八景”为总体布局,原本杂草丛生、水浅滩露的穆棱河畔被建设成为东北三省规模最大、设计最现代、景观最精致、最有文化氛围的大型广场公园。百人百米铜雕群、跌水广场、防浪墙浮雕等每一个景观的建设都带给市民异常的惊喜和期盼。《穆棱河广场凸显鸡西地域文化》等稿件配发视觉冲击力极强的图片、影像在媒体中陆续播出,展示了公园的大气和惊人的美丽。二是重大工程综合报道。将老城区改造中的道路改扩建工程、保障性安居工程建设、三供两治工程、亮化美化绿化工程，以及鸡冠新区建设、鸡冠产业园区建设等作为宣传重点，在做好工程进展等动态宣传的基础上，策划采写了多篇工地巡礼系列报道，并将其综合编写成鸡西城市建设纪实报道，在全市各大主流媒体头条刊发。《通衢大道连未来》、《完善功能惠民生》等大手笔、长篇幅的报道成为了解这些重点工程的窗口，工程的设计、进展、成果一目了然。三是全局工作深度报道。2012 年 9 月份，大部分城建工程竣工投入使用，及时采写了城市建设综述等系列报道，以图文并茂的形式刊发了《道路改扩建工程纪实》、《保障性安居工程建设纪实》、《穆棱河公园建设纪实》等专版和专题新闻，不仅展示了工程的设计、运作过程，更体现出党和政府与人民群众幸福息息相关的深情厚谊，为城市建设的顺利收官营造了强大的宣传声势。同时，深入挖掘城建工作的典型事例和典型人物，展示建设者风采，引发人们对建设者的无比尊敬和爱戴。

双鸭山市

打响重大新闻宣传战役

双鸭山市新闻战线围绕全市重大活动、会议，深入开展新闻宣传工作。一是全面打响宣传战役。精心组织开展党的十七届六中全会、双鸭山市十次党代会、迎庆省十一次党代会、迎庆党的十八大等 7 项大型新闻报道战役。扎实开展双鸭山市创建国家级双拥模范城、国家森林城市、全市产业项目建设暨招商引资会战、双鸭山市资源型城市转型会战等 15 项市域内大型创建活动和会议报道活动，全面开展宣传工作，促进全市重大活动、会议影响力和覆盖面大幅提升。二是宣传方式立体灵活。全市 5 家市直主流媒体、6 家县区新闻媒体及 1 家都市类新闻媒体联动，围绕活动重点和特色，灵活开展报道工作。推出“全会解读”、“代表心声”、“喜迎十八大”、“科学发展 成就辉煌”、“十八大精神在煤城”等 30 余个专栏专题，多角度、多层面、立体式展现了双鸭山市跨越发展的生动面貌。三是宣传途径创新多元。以“新春走基层”、“记者在基层”、“基层风采录”等专题活动为抓手，记者全年深入基层开展新闻宣传 2300 余人次，及时将党和政府的声音传递到百姓心中。从开展“三个一”主题活动开始，到全市“杜绝虚假新闻加强新闻职业道德建设”专项学习教育活动，再到全市新闻战线“我们和人民心连心”大型广场文化活动，全市新闻记者采发专题报道 1800 余篇。《帮办》、《新闻视点》、《行风热线》等专栏不断加强社会热点问题舆论引导，累计播发新闻 150 余期，解决基层和群众想什么、盼什么，怎么看、怎么办的问题，受到群众欢迎。

对上报道工作成效显著

双鸭山市运用“策划式运作、定位式管理、覆盖式推进”三式一体工作法，全面开展对上报道工作。一是策划式运作。充分利用新闻媒体月例会制度，形成对上报道工作机制。全年完成对上报道 2100 余篇条，其中《双鸭山：一样的城市 不一样的精彩》、《煤城双鸭山借力湿地绿色崛起》、《双鸭山城市经济在转型中崛起》等多篇报道在全国、全省影响广泛。全年在《人民日报》、《农民日报》、中央电视台、新华社、黑龙江电视台《新闻联播》、《黑龙江日报》等媒体完成对上报道 170 余篇条，较往年在版面、质量、数量上有大幅度提升。二是定位式管理。建立健全教育培训、激励考核以及阅评、考评等一系列有效机制，建立对上报道联系点，定期选派优秀新闻工作者到中央、省级新闻媒体挂职锻炼，带动对上报道水平整体提升。在双鸭山新闻奖、全市十大新闻名栏目、黑龙江省新闻奖等评选和申报活动中，组织广大编辑记者充分利用访谈、消息、通讯、侧记、图片等各种形式，刊播发 170 余篇(条)优秀新闻稿件，《双鸭山招商引资集聚发展正能量》、《“最美农民”田德新》等一大批稿件在评选中脱颖而出，得到业内好评。三是覆盖式推进。建立全市对上报道工作评价机制和激励表彰机制，要求各新闻单位和各县区每月末报送《当月份对上报道情况统计表》，先后组织开展范文解析、文风评议、现场短新闻写作大赛、矿区一线采访、内蒙古行、青海行、矿区行等大型集体采访活动，实现了“5+8”社会实践基地建设全覆盖。适时召开研讨会、交流会，确保全市新闻工作者沉下去，精品力作浮上来，通过不断总结推广各单位对上报道工作的新做法、新经验，促进对上报道工作稳步提升。

伊春市

2012年，新闻宣传工作围绕市委、市政府的中心工作，抓住重点、突出特点、展现亮点，积极传播党的主张，弘扬社会正气，通达社情民意，引导社会热点，疏导公众情绪，切实提高舆论引导能力，为全市经济和社会全面发展营造良好的舆论氛围。

一、把握正确舆论导向，提高舆论引导水平

加强重大典型的宣传，重大突发事件、热点问题的舆论引导，加强和改进舆论监督，做大做强正面宣传，巩固和发展健康向上的主流舆论，形成正面舆论强势。制定下发了《关于进一步改进领导活动和会议报道的意见》及《加强和改进舆论监督工作的实施办法》，改进会议和领导活动的报道，让市直新闻单位有更多的时段、更大的版面报道来自基层的声音。注重运用主流媒体传播市委、市政府的思路和意图，努力打造名牌栏目，不断提高新闻报道质量。

二、营造科学发展，促进社会和谐的舆论氛围

一是做好重点工程和产业项目建设宣传报道工作。全市确定了10项重点工程和34项重大项目，制定下发了《关于做好2012年政府十大绩效管理工程宣传报道方案》，组织市直新闻媒体有计划、有步骤地将任务分解到人头，对重点工作和产业项目建设进行跟踪式、递进式、循环式报道。市直各新闻媒体开设了《推进项目建设、加强转型跨越》、《关注重点工作 看大项目建设》、《走进大项目建设工地》等专栏专题，各媒体共发稿件200多篇。积极与黑龙江人民广播电台合作，在龙广交通台开设了《伊春宣传周》访谈节目，市长高环和相关部门主要领导亲自做客直播间，分别从“谈伊春振兴 话林都产业转型”、“伊春旅游产业发展”、“伊春实施生态保护建设”、“伊春林下经济发展”、“棚户区改造和旅游名镇建设”、“伊春市园区建设和钼产业的发展情况”、“伊春蓝莓产业发展”、“铁力市工业园区建设”等十个方面介绍了本市重点工作和产业项目建设取得的成果。二是做好棚户区改造宣传报道工作。专门召开了棚户区改造和城镇建设现场会，国家和省级领导对全市棚户区改造和保障性住房建设进行考察，市直各家媒体记者进行跟踪式采访，开设专栏，对全市棚改建设情况和成果进行全方位报道，共刊发新闻稿件70余件。《黑龙江日报》的《伊春——棚改惠及55万人口》，黑龙江卫视《全省新闻联播》多次报道伊春市棚改情况。积极与新华社沟通，提供有关材料和图片，新华社根据提供的素材，形成《内参》上报国家领导人，国务院总理李克强为此做出重要批示，助推全市乃至全省的棚户区改造和城镇建设。三是做好招商引资的宣传报道工作。继续抓好招商引资报道，开辟专栏，组织新闻媒体记者深入采访，发表了《鼓足干劲乘势而上再掀招商引资新高潮》、《大招商助推大创业大发展》、《伊春市招商引资奖励暂行办法》(全文刊发)等稿件，共发表各类新闻稿件100多篇，扩大了伊春的知名度。对“伊春市招商推介暨在京同乡联谊会”、“2012黑龙江省(香港、广东、浙江)产业推介招商活动”、哈洽会、伊春(深圳)旅游推介会、2012大连(伊春)国际花卉交易中心项目招商推介会等项活动进行了重点报道。在组织好本市报道的同时，积极与中央、省及活动举办地的媒体沟通联系，全方位做好宣传报道工作。四是做好创建全国文明城市报道工

作。制定下发了《伊春市创建全国文明城市宣传报道工作方案》,要求市直各新闻媒体要在现有的专题(专栏)基础上,利用固定专题(专栏)、固定时段、固定版面,形成创建工作宣传报道的长效机制。市直4家新闻媒体开设了“创建文明城市,共享文明成果”等专栏、专版,进行专题报道,开展争创文明行业和文明市民的宣传报道,挖掘文明典型,对交通、环境卫生方面不文明行为进行曝光,共发稿200多篇(件)。五是做好森林防火宣传工作。进入春防后,伊春市组织市直各新闻媒体,利用重要版面、重要时段刊发防火口号,播放公益宣传广告,开设“全市人民动员,夺取春防全胜”等专栏,以图文并茂的形式报道全市各地春防工作。“五一”期间,派记者对部分林场的防火值班情况进行新闻督访。进入秋防,组织新闻媒体采写大量的森防报道,春秋两季发稿300多篇(件),有效地发挥了新闻舆论的引导监督作用。

三、做好重要会议、重大活动、重要纪念日报道工作

(一)做好迎接党的十八大宣传报道工作

伊春市多次召开新闻通气会专题研究,制定下发了《迎接党的十八大宣传报道工作方案》和《关于进一步深入开展“走基层、转作风、改文风”主题采访活动的通知》。各级媒体开设了“喜迎十八大”、“以实际行动向十八大献礼”、“喜迎十八大记者在基层”专栏专版,在《全市新闻联播》节目中推出了《迎庆“十八大”——科学发展 幸福伊春》系列报道,就天保工程、资源管理、结构调整等20个方面取得的成就,各新闻媒体共播发稿件260余件。

(二)做好党的十八大召开期间的宣传报道工作

在党的十八大召开期间,中共伊春市委书记、市人大常委会主任王爱文接受了中央电视台《新闻联播》、《焦点访谈》及中文国际频道《今日关注》、证券资讯频道《创业天使》和中央人民广播电台、《人民日报》、《光明日报》、《中国绿色时报》、香港《文汇报》、黑龙江电视台等20多家主流媒体的采访,就生态文明建设、建设美丽富庶新伊春等方面进行了报道,发稿13件。在国家级刊物上,发表署名文章《中国特色社会主义制度是一条正确的道路》、《高举生态文明旗帜 建设美丽富庶新伊春》。《人民日报》的《住有所居解民忧》、《光明日报》的《从源头扭转生态环境恶化趋势》、黑龙江电视台的《畅谈生态产业发展》等相关报道均产生了深远影响。

(三)做好省十一次党代会和市十一次党代会报道工作

伊春市组织市直各新闻媒体组成多个新闻报道组,全方位、多角度报道大会盛况,先后开设了《喜迎党代会》、《市十一次党代会报告解读》、《全市三级干部会议——小周和您一起学讲话》等栏目,以各种新闻报道形式,报道省委、市委科学发展、强化民生,全面宣传伊春绿色林都形象和建设美丽富庶、文明和谐、健康幸福新伊春的新举措,为促进全市各项工作稳步推进营造了良好的舆论氛围。撰写了《三大优势 三大机遇 助推伊春未来发展》、《开好党代会 建设新伊春》、《推进产业项目建设 加快转型跨越步伐》、《创建文艺精品 繁荣林区文化》、《扩大招商引资 实现重点突破》、《加速建设特色旅游名镇》等解读、评论、人物专访各类相关稿件150多篇(件)。

(四)做好重大节事活动报道工作

1.森林节。制定了宣传组工作方案,精心策划,组织市直新闻媒体开设专栏,对节事的各项工作进行节前、节中、节后的跟进式报道。邀请新华社、中央人民广播电台、中央电视台、《人民日报》、《光明日报》、香港《大公报》、香港《文汇报》、黑龙江电视台、《黑龙江日报》、东北网与国家、省级媒体全方位报道森林节各项节事活动。CCTV-4中文国际频道《中国新闻》滚动发布“森林节、音乐会”盛大开幕。森林节期间中央、省级媒体刊(播)发宣传伊春的各类稿件80多篇。

2.蓝莓节、蓝莓小姐大赛、森博会、农博会。集中举办了第五届兴安蓝莓节、国际蓝莓小姐大赛、

中国特色农产品博览会暨首届中国(伊春)森林食品节、中国(伊春)国际森林产品博览会,分别制定了宣传报道方案,及时召开新闻通气会落实各项工作任务。组织市直新闻媒体对各项节事进行了集中宣传报道,共发稿近100篇。加强与上级媒体的联系,扩大宣传范围,邀请10多家中央及省级新闻媒体报道各节会盛况。在《黑龙江日报》刊登介绍森博会、农博会、蓝莓节、蓝莓小姐大赛情况。中央人民广播电台、新华社、《经济日报》、《中国绿色时报》、黑龙江《经济日报》、黑龙江电台、黑龙江电视台《新闻联播》和新闻在线频道、《黑龙江日报》、中国广播网、东北网、黑龙江人民政府网、振兴东北网、中国展会网等媒体在各节会开幕当天和次日都进行了大篇幅报道,精美的图片、富有激情的文字,立体化地展示了各项节会盛况和林都伊春的风采。

3.深化“走、转、改”活动,做好三次创业的宣传报道工作。为深化“走、转、改”活动,充分展示林区人民在三次创业实践中发挥的智慧力量,在全市新闻战线启动了“记者走基层、足迹遍兴安”活动,制定下发了活动方案。多次召开新闻通气会进行专题部署,要求市直各新闻单位制定详细的活动方案,把活动真正落实落靠。

伊春电视台、电台开展了“三次创业 百场千户行”大型采访活动。从2012年3月初开始,组织记者深入基层一线采访,选题策划、撰写稿件,全景式反映三次创业伟大实践中涌现的突出典型和先进经验。市委书记王爱文对活动给予了高度评价并做出重要批示。采访报道组走遍全市21个县市区局,共采写报道《岭上人家的幸福新生活》、《大山里的默默坚守》、《这里的经济很红火》、《母爱如水 恩重如山》、《巧嘴婆婆们的故事》、《大山里的养路工》、《回乡养鸡的大学生》等稿件160多篇,相继在《全市新闻联播》节目和《故事汇》栏目中播出。其中《伊春市全力打造蓝莓产业之乡》、《伊春市为全民创业铺路搭桥》、《停伐不停产,家家户户忙》等多篇新闻报道在省电视台、省龙广新闻台《全省新闻联播》节目重要时段播发。

《林城晚报》从内容和形式上调整版面,先后采写了《我干的就是以防万一的活》、《开着小车去插秧》、《甜蜜的事业得吃苦》等稿件,增加了报纸的知识性、趣味性、可读性。

(五)认真做好重要纪念日节日的宣传报道工作

组织市直新闻媒体对元旦、春节、三八妇女节、五一劳动节、端午节、六一儿童节、七一党的生日、八一建军节、十一国庆节、记者节等重要纪念日和节日的宣传报道工作,共发表稿件300多篇,营造了喜庆向上的节庆气氛。一年来,共在新华社发稿5篇,内参1件;《人民日报》发稿3篇;中央电视台发稿9篇;中央人民广播电台发稿4篇,《中国绿色时报》发稿40篇;黑龙江电视台各类报道52篇,《黑龙江日报》以专题、专刊、专版形式发稿280篇;黑龙江《经济日报》发稿134篇。

四、妥善处理负面报道

一是认真做好外来记者的身份核实。做到留存记者证复印件,上网查寻进行身份核实;与媒体上级管理机关及时沟通联系进行身份核实。二是建立外来记者登记制度。对采访记者信息、所要采访对象、采访问题、采访过程及结果,进行全面了解和跟踪。三是积极与市直有关部门联系,了解情况,做出合理安排和解释。通过努力,全年共妥善处理负面报道11件。

七台河市

抓好重要会议的新闻宣传

全省第十一次党代会召开期间,组织市级新闻媒体记者赴省采访报道的同时,沟通联系、邀请上级主流新闻媒体,对七台河市代表张宪军同志进行了专访。邀请新华网、东北网、《黑龙江日报》、黑龙江电视台、黑龙江人民广播电台等多家媒体刊发专访5个,专题4个。新浪网、人民网等网络媒体,香港《商报》、《风采》杂志、《黑龙江画报》等媒体记者也到该市代表团分组讨论现场进行了采访报道。七台河日报社发新闻稿15篇，七台河电视台发新闻稿15篇。全面、准确、立体化报道了市八次党代会、市委八届二次全会、市十届人大一次会议、市政协八届一次会议等全市重要会议。在每个重要会议召开之前，都对会前、会中、会后的宣传报道进行精心策划。全市重要会议的报道对传达精神、鼓舞士气、凝聚力量发挥了较好的舆论作用。

抓好重大主题活动的新闻宣传

紧跟市委、市政府的中心工作，唱响主旋律。突出经济工作。开设了“加快经济崛起、建设幸福之城”、“发展四型经济、建设幸福农村”、“稳中求进开新局”、“大招商、招大商、大发展”、“大项目、大发展”、“创建优良环境，服务经济建设”等专栏。对“十项整治”工作进行了重点报道。在《七台河日报》继续开设“十项整治在行动”、“爱我家园、美化环境”等专栏，对“十项整治”的举措和成果进行了持续性报道，促进了此项工作的深入开展。对社会管理、安全生产、十一项改革，参加第二十三届哈洽会、第五届中国七台河家具节等阶段性重点工作也都进行了全面报道，开设了“创新社会管理重在落实”、“强力推进城乡一体化”、“整治慵懒散漫在行动”、“抓安全、促和谐”等专栏。

努力践行“三贴近”

以“三贴近”为突破口，在全市各媒体持之以恒地开展走基层活动，开设了“新春走基层”、“记者走基层”、“走基层、转作风、改文风”、“走基层、访一线”等专栏，转变了记者的采访作风，广大记者落实“三贴近”、坚持“三深入”，在深入实际过程中体验生活、反映生活，在深入生活中了解群众、服务群众。把镜头更多地对准群众，把版面更多地让给群众，多报道人民群众的工作生活，多宣传人民群众中涌现的先进典型，多反映人民群众的利益要求，多运用人民群众熟悉的语言和喜爱的形式，使新闻宣传工作可亲可信，深入人心，涌现出大量反映农村、社区、企业发展变化的优秀作品。

积极做好对上报道工作

加大对上报道力度，成立了对上报道工作领导小组，报道任务落实到各新闻单位记者各部和记者人头，并建立了奖励制度。确定主攻方向，对上报道积极主动，不断取得新的突破，对上报道的质量和数量都有了新提高。全年在人民网、《中国法制报》、《中国煤炭报》、《黑龙江日报》、《黑龙江经济报》、东北网等省级以上媒体发稿100多篇，在黑龙江电视台发稿390余条，在中央电视台发稿6条，在中央、省广播电台发稿560余条，《七台河日报》对上报道稿件(图片)达到989篇(幅)，为扩大七台河市在全省、全国的影响起到了积极作用。

鹤岗市

围绕重要节会加强宣传报道

在十八大召开期间，鹤岗市充分利用《人民日报》、《经济日报》、《经济参考报》、《黑龙江日报》等中央和省级媒体的影响力，大力展示了鹤岗经济社会取得的辉煌成就，共刊（播）发新闻稿件20余篇（条），专版9期。在全国“两会”期间，中央、省级新闻媒体共专访市委主要领导同志12次，其中，《人民日报》、新华社、《新华每日电讯》、《经济日报》、中央电视台等中央级媒体专访6次；特别是新华社刊发了全国通电；《黑龙江日报》、《黑龙江经济报》、黑龙江电视台等省级新闻媒体专访6次；市级媒体通过系列报道、访谈、评论方式，做好了全国“两会”的宣传报道工作，共组织发稿50余篇(条)。在省“两会”、省党代会期间，针对鹤岗城市转型、项目建设、新城建设、城乡一体化建设等重点工作，在《黑龙江日报》发稿5篇，刊发专版5期，《黑龙江经济报》发稿30余篇，刊发专版4期；市级各媒体组织发稿50余篇。

开展“中国·鹤岗中俄界江文化旅游节暨第四

届东北东部(12+2)区域合作圆桌会议”新闻宣传活动。

通过制发《中国·鹤岗中俄界江文化旅游节暨第四届东北东部(12+2)区域合作圆桌会议宣传工作方案》、《关于印发〈中国·鹤岗中俄界江文化旅游节暨第四届东北东部(12+2)区域合作圆桌会议新闻宣传工作防范应急预案〉的通知》,召开协调会、组成报道组、开辟专题专栏以及现场直播等多种形式,大力开展了“中国·鹤岗中俄界江文化旅游节暨第四届东北东部(12+2)区域合作圆桌会议”新闻宣传战役。一是加强对上报道。邀请新华社、中央电视台、中央人民广播电台、《经济日报》、《光明日报》,香港《大公报》、《文汇报》等30多家境内外媒体,100余名记者来鹤岗采访,协调各大媒体在重要版面、重要时段开设专栏、专题,对鹤岗市旅游节进行及时、全面的报道。节日期间,在各大媒体共刊播发稿件350多篇,大力提升了鹤岗市旅游产业的知名度。二是加强宣传报道。组织市级新闻媒体,抽调115名记者,组成了10支报道队伍,由新闻单位10名副处级领导带队,深入圆桌会议各项活动实施采访,并通过深度报道、现场直播、访谈、综述、评论、侧记等多种形式,挖掘节会期间的鲜活事例,及时在重要版面和重要时段刊播发。节会期间,市级各媒体共开辟专栏、专刊6个,刊播发稿件650多篇、图片350多幅。

黑河市

大力宣传中央和省、市委的决策部署

深入开展迎接党的十八大新闻宣传,贯彻落实党的十八大精神。制定宣传报道方案,对党的十七大以来全市经济建设、政治建设、文化建设等方面所取得的成就进行集中宣传。在本级媒体,先后开辟“金秋走基层 喜迎十八大”、“黑河十年”等10余个专栏,刊播报道200余篇;在中央、省级主要媒体,以“黑河十年”为主题,以近三年全市经济社会发展成就及亮点为内容,开展高密度、大容量、全方位宣传报道,先后组织、策划、配合中央及省级媒体开展“科学发展,成就辉煌”、“回眸发展路 喜迎十八大”等大型采访和系列报道活动,刊发专版10余个,为党的十八大胜利召开营造舆论氛围。围绕全国两会,开展强势宣传。两会期间围绕局市共建、矿产开发、对俄合作等黑河市经济社会发展亮点,精心组织,周密部署,在全国131家媒体共发稿199篇。黑河市全国两会代表先后接受人民网、中央电视台《焦点访谈》等知名媒体及栏目专访,新华社、《人民日报》、《光明日报》等均在突出位置多次刊发黑河市代表专访文章及反映黑河市经济社会发展成就稿件,多家媒体纷纷转载,借助全国“两会”舞台,全面搭建展示黑河、宣传黑河的新平台。围绕省十一次党代会、市五次党代会,开展重点宣传。全市各级各类新闻媒体在重要版面、重要时段开设“学习贯彻省党代会精神”等专栏专题,报道各地各部门学习贯彻大会精神的积极行动、创新思路和具体举措,在全市兴起学习宣传贯彻省十一次党代会精神的热潮。

围绕重点工作和重大活动开展宣传报道

开展“繁荣黑河边贸旅游明星城”主题宣传报道战役。在媒体重要版面和时段开设“打造祖国北疆边贸旅游明星城市,建设富强文明和谐大美幸福黑河”等专栏专题,结合省委提出的“五大目标”、“八项主要任务”,采用消息、系列评论、访谈等多种形式,对繁荣黑河边贸旅游明星城工作进行宣传报道。开展“聚焦重点项目”建设宣传报道战役。为全面展示项目建设阶段性成果,营造有利于全市产业项目建设的舆论氛围,安排部署媒体围绕工业、公路、重点矿业等项目建设开展系列跟踪报道。在媒体开设“聚焦项目建设”、“走近项目建设者”专栏,共刊播相关稿件百余篇。开展第三届中俄文化大集暨2012中国国际文化休闲周宣传报道。开设《盛会倒计时》、《来自明星城的报道》等专栏,共刊发文字稿件169篇,图片394幅,电

视报道51条。并借活动契机,在中央和省级媒体广泛宣传中俄钓鱼节、黑龙江之旅、公路自行车赛等活动,充分反映黑河市发展变化,得到社会各界好评。开展改善民生系列宣传报道战役。以全市改善民生所采取的各项举措和市政府工作报告确定的十二件民生实事为重点，围绕全市大力发展社会事业，抓好就业和社保体系建设、医改和新农合,提高公共服务水平等工作开展情况,在媒体开设“民生在线”、“关爱民生、改善民生”、“市长热线”等专栏,进行集中宣传报道。

对上报道工作成果显著

加强与中央及省新闻单位的沟通联络，建立通畅的新闻信息渠道,加大对黑河市的宣传力度。以“第三届中俄文化大集暨2012中国国际文化休闲周”、“中俄浮箱固冰通道开通仪式”等活动为契机,广邀中央、省级媒体,介绍黑河,展示黑河,向媒体提供采访线索，对黑河经济社会发展亮点进行宣传报道。加大对上宣传报道力度,做好《人民日报》、新华社、中央电视台等重点媒体在黑河的采访接待工作。做到提前安排策划，精心确定内容,全程协同采访,妥善安置生活,全面做好引导、服务、接待工作。截至年底,先后在省级以上媒体发稿1700余篇，接待来访记者两百余名，取得显著宣传效果。讲真情谋共赢，推动对上报道工作。黑河日报社与近30家报社进行深入沟通，向全国300多家地市级报社发出倡议，把互换版面、互动宣传活动引向深入。与东北网协商,派出人员学习相关技术,实现“黑河新闻网”的顺利改版。黑河广播电视台积极配合、协助中央电视台及黑龙江电视台,参与“新春走基层”、“大美龙江”、“龙江民间至宝品鉴大赛活动”、“爱在路上”大型火炬传递直播活动等多个节目，提高了黑河市的知名度。

不断加强新闻舆论监督

按照上级对“走、转、改”活动的部署和要求，在全市各新闻单位深入开展“走转改”活动。要求媒体创新内容、创新形式、创新手段,坚持用典型说话、用事实说话、用数据说话,大力发扬“走转改”精神。先后在媒体开设“新春走基层”、“记者走基层”、“金秋走基层 喜迎十八大”等栏目,组织媒体深入农村、部队、社区等地,刊播现场新闻、记者见闻、采访札记、图片新闻等各类报道180余篇，其中《消防官兵的坚守》、《挡不住的回乡路》等报道深受好评。制定下发《加强和改进新闻舆论监督实施意见》,指导市直新闻媒体按照有关规定和程序,对党政机关、企事业单位、社会团体及国家机关工作人员在工作中存在的问题开展舆论监督，要求媒体从业人员深入采访抓新闻“活鱼”,解决群众实际困难,把党和人民赋予的新闻报道权、舆论监督权落到实处。

绥化市

舆论宣传引导有力

绥化市舆论宣传坚持服务经济社会发展大局,采取集中报道、深度报道、跟踪报道等多种方式,组织开展战役性宣传报道30次,开辟了“五型经济战略”、“大项目巡礼”、“快发展创一流”等专题专栏14个,刊播报道500多篇(条),配发评论员文章30篇。《绥化日报》推出“五型经济战略”特别报道10期,提振信心、鼓舞士气、助推发展。强化自然灾害和突发事件的舆论引导，对7月和9月绥化发生的暴雨洪涝和台风灾害进行了及时正确的舆论宣传,第一时间报道各级党委、政府在抗灾救灾工作中的科学部署和有力措施，深入宣传在抢险救灾中涌现出的先进典型，在稳定群众情绪、促进生产自救上发挥了积极作用。

切实加强对上报道工作

2012年，绥化市在省级以上新闻媒体发出反映绥化工作的新闻稿件20000多篇(条、幅)。其中，新华社通稿5篇，《人民日报》发稿3篇，《农民日报》发出头版头题1篇，《黑龙江日报》发出头版头题7篇，中央电视台播发出同期声8条、现场直播2条，黑龙江电视台《新闻联播》发出头条报道7条。全国人大会议、省“两会”、省十一次党代会期间，10多家省级以上主流媒体先后20余次对市委书记朱清文进行了采访，新华社发出了《朱清文代表：强农富民应充分激活乡镇村活力》的全国通稿，中央电视台《焦点访谈》等栏目三次播出朱清文的同期声。全市四次产业项目集中开工仪式期间，邀请了新华社、《人民日报》、《黑龙江日报》等省级以上主流媒体进行集中宣传报道，发出稿件900多篇(条)。《新华每日电讯》相继刊发了《绥化“经济突围”：典型农区的完美转型》等3篇重点稿件。《人民日报》刊发了《黑龙江绥化：黑土地上“种”项目“五型经济”增活力》的重点稿件。《农民日报》刊发了头版头题《绥化：一个粮食大市的奔涌图强之路》。十八大前夕，联合《黑龙江日报》开展了“喜迎十八大回眸发展路·走进绥化”专题采访报道活动，《黑龙江日报》陆续为绥化刊发了10个新闻专版。十八大期间，中央电视台新闻频道《新闻直播间》栏目先后两次现场直播了绥化市发展现代化大农业，巩固绿色、安全、稳定大粮仓的新闻报道。黑龙江电视台《新闻联播》栏目在“科学发展、成就辉煌、喜迎十八大”专题中以《绥化：现代农业筑牢增产基石》和《绥化：项目建设强壮发展筋骨》为题，相继播出了绥化现代化大农业发展和产业项目建设的成果性报道。

不断提高舆论引导水平

举办了全市新闻业务骨干首期培训班，邀请了《黑龙江日报》、黑龙江电视台资深编辑记者现场授课，进一步开阔了广大新闻工作者的视野，提升了业务能力。开展了2011年度新闻奖评选活动，共62篇作品参评，其中2篇(条)被选送参加黑龙江新闻奖的评选。开展了2012年度优秀新闻工作者、十佳新闻工作者评选活动，在11月7日全市庆祝第十三届中国记者节文艺演出上进行了通报表彰，极大激发了新闻工作者的事业荣誉感和工作积极性。深化“走转改”活动，引导各级新闻媒体把更多的镜头、更大的版面和更长的时段留给基层、留给群众，多用朴实的文字、鲜活的版面和生动的语言做好舆论引导工作，进一步拉近媒体与公众的距离。

大兴安岭地区

围绕中心工作 开展主题宣传

围绕地委、行署、林管局招商引资、全民致富创业、环境治理、城市建设、大项目建设、境外采伐、异地建厂、发展林下经济、加快蓝莓木耳产业发展、深入开展创先争优活动、绩效管理年等方面，采取“搞聚集”、“打战役”方法，进行集中宣传报道。新闻媒体开设《全力动员 全民招商》、《“把资源管起来，让百姓富起来”建设生态型花园式新林区》、《加快蓝莓木耳产业发展》、《加快林下经济发展》等专栏，刊播发《招商引资为林区发展提供有力保障和支持》、《大招商 招大商 必须解放思想》、《大项目建设助推林区大发展》、《再造一个大兴安岭森工》、《把异地经济搞起来 让百姓富起来》、《蓝莓木耳产业大有作为》等一批有深度、有影响力的评论员文章、重大典型、理论文章，全方位、多角度、立体式反映和诠释了地委“把资源管起来，让百姓富起来”、建设生态型花园式新林区取得的成功实践、宝贵经验和理论成果。全年共播发重点新闻稿件650篇，配发新闻图片100多幅，形成了浓厚的舆论氛围。

提高舆论引导能力

在全区新闻战线深化“走转改”活动，深入开展三项学习教育活动，不断提高全区新闻工作者综合素质和业务能力。组织开展了2011年度全区新闻奖评选活动，共评选出55件优秀新闻作品。

有12件作品获得2011年度黑龙江省新闻奖。首次承办全省电视新闻单项类评选工作，有4件作品获奖，创地区电视台获奖最高纪录。《大兴安岭：打造北方绿色生态屏障》等两条电视新闻在央视一套《新闻联播》中播出。

绥芬河市

大力宣传中央和省、市委的决策部署

新闻宣传工作做好迎接十八大、宣传十八大、贯彻落实十八大精神的报道，广播电视台先后开设了《讲道德 倡文明 喜迎十八大》、《喜迎十八大》、《聚焦十八大》和《学习贯彻十八大精神 开创国际商旅名城新局面》等专栏，开展一系列内容丰富、主题突出的宣传报道工作，共播发稿件100余篇。紧紧围绕科学发展主题，通过突出重点、打造亮点，深入宣传十七大以来绥芬河市贯彻党的路线、方针、政策，全力推进经济强市、和谐建设的辉煌成就和实践经验；集中展示绥芬河广大党员群众昂扬向上、开拓创新、锐意进取的精神风貌。在党的十八大胜利闭幕后，开设《学习贯彻十八大精神 开创国际商旅名城新局面》专栏，通过各部门主要领导谈感受、论发展的新闻报道，营造全市学习贯彻十八大精神的浓厚氛围。

围绕重点工作和重大活动开展宣传报道

在新闻宣传中紧紧围绕绥芬河实施“5851”战略、四个“三年决战”等绥芬河市委、市政府的中心工作和全市重点工作、重点项目进行深入报道。广播电视台开设《落实市九次党代会精神》、《打赢三年决战开创美好明天》、《深化全国文明城市创建在行动》、《提升商业业态打造购物天堂》等25个专栏。对于全市重大活动，提前策划，多角度进行深层次报道。全方位报道2012中俄日韩旅游美食文化节活动，对旅游美食文化节23场专题文艺晚会进行全程跟踪拍摄，并对9场晚会进行实况转播，为广大市民呈现了精彩的文艺大餐。推出特别节目《纠风护民访谈》，以“听民声、知民愿、解民忧、顺民意”为主题，以“聚焦社会热点，推进行风建设，促进社会和谐”为宗旨，围绕食品药品安全、教育、医疗等社会关注的热点难点问题，为民排忧解难。《今日绥芬河》日报开展绥芬河综合保税区建设成就和促进企业入驻保税区的宣传报道活动。跟踪报道市委、市政府推出的“四项重点工作”决策，全年报道近百篇稿件。开展改善“基础建设硬环境，经济服务软环境”，对外经贸转型升级连续报道。策划、实施《透过俄罗斯远东大开发看对俄合作新机遇》、《打造绥芬河避暑经济》等系列报道，集中力量打好东北亚（中俄日韩）美食文化节等重点活动的报道战役。报道一批“三贴近”新闻，增加了报纸的可读性，取得了良好的宣传效果。

对上报道工作成果显著

以提高绥芬河知名度、影响力为中心，积极推进对外宣传工作。在中央电视台发稿35条，在省电视台发稿238条，在中央人民广播电台发稿23条，在省电台发稿760条，其中对省台发稿量在全省各市县级台中排名位居第五。《绥芬河拉动中俄木材产业发展》、《中俄贸易蓬勃发展》、《文化交融传承友谊》等节目先后在中央电视台新闻频道、中文国际频道、财经频道播出。《绥芬河：打造“新国门”》、《绥芬河打赢三年决战开创美好新明天》等报道在省台《新闻联播》节目播出，为绥芬河市打造东北亚国际商贸旅游名城，建设对外开放和对俄经贸合作桥头堡、示范区，营造了良好的外部环境。积极拓展与俄罗斯媒体的合作，与滨海边疆区国家电视台和哈巴罗夫斯克边疆区省一套建立了以FTP网络传输方式为主的节目交流互换机制，与俄罗斯媒体的节目交流更加方便快捷。2012年在俄罗斯媒体播发有关绥芬河的新闻、专题稿件10余条，在绥芬河电视台《滨海动态》专栏中播出俄罗斯的信息近400条，提高了绥芬河在俄罗斯的知名度和影响力，也促进了中俄信息、文化的交流互通。

省农垦总局

新闻报道工作成效突出

围绕总局党委中心工作，积极对接国家、省级重点媒体，全年邀请接待了《人民日报》、新华社、中央电视台、《经济日报》等国家重点媒体40余次300余人。在省级以上媒体发稿5000余篇(条)，其中在《人民日报》、新华社、《光明日报》、《经济日报》、中央电视台、《农民日报》等国家重点媒体播发稿件800余篇，其中《人民日报》、《农民日报》头条各2个，《经济日报》头条1个，中央电视台46条，《新闻联播》头条2个。多篇在国家重点媒体上刊发的重要稿件反响强烈，对垦区起到了良好的宣传效果。组织策划并参与撰写的《抓城，决战北大荒》在《农民日报》头版头条刊发，受到中央领导的批示，中宣部专门要求中央重点媒体对垦区小城镇建设进行重点宣传。同时，中央电视台副台长孙玉胜、《黑龙江日报》总编辑段文斌、中央电视台农业频道副书记彭小元等新闻界领导亲自到垦区调研走访，产生了良好的带动效果，扩大了北大荒的美誉度、知名度和影响力。

主题宣传年活动丰富多彩

重点围绕“强工攻坚、文化铸魂”的宣传主题，开展了丰富多彩的宣传活动，深入持久地宣传总局党委的发展思路、决策部署、重点工作和发展措施，用多彩的镜头聚焦垦区职工群众投身现代化大农业建设的伟大实践，浓墨重彩地讴歌了各行各业取得的光辉业绩和涌现出的先进典型。建三江管理局开展了“强工攻坚创一流，三区建设站排头”主题宣传年活动，宝泉岭管理局开展了“弘扬‘三创’精神，实施‘强工’攻坚，实现经济社会全面发展决定性变化”主题宣传年活动。在全国“两会”、省十一次党代会、港澳活动周、哈洽会、北大荒旅游节、大豆节新闻发布会等一系列重大活动中，总局党委宣传部积极搞好宣传策划和组织实施，对内组织形式多样的成就主题报道，为活动的顺利开展营造了良好的舆论氛围。港澳活动周期间，宣传部还与有关省市、港澳媒体建立了良好的合作关系，香港《商报》、《大公报》、《文汇报》等都对垦区各项参展企业和产品进行了全面报道。《经济日报》刊登了《唱响中国北大荒，进军世界五百强》、《中国经济导报》刊登了《垦区进军世界500强纪实》、《大公报》刊登了《打响强工攻坚战进军世界500强》等系列文章。

加强新闻队伍建设
不断提高应对新媒体的能力

通过加强学习、加强管理，积极开展“走转改”活动，召开新闻导向例会8次，努力打造一支政治强、业务精、纪律严、作风正的外宣干部队伍。针对近年来新闻媒体的变化特别是网络舆情的发展，加强垦区各级宣传干部“善待媒体、善用媒体、善管媒体”的能力，举办了垦区对外宣传工作培训班，邀请了主流媒体及新闻管理专家举办新闻知识的讲座，讲解应对媒体技巧和处理新闻突发事件的方法，垦区三级宣传部长180余人参加培训。

哈尔滨铁路局

新闻宣传工作坚持“低调、平和、据实”的工作理念，不断加大正面舆论宣传力度

以社会视角挖掘哈局春运特色，加强新闻主题策划。聚焦一线职工，找准百姓、媒体、铁路三者的最佳结合点，集中力量，加大正面宣传力度。央视《新闻联播》播发的《007次支南临客千里驰援广铁春运》拉开了央视《新春走基层》栏目的帷幕。央视新闻频道播发的《支南临客跟车日记》、《从茫茫林海到茫茫人海》等7篇专题报道、《人民日报》头版刊发的《中国最北“看山工”》等新闻报道，极大地鼓舞了干部职工士气，引起了强烈的社会反响。春运期间，哈尔滨铁路局在中央、省市新闻媒体发稿2293篇。其中，中央级媒体209篇(中央电视台发稿

34 篇,《新闻联播》5 篇;《人民日报》发稿 5 篇,头版 1 篇),向社会发布出行资讯 10158 条。

抓住北方突遇极寒天气重要新闻线索,组织主流媒体深入现场采访报道。《人民日报》刊发的《哈尔滨铁路局抢运电煤迎战持续低温》消息、《工人日报》刊发的《应对极寒天气企业在行动——检车员绝活专治列车“哮喘病”》报道等,展示了铁路部门极寒天气下加强行车组织、确保运输安全的有力措施。抓住春耕、秋收季节农资运输新闻线索,组织《人民日报》记者进行采访报道。《人民日报》刊发的《走基层·春耕一线: 哈尔滨铁路局抢装化肥保春耕》新闻稿件、中央电视台播出的《讷河土豆专列》,充分反映哈局为服务地方经济发展、保证农资运输采取的有力措施。抓住开行“插秧专列”、“高考专列”重要新闻线索,组织宣传报道。中央电视台连续播发了《三江平原插秧专列开行在即》、《首趟插秧专列今日抵达》、《候鸟打工族乘专列去插秧》消息、《老夏和他的插秧团》、《高考专列上的欢声笑语》、《高考专列十年运送 1.7 万考生》、《高考考场离我 135 公里》等新闻报道,充分反映了铁路部门真情服务、爱心服务的具体做法。抓住哈大高铁试运行的契机,提前策划、精心组织。中央电视台以哈尔滨、沈阳、大连北三地连线方式进行了长达 4 个小时的试运行直播,并在《新闻联播》中以首条方式进行了播报。《人民日报》、《新华每日电讯》、《经济日报》、《工人日报》、《科技日报》分别在头版显著位置进行了刊发,产生了良好的社会效果。哈局新闻宣传报道工作还围绕全局安全、运输、经营和党建等各重点工作,抓住“五一”、“清明”、“端午”、“十一”等重要时间节点,加强服务资讯发布,积极做好对外宣传报道,努力塑造铁路良好社会形象。

做大做深重点人物的宣传报道。春运期间策划播发的《中国最北“看山工”》报道引发社会关注之后,协调央视新闻频道《真诚沟通》栏目再次走进大兴安岭,对计文革进行了深度采访报道,用公益宣传片的形式,以《漠河铁路巡守员——计文革》为题,进行了连续 30 多次的播报, 引发了社会各界对铁路职工的关注和理解。北京市语文高考以“火车巡逻员的故事”为基本素材,收录于命题作文,中央电视台播发了《2012 高考作文题揭晓——北京:火车巡逻员老计的故事》专题报道,《工人日报》发表了《讴歌普通劳动者激发“正能量”》文章。

抓住哈大高铁联调联试、运行实验、开通运营等关键节点,精心策划选题、有序组织报道。全局在中央、省市主要新闻媒体刊(播)发各类稿件 1108 篇,互联网站转发相关新闻超过 240 万条。在联调联试阶段,以哈大高铁建设进度、施工难度为重点,做好“通告式”报道。央视新闻频道《朝闻天下》栏目连续播发了《关注哈大高速铁路意义:带动新城建设助力经济发展》、《关注哈大高速铁路特点: 严寒地区高速铁路施工难度大》、《关注哈大高速铁路进度:冷热滑试验进行中全线年内开通》消息,当日《新闻联播》播发了《哈大高铁冷热滑试验进行》消息,通过权威媒体发布动态信息,回应了社会对哈大高铁建设质量、开通预期等关切。在试运行阶段,围绕社会关注的运行速度、设备设施、客运服务等内容,设计选题,做好“解读式”报道。中央电视台以《哈尔滨西站:国内最北高铁车站》,对哈大高铁首日试运行进行预热报道。央视进行了长达 4 个多小时的接力式持续直播,《朝闻天下》、《新闻直播间》、《新闻 30 分》等重点栏目对其进行了全面报道。在开通运营阶段,围绕哈大高铁的社会意义、对经济的拉动作用设计话题,提升采访层面,让社会专家、权威部门等“第三方”评价高铁,做好“全景式”报道。哈大高铁开通首日,连续进行了 7 个多小时的接力直播,《新闻联播》、《朝闻天下》等重点栏目,先后播发了 40 余条消息。《人民日报》、《新华每日电讯》、《经济日报》、《光明日报》、《中国青年报》等中央主流媒体,分别在头版重要位置报道了哈大高铁开通运营消息。把充分展示哈局所做的各项准备工作和干部职工付出的艰苦努力作为贯穿哈大高铁新闻宣传的一条主线。通过不同时间节点,展示高铁背后的故事,提升新闻影响力。先后在中央电视台播发了《新闻特写:哈大高铁靓丽风景线》、《哈尔滨西站:国内最北高铁车站》、《记者体验:车站车厢服务有亮点》、《记者见证哈大高铁第一张车票售出过程》等新闻片,充分展示了铁路部门践行“让人民群众满意”服务理念,打造服务品牌的创新举措;央视制作播出的《哈大高铁:全方位保障运行安全》、《记者探秘:“高铁之家”》、《记者体验低温条件下的线路维护》、《高铁司机是怎样“炼”成的》等新闻片,从另一个侧面展示了铁路部门为保证高铁列车的绝对安全,背后那些不为人知的故事,以及铁路职工为此付出的艰辛劳动。

出版管理

省委宣传部

黑龙江省农家书屋工程竣工

黑龙江省委、省政府高度重视农家书屋工程建设工作,积极协调省直有关部门,动员各级党委和政府把它作为服务广大农村的全新事业、作为一项重要的民生工程,经历了从最初的摸索经验,到逐步展开、全面加速推进,并最后成功收官。随着2012年最后一期建设的农家书屋出版物于7月底全部配送到位,标志着黑龙江省农家书屋工程全部完成。

一、建设规模和数量。包括省农垦总局自主建设的农场职工书屋和省书屋办援建的林场书屋,全省13个市地、65个县(市)、907个乡镇、37个林业局、113个农牧场,共建成书屋10040家,其中:行政村9050家(含相当于行政村的种畜场15家、牧场5家),省森工总局林场(所)407家,省农垦总局农业职工书屋522家,伊春市林场书屋61家;中央财政拨款建设9457家,不仅实现了行政村的全覆盖,而且实现了农场、林场、种畜场、牧场的农家书屋全覆盖,超额完成“十二五”规划,惠及全省农村、农业、林业人口近2000万人。

二、出版物采购及配备的基本标准。

省里投资建设的100个示范农家书屋,每个书屋配送图书3048种、3190册,音像制品157种、237张;统一配备书柜6组、阅览桌2张、椅子10把、报刊架1个,电视、电脑、DVD各1台,以及标识、规章制度牌、灭火器等。2012年,每个农家书屋配备图书1536种、1541册,音像制品40种、133张,为每个朝鲜族行政村配备朝鲜民族文字图书86种、86册;统一制作了农家书屋(林场书屋)标识1932块;订阅《农民日报》、《农家书屋》各1348份。目前,包括自主建设和社会各界援建的,全省图书5000册以上大型农家书屋达174家。

三、资金落实与使用情况。总投入20634万元,其中:中央财政9457万元,省级财政5410万元,用于出版物采购与配送;市(地)、县(市)财政配套5767万元,用于配备报刊和书架、桌椅及规章制度牌等设施建设。

全民阅读活动成效显著

2012年是我省开展全民阅读活动的第5年,全省的读书学习之风日趋浓厚,“让阅读成为习惯”的理念日益深入人心,人们热爱读书、崇尚读书的社会风尚正逐渐形成。

一、围绕重大节日、纪念活动,开展推荐优秀出版物和多种多样的送书活动。为吸引广大群众积极参与,省全民阅读活动办公室及各市地、各成员单位策划、组织了一系列特色主题活动。年初,组织省内出版单位积极申报“向青少年推荐百种优秀图书”、“2012年弘扬社会主义核心价值体系出版工程”、“关于组织实施社会主义核心价值体系建设双百出版工程”，组织发行单位对入选图书进行推广宣传。春节期间，黑龙江省新闻出版局组织开展了“文化惠民”“好书刊进基层”活动，在火车站、军营开展捐赠图书活动，捐赠图书价值12万元码洋。4月23日，哈尔滨市举行了全民阅读活动启动仪式，发起活动倡议，推荐阅读书目，为哈尔滨市社区“市民讲堂”授牌，组织开展出版经营单位图书推介展销活动。5月12日，大庆市的“书香墨韵飘百湖”书香大庆颁奖晚会暨2012“经典阅读季”仪式正式启动。8月23日，开展全省青少年“中华魂”读书教育活动，绥化市举办了全市“喜迎党的十八大”红色诗词诵读竞赛。团省委配合纪念雷锋同志牺牲50周年，组织全省青少年开展了“弘扬雷锋精神”读书征文活动。

二、创新形式和载体，组织开展丰富多彩的读书活动。各地、各部门不断创新活动形式和运行机制，使全民阅读活动贯彻全年，好戏连台。绥化市开展全市读书学习心得征文、“全民阅读活动”优秀读书学习项目评选大赛、演讲比赛、诗歌朗诵比赛、撰写读书心得文章比赛、技能比武、综合素质大赛、学习成果展、学习论坛等，独具特色的读书学习项目吸引了社会各界的广泛参与。佳木斯市开展“我送农民一本书”捐赠活动，以“捐赠爱心图书，播撒知识种子” 为主题向农民捐赠图书活动共捐赠图书30000余册。省文明办2012年在各级各类文明单位中建立“漂书站”3000多个，参与群众达20多万人次。省图书馆大型公益文化平台“龙江讲坛”已成功运行6年多，举办各类讲座277期，听众10余万人次。省妇联在全省范围内开展“百万龙江妇女读书活动”，组建成功女性报告团，进入高校和“龙江讲坛”举办专题报告会，全省共举办各种报告会百余场，受教育者近万人次。

三、加强平台建设，为阅读活动提供有力支撑。5年来，全省累计投资2.0634亿元，用于推进农家书屋建设。截至2011年底，我省农家书屋建设总量10040个，惠及农村人口2000万人，每个农家书屋统一配备图书1200种、1500册，音像制品100张以上，成为我省农村地区开展全民阅读活动的坚实平台。大庆市借助大企业和社会力量，构建了包括各级图书馆、农家书屋、社区图书阅览室和公共书吧的四级读书网络，建立了192个社区图书室、78个流动书吧、209个特色阅读楼区、145所市民学校的阅读网络，为当地全民阅读活动有效开展搭建平台。省总工会经过五年的建设，在全省范围内建设“职工书屋”1294个，其中示范“职工书屋”105个。投资金额9279.76万元，藏书总量890万册，配备工作人员2005人。

四、媒体助力，为全民阅读活动营造良好阅读氛围。黑龙江电视台在《全省新闻联播》、《新闻夜航》等栏目播发全省全民阅读活动的开展情况，宣传活动中涌现出的典型经验和典型人物，承办“全省建设学习型党组织知识电视大奖赛决赛”的实况转播。《黑龙江日报》设置7个专版，全年刊发读书活动有关稿件200余篇。《哈尔滨日报》开辟“月读一书”读书文章专版，宣传“世界读书日”活动。全年各级新闻媒体累计刊发各类新闻报道、稿件500余篇次。大庆、齐齐哈尔、鹤岗、绥化的媒体，也积极开辟专版、专栏及网页，刊发倡议书、推荐图书书目、刊发活动资讯，制作专题节目、开展有奖征文等，全年累计刊发播各类报道300余条。

省新闻出版局

抓好出版产业发展

〔图书出版〕实施《黑龙江省新闻出版业“十二五”规划》，图书出版业得到长足发展，年度共出版图书4864种，其中新版图书3162种，再版、重印图书1370种；图书出版单位主营业务收入32011.84万元，比2011年增长12.01%。以精品战略带动出版繁荣，促进产业发展和整体实力提升。组织实施了2012年度精品图书出版工程，对105册图书给予499.565万元资金资助。对41种优秀学术著作给予50万元奖励补贴。对2009年精品图书出版工程项目进行验收，对合格的 98 个项目（项目完成率达 85.2%)拨付余款 56.08 万元。实施黑龙江精品图书工程以来，全省共有 19 个项目获得国家出版基金资助,累计资助总额达到 3034.3 万元,获得国家出版基金资助项目的数量和金额在全国地方出版单位中位居前列。2012 年有 3 个项目获得国家出版基金资助 331 万元;8 个项目列入国家出版基金"十八大"专项资助项目获资助 109.3 万元;1 个项目获得国家民族出版专项资助资金 150 万元。跟踪国家"十二五"重点图书出版规划项目执行情况,组织项目调整和补报,8 家出版社的 24 个项目(737 卷册)入选"十二五"国家重点图书出版规划,5 个项目入选"十二五"增补规划,居东北三省之首。已完成 188 卷册,完成率 23.98%。加大图书编校质量管理力度,组织开展 2011 版常规图书质检,合格率为 92.17%。

获奖的出版社与图书有:黑龙江教育出版社的《人的家园——新文化论》、《社会理想的追求》、《民族精神——精神家园的内核》、《大庆精神》、《红旗热血 黑土——100 位抗联英雄的故事》，黑龙江人民出版社的《马克思主义与社会主义新论》,哈尔滨工业大学出版社的《诚信天下》等 7 种图书入选国家新闻出版总署社会主义核心价值体系建设"双百"出版工程,居于各省前列。黑龙江教育出版社的《民族精神与文化主题书系》(共 7 册)入选中宣部、新闻出版总署弘扬社会主义核心价值体系出版工程选题。黑龙江教育出版社的《"精神家园"丛书》(共 4 册)入选经典中国出版工程。哈尔滨工业大学出版社的《大道通天中华德育故事系列连环画》(8 册)入选新闻出版总署第九次向青少年推荐百种优秀图书书目。

〔图书发行〕组织出版发行单位参加 2012 年北京图书订货会、第 22 届全国图书交易博览会、第 19 届北京国际图书博览会等全国出版盛会,为全省出版界提供宣传展示平台,创造发展机遇,提升在全国乃至国际上的影响力。第 22 届全国书博会上,全省图书出版、报刊出版、数字印刷、民营发行等 50 余家单位、200 余人参展,参展出版物逾千种,意向订货码洋近 2000 万元，实现了经济与社会效益双丰收。稳步推动全省城乡出版物发行网点建设,省新华书店开拓思路,建立"汽车书店",在肇东市投入一台流动售书车,先期开展试点。研发了多媒体数字化终端设备"新华易购",已在哈工大、金融学院和省政协投放三台样机试用,待技术成熟后全面铺开,以此延伸实体书店服务链,丰富全省出版物发行载体。

〔报纸出版〕全省现有报纸 89 种(含俄文报纸 1 种、朝鲜文报纸 1 种),其中综合类 30 种、专业类 39 种、大学校报 20 种。报纸总印数 78997.7 万份,总印张 3113602.17 千印张。报纸从业人员 11941 人,申领记者证 536 人。

〔期刊出版〕全省期刊 315 种（含英文期刊 5 种、朝鲜文期刊 3 种),其中综合类 9 种,哲学、社会科学类 76 种，自然科学类 164 种，文化教育类 47 中,文学艺术类 19 种。期刊总印数 5611 万册,总印张数 244902 千印张,从业人员 2582 人,期刊申领记者证 19 人。

〔数字出版〕省内 3 家图书出版社和 1 家网络出版单位的黑龙江省非物质文化遗产全媒体图书出版项目、船舶专业电子图书项目库、富媒体数字出版平台和小笨熊·阅读视听互动平台等 4 个数字出版项目列入新闻出版总署 2012 年度新闻出版改革发展项目库，占全省入库项目总数的三分之一，国家层面将予以资金支持。经省委宣传部批准,黑龙江出版集团与黑龙江东北网络台合作组建的黑龙江东北数字出版传媒有限公司正式成立,公司注册资金 1000 万元,员工 50 多人,工商、税务等手续已办理完毕,网络出版等相关行业资质手续正在办理中。

2012 年我省数字出版物数量、质量有明显提升，共有 4 家图书出版社的 11 个数字出版物申报黑龙江省精品图书出版工程资金扶持，经初审、现场演示答辩和专家组评审等环节,最终有 8 个数字出版物项目得到资金扶持。其中电子书包括:北方文艺出版社的"月亮坊"少儿启蒙故事（《蒙子三书》、《伊索寓言》共 2 本)、华文悦读荟系列(军事、历史、传记各 10 本,共 30 本),哈尔滨工程大学出版社的《水下生产系统》、船舶基础(《水声学原理》、《声呐技术》、《潜水器设计原理》共 3 本)、核能应用(《核技术应用》、《核动力装置用泵》共 2 本)。网络版图书包括:黑龙江大学出版社的《萧红全集》(1—4 卷,共 4 本)。有声读物包括:哈尔滨出版社的畅听无限系列(童话、寓言、儿歌、教育各 1000 集,共 4000 集,20000 分钟)、北方文艺出版社的华文听书荟系列(纪实、悬疑惊悚、言情共三类,5700 集,114000 分钟)。

〔动漫出版〕组织 6 家出版单位申报国家的 2012 年"原动力"中国原创动漫出版扶持计划,指导审核 8 个项目,其中,黑龙江美术出版社动漫图书《踮脚张望》入选图书项目,成为自 2009 年该扶持计划实施以来,我省首次入选的动漫图书,并获得国家动漫发展专项资金扶持。

〔互联网出版〕全省网络出版队伍不断发展壮大,2012 年有 7 家单位获得国家批准的网络出版权,截至2012 年年底,全省具备网络出版权的单位已达 15 家,其中图书出版社 8 家(占全省图书出版社总数的 61.5%)、期刊社 3 家、传媒公司 1 家、网络技术公司 1 家、民营文化公司 2 家。

〔印刷复制发行〕参加 2012 年上海国际印刷周,哈尔滨市石桥印务有限公司选送的产品《倾听黑土地 知青 40 年》获上海印刷大奖 1—3 色平装书金奖,展示了我省印刷行业发展成果和企业风貌。组织全省 30 余家印刷企业参加 2012 年华北、东北八省市(区)印刷企业论坛,哈尔滨兰迪商务印刷有限公司等 4 家企业获得"精密达杯"印后装订明星企业称号。举办了第三届全省印刷行业职业技能大赛,来自全省 8 个企业的 46 名职工,以及 2 所高校的 73 名学生参与了角逐,最终每个组别评出了前三名选手,代表我省参加了全国大赛,哈尔滨报达印务股份有限公司的选手任仲获得全国平版印刷工报轮组三等奖(第十七名),创造我省选手在历届全国大赛中的最好名次。开展了印刷企业负责人法规培训,154 名企业负责人参加,进一步提高了行业从业人员的法律素质和业务能力。组织开展全国首批印刷行业信用等级评价申报工作,黑龙江龙江传媒有限责任公司、哈尔滨报达印务股份有限公司等企业踊跃参加,其中,国家税务局票证站获得 AAA 认证资格。开展了全国出版物发行行业"2011—2012 年度'文明店堂'"评比推荐活动,牡丹江市新华书店、佳木斯市新华书店等 9 家书店进入全国榜单并授牌,同时对入选"2009—2010 年度'文明店堂'"的哈尔滨市学府书店等 8 家书店进行了资格条件复核。

〔绿色印刷〕积极申请绿色印刷认证,黑龙江新华印刷集团有限公司哈尔滨分公司和黑龙江新华印刷二厂有限责任公司通过国家绿印认证,并完成了绿色印刷认证第一次监督审核的迎审工作,对区域深入开展绿色印刷起到引领和示范作用。黑龙江日报报业集团印务中心、省教育厅印刷厂等 6 家印刷企业完成绿色印刷认证的申报工作。2012 年全省有 421 万册秋季中小学教科书实施绿色印刷,占秋季中小学教科书印刷总量的近 30%。开展了绿色印刷周活动,组织龙江传媒有限责任公司等印刷企业参加了在沈阳举办的国家印刷复制示范企业和绿色印刷培训班,通过印发绿色印刷宣传册,悬挂条幅标语,借助《黑龙江日报》等媒体,广泛开展宣传活动,加快全省绿色印刷发展步伐。

加强出版行业管理

〔报刊出版管理〕严肃查处报刊出版违规行为,采取诫勉谈话、行政警告、年度缓检、限期整改等方式,对涉及学术不端、超业务范围、未按时报送样报样刊的 22 种报刊进行查处,规范其出版行为。对群众举报、总署督办的涉嫌摊派发行、侵犯名誉权、刊载虚假违法广告等 8 家报刊出版单位,通过约谈责任人、实地调查等方式核实调处,依法查办,并及时将情况予以反馈。开展教辅类报刊专项治理和质量评估,对全省出版的 8 种教辅类报刊出版质量进行检查,组织对评估级别较低的 3 种报纸限期整改,切实提高教辅报刊的质量。

开展打击“新闻敲诈”、治理有偿新闻专项行动。起草下发了《开展打击“新闻敲诈”、治理有偿新闻专项行动的通知》，明确了专项行动的目的、任务和要求，省局、各市(地)系统新闻出版局和相关报纸出版单位公布了举报电话，接受社会监督。

强化报刊记者站监管。对中央新闻单位驻黑龙江省记者站发稿数量和样稿进行统计，及时了解报刊记者站开展工作情况，督促发稿数量少的报刊记者站提高工作效率。2012 年，报刊记者站共发稿 1.2 万余篇，在宣传黑龙江、服务黑龙江发展等方面发挥了积极作用。结合记者站年检，严格核查记者站建站资质，对存在违规行为和不符合建站条件的 6 家记者站予以注销，对通过年检的 128 家报刊记者站向社会公示，接受群众监督。查处了一起中央新闻单位驻我省记者站违法经营问题，对该记者站和相关责任人予以行政处罚。

净化报刊广告市场。配合工商行政部门加强对广告刊发质量追踪和虚假违法广告的查处，加大对非法药品、医疗广告的打击力度。通报 2 家省内主要都市类报纸刊发广告情况，通过对主要负责人诫勉谈话，督促其继续严把刊发质量关，防止反弹。

〔互联网出版监管〕2012 年全省共查处 7 起网络出版违规案件，其中，登载政治性非法网络出版物案件 4 起，登载淫秽色情网络出版物案件 3 起。及时将查禁的有关精神传达给省内网络出版单位，2012 年度共下发电子版查禁通知 156 份，起到了预警作用。加大专项治理力度，作为互联网内容管理成员单位，省新闻出版局按照职责分工，与有关部门密切协作，深入开展整治互联网和手机媒体传播淫秽色情及低俗信息专项治理行动，有效地净化了全省网络环境。

〔印刷业监管和质量监督检测〕开展了中小学教辅材料出版发行专项检查，对有问题的印刷企业分别予以警告、批评教育、暂缓年度核验、行政处罚，进一步规范了教材教辅出版发行秩序。集中力量对出版物印刷企业和出版物批发单位开展了重点检查，督促其守法经营。严格履行连续性内部资料性出版物样本登记审读制度，对 2 种违规的内部资料性出版物进行了严肃处理。与教育部门联合下发了春秋两季的中小学教材征订通知，对两季中小学教材征订、印制、发行工作进行了全面部署，抢进度，保质量，较好地保证了中小学教材征订印制发行任务的完成。组织省质检站对印制质量进行全时段跟踪抽检，共抽查印刷企业 52 家次，抽查教材成品 146 种、4672 册，半成品 3 种、96 印张，批质量合格率在 98%以上。

〔版权管理〕结合“4·26”知识产权宣传周活动，下发《关于开展黑龙江省 2012 年知识产权宣传周活动的通知》，印制了《中华人民共和国著作权法》、《计算机软件保护条例》、《信息网络传播权保护条例》3500 册，向社会免费发放，活动现场发放著作权法宣传手册 2000 余册。设立版权咨询电话，解答群众及各出版单位相关问题。通过参加《行风热线》、召开软件正版化新闻发布会、接受省内新闻媒体的采访等方式，开展宣传活动，阐明打击侵权盗版重要意义，帮助群众提高保护知识产权意识。

按照国务院统一要求，制定全省推进政府机关软件正版化实施方案，以省政府办公厅名义下发至省直各部门和市(地)县政府。省级软件正版化工作顺利完成，实际采购操作系统 6294 套，办公软件 8057 套，采购金额 1045 万元。顺利通过了国家检查验收，并对我省的工作给予了高度评价。市(地)级软件正版化取得阶段性成效。启动快的哈尔滨、齐齐哈尔、牡丹江、大庆、绥化等市已落实采购资金 848 万元，采购软件 11761 套，起到了示范作用；鸡西、鹤岗、伊春等市财政部门积极核算，落实具体采购金额；七台河市、佳木斯市、大兴安岭地区行署也在积极推进落实中。企业软件正版化基本完成，4 家新闻出版企业集团共采购安装操作系统 1064 套，文字处理软件 178 套，杀毒软件 709 套。

持续开展打击网络侵权盗版“剑网行动”，会同公安、通信、工商等部门对省内各市(地)网吧进行了专项治理检查，对个别网吧擅自卸载计算机经营管理系统监管软件行为进行了纠正和查处，共检查网吧 4224 家(次)，对 73 家网吧警告、1 家责令停业整顿，有力规范了网吧经营行为。对全省互联网企业和网站开展了检查，对违反信息网络传播权的部分网站限期整改，查处 1 起网络私服游戏案件。组织开展打击侵犯知识产权和假冒伪劣商品专项行动，全省各级新闻出版、版权、"扫黄打非"办共计出动行政执法人员 13160 人次，检查出版物市场、店档摊点 13508 个，检查印刷复制企业 8814 家(次)，取缔游商摊点 95 个，监管互联网单位 15 家(次)。查缴侵权盗版音像制品 43521 件、侵权盗版图书 44791 册，盗版电子出版物 3906 件，盗版教材教辅读物 54749 册。坚持行政指导和有效调解相结合，开展版权纠纷调解，保障了接受调解方的合法权益，受理调解率和调解满意率均为 100%。

〔扫黄打非〕2012 年，全省各级"扫黄打非"工作部门紧紧围绕贯彻党的十七届六中全会精神、迎接党的十八大召开这一主线，加强日常监管，深入开展集中治理和专项行动，严厉查处和打击各种非法出版活动。先后组织开展了查堵反制香港违禁出版物专项行动、整治互联网和手机媒体传播淫秽色情信息、整治教材教辅和对印刷复制业开展专项治理等一系列专项行动，取得显著成果，有效维护了全省文化安全和社会政治稳定。一年来全省共收缴各类盗版和非法出版物 129900 余件，取缔无证经营出版物店、档、摊点 119 家，查办行政案件 315 起，移交司法机关 7 起，审结刑事案件 2 起，4 人被依法判处有期徒刑。

省社会科学院

办刊工作稳步提升

黑龙江省社会科学院现有《学习与探索》、《黑龙江社会科学》、《西伯利亚研究》、《黑龙江年鉴》、《中国-东北亚国家年鉴》五种对外发行刊物。《学习与探索》是中文社会科学引文索引(CSSCI)来源期刊、全国中文核心期刊、全国首届百种重点社科期刊，2012 年双月刊改单月刊后，刊物的内在品质、学术影响力、期刊形象稳中有升，荣获国家社科基金资助期刊第一批资助。《黑龙江社会科学》围绕党的十八大召开等重大事件开设了理论专栏。全年共组织近三十组专题讨论，刊发了一批具有原创性、开拓性的高层次学术文章。2012 年入选 "人大复印报刊资料"重要转载来源期刊。《西伯利亚研究》是国内外唯一以研究俄罗斯西伯利亚远东地区为主的学术期刊，对加强省社会科学院特色研究，提高黑龙江省对俄研究水平都起到了重要的推动作用。2012 年围绕"中国俄罗斯旅游年"、"俄罗斯入世"等国内外热点问题开办专栏，邀请专家组稿，收到良好效果。《黑龙江年鉴》为中国年鉴资源全文数据库核心年鉴，连续多年被评为省优质期刊、省一级期刊。2012 年 9 月在第六届全国年鉴编校质量检查评比中获一等奖。《中国-东北亚国家年鉴》系统介绍东北亚各国最新信息、相关权威研究、综合数据，并配合哈洽会需要，宣传黑龙江省改革开放尤其是与东北亚各国合作的最新成果。

编写黑龙江经济、社会蓝皮书(2012)

由省社会科学院组织编撰的《黑龙江经济发展报告(2012)》和《黑龙江社会发展报告(2012)》于 2012 年 1 月初首发。《黑龙江经济发展报告(2012)》和《黑龙江社会发展报告(2012)》系统地分析了当前黑龙江省经济社会发展的形势、存在的问题和不足，并提出了有针对性的对策和建议。2012 年度蓝皮书作为黑龙江省两会用书，再次受到人大代表和政协委员的好评。

省社会科学界联合会

启动首届社科学术著作出版资助项目

为鼓励和支持社科理论人才积极从事专业理论研究，缓解社科学术著作出版难的问题，

2012年,省社科联在省委宣传部的支持下,与省财政厅联合启动黑龙江省社科学术著作出版资助项目。经省社科出版资助评审委员会评审并报省社科出版资助领导小组批准,共评出优秀社科资助著作25部,经审核验收,除2部著作因重大选题备案等原因延期外,23部著作顺利出版,为出版资助项目的长期设立开了好头,奠定了良好的基础。

根据《管理办法》规定,本次社科出版资助共分为申报审查、通讯评审、会议评审、结果公告、确定出版社、签订协议、经费资助、编辑出版和总结验收9个阶段。考虑到工作的连续性和整合性,主要从以下方面总结此项工作:一是前期筹备阶段,与省财政厅联合形成《黑龙江省社会科学学术著作出版资助专项资金管理办法(草案及试行稿)》,确定了工作方案,确保了出版资助项目的科学管理和规范实施;同时设立了由省委宣传部、省财政厅和省社科联有关领导组成的出版资助项目管理委员会,并遴选全省社科界知名专家组建评审委员会,为社科出版资助提供了保障。在此基础上,3月27日,省社科联、省新闻出版局联合召开社科出版资助项目通气会,通过征求各出版单位意见,确定了省内13家出版社为定点出版单位。二是申报审查阶段,于4月与省财政厅联合下发通知,面向全省相关单位征集社科学术著作。经过为期1个多月的征集,31家单位共申报了88部学术著作。省社科联对其完整性、规范性、合理性进行了审核,并按学科进行分类。经省社科联党组会议审议后,60部成果通过审核进入通讯评审阶段。三是评审公示阶段,根据成果选题方向从社科专家库中遴选出24名各学科知名专家组成了通讯评审阶段哲法、经管、文史3个评审小组,形成了出版资助评审方案,设计了较为科学规范的评审原则和评审标准。6月19日—29日,各位评委对本学科匿名后的成果进行通讯评审,共遴选出37部成果进入会议评审阶段。8月8日,主办方召开社科出版资助评审会议,由省内15位各学科一流学者和学科带头人组成会议评审委员会分3组进行评审。经学科小组评审、评委会评审和领导小组审议3个环节,23部著作列入了2012年出版资助计划,并于8月9日—23日,通过黑龙江社科网和省社科联系统网络协作平台进行公示。四是编辑出版阶段,在逐一确认受资助人意愿与选定出版社对接的基础上,督促受资助人、出版社与省社科联签订三方协议,于9月—11月积极协调各方,推进编辑出版工作。五是验收拨款阶段,省社科联于12月底对受资助的著作编辑出版情况进行总结验收,除2部著作因重大选题备案等原因外,共23部学术著作符合要求顺利出版,对验收合格的项目拨付了款项。

省出版集团

书刊品牌建设

深入贯彻“二为”方向、“双百”方针,形成较稳定的出版项目运作机制。强化专业出版、特色出版,继续拓展图书发行渠道,进一步强化报刊品牌。《中国流人史》、《赫哲绝唱——伊玛堪集成》等4种图书入选国家出版基金资助项目,《精神家园丛书》(英文版)进入经典中国国际出版工程,《民族精神与文化主题书系》入选中宣部18种弘扬社会主义核心价值体系重大选题,《马克思主义与社会主义新论》、《社会理想的追求》等6种图书进入总署社会主义核心价值体系建设“双百”出版工程,《公民道德修身课程》、《精神家园丛书·民族精神》等3种图书入选中宣部等10部门联合推介的百种优秀思想道德读物。《黑龙江画报》全新改版,逐步进入良性发展轨道。《格言》全力保持稳步发展。《哈尔滨房地产周报》不断创新。《育才报》等教辅报刊打下了较好的市场基础。

品牌教材教辅市场推广

大力推广品牌教材教辅,确保教材印装质量,保障课前到书,加强教材有关营销服务工作,扩大教辅代理范围,提高我省教材教辅质量水平。全面激活了市场营销终端,进一步密切与各级教育部门合作关系,人教版教材实现市场占有率72%,与人教社正式确立了教辅代理合作关系, 与23家机构达成了新的教辅代理合作,全省教辅市场占有率达到85%,《资源与评价》、《寒暑假作业》等自有品牌市场地位大幅提高。

产业创新

大力推进"数字校园"建设工作,加快深入数字出版市场,成立数字出版公司,加快数字版权输出。强化绿色印刷优势,提高绿印技术水平。依托新华书店网点,积极构建遍布全省的文化流通网络。集团初步打开了"数字校园"建设局面,与多所中小学校达成合作。在省委支持下,与东北网强强联合,成立黑龙江东北数字出版传媒公司,实施了一系列数字平台建设项目,积累了一大批数字内容资源。绿色印刷项目获得了政策和资金支持,印刷设备进一步更新,引进CTP制版技术,自主研发绿印油墨。各级新华书店加强了信息化建设,物流中心项目完成前期准备工作,探索了一批新的网点形式,扩大了书店业务范围,有条件的大中型书店积极向文化商城转型。

"走出去"工作

利用境外机构,继续加大文化输出力度,传播中国声音。不断强化外向型图书出版,加强与境外文化机构合作。与韩国最大门户网站Naver合作,实现《中韩·韩中辞典》数字版权贸易1亿韩元,率先迈出了我省数字出版和文化"走出去"的实质步伐。家装类图书在印度市场稳步扩大。依托在俄设立的文化中心,积极扩大文化输出范围,加强与当地教育文化机构交流合作。

服务大局

做好党的十八大精神的宣传工作,积极出版和印发有关学习材料,组织学习活动,营造优良氛围,通过发放材料、组织相关活动切实将党的十八大精神宣传到了全省各地。确保导向正确,积极放大主流声音,出版一批优秀主旋律图书,打造一系列主旋律专刊、专栏。继续开展"书香龙江"活动,扩大品牌活动规模,推动我省全民素质不断提高。克服重重困难,顺利完成全省"农家书屋"配送工作。在全省范围内广泛开展捐书、赠书活动。

哈尔滨市

开展市场清查行动

2012年1月开始,为保障"元旦、春节"期间全市文化市场的繁荣稳定,组织公安、工商、文化和新闻出版等部门对全市出版物集中经营场所和印刷企业进行了大规模的检查行动, 先后出动人员62人次,车辆29台次,检查出版物经营单位和印刷企业86家, 取缔无证商贩11个, 收缴非法图书、光盘、音像制品及宣扬封建迷信的挂历、黄历2700余册(盘)。

开展查堵违禁出版物专项行动

强化组织领导,落实责任分工,加强协调,紧密配合,采取源头治理、市场清查、网络监控等手段,大力查堵政治性有害出版物,切实有效地维护国家和社会的政治稳定及文化安全。先后组织工商、公安、文化和新闻出版(文化市场稽查)等部门对哈尔滨市的印刷企业、出版物经营场所、市内书报刊摊点等进行了清查,收缴非法出版物173册、盗版音像制品1980余盘;取缔了一批街头游商、地摊;收缴涉嫌违禁出版物10余册。同时及时与省邮政公司、哈报集团沟通, 对其所属报刊亭进行整顿, 严格进销货制度,坚决杜绝进销问题类报纸、杂志,有效净化了全市出版物市场环境。此外,还组织公安、文化市场稽查等执法人员, 对非法设立报刊记者站等问题进行了查处，并对一些涉嫌经营政治性有害出版物的线索进行了安排、布控，确保不出问题。

开展迎接十八大出版物市场专项行动

组织各区、县(市)相关部门，在全市开展了出版物市场清查行动，要求各区、县(市)采取有效措施，强化监管手段，加大查处力度，进一步净化全市的出版物市场，确保不出问题。从9月中旬开始，市"扫黄打非"工作领导小组办公室会同市文化市场稽查支队组成联合督导组，加强了对各区"扫黄打非"工作的指导，对于在督导检查中发现的问题，当场提出查处要求，有效促进"扫黄打非"工作的开展。

积极做好党报党刊发行工作

全市各级党委政府、各部门各系统齐心协力、真抓实干，积极筹措订阅资金，严格落实订阅任务，2012年度党报党刊发行工作取得了良好成绩，超额完成了省委下达的发行任务，获得全省党报党刊发行工作突出贡献单位荣誉称号。认真贯彻落实全省党报党刊发行工作视频会议精神，组织召开2013年度全市党报党刊发行工作视频会议，对重点党报党刊发行工作进行安排部署，确保党报党刊订阅的任务、范围、经费、时间全面落实。以市委办公厅名义下发《关于做好2013年度党报党刊发行工作的通知》，分解全市任务，落实工作责任。

举办哈夏音乐会图书展销活动

为了全面实施文化素质提升，提高公共文化服务能力，进一步增添哈尔滨之夏音乐会的文化活动内容，实施文化精品打造工程和文化传播促进工程建设，创新精神文化产品营销模式，拓展大众文化消费和特色文化消费市场，进一步推动全民阅读活动，于2012年8月18日在哈尔滨国际会展中心举办了"首届哈尔滨图书展销会"，展出面积5000平方米，100余家企事业单位参加展览展示。同时还举行了著名作者与读者见面会、"墨纯杯"行草章法学首发仪式等多项配套活动。

齐齐哈尔市

成立文化市场综合执法支队

根据省里的统一部署，按照市委、市政府的要求，制定了"三定"方案。召开了齐齐哈尔市文化市场综合执法改革推进会，全面客观地分析文化市场综合执法改革进展情况及存在的问题，部署各县(市)区文化市场综合执法改革工作任务。市及各县(市)文化市场综合执法改革工作全面完成，相继成立了文化市场综合执法支队。

认真开展"扫黄打非"工作

组织收听、收看黑龙江省第二十四次"扫黄打非"工作电视电话会议，及时制定了《齐齐哈尔市2012年"扫黄打非"工作方案》。按照省市"扫黄打非"的总体部署和方案要求，先后开展了"两节"、"两会"创建平安文化市场行动；4·25集中销毁"文化垃圾"活动和印刷企业专项检查行动。行动期间，执法人员深入百脑惠、百花电子科技城、客运枢纽站、第一医院、文华书店、国学书店等公共场所和出版物经营商家张贴"扫黄打非"宣传海报50张，向市民发放宣传手册300份，有效引导和鼓励群众自觉抵制和举报非法印制、经营和传播反动、淫秽盗版非法出版物的经营行为。4月25日，在市博物馆门前举行侵权盗版制品及各类非法出版物集中销毁活动，共销毁盗版光盘及非法电子出版物2600余盘，非法书报刊1.2万余册。

开展喜迎十八大文化市场专项保障行动

一是开展文化市场安全隐患治理工作。采取

日常检查和专项治理相结合，召开文化市场业主大会，并与相关场所签订十八大期间消防安全责任书，认真做好隐患排查治理工作，打击各类无证经营，违法违规经营活动。8月至11月份，在全市范围内持续开展了为期4个月的文化市场经营场所安全生产专项整治行动。重点对网吧、娱乐场所等公共聚集文化场所的安全情况进行认真检查。联合公安、消防部门对不符合要求的场所进行专项排查，治理安全隐患，落实安全措施，确保文化市场经营场所安全运行。二是开展出版物市场专项整治行动。在出版物市场、印刷复制企业、运输物流渠道、互联网等4个关键领域进行彻底清查。重点查缴政治性非法出版物，整顿和规范出版物市场秩序，全面清除危害青少年健康成长的淫秽色情非法出版物和低俗音像制品。对校园周边、车站、夜市、出版物集中经营场所进行突击检查，收缴非法出版物及非法音像制品。专项行动期间共出动检查人员1080人次，检查出版物经营单位300余家次、印刷厂250余家次、物流和快递公司108家次，收缴非法出版物2853(盘)册，有力打击了出版物市场的违法经营活动。

牡丹江市

组织开展全民阅读活动

按照“大兴学习之风”的要求，启动开展了文明单位漂书活动。指导国家级文明单位市财政局、市国税局申报建立省级漂书活动示范点，建立了市级漂书站点20余个。指导牡丹江市图书馆开展了牡丹江人文公益大讲堂、少儿阅读大礼包等丰富多彩的读者活动，全年共举办“牡丹江历史文化系列讲座”10余期，吸引越来越多的人走进图书馆、利用图书馆，参加人数达3000多人，在全社会掀起新一轮读书学习热潮。

佳木斯市

开展“扫黄打非”工作

召开了“扫黄打非”工作会议，及时传达全国、全省“扫黄打非”工作会议精神，研究制定了佳木斯市“扫黄打非”工作方案，布置了全年“扫黄打非”工作。组织全市“扫黄打非”专项行动，成功开展了出版物市场集中清查、4·22打击盗版专项行动、清理无证照经营行动、打击“四假”专项行动等一系列清查市场活动，进一步净化了佳市的出版物市场。举行侵权盗版及非法出版物集中销毁仪式，销毁非法出版物50000余张（册）。在中小学校组织开展以“打击侵权盗版，保护版权”为主题的“绿书签行动”系列宣传活动。组织市电台、电视台、《佳木斯日报》、《生活报》等媒体有针对性地报道相关活动，同时在主要人流聚集场所悬挂宣传条幅和张贴宣传海报，在全市开展使用正版、保护知识产权的宣传，营造尊重和保护知识产权的良好氛围。

开展党报党刊征订工作

省委党报党刊发行工作会议结束后，市委宣传部立即向市委汇报会议有关精神，并迅速召开了全市党报党刊发行会议，部署落实这次会议精神。一是抓征订任务的落实。明确征订时间和数量，用硬杠衡量订阅情况。要求各级部门务必按照征订时间表开展订阅工作，延迟时间将予以通报批评。各单位纷纷加大工作力度，做到人员落实、责任落实、资金落实，迅速进入实战状态，拿出实招组织征订，努力完成中央和省委、市委下达的党报党刊发行任务。二是组成督查小组推进发行工作。组成2个督查小组，分别深入到各县区和市直单位，督查党报党刊订阅情况，清理行业报刊，防止行业报刊冲击党报党刊订阅；同时，与难点单位、协发单位进行沟通，确保征订工作顺利推进。三是采取通报方式促进发行。运用先表扬后批评的方式，借助新闻媒体通报相关单位，同时，在市委编发的《佳木斯专刊》上刊发通报，抄送给市级领导，形成舆论攻势和政治压力，以此促进党报党刊发行工作的开展。市委宣传部在2012年度党报党刊发行工作中，全面完成了省委交办的党报党刊发行任务，获得了全省党报党刊发行工作先进单位的荣誉称号。

大庆市

深入开展“基本功”提升年活动

通过“四抓争优”工作，即抓基础、抓制度、抓教育、抓培训及创先争优，切实提高全市各级新闻出版和“扫黄打非”执法队伍的执行力。

一是理顺关系。下发《关于加快推进文化市场综合执法改革的实施意见》，明确了县区文化综合执法大队行使新闻出版和“扫黄打非”工作职能，并对机构性质人员编制提出了具体要求。建立和完善有利于加强新闻出版和“扫黄打非”的工作体制，强化了新闻出版和“扫黄打非”工作地位。全市9个县区的改革已基本完成。均成立了文化市场综合执法大队，参照公务员管理的事业单位，编制人数3—10人不等，其中，五个区级执法大队均升格为副科级。

二是规范权力。按照“一项权力建立一项制度”的原则，对市新闻出版局承担的行政许可、行政处罚、行政检查等工作均健全了管理制度。出台了《行政复议案件调解办法》、《行政许可否定报备办法》等管理制度，简化行政许可事项的申报要件，缩短审批时限，进一步提高了行政效能。利用“行风热线”、“知识产权宣传周”等载体，积极推进政务公开。

三是提升能力。除了安排著作权法、盗版鉴别等各类专业执法讲座外，组织开展了重温入党誓言、感悟大庆精神、铁人精神教育活动和业务技能练兵活动。两次执法岗位大练兵规定了执法岗位基本功规范，要求每位执法人员必须做到三熟（即熟知行业、熟知法规、熟知经营者）、三会（即会收缴、会检查、会办案），并开展比案件查办、比收缴数量等岗位竞赛。

强化行业管理

有效行使各项管理职能，加强对出版、印刷、发行、版权等行业的监督管理力度。

强化内容监管。出台《大庆市出版物审读管理办法》，建立了三级审读网络与审读工作机制，对全市19种报刊和63种内部资料性出版物实施有效监测，及时发现和纠正不良出版倾向。2012年初以来，共发现违规出版、虚假报道、内容低俗、违反宣传纪律等问题32个，均通过发布审读通报、约谈警告等方式及时进行了纠正。

开展专项检查。按照省新闻出版局的统一部署，在全市范围内开展了印刷复制发行专项检查和教辅资料专项检查行动，从教辅资料的出版、印刷、发行、征订等四个环节入手，对全市印刷发行业和教辅资料发行市场进行集中整治。对重点地区、重点企业实施“三查三规范”集中检查，严格监督印刷复制发行企业落实承印登记、购销卡留存备查制度，共检查教辅出版、印刷、发行单位420家次，学校60所；对教辅资料市场进行综合整治，共发现违规问题62个，立案查办27起，取缔无证经营印刷发行单位18家，实施行政罚款7起，处罚学校1起，不法书商2个，罚没款7万元，有效规范了全市印刷发行秩序。

做好版权管理。成立由市领导任组长的工作领导小组，组织财政局、工信委、国资委、机关事务管理局、采购中心等部门开展调查统计工作，全面掌握全市党政机关需更换正版软件品种和数量。依法调解版权纠纷，通过行政、教育等手段，有效调解了微软公司与大庆庆客隆连锁商贸有限公司、大庆热力公司、大庆世腾汽车销售服务有限公司及大庆勤华汽车集团等单位的版权民事纠纷，促使侵权单位主动购买正版软件。

强力推进“扫黄打非”专项行动

指挥协调全市各级“扫黄打非”工作部门深入开展打击制售假冒伪劣商品、查堵反制香港流入的政治性有害出版物、集中整治淫秽色情出版物及信息、迎接党的十八大深化“扫黄打非”等多项集中执法行动。在遏制政治性非法出版物、扫除文化垃圾、打击侵权盗版等方面取得了显著成效。全年共检查经营场所 1280 家次，取缔无证照印刷发行企业 35 家，关闭非法网站 71 个，收缴各类非法图书 14300 册，非法音像制品 35800 张（盘），非法报刊 2100 份，淫秽光盘 76 张，清除网上不良信息 1200 条，破获违法出版刑事案件 2 起，抓获犯罪嫌疑人 6 人，查办违规出版案件 8 起，行政罚款 11.3 万元。

健全监管机制。针对出版物市场监管薄弱环节，建立了无缝隙监管、全天候监管、分类监管、督查问责考评等四项工作机制，提升“扫黄打非”工作科学化水平。为了将责任落实到位，以属地管理和工作量大小，划分监管责任区、责任户，通过签订责任区管理责任状的形式，将全市 632 家新闻出版单位落实到市文广新局、综合执法支队和各县区执法大队，全部分包到人。

狠抓工作落实。文化、新闻出版部门实施出版物经营单位台账管理、违法违规企业“黑名单”、集中经营场所派驻特派员、印刷企业行政执法记录等制度。公安、工商等部门建立对出版物市场日常巡查的工作制度。海关、铁路、机场、公路、邮政等部门建立实施出版物邮寄审查、货物运输备案等制度；移动、联通等部门加强了互联网专线及带宽租用业务的接入审查和客户准入管理，与互联网专线接入用户签订《信息源入网安全责任书》，落实管理责任人。这些管理制度和管理措施，切实加强了对出版物各个环节的监管，牢牢把住了出版物流通的各个关口。

加强督办检查。推行周报制度，要求各县区“扫黄打非”办公室和各有关责任单位每周报送行动进展情况。推行专项督查制度。在迎接党的十八大专项行动期间，市局主要领导和分管领导两次带队深入县区开展督查，三次召开“扫黄打非”专题会议分析存在问题、部署工作任务。

营造舆论氛围。围绕“4·26”世界知识产权日和集中销毁非法出版物，组织开展了“扫黄打非”成果展览、“扫黄打非”进校园社区、版权公益讲座、在媒体播发公益广告等系列宣传活动。在迎接党的十八大专项行动期间，组织联通公司、移动公司通过发布手机短信等方式开展集中宣传，共发布专项行动宣传用语 82 万条，发动了强大的宣传攻势。

2012 年 10 月，国家和省“扫黄打非”督查组来大庆进行督导检查，国家和省督查组对大庆“扫黄打非”工作给予充分肯定，国家督查组组长、国家新闻出版总署纪检组副组长、监察局局长陈毓江认为，“大庆是东北三省城市中，工作开展最好的”。

鸡西市

加强出版监督管理

坚持正确出版导向，规范管理发行市场，深入开展“扫黄打非”。成立了鸡西市报刊审评组，由 20 余名专兼职人员组成，对在鸡西境内出版发行的报刊、图书，进行全方位审评。确保期刊、图书不出现导向问题。加强对书报刊发行市场的规范管理，制定集中清缴整治方案，联合公安、工商等有关部门定期组织整治活动，重点查封政治性非法出版物、低俗音像制品。重点开展四项工作：封堵查缴政治性非法出版物及网上有害信息，扫除淫秽色情等文化垃圾，制止各类侵权盗版行为，严肃查处非法书报刊。

双鸭山市

做好 2013 年度党报党刊发行工作

双鸭山市坚持早动员、早部署、早启动的工作方针，在省委党报党刊发行工作电视电话会议召开前4天，着手开展双鸭山市2013年度党报党刊发行工作，实现了在规定时间内完成发行任务的工作目标。市委宣传部经过深入调查研究，核实各单位订数后，对基层任务适当下调，努力减轻基层和农民负担，同时要求各单位确保行政经费、工会会费、党费优先足额用于党报党刊征订。市纪检、组织、宣传部门联合下发《关于制止党政部门报刊摊派行为的通知》，明确要求各单位不得在完成党报党刊征订任务前，订阅休闲娱乐类报刊及其他行业报刊。采取分组包干责任到人、订阅任务与年终目标考核挂钩、周例会汇报推进、主管征订工作副部长审签等方式方法全力推进。全市各县、区委在征订过程中，不断改善服务方式，积极落实集订分送、代收代订、上门收订、电话订阅等多种服务措施，及时做好统计分析和情况通报工作。截至2012年12月27日，双鸭山市党报党刊发行任务超额完成，双鸭山市委宣传部荣获“全省党报党刊发行工作先进单位”荣誉称号。

开展“扫黄打非”行动

双鸭山市本着“一手抓繁荣，一手抓管理”的执法理念，深入开展“扫黄打非”行动，不断强化执法工作力度。网吧管理继续实行全年无休日工作制和“12318”指挥中心24小时待勤制度，保证群众举报的问题得到及时查处，形成了全天候、全覆盖管理模式。强化“净网先锋”网上实时跟踪监控和二代身份证刷卡实名登记上网等措施，全市“净网先锋”在线率及安装率始终处于全省前列。开展“阳光娱乐主题宣传周”活动，发布《阳光娱乐经营倡议书》，印制和发放阳光工程宣传海报和宣传单，设立宣传咨询点、流动宣传车、制作宣传展板，大力宣传娱乐场所“阳光工程”。针对娱乐场所接纳未成年人、无证经营等问题，联合公安、工商部门开展游戏娱乐场所百日专项整治行动。组织开展“非法出版物集中销毁行动”和“保护知识版权打击侵权盗版”图片展活动。在4·26世界知识产权日，以“加入绿书签，分享正版生活”为宣传主题，举办了“绿色书签行动2012”系列宣传活动，形成打击、抵制、举报盗版的良好社会氛围。在“全国打击侵犯知识产权和制售假冒伪劣商品专项行动”工作中，双鸭山市查办的由全国扫黄办、最高人民法院、最高人民检察院、公安部和国家版权局挂牌督办的2011年全国十大侵犯著作权案件：“双鸭山市3·15网络侵犯著作权案”依法宣判，犯罪嫌疑人刘利、于杨分别被依法判处有期徒刑3年和2年。该案的快速查办得到全国扫黄打非工作领导小组、文化部、国家版权局的高度赞誉。该案已被收入“中国打击侵犯知识产权和制售假冒伪劣商品专项行动成果展”，成为查处网络侵权案件的经典案例。据统计，双鸭山市全年累计实施执法检查7898人次；检查经营单位5046家次；开展大规模非法出版物销毁行动一次；销毁各种非法出版物4万余册、光碟近2000张；查缴非法出版物13700余册、淫秽光碟9710张。截至目前，全市文化市场已连续9年实现“行风热线”零投诉。

七台河市

加强新闻出版业规范管理

加强对报刊和内部资料性出版物的审读工作。建立完善审读网和审读工作制度，配备专职审读员，提高报刊质量。同时严把内部资料性出版物的审批关，认真审核其内容，严格核发内部资料性出版物准印证。加强对书报刊、电子出版物和音像制品经营者的日常管理。组织开展《出版物发行许可证》和《音像制品经营许可证》年度核验工作。加强对书报刊、电子出版物和音像制品经营者的日常检查工作，特别是对校园周边的出版物市场，坚持每周检查一次，坚决取缔影响青少年健康的出版物，确保青少年身心健康。加强对印刷复制业的规范管理，严防发生盗版盗印等非法印刷行为。坚持每个月对全市印刷经营单位进行一次检查，重点检查有无承印、承制政治性非法出版物、盗印教材教辅读物及制假商标、证件等非法印刷行为，以及无委印手续从事印刷经营活动的印刷企业、单位和个人，坚决取缔无照经营者。

加强农家书屋的管理工作

七台河市17个乡镇和220个行政村，建成统一标准的农家书屋220个，农家书屋覆盖率达100%。加强了农家书屋的后续管理和服务，建立完善了《七台河市农家书屋建设和管理办法》。实行信息反馈制度，特邀一批书屋管理员，定期反馈书屋管理和使用的意见和建议。建立回访和考核制度，定期对农家书屋进行回访，了解书屋在日常管理和使用中面临的问题，对书屋软硬件管理、利用以及书屋管理员开展工作情况进行考核。全市农家书屋运行良好，图书存放量已达156万余册，农民借阅图书达200余万册次。

积极开展全民阅读活动

在全市中小学校开展了“弘扬雷锋精神，建设心灵家园”主题读书活动。精心挑选了《雷锋精神代代传》、《雷锋传人——郭明义》等优秀图书推荐给广大学生，组织学生通过开展主题班会、课前演讲、征文比赛等形式学习雷锋精神，使广大学生受到了深刻教育。同时充分利用农家书屋和社区图书室开展阅读活动，将阅读活动与党群组织活动、普法教育、先进种植养殖技术教育、健康教育相结合，开展了“我的书屋我的家”农民读书演讲活动和“精品图书进广场”活动。特别是在“4·23”世界读书日期间，《七台河日报》刊登了开展全民阅读的倡议书，市领导为读书节活动专门致辞，组织部分中小学校开展了签名活动，承诺拒绝购买盗版书籍；图书馆开展了图书捐赠、优惠办证、读者座谈会等活动；各大书店和学校用LED屏、条幅集中宣传读书日活动。这些活动有力地促进了全民阅读意识的提高，营造了爱读书、读好书的浓厚文化氛围。

黑河市

农家书屋建设工作

598家农家书屋建设已初步完成。8月27日至8月30日，省农家书屋办公室对黑河市农家书屋建设任务完成情况进行了督查验收。

“2012绿书签行动”工作

为迎接“4·26”世界知识产权日，保护知识产权，黑河市“扫黄打非”办公室在市区设立黑龙江省侵权盗版及非法出版物集中销毁活动分会场，于4月25日进行黑河市侵权盗版及非法出版物集中销毁活动。新闻出版、文化、公安、工商、城市执法等有关部门参与销毁活动，共销毁侵权盗版图书、盗版音像制品、盗版电子出版物4500余件。启动“黑河2012绿书签行动”。参与活动人员共同签名加入“绿书签行动”，并领取“绿书签”，大力宣传“拒绝盗版、助力创新、从我做起”行动主题。

出版物市场管理工作

开展印刷企业、出版物发行单位年检登记工作，年检印刷企业42家、发行单位49家，全部合格。规范出版物市场秩序，营造良好社会文化环境。组织稽查人员对市区出版物市场进行专项治理行动。共收缴盗版图书612本，盗版音像制品320盘。2012年1月至3月组织开展全市出版物市场集中清查活动。加大对全市出版物零售、出租摊点和报刊亭的检查力度。着力打击侵权、盗版等非法出版物，共检查出版物零售、出租摊点和报刊亭45家(次)，收缴盗版出版物2300余本(盘)。通过整治行动，有效遏制了盗版、侵权行为的发生。净化网络，促进互联网产业健康发展。对黑河市开办的门户网站进行专项检查，并要求各地依托网络行业协会等社会组织，积极引导互联网企业开展自查自纠，加强抽查和督查工作，规范网络经营行为。做好创建地方版本报刊馆工作，把地方版本报刊馆设在爱辉区图书馆,在馆内设有专架以保存地方版本报刊,并由专人负责管理,每月定期到出版单位取回报刊。目前报刊已经上架,开辟阅读专区,为读者提供优良的阅读环境。

党报党刊发行工作

2012年报刊发行工作实行“一把手工程”制。各级党政一把手是党报党刊发行工作的第一责任人,认真解决本地、本党委自身和所属单位的党报党刊发行问题,确保全市党报党刊任务在规定时限内全面完成。实行“统筹管理”制。严格规定“村级报刊费不得超过1500元,并优先用于保证省级以上党委机关报、理论刊物和地方党委机关报的订阅,其他任何报刊不得挤占,更不得搞摊派增加农民负担”。要求各县(市、区)将农村1500元(或1200元、1000元)报刊费全部收缴到当地宣传部门,由宣传部门对各村报刊费实行统一管理。实行“定期通报”制。采取定期通报发行进度、及时刊发报刊发行工作信息、通过新闻媒体宣传率先完成发行任务的县市和党委的经验做法,推进发行工作的顺利进行。

绥化市

“扫黄打非”工作成效明显

超前谋划,精心部署,制定下发了《关于在重大活动期间维护出版物市场稳定工作的通知》等相关文件,对重大活动期间相关工作进行了详细安排。在此基础上,集中组织开展了八项专项整治行动。一是重大节假日出版物市场维稳行动。全力做好重大节假日和“两会”期间的市场维稳工作,将工作重点确定为打击政治性非法出版物、盗版电子出版物和音像制品,维护了政治稳定和社会安定。全市在重大的节假日期间共检查出版物集中场所900家次、电子出版物及音像制品经营单位1200家次,收缴盗版音像制品2300多张、非法电子出版物1100多张。二是开展“扫黄打非”宣传月活动。根据省“扫黄打非”办公室《关于集中开展“扫黄打非”宣传活动的通知》要求,于春节、两会前后集中开展“扫黄打非”宣传月活动,对出版物市场进行六次大规模清查。共出动执法人员800余人(次),检查出版物市场经营单位3600余家,收缴盗版、低俗音像制品1500余张、非法书刊1800册(份)。三是组织开展了盗版电子出版物和非法音像制品出版物整治专项行动。制定了《全市盗版电子出版物和非法音像制品出版物监管方案》,并组织各地集中开展了重点打击盗版电子出版物和非法音像制品出版物整治专项行动。共检查电子出版物及音像制品经营单位1300家次,收缴非法音像制品200余张。四是组织开展了淫秽色情出版物及信息整治专项行动。召开全市“扫黄打非”办公室主任会议暨有关单位联席会议,部署绥化市集中开展淫秽色情出版物及信息整治专项行动工作。市“扫黄”办牵头组织协调文化新闻出版、公安、工商等部门,在火车站、华辰商都等处开展联合行动。各县(市、区)按照市里的统一要求,集中组织开展了专项整治行动,取得了明显成效。五是组织开展了印刷复制发行监管专项行动。根据省新闻出版局《开展对印刷复制企业和出版物市场进行专项检查的通知》文件的精神,绥化市组织开展了专项检查行动,对未经许可印刷辅助教材资料的印刷企业和私自印刷发行宣传品的个人及时进行了有效处理。六是组织开展了出版物运输渠道监管行动。市“扫黄”办在专项行动期间,积极协调交通、铁路、邮政等部门,加大对全市各货运物流站、铁路货站的检查力度,对出版物发货、承运手续等进行了严格检查,有效防止了利用伪造证件、伪报品名、伪装托运等手段从事违法运输,有效控制了非法出版物及盗版制品的流入及输出。七是组织开展了依法取缔销售非法出版物游商的专项行动。在8—9月集中开展了取缔销售非法出版物游商专项整治行动,全市共检查出版物零售摊点100个次,收缴各类非法出版物360多册,取缔非法游商、无证经营摊点18个,有效遏制了不法游商、地摊的兜售行为。八是组织开展迎接十八大深化“扫黄打非”专项行动。全省迎接十八大、深化“扫黄打非”专项行动工作部署会议结束后,绥化市就在9月6日上午组织召开了全市2012年“扫黄打非”工作会议,传达国家和省有关精神,转发了《关于开展迎接十八大深化“扫黄打非”专项行动的紧急通知》,随后市“扫黄”办又制定并以密码形式下发了《查缴政治性非法出版物的通知》,对封堵查缴工作进行了周密安排。全市没有发生政治性非法出版物在市面上销售的现象。

大兴安岭地区

强化出版管理制度建设

建立并完善岗位职责、执法责任、内部管理、对外服务、案件办理等5大项、36种规章制度,提高文明执法、严格执法的能力和水平。加强一报一刊和内部资料性出版物的审读审批,强化印刷和复印业的监管。坚持行政许可审批工作一站式服务、一次性告知、一次性办结。

省农垦总局

提升依法行政能力
开展“扫黄打非”专项行动

11月份,在哈尔滨举办了为期5天的垦区首期文化市场综合行政执法培训班,9个管理局共145名学员参加了培训。多次深入基层,为垦区基层新闻出版执法人员讲解《行政许可法》、《著作权法》、《出版物市场管理规定》等法律法规、行政执法有关注意事项及法律文书的填写与案卷的制作。

始终将查处政治性非法出版物放在突出位置,集中治理,加强日常监管,开展了“两节”、“两会”、党的十八大等专项行动,全年出动执法人员3400余人次,收缴非法出版物3115册(盘)。其中“两节”、“两会”专项文化市场综合行政执法行动共出动执法人员277人次,检查印刷企业76家,出版物经营单位236家,音像制品经营单位128家,收缴非法音像制品1031盘。开展了4·26世界知识产权日宣传周活动。开展了对印刷企业、出版物经营单位的年检工作。开展了中小学教辅材料出版发行专项检查工作,重点对曾被省“扫黄打非”办公室通报涉嫌发行盗版教辅读物的百草园书屋、雅兴书城和校园周边的书店进行了检查。9月20日,在哈尔滨召开垦区“迎十八大,深化‘扫黄打非’专项行动工作会议”,起草下发了《垦区集中开展迎接党的十八大文化市场专项保障行动方案》、《垦区迎接党的十八大开展文化市场安全治理专项行动方案》、《垦区迎接党的十八大深化“扫黄打非”专项行动方案》,8、9月共出动各级执法人员468人次,收缴各类非法出版物146册(盘),没有发现政治性非法出版物和淫秽色情出版物。对垦区红色旅游景区进行出版物销售实地检查。

全面完成重点党报党刊发行任务

按照省委党报党刊发行工作领导小组的要求,2012年继续实行以“集订分送”方式订阅党报党刊。10月24日,以总局党委文件的形式下发了《关于做好2013年度省以上重点党报党刊发行工作的通知》(黑垦办文〔2012〕15号),明确了订阅指标,截至12月初,已全面完成了《人民日报》、《光明日报》、《经济日报》、《黑龙江日报》、《求是》、《奋斗》等省委确定的重点党报党刊的发行任务。

大庆油田有限责任公司

内宣工作再创新成绩,做到“四个到位”。一是重要时段跟进到位:职代会的宣传超前策划,尝试推出彩版职代会特刊,以图文并茂、多版呼应、多角度展示的形式,推出了《2011,我们精彩走过》、《2012,我们坚定前行》、《圆满实现原油4000万吨持续稳产》等多个专版专题。二是重要节点捕捉到位:结合《纲要》实施两周年,先后推出了《厂长经理谈纲要》等专栏及《纲要在基层》系列专版,策划推出了一批深度报道。三是重大活动策划到位:2012年以来,策划完成了温家宝总理与大庆油田视频连线、全国政协主席贾庆林等到油田调研、塔东项目开工等一系列重大活动的宣传。特别是密切跟踪重点民生工程,以"主播带你看民生"、"和谐油田行"、"大庆油田好"、"幸福笑脸"等多种形式,展现和谐油田民生工程的建设成就。及时刊播创业城工程情况,策划推出了《一年再看创业城》、《图说创业城》等综合报道。四是重大典型宣传到位:5月中旬以来,启动对"大庆新铁人"李新民的集中宣传。策划刊发了近3万字的长篇通讯《大庆新铁人李新民》(上下两篇),电视刊播了多达10分钟的深度报道《大庆新铁人李新民》,并配发8篇评论。同时,油田媒体还推出了《李新民的故事》专栏。相继刊发了李新民参加全国"五一"劳动节大会、庆"五一"文艺演出、大庆新铁人事迹报告团等14篇动态报道。油田媒体深入基层,采写了30多篇油田各层面的反响和系列访谈,电视台播发了5期专题报道。

思想道德建设和社会宣传

省委宣传部

"红色家园"——黑龙江省爱国主义教育基地网上展馆举办开通仪式

2012年11月27日,黑龙江省爱国主义教育基地网上展馆在黑龙江网络广播电视台举办开通仪式。截至目前,黑龙江省共有国家级爱国主义教育基地13个、省级94个、市(地)县(市)级218个,形成了国家、省、市(地)、县(市)四级阵地网络,并于2008年率先在全国推出了爱国主义教育基地免费开放,使之更好地走进了群众、净化了心灵,深化了社会主义核心价值体系和社会主义核心价值观的宣传教育,进一步增强了龙江优秀精神资源在全国的影响力、感召力。

"红色家园"爱国主义教育基地网上展馆开通,既是开展爱国主义教育形式的一种创新与拓展,也是培育社会主义核心价值观的有效载体和重要阵地。

举办了学习贯彻十八大精神专题辅导报告会

2012年12月,黑龙江省思想政治工作研究会在全省各市地、省直单位举办了学习贯彻十八大精神专题辅导报告会,邀请中央党校科社教研部原主任、中国科学社会主义学会常务副会长、中央实施马克思主义理论研究和建设工程课题组首席专家、国务院学位委员会第六届学科评议组专家严书翰教授和中央党校党建教研部副主任、中国思想政治工作研究会常务理事、全国思想政治工作科学专业委员会副会长戴焰军教授来黑龙江作学习贯彻十八大精神专题辅导。在龙煤集团七台河分公司、中航工业哈飞集团和哈尔滨工程大学组织了3场报告会。同时,聘请省内著名专家陈永昌教授在全省各市地巡回讲课,参会人员达5000余人次。

省社会科学院

深度参与党的十八大精神的学习宣传

党的十八大召开以来,省社会科学院专家学者通过接受省电台、电视台采访,在省报发表理论宣传文章,参加省委宣讲团,深入基层宣讲等形式,为推进全省学习贯彻十八大精神贡献了力量。

十八大精神省委宣讲团首场报告会12月5日在哈尔滨和平会堂举行，省委宣讲团成员，省社会科学院党委副书记、院长曲伟作辅导报告，拉开了省委宣讲团赴全省各市地、系统巡回宣讲十八大精神的序幕。12月10日，曲伟在大兴安岭专场报告会上作宣讲报告。12月11日，在黑河专场报告会上省委宣讲团成员、省社会科学院副院长朱宇作专题报告。截至2012年12月底，全院共有11人(16人次)在黑龙江卫视《全省新闻联播》和黑龙江新闻频道《新闻在线》栏目中解读阐释党的十八大精神。专家曲伟、王爱丽在省委宣传部组织召开了全省社科理论界学习贯彻党的十八大精神座谈会上的发言被刊登于《黑龙江日报》。专家刘伟民、丛坤的文章被分别刊登于《黑龙江日报》和《奋斗》。

组织合同制作家赴吉林延吉一带采风

2012年9月10日，以作协党组成员、副主席王立民为团长，省萧红文学院组织新一届合同制作家为作家采风团，赴吉林延边朝鲜族自治州一带考察采风。这是2012—2016年合同制作家签约后的首次采风活动，省作协在资金有限的前提下，尽量为作家开阔眼界创造条件。从“一眼望三国”的边境珲春小城到深入普通朝鲜族民居的一线采访，作家们一路奔波，经历了长白山的风雨，也感受到了少数民族的风情。采风团所到之处，朝鲜族自治州人民独特的生活风貌，改革开放带来的发展变化，让作家们开阔了视野、激发了灵感、积累了素材，许多作家都说，这是一次意义丰富的行走，也是一次接地气的有氧运动。

省作家协会

召开了省内作家纪念“5·23”座谈会

在毛泽东同志《在延安文艺座谈会上的讲话》发表70周年之际，省萧红文学院组织部分作家、评论家，在2012年5月23日隆重召开了“回顾传统、放眼未来——纪念《在延安文艺座谈会上的讲话》发表70周年座谈会”。与会作家、评论家围绕《讲话》的历史意义及当前创作面临的一些具体问题，展开了深入热烈的讨论。

座谈会气氛和谐，作家们结合自己的创作实践，从不同角度畅谈了《讲话》深远的历史影响；探讨了文学与人民、文学与时代、文学与心灵、文学与生活的关系。作家们认为，生逢其时，要成为时代与生活的歌者。作为黑土地上的作家和文学工作者，与会作家纷纷表示要沉下心来，深入实际、深入生活、深入群众，为时代立像、为民族铸魂；要有更大的襟怀和格局，要有悲悯之心和写作的诚意；要用手中之笔，创作出反映世道人心、具有龙江风格、具有感召力量的精品力作。

哈尔滨市

加强和改进思想政治工作

组织开展“创建全国文明城，邻里牵手逛新城”活动。突出社会文明、邻里和谐、城市变化的深刻内涵，在参观线路设计上尽显人性化，从广大市民的真实需求出发，把深受广大市民欢迎的湿地景点作为参观的主要内容，充分展现新战略实施以来哈尔滨市取得突飞猛进的发展和日新月异的变化，进一步凝聚起全市人民奋发有为、敢于担当、干事创业的热情和激情。组织开展“哈尔滨市创建全国文明城市形象大使”评选活动。起草下发《关于印发〈“哈尔滨市创建全国文明城市形象大使”评选活动方案〉的通知》，对全市形象大使评选工作进行部署。活动得到了群众和各有关地区部门的广泛关注和积极参与。最终评选出20位“哈尔滨市创建全国文明城市形象大使”在《哈尔滨日报》、《新晚报》、哈尔滨新闻网上予以公布。组织开展“雷锋精神学习宣传日”系列活动。以“弘扬雷锋精神、共建美好家园”为主题，举办黑龙江省暨哈尔滨市学雷锋主题实践活动启动仪式；组织召开全市“传承雷锋精神、弘扬文明新风”座谈会，通过扎实深入地开展学雷锋活动，为促进哈尔滨市精神文明建设再上新台阶，推动全市经济社会发展实现新跨越提供强大的精神动力。组织开展弘扬哈尔滨精神教育实践活动。起草下发《关于开展哈尔滨时代精神宣传教育活动的通知》，以党员干部、高校师生、社区居民、企业员工和农民群众为重点，以思想教育、载体引导为抓手，着力推进哈尔滨时代精神进机关、进学校、进企业、进社区、进农村活动开展，引导广大干部群众超越自我，敢于担当，为创建全国文明城市贡献力量。

组织开展宣传教育活动

以迎庆党的十八大胜利召开，营造良好社会氛围为契机，举办“科学发展 成就辉煌”—— 哈尔滨迎庆党的十八大图片展。通过崭新的视角、丰富的内容、灵活的形式，将思想性、指导性与可视性结合起来，做大做强正面宣传，营造健康向上的主流舆论，形成了有利于改革发展稳定的舆论强势，在全市引起了强烈反响，取得了良好效果。市十八大代表、政协委员、人大代表、市直机关干部代表和10余万人次社会各界群众参观了图片展。组织各有关单位积极参加由中国中共党史学会、中国思想政治工作研究会等部门在全国组织开展的“回顾辉煌历程 喜迎党的十八大”——悦达学习杯读书竞赛活动，哈尔滨市获组织奖和集体奖两项殊荣。积极开展“十八大精神进社区”巡回宣讲活动。以迎接全国第十二个全民国防教育日为契机，联合省委宣传部、省军区政治部、哈尔滨警备区政治部共同举办以“迎庆十八大 军民话国防”为主题的黑龙江省暨哈尔滨市第十二个全民国防教育日专场文艺演出，进一步增强了广大干部职工的国防观念，激发了人民群众的爱国之情，在全社会营造关心国防、热爱国防、建设国防的浓厚氛围。以“3·15消费者权益保护日”为契机，组织开展2011年争创“货真价实满意店”活动，确定36家商服单位为2011年度哈尔滨市“货真价实满意店”，并举办2011年度哈尔滨市 “货真价实满意店” 命名表彰会，有关获奖商服单位被授予牌匾并作经验发言。在《哈尔滨日报》上刊发2011年度哈尔滨市争创“货真价实满意店”活动综述，以“扎实开展货真价实满意店活动、推进创建全国文明城市”为主题对入选商服单位进行形象展示。

加强重大典型选树和宣传

开展弘扬“哈尔滨风尚”系列主题活动。对全市重大典型人物张宝金进行宣传报道，代市委、市政府起草《关于开展向张宝金同志学习活动的决定》，召开全市学习张宝金同志先进事迹座谈会、报告会；组织有关市领导赴广州慰问谢尚威，召开座谈会，并授予谢尚威哈尔滨市创建全国文明城市形象大使荣誉称号；召开“哈尔滨风尚”先进人物事迹座谈会、报告会，利用新兴网络媒体，在人民网、新华网、新浪网等国家级网站设立《哈尔滨风尚》专栏，编辑制作先进人物事迹报告会光盘，免费发放到基层党组织，拓展学习宣传“哈尔滨风尚”的范围和效果。积极开展向张丽莉同志学习活动。组织2012年“感动哈尔滨”年度人物评选活动，使老品牌在创建全国文明城市进程中充分展现新风采。继续采取企业冠名的方式运作，本着“基层推荐，群众公选，民主确定”的原则，广泛征集感动哈尔滨人物(事件)，组织社会各阶层投票、推选，使这一活动成为弘扬、宣传哈尔滨精神的过程，成为展示哈尔滨人民精神风貌的过程，成为提高全市人民思想道德素质的过程。并积极做好“感动龙江”人物(群体)推荐参评工作，刘效忠、谢尚威、杨惠、苏泽军等4人当选2012“感动龙江”年度人物。做好第四届全省“六个十佳”和谐单位(家庭)创建评选活动组织申报工作。转发省委宣传部《关于组织开展第四届全省“六个十佳”和谐单位(家庭)创建评选活动的通知》，对组织动员、初评遴选、报名推荐等工作进行部署。在基层单位申报基础上，经初选、征求一票否决单位意见、综合评定后将名单向省委宣传部推荐。哈尔滨市推荐单位及个人在6个系列候选单位(家庭)评选活动中均获殊荣。组织“大爱满龙江”英模先进事迹报告会哈尔滨专场。起草下发《关于协助省委宣传部组织开展“大爱满龙江”英模先进事迹报告会哈尔滨专场的工作方案》,对专场报告会进行认真筹备、精心组织。充分调动报纸、广播、电视、网络等全媒体优势,多角度、多侧面地对“大爱满龙江”英模先进事迹报告会哈尔滨专场进行报道,并对全市社会各界学习英模先进事迹的反响情况进行报道和评论。专场报告圆满成功,达到了预期效果。

扎实做好思想政治工作

组织开展科技文化卫生“三下乡”活动。紧紧围绕农村改革发展和农民实际需要,不断充实“三下乡”内容,健全“三下乡”活动机制,创新“三下乡”活动载体,在巴彦县兴隆镇举行了2012年“三下乡”集中示范行动。市直十四个部门赠送了电脑、电视、照相机、音响设备、演出器材、图书等40余万元的物资,并举行文艺慰问演出、农业适用技术讲座、医疗咨询义诊服务、创业小额贷款办理等活动。有关部门还将同巴彦县兴隆镇对口单位签订“对口帮扶结对子”协议书,将组织活动与机制建设结合起来,切实做到“三下乡”活动常下乡、常在乡。扎实推进国有及国有控股企业思想政治工作,起草哈尔滨市《关于加强和改进新形势下国有及国有控股企业思想政治工作的实施意见》,并征求有关部门意见。认真总结全市近20家企业开展思想政治工作经验,通过《哈尔滨宣传》等载体进行了交流。组织开展哈尔滨市第三届“学习型家庭”评选活动。此项工作经初评、社区宣讲、网上投票、综合评定、社会公示等环节,最终评选出20个学习型家庭和20个学习型家庭提名奖。组织举办2012年全民阅读活动启动仪式。以“4·23”世界读书日为契机,以“创建全国文明城市、打造书香哈尔滨”为主题,组织开展2012年哈尔滨市全民阅读活动启动仪式,为哈尔滨市首批20个社区“市民讲堂”代表授牌及赠书,进一步推动全市全民阅读活动深入开展。精心组织促进文化建设的宣传教育活动,牵头组织了“第二届哈尔滨相亲文化节”,在防洪纪念塔广场举行了隆重的开幕式。组织举办2012年“哈药三精·国学大讲堂”首场讲座。邀请中国著名文化学者,原中国现代文学馆馆长,现中央文史研究馆馆员舒乙先生来哈尔滨作《中国文化的特点》专题讲座,为积极推进创建全国文明城市,实现哈尔滨科学发展新跨越提供强大的精神动力和文化支持。

齐齐哈尔市

扎实推进社会主义核心价值体系的宣传普及

开展以“弘扬雷锋精神 构建和谐鹤城”为主题的社会主义核心价值体系建设“1151”活动,即举行一次“学雷锋”活动启动仪式;组织一次“弘扬雷锋精神”研讨会;开展五项活动:在社区开展“参与志愿服务、建设和谐社会”活动,在机关和窗口行业开展“爱岗敬业、争当雷锋”活动,在企业开展“学雷锋、做贡献、促进现代企业发展”活动,在学校开展“学雷锋精神、争做新一代”活动,在农村开展“学雷锋 倡文明 建新村”活动;组织各县(市)区观看一场以“当代雷锋”郭明义先进事迹为素材的电影《郭明义》,活化了形式,丰富了内容,取得了实效。同时,印发了《关于开展向张丽莉同志学习活动的通知》,组织全市开展向张丽莉老师学习活动。通过开展多种形式的主题实践活动,充分调动了广大干部群众的参与热情,使社会主义核心价值体系进一步走进机关、学校、社区、村屯、企业、家庭。

抓好典型选树推广工作

积极参与省第四届“六个十佳”和谐单位(家庭)评选活动,下发《关于开展“六个十佳”和谐单位(家庭)评选活动通知》,向省推荐18个单位参评,齐齐哈尔中学等4个单位获省“十佳和谐单位”荣誉称号，市工商局等10个单位(家庭)获省“和谐单位”荣誉称号。积极做好省2012“感动龙江”年度人物的推选工作，拜泉县德润社区主任岳国良、甘南县兴十四镇副镇长王淑媛荣获“宏益2012感动龙江年度人物(群体)”荣誉称号，齐齐哈尔市爱心长跑协会获得“宏益2012感动龙江年度人物(群体)”提名奖。开展了第四届“十大师德标兵”评选活动，选树一批德才兼备的优秀教师，弘扬了时代主旋律，为营造全市“比学赶超”的干事创业氛围起到了积极的引领和推动作用。

深入开展社会宣传教育

组建省十一次党代会精神宣讲团开展宣讲活动，推动党代会精神深入人心、家喻户晓。举办了“祖国科学发展 鹤城成就辉煌”主题成就展，以图片形式集中展示近5年来经济社会发展的沧桑巨变，用各项事业建设的丰功伟绩鼓舞人、激励人、引导人，为喜迎党的十八大胜利召开营造了良好社会氛围。动员全市干部群众积极参与全省“大美大爱龙江”主题征集活动，举办弘扬“黑龙江六大精神”贺卡寄语活动，组织全省首届龙视观众节齐齐哈尔站火炬传递活动，举办“迎庆十八大 军民话国防”齐齐哈尔市全民国防教育知识竞赛活动，开展“回顾辉煌历程 喜迎党的十八大”悦达学习杯读书活动，让广大干部群众在实践活动中感受发展、参与发展、推动发展。加强企业思想政治工作和企业文化建设，举办了“齐齐哈尔市第四届企业文化论坛暨嫩江流域企业文化建设经验交流会”，出版了《新发展》一书。

加强城市品牌宣传

开展以“美丽的鹤城我的家”为主题的城市品牌宣传活动。一是在交通运输领域，积极与火车站、飞机场、公交车、出租车等管理部门沟通，在2000多辆出租车LED显示屏上发布城市品牌宣传公益广告，发布喜迎党的十八大胜利召开的公益广告。二是在通信信息领域，与联通公司合作，全市20万用户收到城市宣传公益短信。三是制作城市宣传片和喜迎十八大宣传片，在全市各大办公中心楼宇电视和中心城区LED显示屏上播出，实现城市品牌宣传的全覆盖，拓展城市形象宣传的手段和载体。

牡丹江市

深化社会主义核心价值体系建设

组织开展了以“知荣辱、树新风、促和谐”为主题的社会主义核心价值体系进机关、进企业、进社区、进乡村、进学校、进家庭的宣传教育活动。开展省、市第十一次党代会精神巡回宣讲活动，邀请了省人大代表进行巡回报告5场次，组织市委宣讲团深入各县(市)和市直单位巡回宣讲20多场次，受众人数达60万人。在各行业组织开展“三实两创”共同价值理念系列宣传活动，举办各层面党员干部群众论坛、报告会、座谈会、图片展等260余场次。组织开展了“落实文化”、建设大美大爱龙江、创建幸福和谐牡丹江等主题宣传活动，在市级媒体开设专题、专栏，在市区重要场所和LED显示屏上播放宣传口号、悬挂宣传条幅28000余幅(次)，协调市移动通信公司建立了宣传思想文化工作短信平台，使之成为宣传教育工作展示的平台、信息交流的平台、党员干部群众教育培训的平台和感情联络互动的平台。

完善典型选树制度

明确抓树先进典型的要求和定位，把挖掘、选树、提炼、运作和学习总结先进典型作为加强思想道德建设的有效途径和宣传载体，选树和推出了体现时代精神、引领思想道德建设新风尚的先进典型146个。印发了《关于进一步加强和改进典型宣传工作的实施意见》，建立了典型工作储备库先进典型宣传资料汇集卡，对基层单位选报的先进典型进行梳理和审核，确定两批在市级媒体《我们的榜样》栏目宣传的先进典型采访线索40余个，对企业类、社区类、家庭类先进典型在新闻媒体进行了集中宣传。挖掘宣传了宁安市关龙有(被追授为"全国创先争优优秀共产党员"荣誉称号)勇救落水少年英勇牺牲的典型事迹和东宁县司法局局长李长顺等一大批先进典型。参加了2012"感动龙江"年度人物(群体)评选活动,牡市见义勇为先进典型关龙有被评为2012"感动龙江"年度人物提名奖。推荐12个单位和家庭参加第四届全省"六个十佳"和谐单位(家庭)评选,市镜泊湖管理委员会、宁安市江西村、东安区柴市社区作为获奖单位代表参加了全省表彰颁奖晚会;开展了第二届"感动雪城,百名道德模范"评选活动,评选表彰了105位道德模范,在全市形成了宣传模范、学习模范、争做模范的浓厚氛围。

弘扬践行中华优秀传统文化

在全社会广泛开展了中华优秀传统文化进机关、进企业、进社区、进学校、进村屯、进家庭"六进"活动,组织开展了"迎庆十八大,诵读我们的经典"启动仪式和四场文化广场演出活动,向基层单位赠送中华优秀传统文化经典图书5000册。制定了"仁义礼智信"宣传图片,使之作为机关、企业、社区、学校等单位弘扬中华传统美德的主要宣传名片。组织开展了读经典、唱经典、演经典、赞美牡丹江等多种形式的宣传活动,在市级媒体推出了大型公益道德栏目《孝行天下》,搭建起了公众共同参与的道德传播平台。举办了"欢度我们的节日"、"践行我们的理念"等系列宣传活动,对重点传统节日的文化内涵和民间习俗进行解读,为市民提供了高雅独特的文化大餐,深受百姓的普遍欢迎。开展创建幸福企业、幸福社区、幸福学校、幸福村屯、幸福家庭宣传活动,确定了《市民幸福公约》,并在市级媒体进行了宣传和普及。

佳木斯市

开展农行杯第三届"寻访身边的感动"大型宣传活动

为树立道德楷模,弘扬社会正气,充分发挥先进典型的示范引领作用,市委宣传部成功举办了第二届"感动佳木斯"人物(群体)颁奖典礼,编辑出版了《身边的感动——农行杯第二届"感动佳木斯"人物(群体)先进事迹汇编》一书。在此基础上,继续组织开展了农行杯第三届"寻访身边的感动"大型宣传活动,制定下发了《农行杯"寻访身边的感动"大型宣传活动方案》,在媒体连续三天刊播了感动新闻线索征集启事,召开了媒体见面会,组织媒体采访报道组,先后完成了王世伟、王佩华、刘海荣等7名感动人物新闻线索的事迹挖掘工作。积极推荐张丽莉、王世伟、王佩华参与2012"感动龙江"人物评选,最终,张丽莉成功当选2012年度"感动龙江"人物。

推出全国重大典型张丽莉

5月8日张丽莉同志勇救学生的事件发生后,市委宣传部把学习宣传张丽莉同志的先进事迹作为践行社会主义核心价值体系的一项重要内容,把张丽莉大美大爱精神作为佳木斯精神的一个闪光名片,使其成为引领全市干部群众干事创业的一面精神旗帜。一是做好张丽莉同志先进事迹的挖掘宣传工作。抽调精干力量,组成专门写作组,深入挖掘整理张丽莉同志的先进事迹,提炼其精神内涵,代市委起草了《关于开展向张丽莉同志学习活动的决定》和《深入开展向张丽莉同志学习活动的实施方案》。组织撰写了张丽莉先进事迹报告会材料,分别从学校领导、同事、学生、亲属等不同侧面,全面深刻挖掘张丽莉同志的先进事迹,为推荐张丽莉成为全省乃至全国重大典型做好基础准备,提供第一手材料。二是深入开展向张丽莉同志学习活动。在充分挖掘提炼张丽莉身上的可贵品质和崇高精神的基础上,精心筹划设计了八项大型牵动性活动。组织召开了全市学习张丽莉同志先进事迹座谈会,来自社会各界的30余名代表传颂英雄事迹,挖掘精神内涵,畅谈心得体会,汲取精神力量。仅用两周时间,编撰完成了18万字的《最美女教师——张丽莉先进事迹学习读本》一书，并由中国文联出版社正式出版发行，使其成为学习英雄先进事迹、传承大美大爱龙江精神的一部生动教材。组织张丽莉同志先进事迹报告团，在全市各县（市）区、教育系统进行巡回宣讲 14 场，受教育面达 6 万余人，在全市上下引起了强烈的社会反响。全市各地、各系统也分别以事迹宣传、座谈讨论、宣讲报告等形式，积极用张丽莉先进事迹感召人、教育人、鼓舞人。市教育局召开了学习活动动员大会，命名了“丽莉班”，成立了“丽莉先进事迹宣教室”。市卫生局开展了以“学习张丽莉我们提高什么，对照张丽莉我们改进什么，以张丽莉为榜样我们做什么”为主题的大讨论活动，并组织市直卫生系统开展了“向张丽莉同志学习，做人民健康好卫士”义诊宣传活动。团市委开展了“颂英雄精神、做时代先锋”主题演讲比赛，从不同角度诠释张丽莉老师的崇高精神。佳木斯大学、第十九中学、职教集团等单位还开展了不同形式的祈福活动。前进区组织了“写一封信、画一幅画、录一段话、做一张卡”系列活动，赞美英雄、祝福英雄。形式多样的学习活动极大地激发了大家的工作热情，成为全市上下展现新风貌、实现新作为、创造新业绩的强大动力。三是积极推荐，扩大影响。将张丽莉同志先进事迹向省委宣传部推荐，引起省委宣传部的高度重视与密切关注。5 月 21 日，全省召开了学习张丽莉同志先进事迹座谈会；5 月 28 日，省委、省政府下发了在全省开展向张丽莉同志学习活动的决定；6 月 13 日，在中宣部、中央文明办等七部门召开的全国学习时代楷模座谈会上，中共中央政治局委员、中宣部部长刘云山同志将张丽莉、吴斌、高铁成称为当之无愧的“时代楷模”。8 月 14 日至 15 日，由中宣部组织的中央新闻采访团深入佳木斯市就张丽莉同志先进事迹进行进一步的集中采访和连续宣传。8 月 20 日，中央电视台《焦点访谈》栏目以《好一朵美丽的茉莉花》为题报道了张丽莉的先进事迹。8 月 21 日，《人民日报》刊发了《教师的楷模》长篇通讯，中央人民广播电台、中央电视台还在《新闻和报纸摘要》、《新闻纵横》、《新闻联播》中播出了相关报道。9 月 4 日，张丽莉先进事迹报告会在北京人民大会堂作首场报告，之后，先后赴兰州、重庆、合肥、武汉等地进行全国巡回宣讲，引起强烈反响。张丽莉同志先后受到李长春、刘云山、刘延东等中央领导的亲切接见，并获得全国模范教师、全国五一劳动奖章、中国青年五四奖章、全国三八红旗手、全国时代楷模、全国教书育人楷模等 30 多项荣誉称号。

举办“最美龙江人”张丽莉事迹展

为大力弘扬和宣传张丽莉先进事迹，市委宣传部组织策划了“最美龙江人”张丽莉事迹展，指派专人到张丽莉学习工作过的大学、中学，奔赴哈尔滨、大庆等地，夜以继日收集材料，征集图片、实物，经过短短的 72 小时就完成了布展工作。5 月 21 日，由市委宣传部主办，市文化广电新闻出版局、市教育局协办，市博物馆承办的“最美龙江人张丽莉先进事迹展”，面向社会正式展出。共展出文字材料 43 份，笔记、教案、奖励证书、奖牌、报纸、水壶、祈福卡等实物 342 件、图片 198 幅。据不完全统计，截至 2012 年末，“最美龙江人张丽莉先进事迹展”已累计接待来自省内外和市区的 581 个参观团体，参观的群众达 59000 余人（次），取得了良好社会效果。

大庆市

开展“弘扬大庆精神，攻坚克难、勇创一流，为建设现代化国际化城市做贡献”主题实践活动

为贯彻落实大庆市第八次党代会精神，在全市组织开展了“弘扬大庆精神，攻坚克难、勇创一流，为建设现代化国际化城市做贡献”主题实践活动，进一步提振了发展士气，凝聚了发展力量。

一是“立足高点”学习调研。举办“弘扬大庆精神铁人精神，推进现代化国际化城市建设发展”主题论坛，邀请省委党校副校长祝福恩，中国物流学会常务理事、黑龙江省社会科学院研究员王彦庆等

专家学者作报告。征集各县区、市直机关各部门主要领导、社科学者的研讨文章204篇,遴选出41篇优秀论文编辑成书,发放给全市干部群众。开展第三版《大庆科学发展纲要》学习教育活动,通过下发读本、组织学习、座谈研讨等形式,使大庆发展思路、目标和措施深入人心。举办"青春大讲堂"——现代化国际化城市建设专题论坛,引导广大青年在建设"两化"城市中发挥突击队作用。5月31日至6月7日,市四大班子主要领导率学习考察团行程数万公里,分赴西安、大连、重庆、宁波等全国16个发达城市学习考察,开阔眼界,汲取经验,完善了符合大庆实际的发展思路和工作举措。市委八届二次全会进一步明确了今后一个时期大庆建设现代化国际化城市的发展趋势、发展方向、发展重点、发展难题和发展保障,市委还研究出台了6个《决定》和9个《三年行动计划》,推动各项工作立足新起点、实现新突破。

二是"比学赶超"劳动竞赛。组织全市各行业、各战线紧紧围绕今年市委重点工作,开展以"比速度、比效益、比贡献,拼胆识、拼干劲、拼意志,创高效行政、创优质服务、创一流业绩"为主要内容的"三比三拼三创"劳动竞赛。开展大型岗位建功活动——"咱们工人有绝活",上千名企业员工积极参与,百名工人在《大庆日报》上亮手艺,44名工人展开终级较量,评选出八名"最牛工人",全面展示了大庆产业工人良好的技能风采和拼搏进取、志在一流、勇夺第一的精神。市总工会联合市发改委、大庆传媒集团等单位共同开展"市重点工程项目建设劳动竞赛活动",利用一年半时间,在全市重点工程项目中开展"五比一创"劳动竞赛。让胡路区举行重点工程项目、物业供热行业劳动竞赛暨争创"工人先锋号"活动,推动了全区各项工作争创一流。全市出租车行业开展以"赛思想、赛守法、赛安全、赛文明、赛服务"为内容的劳动竞赛,切实加强了出租车行业管理。

三是"引领大庆"典型评选。结合创先争优活动,在全市各行各业挖掘、选树了一批干事创业、开拓创新、奋力创优的先进典型,激励全市党员干部在发展中担重任、挑大梁、做贡献。开展了大庆"二次创业"功勋人物、"十佳"道德楷模、政法战线"十大标兵"、学习型党组织、"六个十佳"和谐单位(家庭)、"感动龙江"年度人物等选树宣传活动,共有400多人获得省级以上荣誉称号,积极引导全市干部群众对照典型找差距,鞭策后进赶先进,营造了学先进、比先进、争先进的浓厚氛围。

四是"辉煌大庆"宣传展示。《大庆日报》一版、大庆电视台《每天要闻》栏目开辟"弘扬大庆精神,攻坚克难、勇创一流,建设现代化国际化城市"专题,刊(播)发180多篇系列评论和信息报道,深入宣传全市人民学习贯彻市第八次党代会、市九届人大一次会议和政协八届一次会议、市委八届二次全会及党的十八大精神;重点宣传光明产业新城、黑渔湖国际艺术村、大庆国际会展中心等投资千万元以上重点项目建设情况;突出宣传全市广大干部群众在本职岗位上开拓创新、攻坚克难的拼搏精神和感人故事;广泛宣传各单位各部门在创先争优工作中的先进经验和典型人物,进一步营造了全市人民积极投身现代化国际化城市建设的浓厚氛围。

开展纪念大庆"二次创业"系列活动

2012年是大庆"二次创业"20周年。为回顾发展历程,总结宝贵经验,激励全市人民进一步弘扬大庆精神铁人精神,加快推进现代化国际化城市建设,全市组织开展了庆祝大庆"二次创业"暨高新区建区20周年系列活动。

举办大庆"二次创业"二十年成就展。3月28日,新华社黑龙江分社和市委宣传部在哈尔滨中央大街举办了大庆"二次创业"二十年成就展,提升了大庆在全省的社会影响。4月16日,在北京王府井大街举办了"辉煌大庆"主题展览,赢得了首都人民的赞誉,宣传了大庆的良好形象。

开展"二次创业"二十年·中央媒体大庆采风行。3月29日,召开了记者见面会,邀请中央和省级媒体及人民网、新浪网、搜狐网、东北网等网络新媒体，对大庆进行集中采访宣传活动，提升了大庆对外影响力和美誉度。

开展二次创业“功勋人物”、“先进人物”及最具影响力“百件大事”评选宣传。经过申报、审核、初评、终评等工作环节，在征求各方面意见的基础上，评选出79名“功勋人物”和200名“先进人物”，在全市纪念大会上进行了表彰奖励。认真梳理总结出大庆二次创业最具影响力的“百件大事”，在《大庆日报》、大庆网开辟专栏，分10个板块进行了集中宣传，增强了全市人民加快发展的责任感和使命感。

开展最具影响力“大庆人十大观念”评选活动。发布最具影响力“大庆人十大观念”征集公告，在大庆网油城论坛开辟主题专页，向社会推荐了两批26个词条，在市民中引起强烈反响和广泛热议。经过评选，最具影响力“大庆人十大观念”最终出炉，并在社会广泛宣传，进一步拓展了城市精神内涵，引领了市民思想观念。

开展市级媒体宣传报道。在市级新闻媒体设立“激情跨越二十年——二次创业暨高新区建区20周年”专题专栏专版，以数说20年、20年亲历、20年激荡、热词盘点20年等若干专题，对大庆“二次创业”进行全面深入的总结，打响“二次创业”宣传战役。

制作大庆“二次创业”专题片、宣传画册和邮折。设计制作了以展现大庆二次创业发展历程和辉煌成就为主要内容的专题片《二次创业》、“辉煌大庆”宣传画册以及纪念邮折，形成了良好的文化艺术氛围。

组织专场文艺演出。市文体旅集团精心策划并排演了50分钟的“辉煌大庆——二次创业暨高新区建区20周年”专场文艺，在纪念大会上为来宾演出。

召开纪念大会。6月10日，在歌剧院隆重举行了纪念大庆二次创业暨高新区建区20周年大会。市委副书记、市长夏立华主持大会，省委常委、市委书记韩学键作重要讲话。会议表彰了王启民等二次创业功勋人物、先进人物，进一步激发了全市人民奋发进取、团结拼搏的强大精神力量。

开展群众性特色主题活动

围绕发展大局和群众关注的热点难点问题，切实加大社会宣传和思想政治工作，开展丰富多彩的群众性主题活动，努力形成团结拼搏、奋发进取的社会氛围。

积极参与全省“大美大爱龙江”主题征集活动。为贯彻落实省第十一次党代会精神，按照省委宣传部要求，下发《活动方案》，发动全市干部群众积极参加“大美大爱龙江”活动，在专家学者访谈、网友交流互动、“放歌龙江”优秀作品征集活动中，全市各界群众各展所长，将自己的感受与精彩作品发送到活动组织机构。

开展文化科技卫生“三下乡”活动。2012年4月10日，大庆市委宣传部会同市文广新局、市科技局、市卫生局、市农委等15个市直部门和文化科技卫生法律工作者到肇源县福兴乡开展集中慰问活动，为农民送去汽车、电脑、电视、书籍等物品，并开展备春耕科技咨询、医疗诊治等服务，为农民解决实际问题。市计生委、市司法局等成员单位发挥各自优势，开展经常性服务下乡活动，全年下乡达100多次。

开展庆祝“9·26大庆创业纪念日”系列活动。推进大庆精神进校园活动，组织学生观看电影《铁人王进喜》，参观王进喜纪念馆、大庆博物馆等教育基地。开展入团、入党宣誓活动，慰问老会战、老英模，送去温暖和关爱，激发青少年爱国创业豪情。9月19日，市社科联与东北石油大学经济管理学院、市管理学会联合举办庆祝“9·26大庆创业纪念日”大庆精神铁人精神主题报告会，“石油魂——大庆精神铁人精神”首席宣讲员苏爱华、何德全应邀作了精彩报告，东北石油大学经济管理学院师生300人聆听了报告。

宣传报道创业创新创优主题活动。每月上报宣传报道情况，做好重大典型和重要经验宣传。《黑龙江日报》、黑龙江电视台、东北网先后刊发了省委常委、市委书记韩学键的署名文章和访谈。在全市各大电子屏等显要位置滚动播出活动宣传口号，各单位各部门均在醒目位置设立了创先争优活动宣传标语；各基层党组织设立了固定的活动专栏；乡镇、村制作了墙体标语，进一步营造了良好社会氛围。

加强全民国防教育

按照省国防教育办安排部署，大庆市研究制定了《2012 年大庆市全民国防教育（政治动员）工作要点》和《2012 年全民国防教育日活动方案》，以“弘扬大庆精神，增强国防素质”为主题，突出大庆特色，创新活动载体，扎实开展全民国防教育工作。

开展以国防为主要内容的青少年教育活动。与市科技局共同主办了 2012 年大庆市科技周现场活动。国家“军事文摘·科学少年”杂志社主编王金平为“国家青少年航天科普教育基地”——萨区东新三小学校授牌并颁发证书；组织“国防小卫士”知识竞赛黑龙江赛区启动；开展科普大篷车进校园巡展活动，现场展出声光电等科技展品 30 件，3D 科普图板 80 套，发放知识手册 2000 本；组织市科技馆进行青少年机器人表演、开展学生科普知识现场有奖竞答活动，受到参与师生的热烈欢迎。

开展第 12 个全民国防教育日集中宣传活动。在村镇、企业、社区、学校、机关、军营等基层单位，广泛设置宣传板、张贴宣传标语，出动宣传车，发放宣传资料，深入开展图片展览、知识竞赛、歌咏比赛、征文演讲、书画摄影、走访慰问、红色旅游等群众喜闻乐见的主题教育实践活动。制作了国防教育明信片，发放到全市各县区各单位各部门，形成了良好的教育氛围。

开展第三批市级爱国主义教育基地评选宣传活动。各县区推荐申报了 26 个教育基地，在综合评审和征求意见的基础上，评选命名 8 个教育基地作为第三批市级爱国主义教育基地，进一步加强了对教育基地的建设和管理。

组织高中新生军训会操表演。9 月份，与市教育局共同组织高中新生军训会操表演，全市 19 个学校近 4000 名学生参加了会操表演，展示出新生的组织纪律性和良好的精神风貌。

开展国防教育系列讲座。以“青春大讲堂”为载体，3 月份，邀请中国人民解放军铁血少将罗援来大庆，为青少年和机关干部解析国际战略博弈中的谋略智慧。10 月 23 日，邀请开国少将尹明亮之子、信息化专家委员会主任尹卓将军做了《我国周边安全形势及对策》专题辅导，使大家受到了一次深刻的国防教育。

组织全市国防教育知识竞赛。为庆祝建军 85 周年，7 月 27 日，配合军分区政治部在市电视台举办了大庆市“油城杯”国防知识竞赛，共有 10 支代表队参加。经过激烈比拼，大庆军分区代表队获得团体第一名，红岗区、肇州县代表队获得团体第二名，大同区、肇源县、杜蒙县代表队获得团体第三名。

鸡西市

推广鸡西人精神，社会主义核心价值观引领风尚

为使社会主义核心价值观教育更加贴近实际、贴近群众、贴近生活，立足鸡西实际，借助电视、广播、互联网、手机短信等方式，在全社会广泛开展鸡西人精神表述语征集评选活动，使广大市民在征集评选过程中达到自我教育、自我提高的目的，进而形成全社会共同遵守的、具有鸡西地域特色的核心价值观。活动共征集鸡西人精神表述语 2000 余条，通过征集评选领导小组逐条评选，初选出 20 条表述语在各类媒体上公布，发动社会各界人士和广大市民投票评选“我心目中的鸡西人精神”，收到选票 120.7 万张，评选出 10 条表述语，最后经过多层面座谈、评估、常委会讨论，在市十二次党代会上整体推出了“修身、齐家、爱国、敬业”的鸡西人精神。鸡西人精神确定后，采取领导、专家解读、宣讲报告、社会宣传、媒体宣传等多种方式，阐释鸡西人精神的深刻内涵，推广鸡西人精神。编辑了《鸡西人精神大家谈》一书；广泛开展“践行鸡西人精神，争做合

格鸡西人——身边的感动”人物(集体)评选活动;广泛开展丰富多彩的“迎庆党的十八大,唱响鸡西人精神正气歌”主题系列群众文化活动,使鸡西人精神家喻户晓,人人皆知,入脑入心,并使之成为鸡西人的自觉行动,社会主义核心价值观引领风尚能力显著增强。

双鸭山市

开展“六个十佳”和谐单位(家庭)创建评选工作

4月,双鸭山市第四届“六个十佳”和谐单位(家庭)创建评选活动正式启动,共包含和谐机关、和谐企业、和谐社区、和谐村屯、和谐校园、和谐家庭等六大内容。评选组共收到“六个十佳”申报材料67份,经各县(区)委宣传部推荐选拔、申报单位测评、基层走访摸底,最终确定18家参评单位(家庭),参选第四届全省“六个十佳”和谐单位(家庭)创建评选活动。经省委宣传部、省直机关工委等部门审核筛选,全省网络、短信、报纸投票,双鸭山市共有11家单位(家庭)获奖,其中“和谐机关”为市商务局、市地税局;“和谐企业”有龙煤双鸭山分公司新安煤矿、市兴亚商厦;“和谐社区”分别为尖山区铁西街道民生社区、四方台翠园社区;“和谐村屯”分别为集贤县兴安乡仁德村、林业局宝山中心林场、宝清县夹信子镇徐马村;“和谐校园”为市第一中学;“和谐家庭”为市人民医院任宪武、陈兆英家庭。

开展“寻找身边的美”公民道德宣传教育实践活动

为深入贯彻落实党的十七届六中全会、省第十一次党代会和市第十次党代会精神,双鸭山市按照省委宣传部、省文明办的统一安排部署,于6月初在全市范围内开展“寻找身边的美”公民道德宣传教育实践活动,采取以媒体征集为主,以组织推荐、群众推荐、基层挖掘为辅的方式进行,得到社会各界人士的广泛参与,涌现出一批道德高尚的典范,其中因勇救落水乡邻而不幸溺亡的“最美农民”田德新和勇救落水女孩的“最美青年”谢鑫龙,通过媒体报道受到广大群众的高度关注。与此同时,双鸭山市各新闻媒体紧紧围绕本次活动主题,在重要版面、重要时段开设公民道德建设专栏、专题,组织记者深入挖掘采访线索,聚焦发生在百姓身边的感人事迹,放大典型在公民道德建设中的示范带动效应,采取消息、通讯、访谈、记者手记、评论等多种形式,不断丰富报道内容,在全市掀起了学习道德典范的热潮。

开展向张丽莉同志学习活动

按照省委宣传部的统一部署,双鸭山市于5月末全面开展向张丽莉学习活动。全市各单位结合自身工作实际,有针对性地开展学习活动,市教育系统以向张丽莉学习为契机,通过学习经验交流会、研讨座谈会,利用周例会、升旗仪式等多种形式,广泛宣传张丽莉的崇高精神和优良品德,倡导自觉培育高尚师德,弘扬社会正气,以此激励教育战线职工在各自岗位上以身作则,争创一流。为使学习成果落到实处,积极推动建功立业实践活动,双鸭山市把开展向张丽莉学习活动与开展“创业、创新、创优”活动有机结合,动员一切力量参与到经济社会发展实践中来。全市各新闻媒体及时报道各部门采取的重大举措和取得的社会成效,营造了关爱英模、崇尚英模、争做英模的浓厚社会氛围。

七台河市

扎实推动社会主义核心价值体系教育

通过开展各种主题教育活动,推动了社会主义核心价值体系教育进机关、进社区、进企业、进校园、进家庭。充分利用现有的各级爱国主义教育基地,选择各种有效载体,开辟多种有效渠道开展爱国主义教育工作。在五四前夕,组织在校广大中、小学生到市烈士陵园举行了入队、入团、入党和“成人宣誓”活动；在七一前夕，组织党员干部举行了“重温党的誓词”活动。据不完全统计，2012 年社会各界到市烈士陵园、市气象局科普教育基地、市档案馆、勃利密塞等爱国主义教育基地开展各种形式的教育活动累计 120 余次，受教育群众近 2 万人次。组织开展了“建设幸福中国”青少年爱国主义读书教育活动。全市有 4 万多名中小学生参加了读书教育活动，本届读书教育活动共有 102 名同学和 45 名老师分别荣获国家和省市级表彰奖励，市组委会荣获国家级组织特等奖。举办了“龙江银行杯”“创业创新创优、建设幸福之城”演讲比赛。经过基层单位预赛选拔，全市共有 48 名选手参加复赛，6 月 28 日举行了总决赛，12 名优秀选手做了精彩演讲，充分展示了各行业、各战线在“创业、创新、创优”活动中取得的丰硕成果，展示了广大党员干部和群众勇于创业、敢于创新、善于创优的精神风貌。积极参加第四届全省“六个十佳”和谐单位(家庭)创建评选活动。全市各界积极响应，广大干部群众广泛参与，七台河电业局、七台河市第十中学从全省 180 个候选单位(家庭)中脱颖而出，摘取全省“十佳和谐企业”、“十佳和谐校园”的桂冠。市民政局、市教育局、龙江银行七台河分行、市第七小学、桃山区桃南街道运管社区、勃利县永恒乡丰收村、茄子河区茄子河镇东胜村、龙煤集团七台河分子公司张宇、李秀莲家庭分别获得全省“和谐机关”、“和谐企业”、“和谐校园”、“和谐社区”、“和谐村屯”、“和谐家庭”荣誉称号。

大力宣传弘扬七台河精神

在全市广泛开展了“弘扬七台河精神、全力推动四个发展、建设幸福之城”主题教育和实践活动。通过举办事迹报告会、开展学习讨论、新闻媒体宣传等多种形式，大力宣传以杨太和、郝贵林为代表的“为民族而生、为国家而亡”的抗联精神；以马英湖、何本初为代表的“跪着采煤、站着做人，不畏艰难、自强不息，特别能吃苦、特别能战斗”的矿工精神；以井玉琢、张华为代表的“战争年代不怕牺牲、和平时期默默奉献，富于理想、勇于献身”的英烈精神；以杨扬、王濛为代表的“立志成才、坚韧不拔、顽强拼搏、敢争第一”的冬奥冠军精神，组织广大干部群众深入学习先进人物的突出事迹，大力弘扬七台河精神。组织开展了向郭明义、张丽莉、赵安良、感动中国年度人物、感动龙江年度人物、真情七台河十大新闻人物等各类先进典型的学习讨论活动，用典型引路，引领社会风尚，教育广大干部群众积极践行社会主义核心价值观。组建了范可新同志先进事迹报告团进行巡回宣讲。3 月 27 日，市委宣传部、市体育局、市教育局、团市委联合举办了范可新同志先进事迹报告会，全市中小学生及教师代表，共 1200 人聆听了报告。报告团又深入到市高级中学、市实验高中等地进行巡回报告，深入宣传范可新同志的先进事迹，大力弘扬七台河短道速滑精神。

鹤岗市

开展弘扬“坚守、融合、创新、跨越”鹤岗城市精神活动

在广播电视台、《鹤岗日报》开辟了专题、专栏，对鹤岗城市精神的内涵和精神实质进行了解读，深化了全市各界对鹤岗城市精神的理解。在鹤岗门户网站刊发宣传口号，在《鹤岗新闻联播》前后播放宣传画面，营造了弘扬和践行鹤岗城市精神的浓厚氛围。采取设立宣传牌，利用电子屏、条幅、手机短信、手机报、手机电视等形式开展宣传，使鹤岗城市精神家喻户晓、深入人心。截至目前，全市 260 个电子屏幕实现了全天候滚动播放宣传语，设立户外宣传牌 530 块，悬挂条幅 500 余条，发送手机短信 50 余万条。

深化社会主义核心价值观教育

组织开展了“学雷锋”系列主题实践活动，召开了全市社科界学雷锋座谈会，对新时期弘扬雷锋精神进行了研讨；组织开展了“百万志愿者助邻里”、“我陪老人看鹤岗”等社会志愿服务活动，在全市形成了良好的“学雷锋”氛围。举办了“大爱满龙江”英

模先进事迹报告会和潘英华、李昕泽先进事迹报告会，在全市掀起了向先进学习、向典型看齐的热潮。开展了“六个十佳”和谐单位（家庭）创建评选活动，经过层层评选和推荐，推出了18个典型参加全省评选。其中，鹤岗市物价监督管理局、萝北县团结镇勤俭村两个典型单位荣获全省“六个十佳”和谐单位（家庭）荣誉称号，市文化广电新闻出版局、红军小学等11个单位荣获全省和谐单位（家庭）荣誉称号。

开展“学讲话、再鼓劲、谋开局、快跨越”主题实践活动

鹤岗市通过制发《关于在全市开展“学讲话、再鼓劲、谋开局、快跨越”主题实践活动的实施方案》，把全市各单位、各部门承担的重点工作任务纳入活动考核范围，明确了具体任务、具体分工和完成时限，使活动成为推进全市各项重点工作的总载体。通过签订责任状、督导组推进、召开研讨会、编发活动简报等方式，推进主题实践活动深入开展。截至目前，编发简报65期，在媒体刊播发稿件400余篇（条），设立宣传牌、宣传条幅100余块（条），在《鹤岗日报》推出理论文章14篇，开展巡回宣讲20余场。

黑河市

组织开展黑河市第二届普通劳动者“百业状元”评比命名表彰活动

为弘扬经济社会发展中涌现出的普通劳动者先进典型，塑造新时期群众性劳动竞赛和行业标兵，在全社会形成“踏实肯干、勤奋敬业、服务优质”的良好社会风尚，黑河市组织开展了第二届普通劳动者“百业状元”评比活动。此次评比活动共设置“城市管护状元”、“工程技术状元”、“优质服务状元”等10类“百业状元”。经过各县（市、区）、各党（工）委的层层评比推荐，最终评选出70名立足基层劳动生产经营一线、爱岗敬业、业绩突出、为新时期黑河市经济社会发展做出突出贡献的普通劳动者先进典型。五一前夕，黑河市召开了第二届普通劳动者“百业状元”命名表彰大会，对70名“百业状元”进行了命名表彰奖励，并号召全市各级党委、政府和广大干部群众向“百业状元”学习，制作出版了《黑河市第二届普通劳动者“百业状元”先进事迹材料集》和《黑河市第二届普通劳动者“百业状元”相册》。

深入开展文化科技卫生“三下乡”活动

为进一步动员社会各界关心支持社会主义新农村建设，黑河市深入开展文化科技卫生“三下乡”活动，重点开展以送文化、科技、卫生为主的10项工作。组织高校师生赴农村广泛开展政策宣讲、科技兴农、文艺演出、关爱农民工子女等服务。开展“金色田野”主题系列群众文化活动。深入实施广播电视村村通工程，使广播电视由“村村通”向“户户通”延伸。继续实施“金钥匙”品牌工程。大力开展“法律进乡村”、“法律大集”活动。实施人口计生“惠家工程”。深入农村基层开展“春蕾计划”、“安康计划”、“新农家”等关爱母亲、儿童系列行动。组织实施农业科技大培训行动。广泛开展“科技活动周”、“科普大集”、科普大篷车巡展、科普流动课堂、科普专家服务团、科技小分队送科技下乡活动。面向农村积极开展健康教育活动，深入开展城乡医院对口支援、“万名医师下基层”、“先锋行动”等活动。多项活动的深入开展，极大地扩大了“三下乡”活动的社会影响力，取得了显著效果。

建立先进典型人物（集体）事迹库

为倡导社会主义核心价值观，充分展示近年来全市各行各业涌现出的先进个人（集体）及其感人事迹，弘扬他们的精神，为促进强市富民目标的实现做出更大的贡献，黑河市开展了先进典型人物（集体）事迹材料征集活动。重点征集近三年来各行各业建设发展中涌现出的社会公德、职业道德、家庭美德、社会公益、慈善义举、个人品德等方面的先进人物（集体）及其感人事迹，获得地市级以上嘉

奖、被地市级以上媒体(报刊、广播、电视、网络等)正面报道过的先进人物(集体)等。通过广泛征集,黑河市建立了近100名先进典型人物(集体)事迹材料库,为全市先进典型人物(集体)的树立奠定了基础。

开展第四届全省“六个十佳”和谐单位(家庭)创建评选活动

为大力弘扬雷锋精神,进一步提高广大干部群众的思想道德素质和全社会的文明程度,切实解决人民群众最关心、最直接、最现实的利益问题,黑河市组织开展了第四届全省“六个十佳”和谐单位(家庭)创建评选推荐活动。经过推荐评选,黑河市有12个单位获奖,其中爱辉区花园街博文社区、北安市和平办弘北社区获得省级“十佳和谐社区”荣誉称号,孙吴县西兴乡平度村获得省级“十佳和谐村屯”荣誉称号,另有9个单位获得省级“和谐机关”、“和谐校园”等荣誉称号。

深入开展学雷锋活动

为大力弘扬雷锋精神,推动学雷锋活动常态化,不断提升公民道德素质和社会文明程度,黑河市在全市范围内深入开展了学雷锋活动。充分发挥青少年在学雷锋活动中的骨干作用,广泛开展“学雷锋、树新风”、“创三优文明城市”志愿服务、“文明交通”志愿服务、“关爱、暖心”志愿服务等活动。加强对学雷锋活动的新闻宣传力度,开展向雷锋式模范人物学习活动,运用丰富多彩的文艺形式传扬雷锋精神。通过系列学雷锋活动的开展,全社会对雷锋精神有了深刻认识,进一步扩大了雷锋精神在黑河市的影响力,使学雷锋活动常态化、全民化。

深入推进社会主义核心价值体系建设

认真开展思想政治工作,组织开展了“回顾辉煌历程 喜迎党的十八大”——悦达学习杯读书竞赛活动,黑河市委宣传部获得“悦达学习杯读书竞赛活动”全国优秀组织奖。积极参与“大美大爱龙江”评选推荐活动,许多作品先后在“大美大爱龙江”主题征集活动网上平台亮相,黑河市委宣传部获得全省“大美大爱龙江”评选活动“优秀组织奖”。组织开展2012“感动龙江”年度人物(群体)评选推荐活动,黑河市推荐的“爱心车队”被评为2012“感动龙江”群体。

绥化市

强化社会宣传,引领社会风尚

开展形势任务教育,深入学习宣传贯彻落实党的十八大、省第十一次党代会和市第三次党代会精神,组织开展了“看发展、议变化、建家乡”原创文学作品大赛活动。印发了《中共绥化市委宣传部关于在全市开展“看发展 议变化 建家乡”原创文学作品大赛活动的通知》,在《绥化日报》和《绥化晚报》刊发了启事。此次活动共收到各地各部门原创文学作品2000多篇,有力地激发了全市广大党员干部群众爱党、爱国、爱家乡的热情。开展了捐资助学活动。2012年8月,组织举办了“情系朝阳,爱满绥化”——绥化市2012年捐资助学活动仪式暨文艺演出。本次捐资助学活动,共募集资金45.2万元,在全市形成了关心、支持、重视教育的良好社会风尚,得到社会各界的充分肯定。

强化主题教育,提升群众素质

深入推进社会主义核心价值体系建设,在全市大力开展了以“树正确价值观,育道德绥化人;树发展新理念,育创业绥化人;树时代好楷模,育优秀绥化人”为内容的“三树三育”活动。制定了《绥化市开展“三树三育”活动实施方案》。2012年8月中旬,组成专项工作小组,对全市开展“三树三育”工作进行了调研检查,加大推进力度。编发了专项工作简报5期,及时反馈各地开展活动的好经验好做法。组织开展了社会主义核心价值体系建设“六进”主题实践活动，大力推进社会主义核心价值体系建设进机关、进学校、进社区、进村屯、进企业、进家庭。在培育绥化籍官兵当代革命军人核心价值观上进行了深入探索和实践，省军区首长、省委宣传部领导多次到绥化调研指导，有力地推动了共育工作的深入开展。针对绥化是农业大市，农村人口众多的实际，对全市农民群众社会主义核心价值观教育进行了深入调研，撰写了《关于绥化市农民群众社会主义核心价值观建设情况的调查报告》，为今后工作奠定了坚实基础。深入开展学习雷锋活动和“寻找身边的美”公民道德宣传教育实践活动，以市委办文件印发了《关于深入开展学雷锋活动的实施方案》，在《绥化日报》、《绥化晚报》头版刊发向雷锋同志学习倡议书，在市级媒体重要版面和时段开辟向雷锋同志学习活动专栏，宣传报道各类学雷锋先进事迹。大力加强青少年思想教育工作，总结了全市“三远离一倡导”青少年主题教育活动工作经验，在2012年3月23日召开的全省青少年“远离毒品、远离邪教、远离赌博、绿色上网”主题教育活动工作推进会上，绥化市作为全省宣传系统唯一一家典型作了经验介绍。大力开展了“三下乡”活动，推进常态化。全市各有关部门共计送图书下乡256次、送戏下乡达428场次、送电影下乡达2089场次、送文化辅导下乡527人次，培训农民骨干1400多人次。举办科技培训班5000多场次、放映科普录像400多场次、免费发放科普图书资料和挂图100多万份（册），推广新技术、新品种100多项，受益人115万余人。组织义诊咨询活动40多次，共诊治患者9700人次、捐赠医疗器械和药品价值10万余元。2012年12月20日，黑龙江省“三下乡”活动启动仪式在青冈县青冈镇举行。

强化典型引带，发挥示范作用

组织开展了向张丽莉、高铁成等重大典型学习宣传活动。高铁成三入火海阻爆排险英雄事迹发生以后，绥化市立即组织人员，深入高铁成的家乡、家庭、就读过的学校、现服役部队，调查采访高铁成的亲人、朋友、同学、老师、战友、领导等，对高铁成英雄壮举及成长历程进行深入挖掘，并广泛宣传推介。绥化市委和绥化军分区作出了向高铁成同志学习的决定。举办了由社会各界代表参加的座谈会，组织社会各界为张丽莉和高铁成捐助善款。承办了“大爱满龙江”省级英模先进事迹绥化报告会，产生了良好的社会反响，得到了省委宣传部的充分肯定。组织开展了第四届“六个十佳”和谐单位（家庭）创建评选活动。全市共向省里推荐了17家单位和家庭，其中黑龙江青化民爆器材有限公司、兰西县远大乡胜利村，兰西县兰西镇王凯、王锐家庭被评为全省十佳和谐企业、十佳和谐村屯、十佳和谐家庭。庆安县第四中学等八个单位和海伦市张文才家庭被评为全省和谐单位（家庭）。组织开展了“五个一流”建设先进人物评选活动，市委、市政府召开表彰奖励大会，对60位当选者进行隆重表彰，并给予市级劳动模范待遇。在市级媒体开辟专栏，对“五个一流”建设先进人物的事迹进行广泛宣传。组建了先进典型事迹报告团，深入各地开展巡回报告，引起强烈社会反响。

大兴安岭地区

深入开展公民道德实践活动

扎实开展学雷锋活动，举办了全区“学习马日史初事迹 弘扬雷锋精神”活动启动仪式，在《大兴安岭日报》和大兴安岭电视台分别开辟《学习马日史初事迹 弘扬雷锋精神》专栏，刊播雷锋事迹以及全区学雷锋活动的动态消息，并配发了编者按；在公民道德日前后开展了“学模范做模范”和“我推荐、我评议身边的好人”活动、“寻找身边的美”公民道德宣传教育实践活动，推出了丛云龙等一批道德模范，在全社会营造了学习道德模范、争当身边好人的浓厚氛围。

创新思想政治工作方法

抓好思想政治工作联系点建设，先后选树了新林林场、加区曙光社区、韩家园汽车队等20余个联系点，为思想政治工作创新进行了有益的探索。注重典型引导和带动群众，一年来，通过向各级各类先进学习活动、举办事迹报告会等形式，带动社会各界和广大群众，主动向先进典型学习，推动形成崇尚先进、学习先进、争当先进的良好风气。

加强爱国主义教育

进一步完善“红色家园”爱国主义教育基地网上展馆宣传推介工作，大兴安岭地区省级爱国主义教育基地实现了网上观览，扩大了知名度和影响力。经过积极协调和努力，“五·六火灾纪念馆”、“李金镛祠堂”、“呼玛烈士纪念碑”、“地区资源馆”4家省级爱国主义教育基地已全部实现了免费开放。

为纪念东北抗日联军进驻大兴安岭70周年，在大兴安岭松岭区举办了纪念活动，地委领导和松岭区干部群众参加了活动，弘扬了爱国主义教育主题，丰富了思想政治教育内容。

围绕中心开展社会宣传工作

以社会主义核心价值体系建设为根本，大力弘扬大兴安岭精神，结合学雷锋活动，地委先后组织开展了向马日史初、丛云龙学习活动，在全区掀起了学习活动高潮。8月，组建全区“弘扬大兴安岭精神·践行社会主义核心价值体系”先进事迹报告团，赴全区各地做巡回报告11场，累计有4000多名干部职工、社区群众、部队官兵现场聆听了报告。积极做好“感动龙江”等推荐评选工作，推荐丛云龙、马日史初两个典型为2012“感动龙江”年度人物参评人选，丛云龙最终获得本届“感动龙江”提名奖；组织了第四届全省“六个十佳”和谐单位（家庭）评选活动，全区共有9个单位（家庭）被列入省级候选名单，新林林场、呼玛二小、加区曙光社区3个单位被省组委会分别授予“十佳和谐企业”、“十佳和谐校园”、“十佳和谐社区”荣誉称号，另有呼中区委宣传部等6个单位（家庭）获得和谐单位（家庭）荣誉称号。开展以森林防火为重点的社会宣传活动，与地区防火办联合制定了森防宣传教育工作方案，在森林防火紧要期，又及时制定下发了加强森林防火宣传教育工作的通知，安排部署了“五·六”反思日宣传教育活动。围绕地委、行署中心工作，开展了蓝黑（蓝莓、黑木耳）产业宣传、“三下乡”宣传、征兵宣传等多项宣传。

绥芬河市

深入开展道德领域突出问题专项教育和治理活动

2012年，绥芬河市聚焦食品行业、窗口行业和公共场所三大领域，组织开展了道德领域突出问题专项教育和治理活动，加强统筹协调、狠抓工作落实，围绕食品安全主题，构建食品行业专项教育治理体系，在全市食品企业大力开展了“学习双桂坊，诚信做食品”专题教育活动。组织启动文明餐桌行动，通过举行大型启动仪式、召开培训会、张贴宣传海报、摆放餐桌提示牌等形式，在全市餐饮企业同步开展道德领域突出问题专项教育和治理活动。市食品药品监督管理局、工商行政管理局、质量技术监督局等责任部门先后开展10余次专项整治，共出动执法人员1630人次，检查4562户次，查获过期、三无、不合格食品90余种。聚焦民生工作，实行“破五难、创五零”服务举措，推进窗口行业诚信建设。开展涉外服务环境整治大行动，重点整治出入境秩序，涉外宾馆、酒店、饭店环境和商场街道购物环境。共检查入境旅游团组875个,查扣违规经营旅行社入境团队名单178份,取缔非法经营旅游业务的“地下黑社”150余家,受理投诉举报案件63件,为中俄消费者挽回经济损失2.69万元。

大力开展道德讲堂建设

贯彻落实中央文明办道德讲堂建设工作部署,拓展道德建设的有效途径。制定下发了《绥芬河市“道德讲堂”建设实施方案》,根据不同人群设立了机关、企业、学校、社区、行业、镇村和新市民“七类”道德讲堂。各单位制定了道德讲堂管理制度、宣讲计划、宣讲员守则,组建宣讲队伍。通过“唱歌曲、学模范、诵经典、发善心、送吉祥、做感悟”等形式,传播高尚道德理念,弘扬优良社会风尚。建立各类道德讲堂74个,开课总量400多堂,参与群众万余人次。市质量技术监督局开办了食品行业“道德讲堂”,分期分批组织食品生产、销售、餐饮等企业进入道德讲堂,学习诚信做食品的感人事迹,积极引导食品企业诚信经营,使企业在反躬自省、修身自律的过程中,强化企业做良心食品,做诚信企业意识。

加强思想道德宣传,引领社会新风尚

认真抓好思想道德宣传教育工作,努力构建社会主义核心价值体系。制定下发了《绥芬河市“讲文明树新风”公益广告实施方案》,全市制作刊播了一大批贴近群众、贴近生活、贴近实际、易认易记、感染力强,为群众所喜闻乐见的平面类、影视类、广播类、网络类、手机类、户外广告类公益广告,在市主要街道和商场悬挂中俄文对照条幅100余幅。运管部门向俄罗斯游客发放《道路运输维权联系卡》3000余张;为出租汽车司机发放《文明服务、守法经营手册》1000余本;在小公共汽车、出租车体制作了道德建设宣传标语。在数码港、旭升大厦、青云超市、山城路电子屏幕播放思想道德建设和文明诚信经营的宣传标语口号。交警大队还统一制作了各类温馨提示宣传材料,发放温馨提示卡共1.4万张。依托市民学校、社区(村)活动中心、互联网等多种媒体,运用公益广告、宣传漫画、知识竞赛等多种形式,宣传普及礼仪知识,引导人们讲文明、懂礼仪、守秩序。市广电局加大文明礼仪知识宣传力度,拍摄制作公益广告、播放礼仪教育宣传片等,全年播报宣传文明礼仪方面的新闻74条,在新闻后播出文明礼仪知识宣传片《文明礼仪大学堂》20多集。电台播出《节约用水》、《文明交通》等公益广告,电视台播出《家和国兴、共创和谐》、《美好环境我们共同创造》、《创建文明城从小事做起》、《节能减排从我做起》等公益广告片作品。通过开展“我推荐、我评议身边好人”活动,先后发掘了全国优秀人民警察袁春红、全国助人为乐好人李桂玉、见义勇为好人刘明绪、社区里的爱心大使王玉明、敬业奉献模范郑传君等35位道德模范和身边好人,并汇编成册《大爱之城绥芬河》,用他们的事迹凝聚道德和精神力量,辐射带动了群众自发性道德实践活动的深入开展。

省农垦总局

开展向先进人物学习系列活动

组织了北大荒人先进事迹报告团,以纪念垦区开发建设65周年为契机,优选12名北大荒人的优秀代表,分成三组,分别在总局、9个管理局和部分局直单位进行了为期一周的先进事迹巡回报告会,共作报告13场,现场听众4000多人,反响热烈。开展了向“任长霞式优秀公安局长”徐连斌,见义勇为、舍身救人的“全国优秀共产党员”关龙有学习活动。组织实施了第二届“感动北大荒”人物(群体)评选活动,经过基层推荐、媒体宣传、群众投票和专家推选,产生了9位感动人物和1个群体,隆重举办了第二届“感动北大荒”人物(群体)颁奖晚会。其中见义勇为老党员关龙有和前进农场大学生科技服务团队分别获得2012“感动龙江”年度人物(群体)评选活动人物、群体提名奖。

开展了"大美大爱大荒人"百名英模人物系列宣传活动。组织垦区各级报、刊、台、网等新闻媒体开设专栏、专题,广泛宣传了垦区开发建设65年来的百位先优模范代表人物的事迹,传承和弘扬了北大荒精神。

推进公民道德建设 形成良好社会风尚

继续推进北大荒精神文化理念宣传展示工程,充分利用各种宣传媒介,完善宣传标语、灯箱、主题雕塑等视觉工程,利用手机彩铃、电子屏幕等新型传播媒介,进行立体化、全方位的宣传,形成强大的视觉冲击力。深入开展了"六个十佳"和谐单位(家庭)创建评选活动,推进"知荣辱、树新风、促和谐"社会主义核心价值体系和北大荒核心价值观进机关、进企业、进基层、进社区、进校园、进家庭。在第四届全省"六个十佳"和谐单位(家庭)创建评选活动中,垦区推荐的八五九农场街道社区荣获十佳和谐社区称号,北兴农场第四作业站荣获十佳和谐村屯称号,马才锐家庭荣获十佳和谐家庭称号。与总局团委、教育局等单位联合开展了"弘扬雷锋精神 共建美好家园"系列活动、以弘扬雷锋精神为主题的社会志愿服务活动和学雷锋主题实践活动。与总局纪检委、文化委、北大荒版画院等单位联合开展了北大荒少儿版画精品展、法制文化书画展、红色党的生日集邮展、"清风净土"书画展等系列纪念活动。

深入发掘北大荒历史文化资源

组织编撰了《北大荒精神新论》、《北大荒源流考》、《黑土军魂——北大荒老兵群像》、《黑龙江垦区地图集》、《北大荒文化地理标志》等系列丛书,并举行了丛书首发仪式。《时代精神大荒魂——北大荒核心价值观学习读本》,历时两年,经过多次集体研讨修订,已经定稿交付印刷。与国防大学黄宏教授合作编撰出版了弘扬革命精神系列丛书之一《北大荒精神》,由人民出版社出版发行,北大荒精神被列为全国15种大力弘扬的革命精神之一。推荐北大荒博物馆、北大荒开发建设纪念馆、雁窝岛烈士陵园、梧桐河抗联纪念馆等8个省级爱国主义教育基地和风光旅游景区,入驻"红色家园——黑龙江省爱国主义教育基地"网上展馆。

哈尔滨铁路局

思想政治工作紧紧抓住安全生产

哈尔滨铁路局思想政治工作紧紧抓住安全生产大检查等活动契机,持续开展"安全、服务、经营"三项重点任务教育,指导站段、车间、班组开展经常性安全思想教育,强化安全意识的灌输熏陶,引导职工深刻吸取"1·14"、"5·15"、"6·16"等事故教训,牢固树立"三个共识",明确"三个重中之重"工作要求,打牢安全生产的思想基础。指导基层站段研究确定主要行车工种一次作业安全思想控制关键点,发挥现场监控干部、工班长和生产骨干"一岗双责"作用,加强提示、提醒和监督,有效消除了许多事故隐患。继续开展思想政治工作最佳班组长和最佳范例"双最佳"评选活动,指导各单位运用宣讲报告、展览展示、竞赛征文等群众喜闻乐见的形式,不断提高思想政治工作效果,用身边事教育影响身边人,让职工成为教育"主角"。注重人文关怀和心理疏导,开通了"职工交流互动平台",实现与"12598"哈铁热线的无缝对接,加强政策阐释宣传,协调解决职工实际困难,切实搭建起路局与干部职工沟通的桥梁和渠道,有效调动了职工群众保安全的工作热情。职工互动交流平台共受理信息4201条,发布政策解读信息315条,信息浏览量3.3万余次。依托形势任务宣讲、主题谈心活动、强化舆论引导等有形载体,强化"知我哈局、爱我哈局、强我哈局"主题教育活动。抓住宣传贯彻全路工作会议、路局"三会"精神等契机,开展形势任务专题宣讲。以"讲清形势、解疑释惑、统一思想、凝聚力量”为重点，组织为期40天的全局性、集中性的形势任务宣讲活动，抽调局各部门负责人和各级干部组成报告团，深入全局基层站段、车间、班组巡回宣讲760多场；围绕铁路科学发展新思路、“盈亏倒逼机制”新政策、改善民生新举措等内容，开展“推进铁路科学发展”大宣讲活动，路局和基层站段领导干部共作宣讲报告2415场，现场回答职工提问8755人次，职工受教育人数达到17.4万人。扎实推进“严格管理与关爱职工”主题谈心活动。以实现运输一线职工全覆盖和切实解决职工生产生活中的实际困难为目标，细化谈心内容、量化谈心目标、活化谈心载体、强化谈心指导，组织各单位与职工“一对一”、“面对面”地谈心，进一步夯实了安全基础、密切了干群关系、增强了企业凝聚力。全局共组织谈心116515人次，其中与运输一线主要行车岗位职工开展谈心89213人次，先后受理和接待职工来电来信和面对面诉求15570件，答复解决13580件。全面加强舆论宣传和引导。通过开辟专栏专题、刊发言论短评、组织重点报道等方式，阐释方针政策，回应职工关切，放大主流声音。开办《职工看管理》、《议论风声》等专栏组织讨论；组织编印《2012年形势任务教育手册》、《我爱哈局这个家》、《万众一心，攻坚克难，扎实推进哈局科学发展加快发展》等宣传资料，制作全景再现滨洲线“安标线”及“三线”建设成果的《共建和谐家园》专题片，增强了干部职工对哈局发展成果的感性认识和历史认同，成为引领舆论的“风向标”。

省高校工委

开展2012年黑龙江高校辅导员职业技能竞赛

为贯彻落实《中共中央国务院关于进一步加强和改进大学生思想政治教育的意见》、教育部《普通高等学校辅导员队伍建设规定》和《黑龙江省普通高等学校辅导员队伍建设实施办法》精神，推动全省高校辅导员职业化、专业化发展，省委高校工委、省教育厅组织开展了2012年黑龙江高校辅导员职业技能竞赛。本次比赛分为两个阶段：第一阶段是初赛环节，由各高校自行组织；第二阶段为复赛和决赛环节。复赛内容包括基础知识考核、微博写作、学生信息辨识和即兴主题演讲；决赛内容包括自我介绍和展示、案例分析、情景模拟和主题班会四部分。共有来自全省各高校的81名辅导员参加复赛，并有25名辅导员脱颖而出进入决赛。本次比赛全方位地展现了辅导员的个人素养、知识储备和专业技能，综合考察了辅导员的语言表达能力、活动组织策划及实施能力、思想教育和心理辅导能力、日常事务处理能力等多方面的知识和技能。本次比赛不仅促进了省内各高校辅导员间的交流和学习，同时也更有力地推动了全省高校思想政治工作的科学发展。

全省高校首届校徽、校旗、校训、校歌展演活动

为贯彻落实党的十七届六中全会精神，推动全省高校校园文化建设，省委高校工委、省教育厅举办了全省高校首届校徽、校旗、校训、校歌展演活动，70余所高校参加了校徽、校旗、校训的征集、展示活动，40余所高校组织参加了传唱校歌主题文化活动和校歌大赛展演初评，最终15所高校入围校歌大赛总决赛。通过本次活动，不仅讴歌了学校发展成就，反映了师生精神风貌，引导学校深入挖掘校徽、校旗、校训、校歌的思想内涵，使之成为全校师生共同的价值追求，提升了学校的文化力和知名度。同时，彰显了高校深厚的文化底蕴，传承了龙江高校宝贵的光荣传统，对于发挥高校文化传承创新的重要功能，推动社会主义核心价值体系教育，提高大学生综合素质，促进校园文化建设都具有十分重要的意义。

精神文明创建活动

省文明办

推进创建“三优”文明城市工程深入开展

深入贯彻落实省委、省政府关于“十大工程”建设的总体部署,深入推进全省创建“三优”文明城市工程。召开全省视频会议和哈尔滨现场会,部署安排全省工作。委托省调查总队对全省创建“三优”文明城市工程情况进行测评,将全省 13 个市地和 2 个县市的测评结果进行排名。以健全机制和提升素质为重点,深入开展“创三优、强素质、建大美大爱龙江”活动。开展城乡环境集中整治“春风行动”,重点清理积存垃圾和白色垃圾。治理城市裸露土、绿化超高土和建筑残土。开展“春绿行动”,提高城镇绿化的总量、品位和档次。推进向县城、农垦、森工小城镇以及重点旅游名镇和“百镇”延伸。全面实施“百镇”主次干道硬化、绿化、净化、美化工程。整治市容市貌,加大城市“拆违”和各种“乱象”治理力度。开展文明交通行动,专项治理“三超一疲劳”(超速、超员、超载和疲劳驾驶),组织文明交通志愿服务和进驾校“五个一”活动,不断优化出行环境。加强“平安龙江”建设,强化“大排查、大调处、大整治、大防控”,加强基层组织建设和领导责任落实,确保社会稳定、治安平稳、公共安全。开展文明机关和服务窗口建设。广泛开展“于雪梅式窗口”、“十行百家巾帼文明岗”创建活动,提高窗口行业优质服务水平,加强诚信教育,深入推进食品行业道德建设,解决制假售假等食品安全突出问题,提高优质服务水平。开展创建“文明餐桌”活动,倡导“厉行节约、反对浪费”的良好社会风气。开展文明单位漂书活动,营造文明和谐的书香氛围。开展道德模范学习、宣传、帮扶活动,组织道德模范巡讲演,大力宣传我省各级道德模范事迹,树立好人好报的价值导向,形成良好的社会道德环境。

哈尔滨市

开展创建全国文明城市工作

5 月 10 日,哈尔滨市组织召开“创建全国文明城市动员大会”,省委常委、市委书记林铎同志作重要讲话,对全市开展创建工作进行全面部署,制定下发《哈尔滨市 2012—2014 年创建全国文明城市行动规划》、《哈尔滨市全国城市文明程度指数测评体系》等指导性文件。成立市“创城”工作指挥部和“两办、十组”工作机构,大力推进重点工作、公共环境、公共秩序、公益活动、公共关系“一重四公”创建工作,取得明显成效,全市社会文明程度明显提升。顺利迎接国家测评组的测评检查,获得 13 个省会、副省级提名资格城市 “城市文明程度指数测评”第三名,获得 30 个省会、副省级城市“未成年人思想道德建设工作测评”第八名。

开展学雷锋活动

在学校、社区、企业和窗口行业开展学习雷锋“做一个有道德的人”、“学雷锋, 献爱心”、“岗位学雷锋,争做好员工”等主题活动。召开全市“学习雷锋,美德阳光建设”先进典型表彰大会。在窗口单位及公共场所广泛开展“清洁环境、维护秩序、优质服务、安全交通、文明旅游、文明餐桌”等六类“学雷锋、树新风”活动。召开“哈尔滨风尚”座谈会,推出谢尚威、苏泽军、刘效忠等典型。市民自发为“最美女教师”张丽莉捐款 711 万元。

开展“讲文明树新风”活动

开展“文明你我他，清洁在我家”、“弯弯腰、伸伸手，我与文明同步走”、“杜绝车外抛物”和定期义务劳动等活动。成功承办中央文明办、中央电视台“激情广场·爱国歌曲大家唱”走进哈尔滨活动，开展“创城”万人舞步大赛、“舞林大会”等活动。发起“文明餐桌行动诚信联盟”活动，全市30余家大型餐饮企业加入联盟。开展争创“文明餐桌试点食堂”、“试点店”和“星级员工”评比活动，推出文明餐桌示范店220个、“示范一条街”2条，8个单位食堂确定为全省首批试点食堂。

开展志愿服务活动

全面加强志愿服务网格化建设，宣传普及“学习雷锋、奉献他人、提升自己”志愿服务理念，促进学雷锋志愿服务常态化。全市学雷锋志愿服务大队、支队、站、点分别达到8个、18个、648个、1000余个，全市注册志愿者人数达到73万人，占建成区人口的17.2%。广泛开展“三关爱”、“火红七月火热爱心”志愿服务活动周、“百万志愿者助邻里”、“公共文明引导”、“我陪空巢老人过重阳”等志愿服务活动。涌现出“夕阳红”义务服务队、“李庆长共产党员服务队”、“润浩爱心服务热线”等一批先进志愿服务组织和志愿者模范人物。在全省率先成立哈尔滨市志愿服务基金会，由财政划拨100万元用于开展爱老助残、扶贫济困等志愿服务。向中国志愿服务基金会捐款100万元。

开展“我们的节日”主题活动

围绕春节、元宵节、清明节、端午节、七夕节、中秋节、重阳节等七个传统节日，开展“下基层、送春联，红红火火过大年”、“为百名道德模范寄贺卡”、“我陪空巢老人过大年”、“倡导优良传统民俗，遏止街头烧纸陋习”、“松花江龙舟赛”、“端午风俗、风情游”等主题活动。全市承办中央电视台科教频道《端午寄情——放诵中国节》诵读竞赛活动，倡导社会文明新风。

开展道德领域突出问题专项教育和治理

针对道德领域诚信缺失和公德失范等问题，开展道德领域突出问题专项教育和治理。在媒体发出“旅游企业诚信联盟”、“文明餐桌行动诚信联盟”和“的士诚信联盟”倡议书。组织开展“货真价实满意店”评选活动，选树一批典型企业。开展安全食品、诚信企业、诚信医院、诚信商场、诚信餐馆、诚信商户、诚信景区评选活动，选树诚信典型，引领社会新风。开展学习宣传郭明义、钟满军等诚信典型先进事迹活动。

学习宣传道德模范和身边好人

发挥道德模范典型示范作用，编发《哈尔滨市第二届百名道德模范事迹汇编》。发出向谢尚威、张丽莉、高铁成等时代英模学习倡议。举行“道德讲堂”启动仪式。按照“统一背板、统一格式、统一流程、统一标识”的“四统一”和“唱歌曲、学模范、诵经典、发善心、送吉祥”等五个规定环节，开展道德讲堂建设。全市创设“道德讲堂”599个，组织活动1500余场（次）。组建道德模范“冰城好人”报告团，深入基层巡回演讲1000余场(次)。组织《哈尔滨讲坛》11次。开展“我推荐、我评议身边好人”活动，涌现出231位“黑龙江好人”、18位“中国好人榜”好人。谢尚威等20余人被评为“哈尔滨创城形象大使”。承办全国道德模范和身边好人现场交流活动。设立哈尔滨市道德模范和身边好人帮扶基金，发放帮扶基金近百万元。

开展网络文明传播

对哈尔滨文明网改版设计，突出“创城”主题，精心设计页面和设置栏目，在全国地方文明网站中首创“创城”网络视频，增设微博等主题栏目，搭建国内主流政务网站结构，在中国文明网联盟网站2012年第四季度考评中，位居第三名。加强网络文明志愿者队伍建设，建立QQ群36个，网络文明志愿者达3300余人，发表和转发有关精神文明建设帖子1.1万条，有效引导网上舆论。在全市中小学校开展“上文明网，做文明人”、“网上祭英烈”和“学习雷锋、做美德少年”网上签名寄语、网上微博等主题活动。在《新晚报》推出“什么是好人”、“好人对城市的意义所在”等“微热议”系列话题讨论活动，推出身边好人专题报道近30篇，千余名网友留言、转发，扩大了活动影响力。

齐齐哈尔市

扎实推进创建“三优”文明城市工程

一是开展“春风会战”，整治环境卫生。以治脏治乱为重点，彻底清除脏源死角，开展环境卫生专项整治活动，清除垃圾近万吨，清理整治了30多个重点地段积存的垃圾、基建残土，城区环境卫生明显改善。二是完善城市管理机制，开展综合整治。在各区全面进行城市管理“四级网络”建设，完善城管机制，提升管理效能，进一步改善城市环境面貌。重点整治17个居民小区、19条主要街路两侧的违法违章建筑物和影响城市形象的广告、街路牌、占道经营及其他杂乱设施，规范街路秩序。三是开展“春绿行动”，搞好绿化美化。北三区重点对19条道路、8处游园广场绿地、17个住宅小区及4个单位庭院开展绿化建设。各县(市)区高质量完成了造林绿化任务。市直机关工委组织机关81个单位近千人在联通大道南侧沿线开展义务植树活动，栽植树木1041棵。四是开展专项整治，规范交通秩序。加强对超速、超员、超载、酒后驾驶、涉牌涉证等交通违法行为的专项整治，宣传交通法规，促进“文明交通行动计划”落实。开展了出租车行业服务质量信誉考核活动，评选AAA级出租汽车企业和AAA级驾驶员，不断提高服务质量。五是开展文明素质提升活动，倡导文明风尚。在《齐齐哈尔日报》、市广播电视台设立了《创文明城市、做文明市民》专栏，曝光不文明行为，宣传报道“三优”文明城市创建中的典型做法。举办“创三优、强素质，建文明鹤城”漫画作品展，大力宣传创建“三优”文明城市、治理“脏乱差”取得的成果，为建设富裕、文明、和谐的新鹤城营造良好的社会氛围。

大力培育城市文明新风

开展“迎接十八大 讲文明树新风”公益广告宣传、文明单位图书漂流、“我推荐、我评议身边好人”、“爱传百城 寻找身边的感动”等“讲文明 树新风”系列活动，组织动员广大干部群众参与到活动中来，在实践活动中提升文明素养。开展了“2011年度感动鹤城人物”评选活动，加大宣传力度，发挥典型在思想道德建设上的引领作用。结合清明节、端午节、中秋节等传统节日，开展“我们的节日·五倡导”活动，举办了“我们的节日·清明——感动你我，真情永恒”有奖征文活动，开展以“真情连你我，和谐进万家”为主题的第七届邻居节活动，传统道德和文化得到进一步发扬。深化向道德模范的学习宣传教育活动，组织第三届全国道德模范提名奖获得者陈艳梅参加全省道德讲堂演讲，开展了“寻找身边的美”公民道德宣传教育活动和向“最美女教师”张丽莉学习活动，掀起全市学模范、做模范热潮。

深化农村精神文明创建

一是继续推进省级重点示范村建设。推进丰林村、整洁村、查罕诺村、兴十四村等四个省级重点示范村建设。培育农村志愿者队伍，创建“十无村”，组织“美德在农家”和争创“十星级”文明户评选活动，广泛开展“讲乡风文明、比科技致富、建美好家园”活动，不断提升农村精神文明建设水平。二是深入开展“共沐和谐阳光 城乡家庭手牵手”活动。组织城市居民家庭与农村家庭自愿结成友好家庭，开展互动、互助、互学、互乐活动，推进农村精神文明建设深入开展。三是制定农村精神文明建设有关文件规定。起草了《齐齐哈尔市文明村镇档案建设办法》，提高全市文明村镇建设档案创建水平。向省文明办推荐文明户、文明集市、城乡共建工作等6个先进典型。完成了“创建文明鹤城 促进老区农村精神文明建设”汇报材料。

深化未成年人思想道德建设

申报讷河市学田镇中心学校、克山县北兴镇中心校、富裕县龙安桥镇中心小学等6所学校为第二批“乡村学校少年宫”联系示范点，基层未成年人思想道德阵地建设进一步加强。开展了“学习雷锋、做美德少年”网上签名寄语活动，丰富“做一个有道德的人”主题活动内容。以“九一八”事变纪念日、国庆节等为契机，组织各学校开展“向国旗敬礼、做有道德的人”网上签名寄语活动和“童心向党”歌咏比赛，提高了广大青少年的爱国意识。加强心理健康教育，先后邀请深圳“爸妈在线”副院长马一友、无限生机心理养生学院副院长杨萍来齐进行心理健康讲座，培训心理咨询师12次，培训家长2000多人次。组织志愿者“心理剧团”赴各学校巡演，对未成年人进行面对面的心理沟通与辅导。承办全省“美德阳光建设工程”启动仪式，全市共有2所学校、6名个人荣获“美德阳光”荣誉称号，32名个人获提名奖。

扎实推进志愿服务工作

完善工作机制，将全市所有单位纳入省志愿服务人才库管理系统，建立社区志愿服务QQ群，全市256个社区建立起“三位一体”的社区志愿服务工作模式。依据《全国志愿服务工作测评体系(试行)》，下发了志愿服务测评任务分解表、测评项目分解表，对各县(市)区志愿服务工作进行测评考核，开展了“五个一百”优秀志愿服务组织和优秀志愿者创评活动，推动志愿服务规范化建设。以弘扬雷锋精神，构建和谐社会为主题，开展了贯穿全年覆盖全市的“当代雷锋在行动”志愿服务活动，并通过广播、电视、报刊等媒体大力宣传，营造志愿服务活动的强大声势。围绕创建“三优”文明城市，以“喜迎十八大 共建和谐家园”为主题，深入开展了“百万志愿者助邻里”活动，全市256个社区近3万名志愿者深入社区进行文明劝导、清扫环境、扶贫帮困、文艺演出，有力助推了和谐社区建设。承办了全省“三关爱”志愿服务活动启动仪式。

牡丹江市

深化开展“跨越争先·文明行动”

通过开展丰富多彩的教育活动，有效提高广大市民文明素质。开展道德礼仪教育活动，辟建道德讲堂40余所，先后启动了百场“道德讲堂”活动进学校、进社区、进企业、进乡村、进机关、进家庭活动，并向市民印发了普及礼仪知识倡议书。分别以地域文化、传统文化、文明礼仪教育、卫生常识等内容为主题，举办了20余次人文公益大讲堂活动。广泛开展社会志愿服务活动，夯实志愿服务基础建设工作，实现网上注册各类志愿者11万人，占建成区人口8%以上，达到创建全国文明城市志愿服务工作的考核标准。以关爱农民工、文明交通、社区邻居节等为主题，组织开展了多次大型志愿服务活动。在全省志愿服务“五个一百”创评活动中，有4名个人、13个集体、5个品牌获得省级表彰。“创三优志愿服务我先行”、“全民义务劳动日”、“志愿义工周末有约”等一些志愿服务品牌的影响力不断扩大。制定出台《牡丹江文明公约》，组织专家学者解读公约内容，宣讲各种文明礼仪常识，提高了广大市民的文明素养。

加强农村精神文明建设

按照社会主义新农村建设的总体要求，组织开展了创建农村文明社区、文明集市和文明村镇活动，东宁县城、东宁县绥阳镇、海林市海林镇密南村被评为全国文明村镇，穆棱市、海林市被评为全省文明城市，有34个村镇晋级省级文明村镇(标兵)。组织开展农民歌咏活动，各县(市)区分别组织广大农民开展了以“迎庆十八大·放歌新生活”为主题的农民歌咏活动。7月末在东宁县举办了牡丹江·东宁农民歌咏活动,激发了广大农民建设家乡的积极热情,参演的节目《相亲》入选全省农民歌咏活动精品展演晚会,并获得省级表彰奖励。广泛开展“我们的节日”主题活动,海林市横道镇、宁安市渤海镇等5家单位被确定为国家级、省级“我们的节日”主题活动联系点,中华民族传统文化在广大农村大力弘扬。

全面提高文明单位创建水平

引导各级文明单位充分发挥示范带动作用和榜样引领作用,加强文明单位的创建管理工作,按照《文明单位测评体系》要求,组织各级文明单位开展了学雷锋活动、志愿服务活动和社会共建活动。加强对创建档案、道德讲堂建设方面的指导与考核,提高了各级文明单位的整体创建水平,全年组织指导91家单位申报省级文明单位评选。开展了以“诚信经营,文明用餐”为主题的创建“文明餐桌”活动,为各单位食堂免费提供印有《文明餐桌公约》的宣传桌牌200多个,牡丹江市党政办公中心食堂等13家机关食堂和餐饮企业被定为首批试点单位。开展诚信教育活动,在全市企业、个体工商户中开展了以诚信教育为主题的五个专项活动。

佳木斯市

开展“双学双做创三优”活动

为推动学雷锋活动常态化,动员和激发全市干部群众弘扬雷锋精神,积极投身于佳木斯经济社会建设,市文明办开展以“学习雷锋精神、学习身边典型,做服务社会的好公民、做文明有礼佳木斯人,创建‘三优’文明城市”为主要内容的“双学双做创三优”活动。市委、市政府下发了《关于深入开展“双学双做创三优”活动实施方案》,对活动进行了周密部署。一是开展学习雷锋精神、学习身边典型活动。利用广播、电视、报纸、网络等媒体,大力宣传雷锋精神和身边先进典型事迹。通过组织评选第二届“感动佳木斯”人物,举办颁奖典礼、大型专场报告会、观看雷锋事迹专题片、开展主题教育活动等,对党政机关干部、企事业单位职工、大中小学生、社区居民开展社会公德、职业道德、家庭美德和个人品德教育。二是开展做“服务社会的好公民”和“文明有礼佳木斯人”实践活动。转变机关作风,组织党员干部对照先进找差距、查摆问题肃风纪,不断解放思想观念,增强服务意识,树立奉献精神,转变工作作风,提高机关效能。组织开展“学雷锋情满三江”志愿服务月、“市民文明奉献月”等活动,广泛开展关爱特殊困难群体,净化、美化、绿化城市环境和志愿者助邻里活动。开展道德模范、十佳公仆、优秀志愿者、文明市民等评选活动,在企业、社区和公共场所推广文明礼貌用语,倡导文明行为,普及文明理念,引导人们文明有礼、讲求公德,展现佳木斯人良好形象。三是开展创建“优美环境、优良秩序、优质服务”活动。以“让我们的环境更美好”、“让我们的秩序更优良”、“让我们的窗口更明亮”为主题,开展优美环境、优良秩序、优质服务创建活动,把雷锋精神和先进典型事迹作为创建“三优”文明城市的精神动力,深入开展清洁城乡卫生环境、整治道路交通秩序、提升窗口服务质量工作,推动“三优”文明城市建设进程,为建设富裕、文明、和谐、幸福佳木斯做出贡献。

开展社会志愿服务工作

市文明办高度重视志愿服务工作,认真贯彻执行中央和省文明办有关工作要求,以《全国志愿服务工作测评体系(试行)》为依据,不断加强和完善志愿服务工作,大力普及“学习雷锋、奉献他人、提升自己”志愿服务理念,通过开展形式多样、内容丰富、主题鲜明的志愿服务活动,取得了良好社会影响。一是广泛开展志愿服务活动。把3月份定为“学雷锋情满三江”志愿服务月。3月2日上午,全市“双学双做创三优”暨“学雷锋情满三江”志愿服务月活动启动仪式隆重举行。佳木斯市四大班子领导出席了启动仪式,全市各行业500多名志愿者参加了启动仪式。仪式上,市领导为志愿服务活动授旗,并举行了志愿者宣誓活动,志愿者代表进行了表态发言。全市党员、青年、学生、环保、助残、社区志愿者等11支志愿队伍开展清理环境卫生、便民利民服务、关爱特殊群体、普及文明礼仪等志愿服务活动。以"弘扬雷锋精神,共筑爱心长城"为主题,全市党政机关干部、企事业单位职工、个体工商业户、大中小学校学生、社区居民为汤原县三位救火烧伤的农民捐款;市委宣传部、市文明办专门为省级道德模范盛春德捐款,为其解决医疗费用难题;党员志愿者开展了为佳木斯劳教所捐赠图书活动;青年志愿者开展了"以青春的名义向雷锋致敬"为主题,以关爱贫困学生、关爱孤寡老人、关爱农民工子女为主要内容的系列志愿服务活动,志愿者和志愿服务组织与有困难的孤寡老人、农民工子女结成长期帮扶对子,定期提供志愿服务;学生志愿者开展了"让雷锋精神永驻心中"志愿服务日活动,举行了弘扬雷锋精神主题朗诵,走进铁路机务段清扫环境卫生;红十字志愿者开展了清理社区庭院环境卫生活动,走访慰问空巢老人;助残志愿者开展了"减少噪声,保护听力"宣传教育活动;环保志愿者开展了环保知识宣传活动,向广大市民发放宣传单,普及保护环境人人有责的理念;社区志愿者走进养老院和居民家中为孤寡老人献爱心,清理社区环境卫生,为社区居民提供医疗保健、法律咨询、心理咨询、文化娱乐等志愿服务,在全市掀起了弘扬雷锋精神,服务奉献社会的活动热潮。二是大力宣传志愿服务精神,营造浓厚舆论氛围。在佳木斯电台、佳木斯电视台、《佳木斯日报》、《三江晚报》、"文明佳木斯"网站等媒体,拿出重要版面、时段、频率频道,开辟《学雷锋、见行动》专题专栏,采取消息、通讯、评论、综述、访谈等多种形式,宣传雷锋事迹、雷锋精神、雷锋式模范人物,报道各地、各单位开展志愿服务活动的好做法、好经验。利用主要街道两侧和火车站、机场、客运站、广场等重要部位的LED显示屏、交通LED显示屏、出租车显示屏和出租车、公交车车体宣传弘扬雷锋精神。全市党政机关、企事业单位、社区村屯利用宣传栏、条幅、板报、墙报等形式,广泛宣传雷锋精神,在全市形成浓厚的学雷锋学先进、讲奉献树新风的社会氛围。三是加强志愿者的领导体制和工作机制建设。成立了佳木斯市志愿者协会,加大志愿者网上注册工作力度,2012年网上注册志愿者人数由21220人增加到104005人,占全市建成区人口的14.36%。以各级文明单位为依托,组织建立学雷锋志愿服务队,在全市中小学校建立学雷锋志愿服务站并在各县(市)区同步举行启动仪式。同江市率先成立同江市志愿者协会,组建志愿服务站、服务队56个,组织开展了"构建幸福城市"、"小红帽"、"双学双创"、消防安全等特色主题志愿服务活动。桦川县加大志愿者注册工作力度,全县注册志愿者人数占建成区人口比例达到35.49%。

开展农村精神文明创建活动

市文明办围绕《公民道德建设实施纲要》的内容要求,开展村民道德评议,进一步推动"文明新风进万家"活动,着力解决了一些农民看得见的思想道德问题;利用党校、农民学校等对农民进行文明礼仪培训、科普知识培训和实用技术培训;广泛开展文明村(镇)、文明广场、文明集市等创建活动和农村志愿者服务、农民工主题创建、十星级文明户等评选活动,努力打造了一批农村精神文明建设亮点,培育了一批全市性文明村镇示范点。

大庆市

全力开展城市文明程度指数测评

一是明确分工,落实责任。接到新版《测评体系》后,立即对指标体系进行逐项分解,下发了《指标分解表》,并做到任务分解无盲区、责任划分无盲点。采取倒推的办法制定印发了《实地考察操作表》,为各责任单位工作达标提供了便利。

二是严格督导,力促达标。发挥市里原有五个督导组作用，采取“拉网检查、专项检查、联合检查”等方法督办各项指标落实，确保实地考察取得好成绩。

三是精心选点，准确上报。按照中央文明委要求，多次召开责任单位协调会，填报实地考察申报项目，做到精确上报，按时上报。

四是成立组织，认真迎检。成立迎检工作指挥部，下设5个工作组，抽调工作人员近50人集中时间、集中地点、集中办公，保证了测评工作顺利开展。

实施“文明行动”工程

一是开展文明餐桌行动。将每年6月第二周定为“文明餐桌”活动周，组织评选首批“餐饮文明示范店”30家，推出形象可爱、寓意鲜明的文明餐桌吉祥物“文文”和“明明”，送给讲文明、懂礼貌的市民。推荐9家餐饮企业和8所单位食堂，入选全省创建“文明餐桌”活动100家试点餐饮企业和试点食堂。二是开展文明交通行动。面向机动车驾驶员、市民发放《文明交通倡议书》，倡导“六大文明交通行为”、摒弃“六大交通陋习”、抵制“六大危险驾驶行为”。设置20个文明交通示范岗，对机动车交通违法行为在媒体上公开曝光。组织志愿者利用节假日休息时间，到街道繁华路段进行文明交通劝导。三是开展文明旅游行动。宣传《中国公民出境旅游文明行为指南》和《中国公民国内旅游文明行为公约》，开展“让旅游传播文明，让游客成为使者”系列宣传活动，培养和强化市民文明旅游意识，纠正景区和公民旅游存在的各种不文明行为。

夯实志愿服务工作基础

壮大志愿服务组织。成立职工、文化艺术工作者、师生、红十字、环保、扶残助残、全民健身等7家志愿者协会，志愿服务组织不断扩大。全市共建立志愿者协会28个，注册志愿者12.5万余人，占市区人口的11.6%。

组建学雷锋志愿服务队。牵头成立大庆市学雷锋志愿服务总队，国家级、省级文明单位全部组建学雷锋志愿服务队及其分队，构建形成学雷锋志愿服务队伍三级网络架构。全市新组建成立国家级、省级文明单位学雷锋志愿服务队160余个。

设立学雷锋志愿服务站(点)。在物业企业中组建全市首批学雷锋志愿服务站21个；在农民工子弟学校、留守儿童聚集的农村、敬老院、残疾人活动中心设立志愿服务基地20个；在全市200个社区建立志愿服务联系点，加入社区志愿服务全国联络总站。乘风三社区学雷锋志愿服务站工作突出，成为黑龙江省唯一一个被授予全国社区学雷锋志愿服务的示范点。

抓好“大庆文明网”建设。“大庆文明网”网站正式加入中国文明网联盟。制定下发《大庆市精神文明建设网络信息管理暂行办法》，切实提高网络信息报送水平。截至目前，大庆文明网共发稿5809篇。中国文明网联盟联播、地方传真等栏目共采用大庆文明网稿件62篇。在中央文明办对93个市级联盟网站测评中，大庆文明网位列第10位。

开展志愿服务活动

以关爱他人、关爱社会、关爱自然“三关爱”志愿服务活动为载体，先后组织开展“红红火火过大年”，“我们的节日”，“我与大庆同赴文明”，送祝福、送温暖、送文化、送卫生、送平安、送健康等主题志愿服务活动，有力推动全市志愿服务工作水平提升。全年共组织10万人次志愿者深入全市50个敬老院，近百个社区，近千户空巢老人、农民工、残疾人、留守儿童家庭开展关爱活动；建“大庆市志愿者林”5处，栽植树木10000余棵；组织环保知识宣传普及志愿服务80余次，发放宣传单、倡议书10万余份；深入全市广场、车站、公园、文明交通示范岗等公共场所进行文明引导，发放《大庆市民文明手册》30万册、文明乘车纪念品1000余套。

大庆市志愿服务工作得到了中央、省文明办肯定。5月15日，中央文明办在大庆市举行“学雷锋三关爱”志愿服务活动启动仪式；9月2日，社区志愿服务全国联络总站和黑龙江省文明办联合在大庆

举办 “我绣红旗喜迎十八大志愿服务温暖千万家”暨大庆市万名志愿者进社区助邻里活动。

2012年,大庆市涌现出全国优秀志愿服务组织1个、全国优秀社区志愿服务工作示范点1个、全国优秀志愿者1人,省级十佳及优秀志愿服务组织31个,市级优秀志愿者107人、优秀志愿服务组织7个。

鸡西市

开展“让城市更文明,让环境更美好”系列活动

在全市掀起“爱护环境卫生、争当文明市民”活动,制定、下发了活动实施方案和《致全市人民的倡议书》,向社会曝光了10种不文明行为。组织由60余人组成的文明引导员队伍,开设3部文明热线电话,在2个月的活动中,共受理高空抛物、乱扔垃圾等不文明行为的举报电话150多个,抓拍公共汽车站点、停车场和红绿灯下不文明现象300余次,在交通广播台开办《曝光台》,连续播报70余期破坏环境卫生的不文明现象,制作7期电视专题节目提倡讲文明、树新风,屏弃不文明行为,教育引导市民提高环境卫生意识,促进市民文明素质的提升。组织开展了文明工地创评活动。针对城建施工中存在的不文明行为,在全市重点工程施工现场组织开展了“让城市更文明,让环境更美好”文明工地创评活动。共有30余家施工单位参与,经过创评,文明工地达标率达到85%,推进了全市城建重点工程的顺利实施,努力营造优美和谐的城市环境。

广泛开展“十、百、千”优质服务创建活动

制定下发了《关于在全市开展弘扬鸡西人精神“十、百、千”优质服务创建活动实施方案》。活动在全市公交、商服、医疗、通信、社保等十个重点窗口行业深入开展,成效显著,有力地促进了全市窗口行业优质服务水平的提升。据统计,全市窗口行业承诺达标率为99.67%,创建合格率为98.47%,群众满意率为97.22%。2012年底,还将评选树立十个文明优质服务标兵单位、百个文明优质服务先进单位、千名文明优质服务先进个人。

深入开展志愿服务活动

积极推动志愿服务工作,在全省率先筹备组建志愿者服务总队,制定下发了《关于成立鸡西市志愿服务协调小组的通知》、《鸡西市开展 “弘扬雷锋精神——心手相连,关爱暖心”志愿者服务活动方案》和《关于做好鸡西市学雷锋志愿者服务总队组建工作的通知》等文件,在全市掀起了志愿服务的热潮。3月5日在《鸡西日报》发表《以雷锋为榜样,践行鸡西人精神倡议书》,向全市发起以雷锋为榜样,努力弘扬和践行鸡西人精神,争做合格鸡西人的倡议。制定下发了《关于组织“两推进一建站”活动的通知》,印发宣传品2000余份,扩大了志愿服务活动的社会知晓面。在树梁中学等单位建立起一批学雷锋志愿服务站,全市建立学雷锋志愿服务基地(站)、队395个,注册志愿者数量由2012年初的1.5万人发展到5.4万人,党员义工达到3万多人,登记志愿者6万余人。培养选树了以省十佳优秀志愿者王德财和密山市兴凯湖环保志愿服务队、鸡东县文明交通志愿服务队为代表的一批志愿服务先进典型。9月25日起组织了大规模的《黑龙江省志愿服务条例》宣传月活动,全市各县(市)区分别开展了宣传一条街、志愿服务进社区、暖心志愿服务洁净家园、志愿者网上注册等活动,全市100余家单位,近万名志愿者参加了活动。为了加大志愿服务工作的推进力度,举办了全市志愿者网上注册工作培训班。组织召开了全市志愿服务经验交流推进会,向全市推广了密山市、市人民银行等单位开展志愿服务活动的经验做法,有力地推动了志愿服务的深入开展,得到省文明办的充分肯定,在全省做了经验交流。今年鸡西市被省志愿服务协调小组授予十佳优秀志愿者1人、十佳志愿服务工作站1个、十佳志愿服务队1个,优秀志愿者3人、优秀志愿服务工作站4个、优秀志愿服务队4个、优秀志愿服务活动品牌2个。

开展讲文明树新风扮靓家园活动

在全市农村开展践行鸡西人精神"讲文明树新风扮靓家园"主题活动，要求全市各县(市)区以抓好"净化环境、绿化家园、强化管理、提升素质、树立典型"为载体，推动农村环境综合治理取得明显实效。各县(市)区掀起新一轮城乡环境整治的高潮。密山市出台了《密山市农村环境整治考核奖励办法》，拿出150万元专项资金用于奖励农村环境整治中成绩显著的乡镇；虎林市以推进农村生态环境建设为题，开展了市委书记"进站点、作报告"活动；鸡冠区先后投资300余万元，用于农村生态环境建设，组织发动党员干部群众3500多人参加了环境整治；滴道区党政主要领导对环境卫生整治情况进行实地检查，对发现各乡村屯存在的问题现场问责，限期整改。据统计，各县(市)区建立村屯保洁员制度达100%，村屯绿化率达90.22%，种植绿篱花带13.66万米，栅栏建设达11.55万米，全市在"三优"环境整治中，共清理垃圾28.45万吨，治理超高土7.12万平方米，治理裸土45.47万平方米，县(市)区出入口整治达标率达96.22%。在全市农村开展了"喜迎十八大放歌新生活"活动，在全省第二届农民歌咏赛中，市委宣传部和文明办荣获优秀组织奖，选送的快板书《赞密山》、二人转《墙里墙外》、歌舞《祖国万岁》分别荣获优秀创作奖和优秀表演奖。同时，向省推荐了10个农村精神文明建设先进典型。

双鸭山市

深化"三优"文明城市创建工作

双鸭山市按照省委、省政府关于创建"三优"文明城市的要求，不断调整"三优"文明城市创建工程的创建方向和创建思路，按照提高"五个品位"、打造"五个品牌"的总目标，深层次推进"三优"文明城市创建工作。一是提高城市规划品位，打造风貌特色品牌。按照"先规划、后建设，先地下、后地上，先统筹、后突破"的理念，重新编制城市发展中长期规划、远景规划和总体规划，重新设计立面规划、亮化规划、绿化规划和市政功能规划，在四县四区打造了沿江规划(乌苏里江)、枢纽规划(哈同、同三、依饶)、生态河流规划(安邦河)、区域规划(沉陷区、棚户区)，全力打造一县一区一特色的文明品牌。二是提高城市建设品位，打造功能配套品牌。按照省委提出的"五项重点工作"要求，全面实施"街路改造工程"、"穿衣戴帽工程"、"景观小品工程"、"人文公交工程"、"森林植被工程"、"样板工地工程"、"城市亮化工程"、"文明出行工程"和"生态走廊工程"，安邦河治理一期工程全面落实，热网改造取缔燃煤锅炉，四县四区污水治理、垃圾处理设施全面投入，"三馆"建设全面达标，环卫保洁实现了春治灰、夏治泥、秋治叶、冬治雪的24小时保洁机制。三是提高城市管理品位，打造精细管理品牌。市委、市政府召开了"全市三优文明城市创建推进会"，系统学习省委书记吉炳轩和省长王宪魁的讲话，就城市管理签订责任状，总结表彰在管理中涌现出的先优典型，邀请黑河市的领导推介创建和管理经验。在城市管理中，全面启动职能部门监管、文明单位落实、居民群众参与的共建共管机制，居民群众自建自治自管的爱心奉献机制，党委政府考核、新闻舆论监督、社会积极关注的监督机制。四是提高城市运营品位，打造市场机制品牌。以市场化运营为切入点，对城市规划设计、开发建设、环卫保洁、物业管理、植树绿化等实行招投标的市场运行机制，有效破解城乡二元结构的矛盾，运行外来务工人员、农村进城人员和低收入家庭参与城市建设和管理的运营机制，带动"三优"文明城市建设工作提档升级。五是提高城市生活品位，打造素质提升品牌。以"弘扬北大荒精神、双鸭山精神，做四德市民，为秀美家园做贡献"为主题，创新讲文明树新风的活动载体，重新编定《双鸭山市道德市民手册》，开展"知礼仪、改陋习——从我做起大家谈"、"多读书、读好书——打造书香家庭"、"爱家乡、知市情——争做的士之星"、"我建设、我管护——爱心义工志愿者"、"我感恩、我回报——做道德模范”等主题实践活动，涌现出一批全国、全省、全市道德模范。

深入开展志愿服务活动

双鸭山市认真贯彻落实党的十八大精神，努力促进志愿服务工作“三个转变”，不断推动志愿服务工作向纵深发展。一是不断壮大志愿者队伍。充分利用黑龙江省志愿服务管理系统，为全市46所中小学学雷锋志愿服务站，200多家驻区、驻县单位授予管理权限，组建300多支学雷锋志愿服务队伍。全年在黑龙江文明网发布志愿服务信息52条，有5000多名志愿者点击报名。全年，双鸭山市在黑龙江文明网登记注册志愿者达到85553人，占建成区比为13.92%。二是深入开展主题志愿活动。深入开展“我们的节日”、“红红火火过大年”、“432”主题志愿服务活动，全市共调动5000名志愿者参加，陆续开展“弘扬雷锋精神、开展志愿者服务”活动、“学雷锋、树新风”暖心志愿活动、“双鸭山市绿化家园志愿行动”、“三关爱一帮助”、“让我们的孩子更自信”等主题志愿活动，志愿者参与达11万人次，受助儿童1000多名，募集捐款20余万元。三是典型选树取得突破。截止到12月，双鸭山市1人获全国优秀志愿者称号,1人获全省十佳优秀志愿者称号。岭东区东湖社区和关爱留守儿童志愿服务品牌分别获全省十佳社区志愿服务站、全省十佳志愿服务活动品牌。双鸭山市6名志愿者获得全省“五个一百”优秀志愿者荣誉称号、12支志愿服务队获得全省“五个一百”优秀志愿服务队荣誉称号、10个社区获得全省“五个一百”优秀社区志愿服务站荣誉称号。

开展“三关爱”主题活动

组织社区、卫生、助残等志愿者，开展关爱空巢老人、关爱残疾人、关爱贫困家庭暖心志愿服务活动。组织志愿者与104位孤寡老人、空巢老人结成帮扶对子，关爱贫困家庭30户，帮助残疾家庭20户，对500余名空巢老人、孤寡老人、社区居民进行义诊。在以“喜迎十八大，共建和谐家园”为主题的“百万志愿者助邻里”活动中，开展了“特困家庭一日捐”、“空巢老人与邻居结对日”活动，组织志愿者为困难家庭募集善款6万元，681名群众与空巢老人结成了帮扶对子。各专业志愿者队伍深入开展“一助一”、“多助一”长期结对活动，有针对性地为困难群众和弱势群体提供生活料理、医疗保健、法律援助、信息咨询、文体娱乐等方面的志愿服务。开展“绿化家园志愿行动”，全市8个县区同时启动，市文明办、林业局、总工会等8个部门参与，组织全市5万名志愿者参与绿化家园行动。开展“世界无车日”主题实践活动，全体志愿者骑自行车绕城宣传低碳、环保、健康的出行方式，发放传单3000余份。开展“创三优文明城、建秀美双鸭山”志愿服务活动，志愿者在全市范围内捡拾白色垃圾，清扫小区的各个林带和卫生死角，擦拭公共休闲设施，发放《双鸭山市民手册》3万册。成立了双鸭山“少女救助中心”，并开通了双鸭山市“少女救助热线”。2012年，双鸭山市开展了围绕市、区、街道、社区等各个层面的“三关爱”主题活动1000余次，累计参与群众达7万余人次，参与志愿者2万余人。

伊春市

“讲文明、树新风”活动深化拓展

组织开展了文明礼仪教育系列活动，建立市民文明学校42个，举办各类专题讲座135场，开展群众性文体活动121场次。组织开展“我们的节日”主题活动和“邻居节”活动，开辟专栏5个，开展了网上祭祀、“树立新风尚、文明过端午”等主题实践活动。全市有7人被省文明委授予全省第七届邻居节活动“好邻居”荣誉称号、4个区被授予“组织奖”荣誉称号、5个社区被授予“优秀社区奖”荣誉称号。在学校开展学雷锋主题班日、主题队日、主题团日等实践活动，举办了“雷锋在我们心中”演讲比赛，引导广大未成年人传唱《学习雷锋好榜样》、《像雷锋一样》、《我们要做雷锋式的好少年》、《向雷锋那样去战斗》、《雷锋叔叔望着我们笑》等歌曲，增进其爱党、爱国、爱社会主义的情感。在社区开展了“学雷锋，献爱心”活动，组织志愿者到低保户、困难户及孤寡老人家中开展“一对一”帮扶活动。在企业开展了“岗位学雷锋、争做好员工”活动，树立学雷锋标兵800余名。在窗口单位和公共场所开展了“学雷锋、树新风”活动，建立“学雷锋志愿服务岗”500个。开展“文明餐桌”活动。以宾馆、饭店、酒店等为主体，以党政机关、企事业单位、学校的食堂为重点，开展文明用餐宣传教育活动，发出了《“厉行节约、文明用餐”倡议书》，印发文明用餐宣传单10000份、海报2000份、桌签5000个。引导人们在就餐时不剩饭、菜，营造节约光荣、浪费可耻的浓厚氛围。开展了文明旅游景区(景点)、文明旅游酒店(饭店)、文明旅游商店评选活动。2012年，向省文明办推荐伊春林都宾馆等11家“全省创建文明餐桌活动100家试点餐饮企业”，推荐伊春职业学院等5家“全省创建文明餐桌活动100家试点食堂”，推出了乌伊岭金桥酒家等10家“全市创建文明餐桌活动10家试点餐饮企业”。

“讲道德、做好人”活动实现新突破

开展了“道德讲堂”活动。依托地方讲坛、市民学校、职工夜校、乡村文化站等，规范化建立了学校、社区、文明单位等三类道德讲堂。通过“唱歌曲、学模范、诵经典、发善心、送吉祥、做感悟”等形式，传播道德理念，弘扬社会风尚。全市共建道德讲堂122个，开展活动531场(次)。开展学习、宣传全国和省、市道德模范以及身边好人活动，开展道德模范巡讲进机关、进学校、进社区、进军营活动和“道德模范故事汇”基层巡演活动。进一步完善了县(市)区市民文明学校总校、街道中心校、社区分校三级教育网络。承办了由省委宣传部、省文明办、省文联、省妇联、省高校工委联合主办的全省道德楷模巡讲(演)暨道德讲堂进基层活动。开展第三届道德模范评选活动，评选出道德模范及提名奖20人，开展“寻找身边的美”公民道德宣传教育实践活动和帮扶关爱道德模范活动。开展“我推荐、我评议身边好人”活动。严格把握评选、推荐、公示、投票等环节，利用报刊、广播电视等媒体大张旗鼓地宣传身边好人。2012年，全市有10人入选“龙江好人榜”、5人作为候选人参与“中国好人榜”评选。

创建全国文明城市工作稳步推进

2012年9月，中央文明办委托国家统计局对全国127个全国文明城市和“全国文明城市提名资格”城市进行文明程度指数测评。伊春市在61个地级“全国文明城市提名资格”城市中排名第24位。

组织“村容整洁、乡风文明”农村主题活动

开展创建文明村镇、文明集市、农村文化广场、十星级文明户活动和评选创业之星、公益之星、孝老之星活动，实施“城乡结对共建”工程，开展城乡共建、军民共建、文明单位共建活动。组织开展“志愿者进村屯”志愿服务活动和“喜迎十八大、放歌新生活”农民歌咏活动。与省电视台、省电台、东北网承办了由省委宣传部、省财政厅、省农委、省文明办、省农开办、省新农村办主办的“喜迎十八大、放歌新生活”农民歌咏活动嘉荫专场演出。在全省第二届农民歌咏活动中，市文明办和嘉荫县委宣传部、嘉荫县文明办，以及嘉荫县乌云镇政府获得了优秀组织奖。嘉荫县的歌伴舞《欢天喜地》、小品《邻居》、表演唱《美丽的小县城》获得优秀创作奖和优秀表演奖。

文明单位创建的整体水平不断提高

开展文明单位与社区结对共建活动。伊春市组织35个文明单位与35个社区开展了结对共建。开展2012年度省级精神文明创建活动先进集体、先进个人推荐和市级精神文明创建活动先进集体、先进个人评选活动。各级文明单位开展漂书

活动，在各级精神文明创建活动先进集体中开展向张丽莉学习活动。开展军警民共建共育活动。2012年，市文明办被市委、市政府、伊春军分区授予"拥军优属先进单位"荣誉称号，有一名同志被市委、市政府、伊春军分区授予"拥军优属先进个人"荣誉称号。开展"全民健身活动热心人"和"群众文化活动热心人"评选表彰活动，开展"百企万民评服务"活动。开展创建"于雪梅式服务窗口"活动。在全省工商系统联合开展的创建"于雪梅式服务窗口"活动中，全市有7个窗口单位被省文明办、省工商局授予"于雪梅式服务窗口"荣誉称号，有2人被授予"于雪梅式服务窗口"创建工作先进个人荣誉称号。市气象局被中国气象局授予全国气象部门文明台站标兵荣誉称号。

志愿服务活动蓬勃发展

充实调整了市志愿服务活动协调小组，成立了市学雷锋志愿服务总队及18个支队，在21个县（市）区（局）成立了志愿服务大队、分队，在社区、单位、院校设立了志愿服务队。按照行业特点，组建了志愿服务组织，确定了志愿服务品牌。目前，全市有志愿服务支队18支，学雷锋志愿服务分队146支，学雷锋志愿服务站（队）600个，志愿者80700人，注册志愿者人数达到城市人口10%以上。开展"五彩丝带·文明伊春"志愿服务活动、"春绿行动"、"向郭明义学习、争做当代雷锋"志愿服务主题实践活动、"百名专家下基层"活动，举行全国关爱他人、关爱社会、关爱自然志愿服务活动——伊春启动仪式，开展"帮助他人、提升自己，爱心敬老捐助"活动、"弘扬雷锋精神、共建精神家园"活动、第六届"爱心送考"大型公益志愿服务活动。举行了"慈善宣传暨关爱贫困孤儿慈善救助"活动，开展"喜迎十八大、共建和谐家园"百万志愿者助邻里活动、"志愿服务暖心行动"主题活动。

2012年，伊春市有1个志愿服务工作站被省志愿服务协调小组命名为"十佳志愿服务工作站"、1个志愿服务活动组织被命名为"十佳志愿服务活动组织"、3名同志被命名为"百名优秀志愿者"、1个志愿服务工作站被命名为"百个优秀志愿服务工作站"、2个志愿服务队被命名为"百个优秀志愿服务队"、1项志愿服务活动被命名为"百个优秀志愿服务活动品牌"、6个单位被命名为"百个优秀志愿服务活动组织"。有10名同志被市文明委授予"全市十佳优秀志愿者"荣誉称号、10个志愿服务站被授予"全市十佳志愿服务工作站"荣誉称号、10个志愿服务支队被授予"全市十佳志愿服务队"荣誉称号、10个单位被授予"全市十佳志愿服务活动组织"荣誉称号、10项志愿服务活动被授予"全市十佳志愿服务活动品牌"荣誉称号。

未成年人思想道德建设不断加强

开展了社会主义核心价值体系进社区、进课堂活动，"做一个有道德的人"活动，以"心向党、跟党走"为主题的歌咏、读书等系列活动。开展"网上祭英烈"活动，组织广大未成年人参与由中国文明网、人民网、新华网、央视网开设的"网上祭英烈"活动，进行网上祭奠、发表祭奠感言。开展"祭英烈网上征文活动"，组织未成年人撰写心得体会，发表感言心声，表达对先烈的感恩和敬仰。开展第三届优秀童谣征集活动，向省文明办推荐3首童谣作品。开展"向国旗敬礼、做有道德的人"网上签名寄语活动，全市投票24.9万张，居全省第二。开展2012年家庭教育巡讲龙江——绿荫行动，举办70场巡讲。开展"学习雷锋、做美德少年"网上签名寄语活动，实施美德阳光建设工程，召开了全市总结表彰大会。开展了"乡村少年宫"建设，开展"两推进一建站"活动。推荐了南岔区浩良河小学校为2012年度中央专项彩票公益金支持乡村学校少年宫项目建设学校。

2012年，全市有6所学校荣获省"美德阳光学校提名奖"、10名教师荣获省"美德阳光教师提名奖"、10名学生荣获省"美德阳光学生提名奖"、10名家长荣获省"美德阳光家长提名奖"。有10名教师被市文明委授予"美德阳光教师"荣誉称号、10名学生被授予"美德阳光学生"荣誉称号、10名家长被授予"美德阳光家长"荣誉称号、10名社区工作者被授予"美德阳光社区工作者"荣誉称号、10名校外辅导员被授予"美德阳光校外辅导员"荣誉称号、10所学校被授予"美德阳光学校"荣誉称号。

2012年,在市委、市政府的正确领导下,在各战线、各部门的通力合作和大力支持下,通过采取健全组织、营造氛围,集中攻坚、专项治理,创新载体、提升素质等措施,全市全国文明城市创建工作圆满完成年初确立的目标任务。顺利通过了中央文明办委托国家统计局抽调专家对全国127个全国文明城市和提名资格城市进行的城市文明程度指数和未成年人思想道德建设工作两项暗访测评。伊春市在被测评的61个地级"全国文明城市资格城市"前29名中排名第24位。在排名靠前的66个地级全国文明城市和提名资格城市未成年人思想道德建设工作排名第52位,在资格城市中排名第24位。

七台河市

深入开展"三优"文明城市创建活动

深入开展"十项整治",坚持把"联创共建"贯穿到"三优"文明城市创建活动全过程。市容市貌整治方面采用"六化一考"考评办法,实施临街楼体立面及牌匾广告整治、公共环境卫生整治、城市出入口形象及主要道路整治、居民小区整治、环境污染整治、矿区、厂区环境整治等专项整治活动;村容村貌整治方面以"治脏乱、建队伍、增设施、修好路、植好树、整庭院、改住房、提素质"八个方面为主要任务,通过建立"村(屯)清扫、乡(镇)转运、区(县)处理"的长效模式,实现村屯环境洁净、有序、文明,增强农民爱护环境的自觉性,全年共列以奖代投资金1830万元,村容村貌得到明显改善;交通秩序整治方面开展了"文明过马路、礼让斑马线"、"百名文明驾驶员"评选等活动;市场秩序整治方面开展了"星级文明市场"、"文明诚信示范店"评选活动。

开展市民文明行为养成活动

深入开展市民文明行为养成活动,坚持把建设社会主义核心价值体系同公民思想道德建设具体活动结合起来。发放《"画"说文明言行》市民文明手册15万册,在步行街电子显示屏每天滚动播放"十提倡十禁止"市民文明行为宣传短片;积极组织开展道德模范、"龙江好人"、"孝行之星"评选活动,推进"党课大讲堂、道德大讲堂"活动进单位、进社区、进学校、进家庭,共组织开展"大讲堂"32场次,受教育民众达5000余人;先后组织开展了"十项创建"系列活动、文明细节行为养成活动,引导市民提高文明意识,告别不文明行为,营造文明新风尚。

深入开展志愿服务活动

坚持以"三关爱"活动为主题,充分调动市民参与志愿服务活动的主动性,使志愿服务活动常态化、机制化。招募各级文明单位干部职工和网络爱好者100余人,建立网络文明传播志愿者队伍;组建"文明交通引导队",在市区主要交通路口协助执勤交警劝导闯红灯、不走斑马线、乱停放车辆等不文明交通行为;开展以"双百结对、共创文明"为主要内容的"志愿服务进社区"活动,全市百家文明单位与百个社区组成志愿服务帮建对子,关爱空巢老人、助学农民工子女、企事业单位互助互育成为志愿服务新载体。

鹤岗市

全市城乡环境卫生"大整洁运动"

2012年,鹤岗市开展了历时5个月的城乡环境卫生“大整洁运动”,圆满完成了各项任务,达到了预期效果。第一,加强领导,广泛动员,构建了齐抓共管的工作格局。一是领导带头,靠前指挥。活动开展以来,市委书记杜吉明在《鹤岗日报》发表两篇署名文章,明确整治目标和重点,提出了“环境卫生搞不好的干部是不合格干部”、“环境卫生搞不好的单位必须问责”的要求。活动期间,市委主要领导连续5个月每天早6点半带领六区和责任单位领导深入背街小巷、居民小区、建筑工地等区域进行检查,发现问题现场划分责任,限时督办完成。在全市性的集中整治行动中,市四大班子主要领导深入一线,带头参加劳动。活动中,两县六区分别成立了由党政主要领导负责的领导小组,建立了由主要领导带队,各级领导干部参与的晨查制度。二是广泛发动,全员参与。市委、市政府联合下发通知,动员全市积极投身“大整洁运动”。先后召开了城乡环境大整洁运动“百日攻坚战”动员大会、全市城乡环境卫生“大整洁运动”推进会等会议,对“大整洁运动”再动员、再部署,确保活动取得实效。各单位、各部门分别采取召开动员会、干部大会等形式,进行安排部署。各基层单位组织工作人员深入百姓家中,发动人民群众和社会各界参与整治活动。第二,强化措施,集中治理,掀起了全民参与的整治热潮。开展了四次“万民上街”大清扫活动。6月份开始,按照每月一次的要求,组织开展了四次“万民上街”大清扫活动。活动中,市四大班子主要领导深入劳动一线;两县六区依据整治内容和驻区单位实际,细化和分配工作任务,验收整治成果;各单位、各部门由主要领导亲自挂帅组织清扫;驻鹤部队积极响应号召,走上街头巷尾参与劳动;各企业主动出钱、出人、出车,配合各相关部门做好各项整治工作;各学校积极整治校园周边环境;基层百姓自备工具,自发参与清除居民区垃圾污物;工青妇等群团组织动员各类人群积极参与大清扫活动。据统计,四次大清扫活动累计参与人员达20万人次,清除垃圾10万余吨。开展了十二个专项整治战役。按照治理内容和行业类别,把环境卫生整治工作划分为乱贴乱画、乱倒乱扔、乱搭乱建、占道经营、牌匾广告治理等十二个专项,明确了4个牵头单位,推动整治工作由全面整治转向专项整治。开展了环境卫生七个创建活动,以打造整洁、规范、优美、和谐的办公、学习、生活、工作环境为目标,在全市开展了创建卫生整洁机关、企业、校园、医院、小区、村屯、家庭活动。推进了重点行业和区域环境卫生面貌的改善。按照城市硬化、绿化、净化、美化、亮化要求,动员全市各界力量对两县六区的百条街路和百个小区实施帮建。全市共157家单位和企业对74条街路进行了硬化和改造;对105个小区进行了绿化和硬化,对公共设施进行了修缮更新。第三,加强教育,完善机制,保证了整治工作的扎实开展。一是加强宣传,营造氛围。报纸、电视、广播、网络等媒体宣传“大整洁运动”的重要意义、政策措施,报道全市工作进展和成绩。在全社会形成了人人参与、关注、监督“大整洁运动”的浓厚氛围。二是教育引导,提升素质。针对市民普遍存在的陈规陋习,研究制订了市民行为“十不准”,在媒体上公示。发布了告广大市民《倡议书》,引导和激励全市各界践行文明行为、弘扬文明新风。开展了“改陋习、强素质,做文明鹤岗人”、“比学赶超”竞赛、“寻找身边的美”公民道德宣传教育、“全市青少年参与城乡环境整治集中行动”等活动,在全社会倡树了文明新风。三是健全机制,强化督导。建立了市领导带队晨查,纠察小分队全天巡查,六区、部门间互查,每半月市级主管领导综合检查一次,每周媒体通报情况的“四查一报”机制。建立了专项督办检查和社会群众监督相结合的督办机制,针对晨查和巡查中发现的问题,第一时间下达督办单,要求承办单位限时整改,并进行书面反馈。“大整洁运动”开展以来,共下达督办单1000余件,已办结905件。与市110社会联动中心联网,设立了环境卫生投诉热线,畅通了百姓投诉渠道。共受理群众投诉电话400余个,已办结380件。建立了人大代表、政协委员监督机制,定期对各相关单位和部门承担任务的落实情况进行视察。第四,全面推进,务求实效,“大整洁运动”取得了显著成果。城乡环境面貌明显改善。全市主次干道、背街背巷、居民小区、公园广场、河道两侧、公路铁路沿线等重点部位的垃圾、残土被集中清运。372条主次干道实行了全天候保洁。乱搭乱建、乱堆乱放以及私开“小菜园”现象被集中治理。顶棚市场、早市、夜市污水乱倒、生活垃圾乱扔现象明显减少。临街商业门店占道经营行为被进一步整治。道路指示牌、路名牌、候车亭等基础设施焕然一新。客货汽车带泥上道,施工车辆遗撒现象得到有效遏制。据统计,“大整洁运动”开展以来,全市各单位、各部门共清除垃圾20余万吨,清理破损、违规牌匾5000余块,清理了1万余栋楼房的乱贴乱画小广告;摆放景观花卉4万余盆,为树木刷白7万余棵,对老树挂牌2000余棵,新增绿化面积8万余平方米,铺植草皮4万余平方米;拆除违建棚厦近7000处,拆除板障4万余延米;新建居民区小广场3万余平方米,绿地63处,购买添置健身器材57套,设立信息公示板2017块;关停、搬迁城区内严重污染企业9户,49家洗浴业户经过整改达到环保要求;安全转移铅渣60吨、危险废物2吨;对1000余家餐饮业户更换了清洁能源,清理烧烤业户84家,进一步降低了烟尘污染。环境卫生设施提档升级。在道路设施方面,更新了红旗路、学府路、工农路等10余条主干道两侧破损的步道板,累计铺设新道板4.1万平方米,砌筑树框石3200块。改造了昌盛路、工交路、红旗路等道路,在全市12条无灯街道新建路灯219基,对主要路段的路灯、景观灯进行了全面清洗。在河道设施方面,全市四座水库除险加固主体工程全部完工;清源湖生态景区浮雕墙、湿地公园栈道、荷花池亲水平台等工程完工;鹤立湖景区大门、景观围栏和坝上铺装等基本完工;集中整治了石头河、前进沟、兴山头道沟等13条城区河道,清理、疏浚河道31.8公里,砌筑挡土墙9300米,拆除沿河违规建筑9处,进一步推进了城区河道防洪治理工程建设。在市政设施方面,增设路标牌118个,安装电子告示牌36个,新增路岛护栏3217延米,更换道路隔离带4785延米,增设道路隔离带2174延米;在全市38个集贸市场和露天市场安装和设置了一批环卫配套设施,修缮了室内外基础设施。在环卫设施方面,引进大型清扫车7辆,洒水车、叉车、清洗车等专业设备27辆,大型垃圾清运车19辆;购买小型电动清扫车12台,电瓶保洁车23台;更新垃圾箱110个,增设果皮箱100个,维修改造垃圾箱600多个;在全市53辆公交车、中巴车等公交设施上设置了文明座椅140处,配备垃圾筐、垃圾袋2300余个。市民文明素质显著提升。通过组织开展系列文明行为倡导活动,在全社会弘扬了文明新风尚。乱扔乱倒、乱堆乱放、乱停乱行、乱搭乱建、乱贴乱画等现象明显减少;爱护环境、主动制止不文明行为现象明显增多;遵章守纪、文明礼让、诚实守信、尊老爱幼的文明风尚逐渐成为主流。城市志愿者队伍不断壮大,拓展到机关干部、企事业单位干部职工、退休老人、社区居民、服务行业工作人员等各类人群,相继组织开展志愿活动100余次。

广泛开展群众性精神文明创建活动

鹤岗市通过广泛开展“弘扬雷锋精神、共建美好家园”、“我陪老人看鹤岗”等主题活动,举办“学习雷锋好榜样”事迹报告会,评选出助人为乐、爱岗敬业等方面先进典型5个,在全市形成了学模范、当表率的浓厚氛围。深入开展“寻找身边的美”、美德阳光建设工程评选、“百万志愿者助邻里”、创建“文明餐桌”等主题宣传教育活动,向省推荐美德家庭、美德学校、美德家长、美德学生16个,文明餐桌5个,“好邻居”6个,优秀邻居节组织奖9个。开展“漂书站”活动,倡导各级各类文明单位建立图书阅览室,各级图书馆建立流动图书馆,共设立“漂书站”6个、图书阅览室5个,营造了书香鹤岗的良好社会氛围。开展省级精神文明创建活动先进集体和先进个人申报活动,向省文明委推荐了74个先进典型。

黑河市

开展“三优”文明城市创建活动

以“爱黑河、讲文明”为主题，深入实施文明素质强基工程、环境卫生达标工程、优良秩序井然工程和优质服务提升工程。巩固三优创建成果，把创建活动向县市、社区、村屯延伸。积极推进“三优文明创建进机关、进企业、进社区”。大力开展“创三优、强素质、建美好家园”等主题创建活动，继续开展以垃圾治理为主要内容的志愿服务集中行动。加大“文明过马路、礼让斑马线”活动创建力度，改善城市交通秩序。在各窗口部门和各类企业中深入开展“创暖心服务、树满意品牌”、文明诚信单位创建活动，进一步提升了良好的口岸城市形象。开展文明服务窗口、文明市民标兵、文明社区等评选活动，评选出 8 个市级“三优”文明城市建设先进社区、9 个先进小区、41 个先进个人。在“邻居节”评选活动中，北安市张淑华等 6 位居民获得全省好邻居奖，北安市铁东等 6 个社区获得优秀社区奖，黑河市文明办等 3 个单位获得组织奖。广泛开展“文明餐桌”、图书漂流活动，开展以“勤俭节约、文明用餐”为主题的“绿色饭店”、“文明餐桌”的创建活动。举行黑河市文明单位漂书活动启动仪式，建立 6 个省级漂书活动示范点，同时将此项工作作为省、市级文明单位考核验收工作的主要内容，市级以上文明单位相继建立了漂书点，共有图书 6 万余册。

开展市民素质提升工程

广泛开展文明养成系列活动，开展了做“文明有礼黑河人”主题活动，以“让我们的家园更美好”为主题，开展美化家园、绿化家园、文化志愿者边疆行、邻里互助、暖心行动等系列志愿活动，树立文明黑河、礼仪黑河的良好形象。深入开展“文明礼仪进万家”活动，组建文明礼仪知识宣讲团，使文明礼仪知识进社区、进农村、进企业、进学校。市文明办编制下发《做文明有礼的黑河人——黑河市民文明礼仪手册》5000 册，宣传文明礼仪知识，努力提高广大市民的思想道德素质和文明礼仪素养。开展学习时代楷模和“我推荐我评议身边好人”等系列活动。在电视台、电台、报纸、网络等各类媒体开办专栏专题，建立“身边好人”推荐热线，组织引导广大群众深入学习身边典型的先进事迹，大力弘扬真善美。组织各级文明单位开展“月评十件好事”、“感动人物评选”活动，形成带头倡导文明、践行美德、传播善举的良好态势。

开展文明单位建设工作

2012 年是文明单位命名年，对申报的省市级精神文明建设先进集体进行了检查验收，市文明委向省文明委推荐省级文明单位、文明村镇、文明社区等先进集体 101 个，省级创建“三优”文明城市工程先进个人和军警民共建共育先进个人（标兵）8 人。命名表彰市级文明乡镇（标兵）17 个，文明村（标兵）46 个，文明单位（标兵）285 个，先进系统标兵 1 个，军警民共建共育先进集体（标兵）16 对。

开展文明村镇建设工作

开展“百里文明边境线”创建活动，以思想道德联建、文化事业联办、社会治安联防、军地支部联创、文明建设联搞、惠民工程联做、环境卫生联治、经济建设联抓“八联”活动为载体，以沿边 58 个村屯为示范点，采取市级以上文明单位与驻地军（警）部队和村屯结对共建的形式，推进农村精神文明建设迈上新台阶。开展星级文明户评选活动，向省文明办推荐农村文化大集、星级文明户等 18 个典型经验。启动“三带百村”建设工程，重点推进 30 个中心村建设，实施新居建设、房屋立面改造、村屯道路硬化和绿化美化等 95 个项目。全面推进城乡一体化和新农村建设，促进“三优”文明城市建设向农村延伸、扩展。加强农村文化建设。组织开展“新农村新生活新风尚”农民歌赛，在“喜迎十八大、放歌新生活”全省第二届农民歌咏活动中，黑河市委宣传部、文明办等11家单位被评为优秀组织奖，4个节目被评为优秀创作奖，3个节目被评为优秀表演奖。

绥化市

开展城乡环境卫生综合整治活动

2012年，绥化市深入贯彻落实省委、省政府“三优”文明城市创建总体部署及市委、市政府要求，在全市深入开展了城乡环境综合整治活动。进一步强化了市委、市政府统一领导，文明委组织协调，文明委成员单位及相关部门各负其责，人大、政协视察指导，群团组织密切配合，新闻媒体引导推进，广大市民积极参与的领导机制和工作体系，并坚持从最薄弱环节着眼，从最关键部位突破，从市民最关心的问题抓起，相继组织开展了以“八大整治”为重点的春季环境整治“百日会战”、以扮靓城区环境为重点的“净城周”活动、以“擦亮绥化、文明单位在行动”为主题的文明单位“净城日”活动和以“三优”为目标的秋季城乡环境综合整治活动。绥化市把城乡环境综合整治工作作为提升城市形象、增强城市品位和综合竞争实力的重要举措来抓，列入全市重点推进的大事大项，列为市委、市政府实绩考核重要内容和精神文明建设先进县(市)区评选重要指标，融入全市经济社会发展全局，实行跟踪问效、高压紧逼的工作推进机制。在整治工作中，注重统筹规划，同步推进，既抓城市，又抓农村；既抓重点区域，又抓背街小巷；既抓主要公路三级示范带，又抓通乡通村公路；既抓典型乡村，又抓偏远村屯，做到了“点上有突破，面上有提高”。各地、各部门按照全市整治工作的总体要求，纷纷以开展垃圾坑建设、环境卫生清理、城乡硬化绿化净化亮化、文明窗口创优、文明行为劝导、社会志愿服务等形式，从不同角度、不同侧面掀起环境综合整治热潮，促进了城乡“脏乱差”状况的总体改善。在此基础上，积极探索建立城市管理长效机制，发动全民参与城市管理，落实落靠各部门(单位)和商户门前“五包”、“分区包段”等责任机制，保证城市管理处处有人抓、事事有人管。进一步完善了市区环卫责任分工，改变过去以条线为主的管理模式，探索建立了条块结合、以块为主的环卫责任体制，把环卫责任落实到具体部门。健全完善《绥化市市容和环境卫生管理办法》等地方性法规，对城区主干道、背街里巷、出城口、城乡结合部、集贸市场、商场、医院、车站、建筑工地、公路沿线等10个城市管理重点部位及城区临建点、店外售货点、公交车停靠点、饮食服务点、车辆停放点、露天集贸市场、休闲广场、车站、建筑工地、垃圾存放点等10个关节点，采取属地管理与行业管理并重的办法，实行定专人、定区域、定岗位、定责任、定质量和包责任区的全天保洁“五定一包制”，明确牵头单位、责任单位，界定工作职责和管理标准，城市建设管理工作走上制度化、规范化、经常化发展轨道。

开展文明礼仪教育普及活动

利用多种阵地宣传文明礼仪。依托市民学校、农民夜校、社区家长学校、职工学校，组织群众性文明礼仪知识讲座、知识竞赛1500场次；充分发挥市民休闲广场、文化中心、文化大院、新农村建设“中心户”等阵地作用，组织开展了群众喜闻乐见、形式丰富多样的“讲文明、树新风”主题创建活动，广泛进行生活礼仪、职业礼仪、社交礼仪、家庭礼仪等宣传教育。

利用各种媒介普及文明礼仪。在广场、酒店、商场等公共场所大屏幕滚动播放“争三优、创六城”文明礼仪公益宣教片，并将宣教触角向社区、小区拓展；在《绥化日报》刊发《同创文明城》专题20期，在绥化电视台新闻综合频道推出《文明礼仪我先行》动漫公益片，开设《陋习曝光台》、《文明礼仪一分钟》专题节目;在《绥化晚报》推出《画说礼仪》专栏50期;在绥化交通广播开设《文明论坛》10期。

组织多层次的文明礼仪学习实践活动。以"创建文明机关、做人民满意公务员"为主题,在全市各级党政机关楼宇电视全天候推出《公务员礼仪大讲堂》公益宣教片,在党政机关引起强烈影响;组织各窗口行业开展文明礼仪上岗宣誓、文明礼仪签名承诺等活动;组织开展医德医风、师德师风建设主题实践活动;组织全市大中小学校开展"文明礼仪在我身边"主题演讲、征文比赛,在全社会掀起文明礼仪主题教育实践活动的高潮。

开展文明小城镇建设活动

推进小城镇建设。开展了城乡建设"攻坚战"活动,累计投入近40亿元,其中小城镇建设投入达到23亿元,修建通乡公路2000多公里,改造开发小城镇住房2000多万平方米,小城镇教育、卫生、文体、养老等公益设施配套更加齐全。同时,按照特色立镇的建设原则,立足自然资源、物产资源、文化资源,着力培育小城镇的鲜明特色,形成了一镇一业、一镇多业或多镇一业的产业格局。在此基础上,积极引导生产要素向城镇聚集,努力打造一批辐射周边的重点镇、中心镇,培育一批具有较强竞争实力的专业化小城镇群。2012年5月,在绥棱召开了全市"三优"文明城市创建暨小城镇建设现场会。

推进新型农村社区建设。经过几年探索,在庆安、青冈、肇东等地不同类型村的试点建设基础上,按照村民需求和因地制宜的原则,确定了"一村一品,一社区几场所"的新型社区建设模式,把社区划分为"六站"示范型和"十有"标准型,利用村级组织场所建设,设"二厅、五室、六站"等服务设施,为开展社区管理和服务提供了一个多功能、全方位的平台,有效提升了文明生态村镇创建和管理水平。

推进弱势村转化。把改造弱势村、提升弱势村发展能力作为文明生态村镇创建的一项重要内容,在全省率先开展了弱势村转化升级工作。采取抓"两委"强班子、培育产业助增收、完善基础提品位、实施"三清"壮实力等措施,不断加大了资金投入、政策倾斜和社会帮扶力度。仅2012年就投入改造资金20亿元,5万农民告别泥草房,庆安、肇东、明水、绥棱等地通过土地整合、整屯搬迁,实现村屯异地改建。在弱势村全面启动了"村村通"自来水工程,村卫生所、学校、农家书屋建设都有新进展,为文明生态村镇创建工作注入了新的活力。

大兴安岭地区

千万元重奖"三优"文明地区创建工作先进单位

制定了《2012年全区精神文明创建工作考核评比方案》,成立了领导小组,将全区划分为县区林业局、县级企事业单位、中省直单位、地林直机关单位、民营服务行业5个组,抽调有关人员组成考核组,对全区创建"三优"文明地区工作进行考核评比,并在征求组织、纪检、政法、计生、信访等有关部门意见的基础上确定各组初评结果,经地委委员会议审定,确定全区创建"三优"文明地区先进单位。在2013年1月召开的地区"两会"上,对74个创建"三优"文明地区先进单位给予重奖,奖励金额达1650余万元。其中:对县、区、林业局组优秀单位韩家园林业局、新林区、呼中区、十八站林业局、加格达奇区,各奖励150万元,对达标单位松岭区、塔河县、呼玛县、图强林业局、阿木尔林业局、漠河县,各奖励100万元;对县级企事业单位组古莲河露天煤矿、加格达奇林业局、大杨树农工商联合公司、大兴安岭职业学院、大兴安岭技师学院,各奖励3万元;对中省直单位组大兴安岭电业局、地区国税局、地区工商局、地区地税局、地区建设银行,各奖励1万元；对地林直机关组行署接待办、行署教育局、行署财政局、地区总工会、地区检察院，各奖励1万元；对民营服务行业组漠河酒业有限公司、加格达奇圣旺酒类广场、加格达奇正大家电，各奖励1万元。对乡镇、林场优秀单位漠河县前哨林场、塔河县盘古镇、松岭区大扬气林场、阿木尔林业局红旗林场、新林区塔源镇、加格达奇区加北乡、图强林业局奋斗林场、呼中区碧水镇、呼玛县韩家园镇、十八站林业局白银纳林场、韩家园林业局新街基林场，各奖励10万元；对花园式重点示范项目花园式优秀单位呼中区公安局、阿木尔林业局蓝莓酒庄、松岭区松安物业、韩家园林业局物业公司、加格达奇区卫东社区、新林区新林医院、十八站林业局木材经销公司、呼玛县广电局、塔河县隆兴矿泉水厂、图强林业局森林经营公司，各奖励5万元；对花园式标准化居住区优秀单位（保障性住房新建小区）呼中区建工小区、加格达奇区西岭西月苑小区、韩家园林业局都市绿洲小区、呼玛县安居小区、松岭区团结小区、漠河县嘉和小区、塔河县龙畔小区、新林区创业小区、十八站林业局绿园小区、阿木尔林业局安居小区、图强林业局花园小区，各奖励5万元；对花园式标准化居住区（商品房开发小区）优秀单位加格达奇区滨河花园小区、漠河县沿湖城新区、呼玛县物资小区、塔河县繁荣小区，各奖励5万元；对花园式学校优秀单位呼玛县第一幼儿园、韩家园林业局励志学校、图强林业局第一中学、松岭区第二中学、新林区第二中学、呼中区第二小学、漠河县育才学校、塔河县第三中学、阿木尔林业局樱花幼儿园，各奖励5万元。

推进志愿服务活动

健全和完善志愿服务领导体制，全区各地共注册65458人，占建成区比例的16.91%，是全省唯一一个所有社区注册人数均超过8%的地市。全区共有89所学校、191个驻区单位建立了学雷锋志愿服务站，本区成为全国唯一一个在中国社区志愿服务网实现社区建立台账率达到100%的地市。广泛开展了以送温暖献爱心、关爱空巢老人、关爱留守儿童、美化城乡环境等为主要内容的志愿服务活动，全区共99667名志愿者开展各类志愿服务活动574次，230余支志愿服务队参加了活动，形成了强大的活动声势。在全省志愿服务活动“五个一百”评比活动中，全区有3人获优秀志愿者称号、3个单位获优秀志愿服务活动组织奖、5个社区获优秀社区志愿服务工作站称号、5个服务队获优秀志愿服务队称号、5个活动获优秀志愿活动品牌。8人获全省五星志愿者称号，7个单位被评选为全省有影响力的志愿服务组织。“龙江禁毒网”网站创办人武士龙荣获黑龙江省杰出青年志愿者称号。

绥芬河市

巩固深化文明城市建设工作

绥芬河市文明城建设以“三优”工程为重点，积极协调，精心组织，全面部署，务求实效。召开了全市巩固深化全国文明城市创建成果推进会议，调整充实全国文明城市创建工作领导小组，进一步完善各部门齐抓共管、各负其责、全社会共同参与的工作机制。制定印发了《绥芬河市迎接2012年全国城市文明程度指数测评工作实施方案》，逐级分配任务，做到全覆盖、无遗漏；成立市容环境、道路交通、卫生服务等9个督导组，实地督导检查600余次，下发督办单400余份，组织召开会议20余次。全年多次组织广大干部群众和志愿者，集中对全市主次干道、背街巷道、社区楼院、城乡结合部进行环境卫生清理，大力开展文明行为引导。积极发挥新闻媒体舆论引导和监督作用，大力宣传报道全市深化文明城创建工作。《全国文明城市书记（市长）访谈》绥芬河专场在北京中国网络电视台举行。12 月，中央文明办公布 2012 年全国城市文明程度指数测评结果，绥芬河市取得同类城市第二名的好成绩。

开展文明素质提升活动

广泛进行市民文明素质培训，开展文明礼仪进社区、进企业、进校园、进军营、进家庭活动，印发文明礼仪宣传单 3 万份，利用电视、报纸、网站等媒体广泛宣传文明礼仪知识；开展“文明从我做起，提升口岸形象”、“小手拉大手，文明跟我走”等主题活动。深入开展“讲文明，树新风”活动，以“阅读，让绥芬河更美丽”为主题，在全市各部门、各单位开展图书漂流活动。在城乡社区、机关、学校、企业，依托城市公园、广场、楼院及农村文化广场，广泛开展爱国歌曲大家唱、激情广场、红歌赛、道德模范故事基层巡演活动。以“做文明有礼绥芬河人”为主题，在窗口单位、公共场所宣传普及礼仪知识，倡导文明言行。广泛开展“我们的节日”主题活动，利用传统节日以社区活动为依托，实施干群联动、城乡互动，开展七一“倡文明，万人欢乐大巡游”、“中华诗文诵读会”、“感人故事演讲会”、“爱国歌曲大家唱”、“中俄友人同过中秋”等活动。端午节录制并播出《我们的节日·端午——中华长歌行》绥芬河专题片，中秋和国庆开展了“欢度佳节·情满中秋”、“喜迎十八大共建和谐家园”、“迎中秋·庆国庆”篝火晚会、“快乐中秋情系社区”座谈会等活动，广大市民踊跃参与。

推进社会志愿服务工作

强势启动各项活动，举行学雷锋“三关爱”活动启动仪式，全市 31 个志愿服务队和数千市民参加活动；在国际志愿者日前后，开展了关爱他人大行动系列活动。强化队伍阵地建设，全市组建了“绥芬河市学雷锋志愿服务总队”，各文明单位组建学雷锋志愿服务队，全市各中小学校和 12 个社区均设立了志愿服务工作站，全市累计注册志愿者 9 千多人，占城市常住人口的 14.2%，共有 120 多支志愿服务队。建立完善注册志愿者信息管理平台，实现了志愿者与服务对象的有效对接，全市开展各种志愿服务活动 20 多万人次。强化优秀品牌建设，开展了以社区为中心的义工、扶贫、文体、卫生、平安服务；“俄语 110”肩负着为俄罗斯客人服务和打击各种涉外违法犯罪活动的职责，被俄罗斯客人誉为在中国保障安全的“护身符”；文明交通“四让”、公共文明引导等志愿服务活动都为树立城市文明新风尚发挥了重要作用。开展“五个十佳”和“五个一百”创评活动，谷盈社区荣获全省十佳志愿服务工作站称号；北海社区荣获全省优秀志愿服务工作站称号；永安社区爱心奉献志愿服务队、山城社区党员志愿服务队、光华社区“好妈妈”志愿服务队荣获全省优秀志愿服务队称号；“俄语 110”、“5·15 为民服务圈”荣获全省优秀志愿服务活动品牌光荣称号；史丽英、王玉明、解喜国、李桂玉、宋建华荣获全省优秀志愿者称号。

开展文明单位创建活动

2012 年是省级和县(市)级文明单位表彰命名年，对申报的省级和县(市)级精神文明建设先进集体进行了认真细致的创建指导，向省文明委推荐省级文明单位、文明村镇、文明社区等先进集体 12 个，省级创建“三优”文明城市工程先进个人 1 人；检查验收县(市)级文明单位、文明村镇、文明社区等先进集体 21 个。

省农垦总局

开展“三优”文明城市创建活动

起草下发垦区开展“创三优、强素质、建大美大爱龙江”活动的实施方案。通过广泛开展“文明城镇、文明社区、文明楼道、文明户”创建活动，城镇居民的文明素质得到了有效提升。宝泉岭、建三江管理局等进一步完善了街道办事处组织，通过建设规范的办公场所、提高工作人员待遇、完善规章制度、增加投入,使城镇管理走上规范化、制度化、专业化轨道。建三江管理局投资1.3亿元打造4条高标准文明示范带。红兴隆管理局开展了"五创建、争做三最美"活动。组织部分管理局、农场文明办主任参加全省文明办主任培训班和到全国文明城市考察活动。组织开展了丰富多彩的文艺体育活动,举办各种文艺演出4000余场,丰富职工群众的业余生活,满足人民群众的精神文化需要。

深入开展"讲文明、树新风"等主题创建活动

在"我们的节日"主题系列活动中,向省文明办推荐节日主题活动联系点4个,推荐网络文明传播志愿者4名,推荐乡村学校少年宫项目点1个。宝泉岭管理局以"礼仪宝泉"创建为平台,全面启动了"幸福社区创建工程"。建三江管理局在活动中为1000名"十星级文明户"邮寄"六个精神"贺卡,送去新春祝福,为100名"十星级文明户标兵"每人送两本理论书籍,促进"学习型家庭"创建。在邻居节活动中,组织开展了《百叟宴》、《百家宴》、《邻里一家亲》文艺节目。志愿服务活动中,全垦区注册志愿者数量达5千人,志愿服务工作站数量达273个。

哈尔滨铁路局

精神文明建设紧紧围绕
全面改革发展中心任务

立足铁路专业性质和全局工作实际,进一步修订完善了《哈尔滨铁路局文明单位建设管理办法》,细化制定了《局级文明单位(标兵)考核标准》,对全局精神文明建设指导委员会成员进行了调整,使全局文明单位建设工作更加制度化、规范化,更具操作性、实效性。不断加大对基层单位创建工作的检查指导力度,积极组织各单位广泛开展深入持久长效的创建活动,通过创新工作载体、拓展活动领域、深化养成教育,把创建文明单位打造成"惠民工程"、"聚力工程"、"全民工程"。2012年,七台河站、大庆工务段、绥化工务段被省文明委命名为文明单位标兵;佳木斯车务段、哈尔滨东站、牡丹江工务段被省文明委命名为文明单位;齐齐哈尔站被命名为全省军民共建先进集体。强化思想道德教育。以传承哈局优良传统为重点,广泛开展"红色记忆"——哈局优秀精神宣传教育活动,大力弘扬以勇往直前的3005精神、多拉快跑的铁牛精神、勇当开路先锋的朱德号精神、艰苦奋斗的"嵯岗"精神等为重点的哈局精神,精心打造道德文化品牌。深入开展荣辱观教育和文明服务、特色服务、品牌服务创新活动,在全局推广了"爱心服务队"、"佟林江明星示范岗"、"328服务台"等服务精品。大力开展向全路道德典型孙奇学习活动,开展哈局道德模范评选活动,全局各单位组织道德讲座80余场,先后挖掘选树了"中国最北'看山工'"计文革、"金牌职工"李晓丽等一大批哈局典型,积极传播主流价值观,起到了弘扬正气、引领风尚的作用。在全省第七届"邻居节"评选活动中,局党委宣传部获"好邻居"优秀组织奖。深化学雷锋活动。牢牢把握学雷锋常态化、常抓常新的原则,将学雷锋活动与社会主义核心价值观教育紧密结合,与推进哈局科学发展、加快发展紧密结合,与安全、经营、服务等重点工作紧密结合,精心策划组织"岗位学雷锋、争做好员工"、"雷锋就在你我身边"等群众性岗位学雷锋活动。在全局组织召开不同层次、不同工种、不同范围的中心组扩大学习会、"两代人"学雷锋座谈会、理论研讨会270余场;积极开展"服务职工在基层"主题实践活动,组织各级干部深入基层一线为职工办实事、做好事、解难事;在《哈尔滨铁道报》、《先行》杂志、哈铁有线电视中开辟《哈局好人》专栏,持续报道雷锋式典型。全局涌现出诸如"一米阳光"等一批学雷锋小组和先进个人,《照进心灵的"一米阳光"》、《"雷锋剃头匠"赵喜彦》、《1618号义工是咱铁路人》等一大批报道先后在人民网、新华网刊发。开展志

愿服务活动。健全完善志愿服务活动长效机制，围绕春暑冬运等特殊时期和急难险重任务，积极组织开展清冰除雪、便民服务、营销宣传、创新创效等志愿服务活动；组织青年志愿者集中开展助老敬老、帮困解难、社会救助等义工活动，为社会奉献一份爱心；不断延伸“党员先锋号”、“青年文明号”职能，在哈尔滨站、齐齐哈尔站等车站设立“志愿服务站”、“雷锋岗”，积极打造志愿服务活动品牌；广泛开展网络文明传播活动，在全局30个省级及以上文明单位中组建了由103名网络志愿者组成的队伍，全面推进网络文化建设。2012年在全省志愿服务活动“五个一百”评比中，哈尔滨站“冰城缘”服务台等三个服务台获全省优秀志愿服务工作站称号，局团委“泉爱”活动等四项活动获全省优秀志愿活动品牌称号。推进“三优”文明城市创建。全力配合哈尔滨市做好迎接全国城市文明程度指数测评工作，成立了哈局“创城”工作领导小组，组织哈尔滨站、哈尔滨东站等哈市辖区单位全面开展“创城”工作。在公共环境整治、提升服务质量、畅通投诉渠道、站车志愿服务等方面进一步加大投入力度，通过增设志愿服务站、统一规范客运职工标识、下发12000份问卷开展旅客满意度调查、站车醒目位置悬挂宣传条幅、电子显示屏全天候滚动播放创城内容、每周编发“创城”简报等形式，切实营造“创城”工作浓厚氛围。通过共同努力，哈尔滨市在2012年全国城市文明程度指数测评中列副省级城市第3位，哈局获“哈尔滨市2012年度创建全国文明城市宣传工作特别贡献奖”。

未成年人思想道德建设

哈尔滨市

组织开展“四进”活动

以“做一个有道德的人”为主题，在全市中小学校中组织开展了“经典音乐、党史知识、经典诵读、优秀儿童剧”进校园活动。目前，全市共组织演出活动210余场次，产生了良好社会影响，形成推动哈尔滨市未成年人思想道德建设工作的重要品牌。2012年中宣部《时事报告》和光明网以《“四进校园”让未成年人茁壮成长》为题总结刊发了哈尔滨市的这一做法。

组织开展“童谣传唱”活动

为不断提升未成年人思想道德建设工作水平，哈尔滨市及时总结推广了香坊区多年来开展原创、传唱优秀童谣的做法和经验，得到了中央文明办和省文明办领导的充分肯定，中央文明办专职主任王世明对此项工作作了重要批示。中央文明办未成年人简报第30期刊发了哈尔滨市香坊区童谣传唱的经验，为全市未成年人思想道德建设工作在全国占位提供了很好条件。

推进城市学校少年宫建设

总结推广了道里区新桥小学校依托城市学校少年宫关爱外来务工子女工作经验。《光明日报》以《呵护流动的“花朵儿”——哈尔滨市关爱外来务工人员子女》为题进行了宣传报道，取得了较好的社会反响，为城市学校少年宫建设提供了创建模式。

成立未成年人心理健康指导中心

哈尔滨市成立了全省第一家未成年人心理健康指导中心，开通了“96311”免费服务热线。2012年，重点指导各区采取自建、联建、共建、依托、挂靠等方式在八个城区建立了未成年人心理健康辅导站(点),面向家长和学生提供心理咨询服务。未成年人心理健康教育丰富了未成年人思想道德建设工作新内容。

牡丹江市

拓展未成年人思想道德建设渠道

贯彻落实中央 8 号文件精神,以“做一个有道德的人”为主题,全面加强未成年人思想道德建设工作。建设 4 所学校为国家级“乡村少年宫”示范点,为广大农村未成年人提供广阔的活动场所。开展未成年人心理健康教育活动,充分发挥“96311”青少年心理健康咨询热线作用,为 400 余名青少年免费提供了心理健康电话咨询服务。组织心理专家、教师分别深入多所初高中学校、儿童福利院、各大社区开展了考前焦虑引导、孤残儿童心理康复等内容的讲座和训练活动。实施美德阳光建设工程,10 所学校,30 名教师、学生、家长获得省级奖励。推进市青少年宫、图书馆、爱国主义教育基地、公益文化设施等场馆向未成年人免费开放,拓展青少年课外活动阵地建设,推进未成年人思想道德建设工作不断深化。

佳木斯市

开展未成年人思想道德建设工作

市委宣传部按照省、市关于加强未成年人思想道德建设工作的有关要求,从全市的实际出发,从心理健康教育、学校思想道德建设、社区志愿服务活动及场所投入等方面入手,扎实开展工作,促进未成年人健康成长。一是组织开展青少年心理健康教育工作。举办了一系列中小学心理健康教育课堂教学研讨会和“心理健康知识进社区”活动。桦南县举办了“一切为了孩子”、“给家长的 100 条建议”亲子家庭教育讲座,邀请北京等地心理健康教育专家开展了心理工作坊家庭系统排列教育和“如何做好孩子的家庭教练”讲座等活动。二是坚持把思想道德建设贯穿于学校教育教学的全过程,组织开展系列主题教育实践活动,促进学生德智体美全面发展。全市各中小学校都成立了家长委员会或家长学校,指导家长树立正确的家教观念,掌握科学的教子方法,营造和谐的家教环境。在各学校深入开展“向国旗敬礼——做一个有道德的人”网上签名寄语、“童心向党”歌咏比赛、传唱优秀童谣等活动;以“最美教师”张丽莉的事迹为典型,组织开展了“颂英雄精神、做时代先锋”主题演讲比赛及主题班队会和“写一封信、画一幅画、录一段话、做一张卡”系列活动,对全市广大干部群众特别是广大青少年进行了一次心灵洗礼和道德情感激发,营造了培育和践行社会主义核心价值体系的浓厚氛围;组织全市各学校利用升旗仪式、主题班会、主题征文、传唱雷锋歌曲、讲述雷锋故事等形式开展学习雷锋精神系列活动,引导广大学生学习雷锋精神,形成讲奉献、献爱心,助人为乐的良好品德;开展经典诵读活动,在校园形成浓厚的文化氛围,使青少年受到中华优秀传统文化的熏陶;实施美德阳光建设工程,开展阳光体育系列活动,让学生们在运动过程中认识健康、追求健康;组织开展校园才艺展示活动,为广大学生提供展示自我的舞台,提升学生们的自信心。三是把社区作为对青少年进行思想道德教育的重要阵地,把社会教育与家庭教育、学校教育相互衔接,为青少年提供了参与社区志愿活动,参加社会生活实践的展示舞台。在部分街道、社区建立了社区团支部和红领巾中队。积极组织广大中小学生开展以关爱他人、关爱社会、关爱自然为主题的“三关爱”志愿服务活动,让学生走向社会,对行人乱穿马路、翻越隔离栏、穿越绿化带、损坏公共设施等不文明行为进行劝导,同时向广大市民发放宣传品,宣传普及公民基本道德规范和基本交通规则,培育未成年人践行道德规范、增强道德意识;开展“文明雏鹰在社区”、“争当绿色小卫士”等活动，鼓励中小学生利用课余时间，主动参加社区志愿活动，为孤寡患病老人、残疾人和军烈属提供服务，清理社区卫生，营造整洁的社区环境；组织开展城市小朋友和农民工小朋友“手拉手”互帮互助等系列活动，把开展关爱留守儿童、残疾儿童、贫困儿童等特殊儿童群体作为志愿服务活动的重要内容，从实际出发，重点帮助解决就学难、文化生活单调、心理障碍等方面的实际问题。组织青年志愿者与农民工子女结成对子，为他们提供学习用品、课外读物和心理疏导等服务；结合贫困儿童、农民工子女的实际，在各学校开办“爱心超市”，组织教职员工积极捐赠并将社会捐赠的救助物资通过爱心超市发放到困难学生手中，使他们感受到学校老师和社会各界爱心人士的关心与爱护。四是坚持从实际出发，不断挖掘、整合全市各类设施资源，加大对未成年人活动场所的投入。先后为市少年科技馆投入资金5万元，青少年宫投入资金15.8万元，用于阵地建设，推动未成年人活动开展；为市图书馆提供专项资金10万元，用于购置图书，开展青少年读书日活动；为博物馆投入资金110万元，用于免费开放，保证未成年人参观活动。继续推进中央资助的“乡村学校少年宫”项目建设，指导第二批4所学校“乡村学校少年宫”做好项目建设工作。在积极向上争取的同时，组织各县加大乡村中小学校活动场所的建设力度，为农村中小学生提供更好的课外活动场地。

大庆市

推进乡村学校少年宫建设

大庆市现有农村未成年人85910人，农村学校428所。2012年大庆市按照中央、省关于开展乡村学校少年宫建设的要求，将乡村学校少年宫建设作为全市公共文化服务体系建设重点项目推进落实，建成乡村学校少年宫44所，力争2013年底实现全覆盖。

一是实施两种建设模式。校内改造扩建模式，依托各中小学校空余校舍、场地和现有教学设施，划出专门区域，改造、扩建、拓展活动功能，使学生课外活动拥有相对独立的空间，日常用于本校学生文体活动，节假日向社会开放，为附近农村未成年人提供服务。让胡路区将喇化小学少年宫对现有场地和活动室进行改扩建，一次性完成了体育场馆、多功能实验楼、特色活动室的建设，建成后少年宫占地面积1460平方米，建筑面积2860平方米，内设科学、美术等8个活动室，并配备了器乐、健身等活动器材，活动室与常规教室分离，建设了校内独立的乡村学校少年宫。校内交替型模式。对于条件相对较差、尚不能建设独立少年宫的中小学校，采取整合学校现有校舍，教室与活动室“一室双用”，上课时用于教学，放学后用于开展活动。在运作上打破班级限制，根据学生的年龄和兴趣爱好分配活动场所和辅导教师，使教学与活动交叉进行、互相促进。已建成使用的乡村学校少年宫如杜蒙县克尔台乡克尔台蒙古族学校、龙凤区前进学校、大同区老山头中学等大部分学校均采取“一室两用”模式，利用教室和各功能室开办图书阅览室、益智棋类室、音乐舞蹈室、书法绘画室、综合实践室、球类活动室等活动项目，基本满足未成年人课外活动需要。

二是充实辅导员队伍。在教师辅导员队伍建设上，以配齐、配足、配好为原则，深入挖掘本校教师资源潜力，加强对“乡村少年宫”辅导员专业技能培训，组织优秀专业辅导员进行跨乡镇支教，引导和培养学校内任职教师实现“一专多能”，实现乡(镇)村师资共享。各乡村学校少年宫领导小组对活动过程跟踪督查，委派专人加强对指导教师的考核、考查，并将考核结果与教师年终奖励性绩效工资、平时训练指导训练费挂钩，与评先评优挂钩。在社会辅导员队伍建设上，广泛吸纳社会中的“五老”人员、劳动模范、民间艺人、先进人物及全市22个志愿者协会专业志愿者担任乡村少年宫辅导员。同时，推动“乡村学校少年宫”与艺术协会、团体合作，让更多的文艺专业人员到“乡村少年宫”兼任辅导员，不断拓宽辅导员队伍建设渠道，形成一支专兼职结合、优势互补的少年宫活动辅导员队伍。9所乡村少年宫270余名教师辅导员都达到大专以上文化程度，30多名校外辅导员均为有一定特长，社会威望高的人员，保证了活动效果。已建成的44所“乡村少年宫”都配备了专业辅导教师和兼职社会辅导员。

三是争取多渠道资金投入。采取“以政府投入为主、社会赞助为辅”的办法，建立多渠道筹资运行机制，全市乡村学校少年宫建设共投入资金3020.9万元。各级政府大力支持，将试点乡村学校少年宫建设经费列入年度财政预算，实行倾斜政策，进行重点扶持。让胡路区财政投入2539万元对让胡路区喇化小学、喇嘛甸中学两所乡村学校少年宫进行改扩建及维修改造与器材购置。龙凤区为乡村学校少年宫购置电脑26台、图书2000册、科学仪器、音乐、美术、体育活动器材达10万余元。省文明办为杜蒙县克尔台乡克尔台蒙古族学校、龙凤区前进学校、大同区老山头中学分别配备了科学展示器材。2012年8月，按照省政府采购中心的要求，市文明办协同专家组对2011年配备的乡村学校少年宫使用的器材进行查验，生产批号、质量检测均符合国家未成年人使用范围，使学生们能够安全放心使用。社会力量积极参与，大庆团市委等部门牵头组织开展城乡学校手拉手结对活动，125所城市学校一对一与乡村学校少年宫结成对子，10万名少先队员参与活动。城市学校累计向农村学校捐赠各类图书10万多册，援建手拉手书屋125个、玩具吧100个，赠送各种学具、教具、玩具和文体器材总价值500余万元。市文明办组织全市市级以上文明单位与各乡村中小学校保包共建，杜蒙县目前已确定20个省市级文明单位(标兵)与各乡镇学校少年宫结对子，横向带动，多方参与，全面推进全县乡村学校少年宫建设工作扎实开展。鼓励社会各界通过冠名、挂牌等形式赞助支持乡村少年宫建设。

丰富道德实践活动载体

着眼拓宽德育空间、丰富德育内容，针对未成年人特点，大庆市积极创新教育载体，开展丰富多彩、形式活泼的适宜青少年参加的各类道德实践活动。

开展大庆精神、铁人精神进校园进课堂活动。组织专家编写大庆精神、铁人精神进校园校本课程；开展“读好书、明事理、做好人”活动，组织全市中小学生品读《讲那创业年代的故事》和《铁骨柔肠王进喜》两部书；聘请石油老会战、老英模、老标兵到各中小学校宣讲大庆石油会战历史和故事30余场；组织影片《铁人王进喜》进校园，安排部署全市各中小学校观影；开展“9·26——大庆创业教育主题月”活动，组织市区中小学生到铁人王进喜纪念馆、大庆油田历史陈列馆等教育基地参观学习。

开展优秀童谣征集、中华经典诵读活动。在全市开展优秀童谣征集评选活动，共征集优秀童谣20首，并对优秀作品进行谱曲，在大庆文明网上开辟专栏供未成年人免费传唱。在全市87%的学校广泛开展以经典诵读活动为内容的“学、诵、做”主题教育活动，端午节期间在黎明湖广场组织中小学生开展了“我们的节日·端午·中华长歌行”经典诵读活动，引导广大未成年人培养从小爱党爱祖国爱家乡，讲文明讲礼貌讲道德的思想品质。

开展“网上祭英烈”活动。下发《关于组织2012年未成年人开展“网上祭英烈”活动的通知》，组织全市中小学生开展“网上祭英烈”活动。各中小学校组织学生登录文明网，上网祭奠英烈，献花留言，浏览革命纪念馆和革命人物先进事迹等活动，全市共有20万学生参加此次活动，留言寄语达10万余条。开展清扫烈士墓志愿服务行动等系列活动，引导中小学生用实际行动表达对革命先烈的敬仰和追思。

开展“向国旗敬礼、做有道德的人”、“学习雷锋、做美德少年”网上签名寄语活动。为迎接党的十八大胜利召开，在青少年中开展六一期间“学习雷锋、做美德少年”、十一期间“向国旗敬礼”网上签名寄语活动,激发全市青少年的爱国热情,引导他们努力做一个有道德的人。参加六一期间“学习雷锋、做美德少年”网上签名寄语活动的学生人数达31.3万人,占全市学生总数的99.4%;十一期间参加“向国旗敬礼”网上签名寄语活动的学生人数达30万,留言寄语共10万余条。

开展未成年人待人接物和基本生活能力培养活动。全市中小学校开设未成年人待人接物和基本生活能力培养训练课程,按年龄段设置学习内容,邀请老同志进校宣讲孝信礼义传统思想,拓宽养成良好行为教育途径。开展认知教育,利用经典诵读、班团队会、升旗仪式等活动,通过校园广播站、宣传栏、黑板报等宣传阵地,宣传“未成年人待人接物和基本生活能力培养”的内容要求,将学生的理解感悟通过手抄报、电脑报等形式进行展示。开展“快乐洒扫”活动,通过晨扫、课间快乐劳动、周大扫除、做好个人课桌、书包、书本“保洁”等途径,引导孩子在每天的“微劳动”中锻炼动手能力,增强生活本领。加强与社区的联动,开展争做楼道小卫士、争当卫生监督员、社区文艺演出、社区义务劳动等公益活动。开展“日行一善”活动。以中华经典诵读活动为载体,开展日常宣教、演讲、辩论会、课堂情景剧等主题实践活动,在未成年人中传播善文化。

加强未成年人心理健康教育

一是成立社区未成年人心理健康辅导站。制定下发《关于成立大庆市未成年人心理健康辅导(援助)中心的决定》、《大庆市未成年人心理健康辅导站2012年心理健康教育实施方案》和《关于在大庆市所辖五区成立未成年人心理健康辅导站的通知》,依托社区卫生服务中心在五个区分别成立了未成年人心理健康辅导站。二是组建“大庆市心理健康教育宣讲团”。21名市级宣讲团成员全年深入学校、社区,广泛开展未成年人心理知识辅导讲座16场次,受众5500余人。三是实施教育引导。积极落实“治未病”工作理念,通过网络、电话、讲座、电视媒体开展教育引导。开通大庆市未成年人心理健康教育网站,开通儿童青少年心理沙龙QQ群号,沙龙现有家长和未成年人280余人。开通两部心理咨询热线4605355、4601795和一部未成年人“96311快乐成长”热线,免费向全市未成年人开放,由专业心理医务工作者对未成年人心理问题进行答疑解惑。四是坚持免费开办家长课堂。全年共举办家长课堂8次,1000多名未成年人家长接受了亲子关系调适、如何处理子女不良情绪等方面的心理健康教育。

鸡西市

未成年人思想道德建设成效显著

针对未成年人特点,制定下发了《关于在全市中小学生中开展“鸡西人精神”伴我行道德实践活动方案》,全市各中小学校普遍开展了“感悟鸡西人精神”学习教育和“四个一”道德实践活动,并组织开展了“美德星级少年”创评活动;在4—6月分别组织开展了“我们的节日”和“学雷锋、做美德少年”、喜迎十八大,祝伟大祖国更繁荣网上签名寄语活动等,全市有3万多青少年参加了各项活动,涌现出省级美德学生10名、美德教师10名、美德家长10名、美德学校10个。在全省美德阳光建设工程评选活动中,密山第二小学学生郭肖岐被授予全省最佳美德阳光学生荣誉称号;市园丁小学高级教师赵慧被授予全省十佳美德阳光教师荣誉称号;市园丁小学学生郭睿霖被授予全省十佳美德阳光学生荣誉称号。在全省美德阳光建设工程视讯会上,郭肖岐同学代表全省最佳学生做了表态发言。郭肖岐、冯殿辉被省文明办授予龙江好人称号。未成年人心理健康教育工作进一步加强。11月,邀请省内知名心理专家为全市中小学校心理教育工作者进行了专题辅导,提高了广大教师的心理健康教育意识和专业辅导技能,促进了全市未成年人思想道德建设。

双鸭山市

开展“做一个有道德的人”主题实践活动

双鸭山市以“做一个有道德的人”主题活动为重点，以“三结合”体系建设为目标，深入开展未成年人思想道德建设工作。召开了“全市未成年人思想道德建设考核工作安排会议”，印发《全国未成年人思想道德建设工作测评体系》，广泛调动文化、公安、工商等职能部门积极参与。充分发挥共青团、妇联、社区等群团组织的主动性，大力挖掘社会各个层面齐抓共管的潜力与潜能，形成一级抓一级、层层抓、层层负责的互动氛围。各县区文明办发挥带头作用，协调教育、妇联、工会等职能部门构建紧密协作的“三结合”教育网络，在全市范围内深入开展“孝敬父母、体验亲情”、“道德大讲堂”、“和谐校园”、“爱心奉献”等系列活动，取得良好成效。全年，双鸭山市社区未成年人活动之家、活动中心、爱心书屋、绿色网吧等教育阵地普及率达到90%以上，学校未成年人教育德育工作室、健康心理咨询室、养成教育引导部等主题活动部室覆盖率达100%。

伊春市

社会主义核心价值体系进社区、进课堂活动

一是开展“做一个有道德的人”活动。二是开展以“心向党、跟党走”为主题的歌咏、读书等系列活动。三是开展“网上祭英烈”活动。组织广大未成年人积极参与由中国文明网、人民网、新华网、央视网等开设的“网上祭英烈”活动，进行网上祭奠，发表祭奠感言。四是开展“祭英烈网上征文活动”，组织未成年人撰写心得体会，发表感言心声，表达对先烈的感恩和敬仰。五是组织开展了第三届优秀童谣征集活动。伊春市向省文明办推荐了3首童谣作品。六是组织开展“向国旗敬礼、做有道德的人”网上签名寄语活动。全市投票24.9万张，位居全省第二。七是组织开展2012年家庭教育巡讲龙江——绿荫行动，举办70场巡讲。开展“学习雷锋、做美德少年”网上签名寄语活动。组织实施了美德阳光建设工程。

深化“三位一体”教育网络，在形成合力上下功夫

充分发挥学校、家庭、社会的作用，不断深化学校、家庭、社会相结合的“三位一体”教育网络。

1.以学校为龙头，发挥主阵地、主课堂、主渠道作用。建立了中小学校及幼儿园教师、学校共青团干部、少先队辅导员等专职教育队伍。开展了多种形式的课外文体活动和兴趣小组活动。各中小学校依托校园网络开展宣传活动，为青少年上网提供健康丰富的内容。取缔了校园周边200米以内的网吧、歌舞厅、游戏厅，集中整治了校园周边200米以外的违法违规网吧，严厉查处了接纳未成年人和超时经营等违法违规行为，取缔了黑网吧，依法开展了网吧等互联网上网服务营业场所接纳服务监管，为未成年人的健康成长营造了良好的校园周边环境。

2.以家庭为基础，发挥家庭在未成年人思想道德建设中的作用。按照“六有”(有教学计划、有师资、有教材、有场所、有活动、有经费)的要求，着力提高家长学校的开办率、合格率和巩固率，使家长学校向制度化、规范化发展。邀请全国著名教育专家来伊春市为教育工作者及广大学生家长作专题报告。广泛深入宣传家庭教育知识，不断提高家庭教育的整体水平。

3.以社区为平台，使未成年人思想道德建设向社会延伸。加强了社区与学校、家庭的联系、沟通、协作，保障学校教育、家庭教育、社会教育相互衔接，形成了教育社会化。选派优秀教师到社区工作，充实社区未成年人思想道德建设工作的力量。依托、利用现有的各种教育资源、活动场所和设施开展未成年人教育和实践活动。全市未成年人文化、体育设施面向中小学校、幼儿园开放。对社区组织未成年人开展的

集体活动，辖区单位、学校和幼儿园根据需要无偿提供场地和设施。市和县(区)两级青少年宫、儿童活动中心、图书馆、文化馆、体育馆、科技馆等场所主动与中小学校建立长期联系，定期组织开展教育、科技、文化、艺术、体育等未成年人喜闻乐见的活动，实现了与学校课程的有效衔接。建立了社区"五老"、"十大员"队伍和熟悉青少年、德艺双馨的少儿文艺工作者队伍，明确了每支队伍的职责和任务。同时还发挥了关心下一代工作委员会的作用，支持他们为未成年人思想道德建设贡献力量。

深化阵地建设，在完善育人功能上下功夫

组织开展"乡村少年宫"建设。开展"两推进一建站"活动。推荐南岔区浩良河小学校为2012年度中央专项彩票公益金支持乡村学校少年宫项目建设学校。充分利用未成年人爱国主义教育基地、未成年人科普教育基地、未成年人劳动实验基地开展有利于未成年人健康成长的系列活动。继续抓好公益性文化设施向未成年人集体参观免费开放工作。全市所有的公益性文化设施均做到了对未成年人集体参观实行免费开放。

2012年，伊春市有6所学校荣获省"美德阳光学校提名奖"、10名教师荣获省"美德阳光教师提名奖"、10名学生荣获省"美德阳光学生提名奖"、10名家长荣获省"美德阳光家长提名奖"。有10名同志被市文明委授予"美德阳光教师"荣誉称号、10名同学被授予"美德阳光学生"荣誉称号、10名同志被授予"美德阳光家长"荣誉称号、10名同志被授予"美德阳光社区工作者"荣誉称号、10名同志被授予"美德阳光校外辅导员"荣誉称号、10所学校被授予"美德阳光学校"荣誉称号。

七台河市

深入开展未成年人思想道德建设工作

坚持构建以学校为龙头、社区为平台、家庭为基础的"三位一体"未成年人思想道德建设格局。开展"向国旗敬礼"签名寄语活动，净化未成年人心灵，全市直属25所中小学55864余人，"向国旗敬礼"签名寄语活动参与率100%。加强对2所"乡村学校少年宫"的指导和督办力度。开展争做"五个学会"好少年活动。深入开展了"五个学会书信大赛"、"亲子携手、共建精神家园"、"小手拉大手，文明交通进校园"、"五个学会"好少年评选等活动。

鹤岗市

净化未成年人成长环境

开展了未成年人思想道德建设工作。鹤岗市通过组织文广、工商、公安、城管等部门联手开展百日集中整治行动，整顿和规范公共娱乐场所秩序和校园周边环境。成立了由280多名"五老志愿者"组成的网吧监督员队伍，监督居住地附近网吧，有效遏制未成年人上网等不良现象。开展优秀童谣征集传唱活动，共向省里申报了26件征集作品，上万名少年儿童在传唱中受到教育。加强活动阵地建设，全市179个校外教育辅导站设备不断完善，教育功能不断显现，每年受教育的未成年人达2万人次。

黑河市

开展未成年人思想道德建设工作

建立了学校、家庭、社会"三位一体"教育机制，营造全社会共同关心未成年人健康成长的氛围。结合繁荣边贸旅游明星城和环保模范城建设，在城区小学开展"绿色·黑河·我的家"书画网上展评活动，开展第三届优秀童谣征集活动，向省文明办推荐10首童谣作品。深入开展"做一个有道德的人"主题实践活动，组织全市中小学校开展"童心向党"歌咏活动，北安市教育局参加了全省"童心向党"歌咏活动

展演。全面启动美德阳光建设工程,结合“最美女教师张丽莉”的事迹,开展了“学习雷锋、做美德少年”网上签名寄语活动,获得全省“美德阳光教师”荣誉称号1人,“美德阳光教师提名奖”9人,“美德阳光学生提名奖”10人、“美德阳光家长提名奖”10人、“美德阳光学校提名奖”10个。全面推动乡村学校少年宫建设,进一步完善乡村学校少年宫“一校一档”和“四站八室”建设。推荐北安市通北第三小学和嫩江县长福学校为全省第二批乡村学校少年宫项目建设学校,目前每所学校已接收价值18万元的图书和装备器材。首批两所乡村学校少年宫顺利通过了年度考核测评。组织全市文明单位开展了助学帮困活动,圆满完成了高中“宏志班”受助学生的推荐工作,18名受助学生被省实验中学全部录取。黑河市在全省未成年人思想道德建设工作测评中位居第二名。

开展社会志愿服务工作

广泛开展“关爱社会、关爱他人、关爱自然”志愿服务活动和“喜迎十八大、共建和谐家园”百万志愿者助邻里活动,大力普及“学习雷锋、奉献他人、提升自己”的志愿服务理念。贯彻落实市委办公室《关于深入开展学雷锋活动的实施方案》精神,以传承和弘扬雷锋精神为主题,以青少年为重点,开展“弘扬雷锋精神、共建美好家园”活动。2月29日,黑河市文明委组织召开了“寻雷锋足迹、扬志愿精神”动员大会,下发了《活动方案》,向全市人民发出倡议。在全市中小学校和社区开展“两推进一建站”活动,目前全市各中小学校和62个社区全部建立了学雷锋志愿服务工作站。开展“五个一百”和五星志愿者创评活动,获得全省十佳志愿服务工作站1个;十佳志愿服务活动组织1个;十佳志愿服务队1个;优秀志愿者3人;优秀志愿服务工作站5个;优秀志愿服务队4个;优秀志愿活动品牌5个;优秀活动组织奖2个。选树五星志愿者24名,五星志愿服务组织2个。黑河市在全省志愿服务工作测评中位居第五名。

绥化市

开展“宏志班”受助学生考核推荐工作

制定下发《关于做好2012年绥化省级“宏志班”受助学生推荐工作》的通知,并在《绥化日报》、绥化电视台、绥化教育信息网公示了“宏志班”资助标准、承办学校、报名条件、报名方式及招生工作具体安排。8月份,严格按照“公平、公正、公开”和逐级申报、实地考核的原则,市、县两级文明办、教育局会同省“宏志班”承办学校联合对符合条件的人选进行了调查走访,并在《绥化日报》向社会进行了公示,最终确定向上推荐绥化市品学兼优、家庭贫困的初中学生30名,经省助学工程领导小组审核,全部被确定为“宏志班”资助对象。

开展净化社会文化环境工作

为切实保证净化社会文化环境工作取得实效,绥化市文明委专门制定下发《绥化市净化社会文化环境工作实施方案》,针对整治工作中出现的新情况、新问题,在净化荧屏声频、整治出版物市场和校园周边环境的基础上,把整治工作重点放在互联网、手机等新兴媒体,全面加强监管,建立健全了网上违法和不良信息监督举报机制,严厉打击利用手机、互联网传播有害信息,危害未成年人身心健康的违法行为。同时,进一步加大了联合检查制度,定期组织相关责任单位联合开展专项整治活动,切实净化未成年人成长环境。

大兴安岭地区

丰富未成年人思想道德建设载体

以“美德阳光建设工程”为重点,与行署教育局、团地委、地区妇联联合制定下发了《大兴安岭地区美德阳光建设工程实施方案》,率先在全省启动美德阳光建设工程，在全区集中评选美德阳光学生、美德阳光教师、美德阳光学校和美德阳光家长，并向省文明办报送了一批先进典型。以“做一个有道德的人”主题实践活动为载体，开展了“红领巾爱心大集”、“弘扬和培育民族精神月”、“童心向党”歌咏活动、网上签名寄语、优秀童谣传唱等活动，促进了未成年人健康成长。完善家庭教育工作长效机制，健全了以聘请德育教师、各类专业辅导员、“五老”队伍为主体的社区德育工作队伍，开通了大兴安岭地区96311未成年人心理健康服务热线，在各学校共建立心理健康指导站93个。举办“家庭教育绿荫巡讲”活动183场次，培训家长7万余人。在社区创设了“留守流动儿童之家”26个，免费开放了地区资源馆、铁道兵纪念碑等爱国主义教育基地，推动了学校、家庭、社会“三结合”教育网络逐步健全完善。全区有1人被授予全国未成年人思想道德建设工作先进个人称号，3个单位、2名个人被授予全省未成年人思想道德建设工作先进集体和先进个人称号。有1人获全省最佳美德阳光学生，10人获全省美德阳光教师提名奖，8人获全省美德阳光学生提名奖，10人获全省美德阳光家长提名奖，10个学校获全省美德阳光学校提名奖。

绥芬河市

德育内容融入课堂，教育方式贴近学生

坚持德育为先，深化社会主义核心价值体系学习教育，发挥学校德育主渠道作用，坚持“育人为本、德育为先”的办学理念，切实加强学校德育工作，教育内容融入课堂、教育方式贴近学生，把社会主义核心价值体系的内容渗透到学校教学中。发挥主题实践活动载体作用，围绕理想信念、爱党爱国、文明礼仪、志愿服务、法制教育等内容，深入推进学习雷锋“做一个有道德的人”主题教育活动，建立10个“做一个有道德的人”主题活动联系点，积极开展各项教育活动。开展未成年人道德讲堂建设，全市13所中小学校及1所教育幼儿园倡导学生以“在家中为长辈尽孝心，在学校为同学送关心，在社会为他人献爱心”为核心，以“唱一首歌曲、讲一个故事、诵一段经典、作一个感悟、作一个承诺”为重要形式，以“教育一代人，引导两代人，影响三代人”为目标，开展有针对性的宣讲活动，努力实现奉献社会，提升师生的道德水平。各中小学校开课总量近100堂，学生、教师参与千余人次，在师生中取得了良好的宣教效果；开展“日行一善”、“节日小报”、“文明小博客”、“学习雷锋，做美德少年”、“向国旗敬礼、做一个有道德的人”网上签名寄语活动。开展诵中华经典、“童心向党”歌咏活动等，充分调动学生主观能动性，让学生在广泛参与中受到教育，促进社会实践养成教育，推动社会主义核心价值体系入耳入脑入心。发挥先进典型示范作用。全市各中小学校开展向张丽莉教师学习活动，千余名教师和学生发表感言。开展“美德少年”评选活动、“美德阳光学生、美德阳光教师、美德阳光家长、美德阳光学校”评选活动，树立未成年人身边的道德标杆，并组织道德模范、“绥芬河好人”和其他先进人物进校园、上讲台宣讲感人事迹。

完善教育网络，健全学校、家庭、社会“三位一体”平台

突出学校教育的主体地位，充分发挥学校在“三位一体”教育网络中的龙头作用，加强师德师风建设，提高教师职业道德素质，形成以德施教，讲求诚信的良好教风。组织开展“文明礼仪”和“公共生活好习惯”养成教育活动，提高未成年人践行基本道德规范和日常行为规范的能力。发挥家庭教育的基础作用。加强对小学、幼儿园家长学校的规范管理，广泛开展形式新颖、寓教于乐的“争做合格家长，培养合格人才”的“双合格”家庭教育活动。推动社会教育的有效互动。加强未成年人心理健康教育指导中心、社区、心理咨询室建设，发挥学校心理健康教师队伍、专业心理咨询专家队伍和专业志愿者作用，为未成年人提供及时、高效、周到的心理健

康服务。进一步加强社区未成年人教育工作队伍及活动场所建设,完善 3 所乡村少年宫建设,并以乡村少年宫为范本,建立了以三小、四小、三中为教育阵地的城市少年宫,建立相应的管理体制、师资队伍,以乡村少年宫、城市少年宫为基本依托,切实加大未成年人校外活动场所建设力度,满足广大未成年人课外活动需要,促进未成年人健康快乐成长。

坚持综合治理,营造未成年人健康成长良好环境

加大对网吧的整治力度。按照取缔非法、控制总量、加强监督、完善制度的原则,抓好网吧建设。实行实名制登记上网制度,推广绿色上网软件,认真落实未成年人不得进入营业性网吧的规定,壮大志愿服务人员监督网吧力量,严惩网吧接纳未成年人行为。继续开展扫黄打非。加强对营业性歌舞厅、娱乐场所等社会文化场所的管理,进一步优化校园周边环境,中小学周边两百米内不得有互联网服务营业场所和电子游戏经营场所,严厉查处各种违规经营。

省农垦总局

扎实开展未成年人思想道德教育工作

根据省文明办《关于开展第三届优秀童谣征集活动的通知》要求,在垦区组织开展了征集童谣活动,共征集童谣 179 首。推荐 291 农场学校为乡村学校少年宫项目点。为乡村少年宫学校项目争取图书 2400 册。在全省未成年人思想道德建设工作视讯会议上,垦区牡丹江管理局党委宣传部获得先进单位称号,云山农场学校心理学教师袁山荣同志获得先进工作者荣誉称号。

文化体制改革

省委宣传部

以转企改制为中心,着力培育合格市场主体

扎实推进国有经营性文化单位转企改制,推动建立现代企业制度,完善法人治理结构,建立健全资产组织形式和经营管理模式,加快推进以省出版集团、龙江传媒有限责任公司股改上市。深入推进"两分开、两加强",黑龙江日报报业集团剥离发行业务成立龙江传媒公司;黑龙江人民广播电台、黑龙江电视台探索制播分离分别成立黑龙江龙脉影艺影视有限公司、黑龙江都市传媒有限责任公司和黑龙江龙视文化传媒集团有限公司。截至 2012 年底,全省 11246 个事业编制完成核销,276 家事业单位实现转企,一批自主经营、自负盈亏、自我约束、自我发展的市场经营主体已经建立。黑龙江出版集团、黑龙江广电网络股份有限公司、黑龙江龙广之声传媒有限公司、大庆市文体旅集团被评为全国文化体制改革工作先进单位。

以提高能力为目标,深化文化事业单位改革

深入推进公益性文化事业单位劳动人事、收入分配、社会保障制度和内部运行管理机制改革,引入竞争和激励机制,探索建立事业单位法人治理结构,内部管理水平和服务质量明显提升。省图书馆理顺内设机构、整合业务流程、规范服务行为,服务能力不断增强,2012 年免费接待读者 285.60 万人次,较上年增长 27.7%;黑龙江人民广播电台通过创建主持人工作室、自主竞岗、以岗定薪等举措,业务

不断拓展,2012 年广告收入 3.33 亿元,同比增长 21.98%,综合实力列全国第七;黑龙江电视台实行“统分”结合的混合经营体制,市场竞争力不断提升,2012 年广告收入 11.96 亿元,同比增长 26.81%,卫视频道跻身全国十强。

创新工作运行机制,公共文化服务能力大幅提高

完善投入保障机制,催生文化惠民硕果。制定出台相关政策,健全公共财政投入保障长效机制,不断加大对公共文化服务的投入力度。全省人均文化(文物)事业费从 2008 年的 14.26 元增加到 2012 年的 31.18 元。在公共财政的支持下,覆盖全省的公共文化服务网络已经基本建成。坚持以政府为主导,以文化惠民工程为重点,着力保障发展文化民生,基本形成了投入保障制度化、文化机构健全化、文化设施网络化、群文活动品牌化的良好格局。打破条块分割的管理使用机制,实现公共文化资源共建共享。充分发挥中直和省直大型国有企业多、资金雄厚、文化设施齐全的优势,采取共建共享模式,兴建和利用文化设施。探索市场化供给机制,实现政府主导与市场运作的有机结合。不断探索在市场经济条件下提升公共文化服务能力的新途径、新办法,通过优化土地、财税、信贷、补贴等方面政策环境,扶持和引导社会力量参与公共文化服务。

省文化厅

国有文艺院团体制改革基本完成

黑龙江省国有文艺院团体制改革工作在省委、省政府的高度重视下,在省文化体制改革和发展领导小组的直接领导下,6 月底前,按照国家要求如期完成改革主要任务;至 2012 年底,全省国有文艺院团体制改革任务基本完成。

省委、省政府高度重视国有文艺院团改革。省委十届十八次全会对国有文艺院团体制改革做出了全面安排和部署,2012 年《政府工作报告》提出了明确的要求。3 月 20 日省政府第七十次常务会、3 月 23 日省委常委办公会,分别听取了全省文化体制改革特别是国有文艺院团体制改革情况的汇报,省委书记吉炳轩和省长王宪魁都做出重要指示,确定了全省国有文艺院团体制改革的基本思路,明确了政策的总体框架,完善了领导工作机制,指明了改革方向。3 月 26 日、4 月 9 日和 5 月 17 日,省文化体制改革和发展工作领导小组三次召开会议,研究确定改革的具体方案和扶持政策。省委常委、常务副省长刘国中,省委常委、宣传部长张效廉,副省长程幼东深入省直、市(地)、县文艺院团进行调研,听取文化及相关部门汇报,提出很多重要指导意见。国有文艺院团体制改革的有关政策涉及诸多部门,宣传、财政、编办、人社、发改、工商、国土、税务等部门积极贯彻落实省委、省政府的要求,从支持改革的大局出发,深入研究改革政策,提出了操作性较强的意见。

省文化厅把国有文艺院团体制改革列为头等大事,成立国有文艺院团体制改革领导小组,明确职责任务,认真学习中央相关文件,考察重庆、吉林等地院团改革经验,参阅研究安徽、陕西等十余个省的改革方案和配套政策,深入省直、市(地)、县院团开展全面调研,明确了改革思路、模式和政策需求。继而与有关部门进行数十次的沟通协调,使改革方案和支持政策不断完善成熟。积极落实政策,推动《实施意见》和《组建方案》的颁布与组建黑龙江省演艺集团有限责任公司,以及改革后续工作。充分调动干部职工参与改革的积极性,及时传达省委、省政府对转制院团的关怀,听取和吸纳合理诉求和建议,做好政策解读和思想疏导,使转制院团的干部职工更加理解改革、支持改革、参与改革。督促市(地)、县院团改革。一手抓省直,一手抓基层,通过文件要求、会议部署、实地指导等多种方式推进市(地)、县院团改革,确保全省如期完成改革任务。

省文化体制改革和发展工作领导小组各成员单位尽职尽责、形成合力,文化部门勇于担当、积极推动,使得支持改革的政策顺利出台,国有文艺院

团体制改革工作顺利开展。6月8日正式出台《中共黑龙江省委办公厅 黑龙江省人民政府办公厅关于加快全省国有文艺院团体制改革的实施意见》和《黑龙江省演艺集团有限责任公司组建方案》。6月11日召开全省国有文艺院团体制改革推进会议，使全省国有文艺院团体制改革取得突破性进展。6月26日上午，黑龙江省演艺集团有限责任公司挂牌成立，标志着黑龙江省如期完成中央确定的文化体制改革基本任务。7月9日，省机构编制委员会批准同意黑龙江省龙江剧院更名为黑龙江省龙江剧艺术中心、黑龙江省评剧院更名为黑龙江省评剧艺术中心。

在推进国有文艺院团体制改革过程中，由于对转制院团和广大艺术家关怀到位，支持政策到位，思想疏导到位，转制院团的干部职工思想没有大的波动，队伍比较稳定，各院团的创作生产、剧目排演、下乡演出照常进行，实现了改革、发展、稳定的有机结合。

省新闻出版局

贯彻中央“三改一加强”的精神，根据中央和省委确定的改革路线图、时间表和任务书，全省新闻出版单位体制机制改革取得了可喜成绩。非时政类报刊改革取得阶段性成果，首批10家单位已经完成转企改制，第二批32种报刊出版单位的转企改制正在积极推动中。《格言》等47家报刊出版单位完成了转企改制或已经成为企业性质。黑龙江省教育音像出版社、哈尔滨商业大学音像教材出版社和哈尔滨工业大学音像教材出版社等3家单位也完成转企改制。黑龙江文化电子音像出版社注销，黑龙江广播电视音像出版社的转制申报材料已报总署审批。公益性新闻出版单位内部人事、收入分配和社会保障制度改革稳步实施。黑龙江日报报业集团深化人事制度改革，建立了科学选人用人机制。哈尔滨日报报业集团实施了30多项综合配套改革措施，形成了独具特色的现代企业管理运行机制。省图书音像发行集团等一批出版发行单位，结合自身特点，在企业化运营、深化机制改革等方面进行了积极探索。新闻出版单位联合、兼并、重组，省级党报和地市党报、省级都市报与地市晚报的联合正在加速推动中。黑龙江出版集团等符合条件的企业正在做上市准备工作。

哈尔滨市

积极推进“局台分设”、“广播电视合一”改革

围绕改革发展主题，按照“合理定位，统筹安排，分步实施，以人为本”的原则，改革体制，创新机制，积极稳妥推进“局台分设”、“广播电视(四台)合一”及内部机制改革，建立适应形势发展需要的广播电影电视管理体制和运行机制。强化广电行政管理职能，解决政事不分的问题，将市广播电影电视局与广播、电视台分开，市广电局为市政府工作部门，不再管理原所属事业单位。进一步整合广播、电视资源，将哈尔滨人民广播电台、哈尔滨经济广播电台、哈尔滨电视台、哈尔滨有线广播电视台合并，组建哈尔滨广播电视台（哈尔滨广播电视传媒集团)，隶属市委管理。按照事企分开的原则，将局管、台管企业整建制划入广电传媒集团，主要包括元申广电网络有限公司、广通影视文化有限公司、天鹅购物有限公司、广播电视周报社、广播电视节目制作中心、电视演艺中心等。按照国有文化资产管理有关规定，广播电视台为广电传媒集团公司出资人，广电传媒集团公司为“台控”企业。广播电影电视管理体制与运行机制创新改革，有利于巩固壮大主流舆论，发展壮大广播电视产业，提高舆论引导水平，更好地为人民服务，为社会主义服务。

全面完成文化市场综合执法改革工作

文化市场综合执法改革是文化体制改革中的一项重要任务。哈尔滨市积极推进文化市场综合执法改革，将市文化局和新闻出版局、市广电局的文化市场执法职能、扫黄打非职能、电视执法职能整

合，组建哈尔滨市文化市场行政执法局，对全市文化市场进行统一执法。各县(市)也相应进行了综合文化行政主体整合，建立了综合执法机构文化市场行政执法队，将广电、新闻出版(版权)执法职能一并划入文化市场行政执法队。组建统一规范的文化行政责任主体，有利于转变政府职能，有利于增强企事业单位自主发展活力。

整合县(市)文化广播电视及国有文艺演出团体

按照中央和省市的有关要求，整合县(市)广播局、广播电台、电视台(含呼兰区、阿城区)。撤销县(市)广播局(含呼兰区、阿城区)，将其职能及人员编制整合到区(呼兰区、阿城区)、县(市)广播电视台。将区(呼兰区、阿城区)、县(市)广播电台、电视台(含有线电视台)进行整合，组建区、县(市)广播电视台，隶属区、县(市)委管理。将县(市)文化体育局更名为“文体广电局”(含呼兰区、阿城区)。按照国家有关国有文艺演出团体改革精神，将县(市)国有文艺演出团体整合到县(市)文化馆。对于条件成熟的，将国有文艺演出团体与文化馆合并；对于条件不成熟的，采取合署、一套机构两块牌子的方式进行整合，实行“双轨”运行。

深化市级国有文艺院团改革

深化《哈尔滨市国有文艺演出院团体制改革实施方案》，全力推进哈尔滨演艺集团有限责任公司企业法人注册登记、人员分流和竞聘上岗、全员签订劳动合同工作，积极进行内部机制改革，探索建立符合艺术发展规律、体现按劳分配原则的分配制度和能进能出的人员流动机制，形成自我发展的内生动力，在面向群众、面向市场的过程中不断发展壮大。

齐齐哈尔市

文化体制改革稳步推进

认真贯彻中央和省关于院团改革的各项政策和全省院团改革推进会精神，成立了文化体制改革和发展工作领导小组及市国有文艺院团改革工作领导小组，在充分调研、广泛发扬民主、多方征求意见的基础上，形成了齐齐哈尔院团改革的《指导意见》和《实施意见》，于6月底前完成了市本级院团改革，10月20日前全面完成了所属各县(市)院团改革。调整完善了“齐齐哈尔市文化市场管理工作领导小组”、“市扫黄打非工作领导小组”，组建了齐齐哈尔市文化市场管理综合执法支队。根据《黑龙江省非时政类报刊出版单位体制改革实施方案》部署，小作家报社已全面完成核销事业单位编制，注销事业单位法人，进行了企业工商登记注册，并与在职职工全部签订劳动合同，按照企业相关政策参加社会保险。县(市)区相关改革工作在市文化体制改革领导小组的指导下全面推进。

佳木斯市

推进文化体制改革

按照全省文化体制改革的要求，全力推进广播电视台与市文广新局的“局台分离”工作，制定了《佳木斯市文广新局与电台、电视台分离改革工作实施方案》，召开财产划分专题会议，对双方资产、财务、人员等相关问题进行了明确划分，正式完成了文广新局与广播电视台的分离。按照省专业剧团改革方案的要求，认真做好专业剧团的改革工作，制定了《佳木斯市市直专业剧团改革方案》，多次组织召开由市委常委、常务副市长、主管副市长以及市社保局、市财政局等相关单位参加的改革工作协调会，对改革中涉及人员、财产等诸多问题进行研究，同时，对改革任务进行部署，对佳木斯市京剧团、话剧团、评剧团和歌舞团转企改制，“四团合一”，成立佳木斯演艺公司。《佳木斯日报》改革前期准备工作已经就绪，待市委常委会审批后实施。《三江晚报》全面推向市场，实行企业化管理，在提高办报水平和经营能力上实现了质的飞跃。

大庆市

组建大庆文体旅集团

2012年初，大庆市为推动“文化+体育+旅游”融合发展，以大庆文化集团为核心，整合文化、体育、旅游资源，组建了大庆文体旅集团，成为拥有近30亿元资产、7家核心子公司、5家外围分公司的大型文化企业集团，集团总资产列全国同行业第2位。集团组建以来，实施上岗必考、全员竞聘等办法，向社会聘用兼职演员，优化企业内部人才结构。大庆歌剧院加入中国北方剧院（场）联盟，先后引进美国百老汇、塞尔维亚芭蕾舞团、朝鲜血海歌舞团等国内外知名团体来大庆演出100多场，让市民足不出市就能看得到并看得起高雅艺术，促进了文艺演出业的发展。集团组建仅半年就实现经营性收入4295万元，同比增长55%。大庆组建文体旅集团的做法，受到中央文化体制改革和发展工作领导小组办公室充分肯定，并作为献礼“十八大”文化专题片《跨越》的一项内容在中央电视台播放。大庆文体旅集团被评为“全国文化体制改革工作先进单位”、“全省文化体制改革和发展工作先进单位”。

文化体制改革全面深化

大庆新闻传媒集团优化运营机制。采取主业突破、多点出击、跨区域联动、跨媒体发展的策略，与松原广电局合作成立东镇传媒有限公司并发行《东镇周刊》，跨国直播“韩国济州岛集体婚礼”，成功举办啤酒节、采摘节、帐篷节等系列活动，形成了以新闻传媒为主体，以旅游、婚庆、媒体购物、广告策划等业务为羽翼的产业框架。2012年集团获中国媒体华表奖·最具公信力奖、电视台直播栏目《绝对现场》获“全国十大具有原创精神电视奖”，电视台《大城小事》栏目获“2011全国电视民生类年度城市创新节目”。

文艺院团改革任务全面完成。按照全省文艺院团改革推进会议要求，积极解决全市文艺院团改革后续问题。大庆市杜蒙县歌舞团改革重组，成立大庆民族歌舞团，举办各种演出280多场次，其中，送文艺下乡演出32场。大庆市肇源文工团改革后，更名成立龙江剧艺术中心，转变思路，与长春和平大剧院联手打造了“二人转”大舞台，全年对外承接商业演出350场次，增强了市场开拓能力。

非时政类报刊改革深入推进。着眼于整合资源、对接市场、上市运作，对已随大庆新闻传媒集团整体转制的报刊实施公司化改组，以《大庆广播电视报》为班底，组建了百湖早报有限公司；着眼于提升办刊质量、开拓外埠市场、扩大发行范围，对有面向全国发行权的报刊实施代理制经营，将《家庭文摘报》广告和发行权有偿交给中介公司，最大限度地降低了经营风险和压力。大庆的岁月杂志社、《百湖早报》、《长寿养生报》、《家庭文摘报》作为全省首批非时政类报刊改革单位，全部顺利完成改革任务。

鸡西市

进一步深化文化体制改革

推进职能转变，强化宏观管理。制定了《鸡西市文化体制改革工作实施意见》。文化、广电、新闻出版实现了“三局合一”，成立了文化市场综合执法支队，实行综合执法，将原文化局戏剧创作工作室、群众艺术馆、书画院合并组建了市文化馆；将滴道矿史馆更名为侵华日军鸡西罪证陈列馆，并入市博物馆，全市22个宣传文化事业单位全部完成了重组改制工作。

推进体制转型，重塑市场主体。按照“划转一批”的要求，将原话剧团、评剧团、京剧团合并组建的市人民艺术剧院转企改制，成立了鸡西盛隆演艺公司。将电台、电视台、鸡西日报社合并组建了新闻传媒集团，将传媒集团承载的广告、印刷、发行等经营业务从集团中分离出来，组建了东方紫光公司和东方龙移动多媒体公司，将电台、电视台中的影视剧、娱乐、体育等非时政类节目分离出来，实行制播分离，已与北京光线传媒合作，引进了多套生活娱乐类节目,实现了采编与经营"两分开"。

推进机制转换,深化内部改革。进一步完善了绩效考核机制和经营机制,市新闻传媒集团、市艺校、盛隆演艺公司等具有经营性的单位全部实行新的经营管理办法,全部涉改人员实行绩效考核,工资与绩效挂钩。对行政岗位、全额财政岗位也都实行有效管理,充分调动全体人员的积极性,保证工作质量和事业发展。

双鸭山市

深化文化体制改革

双鸭山市深入贯彻落实中央、省委关于进一步深化文化体制改革的有关精神,明确改革重点,推动文化体制改革工作不断取得新进展。完成广播、电视局台分设,组建了双鸭山广播电视台。整合文化行政管理机构,提升文化管理效能,规范广电专业人才队伍,调动了工作积极性。成立双鸭山市文化综合执法支队,把所属四个区的文化综合执法职能统一到市执法支队,各县分别成立了文化综合执法机构,形成了市、县、区一体的文化综合执法体系,逐步加大文化市场的监管力度,为优化文化发展环境提供了有力保障。完成经营性事业单位的转企改制工作,将原事业单位双鸭山市影剧院法人、编制核销,在职人员全员买断工龄,把影剧院全面推向市场,提升了资产的利用效率。将国有文艺院团双鸭山市艺术剧院非骨干人员(45岁以上男职工和40岁以上女职工)分流到各社区,作为社区文艺辅导员,开展社区文化文艺普及工作,工作隶属关系不变,直至退休;整合市艺术剧院骨干力量,成立双鸭山市群众艺术馆演出队,由市群众艺术馆统一管理。

七台河市

扎实推进文化体制改革工作

按照中央、省、市关于深化文化体制改革的总体要求和推进国有文艺院团改革的具体要求,七台河市委、市政府制定和下发了《关于七台河市国有文艺院团及文化市场综合执法改革实施方案的通知》,召开了全市加快文化体制改革推动文化繁荣发展工作会议。认真研究部署七台河市文化改革发展工作,下发了《中共七台河市委关于深入推进"七项建设"推动七台河文化繁荣发展的意见》,对深化文化体制改革,推动文化繁荣发展做出了总体部署。2012年9月,以市委、市政府文件形式下发了《七台河市国有文艺院团及文化市场综合执法改革实施方案》(七发〔2012〕14号)。市文广新局下发了《关于推进区级文化市场综合执法改革的通知》(七文广新发〔2012〕67号),对区级文化市场执法审批与执法分离工作进一步推进。市改发办积极与市文广新局、市编办协调,做好歌舞团人员情况统计、编制划转等具体工作。与区政府协调做好区政务服务中心设立文化窗口工作。2012年11月市编办出台《关于撤销市歌舞团的通知》(七编办〔2012〕27号),撤销七台河市歌舞团,原有全额事业编制及编内人员划入市群众艺术馆26名,划入市图书馆和文物管理站各一名。

鹤岗市

深入推进文化体制改革

鹤岗市在"局台分离"改革工作的基础上,以人员编制、机构设置、领导职数、国有资产等为主要内容,开展了调研活动,形成了《关于文化广电行政管理体制改革的实施方案》,并以此为依据完成了"局台分离"改革任务,把广播电视台从市文化广播电视新闻出版局分离出来,成立了市广播电视台,脱离了隶属关系,真正实现了政事分开,管办分离。在国有文艺院团转企改制改革工作上,按照"创新体制、转换机制、面向市场、壮大实力"的基本要求,采取"老人老办法,新人新办法",制定了《鹤岗市国有文艺院团体制改革工作方案》,6月下旬分别上报省委宣传部和省文化厅,得到批复后,进行了转企改制改革工作。依托市艺术剧院,成立了鹤艺文化传播有限公司,实行了市场化运作。

黑河市

顺利完成文化体制改革

按照省委、市委要求,组建文化执法综合支队,完成了“三局合一”、“局台分离”工作。合并了原文化局、新闻出版局和广电局,组建文广新局,黑河广播电视台成立独立党委,撤销广电局委员会,新成立文广新局委员会,并成立系统工会,制定了文艺院团改革工作方案。

绥化市

全面完成文化体制改革各项任务

绥化市稳步推进文化体制改革,将其作为增强文化竞争力和创造活力的重要举措,强化措施,狠抓落实。成立了由党政主要领导任组长的全市深化文化体制改革推动社会主义文化大发展大繁荣工作领导小组,负责改革工作的总策划、总组织和总协调。领导小组下设办公室,办公室设在市委宣传部,与市委宣传部改发办合署办公。2012 年,全市文艺院团改革工作全部完成。庆安县文工团、明水县评剧团、青冈县文工团、北林区文工团、绥棱县剧团、兰西县评剧团、海伦市人民艺术剧院、安达市文工团、肇东市文工团等 10 个院团已完成改革任务;其中庆安县文工团、明水县评剧团、青冈县文工团、绥棱县剧团、兰西县评剧团、望奎县评剧团整体划转到各县(市)文化馆;海伦市人民艺术剧院更名为海伦市北派二人转传承保护中心。北林区文工团被撤销,整体充实到北林区群众艺术馆;安达市文工团被撤销, 同时成立安达市文化艺术传媒发展中心,全额事业单位,隶属于安达市文广新局。肇东市文工团被撤销,现有人员在其文广新局系统内部予以安置。各县(市)区三局合一、局台分设、文化市场综合执法改革全部完成。肇东市、安达市、海伦市、庆安县、望奎县、绥棱县、青冈县、明水县、兰西县 9 个县(市)分别成立了文化广电新闻出版局和广播电视台(北林区只有文体局,没有广播电视局、新闻出版局和广播电视台)。肇东市、安达市、海伦市、明水县、青冈县、绥棱县、庆安县、望奎县、兰西县、北林区 10 个县(市、区)分别成立了文化市场执法大队。庆安县被评为全省文化体制改革工作先进地区,庆安县致富乡兴隆社区农家书屋被评为全省文化体制改革和发展工作先进单位。

大兴安岭地区

营造文艺精品生产良好环境

制定了《中共大兴安岭地委关于深化文化体制改革推动文化大发展大繁荣的实施意见》、《大兴安岭地区文化精品工程实施方案》和《2012 全区宣传思想文化工作要点》等指导性文件,为文艺精品创作生产提供政策支持和理论保障。

积极推动文艺精品创作生产

在由文化部、解放军总政治部、中国美术家协会联合举办的“庆祝中国人民解放军建军 85 周年全国美术作品展暨第 12 届全军美术作品展”中,张士勤创作的《铁道兵丰碑》荣获最高奖——优秀奖(没有设置一、二、三等奖)。在“亲情中华——世界华侨华人美术书法展”中,徐光伟版画作品《湿地鹤影》荣获佳作奖,并被中国华侨历史博物馆永久收藏。在黑龙江省“八大经济区”、“十大工程”建设采风创作活动美术、书法、摄影作品展中,张海东创作的《用生命书写忠诚的优秀蒙古族士官——郜忠利烈士》获美术类一等奖。在第七届“黑龙江省文艺奖”评选中,《鄂伦春族萨满文化遗存调查》、《中国北方捕猎民族纹饰图案与造型艺术》两部专著获得二等奖。在“周大福”2012 中国杯国际标准舞巡回赛暨沈阳国际标准舞全国公开赛中，大兴安岭地区选手获得14个奖项，其中共有3个一等奖。在第二届“龙江银行杯”中、日、韩、俄四国国际标准舞公开赛中，大兴安岭地区选手获得38枚金牌、13枚银牌、12枚铜牌。在“首届中国语言艺术人才年度推荐全国语言艺术大赛暨朗诵考级选拔赛”中，大兴安岭地区代表队获得总分第一名的好成绩，并获得7个金奖、8个银奖、8个铜奖。姜欧桐、姜欧洺两位选手被“酷听网”选拔为全国大型广播连续剧《西游记》的配音演员。在黑龙江省第13届“群星奖”比赛中，舞蹈类获得3个金奖、3个银奖、1个优秀奖；美术书法类获得2个银奖、2个铜奖、1个优秀奖。大兴安岭行署文广新局获“组织奖”。在“火热时代多彩龙江”——2012·黑龙江省文艺家深入生活采风创作活动优秀作品评奖中，徐光伟版画作品《金岭鸣秋》获三等奖。拍摄了数字电影《呼玛河的孩子》，正在进行后期制作，12月28日将在大兴安岭举行首映。《朱宏五体书名言》，韩立东长篇小说《极地胭脂》，周彬小说集《未来需要等待》、诗集《夜雨》，驻地作家诚然长篇小说《白那恰》等文艺作品出版发行。

打造具有地域特色文化品牌

1.森林文化。加强大兴安岭版画院、中国漠河北极森林版画基地、大兴安岭日报社、教育局、呼中二小版画分院建设；成立了加格达奇教师进修校版画研培基地；举办了中国漠河首届北极森林版画展暨中国版画名家作品邀请展。呼中区荣获“中国最美十大秋景”殊荣。中国林业作家协会在大兴安岭地区设立全国首个分会。在《大兴安岭日报》开辟了《北极光》、《绿海艺苑》、《白桦林》、《走遍兴安》等专栏，举办了黑龙江国际养生度假节暨大兴安岭首届多布库尔湿地漂流节新闻发布会，对大兴安岭地区良好的生态环境、美丽的自然风光、淳朴的风土人情进行讴歌和赞美。

2.北极文化。举办了第二十二届中国大兴安岭漠河“北极光节”和第三届中国漠河“冬至文化节”，大兴安岭地区“北极村北极光节系列节庆活动”首批列入创建国家公共文化服务体系示范项目；创编了大型歌舞剧《北极神韵》，并在北极广场和北方民族园进行常态化演出，为漠河旅游名镇建设注入更多的文化元素，2012年获得全省群众文化最高奖项“群星奖”。

3.民俗文化。在呼玛建设了“白银纳鄂伦春民族文化传承中心”；编辑出版了《古驿站上鄂族村》；参加了全省首届鄂伦春族古伦木沓节，并进行歌舞服饰专场表演；《萨满舞》参加《国庆七天乐》节目录制；鄂伦春族下山定居60年迎庆筹备工作有序推进。

4.冰雪文化。举办了“砂宝斯杯”第十届漠河国际冰雪汽车拉力赛暨2012(漠河)中国汽车拉力锦标赛、“蒙牛杯”全国自由式滑雪雪上技巧“冠军赛”；举办了第八届全区中小学生冰雪运动会和地区“百万青少年上冰雪”活动启动仪式。国际雪联官员乔·菲茨杰拉尔德来大兴安岭地区考察，“映山红”滑雪场初步被定为“世界杯”分赛点，对打造大兴安岭地区“冰雪文化”品牌起到巨大的推动作用。

5.管乐文化。大兴安岭女子管乐队以悦耳的音符、多变的队形、飒爽的英姿出现在“韩国鸡龙市国际军事文化节”、上海“世博会”、天安门广场。2008年大兴安岭被文化部命名为“管乐之乡”。大兴安岭女子管乐队2011年获得全国群众文化最高奖“群星奖”，已成为大兴安岭一张靓丽的“文化名片”。

绥芬河市

完成文化体制改革

绥芬河市按照体制改革方案，组建了绥芬河市文化广电新闻出版体育局、绥芬河市广播电视台和绥芬河市文化市场综合执法大队。完成了有线电视台的转企改制工作，成立了黑龙江广播电视网络股份有限公司绥芬河分公司。按照省直管相关会议要求，绥芬河市文化广电新闻出版体育局先后与省文化厅、省广播电视局、省新闻出版局和省体育局等七个厅局进行了业务对接，涉及申请权限62项，落实19项。

文化事业

省委宣传部

第十二届精神文明建设“五个一工程”申报评选工作

2012 年 1 月，中宣部下发了《关于认真做好第十二届精神文明建设“五个一工程”评选工作的通知》，按照《通知》要求，省委宣传部精心安排、周密部署、精益求精，积极做好宣传、征集、评选、申报工作，圆满完成各项任务并取得优异成绩。

1.高度重视，加强领导，科学谋划评选工作。黑龙江省对此次申报工作非常重视，将其作为推动文艺创作的一次机遇，为此，成立了专门的活动领导小组。2 月初，召开了由省直相关部门参加的工作会议，总结近三年我省文艺作品基本情况，研究部署了申报工作。

2.加强宣传，广泛动员，扩大活动社会影响。除将中宣部《通知》转发到各市地及相关系统外，还组织黑龙江电视台等省内主要媒体对本次申报活动进行全方位、多角度、立体式宣传，保证活动迅速在省内传播开来。

3.精心组织，广开渠道，多方征集优秀作品。为确保征集作品的质量，组委会精心组织策划，广开征集渠道，从多方面进行征集，除要求各市地、相关系统党委宣传部门积极申报外，还委约国内有影响的词曲作家打造能传得开、唱得响的歌曲，组织省内知名词曲作者创作打磨近年已传唱开的一些歌曲，确保活动质量。

4.严格筛选，深入打磨，不断提升作品质量。本次活动共收到全省申报作品 60 件。组委会组织评审专家组，对作品进行公开评审。经过初评、复评共选出推荐申报作品 17 件，请国内著名制作机构对入围作品进行深入加工制作，提升作品品质，使每件作品都成为具有龙江特色的文艺精品。

经过激烈竞争，黑龙江省申报的 5 件作品脱颖而出，获得“优秀作品奖”，囊括文艺类全部奖项，在全国位列上游，省委宣传部获“组织工作奖”。省委书记吉炳轩对此做出重要批示：“表示祝贺！要总结经验，发扬成绩，创作出更多优秀作品，更好地满足人民群众的精神文化需求。”

顺利完成第七届黑龙江省文艺奖评奖工作

第七届黑龙江省文艺奖评奖工作 2011 年 10 月正式启动，此项工作由省委宣传部、省委组织部、省文化厅、省人力资源和社会保障厅、省教育厅、省文联、省作协等七家单位联合开展。经过申报、推荐、资格审查，本届文艺奖评奖工作接到推荐作品 473 件。2011 年 12 月 9 日至 27 日，组委会组织各门类专家对申报的作品进行了初评。经筛选，有 119 件作品进入联评。2012 年 1 月 13 日，由七家成员单位主管领导和相关业务部门负责人参加的联评会议对作品进行复评。4 月 13 日，省委宣传部部长办公会议审议通过第七届“黑龙江省文艺奖”终评结果，共评出一等奖 27 件、二等奖 47 件、三等奖 45 件。4 月 18 日，拟获奖作品公示名单在《黑龙江日报》、东北网络台进行公示。5 月 3 日，主办单位联合下发《关于表彰奖励第七届“黑龙江省文艺奖”获奖作品作者的决定》，对 119 件获奖作品进行表彰奖励。

成功组织黑龙江省第七届“十佳文艺工作者”评选工作

黑龙江省第七届“十佳文艺工作者”评选工作于 2012 年 8 月份启动，此项活动由省委宣传部和省文化厅、省教育厅、省广电局、省文联、省作协联合开展。按照《黑龙江省第七届“十佳文艺工作者”评选方案》的要求，经基层单位申报、主管部门审核推荐，活动领导小组审查、专家初评、联评等程序，最终确定了10名黑龙江省第七届“十佳文艺工作者”候选人。

本届“十佳文艺工作者”的评选主要体现以下几个特点：

一是坚持正确导向，确保发挥示范引导作用。评选过程中，坚持以文艺操守、社会贡献与艺术成就、专业业绩并重的标准，将政治坚定、品格高尚、爱岗敬业、造诣深厚、业绩突出、影响广泛，在本领域享有较高威望的文艺工作者推选出来，树立示范样板。

二是组织动员广泛，作家艺术家踊跃参与。为组织好申报和评选，组委会不仅要求各部门将《评选方案》通知到最基层，还通过电视、网络等媒体广泛宣传，既扩大了社会影响，又充分调动了社会各阶层参与的积极性。据统计，本届评选活动申报评选人员达325人，大大超过往届。

三是充分发扬民主，各部门积极配合。为实现评选的科学合理，在申报、审核、初评、联评各环节，充分发挥各部门的作用，既发扬民主，又坚持原则，既注意到不同行业、不同专业的差距性，又兼顾了各部门、各艺术门类、各年龄结构的相互平衡，最终的评选结果达到各方面满意。

四是评选程序严密，确保公平公开公正。本届评选从评选方案制定到申报程序确定，从资格审查到评委会组成人员确定，每一个环节都严格遵照评选方案的规定进行。在评选过程中，评选办公室制定了详细的评选细则，并提供了申报人员的详细资料，使评委在评选过程中有操作性很强的依据标准，评委们按程序投票，保证了整个评选过程和结果公开公平公正。此外，候选人员名单在《黑龙江日报》、东北网进行公示，接受社会监督。

成立黑龙江省文化艺术专家委员会

为深入贯彻落实十七届六中全会和党的十八大精神，充分激发广大文化艺术工作者的积极性和创造力，发挥文化艺术专业人才在文化建设发展中的积极作用，推动龙江文化大发展大繁荣，省委宣传部经过认真调研，综合论证后成立了“黑龙江省文化艺术专家委员会”。

省委宣传部制定了《关于成立黑龙江省文化艺术专家委员会的工作方案》，起草并下发《黑龙江省文化艺术专家委员会章程》和《黑龙江省文化艺术专家委员会组织机构与成员名单》，共聘任86名专家担任黑龙江省文化艺术专家委员会委员。省文化艺术专家委员会是在省委宣传部领导下的非常设机构，由省文化艺术创意中心、省社科院、省内部分高校和省内文艺研究机构资源整合而成，是黑龙江省文化艺术的权威业务、学术机构，参与对文化发展战略研究、文艺精品创作、文艺理论研究、文艺评奖活动和各种文化艺术项目的立项、规划、指导、咨询、论证、评审等项工作，为黑龙江省各项文化艺术事业的发展提供专业支撑和学术保障。

大型电视艺术访谈栏目《艺术龙江》开播

由省委宣传部主办，黑龙江电视台文艺频道具体承办的《艺术龙江》电视系列专题节目于7月1日在黑龙江电视台文艺频道首播，每周播出一期。此节目是一档以介绍黑龙江文化艺术名人为主要内容的访谈节目，目的是通过电视媒体向国内外、省内外宣传推出我省的文化艺术精英人才，扩大黑龙江的文化影响力，树立黑龙江的文化形象。目前，该专栏已连续播出26期，先后访谈知名艺术家傅庚辰、金铁林、李双江、黄枫、刘锡津、车行等。节目播出后，在省内外引起广泛关注，受到广大文艺工作者的一致好评。

省文化厅

第三届中俄文化大集成功举办

由文化部、黑龙江省政府和俄罗斯联邦文化部、阿穆尔州政府共同主办，黑龙江省文化厅、黑河市政府和俄罗斯阿穆尔州文化档案部承办的第三届中俄文化大集，于8月18日至24日在黑龙江省黑河市和俄罗斯阿穆尔州布拉戈维申斯克市跨境同期成功举办。其间双方共举行“高层交流、文化展销、文艺演出、推介洽谈、文化旅游、民众文化”等6大板块数十项活动，数万民众直接参与，活动盛况空前，得到中俄两国文化部、两省州政府的充分肯定与中俄民众的热烈欢迎和普遍好评，中俄媒体争相报道，凸显了中俄文化艺术跨境交流、交汇的特有魅力和影响力。

以“文化贸易、文化交流、友好合作、繁荣发展”为主题的中俄文化大集，已在黑河市成功举办两届，从第三届起，升格为两国文化部和两省(州)政府共同主办，内容更加丰富，活动更具规模，成为别具一格的中俄文化盛会。

8月18日至19日，省长王宪魁率省政府代表团应邀访问俄阿穆尔州，在布拉戈维申斯克社会文化中心举办的开幕式上，阿穆尔州州长科热米亚科和王宪魁致辞。代表团出席了在列宁广场上举办的大型露天文艺晚会，考察了中方文化产品展销会，并与俄方官员举行了两省(州)政府会谈，就加强文化等多领域交流合作达成共识，签署会谈纪要。19日下午，科热米亚科率团访问黑河，出席当晚在黑河市世纪广场隆重举行的第三届中俄文化大集中方开幕式。王宪魁、科热米亚科及中国文化部副部长赵少华在开幕式上致辞，中俄艺术家同台演出大型文艺晚会《相约双子城》。俄州长在黑龙江副省长程幼东陪同下参观了文化展销场馆。

活动期间，中俄互派艺术团到彼此城市同期举办了数十场文艺演出活动。中方派出省京剧院、省杂技团到布拉戈维申斯克市，俄方也精选了莫斯科“蓝陶瓷”舞蹈团和阿穆尔州歌舞团、民乐团等到黑河市，为中俄民众奉献了多姿多彩的文艺节目，为中俄艺术家的交流提供了便利平台，成为本届活动最具魅力的亮点。丰富多彩的民众文化活动，更是本届活动最具民众性的一大特色。展览与直销结合，中俄展销团组跨境举办展销活动，规模、种类、质量、销售量和销售额都明显增加，成为本届活动最务实的进展。“中俄国家画院美术作品展”展出的中国国家画院国画精品和俄罗斯国家美术科学院院士油画作品118幅，40%以上售出。“双子城美术作品展”展出中俄冰雪画、油画作品100幅，售出达60%以上。精心筛选的中俄100家文化企业参加了本次展销活动，活动期间实现销售额865万余元，比上届增长24.3%。中方在俄共展出展品4992件，开展两天销售4510件，销售额55.63万卢布。在中方举办的文化产业项目推介会上，文化产业创意项目备受中俄客商关注。

中俄嘉宾、艺术家、客商、游客应邀、慕名而来，特别是互到对方观看演出、展销活动的人员剧增，形成了“跨境赶集”的势头，成为本届活动文化拉动双方商业、旅游业发展最集中的一个体现。120多家省内外重要媒体，对本届中俄文化大集进行了多角度、全方位报道，各大媒体发稿100余篇，网络相关报道与转载两千多万条。

中共黑龙江历史纪念馆建成开馆

2012年初，“依托东北抗联博物馆建设中共黑龙江历史纪念馆”是省委指定给省文化厅的一项重要政治任务。在短短几个月里，省文化厅党组领导东北烈士纪念馆，开展了一系列复杂的招标工作，完成场馆基础建设和内部装饰、展览文物征集、陈列大纲内容修订，承担形式设计，高质量地完成了《红旗·黑土·丰碑》陈列布展任务，在10月29日十八大召开前如期开馆。

接受任务后，省文化厅立即组织东北烈士纪念馆成立领导小组和工作机构，制订工作计划，倒排工作日程表，提出经费概算及各项准备。首先按程序确定了招标代理机构黑龙江省招标公司和陈列布展施工单位中国装饰有限公司。同期启动陈列展览大纲修订和文物征集工作，积极落实经费。2月14日，省委副书记杜家毫作出批示，“基建所缺经费，请文化厅报省发改委同意。布展所需经费请党史办报财政厅同意”。3月9日，省文化厅、省委党史研究室和省财政厅召开资金协调会,确定了展览和装修的资金标准。省长王宪魁,副省长刘国中、程幼东对建设资金相继做出重要批示。为确保制作出高水平、高质量的陈列展览,省文化厅主要负责人和主管领导30几次组织召开会议讨论修改,确定中共黑龙江历史纪念馆陈列展览大纲文本,协调文物展品征集工作。同时,做好基础工程、内装修工程及消防工程建设。7月31日,省委领导听取了设计单位关于陈展设计的汇报,与会人员对设计方案进行了讨论,并提出修改意见。8月1日,中共黑龙江历史纪念馆布展工作正式启动,施工单位一百多人进入现场同步施工,经过89天的日夜奋战,中共黑龙江历史纪念馆陈列布展工作结束。

10月29日上午9时,中共黑龙江历史纪念馆举行了隆重的开馆仪式。省委常委郝会龙主持开馆仪式,省委副书记、省政法委书记杜家毫,中央党史研究室副主任李忠杰为新馆揭牌,省领导刘海生、程幼东、郭晓华等出席仪式,并参观了《红旗·黑土·丰碑》基本陈列展览。中共黑龙江历史纪念馆的建设与开馆,为黑龙江省新增添了一个党史宣传教育的场馆、爱国主义教育的基地、党性教育的生动课堂和龙江红色旅游的重要景点。开馆两月余接待观众7万余人次,其中144个中省直机关单位组团参观。

中东铁路历史建筑保护取得重大成果

11月3日,黑龙江省首例大空间历史文物建筑平移工程——中东铁路历史建筑肇东车站成功平移至指定地点。本次开展的文物迁移工程,是在普通建筑物移位技术基础上,针对保护建筑的结构特点进行保护建筑移位技术研究,特别是针对大空间的火车站进行整体移位,并在国内第一次采用冻结法施工进行建筑物移位,填补了国内空白。

2009年,哈齐铁路客运专线建设过程中,涉及中东铁路沿线历史建筑保护事宜,受到社会各界的高度关注,并得到省委、省政府高度重视,黑龙江省发改委组织省文化厅、哈尔滨铁路局、哈齐客专筹备组、设计单位及哈尔滨市有关部门,专题研究在哈齐铁路客运专线工程中对中东铁路历史建筑保护问题,将文物保护工作列入项目规划之中。

自2010年起,省政府责成省文化厅牵头组织省住房和城乡建设厅、哈尔滨铁路局、哈齐铁路客运专线有限责任公司、哈尔滨工业大学等单位组成工作组,对哈齐客专工程涉及中东铁路历史建筑所在市、县进行历史建筑排查、评估,确定历史建筑保护名单及制定迁移方案等工作。通过对涉及哈齐客专工程的哈尔滨市、肇东市、安达市、大庆市杜蒙县的11个火车站周边区域内32处历史建筑的现场踏勘、评估鉴定,最后确定了5处亟需平移的历史建筑的具体实施方案。该5处历史建筑分别为肇东车站老站舍、姜家车站铁东区俄式房(老站房)、姜家车站仓库旧址,安达市铁路俄式小二楼、行包托运处。

在省委、省政府和铁路部门的高度重视下,在省市各有关部门的密切配合下,特别是铁路承建单位哈齐客运专线公司的积极支持下,经过两年多的协调准备,5处需平移的历史建筑中肇东车站平移工程于10月23日正式启动,并于11月3日迁移至指定地点。整体迁移中东铁路历史建筑群重点文物,是铁路建设单位和有关地方政府对文物保护工作做出的贡献,也是黑龙江省首例文物保护工程中的平移工程,必将开创全省不可移动文物保护工作的新局面。

中东铁路于1897年8月开始动工兴建,1903年2月全线竣工通车。这条铁路的干线西起满洲里,经哈尔滨,东至绥芬河,支线则从哈尔滨起向南,经长春、沈阳直达旅顺口,全长近2500公里。在进行铁路建设的同时,也建造了大量公共建筑和民用建筑,分布在沿线的内蒙古、黑龙江、吉林、辽宁各省区,其中大部分都在黑龙江省境内。沿线百年历史建筑见证着沙俄殖民、中苏共管、日本侵华、人民铁路等百年历史风云,成为珍贵的历史文化遗产。黑龙江省在第三次全国文物普查中,已将包括中东铁路沿线历史建筑列为普查范围,并发现和登录一批文物。据统计,迄今共发现和复查中东铁路沿线历史建筑800余处,其中全国重点文物保护单位6处、省级文物保护单位6处、市县级文物保护单位224处。其中,横道河子镇的中东铁路建筑群(含6处历史建筑)已经列为全国重点文物保护单位,并由于其现存120余栋历史建筑完整保留了历史风貌,在2008年成为黑龙江省唯一一个中国历史文化名镇。齐齐哈尔市昂昂溪区罗西亚大街两侧共保留俄式建筑125栋,形成独特的俄罗斯建筑风情街,已于2010年申报为第二批历史文化名街。

近年,省文化厅将中东铁路沿线历史文化遗产保护工作作为全省文物工作一项重点内容,制定了一系列保护措施。自2010年起,在原有6处全国重点文物保护单位的基础上,又将中东铁路历史建筑中280余处建筑合并推荐为第七批全国重点文物保护单位。同时,由于中东铁路沿线保留下的历史建筑众多,作为线性文化遗产保护专项,已将中东铁路建筑群整体保护计划上报国家文物局,列为文物保护工程的重点,纳入"十二五"规划项目库。

省新闻出版局

〔农家书屋〕2012年是全省农家书屋工程建设的最后一年,按照省委、省政府的要求,认真制订工作计划和推进措施,把握好收尾调查摸底、核定建设计划、争取配套资金、出版物征集、采购配送、印装质量检测、组织检查验收等重点环节,积极向新闻出版总署争取省森工总局林场书屋的建设计划。农家书屋出版物于7月底全部配送到位,8月份全省农家书屋督查、验收工作全面结束,年度全省1932家农家书屋的建设任务全部完成,也标志着我省农家书屋工程全部告罄。全省13个市地、65个县(市)、907个乡镇、37个林业局、113个农牧场,包括省农垦总局自主建设的农业职工书屋在内,共建设完成农家书屋10040家,不仅实现了全省行政村的全覆盖,而且实现了全省农场、林场、种畜牧场全覆盖,超额完成"十二五"规划,惠及全省农村、农业、林业人口近2000万人,开辟了全省公共文化服务体系建设的新格局。

结合全省党员远程教育网全覆盖优势,在哈尔滨呼兰区、阿城区,双鸭山等地区先期开始了数字农家书屋试点,已援建了70个数字农家书屋。为每个数字农家书屋配送了丰富的可读出版物,其中:社科类262种、文艺类28种、教育类65种、科技类645种,《中国新闻出版报》对我省数字农家书屋的建设成果进行了报道。

〔全民阅读活动〕组织开展丰富多彩、群众喜闻乐见、参与人群广泛的读书活动,召开了全省全民阅读活动表彰会,表彰21个全省全民阅读活动优秀项目、22个组织工作先进单位和22名组织工作先进个人。向社区、残障人士、特殊群体捐赠图书12891册,价值码洋23.49万余元。开展全民阅读活动主题语、logo征集活动,收到全国23个省市224件logo作品及736个作者的1万多件主题语作品。开展全省范围的"书香之家"评选活动,有力地推动了全民阅读活动深入开展。持续开展"全民阅读报刊行"活动,通过报刊向广大读者广泛推介优秀出版物,宣传全省全民阅读活动,有效扩大了全民阅读活动的社会影响力,营造了良好的舆论氛围。开展了"全民阅读报刊行"先进集体、先进个人及报纸优秀阅读专题、专栏、专版评选活动,《黑龙江日报》1人被评为全省"全民阅读活动"组织工作先进个人,《生活报》被评为全省"全民阅读活动"优秀栏目。推进党报城乡公共阅报栏(屏)建设工作,11家党报已建城乡公共阅报栏(屏)76个,其余3家党报阅报栏(屏)正在建设中。

〔三下乡和优秀出版物展销让利活动〕积极参加省委宣传部等部门组织的"2011—2012年度龙江百姓文化季"及"文化科技卫生三下乡"活动,向广大农民朋友及农家书屋赠送价值20万元的精品图书。利用"4·23"世界读书日和"五一"劳动节、"六一"儿童节等节假日,组织省新华书店系统、各出版社、各民营批发单位开展出版物优惠展销、促销等活动,活跃文化市场,让利消费者。开展了"献礼十八大"优秀出版物展示展销活动,组织各市地新闻出版行政部门及发行单位认真落实中央宣传部及新闻出版总署的有关精神，向全社会集中推介一批重点优秀出版物，大力唱响主旋律，为党的十八大胜利召开宣传造势。省新华书城、哈尔滨学府书店、齐齐哈尔市新华书店等发行单位分别设立专门展台，推介优秀出版物达4000余种。持续开展优秀出版物“五进”活动，向武警驻哈65116等部队累计捐赠3.65万册图书，价值码洋56万元。

〔建立市地报刊馆〕为充分发挥我省报刊的服务功能，在继续联建“黑龙江版本图书馆”的基础上，建立了由新闻出版行政部门、文化行政部门、报刊出版单位、图书馆共同参与的版本报刊馆协调共建机制，推动市地级地方版本报刊馆建设工作。目前已有6个市地版本报刊馆建设完成，并向公众开放，各报刊出版单位共向各级版本报刊馆免费赠送报刊401种，2万余册(份)。

哈尔滨市

完善公共文化服务体系建设

积极推动公共文化服务体系建设工作，发展公益文化事业。按照全市总体要求，继续加大“惠民工程”力度，通过加强组织领导、落实项目资金、严格工作程序、强化日常管理，保证全市5个社区文化中心、8个社区文化活动室、2个村文化活动室文化设备投放任务如期完成。协调市文新局对全市文博展馆加强管理，完成全市博物馆的统计工作，并进行年审。协调推进哈尔滨音乐厅、大剧院、职工艺术中心等新建文化艺术场馆工程进展情况。构建市图书馆总分馆制三级服务体系，目前已建立社区分馆51个，依托“哈尔滨讲坛”、“公民道德大讲堂”等，经常性地开展公共文化服务活动，深入基层社区、偏远乡村以及农民工子弟学校，组织公益性展览、讲座、报告，送书、送戏、送电影下乡等活动，受到广大基层群众的喜爱和好评。推进音乐博物馆建设。协调哈尔滨银行，进行规划、设计，力争2013年哈夏音乐会期间建成并开馆。对全市公共文化服务体系建设工作进行调查研究。通过考察、走访、座谈和现场踏查等方式，对全市部分区、县(市)的社区图书馆、展览馆、文化馆、群艺馆等公共文化场所进行了调研，并形成调查报告。

积极推动文艺精品创作

重点创作生产了一批优秀文艺作品。在文学方面：组织创作《松花江上大型系列文学丛书》，来自全国各地的201位作家创作了200余部作品。经过评审委员会的实名制投票排序，遴选出30部优秀作品。首批10部作品2012年1月出版发行，在北京举行了首发式，其余20部作品于8月份出版发行，在哈尔滨市举办了发行式，并向中国现代文学馆赠阅了图书，同时召开文学丛书座谈会。系列丛书的问世，是本埠文学创作十几年来的一次大检阅，也是哈尔滨文坛所孕育的新的希望和生命力，被专家称为“文学井喷”；组织文艺家开展“走基层、看新貌、促发展”采风活动。按照省委宣传部下发的《关于开展“火热时代多彩龙江——2012黑龙江省文艺家深入生活采风创作活动”》的方案要求，市委宣传部和市文联下发了《“走基层、看新貌、促发展”——2012哈尔滨市文艺家深入生活采风活动方案》，于8月16—18日，组织全市部分作家和艺术家走访了依兰、方正、尚志、五常的工厂、社区和农村，深入了解全市在创建全国文明城市、打造迷人的哈尔滨风光、推进大项目建设、发展县域经济、实施民生工程等方面取得的可喜成绩，从中汲取丰富的创作素材。采风结束后，作家、艺术家们开展主题创作活动，推出一批全面展现全市近年来实施新战略、实现新跨越的优秀文艺成果，部分作品上报省委宣传部进行评奖。在影视剧方面：与央视协调沟通电视连续剧《浴火危城》在央视播出工作；与省委宣传部、省广播电影电视局、省电台、中影集团、北京唐德国际电影公司共同投资拍摄电影《萧红》。影片在哈尔滨市大量取景，依靠真实布景还原了众多历史场景及天灾场面，视觉感官更加真实生动。《萧红》获得中宣部第十二届精神文明建设“五个一工程"优秀作品奖。在音乐舞蹈方面:由中国舞蹈家协会、市委宣传部、市文联主办,4月25日,在体育馆举办了"舞动哈尔滨第三届大众舞蹈节"暨哈尔滨市"百姓健康舞"大赛盛大开幕仪式。中国舞协分党组书记、副主席冯双白出席活动。6月16日在道外区景阳广场举行了"百姓健康舞"精品展演活动。"第三届大众舞蹈节"系列活动历时半年,通过少儿、老年、校园等专场展演、比赛的形式,进一步宣传和打造"迷人的哈尔滨之夏"文化旅游系列品牌,借助湿地这个生态载体和绿色名片,为全国各地舞蹈爱好者搭建学习交流、展示风采、增进友谊的文化平台,同时进一步推进了哈尔滨市文化名城建设步伐。在音乐、舞台剧方面:协调歌剧院创排音乐剧《茉莉飘香》。该剧以张丽莉同志为原型,生动展现了主人公爱岗敬业、恪尽职守、关爱他人、乐于助人、舍己救人、勇于献身的崇高精神。为进一步弘扬良好的社会道德风尚,加强社会主义核心价值体系建设,推动哈尔滨市创建全国文明城市工作深入开展,在全市组织百场巡演活动,目前已经演出20场;指导完成了童话卡通剧《想当狮王的小兔》等优秀新剧目。已上演儿童剧《小抗联》、《拇指姑娘》、《三只小猪》,卡通剧《皮诺丘历险记》等十几部优秀剧目。各院团的演出仍呈现良好发展势头,截至10月各专业剧(院)团已完成演出场次698场。话剧、音乐剧、儿童剧、音乐会、曲艺等各种艺术形式的演出,受到广大观众的欢迎,超额完成全年演出计划和任务。在美术、书法等艺术方面:举办"静观八荒——哈尔滨中国画作品双年展"活动。由中国美术家协会、哈尔滨市委宣传部共同主办,国家级的中国画展,每两年在哈尔滨举办一次,面向全国,是兼有评选和展览双重性的文化活动。首届展览于6月6日在哈尔滨禹舜美术馆暨呼兰区美术馆开幕。来自全国的14位评委参加了作品评选活动,经过初评和复评,评出入选作品252件,其中优秀作品59件,优秀作品作者具备申请加入中国美协会员的必要条件。举办2012首届北方书道论谭。此活动每两年举办一届,来自全国各地的书法名家及本地文艺界学者出席,增进了哈尔滨市与中原地区及文化发达地区的联络,使书法交流突破地域的圈子,并打破艺术门类间的壁垒,促进不同领域之间的对话。

组织开展丰富多彩的群众文化活动

围绕庆祝党的十八大胜利召开这一主题,组织开展了丰富多彩的系列群众文化活动,为党的十八大召开营造隆重热烈、文明和谐的喜庆氛围。举办了"老鼎丰之夜——相约哈夏·激情放歌"大型广场演出、"哈夏"国际音乐狂欢大巡游、"盛世哈夏·激情放歌"主题广场演出、第七届好歌大家唱、"招商·诺丁山 让爱无处不在——我们的城市、我们的歌"原创歌曲征集、"音乐之都·百姓大舞台"展演、第三届"欢乐社区"艺术节、"桐筵杯"国际古筝艺术周、群众文化活动图片展等11项有特色、有亮点、有影响的演出、比赛和展览活动,突出了群众性、艺术性、时代性、国际性、开放性的特色,演出1200场,参演人员近万人,观众达百万余人次,为全市人民奉献了丰富多彩的文化盛宴。举办"党的旗帜高高飘扬"——迎接党的十八大胜利召开文艺演出。由省委宣传部、市委宣传部、省文联和市文联主办,10月26日晚七点在北方剧场举办。省市著名歌唱家曲冬梅、齐燕、王文、刘淑珍、王庆辉、侯赛男等参加演出,采取专业演出与群众文化相结合的方式,包括合唱、独唱、舞蹈等多种艺术形式,地域特色鲜明,内容积极向上,为观众展现了一场完美的视听盛宴。该场晚会集中展示了黑龙江省哈尔滨市广大文艺工作者坚持文艺为人民服务、为社会主义服务的精神风貌,加快促进省市文艺事业的大发展大繁荣,激发广大人民群众建设富强龙江、文明龙江、和谐龙江、大美龙江、幸福龙江的热情,为十八大的顺利召开营造安定团结的良好氛围。10月27日、28日在哈尔滨音乐厅举办《交响音乐会》,该音乐会由哈尔滨交响乐团和波兰交响乐团联合演出,为全市音乐爱好者和广大市民奉献一台高雅的音乐盛宴。组织"咱家门口唱大戏"《欢乐英雄转》送戏下乡巡演活动。由市委宣传部和龙视公共频道共同主办的送戏下乡活动从2012年8月18日至9月16日，在阿城和呼兰两个区以及10县(市)共演出12场。以歌颂祖国、歌颂家乡、歌颂美好生活为主要演出内容，演员以《欢乐英雄转》精选的二人转金、银、铜奖获得者为主，搭配上本地区优秀文艺节目，为百姓献上一台多姿多彩、贴近生活的娱乐节目。黑龙江电视台派出转播车对巡演节目进行全程录制，编辑后9月份在龙视公共频道《欢乐英雄转》栏目中陆续播出。举办第四届朝鲜族老年文艺汇演。由市文化和新闻出版局主办，市朝鲜民族艺术馆承办，于10月10日举行，全市14个朝鲜族老年协会组织开展形式多样的民族文化活动，进一步丰富全市朝鲜族老年人的文化生活，推动朝鲜族老年文艺作品的创作。举办“聂忠琦写意梅花作品专题展”。此次展出的近百幅作品，是聂忠琦先生多年来细心观察梅花的姿态，用心体悟梅花的个性特征，精心绘就的写意梅花作品的一部分，较为全面地展现了聂忠琦先生数十年来勤奋耕耘的创作成果。开幕式在兆麟街123号展馆举行，市领导王颖、曲磊、张丽欣、才殿国、李志恒出席。举办第十一届“迎新春庆佳节”秧歌大赛。历时一个多月，全市共有209支秧歌队、7800余人报名参赛，创新秧歌、传统秧歌和健身秧歌在编排上比较新颖。经过激烈角逐，评选出特等奖2名，一等奖2名，二等奖4名，三等奖6名，优秀奖6名，优秀组织奖8个单位。现场观看比赛的观众达1.3万余人。各区、县(市)结合地域特色，开展丰富多彩、主题鲜明、健康和谐的文化活动，为十八大的胜利召开营造和谐喜庆的优良环境。

做好历史文化资源的保护、开发、利用工作

哈尔滨市采取切实可行的措施，加快历史文化资源的保护、开发和利用。协调市文新局做好全市文物普查工作，组织专家论证会，做好不可移动文物名录的出版工作。对儿童电影院文物违法行为认真查处，并妥善处理。完成第三批市级非遗名录申报、评定工作，全市共有42个项目申报市级第三批非遗名录，由哈尔滨市政府发文公布。

齐齐哈尔市

农村文化五项重点工程全面“竣工”

认真贯彻实施省委、省政府《关于进一步加强公共文化服务体系建设的实施意见》，以结构合理、发展平衡、网络健全、运行有效、惠及全民为原则，新建14个乡镇综合文化站，共建成乡镇文化站123个，实现了全市123个乡镇均有综合文化站的指标；新建农家书屋186个，共建成农家书屋1255个，实现了全市1255个行政村均有农家书屋的指标；加大了信息资源共享工程的投入和广播电视建设的投入，实现了100%的乡村建有文化信息资源共享工程服务点，100%的行政村开通了广播电视村村通工程；依托超凡数字电影放映公司，大力推进农村电影放映工程，年均放映电影都在1.6万余场次，基本实现了一村一月放映一场电影的场次要求，基层群众看书难、看戏难、看电影难、收听收看广播电视难的问题得到较好的解决。

群众性文化惠民活动丰富多彩

为活跃基层群众文化生活，满足群众的精神文化需求，大力开展文化惠民“五下基层”、社区文艺“擂台赛”、系列书画(摄影)作品展览和重大节庆文化活动，不断激发群众的参与热情，逐渐形成了一大批有文化内涵、有时代精神、有地域特色、有现实效应的群众性文化品牌活动。在巩固壮大关东文化节、和平节、中国·碾子山6·28登山节、梅里斯区库木勒节等群众性节会基础上，又培育发展了齐齐哈尔鹤文化艺术节、龙江朝阳山登山暨露营节、富裕县漫画节等有影响力的大型群众性文化活动。为迎接党的十八大胜利召开，相继开展了“喜迎十八大隽美看鹤城”摄影作品展、“喜迎十八大翰墨颂鹤城”书画作品展、“喜迎十八大金秋演唱会”、“迎庆党的十八大”群众文艺展演周等系列群众文化活动，带动了群众文化活动蓬勃发展。

文化资源保护利用工作稳步推进

完成了国家历史文化名城申报文本编撰、《金长城甘南县段水冲沟抢险保护方案》、《金长城碾子山区丰荣古城综合抢险保护方案》、《金长城甘南县段小乌科段综合抢险保护方案》等设计工作，制作了《黑龙江督军署旧址保护维修及复原陈列》项目书，各项文本、方案的完善为文博事业工作扎实开展奠定了坚实的基础。完成了金长城水冲沟治理改造工作，国家及省检查组对其进行了检查验收。建立了博物馆文物征集信息网络，进一步拓宽了文物交流渠道，提升了展览质量，增加了展览数量，扩大了展览规模，博物馆逐渐成为探究鹤城深厚文化底蕴，传承鹤城历史文脉的重要场所，被命名为首批六家"黑龙江省社会科学普及基地"。加强了非物质文化遗产的保护工作，新增加 24 项市级"非遗"名目，有 19 人晋升为省级"非遗"项目代表性传承人。在第 36 个国际博物馆日来临之际，市博物馆被评为全省文物征集工作先进单位，昂昂溪遗址博物馆获得"黑龙江省博物馆陈列展精品奖"，江桥抗战纪念馆获得"最佳制作奖"，阳光相机收藏博物馆获得"最受观众欢迎奖"。

文艺精品创作硕果累累

以研究、挖掘鹤文化、少数民族文化、关东文化、流人文化、抗战文化为重点，创作了一大批文艺精品。大型风情音画《达斡尔人》代表黑龙江省在北京举行的第四届全国少数民族文艺会演闭幕式暨颁奖典礼上，喜获表演金奖、优秀组织奖，以及最佳演员奖、最佳节目奖、最佳新人奖、导演奖、编剧奖、音乐奖、舞美奖、演员奖、节目奖等 11 个奖项。召开了动画系列片《神鹤丹丹》宣传推介会，中央文明办、省委宣传部、省文明办、央视动画有限公司等单位领导，以及来自全国各地媒体和衍生产品厂家参加了推介会。该动画片将填补世界鹤题材动画片的空白。打造优秀小品《特别的爱给特别的你》，荣获第三届中国职工艺术节"长庆杯"曲艺小品展演活动金奖。拍摄了电影《脑瓜子让驴踢了》，创作了《胭脂沟风云》等文学剧本 16 部，现已签约 8 部，其中电影《中国的中》、《葵花朵朵》、《呼玛河畔的孩子们》已完成拍摄，进入后期制作。微电影《脑瓜子让驴踢了》入围"金微奖·首届国际微电影节"，荣获最佳农村题材奖。打造了主题杂技晚会《飞翔》。出版了小说《吻别奈何桥》、散文集《卜奎流人》、《中国鹤文化》系列丛书、《齐齐哈尔作家文学丛书》等近 20 部文学作品。以鹤城爱乐交响乐团为主体，成功打造了一台以歌颂祖国好、社会主义好、共产党好为主题的交响乐音乐会，先后赴泰来、甘南、富裕、碾子山等县(区)演出，并参加了第五届"黑龙江之冬"国际文化艺术节以及哈尔滨之夏音乐会。

牡丹江市

强力推进公共文化基础设施建设

按照国家级公共文化服务体系示范区创建要求，建成牡丹江国际会展中心、华夏影城、博烈馆等项目，完善了图书馆、群众艺术馆、北山体育场等场馆的功能建设，启动了投资 1.2 亿元的中俄文化交流中心(牡丹江大剧院)项目、投资 2600 万元的新华剧场改造项目，新建地质博物馆项目开工建设。西安区总面积 1500 平方米的文化馆投入使用，东宁县图博馆主体框架工程完工，投资近 2 亿元的穆棱市文化宣传中心完成地基、休闲广场、人工湖等配套工程，海林市、林口县文化中心已完成选址及规划工作，东安区、爱民区、阳明区文化馆改扩建工程全面开工。城区和各县(市)基层公共文化场所覆盖率分别达到 78%、83%以上，全市 55 个乡镇、800 余个行政村，乡镇综合文化站建有率达到 100%、村级文化活动室建有率达 80%、社区文化活动室建有率达到 75%，全市农家书屋达到 876 个，建成率达到 100%。

公共文化服务供给展现新格局

积极推进美术馆(书画院)、图书馆、文化馆、博物馆的免费开放，全面实现了无障碍、零门槛进入，公共空间设施场地全部免费开放，所提供的基本服务项目全部免费，并结合牡丹江群众文化需求和资源优势，确定了免费借阅、专业知识搜阅服务等10个重点服务品牌。2012年，全市公共文化服务场所共接待群众70余万人次。“三下乡”、“欢乐下基层”、“流动舞台车”、“城市之光”、“金色田野”、“百姓文化季”、“欢乐牡丹江” 等文化惠民活动经常性深入全市村屯、社区、学校、企业、军营。2012年，市属专业院团、艺术馆，文联各协会等文化单位和文艺人才共为基层群众送演出200余场次，放映电影5000余场，送春联、福字、窗花15000余副，送图书10000余册，开展各类基层培训辅导100余场次，培训基层文化文艺骨干2000人次，重点培育了遍布全市城乡的80余个业余骨干文艺团体，300余个群众性文化团体，组织开展各类基层群众文化活动近2000场次。国家五项文化惠民工程高标准落实，文化信息资源共享工程和广播电视“村村通”工程完成率达100%，在全省率先恢复乡镇综合文化站，建有率达到100%，农家书屋建有率、达标率达100%，每年为村屯、社区和社会公众免费放映数字电影1.4万余场次。

群众文化活动蓬勃开展

重点打造节庆文化品牌，在2012年春节期间举办了“和谐幸福过大年”春节联欢晚会，元宵节期间举办了“龙腾盛世”舞龙舞狮会演、正月十五音乐演唱会、新春京剧票友会、牡丹江风景图片展、冰雪画展，“五一”期间举办了广场系列文艺展演，端午节举办了民俗文化周、龙舟赛等各类大型文化活动36项。举办了“迎庆十八大、放歌新生活”20项市级重点群众文化活动，在“旅游节”、“木博会”、“黑木耳节”等节庆活动中举办了系列大型文艺演出。以市区中心广场及舞台为主阵地，每年开展大型群众文化活动超过100场，新春秧歌、社区文化、“舞动全城”、“万众放歌”、“欢乐牡丹江”等群众文化品牌影响广泛。各县(市)区基层群众文化活动呈现出特色化、品牌化的发展态势，穆棱“广场五月歌”、林口“兴林大舞台·文化展风采”、宁安“激情广场·欢乐宁安”、东宁“小江南之夏”、海林“林海雪原激情之夏”等受到群众普遍欢迎。

佳木斯市

加强公共文化服务体系建设

完成了年初设定的149个“农家书屋”的建设目标，至此，全市955个行政村的农家书屋建设全部完成，达到100%覆盖。新建农家书屋各种硬件设施已配备到位，图书、光碟等出版物配送工作基本完成。农村电影放映工作扎实推进，按照“企业经营、市场运作、政府购买、农民受惠”的总体思路，开展了数字放映技术培训，落实了放映点，加强了农村电影放映工作监管，确保了农村公益电影放映场次和质量，实现了1村1月看1场电影的公益性服务目标。一年来，全市农村共放映公益电影3150场，观影人次达30万人次。广播电视“村村通”工作取得明显进展，按国家广电总局和省广电局的总体要求，重点开展了20户以下“村村通”建设工作。在深入各县(市)实地核实“盲村”数量，进行新一轮“村村通”调查摸底的基础上，制定了《佳木斯市广播电视“村村通”工程建设方案》，为完成2012年“村村通”工程建设任务奠定了良好的基础；通过光缆联网方式，全市共完成7个20户以下自然村“盲村”建设任务。

开展“三江之声”广场文化活动

“三江之声” 是佳木斯市倾力打造的群众文化活动品牌，连续多年在基层产生广泛而深远的影响。为进一步叫响“三江之声”广场文化活动品牌，活跃基层群众文化生活，凝聚士气、鼓舞斗志，引领和激励全市干部群众为建设富裕文明和谐幸福佳木斯贡献力量，市委宣传部策划和组织了龙江银行杯“三江之声” 群众文化广场系列活动，活动以“颂富裕文明三江、唱和谐幸福家园”为主题，于6月1

日全面开始，先后在新玛特广场成功举办了全市优秀农村文艺节目汇演、全市优秀职工文艺节目汇演、全市优秀社区文艺节目会演、各城区专场文艺会演、“七月党旗红”群众文艺会演、庆“六一”全市少儿才艺展演、佳木斯市残健专场文艺演出、“三江之声”广场文化活动颁奖晚会等15场大型文艺活动及30多场基层文艺演出。在全市七创全国双拥模范城总结表彰暨八创全国双拥模范城动员大会召开之际，7月29日下午，由市委宣传部、市双拥办、市文广新局、中国移动佳木斯分公司共同举办了“鱼水情深——庆‘八一’军民联欢会”，佳木斯市军民两地艺术工作者为大家呈现了一台精彩纷呈的节目，充分展现了军民鱼水情谊和双拥创建成果，共同庆祝中国人民解放军建军85周年。

组织文艺精品创作生产

为了大力弘扬张丽莉精神，市委宣传部组织创排了“英雄赞歌——唱给最美女教师张丽莉主题晚会”，千余名市民观看了晚会，共同感知英雄精神、学习英雄精神，并纷纷在印有“以张丽莉同志为榜样，爱岗敬业，争创一流，关爱他人，奉献社会，崇德向善，奋发图强，为建设富裕文明和谐幸福佳木斯贡献力量”誓词的条幅上签名。整场晚会以文艺工作者的原创歌曲、诗歌、舞蹈、情景剧和戏曲为主要内容，通过艺术手段再现了最美教师张丽莉大美大爱的英雄形象和精神。情景舞蹈《最美的茉莉》、配乐诗朗诵《茉莉飘香》、京剧《杏花城英雄地》等节目的登台，将晚会一次次推向高潮。为了宣传党的十八大精神，弘扬主旋律，以笔墨言志，以影像抒情，以艺术形式来讴歌伟大的祖国、伟大的党，由市委宣传部、市直工委、市文联共同主办，市书法家协会、摄影家协会和美术家协会承办的“情系三江艺术展”于11月22日上午在市文化艺术中心隆重开幕。这次艺术展的作品由市文联主席、市书法家协会主席何昌贵，市文联副主席、摄影家协会主席庄艳平，市美术家协会主席杨子勋创作，包括书法、摄影、国画等作品，展出百余件，作品以歌颂党的丰功伟绩、展现伟大祖国翻天覆地的变化、展示家乡新貌为主要内容，凝聚了艺术创作者热爱党、热爱祖国、热爱家乡的美好情怀。为了向全国人民展现和宣传“最美教师”张丽莉先进事迹，市文广新局历时近3个月精心策划组织创排了大型音舞诗剧《丽莉之歌》，该剧采用集音乐、舞蹈、诗歌于一体的创新性艺术表现形式，通过“意识流”的表现手法，运用具有感染力的诗歌语言推进剧情，并辅以歌曲、舞蹈等艺术手法烘托意境，展现张丽莉对家庭、事业、学生厚重的爱，诠释出大美大爱的时代精神。11月2日，大型音舞诗剧《丽莉之歌》在省歌舞剧院音乐厅举行了专场演出。文学创作方面，一年来，出版各类文艺书籍多部，在《诗刊》、《人民日报》等主流刊物发表大量小说、散文、诗歌等作品，极大地提高了全市文学作品的影响力。汪衍振创作的中国第一部全景式展现中法战争全貌的历史长篇小说《中法战争》由中国青年出版社出版；汪衍振、谷占江、陈树照合著的长篇小说《左宗棠收新疆》由中国书店出版；长篇小说《银行经理》由作家出版社出版；中篇小说《伙游》在《广西文学》上发表，并获得年度中篇小说奖。市作家协会副主席全勇先、市艺术剧院院长孟庆生获全省第七届“十佳文艺工作者”称号。由中共黑龙江省委宣传部，中共佳木斯市委、市政府，中视传媒股份有限公司，北京世纪辰华文化传媒有限公司联合摄制的40集电视连续剧《松花江上》，在9月24日举行的中宣部第十二届精神文明建设“五个一工程”表彰座谈会暨颁奖晚会上获得“五个一工程”奖。

大庆市

文化基础设施建设提档升级

大型文化设施建设稳步推进。高标准、高质量建设大庆市图书馆新馆，建成后将成为省内最大的公共图书馆；推进西城区青少年科技文化活动中心、杜蒙民族歌剧院、大同文化会馆等项目建设；黑龙江国际艺术村、黑龙江铁军书画院、肇源县华誉影院、杜蒙县草原影城建成投用；规划建设龙凤区大庆湖韵新村文化活动中心、萨尔图区铁西文化体育活动中心，主体工程顺利进展；改建新建标准社区和行政村综合文化活动场所 100 个，提前完成全年任务。市群众艺术馆被评定为国家一级馆，大同文化会馆、杜蒙文化馆被评定为国家二级馆，肇州文化馆被评定为国家三级馆。

惠民工程建设达标升级。全市乡镇文化站和基层文化信息资源共享工程实现 100%覆盖。2012 年为 43 个乡镇文化站各争取 10 万元的灯光、音响等文化活动设备，林甸县花园镇综合文化站被评为全国先进乡镇综合文化站；肇源县、林甸县发展新建文化大院 20 处，文化活动辐射各村屯。全市农家书屋全部达标，完成了林甸县和肇州县新增 7 个行政村的农家书屋建设。超额完成电影放映目标，农村电影放映 5800 场，观众 90 万人次。强力推进无线覆盖工程，市区开通了 1 套高清、3 套标清数字电视频道；农村开通了中央、省、市在内的 4 套无线广播电视节目，覆盖率由 70%提高到 90%。

公益性场馆免费开放。实现市级图书馆、博物馆、群众艺术馆和县文化馆、图书馆、乡镇文化站全部免费开放，设施利用率大幅提升。大庆博物馆全年共接待观众 81 万人次；图书馆接待读者 35 万人次，借阅图书 25 万册次，新设立图书漂流点 25 个，漂流图书 2000 册。

市民文化休闲空间实现拓展。以文化旅游相结合，丰富内涵、美化环境、提高质量为原则，规划黑鱼湖、龙凤湿地、黎明湖等 10 个特色滨水休闲区，打造香港街、经九街、丽水街等 5 条特色文化街区，彰显了城市文化内涵，拓展了市民休闲空间。

群众文化活动蓬勃开展

品牌文化持续升温。全力提升“大庆之冬”、“激情之夏”、“百湖之夜”、“大地欢歌”、“和谐家园”五大群众文化活动品牌，以喜迎十八大为主题，共组织文艺演出、书法美术摄影展、文艺赛事、电影放映、民间手工艺品展示、图书漂流等各类文化活动 1000 余场。举办大庆第五届湿地旅游文化节、肇源第八届莲花节、肇州第三届老街基文化庙会、首届草原音乐节、“美美萨尔图”、大庆首届冬季图书文化月等一系列文化活动，丰富了市民文化生活，提升了大庆城市品位。

专场文艺此起彼伏。创排话剧《大湿地》、舞剧《绽放的生命》，举办庆祝大庆“二次创业”20 年专场文艺演出、《生命家园》综艺晚会、新年音乐会、新春音乐会、个人专场音乐会、诗歌朗诵会、农民春节晚会、七夕节文艺晚会、“颂歌献给党”职工会演等大型综合文艺演出 70 余场，丰富了群众文化生活。

文化展览亮点迭出。组织首届“百湖之春”书画联展、迎新春“群芳之梦”盛世牡丹绘画展、“连理同庆”四城市书画展、“松基三井杯”廉政书画展、庆祝建国六十三周年“十人书法精品展”、杨俊峰油画展、王可大《黑土情》水彩画展、“夕阳红环保行”老年书画展、23 集团军老将军书法展、“石油人的眼界”大庆七人专题摄影作品联展等各类文艺展览 90 余场，集中展示了大庆书画摄影创作水平和艺术成就。

文艺赛事精彩纷呈。承办首届东北三省舞蹈大赛、第九届东北三省戏剧小品大赛，成功举办大庆市首届广场舞大赛、大庆首届龙舟赛、第四届“咏梅咏雪”征文大赛、第五届湿地摄影比赛等各类文艺赛事 33 场。

文化交流实现突破。成功举办“辉煌大庆”2012 北京·大庆文化艺术周活动、大庆第三届文博会、大庆首届民间艺术博览会，话剧《大湿地》进京演出 4 场，舞剧《绽放的生命》在全省巡演，在海南、长春等地举办邓丽君经典金曲演唱会，提升了大庆文化的知名度和影响力。邀请波兰、俄罗斯及北京、吉林、哈尔滨、齐齐哈尔等国内外文艺演出团体到大庆演出，成功举办茅为蕙、张天卓、陈少妮等个人专场音乐会，提升了大庆市民文艺鉴赏水平。组织话剧《大湿地》、舞蹈《绽放的生命》研讨会及个人作品研讨会、文学笔会、书画笔会 、“苏绣”、木雕、摄影、小品、交响乐等文艺讲座，共计 32 场。组织参加哈尔滨文博会、黑河文博会、黑龙江省文博会、吉林省文博会、深圳文博会等大型博览会。

文化资源保护利用深入推进

一是非遗保护工作继续深入。“二号院”、“铁人一口井”和“小拉哈遗址”晋升国家级文物保护单位，东北第四纪古生物化石装架任务完成34具，杜蒙县国家级非物质文化遗产保护项目——蒙古族四胡音乐的传承和保护工作深入推进，肇源“白金宝遗址保护”项目通过审批并获得立项资金支持，全市挖掘新非遗项目20项。

二是非遗著作出版发行。出版了“非遗”丛书《大庆民间艺术之瑰宝》。完成两篇相关非遗方面的论文工作，分别在《北方音乐》和《剧作家》上发表。

三是非遗保护得到肯定。市博物馆荣获“黑龙江博物馆陈列展览精品奖”和“全省文物征集工作先进集体”两项大奖，而且均排名第一；市文物管理站和4个县级文物管理所被评为全省第三次文物普查工作先进集体，6人被评为先进个人。

文艺精品生产再创佳绩

一是舞台艺术精品不断涌现。继续打磨舞剧《鹤鸣湖》，推出舞蹈诗剧《绽放的生命》，舞蹈《娘》、《梦》，舞剧《鹤鸣湖》获第十二届精神文明建设“五个一工程”奖和第七届省文艺奖舞蹈类一等奖，舞蹈《娘》、《梦》分获东北地区电视舞蹈大赛表演编导金、银奖。创排话剧《大湿地》、龙江剧《肇源烽火》、音乐剧《青马湖》、地方戏《美丽家乡》、小品《棚室情》等优秀戏剧作品，话剧《大湿地》作为黑龙江省唯一一部舞台剧目进京向党的十八大献礼，儿童话剧《永远十四岁》在内蒙古阿荣旗市演出。戏剧小品《因为爱》、《我们的生活》分获第七届黑龙江省文艺奖戏剧类作品一等奖和三等奖。二是影视创作成果喜人。35集电视连续剧《绝战》在河南电视台影视频道首播，10集电视纪录片《大庆抗日烽火》重绘大庆抗战群英谱；大学生创业题材电影《百合花开》荣获第17届洛杉矶国际家庭电影节最佳外语片影质奖，母爱题材电影《红芦苇》在全国院线上映，拍摄《书映夕阳红》等微电影20多部。电影《铁人王进喜》荣获国务院国资委宣传局颁发的中央企业精神文明建设“五个一工程”优秀作品奖和第七届黑龙江省文艺奖电影类作品三等奖。三是文学作品再创佳绩。编辑出版《北方作家丛书》(第三辑)、王鸿达的长篇小说《冷云传奇》等20余部文学专著，在全国重要文艺期刊发表文学作品30多篇。长篇小说《黑狗哈拉诺亥》获中宣部“五个一工程”奖文艺类图书奖。王鸿达的中篇小说《片警温良友》、李云迪的散文《午后的向日葵》获第七届黑龙江省文艺奖文学类三等奖。王智君的少儿题材小说《八十一枚金币》，被改编成同名电影在全国播出。四是音乐创作收获颇丰。歌曲《天地人和》、《说好一辈子在一起》分获第七届黑龙江省文艺奖音乐类作品二、三等奖。《大庆我可爱的家乡》、《大开江》等12件声乐作品在黑龙江省第十三届“群星奖”中获奖，器乐演奏《天路随想》代表黑龙江省参加全国第十六届“群星奖”的角逐。歌词《心灵的阳光》在全国征文中获三等奖；歌曲《共创未来》在全国校歌征集活动中获一等奖。全年共有30余首歌曲在《歌曲》、《词坛》等杂志发表。五是书法美术摄影创作异彩纷呈。15人次分别入选全国书法展、第九届全国刻字展、第三届全国隶书展等大型展览，伊文奇、雷东生在第七届黑龙江省文艺奖中获奖；在第24届黑龙江省摄影艺术展中获得18个奖项，在“寿阳杯”全国摄影艺术节荣获团体银奖，刘为强的作品《地球》在中国摄影家协会举办的盘锦湿地国际摄影大赛中荣获金奖；陈彦龙的《运行中的玉米》、于广义的《复移》、高伟的《重音》荣获首届中国工业版画三年展二等奖，何乃庆、刘君、周泗分别荣获三等奖和优秀奖，付熙云的山水画《麻阳新雨》在“中国画作品双年展”获优秀奖，王尚坤的《秋日胜春潮》入选“八荒通神——哈尔滨中国画作品双年展”。六是民间艺术大放光彩。芦苇画生产企业达到10余家，年生产能力达到12万件。柳晓范的年画《我们的祖国是花园》荣获“第14届中国人口文化奖”评选活动铜奖；王卉的《美丽油城 魅力大庆》和刘延山的《盼归图》

在“辉发杯”全国剪纸艺术大赛中分别荣获银奖、铜奖；刘延山的剪纸《远古神韵》获“飞洋鱼杯”全国小幅剪纸精品邀请展优秀奖、《萨满民俗剪纸系列》获黑龙江省“群星奖”铜奖；《关东剪纸系列》、《纸贴画系列》在“黑龙江省旅游商品（纪念品）成果展示设计大赛”中，分别荣获金奖、“群众喜爱奖”。

鸡西市

传承创新地域文化
开启鸡西“文化掘金”之旅

2012 年 7 月 16 日，230 余名国内外著名专家学者和社会各界人士聚首兴凯湖畔，专题研讨绿色发展之路，共同发出“善待兴凯湖，珍惜兴凯湖，保护兴凯湖”的最强音，签署了《兴凯湖保护宣言》。9 月下旬，来自北京、辽宁、吉林、黑龙江等地的 50 余位知名专家学者出席鸡西兴凯湖肃慎文化高端论坛。一致认为，早在 7000 年前，就孕育产生了东北三大基本族系之一的肃慎文化。

寻找动力之源，激活肃慎文化“活化石”。在百余年的城市历史进程中，闯关东文化、北大荒文化、矿山文化等，互为交集，却始终无法理顺一条地域文化主线。市十二次党代会定了鸡西地域文化的调子：以大美兴凯湖和百年矿区开发史为文化底蕴，合理开发并传承好以肃慎文化为主线的鸡西地域文化，建设文化大市。鸡西当地报纸纷纷开辟专栏，刊发研究肃慎文化的文章，对鸡西未来文化掘金展开讨论。一致认为，合理开发与传承好肃慎文化资源，同时，带动以鸡西红色根据地为内容的文化，促进旅游发展，以北大荒文化、矿山文化为主要内容的多元文化发展，促进鸡西地域文化的建设与合理利用。利用鸡西城市建设三年大变样决战之年的有利契机，在全国较大的鸡西穆棱河文化产业园开发一系列弘扬鸡西地域文化的文化基础设施，助推鸡西地域文化的全面繁荣。

全市形成共识，“文化掘金”之旅迎来高潮。通过对上争取资金和市（县）两级财政支持，在运作资金上给以充分保证，修缮了东北老航校旧址、虎头地下军事要塞遗址等国家级爱国主义教育基地，重新布置了鸡西兴凯湖博物馆，建设了鸡西穆棱河文化产业园博物馆，特别是鸡西穆棱河文化产业园建设广受赞誉。在产业园正门口自东向西建设了 117 米长的百人雕塑群，主要以反映肃慎、闯关东、抗联和解放战争、北大荒、煤矿等鸡西地域文化精神为主题，镌刻肃慎文化符号和民族印迹。两公里防浪墙用 10 个章节、887 幅汉白玉浮雕诉说历史、展示鸡西地域文化风采，实现了城市建设与文化延续的融合。恒山国家矿山公园、北大荒书法长廊等也都焕然一新。

抢占制高点，锻造地域文化新平台。在以鸡西名人协会为主要力量的鸡西热心研究者的参与下，不定期举办各种形式的磋谈会、商讨会、论证会，积极探讨新开流文化与肃慎文明之间的历史渊源和在鸡西地区的发展与传承，将研究成果发表在《北疆名人》上。组织有关人士与黑龙江双鸭山挹娄文化组织、吉林满族文化组织跨地区交流心得和研究成果。编辑出版了《鸡西地域文化丛书》、《图说肃慎文化之乡》、《兴凯湖传说》、《兴凯湖非物质文化遗产——老扤舞艺术》、《肃慎文化论文集》，满足深度研究需求。

热情邀请国内权威专家学者到鸡西考察论证。先后有黑龙江省社科院历史所、新开流遗址发掘参与者、大清史编纂委员会、中央民族大学、首都师范大学、长春师范大学东北民族历史与文化研究中心、吉林省民俗学会等科研院所及 50 多位专家学者莅临鸡西，就新开流文化与肃慎族系先民的历史渊源、肃慎文化中女真族系的民族学问题、新开流文化与渔猎文明、肃慎贡物楛矢石砮、黑龙江渔猎文化遗存等研讨课题，进行广泛深入的研讨，撰写论文百余篇。权威学者界定了新开流文化由 6000 年提早到 7000 年的历史。先后于 2012 年的春、夏、秋三季，分别举办了 2012 中国鸡西兴凯湖绿色发展研讨会、2012 中国鸡西兴凯湖肃慎文化高端论坛、鸡西肃慎文化民间艺术节等三项大型活动，增强鸡西肃慎文化的厚重感和历史感，寻求专家学者的深度支持。

营造浓厚的舆论氛围。在全市各县(市)、区主要街路,悬挂巨型广告牌匾,将相关信息告之于民。在鸡西新闻网站以及市内各主流媒体,刊发有关地域文化的动态性消息,电视媒体推出精心打造的专题片。活动期间,中央、省及香港40余家媒体进行了大篇幅跟踪报道,发稿150余篇,并在中央电视台黄金时段的《新闻联播》节目中播出,提升了鸡西"满族祖先肃慎人发祥地"的影响力和美誉度,使社会各界对鸡西刮目相看。

平湖出高台　地方经济的新面貌

"文化掘金"之旅让"在发展中保护,在保护中发展"这一绿色发展理念成为全市共识,为鸡西绿色发展提供了厚重的文化依托,促进了地方经济社会的有序发展,带动了兴凯湖环境保护和自然资源开发力度。地域文化的发展和定位有效带动了肃慎渔猎文化赖以生存的环境保护和开发。成立了兴凯湖保护协会,建立了保护基金,谋划了生态修复和生态移民等260个项目,将兴凯湖保护纳入国家生态良好湖泊保护规划,上升为国家战略加以推进。与俄罗斯联合开展鸟类资源监测、调查研究工作和鸟类环志工作。利用湿地日、爱鸟周、野生动物保护宣传月等契机,开展大型宣传教育活动和大、中、小学生的社会实践活动。建设了鸟类救护中心等基础设施和湿地公园、游船码头、观景平台等生态旅游设施。在鸡西"文化掘金"之旅中,有关兴凯湖大白鱼的传说由来已久,且日渐丰富。兴凯湖大白鱼是我国四大淡水名鱼之一,由于掠夺性捕捞等多种原因造成兴凯湖大白鱼年产量逐年下降。为挽救这一珍贵水产资源,鸡西市经过艰苦努力,在亲鱼采集、运输、亲鱼培育、人工催产各个环节取得突破,人工催产兴凯湖大白鱼获得成功。2012年繁育规模进一步扩大,建立了兴凯湖大白鱼繁育放流基地,促进了招商引资。肃慎文化提供了扎实的文化底蕴和依托,支撑了鸡西人勤奋、热情、务实的作风,孕育并产生了"修身、齐家、爱国、敬业"的鸡西人精神,投资环境优越,带动了招商引资的全面发展。有关数字显示,十二五初期,全市共引进1000万元以上项目612个,国内累计到位资金424.8亿元,实际利用外资2.3亿美元。

双鸭山市

推进公共文化服务体系建设

双鸭山市针对重要场、馆,特别是农村公共文化服务体系建设加大投入,给予倾斜,围绕建设市、县、乡三级网络,全力达成文化基础服务设施全覆盖目标,取得良好效果。在市级重要文化场、馆建设方面,着力加快了建设步伐。双鸭山市的新地标性建筑——市文广大厦主体,目前已完成封顶;新建成的市博物馆对陈列大纲进一步完善,征集抗联、民俗等各类文物3000余件,总价值84万元;双鸭山大剧院土建工程已完成80%以上,预计2013年投入使用;市图书馆与黑煤职院合建工程正式列入市委、市政府的整体规划。在县(区)级文化基础设施建设方面,建成了一批重要文化场馆。全市四县四区共建成4个文化馆、4个图书馆、4个博物馆、123个社区文化活动中心(室)、40个乡镇综合文化站、482个农村文化活动大院(含农家书屋)、20余个群众文化活动广场。友谊县、饶河县、集贤县分别建成了博物馆和文体中心,并已投入使用。在乡镇文化服务体系建设方面,着力加大扶持力度。全市482个村(含友谊农场系列)获得文化信息共享工程的实物补贴;40个乡镇综合文化站获得平均25万元建设补贴资金;县级图书馆获得近百万元的文化信息资源共享工程的资助;全市有415个行政村得到国家"农家书屋工程"专项补贴,每个农家书屋获国家配发价值2万元的图书、音像制品和报刊。有线电视"村村通"工程全部建设完成,市辖56个自然村全部实现光缆联网和地面数字电视双覆盖,光缆及地面数字电视连通率100%。市辖区电视综合覆盖率98.43%,广播覆盖率100%。2012年,全市文化服务基础设施建设已基本实现无盲点、全覆盖。

开展文艺精品创作

双鸭山市文化部门坚持深入实际、深入群众、深入生活的工作原则，充分挖掘地域文化资源，着力打造具有民族特色的百姓文化品牌。通过组织专家学者深入研究双鸭山市的赫哲文化、满源文化、知青文化、抗联文化等具有民族和历史特色的重要文化资源，引导全市专业、业余文艺工作者和埠外文艺工作者吸纳地域文化和民间文化，潜心开展文艺创作。制定并下发了《双鸭山文艺精品工程奖评奖办法》，按照每三年评选一次的周期，由市政府拨款，按照每届投入30万元资金的标准，对文艺精品创作中做出突出成绩的单位和个人予以奖励。扩大评奖范围，将参选作品分为文学(网络文学)、戏剧、电影、电视剧(电视文艺)、广播剧(广播文艺)、音乐、舞蹈、美术、书法、工艺品、摄影、曲艺、民间文学、文艺评论等14个门类，进一步激发了广大文艺工作者特别是相对冷门文艺项目工作者的创作热情。为营造积极的创作环境，由市委宣传部主办，市文联、市文广新局协办开展了“节庆之城 梦幻湿地”2012·双鸭山市文艺家采风活动，组织多位艺术家深入饶河珍宝岛、宝清千鸟湖湿地、七星河国家级湿地、燕窝岛湿地开展了大型采风创作活动，产生一大批优秀文艺作品。

开展城乡群众文化活动

双鸭山市专业艺术团体，坚持“内外兼修、服务群众、贴近生活、弘扬正气”的原则，以“百姓喜欢看什么，我们就去练什么”的服务态度，围绕重大主题，着重打造一批精品文化活动，受到全市人民的热烈欢迎。围绕“学雷锋、树新风”活动，开展“学雷锋送亲情文化下基层演出活动”；以庆祝“三八妇女节”为主题，举办“真情关爱促和谐建功立业展风采演出活动”；围绕庆祝“建团90周年暨五四运动93周年”举办专场文艺会演。此外还举办了“双拥结硕果 共建铸辉煌——双鸭山市纪念建军八十五周年军民联欢会”、“东北亚国际湿地生物多样性保护论坛专场文艺演出”等公益性演出。活动层次、影响都较以往有大幅提升，满足全市人民的精神文化需求。据统计，双鸭山市全年举办“北大荒之都”、“城市之光”、“金色田野”等各类专场或广场演出累计58场(次)。开展送文化下乡活动13场次，敬老院演出2场，农村演出4场，农场演出2场，社区演出4场。参加演出的演职人员每场达60人左右，包含农民、工人在内的观众总人数达5万余人。涌现了大批优秀文化作品，小品《爱在这里延伸》、《非诚勿扰》；大型歌舞《天堂湿地》、《盛世和韵》、《龙腾盛世》等一批精品节目受到专家和群众好评。

伊春市

群众文化活动丰富多彩

伊春市委宣传部、市文广新局主办的迎庆十八大“大森林之声”暨三次创业“春潮之声”、文化“百日工程”系列文化活动正式启动。文化活动旨在唱响时代主旋律，打造特色文化品牌，开展丰富多彩的群众文化活动，进一步展示三次创业精神，丰富创业文化、生态文化、旅游文化。以“红歌红诗唱响兴安”社区文艺节目展演、“红色电影展映季”为载体，开展了迎庆十八大文化惠民“百日工程”活动，举办了三次创业“春潮之声”文艺演出，纪念中国人民解放军建军八十五周年专场文艺演出。全年各地、各单位共组织了各具特色的群众文化活动400余场次，近30万群众享受到了文化服务。南岔“月牙湖之夏”、铁力局“松涛之声”、金山屯“金水欢歌”等文化活动形成了当地群众文化品牌，各地自发组织的广场大众秧歌、健身操等活动也随处可见，全市的群众文化活动正朝着丰富、繁荣、多样的方向健康发展。

文化艺术创作成效显著

全市广大文艺工作者紧扣时代脉搏，全面实施精品战略，推出了一批既具有思想性、艺术性和观赏性，又具有显著地域特色的优秀作品。由嘉荫县创作的一部具有浓郁少数民族文化特色的大型民族舞台剧《鄂伦春神话》，在五花山观赏节期间上演。全剧用传统的民族歌曲、舞蹈展现千百年来古老的鄂伦春人四季生活状况，给观众带来了视觉听觉上的巨大冲击。举办了纪念“毛泽东同志《在延安文艺座谈会上的讲话》发表70周年”座谈会，全市文化部门的负责同志和文艺工作者代表从不同时期、不同角度畅谈了学习《讲话》精神的体会，并就全市如何打造生态文化、旅游文化、创业文化提出建议，市政府副市长李龙吉出席座谈会。广大文艺工作者表示，要热情关注现实生活，创作出表现人民群众真实情感，深受人民群众喜爱，与时代同行的好作品。全市在黑龙江省第十三届群星奖比赛中，共有20个舞台类优秀创作节目参赛，共获得金奖4个、银奖3个、铜奖10个，并获优秀组织奖。

公共文化设施提档升级

加强了县(市)、区(局)、林场、村屯的公共文化设施建设，乡镇文化站和农家书屋建设取得成效。全年完成新建乡镇文化站4个，全市已建成17个乡镇文化站，年底全部投入使用。农家书屋建设成绩显著，继全市205个行政村建成“农家书屋”后，为212个林场职工又争取到“林场(所)书屋”，每个书屋配送图书1530册，价值3万元,共计636万元。在乌马河西岭林场举行了林场(所)书屋启动仪式。全市共有博物馆5个、图书馆19个、艺术馆2个、文化馆16个、艺术剧院1个、文化宫8个、青少年活动中心4个、乡镇文化站17个、社区文化中心51个、村文化室150个、农家书屋462个、文体广场300个，惠及当地群众近45万。

文化体制改革进程加快

全市宣传部长工作会议结束后，伊春市文广新局迅速行动，按照市委、市政府提出的要求，制定了“三定”方案，提交常委会讨论。按国家及省市文艺团体改革的路线图和时间表，撤销了原两个专业文艺院团，成立黑龙江林业文工团有限公司，现已通过工商注册审核，市编制、人事、社保、财政、税务等部门正按照分工全力推进。黑龙江林业文工团有限公司成立后，将按照现代化企业制度要求，完善法人治理结构，推进劳动人事、收入分配和社会保障制度改革，引入竞争和激励机制，全力打造出集文艺研究、创作、生产、演出于一体，艺术门类齐全，资源配置合理的文艺团体。

七台河市

扎实推进文化基础设施建设

七台河市扎实推进文化基础设施建设。稳步推进市综合文化活动中心建设。七台河市文化中心建设项目，经2012年5月28日市长办公室会议研究决定，当年开始启动。该项目由市规划局和市文广新局联合建设，主要由规划局负责，市文广新局协助。文化中心总建筑面积18000平方米，其中：图书馆6000平方米，群众艺术馆7000平方米，博物馆5000平方米。建设地点选择在七台河市学府路南技师学院东侧。该项目已经在市发改委立项，可研报告、土地、设计图等工作已完成，正在筹措和争取上级配套资金，并已报省发改委申请立项。加强社区文化中心和村文化站建设。对全市社区文化中心和村文化活动场室的现状进行了调查摸底，了解各地基本情况，按照因地制宜、分类推进的原则，研究制定标准化建设方案。在资金紧张的情况下，筹措资金8万元为基层秧歌队、文艺队伍购置音响40套、锣鼓镲15套，发放到各基层秧歌队和文艺队伍，为基层开展活动提供了便利。加强乡镇综合文化站建设和管理。将对上争取的价值194万元的灯光、音响设备下发乡镇文化站。乡镇文化站免费开放专项资金39.5万元已全部划拨到位。全市17个综合文化站完成了内部装修，已经投入使用，在科普教育、文艺活动、培训辅导等方面发挥了作用。农家书屋建设有新突破。经积极对上争取,争取到15家农家书屋建设指标,并匹配价值30万元书籍及配套相关物品,发放到金沙新区和部分社区。

提高公共文化服务的质量和水平

群众艺术馆采取多种措施对外免费开放。面向社会大众零门槛免费开办声乐、器乐、舞蹈、美术、表演培训班。培训班没有年龄限制,群众可按照自身兴趣申报参加免费培训。建立艺术培训基地,积极开展文化辅导培训。建立多个艺术培训基地,培训内容涉及东北大秧歌、歌唱基础知识、各种唱法的区别、民族舞的特征、简谱的识别、非物质文化遗产以及教你认识小提琴等课程。一年来,共举办声乐班9次,器乐班12次,舞蹈班5次,秧歌班42次,直接受益人达1万余人次。图书馆开展免费开放工作。为了高质量地做好图书免费开放工作,对馆舍环境和服务设施进行了全面改造。为了更好地方便读者阅览需求,新增加了一个期刊报纸阅览部。取消了办证收费项目,办理借阅证时只收押金,待读者退证时押金全部返还。开展免费送书下乡活动,为福寿园老年公寓、武警支队送书150余种、4000余册。强化区级信息支中心、乡镇图书室、农家书屋和信息共享工程专业队伍的培训和业务指导工作,下基层培训29次,培训各级图书管理员300余人次。认真开展文物免费开放工作。利用"5·18国际博物馆日"和"文化遗产日"开展各项活动,通过设立宣传台、散发传单、张贴标语横幅、文物、书法、绘画,使广大人民群众进一步地了解七台河的历史,提高对文物法律、法规知识的理解,接待观众近万人次。

鹤岗市

大力打造文艺精品

鹤岗市发挥专业创作团体和市文联各协会的作用,通过组织采风活动、加强宣传推介、创造条件等办法,积极推进文艺精品创作工作。创作、排演了鹤岗市首部大型歌舞诗剧《寻梦女真》。鹤岗籍音乐人创作的亚运会歌曲《蓝天》,作为我省的重点作品参加了全国"五个一工程"评奖活动。在第七届"黑龙江文艺奖"评选中,鹤岗市艺术剧院推荐的小品《血,总是热的》荣获曲艺作品二等奖。相声作品《淡门》获得全国少儿曲艺大赛三等奖。王同兴的诗作《国耻石》荣获第四届华夏诗词一等奖。截至目前,鹤岗市共组织创作各类文艺作品500余件,获省级以上奖项80余件。

投资建成鹤岗市青少年科技活动中心

为推进全市青少年素质教育的深入实施,培养学生的创新精神和实践能力,鹤岗市投资建成了市青少年科技活动中心。青少年科技活动中心占地总面积12814平方米,建筑面积5664平方米,计划总投资1500万元。活动中心主体建筑共分三层:一层面积2733平方米,具体包括:多功能演播厅(内含多媒体舞台、智能管理系统)、4D影院(内含声光设备、播放系统)、各类素质培训班(音乐、美术、舞蹈、武术、陶艺等)。二层、三层面积分别为2029平方米、829平方米,共同规划为"希望城堡"活动体验区,具体包括中心广场、探索科技、正义大厅、交通体验、消防试练所和急救庇护所六大区域,各区内设电子屏、投影、触控等声光电高科技科普设备和其他互动器材。活动中心将通过展览、实验、影视、报告讲座等形式,为全市青少年提供一个动手实践和动脑思考相结合的基地,为全市各领域的社会公共事业在青少年中的宣传普及工作搭建一座稳固长效的桥梁。

广泛开展群众文化活动

鹤岗市以各类节会和重大事件为契机,采取专业和业余文艺团体相结合的办法,组织开展了鹤岗市春节联欢晚会,第二十一届"迎春杯"秧歌展演,海之梦萨克斯风大型音乐会,"韩东鹤岗歌友会","城市之光"、"金色田野" 活动启动仪式等群众文化活动20余次。举办了中国·鹤岗中俄界江文化旅游节暨第四届东北东部(12+2)区域合作圆桌会议开幕式文艺演出,邀请阎维文、刘斌、殷秀梅以及俄罗斯、以色列等国中外艺术家与鹤岗市演员同台表演,宣传推介了鹤岗。举办了庆祝建党91周年群众歌会,全市26支合唱团、近4000人参加了演出,营造了欢乐祥和的喜庆氛围。举办了"美在鹤岗"——风光摄影作品展,分别在哈尔滨与鹤岗进行了巡回展出。举办了迎庆"十八大"文艺巡回演出、国画作品展、"激情炫鹤岗"新秧歌展演等活动,进一步丰富了干部群众文化生活。

推进公共文化服务体系建设

加快了重大文化设施建设步伐,市博物馆主体工程和外墙装饰现已完工。投资1200万元建设的青少年科技活动中心项目进入验收阶段。投资4600万元建设的青年志愿垦荒博物馆项目进入外部装饰阶段。推进了文化惠民工程,有线电视数字化率达到90%以上,建设社区图书室30个,全市212个农村和21个乡镇实现了农家书屋、文化站全覆盖,文化信息资源共享工程实现市、县、村屯全覆盖,10支电影放映队免费放映电影1336场。

黑河市

公共文化服务体系建设进一步完善

黑河市图书馆、文化馆、博物馆已全部实现免费开放,累计接待群众213万人次。建立街道、乡镇综合文化站65个,农家书屋598个,农村综合文化大院250个、社区文化中心49个、城市文化广场19个。全市各类文化机构发展到1203个。广播电视"村村通"覆盖率达到100%。市、县、乡、村四级公共文化服务体系框架已基本建立,公共文化服务网络更加健全。形成了"城市之光"广场文化活动、"周末大舞台"、"七彩之冬"、"北安消夏晚会"、"嫩江之夏"等颇具地方特色的群众文化活动品牌。按照国家、省、市非物质文化遗产保护工作要求,制订了科学的保护计划,明确保护责任主体;已完成国家级名录《鄂伦春族摩苏昆》说唱艺术记录式保护工程;鄂伦春族古伦木沓节、五大连池圣水节等4项进入国家级非物质文化遗产保护名录,鄂伦春族桦树皮镶嵌画、北安柳派二人转等12个项目列入省级非物质文化遗产名录。定期开办大规模非遗传承班,给各项名录储存数据影音资料建档立卷。

广泛开展群众文化活动

2012年黑河市"周末大舞台"广场文艺演出共105场,文艺节目形式多样,演出质量不断提高,已成为黑河市公共文化惠民服务的品牌活动。该活动在2012年全省第十三届"群星奖"评比活动中获项目类"群星奖"。完成30集电视剧《黑河风云》的拍摄制作工作。加大艺术创作力度,全市创作剧(节)目作品20余(台)个,如人民艺术剧院创作踢踏舞《大河之舞》等。北安市评剧团创作音乐剧《北大荒新版画》,嫩江县评剧团创作戏曲小品《村里村外转起来》,黑河市戏工室初步完成电视剧《人情火情》校本工作,对该剧本进行修改和完善。深入开展文化下乡活动,全年慰问演出30余场,选派10名专家组成三个专家组,下乡村、下社区、下企业等基层一线,共辅导培训文艺骨干3000人次。举办了"火热时代 多彩龙江"黑河艺术家深入生活采风活动,此次活动共创作15件作品,其中音乐作品《黑河情》、绘画作品《黑河的早晨》、书法作品《对联》获得优秀作品三等奖。

成功举办2012中国国际文化休闲周闭幕式

8月24日,2012中国国际文化休闲周闭幕式隆重举行,闭幕式分为"红毯签名留念仪式"、文艺演出、"乐动城市——2012中国城市之歌赏评"颁奖仪式三个部分。闭幕式文艺演出重点突出"自在中国"这一鲜明主题,通过"游·龙行天下;食·品味飘香;玩·乐活中国;闲·和谐神州"四个篇章诠释了文化休闲的内涵。各篇章都融入了黑龙江、黑河元素。

整台晚会70%的节目都是创作类节目，从不同角度和侧面表达出“自在中国”的主题。在“乐动城市——2012中国城市之歌赏评”评选活动中，黑河市选送的《亲亲的黑河》获得组委会特别奖。

绥化市

文艺精品创作生产成果丰硕

在第四届中国书法“兰亭奖”评奖中，绥化市安达书法家吴庆东作品获佳作奖一等奖，这是绥化历史上在国家级重大赛事中获得的最高奖项。在第七届“黑龙江省文艺奖”评奖中，绥化邢海珍的专著《中国新诗三剑客》获得文艺评论一等奖；付清泉的鱼皮画《远古的回声》获得民间文艺一等奖；陈力娇的小小说集《赢你一生》获得文学二等奖；蔡兴洲的作品《古人书论》、金泽珊的作品《书法册页》获得书法三等奖；刘广利的作品《驼祝幸福》获得摄影三等奖；绥化首次在“黑龙江省文艺奖”文学评论和民间文艺两个奖项中获得一等奖，取得突破性成果。为全面展现三入火海阻爆排险的“最美警卫战士”高铁成英雄事迹，深入挖掘英雄壮举背后的心路历程和成长点滴，按照省委宣传部的工作部署，绥化市委宣传部甄选骨干作家，精心撰写了反映高铁成典型事迹的报告文学《军魂赤子·火海丹心——记“最美警卫战士”高铁成》。作品全文共5700多字，注重贴近火热时代，捕捉点滴细节，展示平凡瞬间，彰显偶然背后的必然，朴实无华却感人至深，具有极强的时代性和感染力。

公共文化服务体系建设日趋完善

立足于保障群众文化诉求，千方百计推进文化惠民工程建设，公共文化基础设施建设实现了由旧到新、由单一到配套的跨越式发展。目前，全市建有公共图书馆11个，总建筑面积19916平方米，下辖三市六县分别有一个图书馆，北林区有一个图书馆和一个少儿图书馆。其中，肇东市图书馆为国家二级馆，安达、海伦、绥棱、兰西、青冈、明水、望奎7县（市）图书馆为国家三级馆。文化馆共有11个，包括市科技馆和下辖三市六县一区各一个文化馆，总建筑面积为20683平方米。其中，肇东市文化馆、庆安县文化馆为一级馆，兰西县文化馆为二级馆，市科技馆、望奎县文化馆、海伦市文化馆为三级馆。市县两级1万平方米以上的大型文化广场23个，3000平方米以上乡村文化广场321个、300平方米以上的标准化乡镇综合文化站157个、50平方米以上的标准化村级综合文化活动室1336个；建成市、县两级文化信息资源共享支中心11个、基层服务网点1329个、标准化“农家书屋”1336个、文化大院及文化活动中心户10030个。全市形成了市县乡村四级布局科学合理的公共文化服务体系。

开展群众性文化活动

广泛开展各具特色的群众性文化活动，让先进文化走进基层，融入生活，惠及百姓。节庆文化活动持续不断、高潮迭起；“寒地黑土·金色舞台”品牌文化活动主题突出、特色鲜明；校园、企业、社区、军营等群众文化活动此起彼伏、好戏连台。以“繁荣特色文化·助推经济发展”为主题，组织开展了第五届“寒地黑土·金色舞台”系列群众文化活动，全市仅大型广场文化活动就达260余场次，进一步丰富了群众精神文化生活。

大兴安岭地区

加强文化基础设施建设

积极推进全区3县4区所辖的12个乡、23个镇综合文化站建设，并配齐配强专职工作人员，41个社区达到省级标准。全面实施广播电视“村村通”、文化信息资源共享、乡镇综合文化站、农村电影放映、农家书屋建设、非物质文化遗产保护和有线电视数字化“七大文化惠民工程”。在全省率先完成村村建有“农家书屋”的目标；建文化信息资源共享工程地级中心1个、县级分中心3个、乡镇共享点22个；已建成广播电视发射机110部，全部实现了显像管到集成再到数字固态化，建成发射塔23座，转播台站23个，无线电视覆盖率达到了90.12%，无线广播覆盖率达到了88.15%。提前实现20户以上已通电自然村通广播电视的目标。今年放映电影151场，送文化下乡100余场，送戏40余场，实现了“政府买单，群众看戏”。

广泛开展群众文化活动

以迎庆党的十八大为主题，以丰富群众业余文化生活为内容，广泛开展“城市之光”、“金色田野”、“欢乐校园”暨迎庆党的十八大群众文化活动，举办了“颂歌献给党喜迎十八大”暨纪念中国共产党成立91周年大型广场文化活动、“幸福兴安美满家庭”广场文艺演出、庆祝中国人民解放军建军85周年联欢晚会；举办了“张桂春影楼杯”摄影比赛、“提升文化素质展主力军风采”和“古莲河煤矿杯”迎庆十八大有奖征文。同时，举办全区文化馆（站）免费开放培训班3期，深入社区基层进行文化艺术辅导培训10余次，培训业余文艺骨干30余人，免费为广大群众提供排练室、娱乐活动室等公共文化场所，极大地满足了职工群众求富、求知、求乐、求美的精神文化需求。在黑龙江省第十三届“群星奖”比赛活动中，大兴安岭地区获得3枚金牌、5枚银牌。

加强文化资源保护利用

先后4次到十八站和白银纳两个鄂伦春民族乡开展非物质文化遗产的挖掘、保护和传承工作，在塔河县和谐广场组织举办了鄂伦春族民歌及传统手工艺展演、展示活动，对两乡鄂伦春族民歌手录音、录像并拍摄纪录片。开展鄂伦春族语言、民歌、桦树皮手工艺制作的传承活动，举办“全区非物质文化遗产培训班及保护项目技能展示”比赛，包括鄂伦春族语言、民歌、刺绣、剪纸、桦树皮技艺、兽皮手工艺制作等。挖掘森林、冰雪、北极、民俗、管乐文化资源，加大对地域文化资源的开发利用，有效发挥对大兴安岭地区文化旅游产业的拉动作用。

绥芬河市

公共文化服务体系建设进一步完善

绥芬河市图书馆、群众艺术馆、博物馆已全部实现免费开放，累计接待群众近11.6万人次。乡镇综合文化站2个，农家书屋11个，农村综合文化大院2个、社区文化中心4个、城市文化广场13个。全市各类文化机构发展到16个。广播电视“村村通”覆盖率达到100%。市、镇、村三级公共文化服务体系框架基本建立，文化信息资源共享工程、农家书屋工程、乡镇综合文化站工程在全省率先实现100%覆盖，农村电影放映工程超额实现每月每村放映一场电影的要求，公共文化服务网络更加健全。贯彻落实十七届六中全会《中共中央关于深化文化体制改革推动社会主义文化大发展大繁荣若干重大问题的决定》，认真谋划“十二五”期间文化、广播电视、新闻出版工作发展规划，推进建设三馆一中心项目（三馆包括博物馆、图书馆和档案馆，一中心由群众艺术馆、妇女儿童中心、青少年宫、全民健身中心和对外友好服务中心组成）、民间藏品博物馆、嘎丽娅纪念馆等公益文化设施；改进和加强农家书屋工程、乡镇综合文化站、社区文化中心（文化室）的建设和管理工作。加快“六进”工作步伐，扩大覆盖面，丰富活动形式和内容。按照国家、省、市非物质文化遗产保护工作要求，制订科学的保护计划，明确保护责任主体；对5项已经列为牡丹江市级非物质文化遗产项目加强保护，进一步完善相关的文字和视频材料，定期走访非物质文化遗产的传承人，做好非物质文化遗产的传承和保护工作。圆满完成第三次全国文物普查总结验收工作。将绥芬河市6处省级文物保护单位以中东铁路附属建筑名义打包申报国家级文物保护单位，将13处市级文物保护单位向省文化厅申报省级文物保护单位并制定了保护区规划。文广新体局积极参加全国第五届“薪火相传——中国文化遗产保护年度杰出人物评选”活动，绥芬河市推荐的孙伯言同志成功当选。在文物征集方面，共征集文物300余件，新发现部分上世纪30年代绥芬河市老照片等珍贵文物，弥补很多历史空白。

广泛开展群众文化活动

圆满完成文明城颁奖暨“龙腾口岸 唱响春天”大型文艺演出系列活动(第24届元宵文化节)、“多彩山城”系列活动、“兴佳杯”中俄电视歌手大奖赛、庆“七一”倡文明万人大巡游、绥芬河市第一届职工合唱节等一系列大型群众文化活动任务。形成了元宵文化节、三合林广场演唱会、多彩山城系列活动等群众文化品牌。其中，“兴佳杯”中俄电视歌手大奖赛和庆“七一”倡文明万人大巡游活动，开创了绥芬河市群众文化活动规模、组织层次和社会影响力三项新纪录。文广新体局深入开展以“六进”为平台的送文化下乡系列活动，市图书馆先后开展“与雷锋精神同行”、世界读书日“阅读，让绥芬河更美丽”等系列活动和“彩绘春天·感恩母亲”三八节亲子活动等专题活动，累计达41场次。两镇文化站积极发挥作用，组织策划各类群众文化活动，为广大市民献上了丰富的文化盛宴。

省农垦总局

全面加强文化建设

按照省农垦总局党委《关于推动北大荒文化大发展大繁荣实施方案》要求，全面推进北大荒文化的发展创新，增强北大荒文化软实力，努力推动北大荒文化大发展大繁荣。开展了北大荒文化建设示范区创建工作，已有30%的单位基本达标。深入开展以“讲北大荒历史、树北大荒英模、读北大荒经典、唱北大荒歌”为基本内容的广场群众文化体育系列活动。共举办各种文艺演出4000余场，各类比赛活动3600余场，展出各类艺术作品5000余幅，垦区120余万人参加活动，创历史新高。完成了首届北大荒文化旅游节筹备策划参与工作，并精心组织了专场文艺演出。举办了首届北大荒少儿版画大赛，共计309件少儿版画作品参加比赛并展出。

开展文体系列活动

做好《全面健身计划》的贯彻落实，广泛开展了“十百千万”活动，举办了“隆盛杯”排球赛，13支代表队、200多名运动员参赛；举办了“百场万人舞太极”比赛。举办各类体育活动670余次，参与人数达90万人次。举办了纪念垦区开发建设65周年成就摄影展、少儿版画精品展，共展出100幅摄影作品、100幅获奖少儿版画精品。11月在九三管理局举办了垦区第十二届戏剧曲艺声乐舞蹈四项比赛，共有16支代表队420余名文艺工作者参加比赛。

打造文化艺术精品

联合总局教育局、北大荒文工团于4月份在京举办为期10天的第十一期文艺创作培训班。举办了北大荒第三期教师版画创作班，53名学员参加。推荐申报省第十三届“群星奖”比赛，有12件作品分获金、银奖项。推荐申报第七届“黑龙江文艺奖”评奖工作中，大型电视文艺晚会《中华大粮仓》和摄影作品《春江水暖》荣获二等奖。推选30幅版画参加《黑土情》当代版画展，5幅作品入选《黑龙江版画院院展》，3幅版画作品被湖北美术馆收藏，3幅版画入选黑龙江省美术作品进京展。评选了北大荒第一批文化地理标志，出版了《北大荒文化地理标志》，收录了213篇稿件。完成了《仰视你，北大荒》电视文献片的制作播出工作，编发了《北大荒——中华大粮仓》电视专题片和《北大荒群众歌曲集》图书。

文化产业发展

省委宣传部

以整合重组为牵动，加快骨干企业集团建设

推动优势资源向主导产业、骨干企业集中，支持有条件的文化企业以资本为纽带，跨区域、跨行业、跨所有制兼并重组，实施集团化经营，重点推进省出版集团、报业集团、演艺集团、广电网络公司、文投集团等省级骨干企业建设，加快推进哈尔滨报业集团、大庆新闻传媒集团、大庆文体旅集团、牡丹江新闻传媒集团、鸡西演艺集团等地区性龙头企业发展。一批改革到位、成长性好的大型国有文化企业不断壮大。2012 年，省出版集团主营业务收入 24.62 亿元，利润 10554 万元，成功跨越亿元大关，成为全国发展速度最快、最具潜力的出版集团之一。黑龙江省广播电视网络股份有限公司资产 21 亿元，经营收入 12 亿元，较上年增长 9.1%。

课题式谋划，工程化推进，文化产业项目支撑能力明显增强

深入实施项目带动战略，全省上下“突出抓产业发展、关键抓项目建设”的氛围日益浓厚。

完善机制推进项目。建立《黑龙江省宣传文化系统“八大工程”项目库》，把文化建设“八大工程”分解为 144 个具体项目，将列入全省“十二五”文化产业发展规划的 20 个重大捆绑项目细化为 126 个子项目，制定建设任务书，签订工作责任状，编制项目管理台账，有序强力推进。截至 2012 年底，全省已建、在建超千万元项目 83 个，其中，超亿元项目 59 个，年内投资 109.3 亿元。

加强园区承载项目。借鉴工业园区、经济开发区、高新技术开发区等建设经验，制定《黑龙江省省级文化产业园区、示范基地认定和管理暂行办法》，加强主导产业定位、产业链条构建、内部运营管理，园区基地集聚效益、孵化功能显著提升。截至 2012 年，全省共建成国家级文化产业试验园区 1 个、国家级文化产业示范基地 8 个、省级文化产业园区基地 56 个，带动了文化旅游、新闻传媒、出版发行、影视制作、演艺娱乐等产业的快速发展。黑龙江(大庆)国家级文化创意产业试验园、哈尔滨(群力)文化产业示范区、黑龙江现代文化艺术产业园区承载重大项目 36 个。

打造品牌带动项目。依托特色文化资源，实施品牌营销策略，延伸品牌产业链条，提升品牌带动效应，一批市场潜力大、展现龙江文化特色和风格的品牌项目快速发展。中国·哈尔滨国际冰雪节、中国·黑龙江国际文化艺术之冬、中国国际青少年动漫周、哈尔滨之夏音乐会等文化节会品牌效应日益显现；冰尚杂技舞蹈、“小笨熊”、“雪娃”、“龙娃”、“云奇飞行日记”等文化产品品牌在全国影响广泛；大庆国家文化产业试验园、省动漫产业发展基地、群力文化产业示范区等文化园区品牌实力不断壮大。在项目建设的带动下，全省文化产业实现了快速发展，2012 年增加值有望达 400 亿元，增幅约 40.3%。

深化产业融合，发展新型业态，文化产业升级步伐不断加快

按照“以大融合推动文化产业大跨越”的发展思路，积极探索“文化+”融合发展模式。

促进文化与科技融合。大力发展文化科技基础技术研发，提高文化企业装备水平和文化产品科技含量，推动传统文化产业改造升级。建设中国云谷，已签约重点项目 12 项，协议投资近 300 亿元，汇聚企业 300 余家。哈尔滨市被评为首批国家级文化和

科技融合示范基地。

促进文化与金融融合。推动文化产业与各类资本对接,统筹企业、银行、银监、担保等社会力量助力文化产业发展。省委宣传部与国家开发银行股份有限公司黑龙江省分行签署规划合作协议,为黑龙江广播电视网络股份有限公司、中华巴洛克历史文化街区项目建设融资 50 亿元和 17 亿元。

促进文化与旅游融合。整合文化资源,提升旅游景区、景观、景点文化内涵。加快哈尔滨太阳岛风景区、齐齐哈尔市昂昂溪区俄罗斯风情小镇、大兴安岭漠河北极村文化景区等文化旅游园区建设,重点打造北极村、五大连池、镜泊湖、亚布力等 15 个主题各异的文化旅游名镇。

促进文化与信息技术融合。推动信息产业技术广泛运用于文化产品与服务生产、传播和消费等。与新华社合作,建设新华(大庆)国际石油资讯中心,2013 年可实现交易额 300 亿元。

促进文化与地产融合。依托城区开发,结合数字图书馆、数字电影院等新型文化设施建设,采用嵌入式、融入式等方式,将公共文化服务和影视、动漫、音乐、创意文化经济等多元文化商业元素以及住宅、购物、餐饮、休闲等传统商业元素有机整合,建设新型城市文化综合体。目前,大庆、七台河、北安等新型城市文化综合体正在加快建设。

促进文化与教育融合。借助教育产业的科研、人力、智力等资源,推动文化产业创意研发、人才培训、企业孵化、转化交易。依托哈尔滨师范大学建设黑龙江现代文化艺术产业园。

促进文化与体育休闲融合。着力延伸体育休闲产业价值链中文化资源的策划、研发、组合、设计等环节。整合大庆市文化、体育、旅游资源,组建大庆文化体育旅游集团。

促进文化与物流融合。创新现代文化产品流通组织形式,加快文化产品物流中心建设,推进现代文化产业连锁经营、文化电子商务建设。集网络农资交易平台和农村生活资料连锁超市于一体的黑龙江农村生产生活用品交易平台系统已经建立。

省广播电影电视局

推进传统广播介入新媒体、新业态

2012 年, 电台以新兴产业崛起为发展理念,立足实际,脚踏实地,着力调整产业结构,逐渐打破单纯依靠广告运营支撑发展的传统格局,实现新媒体与传统媒体融合,构建起媒体介入运营推广的全新现代服务业态和电子商务业态, 在会展、旅游、演艺、动漫配音、影视制作、云平台内容研发等产业项目发展中实现新突破。2012 年全年广告全口径收入 3.96 亿元,同比增长 17.86%,全台其他产业产值全年实现 7829 万元,同比增长 74%,进一步巩固和提升了龙广产业发展综合实力,实现产业经营连续增长的喜人态势。

在广告经营上, 电台秉承 "管理型向经营型转换"、"非专业型向专业型升级"、"事业型向企业型变革"的工作思路,践行"实效传播"主张,创新服务方式和营销手段,加强了策划和市场掌控能力,逆势上扬,稳中有进,保持了两位数的增长速度,保持全国电台十强位次,维系了传统广告稳定发展的局面。

一是有效利用广告营销,实现社会效益和经济效益的全面提升。在实际营销过程中,借助与商家线上线下互动的方式,打造立体化营销新模式。在"3·15"黑天鹅主题销售日活动当日,共计实现销售额 1500 万元, 创下龙江地区单日单店家电销售最高纪录;在苏宁电器主题销售日活动中实现销售额 2200 万元,再次刷新了一个月前龙广自己创造的纪录,印证了龙广品牌的宣传力和影响力,实现了社会效益与经济效益的双丰收。

二是探索分账式营销新模式, 拓展营销新渠道。龙广房产暖春行动第一季, 仅 12 天时间, 326 套房源销售一空,实现销售额 1.98 亿元,创下我省房地产行业单一楼盘单次团购的最高纪录。2012 年全年相继开展了 7 场房产团购活动,通过分账式的创新广告收入模式,总计创收达 620 万元。

三是引入会展营销新理念,引领会展营销时代的到来。第三届龙广汽车文化节两季活动在行业销售淡季、新车未下线、消费者观望居多的背景下,用短期活动迅速提振市场表现。

四是创新营销互动理念,创造人气销售新速度。天涯之声年货大集历时5天,客流15万人次;首届婚博会签订意向性合同额7000万元;首届龙广皮草欢购节实现单场平均销售额提升1000%。

五是利用公益化营销方式,构建公益化介入营销新渠道。通过节目宣传,积极整合资源,组建了"餐饮企业诚信联盟",目前已有70余家餐饮企业加入。

从2012年产业公司整体运行来看,电台既有的产业公司都已经形成一定发展规模,会展、旅游、演艺、动漫配音、影视制作、云平台内容研发等产业项目稳步推进,实现规模和效益的全面提升。全新成立的云绿公司积极发展绿色食品项目,成为省电台产业发展中实体项目的代表,产业经营多元化、多渠道发展的态势已经初步形成。全台新兴产业产值2011年实现4489万元,2012年实现7829万元,同比增长74%。同时,"基于绿色食品平台的电子商务建设项目"、"多媒体声音制作识别系统、网络化智能调频监控系统"、"中小企业信息发布及订单识别系统项目、为农服务项目"等一批重点项目,获得国家及省市有关部门资金扶持,有力推动了我台产业整体规模的发展。在2012年新兴产业发展中,省电台实现了以下四点新突破:

一是数字声音创意产业实现新突破。龙脉影艺公司全年累计申报国家、省级项目扶持五项,获国家扶持资金140万元,与平房动漫基地联合申报获国家扶持资金50万元;全年完成10部广播剧代制、14部动画片后期配音制作、14部电视宣传片制作,新创作的首部原创动漫片《三字经》已在央视少儿频道播出;成立了中国动画学会声音委员会,为龙江未来动画产业奠定了良好的声音基础;出色完成《时代楷模》——最美女教师张丽莉宣传片制作任务。与国际台合作拍摄《对外实景汉语》节目,开发新的产业增长点;集全台之力,完成20万小时声音作品录制存储工作。

二是文化旅游、文化会展、文化演艺产业项目发展实现新突破。成功举办大庆雪地温泉体验之旅、大庆休闲养生之旅、伊春秋冬旅游文化节等旅游推介活动,实现了社会效益和经济效益的双赢;与大庆连环湖、鹤鸣湖景区签署了战略合作协议,文化旅游产业向纵深拓展;与漠河县委、县政府签署"北极之声"项目,目前前期准备工作正在积极筹备中;那英哈尔滨演唱会实现首次商演试水获利120万元;吴迪音乐工作室全年外包项目收入82万元、广告携带收入16.8万元、各类巡演项目招商获得赞助收入120万元、台内公益活动演出市场划价110万元,总计实现收入328.8万元。

三是新媒体产业项目发展实现新突破。与中国移动合作开发手机终端销售业务,销售手机17000台,实现产值2500万元,创造了龙江手机销售速度的新纪录;全新成立的云绿公司在有机蔬菜配送、有机大米营销等绿色食品项目运营中取得初步成效,2012年实现销售收入172万元。

四是产业发展政策环境营造实现新突破。全年依托于产业项目争取产业发展扶持资金1890多万元,取得历史性突破;组织了全台15个项目申报2012年度的全省文化事业建设费;在龙江银行、浦发银行、交通银行获取2.6亿元的信用额度支持,全新助力于龙广产业项目的发展,为产业项目发展提供扎实的资金支持和保障。

电视台六大产业板块多元发展

2012年,黑龙江电视台在坚持社会效益前提下,努力提高经济效益,广告经营、有线网络、内容产业、电视购物、文化旅游、新媒体业务六大产业板块多元发展,齐头并进,态势良好。

产业发展上坚持战略先行,策划先行,从而保证了产业发展的高起点和高质量。2012年6月,黑龙江电视台专门成立了台产业发展项目推进组,围绕六大板块进行充分调研论证,广泛吸收国内外的先进经验,按照高起点、产业化、市场化的要求,设计规划全台产业发展,使黑龙江电视台的产业发展步入快车道,台属企业经营趋势向好。全台产业全口径计算,产业总收入突破25亿元。

创新运营机制,提高经营能力,广告收入逆势上扬。2012年全国经济下行,在电视广告市场低迷状态下,黑龙江电视台克服诸多不利因素,创新经营方式,继续实行广告经营部门与频道的联动机制,实施南拓战略和渠道开发策略,将广告营销中心前移,做大在北京的全资广告公司北京龙视嘉华公司,向南方目标市场大力推进。

在全台共同努力下,2012年全台广告收入达到11.96亿元,同比增长26%,超额完成了金牌指标,增幅在省级电视台中位居前列。全台广告收入四年实现翻一番。

实现对黑龙江广播电视网络股份有限公司绝对控股,形成产业新的增长极。2012年全年实现收入12亿元,同比增长10%。

龙视文化传媒集团迅速成长,收入过亿元,向省内大型文化企业目标迈进。2012年,黑龙江电视台以龙视文化传媒集团为主要牵头单位,成立了电视剧工作推进领导小组,探索做大电视剧等内容产业。与大连天歌及金牌编剧高满堂合作的《闯关东前传》已进入中宣部和中央电视台一套黄金档审查阶段;电视剧《警中警之警中兄弟》已经进入后期制作阶段。与中国电视剧制作中心联合摄制的电视剧《金婚》已进入剧本改编阶段。龙视文化传媒集团还曾参与投资《狂飙支队》和《樱桃》的制作。

为了引入先进运营管理经验,黑龙江电视台台属企业黑龙江龙视购物有限责任公司与上海东方电视购物合作,出资组建龙视东方电视购物有限公司。2012年7月26日,“龙视东方购物”正式开始运营,分别在省有线电视数字网开播购物频道,在黑龙江电视台第七频道开设购物时段,目前,呈现出良好的经营局面。截至2012年年底,电视购物板块累计收入突破2500万元。

作为旅游板块的龙头,龙塔2012年收入再次创下历史新高,总收入达到3612万元,比2011年增长了544万元,利润实现358万元。

2012年,龙视文化传媒集团各项产业收入达到1.2亿元,同比增长75%。

黑龙江影视产业园作为黑龙江电视台的大型文化产业项目,已经被列入《黑龙江省“十二五”规划纲要》中的重点文化产业项目。2012年,黑龙江影视产业园项目已经完成规划设计,建成了面积为3200平方米的目前东北最大摄影棚,由黑龙江电视台出品的《闯关东前传》在这里完成了内景拍摄。

着眼新兴产业,努力抢占新媒体发展制高点。为在新媒体战略布局中拔得头筹,牢牢占据未来媒体传播的核心地位,2012年黑龙江电视台初步与中央电视台IPTV集成播控总平台和百视通公司确定了合作关系,将依据上一级播控平台的技术要求,逐步打造以哈尔滨为中心辐射全省的IPTV电视网络。同时着手搭建基于移动互联网的手机电视平台,力争将平台建设成黑龙江省最具权威性的手机视频互动传播平台,抢占新媒体制高点。2012年,网络广播电视台游戏频道正式上线,同时开通网站付费功能,拓展了盈利空间。数字频道“考试频道”自2012年2月27日正式开播以来,以其精彩的节目内容,丰富多样的节目形式,深受电视观众喜爱,成为黑龙江地区影响最大的专业教育频道。黑龙江电视台累计发展CMMB手持电视用户29万户,2012年新增12.3万户。

省新闻出版局

全省新闻出版业总产值增长

2012年全省新闻出版业实现总产值105.6亿元,占文化产业核心层产值的56%,同比增长15.5%;增加值32.6亿元,同比增长15.9%;利润总额8.7亿元,同比增长15.9%。规模以上企业运营良好,黑龙江出版集团实现主营业务收入16.5亿元,利润总额1.06亿元。黑龙江省图书音像发行集团主营业务收入达11.3亿元,利润总额2154万元。黑龙江日报报业集团和哈尔滨日报报业集团主营业务收入分别实现4.4亿元和4.7亿元。稳步实施《黑龙江省新闻出版业“十二五”规划》,建立了产业项目联席会议制度,明确了产业项目推进的原则、任务以及操作程序,2012年在建和计划实施的10个项目进展情况良好。

哈尔滨市

推介项目,寻求合作

借助第八届深圳文博会平台,举办黑龙江省及哈尔滨市文化产业重点项目推介会和哈尔滨文化产业招商日活动,向海内外客商宣传推介哈尔滨市60余个文化创意鲜明、科技含量高、市场潜力大、发展前景广阔、集群化发展趋势突出的文化产业项目。涉及广播影视、新闻出版、演艺娱乐、文化创意、数字出版、动漫游戏、移动多媒体等10余个传统和新兴文化业态,招商总额319亿元,融资额54亿元。平房区国家现代服务业新媒体产业基地项目、哈尔滨出版社股份有限公司数字出版基地项目、哈尔滨红博商业成立哈尔滨红博天鸣文化公司项目等12个文化产业项目作了重点推介。哈尔滨市盛源文化传播股份有限公司与黑龙江辰龙鸿远文化发展公司收购动漫衍生品连锁经营公司项目、哈尔滨马迭尔集团股份有限公司与深圳文化产业(国际)会展有限公司中国冰雪动漫世博会暨第三届哈尔滨国际冰雪动漫展项目、哈尔滨伏尔加庄园文化旅游有限公司与深圳市火火文化传播有限公司伏尔加小镇文化创意产业区建设项目等16个文化产业项目现场签约,签约总额达30.83亿元。本次招商活动是哈尔滨市首次走出去开展文化招商的成功尝试,改变了以往只有经济招商、工业招商、农业招商等招商活动的格局,实现了“文化搭台、文化唱戏”。

重点展示,吸引投资

抓住第23届哈洽会在哈尔滨市举办的有利契机,组织全市重点文化企业参加,集中展示哈尔滨市文化+创意、文化+科技的文化产业发展特色。本次哈洽会,哈尔滨文化展区“一主两辅”,主展区占地面积60余平方米,两辅展区平房动漫产业园区和群力文化产业园区合计占地50平方米,主要以灯箱图片展示和实物展示为主,共展出80余件各类展品。其中包括俄罗斯油画、影画、冰雪画、鱼皮雕塑、麦秸雕塑、玉石雕塑、木雕和剪纸等。同时,大力推介平房动漫产业园区、群力文化产业园区、西城红场文化创意产业园区等,吸引中外客商参与合作。展会上,哈尔滨市的城市智能支付应用系统、伏尔加小镇文化创意产业园区建设和西城红场创意基地等文化产业项目进行现场签约,签约总额达到4亿多元。

制定《中共哈尔滨市委关于加强文化名城建设的实施意见》的责任分解

利用1个多月的时间,将《中共哈尔滨市委关于加强文化名城建设的实施意见》进行细化和分解,把“推进社会主义核心价值体系建设、打造特色文化、推进文明城市创建、加强公益性文化事业、加快发展文化产业、坚持正确舆论引导、深化文化体制改革、加强领导”等八个重点内容分解成63项工作任务,并广泛征求相关部门意见,形成工作文件,以市委办公厅名义下发,确保了《中共哈尔滨市委关于加强文化名城建设的实施意见》各项目标任务在“十二五”时期顺利完成。

开展“十佳文化企业”评选活动

精心制定工作方案,以市委宣传部文件的形式下发给各区县(市)、市直有关单位和相关文化企业,在媒体上进行广泛宣传,通过开展活动,宣传展示哈尔滨市文化体制改革和文化产业发展成果,培育壮大骨干文化企业,推动文化产业跨越式发展。进一步完善文化产业统计体系,在省内率先建立区、县(市)文化产业统计调查工作体系,全面、准确掌握全市各区、县(市)文化产业发展情况,为各级党委、政府科学决策和宏观管理提供依据。

齐齐哈尔市

文化产业发展势头强劲

经省委宣传部和省发展改革委员会确定，罗西亚大街综合性旅游文化项目、扎龙湿地文化博物馆、吉成动漫产业基地、鹤文化产业园、扎龙满族风情文化产业园、东湖芦苇画工艺品有限公司、克东满绣示范基地、克东金成剪纸产业基地、克东木雕文化产业基地、依安粗陶泥塑产业基地、依安县剪纸产业基地、依安县满绣产业基地、富裕县文化产业园工艺品加工基地等13个项目入选“黑龙江省十二五期间重点文化产业项目”，并在第八届深圳文博会期间以各种方式进行了重点宣传推介。召开了100集原创动画片《神鹤丹丹》宣传推介会，动画制作工作已全部完成。组织重点文化企业、高校、部分县(市)区委宣传部等相关单位和部门参加了第八届深圳文化产业博览会，并取得了丰硕成果。俄罗斯风情小镇建设项目、扎龙湿地文化旅游产业开发项目得到了重点宣传推介；昂昂溪区政府与北方兄弟文化传媒(昂昂溪)中俄题材影视拍摄基地有限公司就建设“北方兄弟电影传媒学院、影视制作中心、影视旅游景区”项目进行意向性签约；神鹤影视文化传媒有限责任公司与北京国学之韵文化传媒有限责任公司就动画系列片《神鹤丹丹》文化衍生产品开发项目进行了意向性签约。齐扎公路沿线文化旅游产业带开发项目、昂昂溪俄罗斯风情小镇建设项目、神鹤丹丹生态娱乐园项目等13个项目成功入选《2012——黑龙江省重点文化产业投融资项目册》。

牡丹江市

启动首次文化产业普查工作

首次全市文化产业统计由市委宣传部牵头，市委常委、宣传部长任文化产业统计工作领导小组组长，统计部门负责具体实施，文化、旅游、工商、税务以及各县(市)区等相关单位和部门配合，各单位之间分工协作、密切配合、同频共振，工作开展有条不紊。在工作中着重强化依法统计，各级宣传文化主管部门和基层单位的领导牢固树立法制观念，明确各自的权利、义务和责任；各级统计部门指导各文化基层单位建立、完善统计台账、统计档案资料管理制度，使统计基础工作规范化、制度化；统计工作人员严格统计操作规程，严格按照工作方案中的要求办事，确保文化产业统计的科学性、准确性、权威性；各基层文化单位、各企业主动配合统计工作，确保源头数据真实可靠。在做好基础性统计的同时，加强统计数据的研究，加强横向、纵向的分析，特别是与先进地区的对比分析，与其他产业的对比分析，为市委、市政府决策提供更多有深度、有观点、有针对性的分析报告。

推进牡丹江市文化产业园区建设

整合全市各部门力量，高标准完成牡丹江市文化产业园的规划论证和立项工作，确定文化产业园的规划定位和发展方向，明确融资方式和渠道，围绕八大主导产业谋划包装项目，筹备了一批成熟的项目等待入驻园区。目前已确定入区项目5个，其中，2个项目已经开工建设，3个项目正在进行控详规划。项目总投资15亿元以上。

建立文化产业项目库

对全市非物质文化遗产和历史文化遗址(遗迹)进行梳理和登记，确定了资源开发的基本方向。大力促进文化与旅游产业的相互融合，加大文化旅游项目谋划力度，2012年新谋划项目10个。以提高区域公共文化服务水平为目标，促进文化与民生相结合，谋划包装公益服务、体育休闲和观光体验类项目17个。全年共谋划文化产业项目106个，文化项目储备由2011年的12项增加到118项，项目总投资超过100亿元，基本完成全市文化项目库建设任务。

积极推介本市文化企业

在深圳文博会、哈洽会期间，积极为本市文化企业和文化产品搭建推介平台，共计 10 户企业 40 多种文化产品参展，纳入全省文化产业重点招商名册推荐项目 7 个，招商额 2 亿元，牡市参展企业、产品以及招商项目在全省位居前列。其中，南江村文化旅游开发项目、空间八度娱乐城建设项目在哈洽会上签约，镜泊小镇文化旅游项目在深圳黑龙江省文化产业项目招商推介会上做了主题推介招商。组织 11 家企业参加了黑龙江省文博会，参展展位 19 个，展品种类 12 种，向组委会推荐招商项目 10 个，推荐进入知名企业名册 4 家，推荐省级文化产业示范企业(基地)9 个。

佳木斯市

发展特色文化产业

确定了以抓项目建设推动全市文化产业发展的整体思路，努力把一些具有佳木斯特色的“现象”和“亮点”培育成为有市场竞争力的大产业，力争使更多发展潜力大、牵动性强的文化产业项目在佳木斯市开花结果。一是高度重视，建立保障机制。成立了市文化体制改革和发展领导小组，建立了主要领导负责制度，按照全省“一核、三点、五区”文化产业发展总体布局，制定下发了《中共佳木斯市委关于深化文化体制改革推动文化大发展大繁荣的实施方案》，设立了 500 万元文化及产业发展资金，为文化产业发展提供政策和资金支持。二是突出重点，实施项目牵动。突出佳木斯市赫哲文化、抗联文化、边疆文化主题，以大项目建设为牵动，全力推进文化产业建设，建立了 29 个重点项目的文化产业项目库，并将重点项目向全省推介。同时，通过召开项目推进会议、现场办公会等形式，对各项目建设进行督办。目前建设生成了敖其湾赫哲文化产业园区等一大批重点文化产业项目，另有 10 家亿元以上规模的文化产业项目正在稳步推进。三是依托节会，注重宣传推介。结合深圳“文博会”、哈洽会和龙江文博会的举办，组织佳木斯市百创山核桃和马华赫哲族鱼皮制品、孙茂密赫哲族鱼皮制品、姜涛鱼皮制品等特色文化产品，赴深圳和哈尔滨进行实物展出，通过举办推介会，发放文化产业招商项目册，设置图板、照片、专栏等多种形式，全方位宣传推介佳木斯市的特色文化产业项目。龙江文博会期间，佳木斯市参展团现场销售、签约总额达 200 余万元，并与北京等多家公司达成意向性协约。华夏赫哲鱼皮文化传播有限公司创作的《鱼皮脸谱》获得龙江文博会金奖。四是注重实效，形成良好态势。通过采取有效措施和出台相应政策，使得全市新闻传媒业、文化旅游业、演艺娱乐服务业、广告会展业、演艺服务业、印刷出版业、民俗工艺业等文化产业呈现良好的发展态势。特别是佳木斯市郊区敖其湾赫哲族文化产业园区、中俄文化艺术城、广电文化产业中心、桦川星火朝鲜族风情园、同江俄罗斯风情园等 5 个重点文化产业项目已经被列入省“十二五”期间重点文化产业项目，其中三个项目获得省 180 万元文化产业专项资金的扶持。郊区敖其湾赫哲族文化产业园区、桦川星火朝鲜族风情园、华夏赫哲鱼皮文化传播有限公司、银手杖印务有限公司、汤原百创山核桃有限公司被评为省级文化产业示范园区和基地。

大庆市

编制文化产业发展规划

以大庆文化创意产业园成功跻身十大国家级文化产业试验(示范)园区行列为契机，委托北京大学文化产业研究院，编制《大庆文化产业发展总体规划》，廓清大庆文化产业战略方向、空间布局、发展重点，促进文化产业提档升级。编制《黑龙江(大庆)国家级文化产业试验园区专项规划》，进一步明确文化创意产业园、新华(大庆)国际石油资讯中心、黑鱼湖国际艺术村、北国之春梦幻城、国际动漫城、联想科技城、黑龙江新媒体产业基地、奥林匹克公园、阿木塔蒙古风情园等文化园区产业定位和发展重点，提升园区整体发展水平。

引建文化产业发展项目

坚持项目带动战略，引进建设一批投资总量大、科技含量高、经济效益好的大项目。2012 年新建续建文化产业项目 21 个，按计划推进 17 个重点项目，完成投资 54.4 亿元。其中，百湖文化广场项目包括居家文化产品集合超市、青少年养成教育体验馆、休闲广场、巨影院、嬉戏谷、文化艺术品和人才培训输出中心等 8 个功能区，项目总投资 5 亿元，占地面积 3.47 万平方米，建筑面积 13.2 万平方米，于 2012 年 2 月开工建设，预计 2013 年 11 月竣工投用。“新华 08”大庆项目是列入国家“十二五”发展规划的“核高基”子项目，规划占地面积24.08 公顷，建筑面积 60 万平方米，主营业务分能源资讯、商品交易、产权交易、资信评级、会展论坛等 5 个板块。目前商品交易所引入珠海振戎集团石油石化产品进行挂牌交易，产权交易所准备承揽北京产权交易所在东北地区的部分业务，相关资讯业务已成功进入东南亚市场，预计 2013 年新华(大庆)商品交易所交易额达到 300 亿元。

塑造文化产业品牌

深入挖掘和精心提炼大庆文化特质，推出特色品牌，增强大庆文化产业的影响力。一是打造文化精品品牌。打磨《鹤鸣湖》、《大湿地》等一批舞台精品，生产《逐鹿中原》、《冠通棋牌》等知名网游产品，大庆百湖直播频道“三打一”游戏节目收视率不断攀升，纳奇棋牌游戏登陆省卫星频道。二是打造融合发展品牌。推出阿木塔蒙古族风情园、石油馆、黑鱼湖国际艺术村等“文化+旅游”特色项目，大庆融合发展经验获中央文化体制改革和发展工作领导小组办公室高度肯定，并被确定为献礼“十八大”文化专题片《跨越》在中央电视台播出。三是打造节庆会展品牌。推出了中国(大庆)湿地旅游文化节、大庆文博会、大庆汽博会等展会品牌，第十二届大庆汽博会完成车辆销售 1200 多辆。第三届文博会共吸引 20 多个省市的 200 多名客商参展，各种展品 10 余万件，接待参观者 30 多万人次。

鸡西市

城市大开发带动文化产业大发展

2012 年，鸡西市在城市建设中，把“文化+城建”作为新的发展模式，坚持“注重两个深度融合”，全力打造两大“文化产业园”。注重文化、生态与旅游的深度融合，打造鸡西千里边境文化长廊。鸡西拥有 641 公里长的边境线，千里边境线上有着丰富的生态资源，更蕴藏着丰厚的文化资源。鸡西市注重文化、生态与旅游深度融合，沿边境线整合开发百年矿山文化公园—凤凰山森林文化公园—北大荒书法长廊—北大荒精神纪念馆—肃慎文化博物馆—中国空军老航校博物馆—第二次世界大战纪念园—珍宝岛事件纪念馆—虎头地下要塞博物馆，初步形成了自西向东的文化旅游产业带，也成为中俄文化交流的重要平台、国防教育的重要基地。注重文化与城市建设的深度融合，打造鸡西穆棱河文化产业园。在鸡西穆棱河两岸，建设了占地面积 400 公顷的大型文化产业园区，形成了“一轴两带十八景”，即以穆棱河为主轴，穆棱河南、北两岸配套建设两条文化产业带。南岸以鸡西穆棱河红色历史博物馆、百米音乐喷泉、穆棱河文化广场、两公里鸡西文化浮雕防浪墙、图腾文化广场、百米百人铜雕塑群、森林文化公园、鸡西文化产品交易中心 8 处主要景观构成；沿穆棱河中轴由河流湿地文化公园、万朵莲花文化公园、“S”景观桥、聚水人行景观桥 4 处主要景观构成；北岸由万米景观长堤、朝鲜民族文化风情生态园、花卉文化中心、穆棱河实景剧场、数字影院、鸡西大剧院 6 处文化景观构成。鸡西穆棱河文化产业园一期已于 9 月 15 日竣工，现已吸引东北民俗文化研发展示中心、鸡西版画创作基地、ESP电吉他营销基地等一批文化企业落户园区。同时,银河传媒发展中心、鸡西刀背山古墓遗址文化产业园区、虎林众孚木业文化产业公司、鸡西墨玉文化产业公司等园区类示范基地、特色文化企业基地和文化产业试验园区建设现已初具规模,文化产业助推城市发展、满足人民群众精神文化需求的能力显著增强。

双鸭山市

大力发展特色文化产业

双鸭山市深挖地域文化资源,大力发展特色文化产业,取得重大突破。依托七星峰红色文化旅游景区资源,打造红色文化影视作品,计划在集贤县七星峰影视基地拍摄的全省重点影视剧目《东北抗日联军》,已于9月18日正式开机。精心打造尖山区朝鲜族文化风情园、友谊县挹娄文化风情园、饶河县赫哲族文化风情园三个民俗文化风情园,同时对外积极推介赫哲族鱼皮工艺品。目前,饶河赫哲族鱼皮工艺坊通过提升生产工艺,扩大生产规模,增强产品营销,现已实现年生产销售各类鱼皮工艺品5000余件。加大了对黑龙江省唯一被列入世界非物质文化遗产的“伊玛堪”的保护传承力度,开发《伊玛堪》音乐剧特色文化项目,抢救性制作并演出《伊玛堪》音乐剧。在第八届中国(深圳)国际文化产业博览交易会、第二十三届中国哈尔滨国际经济贸易洽谈会和第七届中国龙江国际文化艺术产业博览会上,双鸭山市展出了具有地域特色的优秀文化产品,并精心制作了双鸭山市文化产业招商项目册,有效提升了城市文化知名度和影响力。

开展文化产业项目及园区建设工作

双鸭山市立足实际深入推进文化产业发展,加强文化产业园区和文化产业项目建设。市委、市政府制定了《关于深化文化体制改革推动文化大发展大繁荣的实施意见》,明确提出发展文化旅游、新闻传媒、影视动漫、工艺美术等四大文化主导产业。双鸭山市在深入调研的基础上,建立了文化产业重点项目库,推进七星峰红色文化旅游景区项目、饶河县中俄经贸文化展览交流中心项目、挹娄文化风情园项目、东湖旅游文化景区项目等16个文化产业重点,其中投资超过1000万元的项目有13个。在2012年全省文化体制改革和发展工作会议上,双鸭山市饶河县获得“全省文化体制改革和发展工作先进地区”殊荣;双鸭山市群众艺术馆荣获“全省文化体制改革和发展工作先进单位”;饶河县四排乡赫哲族风情园被命名为“全省首批省级文化产业试验基地”。集贤县七星峰红色文化旅游景区项目、饶河县中俄经贸文化展览交流中心项目、饶河雪松赫哲工艺文化产业中心项目列入全省文化产业重点项目,正在积极推进。同时,一批文化产业大项目、新项目正在规划,如尖山区拟投资50亿元建设占地面积73万平方米的“滨水北城”文化产业园区;宝山区拟投资10亿元建设集工艺美术研发生产、文化创意、文化展览交流、动漫艺术为一体的文化创意产业园,目前已经完成项目规划论证、用地审批等前期工作,即将开工建设。

伊春市

“6541”工程稳步推进

围绕打造林区特色文化体系,推动文化产业加快提档升级的步伐,起草了《伊春市“十二五”时期文化改革与发展规划》和《关于推进“6541”工程的实施方案》,以市委文件形式下发到各相关单位和部门,对各单位推进“6541”工程的进展情况适时督办,采取书面汇报、实地察看的形式,确保“6541”工程落实落靠。第十二届森林生态旅游节暨第三届森林音乐会、第五届兴安蓝莓节和森林博览会、农博会等节会,影响力不断扩大;小兴安岭地质博物馆、森林博物馆改造完成，马永顺纪念馆新馆主体工程完工，现已进入布展阶段，预计明年开馆接待游客。

动漫影视和文化产业成效显著

伊春市首家动漫企业筱玫影视动漫有限公司正式挂牌，以两部原创文学作品为基础改编的动漫影视剧《红松小子》和《松鼠杉杉觅新家》已经制作完成并在国家广电总局备案，预计2013年和观众见面。文化产业基地建设方面，伊春市美江木艺有限责任公司、柏承工艺品有限公司、侨艺有限责任公司被评为全省首批文化产业基地，柏承工艺品有限公司被评为全国第五批文化产业基地。

文化产业调研深入开展

由市委宣传部牵头，市文广新局、市文联组成的调研组，就民间工艺品、文化事业和文化产业发展情况开展了两次调研活动。调研组通过座谈交流、实地考察、数据统计分析等形式，就伊春市文化事业和文化产业发展现状、存在问题以及今后发展方向进行了认真调查研究，起草上报的《关于伊春市民间工艺品产业发展情况的调查报告》，市领导做出批示，对调研报告给予充分肯定，并就下一步文化产业发展做出安排部署。经过摸清底数和发展状况，全市文化产业资产总规模约33亿元，从业人员1.2万人，其中：新闻服务(包括日报晚报、广播电视、新华书店、印刷和音像制品销售)157家、文化艺术(包括演艺、广告、婚庆、动漫)79家、休闲娱乐(包括影楼、网吧、歌厅、游戏厅、台球室、旅行社及旅游景区)715家、工艺品生产(包括工艺品厂、文化企业)77家。

特色产品渐显优势

组织侨艺、美江、凯瑞林等工艺美术企业参加第23届哈洽会，伊春市的文化展厅彰显文化与旅游相融合，组织文化旅游资源、文化旅游名镇、文化旅游休闲景区、文化旅游艺术品等展示，借助旅游景区开发建设牵动文化繁荣发展，参展企业展品突出了高、精、特、新的特点，以其独特的艺术魅力和精湛的工艺，吸引了众多客商的目光。在省文化产业重点项目签约仪式上，伊春市两个旅游项目正式签约，嘉荫县茅兰沟旅游服务开发项目，签约额为5000万元；伊春市汤旺河区镇中镇开发建设项目，签约额为2.5亿元。在第七届中国龙江国际文化艺术产业博览会上，伊春市14家企业共设19个展位，展出的“木制工艺品、玛瑙工艺品、绘画工艺美术品”三大类近千件各具特色的展品，展示了林都特色文化产品，叫响了伊春“木艺之乡”品牌。

七台河市

积极扶持文化企业发展

七台河市文化综合体建设工作有序进行，与北京中视达国际传媒公司达成了初步合作意向，并在第八届深圳文博会上签订了20亿元的合作框架协议，综合体项目之一的七台河市文化中心建设相关工作已完成，正在筹措和争取上级配套资金，资金到位即可先期开工建设。开辟特色产业园区。成立以林宝山书画创作基地为主的金沙新区特色文化产业园，已入驻企业6家，包括特色旅游、煤焦书画制作、出版、中国草笔等。成立勃利文化产业园区，已入驻企业2家，主营黑陶和松林玉木雕生产。利用展会，大力推介文化产业品牌。组织全市11家文化企业参加第二十三届哈洽会文化产业展区，为企业制作宣传图板，布置展位、推介文化产业项目，本届哈洽会七台河市文化产业展区签约额800万元。第八届深圳文博会期间在《中国文化报》上刊发七台河文化产业发展的新闻稿件及七台河市文化产业专版。深圳文博会上勃利县松林玉工艺品厂与龙视传媒集团牵手，就共同合作开发广东省木轩家私公司旅游纪念品产品及购销合同签约，总签约额1.15亿元。组织全市七家文化企业参展第七届中国龙江国际文化艺术产业博览会。黑龙江勃陶实业有限公司的作品《龙腾虎跃》和《连年有余》分获 2012“金凤凰·龙江赛区”创新产品设计大奖赛银奖和优秀奖，天趣新型木制品厂的栋梁之才印章获银奖，七台河环艺工艺品科技开发有限公司参展的中国白岩焦炭冰雪画系列作品获得“金凤凰”铜奖。筹建七台河市文化产业协会，该协会将协调、指导全市文化企业宣传、形象推介、参加展会及协调各政府部门关系。筹建七台河市文化产品交易市场，该市场将成为全市文化产品推介、交易、合作的平台。

鹤岗市

推进文化产业升级发展

鹤岗市在文化产业建设上，加快了“龙江三峡”文化旅游集合区及其子项目的建设步伐，太平沟黄金古镇文化产业园完成了商业街、游乐设施、峡谷栈道等设施建设；黑龙江流域博物馆北方龙文化分馆及配套设施建设顺利推进；将“奥里米”古文化展示区项目纳入到集合区，集合区所辖界江长度从 70 公里延长至 200 公里，集合区面积大幅增加。2012 年，鹤岗市“龙江三峡”文化旅游集合区获“省级文化产业示范园区”称号。加大了迦南星城的建设力度，完成大卫广场环路路面铺设、犹太教堂主体、中国娱乐城等工程建设，名山污水处理厂、供水、供热、排水等工程于 2012 年底交工。将军石山庄阿隆达影视基地项目顺利通过了中国广播电视协会电视制片委员会批准，成为东北三省及内蒙古自治区唯一影视指定拍摄景地，9 月 26 日进行了“全国影视指定拍摄景地”揭牌仪式。挖掘了漫狐动漫科技开发项目，填补了鹤岗市游戏动漫产业的空白。加大了城市文化综合体项目建设力度，借助建设新区契机，规划 32 万平方米文化专用地，计划打造全省东部地区最大的文化消费聚集区——鹤岗市城市文化综合体。目前，项目已进入规划设计阶段，预计 2015 年竣工。项目建成后，年接待文化消费者可达 150 万人次，预计年产值 4.5 亿元。

黑河市

首创艺术品资产评估模式

成功举办国内首次“俄罗斯油画作品资产评估品鉴会”，对 303 幅俄罗斯油画作品进行了资产评估，评估价值 4500 万元。此次举办的俄罗斯油画作品资产评估品鉴会，是应用“艺术评价+资产评估”的模式，采取“权威艺术专家组结合市场对艺术品做出客观评价，评估公司依据专家意见出具评估报告”的方式，破解了“资产评估中介机构不具备艺术品评估资质，而权威艺术专家的评价又不具有法律效力”的瓶颈问题，为黑河龙江国际文化展览公司提高企业自身发展能力和拓宽投融资渠道奠定了基础，开创了国内艺术品资产评估先河，为全省乃至全国文化产权交易市场的健康有序运营拓展了空间。

深入实施重大项目带动战略

按照黑河市城市功能的需求，满足市民文化体育的需要，根据相关场馆建设的国家标准和行业标准，规划设计了《黑河文化体育艺术中心的设计标准》。设计标准初步确定了黑河市公共文化体育地标性建筑群——黑河文化体育艺术中心。该项目是一座以黑河市博物馆、图书馆、会展中心、艺术馆、剧院、数字影院、体育场、艺校、非物质文化遗产保护中心等市级文化设施为主导，包括文化、创意、休闲、体育等功能于一体的建筑综合体，将成为黑河市有史以来规模最大、具有标志性的文化、体育设施。目前，黑河市文化体育艺术中心项目前期工作正扎实推进，连同中国北方影视基地、孙吴二战历史遗迹文化公园、黑河新生鄂伦春民俗文化旅游区等项目已列入《2012 年全省文化产业重点项目》。2012 年，黑河市北大荒知青文化建设开发区荣获“省级文化产业试验园区”称号，黑河龙江国际文化展览有限公司荣获“省级文化产业示范基地”称号，黑河白桦林工艺品有限公司荣获“省级文化产业试验基地”称号。

坚持文化发展走出去、请进来，为产业发展谋新路

坚持文化发展“走出去”，参加了第八届中国(深圳)国际文化产业博览交易会、第二十三届“哈洽会”文化旅游展、第七届龙江文化艺术产业博览会，使俄罗斯油画、黑河冰雪画、玛瑙、桦树皮、黑陶等艺术品(工艺品)走出黑河，广为人知。黑河龙江国际文化展览有限公司、黑河市北大荒知青文化建设开发区、黑河白桦林工艺品有限公司、黑龙江中俄民族风情园等文化项目和2012中国国际文化休闲周、首届中国知青文化节等文化活动得到宣传和推介。坚持文化发展“请进来”，中国博物馆协会纪念馆专业委员会2011年度工作总结会议在黑河市召开，来自中国博物馆协会专业委员会的24家单位30余名代表参加会议，与会人员为黑河博物馆、纪念馆讲解员进行了相关业务培训。此次会议的召开，对促进黑河市博物馆、纪念馆的研究、开发、建设、保护等工作的提高，推动黑河市的文化事业建设与发展起到了积极作用。

绥化市

大力推进文化产业发展振兴

深入落实市委推动文化发展繁荣《实施意见》，成立了由市委、市政府主要领导任组长、31个部门主要领导为成员的文化大发展大繁荣工作领导小组，为绥化文化建设提供了强有力的组织保障。按照市委“1+9”文化产业发展布局和工作要求，加大文化产业基地、文化产业项目的高层培育，全市有绥棱黑陶等7个项目被列为省“十二五”重点文化产业项目，海伦市工艺美术协会、绥棱现代黑陶文化艺术有限公司被确定为省级文化产业示范基地，海伦市北派二人转传承保护中心被确定为省级文化产业实验基地。各县(市、区)结合各自实际，积极推进文化产业基地和重点文化产业项目发展，在实践中探索形成了以下三种发展模式。企业带动模式。培育和壮大具有牵动作用的骨干文化企业，走“公司+基地”、“公司+群体”等企业化发展之路，带动和促进当地文化产业发展。比如，绥棱黑陶研发生产基地重点扶持陶源陶文化艺术开发有限公司等企业发展和改造升级，目前已有龙头企业2家，从业人员144人，年生产能力4万件，产值可达2400多万元。海伦剪纸创作营销基地以文化馆剪纸发展公司为龙头，在北京、哈尔滨、杭州、上海等地设立营销点，初步形成了以海伦为基地、以哈尔滨为中轴、以北京为重点的海伦剪纸销售网络，年产值实现500万元以上。市场拉动模式。发挥市场的主体作用，通过开发、展销、商演等市场手段，增强市场竞争力和影响力，不断延伸产业链条，催生文化企业，实现产业化发展。比如，安达铜雕工艺美术产品开发项目，先后与北京金秋铜公司、台湾光复科技有限公司等企业合作，研发了10余种铜雕品种，市场收益较好。项目推动模式。抓住大力发展产业项目建设这个有利契机，集聚文化产业项目，促进文化产业向园区化、规模化、集群化方向发展。2012年，全市新上3000万元以上文化产业项目9个，投资总额19.23亿元。比如，北林四方台山旅游综合开发一期工程圣龙湖生态农业旅游项目已于2012年9月份开工建设；绥化市圣雅包装制品续建项目由广东韶关市嘉鑫金属材料有限公司投资建设，总投资2.6亿元，现已建成投产；肇东市都市百里生态文化后花园建设项目计划投资1亿元，2012年完成投资2800万元。兰西县凯旋亚麻制品有限责任公司投资1.2亿元，建设亚麻粘贴画生产基地，2012年完成近3200平方米的厂区建设工程。

大兴安岭地区

推进园区项目建设

按照《黑龙江省省级文化产业园区、示范基地

认定和管理暂行办法》的要求，坚持高起点规划、高标准设计、高质量建设的原则，积极推进大兴安岭神州北极文化产业园区项目建设。科学编制了《北极村旅游名镇总体规划》、《神州北极龙岛控制性详细规划》、《北极圣诞村修建性详细规划》等 15 个重点项目规划，投入 1.6 亿元一次性完成北极村土地征用。漠河天象馆项目投入 1500 万元启动基础工程，民族风情园投资 6000 万元进行二期工程建设，北极商业街整体开发项目投入 2.2 亿元完成主体工程，龙岛、博物馆项目投资 1 亿元启动基础设施建设，观音山景区投入 1 亿元已完成二期工程，圣诞礼堂和小矮人藏宝屋项目已竣工，北极村民俗生态园已完成工程总量的 70%，其中熊园、地窨子、垂钓等景点已对游人开放。2012 年 10 月大兴安岭神州北极文化产业园区被命名为省级文化产业示范园区。

打造文化龙头企业

充分依托漠河独特的地理位置、垄断性的文化旅游资源，以建设漠河旅游名镇和中国蓝莓小镇为契机，精心打造华洋集团、蓝莓小镇有限公司等龙头企业。充分发挥深圳“文博会”、哈洽会、龙江“文博会”等展会平台，对地区重点文化产业项目、特色文化产品、历史文化资源等进行宣传推介，积极推进签约项目落地，与黑龙江文化创意有限公司签订的漠河国家森林公园项目和塔河鄂伦春民族风情小镇项目，与华洋集团签订的北极村民俗生态园项目都已开工建设。加强文化与旅游的深度融合，举办了中国漠河第二十二届北极光节、中国·大兴安岭第四届国际蓝莓节暨山特产品交易会、中国·漠河首届北极森林版画展暨中国版画名家作品邀请展等重大文化活动，将文化资源优势转化成文化旅游产业强势，漠河“北极光节系列活动”首批列入创建国家公共文化服务体系示范项目，第四届蓝莓节签约总额达 12.18 亿元，大兴安岭森林版画市场前景看好。截至 10 月末，全区旅游接待人数 301.3 万人次，实现旅游收入 28 亿元，同比增长 19.8%和 21.2%，推动了大兴安岭地区经济社会又好又快发展。

省农垦总局

继续实施各项文化惠民工程

建立管理局级文化信息管理系统 9 套，在 36 个农场建成文化信息资源展示系统(LED 室外全彩显示屏系统)。为北大荒文工团购置文化下乡音照系统 1 套，完善了文化下乡设备。北大荒博物馆被省委党校授予“全省首批干部培训教育教学基地”称号。在牡丹江管理局投资建成集球类、游泳、短道滑冰馆于一体的奥林匹克中心。争取 1 个国家全民健身中心，130 余个国家、省级健身路径和 4 个国家体育总局“雪炭工程”项目。垦区体育彩票销售工作保持稳步增长的态势，销售额达 2.6 亿元。完成农垦总局数字图书馆的基础平台建设和网站测试工作。启动五个中心城市的“四馆一场一园”基础文化设施建设工程，50 个重点城镇和 50 个一般农场城镇的“三馆一场一园”文化基础设施建设工程。

大庆油田有限责任公司

强化油田文化发展规划的推进

2012 年以来，结合落实党的十八大提出的新任务，对《大庆油田“十二五”及中长期文化发展规划》内容、结构等进一步进行调整完善，并先后征求了一厂、三厂、钻探工程公司等 14 家单位的意见和建议。4 月份以来，油田领导组织机关党群系统人员先后两次进行深入研究讨论，形成征求意见稿。为了推进企业文化建设工作上水平，按照集团公司政治部的安排，积极参加国资委组织的中央企业企业文化示范单位申报评选活动。7 月 10 日，国资委宣传局副局长韩天一行到油田检查企业文化建设情况。通过听取汇报、查阅资料、参观企业文化示范点，检查组一行对油田企业文化建设给予高度评价。此外，继续开展文化遗产普查和开发工作。2012 年 3

月份以来，先后普查并登记了油田工业遗产单位25个。在此基础上，深入东油库、杏66井、中6-17井等7处工业遗产进行现场勘查，组织完成了三套设计方案。

教育体育卫生战线政治工作（大学生思想政治工作）

省委宣传部

制定我省大学生思想政治教育工作测评体系细则

为全面提高大学生思想政治素质，推进高校思想政治教育工作，中宣部、教育部日前联合下发了《关于印发〈全国大学生思想政治教育工作测评体系（试行）〉的通知》（教思政〔2012〕2号）。对照《测评体系》的要求，对黑龙江省大学生思想政治教育工作进行梳理，与高校工委共同制定了黑龙江省高校思想政治教育工作测评体系的贯彻落实细则，进一步推进高校思想政治教育工作不断深入。针对《测评体系》的相关要求，省委宣传部会同省教育厅正积极协调省委给予支持解决。为提高大学生思想政治教育工作者素质，会同省高校工委组织高校思想政治教育培训班并到外省考察学习。

对外宣传

省广播电影电视局

黑龙江电台对外宣传

2012年，电台对外报道工作取得了优异成绩：累计在中央人民广播电台发稿530多篇，发稿总计达到2000多份，发稿量在全国省级广播电台中位居前列，截至2011年，连续四年荣获年度中央台新闻报道“十强”的称号；外宣报道也稳中有进，在与国际台稳步开展合作的基础上继续拓展合作范围和深度。

2012年对上报道工作紧紧围绕我省中心工作，服务大局，策划采写了一批有分量的报道，其中《东北振兴十二五规划提振发展信心》、《黑龙江多措并举破解农民增收难题》、《奋进2012——黑龙江代表谈扩大中等收入人群》、《黑龙江代表回味总理报告》等14篇报道在中央人民广播电台《全国新闻联播》、《新闻和报纸摘要》等节目头题、二题播发，有力宣传了黑龙江省社会经济建设成果。在中央台重点策划的重点报道“基层中国”、“科学发展成就辉煌”、“春耕日记”等供稿中，电台精心筹划，稿件质量优秀，受到中央台的好评。

在2012年的全国两会报道中，电台在中央台发稿超过50条，其中在中央人民广播电台重点栏目《全国新闻联播》及《新闻和报纸摘要》中发稿达35条，比重占70%；尤其在全国听众最为关注的时段，全国人大开幕第二天和第三天（6日和7日）的中央台《新闻和报纸摘要》中，黑龙江都独占3条，居全国各省台首位。

两会期间，电台邀请了4家地（市）委书记做客中央台进行了直播。在全国地（市）委书记做客中央台的24期节目中，黑龙江独占4期，占全国的六分之一。电台主动抢占两会宣传最佳时点，经过艰难的争取，最终赢得5日、6日、7日最重要的三天晚上都有黑龙江的嘉宾做客中央台，接受每期一小时的直播访谈。特别是在全国人大开幕式当晚(5日)和人大开幕第二天，邀请到哈尔滨市长宋希斌和七台河市委书记张宪军做客中央台直播间进行了每期时长一个小时的直播，收到了强烈的听众反响。

电台还在《中国广播报》配图刊登《黑龙江两会报道团队赴京报道两会》报道1篇；派出记者做客中国国际广播电台直播间，参与两会访谈节目；同时还通过中国广播网、国际在线等全国性媒体对我省代表委员履行职责、参政议政的精神风貌进行了展示。

此外，对外部的同志克服日常可供稿件数量减少、人员紧张的巨大困难，多方筹集供稿资源。重点提供了《黑龙江2万眼抗旱井保春种》、《黑龙江155万农民喝上放心水》、《大庆的石油创新之路》、《世界首条高寒区高铁——哈大高铁全线试运行》、《爱心大接力 社会各界为最美女教师祈福》等省内重点宣传稿件，保证了供稿数量和质量。其中，对最美女教师张丽莉进行了长达一个月的持续关注，目前已实现在中央台播发稿件50余条，大量、及时的报道得到中央台领导和广大听众的好评。在为中央台中国之声重点供稿的同时，对外部还为经济之声、华夏之声、乡村之声等多套中央台有影响力的频率积极供稿，扩大了对黑龙江省社会经济良好发展形势的宣传力度。同时对外部还千方百计对龙广主办的活动进行供稿宣传，对植树节、啤酒节、爱心节等品牌拓展活动也积极对上发稿，向全国听众展示龙广的形象。

2012年对国际台的供稿中，重点策划播发了关注最美女教师张丽莉系列专题《你的勇敢如此美丽》和《最美女教师的心灵日记》2篇报道，以及《黑龙江游客台湾遇险 大美大爱谱写浓浓两岸情》等专题报道，向全世界听众展示了我省群众大美大爱的精神文化风貌。

黑龙江电视台对外宣传

2012年，黑龙江电视台继续实施“走出去”战略，从满足国外受众对中国信息的需求入手，从宣传好我国特别是我省“八大经济区”、“十大工程”战略成果出发，创新外宣工作方式方法，深入开展对外文化交流合作，外宣工作取得了新突破。

(1)“中国黑龙江电视周”

2012年12月，分别于俄罗斯莫斯科和乌克兰基辅举办了2012俄罗斯·乌克兰中国黑龙江电视周。在“莫斯科州”电视台播出《活力》、《发展中的口岸》、《哈洽会欢迎您》、《在他乡》和《跨出国门的信誉》等5集共75分钟反映我省对俄经贸的专题片，在乌克兰基辅地区国家电视台播出10集共150分钟反映我省工业、农业、文化、经贸和旅游的电视片。

(2)外宣节目《你好，俄罗斯》、《这就是黑龙江》

2012年，《你好，俄罗斯》栏目组参与了中国国际广播电台中俄旅游年旅游专题片的拍摄，负责远东地区旅游线路，共摄制专题片20部，合计200分钟，是所有与国际台合作的媒体里节目数量最大、质量最高的媒体，节目在旅游卫视播出，使两国旅游和人文合作迈上了新台阶。《你好，俄罗斯》在继续做好编辑类节目的同时，增加自采节目篇幅，共播出节目52期1040分钟，其中新闻160条，专题片106部，自采量达125分钟，向俄罗斯有效传播了中国文化，成为俄罗斯人了解中国的窗口。

英文新闻资讯类节目《这就是黑龙江》随着黑龙江卫视在境外落地，使节目在面向在华外籍人士、大中专院校师生的基础上，进一步走入众多欧美家庭，成为让龙江走向世界，让世界了解龙江的重要纽带和桥梁。从多个视角，以易于外籍受众接受的传播方式全面展示“八大经济区、十大工程”建设、老工业基地振兴和黑龙江省又好又快发展的局面。2012年共播出节目340期计3400分钟。其中自采量达400分钟，创历年新高。节目组采写的新闻专题《“北大仓”助力全球粮食安全》获得了2012年度中国新闻奖二等奖。

(3)交流合作

2012年继续与美国斯科拉有线电视网和日本岩手、北海道、新潟电视台及韩国KBS大邱放送总局合作，每月分别向其寄送60分钟新闻和60分钟专题片用于播出，共交流专题片和新闻各720分钟。这些外宣节目主题非常鲜明，大多数为反映我省经济文化成就，特别是旅游发展、文化进步方面的内容。节目受到海外同行及观众欢迎，让外国朋友了解了今日黑龙江，起到了很好的外宣效果。

(4)节目覆盖

近年来，黑龙江卫视全国覆盖人口持续稳定增长，从2008年的4.76亿人猛增到2012年的7.82亿人，覆盖率从37.9%上升到59.9%。截止到2012年10月，黑龙江卫视已覆盖全国35个中心城市、71个大中城市、296个地市和1700多个县。

2012年1月，黑龙江电视台与北京“首都在线”合作，通过IPTV传输方式，实现了黑龙江卫视在北美的免费落地播出。目前在美国已有19万用户，在加拿大有11万用户可接收黑龙江卫视节目。

(5)对上报道

2012年，黑龙江电视台在中央电视台的发稿数量、发稿位置和发稿时长依然有新突破。在中央电视台发稿1902条，比去年(1405条)提升了35%，《新闻联播》发稿242条，比去年提升了16%，其中：头题25条(去年18条)，提要96条(去年45条)。

黑龙江日报报业集团

拓展对外宣传 展示魅力龙江

2012年，在省委外宣办的指导下，《黑龙江日报》同美国《国际日报》的合作出版工作跨入了第16个年头。一年来，在美国《国际日报·今日黑龙江》专版刊出稿件989篇、图片196幅，全方位、多层次、多侧面地宣传了黑龙江省经济发展成果、丰富的经济资源优势、丰富的旅游资源和独特的人文地理景观、良好的投资环境和优惠政策，以及黑龙江美好的发展前景。

2012年黑龙江省的重要事件都在对外报道上得以充分体现。哈尔滨国际冰雪节、黑龙江现代化大农业建设、黑瞎子岛回归、黑龙江非物质文化遗产、黑龙江民俗文化、黑龙江多彩旅游、第二十三届哈洽会、第八届两岸经贸文化论坛、湿地保护、国土绿化及环境治理、招商引资成果、节能减排、黑龙江粮食产能建设、中国共产党第十八次全国代表大会、黑龙江科技成果、哈大高铁建设等，在美国《国际日报·今日黑龙江》专版上都有详尽展示。继去年开辟的《文化集萃 魅力龙江》专栏，集中展现龙江文化成果、文化名人之外，又新开辟《大美大爱黑龙江 好人好景好地方》专栏，向海外读者展示了黑龙江人的豪情大爱、好人好事、奇珍异景。

《国际日报·今日黑龙江》从第788期起，连续三期，用大篇幅在《大美大爱黑龙江 好人好景好地方》专栏上，向海外读者及时展现了大美大爱的黑龙江精神，最美女教师张丽莉的英雄壮举。

党的第十八次全国代表大会期间，《今日黑龙江》专版着重报道了黑龙江省代表呼吁巩固农业科技创新成果、理顺农业生产关系、丰富农业现代化要素、确立中华大粮仓定位的主要议题。

2月2日至12日，美国探索频道在黑龙江省委对外宣传办公室的特别争取下，来哈尔滨进行了为期10天的“探索”之旅。受省委对外宣传办公室的委托，《黑龙江日报》对外合作工作室主任张长虹协同采访，探访冰上基地、在斯大林公园的江上乐园体验冰趣、夜上太阳岛赏烟花、逛哈尔滨道外中华巴洛克历史文化街区，在10天的协同采访中，将哈尔滨城市历史文化、人文景观一一解读给摄制组，使得美国探索频道圆满完成了采访任务。其后，美国探索频道以39种语言，向全球180个国家和地区展现了中国冰雪之都哈尔滨的城市魅力，提高了黑龙江的美誉度。

2012年10月31日至11月1日，美国《国际日报》总编辑朱易到访黑龙江期间，同黑龙江日报报业集团领导会面，商谈进一步合作事宜，同省外宣办谭宇红主任会面，商谈合作出版《今日黑龙江》英文版事宜。

哈尔滨市

开展主题宣传

2012年4月，协调组织《人民日报》、新华社、

《光明日报》、《经济日报》等12家中直驻站媒体，围绕哈尔滨市“实施新战略，实现科学发展新跨越”这一主题，对奋进哈尔滨、文明哈尔滨、靓丽哈尔滨、平安哈尔滨、和谐哈尔滨进行深入采访报道，各媒体共发稿件31篇（条）；2012年11月，在哈尔滨市政建设取得阶段性成就之际，协调中省直媒体集中采访哈尔滨路桥建设成果，共播发报道40余篇（条），效果良好；组织市属新闻媒体对外部以“科学发展的哈尔滨”为主题，积极开展对上对外报道，市属新闻媒体全年共在中直媒体刊发稿件520余篇（条）。其中，在境外、国外媒体刊发稿件350余篇（条），刊发新闻专版16个，播发电视系列片120期，全面呈现了哈尔滨市经济社会科学发展的巨大成就。

全面展示冰城魅力

2012年，中央电视台、中国旅游卫视和部分境外、国外电视台多次来哈尔滨市采访，播报全市自然和人文景观。其中，中国旅游卫视《城市景观》摄制组对哈尔滨市湿地保护、生态旅游资源和城市特色景观等内容进行了采访拍摄，并制成时长半小时的节目。该节目于11月3日在中国旅游卫视两次播出，收到良好的宣传效果；继续扩大电视系列片《哈尔滨印象》落地率，目前，该系列片已在欧美国家播出160余集，产生了较大的国际影响。

积极拓展外宣渠道

为进一步扩大哈尔滨的对外知名度和国际影响力，与中国日报社合作，成功举办了“境外媒体看哈尔滨”活动。本次活动邀请了来自亚、欧、美和大洋洲的20位国外、境外媒体记者来哈采访。哈尔滨美丽的城市风光和经济社会发展成就成为记者镜头下的热点素材，在随后的一个多月时间里，境外、国外媒体先后刊播发介绍哈尔滨的报道文章40余篇，新闻图片300余幅，显著提高了哈尔滨的国际知名度和影响力。

利用节庆活动对外宣传

通过赴京召开“第28届中国·哈尔滨国际冰雪节”新闻发布会，在央视《朝闻天下》栏目播放冰雪节电视广告，在《航空画报》刊发冰雪节图片广告，在香港《大公报》、《文汇报》和《商报》刊发冰雪节新闻图片、新闻报道等外宣活动，扩大“冰雪节”知名度和哈尔滨的对外影响力。邀请32家知名媒体80余位记者对“冰雪节”进行了全面报道，新华社、《人民日报》、《光明日报》、《经济日报》、《中国青年报》、《农民日报》、《中国日报（英文版）》等国家主流平面媒体共刊发“冰雪节”稿件50多篇。北京卫视、东方卫视、重庆卫视、杭州电视台、河北卫视、山东卫视等上星电视台和香港卫视、香港有线电视23台分别制作了“冰雪节”专题节目，全面展示了哈尔滨国际冰雪节的独特魅力。

2012年6月10日至13日，邀请10家省会城市平面媒体、11家驻站中直媒体和14家城市电视协作体媒体的70多位记者来哈采访报道“迷人的哈尔滨之夏”开幕式盛况及其系列活动。各媒体先后发表112篇反映哈尔滨经济社会发展的报道，刊登170余幅反映哈尔滨城市建设、自然风光、人文特色的新闻图片。

借助重要会议对外宣传

十八大、全国“两会”召开期间，组织市属媒体赴京开展对外宣传报道工作，积极向中直媒体推介哈尔滨。全国“两会”期间，中央电视台《新闻联播》栏目、中央人民广播电台、《人民日报》、《光明日报》、《经济日报》、《工人日报》、《农民日报》等主流媒体均在重要版面、黄金时段播发哈市参会代表、委员的新闻报道。“十八大”期间，积极策划、超前运作，为中省直新闻媒体提供哈尔滨市参会代表的宣传资料和新闻素材。中央电视台《新闻联播》、《新闻直播间》栏目，中央人民广播电台《央广新闻》栏目播报了对哈尔滨市代表的专访和反映全市经济社会发展成就的新闻。《人民日报》、《光明日报》、《经济日报》、《工人日报》和《农民日报》等中直主流平面媒体以及《南方都市报》等市场份额大的地方报纸也陆续刊发了对哈尔滨市代表的新闻报道。

抓住展会契机对外宣传

第23届"哈洽会"期间，协调组织中省直驻站新闻媒体，从会前、会中和会后三个阶段对"哈洽会"进行全面报道，围绕"哈洽会"取得的成果、哈尔滨市经济发展面临的机遇与挑战以及如何发展会展经济等问题进行了全面深入的报道，助推"哈洽会"对外影响力和吸引力。为使"农博会"更具国际化、更有知名度，积极协调相关方面，首开哈尔滨市先河，在国务院新闻办召开有国内、境外、国外众多媒体参加的新闻发布会，并在中央电视台《新闻联播》栏目播发"农博会"新闻，收到较好的传播效果。

依托招商活动对外宣传

在哈尔滨市开展"珠三角"、"长三角"经贸招商考察活动期间，积极寻求省外、境外媒体和中直媒体的支持，拓展外宣领域。据统计，两次招商活动，省外、中直、境外媒体共播发报道190篇(条)，刊发哈尔滨新闻专版16个。在中国深圳文博会"哈尔滨招商日"活动中，邀请深圳电视台、《深圳特区报》、新华社、《光明日报》、《经济日报》、《工人日报》、《中国青年报》、香港《大公报》、中国网等新闻媒体记者，对"哈尔滨招商日"活动进行了深入报道，当地媒体、中直驻深圳媒体、省属媒体、市属媒体共刊发稿件56篇(条)，网上点击量达210万人次，扩大了宣传效果。

着力提高应对舆论能力

进一步完善党委、政府新闻发布制度，精心组织策划新闻发布会，提升新闻发布能力和新闻发布水平。2012年，共召开新闻发布会36场，及时、准确地向公众传递了权威信息，产生了良好的社会反响。认真做好突发事件和热点问题的舆论引导工作。坚持"及时准确、公开透明、有序开放、有效管理、正确引导"的原则，组织召开突发事件及舆情突发事件新闻发布会6次，协调有关部门应对突发事件舆论引导13次，较好地把握了舆论引导的话语权、主动权，舆论应对引导能力有很大提高。2012年，分两批对全市116名新闻发言人和联络员进行了系统培训，有效提高了全市新闻发言人应对舆论能力和新闻发布水平。2012年，制定并下发了《关于进一步加强和完善哈尔滨市突发事件新闻发布工作实施方案》，该方案的出台，对提升应对突发事件的意识，提高舆论引导的能力，具有很强的指导作用，推动了全市新闻发布工作的规范化制度化发展。

齐齐哈尔市

重大活动外宣成果丰硕

围绕市第十二次党代会提出的要树立开放的形象、文明的形象和进取的形象，叫响中国绿都、中国装备和中国鹤乡城市品牌的要求，依托重要会议、重大节庆和经贸活动，积极开展专题外宣活动。组织开展了绿博会、"哈洽会"、全国"两会"、省党代会、党的十八大等重大活动、会议的外宣活动。邀请中央、省及涉外媒体，开展了"大美大爱黑龙江——鹤城行"采访活动，开展了"齐齐哈尔、大庆、黑河、大兴安岭四地市旅游联盟媒体互动宣传"活动，借助齐市知名书画家、摄影家、文艺团体的对外文化交流活动，全方位展示齐市风土人情、人文环境、历史文化和发展成就。

主题宣传亮点频出

利用各种宣传时机，积极沟通协调，精心组织策划一系列质量高、分量重、影响大的对外宣传活动。抓住人民网地方频道举行地方领导新春寄语活动的契机，时任市长韩冬炎同志作为人民网"最受关注的地方领导"被邀请发表新春寄语，提高了齐齐哈尔的知名度。抓住成立齐齐哈尔(北京)发展促进会的契机，组建专题报道组，集中开展齐齐哈尔形象宣传总体战，形成了强大的舆论声势。抓住大型民族风情音画《达斡尔人》在全国获大奖的契机，策划了市领导网上访谈活动。市委副书记、市长郭新双做客新华网，与网友谈"放大边疆历史文化名城发展优势”，在社会各界和广大网友中产生良好反响。齐齐哈尔新闻网播发郭新双市长在新华网的访谈后，不到一小时，点击量已达到5000次，收到网友跟帖评论84条。积极配合中央电视台，圆满完成了《江山多娇——鸟的乐园 丹顶鹤的故乡》大型直播节目摄制，于10月6日至7日在中央一套、二套和新闻频道分别作了两天4次直播，总计播出时间达10分30秒，让全国亿万观众领略了世界大湿地、中国鹤家乡的迷人风采。同时，《“迎十八大 走基层 行进中国”——齐齐哈尔市保障房建设情况》专题报道和《韩书记介绍齐市老年友好城市》访谈节目、齐市十八大代表访谈等集中新闻报道活动，产生了积极的社会影响。

外宣管理不断强化

与各涉外部门和单位密切合作，建立联席会制度、信息通报制度，密切加强在重大活动、突发事件等方面的合作，形成对外宣传合力。下发《关于做好我市新闻发言人申报工作的通知》(齐宣通〔2012〕30号)，在市委、市政府直属部门、中省市直企事业单位及大中专院校、科研单位和九县(市)七区等153个部门(单位)建立了新闻发言人队伍，提高了新闻发布工作的广度和深度。举办了全市首期新闻发言人培训班，增强了新闻发言人的媒体意识，提高了应对突发公共事件的舆论引导能力。加强与各县(市)区委宣传部、市直主要单位、大型企业、大专院校的联系，及时掌握外来媒体采访的主要内容和新闻报道动态，推动了外来媒体来齐采访信息通报制度的有效落实。坚持以市场为导向，制作了具有齐齐哈尔文化特色的外宣品，以满足不同层次、不同活动的需要。

牡丹江市

以重大活动为载体开展对外宣传

抓住国家“两会”、省“两会”和牡丹江市党代会等契机大力开展外宣活动。全国“两会”期间，依托中央、省级主流新闻媒体，安排采访并积极对上供稿，共发稿80余篇(条)。《人民论坛》“两会”特刊刊载署名文章《沿边城市如何提升竞争力》；制作《中国绿色画报》两会特刊《绿色牡丹江》，从绿色城市、绿色生态、绿色经济、绿色人文等方面全面宣传推介牡丹江。省党代会期间，在各级各类媒体以各种形式持续不断刊(播)发各类稿件，加大媒体曝光率。整合文化外宣资源，借助举办大型涉外活动积极对外传播牡丹江文化，充分展示牡丹江的文化形象和特色。发挥区位优势，加强与俄日韩等东北亚国家和地区间文化领域的多层次互访，通过举办远东国标舞大赛、朝鲜族文化艺术节、中俄油画交流、中日韩书画交流展等大型对外文化交流活动，打造了更多具有较强影响力的文化外宣品牌。充分利用2012中俄旅游年活动、第23届中国·哈尔滨经济贸易洽谈会、“城乡统筹发展高层论坛”、“国际石油钻采设备展”等载体和平台，广泛邀请国内主流媒体及香港《大公报》、香港凤凰卫视和俄罗斯远东地区40多家境内外媒体，大力宣传经贸节庆会展活动的特色亮点、巨大潜力和广阔前景，宣传推介牡丹江市十七大以来经济社会发展所取得的各项辉煌成就，打造具有牡丹江独特魅力、较强影响力的经贸外宣品牌。全年共组织外宣活动42次，接待境内外277家(次)媒体1136名(次)记者采访，在国家级主流媒体、省级重点媒体和域外权威媒体发稿量突破2400篇(条)。

完善新闻发布制度建设

印发了《中共牡丹江市委办公室印发〈关于建立党委新闻发言人制度的实施意见〉的通知》，明确了建立党委新闻发言人制度的指导思想、重要意义、党委新闻发言人的主要职责、建立和完善党委新闻发言人制度的要求、党委新闻发布活动的组织程序，首批13个市委部门和市直党组(党委)设立了首席新闻发言人、新闻发言人。加强对党委和政府新闻发布工作的指导、协调和服务力度。牡丹江市直各部门和县（市）、区严格按照新闻发布计划

(议题）的审批程序，认真审核发布文稿和相关资料，及时反馈新闻发布的社会反响和评估。围绕市委、市政府中心工作及各项重大活动，策划组织系列主题新闻发布会。2012年，共组织召开新闻发布会31场，其中党委新闻发布会7场、政府新闻发布会24场。建立"牡丹江新闻发布会"网站，活化新闻发布载体，使新闻发布工作成为引导舆论和政务公开的重要手段。加强新闻发言人培训，与清华大学合作，举办了牡丹江市新闻发言人培训班，使全市新闻发布工作总体水平得到明显提升。

加强协调配合巩固大外宣格局

调整充实全市对外宣传工作领导小组，完善工作体制机制，加强对全市外宣工作的统筹协调，充分调动了有关部门开展对外宣传的积极性和主动性。横向整合经贸、教育、科技、文化、新闻传媒、旅游、体育、外事、涉港澳台侨等部门的对外宣传资源，纵向整合了各县(市)、区的对外宣传资源，形成了外宣工作统筹协调机制。完善外宣资料数据库，为媒体记者提供了准确翔实的信息。对各县(市)、区及市委新闻中心、新闻传媒集团等部门围绕市委、市政府中心工作和阶段性重点工作进行重点宣传选题指导，形成集中的宣传态势，凸显宣传实效。同时，要求其定期上报涉及全市的重点宣传题目，每季度及全年向市委外宣办报告发稿情况。

积极拓宽媒体交流合作渠道

进一步拓宽与国家级、省级重要媒体的合作交流渠道，邀请更多权威媒体来牡丹江采访报道，深度挖掘、提炼牡丹江市领导的发展创新理念，设计专题，在重要媒体刊(播)发。围绕牡丹江市委书记张晶川提出的"三实两创"共同价值理念，精心策划选题，组织高层次媒体记者进行专题采访。在2012中俄旅游年牡丹江分会场活动中，邀请国家级主流媒体、省级媒体、香港媒体及俄罗斯媒体共25家30多名记者对活动进行报道。在央视中文国际频道的《城市1对1》制作了一期领导高端访谈节目《边境之城》，并于APEC会议前在中央电视台中文国际频道播出；中央电视台中文国际频道《流行无限》栏目组来牡丹江市拍摄镜泊湖自然风光及"中国悬崖跳水第一人"狄焕然，制作了55分钟专题片；中央电视台《旅游指南》栏目组就牡丹江市丰富的旅游资源和经典旅游线路进行全方位拍摄录制。贯彻落实省委提出的"八大经济区"和"十大工程"建设及牡丹江市着力打造沿边开放先导区建设的总体要求，广邀媒体大力宣传牡丹江独特的边境口岸优势。新华社、《人民日报》、《黑龙江日报》等媒体的相关领导带着调研题目多次来到牡丹江调研，形成多篇深度报道，文章刊发在重要版面或编发成内参，使牡丹江受到各方关注。加大与知名媒体的深度合作，创新媒体合作形式，以大鹏新闻网为基础构建了东北网首家地市级记者站，充分发挥大鹏新闻网的资源优势，借助东北网与新华网、新浪网等大型网站的资讯交换渠道，实现宣传报道影响力的迅速提升；与中国国际广播电台建立联络报道机制，通过国际台多媒体、多语种的对内对外传播平台，打开牡丹江市在国际的知名度和影响力。

佳木斯市

做好中俄(佳木斯)农机展会宣传工作

由中国机电产品进出口商会、中俄机电商会、黑龙江省人民政府、俄罗斯联邦哈巴边疆区政府、俄罗斯联邦犹太自治州政府、俄罗斯联邦阿穆尔州政府主办，佳木斯市人民政府、黑龙江省商务厅、黑龙江省农业委员会、黑龙江省农垦总局、黑龙江省农机总公司、佳木斯天润国际农机具博览中心联合承办的2012中俄(佳木斯)农机产品展销洽谈会，于3月23日至3月25日在佳木斯天润国际农机具博览中心成功举办。中俄农机展是佳木斯市举办的最重要的国际性展会。市委宣传部高度重视，牵头成立农机展宣传组，集中时段，扩大覆盖面，加大新闻宣传、形象宣传、广告宣传和社会宣传力度，全景展示农机展盛况和佳木斯城市形象,为农机展的成功举办营造了良好氛围,进一步提高了城市的知名度和影响力。3月2日和24日,分别在黑龙江省政府新闻发布厅和佳木斯组织两场农机展新闻发布会。发布会详细介绍了举办农机展的目的意义、特色亮点和取得的丰硕成果。农机展举办期间,俄罗斯塔斯社、新华社、中央电视台等10余家媒体受邀参会,全程参与农机展的各项活动,采写了大量生动的新闻稿件,全面介绍了农机展盛况及取得的喜人成果。《中国农机化导报》、黑龙江电视台、东北网、《农村报》、农垦电视台及鹤岗、七台河、双鸭山等地电视台连续发布农机展宣传广告和招商广告50余次。《佳木斯日报》、《生活报(三江版)》、佳木斯电台、佳木斯电视台及所属各县(市)电台、电视台,连续刊播展会广告、口号、倒计时15天。本届展会的成功举办和宣传工作的圆满完成,充分树立和展现了中俄农机展的品牌形象,为加快佳木斯市农机产业城建设步伐和农机化进程,全面推动黑龙江省对外交流合作发挥了重要作用。

开展对外宣传工作

2012 黑龙江(香港)招商活动周期间,与香港《大公报》、《文汇报》合作出版两个佳木斯宣传专刊,突出介绍佳木斯比较优势。在参加黑龙江省政协港澳委员深圳座谈会时,在深圳会场制作了佳木斯形象宣传图板,向参会的政协港澳委员展示佳木斯的特色优势及招商项目。佳木斯及所属各县市也在《黑龙江日报》、哈洽会会刊、外宣专刊等媒体制作了10余个宣传专版,扩大了城市的影响力。

大庆市

推出重大外宣活动

利用国家重大政治活动推出专题宣传。借助全国两会、党的十八大召开等重大会议,提前沟通协调《人民日报》、新华社、中央电视台、黑龙江电视台、东北网等主流媒体,两次会议期间在《人民日报》、中央电视台等国家重点媒体制作大庆专题10个,刊发重要报道20余篇。

围绕全市重点工作组织集中宣传。在哈洽会、湿地旅游文化节、高新区辟建20周年、北京—大庆文化艺术活动周等重大活动中,统筹组织市内外媒体来大庆宣传报道。其间,《人民日报》、《经济日报》、《光明日报》、新华社、凤凰卫视、黑龙江电视台等30多家国家主流媒体聚焦大庆,共制作电视专题8期,刊播稿件200多篇(条),网络转载文章4000多次,点击超百万次,黑龙江卫视、黑龙江经济频道并机直播了第五届湿地旅游文化节开幕式。

瞄准国家主流媒体加大对上发稿力度。全年在国家主流媒体刊发头版头条、制作专题成效显著,主要有:《人民日报》刊发文章《大庆:城市转型跃上新阶段》、《大庆,二次创业再腾飞》、专版《大庆:城市转型跃上新阶段》、《大庆:科学发展提升幸福指数》;《光明日报》刊发长篇通讯《资源型城市转型的“大庆之路”》、以《让首都人民感受大庆精神》为题刊发长篇综述;《经济日报》刊发省委常委、大庆市委书记韩学键署名文章《建设宜居宜业现代化国际化城市》、专版《美丽大庆,和谐家园》;中央人民广播电台《新闻和报纸摘要》节目头条播发报道《大庆全力制造宜居宜商城市新名片》;中央电视台《新闻联播》播发新闻《大庆非油经济总量首超石油经济》、《这一方热土》专访韩书记、《经济半小时》栏目《寻找经济增长新动力四——石油城二次创业》讲述大庆接续产业发展;《黑龙江日报》利用16个专版全面宣传报道大庆发展之路。

推进城市形象宣传

在利用国家和省级主流新闻媒体开展城市形象宣传的同时,积极拓展对外宣传新渠道、新阵地,面向全世界推介大庆“绿色油化之都,天然百湖之城,北国温泉之乡”的城市品牌。在美国纽约时代广场投放城市形象广告,为期半年。在中央电视台综合频道、新闻频道《朝闻天下》栏目全年投放15秒城市形象广告片。第五届中国大庆湿地旅游文化节期间，在中央电视台《朝闻天下》栏目、黑龙江电视台《新闻联播》播出前，推出湿地旅游文化节开幕专题广告片，省台《新闻联播》播出期间还以滚动字幕形式播出文化节活动消息。改版制作了城市形象宣传片，作为大庆重要外宣品对外发放，全年共计发放光碟2000余张。

加强新闻发布工作

一是落实发布制度。落实党委、政府新闻发言人制度实施办法，严格审批新闻发布，每场新闻发布均报送分管部领导审批，确保发布信息的权威性和严肃性。二是加大新闻发布力度。召开解读市委八届二次全会暨民生热点通报会、大庆市提高城乡低保标准新闻发布会等多场新闻发布会。哈洽会期间，在哈尔滨市召开了一场新闻发布会。全年组织新闻发布会8次。

鸡西市

借助节会平台　开展“四大主题外宣”

为打造绿色鸡西新形象，鸡西市在央视综合频道和新闻频道推出《大美兴凯湖 神秘珍宝岛 活力鸡西城》城市宣传广告，一年达730频次，打造城市名片；同时精心设计了首届2012黑龙江·鸡西兴凯湖国际春季观鸟节、2012中国·鸡西兴凯湖绿色发展研讨会、“唱响大美兴凯湖 情系鸡西穆棱河”城市建设三年大变样暨鸡西穆棱河公园竣工颁奖晚会、中国·鸡西兴凯湖肃慎文化民间艺术节四项精品外宣活动，从生态、经济、文化、民生四个角度诠释了鸡西“绿色新政”，让世界了解鸡西的勇毅之变，绿色之变，希望之变。

1.围绕生态保护战略，举办了首届2012黑龙江·鸡西兴凯湖国际春季观鸟节。制作了兴凯湖四季风光片、城市风光片，召开新闻发布会、观鸟节宣传片，节前预热。历时一个月的观鸟节推出了鸡西鸡尾酒会、鸟类科普展、鸟类摄影展、观鸟节首日封发行式、鸟类专家现场咨询研讨、兴凯湖徒步观鸟穿越等一系列活动。首次在兴凯湖设立直播现场，黑龙江电视台连续10天大规模直播连线“候鸟的春运”，吸引全国游客前来兴凯湖观鸟，把春季兴凯湖旅游淡季变成旺季。新华社、央视、省报等媒体共刊(播)发54条新闻、5块彩色新闻专版，并在央视10套播放电视专题片。

2.围绕绿色发展战略，举办了2012中国·鸡西兴凯湖绿色发展研讨会。与省林业厅、中国人民大学共同主办，并取得国土资源部、中国科学院、央视主流媒体等支持，8个国家230余位专家学者聚谈绿色发展，形成并签署了《兴凯湖绿色保护宣言》。研讨会首次采取互联网全程直播，首次运用四种语言同声传译，首次采用媒体与专家互动访谈、在线直播，彰显了国际化品质。新华社、《人民日报》、中国国际广播电台、香港《商报》等媒体负责人亲临现场，参与研讨，进行报道，刊(播)发稿件150余篇，进一步提升了鸡西“绿色矿区、生态城市、宜居家园”的美誉度。同时，兴凯湖保护和发展工作也引起国务院的高度重视，温家宝总理做出重要批示，兴凯湖保护已上升为国家战略，对外宣传工作影响力显著增强。

3.围绕民生发展战略，举办了城市建设三年大变样暨鸡西穆棱河公园竣工颁奖晚会。总投资186亿元、奋战三年的鸡西“绿色家园”建设告一段落。为讴歌百年绿变，敬礼城市精神，组织开展了“唱响大美兴凯湖 情系鸡西穆棱河”城市建设三年大变样暨鸡西穆棱河公园竣工颁奖晚会，邀请央视音乐频道现场承办晚会，《黑龙江经济报》刊发头版头条《百年煤城华丽转身背后的逻辑》和两个彩版。晚会在央视音乐频道播出，很好地提高了鸡西的知名度。

4.围绕建设文化大市战略，举办了中国·鸡西兴凯湖肃慎文化民间艺术节。邀请国内著名专家学者，举行了肃慎文化高端论坛、“中国肃慎文化之乡”和“中国肃慎文化研究中心”授牌仪式，创作首演了以肃慎文化为背景的《鸡西穆棱河的传说》，开创鸡西实景剧演出的先河，在央视中文国际频道播出，擦亮了鸡西“中国肃慎文化之乡”品牌。筹建了东北民俗博物馆，编辑出版了系列鸡西地域文化丛书。

双鸭山市

完善新闻发布工作机制

围绕全市中心工作和全市干部群众关注的热点问题，加大新闻发布力度，全年共召开38场新闻发布会，有关新闻被中央、省级、市级媒体及各大网站刊发，取得良好效果。其中，涉及消费者权益保护、食品药品安全、全市治安工作情况、全市普及高中教育等关系市民切身利益的工作，均通过新闻发布会的形式向社会通报，得到广大市民的热议和充分肯定。对各级政府新闻发言人、党委新闻发言人和有关人员进行业务培训，通过实例讲解、座谈研讨等形式，炼就出一支善于同媒体和记者打交道的发言人队伍。为掌握舆论引导主动权，维护社会稳定营造了良好的舆论氛围。

多层次开展对外宣传活动

双鸭山市充分利用重大活动，多层次、多角度开展对外宣传工作。以2012年“哈洽会”为契机，在《人民日报》、新华社、《经济日报》、中央电视台、《黑龙江日报》、黑龙江电视台、黑龙江电台、《黑龙江经济报》、香港《大公报》、香港《文汇报》等中央和省级主流媒体共刊播各类稿件127条，6月18日在《黑龙江日报》头版头题发表的《双鸭山招商引资集聚发展正能量》一文，受到全省广泛关注。在双鸭山市项目签约仪式上，人民日报黑龙江分社、新华社黑龙江分社、新华网、新浪网等12家国家级媒体以及《黑龙江日报》、黑龙江电视台等19家省级媒体应邀参加会议，《双鸭山市哈洽会签约18个项目总额88.13亿元》的新闻通稿在30多家中央、省级新闻媒体同时刊(播)发。充分利用“北大荒之都”节庆文化之城品牌活动，协调省级以上媒体以及市级媒体记者做好四方台达子香赏花节、岭东东湖消夏艺术节、中国·双鸭山东北亚湿地多样性保护论坛暨湿地文化艺术节等重大活动的宣传报道工作。邀请新华社、《人民日报》、《经济日报》、香港《大公报》、香港《文汇报》、中央电视台、黑龙江电视台、东北网等多家省级以上媒体记者150余人次赴双采访报道，为发展旅游事业，提高双鸭山的知名度，发挥了积极作用。

积极做好舆情信息工作

双鸭山市舆情信息工作坚持围绕中心，服务大局工作原则，采取常委部长亲自抓，分管部长具体抓的工作形式，带动舆情信息报送量逐年增长，采用比例大幅提高。制定下发了《舆情信息考核奖励制度》，对舆情信息工作进一步细化，落实奖惩。重点强化网络舆情管理，着重关注人民网、新浪网、天涯论坛、百度贴吧等各大网站，收集涉及全市的网上动态和媒体动态，形成《舆情报告》后及时上报市委、市政府主要领导，部分进行了跟踪办理。建立了县区舆情信息员QQ群，对基层信息员实行动态管理。全年向省委宣传部报送舆情信息5000篇，被省委宣传部舆情信息处单篇采用6篇，综合采用800篇，为各级领导掌握社情民意、分析形势、推动工作提供了重要依据。

伊春市

举办大型节会活动开展外宣工作

举办“第八届中国伊春冬季摄影节、小兴安岭雾凇观赏节暨全国网络媒体看伊春”活动。邀请了全国著名摄影家、书画家、专业摄影媒体，网络媒体新华网、央视网、人民网、国际在线、千龙网、东方网、东北网、新浪网等记者，黑龙江电视台、《黑龙江日报》、《新晚报》等媒体记者。参加摄影大赛的摄影家、摄影爱好者，先后到红星库尔滨雾凇景区、火山岩景区、汤旺河石林景区、风灾遗址景区、五营国家级森林公园、伊春区的冰雪欢乐园和冬泳活动景区进行创作采风。举办了“第八届中国(伊春)冬季摄影大赛,经过专家组认真评选,其中40幅作品获奖,评选出金牌奖1名,银牌奖3名,铜牌奖6名,优秀奖若干名。

举办“2012林都伊春兴安杜鹃花观赏节”活动。分别邀请了中国著名摄影家、画家,香港《文汇报》、《大公报》、《商报》,《中国旅游报》、《中国摄影报》等媒体记者,还有来自北京、吉林、辽宁等地的摄影家和摄影爱好者及黑龙江大学美术系的师生共计150余人。全国著名画家、摄影家、媒体记者进行采风采访活动;全国旅行社优秀经理300余人举行友好联谊活动;举办了“美丽伊春”杜鹃花专题摄影赛;杜鹃花特色民间手工艺品展销等活动。

做好第23届哈洽会伊春市交易团的宣传工作

充分利用省内外报纸、广播、电视等媒介,广泛播(刊)发各种稿件47篇。《黑龙江日报》、《黑龙江经济报》和香港《文汇报》刊发了伊春情况整版推介。邀请了新华社、中央人民广播电台、《经济日报》、《中国日报》和香港《文汇报》、《大公报》、《商报》,《黑龙江日报》及东北网、黑龙江电视台等28家媒体34名记者现场采访,及时报道参展签约情况。

举办新闻发布会,拓宽传播渠道

举办“第三届中国伊春森林音乐会暨第十二届中国黑龙江(伊春)国际森林生态旅游节”新闻发布会。举办“第二届中国(伊春)森林产品博览会”新闻发布会,接待媒体记者54人,市委主要领导接受了专访。举办“第23届哈洽会伊春交易团特色产业推介会暨对外合作项目签约仪式”,邀请了《经济日报》、《中国日报》和香港《文汇报》、《大公报》、《商报》,《黑龙江日报》以及新华社、中央人民广播电台、黑龙江电视台、东北网等32家媒体参加了新闻发布会。举办“2012中国特色农产品博览会暨首届中国·伊春森林食品节”新闻发布会,邀请了《人民日报》、《光明日报》、《经济日报》、中央人民广播电台、中央电视台、中国新闻社、新华社等35家中央主流媒体和记者参加了新闻发布会。举办伊春至广州首航新闻发布会暨伊春旅游产品推介会,邀请了《广州日报》、《羊城晚报》、广州电视台、南方电视台、广东电视台等10余家媒体参加了新闻发布会,采写了大量一线报道。

提高新闻发言人队伍素质

为提高全市新闻发言人应对突发事件的能力,修订完善了《中共伊春市委、伊春市人民政府新闻发布工作管理办法》。由伊春市委宣传部主办,伊春市委外宣办(市政府新闻办)、伊春市网宣办承办伊春市新闻发言人,网络宣传管理负责人、舆情信息骨干培训班,各县(市)区(局)党委常委,宣传部长、副部长,新闻发言人,省直、市直有关部门新闻发言人,宣传部负责网络宣传管理的同志,全市舆情信息的骨干,有150多人参加了培训。伊春市邀请了黑龙江大学新闻传播学院、黑龙江省网宣办网络管理、黑龙江省网宣办网络评论处、黑龙江省委宣传部舆情信息中心,分别为培训班的学员做了4场专题辅导。

拓宽媒体的渠道,扩大伊春的知名度

伊春与香港《文汇报》积极协调沟通,刊发全市的主要节庆活动,积极向境外媒体宣传招商等活动情况。发表了标题为《林都伊春　红松故乡　生态家园　投资热土》、《林都伊春 尽展绿色风采 哈洽会收百亿硕果》、《赏音乐盛会 游绿色伊春——第十二届中国黑龙江(伊春)国际森林生态旅游节暨第三届中国伊春森林音乐会与您相约林都伊春》、《伊春生态产业成功转型 捍卫绿色贡献全球》等文章和报道,充分借助外力扩大宣传,提升伊春的影响力。

七台河市

打好对外宣传战役

以重大展会为依托,打好对外宣传战役。第二

十三届哈洽会期间，在《伙伴》杂志上用中、俄两种文字对七台河经济发展情况进行了报道。播发领导访谈、参展企业知名品牌报道、消息、专题、侧记、综述等稿件110余篇。新华网、《黑龙江日报》、《人民日报》、新华社、《经济日报》、《黑龙江经济日报》、香港《大公报》、香港《文汇报》、香港《经济报》、东北网、《伙伴》杂志、《哈尔滨日报》、省电视台、省电台、《黑龙江晨报》等国内外20余家媒体对七台河市签约情况进行了报道，发稿30多篇。第五届家具节暨家居文化博览会邀请10余家域外媒体来七台河市报道家具节盛况。新华网、香港《大公报》、东北网、人民网、中央电台驻黑龙江站、中国广播网、《经济日报》，对家具节开幕式和论坛、项目签约等相关内容进行现场直播；黑龙江卫视，8月29日《新闻联播》报道家具节开幕盛况，时间大约3分钟；《黑龙江日报》，8月30日第一版对家具节开幕式和论坛、项目签约等相关内容进行报道；提高了七台河知名度。围绕中心工作、重点会议搞好对外宣传。省卫视频道10月9日《新闻联播》用长达7分钟时间报道七台河市棚户区改造工程建设情况；省卫视频道10月20日《新闻联播》用长达4分多钟时间报道七台河市十项整治工作进展情况。紧紧抓住党的十八大重要会议精神，2012年全国、全省“两会”、2012黑龙江(香港)活动周暨十大重点产业项目推介会等有利契机，加强对外宣传工作，形成连续不断的宣传声势，扩大了七台河的美誉度。

推进新闻发布工作

进一步完善了新闻发布机制。规范新闻发布审批制度和新闻协调会制度，增强新闻发布会权威性和影响力。加强了新闻发言人的培训工作和队伍建设，使新闻发言人培训工作步入规范化、经常化轨道。建立党委新闻发言人和新闻发布制度。迈出了推进党务公开，实现党内民主的关键一步。制定并下发了《七台河市突发公共事件新闻报道实施方案》和《七台河市突发公共事件新闻报道应急机制工作流程》，畅通了突发事件信息传输基本渠道，为及时有效应对突发事件提供了制度保障。全年组织召开了20余场新闻发布会，12·1煤矿透水、禽流感疫情、消费者权益保护、食品药品安全、全市治安工作情况、全市普及高中教育、文化大发展大繁荣等关系市民切身利益的工作均通过新闻发布会的形式向广大人民群众作以通报，营造良好的社会舆论环境。

鹤岗市

围绕重大节庆活动开展外宣

以“哈洽会”、黑龙江(香港)活动周、“中国·鹤岗中俄界江文化旅游节暨第四届东北东部（12+2）区域合作圆桌会议”、中俄旅游年暨2012年鹤岗·萝北全国徒步露营大会为契机，通过邀请省内外记者采访、制发城市宣传广告、举行新闻发布会、编辑出版外宣品等方式，大力宣传了鹤岗的自然资源、城市文化、发展政策和建设成就，进一步树立了鹤岗良好的对外形象。

城市发展成果互联网络宣传战役

充分利用互联网传播速度快、传播空间大、传播领域广的优势，先后打好以“看鹤岗、新形象”、“喜迎十八大、成就看鹤岗”等为主题的网络宣传战役，在新华网、人民网、国际在线、央视网、东北网、大河网等中央和省级新闻网站，以及新浪、腾讯、网易、搜狐等商业网站刊(转)发各类宣传稿件4000多条、图片1000多幅、视频300多分钟。全面反映了鹤岗市委、市政府深入贯彻落实科学发展观，加快实现“758”发展战略的新思路、新举措、新成就。

黑河市

开展宣传系列战役

紧紧抓住党的十八大、全国“两会”、省十一次党代会、第三届中俄文化大集、2012中国国际文化休闲周、中俄浮箱固冰通道开通、2012“五大连池杯”全国男子武术散打锦标赛、黑龙江省对俄贸易项目推介会暨中国企业合作对接会、2012中国黑河大黑河岛国际经贸洽谈会等重要会议召开和重大活动举办之机，通过视频访谈、音频专访、图文专访、新闻发布等多种形式，就中俄经贸合作、“三优”文明城建设、垦地共建、特色旅游、生态建设、矿产开发、网箱养鱼、云计算、民生工程、交通建设、干部队伍建设等市委、市政府的重点工作，进行了集中宣传。先后在中央电视台、中央人民广播电台、《人民日报》、新华社、《经济日报》、《光明日报》、《黑龙江日报》、黑龙江电视台、东北网等150余家中央和省级媒体发稿500多篇（条）、视频300多分钟、音频120多分钟、文字80多万字、图片200多幅，取得了较好的宣传效果。先后在阿尔法信息网等境外媒体刊发宣传黑河市相关稿件多篇。尤其是第三届中俄文化大集、2012中国国际文化休闲周两项国家级大型文化活动，成为中外舆论关注的热点之一，在百度、谷歌等搜索引擎输入“第三届中俄文化大集”、“中国国际文化休闲周”、“乐动城市——2012中国城市之歌”等关键词，搜索结果少则2.7万个，多则2350万个。

全力展示中俄风情之都形象

在中央电视台《朝闻天下》中以隔日播出的方式，全年推出10秒城市形象片。在北京西客站LED屏推出5秒城市形象片，以每天75次循环播出的形式，全年向过往旅客展示黑河。命名北京至哈尔滨的Z15/16高端列车为“黑河旅游”的品牌专列，以列车播音、车厢海报、车厢阅报栏、卧铺包厢茶几展架、茶几台布、卧铺靠背垫、新闻发布会等形式直观形象地展示黑河。与中央电视台合作拍摄人文专题片《黑河往事》、《热土黑河》，并在中央电视台纪录频道（CCTV-9）播出，委托知名三维设计机构为黑河设计了三维吉祥物“鼠兔”，趣味化地推介黑河。

切实做好舆情信息工作

2012年，向省委宣传部报送舆情信息2300余篇，其中，被省《舆情信息》单篇或综合采用169篇，被省委宣传部单篇或综合采用上报中宣部467篇，为各级领导掌握社情民意、分析形势、推动工作提供了依据。

绥化市

扎实推进对外宣传工作

以树立绥化跨越发展新形象为目标，组织承办了拉美记者团考察采访活动，活动情况被中央外宣办、国务院新闻办《简报》刊发。邀请了世界华商组织联盟访问团来绥进行商务考察活动，向17位美国和中国港、澳、台客商全面推介了绥化跨越发展的新成效。接待了日本纪录片制作公司摄制组和厄瓜多尔、玻利维亚、秘鲁、委内瑞拉、哥伦比亚等国家学者、记者考察采访活动。以在深圳举行的黑龙江省政协港澳委员座谈会为契机，积极开展对外宣传，给座谈会打下了鲜明的绥化标签，给港澳委员留下了深刻的印象。6月份，依托哈洽会，邀请10多家境外涉外媒体、部分全国知名网络媒体集中宣传推介绥化，对外宣传的集群效应和影响力进一步彰显。实施外宣精品工程，先后制作了《敞开胸怀的绥化》外宣画册和《中国黑龙江绥化》等5部外宣专题片，在各类商务政务活动中大量对外发放，成为域外领导、客商及各界朋友认识绥化、了解绥化的一个重要媒介。实施精品外宣采访线战略，围绕哈大齐工业走廊、肇东和安达产业项目集中区、全市现代农业千公里示范带、特色文化产业基地，精心打造了一条具有绥化特色的外宣采访线，已有14个国家与地区的媒体和客商沿此线路进行参观采访，取得了较好的效果。集中实施了大型宣传牌建设工程，全市投入260多万元，在哈伊高速公路、哈大高速公路、绥北高速公路和出入城口建立或租用宣传牌49个、LED屏幕6个,形成了一批永久的绥化形象外宣阵地,为宣传绥化、展示绥化、推介绥化搭建了新的平台。

大兴安岭地区

对外宣传成果丰硕

充分运用主流媒体形成融“图、文、声、影”于一体,以“节日、展会、赛事、文化、外宣品、网络”为载体的强大外宣合力和阵势,用正面声音持续扩大大兴安岭地区的对外影响力。2012年以来,大兴安岭地区在中央电视台、中国国际广播电台、新华社、《人民日报》、《经济日报》、新华网、人民网、中国经济网、中国网等主流媒体发表稿件3000余篇。在中央电视台综合频道《新闻联播》栏目中发稿4次,分别于7月12日、9月27日播出两个头条:《大兴安岭——打造北方绿色生态屏障》,时长4分34秒;《资源型城市转型加减法》,时长3分10秒。在大兴安岭地区48年开发建设史上尚属首次。《大兴安岭森林防火实现跨越式发展》、《大兴安岭林业保护成果显著野生动物频繁亮相》等7篇重要稿件在中国国际广播电台播发,实现了大兴安岭地区在国家级对外电台发稿零的突破,树立了大兴安岭发展振兴的良好国际形象。《大兴安岭——林下生金 经济转型》、《大兴安岭——打造北方绿色生态屏障》、《黑龙江大兴安岭森林覆盖率达到80.95%》等百余篇重点新闻稿件在《新华每日电讯》、《人民日报》、《经济日报》、香港凤凰卫视等主流媒体刊发、播出。党的十八大召开期间,中国新闻社《中国新闻》专刊发表了《把资源管起来,让百姓富起来,建设生态型花园式新林区》的重要通讯稿件,在人民网《科学发展成就辉煌》栏目头题头条刊发《大兴安岭:打造北方绿色生态屏障》,人民网以视频加文字的形式播出了大兴安岭地区党代表46分钟的专访,《人民日报》、《经济日报》等30余家省级以上媒体刊播稿件60余条,第一时间将大兴安岭地区贯彻党的十八大精神新思想、新举措、新成效传递给全国,赢得了广泛的社会反响。全年在中央电视台发稿63条,省台发稿248条,发稿率实现历年最好,树立了大兴安岭的良好外部形象。

打造外宣精品,丰富外宣内容

策划拍摄制作了《美丽神奇的大兴安岭》电视风光片,随大兴安岭地委招商组赴北京举办“大兴安岭风光摄影展”,共展出40个展板167幅摄影作品。制作了《美丽神奇的大兴安岭风光相册》,得到了全国人大委员长吴邦国、原中国国民党主席吴伯雄、省委书记吉炳轩、省长王宪魁的高度评价。

绥芬河市

全方位营销城市
成功保持了全国文明城市荣誉

加大外宣力度,通过多种方式和载体将绥芬河市的经济社会发展成就做多角度、全方位的展示,收到了良好效果,绥芬河市的发展得到了国家和省委的肯定,成功保持了荣誉。与上海东方卫视合作在绥芬河市拍摄了《冲刺中国》系列节目,先后在20多个国家和地区播出,提高了绥芬河的知名度和影响力。成功组织七一大巡游活动,策划沿边开发开放试验区的宣传。人民网对东北亚美食文化节进行了现场直播。

与国家级媒体和俄罗斯媒体对接
全方位报道绥芬河

邀请中央电视台新闻频道、经济频道、中文国际频道、俄语频道十余次来绥芬河采访。全年共接待新华社、《人民日报》、中央电视台等国家级媒体记者200余人次,发稿100余条。充分利用全国两会、哈洽会、七一巡游、全国旅游产品对俄展销会、名优商品展销会、中俄美食文化节等活动的有利契机,邀请中央电视台、新华社、《经济日报》、《中国日报》、香港《大公报》等国内近百家媒体参加活动，刊发相关报道200余篇。充分利用电视俄语节目平台，积极开展与俄罗斯滨海边区电视台关于节目和人员的交流工作，编辑制作一批反映绥芬河市百年口岸、商旅名城、木业之都及中俄友谊的俄文专题片陆续在滨海边区电视台播出。俄罗斯国家电视台、《金角报》、《莫斯科报》、《海参崴报》、远东电视台、滨海边区电视台、海参崴电视台等媒体全年共派出三十多名记者来绥芬河采访。绥芬河电视台与新加坡国家电视台拍摄了绥芬河口岸繁荣的对俄民贸市场、俄语热、中俄通婚等内容的新闻专题片，在新加坡等地播出。在新华网、东北网、国际在线等知名网站发稿及转载有关的新闻报道1000余条。制作外宣专题片《国际商旅名城——绥芬河》、《绥芬河综合保税区宣传片》、《哈洽会专题宣传片》、《新农村建设宣传片》等30余部。

抚远县

围绕重大活动 加大外宣力度

以重大活动和项目建设实效进展为抓手，先后围绕第二十三届哈洽会、抚远首届东极国际文化节、莽吉塔深水港项目竣工投产、乌苏大桥和前抚铁路客运运营等重大活动，组织开展外宣活动，多次邀请《人民日报》、《黑龙江日报》、《黑龙江经济报》、新华网及香港《大公报》、香港《商报》等重要新闻媒体进行全面报道，大张旗鼓地宣传抚远在加强对外合作，推进中俄睦邻友好，大项目建设中取得的重大成果及在全省“八大经济区”和“十大工程”建设中起到的积极作用。

利用省管县的机遇，积极与省内外各主流媒体加强交流与合作，在《黑龙江日报》的大力支持下，成立抚远记者站，每月在《黑龙江日报》刊发关注抚远专版，加强了抚远经济社会发展成果在主流媒体的宣传力度，更好地为县域经济发展服务。抚远首届东极国际文化节致力于在共同保护生态环境和加强文化艺术交流中增强双方的友好往来。通过积极的宣传报道，此项节日也成为抚远县中俄文化交融的重要节会，今后将向多领域、深层次发展，通过加大外宣力度使更多的部门和商企加入进来，打造东极文化节日品牌。

大庆油田有限责任公司

外宣工作取得新突破，做到“六个集中”。2012年，中央电视台多次重磅报道大庆油田，在《新闻联播》、《焦点访谈》等节目播发稿件20篇，创造了新纪录。一是集中展示原油4000万吨持续稳产。策划组织中新社、《人民日报》、人民网、新华网、凤凰网等20多家媒体，对油田2011年业绩进行了集中报道。6月，《人民日报》刊发了《稳中求进看大庆》。二是集中展示科技自主创新。邀请《人民日报》、新华社、中央电视台等中央主流媒体，刊播了《大庆油田：科技引领发展》、《“三超”精神：大庆创新文化之魂》等报道。三是集中展示创先争优活动。《求是》杂志刊发了油田主要领导署名文章《用党的政治优势推动科学发展》，新华网在电视纪录片《信仰》播出之后，专访了油田主要领导。围绕弘扬大庆精神，省属媒体刊发了《发扬大庆精神，铸就永续辉煌，以“三创”实践为振兴龙江作贡献》等报道。四是集中展示以李新民为代表的英模群体。《人民日报》、新华社、中央电视台等主流媒体，在《十八大代表风采录》中，集中报道“大庆新铁人”李新民的先进事迹，《人民日报》刊发了《我在大庆当工人》，展现了新时期大庆石油人的良好精神风貌。五是集中做好宣传党的十八大的报道。组织策划在中央电视台、省电视台报道了油田收听收看党的十八大开幕式的新闻，党的十八大闭幕后，新华社、黑龙江省电视台等媒体对油田学习宣传落实党的十八大会议精神进行了及时报道。六是集中展示油田为龙江发展所做的贡献。在省党代会前夕，策划《黑龙江日报》、黑龙江电视台等省属媒体，推出7篇重点报道，并在会议期间专版报道，在全省产生强烈反响。

国防教育

省委宣传部

深入学习贯彻中共中央《关于加强新形势下国防教育工作的意见》(以下简称《意见》)

按照省委宣传部、省军区政治部关于《学习贯彻中共中央、国务院、中央军委〈意见〉实施方案》，对全省各地在学习准备、深入学习、整改工作三个阶段的学习贯彻情况进行了抽查，听取了全省各地学习贯彻《意见》的情况汇报，并将全省的学习贯彻情况书面汇报国家国防教育办公室。构建平台，加强工作指导，确保学习效果。在黑龙江《国防教育》杂志设立了学习《意见》专栏，宣传、推广各级国防教育工作机构在学习贯彻《意见》中好的经验、做法，交流学习体会。先后刊登体会文章35篇。

推荐申报黑龙江省第二批国家国防教育示范基地

按照国家国防教育办公室《关于做好第二批国家国防教育示范基地推荐命名工作的通知》要求，经各地推荐，黑龙江全民国防教育领导小组同意，确定侵华日军七三一部队罪证陈列馆、侵华日军东宁要塞遗址以及佳木斯烈士陵园为第二批申报单位。经国家审批，最终侵华日军七三一部队罪证陈列馆、侵华日军东宁要塞遗址被命名为国家国防教育示范基地。

组织国防教育干部学习培训

为提高全省国防教育工作人员业务素质，于2012年3月12日至3月15日，组织全省各市(地)、省直有关单位国防教育系统干部共23人，赴重庆学习考察培训。在此期间与重庆市国防教育办公室交流了学习《中共中央、国务院、中央军委关于加强新形势下国防教育工作的意见》的体会和经验；听取了重庆市加强领导干部国防教育的主要做法；参观考察了渣滓洞、白公馆等重庆市国防教育基地和主题公园(街路、社区)建设情况等。

创新拓展国防教育渠道

贯彻“全民参与，长期坚持，讲究实效”的方针，在社区、学校等地广泛开展军事夏令营、“军营一日”等形式多样的国防教育活动。9月上旬，会同中国电影基金会，在哈尔滨市及周边地区开展了“全民国防教育万映计划”电影公益事业放映活动。活动期间共免费放映国防教育题材电影35场次，受教育群众3万余人次。

编辑《黑龙江省国防教育基地图册》

为加强国防教育基地建设，充分发挥国防教育基地的作用，对前三批命名的省级国防教育基地进行了复核，搜集整理了6个国家国防教育示范基地和经复核保留的34个省级国防教育基地的图片和文字资料，编辑成册，下发各地。

哈尔滨市

组织开展第十二个全民国防教育日集中示范活动

2012年9月15日，中共黑龙江省委宣传部、黑龙江省军区政治部、哈尔滨警备区政治部在中央大街联合举办以“迎庆十八大 军民话国防”为主题的黑龙江省暨哈尔滨市第十二个全民国防教育日专场文艺演出。此次活动邀请了黑龙江省军区军乐团、黑龙江省武警总队文工团进行表演。演出现场武警官兵、有关志愿者为广大市民发放国防教育宣传单和宣传书签。活动进一步增强广大干部职工的国防观念,激发人民群众的爱国之情,在全社会营造关心国防、热爱国防、建设国防的浓厚氛围。

组织参观国防教育基地和爱国主义教育基地活动

为大力弘扬爱国主义精神和优良革命传统,教育广大干部群众铭记历史、缅怀先烈、继承遗志,增强民族自尊心和自豪感,积极组织3000余广大干部、职工和青少年学生参观东北烈士纪念馆、黑龙江省博物馆、"四野"旧址指挥部纪念馆等国防教育基地和爱国主义教育基地。组织各有关区、县(市)开展"露天电影放映周"活动。通过展播革命历史题材的电影,再现革命先驱前赴后继、英勇奋战的历史,激发广大群众的爱国热情。

利用媒体和其他宣传工具营造氛围

充分利用广播、电视、报刊、网络等媒体,开辟专栏和专题节目,大力宣传国防法规、国防建设新成果和其他有关国防教育方面的内容,及时采访和报道各单位开展国防教育活动的情况,进行全方位、多层次的国防教育。通过在各区县市主要街道设立宣传板报、悬挂横幅、张贴标语、发放有关宣传资料,在图书馆、乡村文化大院设置国防教育图书架,在机场、车站、广场、集市、旅游景区等公共场所设置国防教育标语等形式,进一步深化全民国防教育,增强全民国防教育意识,努力营造浓厚的国防教育氛围。

大力配合征兵工作

以弘扬爱国主义精神、革命英雄主义精神为主题,积极做好冬季征兵宣传工作。召开全市征兵工作电视电话会议,下发2012年冬季征兵宣传教育活动意见。积极组织市直新闻单位强化征兵宣传工作,配齐配强工作力量,加大宣传报道力度,通过开展强有力的征兵宣传教育活动,广泛动员社会各界关心和支持国防建设,教育广大适龄青年牢固树立依法履行兵役义务的责任感、光荣感和使命感,为圆满完成征兵工作任务营造了良好的舆论氛围。

广泛开展双拥共建活动

努力发挥主题活动的推动作用,在元旦、春节、八一等节日,积极配合有关部门慰问驻军官兵和军烈属,为他们排忧解难,送去温暖。组织文艺团体,举行形式多样、丰富多彩的军民联欢文艺演出,活跃节日气氛。积极支持部队文化建设。坚持把舆论宣传作为对军民进行爱国主义、革命传统和国防教育的有效形式,充分发挥新闻媒体和传播媒介的引导作用,推动双拥工作不断向纵深发展,形成全社会关心双拥、支持双拥、参与双拥的浓厚氛围。

齐齐哈尔市

国防教育稳步推进

积极配合市双拥办工作,把全民国防教育工作纳入全市争创全国、全省双拥模范城活动之中,做到同部署、同检查,有力推动了全市双拥活动的开展。市国防教育办公室荣获省委、省政府、省军区联合命名的全省拥军优属先进单位称号。在第十二个全民国防教育日前夕,举办了全市国防教育图片展览,全市16个县(市)区参加了图片展览活动,展现了近几年全市国防教育成绩。十八大前夕,举办了全市范围的"迎庆十八大 军民话国防"全民国防教育知识竞赛,进一步提高全民国防意识和爱国意识。

牡丹江市

推进国防教育内容和载体创新

把国防教育宣传普及与党员干部和职工群众

的思想政治工作相结合，制订了以机关干部、企事业单位、社区、大中小学校和民兵预备役人员为重点的全民国防宣传教育工作计划，下发了《2012 年全市国防教育(政治动员)工作要点》。在教育中改变过去单一的宣传教育模式，积极拓展宣传教育外延，活化内容形式，在机关举办了国防教育图片展等，提高整体认知度；在社区开展了“不忘国耻，牢记历史”万人签名活动，提高参与度；在乡镇等单位组织开展了“维护边境安全、共筑和谐家园”宣传教育活动，提高宣传普及度。把国防教育宣传与重大节日、重大活动相结合，利用“清明节”、“八一”建军节、“九一八”等纪念日，广泛开展了以国防教育为主题的知识竞赛、演讲比赛、书法绘画比赛、文艺会演、广场演出、群众性歌咏活动。宁安市各学校每周举行一次升国旗和在国旗下讲话活动，并在学期末评选出经典讲话稿，提升了学生们的爱国主义情感。东宁县邀请幸存劳工、慰安妇、老抗联战士到侵华日军东宁要塞遗址和劳工万人坑前讲述历史，激发爱国热情，东宁要塞成功晋升国家级国防教育示范基地行列。林口县组织干部职工和专武干部代表到刁翎镇八女投江殉难地的乌斯浑河东岸，开展了“清明节、祭英烈、铸军魂”的爱国主义教育活动。西安区把相关领导请进社区聊天室，就国防热点、难点、焦点问题与居民代表面对面地交流。通过各领域、各战线、各层面的宣传发动，全市爱国意识和国防意识的受众群体教育面达到了 90%以上，营造了“迎庆十八大，军民话国防”舆论强势。

组织开展第十二个全民国防教育日活动

牡丹江市委宣传部会同市人防办、驻军部队联合举办了“迎庆十八大，军民话国防”第十二个国防教育日暨黑龙江幼儿师范高等专科学校军事训练启动仪式，组织入学新生召开“看祖国发展、赞辉煌成就、展美好未来”座谈会，现场宣传人民防空知识、防灾减灾常识和常见灾害中的应急防护方法，发放了国防法规宣传手册和人防知识卡片，参观了教育展板、挂图等。牡丹江师范学院、牡丹江大学及市新安小学、西苑小学、向阳小学等多所学校还组织开展了国防教育手抄报活动，让同学们在搜集国防历史、国防法规等资料的同时，学到更多国防知识。穆棱市在市电视台开辟了《国防在我心中》专栏，让学生走进电视台，讲述自己的军训感受，激发了同学们参与军事训练、学习国防知识的热情。采取“宣传大篷车”、宣传图片、发放宣传单等形式，加强国际形势和国防基本知识宣传。仅在国防教育日期间，全市共设置宣传点 24 个，发放传单和宣传图片 2 万余张，送红色电影进社区、进学校、进村镇，播放《太行山上》、《建国大业》等 11 部国防教育宣传片，悬挂宣传条幅 400 余幅，提高了全民国防意识和国防观念，增强了民族凝聚力。

佳木斯市

开展国防教育活动

市委宣传部按照省委宣传部和省国防教育办的统一部署，结合实际，把国防教育纳入各级党委中心组学习计划和各级党校领导干部培训计划，通过开展专题讲座、形势报告会、国防教育课、“军事日”、军事演练等形式，增强各级领导干部的国防观念，提高履行国防职责的能力。全市各爱国主义教育基地完全实现免费对外开放，接待学生、群众和社会团体共计 12 万余人。以连创“全国双拥模范城”为载体，以《佳木斯日报》、《生活报(三江版)》、电台、电视台等媒体为阵地，采取多种报道形式，多角度、全方位地宣传国防政策法规、军民共建活动和部队先进典型的光辉事迹，共刊播稿件 100 余篇，营造了“军民共建，鱼水情深”的浓厚舆论氛围。在全市范围内广泛开展国防教育主题宣传活动。以建军 85 周年为契机，在全市广泛开展了“热爱人民军队，共筑钢铁长城”主题宣传教育活动，通过组织开展征文、演讲、书法绘画大赛等活动，激发广大干部群众热爱军队、支持军队的政治热情。以“迎庆十八大,军民话国防”为主题,开展了第十二个全民国防教育日集中宣传活动。9 月 14 日,在沿江公园广场开展了集中宣传教育活动,上午 9 时,全市各地同时鸣响了防空警报,战士表演了军体拳,演练了防护服的使用;现场设置宣传板 40 余块,发放宣传海报 5000 余张、国防知识宣传资料 1 万余份,受教育群众上万人。同时,各县(市)区、市直各有关单位,在公园、广场、社区等地进行了集中宣传。以“强化国防意识、热爱祖国家乡”为主题,组织开展中小学生“强化国防意识月”活动,各学校开展了主题班队会、参观国防教育基地、走进军营军旅生活、讲英雄故事、唱红歌、观看国防教育题材片、主题演讲等活动,教育青少年铭记历史,莫忘国耻,激发孩子们的爱国之心、报国之志;以社区为阵地开展国防教育系列活动,在胜利公园组织了“唱红歌”专场文艺演出,表演了《映山红》、《游击队歌》、《革命人永远是年轻》、新编快板等丰富多彩的节目,市民在娱乐的同时,潜移默化地受到了爱国主义教育。富锦市、汤原县等地开展了革命历史题材影片展映活动,播放了革命历史题材影片 50 部。积极开展征兵宣传,利用新闻媒体大力宣传有关参军政策,播发征兵宣传公益广告,积极号召适龄青年应征入伍。

鸡西市

组织开展全民国防教育系列活动

9 月 17 日,在全市范围内组织开展了第十二个全国国防教育日活动,在鸡东、密山、虎林设立活动分场地。组织鸡西军分区、市民政局、人防办、教育局、团市委、司法局等单位在红旗路举办了“全民国防教育日”宣传一条街活动。市委、市人大、市政府以及军分区主要领导亲自参加,并向过往行人发放了宣传资料。活动被省国防教育办授予了“优秀组织奖”。9 月 17 日,通过移动、电信、联通公司以短信形式向全市市民发布了防空警报试鸣提示信息,在新闻媒体上预报,并对全市所属警报设施进行了全面检查维护,使全市防空警报装置处于良好的使用状态,确保了 9 月 18 日防空警报试鸣活动的顺利进行。各大中小学校、党政机关还开办了国防教育橱窗,宣传国防教育知识,国防教育基地实行免费开放。从 11 月 7 日起,持续一个半月,在鸡西电视台黄金时段播出 30 秒钟国防教育公益广告,国防教育程度进一步加深,做到了立体式,全覆盖。

双鸭山市

开展全民国防教育活动

按照省委宣传部、省军区的统一部署,双鸭山市于 9 月 14 日举办以“迎庆十八大,军民话国防”为主题的国防教育宣传活动。现场共设置以展示双鸭山市近年来国防教育取得的辉煌成绩、东北抗日战争时期重要人物及事件介绍、反映双拥共建中军民鱼水情深的和谐画面以及近年来人防工作的重要成就等为主要内容的图片展板 30 余块,双鸭山军分区及市人防办分别安排专业讲解员,为前来参观的领导及群众现场解说,使广大市民进一步了解图片内容以及背景资料。现场向市民免费发放《国防教育法》、《公共防灾应急手册》、《征兵法》等宣传资料,广泛宣传国防建设的方针政策、法律法规和全市在国防和军队现代化建设中取得的成就,受到人民群众普遍欢迎。当天,市委、市政府领导带领市人防办、市双拥办、市教育局、团市委等十余家相关单位同志和广大群众现场参观。

七台河市

加强国防教育工作

集中开展了第十二个全民国防教育日活动。2012 年国防教育日的主题是“迎庆十八大,军民话国防”。9 月 14 日,在市中心区步行街开展了国防教育日集中宣传活动暨举办图板宣传一条街活动，108块宣传板图文并茂，内容丰富，宣传国防法规，普及国防知识，充分展示了我国国防建设取得的新成就，激发了干部群众的爱国热情和报国之志。广大市民纷纷在写有“军民固国防、迎庆十八大”的30米红色横幅上郑重签下了自己的名字，表达了关心国防、积极参与国防建设的热情。市人防办、七台河军分区等单位还向群众发放了国防教育宣传单。市委常委、宣传部长郭占力，七台河军分区司令员赵铁坚等领导出席宣传活动，全市党政机关、社会各界群众3000余人参加了国防教育日活动。举办了国防教育专场文艺演出等系列活动。七台河市国防教育办公室和七台河市公安局在湖滨广场联合举办了“七台河之夏”人民公安暨国防教育专场文艺演出。广大民警用动人的旋律、嘹亮的歌声、优美的舞姿以及铿锵的语言，把一场融合着力与美的演出奉献给广大市民。市人防办等单位还与军分区、武警支队组成共建对子，开展了“心连心、手牵手”文艺演出、打靶、军营一日游等系列活动，寓教于乐，激发了市民爱国拥军、关心支持国防建设的热情，进一步强化国防观念。

黑河市

组织开展第十二个全民国防教育日活动

以“迎庆十八大，军民话国防”为主题，全市各地分别组织开展了国防教育周、国防教育月活动，通过专题报告、国防讲座、图片展览、文艺演出、军民共建、广场演出、设立宣传点集中宣传等形式，开展丰富多彩、寓教于乐的国防教育活动。9月10日逊克县和北安市分别组织开展了“看祖国发展，赞辉煌成就，展美好未来”驻地军警部队图片展和城市建设图片展，9月12日逊克县就钓鱼岛问题举办了形势报告会，9月30日黑河市直机关举行机关公务人员升旗仪式。系列活动的开展，掀起了国防教育新热潮。

举办中俄青少年主题夏令营活动

为了铭记历史，珍爱和平，进一步加深中俄文化交流，深化两国一城建设，中俄青少年首届“铭记历史、珍爱和平、携手未来”主题夏令营活动于8月14日在孙吴胜山要塞举行。活动内容主要包括参观孙吴二战遗址、祭扫烈士墓、全景式模拟攻占胜山要塞体验游戏等。黑河市委书记刘刚参加开营式，新华社及全省各大媒体进行了宣传报道。

组织庆“八一”军警民共建活动

为了庆祝建军85周年，黑河市大力开展拥军拥属、拥政爱民活动。7月24日，举办军民同乐庆“八一”篮球邀请赛，共有部队及地方14个代表队参加。7月31日，市领导先后深入到驻黑河部队及黑河市军队离休退休干部休养所和一些复员军人家中走访慰问，为他们送上节日祝福和党的温暖。全市各单位纷纷开展共建共育活动。市公安局为黑河边检支队配发计算机100台；市发改委联合鑫胜担保公司与黑河边检站、边检支队共同举办庆“八一”联谊会；黑河刘记福满天大酒店与武警黑河市支队举办厨艺大赛。

开展征兵宣传工作

为加大征兵工作力度，黑河市召开征兵工作电视电话会议，并通过报纸、手机短信、电视滚动字幕、电视公益广告、宣传标语等多种形式进行广泛宣传，扩大了征兵工作的宣传面，让征兵政策家喻户晓，充分调动了适龄青年的参军热情，圆满完成征兵任务。

绥化市

大力开展国防教育活动

把握正确舆论导向，加大国防教育宣传力度，以“服务部队战斗力、增强军民凝聚力”为宗旨，与绥化军分区政治部联合举办了全市国防教育培训班，开设了以“我国军力发展现状”、“当前国家安全形势”和“国防教育法”等为主要内容的学习课程，对全市各地各部门的主管领导、武装部长、具体工作人员进行了集中培训，增强了广大党员干部的爱国意识和忧患意识。抓住重大节日、纪念日等时机，部署开展经常性、普及性教育实践活动，使国防教育融入日常工作、学习、生活之中。在第十二个全民国防教育日，发放“迎庆十八大，军民话国防”宣传教育传单8000多份，营造了关心支持国防和军队建设的良好氛围。制作了以宣传国防教育为主题的宣传图板，在校园、社区等场所进行集中宣传展示。在主要街道、人流密集场所悬挂宣传条幅，潜移默化地把国防知识传递给广大群众。积极组织开展了国防教育进机关、进企业、进学校、进乡村、进社区“五进入”教育活动，使《国防法》、《国防教育法》的基本内容家喻户晓、深入人心，在全市形成关心国防、热爱国防、建设国防、保卫国防的浓厚氛围。

广泛组织双拥共建活动

绥化市委、市政府高度重视双拥共建工作，在八一建军节前夕，召开了市国防教育、双拥工作领导小组会暨党政军“八一”代表座谈会。市国防教育和双拥工作领导小组全体成员、驻绥部队军政主官参加会议。积极配合有关部门走访慰问驻绥部队，向驻绥1068名官兵和40位军休老干部每人赠送了一件印有纪念建军85周年字样的纪念品。大力开展“法律进军营”活动。在绥化军分区召开“法律进军营”活动启动会议，并向各部队赠送法律图书一百本。为每个部队配备了一名律师，无偿为部队提供法律援助，把双拥工作不断推向深入。

强化国防教育阵地建设

绥化市注重抓好各级各类国防教育基地的建设，在绥棱县建立了绥化军分区民兵预备役人员培训基地暨绥化市退伍军人创业培训基地，切实加强民兵预备役人员的思想政治教育、全局观念教育、战斗意志教育和专业技能教育，真正打造出一批军地两用、一专多能的复合型人才。充分发挥现代传媒功能，逐步建立起全方位、多渠道、经常性的国防教育宣传平台。积极开设舆论媒体阵地，在绥化广播电台、绥化电视台、《绥化日报》、《绥化晚报》上开辟国防教育专题节目(专栏)，集中宣传展示绥化市国防教育工作的喜人成果，使国防教育更具有鲜明的时代特色。在认真管理和使用好现有阵地的同时，注意建立新的教育阵地，切实加强基础建设，积极组织广大干部群众到国防教育阵地参观学习，接受教育，扩大教育的覆盖面，增强教育的渗透力，推动全市国防教育工作再上新台阶。

大兴安岭地区

扩大国防教育宣传范围

在继续办好《北陲哨兵》专栏外，在《大兴安岭日报》又开辟了“迎庆十八大，军民话国防”活动专版，形成了宣传强势。与大兴安岭军分区、大兴安岭日报社联合举办了国防教育有奖答题活动，起到了积极的宣传作用。各县区宣传部门和新闻媒体，紧密结合形势，在国防教育日前后，加大宣传力度，把全区国防教育日宣传活动推向高潮。

深化国防教育宣传主题

2012年，共组织开展国防教育报告会、座谈会8场，近3000人现场聆听了报告。组织群众性演出14场，通过群众喜闻乐见的形式，使广大群众在潜移默化中受到了教育。加区一小集中开展了少年军校系列活动，举办了集中升旗仪式，举行了“国防在我心中”宣誓活动，1000多名少年兵在军分区战士的统一指挥下，进行了队列表演，使少年军校学生再次受到了军队化的濡染，陶冶了爱军尚武情操，激发了爱国情怀。大兴安岭各地区积极利用板报、墙报等形式，突出国防教育宣传。阿木尔林业局通过“小镇之窗”这一平台，积极宣传国防教育知识，使之成为当地群众学习知识、了解国防的重要窗口。

网络宣传管理

省广播电影电视局

黑龙江电台网络宣传

(1)创新报道形式,增强台网互动

2012年5月,由龙广新媒体、凯淇工作室联合推出的爱直播平台在《母爱好时光》节目率先启动"爱直播"——可以看的广播,可以听的网络,可以尽情互动的专属空间。当天"爱直播"平台共吸引了近300位听众参与,妈妈们纷纷上传宝宝图片,咨询育婴知识,对"爱直播"平台表现出浓厚的参与热情和兴趣,短短2小时的直播节目里,留有373条帖子,取得了良好的宣传效果。目前"爱直播"平台发帖量稳定在每天400帖,并与电台《教子有方》、《那时花开》、《郑丹看医生》、《妈咪宝贝总动员》、《汽车时代》等六个节目进行直播对接,真正实现了广播的可视化。

2012年以来,龙广视频直播间投入使用之后,先后推出《行风热线》+《面孔》、《惠农直播室》、《郑丹看医生》、《汽车时代》、《养生堂》等特色视频栏目,每周一、周四、周五都有固定的视频节目与广播节目同步播出。

(2)抓住热点,突出重点,做好新闻宣传工作

2012年4月,龙广在线网站对首页要闻区进行了改版,首页要闻区图片新闻的版面扩大,在图片新闻右侧设立了焦点新闻、龙江关注以及龙广新闻三个专栏,新闻量内容更加丰富,报道更加全面。4月24日,我省第十一次党代表大会闭幕,龙广在线网站在传统专题报道的基础上,做出了"一切消息为党代会让路"的决定,将首页新闻聚焦专区变成了"党代会决议专区"。第一时间将大会胜利闭幕的消息,中国共产党黑龙江省第十一届委员会书记、副书记名单等会议决议内容发布到网站,成为省内第一个发布信息的主流媒体。

2012年11月8日,党的十八大在北京召开,龙广在线网站精心准备、提前谋划,通过《科学发展 成就辉煌》、《盛会写蓝图 五年新愿景》等多个新闻专题,力争及时、全面、准确、深入地报道十八大的盛况和精神实质,通过文字消息、录音新闻、图片报道等多种宣传手段,快报十八大动态、直击十八大现场、热议焦点话题。在会后报道阶段,龙广在线网站继续围绕中心,助力发展,服务大局,关注各地学习、贯彻、落实十八大精神,集中精力加快发展的相关情况,使会后的宣传报道做得有声有色。2012年1—11月,网站一共制作了93个网站专题,包括公益宣传类专题31个、商业广告类专题26个、配合频率宣传活动类专题46个,专题制作的数量和质量都有明显提高。

网站在张丽莉转院至哈尔滨的当天上午推出了网页专题,并在省内网络媒体中首开祈福留言专区,短短一上午时间网友的爱心留言就突破了一百条。网站的原创专题——"最美女教师张丽莉",点击量达到了7548次。

(3)网络舆论监督 助力舆情监控

龙广在线论坛作为我省人气最旺的网络社区,一直承担着网络舆情的监控、搜集、整理、上报工作,是省委宣传部、省网监、网信办掌握网络舆情的重要渠道。

2012年,在我省第十一次党代表大会召开期间,龙广论坛管理员发现论坛中有帖子反映我省部分出租车司机有拟组织全体出租车驾驶员到省政府上访并酝酿集体罢工的动向,龙广在线迅速上报,并与提供线索的网友密切保持联系,关注事态

的最新进展。此条舆情上报省委宣传部领导审阅，为领导决策提供了参考。

在十八大召开期间，龙广在线24小时严密监控论坛舆情，严格执行先审后发机制和三级监管制度，论坛第一责任人为论坛版主(即主持人)，对论坛节目板块进行安全监管；第二责任人为网站值班论坛管理员，分3班对论坛进行监控；第三责任人为网站主任，对论坛进行监控和随时抽查。先审后发和三级管理制度，保证了十八大期间龙广论坛的宣传安全，做到了提前发现问题，快速解决问题。

黑龙江电视台网络宣传

(1)网站排名大幅提高

2012年1月至11月，网站共发布文字稿件70963篇、组图稿件3900篇，图片共计近10万幅，原创稿件900篇，改编本台视频稿件1500篇，以文字、图片、视频形式结合推出，拆条黑龙江电视台各频道视频稿件2.5万条计7500小时，快编电视栏目43个1.1万期计1250小时，制作各类网络投票105期。

根据ALEXA统计，截至11月21日，网站三个月日均IP为20万左右，PV值为80万元。全球所有网站排名稳定保持在2万位左右。

(2)新闻报道屡有突破

原创性评论专栏《龙视论谭》有效整合各界各领域评论力量，坚持客观理性、责任担当，旨在对网民关心的新闻事件和热点话题及时发出客观理性的声音，提出建设性、负责任的观点。2012年8月至11月，共发布原创性评论文章90篇。建设报料平台，作为黑龙江网络广播电视台的一档民生栏目，为广大网友提供了一个实时联动的诉求平台。目前每周有效发帖50多个，落实新闻报料8个左右。

(3)专题制作进步快速

2012年1月至11月，网站深入贯彻落实中央精神，制作各类主题性宣传报道专题5个；围绕省委、省政府中心工作，开设专题栏目10个；针对网民热议话题及突发事件创建特色专题16个。全年共制作各类专题92个。

2012年策划推出专题报道——《2012全国两会》，开设"两会聚焦"、"纵深龙江"、"观点互动"等单元，共发文字稿件1600余篇，图片报道300余张，视频报道80余个。与新浪黑龙江站合作开辟"微言大义"板块，结合微博、访谈、网络调查三种形式，多角度、全方位与网友互动，扩大了宣传半径和影响力。

十八大专题《凝聚希望 辉煌十年》，立足台网联合，创新报道思路，发挥网络音视频优势，网站首页及专题共刊发十八大相关稿件1100余篇、图片500幅、评论15篇、视频125条。十八大期间网络台网络直播十八大开幕式、新一届中央政治局常委与记者见面。网站有关十八大实况直播和点播节目达280000余次。党的十八大结束后，网站还推出了新一届中央委员会专题，主要包含中央领导机构成员的简历、活动照片等内容。

原创专题《疯狂公交几时休》对几起交通事故进行连续性的深入报道，用专题的形式探讨公交车的疯狂现象，在网上掀起讨论热潮，受到了广大网友的极大关注，专题相关评论达535条，点击量累计5万人次，在全社会营造了全民关注公共交通安全的舆论氛围。

黑龙江日报报业集团

坚持用主流媒体声音引导大众舆论导向

黑龙江新闻网2012年全年围绕新闻热点和省委中心工作制作了《雪舞时节 品味酷省》、《黑龙江省两会特别报道》、《2012全国两会》、《黑龙江省第十一届党代表大会特别专题》、《学习贯彻落实省十一次党代表大会精神特别专题》、《第二十三届中国哈尔滨国际经济贸易洽谈会》、《最美女教师张丽莉——爱的壮举让你如此美丽》、《走一条富裕的现代化大农业之路》、《迷人的哈尔滨之夏》、《2012年伦敦奥运会》、《大美龙江》、《中国共产党第十八次全国代表大会》等近 40 个专题。其中,全国两会专题发稿 322 篇、图片 142 张;全省两会专题发稿 453 篇、图片 156 张;省十一次党代会发稿 482 篇、图片 214 张;最美女教师张丽莉专题发稿 664 篇、图片 389 张;学习贯彻落实省党代会精神发稿 196 篇、图片 87 张;走一条富裕的现代化大农业之路专题发稿 142 篇、图片 76 张;迷人的哈尔滨之夏专题发稿 176 篇、图片 392 张;大美龙江专题发稿 38 篇、图片 160 张;中国共产党第十八次全国代表大会专题发稿 361 篇、图片 144 张。这些浓墨重彩的专题报道,充分彰显了主流媒体的社会责任。

网站页面成功改版

6 月,黑龙江新闻网成功改版,新增了文化、女性、汽车、城事、视觉新闻 4 个频道和 1 个房产列表页,频道数增至 20 个。首页要闻区新闻条数增加了近一倍,重点新闻标题都进行了加粗处理,更有利于网民及时快速地捕捉重要新闻资讯。首页新闻头题由单头题变为双头题,更好地兼顾了省内与国际国内重要新闻、民生新闻与时政要闻的处理,突破了以往地方新闻网站的局限性。新增的文化、女性、汽车等频道从不同领域丰富了网站的内容,并不断地推动着黑龙江新闻网朝着综合性服务平台的方向发展壮大。在摘发新闻方面,编辑也更加精心。2012 年高考首日,第一科语文考试的作文题目成为了全国关注的焦点。当天中午考试结束后,黑龙江新闻网的编辑联系全国多家网站迅速整合了全国各地高考作文题,编发文章《晒 2012 各地高考作文题》,该稿比腾讯刊发的同类文章整整早了两个小时,发出仅一个小时,网络点击量就超过了 3 万。

自采新闻实现多个突破

2012 年的黑龙江新闻网采访工作,完成了多个"第一次"的突破。年初的全省两会,黑龙江新闻网首次派出报道队伍全程采访,首次创新性地使用了微新闻的报道方式,首次与《黑龙江日报》在两会报道中实现报网互动,首次与城市网络电视台黑龙江频道合作上传了自采的两会视频。黑龙江新闻网所有的记者均是第一次参加两会报道,毫无时政报道经验。但是,一支仅有 5 人的报道团队却在 6 天之内采写稿件 78 篇,平均每天上传自采稿件 13 篇。为了降低记者的写作难度,他们特别策划了微新闻和热点追问这两种报道形式。不足百字的微新闻,记者们放开了手脚,可以随时随地将两会最新动态第一时间发布上网。每条微新闻都配着记者头像,让网民觉得透过这些新闻可以看到跑新闻的人,更生动也更亲切。热点追问则是让记者针对民生热点话题对代表委员展开追问,一问一答的记录形式让网民可以看到决策部门和专家对此事原汁原味的解答。在两会首日本网摘发的所有两会热点新闻中,《热点追问》栏目中《2012 我们可以喝到既安全又价廉的牛奶吗?》一文的点击率就获得了两会首日排名第五的好成绩。

2012 年除夕的春节晚会上有一个特别的节目,那就是哈尔滨工业大学研发的机器人舞蹈。为了让省内乃至全国的百姓更多地了解"机器人之舞"的台前幕后,大年初一一早黑龙江新闻网的记者就开始联系哈尔滨工业大学的春晚表演团队。大年初一 16 时许,一篇名为《揭秘哈工大春晚机器人之舞》的新闻在网络上发出,两小时内此新闻的点击量就突破了 8000,黑龙江新闻网成为全国第一个在春晚后揭秘"机器人之舞"的媒体。

论坛活动更加亲民

黑龙江新闻网论坛全年组织了 20 多次会员活动,参加的会员人数达到近千人次。论坛活动内容包括:"新闻网邀您看 2012 新年朗诵会"、"新闻网会员定期观赏雪博会活动"、"看我们的幸福春节摄影比赛"、"分享花卉及种子活动"、"2012 欧洲杯比赛结果竞猜"等。9 月中旬,黑龙江新闻网论坛进行了改版。在页面设置上,新页面进行了精简美化,提高了视觉上的美感和愉悦度,更贴近普通百姓的阅读习惯。改版后,原来拥挤的页面变得疏朗美观,

“百姓有话说”、“每期热话题”、“食品检测台” 等网友关注度高的主题和栏目得到突出和强化,从而进一步提高了论坛的吸引力。新增的《新闻报料》栏目,更加直观、突出,让网友们爆料在生活中遇到的不平事,大家一起参与讨论,直抒已见,有效体现了媒体的社会监督职能。从9月开始,网站注册会员逐步递增,高峰期24小时新增会员149人。论坛目前经常发帖会员有6276人,占总数的54.42%。据不完全统计,发帖会员平均每人发帖38.12篇。

强化日常管理,注重社会效益

对于自纠自查以及整治不良信息工作,黑龙江新闻网生活社区(论坛)采取的是加强日常管理,采取关键词过滤,管理员全天候巡查,每星期集中复查一次的方式, 全年拦截删除不良信息三万余条。同时,网站建立了举报机制,请网民对各类不良信息予以监督,做到问题及时发现,及时解决,对发布淫秽色情和低俗信息的人员追究责任,与各管理部门积极配合完善自纠自查及整治工作。此外,黑龙江新闻网还认真贯彻落实了全省行业自律研讨会议精神,要求编辑编发新闻必须始终将社会效益放在第一位,引导群众理性看待经济社会转型过程中的利益得失,培育奋发进取、理性平和、开放包容的社会心态,为经济社会发展营造良好的舆论氛围。

省网宣办

做好全国“两会”网上宣传报道工作

省网宣办成立了“两会”网上宣传工作领导小组,由专人负责此项工作;各新闻网站建立网站领导负责制,重要工作任务落实到人、责任到人;及时召开由网站负责人参加的工作会议,下发了《全国“两会”互联网新闻宣传报道方案》,提出了明确要求,部署了工作任务,进行了跟踪督办。一是突出“两会”主题。东北网在首页头题位置视频直播开闭幕式盛况和人大会议开幕时温家宝总理所作的《政府工作报告》、人大会议闭幕后与中外记者见面会的情况。东北网国内频道采用多种形式,对“两会”进行了多角度全方位的报道。制作并推出《2012全国“两会”》专题报道,并在东北网首页头条、主图位置对重大新闻报道进行组版推荐,同时在首页时事焦点开设“两会报道专区”,针对两会期间的重点、热点事件,均采用归类形式并对相关话题进行集纳式的推荐报道, 共嵌入并集纳新闻报道400余条,图片报道100余条,视频报道10余条。黑龙江新闻网“两会”期间共开设《“两会”动态》、《“两会”聚焦》、《“两会”声音》、《代表委员声音》等7个栏目,制作《2012全国“两会”》、《学习雷锋精神 弘扬文明新风》、《2012年部委网上系列访谈》3个专题,刊发稿件269篇,图片73张。哈尔滨新闻网开设制作了《展辉煌成就》、《冰城巡礼》、《哈尔滨“两会”》等专题。黑龙江信息港精心制作了《2012黑龙江省“两会”专题》、《2012全国“两会”专题》等多个专题,共刊发稿件500余篇,其中图片信息50余条、视频22个。

围绕全国和全省“两会”,组织各网站开设“两会”专题20余个,刊发稿件3000余篇,图片2800余张,视频20余个,充分展示了黑龙江省经济社会发展的新变化,为“两会”顺利召开营造了良好的网上舆论氛围。

开展网站官方微博客时政类内容违规发布行为专项治理工作

为加强网络传播秩序管理,规范网站官方微博客时政类新闻信息发布行为,2012年2月7日至3月7日,集中开展网站官方微博客时政类内容违规发布行为专项治理工作。省网宣办下发了《关于开展网站官方微博客时政类内容违规发布行为专项治理工作的通知》,部署了治理工作的重点网站、重点内容和时间要求, 以确保治理工作取得明显成效。同时,安排专人对省内各新闻网站、新闻媒体网站的官方微博客进行监看检查,发现问题第一时间联系网站值班人员,及时予以纠正。各新闻网站、新闻媒体网站依据《互联网新闻信息服务管理规定》及可供网站转载新闻的新闻单位名单掌握时政类新闻的界定范围，在网站所有官方微博客开展自查、自纠。东北网严守官方微博时政类新闻发布规范，每天除发布5—10条东北网记者自采的原创新闻稿件外，东北网官方微博还从列入国新办可转载范围的合法新闻网站中选取1—3条生活资讯类信息进行发布，并注明来源。黑龙江新闻网要求网站相关人员一律不得在商业网站的官方微博上登载自行采编的时政类新闻信息。哈尔滨新闻网要求官方微博客发布的必须是所属新闻单位《哈尔滨日报》、《新晚报》所刊发的消息，微博客由专人管理，密码定期更换，24小时在线值守，确保信息出口的保密性、统一性。黑龙江信息港在各频道微博客开通之前，已对时政类信息的发布做出明确规范，要求各频道微博客上的时政类信息只能转载信息港网站上各频道内容，各频道时政类信息均转自东北网和新华网。龙广在线网站建立了微博客清查制度，定期对网站微博客信息进行检查、清理，确保信息安全。黑龙江网络广播电视台官方微博客只发布以黑龙江电视台、黑龙江网络广播电视台及列入可转载范围新闻网站的信息，以本新闻单位采写的新闻内容为主。经过专项整治，未发现黑龙江省网站官方微博客违规发布时政类内容，各网站均未开展“微直播”等网站自采行为及调查、投票、评选、募捐等活动。

开展整治互联网和手机媒体传播淫秽色情及低俗信息专项行动

2012年3月初至8月末，在全省继续深入开展整治互联网和手机媒体传播淫秽色情及低俗信息专项行动。深入整治期间，各市地党委宣传部、外宣办、网宣办会同省文化厅、省公安厅、省工商管理局、省通信管理局等部门，紧紧围绕技术控制、业务管理、网民投诉、预警机制、合力执法五大方面继续开展清理整治。省网宣办于3月7日下发了《关于印发〈全省整治互联网和手机媒体传播淫秽色情及低俗信息专项行动工作方案〉的通知》，部署了整治工作的重点网站、重点内容和时间要求，切实加强网上监控管理。各新闻网站、新闻媒体网站按照《通知》要求，在网站所有频道、论坛、博客进行自查清理工作，通过设置关键词、多级安全岗位责任制等措施加以防范，保障所有频道和网络互动平台的内容安全。东北网、哈尔滨新闻网、黑龙江信息港及各市地、各部门对所属网站各频道内容进行了全面清查，特别是对论坛、博客、分类信息等交互性信息进行逐条审查，并将“情色”、“黄色”、“暴力”等50余项相关词汇设置为关键词进行技术过滤。专项行动期间，共清理“偷拍”、“走光”、“露点”等低俗淫秽色情信息300余条，后台审核中发现并屏蔽各类有害信息560余，网络环境得到进一步净化。

做好省委第十一次党代会网络宣传工作

省网宣办4月9日，制定下发了《中国共产党黑龙江省委第十一次党代会网络宣传工作方案》。组织网上新闻宣传。会议召开前，重点宣传省十届党代会以来所取得的成就，各条战线基层党组织和广大党员在经济社会发展中做出的贡献。会议期间，报道大会盛况、党代表风采、会议精神以及今后工作思路、奋斗目标和主要任务，把广大网民思想统一到党代会精神上来，动员和激励人们为完成党代会确定的目标任务而努力奋斗。会议闭幕后，突出宣传党代会确定的奋斗目标和今后的工作任务，重点宣传各市地、各部门学习贯彻省十一次党代会精神的情况及推进科学发展的思想认识、重要举措，营造干事业的良好舆论氛围。加强网上舆论引导。加强经济形势政策的网上正面引导，宣传黑龙江省坚持科学发展、加快转变经济发展方式的成功实践，宣传实施“八大经济区”和“十大工程”战略，反映五年来黑龙江省改革开放和现代化建设的宝贵经验，着力引导好教育、医疗、住房、就业、收入分配、社会保障等关系群众切实利益的热点问题，反映各级党委、政府高度重视民生问题，在解决人民群众最关心最直接最现实利益问题上相继推出一系列政策和取得的新成效，反映人民群众生活得到更大改善、享受到更多发展成果。策划网络互动栏目宣传。围绕党代会议题，组织省内网评员撰写评论文章，深入阐述党代会和省委书记吉炳轩重要讲话精神，重点解读党代会确定各项工作任务和重大战略部署，引导网民正确理解黑龙江省“八大经济区”和“十大工程”战略与重大举措。积极向首页推荐、置顶宣传媒体关于党代会的优秀评论文章、网民的优秀帖文博文，扩大网上主流声音和正面言论的影响。组织各网站开设《科学发展、成就辉煌》、《回眸发展路，喜迎党代会》等专题40余个，刊发稿件3500余篇，图片4000余张，视频专题40余个，为迎接学习贯彻省委第十一次党代会精神营造了良好的网上舆论氛围。

做好宣传学习张丽莉同志先进事迹网上宣传报道工作

2012年5月，在全省开展了宣传学习张丽莉同志先进事迹的网上宣传报道工作。为充分发挥网络优势，结合党的十七届六中全会和黑龙江省第十一次党代会精神，大力宣传学习张丽莉同志先进事迹，充分报道学习活动中涌现出来的先进典型，省网宣办组织省内各网站、各网络媒体在重要版面、重要位置推出学习张丽莉活动专题，采取文字、图片、音频、视频等多种形式开展宣传，形成规模和声势，为推动学习张丽莉活动顺利开展营造了良好的舆论氛围。加强专题展览策划制作，突出网络特色，合力设置栏目，丰富宣传内容，提高可读性，增强感染力。在专题中集中展示一年来黑龙江省涌现出来的先进典型和模范人物，并把专题宣传与主页、首页宣传相结合，相互配合、相互呼应。充分利用论坛、博客、微博客、新闻跟帖的互动栏目开展网上宣传。结合“大美大爱黑龙江”网上宣传活动，搭建互动平台，主动设置议题，吸引网民交流讨论，置顶优秀帖文、博文，广泛张贴，使学习张丽莉先进事迹成为网上热点。各网站结合自身特色，制作了网络视频短片、短信、彩信和公益广告等，在手机、微博客、移动客户端等移动平台广泛传播，扩大正面宣传影响力和覆盖面。东北网等省内重点新闻网站邀请张丽莉身边的同事、朋友、亲人进行在线访谈，讲述张丽莉生活、工作中的感人故事，挖掘先进事迹的时代内涵。邀请相关领导在线访谈，阐述学习张丽莉活动的重大意义，进一步深化对张丽莉同志先进事迹的认识和理解。组织网评员撰写网评文章，从不同的视角解读、评论张丽莉高尚的道德情操，进一步扩大张丽莉先进事迹的影响力、感召力，在网上营造宣传学习英雄教师张丽莉同志先进事迹、倡导文明新风、践行社会主义核心价值体系的良好的舆论氛围。

规范和加强新闻跟帖管理工作

为进一步规范互联网新闻信息传播秩序，加强对新闻跟帖的管理，按照《互联网新闻信息服务管理规定》等有关要求，在全省开展进一步规范和加强新闻跟帖管理工作。省网信办下发了《关于进一步规范和加强新闻跟帖管理的通知》，明确各新闻网站只有取得互联网新闻信息服务资质和进行电子公告服务备案、具有完备的管理制度、足够数量的管理人员以及必要的安全保障措施，才能开设新闻跟帖服务。要求开设新闻跟帖的网站，必须建立实行注册发言制度，并采取有效措施保护用户信息安全。明示新闻跟帖服务协议，严格落实先审后发制度，坚决杜绝未审即发、发完再审等行为，切实做到先审后发、不审不发，落实网站信息内容的管理责任。规范新闻跟帖服务。建立举报受理机制，各网站在每个新闻跟帖页面开设了举报窗口，受理网民对跟帖中违法和不良信息的举报，网站专人负责对举报内容核实和调查，并及时进行处理。

做好全国人大常委会审议加强网络信息保护决定草案网上报道工作

制定下发了《关于做好全国人大常委会审议加强网络信息保护决定草案网上报道工作的通知》，按照适度、平稳的原则，积极宣传加强网络信息保护的必要性和重要性,反映社会各界对决定草案的支持理解,为决定顺利出台和实施营造了良好的网上舆论氛围,确保网上正确的舆论导向。组织各市地网信部门、省内各新闻网站、新闻媒体网站、省农垦总局、省森工总局、哈尔滨铁路局、大庆油田有限责任公司党委宣传部等相关单位,安排好委员长会议建议将决定草案提请十一届全国人大常委会第三十次会议审议、常委会会议第一次全体会议听取关于决定草案的说明、常委会会议闭幕会表决通过决定草案,以及全国人大常委会法工委等相关部门负责人答记者问等重要会议的网上报道。针对决定草案及说明的主要内容和网民关注的热点,根据全国人大常委会法工委提供的背景资料,组织网评员撰写网评文章,在互动栏目刊发帖文、博文,刊发一批说明我国政府保护公民个人信息、打击侵犯公民权利行为的典型案例,介绍国外网络管理和网络信息保护的做法,邀请相关专家和互联网运营商负责人开展在线访谈,准确解读决定草案的主要内容,说明我国网络管理符合国际惯例,反映社会各界对网络信息保护立法的积极评价和大力支持。各市地和网站高度重视,切实加强了网上监控管理,及时发现、处置网上舆情,确保网上舆论的平稳有序。

开展党的十八大网络主题宣传活动

9月28日,省网信办召开全省网络舆论引导工作会议,制定下发了《迎接党的十八大网上宣传报道意见》、《关于进一步加强十八大网上宣传管理工作的通知》和《关于加强十八大网上评论工作的安排》,对各个阶段的宣传管理工作提出了具体要求。

各地各网站紧贴主题,既认真做好“规定动作”,也结合地域和网站特点策划组织“自选动作”,主动策划专题专栏。首页和要闻区均开设《科学发展、成就辉煌》、《喜迎十八大》、《学习贯彻落实十八大精神》等专题。为突出本地特色,哈尔滨、齐齐哈尔等在网上开设《网眼看成就,网评说发展》、《喜迎十八大,鹤城看变化》、《黑河十年·数字发展——喜迎党的十八大》、《学习〈新桃花源记〉建设幸福北大荒》等一系列富有地方特色的专题,宣传报道各地各部门学习贯彻十八大的好经验、好典型。十八大期间,省内各网站也对十八大盛况进行专题报道,刊发相关新闻上千条。东北网与省委党校合作开展在线网络访谈,制作视频访谈节目2期。哈尔滨新闻网利用399社区平台,邀请专家学者与广大网民围绕十八大胜利召开开展良性互动。齐齐哈尔新闻网邀请市委党校和齐齐哈尔大学的专家学者做客网络直播间,解读十八大精神。各地各网站围绕学习、宣传、贯彻党的十八大精神,刊发原创评论文章100余篇,有力有效地引领了网上舆论。

为迎接党的十八大胜利召开,各网站积极开展丰富多彩的互动活动,广大网民积极参与、表达心声,关注十八大,共祝十八大。省网信办组织策划了“十年发展、点滴印记”网络作品大赛活动,吸引广大网民参与,创作健康向上的网络文化作品,表达共创共建共享发展改革成果的喜悦心情。组织开展“爱传百城——寻找身边的美丽故事”等网络文化活动。哈尔滨新闻网、齐齐哈尔新闻网、牡丹江大鹏新闻网搜集、遴选出人们身边的感动人物,并录入专题模块,在全国百家新闻网站上互动展示,有效宣传推介了“最美教师”张丽莉、“最美叔叔”谢尚威接坠楼少年、哈尔滨“最美警卫战士”高铁成三次勇闯火海等人们身边感动人物的先进事迹。佳木斯开展以“网络,让生活更精彩”为主题的网络文化节,东北网开展“温暖在身边,庆祝十八大”等系列活动。省内各新闻网站、新闻媒体网站组织开展了70余项网络文化主题活动,在全省形成了网络作品大赛、爱心捐助、全民健身、公益活动等十余个系列,在网民中产生了强烈反响。

在十八大网上宣传中,各网站利用多种形式,积极构建全方位、立体化的宣传格局,进一步拓展了传播空间,提升了宣传报道的影响力。哈尔滨利用“哈尔滨发布”政务微博组织网络文明志愿者,以发跟帖、发表评论文章等形式宣传党的十八大精神，传播文明风尚，形成文明有序的网络良好风貌。加强与中央重点新闻网站合作，扩大宣传覆盖面。哈尔滨在人民网、新华网热点新闻刊发稿件15篇。齐齐哈尔协调人民网、新华网、光明网专访齐齐哈尔十八大代表，中国日报网、中国青年网、新浪网等多家知名网站对此进行了报道和转载。东北网与人民网、中国网、光明网等41家全国和省市重点新闻网站进行专题链接，扩大我省新闻宣传报道的影响力，东北论坛举办“迎接十八大——用镜头记录龙江新生活”主题征集活动，共收集网友上传图片800余张、诗歌520余首，并将网友作品汇总在“东北论坛聚焦龙江新生活”专题中进行展示，形成了网上网下的良性互动。同时，东北网、黑龙江朝闻网将十八大重要报道第一时间进行外文发布，东北网翻译文章及新闻共计415条。黑龙江朝文网翻译上传文章73篇，图片50幅，并在国内朝鲜族网站中率先发布，翻译稿件被人民网朝文频道、《延边日报》、吉林新闻网等多家新闻单位采用，对十八大的外文宣传起到了较好的作用。

哈尔滨市

组织开展系列网络文化活动

组织开展“文明网站”评选活动。评选出21家“哈尔滨市文明网站”，其中13家网站获得“黑龙江省文明网站”称号，占全省四分之一强。荣获全省创建“文明网站”活动优秀组织奖。组织开展第五届哈尔滨“中国移动杯‘好段子·文明短信’”大赛活动。共收到13省19市群众提交作品2.3万条，网络投票3609582票，专题点击量超3000万，影响力进一步扩大。组织全市百余家网站，开展创建国家级文明城市的网上宣传活动，营造良好的网络文明环境。组织开展网络文明志愿服务活动。建立了属地内网站、高校、社会等不同群体的网络文明志愿者QQ群，招募志愿者300余人，开展网络文明传播活动。

强化网络管理工作

做好市网络文化协会成立前期准备工作，推动属地内网站建立行业自律机制。建立了全市党政机关和党政干部运用微博客日常管理制度。下发了《哈尔滨市关于规范党政机关及党政干部运用微博客的意见(试行)》，建立了微博客基础数据库。与公安局网安支队合作，初步建立属地内网站基础数据库，目前数据库规模达1000家以上。

创建政务微博平台

创建“哈尔滨发布”政务微博发布大厅。在新华网、新浪网两大网站建立了政务微博平台“哈尔滨发布”，并于2012年11月16日在两大网站上线试运行。截至2012年底，共发布微博1500余条、粉丝近60万；在新华网、新浪网首批入驻单位分别达到26家和34家。构建了政民互动、网络宣传、舆情应对的新平台。获东北区域政务微博十佳应用奖。指导哈尔滨新闻网承办中国城市网络联盟2012年度理事会，集中展现哈尔滨市的城市发展建设历程，宣传、推介、提升了哈尔滨的城市形象。哈尔滨新闻网荣获中国出版协会和中国新闻出版研究院颁发的“年度百强报社类十强”和“2012最具影响力新闻网站”；全国网络传播联盟、中国互联网品牌评价中心及第三届中国互联网品牌大奖评选委员会颁发的“中国地方新闻网站十佳品牌奖”和“全国地方网站最具影响力品牌大奖”。

加强舆情信息工作

建立网上舆情工作机制。制定了《哈尔滨市网上舆情总体应急预案》、《哈尔滨市网上舆情分析研判联席会议工作制度》、《哈尔滨市突发公共事件网上舆情应对工作实施办法》等规范性文件。实现了日报、周报和专报相结合，搜集、分析和研判相结合，信息通报、事件处置和舆情应对相结合的工作机制。建立了突发事件期间24小时值班制度，共值班300余人次。截至2012年底，共编发网上涉哈舆情日报、周报、专报460余期,通报40余期,向有关地区和部门提出网上舆情应对意见50余次。积极开展网上舆情搜集分析研判和应对工作。针对哈尔滨市发生的香坊区环卫工人张志娟“工伤”、《哈尔滨市养犬管理条例》出台、“8·24”特大道路交通事故等多起事件引发的重大网上舆情,及时向省网信办呈报有关情况,向有关领导和涉事部门通报情况,提出应对指导意见,同时协调国家和省级重点新闻网站,及时发布准确权威信息,组织网评员正确引导舆论。

加强网络宣传工作

以市属重点新闻网站为基础平台,积极开展网上正面宣传。在哈尔滨新闻网等市属重点网站开辟《创建全国文明城市 共建幸福美好家园》、《喜迎党的十八大》等16个专题专栏,刊发稿件1860篇、图片3610幅、音视频522个,浏览量达百万次。在国家、省级重点新闻网站及主要商业网站开展“哈尔滨风尚”、“冰城汇聚正能量”等专题宣传。在人民网刊发《哈尔滨谱写又快又好发展新篇章》,在新华网刊发《哈尔滨风尚树立文明地标》等进入新闻热点搜索的文章52篇。以组织开展活动为辅助平台,设计组织开展了第六届全国网络媒体龙江行(哈尔滨站)的采访活动。新华网、人民网首发了《林铎:“迷人的哈尔滨之夏”奏响城市交响乐》、《哈尔滨“创城”正当时》等原创报道36篇,仅一周内共有50余家网站制作了专题网页并原发、转载稿件上万篇(次)。发挥网络媒体传播优势,开展重大典型人物网络宣传。在哈尔滨新闻网开辟专栏,大力宣传“最美女教师”张丽莉、三闯火海阻爆排险英雄高铁成、“最美叔叔”谢尚威等重大典型。综合运用在线访谈、微直播、微联播等形式,协调新华网记者赴尚志市元宝村采访党总支书记张宝金,是新华网首次在行政村开展在线访谈活动,在网络媒体界尚属首次。哈尔滨市荣获新华网“中国城市网络形象排行榜”城市节庆传播奖,入选新华网“2012魅力中国——外籍人才眼中最具吸引力的中国城市”前50强。

齐齐哈尔市

开展主题网络宣传活动

通过邀请重点新闻网站来齐采访、联系知名门户网站在网页重要位置发稿与组织本市网站开辟专题和专栏等多种形式,开展重大活动和重点工作的主题网络宣传活动。一是围绕第十二届绿博会、龙华新能源汽车下线等重大活动开展了主题网络宣传活动。邀请新华网、人民网、中国广播网、东北网、新浪网、中国食品网等国内知名网站来齐采访。新华网在绿博会开幕现场设立直播间,文字直播了开幕盛况,黑龙江频道首页头条制作了“中国(齐齐哈尔)第十二届绿色(有机)食品博览会开幕式”专题。中国食品网在首页开设“2012年中国(齐齐哈尔)第十二届绿色食品博览会”专栏。中国经济网、光明网、中国广播网、中国网络电视台、凤凰网、香港文汇网、大公东北亚网、东北网、网易等各大网站都给予了重点报道,网上搜索报道达千余条,形成了浓厚的网络舆论氛围。二是组织开展了十八大网络宣传活动。按照全省《党的十八大网上宣传报道和管理工作方案》和《加强党的十八大网络评论工作通知》要求,组织全市新闻网站有针对性地开展了网络宣传报道、网络评论、专家访谈和微博引导等系列工作。十八大期间,新华网、人民网、光明网、中国经济网、中国广播网、中国日报网、中国青年网等国家重点新闻网站对齐齐哈尔市参加十八大的代表进行了专访。

加强网络舆论引导

围绕十八大、全国“两会”、中日关系、医药卫生体制改革、食品安全等重要时期和敏感问题强化网络舆论引导,有效防范了网络不良信息和非法言论,把握了网络话语权。7月份,开通了市委宣传部新华网官方微博,对全市的重要信息进行发布。8月份,在市长郭新双接受新华网“新华访谈”专访直播期间,组织网络评论员围绕“放大边疆历史文化名城发展优势”开展了评论和跟帖活动。“十一”期间,结合新浪网、东北网、土豆网和齐齐哈尔新闻网登载中央电视台新闻频道直播扎龙自然保护区的有关情况,积极组织和引导网民进行评论,网络评论数量达千余条。

营造文明向上的网络环境

加强市内网站管理工作,组织全市新闻网站开展互联网新闻信息服务资质年检、备案工作。组织开展了“黑龙江省新闻奖网络新闻作品”推荐工作,齐齐哈尔新闻网的一篇参选作品被评为“黑龙江省新闻奖网络新闻作品”二等奖。组织市内网站参加全省“文明网站”的评选活动,经过省专家组的打分测评,齐齐哈尔广电网、鹤城机关建设网、鹤城普法网、齐齐哈尔市博物馆网、齐齐哈尔医学院网五家参评网站获得省级“文明网站”称号。加强与国内重点网站的交流与合作,与新华网、人民网、东北网、新浪网等网站建立了长期合作关系,经常性地邀请网络媒体记者来市采访,利用主流网络媒体进行城市推介与旅游宣传。

加强网络日常管理

一是组织有关人员赴吉林省吉林市开展网络舆情监测系统使用情况调研,学习先进城市网络舆情工作和网络管理工作的成功经验。二是按照市委书记办公会“关于整合全市网络系统”的指示精神,召开了政府办、网安支队和联通、电信、铁通三家网络运营商一起参加的网络工作协调会,提出了切实可行的解决方案。三是抓住齐齐哈尔市被国家互联网信息办公室确定为“网络舆情直报点”(全国仅有十七个城市)的契机,克服人员少、任务重、设备差等诸多困难,于11月正式启动了网络舆情直报工作,截至目前,已向国信办上报网络舆情信息100余条。四是制定下发了《齐齐哈尔市关于规范党政机关及党政干部运用微博的意见(试行)》,对全市党政机关及领导干部开通微博提出具体要求,对已开通的微博进行了登记备案。五是制定了《全市网上舆论引导工作的实施意见》和《齐齐哈尔市突发网络舆情应急处置办法》,推动网络监管的制度化、规范化。

牡丹江市

围绕重要主题抓好舆论宣传

组织大鹏新闻网,依托东北网地方频道等网络媒体,围绕“两会”、省市第十一次党代会等重大会议,精心策划,设立专题网页,组织专题宣传,向广大网民介绍会议情况,营造隆重热烈、团结奋进的会议氛围。围绕市委、市政府中心工作,开展网上宣传活动,先后设立了“十项重点工作”、“三实两创”等专题,做好“十园”建设等重大活动的宣传报道工作,经济社会发展成就宣传有规模、有声势。做好重要展会和节庆活动的网上宣传造势,在镜泊湖冬捕节、“城乡统筹发展高层论坛”、中俄龙舟对抗赛等活动期间,组织网络媒体大量刊发、转载活动相关情况,提升了牡丹江的知名度和影响力,全年在省级以上网站刊发稿件3000余篇。

做好党的十八大网络宣传工作

组织大鹏新闻网、牡丹江新闻网等市属新闻网站全面启动十七届七中全会、党的十八大、十八届一中全会和中纪委一次全会的宣传报道工作,精心设计党建巡礼、代表风采等专题栏目,全方位、多角度展示十八大隆重、喜庆、热烈的气氛。在十八大召开期间,积极开展十八大精神解读和网上舆论引导,第一时间刊发新华社等中央媒体的重要稿件,准确解读百姓关心的热点问题。围绕学习、宣传、贯彻十八大精神,发布本地原创正面评论10篇,将十八大的宣传报道工作向纵深推进,形成高潮。加强十八大网上舆情监测和报送,组织专门力量24小时值守,对涉及十八大网上舆情信息进行搜集、分析研判,做到重大舆情不漏报、敏感舆情及时报,为十八大召开创造良好的舆论氛围。

加强舆情监管

做好网上热点敏感问题的处理和舆论引导,开诉求通道、建联动机制、抓源头治理、靠正面引导，力争掌握话语权和主动权。在处置网上突发事件过程中，积极协调，主动出击，第一时间发布权威信息、回应社会关切，满足公众信息需求，同时，加大正面报道力度，压缩谣言传播空间，避免了恶意炒作，未形成负面舆论热点。按照统一领导、明确责任、及时主动、科学应对的原则，制定了《牡丹江市突发网络舆情应急处置办法》，组建了网络评论员队伍，建立健全统一高效、科学的突发网络舆情应急指挥、监测和引导调控体系。主动引导网上舆论，最大程度地避免、缩小和消除各种负面影响，维护社会稳定。

深化网络建设和管理工作

加大大鹏新闻网等重点网站的建设力度，在大鹏新闻网设立了东北网驻牡丹江记者站。深入开展“文明网站”创建工作，推动“文明办网、文明上网”，努力营造遵纪守法、文明健康、积极向上的网络氛围。大鹏新闻网在黑龙江省文明网站的评选中获得“黑龙江省文明网站”称号，并作为全省唯一一家地市新闻网站做了典型发言。加强网络新闻信息传播秩序管理，规范网上新闻来源，要求全市各网站严格执行《互联网新闻信息服务管理规定》，严格按照《可供网站转载新闻的新闻单位名单》转载新闻信息，规范网站新闻信息来源，严禁超范围转载新闻信息，切实维护网上良好的新闻信息传播秩序。加强网上互动栏目引导，对属地内开办的论坛、博客、微博进行调查摸底，推动论坛版主、吧主、博客、微博实名制。

佳木斯市

开展网络宣传活动

市委宣传部为了积极配合市委、市政府各项重大活动的组织实施，切实发挥网络宣传服务于经济建设，服务于党委、政府中心工作的重要作用，围绕中心工作及三江杏花节、三江知青节、三江旅游节、三江泼雪节、中俄农机产品展销洽谈会等几十项大型活动开展网络宣传活动。通过新华网、东北网、黑龙江新闻网等重点新闻网站以及新浪、搜狐、网易、腾讯等门户网站和各主流媒体网络版，进行广泛宣传报道，扩大宣传范围，增强宣传效果。重点开展了建党 91 周年、“十二五”规划进展情况、文化建设、“走基层、转作风、改文风”活动、“八大经济区”发展战略、“贯彻落实十八大精神”等内容的网上宣传工作，营造了网络宣传舆论强势。佳木斯政府公众信息网、佳木斯日报新闻网作为市属重点网站，围绕不同时期全市开展的重大活动，通过专题、消息等多种形式，登载宣传、介绍佳木斯的图文信息、影音资料等，全方位、多角度地展示佳木斯经济社会发展取得的成果，提高了城市的知名度和影响力。2012 年 8 月 18 日，中俄双语经贸信息网正式开通运行。信息网以经贸合作为主要载体，以文化交流为感情纽带，以边境口岸为重要窗口，以媒体联系为沟通渠道，通过该平台，强化佳木斯市外宣工作，更加积极、主动、深入地向俄罗斯远东地区介绍佳木斯经济、城市、文化、社会建设的新进展、新成就，展示了佳木斯市的良好形象。

加强网络舆论引导工作

为进一步加强网络舆论引导工作，有效应对网上热点、敏感问题和突发网络舆情，下发了《关于进一步加强全市网上舆论引导工作的实施意见》、《佳木斯市突发网络舆情应急处置办法》。依据这两个文件，及时处置了汤原县一奶农误食火碱死亡的网络舆情事件，澄清事件真相，正确引导舆论，取得良好效果。积极做好本地区容易引起炒作的热点、敏感问题的网络舆情收集、研判工作，在各大网站、博客、论坛上先后收集整理了关于佳木斯公交车改革，城市供暖供气供水问题、棚户区拆迁改造纠纷、乌苏里江药业双黄连注射液不良反应事件等十余项舆情热点问题，及时通过《舆情信息》等内部资料向党政主要领导反映，为领导决策和相关部门处置事件提供了参考。尤其是在“5·8”交通事故发生后，迅速了解基本情况，拟定舆论引导方案，上报市有关领导，为领导决策提供了第一手资料，并与公安、交警、教育、卫生等部门沟通联系，提出处置意见和建议，为佳木斯市做好事故善后工作、媒体采访报道等工作赢得了主动。《佳木斯市5·8交通事故舆论引导工作及时、有序、有效推进》一文在中央外宣办业务通讯上发表。

开展文明办网、文明上网活动

为了认真贯彻落实《关于进一步开展集中清理整治网上淫秽色情及低俗信息工作的通知》精神，市文明办、市文广新局等部门联合发出“文明上网、文明办网”倡议，号召各网站认真履行自律责任，引导网民和网络从业人员树立正确网络观，遵守网上道德，强化社会责任感，自觉抵制不健康网络文化。组织佳木斯市政府公众网、同江市政府网、富锦市政府网、佳木斯日报网、佳木斯市委组织部工作网、佳木斯三江网、佳木斯三江信息网、前进区公众信息网等8家网站申报了2012年黑龙江省文明网站，经过评比，佳木斯市委组织部工作网和富锦市政府网获得了全省文明网站荣誉称号。佳木斯市还按照《黑龙江省文明网站测评评比标准(试行)》，进行市级文明网站评选，经过申报推荐、初评筛选、实地考察、网上测评、专家综合评审等程序，评出佳木斯市政府公众信息网、佳木斯大学网站、佳木斯日报网、前进区公众信息网、同江市政府网、三江信息网、三江网、乐市网等8家网站为“佳木斯市文明网站”。佳木斯市把加强对网吧管理作为文明上网、文明办网的重中之重来抓。按照《网络文化经营许可证》悬挂是否整齐、未成年人禁入标牌是否按要求悬挂、是否有擅自停止卸载“净网先锋”网吧经营管理技术措施的行为等十三项要求，对全市的网吧实行A、B、C三级动态分级管理，要求经营者悬挂相应的信用等级牌，从而形象、直观地向社会公告网吧经营情况，引导消费者自行选择消费，激励网吧经营者不断改进经营形式。网吧等级评定每两月一次，在评定时，严格按照检查记录给网吧分级，目前在全市评定A级网吧24户，B级网吧71户，C级网吧32户。同时，佳木斯市建立了网吧市场联席会议制度、网吧守法经营责任承诺制度、网吧不良记录登记及处罚制度、网吧社会监督协管制度、网吧违规处罚公示制度、技术监督监控制度、网络文化市场行政执法考评制度等，通过这些制度的建立实施，形成了法律保障、政府管理、行业自律、社会监督相结合的网吧市场监管体系，保证网吧市场有序发展，有效遏制网吧接纳未成年人现象，为未成年人健康成长营造良好的社会文化环境。

加强网络评论员队伍建设

2012年下发了《关于组建网络评论员队伍的通知》，选拔了一批有责任心、在网络领域引领社会舆论能力强的优秀宣传工作者组成网络评论员队伍。网络评论员队伍的组建为增强网络舆论引导实力，维护网络舆论安全提供了坚实保障。该《通知》明确要求，各县(市)区委宣传部网络评论员队伍的组建，重点要在党政机关中挑选，不少于20名，市直各有关单位不少于2名；重点关注百度佳木斯贴吧及各县(市)百度贴吧，关注佳木斯市政府公众信息网、佳木斯日报新闻网，随时关注新浪网论坛、搜狐网论坛、网易论坛、腾讯论坛、天涯社区、猫扑网、凤凰网论坛等涉及佳木斯市的帖文；把网络评论员队伍建设纳入干部培训建设，采取以会代训、以工代训、经验交流、专题研究、考察学习等方式对网络评论员开展业务培训，并积极组织人员参加上级培训，为提高网络评论员队伍素质和网络评论质量创造条件；市外宣办对各单位实行目标管理考核，认真对照《2012年度全市宣传思想文化工作目标考核暨争先创优活动评比表彰实施方案》和《佳木斯市网络评论员工作管理办法》进行考核，考核结果将作为对各县(市)区、市直各单位网络评论工作评价的依据，对考核不合格的单位给予通报批评。

大庆市

推进网络管理规范化

一是理顺工作机制。会同市工信委、市公安局联合制定下发了《关于加强网络舆论引导和管理的实施意见》(庆宣联〔2012〕4号)、《关于规范党政机关及党政干部运用微博客的意见(试行)的通知》(庆宣通〔2012〕8号),制定了《关于虚拟社会管理的实施方案》,明确提出各级党政组织在加强网络舆论阵地建设、构建管理体系、完善保障机制等方面的重点工作,进一步理顺了网络管理体制。二是强化行业自律。组建大庆市网络安全协会,制订下发了《大庆市网络安全协会2012年度工作计划》,为推动大庆网络安全管理和行业规范发展提供了组织保障。三是组建网络评论员队伍。下发《关于组建网络评论员队伍的通知》,选任以部门新闻宣传工作者、行业专家、媒体工作者与志愿网民为主的网络评论员369名。在组建网络评论员队伍基础上,又精选了18名优秀评论员组建全市网上舆论引导核心评论员。

有效引导网络舆论

一是壮大市内网络舆论。大庆网围绕全市中心工作,围绕"党的十八大"、全国"两会"、大庆"'两化'城市建设"、"最具影响力——大庆人十大观念"、"我最讨厌的十大陋习"、"最美女教师——张丽莉"等重点内容,通过专题、专版、访谈方式,推出系列大型网络新闻宣传活动,营造积极向上、催人奋进的网络舆论环境。在"'大庆人十大观念'征集"专题中,在全市投票的11200票中网络投票10400票,充分展现了网络的强大吸引力和影响力,在全省开展的"文明网站"评选活动中,大庆网获此殊荣。二是借助外力营造网宣强势。加强与中央、省重点新闻网络媒体和商业网站的沟通联系,邀请新华网、人民网、中国新闻网、新浪网、东北网等各大主流媒体网站,从不同角度报道了大庆"二次创业"、"湿地文化节"、"北京文化活动周"等品牌活动,登载转载稿件数万条,网民点击量百万人次,构筑了网络宣传强势,展示了现代大庆良好形象。三是强化舆论监控疏导。在林甸县"果菜基地事件"、高新区"让库招标事件"、龙凤区"大棚建别墅事件"、萨尔图区"钩机碾人事件"、杜蒙县"县领导酒驾事件"等突发网络舆情事件处置中,靠前介入、科学处置,及时搜集网上舆情,第一时间作出反应,积极组织相关负责人召开专题会议研究部署,商定应急措施。同时邀请权威媒体提早介入,发布权威信息,有效遏制了各网络媒体的进一步炒作,赢得了网络舆论引导主动权。

鸡西市

全面加强网络文化建设和管理工作

近年来,面对互联网等新兴媒体的"自媒体"、智能活跃、"虚拟社会"等特点,鸡西在属地内提出了"建设好、引导好、管理好"工作方针,全面做好网络管理工作。

加强制度建设,完善网评员队伍。成立鸡西市互联网信息领导小组,明确了互联网信息领导小组办公室是互联网信息宣传与管理的最高议事机构。建立和完善了网络利益诉求的处理机制,畅通了公众利益诉求表达的网络渠道,实现三大转变:一是明确办理范围,实现舆情处置由分散向统一转变;二是规范办理程序,实现舆情处置由模糊向规范转变;三是明确职责分工,实现舆情处置由无序向高效转变。加强网络评论员队伍建设,打造"金字塔"结构的网评员队伍。第一层,以鸡西新闻网、鸡东新闻网、虎林新闻网、鸡冠区在线、中国鸡西(政府门户网)为主,居于顶部的是核心网评员,发挥引领网上舆论的作用。第二层,是由全市各级党委宣传部门、窗口行业等组建的评论员,利用自身的工作特点及时撰写有深度、有分量的评论文章。第三层,利用先后培养"百度鸡西贴吧"两任大吧主,在日常舆论引导工作中发挥骨干作用。第四层,成立"网络志愿者",更好地引导网络、管理网络。

拓宽对外宣传平台,有效占领新媒体平台,发布"正能量"。加强与人民网、新华网、东北网、黑龙江新闻网的战略合作,在新浪、腾讯上开辟新阵地,做好网民的引导工作。在新浪微博和腾讯微信开通了"鸡西市网信办"官方站点,引导广大网民文明上网、文明发言、文明建"博"。指导团市委百余名优秀青年干部在新浪、腾讯上开博,增大引大层面。

强化互联网信息宣传与管理。关注网上动态,做好网上舆情监督与封堵。全年,对在东北社区以及"百度吧"、"泡泡社区"、"天涯社区"等,网民发帖的"鸡西煤矿事故频繁"等敏感话题开展了调查,并形成书面材料上报到市委、市政府并及时对省网信办汇报,较好地处理了网上针对鸡西各方面的不良信息。完善省、国家重要会议期间互联网新闻宣传。加强属地网络管理,实现网络文明。

双鸭山市

加强网络文化建设与网络管理

双鸭山市委宣传部坚持正确舆论导向,积极开展各项网络文化建设及网络管理工作,成立了市互联网信息工作领导小组及市网络宣传管理办公室(简称市网宣办),确定了工作职责、抽调三名工作人员具体负责全市互联网信息工作。将东北网双鸭山站的经营管理权限整体移交给双鸭山日报社,利用报社编采人员优势扩大提升本地新闻网站的影响力。协助辖区政府网站、新闻网站,推出具有鲜明地域特色的北疆文艺频道,全面系统地展现双鸭山的文艺文化成果,宣传双鸭山市的风土人情,引领健康向上的网络浏览方式。辖区内新闻网站通过开设全市文化建设巡礼专栏,同市教育局开展绿色上网活动等形式,不断丰富网络文化内涵。进一步加强了重大主题策划,科学设置网上宣传议程,围绕时政新闻热点和网上热点难点问题,适时发表政策解读文章与正面评论,主动引导网上舆论热点。十八大召开之前,市委宣传部对十八大网络评论、新闻跟帖、十八大网络安全保障等工作进行详细的安排和部署,指导辖区网站制定了十八大期间网络安全应急工作预案,取得较好效果。

七台河市

营造健康网络环境强化文明上网意识

联合网监部门深入全市网吧开展"送法律、送平安,健康文明上网"走访活动,与网吧业主就目前网吧经营情况、治安状况、互联网安全技术措施落实情况、实名上网等问题,进行了走访和布置,向前来上网人员发放了文明上网公约等宣传单,详细讲解法律政策和互联网安全知识,引导网民文明上网、健康上网。长期坚持开展"扫黄打非"、打击网上淫秽色情等整治互联网低俗之风活动。对互联网接入服务、互联网数据中心服务、互联网信息服务、互联网上网服务以及互联网使用单位大力加强安全监管;对存在违反社会公德、损害青少年身心健康低俗内容的网站进行清查整治,全市网络环境有了明显好转,不良信息和低俗之风明显减少。深入开展网吧专项整治活动。加强和规范对网吧等互联网上网营业场所的监督管理,严厉打击各种网上违法犯罪活动,清理整治无证经营上网服务场所,对无照经营、超范围经营、接纳未成年人上网等违法行为实行严管重罚。落实网吧实名注册登记,并通过技术手段对网吧实施24小时监控,强化网络文化平台的内容监管,打击网络不良信息传播,营造文明健康网络文化环境。

加强舆情信息的收集、研判、沟通与交流

精心组织人员,对互联网上的信息进行全面监测,广泛收集网上涉及该市的信息,重点跟踪、尽早研判汇总,及时上报给主要领导,引导疏浚网上舆

论，拓宽党和政府与人民群众的联系渠道。全年为市委、市政府主要领导共编报了15期《舆情信息（专送）》，多次得到市主要领导重要批示，较好地发挥了参谋助手作用。共向上级部门报送舆情信息300余条。

加强部门间舆情信息的沟通与交流，有效预知网络舆情事件的发生及可能的走向，提前准备好相关舆情预案，尽量减少网络舆情事件的发生。在做好网上有关舆情上报工作的同时，协同组织相关部门处置相关舆情，积极查处和删除低俗、有害信息；群众误传的事件，采取在第一时间请相关部门发布事实真相、组织网评员跟帖等方法有效引导舆论；对不实或不准确的舆情信息，积极联系相关网管部门或网站管理人员，有效控制了网上负面舆情信息。

以服务经济为统领开展网络主题宣传

以政府网为主的三家网站陆续开展了深入学习党的十八大精神、中共黑龙江省委十一次党代会精神、中共七台河市委八届二次全会暨经济工作会议精神、哈洽会、中国七台河家具节、“文明驾驶”、“七台河孝行之星”等网络主题宣传报道活动。主题活动全年自采及转发稿件800余篇，在原有基础上开辟《记者走基层》、《推动文化大发展、大繁荣》、《十项整治创“三优”文明城市》等专题专栏7个，保持特色板块10多个，刊发图片近千张，传播党和政府的声音。加大向新华网、东北网等国内主要新闻网站投发新闻稿件的力度，着力强化新华网七台河专题频道，较好地利用网络媒体对外对上宣传报道七台河市，使网上全面宣传七台河市经济、社会发展的良好舆论态势得到保持和扩大。

鹤岗市

加强网络管理工作

制发了《关于建立网络舆情联合处置工作制度的意见》、《加强网络评论工作通知》，通过组建网络评论员队伍、实施网络重点空间专人监控、编发《互联网舆情专报》等办法，加大了对网络的监管力度，营造了健康有序的网络舆论环境。截至目前，监测各类网络舆情3万余篇(条)，正确引导网络舆情20余件，编发《互联网舆情专报》120余期。

黑河市

积极开展网络宣传工作

始终坚持“三贴近”原则，开拓思路，创新手段，全面深入开展网上正面宣传，不断提高舆论引导力和对外传播力。重点围绕全国和全省两会、省十一次党代会和党的十八大做好网上宣传工作。精心策划宣传工作方案，唱响网上主旋律，组织各新闻网站开设专题，造声势、掀高潮，营造隆重热烈、团结奋进的网上舆论氛围。做好经贸、旅游、农业和文化等经济社会领域发展形势和取得重大成就的宣传。

加强网络管理工作

对本市属地内开办搜索引擎、论坛、博客、留言板、手机报等具有新闻舆论及互动业务(栏目)的互联网站开展了备案审批工作，开通互动业务的黑河信息网等7家网站均已完成备案。贯彻落实中央36号文件精神，进一步加强党政机关、企事业单位及党政干部的微博客清查备案工作。

加大对网站违规转载新闻的查处力度，严禁违规刊载新闻，严禁将论坛、博客文章作为新闻转发，严禁商业网站自采自编新闻。依法查处非法无资质网站，深入整治违规网站地方频道(分站)。

依法依规加强对属地内网站各类有害信息的管控，及时查处网上政治类有害信息，加大对谣言信息的查处力度。会同市“扫黄打非”办、市工信委、市公安局等部门，在全市范围内深入开展整治互联网和手机媒体淫秽色情及低俗信息专项行动，建立长效机制，充分发挥新闻媒体和社会公众的监督作用，形成强大的舆论声势，切实打击利用互联网和手机媒体传播淫秽色情及低俗信息的违法犯罪活动，进一步净化网络环境。

参加全省“文明网站”评选活动

组织各网站积极参与全省“文明网站”的评选活动，通过开展形式多样、丰富多彩的主题活动，进一步加强网站自身建设和管理，推动了各项管理制度的建立和完善，通过建设一批全省文明网站，争创全国文明网站，大力宣传网络文明，营造“文明办网、文明上网”的良好氛围。

绥化市

绥化市强化网络宣传管理

组织承办了全国网络媒体龙江行（绥化站）采访活动，全国近50家媒体70多名编辑记者对绥化经济社会发展成就进行集中宣传报道，发稿100余篇(条、幅)，转载量超过1200篇(条、幅)。与新华网、新浪网、大公网、大公东北亚网建立了日常供稿发稿机制，上传稿件近2000篇（条），转载量超15000篇(条)。依托绥化新闻网开展网上宣传，全年登载稿件40000多篇(条)，点击量超过3000万次，连续三年位居全省地市级新闻网站之首。对全市网络评论员进行了重新登记备案，全市现有市级核心网络评论员15人，市级骨干网络评论员55人。确定专人对网络舆情进行全天候监看，及时快速处理负面舆情。建立绥化市互联网信息工作领导小组成员联席会议制度，制定了《关于进一步加强全市网上舆论引导工作的实施意见》、《绥化市突发网络舆情应急处置办法》等制度，加大网络宣传管理力度，进一步提高网络管理水平。

大兴安岭地区

互联网信息管理工作实现新突破

2012年，大兴安岭地区坚持把立足当前与瞻望长远相结合，建立健全互联网突发事件舆论引导工作机制，制定并下发了《关于进一步加强全区网上舆论引导工作的实施意见》、《大兴安岭网络突发事件新闻发布工作实施方案》、《大兴安岭网络突发事件新闻发布工作协调机制》和《大兴安岭网络突发事件口径拟定发布机制》，保证网络突发事件通报渠道的畅通，提高网络突发事件对外报道时效，进一步加强和规范了全区网上舆论引导工作。制定下发了《关于加强互联网信息管理队伍建设的通知》，成立了一支政治强、素质高、业务精、熟悉网络语言和网络传播交流技巧的互联网信息管理队伍，全年网上发稿2000多篇，尤其是国家互联网信息办公室编辑的《平凡的感动》一书，大兴安岭地区最北铁路巡视员计文革和大山的女儿雷开荣、戎喜连夫妇先进事迹被编入其中，占全省网络名人编入该书的三分之一，营造了网上浓厚的舆论氛围。

舆情信息工作实现新突破

全年向省委宣传部上报舆情信息4000余篇，被中宣部综合采用300余篇，省委舆情信息中心综合采用200余条，有效推动了舆情信息工作深入开展。同时，还充分发挥舆情是民声的“晴雨表”作用，建立了大兴安岭地区《舆情信息》专报，针对全区民众关注的问题，及时反映群众的民意呼声，相继撰写了《大兴安岭网民热议地区医院医疗水平》、《大兴安岭民众关注棚改楼质量》、《大兴安岭蓝莓采摘遭遇政府垄断》、《加格达奇分时段供水》等舆情信息，得到了大兴安岭地区主要领导的肯定，尤其是《加格达奇分时段供水》得到了地委书记肖建春的亲笔批示，及时解决了加区老百姓的用水难题。

省农垦总局

加强网络建设管理　建立新闻报道应急机制

注重加强对垦区新闻网站的管理，倡导健康向上、文明和谐的网络文化。健全完善了垦区舆情信息网络,提高舆情信息工作的覆盖面。组织人员高度关注网上舆情,加强舆情分析员队伍建设,完善舆情工作机制,密切关注意识形态领域形势。督促各管理局、农牧场宣传部也积极建立了舆情通报和舆情调研制度,全面准确及时掌握垦区经济社会热点难点和舆情动态。加强对网上舆情的分析研判,着力提高了对重大舆情的快速反应能力和分析研判能力，及时为领导提供高质量的舆情分析报告。建立了突发事件新闻报道应急和快速反应机制,通过编发新闻阅评、新闻报道提示等进行网络宣传管理,及时与省网络管理部门沟通联系,保障了对重大网络事件及时有效解决。对垦区内的各网络宣传平台也加强了舆论引导,妥善做好热点敏感问题报道,使垦区新闻媒体未出现政治、思想上的问题,没有发生违反新闻纪律的事件。

开展“喜迎十八大”网络宣传活动

为迎接党的十八大胜利召开,省农垦总局党委宣传部充分发挥垦区网站、信息港等网络资源的优势,综合运用互联网、微博客、手机媒体等多种传播平台,以丰富的手段、灵活的形式,全方位、立体式报道党的十八大,全面展示了大会盛况,丰富了学习宣传贯彻党的十八大精神的载体内容,广泛宣传了科学发展的辉煌成就、中国共产党的光辉历程、优秀共产党员和时代楷模等先进典型、红色经典等优秀作品,为党的十八大胜利召开营造了浓厚的舆论氛围。据统计，垦区网站共开设专题专栏 30 余个,发布稿件 200 余篇,转发学习文章 800 余篇,推荐专题片、影视等视频资料 10 余部。

哈尔滨铁路局

围绕全局重大活动和重点工作
做强做大网络宣传工作

组织网评引导。组织基层信息员围绕春运、暑运、黄金周、铁路建设、“服务旅客创先争优”活动和助推地方经济发展等角度撰写网评文章 7700 余篇,其中有 225 篇网评被铁道部宣传部编入《舆情专报》,3800 篇网评被网站首页推荐。共有 22 名信息员在 10 个网站建立了个人文集。协调东北网和黑龙江新闻网开辟了“服务旅客创先争优”专题网页,设立了便民指南、列车时刻查询、铁路新闻、一线风采等板块,为旅客出行提供查询服务。全年共发布信息 850 条、图片 205 张、视频 25 个,东北网活动专题网页累计访问量达 522113 次，黑龙江新闻网活动专题网页访问量达 737021 次，起到了较好的宣传效果。利用新华网、人民网和中国网等重点网络媒体加大对外报道力度,发稿 1459 篇,引导网民理解铁路、关注铁路,塑造哈局良好外部形象;在东北网、黑龙江新闻网论坛发布“我拍哈铁人”专帖,引导广大职工参与投稿。协调媒体记者走进基层,深入工作现场,真实体验职工的工作和生活,在腾讯网首页连续推出了腾讯网记者采访加格达奇工务段“最北守山人”计文革、齐齐哈尔客运段“感动龙江列车员”刘维军、齐齐哈尔站“爱心大姐”客运员李晓丽三个专题报道,在全国引起较大反响,网民对哈铁职工无私奉献的报道跟帖达 3000 余条。

做好路局微博群维护。以微直播形式现场报道路局“2012 年春运新闻通气会”,让网民第一时间了解铁路局 2012 年春运的相关政策；针对春运、暑运、黄金周等重点时段,发布运输方案及车次、时间调整等信息;推出“微博带你游小站”和“哈局·班组文化”两个宣传主题,介绍路局管内特色小站风光和班组文化;深入哈客、齐客、哈工等基层一线,现场发布一线职工工作微博,吸引网民参与。

加强与媒体的合作。联合央视网推出“五一铁路人”和“计文革:大兴安岭深处的守望”两个专题;与《新晚报》“老百姓”专版联手对旅客提出的关于“实名制火车票挂失补办” 施行情况等 8 种代表性的问题进行解答;与《新晚报》“读者连线”专栏资源共享,“读者连线”专栏根据路局微博发布内容编写新闻稿《哈站爱心救助，帮七旬老人找到家人》和《微博搭桥,患病老人顺利回哈》。

加强与网民的互动。2012年哈尔滨铁路局微博群共发布信息6200余条，回应网民提问3500余条。坚持对网民乘车、购票提出的问题正面回应，解开网民疑惑；对微博反映的重患旅客乘车诉求，协调有关单位做好服务，保证了重患旅客出行，受到了旅客好评；开通"互动微平台"话题，建立了微博受理、诉求传递、现场处理和信息反馈工作流程，与车站、客运单位建立联动机制，帮助旅客寻回遗失物品70多件。加强了路局微博群的维护。局宣传部对各类微博发布内容和选材进行指导，不断完善管理机制，提高微博维护人员素质；邀请新浪网黑龙江总监就"政府机构官方微博管理与应用"授课，为基层网络信息员解难答疑。总结各单位党委书记认证微博维护情况，编写了《2011春运微博记忆——党委书记微博实录》。目前，局官方微博群拥有粉丝56万。

加强与"中国铁路"的联动。对路局管内各单位微博、党委书记微博和个人微博进行登记汇总并上报铁道部；积极参与"搭乘微列车，七夕传真情"、"中秋温馨之旅"、"搭乘微列车，国庆赏金秋"活动；积极向"中国铁路"微博投稿，扩大路局微博影响力，宣传哈局先进个人和群体典型，年初以来，投稿采用237条。哈尔滨铁路局新浪微博被新浪评为"黑龙江省十大政务微博"。

做好互动平台的管理维护。按照铁路局党委、路局要求，建立了职工交流互动平台，并将"12598"哈铁热线与平台无缝对接。建立了以局党委宣传部网络文化室为工作主体，全局各业务部门和基层单位协调配合的组织机构，为全局干部职工及家属搭建了一个反映问题、提出诉求、沟通交流的平台。制定了《哈尔滨铁路局职工互动交流平台管理办法》和《"12598"哈铁热线诉求受理流程》等管理制度，配备专职工作人员进行日常的管理和维护，及时受理职工、家属的来电反映和网络诉求，对各方面信息进行受理、流转和结果回复。全年职工互动交流平台共受理信息4201条，发布政策解读信息315条，发布职工网上调查2次，信息浏览量3.3万余次。

加强网络基础工作管理。健全完善《哈尔滨铁路局网络文化建设工作管理办法》、《哈尔滨铁路局微博(群)的管理细则》、《哈尔滨铁路局基层网络信息员工作考核办法》、《局党委宣传部网络舆情办公室、网络文化办公室工作考核办法》、《哈尔滨铁路局职工互动交流平台管理办法》等各项管理制度，汇编成册，为全局网络舆情管理工作提供制度保障。

大庆油田有限责任公司

网宣工作迈上新台阶，做到"三个强化"

一是强化正面宣传。在制作喜迎党的十八大专题网站、"大庆新铁人"李新民事迹专题网站的基础上，通过展馆管理中心及三馆组成的微博群，发布博文6100余条，计80余万字，发布照片5300余幅，上传视频30余条。同时，严格执行门户信息发布程序，全年上传公司门户网信息2万余条，上报集团公司155条信息，报送黑龙江省网宣办信息20余条。二是强化制度管理。2012年，制订了《网络舆情监管规定(暂行)》，并以公司文件形式下发。该《规定》完善了油田网络舆情监管工作的制度建设，构建了油田网络舆情监管工作长效管理模式。我们还专门召开两次宣传部长会议，并于9月中下旬组织四次调研座谈会，对推动《规定》落实起到了较好的效果。目前，各单位基本配备了专用监测设备，建立了"每日报送"舆情监测台账，建立专兼职监管队伍380余人，初步形成了领导重视、联系紧密、沟通顺畅、协同作战、共享经验的良好局面。三是强化监测力度。2012年，按照集中监测和重点布防相结合的原则，对重点监测网站由油田党委宣传部负责全网监测，各二级单位集中精力监测1—3个重点网站，细化分工、明确责任，共编发《网媒监测信息》26期。共搜索网络信息30余万条，发现涉及公司及所属单位敏感信息3000余条，有效应对"漠大线管线漏油"、"创业城失火"等突发舆情10余起。

调查研究

佳木斯市

开展调研活动

按照省委宣传部《2012 年全省宣传思想工作调研要点》的要求,结合重点工作,市委宣传部在全市宣传文化系统组织开展了调研活动,制定下发了《全市宣传文化系统 2012 年调研活动的通知》和《全市宣传文化系统 2012 年调研课题分解表》,确定了 15 个重点课题,明确了课题负责人及完成时限。组织各县(市)区委宣传部、市直各党委宣传部、市直宣传文化系统各单位深入到基层,采取召开座谈会、调查问卷、个人访谈等形式,详细调查理论武装工作、文化事业发展、文化产业发展、基层队伍建设等情况,科学分析调研搜集的素材,撰写调研报告。全年共撰写调研报告 29 篇,调研报告数量和质量明显提高。上报调研信息 67 篇,在《奋斗》杂志上发表 4 篇,在《黑龙江宣传》上发表理论文章 9 篇。

鸡西市

加强社会主义核心价值体系建设的有益尝试

鸡西市委积极探索构建社会主义核心价值体系的有效途径,推行"践行鸡西人精神,争做合格鸡西人"道德实践活动在鸡西的多样化、特色化和具体化,以开展"身边感动人物(群体)"评选活动为载体,以遴选、培树、推广、学习相结合为手段,选育一大批新时期道德楷模,推动公民道德素质和城市文明程度的整体提高,取得了明显成效。

一、主要做法

积极推行"感动身边人物(群体)"评选,深入挖掘,真正树立一批来自基层、来自群众身边的道德典型,在全社会形成良好道德风尚,促进社会和谐进步。

1. 深入组织发动。为确保评选活动有序开展,2012 年初,在全市开展了广泛征集"鸡西人精神"表述语,结合贯彻落实市十二次党代会精神,广泛宣传以"修身、齐家、爱国、敬业"为核心的鸡西人精神,制定发放了《鸡西市"践行鸡西人精神、争做合格鸡西人,感动身边人物(群体)"评选活动的实施方案》。为做到学有榜样、做有示范,专门成立宣传报道组,对候选人先进事迹进行深入挖掘、整理,在《鸡西日报》、鸡西电视台开辟专题专栏,进行广泛宣传报道。各乡镇、市直各部门利用板报、广播、标语等宣传手段将活动精神传达到村街(社区),营造开展活动的良好氛围。还通过黑板报、座谈会、演讲比赛等形式,宣传身边好人,交流"大美、大爱"体会。

2.注重结合实际。为深化活动的教育效果,注重整个过程,突出做到"三个结合":一是把开展活动和发动群众相结合,让参与的过程成为广大干部群众学习道德模范、推行"大美、大爱"的过程,使道德模范评选成为广大干部群众自我教育的有效方式。二是把评选活动与创先争优活动和争做合格鸡西人相结合,把公民基本道德规范的要求在开展活动中体现出来。三是与推进全市中心工作相结合,通过开展活动,激发出广大干部群众"学先进、争先进,当模范、做表率"的热情和干劲。

3.丰富活动内容。一是在各战线、社区、农村、校园、机关召开座谈会,深入到基层,寻找身边的"平民英雄",通过新闻媒体的报道、选树,激发参与者积极向各新闻媒体进行事迹自荐,用自身的实例教育、感染广大干部群众。各乡镇、市直各部门把“大美、大爱”向干部职工推广,要求做好“大美、大爱”记录,及时总结,对照思考。二是推动文艺创作。通过深入挖掘、整理,把评选出的“感动身边人物(群体)”事迹结集出版成书;市文艺部门以道德模范为原型,组织文艺骨干,以戏曲、三句半、小品、歌曲等文艺形式,创作文艺作品,进行排练演出,寓教于乐。三是成立鸡西市公民道德建设论坛。论坛就各单位的工作经验进行总结交流,借此推动道德建设。四是成立道德模范宣讲团。对部分模范人物进行集中培训,组成道德模范事迹巡回宣讲团到全市各个层面进行宣传,还举办了模范事迹报告会,以电视转播、发放影像资料等形式在全市推广。

4.完善保障机制。一是建立考核体系。市委宣传部把道德实践活动的开展情况纳入全市文明单位、文明村镇、文明社区等精神文明创建考核体系,增强权重,量化考核。二是完善督导机制。要求各乡镇(办)、市直各部门建立活动档案。三是完善道德模范关爱机制。成立了见义勇为基金和好人援助会。还正在筹备“道德建设公益金”,出台对贫困道德模范救助办法,让道德模范感受到社会的关爱和温暖。

二、活动成效

随着活动的稳步推进,好人好事层出不穷,精神文明硕果累累,全市上下形成了“学模范、争先进、做贡献、促发展”的热潮。

1.社会效应反响大。“感动身边人物(群体)”评选活动的深入开展,已成为鸡西市宣传思想工作的知名品牌,引起了全市人民广泛关注。

2.辐射带动作用大。道德模范充分发挥道德操守相互影响、相互感染的力量,让善与美放大延伸,以此凝聚人心,净化灵魂,影响了一大批人见贤思齐,择善而从。时下,在全市城乡,先进模范吸引带动人们仿效追随,掀起了追“星”潮,汇聚起向善向美、追求卓越的强大力量。

3.推动各项工作效果好。道德实践活动与具体工作紧密结合,推动了社会环境和发展环境的进一步优化,促进了经济建设和精神文明建设的双丰收。

三、几点启示

1.必须把社会主义核心价值体系建设作为文化软实力建设的重要任务。经济是形,文化是神。决定县域竞争力的不仅有经济、科技等硬实力,还包括以文化、价值观为主要内涵的软实力。实践证明,只有把社会主义核心价值体系作为文化软实力建设的重要任务,才能提升县域综合竞争力,进而带动和促进整个地区经济发展和社会进步。

2.有效的载体是加强道德建设的重要途径。有效的载体,好比是解决渡河的“桥”与“船”。提高公民的道德水平,需要找到切实可行的载体,把丰富的教育内容寓于群众喜闻乐见的活动之中,达到内容与形式的有机统一,潜移默化,润物无声。

3.榜样引导、典型示范是加强道德建设的重要方法。见贤思齐,择善而从,是中华民族的传统美德,是人们进行自我修养,追求更高道德境界的重要途径。用先进典型的事迹和精神宣传群众,教育群众,要比一般的讲道理更具有生动性、直观性和鲜明性,更具有说服力、感染力和号召力。

4.健全机制是“大美、大爱”活动长效化的重要保证。道德实践活动持之以恒地坚持下去,需要有一个好的保障机制。鸡西市开拓性地开展了道德实践活动,把道德模范评比标准化,把“大美、大爱”活动制度化,使广大干部群众争先创优的目标更明确,思路更清晰。

大兴安岭地区

关于基层社会主义核心价值体系建设有效机制的调研

建设社会主义核心价值体系是党的十七大提出的一项重大战略任务。十七届六中全会又做出了进一步阐述,明确了“社会主义核心价值体系是兴国之魂,是社会主义先进文化的精髓,决定着中国特色社会主义发展方向”这一重要论断。刚刚闭幕的党的十八大明确指出:社会主义核心价值体系是兴国之魂,决定着中国特色社会主义发展方向。要深入开展社会主义核心价值体系学习教育,用社会主义核心价值体系引领社会思潮、凝聚社会共识。可见,切实建立基层社会主义核心价值体系建设的有效机制,有助于增强基层广大干部群众对科学发展、社会和谐的认同,有助于把各方面的智慧和力量凝聚到推动科学发展、促进社会和谐上来,这也是宣传思想工作的当务之急。按照省委宣传部调研课题的安排,我们就《关于基层社会主义核心价值体系建设有效机制的调研》这一课题,组成调研组,从 2012 年初开始, 在全区范围内采取调查问卷、走访、召开座谈会等多种方式进行了调研。

一、基本情况和存在的问题

大兴安岭地区总面积 8.3 万平方公里, 下辖 3 县 4 区 10 个林业局,35 个乡镇,52 个林场,79 个行政村,总人口 52 万人。全区共有党委 189 个,基层党总支 164 个, 基层党支部 2142 个, 共有党员 36384 名。

大兴安岭的体制区划比较特殊,开发建设至今一直实行政企合一的管理体制,行政公署是省政府派出机构,林业集团公司是国家林业局唯一的直属企业,所属加格达奇区和松岭区的地权归内蒙古自治区。多年来,全区各级党组织和广大党员干部,能够积极做好思想政治工作这一经济工作和其他一切工作的生命线, 大力践行社会主义核心价值体系,在各自岗位上默默工作,踏实奉献,保持了林区社会的和谐稳定和经济的持续快速发展。从总体上看,我区社会主义核心价值体系建设的学习宣传是积极稳妥、富有成效的。但通过调研我们发现,思想政治教育工作面临的情况较为复杂,用社会主义核心价值体系建设引领社会思潮、凝聚社会共识方面还存在诸多问题。

1.价值功利。当下人们的价值取向存在着过分功利的倾向,很多人将“实用化”和“功利化”作为快速实现物质利益、改善生活水平的标准,同时更高层次的理想主义价值观在他们看来则失去了原有的说服力和影响力。具体表现为一些干部工作追求政绩,大搞形象工程、大做表面文章,为的是自己的升迁或得到实惠, 而背离了为人民群众谋利益、谋福祉的出发点。

2.淡化政治。我区开发建设 40 多年来,人们的政治观念和政治热情都发生了较为明显的转变,由原来的关注政治渐变为淡化政治,甚至有“去政治化”的倾向。在我区职业学院的调查显示,大学生中的大部分人对于社会主义核心价值体系普遍表现出的态度是“认同但不关注,了解但不理解,拥护但不维护,践行但不宣传”。淡化政治其实就是淡化意识形态,如果放任“淡化意识形态”的思潮不断泛滥,必将削弱民族性、国家性、社会主义性在思想领域中的地位,进而影响整个中华民族的凝聚力和发展合力。

3.崇尚多元。市场经济给林区传统的计划经济带来了前所未有的冲击,由此带来的多元化、多元结构、多元体验往往极易引起人们的好奇心和虚荣感。同时,随着全球化步伐的不断加快,西方的文化产品也早已进入人们的视野,这些产品所承载的价值观念和生活方式无形中很容易为大家所接受,在接受这些多元体验的同时也消解着对于民族身份和传统的认同。

4.信仰迷失。当下人们对信仰问题的认识整体上比较模糊,很多人盲目从众,或出于好奇心理,认为自己在信仰某些主义或宗教,其实往往对其“信仰”的定义内涵、发展历史、价值判断等并不了解,甚至一无所知;即使对其“信仰”相信且尊敬,也大都出于功利目的,祈求升官发财、生意兴隆,很难在实际生活中始终贯彻、践行其“信仰”所倡导的行为准则。

二、推进社会主义核心价值体系建设的主要做法

1.推进学习型党组织建设,把社会主义核心价值体系建设作为紧迫课题。社会主义核心价值体系重在建设。我们坚持把社会主义核心价值体系建设

作为学习型党组织的灵魂和主线来抓，从根本上提升党员干部的思想道德素质。各级党组织紧密结合自身实际，注重遵循学习规律，积极探索社会主义核心价值体系学习教育的方法和途径，努力使广大党员干部对核心价值体系真正做到入脑入心，不断提升思想道德素质。充分发挥党委(党组)中心组学习的龙头带动作用，紧紧扭住龙头，大力推进制度化、规范化建设。坚持把中心组学习作为社会主义核心价值体系学习教育的重要形式，把中宣部编写的《社会主义核心价值体系学习读本》作为基础教材，在认真学习的基础上，要求每位成员紧密结合各自实际，严格剖析自己，并在古莲河现场会上进行了座谈交流，提高了学习质量。组织编写了《大兴安岭地区形势政策读本》等一系列理论通俗读物，成功打造了“兴安讲坛”等一系列理论学习品牌。2011年，中共大兴安岭地委被评为全省学习型领导班子标兵，7个单位被省委确定为全省建设学习型党组织活动示范点。

2.开展大兴安岭精神教育，努力践行社会主义核心价值体系。大兴安岭精神是在大兴安岭开发建设的历史进程中，由无数开拓者、创业者、建设者，在气候极其寒冷、生产条件极其艰苦、生活环境极其恶劣的条件下用青春、热血乃至生命铸就的一座精神丰碑，是大兴安岭人意志品质、道德情操、精神风貌的集中体现。近年来，我们以“弘扬大兴安岭精神教育·践行社会主义核心价值体系”为载体，通过举办报告会、演讲赛、知识竞赛等形式，开展了一系列实践活动，引导林区各界大力弘扬大兴安岭精神，努力践行社会主义核心价值体系，取得了较好的教育效果，实现从名词认知到内涵认知再到精神认同。一是大力学习宣传大兴安岭精神。地委经过多次研究和提炼，更加科学准确地概括了大兴安岭精神的新内涵，并多次向省委汇报和争取，最终于2009年将大兴安岭精神列入全省优秀精神资源体系。这是对大兴安岭精神的高度肯定，更是对林区干部群众莫大的安慰和鼓舞。为让全区上下更好地了解大兴安岭精神，我们专门举办了大兴安岭精神报告会，对大兴安岭精神做出进一步解读，让这一宝贵的精神资源在转型时期迸发出无穷的力量，凝神聚力，推动发展。二是选树弘扬大兴安岭精神典型。地委高度重视弘扬大兴安岭精神的典型选树工作，紧紧围绕社会主义核心价值体系建设这一根本，积极发现典型、深度挖掘典型、大力宣传典型，注意总结和推广不同层次、不同类型的典型，使典型的示范、激励和引导作用辐射社会生活的各个领域和不同群体。3月，地委推出了优秀森警士官马日史初这一重大典型，做出了《关于开展向马日史初同志学习的决定》，并专门召开了宣布大会，在全区形成了学习活动高潮。7月，地委推出了丛云龙这一重大典型，作出了《关于开展向丛云龙同志学习的决定》，专门召开了全区追授丛云龙同志荣誉称号暨先进事迹报告会，有关部门对其追授了相关荣誉。今年8月初，选派丛云龙、马日史初、田坤等6个在区内外有一定影响力的重大典型，组成了全区“弘扬大兴安岭精神·践行社会主义核心价值体系”先进事迹报告团，赴全区各地做报告11场，累计有4000余人现场聆听了报告，使全区上下再一次受到了大兴安岭精神教育，加深了社会各界对社会主义核心价值体系的具象化认识，选树了典型，振奋了精神，弘扬了正气。几年来，共推出弘扬大兴安岭精神的各类典型达300多个，成为全区上下争相学习的榜样。三是举办“感动兴安”评选活动。近年来，我们已经成功地举办了4届“感动兴安”年度人物评选活动，一批弘扬新时期大兴安岭精神、热爱兴安建设兴安的优秀典型，成为全区人民学习的榜样，成为践行核心价值体系的生动教材。并将这些典型事迹编撰成册，供全区各级党组织学习使用，收到了较好的学习宣传效果。同时将大兴安岭精神渗透到全区德育工作中，使大兴安岭精神的教育，不仅成为传播知识的阵地，而且成为社会主义核心价值体系建设的重要阵地。

3.加强基层党组织建设，巩固社会主义核心价值体系建设的主导地位。基层党组织在社会主义核心价值体系建设中处于主导地位，发挥着决定性作用。2012年初，基层组织建设年活动在全国展开，大兴安岭地委结合林区经济转型的客观实际，科学审视和定位基层党组织建设工作，把它作为推进社会主义核心价值体系建设的重要契机，项目化推进了“班长选育工程”、“党员素质提升工程”、“党建覆盖工程”等“六大工程”，进一步凝聚了人心、鼓舞了干劲。还通过建立特色支部，深入开展创先争优活动。全区133家“两新”组织共建立90个党组织，提前完成了“百日攻坚”任务。通过加强基层党组织建设，进一步调动了基层党组织和党员在为民服务、保障改善民生上实现优质服务、高效服务的积极性，促进社会主义核心价值体系不断成为机关广大党员干部的思想认知、道德共识和实践标准。

4.狠抓精神文明建设，顺畅社会主义核心价值体系传播的主渠道。把社会主义核心价值体系融入精神文明建设全过程是深化社会主义核心价值体系建设所面临的重大课题。我区强化组织，因势利导，以推动社会主义道德教育和道德实践为核心，把建设社会主义核心价值体系同社会主义精神文明建设有机结合起来，在社会主义价值观的传承、实现、提升等方面作出了有益的探索。一是通过大力开展群众性精神文明创建活动，以活动为载体，吸引群众普遍参与，使他们在亲身实践中接受教育。多年来，始终坚持把普及社会主义核心价值观、促进人的全面发展作为精神文明建设的根本任务来抓，走出来一条“以典型示范促进社会主义核心价值体系建设，以群体效应提升精神文明程度”的成功路子，精神文明建设取得了显著成效。两年来，出现了64个具有时代特色的先进典型，全区共有10人荣登中国好人榜。在价值观念多样化的形势下，适时推出一批批代表时代前进方向的先进典型，凸显了核心价值观的主流引领，树立了新风，弘扬了正气。通过组织开展“我推荐、我评议身边的好人”活动，推出来自群众的“草根”先进典型，引发广大群众由感动、钦佩到群起效仿，最终形成了群体效应，使学雷锋志愿服务活动得到蓬勃开展。全区各地共注册志愿者65458人，是全省唯一一个所有社区注册人数均超过8%的地市。全区89个学校、191个单位建立了学雷锋志愿服务站，我区成为全国唯一一个在中国社区志愿服务网实现社区建立台账率达到100%的地市。扎实开展了社会志愿服务活动，全区共9万多志愿者开展各类志愿服务活动574次，230余个志愿服务队参加了活动，形成了强大的活动声势。在全省志愿服务活动“五个一百”评比活动中，我区有3人获优秀志愿者称号、3个单位获优秀志愿服务活动组织奖、5个社区获优秀社区志愿服务工作站、5个服务队获优秀志愿服务队、5个活动获优秀志愿活动品牌。8人获全省五星志愿者称号，7个单位被评选为全省有影响力的志愿服务组织。二是创建工作成效显著。一方面，精神文明建设为我区经济社会发展提供了不竭的动力，精神文明改善了投资环境，优化了人力资源，提升了城市的竞争力，使经济发展迅速；另一方面，精神文明建设为经济社会发展提供了良好的环境，精神文明建设促进了社会风气良好，人际关系团结和睦，外地人士无不称赞安定有序的社会环境。目前投资总额101.6亿元的34个招商项目集中开工，其中亿元以上项目52个。行署专员、林管局局长单增庆在全省创建“三优”文明城市工程座谈会上做了典型发言，我区做法得到省委书记吉炳轩的高度肯定。

5.扎实开展主题实践活动，创新社会主义核心价值体系学习教育方法。全区上下通过开展生动的主题实践活动，不断丰富核心价值体系学习教育的方式方法。各级党组织坚持在调研中学习，紧紧抓住广大党员干部普遍关注的热点，着力找准大理论与小九九的交汇点，努力把核心价值体系变为简明朴实的大众语言、立体生动的人物形象、寓教于乐的主题活动等，增强学习教育的吸引力和感染力。2012年年初以来，全区政法系统开展的政法干警核心价值观教育实践活动，把核心价值观教育实践活动与当前政法工作密切结合，使教育实践活动特点突出，内容丰富，成效显著。他们严格细致地制定《深入开展政法干警核心价值观教育实践活动实施方案》，组建了《领导干部联系点制度》，为全区县级以上政法机关 232 名领导班子成员建立了联系点，每名领导干部能够深入联系点进行检查督导，做到“四个一”，即开展一次座谈讨论、参加一次实践活动、选树一个先进典型、进行一次深入调研，充分发挥了领导干部在教育实践活动中的指导、推进作用。法院系统把 2012 年作为基层基础建设年，通过开展专项活动深化“人民法官为人民”和核心价值观主题实践教育活动，实现了结案率、调撤率、执行率上升，上诉率、发改率、案访比下降的“三升三降”司法绩效目标；检察系统、公安系统、司法系统、国家安全系统都紧密结合各自实际，开展了丰富多彩的教育实践活动，收到较好效果。

三、关于社会主义核心价值体系有效机制建设的建议

社会主义核心价值体系是社会主义中国的精神旗帜，是社会主义意识形态的本质体现。要将这无形的精神价值层面的信仰转变为实现科学发展、社会和谐的推动力量，是一项复杂的系统工程，需要各级各部门积极行动起来，把社会主义核心价值体系融入思想政治教育全过程，形成合力，应建立起以下几个方面的有效机制。

1.协调管理机制。把社会主义核心价值体系融入全民思想政治教育过程是一项过程复杂、涉及面广的战略任务，涉及不同单位和部门，完成这项任务需要建立健全科学而合理的领导协调管理机制。具体来说，就是要结合把社会主义核心价值体系融入思想政治教育全过程的任务要求，建立健全党委直接领导、党政齐抓共管的领导体制和党政合力、职责明确、统筹协调、规范有序的管理体制。为使“融入”工作取得实效，一要抓好思想政治理论课建设，充分发挥地县两级宣传部门牵头抓总的作用，发挥各级党委中心组、党校、街道社区党工委政治理论课建设主力军作用，优化“融入”主渠道；二要抓好全区思想政治工作队伍建设，优化“融入”主力军；三要抓好媒体建设，优化“融入”主阵地。

2.动力驱动机制。把社会主义核心价值体系融入全民思想政治教育的每个环节和过程都需要一定的动力驱动，没有持续的动力就没有持续的“融入”。为此，思想政治教育工作必须建立健全物质与精神有机结合的双动力驱动机制。为了强化物质动力机制，有关部门特别是劳动、人事、民政等部门，必须高度重视和研究如何通过解决人民群众在生产、生活中的实际问题来做好他们的思想政治教育工作，同时积极创造条件努力解决好思想政治教育工作者的生活待遇、职级晋升、职称评定和工作经费等问题，为专兼职思想政治教育队伍建设创造必要的条件，为做好工作提供必备的物质基础；另一方面，为了强化思想政治教育的精神动力机制，还必须针对不同群体的特点，努力创造条件不断满足他们精神文化方面的需求，对广大思想政治教育工作者要通过授予各种荣誉称号等精神鼓励的办法给予支持，以此激发广大思想政治教育工作者的工作积极性和主动性。为了使动力驱动机制取得更好的效果，必须通过改革单位人事制度、分配制度和管理制度，建立完善科学的奖惩机制。

3.科学运行机制。把社会主义核心价值体系融入全民思想政治教育过程还需要建立健全科学的运行机制。同全国各地一样，以往我区思想政治教育的运行机制主要是以“自上而下”为特点，上级下达任务，下级安排任务，上面开大会布置，下面开小会落实。这种运行机制虽然有其优势和特点，但也存在一些弊端，它常常使广大基层思想政治教育工作者处于被动状态，上面推一步下面走一步，很难调动思想政治教育工作者的积极性和主动性。为切实有效地提高把社会主义核心价值体系融入全民思想政治教育全过程的实际效果，思想政治教育的运行机制应该努力由以往的“自上而下型”转变为“上下结合型”，由过去的“被动型”转变为“主动型”。要积极面向实际，深入社会各层面去主动发现问题和解决问题。全区各界要积极支持和鼓励广大思想政治教育工作者的首创精神，努力做到贯彻上级精神与联系本单位实际相结合，在实践中逐步形成自身思想政治教育的优势与特色。

4.条件保障机制。把社会主义核心价值体系融

入思想政治教育全过程既需要各相关部门的紧密配合,更需要一定的人力物力做保证。建立健全必要的思想政治教育保障机制是使“融入”取得实效的重要条件,没有必要的人员队伍保障、条件保障、政策保障和经费保障等,思想政治教育工作的任务就很难落到实处。为此,把社会主义核心价值体系融入全民思想政治教育全过程,一要努力建设一支专兼结合、功能互补、素质高、业务精的思想政治教育队伍,为提高“融入”效果提供必要的前提条件;二要制定把社会主义核心价值体系融入全民思想政治教育全过程的相关政策措施;三要确保必要的经费投入,提供必要的活动场所,配齐必要的活动设备,不断优化“融入”手段,切实改善思想政治教育工作的物质条件。

5.考核评价机制。建立健全科学合理的考核评价机制是把社会主义核心价值体系融入全民思想政治教育全过程的重要指挥棒。建立什么样的考评机制,对于提高思想政治教育工作的实效性具有明显的导向功能。为此,要建立健全必要的思想政治教育考核标准和评价体系,使全民思想政治教育的目标成效与单位总体目标有机结合起来,把对思想政治教育成效的考核作为对单位工作总体考核的重要组成部分。当前尤其要改变以往那种把思想政治教育仅仅看作是“软任务”“软指标”的认识偏见以及认为思想政治教育可有可无的错误倾向,通过建立科学的考核和评价机制,使思想政治教育工作真正由“软”变为“硬”,由“虚”变为“实”。

6.检查督导机制。建立健全必要的检查督导制度是确保把社会主义核心价值体系融入思想政治教育全过程这一战略任务落到实处的重要环节,也是确保“融入”过程优化、成效显著的可靠保障。为此,各党委、政府职能部门必须建立必要的思想政治教育检查督导小组,及时研究、部署和检查思想政治教育工作的进展情况。检查督导小组要及时掌握思想政治教育工作的新情况,及时调研思想政治教育工作的新动态,及时推广思想政治教育工作的新经验。通过督导检查,切实使社会主义核心价值体系融入全民思想政治教育全过程的任务落到实处、取得实效。

关于新形势下“文化+旅游”发展模式的调查与思考

党的十七届六中全会明确指出:“十二五”时期要把文化产业作为“国民经济支柱性产业”、把旅游产业作为“战略性支柱产业”来发展。为贯彻落实这一重要举措,促进文化与旅游的深度融合,推动我区文化大发展大繁荣,我们成立了专题调研组,通过实地考察、召开座谈会、问卷调查以及征求意见函等方式,就近年来我区“文化+旅游”发展模式进行了深入调研,并引发我们对进一步加快文化旅游产业发展的思考。

一、什么是文化?什么是旅游?

“文化”由于其语义的丰富性,多年来一直是人类学家、考古学家、文化学者、社会学家研究的一个课题。美国学者克罗伯和克拉克洪在《文化:概念和定义的批判回顾》中列举了欧美对文化的160多种定义。就西方而言,基本能达成共识的,在最宽泛的意义上,文化指特定民族的生活方式。我们对文化的解释:一是从广义上讲,指人类在社会历史实践中所创造的物质财富和精神财富的总和;二是从狭义上讲,指社会的意识形态以及与之相适应的制度和组织机构。

“旅游”是指人在空间中有目的的活动,到异地他乡去旅行游览,最早见于南朝梁沈约的《悲哉行》诗中:“旅游媚年春,年春媚游人。”近代意义的旅游,始于19世纪中叶,人类的旅游活动出现了崭新的面貌。现代旅游,实际上是一项以精神享受、文化需求为基础,涉及政治、经济、社会、国际交流等内容的综合性大众活动,已经成为人们生活的重要组成部分,旅游成为一项新兴产业得到蓬勃发展。

二、文化与旅游的关系

第一,文化是旅游的灵魂。旅游活动从本质上讲是一种文化活动,无论是自然景观的亲近,还是人文景观的游览,都离不开文化的存在,缺乏文化内涵就缺少吸引旅游者的魅力。

第二,旅游是文化的载体。文化不是游离存在的,它体现在人们的社会实践活动中,体现在所创造的物质产品和精神产品中。旅游作为当今世界最广泛、最大众的交流方式,必然是展示文化、传播文化、推动文化的重要载体。

第三,文化与旅游密不可分。一方面,文化的本质决定了文化的旅游功能,无论是旅游消费活动还是旅游经营活动都具有强烈的文化性;另一方面,任何一项旅游活动都是以一定的文化方式进行的,是文化与旅游相结合而产生的一种文化形态,旅游经济发展的最高境界是与文化的交融。

由此可见,文化与旅游的关系是相辅相成、相互促进、相得益彰的。

三、"文化+旅游"发展模式

"文化+旅游"发展模式,不是文化和旅游的简单相加,而是为满足人们的文化旅游消费需求,由文化资源所开发出来的旅游产业,是文化和旅游深度融合和广泛拓展形成的一种新的文化业态——文化旅游产业,内容更丰富,涉及面更广,是文化旅游内容的产业化、商业化、规模化,正如孙尚青同志所言:旅游在发展的一定阶段是经济-文化产业,在发展的成熟期是文化-经济产业。

四、我区文化旅游产业发展现状

近年来,地委、行署高度重视文化旅游产业,高起点编制文化旅游发展规划,高质量开发文化旅游产品,高标准打造文化旅游品牌,全方位营造文化旅游发展环境,使我区文化旅游产业呈现出又好又快的发展态势,经济指标再创历史新高。截至10月份,全区旅游接待人数301.3万人次,实现旅游收入28亿元,同比分别增长19.8%和21.2%。

(一)文化旅游编制规划。我区编制了文化旅游产业总体规划,旅游城镇体系规划,北极村5A级景区、加格达奇、西林吉城镇特色研究和景观风貌设计等10多个规划,初步建立了以全区文化旅游发展总体规划为统领、县区局文化旅游发展规划为基础、文化旅游区(点)详细规划为重点、覆盖全区的文化旅游产业规划体系。

(二)产业体系逐渐形成。全区拥有星级宾馆12家,家庭宾馆310家,旅行社25家,专职导游148人,北极村日接待能力达50000余人,旅游商品和土特产品购销两旺,旅游纪念品经销店200余家,开发、销售旅游商品21类400余种。初步形成了以蓝莓花青素、菌肽、黄金饰品等为主的高端纪念品和以鹿产品、木制品、桦树皮等为主的特色纪念品。

(三)重点项目稳步推进。仅2012年,我区确定重点旅游项目9个,累计完成投资6.26亿元。一是找北度假产品开发步伐加快。神州北极旅游区一期工程完成投资3.18亿元;华洋集团民俗生态园建设工程完成投资5507万元;北京百环集团旅游综合开发建设项目一期工程完成投资4123万元;北极村金马旅游度假区完成投资2035万元;兴安石油边境小镇完成投资7020万元。二是森林度假产品开发取得新进展。图强百环森林旅游度假区完成投资7500万元;图强百环北极泉矿泉水项目完成投资2405万元;呼中国家森林公园一期工程投资806万元;塔河鄂族新村完成投资1400万元。三是湿地观光产品快速启动。南瓮河湿地公园进一步完善了观光栈道、观光塔等服务设施;多布库尔湿地漂流度假区也进一步完善了配套服务设施,成为我省北部地区生态漂流的一个新亮点。

(四)节赛活动亮点频现。第一,成功举办了全国自由式滑雪雪上技巧"冠军赛",进一步打造了"中国滑雪基地·世界冠军摇篮"品牌,提升了我区冰雪旅游的知名度和美誉度。第二,漠河冰雪汽车越野赛实现华丽转身,成为黑龙江省2012年至2013年中俄旅游年主题活动之一。第三,黑龙江国际养生度假节暨大兴安岭首届多布库尔湿地漂流节圆满完成,省内外10多家主流媒体和30多家旅游企业300多位游客在大兴安岭体验了湿地漂流的乐趣,拉开了黑龙江省夏季漂流度假旅游的帷幕。

(五)市场营销精彩纷呈。一是与加区、加林局共同组织旅游企业赴哈尔滨、呼伦贝尔等地宣传推介加格达奇区域旅游产品和线路,快速启动了南部旅游市场。二是组团参加了全国旅游交易会等10

个大型展会，与300多家重点客源地的旅游企业进行了深入的交流，达成了互送旅游团组协议。三是开展了中俄界江深度游宣传推介活动，省内主流媒体和重点旅行社对漠河、塔河、呼玛进行了深度考察和宣传报道。四是与中央电视台联合拍摄的《幸福之爱在北极村》3集情景剧登陆央视七套军事农业频道，并在春节期间循环播放，进一步提升了北极村的知名度。

(六)行业管理不断加强。一是加大了文化旅游市场整顿力度，维护了文化旅游市场秩序。二是加大旅行社质保金、责任险的收缴力度，从根本上维护了旅游者的合法权益。三是加大旅游从业人员培训力度，对导游员、讲解员、旅行社经理进行了强化培训，提高了从业人员素质。

(七)拉动作用日趋明显。文化旅游产业的兴旺拉动了交通运输、餐饮娱乐、商贸服务、房地产开发等相关产业的快速发展，呼玛知青宾馆、漠河金马饭店等一批招商引资项目建成使用，对当地经济发展起到了助推作用，"一业带百业"的综合效益日趋明显。仅以漠河为例，住房从原来的每平方米800元涨到现在的3000元，出租车从260辆增加到580辆，全县直接从事旅游业人员达5500余人，间接从业人员15000余人。

尽管我区文化旅游产业得到了快速的发展，但还存在着一些不容忽视的问题:

一是对文化旅游产业认识不够。因文化旅游产业投资大、周期长、见效慢，除漠河和加格达奇区文化旅游产业形成一定氛围外，"两头热、中间凉"的现象比较突出。有的想开发文化旅游景点景区，因资金短缺而难以实现；有的认为文化旅游产业是政府行为，存在等、靠、要、推等思想；还有的认为文化旅游产业对经济影响不大，对发展文化旅游产业的重要性缺乏足够的认识。

二是对景点文化内涵挖掘不深。景点景区设计缺乏大手笔、大气魄，具有厚重文化和地域特征的人文景观少；景点景区还停留在浏览的层面，参与性、互动性、娱乐性的项目少，致使游客慕名而来，却不能尽兴而归，滞留时间短，人均消费低。

三是对文化旅游产品研发不强。目前，全区专业文化旅游产品研发企业、基地较少，仅3家企业具有自主品牌和销售网络。旅游产品结构比较单一，难以满足旅游者多样化需求，本土化、个性化、有特色、易携带的文化旅游纪念品产销体系尚未形成。

四是对文化旅游人才培养不足。文化旅游专业人才匮乏，缺少有创意、懂经营、会管理的文化旅游管理精英。

五、建议与对策

(一)解放思想，树立文化旅游产业融合新观念

思想是行动的先导，思路决定出路。必须以科学发展观为指导，进一步树立新的机遇观、开放观、市场观，牢固树立"文化+旅游"一体化思想，突出基础设施、精品景区、服务体系建设三大重点，实现我区由生态林业向生态旅游的转型，做到宣传同向，上下同心，规划同辙，工作同步，措施同力，推动文化旅游产业快速发展。

(二)提高认识，营造文化旅游产业发展新氛围

被誉为世界"朝阳产业"的文化旅游产业已由传统的观赏游览接待行业，演化拓宽为具有经济、社会、文化和环境等多功能的"大旅游"格局，是综合性强、关联度高、带动面广的经济产业；是保护环境、节能降耗的环保产业；是承载历史、弘扬文化的传统产业；是宣传地方、提高知名度的形象产业。覆盖面宽，影响力大，综合效益和关联效益非常突出。在提高发展文化旅游产业认识的同时，坚持党政主导，理顺旅游管理体制；坚持部门联动，形成合力攻坚；坚持资金捆绑，解决关键问题；坚持社会参与，营造文化旅游产业发展的浓厚氛围。

(三)规划先行，实现文化旅游设施建设新突破

要按照《大兴安岭地区加快发展文化旅游产业发展的实施意见》要求，结合我区实际，进一步加大基础设施建设，完善综合配套服务功能，提升承载能力，形成与文化旅游市场需求相适应的高效便捷的现代化旅游基础设施体系；进一步改善城市到景区景点的公路交通网络，进一步加大景区景点的

路、电、信、水等配套工程建设,健全景区服务功能,达到“快进慢游、旅兴贸活”目的。

(四)突出特色,形成北极村引领生态旅游新态势

加快北极村文化旅游名镇建设,要按照“环境生态化、居住城市化、风味乡村化、服务标准化”建设北极村。坚持“政府主导、规划先行、依托资源、彰显特色”的发展思路,以景建点、以线串点,最大限度地发挥北极村的拉动作用。

(五)创造环境,注入文化旅游招商引资新活力

发展地方经济,吸引外来人员投资、兴业、消费,必须要有优惠的政策吸引人,宽松的环境留住人。旅游业正待起步之时,宽松的环境对旅游业的发展显得尤其重要。因此,在加快我区文化旅游产业发展的过程中,要进一步制定和完善优惠政策,营造宽松环境,创造有利条件,搞好招商引资,鼓励扶持个人投资,有效推进旅游方式的转变和多种形式发展的格局,为文化旅游产业发展注入强劲活力。

(六)加强宣传,探索文化旅游产业营销新形式

整合新闻媒体与各级管理部门的宣传资源,构建广播、电视、报纸、网络媒体的宣传格局,提高宣传促销质量,提升大兴安岭生态旅游品牌形象。强化营销手段,积极参加交易会、招商会、推介会等节会活动,突出地方特色,策划和推广具有地方特色的旅游精品线路和旅游节庆活动。注重生态山产品生产开发,以开发促消费,带动和吸引旅游客源市场。

(七)加强领导,推动文化旅游产业新发展

强有力的领导和管理机构,高素质的队伍和高水准的人才,是文化旅游业快速发展的保障。实施政府主导型战略,把发展旅游产业纳入政府工作重要议事日程,明确各相关部门的职责任务,加强旅游主管部门人才队伍建设,充分发挥旅游主管部门在旅游产业中的指导、协调和管理作用。加大旅游产品建设投资力度,重点投入旅游拳头产品,充分发挥政府在培育旅游龙头产业、优化旅游环境方面的主导作用;建立有利于旅游业发展的领导和工作机制,建立有利于旅游业发展的投、融资机制,建立适应于大旅游大开发的经济联合协作机制,创造有利于旅游业发展的良好环境机制。

干部和人才队伍建设

省委宣传部

加强省直宣传文化系统领导班子和干部队伍建设工作

对省直宣传文化系统领导班子进一步充实了力量、优化了结构、强化了监督。全面掌握系统各班子配备情况,统筹研究空缺职位选配方案,及时形成干部推荐意见。组织完成领导干部个人有关事项报告工作。与有关部门积极配合,全年考核班子10个,新任领导班子成员4人,考核班子成员51名。指导并参与省新闻出版局、省电台、省电视台等部门竞争上岗工作的相关程序。严格执行管理口内单位重要岗位干部管理制度,全年考核和测评后备干部17人,重要岗位干部22人。严格执行公务员法等政策规定,通过公开考录、考察选调、竞争上岗等方式,全年充实部内工作人员10人,提拔任用干部5人,交流使用1人,上下挂职5人,使队伍力量进一步壮大,活力进一步增强,梯次格局进一步形成。稳步推进所属11个事业单位岗位设置工作。完成了全国公务员管理信息系统的更新。

举办4期不同层次的宣传干部培训班

按照省委常委、宣传部长张效廉在全省宣传

部长会议上提出的“要加强干部人才培养工作,进一步提升宣传文化人才队伍整体素质”具体要求,大规模、全方位开展培训工作。注重借用教育资源,与北京大学等多个国内著名高校联手举办培训班,力求师资力量的层次更高、选择性更强,使学员获益更多。5 月 7 日至 11 日在北京大学举办了一期县委宣传部长培训班,培训 65 人;5 月 27 日至 31 日在上海市宣传党校举办了一期全省宣传文化系统高级干部研修班, 培训 31 人;6 月 2 日至 8 日在上海市宣传系统人才交流中心复旦大学培训基地举办了一期省直宣传文化系统重要岗位干部培训班, 培训 30 人;9 月 10 日至 15 日在上海市宣传系统人才交流中心复旦大学培训基地举办了第二期县委宣传部长培训班,培训 70 人。根据不同的培训对象,精心设计和安排不同的课程,既有政治性、政策性内容,又有专业性、艺术性、前沿性内容,既有理论教学,又有现场考察。丰富的内容促进了参训干部打开工作新思路、了解行业新动态、学习做事新本领、提高从业新水平,有力地提升了宣传思想文化战线干部素质与能力。

组织开展“创先争优”活动

在全省宣传思想文化工作领域深入开展“创先争优”活动,改进评比方式与办法,10 月下发了《关于做好 2012 年度全省宣传文化系统“创先争优”活动评比材料申报工作的通知》。评比工作在保持 13 个单项的基础上, 减少了各奖项的表彰名额,确保评比质量。市地(省直)单位在进行初评后,每个市地限报 5 项、省直单位限报 3 项。11 月、12 月份根据方案要求分别组织了终评,最后经部长办公会议研究决定,“张丽莉同志先进事迹学习宣传活动” 等 10 项工作被评为“2012 年宣传思想文化工作创新奖”、哈尔滨市委宣传部等 33 个单位共获得 91 个单项工作先进,苏晓明等 30 名同志被评为 “全省优秀宣传文化干部”。

省广播电影电视局

电台构建“人本、务实、效能”的全新管理体系

2012 年,黑龙江人民广播电台围绕“四个一”战略(宣传上要发出龙广有思想的声音;品牌上要叫响一个口号:龙广力量,值得期待;产业上要打赢一场让新兴产业崛起的战役;管理上要构建一个“人本、务实、效能”的全新的管理体系),在人才队伍建设方面开展了一系列工作。

(1)形成动态考核机制

2012 年, 黑龙江人民广播电台根据工作实际,对员工岗位目标考评体系进行了重新构架,形成了动态的考核机制。新的考评体系按业务职能履行情况、荣誉获奖贡献情况、创新贡献履行情况、团队文化职责履行情况、特殊职能履行情况五大方面指标对员工岗位目标完成情况进行全方位考核,最大限度地发挥了人力资本效能。

(2)做好干部人才队伍选拔工作

按照年度招聘计划,2012 年电台组织有关专家到中国传媒大学、中国人民大学、浙江传媒学院等国内知名学府参加了毕业生供需见面会,同时到其他媒体和文化传媒公司挖掘人才。经过笔试、面试,遴选出了新闻、主持、财会、物流、广告、市场营销、电子商务、艺术设计、广播电视工程、文化产业管理等方面 50 余名优秀人才。

12 月份,组织实施了科级岗位竞聘工作,共有 76 人获得了聘任资格, 这是龙广自 2007 年综合配套改革后最大规模的一次科级岗位竞聘,为优秀人才搭建了成长平台。

(3)保质保量完成教育培训工作

2012 年, 围绕品牌建设和产业发展的目标,创新开展了全员及分类别、分层次的内训和外训,培训效果较好。

全员培训方面:每季度的读书交流活动,其中有科级副职以上干部专场和独立制作人工作室负

责人专场，对构建学习型组织和龙广读书文化氛围的养成起到了重要作用。

还邀请著名专家、学者作了《省第十一次党代会精神解读》、《十八大报告解读》、《全媒时代下广播电视的发展机遇》、《数字浪潮下的媒介接触和产品消费》等培训；组织科级以上干部观看了《苏联亡党亡国二十年祭》；开设"北大讲堂"，北大教授就宏观经济和微观管理等方面分三期授课，成为龙广员工及合作伙伴拓宽视野和思想助力的有效途径。此外，还进行了建行公务卡使用和理财方面的培训，并实现外训成果共享，由到境外参加培训人员和龙广员工交流境外培训心得。

小众化培训方面：开展了收听数据分析、金话筒作品赏析、三八节"女性魅力课堂"、大型活动创意策划、主持人外语辅导、导播规范用语、大型活动礼仪接待、普通话测试辅导、办公行文、photoshop 入门、舞蹈基本功等内容丰富多彩的小众化特色培训，满足员工的个性化需求。下半年启动了播音主持基本功辅导培训，由播音指导老师分别为各频率的记者及主持人集中授课、个别辅导，教授播音主持、现场连线的技巧和经验，深受各频率欢迎。

新员工培训是 2012 年培训工作的亮点。培训分为 4 个模块，在"文化养成"模块中，通过深入解析《员工必读》、《当前媒介发展趋势和广播面临的挑战》，学唱台歌、观看台史资料片和"光荣的 2010、2011"，接受哈尔滨国际啤酒节、全国交通广播年会、大庆湿地旅游节、"文化的力量"论坛等大型活动的洗礼，使新员工快速认知龙广、感受龙广、接纳龙广的文化与工作节奏。在"职业道德"模块中，通过观看国家广电总局《激情奉献》先进事迹报告会和龙广《杜绝虚假报道》情景剧视频，接受《新闻职业道德和马克思主义新闻观》、《加强新闻宣传管理严肃新闻工作纪律》等专题培训，使新员工明晰了新闻工作者的职业操守和价值取向。在"业务技能"模块中，通过接受品牌运作、活动策划、职业规划、采访技巧及体会、导播技巧及体会、播音技巧及语言表达、集中收听节目并请专家点评，亲自参与导播实践、动漫配音演练、手机报编排、《播》杂志编辑等业务，让新员工迅速了解龙广各项业务流程。在"效果验收"模块中，要求新员工在培训中与教师互动，在每次集中培训后举办微型论坛，交流培训心得，参加培训测试，每天写工作日记，并提交一份调研报告。夏季，组织新员工和龙广大型活动保障及礼仪团队到阿城郡王山基地进行野外拓展训练，大大激发了新员工们看淡小我、融入大我、合力攻坚、自觉奉献的龙广精神。

外派培训方面：上半年累计外派 24 人到哈工大、海南大学参加 EMBA 和 MTP 精英中层实战管理研修班，外派 118 多人次参加总局等单位举办的三项学习教育、节目策划、安全播出、新媒体广播技术等多种培训。选派优秀人才到境外传媒机构学习考察。

截至 2012 年末，黑龙江人民广播电台完成内部培训 82 次，受训人员近 8860 人次，外派培训达 215 多人次。

电视台干部队伍建设

电视台 2012 年出台了《关于进一步加强专业技术和经营人才建设的实施意见》，提出用实践造就人才，用机制激励人才，不断发现人才、培养人才、团结人才、用好人才、服务人才。

(1)落实制片人中心制。在全台处级以下人员岗位竞聘中，统一公布各节目组收视指标，制片人先定责，再竞岗，制片人对节目导向、节目影响力、节目效益负有首要责任。以制片人为中心，实行节目团队多工种融合机制。在岗位部门所属关系不变的前提下，对编辑、记者、主持人、导播、摄像、灯光、视频、音频、舞美等节目相关人员，由制片人实施一体化指挥，实行多工种分工协作制度，节目各工种的绩效收入与节目目标完成情况挂钩。

(2)打造领军和拔尖人才。一是继续实施领军和拔尖人才评选，于 2012 年 9 月启动了"观众最喜爱的主持人"暨龙视第二届"十佳"播音员主持人评选活动，考察播音员主持人业绩能力，更着眼于考察播音员主持人的社会影响力。经过初评、公示、复评程序，翟毓红、陈聪、李莉、姜多、曹深、杨伟玲、于硕、罗景昕、袁哲、梁枫被评为第二届龙视“十佳”播音员主持人，其中翟毓红为首席主持人。二是对领军、拔尖和特殊人才实施岗位统筹聘任。在2012年岗位聘任中，对台首席人员及领军人才中4名符合聘任条件者，统一聘任到一档1级台级首席岗位。依据播音员主持人年度岗位评价成绩、绩效成绩，统一进行播音员主持人岗位等级评定，再进行双向选择上岗。成绩排名靠后者转岗或培训学习后再上岗。此次聘任中，2人被建议转岗，1人要求其重点学习提高。三是赋予领军和拔尖人才更多职责，充分发挥人才的专业引领作用。在赋予首席人员和领军人才专业技术重任，承担高端创意、策划、执行等重要工作的同时，根据台内工作重心和各部门培训需求，在领军拔尖人才中聘任内部培训讲师17人，培训内容涵盖了节目采访、播音主持、整合编辑、节目摄像、活动策划与节目运营、非线性网络应用、后期制作、战略发展八大类业务体系，带动了整个专业人才队伍的成长。

(3)推进项目管理，激发人才创造力。2012年是黑龙江电视台“项目管理年”，即对全台节目、活动、技术及管理重点工作、课题、工程等推行项目制管理方式。年初根据《黑龙江电视台关于项目化管理的实施意见》，确定台级项目24个，部门级项目58个。各委员会对项目完成情况进行评估，对完成效果较好的项目给予了奖励。以项目化管理机制为依托，赋予优秀人才、团队以新的岗位职能和工作任务，一大批优秀人才成为项目负责人，各类人才的作用得以发挥、得以积累、得到培养。年末绝大部分项目已经结项。

(4)完善目标绩效考核机制。2012年，为突出各部门工作重点，实行了“关键业绩指标(KPI)考核”。频道收视指标除了过去的单一考核收视排名指标，增加了黄金时段收视率、目标收视人群指标的考核；经营指标除了过去单一考核收入指标，增加了对利润的考核。7月份根据频道收视有所下滑的情况，又重新核算“绿黄红”收视预警指标，强化了对频道目标完成情况的过程控制。在岗位聘任时，不论是制片人、科组长岗位，还是高级岗位、普通岗位，都把绩效考核成绩作为岗位聘任、岗位等级上浮的重要依据，体现业绩说话、贡献说话的原则。2012年度岗位绩效考核优秀、聘任等级上浮人数228人，占总人数的25.61%。

(5)加大人才培养力度，打造高素质人才梯队

2012年，“龙视大讲堂”推出“战略发展季”、“制片人提升季”、“新闻创新季”、“技术提升季”四大主题培训活动，基本覆盖了全台管理人员、节目制片人、新闻采编、播音员主持人、摄像师(员)、技术人员等各个工种岗位。全年邀请到了多位国内知名传媒学界专家和媒体人参与授课，包括中国传媒大学副校长胡正荣，中央电视台著名主持人敬一丹、鲁健、李瑞英以及著名形象设计师徐晶，中央电视台新闻中心经济部主任肖振生、浙江卫视《中国梦想秀》总制片人蒋敏昊、唯众传媒总裁杨晖、上海星尚传媒总经理鲍晓群等。全年举行各级培训913场次，参加培训18800人次，全台员工人均参加台内培训40.8小时。全年共派出116人外出培训，“百人派出工程”项目圆满达成。对新员工入职实行全封闭培训。通过参观、拓展训练、课堂学习，使新员工增强了对黑龙江电视台的文化认同、归属感和凝聚力。10月份组织了高清摄像技术精英班，为黑龙江电视台量身设计了课程，着重通过实践操作，迅速提升高清摄像机的使用水平。

干部队伍和人才建设使黑龙江电视台干部队伍谋发展、创新优、带队伍的能力明显增强，人才优势逐步转化为发展优势，人才建设成果带来了发展成果。

行业管理

2012年，省广电局切实加强传统媒体管理、新媒体管理和广播影视发展中的社会管理。着重对省内各播出机构业务运营进行监督管理。全年开展了电视购物节目、付费频道、高清频道、跨地区合办频

道频率和跨地区传送频道等多项专项清查工作，加强广播电视广告播出管理，强化自律，以整治虚假违法违规广告为重点，采取日常与专项监管相结合的方式，按照总局要求在全省开展“禁止电视剧插播广告专项监管月”活动。通过监测和举报，共发现、核查、处理违规广告问题29个，及时纠正存在的问题。在卫视传播秩序管理中，强化对持证机构的监管。结合《接收卫星传送境外电视节目许可证》的换发工作，部署全省系统重点加强了对宾馆、酒店、企事业台站等单位接收卫星传送境外电视节目行为的监管力度。共检查了28家原持证单位。全省共开展专项治理行动602次，出动人力3540人次，车辆771台次，查处销售点16家，收缴、扣押、拆除非法销售、安装和使用的卫星接收设施（包括卫星接收机、高频头、天线等）10406件，整治成果进一步得到巩固。实施管理创新以确保“十八大”安全播出，扎实推进直播卫星“户户通”工程，推进安全播出工作，推进广播电视数字化进程，广播电视数字化取得新进展。4月23日至5月17日，省局成立了安全播出检查组，对全省13个市（地）、农垦总局及所辖部分县（市）以及省电台、省电视台、省网络公司、904台等近200个安全播出责任单位进行检查。对发现的百余个问题和隐患，向各市（地）广电、文广新局及当地的党委宣传部一对一地下发了通报及整改通知书。同时召开全省市（地）宣传部长、文广新局局长、广播电视台长会议，通报检查结果，并签订十八大安全播出责任书。8月下旬至9月中旬，局工作人员带队，请发射机等设备生产厂家派出6名工程师，分两组对全省45个发射台进行巡回检修，帮助基层台站解决疑难技术问题30多项，有效地提高了广播电视播出质量，确保了十八大的安全播出。同时还认真开展无线广播电视频率管理工作，维护广播电视空中电波秩序。

为确保我省农村电影放映工程规范运作，实现健康可持续发展，下发了《关于印发〈2012年黑龙江省农村数字电影放映工程工作方案〉的通知》，为全省农村数字电影放映工程明确了目标和步骤；协调省发改委、省财政厅联合下发了《关于做好我省农村电影工作的意见》，明确了我省农村电影放映补贴的构成，要求各级政府将农村电影放映工程纳入公共文化服务体系建设整体规划，纳入当地经济社会发展的总体布局，确保补贴足额落实到位。2012年，全省6条农村数字电影院线公司，530套流动数字放映设备，共放映农村公益数字电影108672场，覆盖了全省9056个行政村，全面完成了2012年“一村一月一场”公益电影放映任务。落实农村电影放映补贴中央和地方配套资金1629万元，为农村电影发展提供政策保障和资金支持。电影放映场次和服务质量普遍提高，全年放映农村公益数字电影10.86万场。以县级城市数字影院建设和管理作为重点工作，确定了全省第一批数字影院建设试点，第一批县级城镇数字影院建设改造试点县，采取了鼓励民营企业投资参与县级影院建设、委托监理企业对承建单位实行工程质量监理、加强对影院建设跟踪问效力度等有效措施，同时，强化服务意识，规范审批程序，倡导依法经营，积极营造健康有序的经营环境。全省县级城镇数字影院建设稳步推进，新建影院积极性大幅提高。经过一年奋战，2012年确定的20家县级城镇数字影院全部完成建设改造任务，使我省县级影院数量达到了32家、影厅81个，全省新增坐席1万多个。

省新闻出版局

〔新闻采编队伍建设〕2012年共举办报刊出版单位主编（社长）、报刊记者站和报刊出版单位从业人员岗位培训班3期，不断提高报刊从业人员的政策素质、职业修养、法律知识和业务能力。在新闻记者证审核、发放工作中，严格审核资质，认真进行把关。2012年共审核发放报刊新闻记者证252个，广播电视新闻记者证435个，及时有效地保障了我省新闻记者的工作需求。

〔数字出版队伍培训〕积极开展数字出版培训，

组织省内 30 多家出版单位参加了 2012 年中国数字出版年会,了解国家的相关政策和数字出版最前沿的发展趋势。利用 2012 年社长沙龙活动,组织全省 13 家图书出版社考察中国移动、中国电信手机阅读基地,带领组织文艺社和哈工程社出版部同志参加中国电信学院举办的数字出版专题培训,通过培训、考察学习先进地区经验,进一步转变观念,更新出版理念,增强了传统出版单位加速发展数字出版的自觉性和主动性。

省社会科学院

干部队伍建设多效并举

2012 年, 省社会科学院进一步加强干部队伍建设,提职、培训、考察多效并举,收到良好效果。一是开展处级领导职务竞争上岗 2 次, 共提拔任命正处级领导干部 5 人,副处 2 人。二是提拔科级干部 9 人,其中正科 3 人、副科 6 人。三是先后选派 8 名干部参加学习培训,4 人参加科研骨干研修班学习。 四是选派 4 名干部参加学习交流考察活动。五是利用各类会议不断强化干部队伍的敢为意识和责任意识, 提高干部队伍的凝聚力和战斗力。

青年人才培养工作不断创新

省社会科学院将青年培养工作作为 2012 年重点工作进行安排。一是出台《省社科院青年科研骨干人才遴选和管理办法》。通过个人申报、部门推荐、资格审查、综合评估、党委讨论,确定 7 名同志为青年科研骨干人才,以三年为培养期限,每年给予资助,并制定相关考核标准。二是在全院范围内开展青年能力培养系列比赛(外语、演讲、写作)。全院 141 名 40 周岁以下青年中,共 124 人参加比赛,平均每人参加比赛项目 2 项。2012 年青年能力培养系列比赛的举办, 是省社科院建院以来规模最大,参与人员最多的一次。其形式新颖,针对性强,覆盖面广,丰富了全院青年人员的工作学习,激发了青年人员的参与热情,促进了对青年人员的综合能力培养。

省作家协会

完成新一届驻地作家的换届工作

省作协按照 “以文学创作成就为首要条件”、“以中青年作家为主”、“兼顾各地市” 三项原则,经过了大量细致而具体的前期准备工作,2012 年 7 月召开了省作协 2012—2016 年度合同制作家聘任大会,省作协党组成员、副主席王立民代表省作协与王鸿达(大庆)、王若楠(哈尔滨)、朱珊珊(哈尔滨)、全勇先(佳木斯)、刘浪(鹤岗)、孙且(省直)、何凯旋(哈尔滨)、宋成君(齐齐哈尔)、陈力娇(绥化)、徐岩(部队)、唐飙(哈尔滨)、桑克(省直)、萧笛(牡丹江)、梁帅(省直)、程琳(牡丹江)、黑鹤(大庆油田)等 16 位作家签约。这 16 位签约作家分别来自省内 10 个市地及产业作协的汉、蒙、朝鲜、满等多个民族。他们中既有专业作家、大学教师、公务员,也有现役军人、自由撰稿人等,分别是省内小说、诗歌、散文、报告文学等各个创作门类中成绩突出者,是省内目前创作成绩突出、年富力强的作家。16 位优秀中青年作家与省作协现场签约,成为省作协 2012 年至 2016 年度合同制作家。2012 年至 2016 年度合同制作家的聘任工作得到了省委宣传部的大力支持,专门划拨专项经费,保证了省作协有史以来第一次能够在聘任期间全程向作家发放定额创作补贴,极大地鼓舞了全省广大文学工作者。

与北大荒作协联合举办第四期垦区文学讲习班

2012 年 5 月 27 日, 省萧红文学院与北大荒作协联合举办了第四期垦区文学讲习班。讲习班在哈尔滨举办,省萧红文学院针对垦区作者的实际情况和需求,聘请授课老师,安排课程,并协调文学期刊编辑为学员辅导。来自垦区各条战线的业余作者,对省萧红文学院聘请的老师、安排的课程非常满意。在本届讲习班上,学员们都有不同程度的提高和收获。

举办省萧红文学院第十三届黑龙江省青年作家班

2012年10月20日,经过认真细致的筹备工作,省萧红文学院举办了第十三届黑龙江省青年作家班。作家班学员来自全省各地,经由各地市、产业作协及省内文学杂志推荐。三十三位学员皆是本省文学创作队伍的新生力量。

在省萧红文学院第十三届研修班期间,结合学员们的创作实际,省萧红文学院精心设置安排了教学内容。从国家安全形势到文学与人生的内在关联;从解读萧红的《生死场》到莫言创作特点的分析;从小说、诗歌、散文、电视剧的创作体会到阅读的重要,一堂堂精彩的授课和坦诚的座谈,让青年作家们受益匪浅、意犹未尽。省内一些著名作家、学者精心准备、独有心得的授课,让学员们视野大开,十分解渴。研修班还安排了《北方文学》、《小说林》、《章回小说》的主编、编辑与学员们互动,请著名作家担任辅导老师,一对一地辅导学员。学习期间,还组织了参观萧红故居的文学采风活动。

青年作家们深为珍惜这次学习机会,许多人表示这是一次终生难忘的经历。闭幕式上,著名作家、省作协主席迟子建,省作协党组成员、副主席王立民,副主席、萧红文学院院长李琦,省作协副主席、本届作家班辅导老师王左泓及一些著名作家、刊物主编都深情鼓励大家潜心创作,为繁荣龙江文学贡献力量。学员们纷纷表示,要不负期望,在文学旗帜的召唤下,稳步前行。

哈尔滨市

加强干部人才队伍培训工作

发挥综合协调作用,在调查研究和充分征求各相关处室意见的基础上,制订下发了《2012年度干部人才教育培训工作计划》。明确培训职责、培训范围和培训数量,首次将非物质文化遗产传承人和民营文化企业人才列入培训计划。组织完成中宣部、省委宣传部和市委宣传部、区级常委宣传部长和副局级干部的培训任务达14人次;与省委宣传部共同举办县(市)委常委、宣传部长"理论高级研修班",县(市)委常委部长对讲课内容给予高度评价,认为师资水平高、内容充满时代气息、案例针对性强、收益颇丰,省委宣传部对哈尔滨的组织工作和学员们的学习态度非常满意。

组织开展"创先争优"活动

在全省宣传思想文化战线"创先争优"评比活动中,哈尔滨市8项工作被评为先进,名列全省第一。组织区、县(市)委宣传部从本辖区乡镇、街道推荐"全省优秀宣传文化干部"的工作。组织评选表彰全市2012年度先进宣传部、单项工作先进单位、优秀宣传工作者等一系列工作。依据2012年度全市宣传工作部署,印发《哈尔滨市宣传思想文化战线"创先争优"活动考评办法》,在奖项上,将文化体制改革和文化产业发展工作正式列入单项先进单位;在参评基本条件上,理论工作、社宣工作、文艺工作、精神文明建设工作的考核标准更具有针对性和可操作性。根据工作需要,增加了对外宣传工作和网上宣传工作在新闻工作考评中的比重。对调研工作和信息工作的考核指标做了较为科学的调整;在加分标准上,根据上述情况也做了相应的调整,使加分更趋于合理。同时,进一步明确了一票否决标准。为认真落实中央和省市宣传思想文化工作部署,深入推进全市宣传思想文化工作创新发展,市委宣传部"创先争优"活动考评工作领导小组在全市51个部门和单位自荐的基础上,依据《哈尔滨市宣传思想文化战线"创先争优"活动考评办法》,进行了公平、公正、公开的综合考评。经部长办公会议研究决定,授予道里区委宣传部、依兰县委宣传部、市电业局思想政治工作部等18个“先进宣传部”，平房区委宣传部、延寿县委宣传部、市教育局党群工作部等31家56个“单项工作先进单位”和贾连琦、金海燕等77名“优秀宣传工作者”荣誉称号。

齐齐哈尔市

抓好宣传文化系统领导班子建设

深入开展学习型党组织建设活动，认真贯彻落实市委宣传部《关于开展建设学习型党组织活动的实施方案》，坚持市直宣传文化系统中心组学习制度，全年共组织集中学习4次。组织市直宣传文化系统中心组成员学习全国、全省宣传部长会议精神，听取市委讲师团副团长何莉关于解读全市经济工作会议精神的专题辅导报告，收听收看了胡锦涛同志的十八大报告，并利用网络学习城开展自主学习活动，提高了宣传文化系统各级领导干部的理论水平。认真落实各项组织生活制度，深入开展“先锋杯”最佳党日竞赛活动，教育干部党员牢固树立科学发展观和正确政绩观，不断增强大局意识、责任意识和服务意识。开展了“五倡三创”活动，在机关干部党员中大力倡导学习之风、团结之风、敬业之风、创新之风、服务之风，教育引导党员干部在“创先争优”中当先锋、做表率、建功立业，提高了党员干部服务基层、服务群众的意识。全市新闻战线深入开展“走基层、转作风、改文风”活动，进一步增强了新闻宣传的吸引力和感染力，提升了新闻宣传队伍的整体素质和正确引导舆论、服务百姓生活的能力。全市宣传文化系统各级领导班子注重加强廉政建设，班子成员带头开展廉政教育，带头执行党风廉政建设各项规定，带头填写个人重大事项报告表，筑牢了拒腐防变的思想防线。

加强宣传文化干部培训和人才培养工作

制订下发了《中共齐齐哈尔市委宣传部2012年干部培训工作计划》，对全市宣传文化系统干部培训工作进行了详细部署，提出了明确要求。采取专题培训、以会代训、实地考察等灵活多样的培训方式，积极开展干部培训工作，全年共举办各类培训班22期，培训宣传文化干部1400多人。举办了全市首届新闻发言人培训班，邀请省委宣传部网宣办领导和市委党校教授授课，对全市各县区160名新闻发言人进行培训。举办第五期企业文化建设培训班，开展企业文化建设经验交流，培训企业文化建设骨干40名。选派62名领导干部参加中宣部、中央文明办、省委宣传部、省文明办和市委党校培训班，选派137名干部参加市直各部门举办的各种培训班。认真抓好《全市宣传文化人才中长期发展规划纲要》和《全市宣传文化人才队伍建设工程实施意见》的贯彻落实，深入实施宣传文化人才队伍建设工程，全市宣传文化系统分领域组织宣传文化人才深入基层、深入群众、深入生活开展社会考察、专题调研、文艺采风等活动，有计划地组织宣传文化人才参加读书班、培训班或研讨班，有针对性地选派优秀人才到相关院校进行短期学习深造。全年共举办各类人才培训班24期，培训各类人才1800多人；组织开展各种考察、调研、采风活动19次，300多名艺术家和专业技术人才参加了活动；选送53名文化艺术人才到各省和中央高等艺术院校学习深造。市马戏团和话剧团学员班培养的优秀学员，已经成为齐市马戏艺术和话剧艺术的骨干力量，在各种大型演出、比赛中屡获大奖。圆满完成了2012年度各个系列高、中级专业技术职称申报和评审工作，共晋升高级职称108人、中级职称91人，全市宣传文化人才队伍不断发展壮大。

深入开展“创先争优”活动

根据省委宣传部关于“创先争优”活动的总体要求，把开展“创先争优”活动作为落实全省宣传思想文化工作的重要载体，积极参与全省宣传文化系统“创先争优”活动，连续十二年取得可喜成绩。同时，认真组织全市宣传文化系统开展“创先争优”活动,制定下发了《2012 年度全市宣传文化系统“创先争优”活动评比表彰实施方案》,对县区完成宣传思想文化工作各项任务实行目标考核,对市直宣传文化系统各单位强化激励,在全市宣传思想文化工作会议上,对评选出来的先进单位和个人进行表彰,调动了全市宣传文化系统各单位开展“创先争优”活动的积极性,促进了全市宣传思想文化工作各项任务的圆满完成。

牡丹江市

强化干部管理

制定出台《市委宣传部进一步规范部机关及所属事业单位进人渠道和秩序的办法》、《市委宣传部科级干部选拔任用工作实施办法》,规范和完善干部选配工作制度。注重科学统筹科级职位设置,在部领导的主导和运作下,对内深入挖掘自身资源,对外积极与有关部门沟通,使市委宣传部撤并 10 年之久的研究室终于得以恢复挂牌。

加强基层队伍建设和宣传文化人才工作

对各县(市)、区贯彻落实中央 6 部委《关于加强地方县级和城乡基层宣传文化队伍建设的若干意见》情况进行督导与调研,对全市 52 个乡镇、29 个街道、866 个行政村、190 个社区居委会宣传文化队伍建设情况进行全口径调查统计。牡丹江市选拔推荐的马桂敏、马滨分别被确定为第三批全省宣传文化系统“六个一批”新闻类和文艺类专家人才。开展宣传文化队伍建设情况调研,形成了《牡丹江市贯彻落实〈关于加强地方县级和城乡基层宣传文化队伍建设的若干意见〉的情况报告》、《关于全市宣传文化系统公务员队伍现状的调查与建议》等调研文章。

提升干部培训力度

拟订 2012 年干部培训工作计划,先后选调 9 名县(市)、区委常委宣传部长参加中宣部和省委宣传部举办的培训班,实现了轮训所有新任县委常委宣传部长的工作目标。组织市委宣传部副处级以上干部和后备干部参加领导干部在线学习。完成市委组织部、市人社局组织的各类培训班学员选调工作,全年共选调学员 14 名。通过一系列培训,提升了牡丹江市宣传文化干部整体素质。

佳木斯市

继续开展“新农村文化带头人工程”活动

市委宣传部将“新农村文化带头人工程”作为全市宣传文化系统人才队伍建设的重要内容,全面深入推广实施,全市 9 个县(市)区紧紧抓住春夏季“三下乡”和群众文化活动、秋冬季科普之冬和节日文化等契机,发挥新农村文化带头人引领作用,带领群众广泛开展文化活动,积极参加市、县、乡组织开展的群众文化会演等活动。全年共组织开展群众文化活动近万场次。“新农村文化带头人工程”活动的开展得到了省委宣传部干部处的认可和肯定。今年 6 月末,省委宣传部干部处对佳市“新农村文化带头人工程”活动进行调研,对活动的开展给予了高度评价,并将活动经验在中宣部组织的人才工作座谈会上做了介绍。佳木斯市“新农村文化带头人工程”活动经验,还被列入省部蓝皮书进行发表。

强化干部培训工作

积极落实中央、省、市培训计划要求,制订《佳木斯市 2012 年度干部教育培训工作计划》,督办责任科办室做好年度培训任务。全面完成省十二五期间第二期宣传文化干部培训班的人员选调工作,共有 7 名市县宣传部长参加在北京、上海举办的培训班;选调 2 名县区常委宣传部长参加中宣部举办的全国县委宣传部长培训班;选调 3 名处科级干部参加市委组织部举办的处科级干部培训班,通过培训,干部素质明显提高,科学决策水平进一步提升。

大庆市

加强宣传思想战线领导班子建设

按照“四化”方针和德才兼备原则,从改善领导班子结构、提高领导班子水平、增强领导班子战斗力等方面入手,全面加强宣传文化系统各级领导班子建设。选好配强宣传文化系统领导班子,把政治上清醒坚定、熟悉意识形态工作、有改革创新精神的优秀年轻干部选拔到领导岗位上来,特别是选齐配强大庆文体旅集团领导班子,推动大庆文化体制改革向纵深挺进。全年市直宣传文化系统各单位共提拔任用和交流调整领导干部20多名。加强领导班子思想政治建设,全市宣传文化系统认真贯彻落实《中共大庆市委关于进一步加强和改进党委(党组)中心组学习的实施意见》,创新学习方式,制定学习规划,丰富学习内容,严格学习制度,加强检查考核,做到学习活动经常化、制度化,着力促进领导班子思想政治建设,提高领导干部综合素质。全力提升班子领导发展的能力,在全年重大宣传思想活动中,注重发挥各级领导班子作用,在工作上压担子,使宣传思想战线的领导干部得到很好的锻炼,领导班子科学决策能力、领导发展能力和驾驭市场的能力得到提高,宣传文化战线队伍的凝聚力和战斗力进一步增强。

做好干部培训工作

制定培训规划。按照《“十二五”期间全市宣传文化系统干部培训规划》的总体部署,制定下发《2012年全市宣传干部培训计划》,对全年宣传文化干部培训工作作出安排。

开展集中培训。7月份在清华大学举办全市宣传文化系统创新领导与科学发展高级研修班,县区委宣传部副部长,部分乡镇、街道宣传干部,各企事业党委宣传部长、党办主任,市直宣传文化系统经营管理岗位领导干部、重要岗位科级干部及优秀中青年干部,共计近40家单位60多人参加。培训安排了突发事件处置与媒体关系管理、如何塑造和传播城市形象、公共危机管理典型案例分析、新形势下文化产业资源整合与开发技巧、文化集群与文化产业园区建设和我国宏观经济形势分析等课程,参观考察了798艺术区、国家博物馆,达到了更新知识、开拓视野的培训目标。

加强对基层培训指导力度。加大对县区、市直宣传文化单位宣传干部培训工作的检查和指导力度,切实提高基层宣传部门培训工作的质量和水平。大庆新闻传媒集团在北京举行播音主持人培训班、市文广新局举办全市乡村文化站负责人培训班,都取得良好效果。

圆满完成干部培训选调工作。按照省委宣传部和市委组织部培训选调要求,1人参加中宣部举办的新任县委宣传部长培训班,1人参加全省宣传文化系统高级干部研修班,2人参加全省宣传干部培训班,10人参加市委组织部安排的新任处级干部培训班、中直机关党校“管理创新与执行力”专题培训班,高标准高质量地完成了上级部门下达的培训任务。

加快宣传文化人才引进培养

一是实施“六个一批”文化人才培养计划。努力造就一批文化名家名人、一批各专业领域的领军人才、一批懂文化闯市场的文化“商人”、一批应用型基层文化辅导员和乡土文化能人,构建起一支适应时代要求、善于创新创业的规模宏大的文化人才大军。二是积极引进外埠人才。借助市人才办“进百家名校揽千名英才计划”,积极引进名校毕业生,加上组织专场招聘会、公开选调、竞聘等途径,积极引进人才,全系统共引进优秀毕业生和专门人才150人,增强了宣传文化队伍力量。三是全面启动“文化精英人才培养项目”。加强在职培训和挂职锻炼力度,促进文化人才成长。新闻传媒集团选送30名播音员主持人和电视编导到中国传媒大学培训,选送64名宣传骨干到中国人民大学培训,选送49人到中央电视台、《人民日报》、湖南卫视等媒体挂职学习；文体旅集团选送4名中层干部赴复旦大学、中国传媒大学、清华大学学习，文广新局选送5名文化骨干赴中国人民大学等高校深造。

开展宣传文化系统“创先争优”活动

一是组织开展2011年度“创先争优”评比表彰活动。认真落实省委宣传部部署的各项工作任务，组织“创先争优”评选申报工作，在2011年度全省宣传文化系统“创先争优”活动评比中，文化体制改革工作被评为重大成果奖，获12个单项工作先进单位奖，2名同志被评为全省优秀宣传文化干部。制订《2011年度全市宣传文化系统“创先争优”活动评比表彰实施方案》，组织全市宣传文化系统“创先争优”活动考评和优秀宣传干部评选工作，在2012年初召开的全市宣传思想工作会议上，对宣传思想工作先进单位、宣传思想品牌工作及优秀宣传工作者进行了表彰。二是认真做好2012年度“创先争优”筹备工作。制定下发《2012年度全市宣传文化系统“创先争优”活动评比表彰实施方案》，对全市宣传文化系统“创先争优”活动评比内容、奖项设立作进一步修改完善，考评采取评委打分、满意度调查等形式，增强考评的科学性、公正性。同时，将年终考核结果及时向市委组织部和各单位党委反馈，把目标考核与干部评价、任用结合起来，充分调动宣传干部做好本职工作的积极性，促进全市宣传思想工作取得新成就。

鸡西市

探索多种干部培训方式加强队伍建设

着眼于培养属于自己的人才队伍，采取短期培训、借鉴学习与长期培训相结合的方式，培养高层次专业宣传文化人才。一是组织短期远程培训。举办宣传干部教育远程培训，邀请国家和省、市专家、学者就当前宣传思想文化工作的重点、难点、热点问题，对全市1300余名宣传文化干部(含乡镇、街道、社区、村宣传文化干部)进行10个课时的培训，整个培训辐射大、覆盖广、收效快、反响好，实现横向到边，纵向到底全员培训。全年举办新闻发言人培训班、县(市)区宣传部长和文明办主任培训班、理论骨干培训班、农村和社区文艺骨干培训班、乡镇宣传委员培训班等业务短训100场次，参培人数达2000人(次)，参培率达98.5%。二是举办高端论坛借鉴式学习。举行“2012中国·鸡西兴凯湖绿色发展研讨会”、“唱响大湖文明——首届中国鸡西兴凯湖肃慎民间文化论坛”等国际高端文化论坛，云集各领域国内外百位专家学者做客鸡西进行学术交流，并与鸡西学者进行互动访谈，足不出户就能现场体验最前沿领域知识和信息，全面提升鸡西宣传文化人才整体水平。三是组织网络在线学习。与市委组织部、市委党校合作，开通了鸡西党员干部学习教育网，要求广大党员干部每天上网学习不少于半小时，每半年进行一次网上考试，并将学分与干部评优提拔使用挂钩，完成从“要我学”到“我要学”的转变，全面提升政策理论水平。四是组织订单式学习。依托市委党校培养理论人才，联合鸡西大学受教培养专业文化人才，每年通过鸡西艺校选拔培养少年专业学生，储备建立初级文化人才库。同时，坚持外出考察学习。组织市、县(市)区级宣传部长到社区、乡镇宣传员三级宣传文化工作者，先后参加广东深圳、山东曲阜等省内外各种考察活动110余人次，开阔了视野，增长了见识，推进了工作。

双鸭山市

深入开展宣传思想文化人才队伍建设

双鸭山市以健全宣传思想文化人才库为抓手，围绕“文化名家”重点人才培养项目，深入开展宣传思想文化人才队伍建设工作。一是建立健全全市宣传思想文化人才库。通过对全市宣传干部进行认真细致的摸底，对全市宣传文化系统383名具有中级以上职称人员建档立案。完善人才培养机制，对近年来宣传文化系统专业人才流失情况进行调研，出台人才引进优惠政策，实行首席记者、首席编辑、首席主持人制度，组织竞赛与评选活动，选拔出各领域的拔尖人才和领军人物。二是开展全市“文化名家”评选活动。“文化名家”评选工作得到社会各界广泛响应，报名人数达162人，从中产生候选者20人，通过媒体面向社会征集选票6265张。评选办公室根据投票结果和各位候选人业绩、成果和各部门意见，确定了拟命名“文化名家”人选14人，并通过媒体向社会公示。9月14日，举办了专场文艺晚会，对双鸭山市首届“文化名家”获得者进行颁奖表彰。

伊春市

紧紧围绕全市宣传思想工作任务培养干部

建立激励机制，结合单位实际，制定了《干部交流轮岗制度》和“特殊贡献、敬业、创新”奖励制度，调动和提高了机关干部工作的积极性和主动性。对部机关及文明办进行了干部交流轮岗，共有14个科室、16人进行了调整。

注重人才培养工作，选派21名领导干部参加了中央和省宣举办的宣传部长培训班，其中参加中宣部培训班2期3人，参加省宣培训班2期18人。制定下发了宣传干部双向挂职锻炼工作方案，实施宣传干部挂职锻炼，县(市)、区(局)共推荐挂职人选10人，乌马河区、乌伊岭区2人到部内挂职。举办全市宣传干部学习贯彻党的十八大精神专题培训班，组织各县市区局宣传部长、副部长和院校、市直各党委宣传部长以及全体机关干部共100人集中学习十八大精神。邀请市委党校老师进行了三个专题的讲座，解读党的十八大报告精神，讲解了大力推进社会主义强国建设和加强生态文明建设。下发了《关于在全市开展优秀文艺人才评选活动的通知》，按照个人申报、单位推荐、组织考核、评委会讨论、公示等程序，授予李树林、李勉、张吉庆、张明哲、张殿清、周晓林、金东哲、倪玉凤、高云霞、葛再红10名同志优秀文艺人才荣誉称号，并进行表彰奖励。

规范人事管理工作和严格职称评审工作。严格按照规定，收集调整人员信息，积极做好服务工作。认真做好2012年度企业政工职称评审工作，重新调整市政工专业职务评定工作领导小组和评审委员会的组成人员。组织了政工人员岗位培训考试和英语考试，共安排18个考场664人参加考试。根据各地各单位推荐的644名考试合格申报人员，严格执行政策条件，进行初步审核，其中向省推荐申报教授级、高级人员185人，经省批准161人，向市级评审委员会推荐申报中级人员164人、初级人员219人，经评审具备中级任职资格163人，具备初级任职资格193人。

鹤岗市

加强领导班子建设

按照德才兼备、以德为先的用人标准，向市委推荐了市委宣传部、市精神文明办、市社联班子人选，5名经验足、能力强、作风正、业务精的宣传干部走上了重要领导岗位。加强了领导班子思想政治建设，完善了中心组学习制度、领导班子谈心制度、领导班子议事规则等制度。按照省、市“十二五”培训规划要求，选派10名领导干部参加了中国浦东干部学院城市文化建设与发展专题研究班、全省宣传文化系统高级干部研修班、县委宣传部长培训班，拓宽了干部知识结构，提高了工作能力。

加强干部队伍建设

按照《关于加强重要岗位干部管理工作的意见》要求，在市委宣传部机关推行竞争上岗、差额选任等办法，先后有6名科级干部走上中层领导岗位。根据干部调整变化情况，对全市宣传文化系统911名干部基本情况进行了统计，形成了《全市宣传文化系统编制机构和干部队伍情况统计表》，建立了档案，实现了动态管理。组织开展了年轻干部挂职锻炼活动，通过基层推荐、组织考核、会议研究等程序，选调了一批干部到市委宣传部机关挂职锻炼，开阔了视野，提升了能力。

加强了人才队伍建设

开展调查研究，摸清了鹤岗市宣传文化领域体制外人才基本情况。制定下发了《关于加强县（区）级和城乡基层宣传文化队伍建设的实施意见》，为增强基层宣传文化队伍的创造力、凝聚力和战斗力奠定良好基础。充实调整了鹤岗市宣传文化人才信息库，对具有中高级专业技术职务的理论、新闻、文艺、经营管理和技术等方面人才500余人的信息进行了维护。完善了人才考核制度，定期对拔尖人才进行考核，做到岗位实绩与个人报酬、提职挂钩，对不能胜任宣传文化工作岗位的及时进行调整。

黑河市

加强领导班子和干部队伍建设

按照德才兼备、以德为先的用人标准，选好配强全市宣传思想文化系统各单位领导班子。积极推进学习型领导班子建设，努力打造学习型、创新型、发展型、廉洁型领导班子。加强对重要岗位干部的管理工作，对宣传部机关及宣传文化系统各单位14名科级干部进行岗位调整和试用期考核。完成了公务员登记备案工作。在报社、文化、广电系统确定4名具有正高级称职的同志为市委联系知识分子对象。完成省委宣传部安排部署的新任县(市)区常委宣传部长人事统计、少数民族干部、非党干部数据统计工作。对全市宣传系统“创先争优”活动单项工作先进单位进行了表彰。完成市直党政机关工作目标责任制绩效考核工作，市委宣传部被评定为优秀档次。完成省对市地宣传思想文化工作主要责任指标的汇总上报工作及对各县(市)区宣传思想文化工作主要责任指标的考核工作。做好编办核查工作，及时在人事编制部门电子编制平台上对市委宣传部干部信息数据库进行了调整和补充。完成全国公务员管理信息系统的建立、采集、管理和维护工作。

调研基层宣传文化队伍现状

为全市文化大繁荣大发展提供人才保障和智力支持，落实全市宣传文化人才队伍建设工程实施意见，开展了县级和城乡基层宣传文化队伍建设情况调研，发放填写县(市、区)委宣传部领导班子情况调查表、县(市、区)委宣传部内设情况调查表、县级和城乡基层宣传文化队伍调查表，完成了宣传部联系管理的理论、新闻、出版、文化系统人数分析统计和宣传思想文化干部培训需求调查问卷工作，充分征求和听取基层对县级和城乡基层宣传文化队伍建设情况的意见和建议，分析县级和城乡基层宣传文化队伍建设基本情况，总结加强基层宣传文化队伍建设的主要做法和基本经验，提出了进一步加强城乡基层宣传文化队伍建设的意见和建议。

加强宣传文化系统干部培训工作

市级常委宣传部长参加了中宣部培训，7名县(市、区)常委宣传部长参加了省委宣传部组织的培训班。继续抓好全国宣传文化系统“四个一批”人才培养工程和全省“六个一批”人才培养工程，向省推荐了理论、新闻、文艺、出版、经营管理、技术等六个专门类别人才。采取岗位练兵、业务培训等形式，培养能够掌握现代传媒技术和懂经营会管理的复合人才，使宣传文化系统人才梯队建设走向科学化、规范化轨道。黑河日报社、市广电局、市文化局、市文管会等宣传文化系统通过不同形式组织了本单位干部职工参加各类培训，增强了业务工作水平，取得了显著效果。

绥化市

组织开展“十二五”期间第二期宣传干部培训活动

为进一步加强绥化市宣传文化系统干部队伍建设，提高推动宣传文化创新发展的能力，按照《2011—2015 年全省宣传文化系统干部教育培训规划》要求，2012 年 5 月中旬，绥化市委宣传部在清华大学举办了“十二五”期间第二期全市宣传干部培训班。培训历时一周，全市宣传文化战线领导干部和基层业务骨干共计 65 人参加。培训期间，全市宣传文化系统领导干部先后听取了中国第一位持证演说家、清华大学继续教育学院签约主讲李真顺讲解的领导者语言表达艺术；清华大学公共关系与战略传播研究所学术总监、城市形象与品牌传播研究室主任、国家文化产业研究中心国际部主任范红讲解的城市品牌形象塑造与传播；清华大学经济管理学院教授、博士生导师刘玲玲讲解的宏观经济形势分析；国际紧急救援专家、清华大学公共政策研究所危机管理课题组客座研究员崔和平讲解的公共危机管理典型案例分析；清华大学公共外交研究室主任、中央电视台特约评论员周庆安讲解的政府舆情评估与形象管理；中央电视台资深记者、央视国家网站主持人栾帆讲解的危机管理与媒体应对等内容，并参观考察了国家博物馆、国家大剧院、水立方等文化场馆，面对面地学习和感受北京文化建设的创新历程，与改革发展前沿的同人进行了直接对话和交流。通过学习、交流和思考，进一步提升了宣传干部业务素质和创新发展能力。

大兴安岭地区

加强宣传文化人才队伍建设

制定下发《2012 年全区人才工作宣传方案》，对人才宣传工作作出安排部署，在媒体上宣传报道各类人才 30 余人次。向地区人才办推荐优秀文化人才 3 人。在 2011 年申报的省级“六个一批”人才中，全区有 1 人被评为“六个一批”新闻专家人才，这是本区首个被评为省级“六个一批”的专家人才。年初在宣传部长工作会议上，对全区十佳宣传文化干部进行表彰奖励。

扎实推进目标责任制工作

制定印发《大兴安岭地委宣传部 2012 年度目标责任制考核实施方案》，按照突出重点、注重实绩、量化考核的原则，在职能工作和重点工作等指标设定上，注重同比、环比、首创情况，按工作业绩进行考核评价，既注重工作完成数量，更注重工作质量。对考核内容进行量化分解，按季度汇总各项考核结果，并及时上报、公示。2012 年大兴安岭地委宣传部被评为目标责任制工作优秀单位。在全省 2012 年度市(地)目标考核工作中，大兴安岭地区宣传思想文化工作成绩斐然。其中，文化产业增加值增长速度为 13.1%；文化产业增加值占 GDP 比重为 1.15%；公共文化服务体系建设达标率中，公共文化设施服务达标率为 96%，广播影视服务达标率为 99.4%，农家书屋建设达标率为 100%；精神文明建设工作达标率中，创建“三优”文明城市达标率为 97%，未成年人思想道德建设和志愿服务工作达标率为 96%。

省农垦总局

深入开展“创先争优”活动

为推进落实“抓城、强工、带农”统筹发展方针，践行北大荒核心价值观，推动垦区经济社会跨越发展提供强有力的思想保障、精神动力、舆论支持和文化条件，总局党委宣传部在全垦区开展了“创先争优”活动，下发了《垦区宣传系统 2012 年“创先争优”活动评比表彰实施方案》，健全完善了考评细则，设置综合奖、单项奖和先进个人奖，考评采用百分制，分4个大项、19个子项目，确保考评标准的公平性、针对性和可操作性。同时明确了加减分的依据和标准，试行了一票否决制度。通过自荐、分组筛选、综合评定等，评选表彰了红兴隆管理局党委宣传部等30个先进集体，宝泉岭管理局党委宣传部等4个重点工作突出贡献单位、宝泉岭管理局党委宣传部等20个专项工作先进单位和李延平等50位垦区优秀宣传干部，进一步充分调动了宣传干部工作的积极性、主动性和创新性。

加强宣传干部队伍建设

充分发挥讲师团的优势，以理论骨干培训班为载体，以理论宣讲和集中培训为基本形式，切实提高基层党员干部的理论水平和业务能力。总局、管理局分别组织了理论水平高、宣讲能力强的理论骨干80多人组成宣讲团20个，宣讲300余场次，听课人数达7万余人次，得到了广大基层党员干部的好评。同时，还积极利用基层党校、党员教育活动日、“冬学冬训”、理论知识网上测试、主题演讲比赛等活动，宣讲党的理论创新成果等500多场，近万人参加了活动。充分发挥新闻媒体的舆论作用，扩大宣传覆盖面。充分发挥《北大荒日报》、《北大荒文化》、《农场经济管理》、农垦电视台以及各单位网站等新媒体的作用，开辟专栏专题，利用重点版面、黄金时段，多层次、多角度、全方位地进行理论宣传。利用多种形式广泛开展理论宣传活动，垦区各级宣传部门组织基层单位采取学习会、报告会、座谈会、演讲会、知识竞赛、板报墙报、文艺演出和“三下乡”等多种形式开展理论宣传。2012年，全垦区开展学习会500余次、座谈会1200多场、研讨会30多场、报告会50余场。垦区各基层党校发挥阵地作用，共举办培训班400多期，培训基层党员干部5万多人次。充分利用网络、手机等新型媒体开展理论宣传，利用QQ群、微博、微信等即时性和交互性创新理论宣传形式。开辟专栏超过15个，刊发理论宣传稿件500余篇，宣传典型50个，点击量近60万次，取得了良好的效果。加大培养理论骨干和宣讲队伍建设的力度，坚持把加强理论骨干的培训作为党员干部培训教育的重点，使之常态化、制度化，完善层层选拔理论骨干、层层培训理论骨干的工作机制。

哈尔滨铁路局

全面规范宣传思想文化工作基础管理制度

制定了《全局宣传思想文化工作量化考核办法》，进一步加强对基层单位的工作动态跟踪、检查督办、量化考核、定期通报，修订完善后的制度共计22项、工作流程10项。加强对各单位宣传阵地的检查指导，组织开展基层宣传阵地专项检查7次，组织开展了“最佳段报段刊”评选活动，全面提升各单位的自办报刊质量，切实发挥好段报段刊、宣传栏、班组园地、食堂电视、办公网等阵地作用。全面加强宣传队伍建设。在宣传干部中组织开展以学理论、学业务、比技能、比贡献为主要内容的“双学双比”活动，举办了宣传干部、网络信息员、通讯员、文学艺术创作骨干培训班，邀请专家授课提高综合素质，有效提升宣传干部的业务能力；实行路局、机关及局属各单位三级新闻发布与管理制度，组建了125人的新闻发言人队伍。

省委高校工委

举办黑龙江高校研究生思想政治理论课教师培训班

6月12—13日，省委高校工委和省教育厅在黑龙江大学举办全省高校研究生思想政治理论课任课教师全员培训班。

本次培训旨在学习贯彻《中共中央宣传部 教育部关于高等学校研究生思想政治理论课课程设置调整的意见》，深刻理解研究生思想政治理论课的课程定位和主要任务，正确把握教学大纲的框架体系、编写思路、编写原则和主要内容,深入明确教学目的和教学要求,进一步提高全省高校研究生思想政治理论课的理论水平、业务能力和综合素质,为切实保障开课质量奠定坚实的基础。本次培训邀请了陈凡、王宏波等国内思想政治理论课教学研究方面的知名专家就中国马克思主义与当代、中国特色社会主义理论与实践研究、马克思恩格斯列宁经典著作选读、自然辩证法概论以及马克思主义与社会科学方法论五门课程进行授课培训。共有来自全省20所高校的143名教师参加培训。

在培训班开班仪式上,省教育厅副督学丁哲学介绍了近年来我省高校的教师队伍建设及培训总体情况,并希望全体参训教师通过本次培训,能够将马克思主义理论研究的最新成果引入课堂,进入教学中;能够引进讨论式、研究式、启发式、探究式等教学方法;改进思政课教学的过程与主要环节,把社会实践引入课堂。

省委高校工委宣传部部长、省教育厅思想政治教育处处长裘杰传达了教育部对于高等学校研究生思想政治理论课课程设置及教学大纲使用等提出的意见和要求,强调了研究生思政教育在高等教育人才培养过程中的重要性,并希望全体思政课教师树立政治意识、人本意识、师德意识,共同努力,深入思考,积极探索,努力推进龙江高校研究生思政课教学取得更好成绩。

2012年暑期全省高校宣传思想工作者和思想政治理论课骨干教师研修班

为提高全省高校宣传思想工作者和思想政治理论课教师素质,开阔视野,拓宽思路,丰富素材,增强本领,更好地做好本职工作,省委高校工委、省教育厅于2012年8月9—18日举办2012年暑期全省高校宣传思想工作者和思想政治理论课骨干教师研修班。

邀请了黑龙江省政府科学技术顾问委员会主任陈永昌作黑龙江省经济社会发展专题辅导;邀请了原黑龙江省军区副司令员金恩祥作当代世界新军事变革专题辅导;邀请了黑龙江省委高校工委副书记、省教育厅党组成员李东明作高校思想政治理论课教师队伍建设专题辅导;邀请了哈尔滨工程大学党委副书记魏潾作中国的周边及海洋形势专题辅导;邀请了青海省委党校马明忠教授作民族宗教问题专题辅导。组织70余人赴宁夏、青海进行了学习考察。

通过举办此次研修班,切实提高了培训学员的政治和业务素质,增强了宣传思想工作的针对性和实效性,进一步打造了政治坚定、业务精湛、作风过硬的优秀宣传思想工作队伍。

2011年度黑龙江省高校辅导员年度人物评选活动

为深入贯彻中央16号文件,认真落实《普通高等学校辅导员队伍建设规定》及《黑龙江省普通高等学校辅导员队伍建设实施办法》要求,进一步加强高校辅导员队伍建设,省委高校工委、省教育厅举办了2011年黑龙江省高校辅导员年度人物评选活动,同时组织参加2011年全国高校辅导员年度人物评选活动。在全国高校辅导员年度人物评选中,黑龙江省高校1人获得年度人物奖、1人获得提名奖、5人获得入围奖,为历年来取得的最好成绩。通过评选,不仅促进了全省高校辅导员队伍建设,更好地调动和激励了高校辅导员工作的积极性和创造性,也对在广大辅导员队伍中营造“创先争优、追求卓越”的良好氛围起到了积极的作用。

重大活动

Zhongda Huodong

重大活动

成功举办第五届“黑龙江之冬”国际文化艺术节

此项活动由省委宣传部牵头，省直十多家宣传文化部门联合主办，是黑龙江省近年打造的专业艺术与群众文化有机结合的品牌艺术盛会，每两年举办一届。2012年1月4日晚，第五届“黑龙江之冬”国际文化艺术节开幕式在哈尔滨国际会展中心环球剧场举行，副省长程幼东致开幕词。省人大常委会副主任陈述涛、省政协副主席陶夏新等领导出席。在为期2个月的艺术节期间，组委会精心策划、有力协调，各承办单位积极筹备、通力合作，各类文化艺术活动热烈展开、精彩纷呈，仅在哈尔滨市就举办各类文艺演出、艺术展览、电影节会、文化论坛二十多场，各类群众文化活动近百场，各市地也结合各自特点，组织举办了各类文化艺术活动。据统计，本届艺术节累计为全省基层群众送文艺演出达1700余场，观众近32万人；送电影5500多场，观众近100万人；送图书150多万册；送培训辅导1000余次，辅导文艺骨干近2万人次；开展“龙江百姓文化季”读书活动800余场，惠及群众100万人。2012年3月9日，魅力新疆摄影艺术作品展为本届艺术节画上圆满句号。

“火热时代 多彩龙江”——2012黑龙江省文艺家深入生活采风创作活动

此项活动由省委宣传部、省文化厅、省广播电影电视局、省新闻出版局、省文联、省作协、省画院共同主办，于2012年7—9月在全省展开。7月5日吉炳轩书记召开了“火热时代 多彩龙江”——2012·黑龙江省文艺家深入生活采风创作活动座谈会并作了重要讲话，对文艺家深入基层采风活动寄予了深切期望。

7月10日，省直文艺家采风团出发式在哈尔滨举行。3支采风队伍，深入以“八大经济区”为重点的全省经济社会建设一线，开展实地考察、现场采访、座谈讨论、交流笔会等活动。三路省直采风队伍历经9天，行程1万多公里，跨越12个市地和农垦、森工、交通三大系统，途经哈大、大齐、哈黑、哈牡等数条高速公路，参观考察了农场、林场、工厂、矿山、油田以及公路建设、小城镇建设、旅游经济开发与生态建设等一线站（点）近百处，开展现场采访、座谈讨论、交流笔会等活动30余次。

各市地、系统采风团也按照统一部署，圆满完成采风创作任务。其中，哈尔滨市组织20名艺术家深入依兰、方正、尚志、五常等地，进工厂、看项目、访乡村、观展馆，深切感受哈尔滨市县域经济、文化、民生、城镇面貌的发展变化。齐齐哈尔市组织40余位艺术家深入新能源汽车厂、齐二机床等12家全市重点项目单位进行采风。牡丹江市组织文艺家分4条线路采风6次，创作作品300余件，举办各类书画美术摄影展8场。大庆市将采风活动与“送文化下基层”相结合，组织作家艺术家深入到乡镇、社区、村屯及项目建设现场，开展文艺演出等活动20余次，创作优秀文艺作品百余件。

此次采风引起强烈的社会反响，得到各级媒体的广泛关注，采风期间《人民日报》、《光明日报》、《黑龙江日报》以及各地媒体和文艺期刊陆续刊（播）发了活动综述、部分采风作品。省直及各市地新闻媒体以多种形式陆续播发了采风团在各地的活动消息和花絮。黑龙江电视台《艺术龙江》栏目录制了两期采风艺术家访谈节目。

据初步统计，全省文艺工作者围绕本次活动新创作的文学、美术、书法、摄影、歌曲等作品共3000余件。经对创作的作品认真组织申报评比，共评选出获奖作品235件，结集出版了采风创作文学作品集、歌曲集、书画集，并举办了“火热时代 多彩龙江”——2012·黑龙江省文艺家深入生活采风创作活动美术、书法、摄影作品展，省委常委、宣传部长张效廉出席开幕式并做了重要讲话，展览期间共展出作品210件，观众达3万余人，中央和省内新闻媒体对活动进行了重点宣传报道。

2012年黑龙江省“城市之光”和“金色田野”群众文化系列活动

6月28日晚，由省委宣传部、省文化厅、牡丹江市委、市政府主办的2012年黑龙江省城市之光和金色田野群众文化系列活动在牡丹江宁安市正式启动。启动仪式后举行了“龙腾盛世大地飞歌”文艺晚会，来自基层党政机关、企事业、学校、农村及社区的优秀群众文艺骨干献上的独具特色的歌舞盛宴，将晚会不断推向高潮。

“城市之光”和“金色田野”群众文化系列活动是黑龙江省著名群众文化活动品牌。活动自2000年开展以来，始终坚持导向性、示范性、带动性和可持续性的方针，成为享誉全国的高水平、大规模、综合性群众文化艺术盛会。2012年黑龙江省“城市之光”和“金色田野”群众文化系列活动于5—10月份在全省13个市地及农垦、森工、哈铁、大庆油田等系统同时开展。各地、各部门以“城市之光”和“金色田野”等系列群众文化活动为载体，在广场、社区、军营、企业、校园、乡镇和农村文化大院，组织广大工人、农民、军人、学生、机关干部以迎庆“十八大”胜利召开为主题，开展群众性文艺演出、诗歌朗诵、秧歌汇演、创作笔会、电影放映、故事会及美术、书法、摄影、民间工艺展览等丰富多彩的系列文化活动。活动包括各级宣传、文化部门统一组织的不同规模、层次的集中活动和各类群众自办文化活动。

项目化推进落实文化建设“八大工程”

2012年，是我省实施文化建设“八大工程”第一年，为推进文化建设“八大工程”顺利实施，省委宣传部采取“工程化实施、项目化推进，层层分解落实到人”的工作推进方式，取得显著效果。具体工作步骤是：

1.将文化建设“八大工程”责任分解，由省委宣传部起草，以省委、省政府两办名义印发了《中共黑龙江省委关于贯彻落实中央关于深化文化体制改革推动社会主义文化大繁荣大发展若干重大问题的决定的实施意见》责任分解方案(黑办发〔2012〕7号)，将工作任务分解到省直50余家单位。

2.在全省宣传部长会议上，张效廉与省直有关单位及部领导签订推进文化建设“八大工程”责任状，以此方式将“八大工程”任务在省直宣传文化系统内部进行了责任初次分解。

3.各单位负责人及省委宣传部部领导，将责任状任务继续分解，落实到责任处室、具体责任人，并制定工作推进时间节点，印发《2012年度推进文化建设“八大工程”工作项目分解表》。

4.在年中的全省宣传部长座谈会、年底全省文化建设情况通报中，让各单位及时报告有关项目进展情况，以此督办项目推进落实。

5.年底通过工作报告、提供佐证材料等方式形成《全省推进文化建设“八大工程”责任状项目完成情况报告》。

通过这一系列督办方式，全省文化建设“八大工程”顺利推进，年终所有项目完成率达96.4%，排除客观因素，基本上全面实现了年初的预定目标。

组织参加第八届深圳文博会

由国家文化部、商务部、广播电影电视总局、新闻出版总署、中国国际贸易促进会、广东省人民政府、深圳市人民政府共同举办的第八届中国(深圳)国际文化产业博览会于5月18日至21日在深圳成功举办。黑龙江省由省委常委、宣传部长张效廉为团长，省人民政府副秘书长王国才为副团长，省委宣传部、省商务厅、省科技厅、省直宣传文化系统重点部门、市(地)委宣传部、有关县区领导，省重点园区(基地)、文化企业集团负责人，重点项目签约人等500余人组成的代表团，赴文博会参观学习、招商推介。黑龙江省文化产业展区位于深圳文博会文化产业综合馆，占地400余平方米，以“加快文化融合，推动跨越发展”为主题，以重点企业集团、重要基地园区、重大产业项目为主要内容，坚持以商带展，以展促商，凸显文化+科技、文化+旅游、文化+交易鲜明特色，重点展示黑龙江省具有代表性的10大产业集团、10大产业基地(园区)、10大文化旅游名镇、20大产业项目和30名大师级产品，全景展示文化产业发展成果、市场潜力和发展优势。同时，启动了中俄文化旅游节宣传推介活动暨俄罗斯油画展。各个参展企业和单位展台前人头攒动，前来参观、寻求合作的客商络绎不绝。国内外20余家主流媒体对展区进行了专题报道，在19日上午举办的黑龙江省文化产业重点项目招商推介会上，10个项目现场推介，30个项目当场签约，投融资总额达155亿元。

举办第二十三届“哈洽会”文化产业展

6月15日至19日，在哈尔滨国际会展中心成功举办了第二十三届哈洽会文化产业展。1500多平方米展区，200多家文化单位参加，1000多种文化精品参展。本届哈洽会文化产业展以“文化振兴龙江、旅游助推发展”为主题，按照党委政府主导、专业公司运作、文化企业参与的模式，全面展示黑龙江省文化建设成果。

16日上午，在文化产业展区举办黑龙江省文化产业重点项目签约仪式，省委宣传部副部长赵德信主持签约仪式，省人大常委会副主任陈述涛、省政协副主席洪元舒、省政府副秘书长王大伟、省委宣传部常务副部长李寅奎等省、市领导和部门领导出席签约仪式。现场对24个省重点文化项目进行签约，签约额达112亿元。

16日下午，在哈尔滨国际会展中心新闻发布厅举办文化产业新闻发布会，省委宣传部副部长赵德信就本届哈洽会黑龙江省文化产业展区参展、布展情况，以及近年来黑龙江省文化建设进展等内容进行主旨发布。本届哈洽会文化产业展中的展览展示活动、招商洽谈活动和宣传展演活动，具有彰显实用性与艺术性相统一、彰显文化与旅游相融合、彰显文化与科技相联姻、彰显文化与交易相促进四大特点。

举办第七届
中国龙江国际文化艺术产业博览会

第七届中国龙江国际文化艺术产业博览会于2012年8月22日至26日，在哈尔滨国际会展体育中心成功举办。本届龙江文博会由中国工艺美术协会和中共黑龙江省委宣传部共同主办。

本届文博会坚持专业化、规模化、市场化、国际化方向，以“艺术美化生活、文化创造财富”为主题，以展览推介、招商洽谈、创意作品评比等为载体，按照党委政府主导、专业公司运作、文化企业参与的模式，全面展示龙江文化创意、文化旅游、文化科技等特色产品，重点展示国内外知名书画作品及工艺精品，带动龙江文化艺术产业的繁荣发展。

本届文博会开设工艺美术书画馆、省内综合文化艺术馆、精品油画馆三个专项展馆，开展了企业产品展示活动、黑龙江旅游商品(纪念品)展示设计大赛、2012“金凤凰·龙江赛区”创新产品设计大奖赛、参展企业洽谈招商四项活动。本届文博会呈现四个突出特点。

一是规模大。本届文博会布展总面积达4.8万平方米，国际标准展位1400多个，参展单位1000多家，参展产品35000多件，参展企业1000家。其规模为历届文博会之首。

二是形式活。本届文博会充分体现展示、表演、观赏、洽谈等形式的多样性。除前面提到的四大主题活动外，还将组织现场演出近20场，集中展示黑龙江省独具特色的俄罗斯风情、北大荒文化、赫哲等少数民族文化、冰雪文化等。

三是融合性。本届文博会通过文化旅游资源、文化旅游名镇、文化旅游休闲园区、文化旅游艺术品等展示,新媒体、高科技文化产品等展示互动,充分体现文化与旅游、文化与科技等整合发展。

四是国际化。本届文博会较之此前各届的国际化程度有大幅度提升。有俄罗斯、法国、德国、比利时、印度、泰国、朝鲜、蒙古等国家和中国台湾等地区组团参展参会,总体数量占参展总体数量的20%以上。

本届展会参会参展人员达到18万人次，较上届增加6万人;成交额3026万元,较上届增加1300万元;订单2322万元,较上届增加800万元,意向成交额3000万元,较上届增加1800万元。共有来自美国、俄罗斯、澳大利亚、法国、韩国、朝鲜、比利时、老挝、缅甸等10多个国家的参展商参展。

开展“热爱人民军队,共筑钢铁长城”主题宣传教育活动

今年是中国人民解放军建军85周年。根据国家国防教育办公室有关要求,省委宣传部与省军区政治部联合下发了《关于开展“热爱人民军队,共筑钢铁长城”主题宣传教育活动的通知》。活动从4月开始到10月底结束。分动员部署、宣传教育、教育总结三个阶段进行组织实施。全省各地紧密结合实际,充分利用红色资源,广泛开展了丰富多彩、生动活泼的主题宣传教育活动。进一步激发了广大干部群众关心支持国防建设、热爱人民军队的政治热情。

组织开展第12个全民国防教育日活动

省委宣传部和省军区政治部下发了《关于认真组织2012年国防教育日活动的通知》,要求全省各地以“迎庆十八大,军民话国防”为主题,以四项活动(组织开展“看祖国发展,赞美辉煌成就,展美好未来”宣传活动;举办一次国家安全形势报告会;结合建军85周年,开展拥军爱民活动;组织一次广场宣传或文艺演出等群众性活动)为载体,扎实开展好第12个全民国防教育日活动。全省各地及省直相关单位共开展大型宣传活动67场次。与此同时,省市主流媒体积极配合,及时报道全省各地开展国防教育日活动的情况,大力营造了国防教育宣传氛围。

组织参加国家国防教育征文、网络知识竞赛

2011年,为纪念《中华人民共和国国防教育法》公布施行10周年，国家国防教育办公室会同有关部门举办了国防教育征文和国防法规网络知识竞赛活动。2012年初,经国家评选,在网络知识竞赛中,省国防教育办公室及哈尔滨理工大学、佳木斯大学、安达市新兴小学获得优秀组织奖,全省各地26人获个人奖（1人获特等奖、3人获一等奖、2人获二等奖、7人获三等奖、13人获优秀奖）；在征文活动中,1人获三等奖,1人获优秀奖。

2011年度黑龙江省大学生年度人物暨道德模范人物评选活动

为了深入贯彻党的十七届六中全会精神,充分发挥先进典型的示范引领作用,省委宣传部与省委高校工委、省教育厅、团省委、省电台联合举办了2011年度黑龙江省大学生年度人物暨大学生道德模范人物评选活动。全省有48所高校参加了评选活动,共有10万网民参与投票,经过初评、群众投票、复评三轮评选,共有来自哈尔滨工业大学等10所大学的10名候选人获得年度人物奖，来自哈尔滨工程大学等10所大学的10名候选人获得年度人物提名奖，来自东北林业大学等20所大学的20名候选人获得道德模范人物奖。2012年7月10日在哈尔滨工程大学启航中心举办了黑龙江省大学生年度人物暨大学生道德模范人物颁奖典礼。陈永芳副部长、高校工委副书记李东明、团省委副书记陈凯云出席晚会颁奖。《黑龙江日报》、黑龙江电台、黑龙江电视台、东北网对此次活动进行了宣传报道。活动受到了高校和大学生的热烈欢迎,在社会

上引起了良好的反响。

“书香高校”系列读书活动

这项活动是省委宣传部与省教育厅、龙广高校台联合举办的。5月19日在哈尔滨会展体育中心举行了2012年的首场报告会，会上新东方创始人俞敏洪的题为“如何在学习中成长——如何教育、如何被教育”的报告，赢得了与会者的阵阵掌声。龙广新闻台、龙广高校台等频率对活动进行了报道。并在龙广高校台开辟专栏，全面关注读书活动，每天介绍活动情况，向大学生推荐优秀书目。同时，通过“书香高校”微博，发动博友关注活动，并号召大学生朋友用微博推荐最喜爱的一本书。

2012年“我最喜爱的健康卫士”网络评选活动

为在全省范围内广泛深入宣传优秀医疗卫生工作者的先进事迹，调动广大医疗卫生工作者投身医改、服务群众的积极性，为卫生事业改革发展营造良好的社会环境和舆论氛围，省委宣传部会同省卫生厅、省文明办联合主办了2012年“我最喜爱的健康卫士”网络评选活动。本次活动将在全省范围内评选出“十佳贴心医生”、“十佳乡村医生”、“十佳美丽天使”、“十佳公卫卫士”，旨在通过广大群众对优秀医务人员的评选，全面展示新时期我省医护队伍积极向上的精神风貌，全面展示龙江医护人员救死扶伤的高尚品德。

开展全省领导干部党的十八大精神网上竞赛测试活动

为深入推进学习型党组织建设，进一步提升全省领导干部思想理论素养和推动科学发展能力，省委学习型党组织建设领导小组办公室坚持“五位一体”学习机制，以考促学，在全省范围内开展了领导干部党的十八大精神网上竞赛测试活动。测试以“学知识、强素质、促发展”为主题，以提升领导干部推动科学发展能力为着眼点，重点考查省直机关副处级以上干部，各市（地）和所属各区、县（市）科级以上领导干部，省属高校、国有大中型企业中层以上领导干部的理论学习情况，积极推动全省各级领导干部理论学习的规范化常态化。全省共有14.8万余名领导干部参加测试，其中2916名副厅级以上干部参加测试。

组织开展“新春走基层”活动

2012年1月，根据中宣部统一部署，结合黑龙江省实际，组织开展“新春走基层”活动，《黑龙江日报》、黑龙江电台、黑龙江电视台等媒体记者在春节期间深入基层一线，对群众生产生活进行实地采访报道。通过聚焦基层发展变化，结合基层发展实际，联系群众切身感受，全面展示黑龙江省经济社会发展取得的巨大成就，深入宣传各地保障和改善民生的显著成果，生动呈现基层群众的幸福生活和对未来的美好期望，并营造出喜庆热烈、欢乐祥和的节日氛围，取得良好的社会效果。

开展“大美龙江竞风流”宣传报道活动

为促进“北国风光”特色旅游区建设和旅游名镇建设发展战略的深入推进，2012年2月，组织省直新闻单位在重要版面、时段和位置统一开设专栏专题，集中刊发相关报道，盘点黑龙江省旅游业的繁荣和新亮点，助推黑龙江省经济快速发展。

文化科技卫生“三下乡”活动

按照中宣部等十四部委《关于深入开展文化科技卫生“三下乡”活动的通知》精神要求，结合全省农村改革发展实际，下发了《关于深入开展文化科技卫生“三下乡”活动的通知》，对2012年度“三下乡”工作作出安排。2011年12月26日，全省文化科技卫生“三下乡”集中示范活动暨启动仪式在哈尔滨市阿城区料甸乡举行。省直11个部门根据当地农民群众的愿望和需求，做了精心准备，赠送了总价值40余万元的物品。省文化厅、省科技厅、省卫生厅分别组织农业科技、医疗卫生、文艺表演等方面的专家和专业人员开展相关活动。随后，省领导观看了文艺演出并慰问文化工作者，前往料甸乡卫生院、料甸乡中学和贫困户家中走访慰问。省委常委、宣传部长张效廉出席启动仪式并讲话。张效廉强调，各地各有关部门要切实把组织开展“三下乡”活动作为贯彻落实中央和省委关于加强“三农”工作的实际举措，作为加快农村经济社会发展和奔小康步伐的有效载体，作为各级党委政府和各有关部门解民难、送民需的德政工程、民心工程，坚持不懈地抓紧抓好，抓出成效。要巩固基础，做大做强“三下乡”品牌活动。要适新应变，丰富创新“三下乡”活动的内容和形式，坚持政府主导与社会参与相结合，坚持丰富内容与创新形式相结合，坚持“送”与“建”相结合，加大农村文化、科技、卫生等公共服务体系建设。要加强领导，形成合力，在落实党的农村各项政策、推动农业产业结构调整、提高农民收入、解决农民生产生活困难等方面想实招，出实策，努力增强“三下乡”活动的针对性和实效性。健全完善组织运行机制，真正做到“三下乡”常下乡、常在乡。据不完全统计，2012 年以来，全省“三下乡”成员单位共送文艺演出下乡 1512 场，新建乡镇综合文化站 900 个，培训文化站站长 201 人，完成 20 个县级城镇数字影院建设任务，送文化科技卫生类图书 143.4 万册；科技人员下乡 14.8 万人次，举办各类培训班 12.2 万期，开展科技咨询 133 万人次，培训农民 651.8 万人次，培训农技人员 18.5 万人次，培训科技示范户 10.2 万户，培训科技明白人 2.5 万人，发放科技资料 450.9 万份，科技光盘 13 万盘，推广实用技术近 800 项，举办各类科普展览 670 余次，受益群众达 495 万人次；开展法律咨询 4000 多次，宣传农村适用法律、法规 20 余部，解答农民法律问题 2 万余个，培养乡(镇)、农村“两委”干部、乡村教师 0.8 万人；诊疗患者近 26 万人次。文化、科技、卫生的下乡服务，为丰富农民的精神文化生活，提高农民的致富本领，改善农村医疗卫生条件，加快社会主义新农村建设发挥了重要作用。

“弘扬雷锋精神 共建美好家园”黑龙江省暨哈尔滨市学雷锋主题实践活动

2012 年 3 月 5 日，“弘扬雷锋精神、共建美好家园”省暨哈尔滨市学雷锋主题实践活动启动仪式在哈尔滨市香坊区健康街道办事处乐园社区举行。省委副书记杜家毫、哈尔滨市委书记林铎出席仪式，为哈尔滨市首家“学雷锋公民道德巡防团”队员代表颁发聘书，并开通“发现身边的感动”微博。

杜家毫在讲话时指出，举办“弘扬雷锋精神、共建美好家园”学雷锋主题实践活动，是贯彻全国深入开展学雷锋活动座谈会精神、加强社会主义核心价值体系建设的一项实际举措，也是进一步弘扬雷锋精神、兴起学雷锋活动热潮的一次组织动员。深入学习雷锋、弘扬雷锋精神，要着力在四个方面求深入。一是在把握雷锋精神内涵上求深入。要弘扬雷锋热爱党、热爱祖国、热爱社会主义的崇高理想和坚定信念，服务人民、助人为乐的奉献精神，干一行爱一行、专一行精一行的敬业精神，锐意进取、自强不息的创新精神，艰苦奋斗、勤俭节约的创业精神。二是在抓好活动结合上求深入。要把学习弘扬雷锋精神同学习弘扬黑龙江优秀精神结合起来，同学习型党组织建设、创先争优、“创业、创新、创优”等活动结合起来，相互融合、相互促进、取得实效。三是在发挥典型示范作用上求深入。结合开展“发现身边的美”公民道德教育实践活动、“感动龙江”年度人物(群体)评选和道德模范评选表彰活动，宣传树立一批学雷锋模范人物和群体，形成学习雷锋精神、争做道德模范的生动局面。四是在健全完善长效机制上求深入。要把雷锋精神融入国民教育、精神文明建设和党的建设全过程，融入村规民约、市民守则、学生守则等行为规范之中，推动学雷锋活动更加深入持久地开展下去。

启动仪式后，与会者还参观了“画雷锋”、“学雷锋”、“做雷锋”书画展和“弘扬雷锋精神、共建美好家园”主题图片展等，慰问了各行业志愿者服务队代表，听取了中小学生学习雷锋精神巡讲。

集中开展“大爱满龙江”英模先进事迹报告活动

2012年，龙江大地英雄辈出，张丽莉、高铁成、谢尚威、郭肖岐等一个又一个英雄人物的先进事迹接连涌现，广为传颂，在全省乃至全国引起强烈反响，形成了大美频现、大爱彰显的独特“龙江现象”。为积极推动大美大爱龙江建设，生动全面、集中展示英模群体的大美大爱情怀，努力在全省掀起学习宣传英模人物先进事迹和高尚品德的热潮，省委宣传部7月下旬组织开展了“大爱满龙江”英模先进事迹报告活动。7月18日，“大爱满龙江”英模先进事迹首场报告会在和平邨会堂举行，省委常委、宣传部长张效廉亲切接见报告团成员，对英模群体的先进事迹给予高度评价。7月19日至26日，报告团先后赴哈尔滨、绥化、伊春、鹤岗、鸡西密山等地做巡回报告。此次英模先进事迹报告活动组织得当、准备充分，效果显著、反响强烈。报告团每到一地，市委主要领导亲切接见报告团成员，并率市四大班子成员出席报告会。五地巡讲，共计4000余名各界代表聆听报告会。省内新闻媒体纷纷播发省领导接见报告团成员、报告会综合消息和社会各界学习英模先进事迹的反响情况及评论。所到市地媒体进行了热烈的深入报道。报告团巡回结束后，《黑龙江日报》和黑龙江电视台以《奏响大美大爱时代乐章》为题刊播了综述。新华网、人民网、搜狐、腾讯等60余家网站转载了报告会消息，并引发网民大量跟帖，大部分网民表示，从他们身上感受到的是爱的力量、善的信念，他们是真正的道德楷模、时代英雄。

全省第四届“六个十佳”和谐单位(家庭)命名表彰活动

3月下旬，省委宣传部印发了《关于组织开展第四届全省“六个十佳”和谐单位(家庭)创建评选活动的通知》，正式启动了本次创建评选工作。7月3日，陈永芳副部长主持召开“六个十佳”和谐单位(家庭)创建评选活动组委会会议，对各市地、系统推荐上来的和谐单位(家庭)进行审议，在247个单位(家庭)中产生了180个“六个十佳”和谐单位(家庭)候选名单。经部领导审定同意，7月5日，在《黑龙江日报》、黑龙江电台、东北网等媒体刊发了《第四届全省“六个十佳”和谐单位(家庭)创建评选活动启事》，《黑龙江日报》、东北网同时刊登“六个十佳”和谐单位(家庭)候选名单和简要事迹。投票从7月5日开始至7月27日结束。共收到网络选票2763390张；短信选票1042590张；报纸选票5936140张，总计9742120张，全省共有974212人参与了投票评选活动。根据群众投票结果，排出了候选单位和家庭名次。为营造浓厚氛围，扩大活动影响，激发群众参与投票评选的热情，省电台在多个频率制作播出公益广告，从“六个十佳”候选单位(家庭)中选择一批有代表性的候选对象进行集中采访宣传，和谐单位(家庭)的先进事迹得到了广泛传播。9月25日，组委会办公室召开“六个十佳”和谐单位(家庭)评委会会议，邀请省社科院、哈师大和省直主要新闻媒体的有关专家担任评委，对“六个十佳”和谐单位(家庭)进行投票。按照群众投票占60%，专家投票占40%的比例，对“六个十佳”和谐单位(家庭)进行了综合统计排名。综合排名前10名的单位(家庭)授予“十佳和谐单位(家庭)”荣誉称号，他们是：伊春市工商行政管理局、中共黑龙江省委统战部、哈尔滨市南岗区地方税务局、省森工总局桦南林业局、鹤岗市物价监督管理局、黑龙江省镜泊湖风景名胜区自然保护区管理委员会、大庆市龙凤区人民检察院、中共黑龙江省委组织部、中共黑龙江省委政策研究室、大庆市庆北新城开发建设管委会；赵龙、吴喜亮家庭(森工)，马才锐家庭(农垦)，王凯、王锐家庭(绥化)，王洪涛、王虹家庭(省直)，姜丽芹、王云辉家庭(佳木斯)，郭肖岐家庭(鸡西)，吕帅军、王胜男家庭(哈尔滨铁路局)，赵冬梅和巴特家庭(省直)，任宪武、陈兆英家庭(双鸭山)，马健、于英家庭(省直)。

2012“感动龙江”年度人物(群体)评选活动

2012年9月26日,依据《“感动龙江”年度人物(群体)评选活动章程》,省委宣传部向各市地及相关系统下发通知,正式启动了2012“感动龙江”年度人物(群体)评选活动。经过层层发动,各单位共推荐候选人选62个。评选活动组委会对各地、系统推荐的候选人物(群体)的先进事迹进行认真调研、梳理,整理了500字简要事迹。初步确定候选人物有20个、候选群体6个。为充分反映群众的意见,尊重群众的选择,体现公平、公开、透明的原则,省直主要新闻媒体刊发了候选人物(群体)名单、简要事迹和选票,由社会各界群众通过投票的方式选择心中的感动人物(群体)。截至11月22日,共收到选票14851074张,直接参与人数130余万。10月29日至11月18日,《黑龙江日报》、黑龙江电台、黑龙江电视台、东北网、《生活报》、《黑龙江晨报》等主要新闻媒体,开辟专题专栏,深入宣传“感动龙江”候选人物(群体)的先进事迹,营造浓厚的舆论氛围。

经过各项评选程序,组委会最终确定了9名感动龙江人物和2个群体以及13个提名奖。12月5日晚,2012“感动龙江”年度人物(群体)颁奖晚会在黑龙江电视台2800米演播大厅隆重举行。省人大常委会副主任符凤春、省政协副主席赵雨森出席颁奖盛典并为获奖人物(群体)颁奖。

大美大爱龙江原创作品征集展播活动

为贯彻落实省十一次党代会精神和炳轩书记关于“建设大美大爱龙江”指示精神,按照部长办公会安排部署,在陈永芳副部长的直接带领下,省委宣传部宣教处研究制定了《关于组织开展“大美大爱龙江”主题征集活动方案》,并于5月9日,在东北网举行了“大美大爱龙江”主题征集评选活动启动仪式。截至8月15日征集活动结束,组委会共收到来自省内外征集的“大美大爱龙江”表述语、“大美大爱龙江”形象标识、“放歌龙江”作品(摄影、绘画、书法、诗歌、诗词、散文)3个类别的参赛作品6000余件(组)。经过整理和筛选,共收录作品4851件。大美大爱龙江原创歌曲征集由省电台单独承办,共征集歌曲1370首,其中270首原创单曲入围,共展播2040次。

1.广泛发动,参与踊跃。印发了《关于开展“大美大爱龙江”主题网上征集活动通知》,在东北网刊发了活动启事,同时还积极与各级团体进行联络,邀约团队组织成员参加作品创作,并得到积极回应。省邮政公司向全省各市地免费发放20万张明信片,广泛征集活动作品。黑龙江省诗词协会、黑龙江大学艺术学院、哈尔滨剑桥学院、黑龙江煤炭职业技术学院、哈尔滨学院等以集体形式参加征集作品创作,提高了参赛作品的质量,调动了团体组织的参赛热情。省电台从4月中旬开始,每天在龙广交通、新闻、音乐、女性、生活、97频率、高校台等节目中播放征集宣传片花,全省十三个市地、系统宣传部及公安、武警、电力、旅游、银行等92家单位积极推荐作品。在征集活动中,既有机关干部、学校师生、专业人士、少年儿童、退休干部等“积极参与”的省内群体,也有来自北京、山东、广东、浙江、四川、河北等地的“重在参与”的省外人士。

2.精心策划,组织严密。为方便网民对“大美大爱龙江”网上征集活动相关信息的了解,在东北网设立了网上征集活动办公室,开通征集活动电话专线,并抽调专人负责接听。通过电话、邮件、论坛等多种途径,随时解答网民对大赛内容的咨询和疑问,接收和整理网民邮寄的参赛作品和邮箱上传的作品等。5月下旬,东北网与哈尔滨市松北区政府联合组织开展“大美大爱龙江”网友看松北主题摄影采风活动,来自省内的30余位专业摄影人,参观了松北高新区、农业科技园、建设中的哈尔滨大剧院、太阳岛湿地等景区,网友创作图文作品2000余件。6月中旬,东北网举办“大美大爱龙江”网友逛哈洽活动,近百名网友零距离感受“哈洽”盛会。6月下旬,东北网在哈尔滨太阳岛风景区举办“大美大爱龙江”系列活动之太阳岛徒步走活动,领略风光、感受变化，激发创作灵感。通过各项系列活动的开展，为网民提供了反映我省各领域成就的创作素材。网友及单位（个人）纷纷提交优质作品参赛，积极参与“大美大爱龙江”的主题征集活动。

3.强化宣传、反响强烈。“大美大爱龙江”主题征集活动启动后，东北网第一时间发布文字和视频新闻，调动多方力量，积极协调各大门户网站对赛事进行外联推广和转载发布工作。活动启动仪式的新闻等内容被人民网、中国广播网、中国网络电视台、凤凰网、搜狐、网易等29家中央及地方新闻网站和政府网站转载。省电台先后收到35首来自山东、吉林、辽宁等地邮寄来的赞美张丽莉的歌曲。除新闻宣传外，还应用论坛、博客、微博、QQ群等多种互动平台，扩大活动的推介力度和宣传范围。省内及国内有影响的互动社区，如天涯、校内网、58同城网等23家互动社区对大赛的征集内容进行了广泛的宣传。为更好地对“大美大爱龙江”主题征集活动作品进行集中展示，东北网制作征集活动专题，优选“放歌龙江”、表述语、标识等作品。龙广音乐台共展播征集歌曲136天，每天15次共2040次联动宣传。

4.权威评审、精品呈现。10月上旬，在对征集作品进行归类整理的基础上，按照形象标识、表述语、“放歌龙江”作品、原创歌曲四大类别作品分别送请黑龙江省美术馆学术委员会秘书长袁耕、省文联文艺理论研究室主任韦健玮、黑龙江省书法家协会副主席胡志平、黑龙江省文联办公室主任（一级美术师）李振宇、黑龙江省新闻图片社副社长董伟明、黑龙江省作家协会副主席李琦、黑龙江省作家协会文学院一级作家迟慧、省音乐家协会主席陶亚兵、省音乐家协会副主席高云程、国家一级导演黄凯、国家一级编曲王明熹等11位专家对征集作品进行评审。经过专家评审，最终确定10件形象标识、10条表述语、20件“放歌龙江”作品、50首原创歌曲为获奖作品。

5.颁奖盛典、精彩纷呈。12月12日，在黑龙江电视台2800平方米演播大厅举行了“大美大爱龙江”原创作品评选颁奖晚会。壮丽、恢宏的开场曲《辉煌龙江》拉开了晚会的序幕，晚会以夏繁·壮美龙江、秋锦·富饶龙江、冬韵·大爱龙江、春润·和谐龙江四个章节，通过歌舞、舞蹈、独唱、情景剧等形式与章节主题片完美结合，全景再现了风姿绰约的龙江自然，砥砺发展的喜人成果，大爱大勇的独特人文，和谐幸福的龙江生活，充分表达了3800万龙江儿女为加快推进富强文明和谐大美幸福龙江建设坚定信心。情景歌舞《绽放的生命》用音乐剧、视频、歌曲舞蹈相融合的方式，再现了以张丽莉老师为代表的龙江时代英雄的大爱壮举，源源不断的“正能量”感染着现场的每一位观众，热烈持久的掌声将晚会推向高潮。

“大美大爱龙江”主题征集活动，得到全省十三个市地、系统，省直100多个部门的积极响应、广泛参与，对于广泛宣传大美大爱龙江，积极建设大美大爱龙江，大力弘扬龙江优秀精神，不断增强热爱龙江、赞美龙江、建设龙江的光荣感、责任感、使命感起到了积极的推动作用。

“回顾辉煌历程、喜迎党的十八大”读书竞赛活动

黑龙江省思想政治工作研究会组织全省各级政研会参加了中宣部、中国思想政治工作研究会、中央党史研究会、中央党史学会、教育部思想政治工作司、国务院国资委宣传工作局、党建杂志社、学习出版社、时事报告杂志社等部门联合举办的“回顾辉煌历程、喜迎党的十八大”读书竞赛活动。

读书竞赛活动从2012年6月11日启动到9月25日结束，历时3个多月的时间，参加活动的人员达7万余人。黑龙江省思想政治工作研究会荣获组织奖，省政研会秘书长陈辉同志到北京参加会议并上主席台领奖。同时，哈尔滨市委宣传部、齐齐哈尔市委宣传部、黑河市委宣传部、省农垦总局党委宣传部、哈尔滨市香坊区教育局、中国移动通信集团黑龙江有限公司伊春分公司6家单位分别荣获组织奖和集体奖，受到中宣部、中国政研会的好评和嘉奖。

全省第三次全国文物普查成果发布暨总结表彰会召开

历时5年的黑龙江省第三次全国文物普查工作于2011年12月圆满结束，取得丰硕的成果。2012年2月25日，省政府第三次全国文物普查领导小组召开成果发布暨总结表彰会，全面总结了全省第三次全国文物普查工作情况，向社会发布了普查成果和已通过国家统计局审核的基础数据，表彰了在普查期间做出突出贡献的集体和个人。会议由普查领导小组副组长、省政府副秘书长王国才主持，普查领导小组组长、副省长程幼东出席会议并讲话；省文化厅厅长宋宏伟发布重要普查成果，副厅长王珍珍对做好第三次全国文物普查的后续工作进行部署。全省各市(地)文广新局、黑河市文物管理委员会负责人，省“三普”工作领导小组成员单位相关人员和省内重要媒体代表参加会议。

第二届黑龙江友城文化周为哈洽添姿增色

作为第二十三届“哈洽会”的重要活动内容，为期5天的第二届黑龙江友城文化周活动圆满落幕。哈洽期间，来自国内外的9个专业艺术团体和文化专家学者，为冰城人民奉献了28场精彩文艺演出、展览和讲座。多姿多彩的文化活动丰富了广大市民文化生活，搭建起友城间沟通合作的金桥，也为“哈洽会”添姿增色。

黑龙江友城文化周以对外文化交流为主要内容，依托与黑龙江省建立友好关系的省州市，邀请友好城市的文化团体到黑龙江参加演出、展览等多种形式的文化交流活动，以此推动全方位的国际交流与合作，提升黑龙江的国际知名度和影响力。本届黑龙江友城文化周以“共享文化，共促友谊”为主题，凸显高雅、现代、经典、多元的文化艺术特色，包括演出、展览、讲坛三个板块。活动从6月13日开始，来自俄罗斯、韩国、日本的5个艺术团组和省直4家院团，在环球剧场、哈尔滨少年宫、省歌舞剧院音乐厅、中央大街、哈洽会展现场、龙塔等场所演出10台节目22场。各色文化艺术品展览特色鲜明。“李桂春冰灯摄影作品展”通过难得一见的微观冰灯定格影像，让更多的人领略到冰灯的独特魅力；“邓散木书刻艺术展”展出邓散木先生196件气雄力健、浑厚流丽的书刻作品，让人们走近大师，领略经典；“中国女红艺术奇葩满族枕头顶刺绣展”展出367件满族枕头顶绣，让人们欣赏到民族非物质文化遗产的绚丽姿彩；“王革滨油画作品展”通过近百幅新奇、纯朴、高远的冰雪油画作品，把观众吸引到一个充满生命的北国世界。《城市遗产与文化记忆》、《音乐美学给你的美好情感及享受》专题讲座也吸引了大量听众。第二届黑龙江友城文化周让冰城人民在参与哈洽的同时，过了一个国际化的文化节。

第二届黑龙江省友城文化周活动比首届活动持续时间长、规模大、艺术形式多，向国际性、规模性、综合性的文化艺术节日进一步迈进。特别是活动作为“哈洽会”的重要内容，与对外经贸、旅游洽谈活动相呼应，更有利于推动黑龙江与世界上更多国家和地区在文化艺术领域的交流与合作，进一步促进在经贸、文化、旅游等领域的务实交流，取得更多互利双赢的合作成果。开展的一系列活动，不仅为市民提供了丰富的文化精神生活，也使国际文化交流具有更广泛的群众基础。

黑龙江艺术团“远东之旅”活动获巨大成功

落实文化部2012年俄罗斯“中国文化节”活动任务，黑龙江文化艺术代表团一行38人，赴俄罗斯远东地区4个州6个城市进行了“远东之旅”演出活动。艺术团行程3000公里，历时10天，在布拉戈维申斯克市、白山市、圣玛诺夫斯科市、比罗比詹市、哈巴罗夫斯克市、符拉迪沃斯托克市等地举办7场大型演出。演出团所到之地，俄罗斯民众倾城出动观看演出，访演活动获得圆满成功。犹太自治州副州长、哈巴罗夫斯克边区副区长、滨海边区副区长等出席观看并发表热情洋溢的讲话。多家俄方电视台进行报道和节目录播，各州新闻媒体广泛报道，对演出给予高度赞誉。此次“远东之旅”宣传了黑龙江，加深了中俄两国人民的友谊，促进了中俄两国地方政府间的文化交流与合作。

继续组织“送欢笑到基层”演出活动

在省委宣传部、省财政厅的大力支持下，2012年，省文化厅继续组织专业艺术表演团体“送欢笑到基层”文化惠民演出活动。自6月下旬正式启动历时4个多月，省直5个文艺团体先后赴黑河市、逊克县、肇东市、绥化市、肇源县、甘南县、尚志市、鹤北镇、桦南市、大兴安岭、亚布力等地区，深入160余个乡镇，共演出300余场，行程3万多公里，观众累计达到了60余万人次，为广大基层群众送去了丰富的精神食粮，受到广大农民观众的热烈欢迎和喜爱，取得了文化惠民的良好效果。

特别是省曲艺团多年坚持“扎根基层，服务农村”成效显著，3月1日的新华社《国内动态清样》第886期编发《黑龙江省曲艺团多措并举让艺术在基层扎根》，时任中央政治局委员、书记处书记、中宣部部长刘云山批示：媒体要积极宣传这样的文艺团体，鼓励和提倡他们为基层服务、为人民服务的方向。中宣部新闻局安排有关媒体对省曲艺团坚持扎根基层、服务群众的情况进行了专题的采访报道。

全省第十三届“群星奖”比赛活动

5月1日至5日，省文化厅组织了全省第十三届“群星奖”比赛。比赛设作品类、项目类和“群文之星”奖项。参加比赛的舞台类节目和美术、书法、摄影作品共计799个，经过专家评委的认真评选，88个节目和作品获金奖，156个节目和作品获银奖，232个节目和作品获铜奖，323个节目和作品获优秀奖。并且首次评出项目类“群星奖”16个，“群文之星”15人。比赛集中检阅了近年来全省群众文艺创作成果。省文化厅选拔出部分优秀作品在电视台进行集中录制并报送文化部参加了全国“群星奖”决赛。其中伊春市选送的舞蹈《风雪倒套人》、同江市选送的音乐类作品《打鱼哥哥回来了》、大庆市选送的音乐类作品《天路随想》、哈尔滨市朝鲜馆选送的音乐类作品《四物游戏》已进入了复赛，哈尔滨市选送的合唱作品已直接进入了决赛。

省京剧院参加全国京剧优秀青年演员折子戏展演

8月22日至29日，由文化部、山东省政府、第十届中国艺术节山东省筹委会主办的2012年全国京剧优秀青年演员折子戏展演在山东聊城举行。本次展演是对全国京剧艺术整体水平的大检阅、大展示。黑龙江省京剧院青年演员马佳凭借《断桥》中饰演白素贞一角荣获优秀表演奖，杨洋凭借《卧龙吊孝》中饰演诸葛亮一角荣获表演奖，很好地展示了龙江京剧艺术青年演员的实力和风采。

话剧《大湿地》参加全国优秀剧目展演

由大庆文化体育旅游集团出品、大庆话剧团演出的话剧《大湿地》于9月17日代表黑龙江省参加全国优秀剧目展演，在中国评剧大剧院成功上演。首都700余名观众观看了演出，在总长110分钟的演出过程中，响起长时间的掌声13次。该剧是著名剧作家杨利民经过三年多的实地体验编写而成，诠释了湿地保护的深刻内涵。大庆市作为全国资源型转型城市中唯一一个国家级环保模范城，通过该剧充分展示了独特的文化魅力、人文魅力和生态魅力。

省图书馆开馆50年纪念研讨活动

2012年是省图书馆在哈开馆50周年，本着务实节约的原则，举办了系列纪念活动。为从事图书馆事业50年及在馆工作满30年的老同志颁发荣誉证书。召开全省“图书馆事业百年研讨会”和“数字图书馆建设与服务研讨会”，就黑龙江省图书馆历史沿革、馆舍变迁，图书馆史断代理论等内容进行充分讨论，同时对“黑龙江省数字图书馆”发展态势、建设规模、面临问题等内容展开研讨。邀请全国知名专家李国新教授,为全省地市县图书馆馆长作两场专题报告。组织了“全省公共图书馆事业发展成果展”,以118块展板图文并茂地展示了全省图书馆事业的沧桑巨变。

“黑龙江省移动图书馆”和“龙江学习中心”服务平台建成开通

2012年1月,黑龙江省移动图书馆服务平台开始试用。据此,读者可以随时随地通过手持阅读设备享受省图书馆的数字化服务,实现全国661家图书馆的纸本资源查询,免费全文阅读3万多种电子图书和报纸、期刊。5月23日,黑龙江省数字图书馆“龙江学习中心”面向读者开展在线服务。该中心是省图书馆研发建设的全国首个省级学习中心,共整合了电子图书230万种,学术论文5496万篇,学术视频10万集,专题、课程6613门,数字资源库26个,国内期刊来源覆盖率99%以上,文献收全率99.9%;支持在线阅读和全文下载,可以定制个性化的学习计划,提供实时的在线咨询服务。“黑龙江省移动图书馆”的开通开放,是传统图书馆服务理念的革命,标志着读者不再圈囿于有限的阅览室空间和纸本图书,可以在任何时间、任何地点通过计算机、IE浏览器、手机或平板电脑登录图书馆相关主页,免费共享海量的数字文献信息资源;可以量身定制自己的学习、考试计划,实现自主学习、兴趣学习、终身学习。“龙江学习中心”开通以来,累计接待用户6537人次,用户访问量56312次。“黑龙江省移动图书馆”全年账号登录用户访问1065次,流量访问55355次。

省文化厅为边防部队构建万里边疆数字文化长廊

2012年9月,随着黑龙江省图书馆漠河北极驻军部队分馆的挂牌成立,省文化厅已全面完成了全省边防部队文化共享工程服务点、流动图书馆、数字分馆建设任务,累计投入达300万元,基本构建了黑龙江省6000里边疆数字文化服务长廊。边防官兵们通过移动易播宝,可观看14万种电子书、3000多部文化讲座视频、3000多部优秀电影和电视剧及3000多部优秀舞台剧,可借阅3500册纸本图书,随时观看全国文化信息资源共享工程的卫星直播节目。为边防官兵提供丰富的精神食粮,极大地改善了边防官兵消息闭塞、文化资源匮乏的艰苦局面。

黑龙江省是边疆大省,有线电视、互联网尚未覆盖的9个边防团,2个边防巡逻艇队散落分布在六千多里的漫长边境线上,驻地远离城镇,交通不便,信息受阻。特别是常年生活在边境一线和巡逻艇上的战士们,更是渴望文化知识和娱乐生活。2007年起,省文化厅积极拓展文化共享工程建设与服务范围,在努力将共享工程落实到全省农村、农垦基层的同时,重点建设“万里边疆数字文化服务长廊”。先后在驻守抚远、饶河、漠河、塔河、密山、东宁、黑河、嘉荫、箩北的9个边防团和驻守黑龙江、乌苏里江、兴凯湖沿岸的2个巡逻艇大队及大兴安岭军分区建成12个共享工程基层服务点,通过建设卫星地面接收站、投入移动播放器和资源镜像等方式,整合了图书馆所有资源,以共享工程设备为基础,以共享工程资源为主体,以数字图书馆资源和流动图书资源为补充,建立了综合性、全功能的边防部队文化共享服务体系。省级中心每年为每个基层服务点配送3500册图书,镜像安装10多万种电子书,1万多部优秀电影、电视剧、舞台剧及文化讲座视频,受到边防部队官兵极大欢迎。黑龙江构建万里边疆数字文化长廊工作,受到文化部、共享工程国家中心的高度重视,被作为全国重点专业化服务品牌进行推介,蔡武部长给予高度评价。

黑龙江省两处遗址进入《中国世界文化遗产预备名单》

11月17日,全国世界文化遗产工作会议在京召开,会议通报,黑龙江省侵华日军第七三一部队旧址和金上京会宁府遗址被国家文物局列入《中国世界文化遗产预备名单》。这表明遗址在国内大遗址中的重大的价值,已经具备了申报世界文化遗产资格,是黑龙江省文化遗产保护事业的重大突破,标志着文化遗产保护事业将迈上一个新台阶。

侵华日军第七三一部队旧址是第二次世界大战期间,日本军国主义细菌武器研究、实验、生产、作战活动的罪恶历史见证,是世界范围内最重要的第二次世界大战战争遗迹之一,具有世界性的警示教育意义。近年来,侵华日军第七三一部队旧址的保护工作得到了国家和省委省政府的高度重视。2006年被国务院公布为全国重点文物保护单位。2011年8月,黑龙江省人大常委会审议通过了《哈尔滨市侵华日军第七三一部队旧址保护条例》。2012年10月,《侵华日军第731部队旧址保护规划》经多次修改后上报国家文物局。金上京会宁府位于哈尔滨市阿城区,是金代(公元1115—1234年)的早期都城,是中国都城分布上的最北方都城,是辽宋金时期东北和内蒙古地区的四大古都之一,也是迄今保存最完好的一处金代都城遗址。1982年由国务院公布为全国重点文物保护单位。近年来,省文化厅把金上京遗址保护工作作为一项重点工作,组织省考古研究所先后对刘秀屯宫殿基址、皇城区建筑基址等进行了考古挖掘,为规划编制、考古遗址公园和申遗工作的开展提供了科学依据。2012年11月,《金上京遗址保护规划》由省政府批准公布实施。11月29日,黑龙江省文化厅、哈尔滨市阿城区、平房区政府在阿城区政府召开侵华日军第七三一部队旧址和金上京遗址列入《中国世界文化遗产预备名单》新闻发布会。

黑龙江省长城资源获国家文物局正式认定

近日,国家文物局下发文件,正式认定黑龙江省长城资源分布在5个县、区,总长度为266公里。其中唐代长城——牡丹江边墙长66公里,分布在牡丹江市爱民区、宁安市;金代长城——金界壕遗址长200公里,分布在甘南县、碾子山区、龙江县。这标志着历经5年的长城资源调查工作圆满完成,同时也意味着黑龙江长城名正言顺地纳入全国长城序列,成为举世闻名的万里长城重要组织部分。

2006年起,为抢救保护长城这一珍贵的世界文化遗产,国务院发布实施了《长城保护条例》及《“长城保护工程(2005—2010年)”总体工作方案》。国家文物局组织北京、天津、河北、山西、内蒙古、辽宁、吉林、黑龙江、山东、河南、陕西、甘肃、宁夏、新疆、青海15省、区、市,运用现代考古与测绘技术,围绕秦汉至明清各个时代长城,启动了新中国成立以来规模最大的全国长城资源调查。2012年6月,长城资源调查工作全面完成,国家文物局正式公布我国各时代长城总长度为21196.18公里。

黑龙江省现存唐代、金代两种类型的长城资源。唐代长城——牡丹江边墙是我国最东北的一道长城,是目前发现的唐代渤海国唯一具有古长城性质的军事遗迹。金代长城——金界壕遗址(黑龙江段)是仅次于万里长城的第二长城,是渔猎文明、游牧文明与农耕文明三种人类文明之间斗争与交融的产物,在长城类遗产中具有独特性。两处长城从修建沿革、构筑方式、价值特色、防御功能等方面完全具备长城的各项特征要素,但长期以来,由于人们对长城概念的认知局限,并没有冠以长城称谓,造成社会了解不多。经过此次调查后,其长城性质、称谓得到国家文物局的正式认定。

全省广播影视系统开展“三创”活动

全省广播影视系统开展“创业、创新、创优”主题活动。活动与立足岗位履职尽责、促进“八大经济区”和“十大工程”建设结合,与日常工作紧密结合,与完成全年工作目标结合,与促进广电大发展大繁荣结合,与年终考核奖励结合,涌现出1096名先进个人和131个先进集体,发展势头良好,工作成效明显。

(1)新闻宣传工作成绩斐然。省电台面对受众选择多元化、广播日渐边缘化的挑战,努力打造爱心、责任、服务、助力媒体,市场份额连续三年居全国广播之首;省电视台努力提升“新五力”,强化新闻立台理念,紧紧围绕省委省政府中心工作服务大局,在营造环境、反映民意、引导热点、扩大影响等方面充分发挥了主阵地主力军作用。大庆广播电视播出机构优化流程、精细管理、鼓励原创、精办节目,电台《四大帮办在行动》栏目组获得“全国工人先锋号”荣誉。东宁电视台提升节目本土化水平,获得“全国新农村建设先进电视台”称号。

(2)内容生产生机勃勃。许多市地在“三创”活动引导下,把广播影视内容生产当作推进社会主义核心价值体系建设的有效载体,努力创作精品力作。龙广交通台在《学徒》节目中组织20多家银行走进5000家中小微企业,实现了200亿元融资授信,20亿元雪中送炭;省电视台成功举办2012俄罗斯·乌克兰中国黑龙江电视周,树立了我国我省良好的国际形象,投拍《狂飙支队》和《樱桃》两部电视剧,本年度实现销售收入1600多万元;大庆电视台创作生产了电视剧《毒刺》、制作播出系列片《讲那创业年代的故事》,百湖创意岛亮点频闪,较好地展示了本地区本单位的精神风貌。

(3)公共服务体系建设成效显著。“村村通”工程只一年时间就完成327个20户以下已通电村通联广播电视的建设任务,完成五年总体规划数的64%。2012年年底我省城市数字影院达到53家,新增城市影院13个;县级影院达到32家,影厅81个,农村电影放映场次和服务质量普遍提高,全面完成一村一月放映一场电影的任务,共放映农村公益电影108600场。

(4)产业发展再创新高。全省共实现经营收入43亿元,比去年同期增加了7000万元,增长1.63%。其中,全省广告收入实现21.1亿元,比去年同期增加了7.11%;全省有线广播电视网络收入实现18.4亿元,比去年同期增加1000万元,增长0.54%。

(5)网络建设取得新进展。完成了东安有线台站的全面整合,哈轴等企事业台网业务、技术整合和肇州、汤原、克山等小片网整合,整合用户8.5万户。新建省级干线网1600公里,完成城域网新建、改建项目1200多个,新整转数字电视用户80多万户,省网直管用户数字化率达100%,其中高清化率达30%。省网获全国文化体制改革先进单位称号。

(6)安全播出,万无一失。全省局、台、网、站采取超常举措强化安全播出管理,实行拉网式排查,省局组织大规模的安全播出和广电设施安全保护培训、演练、联合大检查各2次,检查了53个单位、171个要害部位,整改隐患44项,被国家广电总局评为全国广播电视设施安全保护工作示范单位。

(7)管理工作规范有序。全系统加强了广播影视宣传管理严格执行宣传纪律,做好突发事件的报道,牢牢把握住舆论引导权;加强广播电视科技管理,落实技术标准、技术规范,保障了采、编、播、传各环节顺利进行、协调发展。

在开展“三创”活动过程中,加强辖区内广播电视台站的管理,全省共出动执法人员2000多人次,执法车辆1000多台次,清查住宅小区和销售场所700多个,捣毁营业窝点23家,收缴非法销售、安装和使用的电视接收设施、网络共享设备近20000个,拆除非法卫视接收设施535个,有效维护了传播秩序。

中国广播电视协会交通宣传委员会第十八届年会暨2012中国广播电台台长论坛

2012年7月9日,中广协会交宣委第十八届年会暨全国广播电台台长论坛在太阳岛宾馆国际交流平台开幕。本届年会由中国广播电视协会交通宣传委员会、中共黑龙江省委宣传部主办,黑龙江人民广播电台承办。来自全国92家会员单位、31家公安交警部门、30位各地广播电台台长近300人参会。中国广播电视协会会长李丹,省政府副省长程幼东,省委常委、秘书长杨东奇出席欢迎晚宴。

大会听取和审议了《2011—2012年度工作报告》、《关于建立“交通广播应对重大突发新闻事件的信息与节目共享平台”的说明》等内容。大会还为2011年度中国交通广播节目创优评析作品、“全国交通广播双十佳”通联单位等五个奖项颁奖。龙广交通广播创作的《交广说法》等多部作品被授予2011年度中国交通广播创优评析奖。

7月10日,2012中国广播电台台长论坛在金谷大厦召开,来自湖南、江苏、深圳、贵州等6家电台的台长做了论坛主题发言。参会人员一致认为此次年会内容丰富、形式新颖、交流有效,不仅为台际之间互相学习、取长补短提供了有效的学习交流平台,同时为中国交通广播的未来工作起到启示性作用,对推动全国广播事业大发展、大繁荣产生积极、深远影响。

省电台执行承办第二届“文化的力量”论坛

2012年8月30日,由黑龙江省人民政府、国务院侨务办公室、联合国教科文组织和世界华商联合促进会共同主办的第二届“文化的力量”论坛在哈尔滨太阳岛宾馆国际交流平台开幕。

本次论坛由省委宣传部和哈尔滨市政府承办,龙广为执行机构。全国政协副主席李金华,省委书记吉炳轩、省长王宪魁,全国政协外事委员会主任赵启正,国务院侨务办公室纪检组长王杰,联合国教科文组织总干事特别代表桑塔,省及哈尔滨市领导张效廉、林铎、杨东奇、刘东辉、盖如垠、孙尧、陶夏新、宋希斌以及中国社会科学院、世界华商联合促进会等各界嘉宾出席开幕式。李金华、王宪魁、王杰、桑塔等分别致辞。赵启正、哈尔滨市长宋希斌和浙江省民营企业发展联络会会长郑宇民分别以《以“和而不同跨越文化障碍”》、《传承黑土优秀文化引领城市跨越发展》、《浙江创业文化的借鉴》为题,就经济发展与文化上层建筑辩证关系进行了精彩发言,阐述了文化对时代经济发展的深远影响。来自世界贸易中心协会、联合国教科文组织驻华代表处、中国社科院文化研究中心、大庆油田有限公司、黑龙江省农垦总局、黑龙江大学、哈尔滨市文化局、哈工大集团红博商业、台湾宝华众合经济研究院、浙江省民营企业发展联络会的代表围绕“黑土文化”的特质、创业文化与时代经济的关系、文化推动黑龙江经济社会发展和转型等进行了交流对话。论坛还围绕非物质遗产保护举行了座谈,来自港台地区的嘉宾进行了相关项目的对接,部分嘉宾还前往大庆、齐齐哈尔、伊春等地参观访问。

省电台成功组织张丽莉先进事迹报道,记者邹韵参加全国报告团

2012年,黑龙江电台在对最美女教师张丽莉的宣传报道中,第一时间组织记者深入一线挖掘报道素材,创新宣传报道渠道和方式,通过夜间直播转院、万人祈福、公益渲染、歌曲创作引领、配乐散文版丽莉日记滚动播出等方式,使时代楷模的英雄事迹感动千万人。

“最美女教师”张丽莉救人事件发生后,记者邹韵一直奔波在采访第一线,抢发多条重要新闻,在中央及地方多家媒体中脱颖而出。7月初,在组建张丽莉同志先进事迹报告团时,被选为报告团唯一的媒体代表。在人民大会堂作报告时受到刘云山、刘延东等党和国家领导人的接见。

省电台成功举办首届中国大庆雪地温泉节

2012年12月20日,首届中国·大庆雪地温泉节在林甸县隆重启幕。200名听众参与开幕式和两天的冬季养生温泉体验之旅。除了参加俄罗斯风情周、温泉游泳大赛、圣诞假面舞会、温泉宝贝大赛、国际雪地风筝邀请赛、冰雪汽车拉力赛等特色旅游项目外,还体验了温泉养生、温泉瑜伽、雪地卡丁车、骑雪地摩托等项目,使龙广听众充分感受了活动的趣味和魅力。

近三年来,大庆市政府与龙广在策划推广、品牌打造、产业拓展等方面开展合作,使大庆雪地温泉活动影响力不断提升,成为大庆乃至整个全省崭新的旅游名片。

《闯关东前传》正式关机

2012年1月10日,由黑龙江电视台和大连广

播电视台、大连天歌传媒共同出品的电视剧《闯关东前传》在黑龙江电视台520米演播室举行关机仪式。黑龙江省委常委、宣传部长张效廉，大连市委常委、宣传部长袁克力，黑龙江省政府副秘书长王国才，黑龙江省委宣传部副部长赵德信，省广播影视局局长赵洪生，省电视台台长刘玉平、副台长刘宁，金牌编剧高满堂，出品方与编剧、导演及剧中主要角色共同登台庆贺并推介该剧。

2010年6月23日，为积极贯彻落实省委省政府大力发展文化产业、做大做强电视内容产业的指示精神，开拓影视剧生产创作市场，推动内容产业发展，黑龙江电视台和著名编剧高满堂、大连天歌传媒股份有限公司正式签约，合作拍摄电视剧《闯关东前传》。该剧是高满堂《闯关东》系列收官之作，由著名导演王滨执导，著名演员于小伟、阎学晶、萨日娜等担纲主演。该剧继承了《闯关东》弘扬主旋律的基调，深度挖掘清末民初到俄国十月革命历史跨度内黑土地上闯关东的先民们拓荒、创业的故事，歌颂先人不屈不挠、顽强拼搏的精神，弘扬民族大义、民族正气。这部耗资5000万元的鸿篇巨制，艺术水准、制作水准和市场反响都将超过《闯关东》。

首届黑龙江建龙经济论坛在黑龙江电视台举行

2012年3月22日，由省政府办公厅、省发改委、省政府研究室、省科顾委主办，省广播影视局等单位协办，黑龙江电视台承办的首届“黑龙江建龙经济论坛”在2800米演播厅举行。省委副书记、省长王宪魁，省委常委、常务副省长刘国中，省政府秘书长李海涛，省政府副秘书长、办公厅主任赵铭，省委宣传部常务副部长、省广播影视局党组书记李寅奎，省政府研究室主任李坤，省发改委副主任王东光出席论坛。局台领导赵洪生、刘玉平、李皎陪同出席论坛。

论坛还邀请了中共中央政策研究室经济局副局长白津夫、省科顾委主任陈永昌、省发改委副主任韩立华、哈尔滨商业大学校长曲振涛等嘉宾，围绕“稳中求进话龙江”主题论道龙江经济，建言社会发展。论坛总结了我省经济社会发展的经验和成果，探讨和破解了全国及我省经济社会发展热点、难点和焦点问题。

省科顾委主任陈永昌介绍说，本次论坛以“稳中求进话龙江”为主题，是我省首次举行经济论坛。通过举办经济论坛梳理我省经济发展脉络，宣传解读好省委、省政府的发展战略，弘扬我省在转型升级中涌现的先进典型和先进单位的先进事迹，进一步加快全省调结构、转方式的步伐。

王宪魁对论坛的组织工作给予充分肯定，认为论坛举办得很成功。他希望黑龙江电视台充分发挥电视媒体的优势，将论坛打造成为一个极具龙江经济特色，高端、权威、深刻的思想交流平台，为我省的经济发展建言献策，贡献力量。

2012年全国电视新闻年会在哈尔滨举行

2012年7月13日上午，2012年全国电视新闻年会在哈尔滨太阳岛宾馆国际交流平台隆重召开。省委书记吉炳轩出席开幕式并发表讲话。中共中央宣传部副部长、国家广播电影电视总局局长蔡赴朝致贺信。中央电视台台长胡占凡，省委常委、宣传部长张效廉，副省长程幼东，以及来自中央电视台、36个省级电视台和计划单列市电视台负责同志出席会议。会议由中央电视台副台长孙玉胜主持，省委书记吉炳轩致欢迎辞。

中央电视台台长胡占凡在会上作了主旨报告。会议的主题是：在新媒体环境下，创新主题报道的形态和合作方法，使主题报道更加深入人心，增加电视新闻的舆论引导力和社会影响。

省电视台成功举办首届龙视观众节

7月20日晚，首届龙视观众节开幕式在黑龙江电视台2800米演播厅隆重开幕，来自全省各地近千人现场观看开幕式演出。闭幕式晚会于7月26日在黑龙江电视台2800米演播厅举行，晚会上龙视主持人纷纷登台亮相，为观众表演了精彩的节目。

首届龙视观众节历时两个月胜利落幕。全台8个频道、黑龙江网络广播电视台共为观众奉献了公益慈善活动60多场,打造大型公益演出9场,超过12万人以不同方式参与观众节。观众节强调公益性、贴近性,注重观众的广泛参与性,凸显了黑龙江电视台作为主流媒体的价值、社会责任及品牌影响力。

本届龙视观众节坚持了省委"富强龙江、和谐龙江、文明龙江、大美龙江、幸福龙江"的宏伟目标,坚持了"以观众为本,为观众办节"的理念,坚持了创新为本、公益先行的原则和基调,策划了许多高质量活动,在大型活动和广告营销的融合上效果突出,品牌建设成效显著,极大提升了龙视品牌影响力。

省暨哈尔滨市侵权盗版制品及非法出版物集中销毁活动

4月25日上午,根据全国"扫黄打非"办公室的统一部署,黑龙江省暨哈尔滨市"扫黄打非"工作领导小组在哈尔滨市龙塔广场举行2012年侵权盗版及非法出版物集中销毁活动,50余万件盗版、走私音像制品,盗版软件及电子出版物,盗版及非法书报刊被集中销毁。与此同时,全省其他12个市(地)也在同一时间举行集中销毁活动,全省共销毁侵权盗版及非法出版物140余万件。省政府副秘书长、省"扫黄打非"工作领导小组副组长王国才,省委宣传部副部长赵德信参加了集中销毁活动,王国才作了重要讲话。省、市"扫黄打非"工作领导小组成员单位负责人,哈尔滨海关、哈尔滨市工商行政管理局、哈尔滨市公安局、哈尔滨市文化市场综合执法支队、哈尔滨市城市执法局的代表,部分出版物经营业户代表和学生代表以及各界群众300多人参加了活动。王国才讲话中指出,举办这次活动的目的是向全社会展示我省"扫黄打非"和打击侵权盗版工作成果,展示省委、省政府坚持不懈地开展"扫黄打非"斗争,打击侵权盗版、保护知识产权的严正态度和坚强决心;揭露制黄贩黄、侵权盗版等非法出版活动的社会危害;教育引导广大群众提高法制意识和自觉抵制腐朽文化的能力,号召和动员社会各界和广大人民群众积极参与到"扫黄打非"斗争和"反盗维权"行动中来,在全省努力营造尊重知识、尊重创造的良好氛围。过去一年,全省各级"扫黄打非" 工作部门收缴盗版和非法出版物21万余件, 删除网上有害信息1.1万余条, 关闭不良网站29家,取缔无证经营出版物店档摊点206家,查办行政案件170起, 移交司法机关8起, 目前已有3人被依法判处有期徒刑,有效地净化了社会文化环境,规范了出版物市场经营秩序,为我省文化大发展、大繁荣做出了重要贡献。当前"扫黄打非"斗争形势依然十分严峻,各地、各部门要继续扎实深入地组织开展好"扫黄打非"专项行动,努力净化出版物市场,切实解决群众反映强烈的突出问题,确保全省出版物市场繁荣、健康、有序,以优异成绩迎接党的十八大胜利召开。哈尔滨市新华书店总经理田春代表全省出版物经营业户向全社会郑重承诺,坚持守法诚信经营,严格自律,自觉抵制侵权盗版及非法出版物。哈尔滨市宣庆中学学生赵雪琪向全省中小学生发出倡议,拒绝盗版、助力创新、从我做起。参加活动的全体人员和各界群众在写有"打击侵权盗版、保护知识产权"的条幅上签名,表示全力支持保护知识产权,打击侵权盗版行动。

《黑龙江通史》编撰启动仪式隆重举行

9月11日,黑龙江历史文化工程重大项目——《黑龙江通史》(10卷本) 编撰启动仪式及编撰工作会议在黑龙江省社会科学院举行。省委宣传部副部长张翔出席会议并讲话。在哈的黑龙江历史文化研究工程编委、《黑龙江通史》主要编撰人员、院各部门负责同志和历史研究所全体科研人员80余人出席会议。《光明日报》和省主要媒体的记者到会采访。启动仪式由党委副书记、院长、黑龙江历史文化研究工程编委会主任曲伟主持。黑龙江历史文化研究工程是省委、省政府确定的我省文化建设的重大项目，也是黑龙江历史文化研究工程的“龙头”项目。作为这一恢宏文化工程的组织实施单位，黑龙江省社会科学院全力以赴投入工程的相关工作，特别是主体核心项目《黑龙江通史》项目的前期工作。一是广泛凝聚智慧，高水准运作项目。通过广泛调研取经，多次召开专题研讨会、座谈会、征求意见会，凝聚各方智慧，保证了工程和“通史”高起点、高水准运行。二是开放研究平台，广聚英才。现已确定的 10 名分卷主编，或者是久负盛名、仍然活跃在科研战线的资深专家，或者是各单位现岗位科研骨干、省领军人才梯队带头人、省级以上优秀专家；分别以他们为首，组建了各卷以中青年博士、硕士为主的科研团队。三是严把质量关口，坚持创优出精品。会议还进行了《黑龙江通史》项目签约仪式。《黑龙江通史》从先秦时期，到解放战争时期，共十卷，500 万字左右，计划两年交稿。《黑龙江通史》(第一卷 先秦时期卷)主编、省博物馆副馆长刘晓东研究员代表全体编撰人员发言。各分卷主编先后向黑龙江历史文化研究工程编委会主任艾书琴递交了项目协议书。

首届伊玛堪学术研讨会

6 月 14 日，全国首届伊玛堪学术研讨会在黑龙江省社会科学院隆重召开。中国社会科学院副院长武寅、黑龙江省委宣传部副部长张翔、黑龙江省社会科学院党委书记艾书琴、省文化厅副厅长张学文在开幕式上致辞。除黑龙江省学者外，还有来自俄罗斯、日本及北京、辽宁、吉林的国内外知名专家学者出席会议，佳木斯市、同江市及饶河县政府领导也到会祝贺。

会议由黑龙江省社会科学院与黑龙江伊玛堪研究中心共同主办。两天会议以“传承与合作”为主题，交流民族文化研究成果，探讨伊玛堪文化内涵，围绕如何建立有效的非物质文化遗产保护机制、构建相应的支撑体系进行深入的探讨。内容主要包括专家学术演讲、伊玛堪传承人示范性演唱及与会者交流、讨论、展示等专题。本届学术研讨会，是在国际文化视野的瞩目之下，搭建高水准的国内外学者学术交流与合作平台，展示伊玛堪研究所取得的最新成果，表达社会各界对黑龙江地域文化多样性的普遍关注，为推进非物质文化遗产保护制度改革提供思路，促进伊玛堪保护和传承研究以及中国口承文化研究向深度和广度发展。

伊玛堪被誉为“北部亚洲原始语言艺术的活化石”，它以独特的艺术形式忠实而传神地记录了赫哲人的渔猎生活、风土人情和爱情故事。与藏族的《格萨尔王传》、蒙古族的《江格尔》一样，伊玛堪是赫哲族的英雄史诗，是中华民族文化传统的重要组成部分，也是全人类共同的文化遗产和精神财富。具有人类学、宗教学、考古学等多学科的学术研究价值，为语言学、民族学、社会学等学科提供了丰富的学术研究空间，在城市化迅猛发展的今天保护好这份弥足珍贵的文化遗产，对中国乃至世界都具有重要意义。

首届中国沿边地区发展高层论坛

6 月 13 日，由黑龙江省社会科学院和广西社会科学院联合主办的首届中国沿边地区发展高层论坛在哈尔滨市金谷大厦举行。来自中国社会科学院及黑龙江、广西、吉林、辽宁、云南、内蒙古、新疆、西藏等沿边 8 省区社会科学院的领导及专家学者参加了论坛，中国社会科学院副院长武寅、黑龙江省委宣传部副部长张翔莅临论坛并致辞。

本届论坛的宗旨是：发挥沿边各省区社会科学院思想库、智囊团作用，共商我国沿边地区发展大计，从全局的角度、战略的高度为地方政府制定沿边地区扩大开放、加快发展的相关政策提供智力支持，为促进沿边地区发展贡献力量。与会代表认为，党的十七大以来，我国对外开放正在由沿海向沿边逐步扩展，沿边开放已经成为我国改革开放的一项重要任务。加快沿边开发开放，可以更好地利用国内国际两种资源和两个市场，推动沿边地区经济社会发展，实现国家对外开放战略的均衡扩展与总体提升。“十二五”时期，随着全球经济格局的调整和国内经济实力的进一步增强,我国在世界经济中的地位将稳步上升,沿边开放的地位进一步凸显。扩大沿边开放,不仅能保证国家能源安全、边境安全、生态安全,更重要的是可以使沿边经济落后地区摆脱贫困,走向富裕,实现我国兴边富民的战略目标。要认真研究和破解沿边开放存在的瓶颈问题和制约性因素,争取国家相关政策支持,使我国的沿边开放步入健康良性发展的轨道。

论坛就今后发展和沿边省区社科院的合作达成多项共识,建立了论坛工作机制,每年由沿边省区社会科学院轮流主办论坛,联合开展战略性问题研究,为我国沿边开发开放建言献策,提供智力支持。

第三届黑龙江省社会科学学术年会

黑龙江省社会科学学术年会是经省委宣传部批准,由黑龙江省社科联于2008年发起创办的多学科、高层次、学术性、品牌化的学术文化交流平台,旨在聚焦学术经典,展现学者风采,促进学术交流,营造宽松民主的和谐氛围,是省社科联在新形势下开拓思路,创新机制的客观要求,也是服务于省委省政府科学决策、服务于社科界和全社会的创新举措。学术年会每两年一届,荟萃多学科智慧,紧紧围绕省委省政府工作中心,紧密联系龙江发展实际和社会热点,加强基础研究,突出应用研究,每届确定相应主题,由主会场、分会场、学术专场等若干系列构成,主要包括研讨座谈、访问交流、学术沙龙、科普展览、讲坛论坛、咨询论证、名家报告、科普评奖等多种形式。每届年会向全省社科界相关单位和社会科学工作者征集选题和论文,评选出学术年会优秀论文,并结集出版发行,同时对年会中表现突出的组织单位和获奖作者予以表彰。

经过六年的探索和打造,学术年会展现了学术交流、观点碰撞和思想交锋的多重魅力,彰显了知识创造、理论创新和培育人才的独特价值,学术凝聚力越来越强,社会影响力越来越大,学界认同度越来越高,已成为全省社会科学界两年一度标志性的学术盛会、高层次的交流平台、品牌化的服务窗口。第三届学术年会是在党的十八大开幕在即举办的一次全省社科界的重要活动,是在新形势、新机遇下召开的一次多领域、多学科的社科工作者学术交流盛会。年会以“繁荣文化·发展龙江”为主题,自7月1日正式启动历时4个月,通过主会场、分会场、学术专场、社团年会、发展论坛、组织建设、基层行、成果展、市地活动和学术活动月10个层面300余场丰富多彩、形式多样的学术活动,充分展示了全省专家学者和社科工作者严谨求实的学风、奋发进取的精神和心忧时事的风貌,全面检阅了全省社会科学界的发展动态和研究成果。年会期间,全省共有200余家单位直接参与了各层面活动,10万余人以不同形式参与其中。这次学术年会的成功举办,对于推进黑龙江省社会科学事业的繁荣和发展,团结全省社科界共谋改革开放大计,同绘文化发展宏图,必将产生积极而重要的作用。

纵观本届年会主要呈现以下几方面特色:一是紧紧围绕中心工作确定主题,这是年会的主要任务和成功经验。年会紧扣“繁荣文化·发展龙江”的主题,密切围绕党和政府的中心工作,引导全省社科界围绕全省文化建设,切实增强文化自觉和文化自信,大力推进理论创新,不断深化重大现实问题研究,为服务“八大经济区”、“十大工程”、“十大产业”建设,推动文化大发展大繁荣提供智力支持和理论依据。二是努力体现学术研究的针对性,这是年会的学术追求和生命源泉。年会注重将理论创新和实践应用相结合,既有基础性研究,也有为党和政府决策咨询服务的应用性研究,既有聚焦龙江经济社会发展,也有关注整个国家改革开放和中国特色社会主义现代化事业发展,举办了一系列高水准的学术活动,推出了一大批高质量的优秀成果,在全省社会科学界产生了良好的反响。三是不断加大成果的推介和转化,这是年会品牌战略的要求。年会进一步凝聚共识,繁荣创作,借助年会征文的有效平台积极促进成果的推介和转化。所征集和收录的论文选题广泛，论点鲜明，论据充分，论述严密，具有较高的理论水平和实践价值，数量和质量都较往届有较大提高。尤为可喜的是大多数论文作者为中青年学者，眼界开阔，思维活跃，从一个侧面反映了黑龙江省青年学者的学术思想和学术成就。四是充分运用优势盘活资源，这是年会的组织方式和内在要求。年会充分发挥“联”的优势，形成“联”的合力，实现了资源优势互补和优化配置。通过与高等院校、科研院所、学术团体等单位的联合，形成有利于全省社会科学发展的强大合力和良好的学术氛围，在增进学者交流、促进学术发展、密切组织合作的基础上，促进了学者与市民、学术与城市之间的良性互动。学术年会的这些特点使学术年会的品牌效果越来越明显，社会影响越来越广泛，也越来越受到广大社会科学工作者的欢迎与认可。

成功举办第三届社团学术活动月活动

社团学术活动月是黑龙江省社团标准化建设的重要活动载体，也是社科联系统“双先评比”的重要依据。经过两届积累和多方努力，学术活动月正成为展示社团学术风采，促进学术交流，培育城市文化品位的品牌活动。2012 年，省社科联以“社团发展与文化繁荣” 为主题举办了第三届社团学术活动月，根据各社团申报活动，精心选择了 125 场活动纳入到第三届社团学术活动月中。这些活动既有若干个学会联合举办的，也有学会与机关、教学、科研机构联合举办的；既有本土专家学者主办的活动，也有全国性，甚至国际性的学术活动；既有社科界、理论界专家学者为主的活动，也有理论研究单位与实际工作部门互动交流的活动，包括学术研讨、学术交流、社科普及、课题研究、咨询服务、成果评奖、专业培训等多种形式，涉及哲学、社会、经济、历史、文化等多个方面，参与人员近 2 万人。活动期间，学会工作部注重发挥联系面广的优势，努力打破部门界限，加强学术资源的统筹整合，探索社会化运作机制，对于重点活动作规划、协调，较好地发挥了统筹引领作用，使重点活动主题突出，影响深入，有效提升了黑龙江省社会科学的影响力。

积极开展社科专家基层行

7 月 2 日—6 日，省社科联组织 10 余位省内知名的经济、社会、农业、旅游领域的专家学者深入到农垦建三江管理局进行调研考察。调研期间，专家组先后行经建三江管局 13 个农场，并重点到创业农场、胜利农场等 7 个农场实地调研，重点考察了垦区现代化农业种植、产业发展、旅游名镇建设、文化旅游资源开发、农场精细化规范化管理等。专家组一方面通过走访座谈、参观考察、现场指导、个别访谈等形式，多角度多方位了解农场的发展现状、特色产业、现实需求等情况，有针对性地提供意见和建议；另一方面专家组结合当地实际需求，以集中座谈的形式发表意见。大家一致认为：建三江管局的现代化大农业和生态型农业已经成为中国农业现代化的样板和典型，为提高农业劳动生产率和保障国家粮食安全奠定了坚实的基础；在粮食生产稳步提高的同时，城镇化建设和社区管理取得了前所未有的成绩，特别是在数字化社区和城镇方面走在了黑龙江省小城镇建设前列；在发展现代化大农业的基础上，建三江管局积极探索和推进发展工业的新路子，使产业化支撑着城镇化的可持续发展；努力提高管局和农场的软实力，将生产经营和旅游文化产业最大限度地结合起来，这对垦区经济社会的发展有着不可估量的意义。专家组在肯定建三江管局成绩的同时，就推动城镇建设、促进工业发展、开发旅游资源、加强社会管理等方面问题提出了独到见解和中肯的建议对策，得到当地领导和与会人员的肯定。

此次“社科专家垦区行”是黑龙江省第三届社会科学学术年会重大活动之一，也是省社科联第三次“牵手”省农场管理学会和省区域经济学会联合开展垦区行活动。社科专家组结合自身研究专长，发挥智库优势，为垦区和地方的建设与发展提出了好的思路和建议。更重要的是，通过搭建“社科专家基层行”的有效平台，充分发挥“联”的作用，直接对接地方需求，助推经济社会发展，为进一步繁荣发展哲学社会科学，促进和推动地方经济、社会、文化事业的进步做出了应有贡献。

关于表彰第二届黑龙江省社科联系统特色社团的决定

为充分展示社团风采，彰显发展特色，弘扬先进文化，配合第三届社会科学学术年会工作需要，黑龙江省社科联在全面推进社团标准化建设的基础上，于8月—9月在全省开展第二届黑龙江省社科联系统特色社团遴选活动。经省级社团自主申报和市地社科联初评推荐，并由省社科联依据评选方案，结合社团现实表现对参评社团进行了考核与评选，共有60个省市社团入选特色社团行列。为进一步总结经验，鼓励先进，经黑龙江省社科联党组研究决定，授予黑龙江省城市金融学会等31家省级社团和哈尔滨市税务学会等29家市地社团“黑龙江省社科联系统特色社团”称号。

希望受到表彰的单位珍惜荣誉，再接再厉，以此次活动为契机，积极探索新形势下社团的管理机制和发展模式，以更加饱满的热情投入到社团工作中，取得更大的成绩；希望各有关单位进一步提高对社团建设的认识，增强支持社团建设与发展的力度；希望全省各社团向获奖社团学习，以其为榜样，为我省社会科学的繁荣发展和龙江经济的振兴腾飞做出应有贡献。

中国文联“送欢乐、下基层”赴黑龙江边防线慰问采风活动

2011年12月31日至2012年1月3日，中国文联“送欢乐、下基层”赴黑龙江边防线慰问演出采风活动在我省举办。活动由中国文学艺术界联合会、中共黑龙江省委宣传部、黑龙江省文学艺术界联合会、黑龙江省军区政治部主办。

采风活动由中国文联党组书记、副主席赵实带队。采风团由中共黑龙江省委常委、宣传部长张效廉、省军区政治部主任夏中国、中共佳木斯市委书记王兆力、省委宣传部副部长赵德信、省文联主席傅道彬、省文联副主席计世伟和索久林，以及来自省内外40余位书法、美术、摄影、曲艺、戏剧、音乐等门类的著名文艺家和文艺工作者组成。

在为期三天的慰问演出采风过程中，采风团艺术家分别赴“东方第一哨”和黑瞎子岛等地慰问边防守备部队，赴同江市赫哲族民族村采风。通过创作采风、慰问演出、书画笔会等形式，为边防守备部队和基层群众送去欢乐和祝福。

1月1日清晨，赵实书记及采风团全体成员与广大官兵一起，在“东方第一哨”举行升国旗仪式，共同迎接2012年新年的第一缕曙光。团员魏金栋、曲冬梅、康术臣用歌声为哨所战士送上了最真挚的节日祝福。团员们还参观了营房和哨所。哨长陈国良说：在新年哨所战士最需要精神食粮的时候，来自北京和省内的艺术家们为我们送来了丰盛的“文化大餐”，感谢社会各界对子弟兵的关爱。

随后，采风团一行登上了黑瞎子岛进行慰问演出。这是文艺界人士首次踏上回归祖国的黑瞎子岛，团员们在连队荣誉室“嘉宾留言册”纷纷签名赠言，并为部队赠送国产获奖影片光盘，采风团成员与部队文艺爱好者一起，举办了“送欢乐、下基层”慰问演出。

中国文联党组书记、副主席赵实在演出前致辞。演出由曲艺表演艺术家牛群主持，上至68岁的评书表演艺术家刘兰芳，下至80后的全国歌唱比赛金奖得主，知名文艺工作者为一线官兵献上了两个小时的精彩节目，并与战士们一起包饺子。采风团艺术家还将精心创作的美术、书法、摄影作品赠送给现场的战士们。

在当天下午举办了采风座谈会上，部队和地方艺术爱好者面对面交流，辅导点评作品，畅谈创作体会。

1月2日，采风团赴同江市街津口赫哲族民族乡采风。艺术家们还来到赫哲族博物馆、三江口广场等地参观采风，观看了赫哲族历代出土文物、手

工制品和生产工具等，了解到赫哲族以渔猎为主，独特的生活方式和风俗习惯，从中汲取生活营养，捕捉艺术灵感。

省委常委、宣传部长张效廉全程陪同中国文联艺术家来黑龙江省边防哨所慰问演出采风活动。

中国文联"送欢乐、下基层"赴黑龙江边防线慰问演出活动，是2012年中国文联"送欢乐、下基层"的第一次活动，也是黑龙江省实施文化工程的重要举措，充分体现了广大艺术家对边防守备官兵的关怀和热爱。

黑龙江·山东妇女书法刻字作品交流展

1月4日，"黑龙江·山东妇女书法刻字作品交流展"在省博物馆展出。展览由黑龙江省文化厅、省文联、山东省文联、黑龙江省书协、山东省书协主办，黑龙江省博物馆、黑龙江省妇女书协、山东省书协妇女专业委员会等单位承办。

黑龙江省文联主席傅道彬、省文化厅副厅长王珍珍、省作协副主席王立民，以及山东省泰安市文联主席江济源、副主席仇东等山东代表团、部分参展作者、两省书画界人士、新闻媒体等参加了开幕式。开幕式由黑龙江省博物馆馆长庞学臣主持。

本次展览精选黑龙江、山东两省20余位女书法刻字作者的100幅书刻作品参展，体现了女性书刻作者独特的秀美精琢和巾帼不让须眉的气度，展示了现阶段中国女性书法刻字的艺术水平。

开幕式后举行了座谈会，与会者对黑龙江·山东两省的血脉关系等问题进行了深入的探讨。

漫画一生——华君武捐赠作品展

2月9日，"漫画一生——华君武捐赠作品展"在黑龙江省美术馆开幕。展览由中国美术家协会、全国美术馆专业委员会、黑龙江省文联主办，上海美术馆、黑龙江省美术馆承办。

省委宣传部副部长赵德信、省政协科教文卫体委员会主任潘春良、省文联主席傅道彬以及全国各地嘉宾代表、华君武先生亲属海琦女士等出席了开幕式。

华君武先生自上个世纪30年代，涉足上海的漫画世界，他以幽默的绘画语言，大众化、民族化的创作方向，形成了具有中国气派的艺术风格，以漫画的形式讴歌"真、善、美"，鞭笞"假、恶、丑"，为中国美术事业做出了卓越的贡献。本次展览共展出华君武先生无偿捐赠的漫画作品196件，全面展示了华君武一生中各个时期的漫画作品和艺术发展脉络，昭示了他紧扣时代脉搏，构思幽默机智，富于战斗性的漫画哲理。

展览期间，大量观众慕名而来，一睹华老遗作的风姿，感受艺术大家的不凡。

这片黑土地——纪念毛泽东同志《在延安文艺座谈会上的讲话》发表70周年"龙歌"音乐会

5月22日，"这片黑土地——纪念毛泽东同志《在延安文艺座谈会上的讲话》发表70周年'龙歌'音乐会"在哈尔滨开幕。音乐会由省委宣传部、省文联、省延安精神研究会主办，省音乐家协会、哈尔滨师范大学音乐学院承办。省人大常委会副主任陈述涛、省政协副主席陶夏新、省军区政治部主任夏中国、武警黑龙江总队政治部主任刘振所，省委、省政府、省委宣传部、省文联、省文化厅等单位领导与现场两千多名观众一起观看了演出。

新中国成立以来，黑龙江省创作了数量众多、题材广泛的优秀"龙歌"。值此《讲话》发表70周年之际，打造了本台"龙歌"音乐会，以歌颂伟大的党、歌颂美丽富饶的黑龙江。音乐会分为美丽黑龙江、红色的记忆、温暖的情怀和放歌新时代四个乐章。

本台音乐会由黑龙江电视台国家一级编导黄恺任总导演，由哈师大音乐学院院长陶亚兵担任指挥和艺术总监。音乐会采用独唱、合唱、合伴唱、交响曲等多种艺术表现形式，舞台背景运用现代高科技LED屏，音舞诗画相结合。参加演员由曲冬梅、崔杰夫、张美薇、梁岚、王庆辉、侯赛男等省内著名歌唱家和各高校艺术系知名声乐教授及省青歌赛、省音乐大赛获奖选手的中、青年歌唱家组成，还特别邀请海政文工团汤峻、解放军艺术学院张妮等黑龙江籍歌唱家参加演出,以此来提高整台音乐会的演出层次和影响力。音乐会由哈师大师生交响乐队伴奏,哈师大音乐学院师生合唱团伴唱。

"这片黑土地——纪念毛泽东同志《在延安文艺座谈会上的讲话》发表70周年'龙歌'音乐会"的举办,借助"龙歌"这一有代表性的文艺品牌,展示了我省独特的地域风情,深厚的文化底蕴,丰富的艺术资源,调动了我省广大文艺家创作更多精品力作的热情。通过"龙歌"唱响黑龙江,振奋龙江人改革奋进的精神,鼓舞龙江人民昂扬的斗志,从而加快促进黑龙江文艺事业的大发展大繁荣。

第三届中国·黑龙江万象国际木雕艺术节

6月14日,"第三届中国·黑龙江万象国际木雕艺术节"在宾西中俄木材交易中心开幕。本届木雕节由国家住建部雕塑建设指导艺术委员会、中共黑龙江省委宣传部、省文联、中俄木材交易中心有限公司、中国·黑龙江造型艺术产业园区承办,省美协雕塑委员会、省木材行业协会、黑龙江万象艺术交流中心、黑龙江新望广告文化传播公司、北大荒文化发展有限公司协办。

原省委书记孙维本、原省委副书记单荣范、省政协、省军区、省委宣传部、省文联和国家发改委、住建部、省商务厅、省工商局、省发改委、省工信委、省林业厅、省文化厅及哈尔滨市人大、市政府、市工商局、市发改委、市工信委、市商务局、市林业局等相关单位领导,大兴安岭、黑河、牡丹江、绥芬河等市地有关领导出席了开幕式。中央新闻媒体及省内外多家新闻媒体到会进行了采访报道。

为期4天的本届木雕节进行了十方面的内容运作:一是国内外特邀艺术家的创作展示;二是民间艺术家创作活动;三是大学生木雕创作大赛;四是黑龙江刻字艺术优秀作品展;五是黑龙江万象木材博物馆揭牌仪式;六是中国·黑龙江造型艺术产业园区特聘艺术家签约仪式;七是举办中国·黑龙江造型艺术产业论坛;八是省内著名美术家、书法家举行书画笔会;九是木雕创作成果暨民间艺术家作品互动体验活动;十是民间艺术家、大学生木雕创作大赛、刻字艺术优秀作品评奖活动。

本届木雕节以绚丽多姿、丰富多彩的艺术活动,以群众及中外艺术家广泛参与和形式多样的展演及交易活动,让木雕品牌获得更多人的关注,让木雕艺术成为繁荣社会主义文化的重要形式。

黑龙江省文联青年文艺工作者学习实践文艺界核心价值观活动

5月3日,黑龙江省文联团委组织我省书法、摄影、戏剧等艺术门类青年文艺工作者,深入兴隆林业局青峰林场进行艺术实践活动。

省文联副主席计世伟,机关党委副书记王丹等出席了此次实践活动。此次活动围绕学习和践行"爱国、为民、崇德、尚艺"的文艺界核心价值观和《中国文艺工作者职业道德公约》开展,以建设"富强龙江、文明龙江、和谐龙江、大美龙江、幸福龙江"为宗旨,是今年黑龙江省青年文艺工作者下基层的一项重要活动。活动期间特邀请原省书法家协会副秘书长、《书法赏评》杂志社常务副主编、著名书法家卞云和亲临指导创作,并现场挥毫泼墨,其作品当场赠送林场职工。

此次活动,激发了广大青年文艺工作者热爱文艺、献身文艺的热情,增强了服务基层、奉献社会的责任意识。

黑龙江省戏剧大赛·第十二届"小梅花奖"评选活动

黑龙江省戏剧家协会、黑龙江省京剧院于5月11日至13日,举办了黑龙江省戏剧大赛·第十二届"小梅花奖"评选活动。此项赛事已成为我省戏剧工作的品牌项目。

本届大赛共有200多名选手参赛,其中年龄最小的4岁,最大的28岁。比赛分专业、业余两个组别进行,经评委会认真评选,从京剧、龙江剧、小品、话剧片段表演等类别中评选出状元花、梅花之星、五度梅花奖、四度梅花奖、三度梅花奖、二度梅花奖、金花奖、银花奖、铜花奖等奖项。本次大赛的部分优胜者被推荐参加“中国少儿戏曲小梅花荟萃活动”。

黑龙江省美术馆50年——哈尔滨艺术学院师生美术作品回顾展

5月23日，“黑龙江省美术馆50年——哈尔滨艺术学院师生美术作品回顾展”在黑龙江省美术馆展出。展览由省委宣传部、省文联主办，省美术馆承办。

展览展出作品均来自于哈尔滨艺术学院师生，共200余件。本次展览是该学院美术专业成就的集中体现，参展作品涵盖美术专业的各个品类，绘制精到，风格各异，题材广泛，色彩绚丽，全面展示了哈尔滨艺术学院老艺术家精湛的艺术造诣。

开幕式结束后，举办了纪念毛泽东同志《在延安文艺座谈会上的讲话》发表70周年老美术家座谈会，参会美术家围绕美术创作、文艺发展等问题展开了交流研讨。

走进绿色军旅——黑龙江省艺术家迎庆十八大走进军旅采风活动

9月9日至12日，黑龙江省军区政治部、黑龙江省文学艺术界联合会共同主办了 “走进绿色军旅——黑龙江省艺术家迎庆十八大走进军旅采风活动”。采风团由黑龙江省军区政治部副主任吴其海，黑龙江省文联党组成员、副主席计世伟等领导，以及省内书法、美术、摄影、曲艺、音乐等门类的20余位著名艺术家和艺术工作者、军旅艺术家组成，黑龙江电视台、《黑龙江日报》记者随行采访。

在为期三天的慰问采访活动中，采风团艺术家赴黑河慰问七连官兵及爱辉艇组官兵、慰问“黑河好八连”、长发哨所、长发修理所、边防七团官兵和大黑河岛哨所。通过创作采风、慰问演出、书画笔会等形式，为边防守备部队官兵送去欢乐、送去祝福。

第十三届哈尔滨民间民俗艺术博览会

9月4日，“第十三届哈尔滨民间民俗艺术博览会”在哈开幕。此次“哈博会”由中共黑龙江省委宣传部、中共哈尔滨市委宣传部主办，黑龙江省文联、哈尔滨市文联、哈尔滨市城市管理局、黑龙江英利达经贸有限公司共同承办。省文联党组副书记、副主席燕鹏，市委宣传部长张丽欣，市人大常委会副主任才殿国等省市领导参加了开幕式。

本届“哈博会”展位数量达到320个。展会分为60余个民间艺术展区和115个综合展区，展出来自省内十三个市(地)50余个类别、170个小类、品种数以百计的艺术精品，展出作品涵盖了我省民间民俗各个艺术门类。

本届“哈博会”推行市场化运作模式，以展销结合的形式扩大招商规模，进一步和文化旅游市场紧密结合，使中外游人在休闲观光中感受民俗艺术气息，了解到我省的民间艺术品牌。

本届“哈博会”组织评选出民间艺术创作金奖、银奖、铜奖和优秀作品奖，对组织单位评选出优秀组织奖，对给予博览会宣传报道的新闻媒体授予特殊贡献奖并颁发证书。

秀木可雕——首届龙江书刻精品展

9月10日，“秀木可雕——首届龙江书刻精品展”在海南省海口市举办。展览由黑龙江省文联、海南省文联主办，黑龙江省书协、海南省书协承办。中国书协、黑龙江省书协和海南省书协的领导以及书法爱好者百余人出席了开幕式。黑龙江省文联主席傅道彬、海南省书协主席吴东民分别在开幕式上讲话。

本次展览共展出龙江书刻精品50件。参观者络绎不绝，海南多家媒体对展览进行了报道。

画说龙江——黑龙江省美术馆馆藏晁楣、张祯麒、杜鸿年、郝伯义经典版画作品陈列展

8月10日，“画说龙江——黑龙江省美术馆馆

藏晁楣、张祯麒、杜鸿年、郝伯义经典版画作品陈列展"在黑龙江省美术馆展出。展览由中华人民共和国文化部主办,文化部艺术司、黑龙江省文化厅、黑龙江省文联承办。

北大荒版画是驰誉中外的地域版画学派,晁楣、张祯麒、杜鸿年、郝伯义是这一学派的开创者、奠基人、引领者和最重要的代表画家。

在展览举办的同时,龙江美术讲堂特邀郝伯义先生作《北大荒版画溯源》专题讲座。

风景的变换——英国当代名家版画邀请展

8月25日至9月5日,由黑龙江省美术馆、黑龙江省版画院、英国圣拉巴斯版画艺术中心主办的"风景的变换——英国当代名家版画邀请展"在黑龙江省美术馆展出。

此次展览是对2011年9月至11月黑龙江版画走进英国的回展,也是中英文化交流在版画艺术上的又一次碰撞。展览共展出英国著名版画家詹姆斯·希尔、凯丽·阿克罗伊德的版画作品66件。

"风景的变换——英国当代名家版画邀请展"的举办,为黑龙江省版画作者和爱好者搭建了近距离接触国外版画艺术的平台。

第三十一届中国·哈尔滨之夏音乐会之哈尔滨师范大学音乐学院专场音乐会

8月7日,"第三十一届中国·哈尔滨之夏音乐会之哈尔滨师范大学音乐学院专场音乐会"在哈尔滨工程大学启航活动中心剧场拉开了帷幕。

"哈尔滨师范大学音乐学院专场音乐会"以"国际手风琴艺术周开幕式音乐会"为序幕,共组织了十一场各具特色的音乐会。其中,"俄罗斯华裔作曲家左贞观作品音乐会"、原创交响音乐剧《柴可夫斯基》尤其引人注目。

"党的旗帜高高飘扬"——迎接党的十八大胜利召开文艺晚会

10月26日,"党的旗帜高高飘扬"——迎接党的十八大胜利召开文艺晚会在哈尔滨举办。晚会由中共黑龙江省委宣传部、省文学艺术界联合会、中共哈尔滨市委宣传部、哈尔滨市文联主办,黑龙江省歌舞剧院、省音乐家协会、省舞蹈家协会、哈尔滨歌剧院、哈尔滨市音乐家协会承办。省和哈尔滨市有关单位领导与观众两千多人一起观看了演出。

本台晚会是省和哈尔滨市联合打造的一台迎庆十八大胜利召开的综合性演出。由黑龙江电视台著名导演赵荣丽执导。演出历时一个半小时,参演人员800余人。参加演出的有曲冬梅、齐燕、王文、刘淑珍、王庆辉、侯赛男等活跃在我省一线的专业中青年歌唱家,更有小朋友、大学生、武警战士、老年人等群众演员参加。

文艺晚会集中展示了我省经济、政治、文化、社会建设和生态文明建设以及党的建设所取得的伟大成就,全面展示了党的十七大以来黑龙江省文艺事业繁荣发展的辉煌成果。

中国·鸡西兴凯湖肃慎文化民间艺术节

9月20日,"中国·鸡西兴凯湖肃慎文化民间艺术节"在鸡西市举办。同时,中国民间文艺家协会为鸡西市"中国肃慎文化之乡"授牌。中国民间文艺家协会、省委宣传部、省文联、省民协、鸡西市的领导以及省内外民俗专家出席了揭牌仪式。授牌结束后,与会领导、专家学者观看了大型民间文化实景剧《鸡西·穆棱河传说》。

鸡西市是肃慎民族的发源地。艺术节期间,由省民间文艺家协会和鸡西市委宣传部承办的鸡西兴凯湖肃慎文化高端论坛同时举行。来自北京、辽宁、吉林、黑龙江等地的知名学者,探讨了新开流文化与肃慎文明之间的历史渊源及其在鸡西地区的发展与传承等方面的课题。

中国黑河国际旅游摄影艺术节

8月19日至25日,"中国黑河国际旅游摄影艺术节"在黑河市举办。艺术节由中国艺术摄影学会、黑龙江省摄影家协会和黑河市委、市政府主办，黑龙江省摄影艺术研究院、黑河市委宣传部、黑河市文联承办。

艺术节展出了中俄摄影家的摄影作品。摄影家们结合自己独特的艺术视角，把他们对黑河的自然风光、人文景观的感悟，用生动的视觉形象和摄影语言展示给观众。

艺术节期间，举办了“黑河市经济社会发展成就展”、“中俄摄影家聚焦黑河——黑河自然风光人文景观展”和“旅俄历史国际展”，开展了题为《强国与当代旅游摄影》的主题论坛。

第24届黑龙江省摄影艺术展览

11月3日，“第24届黑龙江省摄影艺术展览”开幕，展览由黑龙江省摄影家协会主办。

本次展览共展出四百余幅摄影作品。参展作品类别包括自然风光、社会生活、数码创意等方面。摄影作者来自社会各阶层，有职业摄影者，更多的是业余摄影爱好者。

迎风飘扬的旗——第六届新年合唱音乐会

12月3日，“迎风飘扬的旗——第六届新年合唱音乐会”在哈尔滨音乐厅举办。音乐会由黑龙江省文联主办，省音协、省音协合唱分会承办。省内相关领导及业内人士出席音乐会。

自2009年起，省文联已多次举办“龙歌”系列音乐活动。黑龙江新年合唱音乐会作为打造“龙歌”系列品牌音乐活动之一，已成功举办五届，在我省有着广泛影响。

本届音乐会荟萃了《太阳岛上》、《喊一声北大荒》、《我爱你，塞北的雪》等经典“龙歌”曲目，还推出了《北国雪》、《黑龙江的波涛》等新创作、新编配的合唱曲目。

黑龙江省版画院25周年新作展暨黑龙江美术创作研究院美术作品展

11月20日，“黑龙江省版画院25周年新作展暨黑龙江美术创作研究院美术作品展”在哈尔滨开展。展览由省文联、省美术馆、省版画院共同主办。

“黑龙江省版画院25周年新作展”共展出省版画院42位作者的81件作品，均为“第十九届全国版画展”至今一年多的新作。

“黑龙江美术创作研究院美术作品展”共展出美术家们创作的70余件作品，作品弘扬了黑龙江精神，倾诉了黑土地自然与人文的大美大爱，反映了该院艺术家们目前的价值取向、艺术追求、创作状态与风格面貌。

龙江书刻精品展暨全国书法名家作品邀请展

由黑龙江省文学艺术界联合会、《大公报》共同主办的“龙江书刻精品展暨全国书法名家作品邀请展”在香港沙田大会堂开幕。

香港新闻联主席、《大公报》董事长兼社长姜在忠，黑龙江省文联主席傅道彬，《大公报》驻黑龙江办事处主任焦红瑞等出席了开幕式。

本次展览共展出70件“龙江书刻”精品，“全国书法名家作品邀请展”同时展出。一幅幅精品力作体现了书法名家弘扬祖国传统文化的翰墨情怀。

全省第六届新人新作书法展暨第九届临帖书法作品展

11月1日，“全省第六届新人新作书法展暨第九届临帖书法作品展”在哈尔滨开幕。展览由省文联主办，省书协和省书法活动中心承办。省书协主席马国良，省文联主席傅道彬、副主席计世伟等领导以及书法爱好者百余人出席开幕式。

本次展出的244件作品内容丰富，形式多样，体现出很高的艺术水准。展览将新人展和临帖展合在一起举办，集中展示一堂，是一种新的尝试，可直观其艺术效果。

迎庆十八大——黑龙江省美术家协会第七届新人新作展

12月6日，“迎庆十八大——黑龙江省美术家协会第七届新人新作展”在哈尔滨开幕。展览由省美协主办，省美术馆承办。省暨哈市领导与观众300余人出席了开幕式。

本次展览，经过层层遴选，共有120件作品参展。其中包括中国画、油画、版画、雕塑、水彩、漆画、综合材料等作品，基本涵盖了绘画中的各个门类。从中我们可以感受到作者对于时代脉搏的敏锐把握和对社会飞速变化的深刻思考。在创作方法上涉及写实主义、象征主义、表现主义等等，在造型上涉及具象、变型、抽象、装饰等手法。这充分显示了青年作者艺术视野的开阔、创作思维的活跃。

东北地区第二期钢琴教师研修班开班

2月14日，东北地区第二期钢琴教师研修班开班。本期研修班由黑龙江省音乐家协会、牡丹江市文联共同主办。

自2006年起，黑龙江省音协、牡丹江省音协已成功举办了6期钢琴教师研修班，陆续邀请中国音乐学院、黑龙江大学等知名音乐院校的名师开展教师培训工作。来自东北三省钢琴教师积极参加研修班进行学习。

东北地区钢琴研修班的举办，对提高东三省钢琴教师教学水平，培养音乐骨干力量，扩大文化交流起到了积极的作用。

第七届黑龙江省音乐大赛声乐比赛

5月19日至20日，“第七届黑龙江省音乐大赛声乐比赛”开赛。本次大赛由黑龙江省文联、黑龙江省音乐家协会主办。

黑龙江省音乐大赛是黑龙江省委宣传部批准设立的音乐类奖项，已成功举办六届。今年有400余位选手参加比赛，选手们通过音乐大赛这个平台展示自我，共同切磋，相互学习。

第四期全国曲艺精品创作班

7月13日至18日，由中国曲艺家协会和黑龙江省文联共同主办的第四期全国曲艺精品创作班在黑龙江农垦宝泉岭管理局举办。来自全国的70余位优秀曲艺作者参加了创作班。

本期曲艺精品的创作班内容丰富、形式多样，中国曲协副主席崔凯、山东快书表演艺术家赵连甲、曲艺作家郝赫、中国煤矿曲协副主席宋德全、相声新秀李伟建等老中青三代曲艺名家分别就艺术的继承与创新、小品创作实践、曲艺语言的艺术、相声创作实践技巧等话题为学员们作了精彩讲解。

学员们共带来新创曲艺作品42部，他们将这些作品在创作班上交流探讨，打磨推出了一批有水平、有特色、有亮点的作品，如相声《裸婚》、《宅男也疯狂》，小品《邻居》、《撞车》，山东快书《一壶香米酒》，快板《最美妈妈》，二人转《天上人间》，河洛大鼓《矿山汉子矿山的魂》，湖北小曲《香溪女》等。这些题材新颖、具有时代感和代表性的作品，令人耳目一新。

创作班期间，宝泉岭分局的业余演出队和部分学员一起举行了专场文艺演出。

黑龙江省文联推荐作品获第十二届精神文明建设“五个一工程”奖

黑龙江省文联推荐、大庆歌舞剧院创作的舞剧《鹤鸣湖》荣获中宣部第十二届精神文明建设“五个一工程”戏剧奖；由黑龙江省文联推荐、车行作词、李昕作曲的歌曲《爱中华》荣获歌曲奖。

黑龙江省获第三届中国职工艺术节单项奖

12月9日，在中华全国总工会、中国文联、中央文明办、中央电视台联合主办的“第三届中国职工艺术节”上，黑龙江省企业文联报送，齐齐哈尔阳光热力集团魏宝麟创作并表演的小品《特别的爱给特别的你》荣获曲艺小品类一等奖和最佳导演奖；大庆石化公司于凯峰演唱的《星光灿烂》荣获声乐类二等奖；大庆油田文联戏曲家协会选送的传统京剧选段《我本是卧龙岗散淡的人》以及京歌《我是大庆石油人》分别荣获戏曲演唱类二等奖。

省作协召开2012—2016年度合同制作家聘任大会暨“野草莓”丛书首发式

省作协于2012年7月9日在哈尔滨北大荒国际饭店召开了2012—2016年度合同制作家聘任大会暨“野草莓”丛书首发式。省委宣传部副部长赵德信、省作协主席迟子建，党组成员、副主席何中生，党组成员、副主席王立民等出席会议。会前，省作协党组成员、副主席王立民代表省作协与王鸿达（大庆）、王若楠（哈尔滨）、朱珊珊（哈尔滨）、全勇先（佳木斯）、刘浪（鹤岗）、孙且（省直）、何凯旋（哈尔滨）、宋成君（齐齐哈尔）、陈力娇（绥化）、徐岩（部队）、唐飙（哈尔滨）、桑克（省直）、萧笛（牡丹江）、梁帅（省直）、程琳（牡丹江）、黑鹤（大庆油田）等16位作家分别签约，并为本届合同制作家先期发放了半年的创作补贴。王鸿达、何凯旋分别代表省作协2012—2016年度合同制作家和“野草莓”丛书作者发言。

本届合同制作家聘期为四年，省作协为主聘单位，萧红文学院为具体管理部门。本届合同制作家的聘任工作得到了省委宣传部的大力支持，专门划拨专项经费，保证了省作协有史以来第一次能够在聘任期间全程向作家发放定额创作补贴，这对全省文学工作者是一次极大的鼓舞。

省作协领导对2012—2016年度合同制作家聘任工作给予了高度重视，多次作为单独议题进行专项研究。按照“以文学创作成就为首要考虑条件”、“以中青年作家为主”、“兼顾各地市” 三项原则，经过有关处室推荐，由具有权威性的评委会联评，最后由省作协主席办公会进行了终评审核，决定聘任与省作协签订合同书的16位作家为省作协2012—2016年度合同制作家。

2012—2016年度签约作家有来自全省10个市（地）及产业作协的汉、蒙古、朝鲜、满等多民族的作家；有专业作家、大学教师、公务员，也有现役军人、自由撰稿人等；有文坛宿将，也有后起之秀。他们分别是省内小说、诗歌、散文、报告文学各个创作门类中取得突出成绩的作家和代表人物，是目前省内文学创作的生力军和带头人。

“野草莓” 丛书选取省内有创作潜质的部分中青年作家作品，每两年出版一辑。第一辑收录了《太阳从背后升起》（王立纯）、《在乌鲁布铁》（徐岩）、《青花瓷碗》（陈力娇）、《冬天的早班飞机》（桑克）、《永无回归之路》（何凯旋）等五部作品，力图为中青年作家搭建更广阔的成长平台。

生活报联合哈市物价局面向社会发放3.6万张免费门票

2012年3月12日，哈市物价局授权生活报，面向社会发放3.6万张免费门票。这些门票是哈尔滨市五大风景区——太阳岛、俄罗斯风情小镇、哈尔滨游乐园、东北虎林园和北方森林动物园的免费游览券。

与物价部门联手发放免费门票，是生活报乃至黑龙江日报报业集团发展史上的一个重大创新。该活动持续时间长，分阶段进行，市民关注持续。运用微博、知道网、96336报名方式，使生活报与黑龙江日报报业集团的新媒体业务和人气得到全面推广和提升。看到生活报与哈市物价部门率先在全省范围内推出的通过媒体发放免费门票的合作方式，省物价局局长锡东光由衷地表示：“感谢生活报，作为媒体起到了拾遗补缺的作用。生活报作为全省发行量最大的都市报，在政府与市民之间搭建起了一座桥梁，起到了黏合剂的作用，有力地推动了政策的执行和延续。”

生活报“帮寒门学子上大学”十年孕育正能量

2012年是生活报打造 “帮寒门学子上大学”助学品牌的第十个年头。2003年，生活报在全省媒体中率先发起这项助学活动，当年报道的33名品学兼优的学子全部得到了读者的捐助。十年间，通过爱心读者、爱心企业的积极参与资助，这项活动共募集助学款623万，帮1700名家境贫寒、自立自强的学生圆了大学梦。其间，多家知名企业和个人，纷纷捐款,并与部分贫困学子结成帮扶对子。2006年、2007年两年间,省青少年发展基金会更为“帮寒门学子上大学”注入资金支持,使得受助学子平均在七八百人之间。十年公益慈善,十年开花结果。如今这些寒门学子,有人已大学毕业,有人仍在读研、读博的求学路上……他们当志愿者、参与公益项目,或做其他力所能及的事情,都在尽其所能默默地回报着社会。

老年日报重阳敬老系列活动——横头山观赏红叶

10月13日,老年日报举办了主题为“九九重阳节,浓浓敬老情”的活动,编采人员带领百名老年人到哈尔滨横头山赏红叶。10月的横头山景色宜人,满山红叶映衬着老人们兴奋的笑脸,老人们感觉自己仿佛来到了一个世外桃源,愉悦的心情难以掩饰。作为金秋敬老系列活动之一,本次活动内容丰富多彩,登山是大家共同体味相互扶助,相互交流的美好过程;交谊舞、个人才艺表演等内容也备受老人喜爱;游戏之余,老人们三三两两,叙友情,赏美景,把烦恼都抛到了九霄云外。老年日报关注老人的精神世界,帮助他们开阔视野,敞开心扉,希望通过活动寻找到知心的朋友,创建幸福美好的晚年生活。

2012“书香龙江”读书节

由省委宣传部、省新闻出版局、黑龙江出版集团等联合主办,省发行集团组织承办的2012“书香龙江”读书节活动于4月23日启幕,为期一个月。

其间,全省各级新华书店开展了不同形式的文化惠民活动。牡丹江市新华书店深入校园,举办了校园图书展,新华书城组织了名家签售活动,同江、海林等地新华书店开展了“三农”图书大联展,七台河、伊春等地图书销量大幅提高。集团联合黑龙江广播电台举办了“爱心捐赠”主题活动,号召向贫困地区中小学校、社会福利院等机构捐赠书刊,省内多家文化单位和社会群体积极响应,共为全省12所小学、部分贫困县及福利院、部队累计捐赠书刊1.65万册,码洋26万余元。

新华书城还作为特邀服务商进驻省十一次党代会会场,开展图书展销和服务工作,受到与会代表一致认可。

《爱铸师魂——学习宣传时代楷模张丽莉英雄事迹读本》首发式

为弘扬“最美女教师”张丽莉的时代精神,7月29日,由省委宣传部主办的《爱铸师魂——学习宣传时代楷模张丽莉英雄事迹读本》首发仪式在省政府新闻发布厅举行。省委宣传部部长张效廉出席仪式,省委宣传部常务副部长李寅奎主持首发式。省委宣传部、省教育厅、省新闻出版局、省总工会、省妇联等8个编著单位负责人以及张丽莉爱人李梓烨、佳木斯市第十九中学校长殷春霞等嘉宾出席了首发式。

省委宣传部等8个编著单位和黑龙江少年儿童出版社向张丽莉所在学校佳木斯市第十九中学师生代表赠送《爱铸师魂——学习宣传时代楷模张丽莉英雄事迹读本》500册。仪式结束后,编著组一行八人来到哈尔滨医科大学附属医院看望“最美女教师”张丽莉,并向她赠送了新书。

黑龙江出版集团向张丽莉母校捐赠图书

9月21日,黑龙江出版集团党委书记、董事长、总经理李久军带队前往“最美女教师”张丽莉母校佳木斯市松江学校捐赠了一批优质图书,码洋20余万元。佳木斯市政府副市长朱晓峰、佳木斯教育部门有关领导出席了捐赠仪式。

李久军表示,出版集团将持续不断地开展书刊捐赠和各类文化活动,把优秀文化传播给更多龙江儿女。佳木斯市有关领导对集团捐赠活动表示感谢,邀请出版集团参与当地文化建设,并提出大力支持集团及所属单位在当地工作。

为迎接党的“十八大”召开,2012年以来,出版集团和所属出版社、新华书店已在全省开展书刊捐赠活动数十次，捐赠书刊价值百余万元，并组织了“书香龙江”读书节等大量文化活动，所属省新华书店被评为“全省全民阅读活动组织工作先进单位”。

邀请美国探索频道著名自助游节目《玩转地球》制作团队到哈尔滨拍摄

2月20日，围绕“大美大爱黑龙江”主题外宣活动，省外宣办与五洲传播中心合作，邀请美国探索频道著名自助游节目《玩转地球》制作团队，赴哈尔滨拍摄制作大型纪录片《连接中国》“大美大爱黑龙江——哈尔滨篇”，借助该频道的39种语言及面向180个国家和地区、覆盖9亿9千万家庭的强大传播资源。国务院新闻办公室2012年度主要对外宣传系列片《连接中国》(英文名 Invite Mr. Wright《有请怀特先生》)的第一个拍摄城市，就选择在黑龙江的哈尔滨，因为这里是中国冰雪运动和冰雪旅游胜地。Discovery 探索频道展现了黑龙江的冰雪文化、节庆文化、民俗文化、俄侨文化、中华巴洛克建筑的独特魅力。大美龙江吸引了世界的目光。

组织协调“非洲法语国家新闻官员和记者研究班”和“拉美国家记者团”等到黑龙江省采访考察

省外宣办组织协调“非洲法语国家新闻官员和记者研究班”一行44人和“拉美国家记者团”一行12人以及《国际日报》总编辑朱易、香港《文汇报》董事长王树成到黑龙江省采访考察，展示了黑龙江现代大农业、绿色食品加工、现代工业、新农村建设、城市社区建设和生态文明建设的形象。省旅游局和哈尔滨、大庆、鸡西、黑河在央视播放宣传广告，各市地通过在中央及境外媒体开设专版、合作拍摄电视片(专题片)等方式，提高了城市的知名度和美誉度。

最美女教师张丽莉舍己救人事迹连续发布会

5月8日，“最美女教师” 张丽莉舍己救人事迹披露后，引起境内外媒体和广大公众的广泛关注，50余家媒体的150多名记者云集哈医大附属一院。为妥善处理媒体采访与医患救治矛盾，省外宣办在省委宣传部的领导下，主动设置议题，积极配合收集舆情，及时为记者开通新闻采访信息电子邮箱，从5月16日至6月13日，每天定时发布张丽莉最新病情。通过预设隔离线，划分发布区、签到区、采访区和定人、定时、定点发布等方式，规范了新闻发布会的现场秩序，满足了媒体采访需求。

举办中韩日俄四国“文化创新与传播”交流活动

在“黑龙江之冬”国际文化艺术节期间，邀请中韩日俄文化及媒体界的专家学者60余人，围绕现代文化产品创作与传播的先进理念、黑龙江地域文化的内涵与形象塑造、中外文化交流的有效途径等课题进行深入交流，扩展了本届文化艺术节的内容与国际影响力，为搭建东北亚地区文化交流合作桥梁，推介东北地区尤其是黑龙江省地域文化发挥了积极作用。中央媒体围绕国际视野下的黑龙江对外文化交流，以及建立独有的文化品牌等主题进行了连续报道。

举办“中国东北地区与俄罗斯远东地区媒体定期交流(2012)”

继2011年首次实现中俄边境媒体定期交流的“破冰之旅”，引起国新办和省委省政府领导以及我驻俄大使、驻哈巴总领事的关注后，为推进双边媒体交流的机制化，在国新办六局支持下，我省再度牵头协调吉林、辽宁两省政府新闻办，在第23届哈洽会期间举办了“中国东北地区与俄罗斯远东地区媒体定期交流(2012)”活动。以哈巴边区州长及政府政策信息与公共关系总局副局长为团长的远东媒体代表团一行10人应邀赴哈出席了研讨交流和考察活动。双方围绕如何建立平等互信的交流机制，拓展两国民众信息需求渠道；如何以中俄“旅游年”为契机，推进双边人文领域的广泛合作等问题进行了广泛交流。孙尧副省长和中央外宣办六局领导、中国驻哈巴总领事、上合组织中国国家协调员、俄驻沈阳总领事代表出席了研讨会。此次活动为中国东北地区与俄罗斯远东地区媒体交流合作互利框架的形成提供了有力支持。

举办“黑龙江文化产业合作发展”2012 韩国交流活动

为加强与韩国的文化交流和产业合作，由省政府新闻办、省对外文化交流协会与韩国 21 世纪韩中交流协会共同举办的文化产业合作发展交流活动在韩国首尔、光州、全罗南道举行。依靠省委宣传部的大力支持，省外宣部门首次推介并促成中韩文化产业项目合作的积极尝试，在韩国各地广受欢迎并引起强烈反响。赴韩交流期间，召开了黑龙江省文化产业发展情况推介会，并与韩国国会议员、21 世纪韩中交流协会会长、有关郡首及韩国主流媒体负责人进行交流对接，举办了图片展等。我省文化部门及文化企业与韩方签署了 22 项合作协议，内容涉及新闻传媒、文化出口、动漫游戏、书法绘画、文化旅游等多个领域，这些项目牵动能力强、融资额度大、发展前景好，为推动我省文化走出去奠定了良好基础，是黑龙江省文化走出去的一次突破。

省内外宣媒体阵地建设取得明显突破。《伙伴》杂志认真落实《中俄边境媒体会谈纪要》精神，在提高期刊质量同时，围绕在俄印刷、扩大发行与俄罗斯远东地方政府、媒体、企业进行对接洽谈并建立合作关系，从第 2 期开始实现了俄罗斯“本土化”。《远东经贸导报》由半月版改为周报，扩大了对俄传播的信息量，向远东及西伯利亚地区发行 52 期。

开展“创三优、强素质，建大美大爱龙江”活动

贯彻落实党的十七届六中全会和省委十届十八次全会精神，按照省委文化建设“八大工程”的要求，以健全机制和提升素质为目标，以继续抓好“四化”、街道整治、思想道德建设为重点，推进大美大爱龙江建设。加大城市垃圾治理力度，开展集中整治战役，在开春和秋末集中两个月时间，组织开展“春风行动”和“秋风行动”两次大规模群众性集中整治战役。广泛开展群众性志愿服务活动，大力开展群众性爱国卫生运动。推进整体工作向县城、农垦、森工小城镇以及重点旅游名镇和“百镇”延伸，全面实施小城镇净化、绿化、美化和百镇主次干道硬化工程。抓好 18 个沿边口岸城市主要街道建筑立面改造、街道设施规整、沿街园林绿化、街道亮化、广告牌匾规范、道路硬化等。继续搞好城镇绿化建设，加大城市公路、铁路、江河水体沿线绿化力度，周密抓好春、秋两季城市园林绿化植树活动，提高城镇绿化的总量、品位和档次。加强市容和市场秩序整治，营造便民、规范、有序的市场环境。加强交通秩序整治，提升交通参与者文明出行意识，不断优化交通秩序。在党政机关开展“争做人民满意公务员”活动，在各窗口部门和各类企业中开展“诚信建设”活动，在全社会开展“文明有礼龙江人”主题活动等，不断提升市民文明素质和社会服务水平。

开展道德楷模巡讲演暨道德讲堂进基层活动

以传播善行义举、弘扬人间正气为主题，以全国文明城市、全国文明城市提名城市和全国文明单位为重点，通过组织道德楷模进机关、学校、企业、农村等地巡讲演，促进了群众心灵的净化、个人道德素养的提升和良好社会风尚的形成。第三届全国助人为乐道德模范陈艳梅做《用真情温暖困难群众的心》主题演讲，第二届全国孝老爱亲道德模范安淑萍做《一个平凡的女人用大爱和责任铸就和谐家庭》主题演讲，哈尔滨市公安局地铁分局政治处副主任王伟做《永做黑土地上的中国维和警花》主题演讲等。全省各地开展巡讲演活动 180 多场次，现场参与群众 13 万多人次，取得了强烈的社会反响。

开展文明餐桌创建活动

成立由文明办、食品监督、商务、工商、旅游等部门组成的活动领导小组，在哈尔滨市举行全省启动仪式，向全社会发出节俭惜福倡议，发布《文

明餐桌公约》，公示餐饮企业诚信经营的承诺，确定200家“文明餐桌”创建活动试点店和食堂。倡导各餐饮企业在醒目位置张贴提示牌和标语，在餐桌摆设宣传牌和文明公约，提示顾客适量点餐，吃剩打包，节俭用餐。主动标示菜肴分量，主动提供环保餐盒、餐袋，提供半份菜、小份菜服务，引导顾客理性消费。积极参与诚信餐饮企业、绿色餐饮企业创建活动，推广绿色服务，提升服务水平、经营特色和文化品位。把开展文明餐桌创建活动纳入文明城市测评重要内容，与创先争优、星级餐饮企业评比等活动结合起来，推动活动长效开展。据不完全统计，全省有1000多家餐饮单位参与创建活动。

全省“喜迎十八大，放歌新生活”农民歌咏活动

为切实提高农民文明素质，丰富农村精神文化生活，推动我省文化大发展大繁荣，为迎接庆祝党的十八大胜利召开营造良好社会环境，省文明委在全省农村举办“喜迎十八大，放歌新生活”农民歌咏活动。

通过开展唱红色歌曲、演地方曲目、咏中华经典、颂好人故事等群众性歌咏比赛活动，歌颂中国共产党的丰功伟绩，歌颂农村改革开放的伟大成就，歌颂中华民族的传统美德，歌颂农村呈现的文明新风，丰富农民精神文化生活，打造农村群众文化活动品牌，培育农村基层文化队伍，形成积极向上的精神追求、健康文明的生活方式和创业创新创优的良好风尚，为党的十八大胜利召开营造和谐的社会环境。

主办单位为省委宣传部、省财政厅、省农委、省文明办、省农开办、省新农村办，承办单位为省电台、省电视台、东北网络台和各市(地)文明委，绥芬河市、抚远县文明委，省农垦总局、省森工总局文明委。

全省“喜迎十八大，放歌新生活”农民歌咏活动，由各县(市、区)、农管局、林管局进行初级海选，各市(地)文明委、绥芬河市、抚远县文明委和省农垦总局、省森工总局文明委组织晋级比赛。

晋级赛的前三名获得者有机会被推荐进入终级决赛。终级决赛参赛节目由省委宣传部、省财政厅、省农委、省文明办、省农开办、省新农村办和省电台、省电视台、东北网络台共同确定。通过电台展播、群众投票、专家评审相结合的方式进行比赛。终极决赛设创作奖、表演奖、诵读奖、组织奖若干名。

黑龙江省志愿服务暖心行动

12月5日是国际志愿者日，是普及志愿理念，弘扬志愿精神，促进志愿服务事业大发展的有利契机。根据中央文明办关于开展“关爱他人志愿服务大行动”的统一部署，省志愿服务协调小组决定结合我省实际在12月5日前后，组织开展“志愿服务暖心行动”主题活动，纪念“国际志愿者日”。由省志愿服务领导小组统一部署，省委组织部、省文明办、省直机关工委、省民政厅、省卫生厅、省司法厅、省体育局、省总工会、团省委、省妇联、省红十字会、省残联、省科协、省老龄办牵头，在国际志愿者日期间以关爱空巢老人、留守儿童、农民工、残疾人为重点，以送温暖、献爱心为主题，注重人文关怀，以关爱他人为主要内容，在全省开展“志愿服务暖心行动”主题活动，大力弘扬扶贫济困、扶弱助残的良好社会风尚，营造文明和谐、团结进步的浓厚社会氛围。

今年，中央文明办继续组织优秀志愿者和志愿服务组织网上推荐活动。在中国文明网、人民网、新华网、央视网、光明网等重点新闻网站上开辟专题网页，进行集中展示，根据网上投票结果，产生100名全国优秀志愿者和20个全国优秀志愿服务组织。

省、市文明办会同有关部门分别组织“五个一百”(百名优秀志愿者、百个支持组织志愿服务先进组织、百个学雷锋志愿服务工作站、百个学雷锋志愿服务队、百个学雷锋志愿服务活动品牌)先进事迹集中展播和“五十佳”(十佳优秀志愿者、十佳支

持组织志愿服务先进组织、十佳学雷锋志愿服务工作站、十佳学雷锋志愿服务队、十佳学雷锋志愿服务活动品牌)集中宣传活动,弘扬志愿服务精神。12月5日前后集中组织“五十佳”和“志愿服务暖心行动”宣传活动,各级文明网、新闻网、政府网组织链接和宣传活动。

2012年12月，邀请部分全国全省优秀志愿者和志愿服务组织代表座谈,畅谈参加志愿服务的经历和心得体会,交流近年来志愿服务活动的成功经验。总结工作,表彰先进,交流经验,积极宣传志愿服务先进典型,进一步营造“当志愿者光荣、做志愿服务光荣”的浓厚氛围。

2012年12月由省文明办主办，在黑龙江文明网举办三场志愿服务工作网上访谈。第一场,由省文明办志愿服务工作处负责同志介绍2012年关爱他人、关爱社会、关爱自然志愿服务活动的进展和成效，以及如何认真学习贯彻落实党的十八大精神,推动我省志愿服务事业持续健康发展的总体思路。第二场,邀请部分市文明办主任介绍当地开展志愿服务活动的情况,交流经验,畅谈体会。第三场,邀请部分全国优秀志愿者和全省志愿服务“五十佳”代表与广大网民一同分享参加志愿服务活动的经历和心得,展示优秀志愿者的风采。

在国际志愿者日期间组织开展关爱他人志愿服务大行动

为认真学习贯彻党的十八大精神,进一步在全社会营造学习雷锋、志愿服务的浓郁氛围,推动关爱他人、关爱社会、关爱自然志愿服务活动持续深入开展,根据中央文明办决定在国际志愿者日期间组织开展关爱他人志愿服务大行动。

一、活动主题

坚持以送温暖、献爱心为主题,以空巢老人、留守儿童、农民工、残疾人为重点服务对象,贴近实际、贴近生活、贴近群众,组织志愿者集中开展家政服务、健康保护、亲情陪伴、文化体育、法律援助等方面的志愿服务行动,大力弘扬扶贫济困、扶弱助残的良好社会风尚,营造文明和谐、团结进步的浓厚社会氛围。

二、活动项目

1.开展家政服务志愿服务。组织志愿者为空巢老人、残疾人打扫室内卫生、清洗换季衣物、存储过冬蔬菜和燃煤。物业服务企业组织员工志愿者上门为空巢老人、残疾人检修水暖电气、修缮辅助器具和无障碍设施,代购物品、代缴费用,指导空巢老人、农民工正确使用电暖气、煤炉等取暖设施,宣传防火防煤气中毒等生活知识。

2.开展健康保护志愿服务。组织医护人员为空巢老人举办健康知识讲座，进行一次健康检查,到农民工集中居住地开展义诊活动,陪行动不便的老人、残疾人就医取药。组织心理疏导志愿者为空巢老人、残疾人、农民工提供心理咨询和辅导,预防心理疾患的发生。

3.开展亲情陪伴志愿服务。组织志愿者到敬老院、福利院和空巢老人、留守儿童、农民工、残疾人家中走访,解决他们的困难和需求,给予更多的精神慰藉。组织学生志愿者到农民工子弟学校和寄宿制中小学校，为留守儿童提供学习辅导和兴趣培养,帮助留守儿童通过电话、网络视频等,与在外打工的父母进行亲情互动。

4.开展文化体育志愿服务。组织文体志愿者依托乡镇(街道)文化站、村(社区)文化室组织读书会、举办文化讲座。带领农民工子女到美术馆、博物馆、科技馆参观,让他们感受城市变化、融入城市生活。利用社区健身设施,组织优秀运动员、教练员和社会体育指导员,为老人、留守儿童、残疾人提供健身指导,依托乡村学校少年宫,组织志愿者为留守儿童提供音乐、美术、体育、科技等方面的培训。

5.开展法律援助志愿服务。组织具有专业法律知识的志愿者深入社区村镇,广泛开展法制宣传活动,为空巢老人、残疾人提供法律咨询、代写法律文书、代办公证等服务。有针对性地为农民工提供政策咨询、索要欠薪、处理劳动纠纷服务,维护农民工的合法权益。

组织“两推进一建站”活动

为贯彻落实中央文明办《关于六一期间开展“学习雷锋、做美德阳光少年”网上签名寄语活动的通知》和《黑龙江省美德阳光建设工程实施方案》精神，发挥我省志愿服务组织化建设和志愿服务人才库系统建设优势，推动学雷锋活动常态化、实效化，在全省中小学校开展“两推进一建站”（围绕学雷锋学张丽莉，推进网上签名寄语活动和美德阳光建设工程，建立中小学校学雷锋志愿服务站）活动。

1.以全省中小学校为基地，依托黑龙江省志愿服务人才库系统已经建立开通的各学校志愿服务工作站窗口，成立全省中小学校学雷锋志愿服务站。

2.各市（地）、县（市、区）文明办按照黑龙江省志愿服务人才库系统操作手册为各学校按社区管理者进行授权，指导志愿者进行注册、管理者发起活动和其他相关操作，培养中小学校志愿服务站管理者骨干队伍，熟练掌握操作规程，组织注册志愿者开展各种志愿服务活动，确认志愿服务时间。

3.全省各中小学校统一组织学雷锋志愿服务站成立仪式，分别成立学校志愿服务队，组织广大未成年人登录中国文明网参加全国学雷锋网上寄语活动；开展各具特色的学雷锋、学张丽莉志愿服务活动。省文明办、省教育厅、团省委在双鸭山市举办全省“学习雷锋、做美德少年”网上签名寄语活动推动暨全省学雷锋中小学校志愿服务站开通仪式，邀请中央、省文明办领导出席活动。各市地、区县选择一所学校组织启动仪式和志愿服务活动；其他学校也结合实际组织启动仪式。

各级媒体，对“两推动一成立”活动进行积极宣传，大力弘扬“奉献、友爱、团结、进步”的志愿服务精神，倡导“帮助他人，提升自己”的志愿服务理念，形成声势，制造氛围，扩大影响。

黑龙江省美德阳光建设工程

为贯彻党的十七届六中全会、中共中央办公厅《关于深入开展学雷锋活动的意见》和省委十届十一次全会精神，贯彻落实全国暨全省未成年人思想道德建设工作会议部署，全面落实全省未成年人思想道德建设三年规划，推动学雷锋志愿服务活动常态化，实施美德阳光建设工程，推进未成年人思想道德建设再上新台阶。

省文明办、省教育厅、团省委、省妇联等有关部门整合优势，在全省中小学校开展美德阳光学生、美德阳光教师、美德阳光家长、美德阳光学校评选活动，颁布了评价标准，以推动未成年人思想道德建设的新进步。

美德阳光建设工程活动的内容是：

（一）以“身边变化、身边楷模”为活教材，扎实推进社会主义核心价值体系建设。组织汇总“身边变化”的成果和事例，挖掘总结“身边楷模”的道德品质和成长道路，通过经验交流、事迹展览、文艺展演等形式，培养广大未成年人、教职工和学生家长热爱祖国、热爱家乡、热爱人民的道德情感，营造有利于社会主义核心价值体系建设的舆论环境。

（二）以学雷锋主题活动为载体，广泛开展思想道德实践活动。以雷锋精神为旗帜，把学雷锋活动作为弘扬社会主义核心价值体系的重要载体，作为未成年人道德实践的重点内容。广泛开展学雷锋主题班日、主题队日、主题团日等活动，推动以学雷锋为主题的志愿服务活动深入开展。

（三）以“五个学会”为突破，加强学校、家庭、社会教育网络建设。发挥学校主渠道、主阵地、主课堂，家庭第一课堂和社区重要桥梁和纽带的作用，从倡导“学会快乐、学会欣赏、学会合作、学会感恩、学会承担”入手，培养广大未成年人树立道德自觉、坚定道德自信、崇尚道德自强的良好社会风尚。

（四）以典型示范为引领，筑牢未成年人教育的组织基础。充分发挥先进城市、先进单位、先进工作者的典型示范作用，发挥各级未成年人思想道德建设联系点和阵地网络的示范引导作用，以项目推进的形式，深入开展各项主题宣传教育活动。

（五）以“三关爱”为重点，积极开展暖心志愿服务行动。把关爱他人、关爱社会、关爱自然作为未成年人教育的重要内容,把关爱留守儿童、残疾儿童、贫困儿童等特殊儿童群体作为倡导“三关爱”,开展美德阳光活动的重点内容,重点帮助解决就学难、行路难、就医难和文化生活单调、心理障碍等方面的问题。

(六)以校外活动场所为依托,推动公共文化服务普惠广大未成年人。把青少年校外活动场所纳入公共文化服务体系建设,进一步完善爱国主义教育基地和公共博物馆、纪念馆、图书馆等公益性文化设施向社会免费开放的措施,拓展“美德阳光活动”的文化服务渠道。在首批乡村学校少年宫项目建设的基础上,进一步落实美德阳光书屋、美德阳光科技展室、美德阳光校园网站建设,发挥基层未成年人思想道德阵地建设的示范作用。并引导鼓励社会力量参与学校文化科技活动场所建设和服务,及时配套资金、推进项目建设、完善后续管理,拓宽面向未成年人的文化服务阵地,让城市特别是农村未成年人共享文化发展成果。

(七)以优秀文化产品为辅助,为广大未成年人健康成长提供精神营养。扎实推进少儿文艺出版精品工程建设,加大对青少年题材优秀影视剧创作及书刊、音像制品出版的引导扶持工作,全力推动精品文化活动进校园、进社区活动,推动开展红色旅游主题活动,鼓励志愿者、科技人员、专业人才参加未成年人思想道德建设创新活动,以形式多样、喜闻乐见的优秀文化产品,以丰富、健康、营养的精神食粮,促进广大未成年人全面发展。

(八)以未成年人思想道德建设测评为导向,建立健全美德阳光活动考核体系。发挥未成年人思想道德建设工作测评体系的目标引导、约束规范和考核评价作用,明确考核职责,细化分解过程,实现测评考核工作科学化、规范化、系统化。强化未成年人思想道德建设工作的责任机制,推动未成年人思想道德建设进学校、进社区、进家庭。落实大中小学学生守则和日常行为规范,推进未成年人心理健康指导站建设,促进未成年人思想道德建设工作协调发展。

第六届“网络媒体龙江行”活动

2012年7月23日至31日,举办了“科学发展,大美龙江——第六届网络媒体龙江行”活动。副省长孙尧出席启动仪式并作省情推介讲话。活动共邀请了人民网、新华网等11家中央重点新闻网站,北京千龙网、上海东方网等19家省市区重点新闻网站,新浪、凯迪等2家全国知名商业网站,人民网地方频道等4家中央重点新闻网站黑龙江分站,东北网、黑龙江新闻网等6家省内新闻网站总计41家网络媒体参与本次采访活动。多家网站总编、副总编,半数以上网站部门主任亲自来本省出席活动,这在国内同类活动中极为少见。北京、山东、甘肃等12个省市区互联网宣传管理部门负责同志应邀来黑龙江省交流指导工作。在9天的时间里,围绕“科学发展、大美龙江”主题,突出经济社会发展成就宣传,重点展示科学发展与富强、文明、和谐、大美、幸福龙江建设的崭新风采。来访的媒体记者走进哈尔滨、绥化、伊春、黑河等市地,深入到区、县、乡村、工厂、企业、社区,行程2000多公里,实地踏访,收到各地各单位基础新闻素材400余篇,撰写了《哈尔滨创城 蓄势待发正当时》、《绥化发展“五型经济”实现突破性增长》、《新时代的生态“净土”绿色林都优势迸发》、《让“明珠”旅游成为新亮点——访黑龙江省黑河市市长张恩亮》等多篇原创文章,全国各大网络媒体纷纷转载,在网上集中展示了黑龙江省“八大经济区”和“十大工程”建设取得的新成就、新变化。精心组织采访了哈尔滨松北科技创新项目、“迷人的哈尔滨之夏”旅游项目,绥化肇东、庆安现代大农业建设,伊春生物科技项目、森林国家公园建设项目,黑河逊克现代农业、中俄边贸发展情况等28个采访点,一系列鲜活、生动的科学发展实例通过互联网展现在世人面前。

此次活动,各网站共制作宣传黑龙江专题42个,刊发稿件合计2000余篇、图片3000多幅,新浪、腾讯、搜狐等多家商业网站、社会网站转载相关新闻报道，百度搜索关键词“第六届网络媒体龙江行”可见245000条结果，搜索“科学发展、大美龙江”可见352000条结果，最大程度地扩展了宣传的受众覆盖面，网上黑龙江正面影响力迅速提升。

“文明网站”评选活动

为深入开展创建“文明网站”活动，建立“文明办网、文明上网”长效机制，切实推进网络文明建设，2012年5月至2012年9月，在全省开展了“文明网站”评选活动。经过申报推荐、初评筛选、实地考察、网上测评、专家综合等评审程序，评选出东北网等51家网站为“黑龙江省文明网站”。在此基础上，申报推荐东北网等10家网站参加全国“文明网站”评选。

1月21日，省网宣办制定下发了《关于开展全省“文明网站”评选活动的通知》，向各新闻网站及新闻媒体网站部署创建工作的重点内容和工作措施，并明确要求各网站加强组织领导，认真研究部署，明确目标任务，推动工作落实，确保创建工作取得明显成效。同时，安排专人负责此项工作，每周汇总各网站创建工作进展情况，检查各网站“创建文明网站活动”专题页面更新情况，督促指导网站保质保量完成各项创建工作任务。

为进一步反映安定团结、社会和谐的时代风貌，营造温馨感人、文明祥和的春节节日氛围，各网站在“创建文明网站活动”专题页面的显著位置添加“文明过大年”专栏。东北网结合“走基层、转作风、改文风”，推出“2012新春走基层”活动，共发布原创新闻稿件200余篇。黑龙江新闻网利用论坛平台积极传播文明新风，生活社区充分发挥自身优势，倡导文明过节，大力宣传安定团结、社会和谐的时代风貌，营造温馨感人、文明祥和的节日氛围。哈尔滨新闻网新开设了“爱在冰城”栏目，制作“谢尚威救人”、“爱传百城”、“孙永海5器官点亮5个生命”等专题专栏内容，与宁波网、胶东在线等网站合作采访，并向全国范围推送，产生了良好的效果。黑龙江信息港将“文明过大年”专栏在信息港首页及各频道显著位置以标红的形式投放，积极向网民传播龙江各地春节文明新风气，并将“全国第二届博文帖文大展贴”活动和“创建文明网站活动”相结合，积极引导网民通过交互类栏目发布包含敬老爱幼、扶危济困，献爱心、送温暖，热心公益、助人为乐，移风易俗、文明过节等内容的博文、帖文。

“文明网站”评选活动，带动了创建“文明网站”活动深入、持久、健康开展，形成了网络文明新风尚，为党的十八大胜利召开营造了良好的网络文化环境。

2012年度“感动哈尔滨”人物(群体)评选活动

为大力弘扬民族精神和时代精神，充分展示哈尔滨人爱岗敬业、奋发进取、开拓创新、见义勇为、共建和谐的良好形象，引导全市人民见贤思齐、向善向美，从而推动社会主义核心价值体系建设，为加快实施新战略、奋力实现科学发展新跨越提供强大的精神动力，由中共哈尔滨市委宣传部、市文明办、哈尔滨广播电视台、哈报集团共同主办的2012年度“感动哈尔滨”人物(群体)评选活动，经过征集线索、基层推荐、组委会办公室初评、社会公示、群众投票、推委会评定等环节，于2012年12月28日圆满结束。

2012“感动哈尔滨”年度人物(群体)评选活动以“弘扬哈尔滨风尚、创建全国文明城”为主题，从2012年9月启动。活动收到了全社会的强烈反响。推选委员会从全社会征集到的100余名人物和集体中确定了21位候选人物及群体，通过媒体进行公示，截至12月，共收回选票120多万张，网上参与投票人数达到200多万人，活动参与人数创历届之最，在全社会形成了发现感动，评选感动，学习感动的风尚。经群众投票和推荐委员会评定，杨惠、苏泽军、常伟豪、杨宗玉、陶风军、高铁成、张宝金、刘效忠、谢尚威、王玺、谭继文获2012“感动哈尔滨”年度人物奖；哈尔滨市抗击台风“布拉万”群体、宾县公安局“8·22”英雄群体、哈尔滨市卫生局援疆医疗队获群体奖。另有7名个人和群体获得了提名奖。

第六届“邻里牵手逛新城”活动

为充分展示哈尔滨市创建全国文明城市工作以来新发展新变化，坚定干部群众建设繁荣、幸福、文明、和谐哈尔滨的信心和决心，以良好的精神状态投入到坚定实施新战略的工作实践中去，由市委宣传部、市直机关工委、市旅游局、哈尔滨广播电视台、哈报集团、市交通局等单位共同举办了第六届“邻里牵手逛新城”活动。在20多天的参观活动中，哈尔滨市社区居民、企事业单位职工、进城务工人员、离退休人员、民主党派人士、大中小学生、机关干部等近5000名社会各界人士参观游览了市政重点建设工程、城市新区建设和湿地自然风光。

第六届“邻里牵手逛新城”活动作为迎庆党的十八大胜利召开、创建全国文明城市和“迷人的哈尔滨之夏”旅游文化系列活动重要内容，突出社会文明、邻里和谐、城市变化的深刻内涵，在参观线路设计上尽显人性化，从广大市民的真实需求出发，把深受广大市民欢迎的湿地景点作为参观的主要内容，5条参观线路中既有阳明滩大桥、松花江公路大桥扩建工程、天恒山隧道等市政重点路桥工程，还有群力新区、松北新区、经济技术开发区等迅猛发展的城市新区，更有金河湾、白鱼泡、伏尔加庄园等哈尔滨特有的湿地景观，这些线路充分展现了新战略实施以来哈尔滨市取得突飞猛进的发展和日新月异的变化。

在参观活动中，广大市民用自己的视角去感受家乡的美，用自己的语言去传颂家乡的巨变，用自己的行动来推动家乡更好发展。“邻里牵手逛新城”活动也吸引了很多外地游客加入其中。通过这次活动，广大市民进一步激发了热爱家乡、建设家乡的责任感。

共6届的“邻里牵手逛新城”活动成功举办，以其鲜明的时代特征和广泛的社会影响，成为哈尔滨市精神文明建设的特色品牌，成为宣传推介哈尔滨城市形象的重要载体，成为广受群众欢迎和认可的文化旅游精品活动，并得到上级部门及社会各界的广泛赞誉和高度肯定。

举办迎庆党的十八大图片展

为迎接党的十八大胜利召开，营造良好的社会氛围，党的十八大召开前夕，由中共哈尔滨市委宣传部和哈报集团共同举办了“科学发展 成就辉煌”—— 哈尔滨迎庆党的十八大图片展。图片展以崭新的视角、丰富的内容、灵活的形式，把思想性、指导性与可视性结合起来，做大做强正面宣传，营造健康向上的主流舆论，形成了有利于改革发展稳定的舆论强势，在全市引起了强烈反响，取得了良好效果，并得到市四大班子领导的重视和肯定。市十八大代表、政协委员、人大代表、市直机关干部代表和10余万人次社会各界群众参观了图片展。

图片展做到“跳出宣传抓宣传”，紧贴中心工作，突出发展主题，通过“跨越发展”、“城市建设”、“民生改善”、“文化繁荣”、“文明城市”和“党建加强”等六个篇章，围绕全市县域经济、城区建设、路桥建设、哈西客站建设、三沟一河改造、地铁建设、棚改工程、社会管理创新、文化产业发展、全国文明城市创建、基层党组织建设等各项中心工作，突出反映全市各条战线、各地区工作的最新成果；反映人民群众感受“坚定实施新战略、实现科学发展新跨越”所带来的幸福感、自豪感；反映全市人民在争创全国文明城市、建设现代化大都市工作实践中奋发向上的精神风貌，进而鼓舞全市广大干部群众以更加奋发有为的精神状态，凝神聚力谋发展，千方百计惠民生，为实现哈尔滨科学发展新跨越而努力奋斗。

图片展在传统布展的基础上，在哈尔滨新闻网上开辟图片展网上展览，与图片展同步展出；于十八大开幕当日在《哈尔滨日报》、《新晚报》开辟特刊，登载图片展精选图片；在四大主城区进行图片展巡展，这些举措构成了围绕同一主题的组合拳打法，打破了传统图片展局限，提升了活动影响，突出了活动实效，延伸了活动触角，扩大了活动受众，得到广大群众的普遍好评。

弘扬“哈尔滨风尚”系列主题活动

为引领道德风尚，提高市民思想道德水平，提升城市文明程度，推动哈尔滨市全国文明城市创建工作不断迈上新台阶，推动形成了开放包容、热忱善良，守望相助、彼此温暖，崇尚英雄、追求正义的“哈尔滨风尚”，展示了全市人民的精神风貌，体现了哈尔滨市社会的道德高度，铸就了哈尔滨这座城市的精神地标。围绕弘扬“哈尔滨风尚”开展的一系列主题活动受众广泛，成效显著，影响深远，得到广大群众的普遍好评，进一步凝聚起全市广大干部群众创建全国文明城市，坚定实施新战略、奋力实现新跨越的强大精神力量。

以习近平、刘云山、李源潮等中央领导同志对张宝金同志先进事迹进行批示为契机，按照中宣部意见，积极配合中央媒体对哈尔滨市重大典型人物张宝金进行宣传报道，广泛开展学习宣传张宝金同志先进事迹活动。市委、市政府作出《关于开展向张宝金同志学习活动的决定》，号召全市广大党员干部向张宝金同志学习。为进一步贯彻落实市委《决定》要求，迅速在全市掀起向张宝金同志学习的热潮，召开全市学习张宝金同志先进事迹座谈会、报告会，组织宣讲团到基层宣讲 36 场，近万名干部群众聆听报告，激发全市干部群众干事创业热情，积极投身科学发展伟大事业。

积极配合中央媒体对谢尚威典型事迹进行集中采访。组织有关市领导赴广州慰问谢尚威，召开座谈会，并授予谢尚威哈尔滨市创建全国文明城市形象大使荣誉称号，进一步宣传冰城好人谢尚威同志先进事迹，使谢尚威成为引领哈尔滨社会道德风尚的一面旗帜，进一步展示全市人民在争创全国文明城市、建设现代化大都市工作实践中奋发向上的精神风貌，进而鼓舞全市广大干部群众以更加奋发有为的精神状态，凝神聚力谋发展，千方百计惠民生，为实现哈尔滨科学发展新跨越而努力奋斗。

召开“哈尔滨风尚”先进人物事迹座谈会、报告会，大力倡导将“哈尔滨风尚”与创建全国文明城市工作结合起来，把学习先进转化为助推文明城市创建工作的实际行动，以先进人物为榜样，推动文明城市与和谐社会建设的进程。利用新兴网络媒体，在人民网、新华网、新浪网等国家级网站设立“哈尔滨风尚”专栏，进一步宣传张宝金、刘效忠、谢尚威、杨惠、王君、苏泽军等先进人物的感人事迹，展示全市人民良好的道德风尚。编辑制作先进人物事迹报告会光盘，免费发放到基层党组织，拓展学习宣传“哈尔滨风尚”的范围和效果。这些举措构成了围绕同一主题的组合拳打法，打破了传统形式的局限，提升了活动影响，突出了活动实效，延伸了活动触角，扩大了活动受众。

积极开展 2012“感动哈尔滨”年度人物评选活动，使老品牌在创建全国文明城市进程中，充分展现新风采。继续采取企业冠名的方式运作，本着“基层推荐，群众公选，民主确定”的原则，广泛征集感动哈尔滨人物(事件)，组织社会各阶层投票、推选，使这一活动成为弘扬、宣传哈尔滨精神的过程，成为展示哈尔滨人民精神风貌的过程，成为提高全市人民思想道德素质的过程。

“做一个有道德的人”主题活动

“做一个有道德的人”主题活动，是贯彻中央 8 号文件精神的重要载体，是加强青少年社会主义核心价值体系宣传教育的具体举措。活动自启动以来，哈尔滨市各区、县(市)积极行动，广大未成年人踊跃参与，目前，哈尔滨市确定了国家级“做一个有道德的人”主题活动联系点 2 个，省级“做一个有道德的人”主题活动联系点 21 个，市级“做一个有道德的人”主题活动联系点 104 个。这些联系点切实发挥示范带动作用，以点带面，推动工作的深化拓展，取得明显成效。

广泛进行了雷锋事迹、雷锋精神和雷锋式模范人物的宣传教育,组织学雷锋主题班日、主题(团)队日等活动;广泛开展多种形式的“小小志愿者”、“伸伸手、弯弯腰,文明跟着走”活动,引导未成年人关爱他人、关爱社会、关爱自然;把学雷锋活动与开展的“向国旗敬礼”、“雏鹰争章”、“校园之星”等活动有机结合起来,实现未成年人学雷锋活动的常态化、机制化。组织开展了“中国移动杯·学雷锋、做雷锋主题征文”活动。

落实黑龙江省美德阳光建设工程工作方案,将开展美德少年的评选进一步拓展和延伸。扩大评选范围。不仅开展美德阳光少年的评选,还进行美德阳光教师、美德阳光家长、美德阳光学校的评选,通过整合优势,发挥学校、家庭和社会的作用,强化未成年人思想道德建设工作。细化评选标准。依据中央文明办确立的“心向党、爱劳动、有礼貌”的基本条件,细化为“孝敬父母、尊敬师长、团结友善、热爱劳动、勤俭节约”五方面内容,“优秀志愿者”孙慧熙、“爱心哥哥”张家赫等美德阳光先进典型代表,展现了冰城少年的良好风貌,展示了全市“做一个有道德的人”活动的丰硕成果。严格评选程序。为使评选具有广泛性、参与性和代表性,采取自下而上、层层推选的办法,在全市各级各类学校普遍开展了评选活动,推选1932名校级美德阳光少年,全市最终评选出10名美德阳光少年。扩大评选影响。隆重举行表彰大会,表彰奖励在全市涌现出的美德阳光典型。组织“美德少年先进事迹宣讲团”,深入各区进行巡回宣讲;编印《美德阳光少年事迹选编》,制作《美德阳光少年事迹》光盘,分发给全市所有中小学校;在媒体上刊载美德阳光少年先进事迹,在全社会形成了学习美德、弘扬美德、践行美德的良好氛围。

在全市中小学校和幼儿园中广泛开展了“童心向党,优秀童谣传唱”活动,使广大少年儿童在传唱优秀童谣中陶冶情操,快乐成长,做有道德的人。制定下发了《在全市中小学校和幼儿园广泛开展优秀童谣传唱活动的方案》,要求各小学校、幼儿园要将“童心向党,优秀童谣传唱”活动纳入学校德育整体工作中,组织开展丰富多彩的活动。2012年,全市共征集到童谣作品两千余篇,涌现出具有较高思想性和艺术性的原创作品。市文明办将入选的优秀童谣儿歌作品汇编成册,编印《哈尔滨市优秀童谣选编》,免费发放到各小学校和幼儿园。

2012年,结合党的十八大召开,开展“树立远大理想,迎接十八大”主题征文活动。组织哈尔滨儿童艺术剧院,定期为全市中小学校学生演出优秀儿童剧目。近几年,市委每年拿出资金50余万元支持此项活动,目前,共演出100余场,受众学生达五万余人。

利用网络媒体开展教育活动。运用现代化的手段,发挥对学生健康成长的正确引导作用,采取“以疏代堵”方式,引导学生健康上网,文明上网,拓宽教育渠道。积极响应中央文明办开展“网上祭英烈”、六一期间“学习雷锋、做美德少年”、十一期间“向国旗敬礼”活动号召,最大限度地发挥平台作用,充分利用好信息计算课的时间,加强对学生文明上网的教育,组织引导学生参与网上签名寄语活动,指导学生书写寄语,抒发自己的真情实感。开设冰城小博客。在哈尔滨文明网开设冰城小博客平台,开展多种形式的主题教育活动和文明小博客的评选活动,让学生享受网络带来的乐趣,在快乐中实现自我教育、自我提高,做一个有道德的人。

在开展“做一个有道德的人”活动期间,积极主动地学习中央文明办推广先进的经验和做法,制定下发《通知》,要求各级教育部门和中小学校认真学习“日行一善”、“洒扫应对”、美德少年星级评选、文明小博客、节日小报等做法,作为改进和提高全市未成年人思想道德建设工作的重要手段和方法。

组织大型冰上特技舞蹈秀“COOL·哈尔滨”演出

2012年,为继续将“大型冰上特技舞蹈秀COOL·哈尔滨”打造成国内一流、国际领先的文化品牌,市委宣传部组织协调有关单位部门,对节目内容进行了重新编排,对灯光舞美进行了重新调整,对服装道具进行了重新制作,对节目的音乐进行了重新编排,对安全设施及时提出整改意见。由于建立了事前统筹、事中监督、事后分析的机制,节目演出质量和档次较往年有显著提高,艺术性、观赏性有了新的飞跃,品牌效应不断凸显,得到了广大观众的交口称赞。2012 版“COOL·哈尔滨”受到了中外宾客的广泛好评,每天演出两场,整个演出季演出 105 场,观众累计达 7 万余人。著名导演吴宇森观看后赞叹说,“这是冰与杂技的美妙结合,哈尔滨能有这样的节目出乎我的意料”。自 2007 年以来,该节目已累计演出 1000 余场,取得了较好的经济效益和社会效益。

举办第二届中国哈尔滨冰雪动漫节

为充分挖掘哈尔滨市冰雪资源,打造冰雪文化品牌,推动哈尔滨市文化产业发展,2002 年 1 月 8 日至 2 月 12 日,哈尔滨市举办了第二届中国哈尔滨冰雪动漫节,以冰雕雪塑的形式对国内外及港、澳、台等地区的优秀动漫企业进行全新展示,生动形象地向国内外游客展现和宣传中国动漫成果。

本届动漫展在室外设立了国内外优秀动漫企业展区,邀请国内外知名动漫企业参加;以灯箱的形式展出“中国原创动漫扶持计划”获奖作品和新中国成立 60 年来的优秀原创动漫作品;以冰雪为材质雕刻出“中国十大卡通形象评选”的获奖和入围作品,观众可在此区域与憨态可掬的冰雕卡通形象参观留影;在展区中心树立一座大型卡通冰雕,甄选具有国际知名度并深受大众喜爱的形象,用作冰雪动漫展展区内的主体标识;以浇筑冰场、搭建八爪鱼、大象等卡通形态的冰滑梯等,向游客免费提供一个游玩、拍照的互动场景。在室内设置了 1000 平米的原创动漫衍生品自选超市,将所有参展企业的相关动漫衍生产品集中摆放,以自选超市的形式进行销售;搭建交易洽谈区,摆放动漫企业的版权形象及相关产品,提供一个交易洽谈场所,促进各地参展企业、观众之间的合作、授权和交易;搭建室内舞台,依次进行 4D 动漫电影展映、喜羊羊舞台剧演出、儿童剧、木偶剧及知名 cosplay、街舞社团表演等活动;邀请游艺企业提供最新最刺激的机动游戏设备,准备丰富的奖品等观众来赢取,让观众不仅可以在休息时参与活动享受快乐,还能得到超值的原创动漫衍生产品。

动漫展期间,举办了国际动漫冰雕大赛、冰雪动漫花车巡游、冰雪美少女选拔赛、卡通人偶舞台剧、儿童剧、木偶剧表演、4D 影片展映、摄影大赛、知名 COSPLAY 团队表演赛、时尚街舞秀、漫画名家签售会、国际权威冰雪动漫产业发展论坛等 10 余项活动,丰富了活动内容,好戏连连,精彩不断。

本届动漫展促进了海内外动漫产业交流合作和原创动漫产品的生产与交易,提升动漫企业的影响力,进一步发展完善动漫产业链,在国内外产生了较大影响,共吸引国内外动漫厂商 60 余家企业,2 万余名中小学生参与相关活动。

举办第 24 届哈尔滨冰雪电影节暨第二届华语电影产业盛典

2 月 12 日至 16 日,第 24 届哈尔滨冰雪电影节暨第二届华语电影产业盛典在哈尔滨国际会展体育中心隆重举行。5 天的时间里,哈尔滨星光璀璨、亮点纷呈,众多影视明星、导演、制片人和全国各地的媒体记者云集哈尔滨,上演了一场盛大的冰雪电影盛会,为城市增添了靓丽色彩,注入了澎湃激情,带来了无限欢乐,哈尔滨成为一座名副其实的电影之城、魅力之城、欢乐之城。

本届冰雪电影节设置了电影节启动仪式、触电短片竞赛单元入围影片展映、“行业关注”入围电影展映、华语电影院线高峰论坛、新片发布会、参观冰雪旅游景点、红毯仪式、颁奖晚会等 9 项活动。其中,发布并首映了《疯狂的蠢贼》、《倭寇的踪迹》、《双城计中计》等三部新片,展映“行业关注”入围电影 5 部、触电短片 29 部。特别是在哈尔滨市拍摄外景的新片发布会、红毯仪式和颁奖晚会受到了广大市民和新闻媒体的广泛关注，搅热了电影市场。电影节期间，围绕冰雪电影节主题，组织城区内各大影城，开展了市民专场电影展映活动，触电短片竞赛单元入围影片展映、“行业关注”入围电影展映活动供市民免费观看，提高了市民参与度。市民们纷纷来到活动现场参与活动，并寻找机会与自己喜爱的影视明星合影留念。据不完全统计，免费观看电影的市民达 5000 余人次，城区内的 8 大影城以优惠价格放映电影 200 余场，观众达 2 万余人次。

参加本届冰雪电影节的著名导演、明星、制作人达近百人。其中，影视明星有黎明、吴镇宇、惠英红、叶童等影帝影后级明星近 10 人，林永健、冯绍峰、杨采妮、腾格尔等一线明星 19 人，王学兵、筷子兄弟、元秋、元华等二线明星 20 余人。导演有李仁港、李力持、吴思远、尚敬、李扬、金依萌等香港和内地导演 11 人。电影行业高层及院线有中国电影评论学会会长章柏青、万达院线总经理叶宁、中影南方电影新干线总经理赵军等 12 人。电影监制、制片人有中影集团董事长韩三平、香港著名电影人文隽、《让子弹飞》出品人马珂等 10 人。无论嘉宾数量，还是质量档次较上年都有了较大提升。

冰雪电影节受到了全国各地媒体的广泛关注，中国电影报道、影视风云榜、娱乐现场、影视同期声、旅游卫视、香港有线、央视三套等 11 家电视媒体，新浪、搜狐、雅虎、腾讯、网易、新华网、优酷网等 15 家网络媒体，中国电影报、南方都市报、北京青年报、光明日报、看电影杂志等 14 家报纸杂志，派专人来哈尔滨市采访报道。省市新闻媒体也纷纷开辟专栏、专版对冰雪电影节进行了全程报道，参与采访的记者数量、报道的版面、持续的时间都超过了上届。特别是，哈尔滨市电视台在搞好节目直(转)播的同时，还与 12 个副省级城市合作，联合进行直(转)播，扩大了覆盖面。有近百家新闻媒体对冰雪电影节进行了采访报道，网上搜索条目达12.2 万余条。

举办学习贯彻哈尔滨市第十三次党代会精神征文活动

为了深入学习贯彻落实市第十三次党代会精神，加快推进哈尔滨市经济社会更好更快更大发展，市委建设学习型党组织活动领导小组办公室、市委宣传部、市委讲师团、《哈尔滨日报》、哈尔滨新闻网、市中国特色社会主义理论体系研究会联合举办了“哈尔滨市学习贯彻市第十三次党代会精神征文活动”。

征文活动历时 2 个月，自 2 月 1 日活动通知在《哈尔滨日报》、哈尔滨新闻网刊发后，得到全市各阶层的党员干部和理论工作者广泛关注和积极参与，各级党组织对征文活动高度重视，精心安排，认真组织，将其纳入本年度建设学习型党组织活动的考评内容。各区、县(市)和市直各部门以及企业、乡镇、社区、学校等基层理论工作者和党员干部也都积极响应、热情参与，使征文活动呈现出“广覆盖”的效果。许多单位的党政主要领导率先垂范、带头撰写征文，使征文的层次和质量明显提高。

征文活动深刻总结了哈尔滨市改革建设发展特别是实现新目标、实施新战略过程中取得的宝贵经验，活动作品主题突出，每一篇文章都是作者在准确把握市第十三次党代会精神基础上独立思考、自我认识、亲身体会的结晶，能够紧密联系哈尔滨市改革发展实际，围绕坚定实施新战略、奋力实现新跨越的新任务、新要求，着力在深入理解和努力实现“四大形象标志”和“四大民生指标”、推进城乡统筹、建设大哈尔滨、加快哈尔滨市“文化名城”和“旅游名城” 建设、加强党的建设等方面进行新探索、新思考，为全市实现科学发展新跨越提供理论依据，对进一步促进广大党员干部加强理论学习，深化理论研究，提高自身素质，增强创新能力起到了积极的作用。

征文活动共收到论文 309 篇，经初评和终评，评出一等奖 4 篇，二等奖 8 篇，三等奖 27 篇，优秀组织奖 7 名。活动结束后颁发了获奖证书和奖品，获奖名单在《哈尔滨日报》、哈尔滨新闻网公布。

举办学习贯彻省市党代会精神网上答题活动

为了推动全市学习贯彻落实省、市党代会精神不断向广度和深度发展，市委建设学习型党组织活动领导小组办公室、市委宣传部、市委讲师团、《哈尔滨日报》、哈尔滨新闻网、市中国特色社会主义理论体系研究会于5月14—18日联合举办了“学习贯彻省市党代会精神网上答题活动”。

此次活动目的是，推动全市广泛学习贯彻省第十一次党代会精神，同时对全市党员干部学习贯彻市第十三次党代会精神的阶段性成效进行检验。活动以省、市党代会报告为主要内容，精心设计、选编了100道试题，利用网络波及面广、传播快、易操作、安全性高等优势，在全市范围内广泛展开，参与人数众多，五天内上网答题人数达67810人，激发了广大干部群众学习贯彻省、市党代会精神的积极性和责任感，进一步增强了干部群众使用互联网的能力。

此次活动按由高到低的分数确定了100名获奖者，同时，按各单位组织参与答题的人数与获奖人数之比确定优秀组织奖26名，活动结束后颁发了获奖证书和奖品，获奖名单在《哈尔滨日报》、哈尔滨新闻网公布。

第五届哈尔滨“中国移动杯‘好段子·文明短信’”大赛

由市委宣传部、市网信办、市文明办主办，中国移动哈尔滨分公司、中国联通哈尔滨分公司、中国电信哈尔滨分公司、东北网络台承办的第五届哈尔滨“中国移动杯‘好段子·文明短信’”大赛活动从5月18日至8月18日在哈尔滨市举行，本次活动历时3个月，得到了社会各界和广大群众的积极响应，共接收到13省19市群众提交作品2.3万条，比第四届好段子参与地区增加了2省1市，在全国影响的范围进一步扩大；收到网络投票3609582票，比第四届好段子网络投票增加了205%；收到短信投票17573票，专题点击量超3000万。

本次大赛以“迷人的哈尔滨之夏”活动为契机，以“感受松江湿地，走近音乐名城”为主题，重点围绕讴歌哈尔滨城市建设发展成就、展现独具特色的文化体系、反映“三优”文明城市创建成果、赞美冰城夏都、弘扬文明风尚、倡导社会和谐等主要内容开展创作，创作产生了许多内容健康、言辞优美、格调清新、积极向上、脍炙人口的优秀短信作品。为倡导和发展“健康向上、充满活力”的短信文化，挤压不良信息生存空间，提升公众的社会责任意识，提升哈尔滨道德和文化素质，塑造和提升哈尔滨良好的形象都发挥了重要作用。同时，通过短信大赛，运用手机这一新型媒体传播文明、引领风尚，推动社会主义核心价值体系建设，弘扬优秀的民族文化和时代精神，表达对祖国、家乡和亲人的热爱。

本次大赛评选出三个奖项，即等级奖、组织奖和参与奖。45名作者分别获得一、二、三等奖，市直机关工委、市教育局、市总工会、团市委、市妇联、哈尔滨学院等6家单位获得优秀组织奖，此外，在手机投票者中还随机抽取了300名参与奖获得者。大赛颁奖晚会于11月5日在电视台千米演播厅隆重举行，市委常委、宣传部长张丽欣，市人大常委会副主任才殿国，市政协副主席李志恒出席颁奖晚会并为获奖者颁奖。

召开第十二届中国网络媒体论坛

由央视网、光明网主办，中共哈尔滨市委宣传部、哈尔滨市经济技术开发区承办的第十二届中国网络媒体论坛于2012年12月28日在哈尔滨市召开。中共黑龙江省委书记吉炳轩，中共哈尔滨市委书记林铎，市委副书记、市长宋希斌会见并宴请了与会嘉宾和部分代表。国家互联网信息办公室专职副主任李伍峰，光明日报社总编辑何东平，中央电视台分党组成员、中国国际电视总公司董事长兼总裁梁晓涛，黑龙江省委常委、宣传部长张效廉出席论坛开幕式并致辞。来自全国网络文化建设和管理有关部门、新闻网站、商业网站、互联网企业负责人和业内专家等300余名代表出席了会议。

论坛以“学习宣传贯彻十八大精神，创新内容建设，增强文化实力”为主题，下设六个分论坛。与会代表分别围绕“创新内容建设增强网媒影响力”、“技术驱动网络媒体建设”、“新媒体投融资机遇与挑战”、“移动媒体的应用需求与产品创新”、“网络整合营销与模式创新”、“网络电视的应用与未来”等议题进行了深入探讨和交流。

此次论坛通过了以“转作风、改文风，讴歌真善美，传播正能量”为主要内容的《中国网络媒体哈尔滨宣言》。

论坛强调，网络媒体要认真学习宣传贯彻党的十八大精神，始终坚持正确舆论导向，充分发挥网络优势，精心组织重大主题宣传，广泛传播党和政府声音，及时通达社情民意，主动引导网上热点，密切对外沟通交流，在推动国民经济快速发展、完善民主法制建设、繁荣先进文化、促进社会进步等方面发挥更大作用，为实现伟大的“中国梦”凝聚团结奋进、用之不竭的网络正能量。

市委常委、宣传部长张丽欣出席论坛活动并在闭幕式上致辞。

参加论坛活动的领导和嘉宾还参观考察了中国云谷、黑龙江动漫基地、哈尔滨建筑艺术博物馆、中央大街步行街等，了解了哈尔滨市高新技术领域和文化产业发展状况，对哈尔滨市文化特色、文明城市创建活动和经济社会发展成就给予了充分肯定。央视网、新华网、光明网、人民网、腾讯网、中新网、华龙、网易、东北网等70余家网络媒体对此次论坛活动进行了跟踪报道，共发布新闻300余篇。中央电视台《新闻联播》对此次论坛给予了报道。

第十二届中国网络媒体论坛有效宣传了哈尔滨的城市形象和人文风貌，对哈尔滨市网络媒体开发和运用哈尔滨的文化资源，加强移动智能终端、云计算、物联网等互联网关键技术的研发和产业化合作，丰富互联网的服务和应用，共同推动互联网业的繁荣与发展起到了积极的推进作用。

举办第六届“网络媒体龙江行(哈尔滨站)”采访活动

2012年7月23日至24日，第六届全国网络媒体龙江行首站采访活动在哈尔滨举行，来自人民网、新华网、中国网、光明网等中央和各省市重点新闻网站以及全国知名商业网站的50余家网络媒体70余名编辑记者参加了采访活动。哈尔滨市委宣传部、市委外宣办、市网信办按照省网信办要求，突出主题，搞好专访。围绕“科学发展，大美龙江”这一主题，就网络媒体关心关注的城市科学和谐发展问题，安排记者集体采访省委常委、市委书记林铎。新华网黑龙江频道、人民网黑龙江频道、中国共产党新闻网等40余家网站，分别以《实施新战略实现新跨越 林铎接受第六届网媒龙江行集体采访》、《林铎:“迷人的哈尔滨之夏”奏响城市交响乐》、《林铎:迷人的哈尔滨等待网络媒体探索》等为题，发布或转载了相关报道。围绕市委、市政府“创建全国文明城市”重点工作，组织网络媒体集体采访市委常委、宣传部长、市文明办主任张丽欣。中国广播网、东北网、搜狐网等20余家网站，分别以《哈尔滨“创城”正当时》、《网媒龙江行聚焦哈尔滨“创城”蓄势待发正当时》等为题，发布或转载了相关报道。周密组织，细心协调。通过领导专访、专题采访、项目采访三种采访形式，哈尔滨还组织网络媒体记者实地踏查采访松北科技创新城、群力新区建设、关东古巷、民生尚都、阳明滩大桥、太阳岛湿地；现场观摩南岗区“洁净如家”城管体验，“公共文明引导”、“关爱他人——优质志愿者服务”活动和道里区中央大街商圈文明志愿服务、抚顺社区服务，充分报道了哈尔滨市重点工作的新亮点、新成就。网上推广，成效显著。截至7月30日，共有25家国家级网站制作了专题网页并发稿65条，转载1230次；22家省市级网站制作了专题网页并发稿246条，转载1136次；哈尔滨新闻网制作了专题网页并发稿32条，转载200次；网上原发、转载有关哈尔滨的信息内容达2500

余次，平均每条稿件点击率近千次。国家级网络媒体首发了《第六届全国网络媒体龙江行活动在哈尔滨启动》、《第六届全国网络媒体龙江行采访团踏查哈尔滨市旅游项目》、《网络媒体龙江行采访团参观展览馆 感受哈尔滨百年变迁》等原创报道20余篇。新华微博、东北网、红网等多家网站开设了活动专题专栏。更多的网络媒体的记者利用微博发表了对马迭尔西餐、江北鱼宴、哈尔滨饺子等美食和索菲亚教堂、太阳岛湿地等美景的感受，引起了网民的广泛关注。

开展“文明网站”创建评选活动

为贯彻落实党的十七届六中全会“广泛开展文明网站创建，推动文明办网、文明上网”精神，传播网络文明风尚，推动全国文明城市创建活动，根据省文明办、省网信办《关于开展全省“文明网站”评选活动的通知》(黑网宣通〔2012〕16号)要求，市委宣传部、市文明办、市公安局、市互联网信息办公室联合开展了哈尔滨市“文明网站”评选活动。此次文明网站评选分政府、新闻、高校类网站和商业及其他类网站两大类。按照《黑龙江省文明网站测评评比标准(暂行)》要求，组委会对申报“文明网站”评选单位，层层筛选，严格把关。经下发文件、实地走访、网上监测、材料核查、数据分析、评委打分等方式，授予哈尔滨新闻网、中国哈尔滨、哈尔滨文明网、哈尔滨市国土资源局、哈尔滨学院、冰城网、哈尔滨地情网、哈尔滨信息港、哈尔滨机关党建网、哈尔滨市人力资源和社会保障局、哈尔滨市地方税务局、哈尔滨青年宫、哈尔滨建设网、哈尔滨电视台(哈尔滨蓝网)、中国·哈尔滨·道外、哈尔滨廉政网、哈尔滨市卫生局、哈尔滨市民学习网、哈尔滨·松北、哈尔滨志愿服务网、哈尔滨供排水集团有限责任公司等21家网站为2012年“哈尔滨市文明网站”，其中13家网站被评为“黑龙江省文明网站”，入选率达62%，占全省四分之一强。为鼓励更多的网站加入到文明网站创建活动中来，授予龙采科技、黑龙江省急救中心、哈尔滨市第四医院、哈尔滨银行股份有限公司、依兰县政府网站、政协哈尔滨市委员会、声网、哈尔滨市文化和新闻出版局等8家网站为2012年“哈尔滨市文明网站提名奖”。同时，市网信办荣获全省创建“文明网站”活动优秀组织奖。

“哈尔滨市文明网站”称号是互联网领域的市级荣誉，是反映互联网站精神文明建设、日常管理水平和社会责任的综合性奖项。此次文明网站评选活动是贯彻落实党的十七届六中全会精神的一项重要举措，也是推动哈尔滨市创建全国文明城市的一项重要内容，对发展健康向上的网络文化，倡导文明办网、文明上网具有积极而深远的意义。

新华网在哈尔滨首次开展行政村现场“直播访谈”活动

2012年7月27日至29日哈尔滨市委宣传部、哈尔滨市互联网信息办公室超前准备、多方协调、积极配合新华网直播采访记者团进驻哈尔滨尚志市元宝村，组织开展了对全国重大典型哈尔滨尚志市元宝村党总支书记张宝金同志进行现场“直播访谈”活动。29日现场“直播访谈”正式上线，新华网充分运用专题专栏、音频视频、多媒体、微博、微电影、微直播等方式，密集式地宣传报道了张宝金同志的先进事迹。《“元宝书记”张宝金》、《元宝村党总支书记张宝金与新华网前方报道团交流》、《“土改第一村”党总支书记张宝金的“掌舵经”》、《张宝金：元宝村不搞“家族主义”》、《新华时评：永葆共产党人的本色》等网络原创文章在网络上引起了强烈反响。此次采访报道活动荣获了新华社内部评比的“2012上半年新华社设计好稿——最佳创意策划奖”，并创造了新华社典型人物报道史上的四个第一：第一次采用微电影形式对典型人物进行网络宣传报道；第一次将网络直播访谈间设在行政村；第一次尝试采用文字配拼图和动感相册形式展现采访成果；第一次尝试根据网民兴趣进行互动交流。截止到2012年8月1日，新华网共首发新闻30条，流转量上百万次。新华网发出微博共205条，成为哈尔滨市典型人物网络宣传报道的一次最佳范例。

举办第 31 届“哈尔滨之夏”音乐会

“中国的哈夏，世界的舞台，百姓的节日，音乐的盛典”，第 31 届“哈夏”音乐会 8 月 6 日开幕，15 日闭幕，为期 10 天的“哈夏”高潮迭起，精彩纷呈，共有 20 个国家和地区的音乐团体及艺术家参演，奉献了 45 场国内外高水平专业演出，群众性音乐活动更是高达 1158 场。节目质量、参与程度、影响范围再创历史新高，不仅充分展现了鲜明的国际特色和时代特征，而且更加彰显了“哈夏”的独特魅力、“音乐之城”的迷人风情。历经半个世纪的“哈夏”音乐会，已经成为一个传承优秀文化、延续经典魅力的重要平台，成为哈尔滨展示历史文化名城、促进中外文化交流的重要窗口。

举办“激情广场·爱国歌曲大家唱”走进哈尔滨活动

7 月 31 日上午 9 时，由中宣部、中央文明办主办，哈尔滨市委、市政府承办，市委宣传部、市文明办和道里区委区政府协办的“激情广场·爱国歌曲大家唱”走进哈尔滨活动在哈尔滨音乐公园举办，中央电视台全程录制。省、市领导陶夏新、王颖、姜明、石嘉兴、张丽欣、才殿国、李志恒等出席活动。本次演出参演人员达 6000 余人，国家一级演员尤泓斐，著名歌手郭峰、博林、杨光、王莉、严当当等明星与全市各行业、单位人员组成的合唱团同台献艺，演唱了《我爱祖国的蓝天》、《党啊，亲爱的妈妈》、《再唱山歌给党听》等众多脍炙人口的爱国歌曲。同时，组委会还特别设置了向“最美女教师”张丽莉致敬环节，东北大鼓《师魂》和黑鸭子组合演唱的《祝你平安》唱出了对张丽莉的敬佩和祝福。台下由志愿者、道德模范、军人、学生等组成的方阵与台上的演出团队同唱爱国歌曲，充分展现了哈尔滨市广大群众团结奋进、和谐向上、开拓进取的爱国热情和精神风貌。本场演出于 10 月 28 日在央视三套“激情广场”节目中播出，11 月 16—18 日在哈尔滨电视台连续播放。

举办“美丽哈尔滨、浪漫松花江——名家画名城”大型美术采风活动

为深入贯彻党的十七届六中全会和哈尔滨市第十三次党代会精神，迎接党的十八大胜利召开，围绕建设文化名城总体思路，落实市委提出的“实施新战略、实现新跨越”的战略部署，丰富“迷人的哈尔滨之夏”文化旅游活动的内容，于 9 月份邀请全国著名美术家 26 人来哈尔滨市进行采风活动，艺术家们游览了全市著名风景区松花江、太阳岛、伏尔加庄园、中央大街等，围绕全市近年来发生的可喜变化进行美术创作，作品由哈尔滨市相关部门进行收藏，并于 12 月份在哈尔滨市举办展览。

举办第十三届“哈博会”

9 月 4 日，第十三届哈尔滨民间民俗艺术博览会开幕式在兆麟公园内举行，会期 10 天。博览会展区分为民间民俗艺术品展区、品牌展区、综合展区、地方名优特色产品展区、仿古家具、户外用品等六大区域，共 300 个艺术品展位。民间艺术家创作了大量技艺精湛、富有时代气息的新作为本次哈博会增添光彩。“哈博会”的举办，不仅让全市广大市民和外地游客充分浏览到哈尔滨市独有特色的民俗作品，而且也让大家深深感受到哈尔滨市民俗艺术深厚的历史文化底蕴，为打造旅游文化城市品牌做出了新的贡献。

打造中央大街“音乐之街”活动

按照打造“中央大街”为“文化之街”的总体要求，在市委宣传部的领导下，中央大街组织开展系列文化活动。从每年的 5 月份至 10 月份，在中央大街的音乐广场(苏宁舞台)、头道街、中医街、十四道街、九道街、端街等演出场地，都安排不同的演出内容。6 月份举办了“2012 哈尔滨第二届街头音乐节”，开幕式邀请了美国、英国、法国等 20 个国家的

乐队、音乐人和亚洲第一电子乐团来哈尔滨市交流、献艺。精彩的演出让中外游客流连忘返,也为提升哈尔滨“音乐名城”的品牌形象,为“迷人的哈尔滨之夏”系列活动增添了浓墨重彩的一笔。

举办“迷人的哈尔滨之夏”——我喜爱的文化旅游产品征集评选活动

为进一步宣传和树立哈尔滨市城市旅游形象,弘扬地方文化,加快挖掘开发地域特色旅游文化产品,促进旅游购物市场的繁荣,满足游客对特色旅游文化产品的需求,借助哈尔滨市“迷人的哈尔滨之夏”文化旅游系列活动开展的有利契机,市委宣传部、市委外宣办、市旅游局和市礼品行业协会共同举办 2012 “迷人的哈尔滨之夏”——我喜爱的文化旅游产品征集活动。于 6 月 15 日在全市下发了征集产品的通知, 短时间内征集到文化旅游产品 1000 余件, 评委在候选产品中选出 450 件产品,于 7 月 4 日在 123 展馆进行了为期 6 天的产品展示,受到了广大市民的欢迎,有 1500 余人参观了展览。在展览期间,又经过评委的严格筛选,选出 39 件产品,在《新晚报》和哈尔滨新闻网上进行公示。《新晚报》、哈尔滨电视台给予大力宣传,广大市民踊跃参与投票,选出自己喜爱的文化旅游产品,有效投票 9057 票。7 月 16 日, 评委依据报纸和网上投票情况,并结合评审标准,评出特殊贡献奖、金银铜奖,在媒体上进行公布。

举办第八届中国(深圳)“文博会”·哈尔滨文化产业招商日活动

2012 年 5 月 18 日至 21 日,哈尔滨市委宣传部以第八届中国(深圳)“文博会”为平台,举办了“哈尔滨文化产业招商日”活动,通过宣传推介、招商引资、洽谈签约等形式,宣传展示哈尔滨文化发展成果,扩大文化交流,增进文化合作,提升文化影响力,推动哈尔滨文化大发展大繁荣。

第八届文博会以“博览与交易”为主题,突显“文化+科技”,“文化+旅游”,“文化+贸易”的特色亮点。在保持展出内容综合性的同时,重点展示文化创意、新闻出版发行、影视制作、创意设计、新媒体、数字内容及动漫游戏、非物质文化遗产、书画艺术、工艺美术等重点文化产业领域代表行业发展水平的文化企业、产品和项目。

5 月 18 日上午,组织市直宣传文化系统有关单位主要领导、区县(市)常委宣传部长,有关文化产业园区(基地)、文化企业、项目负责人参观“文博会”。在文博会黑龙江展厅,组织发放“哈尔滨文化产业招商日”宣传手册,在 LED 显示屏插播“哈尔滨文化产业招商日”宣传广告,组织哈尔滨模特队在黑龙江展厅走秀表演。5 月 19 日上午,市委常委、宣传部长张丽欣带队参加省委宣传部组织的省重点文化产业项目招商推介签约会,组织有关文化企业参会、推介、签约。5 月 20 日,在深圳富临大酒店举办了“哈尔滨文化产业招商日”活动。邀请市委副书记姜国文莅临招商日活动,同时邀请深圳市领导光临招商日活动。哈尔滨市委宣传部有关负责同志,部分区县(市)常委宣传部长,市直宣传文化系统有关单位主要负责同志,哈尔滨、深圳文化企业负责人,中省直、市属和境内外新闻媒体记者参加招商日活动。市领导在推介会上致辞,市文化企业代表作文化产业项目推介发言,全市重点文化产业项目现场签约,深圳、哈尔滨两地文化企业现场进行对接和交流。

哈尔滨市举行的文化产业招商日活动, 是近年来省内城市在深圳文博会上举办的第一个文化产业招商活动,招商项目达到 60 个,囊括市、区、县(市)三级,既有几十亿元体量的投资,也有近百万元体量的投资,涉及文化产业中的 10 余个类别,包括新闻出版、新媒体、数字内容和动漫游戏、文化旅游、文化展示、演艺娱乐等,投资总额达 319 亿元,融资总额 54 亿元;中华巴洛克保护开发、黑龙江省数字新媒体产业园、哈尔滨数字出版基地、哈尔滨冰雪大世界四季乐园等 12 个文化产业项目将作宣传推介展示,3D 电影 008 倒霉熊、新一代立体智能手机应用、城市智能一卡通支付系统、印刷业(印联)财富资金平台、红博商业时装设计等16个文化产业项目进行现场签约，签约总额达30.83亿元。

与央视合作大型直播节目《江山多娇——鸟的乐园 丹顶鹤的故乡》

中央电视台新闻频道在"十一"黄金周期间增设了展现祖国的壮丽河山、大自然风貌和人文景观的《江山多娇》节目，在全国范围内拍摄优美的自然风光。经过多次沟通协调，扎龙自然保护区成为中央电视台在黑龙江选择的两个拍摄地点之一。为了协助配合这次拍摄活动，市委常委、宣传部长高虹陪同摄制组深入扎龙湿地现场拍摄，并从电视台调运了摇臂设备，尽其所能做好拍摄活动。在两天的时间里，中央电视台先后4次直播扎龙湿地自然景色，总计播出时长达10分30秒，全国观众领略了扎龙大湿地的迷人风光。东北网、土豆网、齐齐哈尔新闻网等国内知名网站纷纷转载相关视频和新闻，引起网友的强烈反响，网游发帖评论6000多条，盛赞扎龙美景。《江山多娇》节目播出后，全国各地游客纷至沓来，感受世界大湿地、中国鹤家乡的自然风光。

承办2012首届"中国·齐齐哈尔扎龙国际婚礼文化节"

2012年8月17日，首届"中国·齐齐哈尔扎龙国际婚礼文化节"在扎龙国家级自然保护区举行。来自俄罗斯、韩国、塞拉利昂，以及中国台湾和大庆、齐齐哈尔等地的近百对新人和庆祝金婚的老人，共同携手，感受人与人、人与自然的相亲相爱、幸福和谐。本次活动由黑龙江省妇女联合会、中共齐齐哈尔市委员会、齐齐哈尔市人民政府主办，由中共齐齐哈尔市委宣传部、齐齐哈尔日报报业集团等14部门承办，由大金山婚庆文化传媒有限公司、烟台天马栈桥文化发展有限公司协办，齐齐哈尔日报报业集团进行了全程策划。同时，举办了"城市文化与湿地"论坛。全国人大常委会副委员长周铁农为婚礼文化节和湿地联盟成立题词，中国妇联、省妇联、省报业集团领导，以及俄罗斯阿穆尔州青年特长教育机构主席别兹娜秀克·利莉娅·彼得罗芙娜参加了开幕式。中央和省各大媒体刊发了婚礼文化节报道，在较高层面扩大了齐齐哈尔市的影响。

承办全省美德阳光建设工程启动仪式

4月11日，黑龙江省美德阳光建设工程启动仪式在齐齐哈尔市建华区民乐小学举行。省委宣传部副部长、省文明办副主任陈永芳，齐齐哈尔市委常委、宣传部长、市文明委主任高虹出席启动仪式。省市相关领导及师生、家长代表千余人参加了活动。本次活动由省文明委主办，齐齐哈尔市文明委承办，建华区委区政府协办。此次活动是按照省文明委、省教育厅、团省委、省妇联统一部署而举行的。活动以"身边变化、身边楷模"为活教材，扎实推进社会主义核心价值体系建设；以学雷锋主题活动为载体，广泛开展思想道德实践活动；以"五个学会"为突破，加强学校、家庭、社会教育网络建设；以典型示范为引领，筑牢未成年人教育的组织基础；以"三关爱"为重点，积极开展暖心志愿服务行动；以校外活动场所为依托，推动公共文化服务普惠广大未成年人；以优秀文化产品为辅助，为广大未成年人健康成长提供精神营养；以未成年人思想道德建设测评为导向，建立健全美德阳光活动考核体系。

承办全省"三关爱"志愿服务活动启动仪式

4月27日，全省关爱他人、关爱自然、关爱社会"三关爱"志愿服务活动启动仪式在建华区方兴社区举行。黑龙江省文明办专职副主任袁克敏，齐齐哈尔市人大常委会副主任、市文明委副主任曹书杰，齐齐哈尔市政协副主席、市文明委副主任张敬先，齐齐哈尔市人民政府党组成员尹承明同志出席启动仪式。市民政局、团市委、北三区文明办主任、部分社区主任代表及志愿者代表400余人参加了此次活动。仪式上，省、市、区领导为18类志愿者服务队授旗，并颁发了志愿者证，为方兴社区志愿服务工作站授牌，志愿者们进行了集体宣誓，志愿者代表宣读了"三关爱"倡议书。省、市、区领导分别讲话。启动仪式结束后,与会领导和来宾现场观看了建华区"三关爱"志愿服务活动图版,参观社区网格化建设、志愿服务网络管理情况,与志愿者共同栽种了"三关爱志愿活动纪念树"。在这次启动仪式上,齐齐哈尔市率先颁发志愿者证、为社区志愿服务站授牌、制作志愿服务管理系统演示流程、统一全市志愿者誓词,为全省志愿服务规范化运行起到了良好的示范带动作用。中国文明网、东北网、省文明网对当天的活动进行了专题报道。

"当代雷锋在行动"志愿服务活动

由市志愿服务协调小组发起的"当代雷锋在行动"主题志愿服务活动于2月末正式启动,克山县、拜泉县、建华区等地分别举行启动仪式。活动期间,送温暖、文明礼仪、公共场所文明引导、文明交通、文化体育、科普、医疗卫生、法律、网络文明传播等九项志愿服务行动同时开展。活动当天,市长跑爱心协会300余名志愿者自发到防洪堤坝绿化带上捡拾白色垃圾。齐齐哈尔工程学院与市中心血站联合开展无偿献血活动,当天全校200余名学生进行无偿献血。在市齐重数控集团公司组织企业青工开展导师带徒、技能大比武等活动,全集团1000余名青工参与活动。在火车站候车厅,50名志愿者对过往旅客进行志愿服务,义务打扫卫生。当天下午,回民小学举行了全市少年儿童"学习雷锋精神、争做新时代好少年"万人主题队会,会上少先队员们传唱雷锋事迹,大力倡导助人为乐从身边做起,从小事做起的雷锋精神。通过广播、电视、报刊等多家媒体向全市志愿者发出倡议,在《齐齐哈尔日报》二版开设《当代雷锋在行动》主题活动专栏,陆续刊登了全市各行各业在"当代雷锋在行动"主题志愿服务活动中开展的形式多样的志愿服务活动,以及活动中涌现的广大志愿者在服务社会、关爱他人方面的典型事迹。下发活动专题简报3期,在中国文明网、省网等各大网站刊发活动信息30余篇,产生了良好的社会效果。有力促进了关爱他人、关爱社会、关爱自然的"三关爱"志愿服务深入开展,推动了学雷锋活动的常态化,人人支持志愿服务、人人参与志愿服务的氛围愈加浓厚。

2012年黑龙江省"城市之光·金色田野"群众文化系列活动启动仪式

6月28日,2012年黑龙江省"城市之光·金色田野"群众文化系列活动启动仪式暨"龙腾盛世大地飞歌"文艺晚会在宁安市隆重启幕。省委宣传部副部长赵德信,省文化厅党组成员、纪检组长姜一海,牡丹江市委常委、宣传部长闫岩等省、市领导出席了开幕式并观看了文艺演出。省委宣传部副部长赵德信在致辞中表示,群众文化是和谐文化的重要内容和具体体现,也是实现和保障群众文化权益的重要途径。开展群众文化活动,要正确把握活动方向,不断提高活动品位和质量,努力实现活动内容、形式、载体的创新,让广大人民群众共享龙江文化大发展大繁荣的丰硕成果。文艺晚会在舞蹈《春到农家》中拉开序幕,歌舞《大美龙江》、情景歌舞剧《果蔬总动员》、音乐童话小品《魅力农庄》、舞蹈《我们村的年轻人》、男生独唱《幸福在哪里》、歌舞《风调雨顺牡丹江》等由全省各地选送的贴近百姓、贴近生活的精彩文艺节目,将晚会推向高潮,充分展现了龙江人民的良好精神风貌和经济社会建设取得的喜人成就。

中华优秀传统文化"六进"主题实践活动

为传承中华优秀传统文化,弘扬中华传统美德,建设大美大爱新龙江,2012年牡丹江市开展了中华优秀传统文化进机关、进学校、进企业、进社区、进农村、进家庭"六进"主题实践活动,并于9月22日在市文化广场举行了中华优秀传统文化"六进"活动启动仪式暨诵读"我们的经典"广场演出。"六进"活动全面启动后,各牵头单位、各有关部门都按照活动要求,精心组织开展了群众喜闻乐见、寓教于乐的实践活动。在机关中以"修德·立行·公仆"为主题,开展了优秀传统文化进机关活动;在学校中以“成人成才·全面发展”为主题，开展了优秀传统文化进学校活动；在企业中以“利益兼顾·诚实守信”为主题，开展了优秀传统文化进企业活动；社区中以“崇礼让·亲善邻”为主题，开展了优秀传统文化进社区活动；在乡村中以“明礼·淳朴·互助”为主题，开展了优秀传统文化进农村活动；在家庭中以“亲慈子孝·和睦邻里”为主题，开展了优秀传统文化进家庭活动。据统计，全市共举办各类宣传活动206场次，使人们在活动参与中感知了传统，陶冶了情操，为建设幸福和谐黑龙江提供强有力的精神动力和思想保证。

首创《市民幸福公约》，开展幸福观宣传教育活动

2012年，为扎实推进社会主义核心价值体系建设，引领广大市民树立正确的幸福观，牡丹江市委宣传部、市精神文明办在深入调研走访、组织专家学者研讨论证、广泛征求各方面意见基础上，在全国首创了以“对自己，健康是福，知足是福；对他人，包容是福，真诚是福；对家庭，关爱是福，和睦是福；对生活，从容是福，乐观是福；对事业，敬业是福，奋斗是福；对社会，尽责是福，奉献是福；对国家，安定是福，富强是福”为内容的《牡丹江市民幸福公约》，并在全社会开展了幸福观宣传教育活动，用专家学者的理性思考和市民通俗易懂的语言，解读阐释《牡丹江市民幸福公约》的内涵，依托报纸、电视、网络、橱窗等宣传阵地，大力宣传了一批幸福典型和先进经验，开展了幸福观大讨论活动，引领全市人民用正确的价值取向启迪心智，涵养人生；开展了感恩父母、感恩社会、感恩老师、感恩工作等系列感恩教育活动，让“知恩、感恩、报恩”成为推动践行“我们的幸福公约”行动的有效载体；推进了幸福学校、幸福企业、幸福社区、幸福乡村、幸福家庭等各个层面、各个领域的幸福创建，使《牡丹江市民幸福公约》成为全体市民共同的行为准则、倡导社会主义核心价值观的创新实践和有效载体，推动人民群众的幸福感不断提升。

牡丹江市首届端午节龙舟赛

6月23日，“龙腾盛世”牡丹江市首届端午节龙舟赛在牡丹江畔隆重举行。本次活动旨在进一步弘扬“求实创新、跨越争先”主旋律，促进全民健身运动广泛开展，丰富和活跃广大市民节日文化生活。主办方将传统文化和体育竞技相结合、旅游经济与体育赛事相结合，除传统的龙舟赛外，还增加了万人踏青、全民健身展示及文化、民俗表演等文体活动，大大丰富了端午文化的内涵。龙舟比赛期间，进行了迎宾鼓乐、威风锣鼓、舞龙舞狮、少年武术、啦啦操等精彩表演，及热气球、动力伞飞行表演。来自四城区、五县(市)及牡丹江林管局、牡丹江师范学院的12支队伍参加了比赛，经过初赛、复赛、决赛三轮比拼，西安区代表队、牡丹江师范学院代表队、东安区代表队分获前三名。

“欢乐牡丹江·喜迎十八大”群众文化活动

为迎接党的十八大胜利召开，满足全市群众精神文化需求，丰富活跃群众文化生活，牡丹江市精心谋划，周密组织，积极开展了一系列群众喜闻乐见的文化活动。一是送文化送文艺下基层，由市委宣传部牵头，组织文化、文联、工会、高校等各方文艺工作者深入基层，将精彩的专业文艺演出送到田间地头、街坊社区。十八大期间，共为基层广大群众开展喜迎十八大专场演出225余场次，放映电影3100余场，送图书15000余册，开展各类文化展出65余场次，培训基层文化文艺骨干1000人次。二是组织开展群众文化汇演，由市委宣传部主办的“喜迎十八大，放歌新生活”广场群众文化活动激情唱响，2000余名普通群众用高亢的歌声、激情的舞蹈表达自己一心向党、热爱祖国的深厚情怀，遍布全市城乡的80余个业余文艺团体，300余个群众文化团体，近千名基层文艺骨干、文艺积极分子活跃在公园、广场、社区、庭院，在全市奏响了喜迎十八大，唱响幸福欢歌的乐章。三是开展文艺精品创作，牡丹江市作为国家级公共文化服务体系示范区创建

城市，赴北京参加“大地情深·国家公共文化示范区创建城市群众文化进京展演活动”，积极组织文艺家、作家赴经济建设主战场采风创作，推荐21件作品参加全省“火热时代、多彩龙江”文艺家深入生活采风创作优秀作品展览活动。

“唱响词乡 幸福穆棱”——中国穆棱音乐文学节系列活动

为进一步叫响“中国歌词创作之乡”和“民间文化艺术之乡”的文化品牌，从2012年6月起，穆棱市与中国音乐文学学会共同举办了以“唱响词乡 幸福穆棱”为主题，包括歌词征集评选、名家采风、名家讲座、颁奖演唱会等四个阶段的中国穆棱音乐文学节系列活动。此次活动的开展，不仅展现了穆棱市委、市政府大力发展文化事业，推动文化大发展大繁荣的决心和力度，彰显了穆棱市文化与经济发展并重的工作理念，也提升了穆棱在全国的知名度和美誉度，创作了一批反映穆棱历史文化、风土人情、人文景观，展现穆棱人奋发向上精神面貌的优秀作品，使穆棱市成为“中国音乐文学学会歌词创作基地”。

弘扬民俗传统文化 创新打造“北山庙会”品牌

2012年6月20日起，“花河之夏”2012牡丹江北山庙会暨端午节民俗文化周活动拉开帷幕。本次活动以传承和弘扬民俗文化为基点，充分挖掘民俗节庆中蕴含的文化“财富”，其中，以“端午节民俗文化周”为主题，举办“威风锣鼓、腰鼓、舞龙、秧歌、广场集体舞、朝鲜族长鼓、满族风情表演”等活动；设计“观巡游、看表演、尝美食、买特产、赏名车、品房展”等六项主体活动，融文化交流、休闲娱乐于一体，展示牡丹江独具的地方特色、饱富的风土人情和绚丽的人文风貌。为期一周的首届北山庙会，共吸引群众和游客近50万人次，是近年来爱民区乃至牡丹江影响最广、规模最大、周期最长、活动最多的民俗文化盛会，不仅促进了民族优秀传统文化的传承与提升，满足了人民群众日益增长的精神文化需求，也进一步提升了牡丹江的对外影响力。

“欢乐牡丹江·百姓文化季”冬季群众文化活动

“欢乐牡丹江·百姓文化季”牡丹江市冬季文化活动是牡丹江市文艺工作者深化拓展“走转改”，服务基层、服务百姓的一项重要举措，也是在牡丹江市“三会”召开期间，用文化雨露滋润民心，凝聚力量的一项重要载体。在三个月时间里，全市文艺工作者深入基层，走进工厂、社区、村屯、军营，为广大群众演出200余场次，放映电影2100余场，送春联、福字、窗花15000余幅，送图书10000余册，开展各类基层培训辅导12场次，培训基层文化文艺骨干800人次，让群众在家门口享受到了优质的文化产品和服务；举办各类大型文化活动32项，参与人数达数万人，其中，通过高质量、高标准举办“邮储银行之夜”哈尔滨交响乐团新年交响音乐会、“和谐幸福过大年”——全市龙年春节联欢晚会、“和谐之声”红罗女爱乐乐团正月十五音乐演唱会等活动，扩大了活动的影响力，让百姓充分享受文化改革发展的成果；组织开展群众文化活动，遍布全市城乡的500余个业余文艺团体，5000余个群众文化团体，10000多名文艺骨干，50000多名文艺积极分子活跃在公园、广场、社区、庭院，为全市奏响了求实创新、跨越争先的奋进乐章。

举办首届“富锦杯”国际机器人舞蹈大赛

首届“富锦杯”国际机器人舞蹈大赛是富锦市与中国人工智能学会机器人足球工作委员会联合举办的国际性机器人赛事。大赛于2012年7月29日至31日在富锦市成功举办。中国人工智能学会理事长、中国工程院院士李德毅，中国人工智能学会副理事长韩力群，FIRA副主席、FIRA中国分会会长、哈工大教授洪炳镕等专家参会。俄罗斯圣彼得堡大学、韩国代表队、赞比亚代表队、贝宁代表队、中非共和国代表队、墨西哥代表队等国外代表队及合肥师范大学、华中科技大学、长春工程学院、哈尔滨工业大学、富锦市代表队等共计29支参赛队参加了九种类型的舞蹈比赛，俄罗斯新西伯利亚大学、哈尔滨工业大学、上海交通大学、合肥师范大学、富锦市代表队、哈尔滨远东理工学院、哈尔滨商业大学分别获得所参加类型的冠军。中央电视台、新华社、人民画报、华人杂志、经济日报、黑龙江日报、科技日报等媒体派出了强大报道团队赴富锦报道大赛盛况。中新网、新华网、人民网等39家网络媒体第一时间报道了富锦市首届“富锦杯”国际机器人舞蹈大赛情况。首届“富锦杯”国际机器人舞蹈大赛的举办，为富锦的科教事业和经济发展搭建了一个新的平台，促进了富锦与外界的文化交流，成为提升城市文化层次的重要渠道。通过赛事的举办还推进了多元文化融合与互动，进一步提升了富锦的对外知名度和美誉度。

大庆市全力营造喜迎十八大浓厚氛围

年初以来，大庆市认真贯彻全国宣传部长会议精神，全面落实全省宣传部长、十八大广播电视安全播出工作会议和深化“扫黄打非”专项行动会议部署，以迎接十八大为工作主线，动员全市宣传思想文化战线，精心筹划、周密组织，深入开展系列活动，在全市营造隆重、热烈、文明、和谐的喜庆氛围。

一是强化精神武装，营造浓厚思想氛围。深入推进胡锦涛总书记在省部级主要领导干部专题研讨班上重要讲话的学习宣传贯彻，切实把全市人民思想和行动统一到讲话精神上来。下发学习通知，通过中心组专题研讨、理论研究阐释、专家辅导讲学、媒体深度报道、基层巡回宣讲等多种形式，促使广大干部群众深刻领会讲话精神。推出“大庆人十大观念”评选宣传、“9·26”大庆创业纪念日庆祝等活动，编辑出版《大庆精神：中国共产党的伟大精神》研究文集，深入传承弘扬大庆精神，夯实市民价值观念取向。开展“弘扬大庆精神，攻坚克难、勇创一流，为建设现代化国际化城市做贡献”实践活动，组织“走基层、看项目、话创业、谋发展”系列活动，引导全市干部群众保持奋发有为、积极向上的进取精神，攻坚克难、跨越奋进的昂扬斗志。

二是开展主题宣传，营造浓厚舆论氛围。以“科学发展、成就辉煌”为主题开展全媒体集中宣传，兴起迎接党的十八大宣传教育热潮，唱响共产党好、社会主义好、改革开放好的时代主旋律。加强社会舆情收集、分析和研判，及时发现倾向性、苗头性问题，准确把握意识形态领域的总体形势和发展趋势，妥善处理好涉及意识形态安全和社会稳定的重大问题。召开就业、就医、就学、老区改造、社会保障等民生热点问题新闻通报会，详细阐明党和政府的政策，积极反映社会各界所做的工作，切实把公众情绪引导到健康理性的轨道上来。管好舆论阵地，开展文化市场联合检查、推进“扫黄打非”工作、完善广播电视安全播出应急预案、组建350多人的网络评论员队伍，加大互联网、手机、各类报刊的监控力度，有效防止了各种噪音杂音、小道消息、传闻谣言和有害信息的传播。

三是丰富文化供给，营造浓厚文化氛围。以“喜迎十八大、文化乐百湖”为载体，广泛开展群众性文化活动，大力歌颂伟大祖国、歌唱美好生活。完善公共文化设施，在城区建设油立方、图书馆、奥林匹克公园等文体设施，在农村建成乡镇文化站54个、农家书屋482个、信息资源共享工程支中心和服务点517个，广播电视无线覆盖率达98%，城乡居民业余文化生活距离不超过15分钟路程。展演展播文化精品，话剧《大湿地》进京演出两场，舞蹈诗剧《绽放的生命》在大庆首映并赴全省展开巡演，舞话剧《铁人轶事》、歌舞秀《经典永恒》在全市集中展演。开展群众性文化活动，开展“和谐家园”社区文化活动，举办家庭摄影大赛、健身操大赛、艺术精品巡演；开展“艺术之旅”文化关爱行动，组织各类艺术团体深入建筑工地、生产一线、老会战居住区、养老院慰问演出，把文化关爱送到基层；开展“我们的节日”主题活动，利用中秋、国庆等传统节日，组织了诗歌朗诵、民俗表演、书画笔会，弘扬中华民族文化。

四是提升市民素质,营造浓厚社会氛围。积极开展特色创建活动,持续提升城市人文品质。推进"书香大庆"活动,以"大庆讲坛"为统揽,建立铁人大讲堂、机关大讲堂、青春大讲堂、社区道德讲堂等学习阵地,推广自助解读、网上精读、高端导读、活动助读等阅读方式,组织经典阅读季、百湖漂书等读书活动,多读书、读好书成为一种生活时尚。推进"礼仪大庆"活动,组织礼仪巡讲进机关、进企业、进社区、进校园,定时段在媒体上滚动播出礼仪公益广告,印发《市民礼仪手册》、《市民文明守则》50万份,重礼节、讲礼仪在全市蔚然成风。推进"诚信大庆"活动,以道德领域突出问题专项教育和治理百日攻坚为载体,深入开展"三老四严"教育,健全完善"诚信大庆"网络平台和征信体系,公开曝光诚信缺失、公德失范行为"黑名单",选树宣传李秀清、杜景仁等诚实守信道德模范,诚信为本、操守为重的道德观念深入人心。推进"文明大庆"活动,开展"我最厌恶的十大陋习"查议改活动,命名20个"文明交通示范岗"、50家"餐桌文明示范店",创新"文明姐妹花"、"文明回报店"、"文明提示语"等做法,中央文明委对此给予充分肯定,《光明日报》进行了宣传报道。

迅速掀起学习宣传党的十八大热潮

党的十八大胜利闭幕后,大庆市迅速行动、精心组织,采取灵活多样的形式,全力抓好学习宣传工作,确保党的十八大精神广泛普及、深入人心。

抓好集中学习。市委召开常委(扩大)会议,及时传达精神实质,认真组织学习讨论,深入研究学习宣传贯彻事项。各级党组织以党委(党组)专题会、理论中心组学习会、党员支部大会等形式,原原本本地抓好学习。各级宣传部门、组织部门创新载体,通过下发学习资料、举办知识竞赛、开展网络答题等形式,推进基层党员的学习,努力做到党的十八大精神覆盖全员、深入人心。

打好宣传战役。新闻媒体精心制订报道计划,以"深入学习宣传贯彻党的十八大精神,加快推进宜居宜业'两化'城市建设"为主题,开辟专栏、专版、专页,采取言论、述评、访谈等形式,深入解读党的十八大提出的重大理论观点、重大方针政策、重大工作部署,广泛宣传各级党组织、广大党员学习贯彻党的十八大精神,立足岗位攻坚克难、勇创一流的新成效新进展,努力营造浓厚的舆论氛围。

组织巡回宣讲。做好中央和省委宣讲团来大庆宣讲的组织协调工作。抽调优秀理论工作者、党的十八大代表,成立市、县(区)两级宣讲团,集中利用一个半月时间,深入城市社区、农村乡镇、企业车间、大学校园,开展面对面的宣讲活动。依托大庆讲坛、青春大讲堂、机关讲堂、道德讲堂等阵地,持续开展"千名书记讲党课"、"送理论下基层"活动,用群众听得懂的语言,乐于参与、便于参与的方式宣传讲解党的十八大精神。

加强教育培训。各级党校、干校把党的十八大精神纳入干部教育培训计划,举办各种形式的研讨班、培训班和学习班,组织干部全员轮训。充分发挥党员电教室、乡镇文化站、社区文化活动室等阵地作用,运用远程教育网、政务微博、手机短信、LED电子屏等传播方式,扩大社会宣传的覆盖面和影响力。

深化理论研究。社科理论界运用党的十八大提出的新思想、新观点、新论断,结合大庆实际,就"提前五年建成全面小康社会"、"全面现代化、专业国际化"等重大问题,就如何转变发展方式、优化城市品质、创新社会管理、建设文化强市、推进改革创新等重点工作,深入开展课题研究,推出了一批有价值、有深度、有分量的理论成果。

深入开展最具影响力"大庆人十大观念"征集宣传活动

2012年是大庆市"二次创业"二十周年,为认真回顾、深刻总结、积极宣传半个世纪以来大庆人在开发油田、建设城市过程中形成的一系列具有深远影响的思想观念,从3月28日起历时两个半月,大庆市委宣传部联合市社科联、大庆新闻传媒集团,在全市深入开展了最具影响力"大庆人十大观念"

征集宣传活动，在市民中引起强烈反响和广泛热议。

吸引市民推荐。在报纸、广播、电视、网络等市内主要媒体，开辟“最具影响力‘大庆人十大观念’大家谈”专栏（专页），通过发表评论文章、新闻跟帖、博客信息等方式，吸引群众发表观点。共征集到各层面、各界别推荐的观念词条60多条。

开展座谈讨论。围绕最具影响力“大庆人十大观念”推荐词条，协调全市各县区、各部门组织系列讨论会进行广泛讨论推荐。共召开讨论会30多场，参加人员涉及作家、机关干部、社科专家、居民、团员青年、高校学生、农民、民营企业家、外来务工人员、劳动模范、人大代表、政协委员等众多层面，讨论活动参与面广、代表性强。

组织投票评选。共开展了两轮票选。第一轮是在征集、讨论的基础上，推出30个候选观念词条，在媒体上发布《投票启事》，发动广大市民通过报纸、手机、网络等方式参与投票评选。共收到群众和专家投票11万多张，按得票排名选出了20条观念词条。第二轮是组织社科专家、人文学者、人大代表、政协委员、基层干部、普通群众等代表20名进行深入评议，在20条观念词条中最终确定“十大观念”。6月8日，经过各方热烈评议与推选，“大庆精神，我们的根与魂”、“超越权威，超越前人，超越自我”等最具影响力“大庆人十大观念”正式产生。

集中宣传推介。最具影响力“大庆人十大观念”确定后，市内主要新闻媒体在第一时间进行了新闻发布，并陆续推出相关公益广告和评论员文章，《高点思考》、《市民议事厅》等品牌栏目分别推出了一期专题报告，在全市继续营造强大的舆论态势；各县区、各部门借助电子屏幕、宣传橱窗、户外广告等载体，全方位搞好宣传推介，力求“十大观念”做到家喻户晓、深入人心。

摒弃陈规陋习 提升文明素质 深入开展“我最厌恶的十大陋习”查议改活动

为在更高的起点上巩固推进“三城”创建，引导广大市民抓住细节问题，摒弃陈规陋习，提升文明素质，大庆市启动了“我最厌恶的十大陋习”查议改活动，经过广泛动员、认真查摆、积极整改，全市文明创建水平得到进一步提升。

推动社会广泛参与。围绕不文明陋习的种种现象、深层原因和治理措施，召开了有机关干部、社科专家、社区居民、外来务工人员、环卫工人等参加的座谈会15场，结合生活感受，畅所欲言；在《大庆日报》专题刊发文章48篇，其中刊发《幸福要靠我们自己创造》、《倡导管闲事之风》、《永葆大庆人那份清醒与智慧》、《“三老”不老新风永驻》等系列评论员文章20篇，引导社会对不文明陋习的正确认知；开通移动、联通手机短信平台，广大市民抒发自己的所思所感，发布改变“十大陋习”意见建议短信5000多条；举办“文明提示语”创意大赛，1万多名群众参与，征集精选百姓经典语录100多个；“三城”联创活动办公室深入基层走访，听取群众意见50多次，搭建了政府与百姓交流沟通的平台，拓展了市民参与渠道。

全面深入查摆问题。针对影响大庆城市形象的诸多陋习，大庆干部群众不怕揭短亮丑，勇于自查自省，开展了广泛讨论和深入剖析，共查摆出交通安全、社会秩序、文明礼仪、环境卫生等方面存在的陋习8大类57项4万多个。市民群众既查摆别人，也查摆自己；既着眼社会治安、城市管理等大环境，也关注乱扔烟头、赤膊上街等小细节，摆事实、讲道理、提建议，使平常不为重视的一些陋习浮现出来，揭示出陋习背后责任意识缺乏、文明教育缺位、公德习惯缺失等深层原因。查议改活动使市民进行一次深刻的自我反思、自我教育和自我提高，促进了道德建设触及心灵、深入人心。

大力强化媒体监督。发挥媒体各自优势，在报纸、广播、电视、网络等主要媒体，开辟“我最厌恶的十大陋习”查议改活动专栏专题，对活动进行全面宣传报道。《金点子》、《曝光台》等特色栏目，有力抨击和深入剖析市民反映强烈的陋习。在油城论坛上持续刊发市民热议，引导市民主动参与。组织新闻记者走上街头，拍摄不文明行为，劝导不文明市民，曝光不文明照片，形成媒体监督强势。

积极推动规范整改。采取边查摆、边评议、边整改的方式，引导广大市民从建设现代化国际化城市的高度，从巩固全国文明城市成果的要求出发，对照查摆出来的8大类问题，研究对策，积极整改，自觉摒弃陈规陋习。有关部门针对市民反映强烈的问题，依据法律法规，严管重罚，集中整治。发放《大庆市民文明手册》20余万册，文明社区、文明单位开辟“道德讲堂”100多处，旗帜鲜明地宣传正反两方面典型，使活动不断向纵深推进。“三城”联创小组联合公安、城管、交通等部门，开展了“十大陋习”集中整治示范行动，在火车站、商城等人流密集场所和主要交通路段，对各种不文明陋习进行教育劝导和严管重罚，发现和整改不文明陋习170多个，形成了良好整治态势。

建立查改长效机制。全市各级文明单位充分发挥表率作用，按照行业标准和文明规则，定期进行集中查摆和整改。建立查改长效机制，每个区都确定一个大型活动场所，组织省级以上文明单位，利用每周六上午9点至11点的时间，轮流开展文明劝导工作。

在北京市成功举办文化艺术周

2012年4月13日—19日，大庆市以“辉煌大庆”为主题，在北京成功举办了大庆文化艺术周活动。活动主要包括发展成就图片展览、精品剧目展演、电影《铁人王进喜》首都高校百场展映和大庆人才政策及创新创业环境宣讲等四项内容，共吸引30多万人参与，北京市各界对此次活动反响强烈。

这项活动取得了显著成效：一是传播了中国共产党的伟大精神——大庆精神。此次活动中，各高校都把观看电影《铁人王进喜》作为青年学生思想政治教育的生动教材，认真组织学生观看，共在北京大学、中国石油大学等30多所高校放映近100场，观众近4万人。电影《铁人王进喜》感动了很多在场观众，特别是青年学生，他们认为无论是过去，还是现在，大庆精神都应是全国人民共同的价值追求。二是宣扬了大庆良好的创业环境。在北京大学北阁信息发布厅举办了大庆人才政策及创新创业环境宣讲会，介绍大庆人才发展战略，解答北大学子关心的问题。三是展示了大庆城市形象。先后在北大百周年纪念讲堂、北大图书馆和王府井大街举办了“辉煌大庆”发展成就图片展，在王府井大街友好商场室外大型电子屏及各高校播放了大庆城市宣传片。新华社、《人民日报》、中央电视台等22家中央、省、市级媒体对本次活动进行了集中宣传，使首都各界群众不仅了解大庆为国家做出的巨大贡献，更感受到了一座繁荣美丽、文明和谐的自然生态现代宜居城市，看到了资源型城市的华丽转身，为大庆经济社会发展的成就拍手叫好。四是拓展了大庆文化市场。舞剧《鹤鸣湖》、话剧《大湿地》演出得到国家相关部委、业内专家、文化演出公司的高度赞赏。国家环保部和国家林业局领导均表示话剧《大湿地》可以在全国巡演；两家文化演出公司已经明确舞剧《鹤鸣湖》、话剧《大湿地》的演出意向；电影《铁人王进喜》被列入北京第二届国际电影节、第五届北京国际青年艺术周展映影片，北京华逸天睿文化公司有意将电影推广到奥地利。五是探索了一条大庆文化“走出去”的新路。此次文化艺术周是大庆首次在京举行的大规模宣传活动，是借助北京的影响力和辐射力展示大庆魅力的一次有益尝试，为大庆文化输出开拓出了新路。

扎实推进道德领域突出问题专项教育和治理

全国道德领域突出问题专项教育和治理活动视讯会议以来，大庆市认真学习、宣传、贯彻会议精神，结合市情实际，开展专项教育和治理“百日攻坚”战役，取得了阶段性成果。

高度重视，迅速启动工作。5月17日，市委常委会议专题听取汇报，成立由市委书记任组长、市长任副组长、五个班子相关成员、15个责任部门参加的领导小组。制定了《关于开展专项教育和治理百日攻坚活动的实施方案》，以市委市政府文件下发执行。领导小组分别与牵头部门和县区签订责任状,明确了任务、目标和责任。市委3次召开专题推进会议,分管领导带队多次深入重点部门、重点行业,召开人大代表、政协委员、市民代表座谈会,认真听取意见,研究措施、指导推进,形成了全民动员、广泛参与、合力攻坚的良好态势。

彰显特色,深化铸魂育人。深入贯彻《公民道德建设实施纲要》,以大庆精神、"三老四严"作风为重点,持续推进社会主义核心价值体系教育。强化教育灌输。评选宣传最具影响力"大庆人十大观念",推进"道德的力量——做一个有道德的人"主题活动,在社区创办75个"大庆讲坛·道德大讲堂",修订下发《市民文明公约》、《市民文明手册》120万册,推动道德教育进机关、进学校、进企业、进乡村、进社区、进家庭。强化典型引领。以"学雷锋树新风、学铁人立新功"为主题,深入开展学习铁人王进喜、新铁人王启民和李新民活动,选树宣传"引领大庆"时代英模、道德模范、十佳公仆,以榜样的力量引导社会道德风尚。强化实践养成。深化"书香大庆"、"礼仪大庆"、"诚信大庆"、"文明大庆" 等道德实践活动,创建评选20个"文明交通示范岗"、50家"餐桌文明示范店"、800个 "重合同守信用企业", 筹资1000万元发起"好人圆梦行动",守诚信、讲公德成为市民价值追求。

突出重点,推进依法治理。坚持对道德领域不法行为保持高压严打态势,以惩治维护正义,以法律守护道德。坚持治理零缝隙,不留盲点。对照中央提出的食品行业、窗口行业、公共场所三大领域,将整治重点扩展到生产安全、行政执法、生态保护、环境治理等19个方面,实现整治不留死角、执法不留漏洞。坚持惩治零容忍,有害必除。深入开展"打四黑除四害"专项行动,严厉打击制假售假、商业欺诈等违法行为,共破获刑事案件39起,查处行政案件238起,打掉黑工厂、黑作坊、黑市场、黑窝点162个,让以身试法者无处藏身。坚持执法零缺位,构筑合力。构建标准裁量、依法打击、行政监察、司法检察、法制监督"五位一体"综合执法体系,确保专项教育和治理活动取得实效。

把握关键,加强监督制约。坚持自律与他律相结合,强化道德约束。加强舆论引导。全媒体开办诚信和道德建设"评判台",引导市民查议改"十大陋习",公开曝光诚信缺失、公德失范"黑名单"。拓宽监督渠道。组织人大代表、政协委员、市民代表开展明察暗访和道德评议, 在市长热线、党报热线、行风热线增设专项监督内容,畅通民意表达渠道,积极回应群众关切。构建诚信体系。实施土地出让、工程招标、政府采购、产权交易等"四大资源市场"透明运行,建立"诚信大庆"网络平台,健全社会征信体系,提高政府公信力。约束干部德行。通过是非面前看党性、困难面前看精神、矛盾面前看能力、名利面前看胸怀考察干部,教育引导各级干部知责任、长本领、守纪律,严格行政问责,以官德建设引领社会风气。

广泛开展"学雷锋树新风、学铁人立新功"活动

为促进社会主义核心价值体系建设,大庆市结合实际、创新载体,广泛开展"学雷锋树新风、学铁人立新功"活动(以下简称"双学"活动),全市掀起学习践行雷锋精神、铁人精神新热潮。

一是抓部署,统筹安排"双学"活动。春节长假刚过,市委常委会即听取专门汇报,研究部署"双学"活动,进一步明确活动开展的方向和原则。根据市委常委会精神,市委宣传部、市文明办等单位研究制定了《关于深入开展"学雷锋树新风、学铁人立新功"活动实施方案》,并以市委文件方式下发到各县区、各部门。3月2日,市委、市政府又专门召开全市"双学"活动推进会议,对具体工作和相关活动进行安排部署,全市"双学"活动全面启动。

二是抓行动,迅速推动"双学"实践。3月5日,在第49个学雷锋纪念日到来之际,全市各县区、各部门结合自身实际, 开展形式多样的践行活动,将"双学活动"引向深入。广泛开展志愿服务,全市100多支志愿者服务组织近万名志愿者, 以政策咨询、电器维修、义诊保健、识假辨假、法律援助、心理咨

询、科普宣传等形式，为市民群众提供近千项服务，将爱心播撒到百湖之城每个角落。广泛组织公益劳动，市直85个单位4000余名干部职工，走进社区、走上街头、深入景区，义务清理环境卫生，共清理卫生死角千余个，清除乱贴、乱画、乱涂小广告50000余处。广泛推进“三心敬老”，石油石化企业组织广大员工，以“爱心敲门、诚心交流、真心帮扶”为主题，创新开展“三心敬老”五个一活动，即为空巢老人理一次发、打扫一次房间、换洗一次衣物、进行一次义诊、做一顿爱心饭，让老会战、老党员、老干部深刻体会到社会大家庭的温馨。

三是抓创新，有效形成“双学”常态。根据空巢老人、残疾人等特殊群体实际，着力创新关爱方式，全方位提供温情服务。开展社区热线式服务，建立“96760”社区服务热线，特殊群体只需一个电话，足不出户就能享受到家政保洁、医疗保健、中介咨询、法律援助、物流配送等35项服务。服务热线开通以来，每天求助的特殊群众近千人。开展感恩回报式服务，针对广大老会战群体，开展“感恩圆梦老会战”活动，组织志愿者走进油田、走进老会战家中倾听他们的心声，了解他们的愿望，并协调社会上的爱心企业和个人，帮助老会战每人实现一个美好心愿，目前已帮助200多名老会战实现了免费旅游一次、提供家庭护理服务、回一趟老家等愿望。开展邻里互助式服务，以社区为依托，根据特殊群体的服务需求，在其周围邻居中选择一位志愿者，与老人结成服务对子，为老人提供生活方面的帮助，全市已经结成邻里互助式服务对子5000多个。开展养老储蓄式服务，市乘风第三社区等社区，通过把有爱心、有劳动能力、自愿为他人服务的低龄老年朋友组织起来，积极开展“今天我帮人、明天人帮我”的养老储蓄活动，老人和社区志愿者每参加一次为老人服务活动，就在社区道德银行储蓄一笔“财富”，并以此作为将来比金钱更珍贵的财富来继承。

四是抓宣传，营造浓厚“双学”氛围。市级新闻媒体以“学雷锋树新风、学铁人立新功”为主题，开辟专题专栏专版6个，宣传在新时期开展“双学”活动的重要意义和主要内容，报道各县区、各部门开展“双学”活动的动态和经验，宣传各行各业涌现出的“双学”活动典型群体和个人，营造浓厚的学习实践氛围。市文明办把“双学”活动与道德模范事迹宣讲活动结合起来，组织各级道德模范和身边好人深入各县区、各部门进行宣讲12次，以鲜活的事例教育引导市民群众，收到较好的效果。

2012黑龙江·鸡西兴凯湖国际春季观鸟节

2012年3月30日到4月30日，鸡西鸡尾酒会、鸟类科普展、《兴凯湖爱鸟宣言》签名仪式、鸟类摄影展、观鸟节首日封发行式、鸟类专家现场咨询研讨、兴凯湖徒步观鸟穿越……这一系列精彩的活动伴随着成千上万只来兴凯湖迁徙的鸟儿搅热了兴凯湖畔，也吸引了来自全国和世界的目光，以往无人问津、无人关注的春季兴凯湖由于一个节日而人头攒动、宾客纷至。由鸡西市委宣传部策划并承办的首届“黑龙江·鸡西兴凯湖国际春季观鸟节”成功将兴凯湖的旅游淡季转为旅游旺季。

在鸡西市委宣传部的精心策划下，“2012黑龙江·鸡西兴凯湖国际春季观鸟节”以“候鸟天堂、生态家园、活力鸡西”为主题，在历时1个月的时间里，先后举办了鸡西鸡尾酒会、鸟类科普展、《兴凯湖爱鸟宣言》签名仪式、鸟类摄影展、观鸟节首日封发行式、鸟类专家现场咨询研讨、兴凯湖徒步观鸟穿越等7项活动。这些活动将使兴凯湖的美丽风采充分展示在世人眼前，让人们了解鸡西市的绿色发展理念、生态建设成就和环境保护成果。

在观鸟节期间，国内外200余位领导、鸟类专家、鸟类摄影爱好者参加观鸟节并进行了广泛研讨，形成并签署了《兴凯湖爱鸟宣言》，达成了爱鸟护鸟共识。通过签名仪式，向全社会发出倡议：从我做起，从现在做起，人人争做爱鸟、护鸟倡导者、参与者、践行者和受益者。

以观赏候鸟迁徙为主题的鸡西绿色发展新形象的集中展示活动，引起国家和省级媒体的高度关注。黑龙江电视台兴凯湖观鸟节直播团队抵达松阿察河口，对兴凯湖国际观鸟节进行高品质、大密度的前期宣传。每天进行16个小时的持续拍摄，全景展示候鸟迁徙的壮观场面，省电视台法制频道在观鸟节期间连续10天、每天2个小时播出了“候鸟的春运”大型现场直播节目，直观形象地展示了鸡西良好的生态环境和生态保护成效，吸引全国各地游客前来兴凯湖观鸟。

2012中国·鸡西兴凯湖绿色发展研讨会

7月15—17日，2012中国·鸡西兴凯湖绿色发展研讨会在兴凯湖畔举行。200余位国内外政界领导、专家学者、企业精英和媒体代表相聚兴凯湖畔，观摩鸡西绿色发展成就，围绕“绿色发展与生态保护”主题，进行高端对话与智慧交流，推动鸡西“绿色新政”。

倡导“天人合一”的古老生存智慧，以绿色发展来重构现代生产和生活方式，走人与自然和谐发展之路，已成为当今世界的普遍共识。特别是在国际金融危机的背景下，绿色发展更成为济世良方，成为广泛推行的执政理念。

处于转型之变的鸡西市及时调整思路，抢占绿色经济制高点，赢得未来发展主动权。从去年起，大胆探索与实践绿色发展，将兴凯湖生态保护和治理上升为国家战略，与中科院东北所合作共建兴凯湖湿地研究站，谋划生态修复、生态移民等项目260个；建成全省最大的穆棱河广场和水上公园，重现“母亲河”风采。为全省乃至全国的绿色发展提供了有价值的参考。

诚邀省林业厅、中国人民大学共同主办，并取得国土资源部、国家林业局、湿地国际中国办事处，中国科学院、央视主流媒体等的大力支持。本山传媒集团董事长赵本山先生作为组委会特邀嘉宾出席了开幕式，提升了活动的层次和影响力。

为打造活动品牌，发挥集体智慧和首创精神，在设计规划和服务规格上实现了“七个历史突破”：首次有来自7个国家的外国专家代表同时出席会议。除了中国工程院院士和国内著名高校、科研院所代表及中央新闻媒体外，更有来自俄罗斯、韩国、澳大利亚、葡萄牙、美国、加拿大、德国等7个国家的10余名专家前来参加研讨。首次在会前、会中、会后召开新闻发布会、新闻媒体通气会，会议宗旨、主要内容和进展情况及时向社会公布。首次专门设置了会议新闻报道服务中心，提供互联网接入服务和临时电脑服务，极大便捷了媒体报道工作。首次采取互联网全程直播，在鸡西新闻网、鸡西门户网上全程直播了会议开幕式、主旨演讲、互动访谈等活动内容的盛况，同时制作了会议专题网页，广大市民可以随时浏览，下载相关资料。首次运用了同声传译，邀请国内一流翻译家现场直接翻译，运用同声传译设备分别以俄语、英语、韩语和汉语现场直播，确保参会的各国专家准确及时接收信息。首次采用媒体与专家互动访谈。研讨会期间，专门邀请中国国际广播电台国际在线主持人与鸡西市委书记许兆君、中国工程院院士刘兴土，中国人民大学副校长杨慧林，世界自然保护联盟驻华代表、世界自然基金会(中国)项目实施总监朱春全，围绕“生态保护和国际合作”、“生态保护与资源型城市转型”、“生态保护与湿地资源可持续利用”等主题互动交流，访谈在互联网上全程直播。新华网、人民网、新浪网、东北网等也进行了现场访谈。首次同时提供鸡西鸡尾酒会、茶歇等凸显鸡西地域文化特色的接待服务，凸显出国际化大型会议的服务品质。

全体与会人员集体通过的《兴凯湖保护宣言》永久地“镌刻”在了兴凯湖畔。成立兴凯湖保护协会与建立兴凯湖保护基金的决定也正式启动。17日，中国人民大学兴凯湖科研实践基地在兴凯湖博物馆揭牌，为兴凯湖保护提供科技支撑。

2012年中国·鸡西兴凯湖肃慎民间文化艺术节

2012年9月，由中国文联、中国民间文艺家协会、中央民族大学和省文联、省民间文艺家协会等相关单位专家组成的评审组一致通过并决定授予鸡西市“中国肃慎文化之乡”称号,成立了中国肃慎文化研究中心。这是鸡西文化建设的一件盛事,也是肃慎文化保护、传承、发展的一件大事。来自北京、辽宁、吉林、黑龙江等地的50余位知名专家学者汇聚一堂,参加了由鸡西市委、鸡西市政府举办的“2012中国·鸡西兴凯湖肃慎民间文化艺术节”,并出席了鸡西兴凯湖肃慎文化高端论坛。专家学者一致认为,鸡西地区不是亘古荒原,早在7000年前,就孕育产生了东北三大基本族系之一的肃慎文化。

鸡西市第十二次党代会提出,“鸡西的灵魂就是‘大美兴凯湖和百年矿区开发史所哺育出来的底蕴深厚、内涵丰富的鸡西地域文化’。传承鸡西地域文化,打造鸡西文化品牌,弘扬鸡西核心价值观,努力建设‘文化大市’”。十二次党代会确定要走绿色发展的路子,古肃慎人对自然取之有度的理念与鸡西未来的发展思路一脉相承。鸡西作为中国肃慎文化最丰厚、最富有的地方,有理由、有责任把肃慎文化推介给黑龙江、推介给中国、推介给世界,为进一步传承、弘扬和繁荣中国肃慎文化做出积极应有的贡献。

追根溯源,肃慎文化就是鸡西地域文化长河之源和重要组成部分,是鸡西血脉,是鸡西人民的精神家园,也是鸡西的灵魂。鸡西市举办“2012中国·鸡西兴凯湖肃慎民间文化艺术节”,并全力申报国家级肃慎文化之乡,不仅仅是探源鸡西区域的历史文明,更是要让鸡西大地孕育的7000多年的肃慎文化得以更好地传承和保护,底蕴更加丰满厚重,为肃慎文化续写更为精彩的历史。从数千年前的肃慎文明,到闯关东文化、抗联文化、北大荒文化、矿山文化等,源远流长的东北古文明史加之百年汇集的多元文化,催生了绚丽多姿的独具特色的鸡西地域文化。

早在7000年前,满族先民肃慎人就在这里创造了古代渔猎文明——新开流文明。新开流文明是迄今为止在黑龙江省发掘出土的最早、出土文物最多、最全面系统反映古代肃慎人的渔猎劳动、艺术雕刻、宗教信仰、民俗礼仪等多方面的文明,属于新石器文明,为研究黑龙江流域社会发展、民族起源、环境变化以及艺术起源、民风民俗演变等提供了科学的佐证。据史料记载和诸多专家学者考古认证,新开流是“肃慎故地”,是满族的发源地,是满族的先祖圣地,满族的先世就是从这里走来的,为中华民族的勃兴做出了特殊贡献。

新开流遗址的发现,不但为鸡西地域文化寻找到了源头,也为五千年的中华文化增添了绚丽的内容。鸡西作为肃慎文化实至名归的发祥地,有责任、有义务传承、发扬和宣传肃慎文化这一民族文明瑰宝。

鸡西市委、鸡西市政府对肃慎文化的保护、开发、弘扬做了大量富有成效的工作。为弘扬肃慎渔猎文化,恢复建设了龙王庙,挖掘整理了《兴凯湖传说》民间故事集,被黑龙江省非物质文化遗产保护中心列入保护名录。鸡西民间收集家协会会长韩基成自费筹建《东北民俗博物馆》,收集文物和史料2万余件。

为了在更高、更深层面加大对肃慎文化的研究、发掘与传承,鸡西市与中国人民大学挂牌成立了“中国人民大学边疆文化研究中心”,并借助国内肃慎文化专家的力量,在已经成立的“边疆文化研究中心”基础上,获准成立“中国肃慎文化研究中心”;在鸡西穆棱河公园成功首演了以肃慎文化为主要内容的大型民间实景剧《鸡西·穆棱河传说》;鸡西与中国文联、中国民间文艺家协会、中央民族大学和省文联、省民间文艺家协会等单位联手,举办了兴凯湖肃慎文化民间艺术节,编辑出版《鸡西地域文化丛书》、《图说肃慎文化之乡》、《兴凯湖传说》、《兴凯湖非物质文化遗产——老扤舞》、《肃慎文化高端论坛论文集》,进一步挖掘弘扬肃慎文化,全面展现鸡西“中国肃慎文化之乡”的风采。

开展“走转改”活动

双鸭山市采用“项目化管理,工程化推进”的运作方式，把“走转改”新闻队伍建设列入全市宣传思想文化战线十大重点工作项目，周密部署，稳步实施，取得了良好成效。整个项目按照策划、启动、实施、推进、评估、完善调整、再推进的实施顺序，对全过程进行有效调控，确保每一项工作的高质量。

按照项目计划，双鸭山市成立了由市委宣传部部长任组长，市委宣传部分管新闻副部长、市直新闻单位主要负责人、各县(区)委宣传部部长为成员的“走转改”活动领导小组，制定下发活动方案，指导全市“走转改”活动。各县、区委宣传部、市各新闻单位结合实际分别制订实施计划，为活动开展提供有力的组织保障。建立健全了教育培训、蹲点调研、建立联系点、激励考核以及阅评、考评等一系列制度机制，完善了纪律要求和工作规范。为真正做到“下基层”、“接地气”，市新闻系统建立了基层联系点制度，市直各新闻单位领导班子成员确定基层联系点，全市新闻单位共30余个新闻部室与基层乡镇建立联系点60余个。以命名“荣誉村民”的形式，组织双鸭山日报社32名记者与尖山区32个社区居委会逐一对接挂钩，联系乡镇、村屯、园区、企业及社区，蹲点采访，倾听民意，反映民声。相继推出了“记者走基层”、“来自基层一线的报道”、“走基层看变化”、“走基层听民生”、“走基层说故事”、“走基层赛风采”等系列专栏，采取典型行业体验、典型人物跟踪、典型经验调查等形式，组织编辑、记者深入林区、农村、学校、矿井、乡间、地头采访，一批反映基层群众生活的鲜活报道亮相报纸荧屏。其中，独守深山18年的护林女工潘红梅，坚守山区21年的希望小学教师杨金萍，坚守矿井27年的最美“井花儿”史殿香等一大批典型人物和事迹，在全市引起强烈反响。

创新“走转改”宣传载体，双鸭山新闻网、双鸭山政府网在首页显著位置推出了“走基层、转作风、改文风”专题，开设市民互动专题，倾听群众呼声，使栏目更贴近百姓。通过专栏专题报道，全市新闻媒体刊发“走转改”稿件1500余篇条。《双鸭山日报》“帮办”专栏面对百姓的困难和问题，每年帮助百姓协调解决民生问题200件左右。2012年，“帮办”先后开展“帮农民工讨回打工钱”、“帮办圆梦行动”等专题报道，累计为农民工讨回打工钱80余万元，帮助60多名贫困大学生得到社会资助。双鸭山广播电视台《行风热线》、《交广在线》、《新闻视点》，集贤县电视台《挑刺》、宝清县电台《百姓身边事》等栏目，坚持听民声、解民难宗旨，开展助困暖心活动近百次，帮助百姓解决各类难题近300个。

开展“北大荒之都·节庆文化之城”系列活动

2012年，双鸭山市创新思路、创新内容、创新方法，整合全市地域特色节庆文化资源，全力打造“北大荒之都”节庆文化之城特色品牌。该项目充分吸纳了涵盖挹娄文化、垦荒文化、抗联文化、煤炭文化在内的特色文化资源，整合全市节庆文化活动，实施以赏花、观鸟、消夏、祭祖、登山、民俗等节庆活动为主线的品牌活动，获得空前成功。采取“全民参与、全民共享、全民共建”的方式，广泛调动社会各界人士投身品牌打造工作中，以参与的快乐调动全市人民的责任意识，受到热烈欢迎和积极响应。年初，双鸭山市申请了“北大荒之都”、北大荒湿地文化节商标，以四方台区达子香赏花节、宝山区煤矿工人节、岭东区东湖消夏艺术节等九项具体节庆活动为抓手，广泛开展文化艺术作品展、广场文艺演出、趣味运动会、大合唱表演、社区文艺汇演等群众参与性高，喜闻乐见的文化活动。在“北大荒之都·节庆文化之城”湿地文化艺术节上，双鸭山市的本土演员向多国来宾奉献了一场囊括歌曲、舞蹈、口技、伊玛堪说唱、音乐快板、魔术等多种表演形式的文化盛宴，受到与会来宾的好评。新华社、《人民日报》、中央电视台、《黑龙江日报》、黑龙江电视台、东北网、香港《大公报》等近30余家媒体，刊发报道双鸭山市主题节庆文化活动的文章近百篇。一年时间，双鸭山市的“北大荒之都·节庆文化之城”项目，已被打造成为享誉全国的优秀地方性文化品牌。

开展“精彩人生·典靓四季”典型培育示范项目

双鸭山市深入开展“精彩人生·典靓四季”先进典型宣传宣讲系列活动。年初，市委宣传部与市精神文明办、团市委、市妇联、市总工会等部门沟通协调，通过摸底、建档、统计、汇总四个阶段，建立了由249人组成的市级先进典型人物事迹资源库，囊括全市近五年来评选出的“十佳公仆”、“感动双鸭山人物”、“十大女杰”、“五一劳动模范”、“十大杰出青年”。从中甄选出先进集体和个人20个，分别代表全市工业、农业、经济、教育、文化等各条战线。8月，市委宣传部工作人员同双鸭山电视台、电台、日报社等多家媒体记者一道，对选树的先进典型群体（个人）代表进行系统采访，其间深入各县区、军队驻地、企业一线、偏远山区、学校、矿区等地，收集整理素材，完善人物事迹。9月，在《双鸭山日报》、双鸭山电台、双鸭山电视台、《双鸭山矿工报》、东北网等媒体开设“精彩人生·典靓四季”专栏，利用近一个月的时间对20名典型代表进行宣传报道，获得了良好的社会反响。经过基层考核、情况核实、走访了解等多个环节的考察，确定6名具有代表性的先进典型作为宣讲对象。市委宣传部在全市精心抽调6名同志组成宣讲团，并进行系统培训。10月，“精彩人生·典靓四季”先进典型巡回宣讲首场报告会在双鸭山市人大培训中心隆重举行，市领导及社会各界代表共计400余人聆听了先进典型事迹报告，现场反响强烈。随后，宣讲团利用近一个月的时间深入各县区、龙煤双鸭山分（子）公司、市第一中学等进行了十余场巡回宣讲，所到之处，均受到热烈欢迎，引起强烈共鸣，达到了预期的宣讲效果。

举办首届“文化名家”评选活动

为在全市宣传思想文化领域培养造就一批造诣高深、成就突出、影响广泛的宣传思想文化领域领军人才，双鸭山市按照中宣部和省委宣传部的统一部署，从5月份开始，组织开展双鸭山首届“文化名家”评选活动。制定下发《双鸭山市“文化名家”评选方案》，明确“文化名家”评选的推荐范围、条件要求、推选程序、扶持办法和管理保障措施，成立了由市委常委、宣传部长担任组长的专项领导小组，组建由市委宣传部牵头，市委组织部、市委党校、市人力资源和社会保障局、市财政局等共10个部门为成员单位的双鸭山“文化名家”评选工作领导小组和哲学社会科学、新闻出版、文化艺术和文物保护、文化经营管理4个界别的工作小组。在市级新闻媒体发布了《关于双鸭山首届“文化名家”评选工作有关问题答记者问》，全面启动评选工作。

“文化名家”评选工作得到社会各界的广泛支持，累计报名人数达162人。由专家学者和有关部门负责人组成了专家评议组，采取无记名投票方式对人选进行评议，产生20名“文化名家”候选人。《双鸭山日报》刊登了20名候选人简要事迹和选票，吸引社会各界广泛参与，征集到选票6265张，确定候选人14名。9月14日，在中国·双鸭山东北亚湿地多样性保护论坛文艺专场晚会上，现场为获得双鸭山首届“文化名家”的同志颁奖。市委宣传部组织报社、广播电视台等新闻媒体对每一名“文化名家”进行采访，在《双鸭山日报》头版和双鸭山电视台《新闻联播》节目中开设了《“文化名家”风采录》专栏，对“文化名家”的事迹进行报道，全面提升“文化名家”的影响力。

开展“学雷锋 树新风”系列活动

2012年3月，双鸭山市组织各县区、各专业志愿者队伍深入开展“学雷锋、树新风”志愿服务月活动。组织社区、卫生、助残等志愿者，深入开展“三关爱”志愿服务活动，志愿者与104位孤寡老人、空巢老人结成帮扶对子，关爱贫困家庭30户，帮助残疾家庭20户。各专业志愿者队伍、志愿者面向敬老院、福利院等服务场所，开展扶贫济困、敬老助老服务活动，开展“一助一”、“多助一”长期结对等活动，为困难群众和弱势群体提供生活料理、医疗保健、法律援助、信息咨询、文体娱乐等方面的志愿服务。全市司法系统开展“窗口”行业学雷锋志愿者优质服务行动，以志愿服务的形式，开展雷锋式示范窗口、雷锋式服务明星等志愿服务活动。100多名法律志愿者在市、县区的广场、通过设点宣传、发放宣传单、法制宣传栏等形式，开展法律援助便民、利民服务活动，受到群众欢迎。组织文艺志愿者开展“学雷锋、送亲情、文化下基层活动”，文艺志愿者深入敬老院、社区、工厂为居民、老人、工人送上丰富多彩的文艺演出及文艺作品。据统计，全年送文艺演出20余场次，赠送图书300余册。组织卫生志愿者开展了“弘扬雷锋精神，让青春在奉献中闪光”的义诊咨询活动，仅3月5日当日，就为空巢、孤寡老人、社区居民义诊500余人。双鸭山市人民医院、煤炭总医院、传染病院、口腔医院、妇幼保健院的医疗专家深入社区为空巢老人、下岗职工、社区居民，开展义诊咨询服务活动，共为60名社区基层女职工进行了妇女病检查，义务为来往居民测血压、量身高、称体重，为市民发放《市民健康手册》200余册，宣传单、宣传画1000余份。组织志愿者开展“让我们的孩子更自信”为主题的关爱留守儿童、残疾儿童和贫困儿童活动，助残、卫生、青年、文明单位志愿者深入到孤儿院、社会福利中心、脑瘫幼儿园、农民工子弟学校与留守儿童、残疾儿童和贫困儿童结成帮扶对子，为他们送去价值2万多元的生活和学习用品。

开展“德耀双鸭山”道德模范评选宣传活动

按照省文明办《全省“学模范、做模范”评选活动方案》的要求，双鸭山市文明办积极开展道德模范选、树、学活动，努力把学习评选道德模范作为提升全民思想道德建设的重要载体，面向基层、广泛发动，在全市形成了“群众评、评群众、群众学、学群众”的良好氛围。市文明办向全市各党委下发了《关于在全市开展道德模范评选及宣传活动的通知》，向基层党委传达了中央、省文明办对活动开展的宗旨及要求，组织各级新闻媒体对评选活动进行宣传，组织各党委利用局域网、简报、宣传栏等平台鼓励基层发现突出事迹，踊跃参评。征集全市各县(区)、党委(党组)推荐的候选人近百名，市文明办通过基层走访、问卷调查等形式对候选人事迹进行筛选、评比，确定了30位市级道德模范候选人，通过在《双鸭山日报》、双鸭山新闻网进行群众投票的形式，最终确定市级道德模范15位。为加大道德模范先进事迹宣传力度，双鸭山市组织市日报社、市电台、市电视台等5家媒体相继开设“德耀双鸭山——道德模范”专栏，对各级道德模范的先进事迹进行报道。2月23日，在东山国际酒店举办了“德耀双鸭山——道德模范颁奖典礼”，表彰奖励了全市各个行业涌现出来的道德模范，各级领导及志愿者代表、社区居民代表、企业代表等近500人出席表彰大会。据统计，双鸭山市全年共组织各级道德模范走进基层巡演12场次，自编自演各类节目26个，累计参与人数4.2万人。

伊春市委宣传部开展“素质提升”学习实践活动

为打造一支“团结务实、规范高效、活力创新”的宣传队伍，伊春市委宣传部围绕四个方面开展“素质提升”学习实践活动。

一、组织学习培训，提高政治业务素质。为全面提升宣传干部队伍素质，对宣传干部的政治理论、业务技能、文化知识进行培训，在内容设置上更具针对性、实战性和指导性，市委宣传部采取多种形式、多种渠道加强干部培训工作。一是“走出去”。选派多名同志到北京、上海、江苏等地学习深造，把学习成果通过集中学习方式让大家分享，把成果放大，以最低成本达到最好效果。二是“请进来”。邀请黑大分校教授系统培训了PPT幻灯片制作技术、公文写作与实践操作、政务礼仪等内容，使宣传干部整体素质和能力不断提升。三是相互学习。定期举办“行动学习法”，共同讨论研究工作目标任务，在研讨中交流，在交流中碰撞灵感，提高能力，人人都是参与者，人人都是决策者，使宣传干部能力普遍提高。

二、深入实践调研，提高对策建议能力。在全部组织实施“全员搞调研”活动，锤炼调查研究的基本功，提高研究判断、对策建议能力。市委宣传部紧紧围绕市委中心工作，服务发展大局，针对文化产业、走转改、理论热点等工作展开调研，现已征集课题四个种类，达到每个科室都有课题，每个同志都有撰写任务。市委常委、宣传部长王雪梅高度重视全员搞调研活动的开展，率先到报社、电台、文化局等单位开展调查研究。从部领导到科室人员，有的到林场、企业实地考察，有的下发了调查表格有针对性地开展调研，有的通过与企业老板接触了解企业发展状况，从不同角度、渠道、视角获取信息，极大地丰富了第一手材料，研究问题的意识、解决问题的能力、对策建议的水平在逐步提高。为了充分展示调研成果，采取评选等级，推荐到相关刊物刊发，并对获奖调研成果装订成册，作为科学决策依据保存起来。

三、推进整章建制，提高规范管理程度。伊春市委宣传部把制度建设当作重要任务来抓，使管理有抓手，促进管理水平提档升级，推动宣传工作打开新局面。重点抓了三个方面：一是按照新形势对宣传思想工作的要求，对宣传部各科室及部门职能和作用重新做了定位，规范工作任务，明确科室具体工作内容，促使每个人找准位置，谋划思路；与此同时，推出了与之配套的制度，在理论学习、工作考勤、服务承诺、首问负责等项制度方面进一步完善。二是按照宣传工作特点和内在规律，在干部交流轮岗、绩效考核和实施细则等方面制定了具有操作性、针对性和常态性的实施办法，对于提升工作效率，激发广大干部的积极性，起到了推动作用。从已经实施了半年多宣传干部交流轮岗的效果看，部机关在很多方面发生了明显变化，形成了守本分、尽职责、做贡献的良好风气。三是进一步规范了办公管理常规性工作制度。对于公文处理、材料印刷、文件督办、财务管理、公务接待、车辆管理、文档管理等项制度重新规范，使管理者有抓手，人人有遵循，极大地提升了办公管理的整体水准。

四、实施立卷归档，提高成果展示水平。为客观反映宣传思想工作全貌、总结经验、积累成果、指导工作、推进工作目标的实现，伊春市委宣传部建立宣传工作资料库，并把这项工作列入部里一项基础性和常规性工作。根据2012年宣传工作要点，对全年的工作项目按照科室职能，分解划定10个门类，细化分成50余项工作内容，对每项工作做到有工作方案、有推进举措、有影像图片、有工作总结、有佐证材料等；凡入库的宣传工作资料必须按要求编写，严格把关，限时完成，使宣传工作资料库的建设实现规范化、制度化和常态化。

2012“感动伊春”年度人物(群体)评选活动

伊春市委宣传部、伊春日报社等7家单位组成评选活动组委会开展评选活动，制定印发了《关于组织开展“中国移动”杯2012“感动伊春”年度人物(群体)评选活动的通知》，并设置书面选票、网络投票、手机短信息投票3个平台，确保评选活动的公开、公平、公正、透明。从全市各地宣传部门、驻军部队、各系统及相关部门推荐的36名候选人物（群体)中，评出16名人物(群体)进入候选名单。经过评选，张德义、王玉杰等9名同志获“感动伊春”人物奖，红星区森林消防大队获“感动伊春”群体奖，王占江、铁力局第三小学生活指导教师群体等6名人物(群体)获提名奖，展示了伊春人爱岗敬业、奋发进取、崇德向善、无私奉献、自强不息、勇于担当的良好形象。

伊春市委宣传部实行干部轮岗制

伊春市委宣传部实施干部交流轮岗制度，对部机关16个科室干部岗位进行100%轮岗，通过岗位轮换使每个干部的能力和水平得到全面锻炼和提升。

采取“出一进一”、“职务对职务”的方式对现任科室主要负责人和领导干部进行轮岗，破除“岗位终身化”，建立“职位轮岗常态化”机制，彻底改变一次分配定终身、一个岗位奔到头、一个科室到退休的现象。使以往那种占指数任职,不在岗位谋职,只解决任职问题,没解决工作问题的现象得以解决。此次岗位轮换和交流是十年来最大面积的调整,对班子成员做了重新分工,使每个领导干部与科室职能和责任挂起钩,形成了从部领导到科室每个人都想事、干事,凝心聚力,团结一致的工作氛围。

充分发挥每个干部的优势和长处,给想干事、能干事、干成事的干部更大锻炼空间。实行全岗交流,充分考虑到每个科级干部的专业、阅历、资历和能力的实际水平,最大限度地挖掘其内在潜力,切实解决了由于长期滞留在一个科室、一个岗位所造成的知识结构单一、视野相对狭窄、创新激情衰退、工作效率不高等现实问题。通过干部岗位轮换,焕发了出活力、增才干、扬正气的工作态势。

实现人岗相适、职岗相应、能岗匹配,形成风清气正的良好用人导向。建立了职尽其责、才尽其用、能进能出,充满生机与活力的用人机制,达到了岗位顺、心劲齐、干劲高,每个人都心平气和,都能理解和接受。

自干部轮岗以来,伊春市委宣传部干部的工作作风在悄然发生变化,广大干部结合新任工作岗位职责,主动学习,认真思考,谋划工作思路和确定工作项目,干部的主观能动性在增强,工作规范程度在提高,推进落实举措更具针对性,形成了创造性开展工作的良好局面。

七台河开展“十项整治”创建“三优”文明城市活动

深入开展优美环境创建工作。在市容市貌整治方面采用“六化一考”考评办法,深入实施临街楼体立面及牌匾广告整治、公共环境卫生整治、城市出入口形象及主要道路整治、居民小区整治、环境污染整治、矿区、厂区环境整治等市容市貌专项整治活动,全年共整治临街楼体140栋,更换牌匾1107块,安装城市雕塑10个,投入1102.15万元用于住宅小区综合治理,整治倭肯河流域及桃山湖污染、大气污染、居民噪声污染、固体废物危险废物污染等环境污染整治35项,新施划斑马线186处、交通标线19830平方米,新增停车位2398个、交通标志牌46块;在村容村貌整治方面以“治脏乱、建队伍、增设施、修好路、植好树、整庭院、改住房、提素质”八个方面为主要任务,采取以奖代投的方式,坚持因地制宜、循序渐进、标本兼治的原则,通过建立“村(屯)清扫、乡(镇)转运、区(县)处理”的长效模式,实现村屯环境洁净、有序、文明,增强农民爱护环境的自觉性。全年共整治出精品村16个,达标村29个,非达标村144个,在电视、广播、报纸等媒体上进行各类报道130余条,发放“十星级文明户”、“文明幸福家庭”宣传单6万份;道路硬化33.95公里;修筑栅栏34600延米;种植树木(花草)163100棵(株);修葺边沟64100延米;安装路灯502盏;新建垃圾中转站、填埋场7个,新增设垃圾箱、垃圾点177个。

深入开展优良秩序创建工作。在交通秩序整治方面以“文明过马路、礼让斑马线”、“百名文明驾驶员”评选等活动为载体,以“关爱生命、文明出行、规范秩序、提升形象”为主旨,通过大力宣传“礼”的魅力,迅速刮起文明风。七台河市委书记张宪军在全市“百名文明驾驶员”评选活动启动仪式暨创建优良交通环境提升城市形象动员大会上指出:“开展交通环境整治是打造良好城市形象、加快经济发展聚拢人气的需要,是尊重和关爱生命、维护社会安全稳定的需要,是播撒社会文明、建设文明城市的需要。”市文明办把“文明过马路、礼让斑马线”活动提升到市风和民风的高度,把斑马线作为城市文明的“检阅线”,组织新闻媒体对活动进行全程报道,发放交通安全宣传材料4万余份、倡议书5万份,粘贴宣传标志3万个,接到检举70余起,处理率达100%,表彰文明驾驶员100名,每人授予2000元现金奖励;在市场秩序方面以“星级文明市场”评选、“文明诚信示范店”评选活动为载体,降低门槛、广泛发动,吸引更多的“小集市”、“小店铺”参与到活动中来,通过活动的开展,弘扬诚信理念,倡导文明经营。

深入开展优质服务创建工作。以迎接党的十八大和中国七台河第五届家具节召开为契机，七台河市文明委于7月31日召开了全市“创暖心服务、树满意品牌、做文明之星”活动动员会议，市移动公司、龙煤集团七台河分子公司水暖电讯处、市公安局出入境管理科分别作了典型发言。动员大会结束后，七台河电视台、《七台河日报》分别开辟专栏专题，对市政务大厅、市人民医院、桃山区国税局等窗口单位的先进经验进行连续报道。各区(县)分别召开动员会，区(县)主要领导与辖区各窗口单位签订责任状，推进优质服务活动纵深开展。全市60余家窗口单位在主流媒体上作出服务承诺，通过完善服务流程、规范服务言行、转变服务思想、打造服务品牌，全面提升全市窗口单位服务水平。

第八届“文化艺术之冬”系列活动

七台河市第八届“文化艺术之冬”系列活动从2011年11月至2012年3月结束。围绕社会主义新农村文化建设开展文化活动、开展送电影下乡放映月活动、开展送图书下乡活动、开展文艺辅导下乡活动、开展送戏下乡活动，举办“金六福”杯才艺大赛、“庆元旦”歌舞晚会，围绕“安全在我心中”开展巡回文艺演出活动。成功举办了2012年春节晚会、欢度元宵佳节秧歌展演活动和“和谐之星”焰火晚会、灯展，丰富了全市人民群众的冬季文化生活。开展“龙江百姓文化季”送戏、送书下乡活动及辅导乡镇群众文化活动工作，在活动期间组织市群众艺术馆、歌舞团、图书馆等部门深入红旗镇等地为农民送书1万册，送戏5场，组织专业人员深入茄子河区东风村等农村文化重点村进行声乐、器乐、舞蹈、书法、美术、电子琴等辅导培训活动，共培训农村文艺骨干180余人，受到广大农民朋友和基层文艺骨干的热烈欢迎。

第七届“七台河之夏”系列文化活动

第七届“七台河之夏”系列文化活动于2012年6月15日开幕，在2012年6月至9月的三个月时间里，围绕“城市之光”、“金色田野”、“欢乐校园”、“沸腾矿山”、“和谐社区”、“老年文化”、“节庆文化”、“警民共建”、“国防教育”、“迎庆十八大召开”等主题文化活动交替上演，文化氛围覆盖城乡每个角落，吸纳社会方方面面的力量投入到文化活动中来，形成了天天有活动，周周有演出，场场有亮点，人人都参与的生动场景。

主要围绕节庆文化开展系列文化活动，举办了庆七一“祥辉国酒茅台杯”全市青年歌手大奖赛、庆七一“煤矿工人热爱党”矿区职工文艺调演、走向星光才艺大赛活动；举办了庆八一“忠诚心、手足情”军民联欢晚会；举办了教师节联欢晚会。

围绕城乡一体化建设开展“金色田野”系列文化活动，举办了全市农村、社区文艺调演活动；组织文艺小分队送文化下乡活动；为乡(镇)村、社区组建文化培训基地和培训文艺队伍；举办了优秀影片进乡村放映活动。

围绕“沸腾矿山”开展企业文化活动，举办“安全在我心中”走进企业、厂、矿文艺巡回演出活动，举办全市大中型企业“展示企业文化促进企业发展”系列文化活动。

围绕第五届七台河家具节开展系列文化活动，举办庆祝第五届家具节全市广场舞、秧歌展演活动，举办庆祝第五届家具节专场文艺晚会。在第五届中国七台河家具节期间举办主会场文艺演出4场，庆祝家具节大型文艺演出6场。

此外，围绕“欢乐校园”开展系列文化活动，举办全市校园艺术节活动。围绕打造“平安和谐社区”开展了系列文化活动。

到9月末，七台河之夏系列文化活动演出圆满结束，全市城乡系列文化活动开展得既轰轰烈烈又扎扎实实，在桃山区湖滨广场主会场演出90场，在各区、农村、社区演出400余场，群众性文化活动形成了蓬勃向上、异彩纷呈的可喜局面，“幸福之城”的文化魅力正在逐步呈现，“七台河之夏”系列文化活动品牌进一步打响，已成为百姓的舞台、群众的盛会。

举办了中国·鹤岗中俄界江文化旅游节暨第四

届东北东部(12+2)区域合作圆桌会议开幕式文艺演出,以"秀美界江、文化盛宴、区域共荣、跨越发展"为主题,以声乐、舞蹈、戏曲、器乐等为主要表现形式,邀请了著名歌唱家殷秀梅、阎维文、刘斌、韩延文、毋攀,舞蹈演员古楞,著名歌手马钰、S翼乐团以及以色列歌唱家、俄罗斯舞蹈演员和小提琴、萨克斯演员,整场演出在欢乐、喜庆的氛围中进行,为广大群众奉献了一道精彩的文化盛宴。提高了鹤岗知名度,展现了鹤岗对外形象,加强了鹤岗与东北东部城市之间的交流合作,推动了地区经济发展。国家质量监督检验检疫总局局长、党组书记支树平,省政协主席杜宇新,省人大常委会副主任刘海生,省政府副省长孙尧,俄罗斯犹太自治州原副州长古列维奇,东北东部(12+2)区域合作市(州)领导以及鹤岗市有关领导出席了活动。

开展"繁荣黑河边贸旅游明星城"大讨论活动

为深入贯彻省第十一次党代会提出的"繁荣黑河边贸旅游明星城"发展定位,市委成立了"繁荣黑河边贸旅游明星城"大讨论活动领导小组,下设办公室,办公室设在市委宣传部,负责日常工作指导、协调、组织实施。围绕调整优化结构、转变发展方式、边贸旅游发展、文化产业建设、城市建设管理等问题,各行业、各部门进行了深入调研和讨论,共组织学习讨论1320余次,举办辅导讲座170余场,召开征求意见会570余场,征求群众意见3480余条,撰写体会文章3100余篇,参与群众47300余人。在市内重要网站和各级党委政府信息网、党建网以及单位行业网站开设了"繁荣黑河边贸旅游明星城大讨论"、"凝聚合力 繁荣边贸旅游明星城"、"为繁荣边贸旅游明星城献计献策"、"全民大讨论 共建明星城"、"人人争创明星城"等栏目,全方位、多角度地对全市开展"繁荣黑河边贸旅游明星城"大讨论活动进行深入报道,刊发动态消息300余篇(条)、刊发体会和评论文章40篇、刊发专版3期、播发专访21期,推动大讨论活动的深入开展。

开展"讲学习、强素质、促发展"主题读书月活动

制定下发《黑河市第三届"讲学习、强素质、促发展"主题读书月活动方案》。开展"情系城乡书屋、图书传递爱心"图书捐赠活动,共捐书两万余册。开展"我最喜爱的一本书"有奖征文活动,共征集文章30余篇,在《黑河日报》刊发10篇优秀文章。围绕学习贯彻省党代会、市党代会精神,组织开展市情教育宣讲活动,组织宣讲6场。全市各级党组织结合实际,组织开展"纪念世界读书日"、"读书讲堂"、"优秀书籍推荐"、"读书报告会"、"读书之星评选"、"邻里读书节"以及"书香机关"、"书香企业"、"书香社区"、"书香校园"、"书香家庭"评比等20余项活动。丰富多彩、形式多样的系列读书活动,进一步推动读书走进机关、企业、农村、社区、学校。发挥新闻媒体优势,在《黑河日报》、黑河电视台开辟专版、专栏、专题对读书月期间各项活动进行集中宣传报道。

举办国内首次"俄罗斯油画作品资产评估品鉴会"

2012年4月23日,由中共黑河市委宣传部主办,黑河龙江国际文化展览有限公司委托黑河市立志资产评估有限公司承办的国内首次"俄罗斯油画作品资产评估品鉴会"在黑河成功举办。由清华大学美术学院教授、硕士生导师、大型历史绘画研究所所长王铁牛先生,中国美术家协会理论委员会副主任、《美术》杂志前主编王仲先生,中央美术学院油画专业教师钟剑秋先生组成的专家组,与由注册资产评估师、高级会计师和经济师组成的评估小组一起,对黑河中俄艺术陈列馆暨黑河龙江国际文化展览有限公司、爱辉历史陈列馆馆藏的303幅俄罗斯油画作品进行了资产评估,评估价值4500万元。黑河市领导及财政、金融管理部门和黑河市所有金融企业的主要领导出席并见证了评估过程。《黑龙江日报》、黑龙江人民广播电

台、东北网等媒体进行了报道。

举办首届中国知青文化周

由国家文化部、黑龙江省人民政府主办，黑龙江省文化厅、中共黑河市委员会、黑河市人民政府承办的“2012中国国际文化休闲周——首届中国知青文化周”于8月21日至24日在黑河举办。首届中国知青文化周共分7个板块内容，即：开幕式暨“梦回青春之旅”启动仪式，“梦回青春之旅”参观回访活动，青春之歌——首届中国知青文化周篝火晚餐会，中国知青博物馆建设与发展研讨会，黑河经济发展对接会，知青艺术团文艺汇演，知青艺术藏品展等。中宣部原常务副部长、全国政协文史委主任龚心瀚，全国知青典型邢燕子、侯隽，以及来自北京、天津、浙江、上海等全国18个省(市)自治区和新疆生产建设兵团的知青典型、模范、企业家、艺术家、知青代表和文化部、黑龙江省文化厅、黑河市、爱辉区领导1000余人参加并出席了首届中国知青文化周开幕式。国家发展和改革委员会副主任、原北安二龙山农场知青解振华，中国社会科学院常务副院长、原云山农场知青王伟光，原上海市人大常委会副主任、上海现代服务业联合会会长周禹鹏等知青代表纷纷发来贺信、贺电。《人民日报》(海外版)等媒体刊发稿件10余篇，中国新闻图片网、中国广播网、东北网、黑龙江政府网及全国各大知青网等媒体纷纷转载，网络可搜索到的报道有908960条。

举办2012中国国际文化休闲周闭幕式

2012年8月24日，2012中国国际文化休闲周闭幕式在黑河五大连池风景区圣水广场隆重举行，闭幕式分为“走红毯仪式”、文艺演出、“乐动城市——2012中国城市之歌赏评”颁奖仪式三个方面。参加闭幕式的国家级、省部级领导及外请嘉宾在文艺演出前走上红地毯在签名板上签名留念。整台晚会70%的节目都是创作类节目，从不同的角度和侧面，表达出“自在中国”的主题。“乐动城市——2012中国城市之歌赏评”评选活动是由文化部市场司、艺术司指导，中国文化传媒集团主办，中传华彩国际文化发展有限公司承办，黑河市选送的城市之歌《亲亲的黑河》获得组委会特别奖。省人大常委会党组书记盖如垠颁发组委会特别奖，市长张恩亮代表黑河市领奖。参加闭幕式的嘉宾反映这次闭幕式的晚会立意深刻，内容丰富，体现了祖国边疆文化、民俗文化，增强了中华民族的向心力、凝聚力，加强了祖国边疆与中原地区的紧密联系。

举办第三届中俄文化大集和2012中国国际文化休闲周系列文艺活动

第三届中俄文化大集和2012中国国际文化休闲周期间举办了“《双子同欢》黑河之夏颁奖晚会”、“激情广场狂欢夜篝火晚会”、“俄罗斯莫斯科蓝陶瓷歌舞团”文艺演出、“北京阳光艺术团专场文艺演出”、“上海知青多媒体独唱独奏晚会”、“爱辉之夜”大型广场公益演唱会、“2012中国国际文化休闲周闭幕式暨晚会”等14场精彩的文艺演出活动。演出活动给黑河市人民及游客带来了视觉盛宴，展示了“中俄双子城”黑河的独特魅力。

中国黑河旅游品牌专列启动

2012年3月1日，黑河市“中俄风情之都，北国养生福地”——中国黑河旅游品牌专列启动新闻发布会在北京新闻大厦隆重举行。即日起，北京往返于哈尔滨的Z15/Z16次列车，被赋予新的名字“中国黑河旅游品牌专列”。

品牌专列是中国铁路列车媒体中具有高强度传播效果的媒体组合形式，是旅游品牌的强势宣传平台。黑河市委、市政府与华铁传媒联手打造“中国黑河旅游品牌专列”，以北京往返于哈尔滨的Z15/Z16次列车为传播载体，通过列车海报、列车播音等多种媒体形式，全方位、多角度地展现黑河市的整体旅游品牌，为黑河市深入开发华北市场，把黑河市的旅游品牌辐射到全国，全面、直观地展现黑河市的独特魅力，树立优秀旅游形象具有极大的推动作用。旅游卫视、新京报、北京晨报、北京青年报等30多家媒体参加新闻发布会。

举办龙江“船”说——2012中国国际文化休闲周高峰论坛

2012年8月20日，在黑龙江黑河段江面游船上，龙江“船”说——2012中国国际文化休闲周高峰论坛，由旅游卫视《看今天》栏目以电视访谈的形式进行录播。

中宣部原常务副部长龚心瀚、省文化厅厅长宋宏伟、黑河市市长张恩亮作主要发言。上海第二工业大学党委书记阮显忠、吉林省文化厅副厅长朱成华、省文化厅副厅长姜一海、省旅游局副局长侯伟，黑河市相关领导、旅游企业负责人等作为互动嘉宾参加了访谈。新华社、央视俄语频道、中国旅游报、中国文化报、黑龙江日报、东北网等媒体进行了现场采访。

此次论坛围绕文化休闲成为旅游新时尚、生活新方式以及黑龙江省对黑河市繁荣边贸旅游明星城定位等方面展开，以“树形象、提品质、增效益”为目标，采取积极措施加强文化与旅游结合，切实推动文化旅游、文化休闲及边境贸易大发展大繁荣。嘉宾和电视机前的观众可领略到界江两岸美丽景色，展示“中俄双子城”黑河的独特魅力。

绥化市组织开展“百名大学生送十八大精神进基层”活动

为深入宣传党的十八大精神，不断扩大宣传普及覆盖面，使十八大精神进一步深入基层、深入群众，绥化市立足实际，组织开展了“百名大学生送十八大精神进基层”活动，受到了基层广大干部群众的普遍欢迎。

从2012年6月份开始，绥化市利用暑期，组织30多名大学生骨干分别深入到各地乡镇、村屯，边支教边调研，坚持与基层干部群众同吃同住，交流体会，掌握群众理论需求，了解当前他们对十八大的所想所盼，获取了第一手材料。8月份，绥化市召开了“大学生送十八大精神进基层”专题会议进行部署，制定下发活动具体实施方案，对活动时间、活动目的、活动主题、报名方式、申报条件、培训形式等进行明确。10月份，对报名参加“送十八大精神进基层”活动的400多名大学生进行了层层筛选，成立了由机关干部、理论专家、大学生和群众代表组成的评审委员会，经过笔试、面试、试讲，最终精选出100名十八大精神基层宣讲员，并按专业特长分成了10个宣讲小分队。

十八大召开当天，组织百名大学生共同观看大会盛况，认真学习十八大报告，准确把握十八大的基本精神和内涵实质。会议结束后，绥化市立即抽调市委讲师团和市委党校10名理论专家与绥化学院政教系10名骨干教师组成“百名大学生送十八大精神进基层”辅导组，根据十八大报告，结合基层群众实际需求，编写了通俗易懂的宣讲提纲，参加省委宣讲团十八大精神报告会和绥化市十八大精神理论骨干培训班，切实提高宣讲能力和宣讲水平。12月5日，绥化市委举行了“百名大学生送十八大精神进基层”活动启动仪式，为宣讲团授总队旗、10个宣讲小分队授分队旗。启动仪式结束当天，在指导老师的带领下，10个宣讲小分队统一深入到所负责的10个县(市、区)的乡村、社区、学校、企业、部队及新经济组织、新社会组织等基层单位，开展面对面、互动式宣讲十八大精神。

宣传过程中，大学生宣讲小分队深入到农民、教师、学生、离退休老党员、老干部等各个群体，将宣讲层面拓展到乡镇、村屯、农户、工厂、学校、企业及农机合作社、玉米水稻合作社等新经济组织各个层面，坚持用喜闻乐见的形式、基层干部群众听得懂的语言和生动鲜活的事例，宣传阐释十八大精神。开展了集中宣讲活动。在庆安、望奎、兰西等县的乡(镇)政府、村党支部及中小学校，大学生宣讲小分队以主题宣讲、座谈交流的形式，面对乡村干部、农民党员、教师学生等开展了十八大精神集中宣讲活动，重点讲解十八大报告中的新观点、新思路、新部署，让基层党员干部和广大群众准确了解十八大精神，加深对国家未来发展方向的理解和把握。开展了进门入户宣传活动。宣讲中，小分队成员坚持进乡村、进社区，深入到乡村农户和社区居民家中，与广大基层群众面对面交谈、交流，将十八大中有关"三农"、民生等问题讲明白、讲清楚，并耐心细致地回答了他们关心的热点问题。同时，宣讲小分队对有宣讲能力和宣讲热情的老党员、老教师、农民带头人等进行了重点辅导，提高他们十八大精神的宣传水平，使他们成为"不走"的宣传员，还为他们提供了十八大精神的相关报纸和书籍等。开展了主题文艺宣传活动。宣讲小分队的大学生们结合自己的心得体会，自行编排设计文艺活动，通过文艺演出的形式宣传十八大精神。在肇东、安达、海伦、明水等县(市)的敬老院、福利院和光荣院，大学生们和老人们面对面地互动交流，重点讲解了国家养老、优抚的优惠政策及如何赡养老人等内容，并为老人们献上了十八大主题文艺演出，用舞蹈、民歌、二人转、诗朗诵、三句半等节目形式宣传十八大精神，受到了老人们的热烈欢迎。开展了"一线"现场宣传活动。在北林、绥棱、青冈等县(区)，宣讲小分队深入到水稻、玉米、农机合作社和部分企业当中，在生产工作一线讲解十八大精神。大学生宣讲员们进入温室大棚、进入生产车间，为合作社和企业的负责人、工人、群众现场讲解有关农业方面的政策信息，现场讲解生态建设和转变经济发展方式的迫切要求，得到了大家的一致好评。通过实地参观学习，大学生们也亲身感受到了十七大以来经济社会的发展变化，在宣传十八大精神的实践中接受了教育、得到了锻炼和提高。活动期间，大学生宣讲小分队共深入到全市 50 多个乡镇、100 多个村屯、1000 多户城乡居民、40 多所城乡学校、企业和新经济组织、社会组织中开展了宣传活动，实现直接受教育群众达 2 万人。

绥化市深入实施"三树三育"工程

为深入推进社会主义核心价值体系建设，绥化市创新载体、活化形式，大力实施了以树正确世界观，育道德绥化人；树发展新理念，育创业绥化人；树时代好楷模，育优秀绥化人为内容的"三树三育"工程。

树正确价值观，育道德绥化人。坚持以先进理论教育引领道德素质提升。以科学发展观等科学理论武装全市党员干部群众头脑，举办了"五型经济"建设论坛等，教育引导全市人民树立正确的世界观、人生观、价值观、荣辱观。坚持以主题教育活动推动道德素质提升。广泛开展了社会主义核心价值体系"六进入"主题教育活动。从绥化农业地区的实际出发，加强农民群众社会主义核心观建设，形成了《绥化市加强和改进农民群众社会主义核心观建设的调查报告》。大力加强企业思想政治工作，引导职工树立理性、平和、健康的良好心态。以家庭美德建设为重点，开设《女性讲堂》，培育新时代妇女高尚品格。开展了"远离毒品、远离邪教、远离赌博、绿色上网"的"三远离一倡导"青少年主题教育活动，在 2012 年 3 月召开的全省"三远离一倡导"青少年主题教育活动工作推进会上，绥化市作了典型经验发言。以"情系朝阳，爱满绥化"为主题，广泛开展系列捐资助学活动。对全市广大青年实施分类教育引导，广泛开展"我与绥化共奋进、中心崛起献青春"等主题实践活动。坚持以文明环境建设促进道德素质提升。以卫生秩序、生态绿化、文明素质、服务质量"四大升级行动"为重点，扎实推进春、秋两季城乡环境综合整治"百日会战"。以"垃圾清理、规范整治、绿化美化"为主要内容，启动实施了农村环境创优"三年行动计划"。以党政机关和"窗口"行业为重点，积极开展优质规范服务竞赛，开展行风评比活动。开设了"文明礼仪知识大讲堂"，在市直新闻媒体辟建文明礼仪教育专题专栏，播放文明礼仪公益广告，营造"讲文明、树新风"的良好舆论氛围。

树发展新理念，育创业绥化人。深化创业理念教育。开展了"凝心聚力、推进发展、共建和谐"主题教育活动，通过多种宣教形式，把全市广大党员干部群众的思想和行动统一到市委发展“五型经济”,建设“五个一流”,推进“六个跨越”的奋斗目标上来。以“看发展、议变化、建家乡”为主题,组织开展了原创文学作品大赛活动,编辑出版了《黑土颂歌》——“学习十八大·建设新绥化”优秀原创文学作品专集。省委、省政府先后在绥化市召开了现代化大农业建设、新农村建设和产业项目建设等现场会。加强创业能力培训。深入开展“学习培训之冬”活动。围绕产业项目建设、现代化大农业建设等内容,举办了8期视频讲座,直接受教育党员干部近20万人次。结合“科普之冬”、“六五普法”、“三下乡”等活动,深入基层举办系列专题讲座,对广大党员干部群众进行面对面分层辅导。市委编写了《我们的思路,我们的理念——推进绥化经济社会大发展大跨越宣传读本》和《产业项目建设知识宣传读本》。《黑龙江日报》对绥化市“学习培训之冬”活动经验进行宣传报道。开展“三创”实践活动。深入开展了“创业、创新、创优”实践活动。推行骨干干部特别是重点后备干部到经济岗位挂职锻炼,直接参与经济工作。以招商引资为目的,市委、市政府开展了市直机关(单位)推进“产业项目招商和准备之冬”活动,市直机关各党委(总支)开展了“看项目、议发展、做贡献”主题实践活动,全市上下掀起招商引资新热潮。广泛开展“当好主力军、建功‘十二五’”主题劳动竞赛。以“创业当先锋、创新做表率、创优争一流”主题活动为统领,加强对青年创业的扶持与引导。以“六兴家”活动引领妇女岗位争先创优,开展“千名女企业家牵手万名妇女创业就业行动”、“女大学生创业导师行动”等,促进了各项工作大提档大晋级。

树时代好楷模,育优秀绥化人。建立选树典型的工作机制。每年都在全市组织开展经济建设、道德模范、“十佳公仆”、党的建设和廉政建设等一系列先进典型评选宣传活动,形成了党政群齐抓共管,各部门联动的典型评选机制。今年大力组织开展了向最美教师张丽莉、绥化籍最美警卫战士高铁成等全国重大典型学习活动,在全社会形成学习先进、争当先进的良好风尚。建立展示宣传典型的工作平台。开通了绥化典型建设网,建立了绥化“典型库”。在繁华街道和公共场所,设立了先进典型事迹宣传橱窗,在市、县两级新闻媒体开辟了典型宣传专栏。年初以来,利用各种平台共宣传展示先进典型达210多人次。促进时代精神的实践转化。深入开展了关爱留守儿童、关爱空巢老人、贫困救助等形式多样的主题志愿服务活动,推动学雷锋活动的常态化。举办了市级劳模先进事迹巡回报告会,开展了“青年示范岗”、“巾帼文明岗”争创活动,推行岗位练兵、技能竞赛等,在全社会形成团结、文明、和谐的良好社会风尚。

“情系朝阳·爱满绥化”捐资助学活动

绥化市积极开展慈善爱心助学行动,开展了“情系朝阳·爱满绥化”捐资助学活动。此次活动由绥化市委、市政府主办,市工商联、市慈善总会、市委宣传部、市教育局、市民政局、市广播电视台承办,以专场文艺演出的形式进行。本次活动筹资45.2万元,其中,市政府从慈善募集资金中拿出15万元、从福彩资金中拿出5万元,社会爱心人士捐资25.2万元。活动筹集善款救助对象为市本级五所中学的低保户、孤残家庭应届考入本科二表以上的84名学生,每人救助5000元。现场捐助的善款和市工商界爱心人士捐助的部分剩余资金用于资助贫困家庭的优秀学生。

开展全市“五个一流”建设先进人物评选活动

为贯彻落实党的十八大精神,树立和宣传全市各类先进典型,示范和引带广大党员干部群众干事创业,由市委宣传部组织承办,绥化市组织开展了全市“五个一流”建设(工业经济和产业园区建设、现代化大农业建设、社会主义新农村建设、城市型经济和中等规模城市群建设、民生和社会事业建设)先进人物评选活动。在各县(市)区委和中、省、市直各部门把关推荐的基础上,本着重实绩、重贡献、重公论、重影响力、重代表性及向基层和一线倾斜的原则,全市评选产生“五个一流”建设先进人物人选80名,在全市党群会上对当选者进行隆重表彰,并给予市级劳动模范待遇。同时,在市级媒体开辟专栏和组建宣讲报告团,对“五个一流”建设先进人物的事迹进行广泛宣传,在全市干部群众中营造学先进、争先进、做先进的良好氛围。

建立新加坡国立大学肇东教育基地

肇东市以“学习培训之冬”活动为契机,与新加坡国立大学合作,建立了新加坡国立大学肇东教育基地。新加坡国立大学作为世界三十强大学、世界MBA全日制课程百名提供者,在国际大学中享有很高声誉。

肇东市建立该学习基地,主要目的是引进先进理念,拓阔党员干部视野,使全市群众的思想意识与国际接轨,使广大党员干部以崭新的姿态全面投入到都市圈经济、园区经济、异地经济、乡镇村经济、城市型城市群经济建设中来,为建设全国综合实力强市,实现和谐肇东、发达肇东、魅力肇东和幸福肇东做出新的更大贡献。

2012年2月22日,举行了第一期培训班开班仪式。开班式上共设专题辅导培训六讲,分别由新加坡政府高级顾问林良发先生、郭建庭先生主讲,指导参加培训的人员系统学习了《人文社会的成长及政府治国理念》、《新加坡的规划建设》、《新加坡的经济发展及招商引资策略》、《新加坡的社区管理构架、理念及特色》、《新加坡的工业园发展》、《肇东发展建议与对策》等知识。两位教授结合肇东的发展实际,剖析透彻,例子鲜活,既有科学的管理理念、先进的规划经验,又有全新的招商策略、成熟的建设案例,让大家了解前沿信息,丰富知识架构,掌握方式方法。

新加坡国立大学肇东教育基地的建立,对肇东市拓展招商领域、延伸招商链条、扩大招商成果产生强力的推动,对完善教育培训体系、丰富教育培训内容、推动教育事业持续健康发展产生良好效果。随着教育基地建设的进一步完善,该基地也必将对党员干部扩大视野、更新观念、提升能力产生更大的,更积极的作用。

安达市开展道德讲堂活动

为深入贯彻《公民道德建设实施纲要》,深入推进全国文明城市创建步伐,安达市积极开展道德讲堂活动,以弘扬新安达精神,树立新安达市民形象为主题,传播凡人道德故事,营造信仰道德、传承道德、践行道德的浓厚氛围。2012年,举行各类道德宣讲活动30多次。按照唱一首爱国歌曲、看一部道德短片、诵一段国学经典、讲一个道德故事、做一番心灵感悟活动流程,促使模范人物事迹深入人心,引导身边好人走上讲堂,起到了良好的道德教育效果。

安达市道德讲堂建设注重氛围营造、资源整合和选树典型。各单位道德讲堂有固定场所,设置了“道德讲堂”特色背景图版,在此基础上,突出机关、学校、企业、社区的不同特点,形成各具特色的讲堂阵地布置,提升讲堂感召力。挖掘培育了一批有思想、有口才的老干部、老党员和身边道德模范、身边好人等道德典型,组成了道德讲堂志愿宣讲团深入基层巡回宣讲。宣讲员在安达市《先锋人物》、《榜样的力量》丛书和安达各类先进典型事迹中汲取身边先进人物的感人故事。在讲道德故事的环节,宣讲员讲述安达项目建设先锋、爱岗敬业先进、明礼诚信模范、孝亲敬老榜样、自强奋进楷模的先进事迹,并邀请安达孝亲敬老十佳人物、社区好人榜、爱心妈妈、青年建工优秀人物到现场讲自己的故事,使广大群众感到可信、可敬、可学、可为。安达市的道德讲堂建设活动进入了机关、学校、企业、社区。机关道德讲堂与深化“创先争优”活动相结合,促进了机关工作作风改善和效率进一步提升;企业道德讲堂以诚信经营和奉献社会为主题,广泛开展了诚信经营和社会公益活动;学校把道德讲堂作为师德师风建设和未成年人思想道德建设的优良平台,将道德讲堂办到校园、班级;社区道德讲堂以引领社区居民道德提升为主线,大力弘扬孝老爱亲、邻里和睦的道德风尚。

安达市扎实推进书香安达全民读书活动

为扎实推进学习型党组织建设，安达市开展了以"弘扬新安达精神、树立新安达市民形象，倡导全民读书、建设书香安达"为主题的全民读书活动。活动中，广大市民积极参与，在机关、在校园、在企业、在村镇、在社区随处可见读书的身影，成为安达市创建全国文明城市过程中一道亮丽的风景。

在世界读书日当天，安达市举行了隆重的"弘扬新安达精神、树立新安达市民形象，倡导全民读书、建设书香安达"主题活动启动仪式。数百名读书爱好者齐聚安达图书馆进行座谈，开展读书交流和赠书活动，现场洋溢着浓浓的书香。仪式后，宣传部、文广新局等单位向羊草镇和升平镇的农民图书室现场赠书，把书籍送到农民的手中，把文化传播到城乡，在全市掀起了读书热潮。

全市各部门、各单位将此次主题活动摆上重要日程，结合实际，制定活动实施方案，设计形式多样的特色活动，取得了明显效果。市直各机关采取集体学习、读书讲座、心得交流、学习讨论、主题知识竞赛等方式开展读书活动，增强了读书活动的感染力、渗透力，积极营造了"工作学习化、学习工作化"的环境和氛围。教育系统以"和书香做伴、与文明同行"为主题，采取"好书换着看"、"献一本，读百本"、"课前经典诵读十分钟" 等形式，积极打造书香校园；各街道以市民学校为阵地，通过组织开展群众性文明礼仪知识讲座、知识竞赛、主题征文等活动，着力把社区打造成居民精神园地；各乡镇大力加强乡镇文化站、村文化室、农家书屋建设，并以此为阵地，引导广大农民多读有益书籍，多学实用技术；各企业从生产和职工实际出发，开展了学先进理论、学管理经验、学营销策略、学岗位技能等活动，使广大职工在持续不断的学习中，挖掘自身的潜力，提升企业竞争力。读书活动重在全民参与，在广大市民中开展了每天读书半小时活动，让书香飘进每个家庭，在全市上下形成了"爱读书、读好书"的社会风尚。

兰西县开展"真心共谋兰西发展齐心打造美好家园"主题教育实践活动

为了深入贯彻落实全县推进产业项目建设改善经济发展环境会议精神和全县干部大会精神，为了更好地发动全县广大干部群众全身心地投入到招商引资项目建设中来，由兰西县委宣传部牵头，组织城社委、电业局、文广新局、体育局、电视台、团县委等部门开展了全县"真心共谋兰西发展，齐心打造美好家园"主题教育实践系列活动，活动采取知识竞赛、演讲比赛、文艺演出和健身活动表演等形式，从 8 月 20 日开始，每晚 6 点在县标广场持续开展，共开展了 11 场活动。在活动现场设置了招商引资信息征集处两处，广泛征集外来投资项目信息，活动期间共征集招商信息 60 条，其中有价值招商信息 8 条，同时还发放了兰西招商引资暂行规定宣传单 2.3 万份，观众达到 2 万人。通过活动的开展，进一步引导和动员全县广大党员干部群众积极投身到招商引资项目建设中来，掀起"招大商、引大资、大上项目"热潮，营造全县、全民、全力搞招商、抓项目、促发展的良好氛围。

望奎县举办"喜迎十八大·放歌新生活"全省农民歌咏文艺演出

为迎接十八大胜利召开，充分展现新形势下农村文化事业和精神文明建设取得的新成果，7 月 21 日上午 9 时，在望奎县林枫广场举行了"喜迎十八大·放歌新生活"全省农民歌咏活动第四场晋级赛。

"喜迎十八大·放歌新生活"全省农民歌咏活动由省委宣传部、省文明办、省新农村办等单位主办，歌咏活动共设七场晋级赛，从 7 月 1 日开始，依次在通河、依兰、逊克、望奎、嘉荫、东宁、杜蒙等 7 个我省全国文明县城举行。本场演出由省电视台、望奎县委、望奎县人民政府等部门具体承办。演出期间，还同步开展了"移动·龙广惠农行"活动。龙广乡村台携手移动、省农科院、哈医大二院等有关单位共同进行“农业、医疗、法律、汽车、信息”五下乡,将农民最需要的农业科技、医疗保健、法律维权等信息传递到农民手中。

明水县深入开展“三治”环境创优活动

明水县紧紧围绕“强农、兴工、激活三产”这个核心任务,突出“三治”,进一步强化“三优”文明创建。

突出“治脏”。注重把握“强中心、重沿线、抓东西”工作方针。强中心,就是强化县城内、明水镇、国防公路的环境建设;重沿线就是重点治理公路沿线,202、203国道,涉及双兴乡(双发村、双合村),明水镇(春光村),通泉乡(宏伟村);抓东西就是抓好东部六个乡镇,西部三个乡镇的环境整治。对于柴草垛的规范,做到了“一清二归三挡”,一清,房前屋后的大柴草垛必须清除。二归,对于临时烧柴,在保障防火安全的情况下,归仓、归院。三挡,放在院里或者园内的柴草,用栅栏挡、苫布挡、其他物品挡。

突出“治乱”。对城内交通秩序进行了集中整治,特别是对各类机动车辆、货物车辆和港田的违章行车、无照无证驾驶、超员超载超重和强超硬会等行为进行了重点治理,规划建设了建材、集贸两个市场,坚决取缔各类流动摊点、店外店、占道修车、洗车和随意堆放建筑材料等占道经营行为,集中清理路边违章建筑;对不规范的牌匾和广告牌、城市“牛皮癣”和噪音扰民等现象进行了治理。共拆除违章棚厦1000处,牌匾、桄杆800多处,清理铁栅栏、板杖子、红砖围墙、牌匾和广告牌等占道物近千处,共取缔无证驾驶15人,查处超速50起,查处套牌、假牌、无牌82起,乱停乱放61起,教育156人,处罚101人。

突出“治差”。对群众反映较大的、影响较差的黑网吧、未成年人进入网吧和“扫黄打非”等相关问题进行了重点治理,共查处违规“网吧”10家;关闭违规电子游戏经营场所5家,销毁各类电子游戏机以及游戏主板66台(块);取缔无证经营书刊、音像制品店、游商、地摊5家,收缴口袋本图书1000多册,盗版光盘600多张;取缔非法娱乐场所8家,没收有关设备6件,进一步净化了社会文化环境。

青冈县深入开展“德耀时代、感动青冈”和“爱岗敬业”模范人物评选活动

为深入贯彻落实党的十七届六中全会精神,切实发挥先进典型的示范引领作用,推进社会主义核心价值体系建设,青冈县组织开展了“德耀时代、感动青冈”道德模范人物和“爱岗敬业”模范人物评选活动(以下简称“双模”评选)。

活动从大处着眼、小处入手,在全社会“海推直选”,确保广大群众都能参与到活动中来。举荐的对象,既有社会影响较大的重大典型,也有平凡之中凸显道德精神的普通典型。推荐阶段共收到来自基层群众推荐的信件256封、电话67个、电子邮件375件,涉及各方面先进典型100多名。按照真实性、时代性、群众性等标准筛选候选人,并在征求有关部门意见后,通过媒体对40位候选人进行公示,号召群众投票评选心中的明星,确保“双模”典型树得准、立得住、行得远、学得来。

综合运用了各种宣传手段,大张旗鼓地宣传展示“双模”风采,传播“双模”事迹,弘扬“双模”精神。县电视台开设专栏,将“双模”人物的事迹拍成了20个专题片,在电视台集中进行播放。县政府网站也设置了评选活动专题,及时充实上传活动有关材料,方便网民查阅。同时,通过手机短信、建设公益广告牌、设立宣传栏、悬挂横幅、张贴标语、开讨论会、巡回宣讲等多种形式,大力宣传模范人物的先进事迹和崇高精神。

县委、县政府隆重召开总结表彰大会,对“双模”人物大张旗鼓地表彰奖励。采取实际举措,对先进典型给予物质、精神、资金、舆论和法律等多方面的支持和帮助,县委、县政府共拿出6万余元的资金用于奖励“双模”人物。在县委、县政府的积极推动下,全县各部门各单位结合实际,纷纷制定具体

办法，对各级各类模范典型和身边好人给予奖励，并按照分级负责的原则，建立健全帮扶生活困难模范人物的长效机制，组织全县志愿者常年为有生活困难的模范人物提供志愿服务，在全县兴起了“资助模范典型行动”的热潮，营造了“学习模范、崇尚模范、帮助模范”的浓厚社会氛围。

北林区“放歌北林”广场文化活动

2012 年 7—9 月，北林区广泛开展了喜迎十八大“放歌北林”广场文化活动。面向机关、企业、学校和社区，以展示率先建设“五个一流”精神风貌和经济社会发展、深化改革带来的巨大变化为主要内容，重点推进机关文化、企业文化、校园文化和社区文化。机关围绕重大节庆日，开展了“树新风、塑形象、展风采”文化活动，举办北林区机关喜迎十八大书画展，展出作品 83 幅；区直机关工委组织了“率先发展、争当排头”迎七一球类比赛；企业利用节日、纪念日，组织开展“内强素质，外塑形象”文化活动，华辰集团组织了“精彩华辰”球赛、文艺会演、歌咏比赛等系列文化活动，编发《华辰报》12 期；全区 12 所小学和 5 所中学分别开展“校园新星”和“校园文化节”，组织了读书演讲、学雷锋、春季长跑、棋类大赛、教师球赛、幼儿园汇演等不同形式的文化活动；社区以安定祥和生活环境、和谐友善邻里关系为主要内容开展“家庭文化活动周”，活动由办事处组织、社区搭台、居民唱戏，文艺社团组织开展 30 余场喜迎十八大文艺演出活动，文艺团体、文艺家庭及文艺爱好者，自创自演了歌曲与武术组合《建设和谐家园》、歌曲与二胡组合《我为祖国献石油》、书法与音乐朗诵组合《中华少年》等文艺节目，8 月上旬，四个办事处分别组织一台社区家庭文化演出活动，9 月下旬，精选社区家庭优秀文艺节目，举办全区“社区家庭文化活动周”文艺汇演。各办事处和社会群众文艺团体还自发筹办“大秧歌”、“健身操”、“街舞”等群众性自娱自乐文化活动，展现了北林民风民俗、经济社会发展，彰显了北林风采。

扎实开展“讲文明创‘三优’建幸福兴安”活动

按照全省创建“三优”文明城市工程的工作部署，在全区开展了“讲文明，创优美环境、优良秩序、优质服务，建幸福兴安”（以下简称“讲创建”）活动，扎实推进“三优”文明地区创建工作。制定下发了《关于在全区开展“讲创建”活动的实施方案》，开展城乡环境集中整治行动和植绿护绿活动，共发动城乡环境清洁会战 753 次，投入城镇园林绿化资金 2.77 亿元，新增绿地面积 220 万平方米，新增公园 1 个，改建公园 5 个，建成区绿地率、建成区绿化覆盖率和人均公园绿地面积分别达到 40.3%、45.1%和26.3 平方米，超出全省 36.4%、31.5%和 12.7 平方米的平均水平，城乡环境面貌明显改观；开展了公路铁路沿线环境卫生专项整治活动，制定下发了《关于对铁路公路两侧环境进行全面清理的通知》、《关于治理铁路沿线环境卫生的紧急通知》，对铁路沿线环境卫生进行集中治理，铁路沿线环境卫生整治工作取得初步成效；开展了交通秩序整治活动，全区共出动警力 47072 人次，查处各类违法行为 25300 余起，治理超限超载 249 辆，打造了安全、文明、有序的交通环境；加大了督办检查力度，对“三优”文明地区创建工作进行了 4 次集中检查，根据检查结果进行了综合排名，通过文件、会议和地区新闻媒体在全区进行了通报，对检查中发现的 28 个突出问题下发整改通知单，提出整改要求和整改时限，取得良好社会效果。开展了集中宣传活动，在报纸、广播、电视上开辟“讲创建”、“城乡清洁工程”、“‘三优’曝光台”等专题专栏，在地区主要新闻媒体共刊（播）发稿件 230 余篇（条），曝光突出问题 10 期，编发《创建“三优”文明地区活动简报》21 期，《大兴安岭地区从“五抓”入手深化“三优”文明创建工作》等 120 余篇信息被中国文明网、《精神文明报》、《黑龙江宣传》、《精神文明建设活动简报》、《创建“三优”文明城市工程简报》、东北网、黑龙江文明网等采用，130 余篇信息被中国未成年人网、中国志愿网等采用,营造了浓厚的创建氛围。在全省创建“三优”文明城市工程座谈会上大兴安岭做了典型发言,并得到原省委书记吉炳轩的充分肯定。

组织开展向马日史初学习活动

马日史初,彝族,2000年12月入伍,2002年8月入党,上士,班长。入伍13年来,他怀着一颗报效祖国的赤子之心,扎根北疆,投身警营,无私奉献;他勤奋学习,刻苦钻研,从一名不会说汉语,不会写汉字的彝族青年,成长为真学、坚信、践行党的创新理论的“士兵理论学习之星”;他恪尽职守,锐意进取,在种养员这一平凡的岗位上做出了不平凡的业绩,被誉为“种菜能手”和“养猪大王”。在“7·28”、“3·19”、“6·26”等多起重特大森林火灾扑救中,他不畏艰险,敢打敢拼,出色完成任务。7次被评为优秀士兵,6次被评为优秀士官,2次被总队评为优秀共产党员,1次荣立二等功,3次荣立三等功,1次荣获国家森林防火指挥部优秀人才奖。

2012年3月,大兴安岭地委、行署组织开展了向马日史初同志学习活动,制定下发了《关于开展向马日史初同志学习活动的决定》,并专门召开了全区关于向马日史初同志学习决定宣布大会,在全区拉开了学习活动序幕。各地各单位把学习马日史初活动与学雷锋活动紧密结合起来,创新形式,选准载体,务实推进,取得了阶段性成果。8月,马日史初作为全区“弘扬大兴安岭精神·践行社会主义核心价值体系”先进事迹报告团主要成员,在全区各地做巡回报告11场,历时8天,累计有4000多名干部职工、社区群众、部队官兵现场聆听了报告,得到了教育,受到了鼓舞,将全区学习活动推向高潮。

中俄日韩蒙美食文化节

7月至8月,绥芬河市旅游局及相关部门在绥芬河日月湖畔的美食广场成功举办了首届东北亚美食文化节暨第二届中俄美食文化节和中俄日韩蒙选美大赛,时间为期一个月。以培育游乐之都,打造美食天堂,传播东北亚文化,发展节会经济为目标,在一个月的时间里,共有200余家餐饮企业、30家服装企业参加活动。其中外地招商140家,共举办“星耀绥芬河,共享东北亚”、“国门风,中俄情”、“天下龙商”等专场文艺演出23场。先后邀请俄罗斯演出团体7个,200余人;国内演出团体10个,500余人。绥芬河市社会团体演出达16场。举办“国门·海风”、“黑土奇葩,国门墨缘”书画展5场,70余位我国知名书画家聚首绥芬河挥毫泼墨。举行“梦幻绥芬河·光耀东北亚”大型水上焰火表演1场。旅游美食文化节共吸引俄罗斯游客近10万人次,吸引绥芬河市周边游客25万人次,累计参与人数达60万人次。此次活动采取市场化运作的办节模式,改变单一由政府大包大揽,耗资耗力的办节方式,引入市场机制,委托专业策划机构对外招商,以提供冠名权、代理执行活动等方式,采取商业化运作承办节会活动,市政府“零”投入,减轻了市财政负担。为吸引更多的俄罗斯游客在旅游美食文化节期间光顾绥芬河,降低了旅游企业经营成本和俄罗斯游客的旅游成本,受到旅游企业和俄罗斯游客的欢迎。开幕式邀请新华社、人民网、《黑龙江日报》、东北网、《牡丹江日报》等20多家媒体对旅游美食文化节进行宣传报道,提升了绥芬河知名度和影响力。本届旅游文化美食节邀请到中国烹饪协会名厨专业委员会主任、中国烹饪协会副会长、中国菜文化传播中心专家、世界华人健康饮食协会名誉主席、CCTV2《美食美客》和《美食冠军》裁判长高炳义,中国烹饪大师、中国烹饪协会名厨专业委员会会员、中国烹饪协会常务理事、黑龙江省烹饪协会常务理事等中俄餐饮界泰斗;邀请到孙悦、郘正宵、阿木、魏宝麟等国内文艺界的名人及俄罗斯远东地区文化名人、明星、艺术家、舞蹈团及专业团队;邀请到于志学、丁申阳、梁树成、权伍松等70余位书画界的名家。旅游美食文化节立意紧扣“打造游乐之都,构建美食天堂,共赏多元文化”的主题,设计了旅游美食文化节形象标志和吉祥物,内容突出中俄日韩等国家餐饮文化和民族文化等元素,用高档次的专业格调全方位地满足观众的吃、喝、玩、赏、品、鉴等需求。美食文化节期间,绥芬河市接待出入境游客 57739 人,同比增长 26.9%,入境游客近 10 万人,同比增长 31%,绥芬河周边城市参加旅游美食文化节活动的人数累计 25 万人次。一个月里,绥芬河市参与人数 50 万人次,火车、汽车、出租车的客流成倍增长。节会展示了绥芬河改革开放30 年来经济、文化、社会发展取得的辉煌成就,展示了绥芬河独特的资源优势、坚实的发展基础和良好的投资环境,展示了绥芬河的凝聚力和在新的历史条件下团结协作举办重大活动的能力,为绥芬河赢得了良好声誉,并且把代表中俄日韩蒙等东北亚国家历史、民俗、艺术、文化特征和文化精髓的示范性事物,以有形和无形的方式浓缩荟萃,展现在世人面前。

“庆七一 倡文明 万人欢乐大巡游”活动

绥芬河市于 7 月 1 日组织了以实现 “5851”战略目标为核心,突出“欢乐活泼、开放多元、阳光文明、和谐多彩”为主题的“庆七一 倡文明 万人欢乐大巡游”活动。来自全市各界的 40 多个单位、100 余支巡游队伍、50 余辆花车和彩车依次走过观礼台。活动体现了全面动员、全民参与、全民欢乐、灵活多样的特色。在组织层次上,既有中省直和绥芬河市直属单位热烈响应,也有市内企业、商场、商店及社会组织积极参与;在活动方式上,运用各种艺术手段和表现手法,如花车、艺术造型、图版、横幅、旗帜、彩带、红伞、花束、花环、气球及羽毛、假面、戏剧脸谱、民族服装、古典服装等多种道具,通过载歌载舞、行进表演等多种形式,表现出祥和、幸福、欢乐的节日气氛。沿途播报巡游队伍所属单位、企业、行业的工作成就,为激发热情,加快绥芬河市打造东北亚国际商旅名城目标的实现,起到积极的推动作用。

“兴佳杯”中俄电视歌手大奖赛

2012 年 6 月,由市委宣传部主办,市电视台、文广新体局、音乐家协会共同承办的“2012 绥芬河市‘兴佳杯’电视歌手大赛海选比赛”在市旗镇广场隆重举行。共有 250 人参赛。除绥芬河本地市民及东宁、穆棱、牡丹江、哈尔滨及吉林省参赛选手外,还有俄罗斯、朝鲜等国选手参赛。此次大赛不仅活跃了当地群众文化生活,还促进了绥芬河多元文化的交融。

爱心火炬传递活动

为了展示绥芬河城市风采,由黑龙江电视台主办、绥芬河广播电视台承办的大型火炬传递活动“爱在路上”于 6 月 29 日在绥芬河市举行,黑龙江电视台对传递活动进行现场直播。在火炬传递过程中,绥芬河市民表达了对“传大爱龙江、建幸福绥芬河”的热情与决心。直播期间,黑龙江电视台新闻频道播出了《市委书记赵连钧专访》、《国境商都绥芬河》、《火车拉来的城市》等反映绥芬河市发展成就、中俄合作交流、民俗民情等方面的宣传短片,集中宣传推介绥芬河市的地域特色、旅游品牌,扩大了绥芬河市的知名度和影响力。

中国·抚远首届东极国际文化节成功举办

2012 年 8 月 18 日,“中国·抚远首届东极国际文化节”在抚远县人民广场盛装开幕。

抚远位于中国的最东端,黑龙江与乌苏里江交汇处,界江线长达 212 公里。与俄罗斯远东政治、经济、文化中心城市哈巴罗夫斯克市隔江相望,水上距离仅 65 公里。近年来,中俄两国经贸合作不断升级,也促使抚远与哈巴罗夫斯克之间的合作领域不断深化、合作载体不断创新。

中国·抚远首届东极国际文化节历时两天,活动内容共分为放流活动、中俄文艺交流晚会、中俄青少年和友好家庭联谊活动、中俄抚远项目推介会和中俄旅行商联谊会以及文化产品展览五个部分。

18 日上午，中国·抚远首届东极国际文化节增殖放流活动在抚远港、小码头、黑龙江黑瞎子岛水域以及乌苏里江东方第一哨段两江四地同时进行。此次放流鱼苗均来自抚远县水产局通过人工繁育孵化的适龄鱼苗，包括鲟鳇鱼、黑龙江野鲤、花白鲢、牛尾巴子、重唇鱼等 10 余种鱼苗共计 100 余万尾，跟这些育苗一同被放流的还有抚远县通过网箱养殖的 20 条重达 100 多斤的鲟鳇鱼。中俄两方官员、军人、家庭代表以及刚刚从哈巴乘船来到抚远的俄罗斯游客积极参与其中，他们将一条条鱼苗放归到黑龙江、乌苏里江中，寄托着两国人民对恢复良好生态平衡，给子孙后代留下绿水青山的殷切期望。参加活动的中俄两国小朋友体验着放流带来的乐趣，同时也表达出从小做起，爱护大自然，与破坏生态环境的行为作斗争的坚定信念。

浩浩荡荡的黑龙江与碧波荡漾的乌苏里江在抚远黑瞎子岛东南角相交汇，顺流而下进入俄罗斯境内，俄罗斯称其为阿穆尔河。多年来，抚远与哈巴罗夫斯克两地人民同饮一江水，共筑异国情，在保护生态资源上不断加强合作，初步实现了黑、乌两条界江渔业资源的保护和可持续利用。抚远县在人工增殖放流工作上下足功夫、成效显著。从上个世纪 90 年代至今，累计向黑龙江、乌苏里江放流鲟鳇鱼、大马哈鱼及其他名优特鱼类育苗达 1 亿多尾。从“只捕不养”到“以养代捕”，成功完成了渔业经济的转型与可持续发展。

加强经贸合作，促进经济发展是抚远与哈巴罗夫斯克并肩齐飞的关键所在，此次文化节的中俄抚远项目推介会和中俄旅行商联合会成为了重头戏。推介项目包括抚远大力加湖综合开发项目、抚远滑雪场项目、中俄沿边开放示范区项目以及抚远县粮食仓储物流中心项目。双方共同签署了中国抚远与俄罗斯哈巴罗夫斯克旅行商区域联盟协议，加快两地之间旅游和项目开发。与此同时，中俄青少年和友好家庭联谊活动在欢乐、轻松的气氛中进行，20 个中俄家庭通过游戏、表演、互送礼物等环节让友谊之花盛开，在欢乐的节日气氛中架起了抚远与哈巴罗夫斯克两地人民的“连心桥”。

在美妙的歌声与欢快的笑语中，在璀璨的灯光与绚丽的焰火中，中国·抚远首届国际文化节落下了帷幕。通过此次活动增强了中俄两国边境地区人民的生态保护意识，增进了中俄睦邻友好之情，续写了抚(抚远)哈(哈巴罗夫斯克)两地加强合作、共促发展的新篇章。

“强工攻坚、文化铸魂”主题宣传年活动

为迎接党的十八大和省十一次党代会胜利召开、纪念垦区开发建设 65 周年和推动垦区经济社会跨越发展，结合 2012 年垦区两大重点宣传主题“强工攻坚、文化铸魂”，总局党委宣传部在全垦区开展了“强工攻坚、文化铸魂”主题宣传年活动，重点围绕总局党委(扩大)会议部署的建体系、上科技、增产能、抓城镇、惠民生、促共建、构和谐等各项工作开展宣传活动。

活动中，垦区各级宣传部门重点宣传了垦区各地精心谋划的“强工”思路和措施，制定的发展规划和工作方案，宣传了健全考核体系，实施目标管理，强化跟踪问效，严格奖惩制度的具体做法，宣传了各单位推进产业链条整合、产品质量追溯体系建设、市场营销布局、商业模式创新和要素市场融资的举措，宣传了各单位加强思想理念创新、经营体制机制创新、管理创新、科技创新，不断增强北大荒优势农产品的市场竞争力的各项举措，营造了“创业、创新、创优”的浓厚氛围，使主旋律更加突出、响亮。围绕《关于推动北大荒文化大发展大繁荣实施方案》的贯彻落实开展了主题宣传活动，将宣传的重点放在了垦区各级党委(党组)推动文化大发展大繁荣的各项举措，落实文化发展的相关措施和责任，企业文化尤其是龙头企业文化建设的理论研究与工作计划，助力企业提升文化凝聚力和品牌影响力的各项举措，各地加强对北大荒历史文化资源的挖掘、保护和展示，加强对北大荒精神教

育基地建设，大力发展北大荒文化旅游业，建立和完善演艺、图书、报刊、音像、网络、会展、现代传媒等文化产业市场，培育垦区经济发展新增长极的各项举措。

活动期间，充分发挥垦区主要媒体的舆论主阵地作用，北大荒日报、农垦广播电视台在重要版面、重要时段开设专栏、专题10余个，综合运用各种新闻报道形式进行集中报道，组织多批记者深入龙头企业、深入生产一线、深入基层进行采访，创办了“记者在一线”、“记者看企业” 等形式的报道专栏，将各个宣传主题落实到位。《农场经济管理》、《北大荒文化》注重发挥自身优势，推出了一批综述文章和理论文章，对垦区各项重点工作进行理论阐释和深度解读；北大荒网和中国农垦信息网北大荒分网开设专题10余个，组织网上舆论宣传，参与网民8万人次。

“凝神聚力、创先争优，全力打好新型工业化攻坚战”主题解放思想大讨论活动

总局党委在全垦区开展了为期2个月的以“凝神聚力、创先争优，全力打好新型工业化攻坚战”为主题的解放思想大讨论活动。要求垦区各级党委以创业、创新、创优为着力点，围绕制约发展的思想观念问题，查根源、找差距，明方向、理思路，拿措施、定目标。重点围绕新型工业化攻坚战的任务目标、制约新型工业化发展的问题与对策、北大荒品牌保护和管理、新型工业化时代的北大荒文化、人才队伍建设等方面15个重点问题开展学习讨论活动。活动从2月初开始，至3月底(4月初)结束，分为学习宣传、讨论调研和总结验收3个阶段。

活动中，总局党委班子成员率先垂范，通过理论中心组集体学习研讨、深入基层调研、分组督导检查等形式，切实推进了活动的广泛深入开展。总局直属机关各部门、各单位紧扣活动主题，按照总局党委书记、局长隋凤富同志在第四次总局党委会上提出的“五个把握”、“五个增强”，努力成为合格的参谋和得力的助手的要求，注重务虚与务实相结合、走出去与请进来相结合、上级精神与垦区实际相结合，通过外出学习考察、赴基层沟通对接、集中培训、主题宣讲、召开经验交流会等形式，使大讨论活动顺利推进。垦区各管理局、各龙头企业在解放思想大讨论活动中，坚持与学习贯彻总局党委(扩大)会议、总局重点工作推进会议精神相结合，与创先争优活动相结合，与落实“十二五”规划相结合，使各项工作相互促进、相得益彰。

活动期间，总局党委宣传部组织调研组分赴各管理局和龙头企业进行检查，督促各单位把解放思想大讨论活动切实推进落实到位。编发《活动简报》12期，组织新闻媒体及时报道解放思想大讨论活动中的好经验、好做法，共开设各类专栏、专题6个，发稿278篇(条)。通过解放思想大讨论活动，垦区广大干部群众的思想认识有了升华和提高，解决实际问题的能力有了新的提升，干部工作作风有了明显的转变，取得了一系列令人欣喜的进展和成效，垦区各级党员干部普遍认为，解放思想是一个长期的过程，不可能一劳永逸，今后还需要继续深入学习、勇于变革、勇于创新，围绕三年强工目标，坚定不移地夺取垦区新型工业化攻坚战全面胜利。

第二届“感动北大荒”人物(群体)评选活动

为广泛深入开展弘扬北大荒精神、践行北大荒核心价值观教育活动，充分展示北大荒人的良好形象，省农垦总局党委宣传部联合总局文化委、农垦工会等6个部门在全垦区开展了第二届“感动北大荒”人物(群体)评选活动。活动从2012年8月初启动，通过征求群众意见、基层推荐、初评、公开投票、终评定审等环节确定最终获奖人物(群体)。经过初评确定18位候选人物和两个候选群体，指定《北大荒日报》、北大荒网为投票平台，投票时间从10月8日0时开始至20日24时结束。活动受到了垦区各单位的强烈反响，截至10月下旬共收回65000多张选票，网上参与投票人数达60多万人。12月16日，第二届“感动北大荒”人物(群体)颁奖晚会在哈

尔滨举行，会上揭晓了获奖人物（群体）评选结果，杜俊起、安玉惠、程江、刘永林、赵秀琴、林秀华、徐连斌、王静贤、关龙有及以王丹为首的前进农场农业科技园区大学生科技服务团队被评为第二届“感动北大荒”人物（群体），姜松获“感动北大荒”特别奖。

纪念垦区开发建设65周年北大荒人先进事迹巡回报告会

为庆祝党的十八大胜利召开和纪念垦区开发建设65周年，省农垦总局党委宣传部于11月10至17日在全垦区范围内组织开展了“纪念垦区开发建设65周年北大荒人先进事迹巡回报告会”活动。11月11日上午，组织召开了垦区开发建设65周年北大荒人先进事迹报告团成员座谈会，徐一戎等12名北大荒人先进事迹报告团成员受到了省农垦总局党委书记、局长等领导的亲切接见，总局机关各部门、部分直属单位主要负责人及部分管理局党委宣传部负责人100余人参加了座谈会。11月12日上午，举行了垦区开发建设65周年北大荒人先进事迹主报告会，400余人聆听了报告会。从11月12日开始，为期一周，垦区开发建设65周年北大荒人先进事迹报告团分3个组到9个管理局、总局部门直属单位举行了先进事迹巡回报告会，共举行报告会12场，听众达12000余人。

组织编排音乐故事会，开展李新民事迹巡演活动

为进一步宣传展示“大庆新铁人”李新民的先进事迹，推出了“大庆新铁人”李新民音乐故事会，以配乐故事朗诵加表演的形式，借助舞台效果，辅以背景视频等手段，呈现生动鲜活的“大庆新铁人”形象。自2012年6月份以来，筹备人员深入采访、反复修改，形成适合不同场合、不同时间长度、不同演出需求的宣讲版本12个。7月初，通过层层选拔，从文化集团、钻探工程公司、第一采油厂、第三采油厂、工程建设有限公司、井下作业分公司、电力集团、创业集团等单位抽调14名宣讲员，组成两个宣讲队，聘请大庆话剧团著名指导，进行为期1个月的集中培训。9月7日在大庆钻探工程公司吉林探区进行首演。截至目前，音乐故事会已先后走进铁人大讲堂和中海油服调研团及油田机关、第七采油厂、海塔、矿区等单位，累计演出20场，直接受众近万人。

组织创作推出了系列文学作品

2012年6月7日，大庆油田作家协会组织30余名油田作家、画家在钻探工程公司召开“大庆油田作家走进基层、走近李新民访谈会”，对李新民及其妻子、队友进行了采访座谈。完成了长篇诗歌《石油的声音——大庆新铁人李新民话语纪读》，报告文学《大庆新铁人李新民》，油画《大庆精神誉海外》等作品，分别在《工人日报》、《铁人》杂志发表。《大庆油田报》文学版还开辟“走进基层，走进最可爱的人·李新民专号”，已陆续刊登5期。特别是以展现铁人王进喜、“大庆新铁人”李新民等人物的情景剧《我为祖国献石油》，先后获得第六届中国石油职工艺术节“长庆杯”曲艺、戏剧、小品大赛金奖，第三届中国职工艺术节曲艺小品展演活动金奖。

精心组织参加中央企业先进精神巡回宣讲

4月9日，大庆“石油魂”与航天科技、中国铁建、中国中铁组成的报告团，在中央企业先进精神首场报告会上进行了宣讲。国资委主任王勇出席会议并讲话，中央组织部副部长王尔乘主持会议，国资委机关总部及分会场13000余人集中聆听收看了报告会。大庆油田专门设立了分会场，400多名干部员工收看了报告会。从4月15日开始，“石油魂”宣讲队随央企先进精神报告团先后赴广州、南昌、上海、郑州、甘肃、宁夏等14个省（市）、300多家企业进行宣讲，直接听众达1.8万多人，2万多人通过视频收听收看了报告会。

深入持续举办“铁人大讲堂”

5月份，组织开办了第四期“铁人大讲堂”，采油

四厂技术革新标兵段福海用幻灯片介绍、台下现场演示、与观众互动交流等生动活泼的形式，上讲堂、进基层，连续进行了5次巡回讲座，与来自基层的1700多位员工，共同分享技术革新经验。8月份以来，第五期铁人大讲堂走进采油一厂“任相才工作室”，采取讲解、演示、操作等方式共进行8讲，近400人参加。全年启动了第四、五、六期铁人大讲堂，取得了良好的效果。

举办企业文化、网络管理培训班

为进一步推进公司网络宣传和舆情监管工作，提高骨干网络信息评论员队伍网络媒体应对能力和舆论引导水平，8月3日至14日，在山东威海举办了大庆油田骨干网络信息评论员培训班。共有来自28家单位的37名学员参加了培训。9月15日，由宣传部主办、油田特种作业安全培训中心承办的企业文化建设与新闻宣传骨干培训班开班，培训时间10天，参训人员74人。本次培训采取专家授课、基层考察、交流互动、文化论坛等形式，组织各单位企业文化、新闻宣传骨干及基层站队书记学习了解了企业文化建设基本理论和实践、网络舆情与媒体应对、基层采访与写作、新闻摄影报道、标识应用规范与管理实务等方面的知识，达到培训预期目标。

黑龙江高校思想政治理论课教师教学大奖赛

根据《中共中央宣传部教育部关于进一步加强和改进高等学校思想政治理论课的意见》和《中共中央宣传部教育部关于进一步加强高等学校思想政治理论课教师队伍建设的意见》精神，为了进一步深化思想政治理论课改革，发现、选拔和培养教学骨干，省委高校工委、省教育厅于2012年5—6月举办“高教社杯”全省高校思想政治理论课教师教学大奖赛和“精彩一课”评选活动。

此次活动的参赛选手为45周岁以下在黑龙江省高校从事思想政治理论课教学的专、兼职教师。参赛课程为《思想道德修养与法律基础》、《毛泽东思想和中国特色社会主义理论体系概论》、《马克思主义基本原理概论》、《中国近现代史纲要》和《形势与政策》。评选活动历经初赛和决赛两个阶段。初赛由省委高校工委和省教育厅组织专家学者对参赛教师的讲课光盘进行初评，在348名参赛选手中，确定88名进入决赛。决赛采取现场讲课和回答问题相结合的办法。在教育部教学基本要求范围内，内容由参赛选手自选，现场讲课20分钟，评委依据选手的思想政治、教学内容、教学组织、语言教态、总体印象等项目打分。回答问题由选手现场选号，5分钟之内回答题目中的三个问题，包括一道基本素质题和两道专业题。经过紧张角逐，评委认真评选，最终评出一等奖12名，二等奖21名，三等奖30名，优秀奖25名，“精彩一课”奖37名。

6月18日，在哈尔滨师范大学举行2012年黑龙江省“高教社杯”高校思想政治理论课教师教学大奖赛暨“精彩一课”表彰大会。教育部社会科学司副司长徐维凡，省委高校工委书记、省教育厅党组书记、厅长张永洲，高等教育出版社社政出版中心主任马雷、销售部主任马景涛出席表彰大会。在哈高校负责思想政治理论课的领导和思政课教师参加表彰大会。大会由省委高校工委副书记、省教育厅党组成员李东明主持。

徐维凡副司长在讲话中对此次教学大奖赛给予充分肯定，认为黑龙江省高校思想政治理论课教学工作走在全国高校的前列。他强调，进一步提升高校思想政治理论教学质量，要注重理论阐释、教学设计、教学艺术等环节，增强课堂教学的说服力和感染力；要提高思政课教师的教学科研水平，使教学和科研相互促进；要提高思政课的教学管理水平，推广优秀教学管理经验。

张永洲厅长在讲话中指出，提高思想政治理论课教学水平，要在提高认识上下功夫，在明确重点上下功夫，在加强管理上下功夫，在贯彻中央精神上下功夫。各高校党委要牢牢抓住当前的有利形势，紧紧围绕教育教学实际，提高认识，明确任务，大力加强思想政治理论课建设，突出抓好马克思主义研究和建设工程重点教材的使用和教师培训，推进马克思主义中国化最新理论成果进教材、进课堂、进学生头脑。

获奖高校代表、获奖教师代表、评委代表也分别在会上发言。此次活动的开展，全面提升了黑龙江省高校思想政治理论课教师的教学基本技能，深化了教育教学方式改革成果，调动了广大一线教师的教学积极性，进一步推进了思想政治理论课建设迈上新台阶。

黑龙江高校博物馆育人联盟成立

2012年11月3日，黑龙江高校博物馆育人联盟成立大会在哈尔滨工业大学博物馆百年礼堂召开。教育部有关领导，省委高校工委书记、省教育厅党组书记、厅长徐梅，省委宣传部副部长陈永芳，省文化厅副厅长王珍珍，全国高校博物馆育人联盟秘书长、上海交通大学党委副书记徐飞和哈尔滨工业大学党委副书记、副校长张洪涛等出席并讲话。成立大会由省委高校工委副书记、省教育厅党组成员李东明主持。省内高校代表七十余人参加会议。

经省委高校工委和省教育厅批准成立的黑龙江高校博物馆育人联盟是继全国高校博物馆育人联盟成立后，国内首个区域性高校博物馆育人联盟。其旨在推动高校文化资源共享，调动和整合育人资源，形成育人合力。目前，该联盟由省内14家高校博物馆组成。这其中涵盖了社会历史、自然科学、文化艺术等多种类型的博物馆，已经成为校园人文环境的重要组成和大学文化建设的重要支撑。以哈尔滨工业大学航天馆、哈尔滨工程大学船舶博物馆等为代表的特色专业博物馆，更成为开展探究式学习、参与式教学和科学普及的理想场所。

在成立大会上，教育部有关领导对黑龙江高校博物馆育人联盟的表率作用予以充分肯定，并希望联盟深入挖掘和把握思想政治教育的文化内涵，以高度的文化自觉推进育人工作。

陈永芳副部长表示，黑龙江高校博物馆育人联盟的正式成立，标志着黑龙江高校在积极发挥文化育人作用方面迈出了重要一步，充分体现了黑龙江高校推动社会主义先进文化建设的责任意识和担当精神。省委宣传部将会同有关部门采取措施，加快推进高校博物馆育人联盟建设。

徐梅厅长指出，黑龙江高校博物馆在育人中发挥了积极作用，成为传承中华优秀传统文化、龙江优质精神资源和悠久地域文化的直接载体，加强实践教学环节和实践育人基地建设的重要场地，省市发展公共文化服务事业的重要组成部分。她强调，要紧密围绕人才培养这一根本任务，加快推进博物馆建设；凝聚黑龙江高校博物馆育人合力，打造黑龙江高校博物馆育人品牌；积极拓宽对外交流渠道，展示黑龙江高等教育风采。

黑龙江高校思想政治工作网开通

2012年11月3日，黑龙江高校思想政治工作网开通仪式暨网络文化建设与管理培训班在黑龙江大学举行。

教育部有关领导，省委高校工委书记、省教育厅党组书记、厅长徐梅，省互联网宣传管理领导小组办公室副主任司兆国，黑龙江大学校长张政文等出席网站开通仪式。仪式由省委高校工委副书记、省教育厅党组成员李东明主持。全省高校一百余人参加了培训和网站开通仪式。

黑龙江高校思想政治工作网是由中共黑龙江省委高校工委和黑龙江省教育厅主办，全省高校参与共建，面向全省高校师生宣传党的路线、方针和政策，开展师生思想政治教育，引导积极网络舆论，展示全省高等教育改革发展成就，为高校师生提供信息资讯服务的专题性网站。网站栏目设有高校宣传和理论学习、思想政治理论课、课堂外思想政治教育、队伍建设、文明单位创建、校园文化建设、群团工作、思想政治教育研究会等栏目，建有迎接党的十八大、学习型党组织建设、“三全”育人、高校博物馆育人、思想政治理论课教师教学大奖赛五个专题，还推出了内部办公系统，基本涵盖了高校宣传思想政治工作的所有内容。

黑龙江高校思想政治工作网的建成开通，是黑龙江省加强高校思想政治工作的重要举措，是黑龙江省高校网络文化建设的重要成果，标志着黑龙江省高校思想政治工作实现了领域上的新探索、手段上的新突破、阵地上的新拓展，对于进一步加强高校思想政治教育和大学文化建设，全面提高高校思想政治工作水平，推动高等教育事业科学发展，具有十分重要意义。

教育部有关领导在开通仪式上强调，网站要坚持"为高校党的建设服务，为高校改革发展服务，为党和国家大局服务"的理念，贴近高校实际，丰富形式内容，创新工作方法，不断提高针对性和实效性，切实增强吸引力和感染力，使网站真正成为高校思想政治教育工作加强宣传的阵地、促进学习的园地、增进了解的门户、展示形象的舞台。

徐梅厅长在讲话中指出，网站的开通为黑龙江省高校思想政治教育工作展示工作成绩、探讨工作体会、交流工作经验提供了新平台，对于进一步增强高校思想政治教育工作的吸引力、感染力、辐射力和影响力，具有十分重要的意义。要切实维护网站运行，努力提高网站管理和建设的整体水平；以网站开通为契机，不断加强高校校园网络文化建设；要坚持紧跟形势热点，唱响学习宣传党的十八大精神主旋律。

全省高校党的十八大精神"三进"工作研讨会

12 月 11 日，全省高校党的十八大精神"三进"工作研讨会在哈尔滨师范大学召开。省委高校工委副书记、省教育厅党组成员李东明，教育部社科司教学处调研员、副处长陈睿出席会议并讲话。哈尔滨师范大学校党委常委、纪委书记蒋晶洁出席会议并致辞。会议由省委高校工委委员、宣传部部长、省教育厅思想政治工作处处长裘杰主持。

会议指出，十八大报告不仅是马克思主义中国化的最新理论成果、全面建成小康社会的宣言书、指导中国特色社会主义科学发展的行动纲领，而且是高校思想政治理论课浓缩版的最新教科书。强调广大思想政治理论课教师要牢记使命，率先把十八大精神认真学习好，深刻领会好，做到总览全貌、把握精髓、明确重点；率先把会议精神体现在教育教学中，做到阐释准确、解答清晰、贯穿始终；率先把会议精神纳入科学研究中，做到深度挖掘、广泛探索、多出成果。

会议要求，推进十八大精神"三进"工作要紧密结合思想政治理论课教育教学特点，统筹协调、统一规划，推进十八大报告内容与思想政治理论课内容的有机结合；要突出重点、强化难点，提高十八大精神"三进"教学的针对性和实效性；要加强探索、广泛研究，确保十八大精神"三进"工作扎实有效开展。同时，要求广大思想政治理论课教师要不断提高思想政治素质，不断提高业务水平，不断增强科研能力，不断培育优良道德素质，努力把思想政治理论课建设成为大学生真心喜爱、终身受益、毕生难忘的优秀课程。

9 所高校在会上作了交流发言。全省高校思想政治理论课教学科研部门负责人、全国思想政治理论课教学能手、全省高校思想政治理论课教师教学大奖赛和"精彩一课"获奖教师 170 余人参加了会议。

重大典型

Zhongda Dianxing

大庆 落日余晖中的湿地

重大典型

先进人物

刘效忠

小学高级教师。他是黑龙江省木兰县东兴镇五一小学的一名普通教师,却在三尺讲台上谱写了不平凡的篇章。从1980年至今,他扎根木兰县最北端西二屯村的一所村小学下伸点,一干就是三十余年,用自己的青春和热血放飞了大山的希望,谱写了绚丽的教育篇章。他乐教敬业,矢志不渝,三十几年如一日,默默地执着地工作着,只有奉献。没有索取,只有学生,没有自己。他以校为家,无私奉献。政府投资大面积改造学校教室,学校领导决定让学生放假几天,为了不耽误上课,他就把学生带到自己家上课。他的爱人却成了孩子们的临时服务员,家中好些事情都要等孩子放学后才能够做。他德行深厚,爱生如子,工作中用自己的行动关爱着每一位学生。31年来西二屯村没有不入学的适龄儿童,没有中途辍学的学生,只有20多户人家的小村庄先后有18名学生考入全国统招大学,几乎一家一名大学生。在中央电视台举办的寻访“最美乡村教师”活动中脱颖而出获得“最美乡村教师”荣誉称号后,他又将活动主办单位为其颁发的10万元奖金全部捐出,用于木兰县的教育事业。现如今,西二屯适龄学生只有一两名,不得已和其他几个下伸点合并为五一分校。由于资金不足,人手短缺,59岁的他不顾家人的反对把家搬到了学校里,兼任学校的值班员,还有两年退休的他决心要站好这最后一班岗。

张丽莉

张丽莉同志,1984年1月19日出生,2007年毕业于哈尔滨师范大学中文系,现任佳木斯市第十九中学语文教师。2012年5月8日20时38分,张丽莉和下课的学生刚刚走出校门,一辆失控的客车突然冲了过来,在这生死攸关时刻,张丽莉挺身而出,奋力推开身边学生,自己却被卷入车下遭到碾轧,以致双腿高位截肢。

张丽莉的伤情牵动了各级领导的心。5月11日晚,中共中央政治局委员、国务委员刘延东打电话给黑龙江省委书记吉炳轩,向张丽莉及其家人表示诚挚的慰问,并转达对张丽莉的崇高敬意,赞扬她的行为体现了一个人民教师的深厚慈爱之情,令人感动,可钦可佩。

吉炳轩连夜向佳木斯市委询问张丽莉的伤情和救治情况,指出要尽一切力量,保证最好的医疗水平和条件,全力进行救治。吉炳轩说:“张丽莉在万分危险时刻,挺身而出,不顾生命安危勇救学生,表现了一个人民教师慈母般大爱胸怀,展现了纯洁无私的大美形象,体现了中华民族高尚的道德情操,是龙江的骄傲,教师的楷模,更是人民的表率和伟大的时代英雄。张丽莉舍己救人的壮举令全省人民为之敬佩和感动,要开展向张丽莉同志学习的活动。”

5月12日上午,受省委书记吉炳轩、省长王宪魁的委托,省委、省政府组织慰问团前往佳木斯市中心医院,看望并慰问了英雄教师张丽莉。省委办公厅、组织部、宣传部,省教育厅、卫生厅有关负责同志和佳木斯市委、市政府主要负责同志赴医院看望慰问张丽莉。黑龙江省教育厅作出了在全省教育系统开展向张丽莉同志学习活动的决定。

谢尚威

谢尚威，黑龙江双城市韩甸镇农民。2012年初，谢尚威不顾个人安危徒手接住坠楼少年的英雄事迹在全国广为流传，他也因此被网友亲切地称为"最美叔叔"。正月初五(1月27日)早上8点多，家住韩甸镇农民新居5楼的宫玉娟一边煮饺子，一边让15岁的儿子付佳伟去放鞭炮。孩子就在他卧室的窗台上准备放鞭炮，不料一脚踩在窗台上的"二踢脚"上，脚一滑，整个人闪出窗外，情急之下孩子双手紧紧抓住窗框，大声呼叫着妈妈。宫玉娟听到喊声冲进卧室，虽然及时抓住了孩子的双手，但孩子整个身体已经滑出窗外、悬在空中，情况非常危急。宫玉娟声嘶力竭地喊着救命，可大年初五早上的农村小区，一个人影都没有。28岁的谢尚威也住在这个小区，正赶上回家吃早饭，起初他听见有人喊救命，以为是谁在开玩笑，后来他听到呼救声很凄厉，就摘下羽绒服的帽子寻找，一下子看见对面5楼窗外悬着一个孩子，母亲抓着孩子的双手大声呼救，他什么也没想就立刻奔了过去，刚刚转过身，宫玉娟大声喊他："大威，我快抓不住了，你一定要接下我儿子，救救他！"刹那间，大威伸出双臂，孩子就重重地砸在他的胸口上，他觉得胸口一震，肚子一鼓，眼前一黑，就什么也不知道了。几分钟后，谢尚威苏醒过来，自己被震出两米多远，躺在地上，羽绒服被震开，拉链头被震飞，手腕上手表的表针被震掉了两个。他第一句话就问："孩子怎么样？"看到几米远的孩子还能说话，他笑了。随即二人被送到急救中心，经诊断男孩仅左腕骨折、颅内轻微出血，并无生命危险，谢尚威后腰和尾骨受外伤。在医院孩子母亲宫玉娟两次下跪感谢谢尚威的救命之恩，都被他好言劝起。事后，宫玉娟夫妇多次拿出1万元酬金给谢尚威，都被他婉言谢绝了。据专家估算，坠楼少年体重110多斤，从5楼坠下砸在谢尚威身上时的重量是861公斤。他徒手救少年的事迹在网络迅速传播，一时间，全国媒体热播、网络热议、百姓热赞，他本人也被广大网友称为"最美叔叔"、"冰城好人"、"中国好人"，引发了媒体的极大关注和几十万网友的热评。

张宝金

张宝金，现任尚志市元宝镇元宝村党总支书记。元宝村是小说《暴风骤雨》中元茂屯的原型地，被称为"中国土改文化第一村"。张宝金同志自1980年担任党总支书记以来，带领全村广大干部群众艰苦创业、开拓创新、发展经济，走出了一条兴工富民之路，谱写了一曲加快步伐奔小康建设社会主义新农村的新乐章，使昔日的"光腚屯"变成了村富民强的亿元村。目前，全村拥有各类企业28家，主要分布在大连、珲春、大兴安岭和俄罗斯哈巴罗夫斯克等地。主导产品卫生筷、铅笔、铅笔板、环保餐具等畅销美国、日本、韩国、东南亚及国内一些大中城市。2011年全村实现工农业总产值5.8亿元，农民人均纯收入18200元。元宝村先后被中央有关部门评为"全国先进基层党组织"、"全国模范村民委员会"、"国家级文明村"、"全国巾帼文明示范村"、"全国民主法制示范村"。元宝村的富裕，靠的就是党的好政策，靠的就是全体村民的共同努力，更凝聚了党总支书记张宝金的辛勤劳动和汗水。正是这位农民企业家，元宝村致富的领头雁，用自己的心血和精力带领元宝人圆了富裕梦。在社会主义新农村建设中，张宝金又带领全体村民踏上了新的征途，步入更加壮丽的明天。

高铁成

高铁成，黑龙江海伦市人，北京卫戍区警备一师六团纠察连班长。2012年5月18日18时30分，哈尔滨市南岗区春申街4号的一家餐馆后厨发生煤气泄漏爆燃事故。在事发现场，回家探亲的北京市卫戍区某部下士战士高铁成正在这里吃饭，混乱中，24岁的军人高铁成，不顾危险，先后3次返回火灾现场，在已经受伤的情况下，关闭了厨房的煤气阀门，避免了危险再度发生。最终，他因烧伤及煤气中毒,被送往哈尔滨市第五医院急救。

谈到事发当天自己的行为,高铁成显得十分淡定,他说:“我是一名军人,军人的天职和使命就是保家卫国,保护人民群众生命与财产的安全,快要爆炸时,我真的什么也没想,就是要去关掉煤气罐,避免伤及更多无辜的人。我虽被烧伤了,但我不会后悔,这是我们军人应该做的。”

当有人问起,当时你身穿便装,而且离门口只有4米,而着火的厨房却离你有6米远,你为什么不能像普通顾客一样跑出去逃生呢,即使那样也没有人知道你是军人啊?高铁成的回答斩钉截铁:“我不能这样做,我是一名军人,不能辜负了部队的厚爱和栽培,这件事我觉得自己只是做了该做的事,我不后悔,如果再碰到类似情况,我还会做出同样的选择。”高铁成被北京军区授予“忠诚勇敢的警卫战士”荣誉称号。

张凤礼

大庆博物馆馆长、大庆市文物管理站站长,2012年被人力资源和社会保障部、国家文物局评为全国文物系统先进个人。他十年如一日,工作在文博一线,忠实履行岗位职责,开拓进取、无私奉献,创造性地开展以抢救第四纪古生物化石为主的文化遗产保护工作,取得卓越成绩。

2001年,张凤礼就任“无馆藏文物、无展示场所、无专业人员、无业务资金”的大庆市博物馆馆长。面对国有博物馆缺乏征集意识和资金,很多珍贵的化石被随意丢弃破坏或流失省外,造成了无法挽回的损失的现状。张凤礼把博物馆人员组织起来,成立文物保护知识宣传队,深入到乡镇村屯和各基建工地,以各种形式宣传文物保护法律法规,建立广泛的化石征集网络,确保及时了解化石发现线索。没有征集经费,张凤礼一方面积极争取财政支持,另一方面向亲朋好友借款,甚至拿出自己的工资垫付,不让身边的每一件文物流失。他带领征集人员走遍了黑龙江、吉林等地,深入村屯,走访百姓,开展了地毯式的古生物化石发现之旅。经过深入的调查走访,大庆市博物馆先后在黑龙江省宾县、兰西、青岗、大庆等地发现东北第四纪哺乳动物化石40余种。2006年,在让胡路红卫星地区基建工地清理挖掘出土了一具猛犸象化石,化石的完整度高达60%。这具化石被专家鉴定为松花江猛犸象化石,是国内目前发现的个体最大、完整度最高的松花江猛犸象化石,改写了这一物种从1956年确立至今世界上只有零星化石出土的历史。

十年来,在张凤礼的领导下,大庆博物馆发现、征集东北第四纪哺乳动物化石20余万件、完整骨架百余具,专家研究发现的东北第四纪时期猛犸象——披毛犀动物群有45种动物,大庆博物馆已收藏到43种,品种之全、个体骨架之完好,都在全国处于领先地位,填补了国内东北第四纪哺乳动物化石系统收藏的空白,成为全国乃至世界上,专业性收藏猛犸象——披毛犀动物群化石种属最全、数量最多、品质最好的博物馆。目前国内发现最完整的猛犸象、鬣狗和狼等化石均收藏在大庆博物馆。数量众多、种类丰富的古生物化石征集到馆,为系统开展东北第四纪古生物化石研究和保护奠定了坚实的基础。

2006年,大庆市政府开工建设新馆。作为文博人,张凤礼对新馆建设和陈列设计尽职尽责,从设计到施工,每一个环节都围绕特色陈列进行。无论是科学严谨的内容选择,还是文物的解读与使用,以及风格别具的形式设计,都融入他独到的见解。2011年,大庆博物馆《东北第四纪古生物化石陈列》正式对公众开放。其数量巨大的动物化石收藏和极具震撼的陈列展示,为国内外权威专家和领导交口称赞。开馆半年,接待观众近20万人次。

“三普”期间,作为大庆市“三普”办主任,他深入基层,带领团队新发现古人类文化遗址132处,近现代保护单位168处,推荐晋升省级保护单位6处,及时公布市级文物保护单位75处。发现并收藏了大量珍贵的地域历史文物,其中嫩江流域细石器的种类和数量居全国之首。2007年,公布了首批18处市级工业遗产保护单位。现已保护工业遗产54

处，其中，有 12 处已建成展馆和教育基地，使大庆成为全国开展石油工业遗产保护工作的典范。

刘加量

东北烈士纪念馆馆长，2012 年被黑龙江省人民政府授予"全省劳动模范"称号。他担任馆长的十二年里，创造性地开展各项工作，在宣传爱国主义、弘扬民族精神、加强基地建设等方面，有力推动了东北烈士纪念馆文博事业的开展，充分发挥了爱国主义教育示范基地作用，全面提升了东北烈士纪念馆在全国博物馆界的影响力。

刘加量上任之初就提出了"团结、务实、创新"的口号，明确要"把烈士馆办成全国文博系统一流馆"的目标。

为改变东北烈士纪念馆没有基本陈列的局面，他积极不懈争取，终于在抗日战争胜利 60 周年之际，推出《黑土英魂——抗日战争英烈展》。崭新的陈列展示了抗日英烈决死苦斗、不怕牺牲的民族精神，形式新颖，时代特色鲜明，声、光、电技术营造出生动逼真的环境效果，是建馆以来投资最多、效果最好的基本陈列，阵地建设向前迈进了一大步。该陈列以全国第二名，纪念馆类第一名的好成绩荣获"第八届全国博物馆十大陈列展览精品奖"。2008 年，东北烈士纪念馆率先实行免费开放。同年，东北烈士纪念馆以全省最高分获得了"国家一级博物馆"的称号，成为黑龙江博物馆界的排头兵，跻身全国一流博物馆行列。

2010 年 8 月，经中宣部调研，由中央投资的东北抗联博物馆改扩建工程开工建设。刘加量组织扩建工作组织机构，制定完善的管理制度，在协调、技术、后勤、值班、安全、财务以及档案等方面进行科学管理，使东北抗联博物馆扩建工作 2011 年末基本完成。新增场馆面积为东北烈士纪念馆的长远发展创造了有利条件，储备了可持续发展空间。

2012 年，省委副书记杜家毫到东北烈士纪念馆调研后，省委做出了"依托东北抗联博物馆建设中共黑龙江历史纪念馆"的决定。这项时间紧、任务重、要求高的政治任务，作为向十八大献礼的重点项目，必须在十八召开之前向社会开放。刘加量又知难而进，在省委、省政府、省文化厅等领导的整体部署下，带领全馆人员，加快场馆建设，进行内容修订，承担形式设计，全面组织推进，在短短 70 天里，高质量地完成《红旗·黑土·丰碑》的陈列布展任务，在十八大召开前如期开馆。中共黑龙江历史纪念馆的建设与开馆，为黑龙江新增添了一个党史宣传教育的场馆、爱国主义教育的基地、党性教育的生动课堂和龙江红色旅游的重要景点，开馆两月余，接待观众 7 万余人次。

多年来，在刘加量的带领下，东北烈士纪念馆各项工作均取得丰硕成果。2004 年被中宣部等十四部委评为"全国爱国主义教育示范基地先进单位"；2007 年被人事部、国家文物局评为"全国文物系统先进集体"；2008 年通过国家文物局的评估定级，被评为"国家一级博物馆"；2009 年被评为"国家国防教育基地"，《黑土英魂》陈列展荣获"全国博物馆十大陈列展览精品奖"；2010 年被评为"全国廉政教育基地"；2011 年被评为"全国红色旅游先进集体""省级文明单位标兵"。

李久军

李久军从事出版工作 28 个年头，不论是在编辑一线工作中还是在管理岗位上，都取得了骄人的业绩，先后被评为全国新闻出版系统先进个人、全国百佳出版工作者、全国新闻出版行业领军人才等荣誉，2012 年被中宣部等四部委评为全国文化体制改革工作先进个人。

在他的带领下，黑龙江出版集团半年内全面完成 15 家出版事业单位转企。坚持大力发展出版主业，探索了一条以项目促出版的新路，领导黑龙江出版集团四年打造了 38 种获国家大奖图书和国家级出版项目，在数量上居行业前列。基于出版集团对俄的区位优势和韩国语出版人才优势，积极开拓俄罗斯和韩国市场，建设俄语、韩国语出版基地，打造边疆"文化港口"。在韩国成立了中国语言出版社，实行全商业化运作，在俄罗斯成立中国文化中心，集中输出中国文化精品。与世界最大韩国门户网站 Naver 建立合作，仅《中韩·韩中辞典》一项即实现电子版权贸易 1 亿韩元，领先全国迈出了出版走出去的实质性步伐。

四年来，李久军带领黑龙江出版集团在品牌建设、数字出版、文化网点建设等方面大胆探索，利润分别增长 11%、78%、42%、20%，实现三年翻番、四年跨亿，受到中央媒体广泛报道和多省份前来学习。

丁一平

丁一平同志长期致力于出版事业，认真研究和探索出版规律，勇于开拓创新，通过多年辛勤工作，在平凡的岗位上做出了不平凡业绩。2012 年 10 月，时任黑龙江教育出版社社长、总编辑的丁一平同志当选为党的十八大代表，成为我省文化产业战线唯一一位也是全国各地方出版集团唯一一位十八大代表。

丁一平大学毕业后进入教育出版界 20 多年，无论是做普通编辑还是当领导，始终勤奋踏实，满怀激情。黑龙江教育出版社近几年先后策划了“中国边疆研究文库”、“黑水世居民族文化丛书”、“精神家园丛书”等一系列精品图书，填补了一批出版及相关学术研究方面的空白，并被纳入国家重点图书出版项目。

丁一平同志锐意改革，她带领职工抢抓机遇，在北京建立了信息中心，在选题策划和市场营销方面实现了新突破，市场图书的占有率逐年提高。她还面向社会成立了教育文化传媒公司，创建了“书香人家”教育培训机构，向教育出版的关联产业发展。近年来，黑龙江教育出版社图书销售码洋迅速提升，由原来的 3000 多万元上升至 3 亿元，各类考核指标居全省出版机构之首，成为全国地方教育出版社中成长最快的一家。

林永万

林永万因长期过度奔波忙碌，积劳成疾，曾两度生命垂危，经过数次手术、大量换血才挽回生命。经历了巨大的人生波动，林永万丝毫没有消沉，反而一如既往地勤恳敬业、努力奉献，手术刚结束便又只身来到首尔、北京等地跑市场、推项目，完全不顾个人健康。林永万从事出版事业 35 年来，始终以社为家，勤俭持业，忘我工作。由于事迹、业绩突出，多次获国家和省级表彰，2012 年被评为“省直机关优秀共产党员”。

林永万 1996 年接手黑龙江朝鲜民族出版社，为改变困局，他毅然赴京开辟市场，住地下室，吃路边摊，夜以继日四处辗转，寻求合作，推出一系列品牌读物，获利 140 余万元。利用既有资金全面整顿，扭转了管理局面。他耗时十年打造了中型《中韩·韩中辞典》。《中韩·韩中辞典》电子版权被韩国最大门户网站订购。

35 年来，林永万始终冲锋在出版一线，为民族出版事业作出了重要贡献，其甘于奉献、以苦为乐、艰苦奋斗的精神和作风在出版改革发展风起云涌的今天尤显珍贵。

岳国良

荣获 2012“感动龙江”年度人物称号。岳国良是齐齐哈尔市拜泉县国富镇德润社区主任，从 1997 年开始便积极着手自治村的建设与发展，凭借他多年打拼组建的公司做支撑，先后出资 600 万元，为自治村兴建了 350 平方米的希望小学，铺装了 10.97 公里的通村公路，建成了占地面积 1.2 万平方米集休闲、娱乐、办公于一体的群众文化广场。组建完成了主体工程为 12 栋 6 层、居住面积 4.4 万平方米的新型农民居住区，现已全部交付使用。在建设居民楼的同时，同步建设了商服楼、村卫生所、幼儿园、休闲广场，水、电、供热、道路附属设施和配套设施也相继投入使用，一座功能齐全、设施完备、产业配套、环境宜居的现代化新型农村社区正式落成，让农民过上了和城里人一样的生活。为了解决农村产业接续发展问题，给社区发展提供强有力的经济支撑，岳国良出资组建了以 298 户农民、6000 亩地入股的自治现代农业生产专业合作社，投资382万元，新建占地1.4万平方米综合养殖场，年养芦花鸡10000只、大鹅5000只、生猪500头、黄肉牛500头、梅花鹿200只，年创产值640万元。岳国良作为出资方，利润收入归自治社区集体所有。岳国良不但捐资建新型社区，而且还是个有名的热心人。从他离开自治村的那一刻开始，他就一直把奉献家乡、回报家乡作为自己的人生信条。从1995年开始，岳国良每年都回到自治村看望父老乡亲，累计送去价值8万元左右的米、面、油等生活用品。2006年，自治村三屯贫困大学生曲铁成、曲明成哥俩考入了省重点大学，因家庭困难，面临辍学，岳国良得知情况后，资助每人每年2万元，直到三年后大学毕业。

李长顺

李长顺，现任东宁县司法局党组书记、局长。李长顺同志是牡丹江市司法战线涌现出来的一位在全国、全省具有较强影响力的先进典型。他身患膀胱癌，历经3次大手术、80余次化疗，用坚强的意志与绝症赛跑，用生命见证司法行政的光辉和为民服务的价值，在人生动摇和徘徊、灰心与迷茫中奋力前行，以一种真情与激情、生命与使命同在的优秀共产党员的质朴情怀，面对百姓信访诉求难点，勇挑重担，化解民怨，变上访为下访，为县乡两级政府分忧，为当地经济社会发展与稳定奔走，创新开展了“三调联动”和“调访一体化”工作，创立了“庭所联调”、“警民联调”、“跨村调解”等新机制。七年来，共调处矛盾纠纷6705件，有95%的案件控制在镇村(居)以下并成功化解，工作经验在国家、省市推广。东宁县司法局和李长顺本人先后获得省级规范化建设先进司法局、省级先进集体、省级集体二等功、省级优秀共产党员、市级十佳公仆、市十佳政法干警等多项荣誉。2009年，东宁县司法局被司法部授予集体一等功，李长顺荣记个人一等功，2013年被司法部授予全国司法行政系统二级英雄荣誉称号。

关龙有

关龙有先后任云山水库渔业派出所副所长、所长，云山水库管理站党支部书记，虎林市水务局石头河水库管理站站长，月牙泡农场场长等职。关龙有出生在宁安市石岩镇平安村一个普通的农民家庭，1978年4月从部队转业后，关龙有来到农垦牡丹江管局湖北闸水利大队工作。1985年，关龙有任云山水库渔业派出所所长，在他的努力下，派出所先后破获偷鱼案件30多起，每年为水库挽回经济损失10余万元。1994年，工作成绩突出的关龙有出任云山水库管理站党支部书记。尽管手中有了一定权力，但工作勤奋敬业、为人朴实厚道的关龙有从未用自己的权力方便家人。当时，水库建设了2栋楼房，能容纳20多户人家，而水库职工却有40多户。为此，关龙有和水库站长毅然决定让职工按照工龄享受优先购买权，领导干部不得与职工争房。楼房顺利分配完毕，关龙有一家却仍然居住在一间面积30多平方米的平房里。2012年7月18日，宁安市红城村的两个孩子结伴到牡丹江边玩水时不慎落水，生死关头，59岁的关龙有迅速赶到出事地点，跃入湍急的江中救人，终因体力不支，献出了宝贵的生命。

2012年7月25日，宁安市授予关龙有“全市见义勇为先进个人”荣誉称号；7月30日，中共中央组织部追授关龙有为“全国创先争优优秀共产党员”；8月6日，牡丹江市授予关龙有“见义勇为先进个人”荣誉称号。

王世伟、荆百岁

王世伟、荆百岁二人是汤原县振兴乡振丰村农民。2012年2月16日凌晨，汤原县振兴乡振丰村马文林家的食杂店房顶突然起火，危急时刻，王世伟、荆百岁等几十名村民奋不顾身闯入火海，将马文林瘫痪的妻子马玉兰和8岁的孙女救出，而王世伟、荆百岁这两位年仅25岁的帅小伙却被大火不同程度烧伤。其中，王世伟的伤势最重，全身烧伤面积达到38%，特别是面部、头颈部和手部的伤情最为严重，达到深二度及深三度的烧伤；荆百岁的全身烧伤面积也达到了16%，腰部、手部和头颈部均有深二度和深三度的烧伤。平日里，作为留守振丰村为数不多的年轻人，王世伟、荆百岁是有需要就上、见困难就帮，村里谁家有个大事小情准能看到这小哥俩的身影，他们以舍身忘我、见义勇为的英雄壮举，让人们在危难之中看到了人性的闪光和道德的力量，他们的事迹经媒体报道后，在全省引起强烈反响，人们纷纷称赞其为"红色农民"。3月1日，根据《黑龙江省见义勇为人员奖励和保护规定》，汤原县人民政府决定，授予王世伟、荆百岁两名同志汤原县"见义勇为公民"荣誉称号。

李学良

抚远县浓桥镇建国村李学良在村主任岗位上一干就是18年。在这18年里，建国村发生了翻天覆地的变化。农民人均收入翻了18倍；家家户户盖起了砖瓦房，半数村民在县城里购买了楼房，20多户村民开起了小汽车。建国村也从一个落后的小村庄成长为全省新农村建设试点村。

20年前，李学良凭借敢想敢干、吃苦耐劳的劲儿，通过垦荒兴起了家业，拥有2000多亩耕地、十多台农用机车和数目可观的存款，成为远近闻名的富裕户。那时的建国村许多村民生活还较贫困，胸襟广阔、乐于助人的李学良得到了村民的拥护和信赖，在村主任选举中满票当选。上任后，李学良带领全村农民发展农业生产，但大多数村民基础条件差，没有生产资金，李学良毅然将自家的土地抵押出去，贷款为农民购买种子、化肥等生产资料。一些农民收成不好，还不上贷款，李学良不顾家人的反对，将土地卖掉为村民还贷款。10多年来，李学良的2000多亩土地"缩水"到200亩。而村民们在他的帮助下，收入越来越高，陆续过上了好日子。

从一个贫困村发展到人均收入12000元的小康村，李学良倾注了所有的智慧和汗水。

以往建国村以种植大豆为主，可大豆受天气因素影响较大，抵御灾害能力不强。李学良经过多方考证，开始鼓励乡亲们"旱改水"。两年时间，村子里110户23980亩旱田都改成了水田，建国村也成了全县唯一一个全部完成旱改水和实现土地流转的村子。土地流转后一亩地能得到350元到450元的租金，每家年初都会收入几万元甚至十几万元。看到土地流转后闲置了大量劳动力，李学良又带领村民办起了大米加工厂，形成了产销一体化。村民自愿入股，年底分红，为村民又增加了一笔不小的收入。如今的建国村90%以上的村民都住上了宽敞明亮的砖瓦房和楼房，有20多户开上了小汽车，人均收入由18年前的700元增长到现在的12000元。

徐连斌

徐连斌，现任宝泉岭农垦公安局党委书记、局长，是我省唯一获得"任长霞式公安局长"荣誉称号的公安局长。

从警20年以来，徐连斌始终充满激情地忘我工作，坚定不移地探索创新现代警务之路，成为全省、全国公安系统的典型。他清正廉洁、淡泊名利，自觉筑牢拒腐防变思想防线，保持共产党员本色。他迎难而上、勇挑重担，用创新思路解决当前矛盾化解、管理创新、公正执法中遇到的难题。他言行一致、率先垂范，忠实践行服务宗旨，践行"人民公安为人民"的庄严承诺。始终坚持重磅打击各类刑事犯罪，调任农垦宝泉岭管理局后，2010年以来发生的"6·11"系列钻窗入室盗窃案、"6·15"江滨农场绑架案、"8·22"特大灭门杀人案、"10·26"东部6场系列流窜盗窃案等有影响的重特大案件全部告破，命案破案率100%。打掉了以田广福、焦守斌为首的涉恶犯罪团伙，刑拘犯罪嫌疑人13名；打掉了吴飞飞等3个重大吸贩毒团伙，抓获贩卖、吸食、容留、包庇毒品违法犯罪人员25人；侦查破获了案值达3000余万元的非法经营案件，批捕8人，为人民群众挽回大量经济损失。

在他的带领下，宝泉岭农垦公安局连续获得垦区公安局标兵、全省公安系统创先争优先锋警队、全国公安机关组织推动执法质量考评工作成绩突出集体、全国看守所管理机制创新示范单位等荣誉称号。

李新民

2011年6月28日，在中国石油天然气集团公司庆祝建党90周年大会上，1205钻井队第18任队长李新民被命名为“大庆新铁人”，这意味着从这一刻起，李新民成为自铁人王进喜、王启民后，大庆油田的第三代铁人。

李新民扎根井队22年，带领1205钻井队在全国率先突破钻井进尺200万米，先后完成4次钻机转型，实现了1205钻井队由单一井型向多种井型、速度型向效益型、国内作业向海外作业的三大跨越；他率领1205钻井队挺进海外，在苏丹，提前26天完成被上级誉为“功勋井”的3/7区块首口水平井，创出23项钻井新纪录，两次获得苏丹授予服务方的最高荣誉——PDOC钻井杯；在哈法亚，他让大庆钻探井队由1支扩大到4支，是哈法亚目前拥有订单最多的钻井队伍；他先后多次获得省部级以上荣誉，是全国劳动模范、第十一届全国人大代表、中央企业优秀共产党员。

2010年10月，为了拓展铁人队伍新的市场，李新民不畏战火考验，转战伊拉克，担任了新开发项目哈法亚总指挥。仅一年时间，李新民就带领队伍创出了哈法亚钻井4项新纪录，使大庆钻探井队由1支扩大到4支，成为目前哈法亚订单最多的钻井队伍，打开了哈法亚市场拓展的新局面。

“见红旗就扛，有第一就争。”在李新民的带领下，1205钻井队创下了中国钻井的多个“第一”：第一个累计进尺突破200万米，第一个连续15年人均每年向国家交一口井，第一个保持了连续22年安全生产无事故、38年井身质量和固井质量合格率达100%的高指标……

征战海外后，李新民更忙了。按规定，他原本可以每两个月倒班回国休息一次，而他却总是把回国轮休的机会让给井队其他人，自己连续半年多坚守在战火纷飞的异国他乡。为了安全，李新民将一个集装箱放上水、饼干、手电、药品，改成避难所。因为劫匪可能从窗户往房间里打枪，他让大家把营房的窗户都焊死，里边再焊上一层10毫米厚的钢板，只在他屋子的窗户留了一道缝，以便观察。2007年一个晚上，李新民突然听到动静，赶紧从窗户缝一看，数十名武装分子端着枪，直奔井场冲来，他迅速组织大家跑进集装箱，在里面待了整整一天一夜才脱险。

一年当中，李新民有270多天守在井上，全年有1/3时间在跟班作业。他将更多时间留给了井队，22年来，只在家里过了5个春节，只在妻子生小孩时请过3天假。

李新民常说，干工作常想自己是党员，标准要高；带队伍常想自己是队长，作风要硬；打井常想自己是05人，技术要强。在井队22年，李新民立起过900多次井架，身上总有洗不掉的石油味儿。李新民说，他喜欢这个味儿，这是铁人老队长的味儿，是中国石油人的味儿。

先进单位

黑龙江省博物馆

2012年，被人力资源和社会保障部、国家文物局联合评定为“全国文物系统先进集体”。作为黑龙江省博物馆界的龙头馆，黑龙江省博物馆深入贯彻党的十七届六中全会和十八大精神，致力于博物馆保护传承展示教育职能的发挥，不断加强阵地建设，系统开展黑龙江地域特色文物的保护和征集，利用馆藏资源举办各具特色的临时展览，深入推进免费开放工作，成为博物馆界的一面旗帜。

2009 年，黑龙江省博物馆在全国率先实行免费开放。为提升省博物馆整体展陈效果，该馆完善了展厅内软、硬件设施，进一步优化完善自然陈列的内容科学结构，突出展现黑龙江地域的自然资源和风貌。又对历史、邓散木艺术陈列的展厅进行了展览提升，更新部分展柜，对陈旧标本展品进行清洁、消毒、修复、更新，对展灯、展板、窗帘进行了整修更换，并购置了电子翻书、投影仪等多媒体陈列辅助设备，更新全部说明牌，让观众可以更好地参观展览。同时，保持展览常看常新，树立“咱们的博物馆”的办馆理念，展览活动有你有我也有他，充分体现综合性博物馆的广泛性、社会性、包容性。在保证基本陈列不断改进的基础上，以“每月一星特展”、“寒暑假特展”、“传统节日民俗特展”、“每月一县”四大品牌系列展览办出了本馆特色，2012 年举办临时展 42 个。积极开创博物馆文化新领域。成立“龙博剧社”，依托话剧为主的直观表现形式，通过新颖的话剧表演手法，如《财神爷遇上圣诞老人》、《屈原》、《挑战头鱼宴》等，避免了传统常规“说教式”宣传展示，是对展览功能和宣传展示手段的一次成功延伸与探索。开展“龙博讲坛”活动，侧重“文物、博物”方面的宣传、展示和推广为重点，为广大观众献上一场场精彩的讲座。通过创新服务运行机制，激发内在活力，强化服务意识、改善服务面貌、保障参观安全、优化参观环境、免费开放成果显著，社会效益与公众形象得到大幅度提升。2012 年观众人数达到145 万人，其中青少年观众达到 70 万人次。

藏品征集工作是博物馆生存和发展的基础，也是博物馆发挥社会职能的重要依托。近年来，黑龙江省博物馆广开渠道、积极联络、踏实跟进、广收慎选征集到五千多件文物，很多是精品，使黑龙江省博物馆文物藏品总数达到 12 万件，为新建博物馆的陈列布展打下良好基础。积极开展科研攻关。复制并安装拥有独家知识产权的包含满洲鸭嘴龙全身化石骨架、似鸟龙全身化石骨架、披毛犀头骨化石、王氏水牛头骨化石及东北野牛头骨化石共计 5 个类别 5 件古生物化石复制品。复制品科技含量高，制作精良、规范，被哈尔滨师范大学动植物标本馆收藏，开创了省博物馆古生物化石复制品应用于高校科研教学展示的先河。采用数项全新的标本制作方法，制作野生东北虎标本，提高了标本抗腐蚀性，也让东北虎幼虎标本显得更加栩栩如生。开展司法鉴定服务，打击走私犯罪，在促进司法公正等方面起到了不可替代的重要作用，每年为社会各界提供咨询和鉴定近 6000 人次。因各项工作成果显著，2012 年黑龙江省博物馆被评定为国家一级博物馆。

大庆市

荣获“全国文化体制改革先进地区”称号。

这是大庆市继 2010 年和 2011 年后第三次获此殊荣。大庆作为全省文化体制改革试点城市，几年来严格按照省委、省政府确定的路线图、时间表和任务书，以“先行先试、敢破敢立”的拓荒精神，全面完成各项改革任务。2009 年 7 月，大庆组建文化市场综合执法支队，在全省率先完成此项改革任务。2010 年 2 月，大庆成立市文广新局，完成了文化局、新闻出版局、广播电视局“三局合一”，进一步健全了文化领域的宏观管理体制。2010 年 5 月，大庆以跨媒体重组方式，联合大庆日报报业集团、广电集团，组建大庆新闻传媒集团，2011 年实现经营收入 4.29 亿元，是改革前的 1.6 倍，荣获“2011 中国媒体华表奖·最具公信力媒体奖”等 7 项国家级荣誉。2010 年 9 月，大庆以跨院团重组办法，实现市歌舞剧院话剧院、市电影公司、市书画院和四县专业院团优化整合，组建大庆文化集团，拥有 3.1 亿元资产、6 家子公司、2 个企业化管理事业单位。2011 年 11 月，大庆《岁月》杂志转企，成立大庆市岁月杂志有限公司，为全省非时政类报刊改革起到良好的示范作用。2012 年 2 月，大庆以跨行业重组模式，在大庆文化集团基础上，整合文化、体育、旅游优质资源，组建大庆文体旅集团，成为拥有超20亿元资产、7家核心子公司、5家外围分公司的大型文化企业。

肇东市

肇东市深入开展学雷锋活动，促进岗位学雷锋、行业树新风，推动学雷锋内涵时代化、活动常态化、载体大众化，全面构建社会主义核心价值体系，涌现出一大批学雷锋先进单位和先进个人，为建设全国综合实力强市凝聚了强大动力。2012年9月27日，在全国第十二次军民学雷锋经验交流会暨肇东市“雷锋城”命名大会上，肇东市被中国雷锋工程委员会、中国雷锋纪念馆等联合命名为中国“雷锋城”。

1.加强领导，提高认识，确保“雷锋城”创建活动顺畅开展。肇东市坚持把“雷锋城”创建工作作为实践中国特色社会主义理论、构建社会主义核心价值体系、推进“三优文明城市”创建、提高市民思想道德素质、提升“软实力”的重要载体和主要途径，全党动员、全民参与，形成了“雷锋城”创建工作的强大合力。成立了创建“雷锋城”工作领导小组，建立了宣传部门牵头、相关部门各负其责、社会团体积极配合、各方面广泛参与的工作机制。肇东市委高度重视“雷锋城”创建工作，坚持定期不定期召开专题会议研究创建“雷锋城”工作，听取“雷锋城”工作领导小组工作汇报，集中研究“雷锋城”创建工作，调整工作部署，制定推进措施，落实工作职责，实现了“雷锋城”创建工作层层有人抓、时时有人管。

2.加大投入，健全机制，确保“雷锋城”创建活动深入推进。建立责任、宣传、投入三大机制，确保创建“雷锋城”工作取得实实在在效果。向全市下发了《关于深入开展学雷锋活动的实施意见》，将“雷锋城”创建工作纳入《乡科级领导班子和领导干部考核责任制》，把“雷锋城”创建成果作为乡科级领导班子和领导干部的政绩实施考核。在全市深入开展雷锋精神大讨论、传唱雷锋歌曲、宣讲雷锋故事等活动，让人民群众在更深层次上领会雷锋精神的深刻内涵；积极开办居民道德大讲堂，组建雷锋精神和传统文化宣讲团，邀请全国道德模范田秀、中国十大孝子提名奖获得者王希海、当代中华慈孝人物王春来等来肇东进行道德讲座，巡回讲座200场次，受益群众4.2万人次；调动全市各方力量，建雷锋广场、修雷锋城大道、设雷锋城宣传栏，全面营造“人人参与创建、个个争当雷锋”的良好局面。坚持对创建“雷锋城”活动经费实行“绿灯”保障，把创建“雷锋城”经费列入财政预算，确保创建“雷锋城”工作深入推进。

3.创新载体，开展活动，确保“雷锋城”创建活动取得实效。坚持以创新精神开展学雷锋活动，不断赋予学雷锋活动新的形式、新的吸引力和新的时代内涵。深入开展“雷锋精神五进入”活动，把“雷锋城”创建活动推进到机关、学校、企业、社区和家庭，“热心为民，做群众满意公务员”、“创建三优一满意文明机关”、“雷锋精神进校园，争当美德青少年”、“岗位学雷锋，争做好员工”、“学习雷锋，邻里互助”等近百个主题实践活动广泛开展。在主题实践活动的推动下，全市涌现出学雷锋小组1万多个、学雷锋服务队2169支、学雷锋志愿者12万人，雷锋窗口、雷锋站所、雷锋科室、雷锋号公汽、雷锋号医院、雷锋清净院等以雷锋命名的集体遍布城乡。创建“雷锋城”工作已激发出全民热情、彰显出全新魅力、展现出丰硕成果。其中，舍身勇救儿童的全国劳动模范韩国祥，用爱心照亮城市居民的电业局八一老兵维修队，“百姓不富，我心不安”的长富村党支部书记李凤山，致富不忘家乡、捐资1500万元建希望小学、捐赠母亲健康快车、建母亲水窖的中华慈善人物奖获得者寇立国，关注贫困学子的全国人大代表苏艳霞等一大批雷锋式先进集体和模范人物，在全市、全省乃至全国都产生了深远的影响，他们的实际行动让雷锋精神在当今时代焕发出了新的光彩，真正实现了让青春在实践中闪光、让理想在服务中升华、让爱心在奉献中传递。

绥芬河市

绥芬河市依托口岸城市地缘优势，开展全国文明城市创建工作，社会经济、城市建设和市民文明程度发生了巨大变化。绥芬河市先后荣获“中国优秀旅游城市”、“中国商贸名城”、“中国和谐城市”等称号，连续多年入选“全国中小城市综合实力百强”。2011年12月荣获“全国文明城市”称号。2012年参加全国城市文明程度指数测评，位列全国同类城市第二名。以创建“优美环境、优良秩序、优质服务”工程为重点，打造一流沿边开放城市形象。突出“中俄特色、山城特色、生态特色”，开发俄罗斯风情园区，全面实施老城区改造，一批基础设施和重大项目相继建设。开展“文明礼让、平安通畅、幸福绥芬河”文明交通行动，交通秩序管理水平进一步提升。实施“天眼地网”工程，全市视频监控点实现了中心市区全覆盖。开展涉外服务环境整治专项行动。建立口岸派出所，开通俄语“110”，严厉打击强买强卖、沿街兜售等不法分子和不文明行为。开展“五型”机关品牌创建活动，规范行政审批行为，精简审批事项，政府机关做到办证、办事、口岸通关和信息发布“四个提速”。建立完善社会信用体系，开展“诚信单位”、“诚信示范户”等评比活动。出台《市场主体信用评价办法》，在全省率先建立信用等级综合评价机制，被评为全国50家投资环境诚信安全区之一。依托“以文化人、典型示范、实践养成”三种力量，塑造沿边开放城市优秀品质。完善志愿服务工作体系，建立学雷锋志愿服务队120余支，注册志愿者9000多人，积极开展各种志愿服务活动。在市民中广泛开展文明礼仪知识普及和公共文明引导行动，狠抓文明行为习惯养成。开展“我推荐、我评议身边好人”活动和道德模范评选表彰活动，全市共有30人进入龙江好人榜，其中有两人荣登中国好人榜。在机关、社区、企业、学校、乡镇和各级文明单位广泛开展道德讲堂建设，用身边的事教育身边的人，开展道德模范与“身边好人”事迹巡讲活动，引导广大群众积极参与，传承中华美德，提升道德素质。以改善民生为根本，着力推进社会事业建设。在创建全国文明城市工作中，绥芬河市以人民满意为标准，从基础做起、从事实做起，着力推进社会事业建设，做到干一件成一件，让群众真切感受创建成果，更多地享受到创建实惠。通过积极努力，绥芬河市成为全国首批新型农村养老保险试点，参保农民人均养老金标准全省最高；争取到全省首批城镇居民医疗保险试点，在全国率先将外来常住人口纳入医疗保险范畴，医疗保险参保人数达到5.56万人；投入3000多万元，实施了弃管楼改造工程；城市居民人均居住面积42.66平方米。投资2亿多元，建设完成教育园区高中新校区、第三中学、实验小学等12个教育工程；获得两基“全省先进市”称号，高考万人口升学率全省领先；积极推进医药卫生体制改革，实施国家基本药物制度，社区卫生服务网络实现全覆盖；全面启动“数字绥芬河”建设，探索建立中俄电子商务新模式，搭建完成中俄电子商务平台，“一卡通”业务已覆盖全市；数字电视入户率全省县级市最高，互动高清电视平台搭建完毕，光纤入户试点工程圆满完成。科技、文化、体育事业快速发展，荣获“全国科技工作先进市”、“全国文化先进单位”称号和国家级全民健身活动组织奖。全面落实计划生育政策，计划生育率达98.35%，荣获国家级“计划生育优质服务先进单位”称号。城市文明程度和市民幸福指数有了很大提高，城市综合实力不断增强。2012年，全市生产总值实现111.3亿元，比上年增长14.3%。全口径财政收入130579万元(不含基金)，比上年增长8.5%。全年实现进出口总值85.2亿美元，比上年增长21.7%；口岸过货1193.2万吨，口岸过客164.1万人次；工业总产值完成280104万元，比上年增长31.7%；固定资产投资完成85.49亿元，比上年增长39.1%。

先进经验

Xianjin Jingyan

哈尔滨——中央大街夜色

先进经验

珍视龙江“最美”现象 凝聚强大精神动力

省委常委、宣传部长　张效廉

2012年，“最美教师”张丽莉、“最美战士”高铁成等接连涌现，人们称之为龙江“最美”现象。这种现象有着深层的时代背景、深厚的文化基础和丰厚的实践土壤。认清“最美”现象，探究内涵价值，必将有力推动经济社会又好又快发展。

一、“最美”人物频繁涌现的复合成因

1.良好的背景为“最美”人物打开涌动之门。党的十八大强调，“社会主义核心价值体系是兴国之魂，决定着中国特色社会主义发展方向”。以社会主义核心价值体系宣传教育为主线，我们党在全国全社会大力弘扬抗震救灾精神、北京奥运精神、载人航天精神，深入开展全国“双百”人物、全国道德模范评选活动，举办公民道德论坛，集中推出郭明义、杨善洲、沈浩等一大批先进典型，张丽莉等一大批“最美”人物就是在这样背景下产生并走到全国人民面前的。

2.优良的传统为“最美”人物遗传道德因子。形成于中国最大规模移民开发过程中的闯关东精神，形成于开发大庆油田激情岁月里的大庆精神、铁人精神，形成于黑龙江垦区开发建设极其艰苦的环境中的北大荒精神，形成于大小兴安岭林区开发和建设中的突破高寒禁区精神，都以热爱祖国、艰苦创业、求真务实、奉献人民为理想信念、价值追求和道德品格，在龙江大地口手相传、代代生根，有着广泛的思想共识和厚重的情感基础。

3.浓厚的氛围为“最美”人物铺垫成长基石。近年来，黑龙江省深入推进“八大经济区”、“十大工程”建设，经济社会发展成就鼓舞人心，广大干部群众热爱家乡、奉献事业、互帮互助的精神境界不断升华。我们乘势而上，努力营造“抱起团儿来做好事”的浓厚氛围，牢牢树立起“从善如流”的鲜明导向。四十九载为民义务摆渡的农民赵永录、勇救落水群众而英勇牺牲的优秀军人郜忠利、一生为穷人看病的院士于维汉等深刻影响和感动着全社会。广泛开展的“知荣辱、树新风、促和谐”系列主题实践活动，颂扬不同阶层、不同群体所蕴含的积极向上的思想精神。每年一届“感动龙江”年度人物(群体)评选、每两年一届“六个十佳”和谐机关(家庭)和“百名道德模范”评选，每项活动参与人数达300多万。广大群众在参与中提升道德素养、提升文化自觉，争做“最美”成为新的时尚。

二、“最美”人物频繁涌现的社会价值

1.“最美”人物的崇高精神是引领风尚的价值坐标。伴随我国进入改革发展攻坚期和社会矛盾凸显期，拜金主义、享乐主义、极端个人主义有所滋长，诚信缺失、见利忘义、道德滑坡等极端案例越来越引起国民的忧患与疑虑。面对五光十色的社会，究竟哪一种价值观应该弘扬？中华民族的道德底线将走向何方？历经数千年的民族精神将由谁来传承？无上荣光的时代精神能高擎多久？张丽莉等“最美”人物做出了令人信服的回答：崇高的道德不仅在传说里、在故事里，更在广大人民的心里、在广大群众的日常实践里；张丽莉等“最美”人物虽然平凡，但贴近普通群众的生活，虽然简单，但容易使人效仿，能从小的细节中折射出大的道德伦理。

2.“最美”人物的崇高精神是推动发展的内在动

力。发展是党执政兴国的第一要务。张丽莉等“最美”人物的先进事迹集中展现了龙江儿女投身经济社会更好更快更大发展的良好精神面貌，感动了社会、感动了时代，成为激励人们奋发进取、自强不息、崇尚美德、追求真理、爱岗敬业、刻苦钻研、报效国家、奉献社会的精神财富。在推进科学发展的伟大事业中，在深入贯彻落实省第十一次党代会精神，努力建设富强文明和谐大美幸福龙江的伟大实践中，深入挖掘、放大和弘扬张丽莉等“最美”人物身上的无穷魅力和巨大感召力，就能够带动和引领一批立足岗位、艰苦奋斗的党员干部和职工群众，不断掀起干事创业的热潮。

3.“最美”人物的崇高精神是促进和谐的重要保障。建设和谐社会需要更多爱的养分。张丽莉等“最美”人物在任何时间、任何地点，都能以自己的真诚和善良关心弱者，帮助有困难的人，生动解读了建设社会主义和谐社会所需要的新型人际关系，其身上蕴藏的人性光辉必然长久地影响着人们的思想和心灵。当人们向先进学习，和谐就会多一点；向先进看齐，矛盾就会少一点，先进多了，社会管理成本就少了。当多数人像张丽莉等“最美”人物那样更多关注社会公共利益和他人安危冷暖时，构建和谐社会就有了坚实保障。

三、大力创建“最美”人物频繁涌现的互动环境

1.充分激发群众的智慧和力量，广泛开展丰富多彩的主题实践活动。紧密联系群众生产生活实际，是社会主义核心价值体系落地生根、丰富完善的重要途径。接连涌现的张丽莉等“最美”人物启示我们：英雄多数来自基层、来自群众，就是生活中的你我他，看得见、摸得着、够得上，可信、可学、可比。要坚持“主体在民、参与靠民、宣传为民”的原则，开展声势浩大的群众性道德实践活动，通过“寻找身边的美”、“我推荐、我评议身边好人”、关爱他人关爱社会关爱自然的“三关爱”志愿服务、“学楷模、讲奉献”等一系列活动载体，传播主流价值观念，激发全社会思想道德建设热情，让一个个默默奉献的平民英雄、最美草根从幕后走向前台。

2.积极运用先进典型示范引路，精心组织选树、宣传和表彰活动。要进一步探索建立村、镇、县、市、省五级层层评议、层层选拔、层层表彰的典型评选模式；通过各级各类新闻媒体和各种宣传文化阵地，主动宣传真、大力倡导善、积极颂扬美，使广大群众在潜移默化中引发善行共鸣，付诸善行实践；通过举行颁奖仪式、举办先进事迹报告会、开展媒体集中宣传、命名表彰道德模范等形式大张旗鼓地宣传先进典型，以典型力量形成扬善抑恶的舆论强势；编排和创作反映先进事迹的文艺精品，增强典型崇高精神的社会渗透力；根据群众多样化、多层次需求，组织开展群众喜闻乐见的文化活动，大力褒扬善人善事善举，以社会主义核心价值体系引领道德风尚。

3.高度重视各级党委政府主导作用，努力建立根本性的长效机制。要探索建立党委统一领导、群众组织具体负责、百姓广泛参与的道德建设推进机制。召开先进典型座谈会、汇报会，了解他们的思想动态，对他们的学习、工作和生活及时给予指导和帮助，让他们更好地发挥示范带头作用。通过建立“好人后援会”、“道德建设公益基金”等形式，让“好人有好报”成为社会共识，不断夯实典型频现的“良田沃土”。

传承和弘扬大庆精神构筑社会主义核心价值体系

省委常委、宣传部长　张效廉

党的十七届六中全会明确指出：“社会主义核心价值体系是兴国之魂，是社会主义先进文化的精髓，决定着中国特色社会主义发展方向。”大庆精神是全省人民创造的宝贵精神财富，是推动经济社会又好又快、更好更快发展的动力源泉。构筑社会主义核心价值体系，打造人民群众共有精神家园，就要认真贯彻落实《中共黑龙江省委关于新时期深入学习和弘扬大庆精神的决定》，大力传承和弘扬大庆精神。

一、从历史看，大庆精神蕴含的核心价值观为推动经济社会更好更快发展提供了强大精神动力和良好文化条件

社会主义核心价值体系的精髓在于以爱国主义为核心的民族精神和以改革创新为核心的时代精神。以"爱国、创业、求实、奉献"为主要内涵的大庆精神自诞生之日起，就具备了社会主义核心价值体系的"文化基因"。

上世纪60年代初，国外敌对势力对我国实行经济封锁和军事威胁，国内连续三年遭受自然灾害，国民经济出现了严重困难。以王进喜为代表的几万石油职工满怀爱国热忱，凭着一股献身石油会战的英雄气概，披肝沥胆，艰苦创业，高速度、高水平地拿下大油田，建成了具有世界先进水平的大庆油田，结束了中国使用洋油的时代，为祖国争了光，为民族争了气，为龙江扬了名。这场著名的石油会战也成功孕育出以"爱国、创业、求实、奉献"为主要内涵的大庆精神。在这种精神的感召下，几代石油工人苦干加巧干，发挥创造性智慧，攻克种种难关，实现了稳产27年的光辉业绩，为中国的石油工业发展做出巨大贡献，奠定了坚实的基础。

大庆精神作为全体龙江人共有的精神财富，"一遇雨露就发芽，一有阳光就灿烂"。建设中国特色社会主义伟大实践的阳光和雨露，全面激活了龙江人的动力"因子"，激发了龙江人民干事创业的智慧和勇气。在老工业基地改造和"二次创业"面临前所未有的挑战面前，龙江人树立市场意识、机遇意识、竞争意识，全省工业经济成功转轨、华丽转身。在发生世界金融危机、经济社会发展面临困难的时期，龙江人从容应对，化挑战为机遇，实现了经济平稳较快发展。在建设"八大经济区"、实施"十大工程"的伟大征程中，龙江人以公路建设"三年决战"的豪迈之气，完成公路总里程15万公里，相当于过去20多年的总和；大力实施千亿斤粮食产能工程，连续四年获得大丰收，每年平均以100亿斤速度增长，2011年全省粮食总产量1114亿斤，跃居全国首位，实现"八连增"，为国家粮食安全做出了突出贡献。大庆精神如涌动的活水，跳跃、翻腾在整个经济社会的历史发展进程中，表现出旺盛的生命力，支撑着、推进着和引领着龙江人民一路前行。

在经济社会发展的历史进程中，一大批英雄模范人物以大庆精神定位人生的价值坐标，成为了不同时代的精神符号。其中，"新时期铁人"王启民、"新一代青年士兵的楷模"向南林、为救落水群众而英勇牺牲的少数民族边防军人部忠利、一生为百姓看病的仁爱大医于维汉、40年如一日为群众义务摆渡的农民赵永录等优秀龙江儿女，为中华民族的正气歌添写了一曲曲华彩乐章。

二、从现实看，为加强社会主义核心价值体系建设创造了重要契机提出了实践要求

——大庆精神能够高扬社会主义核心价值体系的精神旗帜。民族精神和时代精神为社会主义核心价值体系提供了价值目标，而价值目标对社会主义核心价值体系发挥着精神旗帜的作用，具有凝聚人心和引领社会前进的功能。放眼世界，经济全球化和世界多极化，不同文化和价值观念的交流、交锋更为激烈，维护社会主义意识形态安全的任务更加繁重；聚焦国内，经济社会的深刻变革，人们思想活动的独立性、选择性、差异性、多变性不断增强，统一思想、凝聚力量的任务更加繁重；审视龙江，实现"十二五"时期奋斗目标、加快全面建设小康社会进程、推动社会主义文化大发展大繁荣的任务更加繁重。在此情况下，深入学习和弘扬大庆精神，对于巩固马克思主义指导地位，用马克思主义中国化最新成果武装党员、教育群众，用中国特色社会主义共同理想凝聚力量，用以爱国主义为核心的民族精神和以改革创新为核心的时代精神鼓舞斗志，用社会主义荣辱观引领风尚，提高广大干部群众综合素质和社会文明程度具有重大作用。

——大庆精神能够丰富社会主义核心价值体系的科学内涵。大庆精神是以爱国主义为核心的民族精神和以改革创新为核心的时代精神的重要组成部分，它与井冈山精神、长征精神、延安精神、抗洪精神和抗震救灾精神一样，共同丰富和装点了中华民族宝贵的精神星空。半个世纪以来，大庆精神始终与时代同行，不断丰富新内容，发展新内涵，表现新特征。特别是近些年来，爱国主义精神突出体现在维护国家发展大局上；创业精神突出体现在推动经济社会又好又快发展上；求实精神突出体现在深化改革、扩大开放上；奉献精神突出体现在服务人民、造福人民上。与时俱进的大庆精神不断为社会主义核心价值体系建设提供了源头活水。

——大庆精神能够推动社会主义核心价值体系走进群众。建设社会主义核心价值体系，目的在于增强人们对于社会主义的认同感，关键在于为全体人民所接受。大庆精神是社会主义核心价值体系在黑龙江的具体化实践化，它激励了几代龙江儿女艰苦创业、不怕牺牲、甘于奉献、奋力拼搏、勇于创造、敢于开拓，在龙江大地有着高度的情感认同、广泛的群众基础和强烈的思想信仰。弘扬大庆精神，就能够使社会主义核心价值体系由抽象变具体，由理论变实践，为更广大群众所接受，是推进社会主义核心价值体系建设的重要载体。

三、大力弘扬大庆精神，深入推进社会主义核心价值体系建设

大庆精神只有成为干部群众的内在素质，才能转化为推动发展的动力。按照《中共中央关于深化文化体制改革 推动社会主义文化大发展大繁荣若干重大问题的决定》和《社会主义核心价值体系建设实施纲要》任务要求，要着力推动大庆精神的再学习再弘扬，在发展实践中进一步升华大庆精神的核心价值内涵。

第一，加强研究，以深入挖掘和生动诠释价值内涵凝聚大庆精神社会共识。大庆精神是一个开放的系统，必将随着形势的发展而发展。要在现阶段研究的基础上，继续加以深化，及时把研究的成果运用到开拓龙江未来的实践之中。要把大庆精神研究纳入社科研究规划，依托高等院校、科研院所的人才优势，重点围绕增强文化归属感，塑造和提升龙江人文化品格与精神气质，把精神优势转化为发展动力等开展对策性、应用性研究，形成一批有分量的研究成果，为经济社会发展提供理论支持和精神动力。

第二，深化教育，以多种形式的学习宣传推动大庆精神内化于心。充分利用干部报告会、哲学社会科学讲座、各级党校培训等经常性教育形式，引导广大党员干部深刻感知大庆精神的时代内涵，自觉接受洗礼和启迪。创作一批体现大庆精神的文艺作品，从文艺的视角来解读大庆精神，组织一批反映龙江精神风采的文艺节目下基层演出，寓教于乐、寓教于文，用大庆精神宣传群众、教育群众、鼓舞群众。各级各类新闻媒体要大力宣传大庆精神的丰富内容和时代内涵，展示学习、弘扬大庆精神工作成果，总结宣传活跃在各条战线、各个领域的先进典型，形成强大声势，烘托浓厚氛围。

第三，分类指导，以主题活动和基层文化推进大庆精神外化于行。深入组织开展以“凝心聚力、创新发展”为主题的学习弘扬大庆精神教育实践活动。要把弘扬大庆精神与以“知荣辱、树新风、促和谐”为主题的社会主义核心价值体系进机关、进企业、进校园、进社区、进村屯、进家庭活动结合起来，与正在深入开展的“创业、创新、创优”活动、学习型党组织建设活动以及各地各部门（行业）开展的特色主题实践活动结合起来，使之具体化、经常化。各地、各部门要把大庆精神的本质内涵融入到地方精神、行业精神、企业精神等具体精神当中，成为推动经济社会发展的价值理念。

第四，建立制度，以规章制度和政策机制保证大庆精神持续传承。要把大庆精神广泛融入村规民约、市民守则、学生守则、行业规范等日常行为规范之中，让人们看得见、摸得着、用得上，在促进知行统一中增进对主流价值的社会认同。要把学习和弘扬大庆精神的成效作为年度目标责任制考核、精神文明创建活动评选以及争先创优、劳动模范、杰出青年等评选表彰的重要依据，建立科学的考评体系，加强监督检查。要表彰先进，督促落后，把党员干部群众学习和弘扬大庆精神的积极性引导好、保护好、发挥好。

民族精神和时代精神是中华民族生生不息、薪火相传的动力和支撑，是当代中国奋发图强、不断创造崭新业绩的力量源泉。要立足于弘扬大庆精神，使社会主义核心价值体系的本质要求始终流淌在人们的血脉中，代代相传，落地生根。

坚持"四个注重"发挥"四个作用"不断开创我省关心下一代宣传工作新局面

中共黑龙江省委宣传部

近年来，按照顾秀莲主任提出的"四个面向"要求，我省关心下一代宣传工作积极打造知名品牌栏目，深入总结具有指导性的典型经验，探索建立较为完善的长效工作机制，初步形成了由宣传部门负责组织协调、新闻媒体积极参与、关工组织密切配合、各有关方面大力支持的关心下一代宣传工作格局，得到党中央、国务院和中国关工委领导同志的充分肯定和高度评价。

一、注重组织领导，充分发挥宣传部门的指导协调作用

省委对做好关心下一代工作一直非常重视。作为宣传部门，我们必须下功夫切实抓好。多年来，省委宣传部无论班子分工如何调整，也不论相关处室如何变动，但关心下一代宣传工作作为全部的大事大项始终没有变，工作力度也从来没有放松过。历任常委、宣传部长每年都亲自召集部长办公会专题研究关心下一代宣传工作，亲自组织参加座谈会、表彰会、经验交流会和各项活动等。省委宣传部为加强关心下一代宣传工作，成立了由主管部长为组长、省关工委副主任为副组长，省直新闻媒体单位和省直各有关部门负责同志为成员的关心下一代宣传工作领导小组，定期召开会议，推进落实。推出了关心下一代宣传工作"绿色通道"，对关工委重要会议、重大活动统一部署、统一安排，集中采访、连续报道，对临时性的关心下一代宣传工作急事急办、特事特办，做到季度有检查指导，半年有小结讲评，年终有总结评比。建立和形成了五个长效机制：一是每年初由省委宣传部牵头，省关工委具体承办召开一次省直新闻媒体领导参加的座谈会，省委常委、宣传部长出席会议并讲话，总结上一年，部署安排下一年；二是组织协调各级各类新闻媒体辟建各种专题、专栏、专版；三是每三年召开一次表彰奖励先进新闻单位、优秀记者、优秀通讯员会议；四是每三年召开一次关心下一代工作理论研讨会；五是每五年召开一次全省关心下一代宣传工作经验交流会。

二、注重品牌打造，充分发挥主流媒体的引领带动作用

发挥主流媒体的引领带动作用，是关心下一代宣传工作取得成效的关键。我们紧跟时代步伐，紧扣形势任务，在主流媒体策划并推出了一系列关心下一代工作主题板块。《黑龙江日报》、《今天消费报》统一开设了"关心下一代"专栏、专版；黑龙江人民广播电台龙广 97 频率"教子有方"专题推出了全国首创的《12355 青少年成长导航》节目；黑龙江电视台少儿频道开设了"成长加油站"专题节目；东北网络台开设了"关心下一代"宣传报道网页；《家庭教育报》开设了"朝阳夕阳"专栏。这些名专题、名专栏，深受读者、听众和观众的喜爱，得到了各级领导的好评和社会各界的广泛赞誉。目前，以省级媒体为龙头，其他专业媒体相呼应，特别是市(地)、系统新闻媒体与省直新闻媒体上下联动，形成了在渠道上由少数媒体报道向多家媒体报道拓展，在内容上由动态消息向深度报道推进，在形式上由分散报道向专栏、专题、专版延伸的宣传报道格局。据不完全统计，仅 2011 年一年，主流媒体刊载、播发稿件 6265 篇，照片 272 幅。其中，国家媒体发稿 40 篇，照片16幅；省直媒体刊载、播发的稿件就达913篇；市地、系统媒体发稿765篇；县市等媒体发稿3547篇，有效地扩大了关心下一代工作影响力和辐射力。

三、注重队伍建设，充分发挥宣传骨干的支撑保障作用

组建报道队伍、提升队伍素质，是做好关心下一代宣传工作的重中之重。围绕做好关心下一代宣传报道工作，我部明确相关业务处室为责任处室，指定专人负责沟通信息、协调媒体、任务对接及按要求做好制订关心下一代宣传计划、报道方案、实施意见等，组织媒体集中采访、连续报道等日常工作。2009年，我们组织省直新闻媒体集中采访、连续报道了大庆油田、省农垦总局九三分局以大庆精神、铁人精神、北大荒精神为载体，深化社会主义核心价值体系教育的典型经验，营造了全社会关心关注关爱青少年健康成长的社会环境和舆论氛围。我们不仅建立了一支由省直、市地、系统新闻媒体专业记者为主体的专职报道队伍，还通过"交任务、压担子、明责任"等办法认真规范各新闻媒体和新闻记者的宣传报道重点和发稿质量，并按照《评选先进集体、先进个人方案》标准、要求，定期总结表彰、实施奖励，极大地激发广大新闻工作者的热情，增强了做好关心下一代宣传报道工作的积极性、主动性。同时，充分发挥省、市新闻媒体编辑记者的专业优势，每年坚持以集中与分散相结合的方式加强对兼职通讯员队伍的培训，通过专题讲座、以会代训、文章评析等形式，全面提高他们的文字水平、业务能力，取得了明显成效。

四、注重常态化建设，努力发挥长效机制作用

2000年10月，省委宣传部、省关工委印发了《关于进一步做好关心下一代宣传工作的意见》。十多年来，在各级党委、政府的高度重视和大力支持下，全省关心下一代宣传工作取得显著成效。但近几年形势发生了很大变化，出现了许多新情况和新问题。按照顾秀莲主任在宣传工作会议上的讲话要求，省委宣传部、省关工委根据多年实践经验，重新起草了一个新的意见，经广泛征求市(地)、系统党委宣传部和关工委意见，反复进行修改，以省委宣传部〔2012〕5号文件印发了《关于进一步做好新形势下关心下一代宣传工作的意见》(以下简称《意见》)。《意见》对新形势下进一步做好关心下一代宣传工作提出了明确要求，是做好今后全省关心下一代宣传工作必须遵循的规范性文件和主要抓手。一是要建立党委统一领导，宣传部牵头组织，各部门密切协同，各新闻媒体积极参与，关工委协调服务的领导体制，形成齐抓共管，合力推进的宣传报道新格局。二是各级党委宣传部、关工委要明确分管领导，建立和完善责任制，有计划、有组织地做好宣传报道工作。三是各级关工委要定期与党委宣传部门、新闻单位联系沟通，主动作为，发挥宣传工作的参谋和助手作用。四是报刊、电台、电视台、网络等主流媒体要坚持从实际出发，辟建各种专题、专栏、专版，扩大宣传报道渠道。五是各级党委宣传部门和关工委要坚持季度有检查，半年有小结，年终有总结评比。六是坚持表彰奖励制度。省委宣传部和省关工委每三年召开一次先进集体和先进个人表彰会，每五年召开一次经验交流会，不断推动宣传工作上水平、登台阶，开创新局面。

促进广播媒体运营模式转型升级

黑龙江人民广播电台台长 杨晶

2012年，龙广在不断的实践摸索中，逐渐形成了独具龙广特色的"4+2"模式，即活动打造品牌，品牌扩大影响力，影响力拉动广告经营，又通过活动、品牌、影响力、广告这四项主体助力产业链的构建完成、助力全省中心工作发展。并把"4+2"运营模式作为媒体转型、功能完善、价值重构的重要载体和突破口，整合龙广频率、节目、人力、客户、受众及区域政治经济文化等资源，开展了一系列媒介推广活动，收到了"党和政府满意、企业和客户受益、听众和百姓得到实惠、自身产业不断拓展”的多赢功效，促进了全媒体背景下广播媒体运营模式的转型升级，使龙广的品牌扩张力和社会影响力不断攀升。

媒体发展进入了全媒体时代，新技术应用与多媒体融合，对传统广播的功能定位提出了新的质疑。一度把自身定位为“草根媒体”的龙广站在新的十字路口，做出了新的抉择——重新清晰了媒体定位，打造“爱心、责任、服务、助力”四位一体的新型媒体，在坚守中创新，在创新中转型，实现了三个转型：从单声道到立体声，实现立体传播；把资源售卖转为创意营销，达到增值目的；从价格战到价值战，做到了先予后取。

以 2012 年大庆市跨越式的旅游发展为例。大庆坐拥东三省面积最大的五星级寒地露天温泉度假休闲基地，却一直“养在深闺人未识”，每天客流量只有几十人。尽管大庆市投入了几百万的宣传资金，但效果甚微。龙广主动上手，八上大庆，深入湿地踏查，经过与大庆市政府进行多次沟通协商，于 2011 年成功策划组织了“大庆雪地温泉体验之旅”活动。利用自身平台的宣传优势，以“新闻报道+创意广告+主持推介+网络互动”等多种形式开展了高密度、大容量的宣传推介，并派出知名主持人带领听众共同参与旅游活动，促使景区客流量由每天十多人激增到 1700 多人。夏季又举办了大庆湿地旅游文化节，在一个半月的活动期内，卷入受众上千万人；推动景区旅游收入实现 7100 万元，同比增长 50%；拉动大庆旅游收入达到 6.3 亿元，同比增长了 35%，带动相关产业实现收入近 30 亿元。在举办“大庆雪地温泉节”和“大庆湿地旅游文化节”等旅游推介活动的基础上，龙广也与大庆市连环湖和鹤鸣湖建立了长期的战略合作关系。

在未来的媒体运营发展上，从党的十七届六中全会到党的十八大，都明确提出要把文化产业发展成为国民经济支柱产业。龙广文化产业发展空间巨大。我们将下大力气调整我们的产业结构，让龙广走出单纯依靠广告运营支撑发展的格局；让节目研发、制作、播出市场化；让新媒体与传统媒体融合，构建起媒体介入运营推广的全新现代服务业态、电子商务业态；让会展经济、旅游经济、演艺经济在龙广的助力下绽放出前所未有的风采；让动漫配音、影视制作、云平台的内容研发彰显出力量。

怎样报道新英雄——对“最美教师”张丽莉等人物报道的策划与实施

黑龙江电视台

2012 年 5 月，黑龙江省涌现出“最美法官”金桂兰、“最美教师”张丽莉、“最美战士”高铁成三位英雄人物。黑龙江电视台第一时间树立起他们的英雄形象，跟踪报道，引导舆论，报道了三位可亲可爱、可学可敬的典型。在党的十八大召开之前，营造了和谐、美好的社会氛围。

一、善于发现典型人物

1.树立典型人物是回应道德沦丧的迫切要求

典型报道在中国的意义超出了一般报道形式，它通过一个个具有代表性和普遍意义的典型，表达主流社会价值观，为社会创建了一套适应时代要求的规范，达到意识形态教育的目的。

黑龙江电视台紧紧抓住张丽莉老师的英勇壮举，适时地树立起一个英雄形象。张丽莉在生死抉择时的勇敢触动了我们很多人内心深处最柔软的部分。这就是信念，相信纯善和坚持，相信在金钱、利益之外，还有更值得我们珍惜和看重的东西。这种对真善美的执着，恰恰就是支撑整个社会持续前进的动力！

2.树立典型人物是践行媒体责任的内在需要

弘扬社会主义核心价值体系，是新闻媒体的首要任务。黑龙江省委书记吉炳轩同志说：“张丽莉在万分危险时刻，挺身而出……是人民的表率和伟大的时代英雄。”

这就是大美大爱！宣传大美大爱，就是弘扬社会主义核心价值体系，践行马克思主义新闻观，践行新闻媒体使命。

3.树立典型人物是贯彻走转改的客观成果

张丽莉救人事件发生后，黑龙江电视台接到的新闻线索是：佳木斯发生车祸，有人员受伤。看似是一起普通的车祸，但是按照走转改的要求，记者没有坐在家里等稿子，而是第一时间赶到现场。通过大量的调查采访，挖掘出张丽莉老师的英勇事迹。

就在张丽莉老师救人当天，全国优秀共产党员、全国模范法官、党的十七大代表金桂兰去世了。黑龙江电视台《新闻联播》节目当晚就播出了长达5分钟的消息，介绍了她不平凡的一生。随后三天推出《心系百姓的好法官——金桂兰》系列报道。黑龙江省委宣传部《新闻阅评》指出："为宣传好这个全国重大典型，黑龙江电视台超前谋划，提前运作画面……感人肺腑，催人泪下。"

二、善于塑造典型人物

1.用新闻纪实手法提高报道可信度

马克思主义新闻观的基本要求是"用事实说话"，真实性是新闻的第一属性。塑造能经受住历史考验的英雄典型，坚持新闻纪实性手法可以说是唯一的、也是最有效的途径。

2012年5月20日早上，中共中央政治局委员、国务委员刘延东到医院看望张丽莉，场景感人至深：

（现场：刘延东送手迹）

刘延东："来，这是我写的一个'大爱无疆，师德楷模——祝丽莉同志早日康复！'"

张丽莉："太漂亮了！"

刘延东："我还特别送你一个MP3，这里有很多歌曲很好听，有时间你可以听听。现在都说你是全国最美的教师，确实人也长得美，心灵也美，都美。"

张丽莉："我身上流的是中国人的血，有中国人最美好的传统——善良。"

刘延东："现在我还不能摘口罩，要不然真想亲亲你！……这样我亲亲你的手吧！"

（刘延东摘掉自己的口罩，亲张丽莉的手）

张丽莉："你好年轻啊，好漂亮！"

刘延东："以后你可以叫我姐姐，你的事我会关心到底……"

这次刘延东看望张丽莉的报道，黑龙江电视台充分发挥了相对自由灵活的优势，对这样一段充满感情的交流没有做任何剪辑，直接呈现在电视观众面前。

用纪实手法塑造英雄，就是要把英雄人物的故事完整地、连贯地、原生态地呈现出来，让受众自己去判断、去解读，把英雄从想象的神圣殿堂中解放出来，呈现在真实的阳光和空气里，和普通大众同样呼吸，从而缩短大众和英雄的距离，达到理解、认同、接受的目的。

用纪实性的手法呈现英雄，我们看到了一个有教养、勇敢善良的张丽莉，看到了一个真诚、善良的海清，看到了亲切和蔼的刘延东大姐。任何精妙的设计，都不可能达到如此的感人效果。

2.打造精品引导舆论

2012年5月17日，术后第八天。张丽莉醒过来了！她说出的第一句话是"谢谢你"！在这三个字的深深感动中，我们写出了编后《谢谢你说：谢谢你！》：

> 与死神抗争八天的"最美教师"张丽莉今天(2012年5月17日)苏醒了。对于今天我们早有期待，早有猜测：你第一句话会说什么呢？也许你会说，我疼！我在哪儿？今天是几号？你们是谁啊？不管是哪句话，我们都愿意听。可是，偏偏你说："谢谢你。"
>
> 听到这三个字，我们的心都笑了！因为这就是说，不管经历了多少痛苦，多少不幸，你仍然对这个世界充满感激！我们放心了，因为感激，你就会继续爱这个世界，就会有战胜一切困难的信心！
>
> 张丽莉，谢谢你说：谢谢你！
>
> 这几天，老人、孩子、工人、农民、士兵、学生、教师、干部、记者和医生

护士，佳木斯、哈尔滨，黑龙江，中国，
都在向你说着这三个字，如果你还想
听的话，我们再对你说一声：张丽莉，
谢谢你！

宣传大美大爱，是龙江媒体弘扬社会主义核心价值体系的要求。随着张丽莉老师报道的不断升温和推进，大美大爱，也逐渐作为新的龙江精神被提炼出来。

大美大爱是对"闯关东精神"、"北大荒精神"、"大庆精神"、"铁人精神"、"大兴安岭精神"等为代表的龙江精神的补充，它赋予了优秀龙江精神以新的时代内涵。

就在刘延东看望张丽莉的第二天，在张思德生前所在部队服役的黑龙江籍战士高铁成，在饭店煤气罐爆炸的时刻，三次冲进火海，寻找受伤者，努力关闭阀门，被烈火烧成重伤。

这是五月份黑龙江省涌现出来的第三位英雄。5月31日，我们把"五月英雄"金桂兰、张丽莉、高铁成的事迹联系在一起，按"从平凡到卓越"、"从瞬间到永恒"、"从你到你们"的顺序，播出了新闻评论《不信东风唤不回》。在评论的结尾，我们写道：我们生活在科学技术与物质文明飞速发展的时代，也是人们对无私、正义、勇敢、公平、互助这些美好情感迫切呼唤的时代。像去年秋天，广东佛山，两岁小悦悦被车轮碾压，多位行人不予帮助等等，那样的事情，的确让人心寒。而在这个五月，"最美法官"金桂兰、"最美教师"张丽莉、"最美战士"高铁成却说：春天并没有走远。

黑龙江出版集团创建全国文化体制改革先进单位经验

2012年，黑龙江出版集团被中宣部等四部委评为"全国文化体制改革工作先进单位"。早在2008年率先在边疆地区实现文化体制改革，半年实现15家出版单位全面转企，在人员安置、建立现代企业制度等方面大胆创新，改革事迹和经验被10余家中央媒体广泛宣传，中央电视台新闻联播予以两度播报，2009年被评为"全国文化体制改革先进企业"。转企一年后又启动了股份制改造工作。成立几年来，改革成效突出。

一是以项目促出版，精品书刊数量跃居全国前列。四年有38种图书获国家大奖和进入国家重大出版项目，2012年有1种图书入选中宣部18种弘扬社会主义核心价值体系重大选题、3种进入中宣部等10部门联合推介的百种优秀思想道德读物、6种进入社会主义核心价值体系建设"双百"出版工程（共100种）、2种分别进入国家出版基金项目和"经典中国"国际出版工程，另外还有5种图书进入国家重点出版项目。打造了《感动一个国家的人物》、《爱铸师魂》等大批主旋律图书和《罗吉狗》系列等大批畅销书。《格言》杂志最高月发行量升至116万册，进入全国名刊大刊前列。

二是多体系搞发展，发展速度跃居全国前列。始终坚持大力发展出版主业，出版发行印刷业务占集团收入的98%以上。同时不断推动数字出版、绿色印刷、连锁经营和文化商城四大升级，寻求旅游、影视等多元发展，迅速建立持续发展体系。利润分别增长11%、78%、42%、20%，比成立初增加约7 000万元。2011年受到中央文化体制改革工作领导小组高度关注和简报报道，并作为典型在业内公开宣传。

三是深层次走出去，领先全国迈出文化走出去实质步伐。利用区域优势，在韩国成立中国语言出版社和语言培训机构，实行全商业化运作，在俄罗斯成立中国文化中心，集中输出红色经典、古典名著和语言教材、辞书等意识形态宣传精品，与世界第五大搜索引擎、韩国最大门户网站Naver建立合作，仅《中韩·韩中词典》一项即实现电子版权贸易1亿韩元，在韩国出版和互联网界引起广泛关注。

四是全链条聚优势，领先全国建立全方位完备产业体系。经过一系列资源整合重组，建立了图书、报纸、期刊的编辑出版、印刷复制、发行零售及综合性网络新闻出版为一体的产业体系，集团所属东北网日点击量突破2 000万次，在全国54家省市重点新闻网站中排名稳居前5位。

哈尔滨市香坊区以传唱优秀童谣为抓手　拓宽未成年人思想道德建设领域的做法

2002年以来，哈尔滨市香坊区以原创传唱优秀童谣为载体，创新德育教育方式，经过十年的坚持，已在全区80余所中小学校、7万名学生中普遍展开，成为深入贯彻落实社会主义核心价值体系，大力倡导“心向党、爱劳动、有礼貌”，深化“做一个有道德的人”主题实践活动的有效载体。

阳光童谣打开孩子们心扉

如何走出学校倡导的孩子们不接受，孩子们喜欢的教师又不理解的怪圈，香坊区找到了一个走进孩子心灵，打开孩子心扉的有效媒介——童谣。

香坊区创作、传唱童谣起始于香坊区香安小学一名普通音乐教师——王东音。当初，王老师针对一些学生不刷牙的不良习惯，尝试创作了一首《刷牙歌》并教给孩子们唱，令他没有想到的是，老师们纷纷反映唱了《刷牙歌》孩子们都刷牙了！渐渐地王老师悟出：“孩子们天性活泼，喜欢生动有趣的教学方式，爱好时尚新潮的新鲜事物。”从那以后，他以《中小学生行为准则》为内容，融入时尚的音乐元素，进行校园童谣创作，《快乐成长歌》、《马大哈》等歌曲率先在学生中传唱。一传十、十传百，发展为全校的学生们都在唱。老师们也发现相对于严肃的说教，孩子们更愿意也更主动地学习和传唱反映他们的生活、想法的童谣。学生们在学习传唱童谣的过程中变得文明有礼、干净整洁，逐渐养成了良好的行为习惯。区教育局及时总结这一做法，并在全区各中小学普及和推广，香坊区原创童谣逐步走上了快速发展的轨道。一大批来自教育一线的老师，把对孩子的爱和理解倾注到童谣歌曲的原创中去，大量充满时尚元素、时代气息的童谣，打动着孩子、引导着孩子、吸引着孩子。

2012年全区庆祝建党91周年文艺演出上，三年级的小学生罗佳在演唱学校自创的《祖国妈妈》这首歌曲时泪流满面。老师们问他为什么哭，他说：“自己在演唱时一下子就被歌词和音乐深深感染了，不自觉地就流下了眼泪。”香坊区119中学开展的“唱响道德歌曲在行动”活动中，学生们唱着学校自创的《茉莉花开》、《爱的接力》、《最美女教师》，用歌声赞扬最美女教师张丽莉舍己救人的大爱精神，在场的学生无不为之动容，留下了感动的泪水。“爹妈打工闯天下，爷爷奶奶年纪大，我们成了留守娃，学校就是我们的家。我亲爱的老师啊，陪我说说悄悄话，我亲爱的老师啊，是我们的爹和妈……”，这首原创童谣《学校是我家》，领唱者是香坊区“小水滴留守儿童合唱团”一个帅气可爱、声音嘹亮的小男孩。谁会想到这样一个健康阳光的孩子因父母长期在外打工，曾患有严重的抑郁症，几度想要轻生。老师们向他伸出了爱心之手，牵着他走进合唱团，走进童谣的世界。他在童谣中感受到爱与希望。像这样用童谣得到心灵救助的孩子还有很多。“爱国守法、明礼诚信、团结友善、勤俭自强、敬业奉献”这些美德意识和着优秀童谣，潜移默化、润物无声地扎根孩子们的心中。

健康童谣筑牢德育教育基础

随着原创童谣在香坊区德育教育工作中的作用越来越突出，一首首内容健康向上、富有教育意义的校园童谣成为全区未成年人思想道德建设的宝贵资源。为了促进新作问世，香坊区成立了童谣歌曲编委会，发动全区教师、音乐爱好者、词作者进行童谣歌曲创作。他们捕捉孩子们在学习和生活中的所思、所想、所盼，融入爱国主义、社会责任、行为习惯等主题，努力为学生创作既易于传唱，又富有教育意义的校园童谣。目前，全区共创作校园童谣1000余首，涌现出王东音、司海宝、夏名震、魏沪生等一批才华横溢的音乐教师。

为进一步发挥童谣在未成年人思想道德建设中的作用，香坊区还将原创校园童谣创编成区本德育教材《花开的声音》，由100首贴近学生生活，弘扬优良传统，反映时代特点的曲目组成，并免费发放给全区每一名中小学生，在全区掀起了传唱阳光童谣的热潮，成为全区中小学的"必修课"，进一步筑牢了全区德育教育工作基础。

为了让更多的孩子们接触到童谣，香坊区整合资源，开展"手拉手、一帮一"活动，师资力量较好的城市中小学校与农村薄弱中小学校结成帮扶对子，不仅在音乐器材等硬件上给予支持，还让有才干的音乐教师到农村支教，负责教授农村孩子学唱童谣，很多有着深厚音乐功底的音乐老师，也充实到农村音乐教学第一线。

为保证优秀童谣的有效传唱，香坊区定期开展各学校自创童谣展演及优秀童谣竞赛和评选活动，对获奖童谣的作者给予奖励。对优秀原创童谣教师，在评先评优方面给予倾斜，并由区政府出资扶持他们进行音乐制作。全区各中小学结合实际，以多种方式开展童谣传唱活动。香安小学组建了香安宝贝组合，在儿童节、教师节、"七一"、"十一"等重要纪念日，向老师同学和学生家长们演唱校园童谣；香和小学针对农村留守儿童较多的特点，成立了全市第一支"小水滴留守儿童合唱团"。香滨小学开展了"传唱童谣歌曲，不忘党的恩情"主题展演活动。全区农村中小学校克服音乐教师师资不足的困难，利用班会、团会、队会、音乐课及课余时间学习传唱童谣，并将悦耳的童谣作为课间铃声。优秀童谣传唱活动已经成为全区教育行政工作的有力抓手和常规工作。

优秀童谣培育和谐育人环境

创作童谣、传唱童谣为香坊区打造了未成年人教育成长的良好环境。孩子们在课前唱、课间唱、在各种活动中唱，形成了班班有歌声、人人唱童谣、校校有活动、师生共参与的动人场面。校园童谣让德育教育变得生动有趣，拉近了老师与学生的关系。老师们也在创编校园童谣的过程中，激发了工作热情，大家在创作中相互鼓励，获取了更大的乐趣。在每一段音乐、每一首童谣中都倾注着老师对学生的真情。

在家庭中，孩子们用心地为家人唱《亲亲妈妈、亲亲爸爸》、《外婆的那首歌》、《告诉爸爸小秘密》、《妈妈的故事》、《我的爷爷会电脑》等校园童谣，并自然地按童谣唱的内容去做，孝顺父母，关爱家人，洗碗扫地，做些力所能及的家务。家长教育孩子时也会用童谣的内容进行积极引导，不再用命令和呵斥对待孩子。童谣让"家"成为被爱和理解包围的和谐田园，孩子们在童谣的伴随和家人的爱护下健康成长。

为将童谣更加广泛地在社会上传播开来，香坊区邀请省市领导、知名音乐人、社会学者、新闻媒体、学生家长等，开展多层次、多方面的研讨交流；在文化艺术节、志愿者服务活动、社区文化广场、公民道德大讲堂上，到处都能听到孩子们传唱的一首首积极向上的校园童谣。校园童谣已经成为传播公民道德的有效载体，孩子们成为了传播文明的使者，全社会关爱未成年人思想道德建设形成良好氛围。

十年里，一批批香坊儿童，伴随着旋律优美、音韵和谐、富有童趣的童谣茁壮成长；十年里，一首首童谣，以易于传唱、郎朗上口、贴近学生生活而被广泛传唱；十年里，一位位优秀教师，用奉献精神、青春才智、育人之心，创作了一首首深受喜爱的童谣歌曲。孩子们在传唱中，净化了心灵、提高了素质，增强爱国情感，传播了文明。

善行义举，演绎"冰城"大爱
——英雄辈出，催生"哈尔滨风尚"所引发的思考

哈尔滨市委常委、宣传部长　市文明办主任
张丽欣

当历史的脚步迈进2012年的门槛，哈尔滨相

继涌现出谢尚威、张丽莉、高铁成、常伟豪、王君、杨慧、苏泽军、苏远等众多英雄人物。他们的先进事迹经过媒体的广泛报道后,引起社会各界的普遍关注和强烈的思想共鸣。

事件回放:2012 年 1 月 27 日,从深圳打工回家过年的双城市青年谢尚威,突遇坠楼少年,谢尚威勇敢地伸出了双手,承接了 110 斤的重量,赋予了少年二次生命,被誉为“最美叔叔”;5 月 8 日,佳木斯市第十九中学语文教师张丽莉,勇救学生,身受重伤,高位截肢,被誉为“最美女教师”;5 月 18 日,在北京某部服役的黑龙江籍战士高铁成,途经哈市突遇燃气爆燃,三次奋不顾身闯入火场排险而被火烧伤,被誉为“最美(班长)”;7 月 15 日,12 岁的常伟豪和父母到热电厂游泳馆游泳,在深水区域内发现有人溺水,他三次潜入泳池救起 34 岁溺水男子,被誉为“英雄少年”;7 月 23 日,哈尔滨天顺出租车公司驾驶员王君路过车祸现场,协助救护人员将伤者送到医院进行急救,主动为伤者垫付了 5000 元手术费,被誉为“热心的哥”;8 月 12 日,62 岁的杨慧纵身跳入江中,救起了两名危在旦夕的落水男子,自己却因力竭引发心脏病被送进了急救室,被誉为“英雄大妈”;8 月 16 日,在哈尔滨松花江公路大桥北岸西侧江段发生 4 名少年溺水事件,患有尿毒症的市民苏泽军不顾个人安危,拼尽全力将两名溺水者营救上岸,被誉为“草根英雄”;8 月 14 日,哈尔滨市南岗区辽阳街 90 号门前发生坍塌事故,多人坠落坑内,危急时刻,34 岁的哈市南岗消防中队中队长苏远冒死深入塌陷洞穴,在冰冷的淤泥和污水中营救被困群众,直至双腿抽筋,身体虚脱倒在了救援现场,树立了当代消防军人的光辉形象。

谢尚威、张丽莉、杨慧等英雄身份普通,没有显赫的社会政治地位,但他们却能够在他人有难,急需帮助的时刻,用热血延续他人生命,用义举呼唤人间真情,用爱心温暖他人,彰显了平民的英雄本色。这种舍己救人的奉献精神,珍爱生命的高尚情操,助人为乐的大爱情怀,乐观向上的生活态度,诠释了社会主义核心价值观的丰富内涵,展现了哈尔滨社会文明新风尚,成为我们身边的好人、我们学习的楷模,成为引领社会新风的旗帜。人们在盛赞英雄,热议英雄,被英雄善行义举感动中,引发了深度思考:

一、人们为什么要热议英雄?

今年以来,神州大地热议谢尚威、张丽莉等英雄人物,赋予他们“最美叔叔”、“最美教师”、“最美班长”、“英雄少年”、“热心的哥”、“英雄大妈”、“草根英雄”等美誉。人们在经历一次次感动的同时,心中又产生了一种别样的凝重。改革开放以来,伴随我国经济的高速发展,市场经济负面问题带来的不良影响日益显现。很多人在腰里的钱包鼓起来的同时,感到精神世界的空虚。特别是面对拜金主义、享乐主义和极端个人主义的沉渣泛起,面对社会情感冷漠、道德失范、诚信缺失、荣辱不分、善恶不辨等诸多问题不断冲击着社会的道德底线的现实,很多人在彷徨中感叹雷锋的离去,感叹世风低下、人心不古,呼唤着社会真情,期盼着社会能够不断擦亮“雷锋”形象,继续用雷锋精神照亮人的心灵世界。谢尚威、张丽莉、杨慧等英雄人物无疑是“雷锋”的缩影,他们用英雄的壮举、高尚的操守、朴实的感言、乐观的态度,点亮社会的精神灯塔,唤起公众的大爱之心,引发群体的强烈共鸣,撑起人性的道德高度。让人们在一次次的震撼与感动中,切身感受到人间的爱心与温暖,感受到社会道德的真实回归。

二、哈尔滨为什么会英雄辈出?

人的行为,受思想意识控制。人的思想意识的养成,又受历史文化、道德熏陶、实践培养等多种因素的影响。哈尔滨英雄辈出,并非偶然,有其内在的原因。

1.源于独特的历史文化积淀

哈尔滨是一座南北文化兼容的城市。近代以来,因哈尔滨地处边陲,冬季寒冷漫长,生存环境较差,磨练出战天斗地的无畏精神,培养了哈尔滨人乐观、爽直、豪迈、大气的性格特征,形成了具有黑土地特色的东北文化。哈尔滨人的文化底蕴又与中原文化、齐鲁文化密不可分，很多市民是当年“闯关东”山东移民的后裔，受传统儒家文化影响，具有崇尚道德、乐善好施人文品格。12世纪的女真文化及金都文化在一定程度上为哈尔滨文化打上了金源文化的烙印。18世纪中叶以来，大量的北京八旗移民到来，又为哈尔滨注入了浓厚的京旗文化的色彩。哈尔滨也是一座中西文化合璧的城市。中东铁路的修建，国外侨民的涌入，带来了基督文化和犹太文化，由此形成了哈尔滨中西文化相互交融的城市文化特色。广泛的文化交流形成了哈尔滨五光十色的多元文化，培养了哈尔滨人包容的心态、豁达的性格，助推了哈尔滨人乐善好施、助人为乐的道德操守。哈尔滨又是一座有着光荣历史传统和英雄辈出的城市。无论是在抗日战争、解放战争、抗美援朝时期，还是在社会主义建设时期，都涌现出了赵尚志、杨靖宇、赵一曼、李兆麟、苏广铭等一大批在全国有影响的英雄。特别是在改革开放新时期，更是英雄辈出。苏宁用舍生的义举成为了“当代军人的楷模、家乡人民的榜样”，于明祥用生命的代价诠释了一名企业员工的职业操守，闫阿红用捐献眼角膜的实际行动，点亮了人们内心的光明……如果说大雨中的“考生通道”让人们泪流满面，感受到人间真情，那么在半个月时间里为张丽莉捐款711万元的善举，则彰显哈尔滨人民无私的大爱情怀。

2.源于社会主义核心价值体系的宣传教育

所谓核心价值体系，就是人们在一定历史条件下，在长期认识和实践活动中形成的相对稳定的起主导作用的价值观念体系。社会主义核心价值体系是以马克思主义指导思想、中国特色社会主义共同理想、爱国主义为核心的民族精神和以改革创新为核心的时代精神、以“八荣八耻”为基本内容的社会主义荣辱观。通过社会主义核心价值观教育，促进每个社会成员树立正确的世界观、人生观、价值观。近年来，哈尔滨市高度重视和加强道德建设，深入开展社会主义核心价值体系学习教育，把社会主义核心价值体系融入国民教育、精神文明建设和党的建设全过程，采取多种形式，大力宣传建设社会主义核心价值体系的重大意义和基本内容，大力倡导“八荣八耻”的社会主义荣辱观，宣传广大干部群众建设社会主义核心价值体系的生动实践和新鲜经验，使人们时刻受到社会主义核心价值体系的感染和熏陶，大力弘扬“开放包容、时尚活力、诚信敬业、和谐奋进”的哈尔滨精神和以环卫精神、交警精神、路桥精神、公仆精神为主要内容的哈尔滨时代精神，丰富了新时期思想道德建设的内涵，为加强公民思想道德建设注入了新的活力。围绕加强公民道德建设，大力倡导“爱国守法、明礼诚信、团结友善、勤俭自强、敬业奉献”基本道德规范，广泛开展关爱空巢老人、志愿者在行动等形式多样的道德实践活动，坚持把教育与服务相结合，把道德建设与改善民生相结合，为群众诚心诚意办实事，尽心竭力解难事，坚持不懈做好事，倾听群众呼声，了解群众情绪，关心群众疾苦，千方百计帮助那些特困家庭、下岗职工、孤寡老人、残疾人、失学儿童等解决好生产生活中的困难，着力解决群众生产生活中的实际问题。人民群众中蕴藏着关心道德建设、支持道德建设、参与道德建设的强烈愿望和巨大热情。在践行社会主义荣辱观的实践中，将荣辱观融入到每个市民的思想观念、道德情怀和行为规范中，促进良好社会风尚的形成。

3.源于坚持不懈地创建文明城市

创建全国文明城市最终目的是提升广大市民的文明素质。人民群众是文明城市的建设主体，也是城市文明的体现者。近年来，哈尔滨市牢牢把握“创建为民、为民创建”的工作原则，把提高市民的文明素质作为文明城市建设的灵魂和有效方式来抓，围绕《文明城市测评体系》的要求，在广大市民中广泛开展“学雷锋”、“讲文明树新风”、“道德领域突出问题专项教育整治”、“我们的节日”等群众性精神文明创建活动，通过学唱爱国歌曲、诵读中华经典、举办道德讲堂、学树身边好人、开展志愿服务等载体活动，引导广大市民积极参与文明城市创建活动，在参与创建的实践中感受成果，净化心灵，启迪心智，陶冶情操，提升自我。为了弘扬社会新风，哈尔滨市不断挖掘和选树“冰城好人”与“道德模范”，组织开展了“我推荐我评议身边好人”、“发现身边感动，争做冰城好人”、“寻找身边的雷锋”、学习宣传道德模范和创城形象大使等系列活动。对于先进人物，我们更多地给予关心和爱护，让那些曾经为哈尔滨的建设与发展默默做出无私奉献的先进人物得到更多的尊重、更高的荣誉。先后组织身边好人和道德模范的代表参观“世博会”、游览“北京城”，邀请身边好人参加全国道德模范和身边好人现场交流活动，发动各级文明单位慰问道德模范，解决生产生活的难题，送去党和政府的温暖。人们从党和政府授予英雄的荣誉中，从社会各界的关爱慰问中，特别是从不惜财力全力抢救张丽莉、多方寻求供体挽救王影生命的具体实例中，感受到“英雄流血又流泪”的遗憾不再留有，“让好人不吃亏，让好人有好报”不再是空话。

三、“哈尔滨风尚”如何延续？

英雄辈出，催生了“哈尔滨风尚”。良好的社会风尚是城市文明进步的标志，是社会发展必不可少的条件。如何让“哈尔滨风尚”得以延续，不再是昙花一现的亮点，应认真吸取成功经验，抓好相关工作落实。

1.充分利用大众传媒，加大道德建设宣传力度。发挥报刊、广播、电视和互联网等大众传媒舆论引导作用，办好《哈尔滨文明导报》和《文明哈尔滨》导刊，通过开设专题、专栏、专版，运用新闻报道、言论评论、专家点评、群众评议和公益广告等多种形式，宣传道德知识、普及道德规范，倡导文明新风、弘扬社会正气。积极营造创建全国文明城市的浓厚舆论氛围，引导广大市民参与到创建全国文明城市的实践中来，为我市创建全国文明城市做出积极的贡献。发挥网络媒体作用，在哈尔滨文明网等市属网站建立道德网页，开设网上道德论坛，形成网上宣传教育平台。加强网络传播志愿者队伍和“QQ群”网络传播建设，发挥网络引导传播作用。

2.深入开展创建活动，使群众在参与中受到教育。在深化文明城市创建活动中，继续以提高市民文明水平和道德素质为根本出发点，以文明城市、文明村镇、文明行业、文明单位和“学雷锋”、“讲文明树新风”、“三关爱”志愿服务等创建活动为载体，坚持宣传教育与服务管理相结合，每年办几件作用大、影响大的实事，推动道德领域突出问题的解决，增强创建活动的吸引力。要创新活动方式，使群众乐于参与、便于参与，在参与中启迪思想，陶冶情操，丰富精神生活，提升道德境界。

3.发挥文化的社会教育功能，增强道德建设的渗透力、感染力。充分运用宣传思想文化阵地，广泛营造崇尚先进的社会氛围。做好英雄先进事迹的巡讲、巡演工作，坚持正确导向，传播先进文化、塑造美好心灵、弘扬社会正气。充分发挥爱国主义教育基地，文化馆、博物馆、图书馆、科技馆、体育场所等基层文化阵地的作用，利用重要节日、纪念日、重大事件，组织各种文化活动和健康民俗活动，进行生动活泼的道德宣传教育。把企业文化、社区文化、村镇文化、校园文化、军营文化等作为加强公民道德建设的有效途径，加强引导，丰富内涵，发挥其应有的作用。

4.注重运用先进典型，影响和带动群众。大力宣传先进典型的感人事迹，用他们身上凝聚的崇高道德力量感染和教育群众。注重典型的多样性，发现和总结各方面、各层次的先进典型，使各行各业学有榜样、赶有目标，在全社会形成崇尚先进、学习先进、争当先进的良好风气。把宣传“精英”典型和宣传“平民”典型结合起来，把宣传崇高思想境界与宣传良好道德情操结合起来，使群众既能从杰出人物的高尚品格中感受到强烈的精神震撼，又能从身边的凡人小事上体会到不平凡的精神内涵。

5.制定相关制度，保证哈尔滨英雄辈出的常态化。对于先进人物不能搞“一阵风”式的学习宣传，对于先进人物的关爱要经常化、制度化。应积极探索关爱先进人物的有效途径，切实提高先进人物的社会礼遇，不仅要在精神上给予表彰奖励，更要在物质上给予关爱和帮助。建立健全帮扶奖励机制，解决生活难题，免除后顾之忧，让英雄人物在人们的崇敬和关爱中，更有尊严、更加幸福。

哈尔滨市积极探索政务微博平台建设

为顺应新兴媒体发展的时代潮流，利用互联网创新社会管理、开展网络问政、实施政务公开，哈尔滨市互联网信息办公室按照市领导推进哈尔滨政务微博发布平台建设的要求，借助新华网、新浪网两大网站优势搭建了政务微博平台“哈尔滨发布”。“哈尔滨发布”于 2012 年 11 月 16 日在新华网、新浪网两大网站上线试运行。截至 2012 年底，共发布微博 1500 余条、粉丝近 60 万；在新华网首批入驻单位达 26 家，新浪网首批入驻单位达 34 家。搭建了政民互动、网络宣传、舆情应对的新平台。上线仅 20 天即获得东北区域政务微博十佳应用奖。

一、微博定位准确　发布平台一流

“哈尔滨发布”定位为哈尔滨市官方政务微博，通过符合微博传播特点的内容，宣传官方政令信息、生活资讯及哈尔滨形象。成为与民沟通的桥梁、群众工作的窗口，展示形象的平台。

哈尔滨市委宣传部对全市各部门现有官方微博加以整合，在“哈尔滨发布”下建立“哈尔滨微博发布厅”，并积极推进各政府部门和区县政务微博建设，初步形成了哈尔滨市政务微博集群，打造起城市形象传播的新平台。微博坚持以“贴近基层，服务百姓，温暖千万家”为宗旨，发布权威信息、回应社会关切、宣传城市形象，不断提升全市各级党政部门的执行力、公信力和影响力，为全市经济社会更好更快发展提供有力支撑。

二、组织结构清晰　运维团队给力

“哈尔滨发布”由市委宣传部牵头，进行各政府部门和区县政务微博发布员、联络员队伍建设。微博及微群的日常管理维护工作由哈尔滨新闻网“哈尔滨发布”微博运维团队负责。

成立“哈尔滨发布”建设管理工作领导小组，负责统筹协调政务微博的建立、管理与维护、信息审核与发布等工作。组长由市委常委、宣传部长张丽欣担任。副组长由市委宣传部、市委办公厅、市政府办公厅负责相关工作的领导担任。成员单位由市委宣传部、市委办公厅、市委外宣办、市网信办、市政府办公厅、市监察局、市公安局、哈报集团、哈尔滨广播电视台、市公安局网安支队等组成。

成立“哈尔滨发布”编委会，负责微博的日常管理和发布等工作。编委会主任由市外宣办主任、市网信办主任担任。成员由市委外宣办、市网信办、“哈尔滨发布”主编、副主编组成。

哈尔滨新闻网抽调了优秀记者、编辑、美工人员，组建了由 7 名专职人员组成的“哈尔滨发布”微博运维团队，具体负责信息发布、活动策划、相关工作的组织协调、对口联系等日常工作。

开通了“哈尔滨发布”微博 QQ 群，现已加入群的有 40 家单位。目前，微博群互动情况良好，各单位相关负责人在群中对微博建设工作进行了广泛的讨论和交流。

三、大厅特点鲜明　独具风格特色

初步形成了独具特色的政务微博群的风格。一是布局合理，错落有致。“哈尔滨发布”是以市委宣传部官方微博为主微博，各区县（市）委办局政务微博分布其中的政务微博群，形成了以“哈尔滨发布”为龙头的工作格局和高效、有力、灵活的工作态势。二是类别齐全，疏密有序。在首批上线的单位中，既有各区县（市），又有党政机关、企事业单位，还有银行、铁路、供排水等与民生密切相关的部门微博，同时还有媒体微博，类别涵盖齐全，分布合理，功能齐全。三是因地制宜，独具特色。哈尔滨是一座中西合璧的历史文化名城，素有“共和国长子”、“天鹅项下的珍珠”、“东方小巴黎”、“音乐之都”的美誉，其别具一格的欧陆风情，湿地风光、冰雪风貌，为这座城市画上了特定的文化符号。“哈尔滨发布”通过“幸福冰城人”、“冰雪节导游”、“哈埠老建筑”等栏目，以图片、文字、视频的形式全方位展示了中央大街、冰雪大世界、防洪纪念塔、索菲亚教堂等特色景观、人文风貌和文化底蕴。各单位微博也均具有较强的地域特色和本部门特点。阿城区、呼兰区把金代铜坐龙、萧红故居图片设为图标；松北区设计新颖，突出“北跃”建设的宏伟蓝图；依兰、通河两县用图片信息的方式展示了优美的自然风光和人文景观，香坊区微博则将首页主图片直接接入区委、区政府网站，便捷了网民查阅和咨询。特别是市公安局“平安哈尔滨”政务微博已在一定程度上成为老百姓的意见箱，为百姓解决很多实际困难，化解许多不和谐因素，社会反响很好。四是贴近百姓，形式活泼。微博的主要内容除发布市委、市政府重大决策和新闻信息外，更多的是发布民生服务类信息和生活资讯，发布市民关心的热点焦点问题，回应网民诉求，并在发布中注重形式灵活多样，以文字、图片、视频以及链接、微话题等多种方式，与网友开展有效互动和交流。语言风格清新、活泼、幽默，文字简练、通俗，以平等、服务的态度，注重与网友沟通交流，提高网络互动效果。五是全面互动，扩大影响。“哈尔滨发布”注重同各类微博及媒体全面互动。加强与城市政务微博及同城各相关微博之间互动扩大发布覆盖面。

四、编发流程完整　审核制度到位

实行先审后发制度：分为常态化信息、重大信息和突发性公共事件等三类信息进行分级审核发布。

常态化信息发布：以群众的信息需求为主要内容，由“哈尔滨发布”主编审定后发布。

重大信息发布：对于重大热点敏感问题等涉及面较广、可能会产生较大影响的重大信息发布，由“哈尔滨发布”编委会初审，市委宣传部主管部长审核后发布。

突发性公共事件信息发布：严格按照“第一时间发布”、“谁处置、谁发布”、“快报事实、慎报原因”的原则发布，内容由“哈尔滨发布”编委会审核，主管市领导审定后发布。

哈尔滨市开展优秀童谣创作传唱活动丰富未成年人思想道德建设实践

传唱优秀童谣，让孩子们在寓教于乐中接受道理，享受健康快乐的童年时光，是哈尔滨市加强未成年人思想道德建设工作的一项重要实践。市文明办将学习推广普及开展原创、传唱优秀童谣的经验作为学习贯彻党的十八大精神，加强社会主义核心价值体系建设，组织开展“中国梦”主题教育活动的重要内容来抓，作为全市未成年人思想道德建设工作的亮点工程来抓，科学谋划，强力推进，在全市产生广泛影响。

一、营造宣传强势，释放品牌效应，掀起童谣传唱热潮

发挥优质教育资源，香坊区原创、传唱优秀童谣示范引领作用，加大宣传力度，迅速在全市掀起创编、传唱优秀童谣的热潮。一是自上而下，制发文件指导。为保证童谣传唱活动能够经常化、制度化和规范化运行，每年“七一”前，市文明办都制定下发《在全市开展“童心向党、优秀童谣传唱”活动的通知》。2012 年 9 月，又以市文明委名义制定下发了《关于在全市开展喜迎十八大，学习推广香坊区传唱优秀童谣经验的实施方案》，明确要求各区、县(市)学习香坊区优秀童谣传唱的做法，创编主题鲜明、内容丰富的童谣；组织开展灵活多样、形式各异的传唱活动，使童谣传唱成为深化未成年人思想道德建设工作，拓展教育渠道的重要载体。二是以点带面，现场观摩推介。市文明办分别于 2011 年 12 月和 2012 年 4 月两次在香坊区召开现场会全面推介他们的经验。组织市未成年人思想道德建设领导小组成员单位的领导、各区县(市)文明办主任、教育局长及校长和教师代表深入学校、社区进行参观考察和经验交流。三是横向互动，联合媒体宣传引领。联合媒体对童谣传唱活动进行集中宣传。中国文明网、人民网、文汇网、黑龙江文明网、哈尔滨文明网等网络媒体;黑龙江日报、哈尔滨日报、新晚报等报刊多次重头报道香坊区童谣传唱活动的信息和经验。并与黑龙江电台、电视台联合录制香坊区童谣传唱节目,每周两次在全省播放。哈尔滨文明网还特别推出了“优秀童谣网上传”网页,展播全市传唱优秀童谣视频。媒体的广泛关注和报道,在社会上引起强烈反响,有力助推了童谣传唱活动的深入开展。

二、示范引领带动,广泛发动参与,培育童谣创作、传唱优秀团队

童谣传唱活动能否持续、健康发展的一个很重要因素是能否不断创作出题材生动感人、形象真实可爱,“有用—贴近实际,有趣—贴近学生,有效—贴近生活”的优秀童谣。哈尔滨市加强了童谣创作队伍的培育,将其作为推广童谣创作传唱的有力支撑。一是发挥教师主力军作用。王东音是香坊区香安小学一名普通音乐教师,是香坊区童谣创作的发起者和主创人员。哈市及时总结和宣传他的经验做法,将他的事迹制作成微视频在哈尔滨文明网“凡人善举微视频”栏目播放,发挥了较好的引领和导向作用。目前,全市已形成了以音乐、语文教师为主,其他学科教师、校领导组成的近千人的创作队伍,仅2012年,就创作出近4000首优秀童谣作品。先后投入70万元资金,编印发放了《哈尔滨市优秀童谣集》、《花开的声音》等15种70万册童谣书籍。同时,对参与创作的教师给予物质和精神奖励。二是激发学生群体创编热情。各学校在班级、学年建立创作兴趣小组,在教师指导下,引导学生尝试用自己的视角和表达方式创作童谣。“我有三个宝,头脑手和脚,手脚会劳动,头脑会思考,一二三,动动手和脚,三二一,动动好头脑,三个宝贝天天用,事事一定做得好。”“鸟儿爱蓝天,鱼儿爱江河,蚯蚓爱泥土,蜜蜂爱花朵,我们好儿童,从小爱祖国……”,一首首真情流露的童谣,表达了学生成长的快乐和收获的喜悦,成为学生健康生活中的一种乐趣、一段美好记忆。目前,全市共有20余万中小学生、近万个兴趣小组参与童谣编创活动。三是吸纳社会各界广泛参与。通过媒体广泛开展优秀童谣创作征集、评选,一大批作家、学者、家长及社会各界人士积极参与到创编童谣活动中来。这项活动,还引起了全国各地许多知名作家、诗人、音乐人的关注,十个省市的热心人士都寄来童谣作品。

三、强化市区联动,积极普及推广,推动童谣传唱活动扎实开展

市文明办和市教育局联合组织全市各级文明办、教育行政部门,市区联动,采取“七个一”的举措,即建立一支优秀童谣创作队伍,创作一批优秀童谣作品,组织一次优秀童谣创作大赛,开辟一批优秀童谣专栏,举办一次优秀童谣传唱,开展一次优秀童谣班团队会,编印一批优秀童谣集等。经过大力提倡推广,童谣传唱活动快速普及。一是成为校园文化建设的鲜明亮点。利用学校报刊、校园广播站、板报等形式宣传展示,利用课间活动、班队会等,开展“唱健康童谣,做有益游戏”、“唱健康童谣,过快乐假期”活动。二是成为校本课程的重要内容。明确要求各中小学校将童谣传唱纳入学校德育工作计划,作为检查和督导评估学校德育工作的重要内容,全市2000余所中小学校全部开展了这项活动。三是成为城乡学校少年宫活动的有效载体。坚持把童谣传唱作为校园道德讲堂和城乡学校少年宫活动的一项重要内容,帮助学生感知童谣、理解童谣,以读养德、以唱传德。全市已组建有规模的童谣传唱合唱团队近百个。

创新举措 狠抓落实
推动宣传思想文化工作新发展

齐齐哈尔市委宣传部

近年来,齐齐哈尔市坚持宣传思想文化工作“三贴近”原则,大力推进宣传思想文化工作的大众化、基层化、群众化，宣传思想文化工作在服务社会、服务基层、服务群众中焕发出新的活力。

一是坚持贴近基层，让理论之光普洒鹤城大地。坚持理论联系实际，大力推进党的创新理论在基层的落实，将党的创新理论深深植根于广大干部群众心中。依托市“鹤城讲坛”、县(市)区讲坛、市民大课堂，构建起市县乡三级讲坛体系，邀请国内知名专家学者围绕基层发展之需和百姓关注的社会热点、难点问题做客讲座，进一步拓宽广大基层干部群众的理论视野。组建全市社科专家库、宣讲专家库，开展“百名专家下基层、百堂讲座送市民”活动，进行点对点式的理论解读，推动党的创新理论更好地服务基层、服务群众。组建企事业单位、社区宣讲小分队，围绕党的各级全会精神，用身边的人和事，用自身发展取得的实绩，谈感受、话成就，进一步坚定广大基层干部群众对中国特色社会主义的道路自信、理论自信和制度自信。依托“鹤城读书月”、“学习之星”评选、学习型党组织建设“双创双争”等活动，普及党的创新理论的有关读物，推动党的创新理论更为扎实有效地传播。

二是坚持贴近群众，让文明之花绽放鹤城大地。扎实推进全民思想道德建设和群众性精神文明创建。深入开展社会主义核心价值体系进机关、进社区、进村屯、进企业、进学校、进家庭的“六进”活动，并结合宣传弘扬“闯关东精神”、“马恒昌小组精神”，将爱国、敬业、诚信、友善的社会主义核心价值观传遍鹤城大地。大力开展好干部、好职工、好市民、道德模范、“感动鹤城”年度人物(群体)等评选和宣传教育活动，让平凡中的伟大、渺小中的崇高耸立鹤城大地。广泛开展“百万市民学礼仪”、“八好四文化”文明社区创建、“讲文明、树新风”、“共沐和谐阳光·城乡家庭手牵手”和“美德在农家”等群众性精神文明创建活动，让文明之种孕育于基层、植根于群众，让鹤城大地劲刮文明之风。突出人民群众的志愿服务主体作用，依托三级志愿服务网络，广泛开展“百万志愿者助邻里”、“当代雷锋在行动”等志愿服务活动，推动和谐友爱的新型社会关系在互帮互助中不断拓展。

三是坚持贴近实际，让文化之彩浸染鹤城大地。全面按时保质完成农村文化五项重点工程和县(市)区“两馆”建设任务，为全市群众性文化活动蓬勃开展打下了坚实基础。深入开展讲座、演出、图书、展会、电影“五下基层”文化惠民活动，在为百姓输送文化果实，丰富精神文化生活的同时，不断用先进文化鼓舞人、感动人、教育人、引导人。大力扶持群众性文化团体发展，广泛开展周末大舞台、社区文艺擂台赛等群众性文化活动，秧歌队、锣鼓队、合唱团、交响乐团、社区文艺团等一大批群众性文化团体蓬勃兴起，“激情广场大家唱”、“七彩周末”、“欢乐农家院”、“金色田野”等一批群众性文化活动品牌相继创立，群众性文化建设强音响彻鹤城大地。积极鼓励引导广大群众参与文艺精品创作，话剧《风刮卜奎》先后荣获国家曹禺戏剧文学奖、中宣部“五个一工程奖”、文化部文华优秀剧目奖等国内众多大奖；大型民族风情音画《达斡尔人》在全国第四届少数民族文艺会演上，荣获表演金奖等11个奖项；地域风情文艺作品《鄂伦春欢歌》、《渔歌》在“七彩夕阳欢聚人民大会堂全国中老年优秀文艺节目汇演”中分别荣获“凤凰金奖”和“孔雀金奖”；画家桑一田参与创作的巨幅画卷《多彩中华》应国务院办公室邀请在联合国展出，一朵朵艺术奇葩竞相绽放。

打造中国·横道河子油画村
推动旅游文化创意产业发展

牡丹江市委宣传部

海林市横道河子镇是中国历史文化名镇、国家特色景观旅游名镇，因其丰富的历史文化、独特的俄式风情和秀丽的自然山水吸引了众多画家、艺术家前来创意写生。为更好地宣传推介横道，给更多的艺术家提供创作交流展示的平台，海林市委、市政府在横道河子镇建设了“中国·横道河子油画村”。

一、整合优势资源，建设创作基地，打造中国北方艺术园区

中国横道河子油画村位于横道河子镇俄罗斯老街内，预计投资2000万元，建设规划总面积为10万平方米，将于2015年修建完成整体工程。目前初步形成油画村框架，由一处保存较好、早期闲置的400多平方米俄罗斯旧建筑改建为油画村，内部设有大型展厅、名人创作室、培训室和投资120万元建成的百米油画墙，墙内主要展出俄式风情油画，横道民俗风情油画。内设有大型展厅和数个名人挂牌创作室、培训室，拟建画家服务接待中心、中国油画创作交流中心、油画展览中心、油画创作交易中心及画家创意长廊、风情文化街等一系列配套服务设施，附带有国画、书法、工艺、雕刻及画框等配套产业经营，为入驻画家提供一个油画创作、交流、推广、经营的平台。同时，将在俄罗斯老街街口建设油画村入村标识和俄式风情驿站广场，对油画村周边进行开发、修缮，整体打造成油画创作及展览会所，将镇内俄式建筑等历史资源配套完善，陆续修建画家服务接待中心、中国油画创作交流中心，油画展览中心、油画创作交易中心及画家创意长廊、风情文化街等一系列配套服务设施，逐步扩大影响，带动国画、书法、工艺、雕刻及画框等其他艺术产品配套产业经营。重点打造“俄式风情写生圈”和“七里地村生态写生圈”，将镇内生态资源进行有序开发，吸引全国各地油画家及爱好者入驻、写生、创作。

二、广邀知名画家，培养文艺人才，放大旅游文化品牌效应

2012年7月，海林市美术协会举办“油画中的横道，横道中的油画”展，邀请国家、省、牡丹江市的油画名家到海林市横道镇创作采风，出版采风创作集，展出采风作品，进一步提升对农村文艺人才的培养，丰富百年老镇文化内涵。2013年1月，中国文联、中国美术家协会“送欢乐下基层”慰问团莅临海林，中国文联党组成员、副主席、书记处书记左中一，中国美协分党组书记、驻会副主席吴长江为油画村揭牌。慰问团一行三十多位全国闻名的美术家、画家现场赠送了纪念品，并为农民书写了春联和书法作品。

目前，油画村已与国家美术馆馆长、中央美院副院长范迪安达成合作意向，聘请其作为油画村“名誉村长”，年邀请画家不少于1000名，同时已被中央美术学院、鲁迅美术学院、北京青年政治学院、哈尔滨工业大学、哈尔滨师范大学艺术学院、牡丹江师范学院、黑龙江幼儿高等师范专科学校、牡丹江大学等八所大学艺术系作为实训基地，各大院校每年将组织学生来油画村实习最少2次。

三、立足长远发展，谋划未来思路，实现地域经济新增长

随着油画村基础设施的不断完善，知名度的不断提高和各项功能的显现，入住的画家会不断增多，即可辐射到镇内其他地方的闲置房屋，就像昔日深圳龙岗区布吉镇的大芬村，已从人均纯收入仅200元的村民小组，成长为独特的文化产业品牌和深圳不可或缺的文化符号。油画村也将逐步成为全国油画家及其他艺术精品的集散地，形成以横道油画村为中心，辐射黑龙江周边及全国各地的油画产业圈，成为集文化开发、创作写生、交流展览、经营住宿、接待培训、旅游观光于一体的特色文化产业园和产业带，以此推动横道百年老镇旅游文化创意产业发展，成为地域经济发展新的增长极。

油画村计划每年举办“金秋横道河油画写生”系列活动，邀请国内知名画家现场作画，举办大型油画作品展览。通过每年举办创作、展览、交流与研讨等活动，提升油画创作水平，推广油画艺术，将横道河子油画村打造成中国最具异域特色、最具规模和影响力的油画创作写生基地、实训培训基地和油画产业集散地，打造中国最具规模、最具影响力的北方艺术园区。海林市还将以红色文化、历史文化、生态文化为脉络和基点，不断推进横道河子旅游文化产业发展，集聚产业发展要素，延长产业发展链，塑造特色品牌，打造新的产业高地和经济增长极。

摆上位置　提质重效
切实加强精神文明建设信息工作

佳木斯市文明办

精神文明建设信息工作是各级文明办工作的重要组成部分。近年来，佳木斯市文明办始终围绕省文明办工作部署和佳木斯市委、市政府的中心工作，不断加大精神文明建设信息工作力度，信息工作的地位和作用得到了进一步加强。主要做法是：

一、领导高度重视，亲自抓，为做好信息工作提供了领导保证

信息工作成效如何关键在于领导能否重视，摆上位置。实践中，坚持高度重视信息工作，做到“三个到位”。一是指挥到位。市文明办主任亲自抓，常务副主任直接抓，对调研信息工作具体研究，具体规划，具体部署，具体指挥。2012年初，市文明办主任与主管副主任及信息工作人员一道研究全市精神文明建设信息工作，提出了明确的要求和工作思路，并在全市文明办主任会议上进行了部署，特别是在开展的每项工作中，都对信息工作人员提出报送信息的要求，及时督促信息工作。二是指导到位。主管副主任及时听取汇报、研究问题，出题目、定任务、要成果，市文明办主任对每月的信息上报、采用情况进行过问，并对每篇信息的报送进行督促检查，给予必要的指导。在年初制定下发了《2012年精神文明建设信息工作要点》，对全市精神文明建设信息工作提出具体要求，落实工作任务，保证了信息工作的高质量完成。三是支持到位。为信息工作人员创造条件，明确提出信息工作人员要参加各种重要会议、各项重要活动，并在各项重要活动中带领信息工作人员参加，保证了从事信息工作的同志能经常深入基层、参加重要会议和活动，以便了解全局情况，掌握工作动态。不断加大对信息工作的投入，创造和改善工作条件，为信息工作人员配备了摄像机、照相机、扫描仪等设备，确保调研信息工作的顺利开展。

二、强化创建工作，干实事，为做好信息工作提供了内容保证

做好信息工作必须具备三个重要因素：一个是领导重视，一个是从事信息工作的人有强烈的责任心和政治理论素养，再一个就是有好的信息内容可报，这三方面缺一不可。一篇高质量的好信息不但要深层次挖掘提炼和精深加工，更重要的是有好的思想和内容，这是写好信息的先决条件。实践中，联系当前精神文明建设工作的实际，按照省文明办的工作要求，围绕市委市政府的中心工作，不断强化精神文明创建工作，研究新情况、新问题，开展了一系列有特色、有新意、有成效的工作，并及时报送信息，总结经验，收到了较好的效果。比如：围绕创建“三优”文明城市工程坚持开展清除垃圾“春风行动”、“市民文明奉献月”、“文明交通在行动”、“擦亮文明窗口，创建服务品牌”、市民文明素质提升等活动；围绕学习雷锋精神，投身志愿服务，开展“双学双做创三优”暨“学雷锋情满三江”志愿服务月活动；围绕农村精神文明创建活动，开展“文明在村镇，亮丽在农家”和农民唱红歌活动；围绕未成年人思想道德建设，开展“六个一百”育人工程和“美德阳光”教育活动；围绕丰富广大市民文化生活，开展“我们的节日”主题活动和邻居节活动，并及时报送相关信息，被《中国文明网》、《黑龙江文明网》和省级各类简报采用。

三、积极探索规律，重实效，为做好信息工作提供了质量保证

质量是调研信息工作的生命，只有高质量的信息，才能纳入决策、影响决策、推进决策。实践中，我们不断加强调研信息工作的研究，认真总结工作经验，探索工作规律，坚持提质重效，切实提高了信息工作的水平。主要是树立了三个意识。一是树立“品牌”意识。信息工作是对上对外反映工作的“窗口”。注重提高信息工作的质量，努力把这项工作培育成精神文明建设工作的一大品牌。积极向市里、省里及中央宣传阵地报送信息,通过多种渠道宣传我们的工作。严格把握信息的质量关,对有报送价值的信息点,认真优选,深入挖掘,精心加工,实现由初级信息向高层次信息的转化,尽最大可能开发出具有更高价值的信息。2011 年,在省级各类简报刊发信息 14 篇,在《中国文明网》刊发信息 47 篇、《黑龙江文明网》刊发信息 49 篇。二是树立“市场”意识。企业经营需要有市场观念,产品有市场才能适销对路。实践中体会到,信息工作也是如此,要写好信息,使信息能有所用,必须根据信息的接收系统和信息角度的差异性,依据不同需要,坚持分层次的原则,对每一个信息点都进行认真斟酌,做到够哪一级就报哪一级,能报哪些就报哪些,努力为信息接收部门提供“适销对路”信息,即使是一个信息各方面都需要,也要力争选好角度,把握“火候”,进行有针对性的加工,提高信息的适用性。三是树立“创新”意识。在工作方法上,打破以往只注重对上报送信息的工作格局,积极进行信息的收集工作,为全市精神文明建设战线各部门提供和传递信息,努力为全市精神文明建设工作服务。开办了《精神文明建设》、《创建三优文明城市》专刊,不定期把全市精神文明建设工作新动态、新成果及时反映出去。同时还开办了《文明佳木斯》网站,大力开展网上创建和宣传工作,使精神文明建设工作者的视野不断丰富,思维不断开拓,为做好精神文明建设工作提供了有力保障。

四、全员参与信息报送,上管理,为做好信息工作提供了组织保证

在加强信息工作管理上主要做了三方面工作:一是建队伍。配备专人负责信息撰写和报送工作,挑选了一名研究、综合能力强的同志,作为专职信息员,使信息工作有了专人负责。在全市精神文明建设系统开展写好信息、搞好调研活动。要求市文明办和各县(市)区文明办所有同志在提供初级信息的基础上动手撰写信息,激发了广大干部的工作热情,形成了全员抓信息的工作局面。二是建制度。建立了三项信息工作制度。建立目标管理制度。制定了《信息工作制度》,下发了《关于进一步加强精神文明建设信息工作的意见》,明确精神文明建设信息工作任务,并把年度信息工作目标进行分解,把任务细化量化,并规定完成时限,把目标锁定在每个单位和每个人身上。在工作推进上我们每月都根据重点工作任务,拟发信息报送要点,由各地、各单位形成初级信息材料,然后由专职信息工作人员核实加工,再按信息的适用程度,分别报送不同接收单位。建立工作通报制度。把各县(市)区、各单位每月上报和采用的信息情况进行通报,对完成好的给予表扬,对没完成任务的进行批评,督促工作落实。另外,把每月信息工作情况用文字形式定期向文明办领导汇报,从文明办领导方面去督促各项任务的落实。建立信息工作评比制度。每年对各县(市)区各单位的信息工作进行统一评比,对在信息工作中表现突出的单位和个人给予一定的物质奖励,充分调动各地、各单位和信息工作人员的工作热情。三是建网络。在市文明办建立了以综合科为主,其他各科室为辅,各科室按业务把关负责,全体参与抓信息的网络;在精神文明建设战线,以市文明办为中枢,以各县(市)区文明办和各级文明单位为依托,全方位建立了信息网络。同时,通过建立联络员、情况通报、信息反馈、专题调研等制度,加强与各级文明委成员单位之间的联系沟通,结合工作性质和部门特点,动员相关部门参与到信息报送工作之中,在全市形成了横向联系、纵向畅通、高效快捷的信息工作网络,保证了信息工作具有活力、具有实效。

深化“大同博爱、醉美江城”理念 持之以恒抓好“三优”文明城市创建工作

中共同江市委书记　隋洪波

近年来,同江市按照省委、省政府关于推进“三

优”文明城市建设和“建大美大爱龙江”的工作要求，不断强化“大同博爱、醉美江城”城市发展理念，深入推进城市建设管理、市民思想道德建设和“三优”文明城市创建工作，全力打造集自然之美、人文之美、和谐之美为一体的国际生态旅游口岸城市。同江市先后被评为省级卫生城市、省级园林城市和全省文明城市建设先进市。

同江市是一座有着百年历史的国家一类口岸城市，也是我国人口较少民族之一赫哲族的发祥地和主要聚居区。同江市不仅拥有大界江、大湿地、大平原、大农业的自然之美，同时拥有赫哲历史文化、俄罗斯异域文化、北大荒垦荒文化汇聚交融的人文之美，更有同江20万干部群众身上体现出的“开放包容、务实争先、质朴重信、和谐共进”的和谐之美。我们提出建设“大同博爱、醉美江城”，就是要倡导弘扬同江“海纳百川、开放包容”的广阔胸怀和“相互融合、和谐共进”的发展理念，有效凝聚全市人民的智慧力量，在全市形成抢抓机遇、干事创业、加快发展的浓厚氛围；就是要在城市发展中处处体现“天人合一”、人与自然和谐发展的理念，处处坚持“以人为本”的城市建设原则，处处彰显“博爱宽容”的同江人文明新形象，以“大爱同江”沁润和丰富城市内涵，以“大美同江”吸引和延揽中外游客、外来投资者沉醉其中，提升同江整体文明程度，树立同江良好城市形象，推动同江经济社会又好又快发展。

一、以“海纳百川”的气魄规划城市，以“天人合一”的理念建设城市，全力打造精品城市

城建精品是城市的窗口，精品城市则是发展的名片。我们树立建设精品城市理念，把城市建设当作一种艺术，把建设城市当作一种责任，坚持高点定位、科学规划，全面推进“舒心同江”、“人文同江”、“滨水同江”建设，城市面貌日新月异，功能形象显著提升。一是坚持大气魄、大手笔城市规划。“规划的节约是最大的浪费”，牢牢把握“规划引领建设”的原则，在思想上高度重视，在资金上敢于投入，以大气魄、大手笔带动规划的高定位、高标准。委托上海同济大学城市规划设计研究院对城市发展进行了总体规划，明确了“沿江而建、依江而居”的滨水城市总体发展方向，突出城市形态组团化、空间利用集约化的发展理念和“滨水文化”人文主题，城市发展脉络更加清晰。同时，还将聘请高资质、高水平的专家做好沿江景观社区和“两带、三园”规划设计工作，提高规划的档次和品位。二是坚持“以人为本”，全力建设舒心城市。坚持想群众所想、急群众所急，以便民利民作为工作准则，五年来累计投入37.6亿元，用于改善群众出行、住房、饮水、供热条件。先后实施了城市“北拓”工程，建设和改造了29条市区主次干道，修建了连港路、滨江路、哈街路。今年同江还将投入2600余万元，修建8条街路，进一步构筑“五纵六横”城市道路网络，让百姓出行更加方便；为使百姓住房更有保障，我们多渠道增加保障性住房供应，先后建设廉租房11.3万平方米，改造棚户区51.4万平方米。同时，2012年投入2431万元，实施给水安全、新水源工程，进行新热源建设，保证让市民喝上放心水、住上暖屋子。三是依托优势，打造风格独特的人文城市和滨水园林城市。我们注意将同江丰富的文化内涵、优良的生态资源与城市建设紧密融合，积极打造具有同江特色的城市品牌。一方面将“百年口岸、赫哲故里”两大文化元素有效融入城市建筑、城市绿化、亮化设计之中，建设了一批独具特色的城市景观和公共文化场馆，打造以中式建筑为主，纯欧式建筑为辅的城市风格，提升城市品位和档次。一方面利用滨水临江优势，做足做活“水”文章，建设人与自然和谐交融的滨水园林城市。投资7000万元，建设了全长3.82公里、占地24公顷的沿江公园，打造了一条靓丽的沿江景观带。以创建国家级园林城市为载体，积极开展城市绿化美化，栽植各类树木花卉470余万株，铺种草坪11.7公顷，增加城市绿地105公顷，彻底消灭了裸露地面。同时还将积极推进江心岛湿地公园、人民公园和文化公园建设，建设城市迎宾景观大道，积极为市民提供更多更美的绿色休闲空间。

二、持之以恒抓管理，全力以赴抓整治，全面塑造“环境优美、秩序优良”的城市新形象

城市“三分建七分管”。城市要变美、变靓、变精神，抓好管理举足轻重。近年来围绕“治脏、治乱、治差”，深入开展了环境卫生、市场经营、交通秩序综合整治，努力打造整洁有序、舒适宜居的优良人居环境。一是全力治“脏”。对原环卫处进行了公司制改革、企业化管理，购入道路吸尘车2台，主要道路实现了机械化清扫作业，市区主次干道实行了全天保洁。集中开展了城市裸土地面整治，实现硬化道路27条近3万平方米。开展了“市民文明奉献月”、“城市环境秩序综合整治活动月”、“巾帼文明奉献月”、“志愿者活动月”等环境卫生综合整治活动，累计开展义务劳动20多次，参与人员达1.1万人次，广大群众的环境意识明显增强。二是全力治“乱”。实施了建筑风貌改造工程，整体改造楼房59栋，2012年将再改造20栋楼房，并从楼体造型到台阶、步道板以及牌匾都进行统一改造。推进了临街单位、商业店铺及综合楼亮化工程，亮化率达98%以上，形成了“日看市容夜观灯饰”的市容景观特色。加强了对通江街、同三路、育才街等主要路段占道经营的管理整治和临街户外广告的专项治理，全市统一规范了中俄文对照广告牌匾。实施了建筑工地专项整治，全市20多个施工工地全部实行了封闭式施工。三是全力治“差”。通过开展“百日交通综合整治”，查处超速、超载和酒后驾驶等各类交通违法行为7600多起，有效改善了交通秩序和交通安全状况。开展了“平安单位”、“平安社区”、“平安乡村”、“平安学校”、“平安商场”创建活动，组织开展专项整治行动，有效遏制了刑事犯罪和治安案件发生。四是探索精细化、数字化管理城市模式。精细化、数字化管理是城市管理的新趋势，我们充分借鉴先进地区经验，围绕城市环境卫生整治、市政设施管理、公共交通秩序、建筑工地管理等方面，正在抓紧研究制定精细化管理方案和数字化城市建设的科学规划，用精细化、数字化手段来处理、分析和管理整个城市，实现城市管理从粗放到精细的变革。

三、坚持大处着眼、小处入手，不断提升同江整体文明程度和优质服务水平

人的素质和文明程度决定着城市的形象。近年来，我们大力开展博爱教育、“塑魂工程”和文明城市创建“细胞工程”，坚持不懈地抓文明教育和习惯养成，不断夯实文明城市创建基础，形成了人人讲文明、处处创“三优”的生动局面，同江人的道德水平和文明素养得到普遍提升。一是博爱教育、“塑魂工程”富有成效。以社会主义核心价值体系为引领，在全市重点开展社会主义荣辱观、公民基本道德规范、文明礼仪、习惯养成等宣传教育活动，引导广大群众爱家人、爱邻里、爱他人、爱家乡、爱外宾，积极培育开明开放、谦和包容的社会心态，着力解决部分市民中存在的社会公德、职业道德、家庭美德缺失的现象，在全市形成知荣辱、明道德、讲礼仪、重诚信的良好风尚。开展了“做文明有礼同江人”主题教育实践活动，推动文明礼仪教育进社区、进机关、进中小学校。建好用活社区大讲堂、市民学校、中小学校等教育阵地，开展思想道德、文明礼仪、未成年人“五德”教育等演讲、讲座、报告会近百场，受教育群众达11000人次。开展了六个“十佳”先进人物评选活动和“我推荐、我评议身边好人”等活动，涌现出爱心妈妈刘海荣、阳光片警谭勇、道德模范杜秀芳、十佳服务标兵张志强等一批先进人物。二是狠抓文明单位创建和文明窗口创评。各社区围绕“六好”目标，以“真情连你我，和谐进万家”为主题，开展了“守望相助一家亲”活动，进一步增强了社区居民的文明互助意识。广泛开展“阳光执法”、“诚信同江”活动，积极推动政务诚信、商务诚信和社会诚信建设进程，在党政机关开展“争做人民满意公务员”活动，在服务窗口部门组织开展了“六比六看、争创文明窗口”活动，树新风、竞文明、比奉献蔚然成风。三是开展了文明村镇建设。投入新农村建设资金8.9亿元，建设通村公路335公里，改造农村泥草房3669户，农村基础设施条件不断完善。实施村屯绿化美化，开展了农村“五乱”治理，沿线村屯的农户统一安装了木栅栏，农村环境面貌极大改善。组织了“十星级文明户”、“优美庭院”等评选活动，举办科技知识、法律知识及党的方针政策等各类培训班190多期，引导农民解放思想、远离陋习、勤劳致富，成为一代有理想、有道德、有文化、有纪律的社会主义新型农民，带动了全市农村物质文明和精神文明建设的整体提升。

学习贯彻党的十八大精神 全面推进大庆文化科学发展

大庆市委常委、宣传部长　郑新英

党的十八大把科学发展观确立为党必须长期坚持的指导思想，深入学习宣传贯彻党的十八大精神，就宣传思想文化战线而言，最为关键的是要把科学发展观的基本内涵和根本方法，运用到文化建设上来。

实现文化事业与文化产业协调发展

文化事业和文化产业犹如车之两轮，共同担负着为社会提供文化产品的重任。这就需要坚持“两手抓”，一手抓公益性文化事业，一手抓经营性文化产业。

繁荣文化事业要以政府为主导。建设一批重点文化设施，规划建设大庆党史馆、大庆美术馆等标志性文化设施，提升城市文化品位；完善一批文化惠民工程，新建改建行政村和社区综合文化活动场所，构建覆盖城乡的公共文化服务体系；打造一批品牌文化活动，深化“激情之夏”“大庆之冬”等文化活动，丰富群众文化生活。

壮大文化产业要以市场为主导。实施园区聚集行动，按照“一区、十园”发展布局，推进文化创意产业园、新华(大庆)国际石油资讯中心等园区建设，实现工作重心向园区转移；实施项目壮大行动，推动百湖影视创意基地、百湖文化广场等项目如期投用，形成支撑大庆文化产业发展的项目群体；实施企业培育行动，扶持大庆新闻传媒集团、大庆文体旅集团壮大实力，打造全省乃至东北地区的行业龙头。

实现城市文化与农村文化统筹兼顾

党的十八大强调“加大对农村和欠发达地区文化建设帮扶力度”。这就要求在工作中，推进文化资源在城乡之间均衡布局，实现城乡文化一体化发展。

发展城市文化要以完善功能为定位。注重个性塑造，把大庆精神元素注入城市建设之中，建设一批具有特殊历史记忆的石油文化主题雕塑；注重设施利用，运用市场化手段，举办大型文体赛事，发挥公共文化场馆的效用；注重地企共建，盘活企业闲置资产，改建公共文化设施，联手打造大庆人共享的文化家园。

推进农村文化要以提速发展为基调。在资源配置上倾斜，完善农村“五项”文化惠民工程，确保农民群众享有充分的文化服务；在财政投入上倾斜，将农村公共文化服务经费纳入财政预算，为农村文化建设和文化服务提供保障；在政策支持上倾斜，完善各项相关政策，鼓励高校毕业生到农村从事文化工作，不断提升农村文化队伍整体素质。

实现社会效益与经济效益有机统一

十八大报告强调：“要坚持把社会效益放在首位、社会效益与经济效益相统一。”这就要求在实践中，始终把社会效益作为追求经济效益的根本前提，把经济效益作为实现社会效益的重要形式。

提高社会效益要以群众为中心。坚持正确导向，自觉抵制庸俗、低俗、媚俗之风，为广大群众提供健康向上的文化产品；坚持以文化人，推进最具影响力“大庆人十大观念”、“我最厌恶的十大陋习”查议改等活动，传播正能量，提升精气神；坚持改善服务，推动文博图等单位转换内部管理机制，深化“三项”制度改革，提高服务群众的能力和水平。

追求经济效益要以企业为主体。培育文化市场，论证建设大庆古玩市场、青马湖艺术群落等文化市场，促进文化产品和要素的合理流动；培育文化消费，引进国内外高水平文化团体来大庆演出，实施“百团大辅导”活动，提高广大市民艺术欣赏水平和文化消费热情；培育文化产品，开发“平安福”、“一滴油”等大庆原创性文化产品，提升文化产品的附加值。

实现精品文化与大众文化梯次互补

精品文化和大众文化是衡量一个地方文化发展繁荣的重要尺度。在文化建设中，既要实施文化精品战略，提升文化品位；又要根据不同层次人群的文化需求，设计不同的文化载体，开展多样文化活动。

打造精品文化要以弘扬主旋律为着眼点。打造舞台精品，提升话剧《大湿地》、舞剧《绽放的生命》等剧目质量，冲击“五个一”工程奖等国家级大奖；打造影视精品，拍摄电视剧《月亮上的篝火》、《白城交通站》，繁荣发展大庆影视事业；打造文艺精品，以长篇小说、大型剧本为创作方向，推出一批优秀文艺作品；打造民间艺术精品，扶持芦苇画、冰雪画等手工艺品发展，从特色、风格、手法方面全面升级。

繁荣大众文化要以倡导多样化为立足点。促进地方戏发展，构建杜蒙民族歌舞、林甸龙江剧等独具地方特色的演艺格局，满足群众不同欣赏口味的需求；促进小剧场发展，鼓励民间资本投资文化演出业，推动民间剧场健康发展；促进群众性文化发展，举办民间文艺团体和社区广场舞大赛，引导群众自我展示、自我服务、自我发展。

加快文化改革发展
建设北方文化强市

大庆市委宣传部

大庆是黑龙江省文化体制改革试点地区，被省委确定为全省文化产业战略支点和龙江西部文化产业聚集区。几年来，大庆市认真贯彻中央和省委决策部署，坚持以创新体制机制为突破点，以转变发展方式为支撑点，以优化发展环境为着眼点，以普惠文化民生为落脚点，扎实推进文化改革发展，着力打造北方文化强市，为建设现代化国际化城市奠定了坚实人文基础。2008 年，大庆公共文化服务体系建设经验在全国交流会上推介。2010 年以来，大庆连续三次被评为全国文化体制改革先进地区。2011 年，黑龙江(大庆)文化创意产业园成功跻身十大国家级文化产业试验(示范)园区行列，全市文化企业发展到 4500 多家，文化产业营业收入 87.1 亿元。2012 年文化产业预计可实现营业收入200 亿元，同比增长 130%；到“十二五”期末，营业收入将突破千亿元，增加值 300 亿元，占 GDP 比重达到 5%。

一、创新体制机制，释放文化发展活力

按照省委确定的“路线图”、“时间表”和“任务书”，纵深推进文化体制改革，着力构建充满活力、富有效率、更加开放的文化体制机制。

一是推进文化事业单位改制转企。采取跨媒体重组模式，整合市报业集团、市广电集团，组建了拥有 5 亿资产、3000 多员工、“五报两台两网” 的大庆新闻传媒集团；采取跨行业重组模式，以大庆文化集团为主体，整合文化、体育、旅游优质资源，组建大庆文体旅集团，成为拥有超 20 亿资产、7 家核心子公司、5 家外围分公司的大型文化企业。在此基础上，推动两大集团完善法人治理结构，建立现代企业制度，形成面向市场的经营理念、运行机制和发展模式，实现社会效益与经济效益双丰收。截止到 2011 年，大庆新闻传媒集团实现经营收入 4.29 亿元，是改革前的 1.6 倍，先后荣获中国媒体华表奖·最具公信力奖等 7 项国家级荣誉。大庆组建文体旅集团的做法，受到中央文化体制改革和发展工作领导小组的充分肯定，被确定为献礼“十八大”文化专题片《跨越》的一项内容。

二是推进文化单位内部机制转换。转换用人机制，实施上岗必考、全员竞聘等办法，实现了管理人员能上能下、技术人员能进能出、优秀人才有为有位，大庆演艺公司面向社会聘用兼职演员 374 人，既解决了演职人员不足问题，又形成了相互竞争局面。转换分配机制，实施协议工资、特殊津贴等绩效工资，实现了收入分配向一线倾斜、向优秀人才倾斜、向关键岗位倾斜，大庆电视台设立名主持人特殊津贴，从1.5万元到20万元分五个等级，达到了激励人才脱颖而出、吸引人才竞相涌入的良好效果。转换经营机制，实施连锁运营、委托管理等措施，实现了市场的搞活、资产的盘活和演出的激活，大庆歌剧院加入中国北方剧院演出联盟，通过中介组织引进维也纳施特劳斯交响乐团等国内外知名团体来大庆演出，实行公益性演出财政补贴和低收入群体票价优惠，让市民足不出市就能看到并看得起高雅艺术，三年来累计上演剧目400多场次，吸引观众50多万人次。

三是推进非时政类报刊经营模式转化。着眼企业化经营，对事业单位体制的报刊实施转企改制，将《岁月》杂志社从市文联剥离出来，组建大庆岁月杂志有限责任公司，成为全省首家完成转企改制的文学期刊；着眼公司化发展，对已随大庆新闻传媒集团整体转制的报刊实施公司化改组，以大庆广播电视报为基础，组建百湖早报有限公司，2010年荣获全国著名品牌改革创新示范单位；着眼市场化运作，对有面向全国发行权的报刊实施代理制经营，利用北京容运之声广告有限公司及《新京报》、《北京晚报》发行渠道，拓展《家庭文摘报》、《长寿养生报》销售市场，改版半年《家庭文摘报》发行就突破10万份、发行量进入全国地市报前10名。

四是推进文化宏观管理职能转变。推动市文化局、市广电局、市新闻出版局“三局合一”，成立市文化广电新闻出版局；重组职能交叉的文化广电领域执法队伍，组建市文化市场综合执法支队；县区参照市里模式，相继成立了文化广电新闻综合部门和文化市场综合执法机构，进一步理顺了文化体制机制，实现了文化行政管理部门由办文化向管文化转变、由微观管理向宏观管理转变、由主抓直属单位向倾力服务社会转变。

二、强化园区承载，加快文化产业发展

针对文化产业关联性强、包容度广、专业化程度高的特点，实施园区聚集战略，工作重心向园区转移、政策资源向园区倾斜、发展要素向园区配置，助推文化产业规模化、集群化发展。

一是园区集群布局。科学编制《大庆市文化产业发展总体规划》，统筹考量城市特色、资源禀赋等综合因素，启动建设文化创意产业园、新华(大庆)国际石油资讯中心、黑龙江国际艺术村、北国之春梦幻城侏罗纪公园、国际动漫城、联想科技城、黑龙江新媒体产业基地、奥林匹克公园、阿木塔风情园等9个文化产业园区，实行“飞地”管理模式，成功跻身十大国家级文化产业试验(示范)园区行列，初步构建了“一区九园”的园区发展总体布局。园区总占地面积88.6平方公里，预计总投资795.4亿元，形成了能源资讯、文化创意、文体旅融合、IT创智、文化休闲、文化艺术等六大产业链条。

二是项目集中摆放。借助文化产业园区这一载体，按照规划一批、储备一批、立项一批、建设一批、竣工一批的要求，千方百计引建投资总量大、科技含量高、经济效益好的大项目，新建续建“新华08”、百湖影视基地、百湖数码设计大厦、百湖文化广场等文化产业项目21个，总投资达到88.7亿元。其中，“新华08”是列入国家“十二五”发展规划的“核高基”项目，规划占地面积24.08公顷，建筑面积60万平方米，主营业务分能源资讯、商品交易、产权交易、资信评级、会展论坛等5个板块，目前已与珠海振戎公司、上海易贸集团、昆仑银行、郑大公司等国内多家知名企业建立战略合作关系，建成后不仅能增强中国在全球石油市场的话语权和定价权，而且还能带动金融、物流等相关产业发展。

三是企业集成培育。发挥园区管理机构的职能作用，积极为文化企业发展搭建平台。在科技合作方面，依托创业中心孵化器的科技优势，促成院校企联合、产学研联动，推动科技成果向文化生产力转化。大庆纳奇网络公司借助科研力量，开发出9款大型网络游戏，其中“逐鹿中原”传奇游戏注册用户超过1.7亿人，占全国同类游戏市场80%以上的份额。在市场开拓方面，内部办好大庆文博会、大庆民博会等展会，外部用好北京文博会、深圳文博会等平台，有效拓宽文化企业的展示平台，百湖影视传媒有限公司通过参加展会，不断拓宽文化产品销售渠道，拍摄的数字电影《不醉不归》和电视剧《毒刺》分别在央视电影频道和全国各大卫视播出。在文化贸易方面，构建以政府为主导、企业为主体、市场化运作为主要方式的工作格局，新华(大庆)国际石油资讯中心和荟粹园工艺品有限公司成功取得了文化产品出口许可权。

三、构建服务体系，增进群众文化福祉

着眼于人民群众多层次、多方面、多样性的文化需求，构建集公共设施、惠民工程、品牌活动、文艺精品于一体的文化服务体系，让文化改革发展成果普惠城乡群众。

完善城区文化设施。累计投入80多亿元，建成歌剧院、博物馆、青少年活动中心等标志性文化设施46项，城区文化设施面积达150万平方米，人均近1平方米。其中，大庆博物馆突出“东北第四纪”古自然环境、古动物化石与大庆地区古人类文明三大主题，很多收藏和展示的珍稀古生物化石标本填补了国内该领域空白，在全国第四纪古生物化石收藏领域独树一帜。

推进文化惠民工程。建立“政府主导、企业支持、社会协同、群众参与”的多元投入机制，建设农家书屋482个、建成率100%，开工建设乡镇综合文化站58个、建设率100%，每年免费放映公益电影7500多场次、通村率100%，建设信息资源共享工程大庆市支中心和服务点575个、覆盖率96%，推进农村广播电视覆盖工程、信号落地率90%。2012年，市政府再次投入1700万元，推进信息资源共享工程设备安装和无线广播电视信号发射塔建设，建成普惠农村的广播电视覆盖网络、乡镇文化站活动网络、文化信息资源共享网络、农家书屋服务网络、公益电影放映网络，满足广大农民的基本文化需求。

提升品牌活动影响。依托507个民间文艺团体、22个文联协会、56个社科联学会、近万名文化辅导员，持续打造“书香大庆”、“礼仪大庆”、“诚信大庆”、“文明大庆”等人文教育品牌。深入开展“激情之夏”、“大庆之冬”、“大地欢歌”、“欢乐校园”等文化活动品牌，每年组织广场文化、集镇文化、校园文化、科普文化等各类文化活动1000多场次，有效满足了城乡群众的精神文化需求。2012年的“书香大庆”活动，积极倡导自助解读、网上精读、高端导读、活动助读等阅读方式，广泛组织经典阅读季、百湖漂书等读书活动，广大市民积极参与，使爱读书、多读书、读好书成为一种生活时尚。

扶持文艺精品生产。推出《铁人轶事》、《鹤鸣湖》、《大湿地》等一批舞台精品，拍摄《铁人王进喜》、《奠基者》、《毒刺》等多部影视精品，创作《月亮上的篝火》、《冷云》、《大漠流金》等大量文学精品，先后有200多项文艺精品荣获国家级大奖。其中，舞剧《鹤鸣湖》喜获中宣部第十二届“五个一”工程奖，话剧《铁人轶事》作为建国60周年及建党90周年献礼剧目在全国巡演。

四、加大保障力度，优化文化发展环境

组织动员全市上下广泛参与，建立健全综合配套措施，形成全方位推进文化改革发展的良好态势。

一是组织保障到位。切实把文化建设纳入党委政府中心工作，纳入经济社会发展总体规划，纳入财政优先保障领域，纳入领导干部考核评价体系，做到与经济、政治、社会建设一同研究部署、一同组织实施、一同督促检查。市里成立文化体制改革和文化产业发展领导小组，市委常委会经常听取文化建设汇报，市委书记韩学键、市长夏立华多次就文化建设做出批示，市人大、市政协积极开展专项视察调研，从而形成党委统一领导、政企齐抓共管、宣传部门组织协调、有关部门分工负责、社会力量积极参与的工作格局。

二是政策保障到位。先后出台《关于推动文化体制改革和文化事业文化产业发展的若干意见》、《关于加快文化强市建设的意见》、《贯彻落实〈关于金融支持文化产业振兴和发展繁荣的指导意见〉的实施办法》等8个政策文件，对转制单位在财政、税收、人员安置等方面给予有力支持。在组建大庆新闻传媒集团和大庆文体旅集团时，综合考虑文化单位的特殊性质和干部职工的切身利益，在财政扶持方面，市财政以文化企业发展扶持资金的方式保证对原转制单位的经费投入力度不减，并且对公益性演出每场给予5000元到3万元的专项补贴；在人员安置方面，具有事业编制的人员转为企业员工，原事业身份记入档案，养老保险交纳比例不变，可按事业身份调转，达到法定退休年龄时按机关事业养老保险办法退休，从而维护了干部职工的基本权益，使组建工作平稳顺利完成。

三是资金保障到位。设立每年5000万元的“大庆市文化事业文化产业发展专项资金”，对重大文化项目建设、重点文化企业发展、重要文化品牌培育，给予贷款贴息、项目补贴、配套资助、成果奖励等支持。同时，积极引导金融信贷向文化领域倾斜，大力支持民营资本投资文化项目，疏通了多元化投融资渠道。2011年，市本级财政用于文化建设的投入达1.5亿元。

推进山水人和谐发展 加快煤城变美城步伐

双鸭山市委书记、市人大常委会主任　李显刚

按照省委、省政府决策部署，双鸭山市把创建“三优”文明城市同国家森林城市、国家级环保模范城市、全国双拥模范城市和省级卫生城市建设结合起来，全力推进以“经济科学发展、社会和谐稳定、生态环境优美，天蓝水清、城林相拥、青山绿水、宜于人居”为主要标志的北疆山水生态城市建设，正朝着经济、社会、环境融合发展，山、水、人和谐统一的新路迈进。实践证明，经济社会的跨越发展为创建“三优”文明城市奠定了基础、提供了保障，“三优”文明城市创建更为全市经济社会发展营造了好环境、搭建了新平台，彼此互相促进，形成良性互动。2011年，全市地区生产总值、固定资产投资、外贸进出口总值、规模以上工业增加值和财政一般预算收入分别是2006年的3、4、5、6倍和翻两番。2008年以来，双鸭山市先后获得第三届中国金融生态城市、中国最具创新力城市、中国十佳投资创业城市和全国双拥模范城市等荣誉称号。

一、坚持以山为魂，突出“创森”引领，向生态要景观

发挥双鸭山市群山环绕的地理优势、资源优势和生态优势，大力度推进植树造林、高标准构建生态景观、全方位凸显城市“生机”。我们深入落实省委、省政府“绿化龙江大地”的战略部署，率先提出在高寒地区的煤城创建国家森林城市的奋斗目标，整合组织机构、资金要素、社会资源，大力实施道路绿化、村屯绿化、城区绿化、校园绿化、滨水绿化、退耕还林、“创森”绿化七项工程，漫山复绿、满城铺绿、见缝插绿、退房还绿，倾力打造现代化生态型国家森林城市，努力让双鸭山的山更绿、城更秀、景更美。三年来，全市共投入资金12.9亿元，植树造林84万亩，是前5年的3倍，森林覆盖率由37.9%增加到39.7%。完成城区绿化60多万平方米，市区山体绿化8447亩，沉陷区、棚户区拆迁废址绿化30多万平方米，城市建成区绿化覆盖率达40.7%；建设人民广场、卧龙岗公园等30多处公共绿地和城市公园，人均公共绿地面积达13.5平方米，居民出行500米范围内就有一处休闲广场绿地。我们率先实施了林木停伐减伐政策，市中心区及各县区、各林场山体全部实行绿线控制，实行了最严格的生态保护。先后关闭城区周边采石场45家，完成封山育林近10万亩，退耕还林近30万亩，对域内20座山体进行修复和美化，基本消除了“开天窗”、“鬼剃头”。对擅自砍伐建筑工程内10余棵大树的某公司，处以高达12万元的罚款，并限期补种，切实增强了全民生态保护意识。如今的双鸭山，绿色生态已成为城市的一张靓丽名片。

二、坚持以水为韵，突出项目带动，向开发要功能

依托双鸭山市“母亲河”——安邦河，做活滨水文章、凸显城市“灵性”。按照“一河两带、十山五城，高桥路网、四纵九横，城市管线、地下通行，六区同

建、形成卫星”的城建规划，突出引水入城、滨水环城、治水秀城、依水兴城，水流到哪里，项目就建设到哪里，全力打造城市的“精、气、神”。近三年，累计投入资金80多亿元，重点实施了安邦河治理、棚户区改造、采煤沉陷区治理、路桥路网改造、博物馆建设等工程230多项。安邦河综合治理工程到年底将形成贯穿城区的滨水生态景观长廊，原来那个两岸平房密布、河道垃圾淤塞、河水干枯脏臭的“龙须沟”已经成为历史。沿河两岸的和谐公园、建设广场、供排水管网新建及改造等一批关系群众生活的城市基础设施相继投入使用或开工建设；围水而建的挹娄大道、民生路扩建、双福路升级、天力北路改造、安邦景观大道等滨水北城路网已初具规模；以水为轴的寒葱沟水库水源地、市人民医院、高级中学、黑煤职院等一批重大基础设施建设正在全力推进。滨水城市建设日益完善，服务功能日趋健全，居民生活日渐便利，展现出一幅城水和谐、相互融合、交相辉映的新景观。

三、坚持以人为本，突出素质提升，向文明要品位

弘扬“自强、团结、创新、争先”的双鸭山精神，注重人本理念、提升文明素质、活化管理模式、凸显城市“内涵”。一是实施精细管城，让城市更宜人居。对城区重点部位环境进行集中整治，对主次干道楼体进行立面改造，对建筑工地和居民小区实行全程监管，对市区市容实施全天候、立体式保洁，城市出入口及城乡结合部环境卫生达标率95%，城区主要街路两侧建筑达标率90%，集中式饮用水水源水质达标率100%，城市大气质量达标天数325天。二是开展全民读书，让城市更具品位。号召、鼓励、引导全民多读书、读好书。在学校和青少年中举办各种主题读书会、经典诵读、征文比赛等活动。在党员干部中开展“周末课堂”、“党委书记登讲坛”、知识竞赛、理论考试等活动。在税务、工商、邮政、交通、宾馆等公共服务场所设立“书吧”124处，普及面达100%。三是强化礼仪教育，让城市更加文明。由市委宣传部牵头编发《市民手册》、市文明办牵头编发《道德市民三字经》，在全市范围内开展基本礼仪、服务规范普及教育。由市教育局牵头每年原创100首礼仪童谣，做到学礼仪从娃娃抓起。在中小学邀请专家做基本礼仪专题讲座，推进养成教育。“窗口”单位、服务行业统一制定规范的服务标准，开展创先争优。对出租车司机等特殊行业进行针对性礼仪培训，树立良好形象。四是突出道德实践，让城市更有魅力。有机整合“十佳公仆”、“感动双鸭山人物”等争先创优载体，大力开展“道德模范”评树活动，先后有陈书勤等3人入选“中国好人榜”，李秀芹被评为“感动龙江人物”，梁兴俊等9人被评为龙江百名道德模范。在他们的带动下，市民自发组建各类志愿者服务队2000多支、志愿工作服务站168个，注册志愿者7.8万人，积极参与环境建设、生态保护、法律援助、关爱弱势群体、先进文化传播，引领社会文明新风尚。

精细管理　打造品牌　用项目化管理推动文化大发展大繁荣

双鸭山市委常委、宣传部长　朱晓华

做好新时期的宣传思想文化工作，必须深刻认识当前宣传思想文化工作已经由“软任务”到“硬指标”、由“观剧人”到“剧中人”、由围绕中心到融入中心、由搞好服务工作到承担发展重任的深刻变化。如何应对这种深刻变化，更好地承担历史使命，我们积极探索把项目化管理导入宣传思想文化工作，创新工作理念，优化工作思路，改进工作方法，打造工作品牌，推动双鸭山文化大发展大繁荣。

一、创新理念，树立项目意识

宣传思想文化工作实行项目化管理，就是借鉴现代经济管理中项目化管理的方法，把宣传思想文化工作的重点任务分解为一个个具体项目，确定工作目标，落实项目责任，整合社会资源，通过抓好项目的策划、启动、实施、推进、评估，形成一个闭环控制过程。实行项目化管理，首先要树立项目意识，深刻理解用项目化管理宣传思想文化工作的重要意义。

1.实行项目化管理是落实工作的重要手段。宣传思想工作既有务虚又有务实，多年的工作实践中，往往存在务虚的工作做不实，务实的工作做不细，软任务做不出硬效果，沙滩流水不到头的问题。如何解决宣传思想工作抓落实的问题，项目化管理就是有力手段。通过项目化管理，按照定任务、定标准、定责任、定限期的要求，把每一阶段、每个目标进一步细化、深化、量化，使工作目标更加具体、计划更加周详、责任更加明确、过程更易控制、考核更易量化，推动宣传思想文化工作事事有部署，件件有着落，项项有成效。

2.实行项目化管理是整合资源的重要途径。在新形势下，宣传思想文化工作要善于整合社会资源，构建大宣传、大文化格局。而项目化管理的本质属性就是围绕一定的目标，最大化地整合利用内外各种资源，实现资源的最优配置。在项目策划过程中，社会资源利用需要经过充分考虑和论证的环节。

3.实行项目化管理是打造品牌的重要举措。在以往工作中，宣传思想战线做了大量工作，但往往工作平铺直叙，少见高潮迭起，工作精品不多。实行项目化管理，就是打造品牌的具体过程，每一个重点项目都要按照“对全局有牵动、对战线有拉动、对社会有震动”的标准去设计和实施，唯有如此才能放大亮点，树立品牌。

4.实行项目化管理是锻炼队伍的重要舞台。实践是锤炼队伍的最好舞台，用项目化管理宣传思想工作，体现的是观念，反映的是思路，展示的是能力，推进的是工作，锻炼的是队伍。在项目化推进宣传思想工作过程中，宣传干部就是“项目经理”，每个宣传干部参与一次，就能提高一次，随着一个个项目的实施，宣传思想文化队伍的整体素质也随之潜移默化地提高。

二、精心谋划，搞好项目设计

项目设计是实行项目化管理的首要环节。按照全省宣传思想工作的总体部署，结合双鸭山实际，我们努力把握项目设计的前瞻性、特色性、科学性。

1.自下而上申报项目。市委宣传部各科室、各县区委宣传部和宣传思想文化战线各部门结合实际，按照“从全市经济社会发展大局中找项目，从落实全市文化建设‘六大工程’任务中找项目，从满足群众精神文化需求中找项目”的要求，找准宣传思想文化工作服务中心、融入中心的有效切入点，经过深入调研、座谈讨论，确定重点项目，认真撰写项目计划书，明确项目的目标、步骤和所要达到的效果，自下而上申报项目。全市共初选项目40余个，涵盖了理论武装、新闻宣传、思想道德建设、精神文明创建、公共文化服务体系建设、文艺精品创作、文化产业发展、宣传队伍建设等各项工作。

2.层层遴选论证项目。各项目在基层提出立项、分管领导把关初审、部务会议研究论证的基础上，遴选出拟立项目名单，在广泛征求意见的基础上，召开全市宣传思想文化工作会议，正式确定全年项目。今年，全市共确定了“双鸭山大讲堂”理论普及、“精彩人生·典靓四季”典型培育示范、“学雷锋，树新风”文明礼仪普及、“北大荒之都”节庆之城文化品牌、公共文化服务示范县建设、挹娄文化品牌建设、“伊玛堪”非遗传承保护、红色抗联文化影视基地建设、“文化名家”重点文化人才培养、“走、转、改”新闻队伍建设十个重点项目和若干一般性项目。

3.自上而下落实项目。围绕全市确定的十个重点项目和一般性项目，我们深入抓好项目的责任落实。在全市宣传思想文化工作会议上，由市委常委、宣传部长与各项目负责人签订了项目责任状，明确项目任务分解，把项目责任、任务全部落实到每个项目小组，确保纵向到底、横向到边。各项目组进一步将责任分解成具体工作任务，落实到具体人员，做到事事有人管、人人有事做。

三、周密组织，抓好项目实施

项目实施是项目化管理的关键，再好的项目，如果抓不好落实，结果只能是一流的项目，二流的落实，三流的效果。因此，必须注重加强对各个项目运行的过程管理，坚持一抓到底，直到抓出成效。

1.抓好项目责任分解。对通过科学立项列入项目化管理的工作,明确责任分工,每个项目确定总负责人和具体责任人。制定了详细的项目计划书和实施方案,明确项目目标、实施步骤、协助单位、各自职责,落实资金保障,从而实现工作项目化、项目目标化、目标责任化。在项目统筹方面,实行错位发展思想,每一个市级项目,落实到基层时不追求全面推进,而是强调重点突破,根据基层的特点,培育项目的试点单位,优先形成亮点和品牌。

2.建立项目联动机制。以项目为统领,整合各部门各单位资源,树立一盘棋的协作观念,打破各自为战、重复交叉的格局,加强各单位各部门之间的互动协调和联动发展,发挥各部门和社会各界的作用,形成宣传部门牵头抓总,社会各界积极参与的大宣传格局。同时,处理好重点项目与日常工作的关系,把项目化管理尽可能地延伸到宣传思想工作的基本面,做到既抓好工作重点,又要注重工作细节;既加强项目化管理,又提高日常工作管理水平;既突出工作的量化,又兼顾工作的弹性。

3.加强项目控制推进。把加强项目督查作为了解进度、鞭策推动的过程,及时了解掌握各项目的进展情况,鼓励先进、鞭策后进。把加强督查作为发现问题、调整对策的过程,及时了解掌握各项目落实中遇到的问题,有针对性地加以研究,从工作思路上做出相应调整。把加强督查作为发现典型、总结经验的过程,及时了解掌握项目实施过程中创造的新鲜经验,加以总结提炼和推广。每个项目都实行动态跟踪管理,时刻掌握制约项目推进的主客观因素的变化,对项目的推进方式、方法和工作载体进行调整,从组织、人力和经费上为项目实施提供保障,以达到既定的工作目标。同时,充分发挥报纸、电视等新闻媒体的作用,积极组织对项目化推进宣传思想工作进行专题报道,为项目的顺利推进营造更加良好的舆论氛围。

四、科学评估,强化项目考核

项目评估和考核是项目化管理整个链条的最后环节,也是最重要的环节之一,在项目化管理中发挥着引领、导向、激励等重要作用。做好项目的评估考核,要坚持以人为本,把握好三个环节。

1.建立科学的评估考核机制。要从项目的目标是否完成,项目的实施是否紧贴中心工作,项目的社会反响是否良好等方面入手,把市委、市政府是否肯定,在全省是否形成品牌、交流经验,人民群众是否满意作为考核评估体系的基本标准,结合项目的自身特点,对每个项目建立有针对性的评估标准,实行百分制量化,增设加分和减分制度。

2.做好项目效率和效果评估。项目评估要坚持日常评估与年末考核相结合,效率评估与效果评估相结合。成立项目评估考核小组,按照考核细则认真考评。每个项目从启动开始,每个阶段都要进行评估,及时发现问题,总结经验,调整对策,提高项目实施效率。每个项目完成之后,项目负责人要首先做好自我评估,形成评估报告上报到项目考评小组,考评小组采取调查、测评、打分等多种方式完成评估,反馈评估结果。

3.严格兑现项目考核奖惩。把项目考核作为全市宣传思想文化战线“创先争优”考评的重要环节,每年按照30%左右的比例设立优秀项目奖,对优秀项目和项目负责人予以一定物质奖励,利用新闻媒体大力宣传优秀项目,总结先进经验。对没有按照预定目标完成项目的,或者项目完成不好的,取消评优评先资格。同时,把项目考核结果作为干部奖惩和提拔使用的依据,充分调动广大宣传干部抓项目的积极性。

七台河市全面开展“十项整治”活动 积极创建“三优”文明城市

七台河市按照全省创建“三优”文明城市的部署,全面开展楼体立面、亮化绿化、城乡道路、供水供热、环境卫生、居民小区、厂区矿区、城市出口、村容村貌、交通秩序等“十项整治”活动,创建“三优”文明城市,取得了阶段性成果。

一、坚持把改善民生作为"十项整治"的出发点,让群众成为创建"三优"文明城市的受益者和支持者

投资4600万元,解决了5148户居民供热不达标、2.5万户居民不能全天供水问题;投资2500万元,新购50台节能环保公交车,统一为出租车改色喷漆和安装计价器;投资3.6亿元,实施了38个污染治理项目,搬迁治理市区内6座矸石山;投资4500万元,从"两覆盖"(硬覆盖、绿覆盖)、"两洁净"(楼面洁净、路面洁净)、"两改善"(漏雨状况改善、保温状况改善)入手,对32个弃管小区进行了整治;总投资39亿元,开工建设了北岸新城445栋楼、174万平方米煤矿棚改项目;总投资4.3亿元,开工城市棚改项目10万平方米。"十项整治"实实在在解决了困扰居民生活的难题,受益群众自发给政府送来了锦旗。

二、坚持高标准高质量推进"十项整治",不断提升创建"三优"文明城市的实效和品位

聘请上海同济大学规划设计研究院对城市总体规划进行了修编,编制了城市风貌规划和控详规划,确定了现代气息与简欧魅力相融合的城市建筑风格。明确了建设和整治的审美取向,即城市建设和整治与自然相和谐,顺应自然、利用自然,注重山体、水体的保护和利用;城市建设和整治尊重历史、保留历史,在历史的语境中前行;城市建设和整治体现人文关怀,最大限度满足群众需求;城市建设和整治与公众的普遍审美价值相一致。按照这样的理念,聘请哈工大建筑设计院对全市楼体立面改造、亮化工程进行整体设计,充分考虑每个建筑、每条街道的周边环境、色彩搭配、开放空间、图底关系,既追求不同建筑的个性特点,更注重整个城市建筑风格协调统一。供水供热管网改造、城市路网扩建,都按照总体规划一步到位。专程到北京、成都、常德等地学习考察牌匾整治,委托成都专业机构统一设计全市牌匾广告。坚持质量第一,石材、涂料、油漆、道板等材料全部选用名优产品,施工单位优中选优,财政、审计等部门严把工程造价关,纪检监察、住建、安监等部门全程监督,保证每一项工程都经得起时间和群众检验。

三、坚持多元化投入"十项整治"资金,动员全社会力量参与"三优"文明城市创建

市县区财政投入整治资金4.96亿元,用于拓宽道路、改造供水供热管网等公用设施,仅购置清扫车、清雪车、垃圾车就投入3000多万元,市区主干路实现了清扫清雪机械化。龙煤集团七台河分子公司投资1.12亿元,实施了厂区矿区、职工住宅等176项整治工程,仅搬迁矸石山就投资2200万元。驻七中省直单位投资5000多万元,高标准完成了楼体立面改造和亮化工程。临街商户投入楼体立面改造和亮化资金3800万元。民营企业投资近3亿元,90户煤炭企业建设了防尘网。通过抓厂房美化、厂区绿化、道路硬化,宝泰隆、亿达信、吉伟等一批原来煤尘遍地的企业,厂容厂貌发生了根本性的变化。通过多渠道筹资,全市共完成楼体立面改造110栋,拓宽改造道路9条,完成3条街道、173栋楼体、3座山体亮化。

四、坚持疏堵结合推进"十项整治",在"三优"文明城市创建中突出以人为本

七台河市始终把让群众生活得更美好作为整治目的。解决流动商贩占道经营问题,没有简单地驱赶,而是择址建设简易市场,减免收费,引导商贩进场经营,让货有卖处。解决露天烧烤污染空气问题,没有强行取缔,而是给每个摊位500元补贴,引导业主将炭炉改为燃气炉,在指定的时间和地点经营,让摊有摆处。解决车辆乱停乱放问题,没有单纯地处罚,而是增加停车场,像欧洲城市那样在一些街路增划停车标线,让车有停处。解决行人乱穿马路问题,没有一味地责怪,而是合理增设斑马线,重要路口设置手控红绿灯,组织志愿者疏导交通,让人有行处。解决乱贴小广告问题,没有不切实际地强调杜绝,而是在社区及街道合理设置便民信息栏,让广告有贴处。解决随手乱扔杂物问题,没有空洞地提要求,而是增设1000多个果皮箱,让垃圾有扔处。解决传统节日群众在路口烧纸祭祖破坏马路和道板问题，没有期望一时就能改变民俗，而是制作 200 多个大铁箱晚间放在十字路口，让纸有烧处。因为先解决了“出口”问题，整治工作赢得了群众支持。

五、坚持在推进“十项整治”中强化管理，推动“三优”文明城市创建常态化长效化

全面推行市场化、规范化、精细化、人性化、群众化、数字化管理和健全考评体系“六化一考”新机制。健全城市道路、供水供热、园林绿化、市容环卫等 14 部管理办法。通过内部承包和对外招标，把道路养护、环卫保洁、冬季清雪等推向市场，政府只负责制定标准、检查监督、考评奖惩。花钱买服务既提高了效率，又节约了资金。推行精细化管理，力求不留一寸死角。根据人员密集程度，对不同街道分别实行 20 分钟、30 分钟保洁制，要求丢弃物必须在规定时间内拾起，1000 平方米内果皮、纸片、烟蒂等杂物不能多于 3 个，达不到要求当场签字确认罚款。长年开展“文明过马路、礼让斑马线”活动，各类媒体开设“不文明现象”曝光台。健全城市管理考核办法，实行每天巡查、每周检查、每月评比，每半年开展一次由社会公众参与的公共服务项目、生活环境细节“最佳最差”评比活动，考评结果在媒体公布，并与年度绩效考评挂钩。

七台河市加强和改进全民国防教育工作的经验

近年来，七台河市始终贯彻全民参与、长期坚持、讲求实效的方针，有组织、有计划、有措施、有步骤，坚持深入持久地开展国防教育工作；始终坚持拓展阵地，突出重点，丰富内容，创新载体，推动全民国防教育工作步入经常化、制度化、正规化轨道，开创了军政军民团结、社会和谐稳定的良好局面。

一、完善机制、健全制度、加强领导，建立“大国防”教育工作格局

一是完善组织机构。抓好国防教育，领导是关键，组织是保障。深入、持久、有序地开展全民国防教育必须加强对国防教育工作的组织领导，充分发挥各级国防教育工作机构的职能作用。每年根据领导工作变动情况，及时调整和充实市、区(县)国防教育领导机构，保证各级指挥系统的连续性和稳定性。市国防教育办公室对全市的国防教育工作进行组织协调，定期召开国防领导小组成员及有关部门负责人参加的协调会，研究解决国防教育工作出现的新情况、新问题，并对工作落实提出具体要求。二是建立健全规章制度。依据《国防法》、《国防教育法》、《黑龙江省国防教育条例》、中共中央国务院中央军委《关于加强和改进新形势下国防教育工作的意见》等有关法律法规，相继制定下发了《七台河市国防教育领导小组例会制度》、《党政机关干部国防教育制度》、《中小学生军训制度》、《在新形势下开展全民国防教育工作实施意见》、《国防教育“四进”主题教育实施方案》等，为开展全民国防教育工作提供了制度保证。三是形成齐抓共管工作格局。全民国防教育工作是涉及全社会的任务，是一项复杂的社会系统工程，必须坚持党政军群齐抓共管，合力推进国防教育工作。在具体工作实施过程中，市委宣传部充分发挥主管部门作用，把国防教育纳入了全民思想政治教育规划，常抓不懈；七台河军分区发挥骨干作用，重点抓好民兵预备役人员国防教育；七台河日报、市广播电视台等新闻媒体开辟国防教育专题专栏，营造了良好舆论氛围；市教育局在中小学校增设了国防教育课程，结合开展各种活动寓教于学；市财政局、市民政局拿出专项资金用于支持国防教育，扎扎实实地做好拥军优属工作；工青妇等群团组织各负其责，密切配合，共同推动了全市国防教育工作扎实有效开展。

二、拓展阵地、突出重点、创新载体，不断夯实国防教育工作的基础

在国防教育工作中，着力开拓四个阵地、突出三个重点、摄制二部电视教育片、编写一部乡土教材。四个阵地：一是市革命烈士陵园、勃利革命烈士陵园阵地。作为省级爱国主义教育基地和国防教育基地,这里长眠着抗日救国的英烈郝贵林、杨太和,舍己救人的英雄张华、范永民……几年来,七台河市投资大力修缮碑林场馆,为全市各界群众,特别是中小学生瞻仰烈士墓,缅怀英烈,抒发爱国情怀提供了有利条件。二是抗联密营战斗遗址阵地。勃利县是革命老区,当年抗联队伍留下了许多珍贵的历史遗迹。组织开展"寻找烈士足迹,学习革命英烈,强国防爱中华"活动,深入挖掘抗联密营、后方医院、被服厂、战斗遗址、英雄牺牲地等革命遗址遗迹,教育后人缅怀先烈,牢记历史。三是青少年军校阵地。在全市中小学普遍建立了青少年军校,青少年军校开设国防教育课程,实施军事化管理,培养了一大批国防军事后备力量。三个重点:一是突出抓好党政干部这个重点。二是突出抓好青少年这个重点。三是突出抓好民兵预备役这个重点。

三、丰富内涵、活化形式、增强效果,推动国防教育工作实现"四进"

经过探索与实践,七台河市建立了以党政机关干部为主导,以人武部门和驻军部队为骨干,以学校为基础,以社区和家庭为课堂的"五位一体"的国防教育体系,推动了国防教育工作实现进机关、进校园、进社区、进广场。

一是国防教育进机关。各级领导和党员干部是国防教育的重中之重,把国防教育内容纳入党委中心组理论学习计划,纳入各级各类干部培训规划,并把国防理论素质作为考察干部的内容之一。全市各基层党委(总支),充分发挥业余党校和培训中心等阵地作用,请部队领导、专家作国家安全形势、国防动员等方面的专题辅导,对广大党员干部进行国防理论教育。二是国防教育进校园。坚持不懈地开展国防主题班、团、队会等活动,通过"课堂渗透、课外辅导、共建共育、军训提高"等方法,有力推动国防教育进校园入课堂。三是国防教育进社区。新形势下,社区功能凸显,成为国防教育的一个主阵地。各街道社区相继成立了国防教育机构,实施"一室(活动室),二廊(室内室外宣传画廊)"建设工程。通过"社区讲坛"、"QQ 群"对居民进行时事政策、国防理论、军事科普知识、国防法规常识等学习教育;举办军事比赛和运动项目相结合的社区运动会、军民共建文艺汇演等国防教育系列活动。

黑河市推进文化产业发展经验

黑河市以建设"北疆历史文化名城"为目标,从经济建设和社会发展全局出发,把文化工作融入全市科学发展、和谐发展的大背景、大视野中超前思考,有力推动了文化产业加快发展。

一、文化产业推进有序并取得阶段性成果

一是文化体制机制改革创新成效明显。黑河日报社作为全市第一批事业单位改革试点,率先进行了人事制度和分配制度改革,极大地提高了工作效能。2012 年度发行量达 15300 份,广告收入 355 万元,均创历史最高水平。整合黑河电视台、黑河人民广播电台和 810 电视转播台,组建了黑河广播电视台,并成立了黑龙江文广传媒有限责任公司,实现了经营与宣传分离。2012 年数字电视用户达到 30 万户,被列为全国百家地面数字电视工程试点地市。2012 年,全市广播电视经营总收入为 2970 万元,同比增长 11.2%。2012 年,合并了文化局、新闻出版局、广电局,组建了文化广电新闻出版局,将广播电视台从广播电视局中分离出来,成立文化广电新闻出版局党委和广播电视台党委,作为市委直属党委。

二是公共文化基础设施建设步伐加快,为文化产业发展注入新活力。市委、市政府投资数千万元沿黑龙江畔建设了开放式的黑龙江公园,投资 3000 余万元建设了中俄民族风情园,筹资 740 万元完成了爱辉历史陈列馆改陈布展工作。规划建设了北大荒知青文化产业园区,一期工程知青博物馆已建成并投入使用,年接待能力超过 10 万人次。各县(市)

加大了对文化项目的投入力度。孙吴县投资1300余万元,开发胜山要塞遗址公园景区,逊克县投资504万元建设雾凇摄影创作基地项目。黑河文化体育艺术中心、孙吴二战历史遗迹文化公园、黑河新生鄂伦春民俗文化旅游区等项目被列入《2012年全省文化产业重点项目》。黑河市北大荒知青文化产业园区荣获“省级文化产业试验园区”称号,黑河龙江国际文化展览有限公司荣获“省级文化产业示范基地”称号,黑河白桦林工艺品有限公司荣获“省级文化产业试验基地”称号。

三是在市场经济规律主导下, 以俄罗斯油画为主的现代文化市场正在形成。黑河市传统文化市场主要有文化娱乐、艺术品营销、艺术培训、音像书报刊经销、互联网经营等。由于消费群体小,消费指数低,不能形成规模经营。近年来,以俄罗斯商品一条街为主要集散地,以俄罗斯油画、漆器、铜雕、象牙制品、各类化石、有色金属矿石为主的艺术品零售市场正在形成, 黑龙江右岸艺术馆、“俄风艺廊”俄罗斯油画经营公司应运而生,经营日趋红火。黑河作为以俄罗斯油画为主,包括东欧、西欧、东南亚和阿拉伯国家文化艺术品引进、采购、收藏汇集地的条件日臻成熟。

四是打造“北疆历史文化名城”,为文化产业发展积累厚重的文化条件。黑河市围绕打造“北疆历史文化名城”战略,大力加强文化建设,举办了中俄文化大集、中国国际文化休闲周、大黑河岛国际经贸洽谈会等一系列大型文化活动,“黑河之夏”、“七彩之冬”,“红玛瑙艺术节”、“嫩江之夏”等文化品牌逐渐创立。业余文化创作十分踊跃,成立了摄影、美术、作家、书法、舞蹈、朗诵等10个文化协会,创作了一批质量较高的文化艺术作品。《这里的黎明静悄悄》、《闯关东》、《毛岸英》、《知青》、《黑河风云》等一批影视剧在黑河市拍摄。拓宽与俄罗斯在文艺演出、美术摄影、对外宣传、招商引资、广告传媒、印刷出版、有线电视数字化等领域的合作,与文化部、省文化厅和阿穆尔州政府共同举办了中俄文化大集等一系列活动。

二、多措并举,推动文化产业更大发展

一是进一步解放思想、更新观念,树立大文化产业的科学发展理念。文化产业不同于传统经济,不能脱离社会而独立存在。发展文化产业必须打破条块分割、地区封锁、城乡分离的市场格局,与公共文化服务、文学艺术创作生产、科技进步成果、旅游产业项目以及体育产业、金融产业等联动,有效发挥政府在文化产业发展中的组织、协调、引导、扶持作用,加强文化产业公共技术、服务、信息平台建设,加强管理,优化环境,提高文化产业集约化水平,深入实施优势品牌战略,打俄罗斯油画艺术牌;实施发展要素整合战略和文化科技支撑战略,成立黑河龙江国际文化展览有限公司;实施重大项目带动战略,全力推进龙江国际文化综合体、孙吴二战遗址开发项目建设,拉动黑河市文化产业快速协调可持续发展。

二是树立文化产业也是经济的观念,将文化产业项目纳入黑河市重点产业项目管理。将文化类产业项目同经济类产业项目同研究、同部署、同管理、同督办、同推进、同落实。由宣传部门牵头,联合发改委、财政局、旅游局等对全市文化产业项目进行评估定级,从中筛选对全市文化产业发展具有重要牵动作用的文化产业项目,纳入黑河市重点产业项目推进工作领导小组管理。成立文化产业项目推进工作领导小组,由市委常委、宣传部长任组长,成员由财政、发改、外事、旅游、建设、人劳和县(市)区相关领导组成,办公室设在市委宣传部,按照黑河市重点产业项目推进工作领导小组工作机制,对文化产业项目进行一并推进。

三是坚持政府主导为先,设立文化产业发展专项基金。按照中央和省委关于“文化建设投入不低于地方财政增长比例”的精神,从上年度市、县两级全口径财政收入增加部分中每年提取1%, 逐年递增累加,作为本级文化产业发展专项基金,由宣传、财政、发改部门统一管理,对同级文化产业项目给予资助和扶持。市级文化产业发展专项基金对市级文化产业项目给予扶持,重点资助和扶持纳入黑河市产业项目推进工作领导小组管理的文化产业项目，具体办法由同级宣传部门、财政局、发改委另行制定。

四是制定文化产业项目扶持政策和税收优惠政策，为文化产业发展壮大创造优良环境。为吸引和鼓励国有、民营、外来投资和外商独资、合资投入文化产业经营，在黑河市直、合作区和爱辉区实施以下优惠政策。文化产业项目建设期间免收市级行政事业性收费；2011 年 1 月 1 日以后注册的文化企业，企业所得税地方级收入部分按 70%比例投入企业(执行三年)用于扩大再生产。企业上缴的土地出让金，财政按 50%比例用于该企业用地范围内的基础设施建设。从事对外文化产业项目开发经营的企业，其缴纳的增值税额按比例返还企业，用于扩大经营；上缴增值税、消费税、营业税、企业所得税总额(扣除财政投入部分)10 万元以上的法定代表人，按照纳税额给予一定比例的奖励。固定资产投资在 500 万元以上的文化经营企业，自投产之日起，财政依据企业缴纳的所得税地方级收入部分，第一年至第四年按 100%、第五年按 50%比例投入企业，用于扩大生产。对于从事高新技术和俄罗斯市场开拓等大型重点文化产业，除享受以上政策外，视投资规模、产业类型等具体情况采取一事一议的方式给予更加优惠的政策。协调海关税收、检验检疫收费和人员、货品出入境环节给予优惠和便利。

三、加大力度，推进文化产业项目建设

一是做大做强黑河龙江国际文化展览有限公司。按照市委、市政府关于“开发区域性、规模化的文化产业项目”的要求，成立了黑河龙江国际文化展览有限公司。该公司以俄罗斯艺术品展览、销售为核心，通过市场运作方式推动中俄文化艺术交流与合作。2012 年，成功举办国内首次“俄罗斯油画作品资产评估品鉴会”，对 303 幅俄罗斯油画作品进行了资产评估，评估价值 4500 万元。此次举办的俄罗斯油画作品资产评估品鉴会，是应用“艺术评价+资产评估”的模式，采取“权威艺术专家组结合市场对艺术品做出客观评价，评估公司依据专家意见出具评估报告”的方式，破解了“资产评估中介机构不具备艺术品评估资质，而权威艺术专家的评价又不具有法律效力”的瓶颈问题。

二是积极打造黑河文化体育艺术中心项目。按照黑河市城市功能需求，迎合市民文化体育活动需要，根据相关场馆建设的国家标准和行业标准，规划设计了《黑河文化体育艺术中心的设计标准》。设计标准初步确定了拟在黑河市区西郊建设公共文化体育地标性建筑群——黑河文化体育艺术中心。该项目以黑河市博物馆、图书馆、会展中心、艺术馆、剧院、数字影院、体育场、艺校、非物质文化遗产保护中心等市级文化设施为主导，包括文化、创意、休闲、体育等功能于一体的建筑综合体，该项目将成为黑河市有史以来规模最大、具有标志性的文化、体育设施。

三是加快推进五大连池火山遗址博物馆建设。黑河市积极探索“文化+旅游”、“科技+旅游”模式，着力丰富旅游文化内涵，以旅游提升文化影响力，推进五大连池火山博物馆建设项目前期工作。设计方案、项目选址、可研报告、用地审批、环评、规划许可和布展陈列大纲已经编制完成并报省发改委审批。五大连池火山博物馆建设项目主体工程总投资 13000 余万元，立项审批 9780 万元。该馆于 2012 年 9 月 22 日基础动工，前期投资 2000 万元；2013 年，继续推进主体工程建设；按计划拟于 2014 年末主体建筑基本完工。

四是保护开发孙吴二战遗址遗迹。孙吴县全力打造红色旅游文化品牌，重点保护开发侵华日军胜山要塞遗址、完成孙吴县日本侵华罪证陈列馆、侵华日军军人会馆遗址维修保护项目建设。在搞好保护的基础上，做好修复工程，对部分重点二战遗址进行抢救性修复，使其恢复历史原貌。筹建孙吴二战遗址公园项目、日本侵华罪证陈列馆新馆、军人会馆复原工程等一批档次高、规模大、设计理念科学新颖、馆舍建设一流的历史文化博物馆，全面展示孙吴县历史进程。

"学习培训之冬"是宣传思想文化工作服务经济社会发展大局的一大创新举措

绥化市委宣传部

2011年11月底至2012年4月末,绥化市以服务产业项目建设为主题的"学习培训之冬"活动蓬勃开展。

2011年11月上旬,绥化市新一轮"学习培训之冬"活动正式启动。

"学习培训之冬"活动,是绥化市在工作实践中探索出来的创新、有效、实用的学习培训形式。"学习培训之冬"之所以受到广大干部群众的欢迎,之所以能够取得实实在在的效果,关键在于立足绥化跨越发展实际,着眼全市经济社会发展大局,不断创新学习的内容、形式、方法和手段,让每个学员通过学习受到教育,得到启发,增长本领。这样做,一方面充分挖掘了现有的教育资源,更重要的是适应了新时期教育培训的新形式、新情况,找到了一条体现时代要求、满足发展需求、提高学习实效的新路子。

缘起——服务全市产业项目建设

项目出就业富群众、项目出利润富企业、项目出税收富财政、项目出综合效益富社会。2011年,新一届市委、市政府审时度势,高瞻远瞩,按照科学发展观和省委、省政府"八大经济区"、"十大工程"以及开展产业项目建设年活动等战略部署,不断完善提升创新经济社会发展战略思路,结合绥化市情,创造性地提出并强力实施了大力发展"五型经济",全面建设"五个一流",强力推进"六个跨越",加速实现"中心崛起、富民强市"的战略目标,做出了与省里同步开展为期三年的产业项目建设年活动的重大决策部署,着力推进经济社会大发展大跨越、民生水平大改善大提升、各项工作大提档大晋位,擂响了全党抓产业、抓项目、抓发展的隆隆战鼓。

全党抓发展、全民大招商,成为绥化广大干部群众的生动实践。市委、市政府深刻认识到,绥化市产业项目建设能否达到预期目标,能否真正发展壮大,最重要的因素就是人——只有让全市广大干部群众在思想上解放,在认识上统一,在能力上提升,才能真正调动起大招商大引联的巨大合力,才能让全市产业项目建设做得更大,走得更远。

正是基于这样的考虑,2011年11月3日,市委二届七十九次常委会决定:集中利用今冬明春半年的时间,深入开展以提升广大党员干部综合素质和服务经济发展能力为目的的大学习大培训活动,为大规模项目建设储备知识、积聚力量。

绥化市"学习培训之冬"活动应运而生。

创新——活化载体 系统推进

面向全市广大党员干部群众的全方位、大规模的集中学习培训,覆盖面大、牵涉面广、内容繁杂,究竟应该怎样组织,怎样开展?如何才能既保证学习质量和效果,又保证受众覆盖面,同时又能便于干部群众参与?作为"学习培训之冬"活动的牵头部门,市委宣传部在活动策划之初,便对活动的载体、形式等环节进行了认真调研探索。

在深入研究的基础上,一个以全新载体、全新形式为主体的"学习培训之冬"模式,最终展现在绥化市广大干部群众面前,并以星火燎原之势,迅速在绥化大地发展壮大。

——上网络视频讲座。组织党员干部群众走进网络直播室,利用覆盖城乡的远程教育系统,采取同步收看的形式,围绕广大干部群众比较关注、急需掌握的政策理论和业务知识开展专题讲座。在市设主会场,组织市委中心组成员和市直各党委党组中心组成员带头参加讲座。在10个县(市)区和100多个乡镇、1000多个村设置分会场,组织各县(市)区委中心组成员、县(市)区直部门主要领导干部、乡(镇)党政班子成员及各部门主要负责人、村两委党员干部及入党积极分子在分会场集中收听收看。同时，组织机关党员干部和农村党员群众分别在办公室和新农村建设中心户家中分散收听收看，并把每期视频讲座录像挂在《绥化新闻网》上，方便党员干部群众深入学习。

——进课堂层层培训。组织党员干部群众走进培训教室，以县(市)区为主，以部门系统为单位，开展集中培训和轮训。一是在市、县层面，以党的方针政策、市场经济知识、产业项目建设知识为重点内容，以高校和市、县两级党校为主阵地，对副科级以上干部进行全方位培训，培训率达100%。二是在乡(镇)层面，以新农村建设、千公里现代化大农业示范带和乡(镇)村经济等为重点内容，以文化站为主要场所，对乡村党员干部、村两委党员、各类合作经济组织负责人进行专题培训；组织农机专业人员开展现代化农机具驾驶技术学习培训，全面提高农机人员对各种新型农机具的驾驶技能。三是在村级组织层面，利用文化活动室，组织种、养、加等各类带头人、经纪人对农民进行培训，使农民掌握更多的致富知识和信息。

——走基层调研宣讲。组织各级领导干部和理论骨干大下基层，既当老师，宣讲理论，又当学生，调查研究，问计于民，形成上下互学互动的学习局面。一是动员市县乡三级领导干部深入基层，开展“讲理论、解难题、谋发展”主题宣讲调研实践活动，把宣传中央、省委全会精神和市委发展思路与解决生产生活难题、研究谋划工作紧密结合，深化学习，树立形象，明晰思路。二是市委分别组建了中央和省委全会精神主题宣讲团和强力推动绥化经济社会大发展大跨越主题宣讲团，利用近两个月的时间，深入到10个县(市)区、12个试点小城镇、近30个新农村建设重点示范村，宣讲十七届六中全会精神和省委十届十八次全会精神，与宣讲对象面对面交流互动，及时回答广大党员干部和群众在学习中遇到的问题。三是各县(市)区组建了近50个宣讲小分队，广泛开展“走乡村、进社区、到企业”巡回宣讲活动，把中央和省委、市委的重大方针政策及时传达到基层，科学阐释基层关心关注的热点问题。四是各乡镇动员近1000名有宣讲能力和宣讲热情的新农村建设中心户，进屯入户，以唠家常形式宣传政策理论、致富知识、实用技术。

——到一线学习实践。组织党员干部深入基层和生产生活一线，实现理论与实践的有机结合，在工作实践中锻炼提高研究解决问题、推进具体工作能力。一是调研实践。领导干部深入基层开展调研活动，完善思路，解决问题，推动工作。二是挂职实践。实行骨干干部特别是重点后备干部到经济岗位挂职锻炼，直接参与经济工作，提高了服务经济、服务发展的水平。三是招商实践。以招商引资为目的，组织动员各级党员干部走出去，开展外埠实地考察活动，开阔视野、宣传优势、洽谈项目。

转化——思想大解放 项目大发展

2012年4月末，为期半年的“学习培训之冬”活动圆满结束。围绕现代化大农业、异地经济、招商引资等内容，先后举办专题视频讲座8次，市直机关和各县(市、区)、乡(镇)、村党员干部10万人次同步收听收看。市县两级宣传部门编辑下发书籍、光碟等学习资料10余种5万余册(张)，开展基层宣讲700余次，举办大型报告会11场，直接受教育干部群众近20万人次，广大干部群众思想进一步解放，求发展谋跨越的能力素质进一步提升。

——学习培训成果体现在思想认识进一步提升上。通过学习培训活动，广大党员干部进一步深化了对中央、省委重要会议和重大决策特别是市委二届七次全会(扩大)会议及市第三次党代会精神的理解，把思想和行动进一步统一到了市委“五型经济”发展战略、建设“五个一流”、推进“六个跨越”发展目标上来，全党抓发展、全民大招商的理念不断加强，服务大局、服务发展、服务项目建设的积极性、主动性不断增强，创业、创新、创优意识不断强化，共谋发展、干事创业的氛围不断浓厚。

现在，绥化市最大、最显著的变化就是已从党委政府推进发展，变成了我要主动发展、人人参与发展，从党政官员到普通市民，从企业家到个体工商户，甚至到出租车司机，人人都成为引进项目的主体，跨越发展的主体。思想的大解放、认识的大提升，为绥化市经济社会发展插上了腾飞的翅膀。

——学习培训成果体现在综合素质进一步提高上。通过学习培训活动，广大党员干部的政策理论素养进一步提高，把握和运用市场经济规律、经济和产业发展政策的水平进一步提升，项目谋划生成、洽谈引进、对上争取、统筹协调和管理服务能力不断增强。

望奎县双龙社区一名普通居民，通过与域外亲属联系，成功引进了总投资15.9亿元的欧瑞喜塑胶加工项目。

——学习培训成果体现在工作进一步提档上。学习培训活动，促进了市委创新发展战略的有效落实，以产业项目建设、现代化大农业建设、新农村和小城镇建设为代表的重点工作取得突破性进展，学习培训成效进一步转化为工作成果。

绥化市开展了为期两个月的“升级招商活动月”活动，推动产业和项目向新兴战略产业升级，向高新技术产业升级，向大企业大集团升级，向国际市场升级，向研发基地、总部经济升级，向资源精深加工升级；推动招商引资工作由被动地、盲目地、单体地低层次招商，向产业园区整区招商、产业孵化园整园招商、商企协会整体招商、专职经纪人专业招商、大专院校科研院所高层招商和以商招商、以企引企创新转变。

——学习培训成果体现在项目建设进一步提速上。“学习培训之冬”活动为“产业项目招商与准备之冬”活动注入了强大动力，促进了产业项目快速发展。2012年在四月中旬、六月中旬、八月中旬和十月十日，举行了四批产业项目集中开工活动，共开工建设3000万元以上产业项目668个，投资1602.4亿元，其中亿元以上项目425个，新续建项目总数达到864个，创造了新开工项目数量和投资总额同比双翻番的重大突破。全市呈现出更高水平地推进经济社会大发展大跨越、民生水平大改善大提升、各项工作大提档大晋位的全新局面。

“学习培训之冬”已经连续开展了2年。在一定程度上说，这项活动已经远远超出了“学习培训”本身的意义，更重要的，是对宣传思想文化工作如何更好地服务于经济社会发展全局提供了有益的探索和实践。

弘扬生态文化　推进生态文明
奋力实现文化大区向文化强区跨越

大兴安岭地委委员、宣传部长　王利文

文化是民族的血脉，是人民的精神家园。大兴安岭是东北、华北平原的天然生态屏障和国家重要的生态安全保障区，生态是发展的基础和保障，文化是林区发展的不竭动力和精神旗帜。只有建设以生态文化为引领、以生态文明为显著特征的“生态文化鲜明、文化精品迭出、文化产业发达、文化事业惠民”的生态文化强区，增强全民生态意识，培育生态道德，才能凝全民之智，聚全民之力，形成创建全国生态文明示范区合力，更好地为全面建成林区小康社会提供精神文化力量，为建设美丽龙江、美丽中国做出新贡献。

一、发挥资源优势，打造特色鲜明的生态文化品牌

大兴安岭地域区位独特，生态文化资源富集，实现文化大区向文化强区跨越，就是要把这些独一无二的生态文化资源转变成推动文化发展的巨大品牌效应和品牌集群。一是打造五大生态文化品牌。以森林文化、北极文化、民俗文化、冰雪文化、管乐文化、采金文化为主攻方向，成立了大兴安岭生态文化协会，创编了《走上高高的兴安岭》、《五月杜鹃红》等大型舞台剧目，先后建成林海观音、金鸡之冠、北极沙洲等一大批标志性景点，连续举办了中国·漠河北极光节、中国·大兴安岭国际蓝莓节暨山特产品交易会、全国自由式滑雪雪上技巧比赛、国际冬泳邀请赛等节庆赛事，管乐、版画、鄂伦春民族工艺美术被文化部授予“中国民间文化艺术之乡”称号。二是打造生态宜居大美兴安品牌。按照“城在林中，林在城中，人在景中，自然和谐”的要求，大力实施生态环境优化工程，通过专业队伍治理、居民自我保洁、全民义务劳动、志愿者服务等多种形式，深入推进背街小巷、城乡结合部、公路铁路沿线和乡镇村屯的环境卫生，大力开展“园林绿化三年会战”，2012年大兴安岭在全省13个地市公共文明指数测评中名列第一，建成区绿地率、建成区绿化覆盖率和人均公园绿地面积分别达到40.3%、45.1%和26.3平方米，分别比全省平均水平高3.9%、9.6%和13.6平方米，在全省叫响了生态型花园式新林区建设品牌。三是打造人与自然和谐发展的生态文化教育品牌。以“国家生态文明教育基地——漠河县北极村国家森林公园”为依托，相继组织开展“美丽神奇的大兴安岭”摄影展、“城市之光”暨迎庆党的十八大“关注森林”等一系列主题活动。成立大兴安岭精神研究会，赋予其生态文化的新内涵，通过开展“道德模范评选”、“学模范、做模范”、“寻找身边的美”道德实践活动，集中宣传了一批在推进生态文明、建设美丽兴安伟大实践中涌现出来的先进典型，使人与自然和谐相处的价值观深入人心。

二、繁荣文化艺术精品，提升生态文化影响力

把大兴安岭源远流长的生态文化通过技术、创意等手段进行现代转换，注入时代新的内容与形式。一是繁荣图书和影视精品创作。深入挖掘大兴安岭特有的生态文化底蕴，出版了《龙文化》、《北文化》、《金文化》等14部精品文艺图书，30集电视连续剧《最后的部落》剧本创作已经完成，35集电视连续剧《金魂》2012年8月开机，省内第一部儿童数字电影《呼玛河的孩子》即将展播，开创了大兴安岭原创影视作品零的突破。二是繁荣民俗文化精品。启动了鄂伦春非物质文化遗产记录工程和传承保护项目，鄂伦春剪纸与鄂伦春服饰图集将于鄂伦春下山定居60周年大庆时出版发行。呼玛民间艺术团的舞蹈《斗熊》入选2012年中央电视台“国庆七天乐”，《鄂伦春萨满文化遗存调查》、《中国北方捕猎民族纹饰与造型艺术》获第七届“黑龙江文艺奖”二等奖，是大兴安岭民俗文化研究获得的省级最高奖励。三是举办高端文化精品活动。举办了“雪浴兴安”、“蓝莓之约”和“兴安之巅”等10余场大型文学笔会，全国30余位文化名家和全区知名作家集中创作诗歌等文学作品120余篇，12万余字。北极光节系列节庆活动被列为国家首批47个公共文化体系示范项目。

三、加速发展文化产业，增强生态文化整体实力

按照“一核三极四区一线”的文化产业发展总体布局，重点发展文化旅游、工艺美术、传媒印刷、演艺娱乐、影视动漫5大文化产业。一是突出重大项目带动。以漠河神州北极文化旅游开发区被列为全省首批文化产业示范园区的契机，深入实施文化产业招商引资年和项目建设年，突出重点抓招商，攻坚克难上项目。总投资58亿元的漠河森林文化主题公园项目，2012年将完成投资3亿元，完成百万金街主体工程；总投资1.5亿元的漠河立体球幕影院建设项目，2012年将完成投资1亿元，完成高科技影院主体工程；总投资18.5亿元古城岛影视文化产业园项目，已于2012年5月9日奠基开工。二是突出文化创新驱动。深入推进文化体制改革，地区艺术剧院整体划转林业集团公司，北极光节期间常态化演出35场，创编的大型歌舞剧《北极神韵》在国内外游客中引起强烈反响。大力推进中国第一城市连锁视频门户——播视网杭州漠河分站、北极村广播电视塔和节目制作中心开工建设，开辟网上数字媒体、手机电视和国际广播等新兴文化产业。尤其是创新文化产业项目投融资渠道，动漫《武松与小老虎》在上海文化产权交易所成功挂牌，开创了大兴安岭文化产品走向市场的先河。三是突出特色工艺产业发展。加强对具有浓郁地方和民族特色工艺品的研发，朱波桦树皮国画获哈洽会“创意金奖”和中国工艺美术协会“银奖”，尤其是成立了大兴安岭版画协会,组建了专业销售公司,成功举办了中国·漠河首届北极森林版画展暨中国版画名家作品邀请展,森林版画在中国(观澜)原创版画交易会等国内外展会上持续热销,部分作品荣获建军85周年全国美展最高奖励,并作为政府礼品馈赠给香港特别行政区行政长官梁振英、台湾国民党荣誉主席吴伯雄和联合国官员,开创了大兴安岭版画走向国际的先河。

四、强化公益性文化事业建设,满足林区群众多层次、多方面的生态文化需求

制定实施了大兴安岭《关于推动生态文化大发展大繁荣的实施方案》,大力实施生态文化基础设施升级工程。一是加强生态文化基础设施建设。将生态文化事业建设上升到战略高度,先后建成了大兴安岭资源馆、图强林业博物馆等一大批生态文化基础设施,南瓮河、多布库尔、绰纳河等森林、湿地和野生动植物物种保护类型自然保护区28处,2012年举办各类生态文化活动1500多场次,在广大干部群众中普及了生态文化,弘扬了生态道德。二是繁荣公共文化服务体系。积极推进3县4区10个林业局公共文化体系建设,启动了地区博物馆、图书馆、城市建设规划展示馆和9个县区图书馆、文化馆建设,全面实施广播电视"村村通"、文化信息资源共享、乡镇(林场)综合文化站、农村电影放映、农家书屋建设、非物质文化遗产保护和有线电视数字化"七大生态文化惠民工程",使林区群众享受生态文化的多方位盛宴。三是打造大兴安岭生态文化标志。强力推进大兴安岭远古岩画考古发掘工作,相继在9个县区局发现28处、650余幅远古岩画,被列为黑龙江省2012年考古三大重要发现之一,填补了我省相关历史缺环。尤其是2012年3月在十八站林业局双河自然保护区新发现一处长1.5米、宽1米的凤凰岩画,凤凰头部冠羽为驯鹿角状,意为"禄途高升,顶上加冠"之意,是国内已知彩绘岩画中单幅最大的岩画,具有极其重要的研究价值,成为大兴安岭生态文化的新标志。

健全长效工作机制　实施城乡清洁工程　推动生态型花园式新林区建设提档升级

大兴安岭地委宣传部

2010年初,我区提出建设生态型花园式新林区,其基本内涵是"三优一富裕",即"生态优良、产业优化、环境优美、生活富裕",契合了省委提出的建设"富强龙江、文明龙江、和谐龙江、大美龙江、幸福龙江"的目标。三年来,我们始终把"三优"文明地区创建工作作为实现"环境优美"目标的主要抓手,特别是2012年,我们通过健全长效工作机制,实施城乡清洁工程,有力推动了"三优"文明地区创建工作向纵深发展。

一、健全组织领导机制,保障城乡清洁工程顺利实施。一是摆上重要日程。将2012年确定为"环境治理年",把城乡清洁工程作为全区重点工作,与森林防火、招商引资、产业项目建设等工作同研究、同部署、同检查、同落实。各县区、林业局成立了由主要领导任组长的组织机构,形成了"一把手"负总责、分管领导着重抓、责任部门具体抓的整体工作格局。二是明确责任分工。各级文明办负责规划部署、指导协调、检查督促,各级住建、卫生、营林部门负责城乡环境建设和绿化美化工作,对市容环境卫生和绿化美化工作进行制度化、规范化管理。逐步完善了以全民爱国卫生教育为基础,以专业部门和专业队伍管理为主体,以单位和居民实施周边环境责任制为保证,以群众义务劳动和志愿者义务献工为补充,以必要物质投入为条件的环境建设长效管理机制。三是纳入目标考核。把城乡清洁工程纳入对县区、林业局目标考核工作之中,由纪检监察部门牵头组成4个工作组,对各县区、林业局进行专题推进。地区每两个月对各县区、林业局城乡清洁工程进行一次综合排名，并通过会议、文件、新闻媒体通报全区，充分调动了各地各单位创建工作积极性。

二、健全监督推进机制，确保城乡清洁工程任务落实。一是集中检查推进。采取地区领导督办、成员单位督办、文明办督办等形式进行集中检查推进。4月份，行署主管领导带领相关部门组成检查组，对各县区、林业局城乡清洁工程开展情况进行督促检查。地区文明办、行署住建局等部门联合对各县区局进行多次明察暗访，对发现的问题下发整改通知单，限期整改并跟踪问效。二是专题会议推进。地委委员会议、行署常务会议多次专题研究城乡清洁工程，解决工作中遇到的困难和问题。7月3日，行署召开了全区城乡清洁工程现场会，总结交流经验，推进城乡清洁工程向纵深发展。针对铁路沿线环境治理难的问题，行署主要领导主持召开了由铁路等多部门参加的专题会议，制定下发了《关于治理铁路沿线环境卫生的紧急通知》，对治理铁路沿线环境工作责任分工、治理标准、完成时限、长效机制等提出明确要求；加格达奇区召开了由铁路11个单位参加的联席会议，成立了督办推进组，采取乘坐火车逐站、逐段巡视的方式，对铁路沿线环境卫生综合治理情况进行不间断巡察；加铁工务段成立了治理工作组，向管内各车间、班组下发了铁路沿线环境卫生整治活动通知，并召开专题电视电话会议部署此项工作。三是舆论监督推进。充分发挥新闻媒体优势，加大舆论监督力度，在大兴安岭日报、大兴安岭电视台、大兴安岭广播电台开辟“讲文明、创三优、建幸福兴安”、“城乡清洁工程”和“‘三优’曝光台”等专栏、专题，对创建工作中的好经验、好做法进行集中宣传，对工作中存在的突出问题进行曝光。在地区文明办、行署住建局和新闻媒体设立4部监督举报电话，及时收集整理社会各层面反映的意见和问题，督促有关责任单位整改落实。通过有效监督推进，我区城乡清洁工程，特别是环境整治取得了明显成效，自3月份以来，全区清运垃圾13.9万吨，拆除破旧广告牌匾607个、违章建筑977处2万余平方米。

三、健全奖罚投入机制，确保城乡清洁工程取得实效。一方面，严格奖罚机制。将参与创建工作的单位划分为县区林业局、县级企事业单位、中省直单位、地直机关和民营服务行业5个组，严格考核评比，实行重奖重罚。年初，投入80余万元，对2011年度29个创建工作先进单位给予重奖。几年来，我区用于创建工作的奖励资金近800万元，对后进单位处罚金175万元。2012年，我们规定，除资金处罚外，对年末排名后3位的县区、林业局在全区通报批评，对排名后5位的乡镇(林场)实施问责。另一方面，健全投入机制。在财政、财务设立专项资金，并通过向上争取、自身匹配等多种渠道，不断加大“三优”文明地区创建投入力度。三年来，累计启动棚户区改造111391户、556.95万平方米，现已竣工72358户、361.79万平方米；启动“三供两治”项目39个，有12个项目已投入使用；启动了10个生态型花园式中心乡镇村；进行临街建筑物立面改造588栋；地级财政、财务累计投入5.4亿元，大力开展“园林绿化三年会战”，建成区绿地率、绿化覆盖率和人均公园绿地面积分别达到40.3%、45.1%和26.3平方米，分别比全省平均水平高3.9个百分点、9.6个百分点和13.6平方米。

以城带乡　城乡共建
建设农村文明社区

绥芬河市委宣传部

绥芬河市以“环境优美、秩序优良、服务优质、行为优雅、风尚优化”为目标，以“创建新社区、塑造新农民、共享新生活”为主题，以党委政府统筹、党政军企民多方联建为手段，实现了农村公共文明程度和农民素质显著提升，农村经济社会快速发展。

一、政府主导、统筹规划，加强对城乡共建农村文明社区的组织领导

制定《绥芬河市加快农村文明社区建设

2010—2012 年工作规划》，结合自然环境、区位特点等因素，对 6 个城中村进行整体改造，推行"一村一社区"模式，纳入城市社区管理，建设城市化新社区。明确了文明社区 "五优十有" 建设标准。成立农村文明社区建设领导小组，负责农村文明社区建设的统筹规划、组织协调、推进落实。积极争取国家和省里资金支持 1.5 亿元。政府加大财政投入力度，2006 年至 2011 年，财政投入资金占全市 GDP 比重年平均增长 18 个百分点；统筹涉农资金捆绑使用，累计投入 5.5 亿元建成占地面积 18 万平方米的西城区旗苑社区，1900 户村民、300 户商服全部入住；各村每年自筹 200 多万元与共建单位捐助资金捆绑设立助学、改水改厕、购置农机具等专项补贴，为文明社区建设提供有力保障。

二、整合资源、多方联动，构建城乡共建文明社区网络

挖掘城市资源，动员一切力量，构建起"条块结合、资源共享、优势互补、共驻共建"的工作网络。组织 48 家市直机关单位与 11 个行政村结成共建对子，占机关部门总数的 80%；组织 56 家文明单位与11 个村结成共建对子，组织工业园区内 35 家企业与农村社区、农户结成共建对子，组织市养猪协会、食用菌协会等 8 个协会和 500 多户结成共建对子，组织协调边防检查站、驻军部队官兵和村民结成共建对子，形成全方位的共建网络，实现了共建工作无缝隙覆盖。各共建单位都制订了共建年度规划。机关部门完成 107 个项目，培训 2 万多人次，帮扶资金 3500 多万元。各级文明单位落实资金 5300 万元。帮助种养户完成年出栏生猪近 2 万头，蔬菜种植和食用菌栽培总产值达 2000 余万元。工业园区帮助宽沟村完成整村搬迁，新建一层民宅 62 栋、二层楼房 13 栋，安置 300 多名村民参与保税区园林绿化、货物运输代理等工作。驻军官兵帮助清理垃圾 800 余车，组织村民进行革命传统教育 2000 多人次。

三、把握主题、突出重点，城乡共塑农村文明社区新形象

以"创建新社区、塑造新农民、共享新生活"为主题，以"四大工程"为载体，组织"五乱"集中整治行动。开展"净化、美化、硬化、亮化"活动，共建单位出资修路 11 万平方米、植树 1200 棵、铺草坪 600 平方米、种花卉 10 万余株，建垃圾箱 600 个。民政、劳动、计生、物业管理等共建单位开展延伸服务和"一站式"服务。文化、卫生、科技、司法等共建单位开展涉农服务进社区活动，举办法律咨询活动 30 余次，卫生知识普及活动 60 场次，受益农民达 3000 多人次。各共建单位志愿服务队开展社会救助、纠纷调解、关爱留守儿童等活动，累计志愿服务 600 多小时。共建单位成立形势政策教育宣讲团，组织农民开展就业政策、惠农知识、法律法规等宣传教育活动和劳动技能培训，80%的农民实现进城稳定就业，2800 名农民从事旅游、管理等新的行业，121 人成为农民经理人。组织出国劳务农民开展双语培训和公共场所"七不两主动"道德实践活动，培训 200 多人次。开展诚信户、十星级文明户帮建活动，涌现诚信户 36 个、诚信企业 19 个，分别占经营户的 30%、16%；十星级文明户 258 户，占农户的 10%。共建单位帮助农村社区成立农民女子乐团、民乐队，组建由 80 余名社区干部、武警、学生、居民组成的合唱团，每年举办大型节庆文化活动 20 余场次。

经过多年努力，城乡共建文明社区工作取得明显成效：农村社区公共文明程度明显提升，敬老爱幼、诚实守信、团结互助蔚然成风。全市农村经济总收入 2011 年达到 21139 万元，同比增长 17.3%，农民人均纯收入 14163 元，同比增长 39%。

创新举措　完善机制
扎实推进学习型党组织建设

省农垦总局宝泉岭管理局党委

近年来，省农垦宝泉岭管理局党委按照中央和省委的决策部署，扎实推进学习型党组织建设，构建高效化学习体系，创新科学化学习手段，完善长效化学习机制，不断增强各级党组织和广大党员干部的学习力，激发创新力，提升执行力，有力地推动了管理局经济社会又好又快发展。管理局党委先后获得了“全国先进基层党组织”、“全省学习型党组织建设标兵”称号。

一、以学以致用为目标，推动学习型党组织建设高效化

围绕“争创垦区经济社会全面发展先进局”这一目标，管理局党委在推进学习型党组织建设过程中，始终坚持“解放思想，凝聚力量，加快发展”这个主题，在创新发展思路、谋划全局工作、推动经济社会全面发展上下功夫，使学习型党组织建设的成效在实践中得到充分体现。以召开专题研讨会的形式，搭建了成果转化平台，相继召开了“建设绿色宝泉”、“争创先进局”、“产业兴局”等理论研讨会，共撰写论文1200多篇，在实践中发挥了不可替代的作用。先后搭建了“建设现代化大农业示范区”、“建设国家安全食品生产基地核心区”、“创新产业发展”等7个学习实践平台，形成了一心一意抓经济、抓发展，全民干事创业的生动局面，有效地推动了全局经济社会又好又快发展。2012年，全局粮食总产315.7万吨，完成工业增加值33亿元，工业利润7.5亿元，城镇化率达到81.7%。

管理局党委在推进学习型党组织建设过程中，结合基层党建工作实际，有针对性地推出了以“做优秀北大荒人，打造好队伍、好作风、好民风”，建设和谐幸福宝泉岭为目标的“一优三好”活动品牌；深入开展了“争创先进局、党旗飘宝泉”主题实践活动，采取多种学习形式，切实加强对党员干部理想信念和宗旨教育。创新“三联三带”活动载体，设立“民情接待日”、“民情日记”、“民情档案”，以致富兴业为抓手，在干部与职工群众间架起连心桥。目前，各级党组织为基层职工群众解决各种难题5578件(次)，筹措生产生活资金867万元。

在进一步提高广大党员干部思想政治素养上下功夫。大力推行“党员干部素质提升工程”，定期举办培训班，深入开展电化教育，为党员搭建理论学习、信息沟通、生产技术学习推广的平台，提高了党员带头致富的能力和干事创业的本领。近年来，通过各种渠道培训教育党员累计达到3.2万人次。积极开展“党员示范岗”、“跨越先锋行动”、“五亮五比五创”活动，涌现出先进党员典型190余名，提升了广大党员干部的整体素质。

二、以创新举措为重点，推动学习型党组织建设科学化

在党委理论中心组学习上，创立了“课题式”学习成果转化模式，建立了多个课题组，使理论学习始终坚持“找问题、点课题、解难题”这一学习路径，有效地提升了党委理论中心组的学习能力和实践水平。每年年初，按照年度理论中心组学习计划安排，把每次学习要解决的问题提前确定好，并将要解决的问题按各课题组的职能批复给相关课题组组织研究攻关，拿出具体的解决办法和措施，有效避免了学习内容盲目，学习目标模糊，学习成果虚化的问题。普阳农场和军川农场的现代化大农场发展课题组在领受了“关于加快现代化大农业建设，提高职工收入”的课题后，在广泛调研的基础上，向农场提出了减少旱田面积，扩大水田面积的研究报告，并被农场采纳，仅三年的时间，两个场的水田面积分别由原来的65%、50%，全部提高到90%以上，农场的效益由原来的1亿多元，提高到2亿多元。职工的人均纯收入由1万多元，提高到2万多元。

组成以农垦工业学校、机关部门负责人为主要力量的宣讲团，上下联动，内外互补，推动社会主义核心价值体系教育和中央、省委重要部署进基层、进群众、进人心。大力开展“千名书记讲党课”活动，组织全局2万余名党员大力弘扬大庆铁人精神、北大荒精神，组织开展“五先五好”主题学习竞赛活动，以“履职当先，争创好班子；素质领先，争创好队伍；发展率先，争创好业绩；效率优先，争创好机制；民本为先，争创好口碑”为主要内容，激励引导广大党员争先锋、作贡献。

结合近年来学习型党组织建设所取得的经验

与成绩,更深一步提出了以学习型党组织建设为引领,向学习型管理局建设拓展延伸的新目标。学习型管理局创建活动包括“学习型农场、学习型机关、学习型社区、学习型企业、学习型行业、学习型管理区、学习型家庭”等7个方面。绥滨农场在创建学习型农场过程中,进行全方位总体规划,对创建工作进行深入思考,创新实施了“1+5+X”创建体系,把握五个核心环节。工业学校在创建学习型校园过程中,结合教育教学特点,根据不同教育科目、教学门类,建立“导航式学习”模式体系。学习型管理局活动的开展进一步营造了全民重视学习、善于学习的良好风尚,全面提升了个人和组织的工作创新能力,塑造了宝泉岭农垦城新形象。

三、以完善机制为保障,推动学习型党组织建设长效化

结合实际研究制定了学习型党组织建设考核方案和学习型党组织建设的评价体系及考核细则,把党员、干部对理论学习的政治自觉、领导干部带头作用的发挥、学习计划的落实、学习质量学习效果和理论联系实际等项内容作为考核评价的重点,形成了较为科学、合理的学习绩效评价体系,把组织建设和“四个一”学习制度,即日学一小时、月读一本书、一季一交流、一年一评比作为对党员干部考核的主要内容,把党组织和党员干部的学习情况作为上级党委考核领导班子和选拔任用领导干部的重要依据。还加强了对学习过程的管理工作,全局为党员干部建立学习档案2000多份,为普通党员建立学习档案2万多份,使党员干部学习建档案率达100%,普通党员学习建档案率达90%以上。

把党组织和党员干部的学习情况作为上级党委考核领导班子和选拔任用领导干部的重要依据,以此在全局树立了正确的用人导向,激发了全局党员干部的学习热情。三年多来,在机关副职和基层副场级干部的选拔任用中,通过对理论知识和业务能力的考试、考核,全局共有85名同志从一般干部走上了领导岗位,因理论成绩差,有5名同志由部门正职改任为副职,有6名同志由部门副职改任为部门工作人员。在新机制的作用下,广大党员干部在学习上有了压力、有了动力,确保了学习型党组织建设活动的高质量运行。

成立了由党委副书记担任组长,管理局有关领导任副组长,纪委、党委组织部、党委宣传部等有关部门和单位的领导同志为成员的学习型党组织建设达标领导小组。领导小组办公室设在宣传部,设综合协调、调研指导两个组。建立了党委部门联席会议制度和基层党委书记联席会议制度。党委部门联席会议一年至少召开两次,基层党委书记联席会议一年至少召开一次,专题研究学习型党组织建设和党的建设工作,提出有针对性的指导意见,重点解决学习型党组织建设中的困难和难题。到目前为止,已召开党委部门专题会议17次,召开基层党委书记联席会议8次,召开现场会和经验交流会3次,召开专题理论研讨会6次。到2013年6月,全局各级党组织学习型党组织建设达标优秀率达到80%以上。

开放听民声 真心解难题 职工互动交流平台激发思想政治工作新活力

哈尔滨铁路局党委宣传部

面对职工思想日益多元多样多变、民主意识和维权意识日益增强的新特点,哈尔滨铁路局以局域网为支撑开通了“职工互动交流平台”,努力将其打造成反映诉求、了解民意的“直通车”;解决难题、排除民忧的“连心桥”;改进管理、务实作风的“助推器”,“平台”日均浏览量近万人次,受到了广大干部职工的欢迎和好评。

一、拓展沟通渠道,开通民意诉求“直通车”

及时倾听民声、集聚民智,保障职工的知情权、参与权、表达权、监督权,是我们建立职工互动交流平台的初衷。

1.创新沟通模式。现实工作生活中，面对传统的思想政治工作方法，一些职工出于这样或那样的顾虑，往往不愿意表达自己的真实想法。基于网络搭建“职工互动交流平台”，由于其具有虚拟性、匿名性等特点，使职工能够放下担心顾虑把心里话说出来，使我们能够在第一时间了解掌握职工的真实想法，便于迅速准确地采取有针对性的措施加强教育疏导，加快了对职工思想问题的回应、解决速度，增强了职工思想政治工作的及时性和有效性。同时，也为职工提供了一个表达诉求、意见和建议的正规渠道，能够有效地把职工“宣泄情绪”的场所从“外网”引导到“内网”，可以最大限度地减少职工负面言论对企业的影响。

2.明确功能定位。着眼于实现解疑释惑、互动交流的功能，我们在“平台”上设置了新闻资讯、政策解读、职工诉求、建言献策、网上调查、厂务公开、哈铁论坛等七个板块。“新闻资讯”主要发布全路、全局相关新闻信息，让职工了解当前形势；“政策解读”、“厂务公开”主要是宣传解释事关全局改革发展和职工切身利益的重大政策，说明政策出台的背景初衷、要点内容；“职工诉求”主要受理职工在生产、生活中遇到现实困难和疑难问题；“建言献策”主要是让职工发表对企业管理的意见、建议；“网上调查”主要是围绕企业改革发展和职工关注的热点问题开展调查，了解掌握职工集中性、倾向性思想反映；“哈铁论坛”主要是职工之间相互交流的空间。每个板块既有独立的功能，又彼此联系、互为补充，构成一个有机整体。

3.落实管理责任。为确保职工互动交流平台有序高效运行，局党委制定了《平台管理办法》和《信息处置流程》，由机关各部门指定一名副职和一名工作人员负责，每天定时浏览平台信息，接到涉及本部门信息后第一时间上报本部门主要负责人，由其组织在4日内给予回复；建立职工评价体系，设置“部门回复满意度统计”和“不满意回复信息排序”两个指标，由职工对回复情况进行评价，平台管理系统自动统计、自动排序、实时公布。同时，系统对三个月内满意度评价分值最低和最高的五个部门分别以“哭脸”和“笑脸”图标给予警示或鼓励，对一个月内职工最不满意的五条信息给予曝光，使各部门工作质量一目了然。我们还在“平台”设置了自动督办、后台批示功能，局领导可随时对部门回复情况和问题解决情况进行批示。同时，每个月由机关党委对职工评价较低的前五个部门负责人进行谈话警示，提出整改要求，并纳入机关部门月度考核。

二、解决现实问题，架设干群互信“连心桥”

职工疑惑有人解、诉求有人听、困难有人帮，是“职工互动交流平台”的职责和生命力所在，也是密切干群关系的有效途径。

1.网上诉求耐心解答。对职工提出的每一条疑问、诉求和建议，我们坚持不回避、不改动、不截留，全部推到前台并由相关部门予以答复，明确要求责任部门对有政策规定、能够解决的问题，必须明确答复解决措施和时间，让职工不受困扰，身心轻松地工作；对一时解决不了的问题，不仅要实事求是、开诚布公地讲清原因，还要组织有关人员积极开展调研，主动寻求解决路径，给职工以希望和信心；对不符合政策规定、无法解决的问题，要耐心细致地做好解释工作，取得职工的理解和认同，确保职工意见诉求事事有回音、件件有结果，让职工群众切实感到干群之间时时刻刻“心连心”。

2.热点问题及时引导。针对职工普遍关注、较为集中的典型诉求，我们在网上认真回复的同时，还及时将职工诉求和回复内容利用多种形式广泛宣传，进一步扩大影响，形成舆论引导强势。如对职工反映比较集中的工资收入问题，我们在网上一对一解答的基础上，还在《哈尔滨铁道报》开辟“说说工资那些事儿”专栏，介绍2013年职工工资增长政策规定，向职工讲清我们的工资是如何来的、谁为我们的工资买单、靠啥才能多收入，有效澄清了职工思想上的模糊认识，起到了“讲清一件事教育一大片”的辐射效果。以往职工对涨工资存在不满情绪就到互联网上“晒工资”，今年涨工资后职工都在“平台”上讨论，到外网发帖率下降了80%。

3.实际困难真心解决。平台开通以来,我们坚持在解决职工实际困难中加强思想引导,通过真心实意为职工办好事、解难事,赢得了广大职工的信赖和支持,使干群关系进一步融洽。去年9月,有职工反映:“海拉尔站前广场灯从2005年分局撤销后一直不亮,领导能不能解决一下,让我们职工和家属有一处休闲锻炼的场所。”局供电处接到信息后积极协调相关单位,仅用6天时间就解决了这个问题,海拉尔地区职工和家属联名给路局、局党委写来感谢信:“‘平台’用6天的时间解决了困扰我们6年的难题,真给职工办实事,今年中秋、国庆我们过得特别明亮、舒心。”现在,“有事吗?上‘平台’”,已经成为干部职工中的流行语和“好声音”。

三、激活发展潜能,打造管理提升“助推器”

调动和激发全局上下工作的积极性、主动性、创造性,推动管理水平的提升,是建立“职工互动交流平台”的根本目的。

1.形成了工作倒逼机制。平台开通以来,路局领导高度重视职工反映的意见诉求,多次组织有关部门专题研究解决,党委书记单立军亲自对31件职工诉求进行批示督办。通过严格的公示、督办、考核,倒逼排名靠后的部门不断提高回复质量、加大解决问题力度,有效推动了各级干部工作作风转变和能力素质提高。劳卫处是受理职工诉求比较多的部门,刚开始时,有的干部对职工反映的一些尖锐诉求有想法,认为职工是故意“找碴”,在回复时内容很生硬,用文件内容应付,结果职工负面评价排在前列。该处深受触动,迅速进行整改,组织有关人员认真研究回复解决职工诉求,很快职工负面评价大幅减少。这件事也促进了机关干部观念的转变,有的干部说:“回复职工诉求,解决职工问题,就像迎考,逼着我们不得不提高效率、转变作风。”

2. 聚合了职工队伍正能量。“职工互动交流平台”实现了干群之间的平等交流对话,使职工群众能够充分发表自己的真实想法和意愿,有效激活了职工参与企业管理的热情和积极性,形成了集全局之智、聚全局之力推动哈局科学发展、加快发展的良好态势。“两违”考核定量问题是职工多年来一直关注的热点,“平台”开通后许多职工就这件事“吐槽”,“诉说”这种考核的种种不合理,路局、局党委高度重视职工的呼声,经过深入调研后决定取消干部“两违”考核定量。文件下发后,现场职工高兴地说:在“平台”上反映问题领导真当回事,以后“要多给路局提意见和建议”。

3.推动了工作手段创新。“职工互动交流平台”一改以往传统思想政治工作 “我说你听”、“一对多”、“独白式”等灌输说教方法,采取职工发问干部回答和职工之间讨论交流的互动模式,让职工由思想教育的“接受者”转换为“参与者”,变硬性“说服”为软性“引导”,使思想教育更具人情味和亲和力。平台开通后,每逢重大决策出台前和运输生产任务繁重的关键阶段,我们都利用网上调查、哈铁论坛等栏目,收集职工的思想反映和真实看法,并通过新闻资讯、政策解读、厂务公开等栏目,及时把路局、局党委的主流声音宣传出去,不仅有效地化解了职工的猜疑误解,防止以讹传讹,起到疏导思想、引导舆论的作用,还进一步拓展延伸了宣传思想工作的广度和深度,实现了宣传思想文化工作手段的创新。

“职工互动交流平台”虽然在反映职工诉求、引导职工思想、解决职工困难、促进队伍和谐上发挥了一定作用,但是目前还处于起步阶段,下一步我们将认真探索管理运行规律,深入研究解决存在问题,使之更加完善、高效,更好地为全局科学发展、加快发展服务。

让党的创新理论在高校师生中落地生根

省委高校工委　省教育厅党组

近年来,省委高校工委和省教育厅按照“党的理论创新每前进一步，理论武装工作就要跟进一步”的要求，不断强化措施，扎实推进，努力让党的创新理论在高校师生中落地生根。

一、抓住“三个群体”，增强理论宣传针对性和实效性

一是抓住领导干部。以学习型领导班子建设为载体，以理论学习中心组建设为抓手，建立领导干部述学、评学机制，把理论学习宣传作为重要指标，纳入领导干部考核评价体系。积极推进高校领导干部承担形势与政策教育教学任务，使他们在理论宣传过程中，理论层次得到了进一步提升。

二是抓住理论骨干。与省委宣传部等部门共同举办哲学社会科学教学科研骨干研修班，培训骨干教师近500人。邀请沙建孙、吴潜涛、陈占安等多名全国马工程专家对全省1600余名思想政治理论课教师进行了三轮全员培训。以党的创新理论为重要内容，举办10期全省高校辅导员骨干培训班，培训骨干1000余人次。高校理论宣传骨干的理论素养得到了进一步提高。

三是抓住青年学生。扎实推进党的创新理论“进教材、进课堂、进头脑”，深入实施“青年马克思主义者培养工程”，充分发挥50余个学生理论学习社团的作用，支持引导学生深入学习、广泛宣传党的创新理论成果。坚持省领导为大学生作形势报告制度，2010年以来，先后邀请吉炳轩同志、杜宇新同志、张效廉同志等省领导到高校为大学生作形势报告。广大青年学生的理论领会能力得到了进一步增强。

二、做到“三个结合”，增强理论宣传感染力和说服力

一是做到理论宣传与学习教育相结合。每年与省委组织部、省委宣传部联合召开高校党的建设工作会议，集中系统部署高校党建和理论学习宣传工作。以“深入学习实践科学发展观，推动高等教育又好又快发展”为主题，在高校基层党组织和广大党员中广泛开展学习型党组织建设和创先争优活动，并以此为契机，完善各项规章制度，进一步细化理论宣传。

二是做到理论宣传与理论研究相结合。把党的创新理论成果宣传教育纳入黑龙江省高校哲学社会科学繁荣发展实施意见，加强研究基地和全省高校思想政治教育研究会建设，为理论研究宣传构建更广阔平台。共建立34个省高校人文社会科学研究基地，其中教育部重点研究基地1个，省哲学社会科学重点研究基地5个。多次组织召开高校学习实践科学发展观、学习型党组织建设、中国特色社会主义理论体系的形成与发展等理论研讨会，进一步强化理论宣传。

三是做到理论宣传与社会实践相结合。连续5年组织高校理论骨干考察学习，增强了理论宣传的感染力和说服力。坚持把社会实践与专业学习、服务社会、勤工助学、择业就业结合起来，充分利用全省高校已挂牌的600多个社会实践基地大力开展实践活动，引导大学生在实践中加深对党的创新理论成果的理解，进一步深化理论宣传。

三、筑牢“三个阵地”，增强理论宣传影响力和传播力

一是筑牢课堂教学阵地。以开展《高等学校思想政治理论课建设标准(暂行)》专项检查为契机，深化思想政治理论课改革和建设。开展中青年教师教学大奖赛和“精彩一课”评选。组织专家编写案例教学系列参考书，成立全省高校思想政治理论课专家指导委员会，建立思想政治理论课专家听课制度。通过一系列有效措施，思想政治理论课在大学生思想政治教育中的主渠道和主阵地作用进一步发挥。在“全国高校思想政治理论课建设研讨会”上作为教育部指定重点发言单位介绍了经验。

二是筑牢讲坛论坛阵地。在邀请校外专家辅导讲座的同时，充分发挥资源优势，组建校内宣讲团，通过讲坛、论坛，专题辅导、形势报告等形式解疑释惑，回答师生关心的理论和现实问题。目前，全省高校有校内宣讲团30余个。加强对讲坛、论坛的管理，坚持学术研究无禁区，课堂讲授有纪律，做到绝不给有害言论提供舞台，绝不给错误思想提供阵地，为党的创新理论宣传教育营造良好环境和氛围。

三是筑牢网络媒体阵地。充分利用网络即时、快捷、互动的特点，建立红色网站，占领网络理论宣传阵地。目前，全省高校建有“中国特色社会主义理论体系学习网”、“红色琴弦”等红色主题教育网站50余个。其中“中国特色社会主义理论体系学习网”成立于1998年，是全国高校建立最早的红色网站。同时，通过开展辅导员博客大赛等活动，创新理论宣传教育手段，拓展了网上理论宣传阵地。

四、发挥“三个优势”，掀起学习宣传省十一次党代会精神热潮

一是发挥理论学习中心组的优势，将省十一次党代会精神作为重要内容，集中开展2—3次专题学习，邀请省委领导和省委宣讲团专家为高校党员领导干部进行专题辅导。二是发挥理论宣传骨干较多的优势，要求有条件的高校组建校内省十一次党代会精神宣讲团，在广大师生中积极宣讲，努力做好精神阐释、内容解读。三是发挥思想政治理论课在大学生思想政治教育中的主渠道优势，第一时间将省十一次党代会精神融入教育教学，切实做到“进课堂，进教材，进头脑”。

重要成果

Zhongyao Chengguo

重要成果

调研成果

赴西安、武汉、天津三市考察文化设施建设情况的调研报告

省委宣传部专题调研组

为贯彻落实吉炳轩书记在黑龙江文化大世界建设工作座谈会的指示精神，使黑龙江文化大世界建设顺利推进，9月10日至17日，省委宣传部成立专题调研组，由省委常委、宣传部长张效廉同志带队，先后赴西安、武汉和天津市就文化设施建设进行专项调研。期间，实地考察了西安市曲江新区、武汉市东湖文化产业示范区和天津文化中心、滨海新区等各类文化设施35个，与当地宣传文化部门进行了交流座谈。

三市文化设施建设的主要经验

1.准确定位，科学谋划，以高水平规划引领文化设施建设。三市坚持规划先行，强化规划引领，着力提升规划编制的科学水平，主动与国内外顶级设计团队合作，做到了兼顾当前与长远，统筹全局与具体，融合刚性与柔性，结合历史与现代，统一形式与内容。西安市曲江新区大唐芙蓉园等设计由工程院院士、我国著名园林建筑设计大师张锦秋担纲，景观设计聘请日本景观大师秋山宽先生主持。武汉中央文化区规划设计定位于“中国第一，世界一流”，整体规划由万达商业规划院牵头，联合国内外各行业顶尖设计公司参与完成。天津市采用市场化运作，文化中心各阶段设计共有来自12个国家40余家设计单位200多个方案参与竞标，最终确定广州华南理工大学设计分院、德国KSP设计公司、日本山本理显设计事务所为主设计单位。

2.依托资源，构筑特色，以集中区开发牵动文化设施建设。三市深入挖掘文化资源，充分整合历史资源、自然资源和区位优势，集中人力、财力、物力，推动优势力量向一个区域聚集，凸显城市主题文化，体现城市发展定位，打造文化建设集中区，延伸拉动链条，增大经济效益和社会效益，更好辐射、影响、带动周边地区建设。西安市科学谋划“五区一港两基地”格局，坚持以曲江新区为龙头，加强文化建设，呈现出文化产业、公共文化事业和城市建设齐头并进、协调发展的良好态势。武汉市重点加强东湖文化产业示范区和中央文化区的建设，目前已形成以文化为核心，旅游、商业、商务、地产等融合互动的发展格局。天津市按照“项目集中园区，资源集约利用，产业集群发展，功能集成建设”的思路，以市区文化中心和滨海新区两个区块为重点，建设各类文化设施，成为引领地区文化建设快速发展的龙头力量。

3.突出重点，注重实效，以大项目实施支撑文化设施建设。三市坚持以经济领域抓项目推动工作的思路和办法，深入实施文化项目带动战略，积极推进、认真谋划建设一批大项目、好项目、新项目，推动文化事业、文化产业繁荣发展。西安市曲江新区建设的大雁塔景区、大唐芙蓉园、曲江海洋世界、曲江池遗址公园、唐城墙遗址公园、唐大慈恩寺遗址公园、大唐不夜城等，武汉市东湖新区建设的省博物馆、美术馆和中国光谷等，天津市文化中心建设

的博物馆、美术馆、图书馆、大剧院等一批重大文化设施项目，规模大、带动性好的重大文化项目吸引了大批企业入驻，带动了文化事业、文化产业和城区发展，已分别成为各自区域的文化新地标，取得了良好的社会效益和经济效益。

4.强化领导，统筹协调，以规范化管理推动文化设施建设。三市着力创新管理方式，坚持以政府为主导，以市场为补充，在加大投入、加快建设的同时，注重科学管理，做到项目建设和运营管理并重，完善机制、激发活力，有效实现了文化设施的最大使用效益。陕西省采取“国有民营”的方式进行建设和管理，文化设施由政府建设投入，产权归国家所有，由企业运营管理，节约了管理成本，提升了经济效益。武汉市成立国有文化管理办公室，设在市委宣传部。成立国有文化企业控股公司，由市委宣传部作为主管部门，确保了国有资产保值增值。天津市采取“企建政管”的方式进行建设和管理，政府出台相应优惠政策，支持国有大型企业出资建设文化设施，产权归国企所有，管理由政府专业部门管理。

5.集成配套，务实高效，以更优惠的政策保障文化设施建设。三市在用好用活用足上级政策的基础上，因地制宜，集成创新，制定更切合实际、更具体、更加优惠的地方性政策，扶持文化设施建设。西安曲江新区出台《西安曲江新区优秀影视作品奖励暂行办法》、《曲江文化景区六项扶持促进举措》、《西安曲江新区入区文化企业贷款担保管理暂行办法》等，推出“文化基金+贷款担保+风险投资+财政实贴+房租减免+专项奖励+小额贷款”等举措，为文化建设提供有力保障。天津市出台《中共天津市委、天津市人民政府关于打好文化大发展大繁荣攻坚战的实施意见》、《天津市文化产业振兴规划》、《天津市文化产业发展“十二五”规划》等一批政策文件，在财政、税收、土地、工商、人才培养等方面对文化建设给予大力支持。

关于建设黑龙江文化大世界的建议

1.明确建设定位。黑龙江文化大世界建设应该秉承先进性、综合性、群众性的宗旨，坚持国际化、现代化、智能化的目标，旨在打造彰显我省文化内涵、推进文化事业、文化产业融合发展，保障人民群众文化权益的地标性建筑。综合各方面情况，应重点建设六大项目。①广播电视网络新闻中心，包括建设电视大厦、广播大厦、网络大厦。②出版中心，包括建设出版集团总部大厦、下属企业综合业务大厦。③图书中心，包括建设数字图书馆、图书大厦。④展艺中心，包括建设群众艺术馆、中型会展中心。⑤接待中心，包括建设外宣大厦、会议中心。⑥中心广场，包括建设休闲广场等。进驻的具体内容由省委宣传部协调省直各主要文化单位确定。

2. 科学制定规划。规划设计应按照20年不落后的原则，做到功能齐全，统分结合，样式新颖，保持哈尔滨建筑特色和特点，符合东方审美观点。由省、市合力推进，实行市场化运作，组织国内外招标，择优确定设计方案。设计中要特别注意创新能源的使用方式，倡导使用新型能源，建设节能环保文化设施；尽可能利用地下水温差，夏季供冷，冬季采暖，降低排放量；适当建立太阳能光伏发电站，解决日常照明用电；绿化率要达到50%以上。

3.完善工作机制。黑龙江文化大世界建设是省、市共建的区域性文化类的综合性项目。其涉及面广，部门多，投入大，对未来群立新区整个区域经济影响时间长、分量重，需要各部门的密切配合，合力推进。建议组建黑龙江文化大世界建设领导小组，拟请刘国中同志任组长，张效廉、程幼东、林铎、宋希斌任副组长，成员单位由省委宣传部、省广电局、省文化厅、省新闻出版局、省发改委、省财政厅、省住建局、省国土厅、省环保局、公安消防总队、省工商局、省国税局、省地税局、哈尔滨市委、哈尔滨市政府等相关部门组成，下设办公室。成立项目建设指挥部，由省发改和住建部门牵头，宣传文化系统和财税部门等部门参与。各组成单位抽调专人，统一协调管理，加强沟通联系，共同推进各项建设。

4.加大扶持力度。省、市两级政府应尽快制定相应政策，妥善解决建设难、融资难、管理难、用人难等问题。如：在建设黑龙江文化大世界上，哈尔滨市委、市政府在土地政策上参照工业用地标准给予最大优惠，出台文化用地政策，公益项目免土地出让金，产业项目减少土地出让金。土地出让金可借鉴天津、西安等地做法，实行先征后返，收取的土地出让金再投入到文化设施建设。在税收政策上，项目建成投入使用后，免征三年所得税，第四年、第五年所得税按比例返还奖励企业，企业在文化设施固定资产的投入可冲抵增值税。在融资机制上，文化事业项目由财政出资补助，文化产业项目由市场融资建设。加强国有文化资产管理，省委宣传部会同省财政厅，做好对文化企事业单位土地置换、资产核算等方面妥善组织评估、拍卖和转让等工作。

5.加强规范管理。建立科学的管理体制和机制，组建或招标成立专业管理公司，对文化单位资产和对委托经营企业及租赁经营企业实施监督管理。工作人员除专家和主要管理人员外，实行社会化用工，完善劳动人才中心派遣制度，有效发挥管理、服务与协调职能。

关于2012年全省文化科技卫生“三下乡”成员单位工作情况的报告

中共黑龙江省委宣传部

2012年，按照中宣部等14部委《关于深入开展文化科技卫生“三下乡”活动的通知》要求，我省“三下乡”成员单位坚持从实际出发，坚持把文化科技卫生“三下乡”作为推动农业和农村工作、维护农村稳定的一项重要举措。强化领导，严密组织，精心设计，创新载体，“三下乡”活动取得了明显成效，真正做到了用科技引入富裕路，用卫生架起健康桥，用文化打造“连心锁”，营造了加快社会主义新农村建设步伐，更好地服务农民生产生活、服务农村改革发展的浓厚氛围。有关情况报告如下：

2011年12月26日，由张效廉部长带队，在哈尔滨市阿城区料甸乡举行了2012年全省文化科技卫生“三下乡”集中示范活动暨启动仪式，拉开了新一年我省“三下乡”活动的帷幕。据不完全统计，2012年以来，全省“三下乡”成员单位共送文艺演出下乡1512场，新建乡镇综合文化站900个，培训文化站站长201人，完成20个县级城镇数字影院建设任务，送文化科技卫生类图书143.4万册；科技人员下乡14.8万人次，举办各类培训班12.2万期，开展科技咨询133万人次，培训农民651.8万人次，培训农技人员18.5万人次，培训科技示范户10.2万户，培训科技明白人2.5万人次，发放科技资料450.9万份，科技光盘13万盘，推广实用技术近800项，举办各类科普展览670余次，受益群众达495万人次；开展法律咨询4000多次，宣传农村适用法律、法规20余部，解答农民法律问题2万余个，培养乡(镇)、农村“两委”干部、乡村教师0.8万人；诊疗患者近26万人次。文化、科技、卫生的下乡服务，为丰富农民的精神文化生活，提高农民的致富本领，改善农村医疗卫生条件，加快社会主义新农村建设发挥了重要作用。

加大示范投入力度，推动“三下乡”活动创新发展。把集中下乡活动作为影响和带动“三下乡”经常化的重头戏来抓，根据全省当前农村改革发展实际和农村变化的新形势，认真梳理农民需求动态，在全省“三下乡”集中示范的基础上，省“三下乡”成员单位按照省里统一安排，发挥行业优势，不断加大人员、经费投入力度，起到了良好的示范作用，推动全省文化科技卫生“三下乡”活动全面落实。团省委和省教育厅联合开展为期两个月的“暑期三下乡”社会实践活动，组织25余万名大中专学生志愿者开展支农、支教、支医活动。省文化厅2012年对共享工程47个区级支教中心、304个乡镇和186个社区基层服务点进行建设，初步构建了共享工程服务网络。省广电局完成200个村直播卫星覆盖任务，签订8519套广播电视“村村通”直播卫星电视广播地面接收设备采购项目合同，截止到8月中旬已安装完成1114套，实现了8519户偏远地区“盲村”的“村村通”目标。省科技厅全力推进法人科技特派员到农村创新创业，组织全省14所农业类高校、80多家科研院所共下派科技特派团20个、科技特派员300人，深入35个县（市、区）开展农村科技创业；组织全省36家国家级、325家省级农业产业化重点龙头企业深入相关县、市创办企业、辟建基地、扩大产销订单，开展新产品研发和新技术、新品种推广，科技培训等科技服务。省农委组织10个国家级和省级现代农业技术培训基地，围绕现代农业产业发展、现代农业新技术、现代农业推广服务、现代农业信息化服务、农产品市场营销等，对38个基层农技推广体系改革与建设示范县的3689名基层农技人员进行了5天的系统培训，对111名农技骨干进行了15天的重点培训。省科协争取资金670万元专项用于开展"三下乡"活动。

扎实推进"常下乡"和"常在乡"，进一步密切同农村群众的骨肉联系。省农委结合春耕、夏管、秋收、冬藏特点，派出30多位农业专家深入全省560个村级网络视频站点授课，指导农业生产，确保丰产丰收、颗粒归仓。省卫生厅启动了"黑龙江省省级专家支援县医院学科建设先锋行动"，建立和落实了城市二级甲等医院和三级医院临床医生在晋升主治医师、副主任医师前，到县、乡医疗机构工作制度，晋升主治医师累计支农时间不少于半年，晋升副主任医师累计支农时间不少于一年，支援单位和受援单位要签订协议书，明确工作任务、时间和工作方式，确保了卫生支农工作常下乡和常在乡落到实处。省医学会相关的40个临床专业委员会承担具体支援工作，把城市大医院的大大夫、大专家派到了农民家门口，参与县医院管理，培训卫生技术人员，直接为老百姓服务。支援医院派驻人员在受援医院指导和参与诊疗患者近26万人次；手术示教918例；参与手术3829次；组织参与疑难病人会诊1732次；术前讨论692次；疑难病例和死亡病例讨论676次；帮助开展新技术、新项目285项；开展业务学习讲座1204次，近30000人次；帮助建立和完善有关管理制度98项；提出管理意见87项；支援医院还免费接收受援医院人员来院进修学习175人次。省司法厅持续组织乡镇干部、村级"两委"班子和乡村教师普法培训，引导律师事务所与乡村"结对子"、组织法律服务志愿团常年开展农村矛盾纠纷排查调处工作，定期深入乡村开展"法律大集"、法制文艺演出，组织律师、法律服务工作者现场开展法律咨询活动，全年累计开展法律咨询活动4000多次，解答农民法律问题20000余个，法制文艺演出活动达1200场次。

坚持打造品牌活动，不断促进"三下乡"活动的深入发展。通过打造品牌活动，不断完善品牌活动，让"三下乡"深入人心。省科技厅、省科协组织开展的"科技周"、"科普大集"、"科技之冬"等品牌活动不断扩大影响力，第二十四届"科普之冬"活动期间，全省各地开展"三下乡"活动550余次，举办科普流动课堂和培训班2万班次，培训农民、乡村干部90万人次；发放科普图书、资料125万份；推广实用技术33项；举办各类科普展览670余次，参观人数达95万人次，开展科技培训64万余次，发放各种农业科技宣传资料、科技图书5000余万份（册），科技、农技光盘13000余张，展出科普挂图200余幅，组织科技合作共建农业科技园区140个、畜牧养殖小区40个、农机合作社138个；举办科普大集20多次，受益群众达13万人次。省司法厅的"法律大集"、省农委的"农业科技之冬"、省文化厅的"金色田野"、省卫生厅的"万名医师支援农村卫生工程"、团省委的"万名大学生进万村"、省新闻出版局、省出版集团的"金钥匙"工程等，这些品牌工程的建设和开展，大大促进了全省"三下乡"活动的深入发展。省妇联开展"两癌"检查，关注农村妇女健康活动，年底前，将完成对全省35—64岁农村妇女宫颈癌检查16万人，乳腺癌检查4.2万人。省出版集团启动新华"汽车书店"项目，以送书下乡、送科技下乡为载体，以补充新华书店乡镇网点为目的，在城乡广泛开展流动售书和惠民活动，满足广大城乡读者购书需求，把精神食粮送到农民朋友手中。与农民交朋友，站在农民朋友的角度考虑问题，解决农民朋友的所急所需，使"三下乡"工作越来越受农民群众欢迎和喜爱。

注重问需于下、问需于民，进一步提升"三下乡"活动的针对性实效性。通过深入开展调研工作，实地考察了解农村群众的切实需求，使"三下乡"活动由"送什么要什么"转变为"要什么送什么"，让农民群众得到越来越多的实惠，让"三下乡"活动越来越有实效，让农民群众越来越认可"三下乡"。根据返乡农民工的就业需求，《黑龙江省科技报》联合有关部门开展劳务输出对接和送岗位下乡活动，开辟农民创业"绿色通道"。在全省科普大集活动期间，近50家用人单位的2000余个用工岗位进行招聘推介，用工岗位共涉及餐饮服务、建筑施工等300余个工种，近1000名农民现场签订了用工协议，取得了良好成效。省妇联领导带队在全省5个市9个县20个行政村100户农家就农村妇女文化生活状况开展调研，累计下发调查问卷2800余份，召开座谈会50余次，还结合农民生产生活实际需求，以"搭建劳务对接平台、帮你实现再就业"为主题，开展政策咨询、岗位对接、就业指导、法律咨询等活动。一年来，共组织各类涉农专家200余人，举办培训90场次，共发布用工信息2000余条，150家企业为农民提供就业岗位近万个，受益群众达50余万人。

信仰的力量——浅议黑龙江广播剧创作发展中的理念传承

黑龙江人民广播电台台长　杨晶

广播剧自诞生以来一直担当着讴歌时代精神，引领社会主义核心价值的重大责任。特别是广播剧被列为中宣部组织实施的全国"五个一工程"评奖，使广播剧这一剧种日益散发出责任与使命的光芒，成为了广播文艺表达时代诉求的重要载体。而从1996年广播剧纳入"五个一工程"评奖以来，黑龙江电台创作的广播剧届届获奖，目前，八届中有12部广播剧作品获得"五个一工程"奖。是什么让"五个一工程"奖如此青睐黑龙江电台？一言以蔽之：信仰成就目标，目标成就标准，标准成就品质。

20年前，在中国广播市场化改革浪潮袭来之际，全国各地电台几乎都撤销了广播剧部，设置了与市场相对应的频率和节目，而黑龙江电台却舍弃了市场空间，将其保留了下来。因为黑龙江电台是新中国第一部广播剧的诞生地。1945年10月，当得知蒋介石背信弃义，撕毁国共合作协议的时候，黑龙江电台老台长连夜蘸着红药水，写下了新中国建设者第一部广播剧《宁死不当亡国奴》，在解放区掀起了气势如虹的支援解放战争的新篇。时光荏苒，黑龙江的广播剧人却始终坚守传播时代先声、讴歌民族精神、弘扬先进文化的理念，将自己的艺术触角植根于"大美大爱"的黑土地，贴近火热的现实生活，表现鲜明的时代主旋律，创作出了一部部感人至深、影响广泛的精品力作。

广播剧《老神树》主人公马大山的生活原型是全国著名造林模范、伊春老林业区工人马永顺；广播剧《地质师》反映了大庆油田知识分子献身石油事业的崇高精神和悲壮命运；广播剧《咱们工人有力量》则把浓墨重彩聚焦在国企改革广阔背景下，白山黑水间，东北装备制造业工人的顽强斗志和高尚情怀——"百里无人断午烟，荒原一望杳无边"；广播剧《中国有个北大仓》将三代农垦人的坎坷命运与昔日开垦"北大荒"到今朝建设"北大仓"交织在一起，以北大荒第三代知识型农垦人为焦点，用现代人的视角透视出人民的农耕之梦。

艺术源于生活。从2010年起，黑龙江开始打破农场和地方区县的行政壁垒，全力建设现代化的大农业、大农机、大水利，大科技，黑龙江省粮食总产量每年以100亿斤的速度递增，创造了世界奇迹，仅三年，一年一季的粮食总产就超过了一年两季的河南，实现了粮食总产量、商品量、调出量、增长量四项全国第一。农民人均现金收入首次突破8000元，增长速度全国第一。广袤的黑土地以博大的胸怀担当起保障国家粮食安全，让农民分享发展成果的重任，奏鸣着当代中国发展进步的时代最强音。

也正是在这样一个广阔的时代背景下，黑龙江电台创作出了诸如《中国有个北大仓》这样优秀的广播剧作品，并能够在“五个一工程”评选中届届获奖，这是一种艺术的肯定，更是一种价值的认可。

讴歌黑土永恒的创业精神、民生梦想一直是黑龙江台“五个一”创作的心灵家园，是黑土广播人默默坚守的精神信仰和高贵担当。缘于此，黑龙江电台始终把广播剧置于重要位置，成立了广播剧创作工作室，配置了国内先进水平的专业录音棚。在人才培养上，黑龙江电台建立了老带新的人力资源培养机制，同时引入市场机制，整合社会资源，市场化开发创作广播剧。目前，黑龙江台从事广播剧生产的专业队伍中编剧、导演、演员、音乐、音效等固定专业人才达100多人，有6位获全国演播艺术家称号。此外，黑龙江电台也与北京人民艺术剧院、哈尔滨话剧院、中国作协、黑龙江省作家协会、浙江传媒学院建立了长期的战略合作关系。同时，黑龙江省委宣传部将黑龙江电台的广播剧创作列入五年规划的战略任务中，从资金保障、理论研讨到人才培养、宣传推介全方位纳入重点目标，统筹管理，重点扶持，从而使广播剧这一艺术形态在广播节目碎片化的冲击下，仍可充分到达受众，实现高效传播，并成功与新时期的节目样态融合，走上健康发展之路。

目标引领创作，奉献体现创作，使命提升创作，只有担当使命的创作，才是人类最伟大的作品。在担当伟大使命、追求伟大作品的道路上，与信仰相伴同行，让信仰融进灵魂，我们的广播剧创作才能焕发勃勃生机，才能无愧于伟大的时代。

对新形势下新闻出版工作的思考

赵勤义

党的十七届六中全会从战略的高度提出了建设文化强国的宏伟目标，省委十届十八次全会提出了文化发展繁荣“八大工程”，新的历史发展阶段，新闻出版要继续发挥领跑作用，继续巩固发展思想文化主阵地，继续当好改革创新的排头兵，继续成为文化产业的主力军，任务艰巨，使命光荣。

一、用六中全会精神统揽全局，进一步认清形势，增强做好新闻出版工作的责任感和紧迫感

2012年，是实施“十二五”规划承前启后的重要一年，是深入贯彻十七届六中全会和省委十届十八次全会精神，加快推进新闻出版业大发展大繁荣的关键一年，新闻出版业面临着难得的发展机遇。第一，我省“八大经济区”和“十大工程”战略深入推进，全省经济呈现持续快速增长的好态势，为我省新闻出版业大发展大繁荣奠定了良好的经济基础。第二，中央十七届六中全会出台了《关于深化文化体制改革推动社会主义文化大发展大繁荣若干重大问题的决定》，省委十届十八次全会出台了《关于贯彻落实〈中共中央关于深化文化体制改革推动社会主义文化大发展大繁荣若干重大问题的决定〉的实施意见》，确定实施文化繁荣发展“八大工程”，进一步明确了推动我省文化建设的方向、目标、任务和根本举措，全社会关心、关注文化发展的氛围更加浓厚，为新闻出版业大发展、大繁荣创造了良好的发展环境。第三，社会民生不断改善，人民群众精神文化需求日趋多样性和社会化，全民阅读风尚日渐浓厚，对各类出版物的需求旺盛，为新闻出版业大发展大繁荣拓展了巨大的市场空间，奠定了牢固的群众基础。第四，我省新闻出版业经过近年来的改革发展，实力不断增强，产业园区和项目建设初见成效，品牌影响力日益提升，各项惠民工程扎实深入，为新闻出版业大发展大繁荣打下了坚实基础，新闻出版业正处于难得的大有作为的“黄金期”。

同时，我们也要清醒地看到我省新闻出版业面临的挑战，主要是整体实力有待进一步提升，与发达省份存在差距；数字化等新兴产业发展刚刚起步，新的经济增长点比较弱小；全国知名的品牌产品、品牌企业较少，影响力和竞争力不够强；县(市、区)级新闻出版工作机构还不够健全，工作衔接比较困难；人才培养和队伍建设有待进一步加强，特别是新业态、经营性等高端人才、复合型人才短缺。

在这样一个机遇与挑战并存的发展阶段，我们既要牢牢把握当前的发展机遇，又要清醒认识面对的风险和挑战；既要切实坚持我们的成功经验和做法，又要适应新变化的与时俱进；既要解决长期积累的深层次矛盾，又要应对好不断出现的新情况、新问题。从战略的高度、全局的视角，深刻认识到我们的责任和使命，全面贯彻十七届六中全会和省委十届十八次全会精神，抢抓机遇，应对挑战，求真务实，勇于担当，继续以高度的文化自觉、坚定的文化自信和清醒的文化自强，奋力推进新闻出版业跨越式发展，为实现省委确定的“十二五”奋斗目标做出积极贡献。

二、用六中全会精神整体部署，进一步明确任务，如期完成2012年的各项工作

2012年全省新闻出版工作总体要求是：深入学习贯彻落实党的十七届六中全会和省委十届十八次全会精神，以邓小平理论和“三个代表”重要思想为指导，紧紧围绕科学发展主题和转变发展方式主线，紧紧围绕全省工作大局，大力实施新闻出版业“十二五”发展规划，继续巩固发展思想文化主阵地，继续深化改革，继续壮大产业实力，继续推进公共文化服务体系建设，继续创造良好的发展环境，努力推动我省文化建设“八大工程”的实施，以优异成绩迎接党的十八大胜利召开。

一要深入学习贯彻党的六中全会和省委十八次全会精神，将其作为首要的政治任务，深入领会实质，把握要点和关键环节，把思想和行动统一到中央和省委全会的要求和部署上来。根据新形势新要求，明确目标任务，找准工作突破口，为建设出版强省做贡献。

二要牢牢把握正确的出版导向。落实好年度重点出版物选题计划和“十二五”重点出版物规划，组织出版一批反映中国特色社会主义理论体系、社会主义核心价值体系的精品力作和更多更好的通俗理论读物，推出一批有深度、有价值，反映当代马克思主义中国化、时代化、大众化的最新成果。扎实推进“三项学习教育”和“走基层、转作风、改文风”等活动，做好“科学发展、辉煌成就”主题宣传，为全省“八大经济区”和“十大工程”服务。

三要深化改革，推动新闻出版体制创新。如期完成非时政类报刊出版单位转制工作，协调相关部门，落实社保、财税等方面的优惠政策。鼓励出版单位跨地域、跨行业、跨部门联合、兼并、重组，组建出版传媒集团、大型期刊集团，提升整体实力和市场竞争力；推动具备条件的出版企业建立现代企业制度，实施股份制改造。推进公益性新闻出版单位内部人事、收入分配和社会保障制度改革。

四要打造精品，增强龙版出版物的竞争力。继续实施黑龙江精品图书出版工程，培育更多龙版精品。强化对列入国家出版基金项目的管理，确保高质量完成，树立良好的信誉。继续做好国家出版基金等各类基金、资金的申报工作，争取有新的突破。以全国双百报刊精品建设工程为契机，大力培育骨干报刊，争取跻身于全国双百报刊行列。积极实施学术期刊质量提升计划，培育一批具有较强影响力的国家重点学术期刊。鼓励省内知名品牌报刊，依托品牌影响力，推出品牌系列延伸产品，形成以大品牌带动小品牌互动提升的态势。推动网游动漫原创作品的开发出版，打造有影响力的网络文学、游戏等出版服务特色网站，推出更多的具有我省文化特色的原创精品。

五要大抓项目，加快推进新闻出版产业发展。协调组建黑龙江省出版改革发展项目库，指导重大项目的合理布局和有序开发，提高新闻出版产业项目建设的整体质量和水平。着力推动黑龙江出版集团书刊数字化印刷项目、龙江传媒绿色印刷包装项目、哈尔滨印刷出版文化科技产业园区等重点新闻出版项目建设。推动我省动漫出版产业基地逐步升级为数字出版基地，构建“产学研”一体化的研发体系。发布《关于加快黑龙江省数字出版产业发展的指导意见》，发挥先试先行单位示范引领作用，加快发展数字出版新业态。继续推动新闻出版“走出去”，扩大龙版产品国际影响力，支持黑龙江朝鲜民族出版社在韩国的中国语言出版社扩大规模、快速成长。进一步加快中俄(俄中)文化中心建设。支持《黑龙江新闻》、《远东经贸导报》、《伙伴》等报刊在周边国家开辟发行市场,鼓励包装装潢印刷企业到俄罗斯建厂或承揽业务。普及绿色印刷知识,提高全社会的绿色印刷意识,力争3家以上企业获得绿色印刷认证。进一步做好新闻出版统计工作,为产业发展、行业管理提供支持。

六要文化惠民,增强新闻出版公共服务能力。在2012年6月底前,高标准完成我省剩余的1525个农家书屋建设任务,实现行政村、农垦作业区和林场全覆盖。深入开展全民阅读活动,开展书香家庭评选工作,通过开展读书节、阅读月、读书征文、知识问答等形式,培育青少年良好的阅读习惯。继续开展图书展销、优惠促销、优秀出版物推介和“五进”、“三下乡”、“龙江百姓文化季”等活动,满足人民群众的精神文化需求。推进城乡发行网点建设,探索出版物发行网点建设与黑龙江百镇建设互利双赢、共同发展的新模式。推动市地版本报刊馆建设,争取尽快实现省、市两级均有版本报刊馆的目标,丰富龙版出版物馆藏。

七要科学管理,提高新闻出版依法行政水平。把握正确导向,加强出版选题特别是重大选题管理,严格内容审核把关和审读工作,确保导向和内容不出问题。规范出版秩序,严肃查处各种违法违规行为,重点治理超越业务范围、一号多报多刊、擅自转让出版权、学术期刊学术不端等问题。加强市场监管,严肃查处违法违规行为,确保出版物市场稳定,积极巩固中小学教材教辅市场专项整顿成果,规范教辅发行市场。继续开展“3·15”质检活动,强化印刷质量监督。筹备组织第三届全省印刷行业职业技能竞赛,培养技术能手,力争在全国竞赛中取得好名次。深入开展法制宣传教育工作,提高系统广大干部职工特别是行政执法人员的法律素质和业务水平。启动《黑龙江省出版管理条例》立法程序,力争尽快出台。进一步强化绥芬河市、抚远县省直管试点县(市)新闻出版行政管理权限,研究制定相关配套制度和措施,加强监督和指导。开展“扫黄打非”专项行动,打击各类非法出版活动,扫除淫秽色情等文化垃圾,为党的十八大召开营造良好的舆论氛围。加大版权保护力度,推进政府机关使用软件正版化工作,力争如期完成任务,进一步做好省内5家新闻出版行业集团公司本部软件正版化工作。集中开展版权宣传活动,继续开展打击侵犯知识产权和制售假冒伪劣商品、打击网络侵权盗版专项行动,提高版权保护水平。做好第二轮出版社评估迎检工作,争取整体晋级,在一类出版社上有所突破。

八要改进作风,加强新闻出版行业自身建设。以六中全会精神为指引,切实加强班子建设、队伍建设、党风廉政建设和精神文明建设,不断提高新闻出版工作的科学化水平。紧紧围绕实施文化发展繁荣“八大工程”和我省新闻出版业“十二五”发展规划的总体要求,扎实推进学习型党组织、学习型机关建设,把各级领导班子建设成政治坚定、业务精通、作风过硬、团结实干、勤政廉洁的坚强领导集体。抓好新闻出版专业技术人员的培训、登记注册、出版专业高级职称评审工作,组织实施出版人才工程,重点培养一批35岁以下的创新能力强、发展潜力大、适应新闻出版事业大发展的人才。严格党风廉政建设责任制和“三重一大”制度,加大对新闻出版各种基金、资金项目的监管,确保反腐倡廉各项任务落到实处。加强行业精神文明建设,以行业诚信体系建设为重点,规范从业行为,培育行业精神,营造诚实守信、公平竞争、守法经营的市场环境。开展好全国出版物发行行业2011—2012“文明店堂”评比推荐活动。做好新农村帮建、扶贫和城市“一帮一”工作。理顺省、市、县审批管理职能,做到审批权纵向运行无缝衔接。积极探索网上审批服务业务,提高行政效率和服务质量,减少办事成本和行政成本。

三、用六中全会精神自我加压,进一步强化措施,全力推进各项工作任务落实

进一步推动新闻出版业大发展大繁荣,是历史赋予广大新闻出版工作者的光荣使命。要弘扬敢闯敢试、敢于创新的精神,始终保持奋发向上、拼搏进取的工作状态和时不我待、只争朝夕的顽强干劲,推动各项工作落实。

一要加强领导,落实责任。全系统各有关单位要认真履职,把今年的重点工作,特别是中央和省下达给我们的工作,签订责任状的工作,纳入重要议事日程,成立专项推进组织,逐级明确任务分工,逐层分解责任,做到组织、任务、责任、保障措施和推进时限五个到位。全面推行绩效考评制度,对重点工作实行全程跟踪问效,严格督办,落实问责制。

二要改进作风,求真务实。要大兴调查研究之风。深入基层,深入群众开展调研,充分了解行业发展的现状,关注群众反映的热点问题,找准新闻出版领域症结所在,有针对性地提出解决措施和办法。要大兴求真务实之风。进一步精简会议和文件,减少不必要的应酬,保证主要精力放在抓工作、抓落实上。要大兴执政为民之风,牢记全心全意为人民服务的宗旨,办任何事情都要想到人民群众的利益,真正在为群众服务方面做一些扎扎实实的工作。要大兴令行禁止之风,健全责任机制,严明工作纪律,讲大局、识大体,搞好协调配合,保证政令畅通。

三要创新方法,改进手段。改革创新是新闻出版工作的永恒主题,尤其在当前文化体制改革、发展的关键时期,显得尤为重要而突出。要迎难而上,积极探索开展工作的新方式、新手段、新机制。要敢于尝试,树立敢为天下先的精神。要进一步解放思想,有利于破解难题的创新思路和举措的大力提倡,积极推广。要研究政策,运用政策,多做争取工作,创造性地赢得各方支持。

四要加强协调,形成合力。今年的各项工作繁重、复杂,特别是大项目建设,非时政类报刊出版单位改革,农家书屋建设,发行网点建设,“走出去”,“扫黄打非”,政府机关软件正版化等工作,绝非一个部门能够单独完成,涉及诸多方面,各有关部门要从大局出发,认真履职,做好沟通,通力配合,确保各项任务顺利推进落实。

喜迎十八大 回顾新闻出版这十年 黑龙江新闻出版业改革发展情况综述

十六大以来,全省新闻出版战线深入贯彻落实科学发展观,围绕中心,服务大局,解放思想,开拓创新,全省新闻出版业在改革中提速前进、在创新中跨越发展,各项工作取得了优异成绩。

这十年,坚持围绕中心,把握正确出版导向,舆论引导能力显著提高。以学习好、宣传好、贯彻好十六大,十七届五中、六中全会和省委十届十八次全会精神为主线,扎实推进社会主义核心价值体系的宣传普及,为经济社会发展大局提供精神支撑和智力支持。加强了图书出版选题策划,围绕纪念改革开放30周年,迎奥运、迎大冬会和抗震救灾,建党90周年,西藏和平解放60年,辛亥革命100周年等,组织报刊媒体开展主题宣传。申报专题出版项目,推出了一批弘扬主旋律,宣传十六大、十七大精神,研究马克思主义中国化最新理论成果以及新农村建设等方面的满足人民群众文化需求的精品力作。完成了《江泽民文选》的印制、发行工作,出版了650多种弘扬主旋律的重点图书。其中,19种项目列入国家“十一五”规划,并全部按时完成,被总署授予“十一五”重点出版规划项目优秀组织单位。28个项目入选国家“十二五”重点出版规划。“红色历程”和“开发建设”等一系列出版产品,作为向新中国成立60周年的献礼出版发行。

围绕省委、省政府建设“八大经济区”、实施“十大工程”的发展战略,组织报刊媒体设立专栏、专刊、专版,开展一系列主题宣传,共刊发稿件1000多篇,宣传富民强省的新思路、新举措,宣传先进人物和事迹,鼓舞士气,凝聚力量,弘扬时代主旋律。加强职业道德建设,增强社会责任,做好社会热点引导工作,稳妥把握敏感问题,巩固积极健康的主流舆论,使新闻出版传播力、影响力和公信力不断提高。

这十年,新闻出版生产力不断解放,发展活力和动力明显增强,新闻出版领域各项改革显著深化。认真贯彻中央“三改一加强”的精神,根据中央和省委确定的改革路线图、时间表和任务书,全省新闻出版单位不断解放思想,转变观念,克服思想障碍和畏难心理,体制机制改革扎实推进并取得了可喜成绩。

1.图书、音像(电子)出版单位转企改制已经完成。全省13家图书出版单位,除1家保留事业体制外,省属8家出版单位和4家中直高校出版单位转企改制已经完成;5家音像(电子)出版单位中4家已经完成转企改制,1家(黑龙江文化电子音像出版社)注销。

2.报刊出版单位改革取得积极的阶段性成果。非时政类报刊转企改制顺利进行,首批10家单位已经完成转企改制,第二批改制方案和名单已上报中央文化体制改革和发展领导小组,将如期完成转企改制任务。党报发行体制改革取得积极进展,黑龙江日报报业集团等3家单位实现了编辑业务和经营业务两分开。《格言》、《黑龙江画报》、《育才报》等37家报刊出版单位也完成了转企改制。

3.其他出版单位的体制改革工作有序推进。除个别党报、中省直部门所属的16家印刷厂外,其他印刷复制单位全部转为企业。14家网络出版单位中,有6家单位建立之初即为企业,5家已经完成转企改制,3家将随第二批非时政类报刊出版单位同步完成转企改制。

4.跨媒体、跨区域资源整合取得较大进展。黑龙江日报报业集团按照产业化发展要求,组建了黑龙江龙江传媒有限责任公司,增强了广告、印务和发行等经营业务的竞争实力。推动黑龙江日报社主管主办的生活报与各市地晚报整合,组建了生活报传媒集团,促进了地市级报业转型升级,实现省市两级报业优势互补。整合黑龙江日报报业集团一报、一刊、一网、一所、一手机报,成立了现代农业传媒集团,全面提升了为“三农”服务的能力和水平,在全国走在前列。大庆、牡丹江等市地党报与当地广播电视也实现资源整合,组建了新闻传媒集团。全力支持黑龙江出版集团跨地域、跨媒体、跨行业开展资源整合,旗下已拥有120家连锁或合作经营企业。目前,全省已形成出版企业集团1家(黑龙江出版集团)、新闻传媒集团5家(生活报传媒集团、现代农业传媒集团、牡丹江新闻传媒集团、鸡西新闻传媒集团、大庆新闻传媒集团)、发行集团1家(黑龙江图书音像发行集团)、印刷集团1家(黑龙江新华印刷集团)。

5.公益性新闻出版单位内部人事、收入分配和社会保障制度改革稳步实施。通过实施内部体制机制、人事制度、劳动制度、分配制度改革,健全考核、激励和约束机制,增强了发展活力和动力。黑龙江日报报业集团作为全省首批文化体制改革试点单位,深化人事制度改革,构建科学选人用人机制。哈尔滨日报报业集团实施了30多项综合配套改革措施,形成了独具特色的现代企业管理运行机制。省图书音像发行集团等一大批出版发行单位,结合自身特点,在企业化运营、深化机制改革等方面进行了积极探索,出现了一批富有活力和竞争力的市场主体。黑龙江朝鲜民族出版社实行了全员竞争上岗,工资与效益挂钩,增强了发展能力和公共服务水平。

6.新闻出版行政体制改革取得重大进展。2003年,省新闻出版局与省出版总社正式分设,实行管办分离,政事、政企分开,将省新闻出版局直属事业单位和企业分离出去,由省出版总社统一管理、经营,进一步整合资源。2008年省出版总社整体转企改制,组建了黑龙江出版集团有限公司,并于2009年5月18日正式挂牌运营,被评为“全国文化体制改革先进单位”。根据黑龙江省委、省政府新一轮机构改革“三定”方案的要求和部署,哈尔滨市成立了文化和新闻出版局,其他12个地市文化、广电、新闻出版“三局合一”工作全部完成,进一步明确了文化、广电、新闻出版部门的职能分工。

这十年,新闻出版重大工程项目相继启动实施,产业发展步伐加快,行业整体实力和综合竞争力显著增强。经过十年的发展,全省新闻出版产业形成了图书、报纸、期刊、音像、电子和网络六大门类齐全,多种媒体方式共有,高端印刷与中小型印刷企业结合的产业体系。截止到2011年末,全省新闻出版行业拥有各类企事业单位和经济组织7291个,在册从业人员58904人,行业总资产104.4亿元,总产出91.4亿元,利润7.5亿元。

1.传统纸介质出版业巩固发展。按照贴近生活、贴近社会、贴近群众的"三贴近"原则,不断优化出版产业结构,推动生产机制和运营模式创新,为社会公众提供了丰富的出版产品,极大地满足了人民群众日益增长的精神文化需求。图书出版社发展到13家,音像(电子)出版社4家,报纸达到89种,期刊315种。十年来,共出版图书28547种,46304万本,报纸546740万份,期刊34545万册,全省人均年拥有图书5.35册,人均拥有期刊2.6册,每千人日拥有报纸102.2份。

2.科技与出版紧密融合,数字出版等战略性新兴产业发展态势良好。积极推动传统出版业数字化转型,培育发展新业态。哈尔滨工业大学出版社、哈尔滨出版社、东北网络台等14家企业获得互联网出版权,准许从事网络图书、网络报纸、网络期刊、手机出版等网络出版业务。哈尔滨出版社、北方文艺出版社成立了专门的数字出版公司,开展手机出版、电子书、有声读物及手机游戏等业务。黑龙江大学出版社开发社科类网络电子书业务,哈尔滨工程大学出版社依托"三海一核"学科优势开发电子书项目。《格言》杂志社等出版单位开发手机出版项目。黑龙江教育出版社、黑龙江画报社、黑龙江日报等单位开发网络出版、内容资源数据库项目。东北网络台的《网络凹凸月刊》荣获首届黑龙江省出版奖优秀网络及新兴业态出版物奖、第二届中国出版政府奖优秀网络电子出版物提名奖。以原创为重点,加速发展动漫游戏出版产业,重点培育一批动漫原创与核心技术研发能力强的动漫企业和具有中国风格、国际影响的动漫品牌。黑龙江省平房动漫出版产业基地进入加速发展阶段,入驻企业从2006年的8家达到目前的148家,制作样片的动漫选题达200多种,《帽儿山的鬼子兵》等2种动画片获国家优秀动画片奖、3种动画片在中央电视台播出,衍生产品生产前景看好。被新闻出版总署命名为"国家级动漫出版产业基地",2011年总收入超过3亿元。

3.以优化升级和区域整合为重点,大力发展印刷复制业。坚持走差异化的发展道路,培育更多的专、精、特、新的现代印刷企业,着力发展绿色印刷和数字化印刷,促进印刷产业升级改造和设备更新换代,开拓新型市场。以哈大齐工业走廊建设为依托,推进印刷企业科技园区建设,改变全省印刷企业小、散、弱和产能落后、无序竞争的状态,形成整体竞争力。设立了哈尔滨印刷出版文化科技产业园,35家企业签约入驻园区,投资总额16亿元,建设面积80万平方米,年产值80亿元,项目正在如期推进中。黑龙江新华印刷集团的新媒体数字印刷基地、大庆日报社印刷厂的包装产业项目等重大印刷包装复制项目也陆续开工建设。黑龙江新华印刷集团所属两家企业成为全国首批、东三省唯一通过"绿色印刷"认证的企业。十年来,全省印刷复制单位发展到4536家,出版物进出口单位1家、物资供应公司1家。2011年,全省印刷复制实现产值44.8亿元,利润4.1亿元,占新闻出版业总产值的49%。

4.巩固发展发行物流业,城乡发行网点覆盖面不断扩大。加快推进以连锁经营和网络营销为纽带,以书店、音像店、书报刊亭及便利店、网络终端为营销网点的遍布城乡的出版物发行网点建设,购置了厢式流动售书车,进行了试点,准备扩大影响后在13个市地、65个县(市)新华书店投放,作为乡镇农村发行网点建设的主要载体。省新华书店成功研发了多媒体数字化终端设备——"新华易购",并在政府机关、高校、社区、商区等场所投放试运行,技术成熟后全面铺开,作为社区图书发行网点的主要载体。着力推动市地大型书城项目建设的调研、论证工作,争取在13个市地均建设1个带有城市标志意义的大型书城。省新华书店图书配送中心等物流项目建设稳步推进，一期工程投入1.6亿元，今年年底竣工。截至2011年末，全省发行单位发展到2601个，其中，国有新华书店99家，民营发行企业248家(二级批发)，零售企业2254家，形成了覆盖城乡的网点布局，极大地方便了广大人民群众。

5.重大产业项目拉动作用明显，出版传媒集团规模化、集团化、集约化发展步伐加快。积极推动、指导重大项目的合理布局和有序开发，实现重大项目动态跟踪和常态化管理，不断提高新闻出版产业项目建设的整体质量和水平。支持黑龙江出版集团广泛开展项目合作，与时代出版传媒股份有限公司合资组建时代新华出版物连锁总公司项目、与北大方正电子有限公司数字出版战略合作暨CTP制版技术引进项目、与黑龙江省电视台合资组建的黑龙江文盛文化产业投资担保有限公司合作项目等12个重大产业发展项目进展顺利，扶持其尽快上市，打造全省新闻出版业航空母舰。黑龙江省义务教育教材生产基地、朝鲜民族出版社中韩双语出版基地、黑龙江出版集团数字印刷基地、龙江传媒绿色包装印刷基地等25个产业项目陆续启动或建成达产。十年来，共向国家申报新闻出版产业发展项目64个，获批18个项目，累计得到国家资助4100万元。规模以上企业运营良好，黑龙江出版集团有限责任公司2011年主营业务收入12.4亿元，实现利润9398万元。黑龙江图书音像发行集团主营业务收入达12.2亿元，利润总额1689万元。黑龙江日报报业集团和哈尔滨日报报业集团主营业务收入分别实现4.4亿元和4.2亿元。牡丹江新闻传媒集团进一步发挥区域优势，扩张实力，2011年总收入1.1亿元。

6.非公有资本已经全面进入印刷和发行领域。非公有印刷发行企业已达70%以上，中外合资、合作或外商投资印刷企业9家。黑龙江同源文化发展有限公司2011年销售码洋3.5亿元，居全国少儿图书经营企业前列。

7.成功举办了第二十一届全国图书交易博览会，创下了五个历史新高。展会规模创新高，来自全国新闻出版界和海外共有2100余家单位参展，展位4200多个，展出各类出版物37.2万种，其中新书和重点图书占60%以上。参观人数创新高，仅哈尔滨主会场就突破100万人次，5个分会场的参观人员达40万人次。交易额创新高，实现订货总额53.6亿元码洋，哈尔滨主会场销售额突破1000万码洋。民营单位参展创新高，民营展位1400个，占总展位数的33%。活动的数量和影响力创新高，主会场和5个分会场的120多项大型活动异彩纷呈，亮点频现。本届书博会受到了全国新闻出版单位的好评，荣获全省宣传思想文化工作重大成果奖。

这十年，深入实施精品战略，优化产品结构，龙江制作的出版产品影响力和竞争力显著提升。坚持品牌制胜，全力打造龙版出版物，不断提高市场占有率和竞争力。

1.精心组织实施黑龙江省精品图书工程。挖掘和传承历史文化，培育龙江特色的精品项目，提升龙版出版物市场竞争力和影响力，为社会和公众提供更多"双效"俱佳的出版产品，设立了黑龙江精品图书出版工程。2009年开始实施这项工程以来，连续3年累计投入资金近2000万元，已有511种(册)图书列入工程规划并得到资助，其中，弘扬、传承我省历史文化和优秀文化精神的132种；反映我省学术研究前沿成果的246种，体现我省地域优势和学科优势的语言类精品19种。同时，积极发挥优秀学术出版补贴资金的激励作用，扶持我省优秀学术著作的出版，年均资助的优秀学术著作30种左右，累计资助500万元，对促进学术著作出版繁荣产生了积极影响。精品图书出版工程的实施，发挥了巨大的引导和激励作用，对提高全省图书总体质量，优化结构，发挥了重大作用。一是极大地调动了出版单位和出版工作者的积极性，精品意识、品牌意识、创新意识大大增强。二是一批在全国业界有一定影响力和竞争力的龙版精品群正在形成，带动全省图书整体质量不断提高，出版产品结构中精品比重已突破10%。2010年以来，在国家出版基金的评选中，全省有19个项目入选，得到国家资助资金达3034.3万元，在全国地方出版社中，无论是入选数量，还是资助金额均位居前列。在国家民族出版专项资金、古籍出版专项资金和其他专项资金资助项目评选中，有52个项目获得资助487.1万元。有28种、784册图书入选国家“十二五”重点图书规划。三是冲击中国出版政府奖、中华优秀出版物奖和鲁迅文学奖等国家级奖项取得了历史性突破，我省累计有《国外马克思主义研究论丛(6册)》、《中国古代疆域史(上、中、下卷)》、《音乐漂流瓶》、《中国美术分类全集·中国寺观雕塑全集(5卷)》等17种图书获奖。《潜艇光电装备技术》等4种图书入选“三个一百”原创出版工程。获奖和入围的图书涵盖了社科、美术、少儿、教育等类别，标志着我省图书原创水平实现了大幅度提高。

2.报刊品牌创建活动取得丰硕成果。十年来，培育出版了一大批具有龙江特色和风格的优秀报刊，在国家期刊奖和全国百种重点社科与科技期刊奖等各类评奖中，均取得了显著成绩。《小雪花》被新闻出版总署评为向全国少年儿童推荐的优秀少儿报刊；《求是学刊》荣获全国高校社科名刊；《理论探讨》等6家期刊被评为全国高校百强社科期刊；《牡丹江大学学报》等6家期刊被评为全国高校优秀社科期刊；黑龙江日报报业集团、哈尔滨日报报业集团在“十一五”期间3次被评为“全国报业管理先进单位”。另有35种期刊获“中国北方十佳期刊奖”。《格言》经营规模、经济效益持续快速增长，依托其丰富的内容资源，策划开发了《锦文集萃》等几十种图书，形成了“一刊为主，书刊并行”的产品格局，衍生系列产品不断扩张，2011年销售总码洋达到9360万元，利润突破1870万元，业内称其为“格言现象”，并在《中国新闻出版报》头版头条加编者按刊登，产生了较好的影响，成为在全国有影响的特色名刊，荣获“新中国60年有影响力的期刊”称号。《男生女生》等品牌期刊继续保持较高的市场占有率。《学习与探索》等一批优秀学术期刊的业内影响力不断提升。《小作家报》等新的品牌报刊开始崭露头角，期发行量已突破120万份，跻身国内同类报纸前列。

3.开展了首届黑龙江省出版奖评选活动。2010年，以省政府名义设立了黑龙江省出版奖，作为全省出版界最高奖项，同年开展了首届黑龙江省出版奖评选活动，收到了很好的社会反响，2011年以省政府名义对获奖的73个优秀出版物、先进单位和个人进行了表彰奖励，进一步调动了全行业创先争优的热情。

这十年，加速推动新闻出版公共服务体系建设，让人民群众共享改革发展成果，公共服务范围显著扩大。为公众提供丰富的文化服务是新闻出版部门义不容辞的责任，以政府为主导的新闻出版公共服务水平不断提高，各项惠民工程稳步实施，服务体系不断完善，极大地推动了公共文化服务基层化、便民化、均等化。

1.农家书屋工程全面竣工。坚持将农家书屋工程作为新闻出版行政管理部门服务农村、服务社会的一号工程，科学规划，精心组织实施。几年来，各级累计投入资金20634万元，建设农家书屋10040家，配备图书7740种1463.76万册，总码洋2.67亿元，音像制品402种130万张，总金额767.4万元，报刊24万份。实现了全省行政村、农场、林场、畜牧场的全覆盖，超额完成“十二五”规划，惠及全省农村、农业、林业人口近2000万人。社会各界累计捐赠各类出版物达2000多万码洋，全省图书5000册以上的大型农家书屋达174家。投资1200万元，完成了100个示范农家书屋和100个示范社区图书室建设任务，不仅为辖区群众提供了便利，满足了公共文化需求，也较好地发挥了示范引领作用。建设数字农家书屋70个，配送了丰富的可读出版物，与传统农家书屋形成了优势互补的态势，开辟了我省公共文化服务体系建设的新格局。

全省出版单位以农家书屋工程建设为契机，主动调整产品结构，开拓农村市场，寻求新的增长点，策划了一批农业科技类、教育类、文学类、医学类图书，总计有1956种图书、30种音像制品进入了全省农家书屋出版物目录，另有170多种图书进入其他省农家书屋出版物采购目录，直接或间接地增加我省新闻出版业收入4亿多码洋。农家书屋的建成，受到了广大农民兄弟的欢迎，使其迅速成为传播知识、满足农民阅读需求、引领农民增收致富的有效平台，在提升人民群众素质、倡导良好风尚、激发社会活力、推动和谐发展、巩固党的执政地位方面发挥了积极的作用。

2.全民阅读活动向纵深拓展。开展全民阅读活动四年来，全省各地各部门直接和间接投入资金3亿元，搭建各类阅读平台1.5万个，累计举办各类读书节、读书月、读书讲坛、知识竞赛、报告会、捐赠助读、图书漂流、演讲征文、优秀家庭评选、书香单位建设等丰富多彩、群众喜闻乐见的活动达6000多场次，直接参与的群众达到1700万人次，在全社会形成了“让书籍走进生活，让阅读成为习惯”的良好氛围。我省的活动情况被收入中国全民阅读活动“蓝皮书”。一是坚持统一规划、整体推进。每年初，下发活动方案，对年度工作进行整体部署，各地、各部门根据省里的统一要求，结合实际，不断创新活动的运作方式和内容，使全民阅读活动异彩纷呈，有声有色。哈尔滨市“月读一书”、大庆市“书香大庆”、大兴安岭“书香兴安”等活动逐渐上升为反映城市品位的文化名片，哈尔滨市、大庆市荣获全国全民阅读活动先进单位称号，哈尔滨市“月读一书”活动获得优秀项目称号。二是加强平台建设，为阅读活动提供支撑。各地、各部门积极创造条件，以各级图书馆、农家书屋、社区书屋、市民学校、厂矿图书阅览室、图书漂流站、公共书吧等为阅读阵地，搭建全民阅读活动的平台。大庆市建立192个社区图书室、78个流动书吧、209个特色阅读楼区、145所市民学校的阅读网络，为全民阅读活动有效开展搭建平台。黑龙江省总工会在全省范围内建设“职工书屋”1294个，藏书总量890万册，配备工作人员2005人。黑龙江省妇联以“农家女大讲堂”、“姐妹港湾”为平台建立图书室、家长学校、阅览室，成为妇女、家庭读书学习、提高文化素质的重要场所。三是创新活动载体，不断扩大活动的广度和深度。各地、各部门组织开展了经典诵读、读书知识竞赛、读书演讲、图书推介、捐赠助读、各类讲坛、征文、新媒体阅读体验等参与人群广泛、丰富多彩、群众喜闻乐见的读书活动，增强吸引力。哈尔滨市成立以“市民大讲堂”为代表的社区读书站，不断拓展活动覆盖范围，为普通市民开设30多门课程，免费授课、发放学习资料，参与人数5万人，举办了两届“学习型家庭”评比活动，评选出“学习型家庭”40个，发挥了典型示范作用。齐齐哈尔市举办了六届以“爱读书、读好书、善读书”为主题的“鹤城读书月”活动，绥化市开展“十佳读书人”、“十佳图书”评选、优秀图书推荐活动，黑河市以“黑河讲坛”、“爱辉讲坛”、“莲池讲坛”、“逊克讲坛”、“孙吴讲坛”等特色讲坛为依托开展读书活动。四是围绕重大活动，重要节庆日等节点开展主题阅读活动，推动全民阅读活动深入开展。在每年“4·23”世界读书日，举办全省全民阅读活动启动仪式。春节期间，组织开展新书展销，折扣让利，“送书下乡”，向农民工、大学生、困难群众捐赠图书等“文化惠民”活动。“六·一”期间，开展全省青少年“建设幸福中国”读书教育活动，组织省内出版单位向青少年推荐百种优秀图书、参加优秀通俗理论读物推荐评比活动。“七·一”期间，开展“党在我心中”主题读书活动。“八·一”期间，广泛开展图书捐赠进军营活动。在2011年举办的第二十一届全国书博会期间，组织策划了中国出版高层论坛、第四届读者大会、“美丽阅读”全国出版界摄影展和“让书籍走进生活，让阅读成为习惯”征文等13项大型主题活动，迟子建、余秋雨、倪萍等名家与读者共同畅叙阅读感受，分享阅读带来的快乐，进一步扩大了全民阅读活动的影响力和吸引力。五是加大新闻媒体宣传力度。组织开展了全民阅读报刊行活动，在各级党报、都市类报开设专栏宣传读书活动，大力推介我省优秀图书、期刊，共发稿813件，与全民阅读活动形成互动态势。

目前，全省全民阅读活动正在逐步向农村、残疾智障、贫困弱势群体拓展，不断扩大覆盖面，为提高全省人民文化素质，打造精神文明建设高地，推动和谐、幸福龙江建设发挥积极作用。

3.出版物捐赠活动持续开展。广泛开展了送书下乡、优秀出版物进校园、进社区、进军营、进企业、进农村等“五进”活动和向西藏、新疆、四川灾区及贫困地区捐赠图书活动。十年来,全省累计捐赠出版物2600多万码洋、320万册。

4.联合创建了黑龙江版本图书馆。为传承龙江文化,有效保存龙版出版物,为广大群众学习利用提供方便,发挥阵地作用。我局与省文化厅联合建立了黑龙江省版本图书馆,由我局定期向省图书馆提供我省出版的报刊、图书、音像制品等出版物,省图书馆负责整理收藏,较好地满足了广大受众的阅读需求,同时也成为积累我省文化史料的重要方式。该馆成为迄今为止全国唯一的省级版本图书馆,其成功运行的模式和取得的社会效益受到国家图书馆的高度评价。版本馆建立3年来,共向省图书馆赠送省内本版图书近4万册,样报样刊近400种2万多册(份),音像电子制品1.2万盘。13个市地版本报刊馆也建成并向公众开放,实现了省、市两级均有版本报刊馆的目标。同时,全省14家党报建设城乡公共阅报栏(屏)79个,为广大公众提供了便利。

这十年,深入开展版权宣传保护工作,广泛开展对外交流合作,新闻出版业“走出去”显著进步。积极开展版权宣传保护,强力推动企业和政府机关软件正版化工作。利用国际国内两个市场、两种资源,加快推动龙江出版“走出去”,版权输出与对外交流合作的区域和范围不断扩大。

1.开展多种形式的版权知识普及宣传活动,全社会版权保护意识不断提高。每年4月26日,全省和各市地均同步启动“打击侵权盗版、保护知识产权”签名和“拒绝盗版、从我做起”绿书签派发活动,同时举行盗版及非法出版物销毁大会,累计印发《中华人民共和国著作权法》、《计算机软件保护条例》、《信息网络传播权保护条例》30000册,发放著作权法宣传手册20000余册,解答版权咨询12000多人次。近十年,全省各市(地)集中销毁盗版出版物1200万件。开展了“剑网行动”、“打击侵犯知识产权和制售假冒伪劣商品”等一系列专项整治行动。协调解决了甲骨文(中国)软件系统有限公司、上海巨人网络科技有限公司等一批版权投诉案件,查获双鸭山市架设上海巨人网络科技有限公司《征途》网络游戏“私服”软件外挂案件等重点案件。加强行业诚信体系建设,开展了软件正版化工作先进企业评比,在完成首批百家企业软件正版化的基础上,全省新闻出版单位、出版物印刷企业、地市级以上新华书店和民营书刊批发单位、省内五家新闻出版集团总部的软件正版化工作进展顺利。省直政府机关软件正版化工作全面完成,103家单位采购国外办公软件6294套、国内办公软件8057套,采购金额1045万元,市地县级政府机关软件正版化工作正在全力推进。加大对著作权产品的市场监管,完善作品登记和合同登记备案制度,提高版权工作整体水平;支持版权代理机构和交易平台建设,编制黑龙江省优秀图书版权产品目录,促进版权产业发展。

2.新闻出版“走出去”步伐加快。推动外向型交流合作,黑龙江新闻社在韩国首尔设立了出版机构,出版了黑龙江新闻朝文版,期发行量已达2万份。《伙伴》作为我省唯一对俄外宣期刊,进入了俄罗斯国家发行主渠道,在俄影响不断扩大,被俄罗斯俄中友好协会授予俄中友好使者称号。《远东经贸导报》继续开拓俄罗斯市场,扩大我省外宣类报刊的国际影响力。黑龙江朝鲜民族出版社借助自身特色出版优势,依托与韩、朝两国地缘、语言等得天独厚的先天条件,在韩国建立了中国语言出版社和汉语学院,自主开发和引进出版工具书达几十种,《中朝·朝中词典》(小型)等多种语言工具书多年出口韩、朝两国,正在开发和策划开发《汉字解字字典》、《汉语虚词辞典》、《中韩词典》、教材等达60种,已出版图书中,词典类31种、中国语教材65种、中国文化推介丛书14种,中韩、韩中双语词典网络版权输出获得成功,成为龙江出版“走出去”的名片。黑龙江出版集团有限公司与印度、韩国、日本、英国等诸多国家相关出版机构建立了稳固合作关系，输出版权17种，引进版权41种，建筑家装类等特色图书已经在境外形成品牌。瞄准港澳台、东南亚以及华人居住区青少年阅读习惯和学习汉语的需求，充分利用香港、澳门区位优势，推动新闻出版产品和服务出口，集团所属黑龙江少年儿童出版社原创低幼图书《营养总动员》共16个品种，版权输出额6.1万元；所属黑龙江少年儿童出版社的《小猪搬搬的哲学生活》、《曹操》等8种图书已向韩国、泰国输出版权，并达成长期合作意向。黑龙江科学技术出版社向印度出口中文原版建筑装饰类图书50批次、品种67种，总册数达9万册，出口总码洋为230万元，建立起稳定的供货渠道。黑龙江出版集团有限公司积极与俄罗斯远东大学乌苏里斯克国立师范学院合作，在远东地区设立俄罗斯中国文化中心，双方借此平台，开展版权贸易、印刷复制、文化旅游、艺术交流等深层次文化合作。10年来，全省达成版权贸易合作意向(协议)350项，比十年前提高800%。与美国、英国、俄罗斯、韩国等十余国家(地区)建立了版权贸易合作关系，开创了我省版权贸易工作的新局面。2011年，新闻出版进出口贸易数量达到400多项，贸易额由10年前7万美元上升到70多万美元。

这十年，认真履行政府管理职责，强化市场监管，依法行政能力水平显著提高。把加强行业监管作为政府部门的首要职责，摆上突出位置，不断强化手段，确保行业不失管、不失控。正确处理管理与服务的关系，寓管理与服务中，营造了依法有序、公正公平、健康和谐的发展环境。

1.坚持依法行政。深入学习宣传贯彻《中华人民共和国行政许可法》、《全面推进依法行政实施纲要》、《国务院关于加强法治政府建设的意见》和《黑龙江省依法治省纲要》，完善执法流程，规范执法行为，健全行政执法考核机制，使全省新闻出版行政执法工作走上了规范化、科学化的轨道，为全面推进依法行政起到了积极作用。依法清理行政许可权，减少审批事项，简化办理程序，规范行政审批行为，探索建立行政审批权力的公开运行和监督机制。顺利完成了全省音像发行市场管理的接收工作。进一步明确了对出版物印刷企业、二级批发企业的监管职责，将包括连续性内部资料性出版物审批在内的5项印刷复制行政许可事项委托市级新闻出版行政部门办理。开展了行政权力和规范性文件的清理工作，清理废止文件429件，保证了规制合法，政令畅通。举办了20期市地执法人员培训班，培训2200人次，基层执法人员综合素质和执法水平有较大提高。

2.深入开展"扫黄打非"斗争。"平安工程"建设、"文化环保工程"等净化社会文化环境工作措施，封堵查缴非法出版物、扫除淫秽色情垃圾、集中整治互联网和手机媒体传播淫秽色情信息、清缴整治低俗音像制品、打击侵权盗版和非法出版活动等专项行动取得重要进展，为全省新闻出版业的健康发展提供了有力保障。10年来，全省共出动执法人员17万人次，检查出版物店档摊点30余万家次，印刷复制企业1.4万家次，全省共收缴盗版和非法出版物400万件，取缔无证照经营2660家，查处互联网违法违规案件1600起，删除互联网有害信息70余万条，先后有30余人被追究刑事责任。组织和协调有关部门严厉打击出版活动，先后破获了哈尔滨"5·24"特大制售淫秽色情书刊和非法出版物案、哈尔滨"3·07"特大销售盗版及非法出版物案、齐齐哈尔"9·18"利用互联网制售非法出版物案、牡丹江"1·07"传播淫秽物品牟利案等一批全国重点挂牌督办案件，有效地维护了全省的文化安全和社会稳定。中央电视台的《焦点访谈》栏目和新华社的《新华纵横》栏目多次对我省查办案件情况进行了专题报道。省"扫黄打非"工作领导小组办公室连续多年被全国"扫黄打非"工作小组、中宣部等部门授予全国"扫黄打非"先进集体和办案有功集体荣誉称号。

3.加强报刊出版管理。认真贯彻中办发27号文件精神，进一步加强对报刊出版单位的管理。强化出版许可、主管主办、属地管理等三项基本制度。开展了报刊记者站专项治理"百日行动"，加大了打击"四假"的力度，开展了治理"有偿新闻和新闻敲诈"

专项行动，维护正常的新闻采访秩序。加大了假借新闻机构、假冒新闻记者从事新闻采访活动的打击力度。持续开展非法广告专项治理行动，全省报刊广告发布秩序明显好转，对违规报刊出版单位进行了行政处罚。群众反映强烈的不良广告、假报刊、假记者站、假记者、假新闻及一号多报、多刊、非法出版、有偿新闻等违法违规行为得到有效治理。

4.规范整顿出版物印刷、发行市场秩序。落实出版物集中经营场所特派员制度，进一步强化监督管理。严格对新设立的批发单位进行审核，把好入口关。连续开展了“3·15”少年儿童读物类出版产品质量监督检测活动，促进全省印刷质量的全面提高，受到新闻出版总署的表彰。支持和指导行业协会开展交流研讨和竞赛活动，在首届全国印刷行业职业技能大赛中，我省参赛选手取得了较好的成绩，展示了我省印刷行业精湛的技能水平。持续开展印刷复制企业和出版物市场进行检查，对中小学教材出版、印刷、发行等环节严格把关，保证“课前到书、人手一册”。在全省范围内开展了教辅材料出版发行管理专项检查整顿工作，规范教辅出版物市场秩序，共收缴盗版和非法教辅材料 15534 册，教辅材料过多过滥的状况得到有效治理。

5.重视和强化审读工作。组建了黑龙江省出版物审读中心，成立了审读专家组，坚持图书“三审制”，建立报刊“五级审读”网络，不断完善出版物审读机制，坚持重点审读和日常审读相结合，日常审读和舆情分析相结合，确保出版物的出版导向和内容质量。

这十年，积极深化行政审批制度改革，强力推进政府职能转变，学习型、服务型、创新型、效能型、廉洁型“五型”政府机关建设步伐显著加快。以深化行政审批制度改革为重点，深入开展“效能建设活动”和“五型”机关创建活动，树立了新闻出版部门的社会新形象。

1.行政审批制度改革取得明显成效。在全国新闻出版系统率先进行审批制度改革，整合行政审批资源，实行行政审批集中办理，实现了“一门受理、相关协办、现场审批、承诺办结”的“一站式”阳光审批和政务。13 个市地新闻出版行政管理部门在当地政府的阳光政务大厅设立窗口，为行政管理相对人提供方便、优质、快捷的行政审批政务服务，树立了服务型政府机关的新形象。改革 5 年来，累计受理行政许可和非行政许可申请 5770 件，全部按时办结。建立了审批工作评估机制，为行政管理相对人提供更好的服务，提高服务产业发展的能力和水平。开通了网上预约服务，省时便利，节约了服务对象的办事成本，极大地提高了办事效率，受到新闻出版总署和省委、省政府的肯定以及服务对象的高度赞誉。作为黑龙江省省直机关的唯一代表在全省深化审批制度改革工作会议上做了典型经验介绍，并得到王宪魁省长的讲话表扬。在全国新闻出版系统中交流了审批工作经验。新闻出版总署网站、《中国新闻出版报》、《黑龙江日报》等多家媒体予以报道，省政府网站政务访谈栏目对此进行了专题访谈。新闻出版总署、省内多家单位前来学习观摩，在探索行政审批集中办理改革、建设服务型政府机关方面做出了积极努力，取得了良好成效。

2.政务公开工作不断深入。深入贯彻《中华人民共和国政府信息公开条例》和《黑龙江省政府信息公开规定》，制定了《黑龙江省新闻出版局主动公开信息管理办法》、《政务信息公开工作年度报告制度》、《依申请公开信息管理办法》、《行政审批集中办理超时默认制度》、《行政执法过错责任追究制度》等 20 多项制度。以核定自由裁量权为重点，推进行政权力公开，对涉及新闻出版行政许可、行政确认权力、行政处罚、行政强制权力以及其他行政权力目录进一步确认、修订，向社会进行了公布。以加强信息化建设为手段，搭建信息公开平台，通过省政府网站、局门户网站、局 OA 网、新闻出版总署网站、新闻出版报、东北网、黑龙江日报、省电台、电视台等媒体公开政府信息 2400 条，受理群众公开申请 73 个，解答各类咨询 3767 件，召开新闻发布会 17 次，较好地保障了社会公众的知情权、参与权、监督权。

3.“效能建设活动”取得丰硕成果。以围绕中心、服务大局、促进发展为主旨，在全系统深入开展了“效能建设活动”，深入查摆解放思想、履行职责、作风建设、行业管理、廉洁从政、成本节约等方面的问题，针对性地整改提高，修订、完善各项工作制度40余个，建立新的工作机制10余个，制定规范、规定15个，构建了“权责一致，分工合理，执行有力，高效顺畅”的管理体制和运行机制。广大干部职工在活动中普遍受到了教育，进一步认清了发展形势，理清了发展思路，增强了推动新闻出版业大发展、大繁荣的危机感、责任感和紧迫感。

这十年，坚持内强素质、外树形象，扎实开展创业、创新、创优活动，党风、政风、行风显著好转。以十六大、十七大，十七届六中全会精神为指引，适应新形势、新任务、新要求，切实加强班子建设、队伍建设、党风廉政建设和精神文明建设，不断提高新闻出版工作的科学化水平，为顺利完成各项任务提供了坚强保障。

1.党的自身建设不断加强。各级新闻出版行政部门扎实开展了党的先进性教育活动，学习实践科学发展观活动、学习型党组织创建和争先创优评选活动、“讲党性、树新风、优环境、促发展”作风建设活动，省局机关先后开展了“作风建设年”、“五创六争四提高”、“规范化建设年”、“效能建设活动”等一系列学习实践活动，用科学发展观统领新闻出版工作的认识更加深刻、信念更加坚定，着力在思想上、作风上解决行政效能和服务质量等方面存在的问题，形成了服务发展、支持发展、推动发展的氛围。

2.党风廉政建设不断深入。深入贯彻落实中央《建立健全惩治和预防腐败体系2008—2012年工作规划》和《实施纲要》，强化重点领域和关键环节的监督制约，反腐倡廉建设和行风建设扎实推进，在各市地聘请了41名行风义务监督员，推进行风整治，连续三年被评为全省“行风建设突出贡献单位”。规范权力运行工作取得重大成果，制定制度125项，建立起规范新闻出版行政权力运行的制度体系，构建廉政风险防控的高压线，中央纪委专题刊发了《黑龙江省新闻出版局以五项工作为抓手扎实推进惩防体系建设》的简报。

3.人才队伍建设扎实推进。开展行业专业人才教育培训，图书、报刊、发行、印刷等行业岗位培训受到普遍欢迎。十年来，举办了30期采编人员岗位资格培训班、10期社会总编培训班、5期著作权法培训班、10期印刷发行企业经理培训班，参加人员6100名。推行行业职业资格准入和岗位准入，完成了1400名编辑出版专业技术人员职业资格登记注册工作，进一步规范了队伍管理。全省新闻出版战线广大从业人员秉承优良传统和作风，扎根出版、热爱出版、奉献出版，形成了良好的人才梯队，涌现出李久军、杨殿军、张宝才、李小娟、李彤、徐彤、吕观仁、叶鸿南、胡建平、丁一平、陈东升、颜楠、龚江红、陈春林、王忠诚、冯向辉、陈阳、崔钟雷、孙杰、刘建刚、惠国琴、杨华、刘建明、曲丽、曲柏龙、陈伟、张玉、何飞、林永万、苑庆国、张晓校、陈明、李文方、侯文琰、梁昌、崔英敏、梁军等一批荣获全国新闻出版系统先进工作者、全国新闻出版行业领军人才、全国“百名有突出贡献的新闻出版专业技术人员”、新中国成立60年有影响力的期刊人、新中国百名杰出贡献印刷企业家、全国优秀新闻工作者等荣誉称号的拔尖人才，为推动全省新闻出版业大发展、大繁荣发挥了示范带动作用。

4.行业精神文明创建活动取得实效。在首批全国新闻出版行业精神文明单位评选活动中，黑龙江出版集团有限公司、黑龙江省新华书店、黑龙江格言杂志社有限公司、哈尔滨学府书店等4个单位被新闻出版总署授予“首批全国新闻出版行业文明单位”荣誉称号。在发行行业开展了四届“双优诚信书店”评比，推动行业诚实守信、依法经营，全省“双优诚信书店”已经达到67家。8家书店进入全国出版物发行行业2009—2010“文明店堂”榜单。开展了向四川汶川和甘肃玉树地震灾区捐款活动，支持灾区重建家园工作，对口支援重点项目中的50个农家书屋、30个集中安置点农家书屋和87个公共阅报栏项目如期完成。全省新闻出版行业对口援疆、援藏工作正在有序落实中。

新闻出版事业既是党的意识形态的坚强阵地，又是国民经济的重要支柱性产业。我们一定发扬新闻出版人的优良传统，乘党的十八大的强劲东风，让黑龙江的新闻出版业在新的征程中再放光彩。

以城市大开发带动我省文化产业大发展的建议

省社会科学院课题组

近四年是我省文化产业最好最快的发展时期，主要标志是:大力发展文化产业已成为推动全省经济发展方式转变的重点之一,全省上下正致力于作好建设边疆文化强省的宏大文章,闯出了一条以城市大开发带动文化大发展的新鲜路径。“群力模式”成效显著,“松北模式”令人期待,“大庆模式”充满活力。放眼全国,它山之石值得借鉴。进一步推动以城市大开发带动文化产业大发展,助力我省文化建设跃上新的台阶,应着力推动“三个主动融入”、实施“两个精心谋划”、借鉴“三个成功经验”。

一、推动“三个主动融入”

(一) 把“文化动力”理念融入城市大开发进程。推动以城市大开发带动文化产业大发展,需要把“文化动力”的理念主动融入城市大开发进程中,使之成为引领城市“适宜居住、适宜创业”建设的内在要求,成为城市转变经济增长方式的重要路径，成为城市经济可持续发展的迫切需要。一是转换观念。各级政府和领导干部,应摒弃以往“文化配角”的传统观念,高度重视文化建设的动力作用,做好“经济搭台,文化唱戏”的大文章。二是打造品牌。每一个城市都应注重发挥自己的文化资源优势，实施文化发展的本土化战略,打造本土优势文化品牌,发展本土特色支柱文化产业,凸显城市文化的个性魅力,提高城市文化软实力。三是完善政策。主要包括财税优惠政策、投融资扶持政策、园区建设及土地政策和人才政策等。这些政策对于做大做强文化产业至关重要。四是集聚人才。坚持自主培养为主,构筑社会化人才培养体系,重视对现有人才的培养和使用,同时加大人才引进力度,畅通人才引进“绿色通道”,从国内外引进一批优秀文化创意人才和创业团队。

(二) 把“文化大融合”理念融入城市大开发进程。城市交通发达、服务业繁荣,制造与创造相互促进,制造业与服务业相互配套,工业化与信息化相互融合，这为文化产业发展提供了多方面发展的可能性。把可能变为现实,就需要“跳出文化看文化,跳出文化抓文化”,以“文化大融合”整合城市大开发。一是要通过产业政策、城市规划,将文化发展融入整个城市经济社会发展的大局中,使文化与科技、金融、旅游、地产、教育、体育休闲、物流和信息等相关产业深度有机融合,走借力发力、融合式发展之路。重点探索“文化+科技”、“文化+金融”、“文化+旅游”、“文化+地产”、“文化+教育”、“文化+体育休闲”、“文化+物流”、“文化+信息”等融合模式。牵动文化大发展大繁荣,做到既出新产品,又出新业态。二是借助城市住宅、商业街区,产业园区、旅游景区开发建设，推出一批有地域特色、龙江气派和市场份额的名牌产品;形成一批特色鲜明的产业集群；兴建一批文化产业要素和企业集中的基地园区。三是实施文化经济增长及培育战略。以文化为纽带,通过跨区域跨行业跨所有制兼并重组,加快打造成长性好、带动性强、富有竞争力的大企业集团和“龙字号”文化产业航母编队。

(三) 把“经营城市记忆”的理念融入城市大开发进程。一座城市,不论它是古老的还是新兴的,都毫无例外有着自己的历史记忆。推动城市大开发,带动文化产业大发展,需要把“经营城市记忆”的理念主动融入城市大开发进程中,做好“城市文化资本” 的开发。上个世纪 50 年代 ,“作为中国工业摇篮”,我省在全国最先建成涵盖全面的工业体系,从钢铁、化工、重型机械、汽车、飞机到军工,各类重大工业项目星罗棋布,一度成为中国计划经济模式下建设工业化的样板和标兵。在 50 多年的时间里,这些大型工业企业不但沉积了辉煌的业绩,同时还将历史和文化雕刻在时间的丰碑上。我省现存的城市工业遗迹是不可再生的经济资源,是弥足珍贵的文化价值,是亟待经营的城市记忆。一是开展全面调查。从“认知保护”和“发展利用”两个方面展开工作,在“认知保护”文化遗产资源的基础上有效“发展利用”,以“发展利用”的方法促进、加强文化遗产资源的“认知保护”。二是强化政府保护的责任。各级政府应深刻认识到城市文化遗产作为稀缺的文化财富,是当地经济社会全面协调可持续发展的宝贵资源。应站在战略的高度看待文化遗产保护,以科学发展观为指导,正确处理经济社会发展与文化遗产保护的关系,避免把文化遗产视为“包袱”的短视行为。三是创意开发工业遗产资源。保护性再利用工业遗产中最具代表性的标志或建筑物,使其融入城市开发空间,成为城市景观的重要组成部分。以重点工业遗产为基础,打造主题展馆(区)群;以工业博物馆为核心,打造工业文化博览园等。

二、实施“两个精心谋划”

(一)精心谋划不同城市主题文化的构建。推动城市大开发带动文化产业大发展,需要根据各市(地)文化资源的优势和特点,充分利用城市大开发的历史机遇,谋划各城市主题文化建设,推动全省文化产业特色化、集约化发展。结合兄弟省市的经验做法,需要循序渐进做好四方面的工作:一是城市主题文化的共识化。根据各城市的自然景观、人文景观及区域经济环境特质,通过对各城市历史文化资源的挖掘,经社会各阶层的广泛讨论、专家学者的提升凝练,准确地遴选出城市的主题。二是城市主题文化的特征化。通过各种文化活动(如会展、节庆等),使城市文化主题活动成为受众目标、成为关注亮点、成为联想载体、变成城市的名片。三是城市主题文化的视觉化。把城市主题系统文化元素融入各种城市景观,如在绿地和公园环境艺术景观花卉造型中展现城市主题文化符号概念。四是城市主题文化的深植化。通过新闻媒体的深度宣传,让城市主题成为注意力焦点。

(二)精心谋划都市圈文化产业的发展。顺应城市集群发展的趋势,推动都市圈(群)文化产业发展,已成为国内城市大开发,带动文化产业大发展的一个新特点。着眼于城市发展的未来空间走向与布局,充分利用城市大开发的历史机遇,打造都市圈文化产业发展新的增长点,形成优势互补的区域文化产业协调格局,能够放大城市开发牵动文化产业发展的联动效应。从我省文化产业全局出发,借鉴国内外经验做法,谋划我省都市圈文化产业的发展,目前特别需要做好三个方面的工作:一是打破行政区域对文化市场的割裂,建立统一市场和政府间协作。以都市圈(群)大局为出发点,相互协作,强化行政力量对文化市场开放的扶持,为圈内文化产业的良性发展提供充满活力的统一市场。二是实施区域内差异化发展战略,促进比较优势基础上的合作。都市圈(群)文化产业发展,就是要通过沟通、合作、创新使不同的本土文化实现融合,在发挥比较优势的基础上开展合作,从而形成文化整体优势,形成区域文化产业协调发展格局。三是搭建基础服务平台,提供政策支持和体制保障。从有利于推动文化共同发展的大局出发,共同研究、制定统一的文化政策。通过政策的实施,整合区域文化资源,调动一切积极因素,形成区域文化共同发展的合力。

三、借鉴“三个成功经验”

(一)借鉴发展城市休闲文化产业的经验。当前,国内许多城市都把发展文化休闲产业作为重要内容提到城市大开发的议事日程,在开发过程中注重挖掘整合民俗、人文、自然、生态等旅游资源,推动“吃、住、行、游、购、娱”六要素互动,拉长旅游产业链条,带动相关产业发展。借鉴各地经验,发展城市文化休闲产业,应做好三篇大文章。一是在“卖”上树立观念,做好“卖文化”的大文章。文化产品只有作为社会化的产品推出去,才有生命力,才能卖出好价钱,促成蓬勃发展、欣欣向荣的好局面。二是在“造”上下功夫,做好打造休闲旅游平台的大文章。文化休闲产业的“卖点”在于地方特色,而民俗“生活流”所体现的文化内涵,正是地方特色。因此,应进一步加大对民俗“生活流”的挖掘、整理、完善和提高，使之更加适应社会形势，适应市场需求，大幅度增加文化休闲产业的厚度和内容。三是在“炒”上造声势，做好“炒出”良好外部环境的大文章。发展文化休闲产业，已是大势所趋，各地都在此方面下功夫，谁抢得了先机，就争取到了主动。有再好的资源，“藏在深山人未识”、“抱着金子不发光” 也无济于事。从某种意义上说，“炒”也是一种生产力，炒得好，就能炒出效益，引来外资。

（二）借鉴“创意地产”的经验。“创意地产”指的是通过实现文化创意与旧城改造的有机互动，为城市文化产业创造发展空间的开发运作方式。国际上很多重要的创意产业区都和旧区重建有关。英国泰晤士河南岸、柏林的哈克欣区、温哥华的兰桂岛、日本的北海道小樽运河、纽约的苏荷等地区都是在19世纪制造业大发展时建造的厂房、仓库。伦敦著名的泰德艺术馆也是由原本可能被拆除的火力发电厂改造而成。鉴此，应通过文化创意与旧城改造的有机结合，为城市新型文化业态的孕育和发展创造条件，避免城市文脉的中断，保留有历史文化价值的建筑；通过历史与未来、传统与现代、东方与西洋、经典与流行在这里的交叉融合，使城市迸发出文化产业发展新业态；通过城市开发的文化创意，创造新的城市文化氛围，塑造城市标志、城市雕塑，提升城市的形象和魅力，增加城市的繁华感、文化底蕴的厚重感和时代的生机感。

（三）借鉴“半产业化经营”的经验。“半产业化经营”是指由“政府规划+政府投资+产业化经营”的一种新的经营模式。其益处有：一是因为有政府的规划与投资，能避免对历史文化资源造成破坏，通过政府指导引起市民对当地历史文化遗存的高度重视，主动保护；二是半产业化经营之后产生的经济收益能反过来回馈历史遗存的保护，为当地城市历史文化资源的保护提供经济上的保障。推广“半产业化经营”经验，需要着力于三个方面的工作：一是抓住“三个着力点”。其一是着力于历史和传统。历史和传统是一个城市的个性和品位所在，失去了历史和传统也就失去了城市的文化之根。其二是着力于城市的建筑与雕塑风格。建筑与雕塑也是城市文化的一个方面，是一个城市形象的象征，是艺术环境的整体表现。其三是着力于发挥城市文化名人的作用。二是注重市场化运作。在市场经济的大背景下，文化产业的运作也必须通过市场化运作并带动其他产业的发展，起到增加就业、创造价值、刺激消费、涵养税源等重大作用，成为新的经济增长点。三要做好“品牌”开路。在城市历史文化资源半产业化经营的模式中，应以“品牌”开路进行资源整合。对于已经形成产业基础的城市，依然应紧紧围绕城市“品牌”这一主线，并根据城市本身的市场、资源和技术能力等因素，对产业结构进行调整和资源整合。

关于黑龙江省公民道德建设情况的调查

省文明办

为把公民道德建设落到实处，抓出成效，按照中央文明办的部署，我们在全省开展了新时期公民道德现状的调研。省文明办抽调专人，成立了调研组，下发了调研方案，设计了公民道德建设调查问卷，在东北网上设置问卷专页，由市地、县区文明办组织调查，点击答题人数已超过4000人，加上实地问卷调查，全省共有近5000人参加了调查，其中有公务员、企事业单位职员、专业技术人员、服务业人员、教师、学生、军人、离退休人员等社会各阶层人员。我们还组织部分市（地）和省直厅局分别开展社会公德、职业道德、家庭美德专题调研和综合调研，就近年来我省公民道德建设工作现状同哈尔滨市、伊春市、绥化市和省直理论界学者进行了座谈，形成如下调研报告。

一、加强公民道德建设的主要工作

多年来，全省公民道德建设内容丰富，形式多样，效果明显，极大地促进了人们精神面貌的变化和思想道德素质的提升，提高了各行业尤其是窗口行业的服务水平，培养壮大了一批思想道德建设专兼职队伍，为我省经济发展提供了有力的道德支撑，为社会和谐提供了坚实的思想基础。

1.领导重视，把公民道德建设摆上重要位置。《公民道德建设实施纲要》颁布10年来，省委省政府将公民道德建设纳入经济社会发展规划，摆上党委政府重要工作日程。先后出台了《加强“诚信龙江”建设宣传教育工作的实施意见》、黑龙江省《知荣辱、树新风、创建省级文明行业先进系统活动方案》，尤其以省委省政府名义做出了《关于新时期深入学习和弘扬大庆精神的决定》，省委宣传部把“实施思想道德建设工程”作为2007年全省宣传思想工作“十大重点工程”之一，省文明办把提升公民道德素质作为创建“三优”文明城市的重要内容，认真安排部署，切实加大推进力度。

2.加大宣传，在全社会形成崇德向善的浓厚氛围。每年抓住学雷锋纪念日、公民道德日、世界志愿者日等契机，充分发挥群众性精神文明创建活动、新闻媒体、基层宣教平台作用，广泛宣传各级道德模范、感动人物、十佳公仆、和谐之星等典型。通过组织英模事迹报告会、道德模范故事会基层巡演、公民等道德建设图片展，开展“知荣辱、树新风、促和谐”知识竞赛，制作“迎讲塑”公益广告，在公共场所设立宣传牌等形式，传播道德理念，普及礼仪知识，弘扬道德精神。共举办近百场次先进人物事迹报告会，近500场次道德模范事迹巡讲，直接受众达50万人，有6个公益广告在全国获奖。

3.开展活动，吸引广大群众积极参与道德实践。我们结合社会生活实际，围绕不同时期党委和政府的中心工作，开展了各种主题鲜明、内容丰富、形式多样的道德实践活动，使广大群众在实践中辨荣辱、受教育、长才干、做贡献。新世纪黑龙江人形象教育，让群众在参与讨论中形成道德共识。道德模范、感动龙江人物、和谐之星、十佳公仆等评选，让群众在评选推荐中，提高思想境界，加强品德修养。抓住奥运会、国庆节、世博会等契机，广泛开展“讲文明、树新风”主题实践活动，促进文明风尚培育、公共秩序规范、服务水平提高、城乡环境改善、志愿服务提升、文明礼仪养成、和谐关系构建和传统文化弘扬。广泛开展“三优”志愿服务、关爱空巢老人志愿服务、关爱农民工志愿服务，引导人们在大规模的道德实践活动中长好心、当好人、得好报。广泛开展“知荣辱、树新风、促和谐”主题手机短信大赛、“迎世博、迎亚运”文明短信传递、“修身律己、道德感言”征集等活动，发挥现代传播手段优势，弘扬道德精神，净化手机文化环境。广泛开展“我们的节日”主题活动，通过开展多种形式的节日民俗活动、文化娱乐活动，弘扬中华民族传统文化，增强了公民爱国情感、社会责任感和道德荣辱感。

4.着眼长远，切实加强未成年人思想道德建设。制定《关于贯彻落实〈关于进一步加强和改进未成年人思想道德建设的若干意见〉实施方案》和《黑龙江省未成年人思想道德建设三年规划》。建立了齐抓共管的领导体制和“三位一体”的工作格局。实现了博物馆、纪念馆、科技馆、图书馆等文化场所向未成年人免费开放。在全国集中宣传推广伊春市“四自五爱”经验，实现未成年人教育方法的“三个转变”。广泛开展未成年人思想道德建设创新案例征集和优秀童谣评选活动，我省6个创新案例和7个优秀童谣在全国获奖。全面开展“做一个有道德的人”主题实践活动，建立50个全国示范点，发挥学校主渠道作用，引导未成年人在学校懂得尊敬师长，在家庭懂得孝敬长辈，在社会懂得奉献合作。开通未成年人心理健康热线96311，搭建解决未成年人学习、生活、情感、交友、爱好等成长中困惑的平台。

二、公民道德建设的基本现状

多年来，由于各级党委和政府的高度重视和从事思想政治工作人员的辛勤努力，总体上看，我省公民思想道德建设的主流是积极健康向上的，人们理想信念比较坚定，爱国主义、集体主义、社会主义深入人心，思想观念比较解放，精神状态奋发向上，价值取向更加务实,传统美德继续弘扬,职业道德水平逐渐提高,生活方式更加文明健康科学。但是,还存在许多不容忽视的问题,一些地方拜金主义、享乐主义、极端个人主义泛滥,基础道德水准有所下降,职业道德水平参差不齐,陈规陋习屡禁不止,大学生和未成年人在思想道德方面仍然存在很多问题。

1.多数人理想信念坚定,积极践行“三个主义”,思想观念更新、解放,精神状态奋发向上,少数人中仍然存在陈旧落后的思想观念。调查中我们发现,人们的信仰比较趋同,70.8%的人信仰共产主义。中国特色的社会主义理论深入人心,进一步树立了与市场经济相适应的新思想、新观念,人们对改革开放的理解度、认同度、支持度较高,对改革的承受能力逐渐增强,94%的人支持或基本支持继续深化改革。关心时事、渴求稳定、希望发展的人越来越多。科学发展观、和谐社会建设和以人为本的思想得到普遍认同。对国家发展、民族富强信心更足,自豪感更强。危难关头,能够顾大局,识整体,68.6%的人在国家、集体、个人利益发生冲突时选择国家和集体利益在前,还有17.9%的人选择兼顾三者利益。1998年我省发生特大洪水期间,大庆油田受到威胁,大庆附近的村民把洪水引向自家,舍农田保油田,舍小家保大家,体现了黑龙江人无私奉献的精神。近期以来,张丽莉、谢尚威、高铁成等一批时代楷模的涌现,反映了黑龙江公民道德建设的丰硕成果,展现了龙江人大美大爱的新形象。

同时,我们也应该看到,在一些人中还存在全局意识淡化、信心不足的倾向。信教人数逐年增长,我省有110万信教人员,这次被调查的4000人中,6.3%的人信仰宗教,甚至少数共产党员也开始信教。一些工人、农民、个体业者、青年学生认为“讲政治是上边的事,我们用不着操这个心”。自由主义倾向冲淡和弱化了思想政治工作。一些人对暂时相对落后的经济发展现状持悲观态度,对共同富裕的前景感到渺茫。

2.新的道德因素在增长,人们的价值取向更加务实,同时拜金主义、享乐主义、个人主义等思想在一定范围内滋生蔓延。市场经济激发了人们的主体意识、竞争意识、公平意识、民主意识、效率意识和创新意识等,逐渐形成了新的人生观和价值观。在交往观上,民主、平等、公平意识逐步取代专制、等级、特权思想,人们参政议政的积极性空前高涨。在功利观上,“义利并重”逐步取代“重义轻利”,既讲经济效益又重社会形象的企业举不胜举。在贫富观上,勤劳致富、先富带后富逐步取代安贫乐道、平均主义,涌现了一批帮助群众致富的带头人。在人生价值观上,尊重个性、崇尚自主取代片面的依附意识,许多人都奉行“主观为自己,客观为别人”的人生哲学。在消费观上,适度消费、求知求美逐步取代禁欲主义,贷款买房、买车的“负翁”越来越多,“努力工作,享乐生活”的理念也越来越深入人心。在亲情观上,经济原则冲淡了旧的人伦观念,礼尚往来成为亲戚常走动的前提。在竞争观上,开拓进取、自强不息、互利双赢取代了因循守旧、与世无争、非此即彼,我省广大林业地区职工在资源萎缩、经济危困的“两危”形势下,没有抱怨,没有等、靠、要,而是自力更生,主动发展自营经济,不仅满足了自给自足,也为社会稳定做出了贡献。

与此同时,在某些地方唯利是图的思想恶性膨胀,假冒伪劣、见利忘义、损人利己的现象不断蔓延。等价交换的原则渗透到人们社会生活的各个领域,腐蚀了人们的思想,异化了人与人之间的关系,导致以权谋私、贪污受贿、腐化堕落的现象发生,人际关系越来越冷漠,越来越庸俗化。在调查中,有的人说:楼房越住越高,邻居往来越来越少;人情越来越薄,礼份越来越厚。短期机会主义思想在一些年轻人中成为时尚,吃青春饭的女孩儿大有人在,有些女大学生甚至奉行“干得好不如嫁得好”。有人说:思想是虚的,道德是空的,权力是硬的,金钱是实的。

3.中华民族的传统美德得到了进一步弘扬,但人们的基础道德水准在某些方面程度不同地有所下降。随着公民道德建设的加强,人们的社会公德意识普遍提高,59.2%的人认为公民的整体道德素质提高了。仁、义、礼、智、信等中华民族传统美德被赋予新的时代内涵,公民提升全社会道德素质的积极性空前高涨,呈现出关心他人、关注公益事业、道德意识增强、倡导良好风尚的局面。文明礼貌蔚然成风,爱护公物、保持公共卫生、遵守交通秩序已成为人们的自觉行动。96%以上的人能做到或基本做到在公共场所衣冠整洁,举止文雅,不大声喧哗,不说脏话、粗话,不践踏草坪,不乱折花木,自觉维护公共卫生,遵守交通规则。86.1%的人认为应该讲究网络道德,助人为乐成为人们推崇的社会美德。市民坐公交车为老弱病残孕让座的比率达到60%。83.7%的人能做到或基本做到见义勇为,95.3%的人能做到或基本做到拾金不昧。城市"一帮一"、"手拉手"、爱心超市等扶贫济困行动活跃在全省城乡各个角落。95.4%的人能做到或基本做到为受灾、贫困人群捐款。有一年高考,哈尔滨市公安局、黑龙江交通广播电台、哈市的出租车司机和一些私家车主,在听说因大雨导致堵车而耽误了考生赶考的时间后,纷纷伸出援手,架起了一条条通往考场的"绿色通道",将一个又一个心急如焚的考生准时送到了考场,感动了整个哈尔滨。哈市"邻居节"使居民在单元认亲见面会、阳光楼道聚餐会、追忆童趣运动会及邻里协作公约、邻里亲情互助卡的签订等活动中,找到了亲情,找回了童年。96.4%的人与邻居发生纠纷时能做到或基本能做到主动退让,94.9%的人能做到或基本能做到积极参与社区活动。尊老爱幼、夫妻和睦成为和谐家庭建设的重要标志。98.9%的人能做到或基本能做到主动赡养老人、关心老人生活。98.6%的人能做到或基本能做到尊重配偶的生活习惯和个人选择。

尽管我们社会风气的主流是积极健康向上的,但社会的深刻变革、不同文化的相互激荡,对人们的思想观念、生活方式、价值取向产生了多方面影响。不明是非、不知荣辱、不辨善恶、不分美丑的社会现象还大量存在。部分人是非观模糊,道德评判标准下降,60%的人对早恋、婚前同居、婚外情持肯定或宽容态度。极端利己主义思想使一部分人信奉明哲保身,缺乏社会责任感。拜金主义思想、享乐主义思想的腐蚀使一些人价值观扭曲、荣辱观倒置,把自私自利、损人利己看作是常理,把无私奉献看作是傻瓜;把弄虚作假看作是聪明,把诚实守信看作是愚昧;把挥霍浪费当作时尚,把勤俭节约当作过时;把爱岗敬业当作傻冒,把投机取巧视为能干。

4.职业纪律更加严明,职业技能普遍提高,敬业意识普遍增强,但践行职业道德规范的自觉性远远不够,各行业的职业道德水平参差不齐。随着市场经济竞争的愈加激烈,就业形势的愈加严峻,人们对各自的工作岗位越来越珍惜,敬业意识也越来越强,95.2%的人不管工作条件好坏都能做到或基本能做到艰苦奋斗。人们对职业的追求层次在提高,61.5%的人认为工作的目的是实现自身价值。越来越多的人把提高职业技能作为个人生存发展的必要前提,86.9%的人认为知识是或基本是改变命运的唯一手段,业余时间参加学习、培训的人越来越多。人们的职业技能普遍得到提高,95%的人在工作岗位上能做到或基本能做到得心应手。大家的诚信意识明显增强,98.8%的人能做到或基本能做到合法经营,不制假售假,98.2%的人答应别人的事能做到或基本能做到。各行各业从争生存、求发展、树形象出发,进一步规范了职业标准,严格了职业纪律,我省100多个厅局中,96个厅局实行了优质规范化服务承诺制,在《黑龙江日报》上公开了监督热线,把自律和他律结合起来,受到群众的好评。过去,由于一些商贩唯利是图、制假售假,导致一度红火的对俄边贸急剧下滑。现在,失信的代价使我省商人真正认识到了诚信经营的重要性,重新开创了对俄贸易的辉煌,边境口岸绥芬河市近几年对外贸易额突破了30.7亿美元,占全省对外贸易的75%。

同时,我们也感觉到,一些行业尤其是权力部门、垄断部门、窗口部门的职业道德水平还有待提高。政务诚信、商务诚信和社会诚信建设还须加强。25.2%的人对权力机关、垄断行业、窗口部门的服务态度和办事效率不满意。群众意见比较大的医患纠纷、食品卫生、通信收费、物业管理、家政服务、房屋装修等问题已成为屡治不好的顽症。手术红包费、虚假医药费、择校择班费甚至调座费、论文版面费等不正之风,假货、假文凭、假话、假数字、假文章还有一定的市场。22.4%的人使用过假文凭或假证明。正常的事必须用不正常的手段去办已成为人们日常行事的潜规则。

5.教育投入逐年加大,学生的文化素质不断提高,然而大中小学生的思想道德现状却令人担忧。家长、学校、社会对下一代的教育十分重视,尤其是中央8号文件、16号文件下发以来,全省上下形成了党委统一领导、党政齐抓共管、文明委组织协调、有关部门各负其责、全社会积极参与的领导体制和工作格局,大学生思想政治教育和中小学校德育教育更加贴近学生们的成长实际,社会、社区教育资源得到优化整合,家庭教育逐步走向科学化。大学生和未成年人的学习环境、活动环境、文化环境、服务环境、舆论环境得到了初步改善。据统计,2010年,全省财政预算中教育经费支出占财政支出的比例为14.25%,同比增长0.32%。九年制义务教育普及率人口地区达97%,大学生毛入学率达23.16%。

但是未成年人和大学生的思想道德状况却存在许多不适应祖国未来发展建设需要的问题。多数是独生子女的未成年人在"惯、管、灌"的教育模式培养下,自立能力差、自强意识弱、自信程度低、自律意识不强,部分孩子人生观、价值观出现了偏差。一些大学生不同程度地存在着理想信念淡化、政治态度冷漠、社会责任感弱化、心理素质脆弱、道德观念困惑、价值取向扭曲以及自我放纵、过分追求享乐等问题,尤其是在面临学习、生活、交往、情感、就业等方面压力明显增大的情况下,交往障碍、心理脆弱等问题越来越突出。

6.人们追求文明、健康、科学的生活方式更加自觉,但陈规陋习仍屡禁不止。随着群众性精神文明建设的内容不断深化,人们更加主动地追求文明、健康、科学的生活方式。调查显示,96.9%的人能够参与或基本参与健康有益的文化活动,98.8%的人能做到或基本做到科学理财、合理消费,96.5%的人能做到或基本做到注意节约煤气、水、电费。哈尔滨市自从实行丧葬用品生产与销售许可证制度后,有效控制了迷信用品的泛滥。殡葬部门逐渐开展的树葬、壁葬、塔葬、抛撒骨灰、网上祭悼等服务促进了人们殡葬观的改变。白事殡葬司仪持服务证上岗,规范了白事语言,提高了文明服务的水平。黑河市一些农村针对农民自控能力弱,农村文化娱乐设施、场所少,活动匮乏,有线电视入户率低等现状,自发建起文化大院,为村民们提供了读书学习、唱歌跳舞、沟通思想、学习技术、交流信息的有利阵地,有效地杜绝了打牌赌博等恶习,实现了寓教于乐。

但是,我们还应该看到,婚丧事大操大办、封建迷信、黄赌毒等陈规陋习还依然存在,尤其是在农村等偏远地区。据省调查总队调查,我省部分农村结婚攀比现象严重,婚礼花费的增长大大高于同期的收入增长。宁安市海浪镇地区90%左右婚礼花费6万元—8万元,最高可达10万余元,比上年增长20%—30%,而2005年全镇农民平均收入为4176元,比上年增长仅为9.2%。个别村民操办丧事也互相攀比,看风水、选墓穴、搭灵棚、设祭场、燃放礼炮、雇用吹鼓手、扎制纸车纸马、童男童女、收敛礼金、宴请宾客,造成了农民群众极大的经济负担。个别农民有病舍不得花钱看医生,却不惜重金请"神"看病,少则几十元,多则上千元。黄赌毒现象也屡禁不止。

7.党政机关、事业单位和国有企业的思想道德教育主动自觉、管理规范、约束有力,对"社会人"教育放任自流、管理松散、约束乏力。调查中我们发现,多数机关、事业单位、大型国有企业还保持着良好的思想政治工作传统,精神文明建设有专、兼职人员抓,有具体工作部署,能够开展一系列主题教育活动,注重企业文化建设,积极争创文明单位,在单位中能够形成一个争先创优、惩恶扬善的"小气候"。

但是,在许多民营、个体、私营、外资企业,思想政治工作几乎处于无人抓、无人管的状况,党组织、工会组织不健全,老板一人说了算,经济效益最大化是唯一目标,不愿在精神文明建设上做“虚功”。加之从业人员多数是城镇下岗职工、社会闲散人员、初中生、高考落榜生、农村富余劳动力,文化素质偏低,只满足于就业、温饱,无暇顾及精神文化生活。大批下岗职工、进城务工人员、离退休人员和流动人口分散在社区,沦为城市边缘人,传统思想政治工作的“触角”还没有延伸到这些领域,这些松散的群体难以形成统一的价值观念和归属感,难以形成自我约束的外在氛围,成为公民道德建设的盲区。

三、产生道德问题的原因

产生上述问题的原因是多方面的,有体制机制方面的原因,有思想政治工作方式方法方面的原因,有现代传播方式方面的原因,也有改革开放本身的原因。

1.与市场经济相适应的道德体制建设还不够完善。20多年的改革使市场经济取得了长足的发展,而完整意义上的社会主义市场经济体制还没有真正建立起来,影响了转型期公民道德体系的构建。一是传统道德受到严重干扰和破坏。历史上频繁的政治运动,尤其是“文化大革命”的“破四旧”,使得传统的忠孝、礼仪、仁爱、信用等美德受到严重的破坏,一个时期以来,人们在道德标准上无所适从,这种危害甚至流传到现在。二是信用体系不健全。我国正处于经济转轨时期,法制不健全、政策具有多变性、社会道德秩序失衡和信息不对称等,加剧了社会信用制度的缺失。尤其是由于资金短缺、管理不到位、相关部门协作不够等原因,还没有建立起一个资料翔实、查阅方便、信息共享的企业及个人诚信档案,难以对失信个体实施有效的监督与制约。三是缺乏有效的道德奖惩机制。由于道德规范的软化,缺德行为得不到应有的惩处,信守道德行为得不到及时肯定,甚至要付出道德机会成本,放任了道德滑坡现象。改革开放初期一些靠制假售假完成原始积累的企业当时没有得到应有的惩处,助长了“失信”行为的蔓延。一些见义勇为者因为得到政府的救助不够,往往陷于贫病交加的境地,寒了许多有良知人的心。

2.传统思想政治工作方法难以适应现代人们的思想实际和心理需求。一是教育内容高大全,没有处理好一元化的思想与多元化的价值取向的关系,用共产主义思想和道德规范来教育和规范所有的人,用先进人物的标准要求所有的人,超越了不同层次人们的知识水平和认知能力,使教育缺乏针对性。二是教育方法过于简单,习惯于用我打你通的方法,强硬灌输枯燥的政治理念,教育形式单一,陷于坐而论道的形式主义。三是忽视群众的主体地位,把群众作为被教育对象,要求他们改造什么、塑造什么,而忽视了群众需要什么,使教育缺乏实效性。

3.舆论信息广泛纷杂,为把握正确的舆论导向提出新的挑战。互联网的迅猛发展,从根本上改变了传播方式,大大增强了思想文化信息的覆盖广度,也增加了思想舆论监管的难度。一是促进了价值观的多元化。网络上多种文化、多种思想信息交汇,泥沙俱下,而我们难以完全掌握网络思想政治工作的主动权。二是降低了道德的他律意识。道德的他律意识的作用在虚拟世界中被淡化,对传统道德观念及规范产生了直接的冲击,对现实社会道德教育带来极大挑战。三是强化了非人性化倾向。网上办公、网上学校、网上医院、网上购物的便捷增强了人们对电脑的依赖性,而整日与个人终端打交道,使人在不自觉中患上了精神麻木症,人们直接的、具有可视性、亲和感的人际交往大大减少,导致人际关系疏远,人类情感冷漠。

4.改革开放的负面影响。改革是一把“双刃剑”,既激励了人们开拓创新、勇于进取的精神,也催生了价值取向多元化、腐朽思想滋生、心理问题频发等社会问题。首先,在体制转型的过程中,社会经济利益多元化、人们审美情趣多层次、各种职业日益分化都导致了公民道德取向的多元化。同时,改革对各阶层利益关系的调整,容易导致一些人产生错误的荣辱观,如:个人与社会关系的错位,索取与奉献关系的错位,本能与人格关系的错位,理想与现实关系的错位等。其次,改革开放的实践及经济全球化的发展,极大地开阔了国人的视野,增强了人们的开放意识,但是,资产阶级自由化思潮、拜金主义哲学及腐朽没落的生活方式潜移默化地影响了一代人的价值观。再次,地区之间、行业之间贫富差距拉大导致一部分人的仇富心理,社会成员之间信任感下降,心理精神问题频发。26.5%的人认为社会存在不公平现象。目前,全省还有农村贫困人口366万人,城镇下岗职工42.3万人,他们连温饱都没解决,单纯给他们讲道德,有些人恐怕难以接受。另外,一些党政领导干部的腐败现象,严重败坏了党风、政风,影响了整个社会风气的好转。

四、加强公民道德建设的建议

要解决公民道德建设中存在的诸多问题,必须从市场经济发展的实际和人民群众思想、需求的实际出发,以构建和谐社会为目标,用马克思主义思想统领人们的价值取向,建立健全与市场经济相适应的道德体系,探索创新卓有实效的思想道德教育方法,突出重点部门和重点人群,从小事入手,切实解决群众关心的难点热点问题,形成良好的道德环境。

1.贴近实际,建立与社会主义市场经济相适应的道德体系。我国改革开放和社会主义市场经济的深入发展,既为道德建设提供了深厚的物质基础,又对公民道德建设提出了新要求。新时期的公民道德建设必须在社会主义市场经济基础上构建。一是在教育观念上注重先进性,处理好多元性与导向性的关系。加快现代化建设,实现全面建成小康目标,需要共同的思想基础和道德规范。而在市场经济进程中,自由平等的竞争主体不再满足于简单的隶属关系、同一的人生目标,呈现出较为复杂的多元化价值追求。而个性自由和个人最大利益,都必须在与他人的紧密协作中、为他人提供服务的过程中才能实现。因此,公民道德建设要在坚持主流价值导向的权威性、趋前性的前提下,处理好价值多元性和导向性的关系,既要宽容、允许个人生活方式的多样选择,又要建立一元的、正确的价值导向,把同一性和差异性结合起来,把广泛性和先进性结合起来,实现协调互补和内在贯通。二是在教育内容上注重科学性,为构建和谐社会提供道德支撑和思想保证。历史上每一次社会转型和社会进步,社会道德都面临巨大的冲击和挑战,也都在重构中出现新的跨越。新时期公民道德建设要以胡锦涛总书记提出的"八荣八耻"为基本准则和重要内容,树立社会主义荣辱观,为社会主义市场经济健康发展提供精神指导。要以科学发展观为统领,以构建和谐社会为目标,紧紧围绕党和政府的中心工作开展精神文明建设创建活动,做到"两手抓,两手都硬"。三是教育管理上注重规范性,为公民道德建设提供制度保障。要积极探索运用教育、经济、行政、法制等多种手段,从机制上、体制上解决道德缺失问题。进一步建立健全社会信用体系,建立和完善职业道德规范,把提高各行各业从业人员的素质与完善行业管理的规章制度结合起来,使教育和管理在内容上相互衔接,在效应上相互补充。要把思想引导与利益调节、精神鼓励与物质奖励统一起来,加强监督检查,严格考核奖惩,要建立健全道德评价监督机制,群众自治组织要引导群众自我监督、自我管理。

2.贴近群众,探索创新公民道德教育的途径和方法。道德教育要取得实效,就必须遵循道德建设的内在规律,尊重群众的主体地位,把握群众的道德意识,努力做到用现代道德观念教育群众、感化群众、引导群众、规范群众。一要开展多种形式的道德实践活动,增强道德主体的自我教育意识。要变灌输式、口号式的教育为启发式、引导式的教育,通过道德实践、道德体验,引导人们在自我评价和自我感悟中自省、自觉、自律。要充分发挥群众性活动的教育功能、服务功能、凝聚功能和建设功能,使群众在参与活动的过程中,潜移默化地受到熏陶和教育,把外在的道德规范转化为道德主体内在的自觉行动。二要选树推广先进典型,提高道德主体的自励意识。要选择既有群众基础,又有时代特征的典型,让群众感到可亲、可敬、可学。通过现身说法和舆论推广等方式,影响更多的人。要坚持实事求是,不人为拔高,引导群众尊重典型,正确对待典型。三要区分层次,增强道德教育的实效性。社会主义初级阶段,人们的思想觉悟、道德观念和修养品德参差不齐,要注意因地制宜、因人制宜、因时制宜、因事制宜。针对不同地区、不同部门、不同领域干部群众的工作实际和思想实际,量体裁衣,对症下药,有针对性地开展教育活动。要区分不同人群、不同的生活环境和思想实际,探索符合各自特点和要求的教育方法。要区分不同年龄层次、身心特点、认知能力,设置由浅入深、由感性到理性、由具体到抽象的循序渐进的教育内容,实行分层教育。四要趋利避害,充分发挥现代科技手段的宣传优势。要充分运用信息网络技术,使公民道德建设提高时效性,扩大覆盖面。要加大网上正面宣传和管理工作的力度,让正确、健康、科学的内容占领网络阵地,避免"电子海洛因"对社会和广大未成年人的毒害。要引导网络机构和广大网民增强网络道德意识,共同建设网络文明。

3.贴近生活,从人民群众关心的问题入手推进公民道德建设。一要从举手之劳的小事入手,筑牢道德底线。要从举止文明、待人友善、为人诚实、爱护公物等基本的道德良知做起,根据不同阶层人群提出的不同层次的道德标准,逐渐普及20字公民道德规范,在筑牢道德底线的基础上,建造社会主义道德大厦。二要立足长远,加强未成年人思想道德建设。进一步健全学校、家庭、社会三位一体的教育格局,从未成年人的身心特点出发,探索科学有效的教育方法,增强教育的针对性、实效性,为未成年人健康成长创造良好的生活环境和学习环境。三是从官德建设入手,不断改进党风和政风。领导干部位高权重,官德的好坏直接影响到党风、政风,官德建设是当前公民道德建设的当务之急。要加强对领导干部的道德教育,使领导者掌握必要的道德知识,形成相应的道德情感,自觉加强道德修养,按照共产主义、社会主义道德规范和领导干部道德规范反省自己,以腐败案例警示自己,始终保持联系群众、艰苦奋斗、淡泊名利、廉洁奉公、勤政为民的优良作风。四是逐渐完善各项改革措施,优化公民道德建设的良好环境。道德环境包括社会道德情绪、社会道德态度和社会道德风气,而社会道德情绪往往取决于人们对执政党、对社会的满意度。因此,我们要把维护群众利益,为群众办好事作为道德建设的重要内容,把为百姓造福作为党执政为民的具体行动。要把教育作为民生之基、就业作为民生之本、收入分配作为民生之源、社会保障作为民生之安全网,解决群众的后顾之忧。要从经济政策、政治政策、法律法规方面为实现机会公平创造条件,要从道德上为机会公平创造舆论环境和社会道德氛围,既搭建机会平等的竞争平台,又建立程序公平的竞争机制,使竞争结果具有公平性,增强社会的公平度,提高群众的公平感。

关于哈尔滨市公共文化服务体系建设情况的调研报告

中共哈尔滨市委宣传部
哈尔滨市文化和新闻出版局

近年来,哈尔滨市委、市政府高度重视公共文化服务体系建设,研究制定了《哈尔滨市文化发展规划纲要(2011—2015年)》,出台了《中共哈尔滨市委关于加强文化名城建设的实施意见》,结合工作实际,采取各种有效措施,加大投入,加强基础文化设施建设,使全市公共文化服务体系建设取得了突破性的进展。

一、全市公共文化服务体系建设的基本情况

目前,全市创建全国文化先进区2个、全国文化先进单位1个、全国文化先进县(市)5个、全国文化先进社区4个、2011至2013年度全国民间文化艺术之乡3个,组建524支群众文艺团队、102个辅导基地。其中各级博物馆65个,分为综合类、社会历史类、艺术类、人物类、民族民俗类、自然与文化类、科技产业类。市级图书馆1个,区级图书馆7个,县(市)级图书馆10个,市图书馆被命名为国家一级馆,3个图书馆被命名为国家二级馆(南岗、香坊、双城图书馆),5个图书馆被命名为国家三级馆(道外、呼兰、宾县、通河、尚志图书馆)。松北区没有机构、没有馆舍;巴彦县有机构、无馆舍。已建社会图书分馆50个,社区图书室165个。市级艺术馆2个,区级文化馆7个,县(市)级文化馆12个,5个文化馆被命名为国家一级馆(道里、南岗、香坊、宾县、延寿文化馆),3个文化馆被命名为国家二级馆(市朝艺馆、道外、通河文化馆),2个文化馆被命名为国家三级馆(尚志、五常文化馆)。街道、乡镇综合文化站279个,社区文化中心(文化活动室)588个,其中已投入设备的215个,村文化活动室1358个,农家书屋1882个,村文化大院219个,覆盖全市城乡的公共文化服务网络基本形成。

为了进一步推进全市图书馆事业的健康发展,根据2012年9月20日市长办公会议决定,哈尔滨市图书馆异地搬迁新建,新馆址基本确定,现在旧馆舍已交由市政府拍卖处理,新馆建设前期论证经费已到位,各项筹备工作正在有序推进。由于哈尔滨市图书馆正在全力做好闭馆搬迁的准备工作,今年市图书馆就不能参加国家文化部开展的县以上公共图书馆第五次评估定级工作,市文新局请示已报省文化厅。当前,按照省文化厅的工作要求,正在紧张有序地开展全市两馆参加全国第五次评估定级准备工作,力争在两馆建设上取得新突破。

二、全市公共文化服务体系建设的做法成效

(一)加强公共文化设施建设,加快建立覆盖城乡公共文化服务网络

全市各级党委、政府从科学规划、科学发展的实际出发,逐步加大了对公共文化设施建设的投资力度,新建、改建、扩建了一批公共文化设施。

——推进重大文化设施建设。哈尔滨音乐厅、哈尔滨大剧院分别在群力、松北开工建设,哈尔滨博物馆、美术馆、音乐博物馆项目,正在规划设计中。

——加强市级公共文化设施建设。2006年,市财政投入1000余万元改建了市朝鲜民族艺术馆,投入300余万元对市群众艺术馆进行了维修改造。2007年,市财政投资改建了哈尔滨话剧院和京剧院剧场。2008年以来,新建了8个广场舞台,配备了灯光、音响。2009年,人民音乐家郑律成纪念馆成功落户哈市。2011年,市财政投入260万元建成了李兆麟将军纪念馆。

——加大基层公共文化设施建设力度。2007年,道里区投资千万元,修缮了占地3698平方米的道里文化宫。2009年,市财政拨付资金480万元,用于购置7个区文化馆、12个乡镇综合文化站、10个村文化活动室的配套文化设备。2010年,省文化厅和市财政投入668万元为10个乡镇综合文化站、22个社区文化中心(文化活动室)、16个村文化活动室增加设备;南岗区政府投入500余万元建成了南岗展览馆。2011年,省文化厅投入961万元为31个社区文化中心、120个社区文化活动室装备了音响、乐器、图书等文化设备。2012年省文化厅为全市60余个群众文化广场投入80余万元装备了音响设备。2013年省文化厅投入100万元,又装备了20个社区文化活动室设备,进一步增强了基层公共文化设施的整体功能。

(二)推进重点文化惠民工程建设,拓展城乡公共文化服务覆盖面

通过积极争取国家和省财政支持,下大力气抓好重点文化惠民工程建设,落实配套资金,加强工作指导,取得了阶段性成果。

——启动哈尔滨市文化高地建设工程哈西示范区。由市文化和新闻出版局与哈西地区建设办公室共同创办的哈尔滨市文化高地建设工程哈西示范区,于去年正式启动,由哈西提供基础设施,由市直文化部门充实文化内容,进一步为广大市民提供最直接、最广泛的公共文化服务。市群众艺术馆哈西分馆、市图书馆壹品新境分馆、市艺术品鉴赏拍卖交易中心将于今年正式启用,同时还将建设十几个社区文化中心和文化活动室。这些设施建成后,哈西地

区将成为哈市第一个文化设施在社区全覆盖的区域,成为哈市文化高地建设工程的先行示范区。

——推进文化信息资源共享工程。自2003年以来,全市建立了基层服务点40个,流动服务站31个,基本形成了城乡共享工程服务覆盖网络,让文化生活相对匮乏的群众受益。

——推进乡镇综合文化站建设工程。2006年以来,全市已建成182个乡镇综合文化站,国家、省、市投资总额达5415万元。

(三)深入开展群众文化活动,彰显“音乐之都”独特魅力和深厚底蕴

积极推进全市社区文化、广场文化、企业文化、军营文化、老年文化、少儿文化、乡镇文化、家庭文化的开展,整合资源,优化环境,搭建平台,极大地调动了广大群众参与文化活动的热情。

——实施文化品牌战略。紧紧围绕全市中心工作,创意策划推出了丰富多彩的群众文化活动,着力形成了“哈夏音乐会”、好歌大家唱、合唱艺术歌会、农民文艺汇演、“音乐之都·百姓大舞台”群文展演、全国朝鲜族声乐大赛、社区艺术节、“五项”文艺比赛、朝鲜族民俗文化节、创新秧歌比赛、文化大篷车巡演、朝鲜族老年文艺汇演等一批具有影响力和号召力的文化品牌,取得了良好的社会效益。

——深入开展基层文化活动。按照全市的总体部署,各区、县(市)深入挖掘文化资源,充分发挥地域特色,不断丰富活动内涵,唱响时代主旋律,深入开展了道里城乡文化节、“南岗歌声”音乐会、道外文化艺术节、“香飘万里”文化艺术节、松北“太阳岛”旅游文化节、平房“卫星城”音乐会、“呼兰河之声”音乐会、阿城“金源”文化节、宾县“五月端阳”文化艺术节、依兰“漂流”文化节、方正“莲花节”、延寿“广场文化周”、木兰“滚冰节”等区域性系列群众文化活动。同时还举办了松浦镇“农民文化节”、拉林镇“满族颁金节”、西集镇“放歌驿马山·乡村大舞台”等农村文化活动,为新农村建设注入了新的生机与活力。

(四)创新文化发展理念,努力提高公共文化服务能力

按照文化部、财政部《关于推进全国美术馆公共图书馆文化馆(站)免费开放工作的意见》要求,注重加强以管理和服务为核心的各项建设,坚持公益性原则,推动公共文化服务不断创新发展。去年,中央电视台新闻联播、朝闻天下、新闻直播间等栏目对哈市公共文化服务体系建设进行了多次专题报道。

——博物馆、纪念馆充分发挥教育基地作用。2008年以来,全市具备条件的博物馆、纪念馆已陆续面向社会免费开放。中共满洲省委机关旧址纪念馆、钱币博物馆、人民音乐家郑律成纪念馆、李兆麟将军纪念馆、哈尔滨市朝鲜族发展史展、安重根义士纪念展、朝鲜族民俗博物馆,去年接待观众16.82万人次,进行文物鉴定86次,市民全方位地感受到了先进文化的吸引力和感召力。

——艺术馆、文化馆(站)充分发挥阵地作用。市群众艺术馆开展6项常设文化服务项目,对社会实行免费开放,推出形式多样、内容丰富、特色突出的群众文化活动,吸引广大市民的积极参与,被文化部、人力资源和社会保障部授予“全国文化系统先进集体”荣誉称号。市朝鲜民族艺术馆突出民族文化特色,打破固有单一服务模式,充分发挥常态服务项目的示范作用,全方位地为百姓提供服务,被国务院授予“全国民族团结进步模范集体”荣誉称号。各区、县(市)文化馆定期开展辅导培训工作,有力地促进了城乡文化的协调发展。全市182个乡镇综合文化站工作机构全面完成恢复组建,推动了农村文化健康发展。

——公共图书馆延伸服务效果显著。2006年,市图书馆实施总分馆制建设,目前已整合4个区、县(市)级中心分馆,建立同一标准的社区和基层分馆48个,进一步扩大了图书馆的服务半径,为弱势群体搭建了平台,扩大了读者群,解决了群众看书难的问题,让广大市民共享便利均等的公共文化服务,市图书馆与分馆基本实现了通借通还的新形式。“哈尔滨讲坛”创办六年来,共举办了197期公

益性讲座，已成为本市公共文化服务平台上的新品牌。汽车图书馆创建20多年来，始终坚持送书、送科技下乡，服务的触角已经延伸到军营、社区、农村、学校、残疾人中心和监狱，目前共建有30个服务点，去年送书下乡98次，形成了覆盖面较广的服务网络。

——哈尔滨市非物质文化遗产保护中心正式成立。去年，经市机构编制委员会批准，成立了哈尔滨市非物质文化遗产保护中心，组织开展非物质文化遗产项目的挖掘、管理、保护等工作。目前，全市已经建立四级非物质文化遗产名录体系，有国家级名录3项，省级名录45项，市级名录72项，区、县(市)级名录90余项。

三、全市公共文化服务体系建设存在的主要问题

哈尔滨市在加强公共文化服务体系建设方面进行了新的实践和大胆探索，取得了比较明显的成效，但与广大群众日益增长的文化需求相比，还存在一些突出问题和矛盾。

(一)公共文化经费投入不足

国家规定各级政府每年的文化投入不低于财政支出的1%，多数城市都执行甚至高于这一标准，而哈市经过测算目前只达到0.4%—0.6%。根据文化部、国家计委、财政部《关于进一步加强基层文化建设的指导意见》中“文化事业经费的增长不低于当年财政收入的增长幅度”的精神，哈市目前尚未达到这一要求，财政拨款与实际支出资金缺口较大，哈市与长春、沈阳两市相比还存在很大的努力空间。此外，群众文化活动、文物维修和博物馆管理经费没有列入财政预算，须通过一事一议争取资金；图书馆购书、文物征集和非物质文化保护经费虽然已经列入财政预算，但资金总量入不敷出；市图书馆实施总分管制以来，由于分馆运行经费一直没有解决，导致哈市图书馆总分管制无法继续推行。

(二)标志性文化设施建设差距较大

文化设施是精神文明建设的重要阵地，是一个地域文明程度的重要标志和象征，哈尔滨市作为副省级城市，尚缺乏代表性、标志性的文化设施。市群众艺术馆由于建成年代较早，现有硬件设施严重滞后，在全国副省级城市中位列倒数第一，根据文化部、住房和城乡建设部、国家发展和改革委员会2010年制定的《文化馆建设标准》，服务人口超过250万的文化馆，建筑面积应达到8000平方米以上，市群众艺术馆只有2250平方米，与国家标准差距较大。市图书馆建筑面积1.97万平方米，在东北三省四个副省级城市中位列最后，与国内其他副省级城市相比存在较大差距，按照文化部、住房和城乡建设部、国家发展和改革委员会2008年制定的《公共图书馆建设标准》，服务400万至1000万人口的图书馆，建筑面积控制指标为3.8万至6万平方米，市图书馆还有一定差距。市少儿图书馆由于没有达到国家最新的抗震标准，已于2010年4月26日闭馆至今，丧失了为少年儿童读者服务的功能，文化部《关于进一步加强少年儿童图书馆建设工作的意见》规定，要在有条件的地市建立少儿图书馆，全国已有9个副省级城市建有独立的少儿图书馆，面积均在5000平方米以上，其中深圳市达到了1.56万平方米。

(三)基层公共文化设施建设滞后

加强基层文化设施建设，发展公益性文化事业，是实现好、维护好、发展好群众基本文化权益的主要途径。但由于历史原因和区域经济发展水平的差异，各区、县(市)文化基础欠账较多，文化设施陈旧落后，配备不足，数量偏少，功能不全。据统计，全市不达标的图书馆达52.9%，不达标的文化馆达52.6%。街道综合文化站目前还是个薄弱环节，硬件设施多年没有得到改善。各区、县(市)对社区和村文化活动室投入较少，活动经费不足，基础设施建设比较缓慢。

(四)文化队伍后继乏人

目前，全市公共文化服务人才队伍结构不尽合理，缺乏高层次专业人才、文化管理人才和文化科技人才，同时业务培训力度不够，在一定程度上影响了队伍的整体水平。基层业务干部比例偏低、素质不高、年龄老化、门类不全,不适应文化工作需要,不能为群众提供优质服务。区、县(市)文化馆、图书馆40岁以上人员占从业人员总数的一半多,35岁以下人员还不到从业人员总数的1/3,而且一部分人员缺乏专业知识,不能独立承担工作;由于体制的原因,各级文化部门招聘人员进人渠道不够畅通,年轻的、有较高文化素质的人进不来,致使出现新旧交替断层。街道、乡镇综合文化站虽然有编制,但身兼数职的情况日益突出,社区文化中心(文化活动室)、村文化活动室根本没有编制,在岗人员大多缺乏专业知识和技能。

(五)文化工作发展不平衡

一是区域之间发展不平衡,各区好于各县(市),经济条件好的区域好于落后区域,导致区域之间出现较大差距。二是城乡之间发展不平衡,公共文化设施布局主要集中在城区,导致城乡文化发展不协调。

四、"十二五"期间全市公共文化服务体系建设的对策措施

党的十七届六中全会报告指出,"到二〇二〇年……文化事业全面繁荣,覆盖全社会的公共文化服务体系基本建立,努力实现基本公共文化服务均等化",进一步明确了公共文化服务的发展目标和任务。当前,要深入贯彻落实科学发展观,树立新的文化发展理念,进一步完善覆盖城乡、结构合理、功能健全、实用高效的公共文化服务体系。重点做好以下七个方面的工作。

(一)提高认识,切实加强公共文化服务体系建设

加强公共文化服务体系建设,是政府职能的重要体现,是保障人民群众基本需求和权益的重要保证。全市各级党委、政府要从统筹城乡文化发展的全局和战略高度,充分认识、加强公共文化服务体系建设的重要性和紧迫性,增强责任感和使命感,按照"铸就全省文化高地、建成全国文化名城"的目标,切实把加强公共文化服务体系建设作为一项重大的文化建设工程和民生工程来抓,纳入重要议事日程,纳入经济和社会发展总体规划,纳入财政预算,纳入政府绩效考核,努力推动文化大发展大繁荣,奋力实现哈尔滨科学发展新跨越。

(二)加强领导,健全公共文化服务保障机制

一是以市委、市政府名义出台公共文化服务体系建设政策性文件,制定《关于加强公共文化服务体系建设的实施意见》、《文化展馆管理实施意见》、《文物交易市场规定》等相关制度,进一步规定在经费保障、经济政策、捐赠制度、队伍建设、管理体制等方面的具体措施,为文化部门提供工作依据。二是探索建立公共文化服务体系建设的联席会议制度,由市委、市政府主管领导召集,由相关委办局参加,及时研究解决问题,努力形成各部门相互配合、齐抓共管的格局。三是将公共文化服务体系建设纳入市直有关部门和区、县(市)年度工作目标责任管理制度,量化考核,形成激励制约机制,用制度推进工作落实。四是进一步理顺工作机制,成立哈尔滨市文物局,行使政府职能;哈尔滨市群众艺术馆、朝鲜民族艺术馆要树立大文化的理念,应分别更名为"哈尔滨市文化馆"和"哈尔滨市朝鲜族文化馆";各区、县(市)文化部门进一步明确工作职责,建立岗位目标责任制。

(三)加大投入,确保财政对公共文化的支持

要切实建立完善公共财政对文化建设稳定的增长机制,加大政府对公共文化服务的投入,确保各级财政每年文化支出增幅高于同级财政收入的增幅,确保政府兴办的各类公益性文化事业单位经费稳定增长。哈尔滨市设立基层文化建设专项资金,重点补助经济欠发达地区的公共文化设施建设,扶持公共文化产品创作与生产,培育基层公共文化队伍,完善国家重点文化工程建设。各区、县(市)也要设立基层文化建设专项资金,同时要健全区、县(市)、街道、乡镇公共文化机构正常运行的经费保障机制,将公共文化建设经费纳入财政预算。按照国家对副省级城市文化馆评估标准的要求,群众文化活动经费应按照全市人均0.7元的标准由市

财政拨付。博物馆、美术馆、图书馆、文化馆(站)免费开放增加的费用，由国家和地方财政各承担50%。从城市住房开发投资中提取1%用于社区公共文化设施建设。

(四)夯实基础,完善公共文化服务网络

坚持政府主导,全社会参与,创新服务运营方式,以主要城区公共文化服务设施为骨干,以街道、乡镇文化设施为重点,形成市、区县(市)、乡镇(街道)、行政村(社区)四级公共文化服务设施网络体系,让群众广泛享有免费的基本公共文化服务。一是在详细普查、摸清底数的基础上,制定出全市公共文化设施建设规划,充分体现公共文化服务以人为本、普遍均等、惠及全民的要求。二是继续加大公共文化设施建设,坚持规划先行,制定《哈尔滨市区县(市)重点产业发展及布局规划(2012—2016)》,科学规划公共文化基础设施布局,抓好哈尔滨大剧院、哈尔滨博物馆、哈尔滨音乐厅、哈尔滨美术馆等一批重大标志性文化设施建设；完善市群众艺术馆、图书馆、少儿图书馆等一批现有文化设施并达到国家一级馆标准;推进区、县(市)文化馆、图书馆提档升级,全面达到国家级标准;推进文化信息资源共享工程，建设和完善数据库和信息交换中心,新建数字图书馆;加强街道、乡镇综合文化站建设,确保实现全覆盖;加强社区文化中心和村文化活动室建设,保证基层文化工作有阵地、有人员、有经费、有活动。到2015年,基本实现区、县(市)有文化馆、图书馆,街道、乡镇有综合文化站,逐步实现社区、行政村有文化设施和品牌活动的目标,以重点带全局,全面推进公共文化服务体系建设。三是创新机制,大力倡导社会力量办文化,鼓励社会资金兴办公益性文化事业,建立较完善的各类公共文化场馆的管理体制和运营机制。四是加大宣传力度,树立公共文化设施的良好形象,吸引群众走进博物馆、美术馆、图书馆、文化馆(站),积极参与相关公共文化服务项目。

(五)创新思路,提供优质公共文化服务

要充分发挥公益性文化单位在城乡公共文化服务中的骨干作用,面向基层、面向群众,提供优质高效、普遍均等的公共文化产品和服务。要巩固和发展群众文化活动品牌,积极打造广大群众文化生活的载体和平台,广泛开展政府引导、民办公助、群众广泛参与的各类文化活动,进一步丰富城乡群众文化生活。依托文化产品现代传输平台、群众性主题文化活动等载体，建立以城带乡、“送文化下乡”的长效机制,推动各级文化单位向农村特别是边远乡村送演出、送展览、送图书、送电影的“四送”活动。鼓励文化艺术机构和单位深入社区、厂矿、校园、军营,为城乡群众提供更多更好的公益性、普及性、经常性、特色性的文化活动。重视文化精品生产,建立文艺精品创作服务机制,打造紧扣时代脉搏、体现本市特色、富有现实意义、群众喜闻乐见的精神文化产品。以博物馆、美术馆、图书馆、文化馆(站)等公共文化设施的社会化服务和免费开放为落脚点,继续丰富服务内容,努力创新服务方式,不断提高服务水平,打造文化惠民工程,满足人民群众日益增长的精神文化需求，要特别关注未成年人、老年人、低收入人群和外来务工人员等特殊群体的文化服务,切实保障他们的文化权益。推出文化惠民导示工程,将全市公共文化设施在交通指示牌上标注,在公共场所设立信息栏或电子屏幕公示相应的文化信息,培养市民把参与文化活动、走进公共文化场馆变成一种生活习惯和方式,提升全民整体素质。

(六)加强引导,抓好文化队伍建设

人才是加快文化发展的主力军,是推动文化大发展大繁荣的核心力量。一是要重点抓好基层文化队伍建设,配足配强文化部门业务干部,配好配齐街道、乡镇综合文化站、社区文化中心、村文化活动室专职人员,落实编制,解决待遇,采取各种有效的管理方式和激励措施,不断提高他们的业务水平和工作能力,努力打造一支德才兼备、锐意创新、结构合理、专兼结合的高素质文化人才队伍。二是要大力发展地方特色文化群体,重点扶持业余文艺创作群体和演出群体,通过广泛开展易于参与、健康有益的文化活动,发现人才,培养人才,充分调动他们的积极性和创造性。三是要加强文化志愿者队伍建设,鼓励、引导和支持各界人士志愿参与公益性文化服务,建立科学合理的管理、激励和培训机制,提高文化志愿者的素质,发挥文化志愿者的积极作用,鼓励高校毕业生到基层从事公共文化服务工作。四是要加大业务培训力度,整合资源,完善机制,创新内容,扩大规模,构建多层次、多渠道、多门类的公共文化服务人才培养培训体系,逐步实施职业资格管理制度。五是要不拘一格引进优秀人才,通过完善选拔和激励竞争机制,制定落实选拔、任用、激励和评价等方面的措施,吸引各类优秀人才进入公共文化服务领域发展。

(七)分类指导,推进公益性事业单位改革

按照国家关于分类推进事业单位改革的指导意见,坚持以公益性文化事业政府为主导,大力推进博物馆、美术馆、图书馆、文化馆(站)等公益性文化事业单位内部改革,健全决策、执行和监督机制,提高运行效率。深化人事、收入分配、社会保险改革,着力转换用人机制,推行全面聘用制度和岗位管理制度。对少数保留事业体制的国有专业演出院团,按照政府扶持、转变机制、面向市场、增强活力的要求,完善艺术创作生产机制,改革经营、分配、用人、竞争和奖励的机制。针对公益性事业单位的属性,按照强化服务职能、增强发展活力的要求,对不适应文化发展需要的职能、机构要进行必要的调整和完善。

齐齐哈尔市关于文化产业发展情况的调查报告

根据全省搞好文化产业调研工作的部署,齐齐哈尔市以文化产品生产和提供文化服务及文化经营行业状况作为重点,进行了深入调研。

一、全市文化产业发展基本情况

目前,全市文化系统共有艺术表演团体、群众艺术馆、文化馆、文化站、图书馆、博物馆等文化艺术服务单位112家,从业人员1385人;全市共有出版物产销服务、娱乐文化服务、美术品生产经营、电影放映等文化产业经营单位2468家,从业人员1.5万余人。其中,印刷企业210家、复印打字社353家、图书经营单位244家、电子出版物经营单位21家、音像制品经营单位244家、歌舞娱乐场所263家、演出场所32家、电子游戏厅(室)112家、网吧经营场所534家、影院、美术品经营等其他文化企业453家。

全市文化产业发展主要有两个突出特点:一是从所有制结构看,民营企业占主导,占总比重的85%以上,占注册资本的80%以上,成为产业主导力量;二是从产业结构看,印刷、书刊、网络、娱乐等传统文化产业仍占主要份额,电影业有所升温,音像业明显萎缩,动漫等新兴文化产业呈现较好的发展势头。

从总体上看,全市文化产业面临着很好的发展形势,呈现出强劲的发展势头,但仍有一些制约因素。一是文化产业观念滞后,没有形成比较明晰、自觉的文化产业发展思路。二是市场结构失衡。文化产业虽然门类比较齐全,但目前整体上仍处在一个小规模、分散化、实力弱的状态。文化产业单位普遍缺乏活力,没有形成自主经营、自负盈亏、自担风险、自主创新的市场主体。就娱乐行业而言,全市大型综合娱乐场所数量仅占全市娱乐行业的11%,而其资本总额却高于80%。由此引发两方面矛盾:一方面盲目上马的大型娱乐场所由于市场定位不准、管理不善等多方面原因导致经济效益普遍滑坡,投资报酬率低,资金长期滞压;另一方面众多经营业绩较好的大众化娱乐项目经营资金短缺,难以扩大再生产。三是投融资环境不够宽松。目前全市文化产业投融资渠道比较单一,资金来源主要是政府投入和银行贷款,多渠道筹资、多元化投入发展文化产业的机制还没有形成。四是经营型人才严重缺乏。

二、文化产业发展的主要经验和做法

1.优化环境,为文化产业发展提供保障。市委、市政府着眼齐齐哈尔的长远发展，确立了建设历史文化名城的奋斗目标，把文化建设摆上了与经济建设同等重要的位置，着力挖掘和提炼齐齐哈尔丰厚的民族文化、地域文化、历史文化资源，努力实现由文化大市向文化强市的转变。市主要领导多次视察文化设施建设，专题研究文化工作，增加对文化事业的投入。近年来，市里先后投入巨资，对劳动湖水系进行了综合治理，新建和完善了市博物馆、市图书馆、十一届冬运会主体育馆、国际会展中心、哈拉新村民族展览馆、和平广场等文体设施，为文化产业的发展奠定了坚实的物质基础。

2.深化文化体制改革，解放和发展文化生产力。不断加大文化、广播电视、报业系统事业单位的产权制度、投资体制、管理机制和人事制度的改革，把深化文化改革作为焕发文化经营单位生机和活力，推动文化产业发展的突破口，进一步解放和发展了文化生产力。

3.制定落实各项政策，壮大文化市场主体。在全面贯彻落实国家和省支持文化事业、文化产业发展政策的同时，结合全市实际，制定了《关于进一步支持文化事业发展的若干经济政策》，完善了文化产业市场准入机制，鼓励各种经济成分进入文化领域，逐步形成政府、社会和企业相结合的多渠道、多元化的文化产业投入机制。同时，实施了相应的优惠政策，通过政策激励膨胀文化市场主体，推动了文化产业加快发展。

4.加强行业监管，发育和繁荣文化市场。按照发展社会主义先进文化的总体要求，坚持"一手抓繁荣，一手抓管理"方针，既创造条件扶持文化市场发展壮大，又净化环境保障文化市场健康向上。在加强市场监管上，突出"扫黄打非"保护知识产权等重点工作，有效规范了文化市场秩序。

三、文化产业发展所面临的主要问题

从文化产业自身发展层面看，主要存在4个方面的问题。一是文化产业总量少、规模小。目前全市文化业户仅有3000余户，从业人员不足5万人。按照国家统计局关于文化产业分类标准，全市文化产业的核心层和外围层发育比较健全，但相关层发展相对滞后。而且处于核心层的文化艺术、广播电视等产业与发达地区相比，规模化、集群化程度较低。二是传统文化产业发展步伐不快，新兴文化产业大多为起步阶段，没有形成主体。散、弱、小的传统文化企业仍然占有一定比例，而新兴行业如信息产业等，所占市场比重很小。全市整个文化产业链不长，产业群不大，缺乏资本和业务为纽带的跨区域、跨行业、跨传媒、跨所有制的龙头式、集团化企业。三是整合文化资源优势、打造文化品牌的力度不够。发展文化产业的力量比较分散，没有形成合力，资源优势没有转化成品牌优势。四是拉动作用不够。虽然文化产业在增加税收、扩大就业、提升城市品位等方面的作用正在逐步显现，但是与城市发展规模、经济发展速度和人民需求相比，拉动作用还远远不够，文化产业的份额小，贡献低。

从文化产业外部发展环境层面看，主要存在5个方面问题。一是缺乏文化产业发展的长远规划。目前还没有制定出一套比较完整、系统的涵盖各行业、各门类的大文化产业发展规划，导致文化产业处于一种无序发展状态。全市没有建立统一的文化产业指标体系，市、县统计部门都没有对文化产业进行统计，文化产业行业界定不清晰，底数不清晰，文化产业发展的相关决策缺乏科学准确依据。二是管理体制不顺。各级文化主管部门一般只负责传统文化产业的管理服务工作。而涵盖行业较多、门类较多的大文化，还没有明确的综合管理部门承担综合协调、行业管理等职能，处于各自为战的局面，既政出无门，又政出多门，影响了文化产业的正常发展。三是政策不健全、不完善、不配套。尽管制定了一些文化产业发展的政策法规，但多数是针对文化产业的某个方面、某个领域、某个环节，多以传统文化事业为主，多以加强监管为主，多以推进文化体制改革为主，还没有形成一个设计市场准入、财政税收、投资融资、体制改革、行业管理等方面的完整配套的政策法规。四是投入不足。目前全市市县两级财政基本为"吃饭"财政，没有更多财力可用于文化产业的发展。直接表现为文化基础设施比较薄弱，尤其是大型演艺场馆和影院数量偏少，档次过低，不能适应城市发展、文化产业发展的需要。五是人才匮乏。既熟悉文化事业又熟悉市场经济的经营人才十分紧缺，没有形成文化产业专家队伍和人才群体。专业文化领域出现待遇不高、人才外流，队伍老化、后继无人的严重状况。

四、加快发展文化产业的思路与对策

以建设历史文化名城为目标，以文化资源优势为依托，以市场化、产业化、专业化和集群化为方向，充分挖掘各类文化资源，集中力量建设五大文化支柱产业（智力产业、高新技术产业、媒体产业、艺术产业、休闲产业），优化文化产业发展环境，不断加快文化产业发展步伐，提高文化产业在国民经济中的比重。

（一）因地制宜地制定文化产业发展规划。文化产业发展，战略是导向，定位是关键，规划是基石。文化产业的发展必须立足于地域文化资源禀赋来进行规划，不能脱离实际，一味地追求数字效益。即使是美国这样的文化产业发展超级大国也不是每个城市都把文化产业作为自身经济发展的重点，都必须在GDP的占有量上达到统一的数值标准。这里，正确认识资源禀赋是个核心问题。所谓资源禀赋，简单地说就是有什么，能做什么。打个比喻，没有石油的地方就不要花大力气建油井，那种“大炼钢铁式”的历史教训是应该引以为鉴的。各级政府部门在制定文化产业发展规划时一定要切合自身实际，充分发挥自己的文化资源优势，成立文化产业发展规划领导小组，踏踏实实地搞好调查研究，制定文化产业发展规划，不做或少做无用功，进而达到事半功倍的效果。

（二）成立文化产业专门机构。目前，国家文化部有文化产业司，省文化厅有文化产业处，而地市一级文化部门普遍没有对应的文化产业专门机构，没有专业人员从事文化产业研究，这在很大程度上制约了地方文化产业的发展。这就形成了有米而无“巧妇”的现象。要制定文化产业发展规划，研究地方文化产业扶持政策，确立文化产业重点扶持项目，没有专业人员是行不通的。因此，在文化行政部门设立文化产业专门机构，解决人员编制问题应该尽快提到日程，并得到落实。

（三）设立文化产业专项基金。基金来源可以协调税务部门从企业所得税、个人所得税中按一定比例提取。专项资金主要扶持以下对象：一是经市政府批准设立的市级文化产业园区；二是具有独立法人资格并从事文化产业开发、生产经营和中介活动的企业；三是具有自主知识产权、有市场开发前景和市场竞争力的文化产品生产单位；四是政府鼓励发展的其他文化企业、产品或项目。

（四）研究制定地方配套政策。2010年，中宣部、财政部、中国人民银行、文化部等部门联合下发了《关于金融支持文化产业振兴和发展繁荣的指导意见》，从财政、税收、信贷、金融、保险等多方面支持文化产业发展。地方政府部门也应根据区域特点，研究制定切实可行的财税优惠政策，比如：对政府鼓励的新办文化企业自工商注册登记之日起免征3年企业所得税；对文化产品出口按照国家现行税法规定享受出口退(免)税政策；对从事数字广播影视、数据库、电子出版物等研发、生产、传播的文化企业，凡符合国家现行高新技术企业税收优惠政策规定的，可统一享受相应的税收优惠政策。

（五）推动重点文化产业项目开发。政府要在放宽市场准入、鼓励各种经济成分参与文化产业开发建设的同时，不断加大财政投入力度，突出投资重点，改变“零敲碎打”的投入模式，将有限的资金进行“捆绑”式投放，集中财力扶持特色文化品牌、特色文化产业、特色专业院团，做大做强优势骨干文化产业经营实体。在这个环节上，准确把握重点项目是关键。比如说，动漫业是应该国家扶持，还是地方政府扶持就有待进一步探讨。美国、日本、韩国是国际动漫产业的强国。一部迪斯尼动画片往往会投入上亿美元进行打造。这种集团式的动漫产业优势目前在我国还没有形成。从战略上考虑，如果中国不打造几个大型的动漫企业集团，而是靠一个个小企业去竞争其结果是可想而知的。地方政府投入几十万、几百万,乃至上千万,对动漫产业发展来说可谓是杯水车薪。几年下来,其结果只能是扶而不强,甚至出现政府热、企业冷的局面。因此,我们到底应该扶持什么和怎样扶持,必须从长计议,精打细算。一句话:就是要把钱花在刀刃上。

(六)研究探索符合城市实际发展的文化产业运营模式和文化品牌。文化产业作为一种经济运行模式必须遵从经济发展规律。以文化产业园区建设为例,是不是每个城市都要建立文化产业园区?还是在一个省内建立一个或几个园区?是建立型制相似的园区?还是建立各具特色的园区?所有这些都是需要迫切解决的问题。另一个重要问题是文化品牌问题。品牌以产品为依托,有了产品不一定有品牌。就像有了文化企业并不一定拥有成熟的文化产业是一个道理。品牌是具有独立性和稀缺性的,一个城市能拥有一个或几个叫得响、有效益的文化品牌是相当困难的事情。因此,我们要集中精力去打造属于自己的、具有持续生命力的特色文化品牌,而不能贪多求全。在此基础上,要依托有竞争力的企业通过兼并、联合、重组等方式,逐步形成几家拥有自己文化品牌、具备相当投资规模的大型文化企业,真正形成集团优势。与此同时,大力发展"专、精、特、新"的中小型文化服务企业,形成竞存并荣的文化产业发展体系新格局。

三实两创:推动牡丹江跨越争先发展的动力引擎

牡丹江市委宣传部

站在新的历史起点,面对各地竞相发展的态势,在准确把握国家、省发展大局,充分认识市情的基础上,牡丹江市委、市政府把"求实创新、跨越争先"确立为牡丹江的时代主题。2011 年初,牡丹江市委十届十五次全会提出广泛开展"三实两创"主题实践活动,即"求实、务实、落实、创新、创一流",并将其作为统揽和牵动全市跨越争先发展的工作载体。2011 年 11 月,在全市领导干部大会上,牡丹江市委提出要大力弘扬"三实两创"共同价值理念,使之成为牡丹江跨越争先的精神动力。这是牡丹江在发展进程中的又一次思想解放,是引领牡丹江"十二五"时期经济社会发展的创新实践,更是闯出一条符合牡丹江实际的科学发展之路的重要保障。

一、"三实两创"的出台背景

"三实两创" 是新时期牡丹江广大干部群众价值追求、精神风貌和生动实践的总概括,也是新一届牡丹江市委、市政府对以往经验教训的总结,是历史的传承,是现实的要求,更是神圣的使命。

(一)文化底蕴的厚重积淀。四千年前,肃慎人在牡丹江播种了文明的种子,创造了莺歌岭文化,成为中国关东文化的源头。莺歌岭文化与其后的渤海文化、宁古塔文化等灿烂的历史文化积淀了厚重的人文元素,形成了牡丹江人乐于学习、善于创造、勇于追求的精神品格。牡丹江具有优良的革命文化传统,在中国共产党领导下打响了抗击日本侵略的第一枪,形成了顽强拼搏、"越是艰险越上前"的革命传统。作为一个移民城市,牡丹江还具有大刀阔斧、兼容开放、敢想敢试的城市特征,而山水交融的地域特征,更形成了朴实务实的民风。

(二)科学发展的时代呼唤。经过 30 多年的改革开放,我国在经济社会发展取得巨大成绩的同时,也面临着结构不优,人才短缺,创新能力不强,环境约束趋紧,发展不平衡、不协调、不可持续等问题。应对社会深刻转型时期带来的诸多新问题,关键在于贯彻落实科学发展观,积极推进务实发展,创新发展,实现更好更快更大发展。"三实两创"共同价值理念的提出,不仅激发了牡丹江广大干部群众的精神动力,也明确了城市的发展目标,提供了切实可行的方式方法,成为牡丹江贯彻落实科学发展观的重要抓手和有效载体。

(三)勇于担当的责任意识。反对空谈、强调实干、注重落实，是我们党的优良传统。实现跨越争先发展“关键在于落实”。牡丹江的建设不乏前瞻性的理念，牡丹江的发展也不乏超前性的思路，但是一些干部群众落实意识不强，执行能力较弱，善想不善做，善讲不善行，缺少创造性的推进方法，工作走形式，落实做表面文章，执行虎头蛇尾，面对矛盾不敢破，面对风险不敢闯，面对责任不敢担，关键时候站不出来，甚至“躲着走”、“绕道走”，致使良好的理念和思路没有转化为发展的成果，也让牡丹江一度错过和丧失发展机遇。牡丹江的发展建设已经反复证明，什么时候敢于担当，注重落实，什么时候牡丹江的经济社会就会实现加快加速发展，更好更大发展，反之亦然。提出“三实两创”共同价值理念，也充分体现了牡丹江市委、市政府和干部群众敢于直面问题的勇气，就是要解决责任不落实、担当无勇气，激情不够、效率不高、标准不明、细节不优的问题，提高落实执行的能力、突破难题的能力、解决复杂问题的能力，确保各项工作取得扎扎实实的成效。

（四）跨越争先的必然选择。通过全市上下的共同努力，牡丹江经济社会发展迈上了新台阶，跨越争先发展的基础进一步夯实。牡绥地区列入国家“十二五”重点开发区域，绥满沿边开放带即将上升为国家战略，牡丹江市被列为黑龙江省“区域中心较大城市”发展定位，这既是对牡丹江大发展、快发展的褒奖，更是国家和省赋予我们的战略机遇和有利条件。实现经济社会各项事业跨越争先，建设更加和谐幸福的牡丹江，是省委、省政府的殷切期待，更是全市人民的热切期盼，但总量小、实力弱、速度慢仍然是牡丹江所面临的最为突出的矛盾和问题。要推动经济跨越发展、社会事业加速跃升，就必须保持昂扬向上、敢闯敢试的工作状态，保持时不我待、竞相发展的发展态势，依靠求实的精神、务实的作风、落实的机制，绝不能坐而论道。

二、“三实两创”的体系架构

“三实两创”是我们党解放思想、实事求是、与时俱进的思想路线在牡丹江发展中的集中体现，是以人为本、全面协调可持续的科学发展观在牡丹江发展中的具体实践，具有丰富的思想内涵和强烈的时代感。

（一）基本内涵。“求实”就是深入实际、善于学习、把握规律。“求实”的基础是深入实际，就是要坚持一切从实际出发，深入调查研究，密切联系群众，掌握“第一手”基层情况。“求实”的手段是善于学习，就是要把善于学习作为一种精神、一种追求、一种责任、一种品格。“求实”的目的是把握规律，就是要通过把握新时期政治、经济、文化、社会等各领域建设发展规律，创造性地推进各项事业发展。“务实”就是脚踏实地、真抓实干、爱岗敬业。力戒脱离现实，力戒好高骛远，力戒心浮气躁，脚踏实地做好每一项工作。说实话，办实事，出真招，求实效，在真抓实干中成就工作事业。干一行，爱一行，专一行，精一行，使爱岗敬业成为每一个人的自觉行动。“落实”就是坚决执行、雷厉风行、恪尽职守。“落实”的内在要求是坚决执行，令行禁止，反对空谈。“落实”的外在表现是雷厉风行，立说立行，主动担当。“落实”的精神支点是恪尽职守，严谨细致，践行职责。“创新”就是解放思想、与时俱进、勇于开拓。解放思想，就是要在提升发展思路上、转变发展方式上、强化发展举措上下功夫，求突破。与时俱进，就是要求我们的各项工作体现时代性、具有前瞻性、富有创造性。勇于开拓，就是要进取精神始终不变，奋斗之志始终不移，工作作风始终不衰。“创一流”就是高标定位、奋勇争先、追求卓越。高标定位，就要敢于超越前人、超越自我、超越他人。奋勇争先，就要发挥先行、先导、先锋的作用。追求卓越，则需要建设一流的队伍，实现一流的管理，提供一流的服务，创造一流的效益。

（二）内在关联。“求实”是跨越争先发展的“思想引擎”，“务实” 是跨越争先发展的基本要求，“落实”是跨越争先发展的根本保障。做到“三实”，就是要在思路上求实，在作风上务实，在措施上落实。“三实”是基础，“创新”是灵魂，“创一流”是目标。求实的思想、务实的作风、落实的行动、创新的精神，目的就是要“创一流”，实现经济社会更好更快更大发展。

(三)理论基础。"求实"的理论基础是"实事求是",是马克思主义世界观的本质要求;"务实"体现了实践、认识、再实践、再认识的辩证唯物主义认识论,是理论与实践、知与行的统一,是科学发展观的根本要求;"落实" 是事业观的核心体现,"抓落实"是我们党执政能力的重要展现,也是对各级领导干部工作能力的重要检验;"创新"是思维方式的内在要求,是一个民族进步的灵魂,是一个国家兴旺发达的不竭动力,也是一个政党永葆生机的源泉;"创一流"是人生观的最高表现,体现了马克思主义哲学中"生产力是社会发展的最终决定力量"这一基本原理,只有各行各业勇创一流,才能推进生产力的快速发展,从而实现社会的进步。践行"三实两创",就要以求实的态度、务实的作风、落实的质量、创新的意志、创一流的标准,应对新一轮跨越争先中出现的各种新情况、新问题;就要以"三实两创"作为重要标准和依据,检验、评判各级领导干部的思想、作风、能力和政绩;就要在全社会大力倡导和践行"三实两创",将其作为不断开创牡丹江经济社会发展新局面的前提条件和根本要求。

三、"三实两创"的践行路径

"三实两创"共同价值理念的提出,为牡丹江跨越争先发展注入了强大的精神动力, 牡丹江市委、市政府采取多种措施,将"三实两创"共同价值理念内固于干部群众之心,外化于干部群众之行,实现了理论与实践的有机统一。

(一)坚持思想引领。积极推动"三实两创"共同价值理念入心入脑。一是理论普及。开展了"三实两创"共同价值理念大讨论,举办了"落实执行文化大家谈",在全社会大力弘扬激情文化、落实文化、传统文化、包容文化。搭建了"实创大讲堂"、星期六讲堂、干部在线学习、"流动党校"等"三实两创"学习培训平台,提振了党员干部群众的精气神。二是典型示范。制定了《关于进一步改进和加强典型宣传的工作意见》,在各大媒体开辟了"我们的榜样"专栏,持续不断地推出践行"三实两创"的先进典型,开展了"落实先锋"典型评选,举办"落实先锋"典型事迹巡回报告会, 为广大干部职工树立了前进标尺。三是舆论引导。在牡丹江各大媒体开辟专栏,多角度、立体式地解读、宣传"三实两创"的思想内涵。强化网络媒体,开通了全国首家以"落实"为主题的网站"落实网"。通过社区宣传栏、窗口单位电子屏等多种形式进行广泛宣传,使"三实两创"共同价值理念走进机关、农村、企业、街道和社区,走进千家万户。四是目标驱动。制定《牡丹江市"三实两创"主题实践活动四年(2012—2015)工作规划》,确定了"落实执行年"、"创新突破年"、"跨越争先年" 三个主题年活动,使"三实两创"的要求更加具体化、目标化,成为干部群众的自觉行动,增强了跨越争先的使命感、责任感。

(二)完善推动机制。充分发挥制度的根本性、全局性、长期性作用,强化和完善动力机制的保障。一是建立责任落实机制。根据市委、市政府各个时期、各个阶段的中心工作,细化任务分解,严格落实责任,使每一项工作落实到岗、明确到人,打造高效执行力,力促工作的全面高效完成。制定出台了《牡丹江市直机关(单位)工作考评暂行办法》,坚持量化指标为主线、工作实绩为基础、项目考核为重点的原则,采取定性考评与定量考评、领导评价与群众评议、平时考评与年终集中考评、正面检查考核与侧面了解评价"四个结合",通过"月监测、季考评",真正评出动力、评出压力、评出活力、评出执行力。二是建立奖励机制。健全"让干事者有所得、有所获,让不干事者有所愧、有所畏"的奖惩机制。对抓落实有力、成效明显的干部及时表彰奖励,对行动不力的干部及时批评教育,切实解决了"干多干少一个样、干好干坏一个样、干与不干一个样"的问题。坚持精神奖惩与物质奖惩相结合的方式,完善经济发展特别奖、创新突破奖和目标管理奖相结合的相关办法,特别是通过设立牡丹江市"创新突破奖",对经济发展、行政管理、社会管理等方面的创新成果给予重奖,改变以往"撒芝麻盐"的普惠奖励方式,使物质奖励真正成为正向激励的手段。三是建立问责机制。坚持有权必有责、用权受监督的原则，围绕践行“三实两创”共同价值理念，建立了问责暂行办法，实行“问责零容忍”，做到“问责无盲区”。围绕百姓关注的热点难点问题拍摄《敲钟问响》专题片，进行集中曝光、追责问责，使干部产生了紧迫感和危机感，增强了使命感和责任感，使反向的有力惩处变为正向的有效激励。四是建立标准化工作机制。坚持“用标准管人、管事、管长远”的原则，按照从管理本位向服务本位转变，从上级督导型服务向规则导向型服务转变，从粗放型服务向精细化服务转变的要求，推行行政效能建设“6+X”服务标准（“6”是指岗位职责、制度标准、依法规范、流程控制、监督评价、成果运用六大体系；“X”即根据自身服务特性延伸拓展的创新工作），逐步形成了以规范权力运行为核心，以政务公开透明为重点，以绩效考评为动力，以督办检查为保障的标准化管理体系，增强了城市发展活力。

（三）优化政治生态。全力打造风清气正的良好政治生态环境，引导党员干部把心思放在干事业上，把本领用在促发展上，把功夫下在抓落实上。一是整风肃纪。制定机关干部“十条禁令”工作纪律，开展了以“治庸提素质、治懒提效率、治散提干劲、治奢提风气、治乱提标准”为主要内容的“五治五提”专项行动，对市区和县市党政机关、服务窗口的工作作风开展大规模明察暗访，查出违纪人员85名（其中2名为现职处级干部）并分别给予免职、通报批评、离职培训、取消评优资格等处理，全面优化了经济社会发展环境。二是选贤用能。按照公开、民主、竞争、择优原则，坚持重实绩、重品行、重公论的用人导向，深化了干部人事制度改革，全面推行了领导干部多元推荐提名、公开比选、中层岗位竞争上岗、事业单位领导人员聘任“四位一体”的干部选拔任用新机制，逐步形成以实绩评价干部、注重在一线考察干部、用群众的口碑认识干部、用抓落实的成果检验干部的良好机制，进一步营造了干事创业的良好氛围。三是接受监督。深入开展以“向人民承诺、请人民评议、让人民满意”为主题的“万人评百科”活动，推动了由“官管官”向“官管官”与“民管官”相结合的转变，促进了行政职能由重视权威向重视绩效转变、由对上负责向对下负责和对上负责相结合转变、由注重过程向注重结果转变，有效激励了机关干部更好地为基层、企业和社会公众服务，形成了百科“一层人”带动机关“一群人”的效果。

四、“三实两创”的价值体现

一年多的发展实践证明，“三实两创”在与中心工作紧密结合的过程中，把精神动力转化为发展优势，把作风建设成果转化为科学发展成果的作用日益突出。

（一）“三实两创”培育了志存高远的价值导向，推动城市砥砺奋进。“三实两创”是对牡丹江发展实践和目标前景的凝练和提升，随着内涵的不断丰富，“三实两创”也由主要针对领导干部的主题实践活动提升为面向全体市民的共同价值理念，把方方面面的思想统一到经济社会跨越争先发展上来，在全市上下形成了九牛爬坡个个用力的局面，城市活力日益增强，广大市民心齐、气顺、劲儿足。与此同时，随着“万人评百科”等活动的深入开展，市民对于政府部门的工作有了更多的话语权和评议权，也进一步增强了大家自觉参与城市发展、成为和谐社会建设中坚力量的积极性和主动性，推动了整座城市不断向前发展。

（二）“三实两创”培育了引领风尚的价值导向，推动城市文明向上。“创一流”的思想内涵不仅体现在物质文明建设上，同样体现在精神文明建设上，对提升全体市民思想道德素质，增强城市发展软实力具有重要的引领作用。在“三实两创”指引下，一系列群众性精神文明活动深入开展，“三优”文明城市创建不断深化，实现了城乡面貌和市民素质的同步提升；国家级公共文化服务体系示范区建设积极推进，实现了让人民群众共享文化发展成果；文艺精品力作大量涌现，全省首部动画院线电影《智取威虎山》进入全国院线发行；以传承雷锋精神为主题，广泛开展了志愿服务活动，形成了我为人人、人人为我的良好氛围，在全社会形成了知荣辱、讲正气、促和谐的良好风气。

（三）“三实两创”培育了务实利民的价值导向，推动城市和谐进步。牡丹江市以“三实两创”为动力，针对市民反映强烈的热点难点问题，确定了“三安全、三公平、两关注、一加强”的社会管理创新重点，强调“三个特别关注”，将利民实事列入全年“十项重点工作”加以推进落实；构建民生保障体系，提高城乡低保标准，建设“爱心牡丹江”；有效破解城乡“二元结构”问题，赋予农民与市民同等的发展机会；推进警务体制改革，建立全新警务模式，着力打造“平安牡丹江”；保证食品安全，让人民群众吃得安心放心。一系列积极举措的实施，实现了让人民群众共享发展成果，增强了市民对于牡丹江这座城市的认同感和归属感，为跨越争先发展营造了安全稳定和谐的社会局面。

（四）“三实两创”培育了敢为人先的价值导向，推动城市创新发展。“三实两创”要求在工作中坚持解放思想、克服困难、化解矛盾，在提升发展思路、转变发展方式、强化发展举措上下功夫，要敢于担当、敢于碰硬、敢于突破。市地税局在全国首创“成本核定、软件清算”管理办法，有效拉动了税收增长；宁安市创新设立了全省第一个内陆口岸源丰国际物流园区；阳明区探索创造了引领城区经济发展的“阳明现象”并闻名全省；牡丹江对俄开发区管委会着力构建产业新城，有效突破发展瓶颈；全省首家融资服务中心和首家村镇银行的成立，进一步拓宽了牡丹江企业的融资渠道，完善了“三农”金融服务。这些创新举措和大胆实践，突破了体制、机制的束缚，不仅促进了相关工作的提质增效，也有力助推了经济建设的加速发展。

（五）“三实两创” 培育了追求卓越的价值导向，推动城市争先发展。以“三实两创”为指引，各地、各部门把加快发展作为解决问题的关键，在工作中着力提速提档提效，将自下而上的执行力汇集成推动经济社会发展的强劲动力。2011 年，牡丹江地区生产总值完成 934.8 亿元，同比增长 15.1%，增长速度在省内十三个地市中排名第三；全口径财政收入实现 117 亿元，规模以上工业增加值实现 156 亿元；农民人均纯收入达到 11198 元，实现全省九连冠。今年上半年，面对国内经济放缓、国外需求下行等不利因素，牡丹江经济依然保持了健康有序、稳步回升的发展态势，规模以上工业增加值居全省第三位，进出口总额增速居全省第二位，不仅使发展成果最大限度惠及了全市百姓，也增强了牡丹江人民对于经济社会跨越争先发展的信心和干劲。

五、“三实两创”的经验启示

一个地区谋求超常规发展，除了要放大城市建设、自然资源、区位条件等“硬环境”优势外，还要着力提升包括干部群众的思想观念、精神状态、工作作风、服务效能等在内的“软实力”，而后者对经济社会发展的影响更大，不仅具有凝聚、整合、同化、规范群体行为和心理的功能，更对广大干部群众的思想意识、价值取向和行为习惯产生广泛而持久的影响。牡丹江开展一年多的“三实两创”活动实践给我们带来了诸多经验和启示。

启示之一：跨越争先发展需要凝心聚力的价值理念。价值理念是构筑我们党带领人民团结奋斗的思想基础。思想理念先进，行动才不会落后。要在多元化价值体系下建立起属于城市自己的共同价值理念，需要深入细致的思考、精细的思想体系构建和深入浅出的大众化宣讲。“三实两创”的内核就是支撑牡丹江跨越争先发展内在的、持续的精神力量。作为城市的共同价值理念，“三实两创”大力弘扬“激情奋进、务求实效的创业精神，敢想敢试、勇于突破的创新精神，崇尚一流、追求卓越的先锋精神，放眼世界、大气包容的开放精神，知礼明德、文明和谐的人文精神”等五种精神，并与贯彻落实科学发展观、推进改革发展稳定的具体实践紧密结合起来，通过引领社会风尚，进一步凝聚起跨越争先的强大精神动力。一年多来，牡丹江广大干部群众形成了思想共识，积极投身到跨越争先的具体实践中，“三实两创” 为实现全市跨越争先奋斗目标提供了鲜明的旗帜导向和不竭的动力源泉。

启示之二:跨越争先发展需要前瞻定位的顶层设计。跨越争先发展意味着要放大后发优势,加速发展步伐,需要正确把握国内外发展大势,将自身发展放在时代的坐标中去定位,以更广阔的视野,向外部看、向高处看、向未来看,敢于向国际国内先进看齐。实现跨越争先发展,目标的引领、发展的路径、战略的布局至关重要,必须有前瞻定位的顶层设计。在2012年召开的市第十一次党代会上,牡丹江市将“求实创新、跨越争先”确立为牡丹江的时代主题;将“三实两创”共同价值理念作为跨越争先的发展动力;将工业立市、金融强市、贸旅牵动作为跨越争先的发展战略;将准确把握科学技术发展的时代特征、人均GDP超过5000美元的消费特征、投资拉动占主导的阶段特征、中俄地方经贸合作更加紧密的开放特征作为跨越争先的发展基石;将加快建设现代产业城市、沿边开放先导城市、一体化发展先行城市、生态宜居城市、和谐幸福城市作为跨越争先的发展任务;将工业化、城镇化、农业现代化、国际化“四化并举”作为跨越争先的发展路径;将实现“七个翻番”,力争五年目标四年完成,再造一个牡丹江经济,让全市人民生活得更加幸福、更加美好作为跨越争先的发展目标。这一系列战略决策,回答了建设一个什么样的牡丹江,怎样建设牡丹江的重大问题,完全符合牡丹江的实际,确保不贻误跨越争先发展的最佳时期,不错过跨越争先发展的宝贵机遇。

启示之三:跨越争先发展需要干事创业的激情担当。当今时代,发展如同逆水行舟,不进则退。过去几年,牡丹江在总量小、速度低的情况下,正是靠着迎难而上、勇于担当的拼搏精神,勇敢闯出了一条追赶跨越之路。综观当前国内千帆竞发、百舸争流的前进态势,特别是牡丹江在省内所面临的“标兵渐远、追兵逼近”的严峻形势,要求我们必须时刻保持干事创业的激情与担当。没有这种激情与担当,就不能牢牢把握新一轮发展的主动权,发展目标就会落空,差距就会扩大,跨越争先就更无从谈起。实践证明,正是因为牡丹江广大干部群众事不避难、勇于担当、奋勇向前,才有了跨越争先发展的良好态势,掀起了“比实干、争一流”的热潮,也为整座城市的发展源源不断地注入了新的活力。

启示之四:跨越争先发展需要立说立行的执行机制。实现跨越争先发展,必须保证政令畅通,令行禁止,务必形成“说了就算,定了就干,干就干好”的良好氛围,必须有“敲钟问响”的执行机制,确保工作决策在第一时间无条件、无阻力、无障碍地高效执行。按照“三实两创”的要求,牡丹江从责任落实抓起,明确由谁负责、什么时间完成、达到什么标准,把干部推到一线去,交任务、压责任、定目标、要结果,对落实不力的严肃问责,及时挂牌警告,从而激发内在动力、增强外部压力,使党员干部主动尽责、高效履职。实践证明,推进跨越争先发展关键在于落实,落实的关键在于建立立说立行的执行机制。

“三实两创”体现了中国特色社会主义理论体系的基本要求,是科学发展观在牡丹江的创新实践,是实现牡丹江更好更快更大发展的动力引擎。让“三实两创”共同价值理念内化于心、外化于行,不仅是对280万牡丹江人民的新要求,也必将释放出巨大的精神能量,推动牡丹江在新的起点上,走新路、开新局,顺利实现跨越争先发展目标,以优异的成绩迎接党的十八大胜利召开。

深入学习宣传贯彻落实党的十八大精神全面加快富裕文明和谐幸福佳木斯建设步伐

中共佳木斯市委书记 王兆力

党的十八大是在我国进入全面建成小康社会决定性阶段召开的一次十分重要的大会,对凝聚党心军心民心、推动党和国家事业发展具有十分重大的意义。认真学习宣传贯彻落实十八大精神是当前和今后一个时期的首要政治任务。按照中央和省委的安排部署，佳木斯全市上下已迅速掀起了学习宣传贯彻落实十八大精神的热潮。

一、深入学习宣传贯彻落实党的十八大精神，必须用党的十八大精神武装头脑，把思想和行动统一到中央和省委的决策部署上来

学习宣传贯彻落实十八大精神重在领会精神实质。要原原本本、认真研读党的十八大报告、十七届中央纪委工作报告和党章，认真学习习近平同志在党的十八届一中全会上的讲话，认真学习吉炳轩同志在省委十一届二次全会上的讲话，真正学深学透，入脑入心；要从深刻学习领会十八大的主题、中国特色社会主义的科学内涵、对科学发展观的新定位、全面建成小康社会的新任务、党的建设的新部署等方面，全面准确把握十八大的理论观点、战略思想和工作部署。

学习宣传贯彻落实十八大精神重在坚持深入持久。各级领导干部要身体力行、率先垂范，带头学习宣传贯彻落实十八大精神，先学一步、学深一层，在求真、求深、求实上狠下功夫，自觉做坚定理想信念的表率、学习实践的表率、弘扬优良作风的表率；要有计划有步骤地组织开展好学习和宣讲活动，组织各类新闻媒体通过多种形式、多种渠道加大宣传力度，使党的十八大精神迅速进机关、进社区、进企业、进学校、进农村；要把学习十八大精神作为一项长期任务坚持下去，在今后工作中不断学习，加深理解。

学习宣传贯彻落实十八大精神重在结合地方实际。要坚持从佳木斯市实际出发，把五位一体总布局的要求和部署，与贯彻落实省委、省政府关于“八大经济区”、“十大工程”的战略部署及发展“十大产业”的决策相结合，与发挥我市现代农业、中心城市、工业基础、沿边开放等四大优势，深入推进大项目建设、园区建设、财源建设、新农村建设、服务功能建设、城市建设、民生建设、发展环境建设、和谐社会建设等九大战略任务相结合，切实把着力点放到推动我市改革发展稳定的实际工作上，放到研究解决群众生产生活的迫切问题上，使十八大精神真正转化为建设富裕文明和谐幸福佳木斯的强大动力。

二、深入学习宣传贯彻落实党的十八大精神，必须用党的十八大精神指导实践，切实走出一条符合地方实际的科学发展之路

要坚定不移加快经济发展，着力提升城市综合实力。科学发展观的第一要义是发展。十八大报告突出强调，“必须坚持发展是硬道理的战略思想，决不能有丝毫动摇”。吉炳轩同志在省委全会上也指出，“以经济建设为中心是兴国之要，发展仍是解决所有问题的关键”。佳木斯正处于加快发展的增速期、结构调整优化的转型期和打牢长远发展基础、实现赶超跨越的关键期，更要把加快发展作为当前迫在眉睫的任务，毫不动摇地推动经济快发展、大发展。要立足佳木斯资源特点、产业基础和市场前景，加快建设财政贡献率高、产业带动性强、对农民增收拉动作用大和为长远发展打基础、攒后劲的大项目、好项目，以大项目建设带动产业结构调整和经济发展方式转变；要深入贯彻两大平原现代农业综合开发试验区建设部署，积极推进大水利、大农机、大科技、大合作和农业水利化、科技化、机械化、合作化、产业化、市场化、城镇化、生态化建设，全面加快现代化大农业发展步伐，为保障国家粮食安全作出更大贡献；要依托老工业基地的产业基础和政策优势，加快改造提升传统产业，着力构建以传统优势产业为支柱、以战略性新兴产业为导向的产业发展新格局，切实实现工业经济的转型升级；要按照建设区域中心较大城市的发展定位，大力发展商贸、物流、旅游、金融等现代服务产业，加快完善和提升与中心城市相称的现代服务功能，努力打造宜居、宜业、宜商、宜游的现代化区域中心城市；要努力提升对外开放水平，以黑瞎子岛开放开发、同江中俄跨江铁路大桥建设和新建哈尔滨至佳木斯高速铁路为牵动，积极完善口岸设施，全面优化贸易结构，推动对俄经贸创新发展和转型升级，努力把佳木斯打造成为对俄开放的桥头堡和枢纽站。

要坚持不懈保障改善民生，着力提高百姓幸福指数。执政为民是党最鲜明的政治品格。“人民对美好生活的向往，就是我们的奋斗目标”，我们将全力推进民生建设，切实实现好、维护好、发展好最广大人民的根本利益，解决好群众最关心、最直接、最现实的利益问题。要坚持全覆盖、保基本、多层次、可持续方针，全面建成覆盖城乡居民的社会保障体系；要切实提升公共服务水平，确保基本公共服务均等化总体实现；要多渠道增加城乡居民收入，充分挖掘城乡居民持续增收的潜力，真正让群众的“腰包”鼓起来；要努力改善群众生产生活条件，加快城市基础设施建设，全面提高城市规划、建设、管理水平，不断加快小城镇建设和保障性安居工程建设步伐，积极为群众营造整洁有序、舒心方便的生活环境。

要扎实有效增进社会和谐，着力维护改革发展稳定大局。和谐是发展的前提和基础。要不断加强和创新社会管理，最大限度增加和谐因素，最大限度减少不和谐因素，确保人民安居乐业、社会和谐有序。要及时有效化解社会矛盾，认真对待群众来信来访，引导群众依法、理性表达诉求，坚决维护群众合法权益；要坚持依法行政，严格依法办事，从源头上化解社会不和谐因素；要努力营造安全稳定的社会环境，严密防范和依法严厉打击各类刑事犯罪，加强食品、药品安全监督管理，深化重点领域安全专项治理，坚决遏制重大特大安全事故发生，切实增强人民群众的安全感和满意度；要大力加强基层基础建设，深入推进社区综合体制改革试点工作，加快新型社区管理和服务体制改革，不断创新社区管理模式，促进政府职能转变，提高基层社会管理和服务能力。

要全面深入加强党的建设，着力提高党的建设科学化水平。党的建设是事业发展的根本保证。要紧紧围绕十八大报告提出的党的建设八个方面重要任务，牢牢把握加强党的执政能力建设、先进性和纯洁性建设这条主线，以改革创新精神全面推进党的建设新的伟大工程。要切实加强思想建设，用中国特色社会主义理论武装党员干部头脑，坚定党员干部理想信念，切实增强政治敏锐性和政治鉴别力，始终做到与党中央保持高度一致；要切实加强作风建设，扎实开展好以为民务实清廉为主要内容的党的群众路线教育实践活动，在全市上下进一步形成积极向上、奋发进取的浓厚氛围，以党风带政风，促进社会风气的根本好转；要切实加强制度建设，发展党内民主，保障决策科学化、民主化、制度化，不断激发各级党组织和广大党员的积极性、创造性；要切实加强队伍建设，坚持德才兼备、以德为先的用人标准和重品行、重实绩、重基层、重公论的用人导向，着力建设一支政治坚定、能力过硬、作风优良、奋发有为的干部队伍；要切实加强组织建设，积极探索创新基层党组织设置形式和活动方式，扩大党组织和党的工作覆盖面，推动创先争优常态化、长效化，不断提高基层党组织的创造力、凝聚力、战斗力；要切实加强反腐倡廉建设，加快惩治和预防腐败体系建设，更加注重治本，更加注重预防，更加注重制度建设，更加注重从源头上来防止腐败，坚决纠正损害群众利益的各种不正之风。

三、深入学习宣传贯彻落实党的十八大精神，必须适应党的十八大提出的新要求，以更加务实的作风和奋发有为的精神状态抓好工作落实

要在狠抓落实上体现新作风。深入贯彻落实党的十八大和省委全会精神，全面加快富裕文明和谐幸福佳木斯建设步伐，重在落实，关键在干。我们要坚定不移地贯彻落实省委、省政府的各项决策部署，不折不扣地完成好既定的各项目标任务，确保政令畅通、执行有力，真正使决策定一项是一项，工作干一件成一件，切实把全部心思用在干事创业上，把所有精力放在狠抓落实上，不断开创各项工作新局面。

要在创先争优上体现新活力。要坚持高起点谋划、高效率推进、高标准检验，学习借鉴省内外发达地区和先进城市的成功经验，积极鼓励、引导和支持干部创佳绩、部门争排头、县区晋位次，建立健全更具活力、更有效率的工作机制，形成岗位创优、行业创优、区域创优的生动局面。

要在务求实效上体现新作为。要本着对党负责、对地方发展负责、对人民群众负责的态度，始终坚持求真务实，艰苦奋斗，以等不起、慢不得的紧迫感，埋头苦干、狠抓落实，切实在解决实际问题上下功夫，力戒形式主义，努力形成唯真求实、真抓实干的浓厚氛围，以实实在在的工作业绩赢得广大群众的信赖和支持。

佳木斯市文化产业发展的战略思考与路径选择

中共佳木斯市委常委、宣传部长 赫贵涛

党的十七届六中全会作出了《关于深化文化体制改革推动社会主义文化大发展大繁荣若干重大问题的决定》，省委十届十八次全会通过的《实施意见》也提出了要重点实施“八项工程”。这八项工程”中，实施文化产业开发工程是核心和关键，是推动文化大发展大繁荣的重要支撑。作为一个文化产业相对弱小的地级市，我们必须抢抓深化文化体制改革给文化产业发展带来的难得机遇，以发展的思路、创新的精神和超常的作为，全力推进我市文化产业跨越式发展。

一、科学谋划产业布局，合理搭建发展框架

科学谋划，合理布局，是发展文化产业的前提和基础。我们在充分调研的基础上，经过反复论证，审慎分析，提出了构建“一区两园三带四基地”的文化产业发展总体布局。

所谓“一区”，即以佳木斯为中心，打造辐射双鸭山、鹤岗、伊春的黑龙江省东北部文化产业集聚区。佳木斯是黑龙江省东北部区域中心城市，文化资源优势明显，文化人才相对集中，文化消费市场前景广阔，对周边城市具有较大的辐射力和吸引力。在全省构建“一核、三点、五区”文化产业发展总体布局中，省委将佳木斯列为三个战略支点之一和五个文化产业集聚区之一，并在“一核、两翼、三圈、一带”文化旅游业布局中，将我市纳入到重点打造的历史民俗文化圈之中，这不仅体现了佳木斯在全省文化大发展大繁荣中的文化分量，凸显了在全省文化产业发展布局中的重要地位，也为我市发展文化产业找准了定位，指明了方向。

所谓“两园”，即培育建设敖其湾赫哲族文化产业园和出版物印刷包装产业园。从敖其湾赫哲族文化产业园来看，佳木斯是全国人口较少的民族之一赫哲族的主要聚居地，民族文化特色独具、源远流长。敖其湾文化产业园区就坐落在郊区敖其湾赫哲族聚居区内，南临完达山余脉，北靠松花江畔，三面环山，一面傍水，风景秀丽，景色怡人。这里独特浓郁的民俗风情，孕育着巨大的民间民俗文化产业和特色赫哲族文化、影视文化旅游发展潜力，极具开发价值。该园区占地83公顷，总投资1.4亿元，目前已完成了赫哲新村、赫哲民族博物馆、神树广场、萨满神屋、水上舞台等基础设施建设，并于2010年8月正式落成开园。下一步，需要对影视文化创作区、民间民俗艺术品展销区、赫哲文化旅游区进行功能完善和项目开发，力争将其打造成为集影视文化、赫哲文化、民俗文化及旅游度假、休闲娱乐于一体的文化综合旅游区。从出版物印刷包装产业园来看，我市拥有银手杖印务有限公司、广电印刷有限责任公司等121家印刷出版企业，产值超千万元的龙头企业5家，产业基础雄厚，吃配链条完备，市场潜力巨大，业务承揽量覆盖周边城市，且几家大型出版印刷业业主均有进入园区的共同意愿。因而，建成出版物印刷包装产业园，不仅立足发展需要，而且顺应业主要求，有利于进一步整合资源，推动形成“以大带小、优势互补、互利共赢、协同发展”的产业发展新格局。

所谓“三带”，即打造赫哲风情旅游带、红色文化旅游带和冰雪文化旅游带。这“三带”的提出，既考虑了我市独有的地缘优势和历史文化资源特色，又兼顾到旅游业发展所应赋予的文化内涵。佳木斯历史悠久，文化蕴藉，具有赫哲民俗文化、抗联及东北小延安红色文化、冰雪文化等诸多优势，只有推

进文化与旅游的深度融合，才能将现有资源优势转化为产业发展优势，在这一点上，我们已经形成了共识。当前和今后，应重点叫响民俗文化、红色文化和冰雪文化这三个本土特色文化品牌。围绕民俗文化开发，依托郊区敖其湾赫哲风情园和同江街津口赫哲族民俗村，进一步丰富郊区、同江赫哲民族博物馆馆藏，更好地展示民俗风情，开发民俗旅游产品，逐步形成东西两地“遥相呼应、互为补充”的赫哲风情旅游带；围绕红色文化开发，辟建并完善佳木斯东北小延安纪念馆、侵华日军罪证陈列馆、汤原抗联六军密营、桦南土龙山农民暴动遗址、七星砬子东北抗联兵工厂、富锦五顶山军事遗址等景点，设计开发精品旅游线路，通过室内实物展示、影像资料演示、遗迹参观等方式，全面展示佳木斯红色文化历史，重点打造好红色文化旅游带；围绕冰雪文化开发，大力包装三江泼雪节、冰雪大世界、卧佛山滑雪、三江冰雕艺术大赛等冰雪文化项目，最大限度地吸引国内外游客参与其中，赏玩冰雪，体验风情，全力建设好冰雪文化旅游带。

所谓“四基地”，即重点做强三江民俗工艺品生产研发基地、佳木斯图书批发零售基地、黑龙江省东北部地区广告会展基地和演艺娱乐基地。在民俗工艺品方面，我市产品种类比较齐全，初步形成了山核桃工艺、赫哲鱼皮、剪纸、刺绣、根雕、烙画六大门类共有并存的产品体系。汤原百创山核桃工艺品有限公司、马华赫哲鱼皮文化有限公司等企业逐渐发展壮大，初具龙头带动实力。在深圳文博会等各类文化展销会上，我市的山核桃和鱼皮工艺品也获得了可观的经济效益。在图书批发零售方面，我市拥有全省东部地区最大的书刊、音像批发市场，经销书刊、音像电子制品几十类、上千个品种，年创利润达400多万元，具备做大做强的基础和条件。在广告会展业方面，我市每年都举办春季杏花节、夏季旅游节、秋季知青节、冬季泼雪节“四大城市节会”，每年承办的国际性、区域性的博览会、展销会、招商会和研讨会都有十几个，这无疑为发展广告会展业提供了良好的契机和广阔的空间。在演艺娱乐方面，我市四大专业剧团人才集聚，常年承揽覆盖三江地区的大型文艺演出，组建演艺团体的条件已经成熟。近几年来，“倾国倾城”城市日主题晚会、“中华情”瑞雪飞扬佳木斯等大型文艺晚会纷纷走进我市，受到了广大观众的喜爱，带来了演艺娱乐市场的繁荣。综上所述，建成“四基地”，我市既有产业基础，又有比较优势，并在黑龙江省东北部已经形成了一定的规模，必将对周边地区相关文化产业产生辐射和带动作用。

二、实施产业开发战略，重点发展六大产业

充分依托我市现有的资源特色和产业基础，着眼于未来发展，大力实施文化产业开发战略，重点扶持、培育六大文化产业加快发展，着力构建产业基础雄厚、项目前景看好的文化产业发展新格局。

一是发展新闻传媒业。重点推进佳木斯日报社、三江晚报社、市广播电视台改革，加快覆盖黑龙江省东北部地区的数字电视平台建设，发展移动多媒体广播电视、分众传媒等新兴文化业态，不断提升新闻传媒业的核心竞争力。组建佳木斯影视产业中心，全面提高影视制作、广告设计和动漫生产的整体水平。创作生产动漫剧集《陀螺城历险记》、《松花江的传说》和电视连续剧《土龙山枪声》等一批影视作品。

二是发展文化旅游业。着力打造旅游文化特色品牌，深入挖掘城市文化底蕴，提升旅游文化内涵，合理开发利用各类旅游文化资源，大力发展文化旅游，推动旅游产业和文化产业互融共进、协调发展。围绕做优做强红色文化、民俗文化、生态文化、冰雪文化等文化旅游区块，精心设计并辟建一批精品旅游线路。重点建设香格里拉、长城、农垦大厦等星级酒店，开发四丰山景区、柳树岛景区、郊区中华民族园、郊区湿地公园、俄罗斯风情园、富锦向阳川六合满族风情园等景区景点，推进汤原大亮子河森林公园等提档升级，完成敖其湾赫哲风情园、桦川星火朝鲜族民俗风情园等续建工程，大力发展东风区现代农业观光园、农垦科学院采摘园等农业观光旅游、乡村旅游、过境旅游项目，完善服务功能，增加文化含量,提升景区景点的对外吸引力。

三是发展文化艺术服务业。突出我市区域中心城市优势,依托现有的产业基础,在中心消费区、中心商务区、中心科教区和唐人中心等城市综合体建设中,融入更多文化元素,发展好演艺娱乐、文化创意、服务外包、信息咨询、电影院线、艺术培训、礼仪服务等产业项目,提高城市文化服务的层次和水平。

四是发展出版印刷业。重点扶持银手杖印务有限公司2400万平方米高档彩色包装箱、广电印刷有限责任公司绿色印刷等一批印刷包装项目,培育一批实力雄厚、具有较强竞争力和影响力的大型印刷发行企业,拉动全市造纸、印刷、运输、物流等相关产业的发展。通过实施连锁经营、物流配送、电子商务等形式,巩固我市黑龙江省东北部出版物批发和零售交易中心的地位。

五是发展民俗工艺品业。建设三江民俗工艺品生产研发基地,加大市场开发、策划包装和宣传营销力度,扩大生产规模,完善产业链条,推出畅销品牌,加快形成富有本土特色和竞争优势的产业项目。对全市赫哲族民俗工艺项目进行整合,引导汤原百创山核桃工艺品有限公司、马华赫哲鱼皮文化有限公司、茂密赫哲鱼皮有限公司、华夏赫哲鱼皮文化传播有限公司、富克锦文化产品展销中心等多家民俗文化骨干企业走规模化、集约化、专业化发展之路,进一步在全国叫响赫哲民俗工艺品牌。

六是发展广告会展业。大力发展广告、会展中介组织,完善以展览、会议等为主要内容的服务体系,进一步做强会展经济,打造黑龙江省东北部地区广告会展中心。建立跨区域的广告联盟,建立协作共赢机制,加速广告会展业市场化、专业化进程。办好中俄(佳木斯)农机产品展销洽谈会等各类国际性、区域性的博览会、展销会、招商会和研讨会。围绕市民群众需求,广泛开展汽车展、农副产品展、轻工产品展等各类展销活动。积极推进我市名优企业、名牌产品和特色文化走出去,利用广交会、文博会、哈洽会等大型展会平台,进一步提高我市优势产品的知名度。

三、采取有效工作措施,确保文化产业健康运行

文化产业发展是一项系统工程,涉及面广,关联度高。要做大做强文化产业,必须在强化领导、统筹规划、培育市场、政策扶持等方面采取强有力的措施,做好深入细致的工作,不断推动文化产业发展壮大,使其真正成为地方国民经济支柱性产业。

1.加强文化产业的规划和管理。树立文化强市理念,站在建设“三江文化名城”的高度,科学制定《佳木斯市“十二五”时期文化产业发展规划》,明确今后五年文化产业的发展目标、主要任务和推进措施。围绕构建“一区两园三带四基地”的文化产业发展总体布局和发展六大文化产业的主攻方向,建立重点文化产业项目库,编制《文化产业发展指导目录》,谋划生成一批资源深度开发、产业链条延伸、展现品牌特色的大项目、好项目。紧紧抓住城市“四大节会”及各类文博会的有利契机,举办文化项目招商活动,推介和引进重点文化产业项目,力争使更多发展潜力大、牵动性强的文化产业项目在我市落地生根、开花结果。

2.加强文化产业的组织和领导。市委成立由文化、科技、金融、旅游、地产、教育、体育、物流、信息等相关部门组成的文化产业发展领导小组,负责制定产业发展规划,谋划和推进重点文化产业项目。各相关责任单位按照市委统一部署,进一步分解目标任务,明确工作职责,全面完成各项工作任务。各级宣传文化部门建立完善文化产业项目例会制度,定期组织相关部门,研究重大文化产业项目推进情况,协调解决项目运作中遇到的重大问题。将重大文化产业项目纳入全市重点工程督办之中,不断加大督促检查力度,确保推进文化产业各项任务事事有落实、件件有结果。

3.加强现代文化市场体系培育。市场是文化产业生存、发展的活力之源。培育好文化市场,对于文化产业加快发展至关重要。一是培育产品市场。建立和完善演艺、图书、印刷、动漫、民俗手工艺品、文化旅游等产品市场，引导图书批发城、魏三大戏院、文化宫大戏院、收藏品市场、集邮市场健康发展，加快形成统一、开放、竞争、有序的市场体系。二是培育要素市场。建立健全文化资产评估和文化产权交易体系，引导和规范各类文化资产交易。有序开展产权评估、质押、变现和转让业务，为文化产品和版权交易搭建平台。积极发展文化中介组织，培养和培育一批文化经济人，发挥他们在市场培育中的重要作用。三是培育消费市场。支持重点民俗工艺品、文艺表演、艺术展览、动漫游戏等文化产品进入外埠市场。鼓励专业文艺团体参与各种商业性演出，引进高层次的文艺团体和高水平会展走进佳木斯，拓展大众文化消费市场，挖掘潜在的文化需求，培育新的消费热点，不断提高城乡居民文化消费意识，努力扩大文化消费服务。四是强化文化产品产权管理。加强具有三江特色的文化产品商标、服务商标、原产地商标等保护工作，依法保护全市文化企业和文化产品市场权益。

4.加大文化产业政策扶持力度。文化产业的发展需要通过“政府引导、市场运作”来实现。政府的引导作用，主要体现在运用政策引导和扶持上。由于文化产业的特殊性，再加上我市文化产业相对弱小的实际，更是需要提供更多的政策扶持。对国家和省、市已有的文化经济政策，应加大落实和执行力度，确保对文化改革发展的各项优惠政策落到实处。从2012年起，市财政每年安排500万元设立文化事业及产业发展基金，并随财政收入的增加逐年增长。活化金融服务，建立文化产业信用担保和文化类无形资产评估、质押和交易制度，支持担保和再担保机构开放适应文化产业发展需要的担保服务。保障土地需求，将文化产业建设用地纳入土地利用总体规划和年度计划。强化税收支持，落实税收政策，对列入鼓励类企业目录的文化企业和文化企业自主创新、文化内容创意生产、非物质文化遗产项目经营实行税收优惠。把鼓励民营企业投资文化产业作为一项重要方略，采取“谁投资谁受益”的激励机制，通过吸引民营企业参与文化企业的经营管理等形式，让民营企业富余资金向文化领域流动，形成文化产业的多元投资、多种经济成分并存的格局。

佳木斯市社会各界对党的十八大的期盼和建议的专题舆情分析报告

佳木斯市委宣传部课题组

按照中宣部约稿要求，佳木斯市委宣传部组成课题组，通过深入到机关、企事业单位、社区、农村进行座谈、发放问卷、网上调查等方式，对当前社会各界对党的十八大的反响进行了认真调研，梳理分析，归纳综合，形成了佳木斯市社会各界对党的十八大的期盼和建议专题舆情分析报告。

一、社会各界对党的十八大的期盼和建议

社会各界普遍认为，即将召开的中国共产党第十八次全国代表大会，是在全面建设小康社会关键时期和深化改革开放、加快转变经济发展方式攻坚时期召开的一次十分重要的大会。各界对即将召开的大会充满了热切期盼，希望十八大能出台切实可行的政策措施，解决当前社会发展过程中出现的热点、难点问题，推动经济持续快速发展，全面实现小康社会。

1.期盼房价回归到合理水平，继续控制房价上涨，实现居者有其屋。调研显示，有2/3的人认为，目前的房价过高，广大中低收入者每月不足2000元的收入只能“望房兴叹”。大多数受访者担心国家控制房价的政策出现松动，导致房价继续上升。有部分受访者认为今后的房价不明朗，有的甚至对房价回归到买得起的水平丧失了信心。

2.期盼控制物价上涨，将物价控制在与中低收入群体相适应的消费水平，使其真正过上小康生活。调查中有65%的受访者认为物价过高，现在物价上涨的过程中政府未能未雨绸缪，调控严重滞

后，频繁出现与日常生活息息相关的商品短时期急剧上涨现象，如“蒜你狠”、“豆你玩”、“姜你军”等，超出本身价值的几十倍，让消费者感到迷茫，不能接受。

3.期盼解决收入分配不公问题，提高中低收入群体的收入，实现社会财富的均等化。调研显示，有53%的人认为收入分配不公、严重失衡。有47%的人认为，既得利益集团掌握了全国80%的财富，导致两极分化越来越严重。有部分低收入者对社会分配不公问题表现出严重不满情绪，仇富心理严重，导致极端行为，引发恶性事件，造成社会不稳定。

4.期盼加大反腐力度，提高党和政府的公信力，真正实现政治清明。调研显示，84%的人对社会腐败现象深恶痛绝，坚决排斥，认为反腐力度不大。受访者认为腐败导致社会风气每况愈下，既对腐败现象愤恨，但又感到很无奈，每当遭遇子女上学、就业、看病、升迁之类的事情，只能遵从“潜规则”，花钱办事。人们很担忧，当“腐败成为一种生活方式，潜规则成为一种规则”时，会是一种什么后果。更担心腐败现象会潜移默化影响孩子的健康成长。

5.期盼解决百姓看病难、看病贵问题，提高医疗服务水平，降低中低收入群体、灵活就业人员医保缴费标准，提高医保报销比例。调查显示，60%的人认为看病难，看病贵，小病普查开大处方，大病倾家荡产。受访者认为，医院应该回归公益化，不应推向市场，市场化导致患者因病致贫。医保缴费要按不同群体的收入水平制定缴费标准，确保不同群体享受同等医疗保险待遇。

6.期盼教育公平，加大教育投入，解决农村和城市中低收入家庭孩子上学难问题，实现教育均等化。受访者认为农村适龄儿童入学率比城市低，上学路途远，担心孩子安全问题；高校收费过高，农村和城市中低收入家庭孩子借钱上大学，因学致贫；反映学生学习负担普遍重，上学、放学两头看不到太阳，学习时间过长，同一学校分“重点班、实验班、普通班”的现象较普遍；部分教师职业道德下滑，存在乱办补课班，收受礼金等现象，影响学生健康成长。

7.期盼老有所依，老有所养，降低中低收入群体、灵活结业人员养老金缴费标准，健全完善养老服务体系。受访者普遍担心养老问题，老龄化社会的到来，“未富先老”的情况越来越突出，一对夫妇普遍需赡养4—6位老人，负担太重，民众无“幸福感”和“安全感”可言，对未来生活失去信心。

8.期盼食品安全，减少农药化肥使用量，降低农药残留，减少食品添加剂的使用。受访者认为粮食、蔬菜、肉、蛋等生产过度使用农药化肥、添加剂；假冒伪劣酱油、醋、食用油泛滥；袋装食品过度使用防腐剂，严重损害消费者健康。

9.期盼城市交通安全、顺畅，限制城市小汽车数量，解决交通拥挤问题。调研显示，当前城市道路增宽赶不上车辆的激增，小轿车、私家车“井喷式”增加，导致交通拥堵、交通事故频发，出行安全使人担忧。

10.期盼就业有保障，积极创造就业条件，增加就业机会，实现就业机会均等化。调研显示，人们普遍认为就业难，就业岗位少，大学毕业就是失业，就业不稳定，民营企业不遵守《劳动法》，不与劳动者签订劳动合同、不给劳动者缴纳保险，劳动者正当权益得不到保障，大多数劳动者很无奈，很迷茫，对未来生活失去了信心。

11.期盼加大社会文明进程，加大对电视、网络等媒体的管理，弘扬“真善美”，鞭笞“假恶丑”。受访者普遍认为社会道德水平下滑，人与人之间缺少信任感、拜金主义、功利主义现象严重；影视剧、网络等媒体不负责任大肆渲染“黄赌毒”等社会丑恶现象，严重影响未成年人的身心健康。

12.期盼社会公平正义，畅通信访渠道，切实解决群众反映的问题。调研显示，70%的人认为上访难，合理诉求得不到解决，感觉社会不公平；存在官员截访、打击报复上访群众，对上访反映的问题，信访部门和相关部门敷衍、推诿、不解决问题。网络贴吧、微博、论坛等对群众反映的问题随意封堵、删帖。

二、近期有关党的十八大的舆论中值得注意的问题和动向

1.境内外积极关注十八大。近期,舆论对十八大的关注快速升温。一是境内民众通过报纸、电视、广播、网络等媒体关注十八大将要出台的惠及民生领域的新政策、新举措;关注高层的人事变动;关注反腐倡廉建设的新措施;关注解决领土争端的好办法;关注实现社会公平正义的新举措等;有的还通过贴吧、论坛、QQ、微博等网络平台表达对十八大的期盼和诉求。二是境外舆论对十八大的关注。对高层人事变动、政策走向等进行妄加猜测议论,把一些内政外交问题与十八大相联系,特别是在薄谷开来毒害尼尔·伍德案件、王立军叛逃事件、薄熙来严重违纪问题上,编造谣言,别有用心地大肆炒作、恶意攻击,企图影响十八大的政治走向。三是有些人把经济转轨、社会转型加速引发的问题归结为政治体制改革滞后。对出现的就医难、上学难、住房难、就业难、社会不公等问题,完全归罪于政治体制改革,对党和政府施政成效妄加评论,全盘否定改革成果。

2.多元思想相互激荡碰撞。每逢党的全国代表大会召开,意识形态领域的多种思潮就会粉墨登场,挤压、干扰、围攻主流话语空间,制造思想混乱,影响社会和谐稳定。一是两种价值取向相反的激进主义思潮暗流涌动。一种是"左"的激进思潮,一些消极腐败、贫富不均、社会不公等现象引发群众上访的问题,煽动不满情绪,全盘否定党和政府的政策措施,错误地认为只有再发动一次所谓"激进式的运动"才能解决这些问题。另一种是"右"的激进思潮,错误地认为只要把西方发达国家的政治制度直接搬过来,一切问题就能迎刃而解。二是非主流思想抢占主流思想阵地。一方面,自己标榜的"意见领袖"利用写文章、讲演、发博客等形式,参与社会热点问题的讨论,争夺话语权挤占主流思想阵地;一些所谓的专家学者通过打"民意牌"、"正义牌"、"改革牌"、"责任牌",借机表达自己功利化的政治主张和价值诉求,来占领主流思想阵地。另一方面,一些思想僵化保守人士借机表露出浓重的怀旧情绪,对当今的改革政策持有怀疑态度和抵触情绪,甚至进行无端指责。

3.关注未来中国经济走向。在全球经济前景变化莫测之际,中国经济发展前景备受关注。一是对未来中国经济的增长点、经济运行中最大风险、经济改革与发展最大障碍是什么,新一届政府将采取哪些措施来应对这些问题等极大关注。二是面对当前不确定因素,尤其是在经济下行压力不断加大的情况下,境内外舆论对我国经济前景、经济政策及物价、股市、楼市等问题的关注更高,担忧经济增速放缓会影响全局发展;对我国政府过去应对金融危机投入"四万亿"所产生的实际效果表示质疑。中国经济社会的高度发展,也引起部分国家妒忌,境外舆论趁机唱衰中国经济,放大渲染经济放缓的负面影响。

三、做好相关工作的对策建议

当前,要把做好迎接十八大的宣传作为当前宣传思想文化工作的头等大事来抓,努力做好群众关注的社会热点、难点问题引导工作,大力宣传各界对十八大的所思、所想、所盼,形成强大的宣传声势,为党的十八大胜利召开营造团结奋进、昂扬向上的浓厚氛围。

1.大力开展迎接十八大宣传活动。一要旗帜鲜明,坚持高起点策划、统一步调节奏,深化"科学发展成就辉煌"主题宣传,唱响共产党好、社会主义好、改革开放好、伟大祖国好、各族人民好的时代主旋律。二要充分调动各类资源,彰显风格特色,集中推出迎接党的十八大系列专题专栏,努力做到求精求深、出新出彩、形成声势。三要认真开展"走转改"主题采访活动,组织广大编辑记者进一步深入基层、深入群众,大力宣传各界对党的十八大积极反响,不断提升迎接党的十八大宣传的亲和力和吸引力。

2.大力加强社会情绪的引导。强化召开十八大前社会舆情汇集分析,及时掌握干部群众关注的社会热点难题问题;加强经济形势宣传和经济政策解读,帮助群众了解党和国家解决问题的举措,消除担忧情绪，增强发展信心。围绕收入分配、就医、就学、就业、住房、社保等问题，主动答疑解惑，疏导情绪，合理引导预期、平衡社会心理。对突发性、群体性事件报道，要第一时间发出权威声音，团结引导意见领袖发出客观理性声音；对有关敏感问题、敏感人物及时发音定调，对敏感时间节点提前谋划，最大限度压缩谣言传播空间，及时控制负面报道，防止刊发偏激性观点，避免形成舆论争议。

3.大力加强网络舆论阵地管理。一是加强对微博客、社交网站、论坛博客、跟帖评论、搜索引擎、即时通讯工具的管理，积极探索对微信、移动社交等移动新业务的管理，监控"意见领袖"的网络言行。二是加强对境外媒体、驻华使领馆等使用国内微博的监管。及时删除网上煽动性、反动性信息，严密封堵政治类有害信息，对恶性政治谣言的制造者和传播者要落地查人，依法处理。严防网上谣言向传统媒体扩散。

4.大力加强舆情队伍建设。一要建立网络舆情骨干力量。选拔培养一批综合素质高、工作业务全面、文字功底强、熟悉网络环境的干部，负责舆情信息发布、网络信息的收集分析、网络舆情监控等工作，并在网络舆情热点事件出现时，负责网上发帖、跟帖和撰写发表网评文章等，及时开展正面引导。二要加强网络舆情队伍培训。制订教育培训计划，开设网络知识、网络公共危机应对技巧与策略等课程，邀请舆情分析、公共危机处理等方面专家定期对网络舆情干部开展培训，切实提高网络舆情队伍快速反应、及时应对、正确引导网上舆情的能力。

以改革创新促发展繁荣——大庆市文化体制改革的实践与思考

中共大庆市委宣传部

作为全省文化体制改革试点城市，大庆市以"等不起"的紧迫感、"慢不得"的危机感和"坐不住"的责任感，先行先试，敢破敢立，全面推进文化体制改革各项任务，形成了文化大发展大繁荣的良好局面。2011 年，大庆市蝉联全国文化体制改革先进地区殊荣。

一、文化体制改革主要做法

按照省委确定的改革"路线图"、"时间表"和"任务书"，加快推进体制转轨、职能转变、机制转换等各项工作，在构建充满活力、富有效率、更加开放的文化体制机制上实现新的突破。

1.以重组整合为核心，打造现代文化企业集团。坚持把转企改制与资源整合、结构调整结合起来，通过"同质整合、人力聚合、品牌融合、资产组合"的跨媒体重组模式，整合市报业集团、市广电集团，组建了大庆新闻传媒集团；通过"一企统领、两制并存、市县联动、多元发展"的跨院团重组模式，整合市歌舞剧院、话剧院、电影公司、书画院和四县专业院团优良资产，组建了大庆文化集团，把杜蒙歌舞团升级为大庆民族歌舞团；通过"定位文态、融合业态、塑造形态、优化生态"的跨行业重组模式，整合文化、体育、旅游优质资源，组建了大庆文体旅集团。

2.以三项制度为重点，推进文化事业单位改革。在用人机制方面，实施上岗必考、全员竞聘等办法，实现管理人员能上能下、技术人员能进能出、优秀人才有为有位，大庆文化集团面向社会聘用兼职演员、演奏员 368 人，既解决了演职人员不足问题，又形成了相互竞争局面；在分配机制方面，实施协议工资、特殊津贴等绩效工资制度，实现收入分配向一线倾斜、向优秀人才倾斜、向关键岗位倾斜，大庆电视台设立名主持人特殊津贴，从 1.5 万元到 20 万元分五个等级，达到了激励人才、吸引人才的良好效果；在经营机制方面，实施连锁运营、委托管理等措施，实现市场的搞活、资产的盘活、演出的激活，大庆歌剧院加入中国北方剧院演出联盟，通过中介组织引进维也纳施特劳斯交响乐团等国内外知名团体来大庆演出，累计上演剧目 400 多场次，吸引观众40万人次。

3.以机制创新为动力,深化非时政类报刊改革。着眼于市场化运作、企业化经营、产业化发展,对原事业单位体制的报刊实施转企改制,将《岁月》杂志社从市文联剥离出来,组建了大庆岁月杂志有限责任公司;着眼于整合资源、对接市场、上市运作,对已随大庆新闻传媒集团整体转制的报刊实施公司化改组,以大庆广播电视报为班底,组建了百湖早报有限公司;着眼于提升办刊质量、开拓外埠市场、扩大发行范围,对有面向全国发行权的报刊实施代理制经营,将《家庭文摘报》广告和发行权有偿交给中介公司,最大限度地降低了经营风险和压力。

4.以转变职能为方向,完成宏观管理体制改革。按照"政企分开、政事分开"要求,将文艺院团、新闻媒体从市文化局、市广播电视局分离出来;按照"大部制、大文化"要求,整合市文化局、市广电局、市新闻出版局三个部门职能,成立市文化广电新闻出版局;按照"统一权责、统一执法"要求,对职能交叉、多头执法的文化广电领域执法队伍进行重组,组建了市文化市场综合执法支队,实现文化行政管理部门由办文化向管文化转变、由微观管理向宏观管理转变、由主抓直属单位向倾力服务社会转变。

5.以政策保障为根本,优化文化改革发展环境。市里成立由市长任组长的文化体制改革领导小组,把文化改革发展工作纳入各县区和各部门年度目标责任考核范畴,形成了运转高效、推进有力的组织领导体系。先后出台《关于推动文化体制改革和文化事业文化产业发展的若干意见》、《关于加快文化强市建设的意见》等8个政策文件,对转制单位在土地、财政、税收、人员安置等方面给予有力支持,保证原有经费投入力度不减。设立文化事业、文化产业发展专项资金,市财政每年在预算中安排5000万元,通过贷款贴息、项目补贴、配套资助、成果奖励等办法,全力保障重大文化项目建设、重点文化企业发展、重要文化品牌培育。

二、文化体制改革工作成效

通过体制改革,全市文化企事业单位活力释放,广大文化工作者热情高涨,文化事业、文化产业加快发展,"试验田"变"丰产园",实现了早改早主动、早改早发展、早改早受益。

一是文化市场主体逐步壮大。重组后的大庆新闻传媒集团,迅速成长为拥有5亿资产、7家子公司、"五报两台两网"的现代企业,2011年实现经营收入4.29亿元,是改革前的1.6倍,荣获"2011中国媒体华表奖·最具公信力媒体奖"、中国品牌媒体百强——地市党报品牌十强等7项国家级荣誉。重组后的大庆文体旅集团,迅速成长为拥有20.8亿资产、7家核心子公司、5家外围分公司的大型企业,业务涉及文化演出、精品生产、体育赛事、旅游开发、文化服务、电影放映、产品营销等七个领域,集团总资产位列全国同行业第2位。

二是文化经济规模大幅增长。文化创意产业园、新华(大庆)国际石油资讯中心、黑鱼湖国际艺术村、北国之春梦幻城、国际动漫城、联想科技城等8个文化产业园区快速建设,通过"飞地"管理模式,成功跻身国家级十大文化产业试验(示范)园区行列;萨满剪纸生产创作、芦苇画产业创作、阿木塔民俗风情旅游、北国温泉休闲养生等17个文化产业基地相继建立,已经成为项目生成、企业成长、产品生产的重要孵化地。2011年,全市新建、续建投资亿元以上大项目14个,文化企业发展到4500多家、从业人员突破3.1万,实现经营收入87.1亿元、同比增长34%,大庆被确定为全省文化产业战略支点和龙江西部文化产业核心区。

三是文化惠民服务覆盖城乡。初步建立起政府主导、企业支持、社会参与的多元投入机制,建成歌剧院、博物馆、青少年活动中心等大型文化设施46项,城区文化设施面积达150万平方米、人均超过1平方米。建设农家书屋482个、建成率100%,每年免费放映公益电影5700多场次、覆盖率100%,建设乡镇综合文化站54个、占总数93%,建成信息资源共享工程支中心和服务点517个、占总数93.8%,广播电视无线覆盖率达92%。每年组织开展广场文化、集镇文化、校园文化、企业文化、科普文化等群众性文化活动1000多场次，城乡居民精神文化生活更加丰富。

四是原创文化精品大量涌现。打造“书香大庆”、“礼仪大庆”、“诚信大庆”等人文教育品牌，培育“激情之夏”、“大庆之冬”、“大地欢歌”等文化活动品牌，推出百湖频道、百湖之声、百湖周刊等“百湖”系列品牌，创作《铁人轶事》、《鹤鸣湖》、《铁人王进喜》等文艺精品，开发芦苇画、冰雪画、萨满剪纸等特色手工艺品，生产《逐鹿中原》、《冠通棋牌》等知名网游产品。创办了中国(大庆)湿地文化节、大庆文博会等节庆文化品牌，其中，《逐鹿中原》游戏海内外注册用户突破1亿，文艺精品荣获“五个一”工程奖等国家级大奖190多项，第二届文博会吸引包括5个国家（地区)31个省市的300多名客商参展、成交额3000多万元。

五是文化开放格局初步形成。成功举办四届中国(大庆)湿地旅游文化节和两届大庆文博会，参加深博会、哈洽会、龙港文化产业投资洽谈会等展会，先后引进国家交响乐团、维也纳施特劳斯王朝歌舞团等国内外知名文艺团体来大庆演出500多场次。话剧《铁人轶事》作为建国60周年及建党90周年献礼剧目在全国巡演，舞剧《鹤鸣湖》、歌舞秀《经典永恒》等文艺精品在外地演出800多场次，百湖艺术群落举办全国楹联书法展等大型活动40余次。大庆书画、版画、书法作品分别在法国卢浮宫、韩国大田、美国纽约等地展览，大庆歌舞重返央视春晚舞台，大庆交响乐团作为唯一受邀的地市级院团参加“海口之春”艺术节。

三、文化体制改革经验启示

回顾大庆文化体制改革的成功实践，不仅为改革自身赢得了宽广无比的空间，也为推动文化大发展大繁荣提供了宝贵的经验启示。

启示一：必须把握解放思想这一永恒主题。思想解放的程度决定改革发展的速度。解放思想的道理人人都懂，解放思想的口号处处都是，而究竟是真解放，还是假解放，最终还要看行动。大庆文化体制改革立足现实、放眼长远，始终站在文化建设最前沿谋划自身发展，大胆破除不愿改的守旧心理、不敢改的推责态度、不会改的本能恐慌，而且想到就要做到，要做就做最好，勇闯禁区第一个吃螃蟹，颠覆传统走自己的路，以大视野、大胸怀、大手笔、大气魄，彻底解除思想观念的紧箍咒，实现登高望远，一夕嬗变。在新形势下，推动文化大发展大繁荣，更加需要敢想、敢干、敢拼争，创先、创优、创一流，眼下可以落后，但眼光决不能落伍，要通过思想的大解放，实现发展的大跨越。

启示二：必须激活改革创新这一持久动力。发展的历程，就是改革创新的过程。改革创新从来不会一帆风顺，更不会一劳永逸，但发展中层出不穷的矛盾和问题，必须用改革的手段和创新的思维加以解决。大庆市面对文化资源分散布局，面对内部机构同质竞争，以敏锐的目光、果敢的智慧和非凡的胆魄，毅然决然地冲破条条框框束缚、打碎坛坛罐罐负累，进行了一场暴风骤雨般的改革创新，使体制更顺、机制更活、管理更加科学规范，极大地解放了生产力、迸发了创造力、增强了竞争力，在短时间内脱胎换骨、面貌一新。在新形势下，推动文化大发展大繁荣，迫切需要敢破敢立，求新求变，只要认准了的事，就不怕冒风险，不怕担责任，义无反顾地干起来，矢志不渝地抓到底，用实践检验认识，用结果统一思想，用成效化解疑虑，为发展扫清一切障碍。

启示三：必须牢记真抓实干这一不变要诀。空谈误国，实干兴邦。奋斗是成功的阶梯，不干半点马列主义都没有。大庆市面对沉重的改革任务，从不怨天尤人，从不逃避退缩，更不虚张声势、应景作秀、纸上谈兵，而是以求实的态度、扎实的作风、务实的举措，争分夺秒地干，拼尽全力地干，心无旁骛地干，再难也要谋大事，没钱更要办成事，大干快干、苦干实干、马上就干，很快打开了新局面，闯出了新天地。在新形势下，推动文化大发展大繁荣，必须以时不我待、只争朝夕的紧迫感，埋头苦干、不务虚功的进取心，勇往直前、百折不挠的意志力，咬定青山不放松，一竿子插到底，每件事抓出头，实实在在地付出，实实在在地收获。

启示四：必须坚持政府主导这一核心力量。改革事关全局，领导必须有力。文化体制改革是意识形态领域管理体制和运行机制的重大变革，唯有坚强有力的组织保障，才能确保改革顺利进行。大庆在改革实践中，充分认识到国有文化单位的体制改革需要一定改革成本，公益性文化事业的繁荣也需要大量政府投入，因此设立文化体制改革和文化事业发展专项资金并纳入预算，有力保障了文化体制改革的顺利推进和文化事业的可持续发展。大庆在全省率先推进文化体制改革，无先例可借鉴，难度高、要求严，因为制定了科学可行的方案，做了大量深入细致的思想发动工作，确保了改革的正确方向，促进了文化产业和文化事业的长效发展。在新形势下，推动文化大发展大繁荣，政府无疑扮演着重要角色、发挥不可替代的作用，必须切实把文化建设纳入大庆科学和谐跨越发展总体布局，推动经济、政治、文化、社会"四位一体"建设协调发展、全面提升。

启示五：必须坚持以人为本这一核心理念。发展为了人民，发展依靠人民，发展成果由人民共享，这是一切工作的出发点和落脚点，也是一切工作的价值所在和力量源泉。大庆深化文化体制改革，不是简单的就改革抓改革，而是把事业植根于深厚的社会土壤，从生活中汲取丰富营养，在群众中凝聚无穷力量，用真情实感和拳拳之心，替老百姓着想，为老百姓分忧，给老百姓说话，帮老百姓办事，把改革的实践过程，变成服务群众、发展惠民的过程，最终赢得了群众。在新形势下，推动文化大发展大繁荣，就要牢固树立人本理念，真正培养为民情怀，时刻把老百姓的安危冷暖放在心上，尽全力为群众办实事、做好事、解难事。

启示六：必须扭住人才队伍这一关键要素。事业兴衰，关键在人。启用一个能人，可以带出一支优秀的队伍；凭借一支优秀的队伍，可以创造一流的业绩。大庆在文化体制改革过程中，把牢固树立人才资源作为第一资源的观念，坚持任人唯贤，把一批懂经营、善管理、有专长的文化人才选拔到文化企事业领导岗位上，引进到文化单位和机构，这里拒绝庸人，却从不埋没能人，在发展利益驱动下，他们人心思变、人心思进、永不满足，事业成全了个人，个人也成就了事业。在新形势下，推动文化大发展大繁荣，就要千方百计做活人的文章，充分尊重人的价值，有效激发人的潜能，极大释放人的力量，给谋事者以支持，给干事者以舞台，给成事者以空间。

鸡西市加强理论学习工作的调查与思考

围绕"加强理论学习工作"这个课题，我们深入全市各基层单位进行了专题调研。从调研情况看，近几年，各单位普遍把加强理论学习作为一项重大政治任务，领导高度重视，抓学习强素质促工作的氛围比较浓厚。总的来看，上级安排部署的学习教育任务普遍完成较好，党员干部特别是班子成员重视学习、带头学习的形势喜人。

一、基本情况和做法

我市有市直党委48个，党组51个，总支442个，支部5105个，共有党员113717名。县处级党委（党组）理论学习中心组99个，中心组成员千余人。我市中心组成员100%为大专以上学历，其中本科学历占80%，研究生学历为8%，每年还有4%的中心组成员还在接受不同层次的学历教育。我市提出以增强干部的理论素质为核心，以加强党员队伍建设为基础，以领导干部的学习来带动一般干部学习的要求。几年来，市委直接举办的各类培训班每年平均25期，年平均培训领导干部2000余人次，全市各级各类培训班100余期，年平均培训各级干部10000余人次。据统计，全市大专以上学历的机关党员干部达96%以上。主要做法：

一是加强两级党委中心组学习的规范化建设，充分发挥龙头带动作用。先后出台了县处级理论中心组集中学习研讨制度、个人自学制度、调查研究制度、辅导报告制度、学习通报制度、理论学习联系点制度、学习考核制度等七项制度，全市理论学习中心组实现了组织化、经常化、制度化。全市两级党委中心组在学习过程中，始终坚持“三个一”学习原则，即“学习一个专题、调研一个课题、解决一个问题”，把学习的过程变成一个统一思想、解决问题、指导工作的过程。结合鸡西实际情况，我们还采取领导干部“带学帮学促学述学”联系点活动，深化中心组学习效果。同时，坚持发扬理论联系实际的良好学风，围绕全市经济建设和社会事业发展中的一系列重大问题和本地本部门的实际进行学习调研，使中心组学习成为领导干部找问题、理思路、促发展的有效形式。

二是创新形式和载体，多层面、多方位的学习教育活动扎实开展。每年年初制订学习计划，中心组学习专题内容，指导两级中心组成员学习；年终进行检查，发现典型，发挥典型示范带动作用，引导县处级中心组有效开展学习活动，收到良好的效果，从 2010 年开始，我们编发《学习型党组织建设简报》，刊发各单位学习情况，强化对县处级党委、党组的学习指导。加强党的重大方针政策、社会关注的焦点热点问题研究，2011 年，举办了纪念建党 90 周年理论研讨会，收集论文 100 余篇，对建党以来特别是改革开放以来，我市发生的变化进行了针对性研究，取得了可喜成果。充分发挥宣讲团的作用，以经济危机对我市的影响、进一步解放思想推动科学发展、煤电化基地建设的思考等为专题，仅市委宣讲团每年就宣讲 100 余场，为我市经济社会发展提供了理论指导。各级党组织也因地制宜，不断创新活动载体，激发党员干部学习的兴趣和热情，着力营造浓厚的学习氛围，进一步推动理论学习工作的开展。

三是重视阵地队伍建设，理论骨干积极为各级党组织加强学习提供了坚强有力的保证。根据不同层面党员学习教育的需要，加强了市、县党校，党员活动中心，文化活动中心三大阵地建设，培训网络体系日趋健全，为机关、企业、农村学习宣传党的路线、方针、政策及科学文化知识提供了有力的保障。创立开发了本地干部教育培训专用网站即“鸡西干部教育培训网”，组织党员干部开展网上学习、在线培训和业余自学，开发了“在线学员列表”功能，每一时刻有多少学员在线学习一目了然，有效激发了党员干部对科学发展观理论的学习兴趣，取得了比较好的学习效果。

二、存在的问题

我市干部队伍的整体素质有了明显提高，知识水平和层次大幅度提升。各级党组织基本上都能按照上级的要求执行学习制度，完成学习任务。在学习过程中，大多数党组织能够联系思想和工作实际，紧紧围绕迫切需要解决的重大问题进行学习，在学习中研究问题，在学习中形成科学决策，在学习中统一思想，在学习中指导工作。但是，也存在着一些不可忽视的问题。

第一，学习主体积极性不高。由于自身素质的局限和缺乏相应的激励机制，主动学习、自主学习的氛围还不是十分浓厚。一些干部存在弃学，厌学思想，思想懒惰，对政治学习，业务学习不感兴趣，加之社会多元思想和不良现象的侵蚀，有些人学习态度、热情不高，甚至认为“学习无用”。

第二，没有摆脱形式主义的影响。学习只图热闹场面和宣传效果，而没有对于如何激活人们的学习兴趣、学习潜力予以足够重视，也没有找到切实有效的办法。据调查，我市党员干部每年脱产学习时间不足 50 小时，每年参加脱产培训的党员干部还不到总人数的 40%，培训时间也远没有达到规定的 80 小时。

第三，存在运动化、政绩化的管理方式。学习活动过程程式化严重，没有探索和引进科学的学习管理方式。学习制度健全率为 95%，但落实的比例不高，真正全面落实的单位不足 60%。

第四，学习方式、组织形式简单化。学习方式单一，没有带着问题学习，缺乏与思想、工作实际问题的结合。在组织方式上，存在“一刀切”的现象，没有区分个人情况，更没有照顾个人兴趣和素质基础。

三、进一步加强理论学习的对策和建议

1.树立学用结合的学习理念。

一是树立终身学习的理念。学历有终点、学习无止境。而且在当今时代，学习已经远远超出了个人的范围，而关系着一个国家和民族乃至全人类的生存与发展、文明与进步。因此，每个人都必须把学习从单纯的求知变为生活方式，把学习当成一种境界、一种时尚、一种觉悟、一种责任，成为全体党员的自觉行动，贯穿生命全过程，成为一种经常化、普遍化的行为，努力做到活到老、学到老。特别作为社会群体中先进分子的党员，更应该牢固树立终身学习的理念，把学习当成一种自觉行动和追求。

二是坚持学习工作一体化。学习不仅是为了获取知识或掌握技能，更重要的是通过学习，树立正确思想观念，学会分析解决问题的辩证思维方法和工作技巧，培养创新思维，促进工作能力、工作效率和工作质量的提高。要把每一项工作都视为一个学习的机会，从工作中学习新技能、新方法，增长知识；视学习为一项必要的工作，像搞好工作一样认真刻苦学习，并养成良好习惯，使得工作学习一体化，即把学习引入工作，把工作引入学习，使工作学习有机结合，在工作中学习，在学习中工作，实现“两促进、两提高”。

三是形成团队学习的氛围。团队学习是创建学习型党组织的重要途径，是组织文化中的一种必要成分和标志，是凝聚各方力量的主要源泉。通过团队学习，要达到每一名党员都是学习型党员、每一个党支部都是学习型党支部的要求。要强调团队学习精神和互动学习精神。通过配强党组织负责人、发展学习能力强的党员、调优支部结构，增强团队学习精神。要不断激发每个党员的热情，挖掘每个党员的潜能，将分散在每个党员头脑中的知识、经验和信息整合成党组织共同的财富，并使之成为巨大的创新力量，转化为推动发展、开拓各项工作新局面的动力。

2.创新灵活机动的学习方法。

一要重视集中学习方法。集中学习可以产生集合效应、竞争效应。古人云：“独学而无友，则孤陋寡闻”。集中学习使成员之间的互相学习、询问、辩论、切磋，比个人学习、单纯师承更有效果，更有助于促进能力的提高。因此，各级党组织应该根据本部门、本地区的工作实际，根据党员所从事的具体工作和兴趣，组成各种学习小组，让成员之间相互学习、相互提高、相互进步。

二要重视实践学习方法。认识来源于实践，素质来源于实践，成功来源于实践。成功最终取决于行动，有什么样的行动，就必然产生什么样的结果。任何能力都必须依靠实践，必须在实践中才能得到培养和锻炼。因此，必须重视实践学习的方法，让广大党员干部在实践中学习各种知识，在实践中锻炼各种能力，而不能仅仅停留在书本知识的传授和空洞理论的灌输中。

三要重视创造性学习方法。创造性学习，就是在学习中勇于创新、善于创新。纵观整个人类发展史，就是一部宏伟的创新史。古人说：万般皆下品，唯有读书高。在今天，应该说：万般皆下品，唯有创新高。民族命运、国家前途，全系于创新。科技需要创新、企业需要创新，政治领域也需要创新。加强党员干部的学习，就是要求广大党员干部、党的各级组织在学习中不断提高创新能力，善于创造性地解决现实生活中的各种复杂问题，善于创造性地处理各种复杂矛盾。

3.构建全员参与的学习体系。

要加强阵地建设。各级党组织要主动把创建学习型党组织纳入党建工作的重要内容，认真做好各级党校、支部活动室、党建网站、远程教育站等阵地建设。县级以上党组织要积极创建条件，建立健全党建网站；基层党委要建好远程教育站，支部活动室要达到“十有”标准。同时，阵地建设要与“三级联创”、基层党建示范点创建、创先争优有机结合起来，融入加强基层党的组织建设的各项工作中。充分发挥党员活动室、电化教育、远程教育站点、党建网站等阵

地作用，努力把各级党组织建设成为党员学习教育的课堂、锤炼思想的熔炉和团结奋进的堡垒。

要发挥载体优势。积极采取专家讲座、辅导报告、轮流讲课等有效形式，坚持党委（党组）中心组学习、"三会一课"等党的学习制度，强化各级党校对党员的主体培训作用，不断创新远程教育、网上教育、研讨会、现场交流、课题调研、教学互动等学习载体，丰富学习形式，拓宽学习渠道。同时，还要坚持与时俱进，大力发展各种形式的机关文化、企业文化、校园文化、农村文化、社区文化，广泛开展群众喜闻乐见、健康向上的文体活动，做到寓教于乐。

要健全学习网络。以全面提高党员综合素质为重点，以构建和谐社会为目标，鼓励、支持党员参加学历教育、互联网教育、自学考试、函授教育和在职自学，有组织地推行岗位培训，努力形成多形式、多层次、全方位的终身学习教育体系，以适应各层面党员的学习需求，为创建学习型党组织提供健全的学习网络。同时，坚持把向书本学习、向实践学习、向典型学习有机结合，系统学习党的政策、国家法律、本职业务和历史地理人文等方面的知识。

4.健全上下互动的学习机制。

一是健全激励约束机制。坚持定期学习，建立健全述学、考学、评学制度，制定激励机制，加强对学习的检查考核，将学习情况作为民主评议党员和评先评优、职级晋升、提拔使用的重要依据。树立正确的学习导向，激发党员的学习热情。在创建学习型党组织的实践过程中，要根据出现的新情况、新问题，深入调查研究，及时采取对策，从制度上加以规范。坚持鼓励先进，鞭策后进，增强学习者的内动力。

二是坚持领导带头示范。各级党组织负责人和班子成员在组织好本级党组织全体党员学习的基础上，要带头示范，当好学习型党组织创建工作的组织者、领导者和示范者，坚持从我做起，抓住每一个机会，带头参加学习，为党员学习做出表率。同时，要做到学有所成、学有所获、学有所用，将所学到的知识应用于工作实践，坚持通过学习，提高解决发展中出现问题的能力，并在解决问题过程中探索、学习新的方法和技能，不断提高工作水平和执政能力。

三是加大硬件建设。各级党组织要积极创造条件，为创建学习型党组织提供支持、服务和保障。加大经费投入，进一步加强学习阵地、文化设施、活动场所等创建学习型党组织和学习型党员的必要硬件建设，为学习提供便捷的条件。根据"数字化"的需要，加快实现办公自动化，挖掘和整合各类资源，充分利用现代信息技术，实现资源共享。同时，在创建过程中，要善于培养、发现和总结典型，积极推介、宣传在创建过程中涌现出的先进典型。

全力提升学习型党组织建设科学化水平

中共双鸭山市委书记、市人大常委会主任 李显刚

双鸭山市在推进学习型党组织建设中，不断深化思想认识，强调抓学习就是抓方向、抓学习就是抓发展、抓学习就是抓机遇、抓学习就是抓未来的理念，通过突出理论武装、突出党员主体、突出团队学习、突出学以致用，促进各级党组织和广大党员干部增强学习自觉，提升综合素质，转化学习成果，全面提升了学习型党组织建设的科学化水平。

一、突出理论武装，推进理论学习自觉

建设学习型党组织，必须始终把思想理论建设放在首要位置。按照胡锦涛总书记强调的"理论创新每前进一步，理论武装就跟进一步"的要求，市委建设学习型党组织领导小组始终以高度的学习自觉，把科学理论武装作为第一要务。一是全面实施中国特色社会主义理论体系普及计划。市委充分运用各级党委中心组学习、"双鸭山大讲堂"、"理论超市"、新闻媒体理论专栏专题，围绕"六个为什么"、"七个怎么看"、"辩证看、务实办"、划清"四个重大界限"等深层次思想认识问题开展理论宣传。组织学习胡锦涛总书记在中央党校省部级主要领导干部专题研讨班上的重要讲话精神，在《双鸭山日报》

开设学习"7.23"讲话理论专栏。二是大力推进社会主义核心价值体系建设。通过开展各种爱国主义教育活动、主题道德实践活动、学雷锋树新风活动、志愿服务活动、"二创"活动,使社会主义核心价值体系为广大干部群众所认同、所掌握、所践行,转化为建设实力、秀美、幸福双鸭山的具体行动。三是深入开展理论研究。组织市委党校、市委讲师团、市社科联的专家学者围绕党在新时期的历史使命、党和国家的"转型"战略、提高党的建设科学化水平等理论与实践问题,确定了22个课题进行重点研究,通过举办理论研讨会等渠道,丰富理论研究成果,部分理论研究成果上报市委、市政府,为双鸭山市改革发展决策提供了重要依据。

二、突出党员主体,推进综合素质提升

党员是党组织的主体,只有全体党员都成为学习型党员,党的组织才是真正意义上的学习型党组织。市委建设学习型党组织领导小组按照以人为本的原则,把提升党员的综合素质,培育学习型党员作为核心内容来抓。一是发挥领导干部的带动作用。组织开展了全市领导干部理论研讨和读书征文活动,部分优秀文章在《黑龙江日报》、黑龙江理论网上刊发。广泛开展了"党委书记谈学习型党组织建设"、"百名党委书记上讲台"、争做学习型领导干部标兵等多项活动,2011、2012年度连续两年评选表彰了22名学习型领导干部标兵。二是提升党员的思想理论素质和党性修养。运用"双鸭山大讲堂"增强理论普及,每年围绕不同主题,组建市委宣讲团,深入基层进行巡回宣讲。近三年来,共集中宣讲160余场。通过开展"百名理论骨干下基层"、"百题理论知识竞赛"、"百篇优秀理论文章展示"等活动,提升理论学习、理论宣传的覆盖面和影响力。三是提升党员的道德素质和文化水平。及时总结、挖掘、宣传基层党员道德模范,结合全市"十佳公仆"、"道德模范"、"感动双鸭山"人物评选宣传活动,大力宣传优秀共产党员的先进事迹,发挥典型示范作用。同时,在全市党员中深入开展学习践行社会主义核心价值体系活动,党员和领导干部带头做文明市民,为广大市民作表率。四是提升党员的业务素质和工作能力。坚持"干什么学什么、缺什么补什么"的原则,深入开展了"书香双鸭山"、"1+X"推荐读书、读书演讲赛等活动,定期向领导干部和广大党员推荐重点学习书目,加强读书引导,用党员干部的读书引领全民读书,培育了城市的人文精神。

三、突出团队学习,推进学习载体创新

学习型党组织建设强调的是有组织的学习,是把党员干部组织起来、围绕共同愿景进行的团队学习。市委建设学习型党组织领导小组深入探索新形势下组织学习的特点和规律,积极创新学习载体,着力活化学习形式,促进党员干部的学习养成,增强学习的吸引力和实效性。一是加强和改进党委(党组)中心组学习。市委中心组发挥学习表率作用,每年围绕重大理论和实践问题,组织开展集中学习,近三年来共组织集中学习16次,举办全市领导干部报告会20余场。各级党委中心组发挥龙头作用,围绕学习贯彻党的十七届五中全会、六中全会精神,学习胡锦涛总书记在省部级主要领导干部专题研讨班上的讲话精神等重大理论专题开展学习。二是做好"双鸭山大讲堂"学习品牌。"双鸭山大讲堂"是全市宣传思想文化战线确立的重点项目,整合了全市社科理论资源,实现了市级讲坛、县级讲坛、行业讲坛、基层讲坛的上下联动与互补,仅上半年就开展各类讲坛活动50余场,成为具有较大影响力、深受干部群众欢迎的学习品牌。三是拓展和整合学习阵地。充分发挥市、县两级党校在党员教育培训中的主渠道、主阵地作用,加强与中央党校、清华大学、北大等外埠名校以及社会教育机构的合作,充分运用党员活动室、社区活动中心、乡镇文化站、农家书屋等学习阵地,为基层党员干部学习提供便利。

四、突出学以致用,推进学习成果转化

双鸭山市把通过学习推动党员干部解决思想问题、提升能力素质、推动科学发展,作为学习型党组织建设的出发点和落脚点,努力推进学习成果转化。一是以学习来增强党组织的凝聚力和战斗力。

紧密联系各县区、各部门发展目标，全市各级党组织把学习型党组织建设与推进“五区一城”建设、创建“三优”文明城市、保障和改善民生等中心工作相结合，通过学习增强党组织的凝聚力、战斗力。近两年来全市涌现出了40余家学习型领导班子和学习型党组织标兵。二是以学习来提升领导科学发展的能力和水平。各级领导干部在学习中深入调研和准确把握本县区本部门的实际情况，确定联系点，广泛开展“七个一”包保活动、“一帮一”扶贫解困活动，在促进干群和谐的同时找准了推进棚改、创建国家森林城、大项目建设等发展定位，把学习的成效转化成了谋划发展的思路和领导科学发展的本领。三是以学习来推动“实力、秀美、幸福”双鸭山建设。深入贯彻落实市第十次党代会和省第十一次党代会提出的各项战略任务，经济战线重点围绕项目建设和转型发展进行学习研究，文化战线重点围绕推进双鸭山文化大发展大繁荣进行学习，服务部门重点围绕提升优质服务水平进行学习。通过学习，提升了理论水平和岗位技能，推动工作提档升级，形成了建设实力、秀美、幸福双鸭山的强大合力。

关于伊春市民间工艺品产业发展情况的调查报告

高伟东　王颜成

民间工艺是人民群众长期生产、生活实践的结晶，是民族优秀传统文化的重要组成部分，是经济和文化的双重载体。伊春市深厚的森林生态文化底蕴丰富了民间手工艺品创作题材和产品种类，民间工艺品的生产从无到有，不断发展壮大，为伊春林区经济和旅游产业、文化产业的发展做出了积极贡献。如何将文化资源开发为新的文化产业，提升民间工艺品生产水平、开发新产品、打造艺术精品、开拓市场是培育林区特色文化体系，大力推进“6541”工程的一项重要内容，也是当前需要认真加以研究的一项课题。5月14日至21日，市委宣传部、市文联、市民间艺术家协会和市工艺美术品协会组成调研组，分赴伊春市13个县(市)、区(局)，通过座谈交流、实地考察、数据分析等形式，就伊春市民间工艺品发展现状进行了为期一周的调研，现将有关情况汇报如下：

一、伊春市民间工艺品产业发展现状

随着旅游业的发展，民间工艺品等众多产业被带动起来。伊春市民间工艺品主要有木制工艺、剪纸、叶雕画、乐器、玉雕、泥塑、桦皮、刺绣、金银器等。此次调研将伊春市民间工艺品分成三类。一类是发展速度较快、规模较大的木制工艺品。目前，全市工艺品生产企业共有114家，从业人员1582人，其中具有中、高级技术职称人员29人，具有大学专科以上学历人员82人，2011年全市民间工艺品生产企业营业收入2342.5万元。经过多年的发展，伊春市木制工艺品形成了以侨艺、美江、凯瑞林、柏成为代表的木制工艺品生产企业集群，特别是近几年，技术水平不断提高，形成了一定的生产规模、初步形成了区域产业发展的良好势头，为伊春市文化产业加快发展奠定了良好基础。另一类是乌伊岭玛瑙雕，桃山局的玉雕、干花工艺品，汤旺河区的剪纸都具有很大的发展空间。特别是乌伊岭红光玛瑙玉器厂是伊春市唯一一家以加工、制作玛瑙产品为主的私营企业，产品独具特色，主要生产玛瑙首饰品、玛瑙保健品、玛瑙娱乐品和玛瑙雕刻工艺品。乌伊岭区出产的玛瑙无论色泽、硬度、密度及质量，均居全国之首。第三类是家庭小作坊式的生产方式，例如，伊春区的叶雕画、金属画、新青的乐器、铁力市的泥塑，这些工艺品的生产普遍存在不能形成规模，对技术、工艺水平要求高，短期内很难培养传承人，暂时不能形成批量生产能力。

二、伊春市民间工艺品产业存在的问题

目前伊春市绝大部分民间工艺品的生产处于起步阶段，如汤旺河区与山东淄博剪纸总公司合资的富缘剪纸社、桃山玉雕、铁力北方园艺的植物画、书签等，这些工艺品生产项目既有丰富的资源，还可以

安排大量职工就业，而且产品市场需求量大，极具开发潜力。由于缺少技术、专业人才和市场营销，还没有形成生产规模。民间工艺品生产企业普遍存在人才短缺、企业创新能力不强；资金周转困难、不能大规模生产；生产经营观念落后，各自为战，难以形成规模；缺少精品、新产品引导市场等问题。

究其原因主要是：

1.企业融资难。民间工艺品生产企业或多或少都存在资金短缺的问题，一定程度上影响了民间工艺品的开发研究和生产。乌伊岭区红光玛瑙石厂因资金紧张，影响原料采购，资金周转困难，生产成本增加。企业的发展离不开资金和政策的支持，政策制定后重在落实，政策可以引导，而起决定性作用的还在于资金，如果缺乏资金支持，民间工艺品产业发展无从谈起，资本不集聚到这些企业之中，让它们不断扩大再生产和进行技术改造，产品生产只能停留在简单的粗加工生产阶段，产业的规模化、集约化、效益化根本体现不出来。目前，因为受金融环境的影响，民间工艺品企业存在融资难、贷款难的问题，伊春市民间工艺品企业大多数是新型经济组织，要么以私营性质出现，要么以合资形式组建，属于规模小、发展空间不大的小微企业，解决这些企业融资问题应该引起高度的重视。

2.生产分散、规模小、品种单一，合力不够。目前，山核桃制品、树叶雕刻、根雕等，绝大部分产品都是以家庭手工作坊式加工生产为主，因为缺少龙头企业带动，没有统一的工艺标准，难以承接大的外埠订单。树皮画和木艺挂件品种单一，创新不够，没有形成系列的文化产品，缺乏整体竞争优势，各类民间工艺品的生产和加工普遍是规模较小，同类产品重复生产，各自为营，单打独干，互相压价，恶性竞争，影响了企业效益和产业化的发展进程。比如，核桃花瓶产品，各地一哄而上，没有一家专门机构和厂家对该类产品进行深层次的挖掘整合和市场营销，导致核桃花瓶产品缺乏整体竞争合力。

3.生产工艺粗糙，创新不够，文化品位不高。民间工艺是一个最崇尚个性化的行业，缺少个性差异，行业将难以生存。随着人们生活水平的提高，对民间工艺品的生产和文化元素的注入也有了更高的要求，在伊春市民间工艺品产业调整发展的同时，暴露了许多问题。如产品雷同、缺少设计创新能力。企业技术人员的素质普遍不高，大多是自学成才的乡土人才，他们有实践经验，但是缺乏理论指导，作品的思想内涵很难达到一定高度，从某种意义上说，他们是匠人，而不是艺术家。产品设计缺乏新意，精品、绝品较少，文化价值含量不高，特色不够鲜明，地域特点体现不够等问题，产品没有市场竞争力，成为制约企业持续发展的瓶颈。

4.生产经营观念落后，缺乏市场销售信息及占有市场的主动性。由于一些厂家不能主动找市场，销售上存在信息闭塞和一哄而上的问题，别人到哪去销售，自己也就挤到哪里去，哪里产品销售形势好，哪里就挤满了销售厂家，一哄而起，互相压价，不能形成行业上的统一价值意识。由于缺乏必要的市场销售信息，外地客商在购买产品时，封锁消息，发货地点保密，许多厂家在自己找不到市场、无销售渠道的情况下，只好将产品廉价销售，这样给外地客商创造了可乘之机，造成伊春市民间工艺产品难以实现商品价值。铁力北方园艺以生产植物画、书签等旅游纪念品为主业，李海棠于东北林业大学毕业，对植物、花卉处理技术过关，干花保持原有色泽，其制作的工艺品让人爱不释手，但没有与市场对接，四年来生产的产品一直没有销售，目前靠经营苗木，以农养文维持工艺品制作。一些手工作坊业主习惯于传统的家族式经营管理模式，缺乏知识产权保护意识，跟风模仿的短期行为屡见不鲜，扼杀了部分企业的创新激情。

5.部分县区、部门重视不够，不能主动宣传、使用、推介具有本地特色的工艺品。一方面相关部门要意识到，对于一个文化产品，必须先销售文化，产品要借文化传播，要引导业主围绕弘扬林区特色文化，与旅游纪念品开发对接，有利于形成产业链。汤旺河富缘剪纸社发展思路值得推广，公司把石林景区主要景点作为剪纸创作题材，创作作品，同时为总公司加工婚庆、礼品剪纸作品，每项订单下达后先组织工人集中培训，然后分户计件制作，吸纳100多名妇女，增加了职工家庭收入，丰富了本地旅游纪念品市场；另一方面要转变把蘑菇、木耳作为礼品的习惯，让有林区特色的工艺品走进宾馆、办公室，成为伊春人向外馈赠甚至送给外国人的礼品。同时，行业协会和相关部门要为企业牵线搭桥、引进项目，学习观摩，组织业主参加相关展会。

三、伊春市民间工艺品产业发展的几点建议

发展民间工艺品产业，从经济角度看，生产企业大多以“木”为主，木艺品加工制造增加了木材及剩余物的附加值，给予经济转型和企业生存发展以新的空间，为林区职工就业开辟了新的途径；从文化角度看，工艺品制作是文化产业，木拼画、山核桃花瓶等工艺品看得见、摸得着，是伊春林区特色文化的载体；从市场角度看，这些特色工艺品，即适合大型建筑、宾馆装饰用，也适合家庭摆设，是深受各阶层人士欢迎的产品。

伊春市林木资源较为丰富，树种繁多，民间工艺品特别是木制工艺品生产的主要原料黄菠萝、山槐、水冬瓜、丁香树和树根等比较丰富，可以给企业生产提供充足的原料。加之木制工艺品所需原料又十分广泛，大到一棵树，小至一枝一叶，直至朽木树根、采伐以及木材加工的剩余物、林中草本、木本植物均可作为生产的主要原料。由此可见，民间工艺品产业发展潜力巨大，只要坚持向科学化、高工艺加工方向发展，摆脱困扰，大胆实施科技创新，打好品牌战略，多出名牌精品，就会使民间工艺品产业成为伊春市文化产业的支柱，为林区三次创业做出贡献。

鉴于伊春市民间工艺品现状，应采取相应的对策，使之得到推动和发展。

1.提高认识、加强领导。要抓住伊春市十一次党代会提出的推动森林生态旅游转型升级的有力契机，做足“中国木艺之乡”主打品牌的文章。旅游业是伊春市民间工艺品发展的主要载体，在发展旅游业的同时，必须把民间工艺品的发展纳入整体规划。以旅游业的发展，带动民间工艺品市场的繁荣。要围绕市委市政府《关于推进“6541”工程的实施方案》六个基地之一的木艺生产创作基地建设的目标要求，按照“市场牵龙头、龙头带基地、基地连千家”的集团化、规模化发展模式，推进木艺展馆和木艺文化博览园建设，提高新产品研发能力和市场开拓力度，以木艺产业的发展，带动全市民间工艺品产业和旅游纪念品业的健康发展。

2.加大投入，积极融资。针对伊春市民间工艺品加工企业资金短缺、融资难的情况，要统一思想，认真研究税收、金融、文化产业政策，在信贷、财政、税收等各方面加大对民间工艺品企业的扶持力度，积极争取国家对龙头企业的政策和资金扶持向具有发展潜力的民间工艺品加工企业倾斜。积极帮助企业解决融资难的问题，让中小企业主敢于投资，愿意融资，让金融机构给予支持、敢于信贷。建议加大对各商业银行的协调联系，加快小额信贷公司的建设步伐，积极打造良好的发展环境，支持伊春市民间工艺品企业的发展。

3.加强规范，集团运作。加大对民间工艺品产业规范管理力度，向集团化发展。重点支持侨艺公司实施“侨艺”品牌战略，发挥行业龙头作用，认真组织实施“6541“工程，在中心区创建“木艺创作基地(侨艺林都木艺馆)”，按照集团化、规模化发展模式，联合各区局民间工艺品企业，延长产业链拓宽产业带，积极创建国家级木艺文化产业基地“木艺文化博览园”，带动伊春市木艺文化产业快速、健康发展。同时，支持美江、凯瑞林、柏成等公司作为各区局重点企业强化管理、提高企业知名度和提高市场占有率，以各自的产品特色和强项做大做强，带动区域民间工艺品企业协调同步发展。走集团化道路，必须加强统一管理，建立龙头企业，注册商标，申请专利，打统一品牌，严把验收、技术、设计、销售、质监等关键环节，确保产品质量，建立集团后，可集中技术力量研制开发产品，集中资金增强企业整体实力，确保产品质量的统一监管，出精品、创名牌、打品牌。形成统一销售网络，统一价格，统一调配，合理利用原材料，提高产品科技含量，提高工艺手段,确保产品质量,提高艺术水准,使企业步入正规化轨道,壮大企业知名度。加强基地建设,确定民间工艺品产业在文化产业中的地位。扶持龙头企业,创造良好的发展环境,用龙头企业带动相关小微企业,大兵团作战与分散加工相结合,起到标杆引路的作用。同时,民间工艺品专门的营销场馆、园区建设,建立集展品展示、观光旅游、销售洽谈于一体的多功能基地。

4.统筹考虑、合理布局。伊春要根据民间工艺品产业的种类和特点,分析情况,对产业进行调整和布局,将已经具备发展产业基础和条件的项目做大做强,强强联合,打破地域封锁,整合资源,形成整体竞争力;对已经有销路,有市场而发展较慢的生产企业,分析其经济和社会价值,挖掘潜力,扶强扶壮;淘汰那些没有特色而其他地区又做得较好的产品,减少不必要的资金和资源浪费。对版画、彩烫画、根艺、山核桃制品、干草工艺品和木拼画等要充分发挥已有的市场优势,将其确定为木艺产业重点产品,搞好宣传,精心包装,打造精品。

5.宣传文化部门要积极扶持民间工艺品制作者和企业经营者,组织美术家为产品研发出谋献策,开展研讨论证,帮助他们打开市场。引导业主消除产业化就是上流水线的误区,要把仿造的流水线产品严格剔出在民间工艺品之外。要加强对民间工艺品的宣传,提高知名度,打造艺术品牌。文化部门要组织人员编写相关书籍,电视台要拍摄推介专题片,网络媒体要利用现代传媒进行广泛宣传,从而提高工艺品和企业的知名度。

总之,发展民间工艺品产业,既能很好保护非物质文化遗产,促进文化和旅游产业的发展,又能培养新的经济增长点,是一件百姓得实惠、经济上台阶、城市显特色的好事。伊春市要通过各方面的努力,给民间工艺品产业营造出一个良好的发展环境,帮助它们解决实际困难,让它们看到潜在的市场,鼓励更多的中小企业主将目光放在行业发展上,加入到民间工艺品产业队伍中来,推进伊春市文化产业加快发展。

大力弘扬“百业状元”精神 为共建和谐美好家园做出更大贡献

中共黑河市委常委　宣传部长　李洪祥

为大力宣传普通劳动者先进典型,鼓励黑河市广大普通劳动者在平凡的岗位上建功立业,塑造新时期群众性劳动竞赛行业标兵,在全社会形成“踏实肯干、勤奋敬业、服务优质”的良好风尚,黑河市积极组织开展了全市普通劳动者“百业状元”评比活动。

一、充分认识开展普通劳动者“百业状元”评比活动的重要意义

党的十七届六中全会报告指出:社会主义核心价值体系是兴国之魂,是社会主义先进文化的精髓,决定着中国特色社会主义的发展方向。社会主义荣辱观是社会主义核心价值体系的具体化,社会主义核心价值体系中的本位价值就是劳动,是否劳动是社会主义荣辱观中判断荣与耻的基本标准。毛泽东同志说过:“社会主义制度的建立给我们开辟了一条达到理想境界的道路,而理想境界的实现还要靠我们的辛勤劳动。”可见,劳动在社会主义现代化建设和社会各项事业发展中的重要作用,《中宣部、国务院国资委关于加强和改进新形势下国有及国有控股企业思想政治工作的意见》的通知中明确提出:“要进一步弘扬劳模精神,发现和推广生产经营一线涌现出的先进典型,广泛宣传劳动模范和先进工作者的感人事迹和崇高精神,充分发挥模范人物的示范带动作用,形成劳动光荣、知识崇高、人才宝贵、创造伟大的浓厚氛围。”

黑河市积极开展普通劳动者“百业状元”评比活动,是贯彻落实中央、省委关于推进社会主义核心价值体系建设的具体活动,对于尊重劳动人民的主体地位,发挥劳动人民的首创精神,充分调动劳动人民的积极性、主动性和创造性,大力弘扬立足本职、扎实奉献的敬业精神具有重要意义；对于激励广大劳动人民以高度的责任感和无私奉献的主人翁精神，满怀激情干事业，振奋精神谋发展，以脚踏实地的工作作风和昂扬向上的精神状态做好本职工作具有重要的推进作用；对于推动黑河市经济社会科学发展，和谐发展，跨越发展具有重要的现实意义。

二、精心组织开展普通劳动者"百业状元"评比活动

黑河市是国家首批沿边开放城市，位于黑龙江省北部。近年来，经济社会发展步伐不断加快，局市共建(场县共建)、双子城建设、小城镇建设、对外开放、"三优"文明城市和基础设施建设等各项工作都取得了重大突破，先后荣膺"中国优秀旅游城市"、"中国魅力中小城市"、"全国双拥模范城"两连冠和"省级园林城市"、"省级卫生城市"。广大基层普通劳动者为这些成果的取得付出了辛勤的劳动，做出了巨大贡献。为了表彰他们当中的先进典型，黑河市组织开展了全市普通劳动者"百业状元"评比表彰活动。评比活动按照坚持符合省"八大经济区"、"十大工程" 建设的内容要求和黑河产业的发展方向；坚持促进黑河重点工作的开展、推动黑河产业的发展；坚持符合节能减排、低碳环保的要求；坚持评赛结合、以赛为主的"四项坚持原则"，在全市各系统重点行业基层劳动生产经营一线工作的普通劳动者。近期各行业技能大赛或状元评比中的冠军，对推动本行业、被系统发展做出突出贡献，具有创新性和先进性，起到引领和示范作用的系统代表、行业标兵和专业能手中组织开展"百业状元"评比活动。评比活动共分为宣传启动阶段、评比上报阶段、审核评比阶段、表彰阶段、后期宣传阶段五个部分进行。共设置包括 "种植状元"、"养殖状元"、"公路养护状元"、"城市管理状元"、"教书育人状元"、"植树造林状元"、"森林扑火状元"、"卫生护理状元"、"工程技术状元"、"优质服务状元" 等 10 类"百业状元"。经过各县（市、区）、中省市直各党(工)委的层层评比推荐，最终评选出 70 名为黑河市经济社会发展做出突出贡献的普通劳动者先进典型。

三、弘扬楷模，以"百业状元"精神引领黑河进步

普通劳动者"百业状元"是党和人民给予的崇高荣誉，是无上光荣的称号。树立、表彰普通劳动者"百业状元"先进典型，就是要对这些同志多年如一日不怕脏、不怕累、不怕苦、不怕难，工作在一线人员的感人事迹予以弘扬，并且在广大干部群众中广泛开展学习"百业状元"的互动，掀起"人人学状元、人人做状元"的热潮，促使黑河市广大干部群众把学习"百业状元"所焕发的工作热情落实到促进经济社会发展的行动上来。

一是大力弘扬"百业状元"精神，凝聚全社会共同奋斗的精神力量。一个典型就是一面旗帜，社会需要更多的"百业状元"。黑河市充分发挥了"百业状元"的骨干、带头和示范作用，大张旗鼓地宣传"百业状元"精神，在报纸、电视、网络等媒体，开辟专题专栏，逐个宣传"百业状元"的先进事迹，用身边的人和事教育人、引导人、鼓励人。深入学习"百业状元"的坚定信念、百折不挠的坚强意志；锲而不舍、争创一流的进取态度；脚踏实地、埋头苦干的实干精神；爱岗敬业、无私奉献的高尚品德。以"百业状元"精神凝聚力量、鼓舞士气、激发干劲。

二是紧紧依靠广大劳动群众，把黑河的事情干得更好。黑河的事业需要全体黑河人民共同努力，各项事业的发展要始终坚持党的群众路线，充分相信群众、依靠群众，尊重群众的首创精神，增强群众工作的本领。以小学生的精神问政于民，问计于民，问需于民。最大限度地调动和激发广大劳动群众的聪明才智，积极主动投身到和谐黑河建设的伟大实践中去，把正在干的事情干好，干出成效，干出光彩。形成黑河人民共推发展、共建和谐、共享成果、共创美好生活的局面，使更多劳动者，在共建美好家园中施展才能、有所作为。

三是鼓励广大劳动者提高自身素质，成为有理想、有责任、有本领的社会主义建设者。劳动者素质对一个国家、一个民族、一个城市发展至关重要。黑河市委、市政府积极鼓励广大劳动者向“百业状元”学习，用社会主义核心价值观武装头脑，坚定中国特色社会主义理想信念，弘扬社会公德、职业道德和家庭美德，打牢共建美好家园的思想基础。鼓励广大劳动者干一行、爱一行，不断充实新知识，开阔新视野，掌握新技术，增强新本领，成为具有“一技之长”的人才，成为各行各业的行家里手。鼓励广大劳动者爱岗敬业，脚踏实地，尽职尽责干好每一项工作，在平凡岗位上创造不平凡的业绩，用自己的勤劳双手，创造更加美好的生活，实现自己的人生价值。

四是切实保障劳动者权益，让普通劳动者受到社会的尊重，让劳动人民生活得更有尊严。每一位劳动者都是宝贵的社会财富，都是加快发展的依靠力量。黑河市各级党委、政府坚持以人为本，把关心、关爱、关注劳动者的各项举措切实落到实处，积极改善劳动群众生产生活条件，让广大劳动群众舒心劳动、安心劳动、体面劳动、有尊严地劳动。切实维护劳动群众的合法权益，关心和解决困难群体、下岗失业人员、农民工等群体的生产生活问题。大力发展和谐的劳动关系，建立健全劳动关系协调机制，让广大劳动者用自己的智慧和双手，创造更加幸福美好的生活！

发扬北大荒精神
践行北大荒核心价值观
——在第二届“文化的力量”论坛上的交流发言

省农垦总局党委委员、宣传部部长　高跃辉

自1947年至今，在党和国家、省委省政府的正确领导和有力支持下，历经三代北大荒人65年开发建设，目前黑龙江垦区已经发展成为我国耕地规模最大、现代化程度最高、综合生产能力最强的国家重要商品粮基地和粮食战略后备基地，为保障国家粮食安全、食品安全和生态安全做出了积极贡献。年粮食综合产能达到407.4亿斤，提供商品粮383亿斤，被誉为“中华大粮仓”。

垦区辖区总面积5.62万平方公里，现有耕地面积4300万亩。下辖9个管理局、113个农牧场，分布在全省12个市，总人口171.2万人，其中从业人员95.7万人。2011年，实现生产总值916.4亿元，人均生产总值54138元，人均纯收入16466元，成为全省第五大经济体。北大荒集团在“中国企业五百强”中的位次上升到第79位，2011年营业收入已经突破1200亿元。

65载岁月流转，北大荒不仅为国家建起了一个“物质粮仓”，更为国人贡献了一个“精神粮仓”。由北大荒精神、北大荒核心价值观构成的北大荒思想文化体系，成为龙江文化精神的重要组成部分，成为了反映三代北大荒人精神气质、集中北大荒人共同理想、规范北大荒人思想行为的精神家园。

北大荒文化随着北大荒的开发而萌芽，随着垦区的发展而成型。从传承上看，北大荒文化直接继承了南泥湾精神，在精神气质上超凡脱俗，具有宽广胸怀、崇高使命和战略眼光。从构成上看，北大荒文化融入了拓荒文化、军旅文化、移民文化、知青文化、黑土文化等文化因子，具有综合性、创新性和强大生命力。从表现形式上看，北大荒文化包含了文学、戏剧、影视、音乐、美术、书法、摄影、曲艺、舞蹈等几乎所有的艺术手法，具有浓郁的艺术特色。从创新上看，垦区不断深化改革，积极探索，探索出一种具有中国特色、时代特征、农垦特点的管理体制和运行机制，这些理论成果和制度安排，构成了北大荒文化的重要内核。

作为龙江重要文化精神之一，以艰苦奋斗、勇于开拓、顾全大局、无私奉献为主要内容的北大荒精神，是几代北大荒人在极其艰苦的环境下用青春、汗水乃至鲜血、生命培育锤炼而成的，是“中华民族历久弥新的宝贵精神财富”。

北大荒精神的内涵深刻丰富,博大精深。

艰苦奋斗,是北大荒人的苦乐观,反映了北大荒人的政治本色。突出表现为以苦为乐的乐观精神,敢打必胜的拼搏精神,勤俭办事的节约精神。正是凭着不畏艰险、拼搏实干的精神,北大荒人不怕苦,不怕死,在"一穷二白三苦"的艰苦环境里站稳了脚跟,开辟了一个又一个大型机械化农场,崛起了一座又一座农垦小城镇,亘古大荒原变成了中华大粮仓。可以说,黑龙江垦区是靠艰苦奋斗起家的,也是靠艰苦奋斗发展壮大的。无论任何时期,我们都将继续保持和发扬这种艰苦奋斗的精神。

勇于开拓,是北大荒人的进取观,反映了北大荒人的意志品质。突出表现为勇往直前的进取精神,勤于探索的创新精神,尊重科学的求实精神。勇于开拓,是科学的开拓,是竞争的开拓,是讲速度、讲效率、讲效益的开拓,更是在解放思想、与时俱进的前提下,敢试、敢冒、敢闯的开拓。近年来,垦区确立了"抓城、强工、带农"发展方针,在发展"本体垦区"的同时,加快建设"影子垦区"、"域外垦区",大力推进体制机制改革,从一个大型国有农场群,逐步向国际化的大型现代农业企业集团迈进。

顾全大局,是北大荒人的大局观,充分反映了北大荒人的爱国主义精神、集体主义精神,以及高度的组织性、纪律性。集中表现为"全国一盘棋"的思想定位和"个人服从组织,下级服从上级,局部服从整体"的行为准则。作为国家重要商品粮基地,每到国家粮食出现短缺,比如在上世纪六十年代大饥荒、八十年代物价飞涨、2003年"非典"、2008年汶川大地震等特殊时期,垦区不计成本,不计得失,全力响应党和国家号召,发挥了突出作用,被誉为靠得住、调得动、能应对突发事件的"中华大粮仓"。特别是近年来,省委省政府高度评价垦区在全省大局中的地位,支持农垦在全省农业现代化和城乡一体化建设中发挥示范、领跑、带动作用。这种大局意识和战略定位,这种互利共赢、和谐发展的理念,是北大荒精神在新时期的继承与弘扬,代表了北大荒文化的先进性。北大荒人民用先进文化武装头脑,书写了新时期"两个领跑"的新篇章。

无私奉献,是北大荒人的价值观,反映了北大荒人的道德风范。突出表现为无私无畏的献身精神,任劳任怨的敬业精神,勤政廉政的为民精神。第一代北大荒人献了青春献终身,献了终身献子孙,就是无私奉献精神最真实的写照。北大荒的无私奉献,主要体现在为维护国家粮食安全、食品安全和生态安全做贡献上,在有限的土地上,实现了粮食生产的持续稳定增长。自2005年以来,黑龙江垦区粮食总产连续跨越200亿斤、300亿斤、400亿斤三大台阶,2011年达到了407.4亿斤。截至目前,垦区已累计生产粮食5275.4亿斤,向国家交售商品粮4056亿斤。北大荒的无私奉献,还造就了一支过硬的干部职工队伍。北大荒人以高度的主人翁责任感和强烈的爱国主义意识,主动奉献自己的智慧和力量,在奉献中实现着个人的理想和抱负。徐一戎、康金环、徐元林、陈大玉、徐连斌、关龙有等新时代楷模,就是北大荒人的突出代表。

黑土地上创造出来的北大荒精神,已成为中华民族历久弥新的精神财富,不但在北大荒人身上得到传承,而且在新时期得到了不断的丰富和发展。

以"诚信、务实、创新、卓越"为基本内涵的北大荒核心价值观,是北大荒精神在新时期的具体体现,是当代北大荒人必须具备的思想境界、信仰追求、价值取向和行为特质,是新时期北大荒人的行为规范和准则,是实现垦区跨越发展的强大精神动力。

具体讲,诚信,是北大荒人安身立命之本,垦区兴旺发达之道。诚信就是诚实为本,信用至上,诚实守信,重规则、守契约、讲信用、践承诺。就是讲求个人诚信、企业诚信、产品诚信、服务诚信、社会诚信,视诚信为核心竞争力,打造北大荒诚信品牌,构建诚信垦区。

务实,是中华民族优秀思想品质、党的优良传统、北大荒人一以贯之的政治品格、思想作风和工作作风的集成。就是实事求是,说实话,办实事,求实效；就是不等不靠，攻坚克难，真抓实干，落实上级决策不过夜；就是以强烈的跨越发展意识，一门心思，一股劲头，一干到底。

创新，是北大荒事业生生不息的不竭动力，是北大荒人弃旧纳新、自觉求变的内在品质。创新就是要敢为人先，力求变革，永葆活力，与时俱进。加快推进垦区体制创新、机制创新、管理创新、科技创新、文化创新和观念更新，深化改革、扩大开放，抢占战略制高点。以勇往直前的进取精神，做强本体垦区，拓展影子垦区，打造域外垦区。

卓越，是北大荒事业发展壮大的价值追求和目标指向。卓越就是不断超越，争创一流，追求最佳。就是保持白加黑、五加二、豁出去的精神状态，强力推进抓城、强工、带农的城乡一体化进程，加快超越，实现跨越，追求卓越；坚持创业、创新、创优，把北大荒集团做成中国领军、世界一流的现代农业企业集团；全力打造国家重要商品粮战略基地、安全食品生产基地，为维护国家粮食安全、食品安全和生态安全做贡献。

有人说过，“一个地区、一个民族、一个国家，十年的发展比经济，五十年的发展比制度，一百年的发展比文化”。这句话非常朴素，却蕴含了真知灼见。未来一个时期，垦区将按照中央促进社会主义文化大发展大繁荣的重要部署，紧紧围绕全省“八大经济区”和“十大工程”建设，把北大荒文化建设提到更加重要的位置上，立足自身实际，弘扬优秀传统，推进文化创新，使北大荒文化在新的时代绽放出更加璀璨夺目的光彩。

文艺创作

电视连续剧《焦裕禄》在央视热播

由省委宣传部与上海电影(集团)有限公司、浙江永乐影视制作有限公司、黑龙江电影电视剧中心联合出品的30集电视连续剧《焦裕禄》于2012年10月21日至11月9日在中央电视台综合频道黄金时段播出，在全国引起热烈反响。

电视连续剧《焦裕禄》记叙了焦裕禄一生成长与奋斗的人生轨迹，焦裕禄生于孔孟之乡，经历了少年丧父、入监坐牢、下煤窑做苦力、背井离乡等人生磨难，但他不向命运低头；当民兵，参加南下武装工作队，领导土改和清匪反霸，以大智大勇谱写了一曲英雄壮歌。建国后，焦裕禄转战工农业各条战线，取得了卓越成就，担任兰考县领导后，他以“敢叫日月换新天”的精神，带领兰考人民抗击自然灾害，直至生命最后一刻。

该剧由中国传记文学学会会长万伯翱任总监制，著名作家何香久担任编剧，李文岐执导，王洛勇、颜丙燕、程煜、高强等担任主演。该剧于2011年4月18日在哈尔滨工业大学盛大开机，7月4日在山东省淄博市博山区封镜。该剧90%以上的场景都是在黑龙江拍摄的，90%以上的演员都属黑龙江籍。该剧被中宣部、国家新闻出版广电总局列为“迎接党的十八大”重点电视剧目，新华社与中央电视台专门为该剧举办了研讨会，探讨该剧在英雄模范剧创作上的新思维。

歌颂张丽莉系列作品公演并取得很好的宣传效果

张丽莉同志奋不顾身勇救学生的英雄壮举感动了中华大地，树立了新时期人民教师的良好形象。为了大力弘扬张丽莉的先进事迹，突出反映张丽莉同志勇于担当、甘于奉献、大爱无疆的精神，省委宣传部牵头策划、创作了一系列优秀文艺作品。其中由大庆市创排的大型舞蹈诗剧《绽放的生命》、佳木斯市创排的情景剧《最美的茉莉》、音舞诗剧《丽莉之歌》、哈尔滨歌剧院创排的音乐剧《茉莉飘香》、黑龙江艺术职业学院创排的话剧《师爱芬芳》、哈尔滨师范大学创排的大型原创舞剧《最美茉莉花》都在2012年搬上舞台。这些作品大多采用质朴的写实手法，将张丽莉的善良、平凡和伟大表现得顺畅、贴切、自然，通过朴实无华的情感展现，很好地烘托与呈现出“最美女教师”身上的闪光亮点，充满了浓郁的情感色彩，取得了良好的社会效果。由梁晓声担纲编剧筹拍的电影《张丽莉》，剧本大纲已基本创作完成，计划2013年初开机，年底公映。

评剧《半江清澈半江红》

2012年1月，原创大型现代评剧《半江清澈半江红》入选文化部“国家舞台艺术精品工程”(2010—2011)年度资助剧目。该剧改编自红色史实“八女投江”，讲述了抗联第五军妇女团指导员冷云等八位抗联女战士在主动掩护大部队突围的激烈战斗中，弹尽粮绝，无路可退，最终为了民族的解放事业而英勇投入乌斯浑河的故事，歌颂了她们不怕牺牲、顾全大局、英勇献身的大无畏革命精神和革命乐观主义情怀，是一曲交织着生命、爱情、尊严和斗争的悲壮长歌。由著名剧作家费守疆创作，黑龙江省评剧院排演，历经十年打磨，是黑龙江省的重点剧目，此次参加评选的2009年新版《半》剧由我国著名导演王晓鹰执导，“新派”传承人、“梅花奖”得主王向阳领衔主演。

现代评剧《风雪夜归人》

现代评剧《风雪夜归人》是著名剧作家费守疆根据吴祖光先生同名话剧改编，用戏曲传统与现代元素交融语汇回归戏曲本体的优秀剧目，由黑龙江省评剧院排演。9月2日，该剧参加了在唐山举办的“第八届中国评剧艺术节”，凭借以王向阳为首的全体演职人员的出色表现，为评剧爱好者呈现了一场清新典雅、别具一格的视听盛宴，彰显了黑土评剧的艺术魅力，获得评委和观众的一致好评。《风雪夜归人》作为参赛剧目获得了本届中国评剧艺术节“优秀剧目奖”，王向阳获“优秀表演奖”。

舞蹈诗剧《鹤鸣湖》

舞蹈诗剧《鹤鸣湖》通过贯穿故事始终的四个“人物”——庆、母鹤、小鹤、魔，表现“百湖”传奇，以现实主义与浪漫主义相结合为手段，书写人与自然、人与人的和平共荣、协调繁衍、合理生长，彰显了人与自然和谐共生这一永恒主题，突出“仙鹤飞来的地方是个神奇的地方”、“神奇的地方是和谐的地方”，以此倡导保卫家园的群体意识，呵护生命的人本意识，可持续发展的生态意识，和谐进步的文明意识。9月24日，由大庆文化体育旅游集团出品的大型舞蹈诗剧《鹤鸣湖》参加中宣部第十二届精神文明建设“五个一工程奖”评奖，在全国160多部参评作品中脱颖而出，荣获“五个一工程奖”。

电影《萧红》

省委宣传部积极推进打造萧红系列文化品牌建设，策划组织实施了一系列纪念萧红的活动。其中，省广播影视局积极推进萧红题材影视作品创作，由我省著名编剧、国家一级编剧乙福海创作的电影文学剧本《萧红》于2010年2月获国家广电总局“夏衍杯”优秀电影剧本奖，并在国家广电总局备案公示。2010年6月，经总局剧本中心推荐与北京唐德国际传媒集团商谈合作。2011年1月，省广电局和唐德公司正式签约。

该片由中共黑龙江省委宣传部、哈尔滨市委宣传部、黑龙江省广播影视局、黑龙江人民广播电台、浙江唐德国际电影文化有限公司、中影集团、电影频道节目中心联合摄制。影片真实地再现了民国四大才女之一的东北女作家萧红短暂而又颠沛流离的人生经历，以及她与作家萧军、端木蕻良之间凄美的爱情。反映了旧时代对女性的残酷压迫，重温了萧红的民族精神和爱国情操，展现了她关注现实、关注民生的创作态度和敢于突破传统文学模式的创作精神。该剧由霍建起导演，乙福海、苏小卫编剧，宋佳、黄觉主演。2012年5月24日在人民大会堂举行首映式暨新闻发布会。该片获得第15届上海国际电影节金爵奖最佳摄影大奖和中宣部第12届“五个一工程奖”，这是黑龙江人民广播电台首次投拍的电影，也是“萧红系列文化品牌”工程中的重要部分。

广播剧《中国有个北大仓》

广播剧《中国有个北大仓》由我省著名导演王锐执导，由国家一级编剧饶津发创作。该剧以一对大学研究生恋人在暑假期间来到黑龙江垦区农场写毕业论文时的爱情故事为线索，讲述了他们从不熟悉北大荒到爱上北大荒最后融入到北大荒工作的转变过程。该剧以独特的视角，告诉人们昔日中国的北大荒，已经成为当今中国的大粮仓——北大仓，展示了黑龙江垦区顶尖的生产模式和高层次的生活水平，展现了黑龙江农垦人利用现代化水利工程发展现代化大农业的宏图大业，塑造了几代北大荒人为国为民甘愿奉献的英雄形象，歌颂了“北大荒精神”。它不同于对北大荒题材的传统书写，是一部当代大农垦文明与大都市文明相互映衬，黑土特色文化与现代人文精神彼此融合的优秀剧目。

该剧在新闻频率名牌栏目《新闻故事会》中多次播出，收听率高达2.9%，社会反响强烈。

在央视播出电视剧《浴火危城》

由哈尔滨市委宣传部出品并组织拍摄的30集电视连续剧《浴火危城》于12月6日在北京梅地亚中心举行了首播新闻发布会。12月12日在中央电视台第八频道首播。该剧以中国“现代医学先驱”伍连德在哈尔滨扑灭鼠疫传染的事迹为创作题材，讲述了一百年前，哈尔滨发生特大鼠疫灾难，整个城市面临毁灭的危险，伍连德临危受命，任大清总医官，带领哈尔滨人民，经过艰苦卓绝的努力，终于扑灭鼠疫，拯救了哈尔滨这座城市和数十万人的生命。该剧为国内电视剧历史上首部灾难片。

《浴火危城》一剧具有厚重的历史感和文化感，具有独到、浓郁的哈尔滨地域特色，达到了思想性、艺术性和观赏性的统一，是一部有张力的“年代大剧”，是中国电视剧史上“灾难片”的新突破，是一部弘扬爱国主义的历史教科书。

创排音乐剧《茉莉飘香》

音乐剧《茉莉飘香》是以最美女教师张丽莉的事迹为题材的原创音乐剧。作为向十八大献礼的作品，该剧在政治意义、教育意义、艺术意义上都颇为深远。哈尔滨歌剧院全体艺术家在张丽莉英雄精神的鼓舞下，用了四个月的时间创作完成了这部弘扬人性、歌颂大爱的新作。

“美丽的茉莉花，气息凝聚无穷的力量，芬芳散发纯洁的光芒”这委婉而浪漫的歌词，是对英雄张丽莉恰如其分地赞美与形容。《茉莉飘香》这部音乐剧，就是在这样的赞美基调上开始的。

音乐剧《茉莉飘香》共五幕，该剧以新颖、简洁、富有活力的歌舞形式，在交响乐和现代电声乐器的伴奏下，加之创新的舞美效果，烘托出跌宕起伏的故事情节。那娓娓动听的歌曲，把流行音乐与歌舞很好地结合到了一起，个性化的编配，充分展示出张丽莉老师——普通的、美丽的、阳光的、善良的、有责任心的、有些小调皮、又有很多憧憬的80后老师形象。

音乐剧《茉莉飘香》，真实再现了张丽莉老师工作生活中的感人事迹及舍身救学生的震撼瞬间，将激发广大党员干部、人民群众及中、小学生向上向善的力量，培养社会主义正确价值观，为进一步推动良好社会道德风尚的形成起到积极的促进作用。

风情音画《达斡尔人》

风情音画《达斡尔人》是由黑龙江省民委，省文化厅，齐齐哈尔市委、市政府联合主办，齐齐哈尔市戏曲剧院(市艺术团)、齐齐哈尔大学联合承办，梅里斯达斡尔族区、齐齐哈尔铁路老年大学艺术团加盟演出的一台嫩江流域少数民族艺术盛宴，投资500余万元。《达斡尔人》以黑龙江省嫩江流域源远流长的达斡尔民族文化为背景，用国家非物质文化遗产“达斡尔乌钦”穿线，艺术展现了生活在嫩江流域的达斡尔人原汁原味的生命状态和精神风貌。编剧：言午、晓达。全剧分上下两篇:上篇“英勇的达斡尔”，由达斡尔民族的图腾雄鹰开始，讲述了达斡尔民族抗击外敌侵略、被迫迁徙、兴建家园、祈福祭祀等丰富厚重的史诗篇章；下篇“勤劳的达斡尔”，由达斡尔民族生命的图腾摇篮开始，全景展现达斡尔人的农、牧、渔、猎等生活场景，歌颂达斡尔人浓郁的生活和幸福情感。该剧历时近一年的时间创作打磨，先后在齐齐哈尔、哈尔滨、北京演出10余场，成为齐齐哈尔大型会议和接待外宾的重要文艺节目。2012年7月6日晚，在北京京西宾馆举行的第四届全国少数民族文艺会演上，喜获文艺会演表演金奖、优秀组织奖、导演奖、编剧奖、音乐奖、舞美奖、演员奖、节目奖等十一个奖项，为黑龙江省争得了荣誉，让全国观众了解到黑龙江齐齐哈尔达斡尔族文化，让全国乃至世界关注齐齐哈尔的文化繁荣发展成果。人民日报、中国文化报、中国民族画报社等国内新闻媒体纷纷报道，给予高度评价。

微电影《脑瓜子让驴踢了》

齐齐哈尔首部贺岁微电影《脑瓜子让驴踢了》(前传）由齐齐哈尔市神鹤影视文学创作中心作家邱利峰、杨春达创作，齐博影视传媒与北京艾佳影视传媒、大地越野公司金道影视传媒筹建办合作摄制。这部微电影，剧本、歌曲创作、投资拍摄均由齐齐哈尔人完成，影片主人公和部分演员由齐齐哈尔人担纲，全部在齐齐哈尔取景，是齐市影视创作和产业发展的一次新突破。微电影《脑瓜子让驴踢了》入围“金微奖·首届国际微电影节”，获得了最佳农村题材奖。

现代评剧《好官王彦生》

现代评剧《好官王彦生》以全国优秀组工干部、河北省邯郸市丛台区原组织部长王彦生为原型，用纪实手法，选取了王彦生短暂一生中精彩感人的工作和生活片段，将他对党的无比忠诚、亲民爱民的民本情怀、淡泊名利的高尚情操、艰苦奋斗的光荣传统和勤学善思的优良作风，淋漓尽致地展现出来。2012年9月，在唐山举办的第八届中国评剧艺术节上，现代评剧《好官王彦生》凭借鲜明的主题、真挚的表演，获得了中国评剧艺术节最高奖——优秀剧目奖。该剧代表牡丹江参加“大地情深”国家公共文化示范区创建城市群众文化进京展演活动，在北京朝阳区武警指挥学院礼堂演出2场，受到观众的一致好评，不仅展现了牡丹江深厚的文化底蕴和艺术积淀，体现了牡丹江人民全力投入国家公共文化服务体系示范区的热情和决心，也为党的十八大胜利召开献上了一份厚礼。

电视剧《先锋1931》

30集抗战史诗电视剧《先锋1931》由中央新闻纪录电影制片厂与牡丹江新闻传媒集团有限公司共同打造，以中国共产党领导的东北抗日先锋特遣队组织发动和领导全民抗日为背景，真实地再现了东北人民在中国共产党的领导下打响满洲抗战第一枪、赢得吉东连环战大捷及阻击日军东进等英勇悲壮的抗日史诗，热情讴歌了共产党人和革命先辈胸怀民族解放大业，敢于担当，勇于牺牲的爱国主义和国际主义精神。全剧投入3000万元，将在牡丹江、海林市威虎山影视城以及哈尔滨、沈阳等多地取景拍摄。

《白山黑水的怀念》
——纪念李范五诞辰百年文献纪录片

《白山黑水的怀念》——纪念李范五诞辰百年文献纪录片由穆棱市委市政府主创，由新影集团优秀导演邹德昌执导。该片分为上下两集，各30分钟，全面展示了李范五同志革命、战斗的一生，包括他参加学生反日运动，九一八事变后在吉东地区从事党的地下工作、抗日武装的建设工作，在穆棱县、宁安县委的工作,解放战争时期在中共合江省委及合江根据地的建设工作,并以大量史料记述了李范五对中国林业事业奠基开拓的贡献，为建设龙江、发展龙江，把北大荒初步建成国家工业基地农业基地的贡献，实事求是地反映了李范五始终坚持党的领导，为党和人民的事业呕心沥血的优秀品质。纪录片的公开播放,使全省人民进一步了解了李范五传奇的一生,使李范五的革命业绩、优秀精神和崇高品质成为激励鼓舞龙江人民奋力拼搏的精神动力。

动画电影《智取威虎山》

2012 年 1 月 1 日，我省首部红色经典动画院线片《智取威虎山》正式上映,该片由牡丹江新闻传媒集团大鹏盛艺影视动画公司与中国规模最大的美术电影制作基地——上海美术电影制片厂联合制作完成。《智取威虎山》是牡丹江新闻传媒集团 2012 年重点运作的项目之一，先后投入制作、宣发资金合计 850 万元，由大鹏盛艺影视动画公司负责该项目的整体运营。影片于 2010 年 6 月 29 日在国家广电总局正式立项,2011 年 8 月制作完成,并于同年 9 月 26 日通过了国家广电总局的审核(电审动数字[2011]第 018 号),于 2012 年 1 月 1 日在全国院线以数字拷贝进行正式公映,并作为我省代表作积极申报参评全国“五个一工程”奖。

大型音舞诗剧《丽莉之歌》

该剧由佳木斯市委、市政府组织创排,中国音乐文学会副秘书长杨启舫编剧,中国东方歌舞团音乐总监、一级作曲家赵石军编曲,中国煤矿文工团创作室主任丁瑞华编舞,著名导演孟庆生执导。《丽莉之歌》努力还原生活中平凡的张丽莉,塑造一个真实平凡的 80 后女孩，从其生活的点点滴滴中发掘她对家庭、事业、朋友和学生的爱,寻找她的可敬可爱之处。

全剧共分为序《美丽绽放》、上《放飞师爱》、中《大爱无声》、下《茉莉飘香》、尾声《生如夏花》等五个篇章。该剧运用“意识流”的表现手法,采用“音舞诗剧”的艺术形式,将诗的意境与生活的写实结合起来,揭开丽莉老师的精神世界,诠释了大美大爱的时代精神，展示了当代青年对社会责任的鼎力担当。

舞蹈诗剧《绽放的生命》

为落实省委省政府《关于开展向张丽莉同志学习活动的决定》和省委吉炳轩书记的批示精神,由大庆市委宣传部牵头,大庆文体旅集团、大庆师范学院、黑龙江辰能集团,以张丽莉勇救学生事迹为题材,制作了舞蹈诗剧《绽放的生命》。

该剧由中国舞蹈家协会副主席王小燕任艺术指导,省文联副主席、国家一级编导王举担任总导演,省著名作家、诗人戴立然撰稿,5 月份开始创作,7 月份正式排练,9 月份教师节期间,在大庆首次公演。全剧由序《瞬间》、第一章《润泽》、第二章《施爱》、第三章《蝶变》、第四章《呼唤》和尾声《绽放》组成,融合舞蹈、诗歌和音乐等多种艺术手法,利用声、光、电等现代技术手段,生动展现了张丽莉学习、工作、生活的场景,表现了张丽莉在昏迷之际社会各界给予的关怀和关爱,生动塑造了当代青年教师舍己救人、勇于担当、倾心奉献的光辉形象,热情讴歌了最美女教师的高尚人格和美好情操,是一部宣传社会主义核心价值观的生动教材,是大庆市向党的十八大献礼的重要文化项目。

按照省委书记吉炳轩关于将该剧打造成艺术精品和艺术地宣传英雄事迹的要求,大庆市委主要领导高度重视,成立了由市委市政府、油田公司相关领导组成的工作推进组,邀请相关领导、专家对该剧进行了三次审看、两次展演、六次座谈。2012 年 10 月 15 日,经省委宣传部、省文化厅、省教育厅领导及专家认定,该剧已具有较高的思想性、艺术性和观赏性，基本达到了在全省和全国巡演的标准。2012 年 10 月 27 日晚，在东北农业大学音乐厅,隆重举行舞蹈诗剧《绽放的生命》巡演活动启动仪式,以此拉开了该剧在全省巡回演出的序幕。

长篇小说《黑狗哈拉诺亥》

小说作者为大庆作家格日勒其木格·黑鹤。该作品2012年获得中宣部“五个一工程”奖文艺类图书奖。

作品描写了哈拉和诺亥两头黑色牧羊犬。为了独享食物、空间和主人的爱抚，为了生存，它们相互争斗。但是，它们有着一样的梦想——成为真正的牧羊犬，延续牧羊犬高贵的血脉。哈拉找到了真正的主人和属于自己的牧场，成长为一头真正的牧羊犬，实现了自己的梦想。

电影《百合花开》

该影片由大庆市导演吴洪兴自筹自导、北京缘河华艺电视传媒有限公司进行合作拍摄。在2012年第17届洛杉矶国际家庭电影节中，《百合花开》获得最佳外语片影质奖，吴洪兴也成为大庆市获国际电影大奖的第一人。

电影讲述了大学毕业生刘百合毕业后走南闯北打工创业，却连连遭遇挫折，并且欠下了外债，情急之下只能回家向父母求助，直到他遇见儿时伙伴牛大壮，他的崎岖创业路才开始发生转变……最后，刘百合在家乡创业成功，并且收获了爱情。

实景剧《鸡西穆棱河传说》

由鸡西舞蹈群体创作，把鸡西穆棱河文化融入独具特色的历史文化和民族精神当中，展示了鸡西民俗文化的风采和魅力。这是东北三省首次利用水上舞台，配合喷泉灯光等先进技术演出的水上实景剧。实景剧由序幕、家园恋歌、水底狂澜、山杰水灵、千年之恋、卫家之战和尾声七个部分组成。全剧参加演出人数达到创规模的1000人，全部由鸡西大学学生、教师以及专业艺术团体演员组成。省委宣传部副部长赵德信同志亲临现场并观看演出，给予高度评价和充分肯定。在省内首家创排了大型实景剧《穆棱河传说》，成为反映鸡西独特的地域文化的精品力作。

伦敦国际书展文化艺术展鸡西版画展。4月，由新闻出版总署主办，鸡西市文广新局承办的鸡西版画展作为伦敦国际书展文化艺术展之一在伦敦隆重举行。这是鸡西首次在国外大型文化交流活动中举办版画展，共展出鸡西16位版画作者的30幅优秀代表作品，这些作品充分展示了中国东北部地区独特的自然风光和风土人情，是鸡西版画的代表作品。此次展出的大部分作品作为外交礼品供中国驻英国大使馆收藏使用。

电视剧《东北抗日联军》

30集电视连续剧《东北抗日联军》是黑龙江省的重点文化产业项目，由省委宣传部，集贤县委、县政府，国龙联盟投资股份有限公司联合制作，由拍摄过《赵尚志》《林海雪原》等多部抗日题材影视剧的导演李文岐执导，演员王洛勇、成泰燊、张秋歌、刘威葳担任主演。该剧讲述了1931年日本帝国主义入侵中国东北，东北人民奋起反击，在中国共产党的领导下进行艰苦卓绝抗日斗争的光辉历史。2012年9月18日，该剧在双鸭山市集贤县七星峰抗联影视基地开拍秋季外景，2013年3月22日，在哈尔滨市开机。

伊春市筱玫影视动漫有限公司

伊春市筱玫影视动漫有限公司正式成立于2011年1月10日，是全市唯一一家影视动漫制作企业，注册资金500万，员工26名，其中管理人员2名，动漫制作总监3名，导演1名。

目前已经创作完成40分钟森林防火动漫宣传片《虎威威来到小兴安岭》，经国家林业局、国家森林防火指挥部许可并授权在2011年9月6日正式开始制作。2012年9月15日在伊春首播后经省森林防火指挥部同意，上报国家森林防火指挥部验收后推向全国播出。现在已有三部作品《红松小子》、《松鼠杉杉觅新家》和《油娃娃传奇》原创完成，已在国家广电总局和省版权局登记备案，现前期已经制作完成，正在制作中后期，预计在2013年10月播出。

大型歌舞诗剧《寻梦女真》

该剧高度浓缩了黑龙江流域的自然、历史和文化变迁,介绍女真人在鹤岗一带生活、劳动、爱情及反抗大辽压迫从弱小走向强大为线索,以黑龙江流域、奥里米古城为地点,用歌舞表演为基本表现手法,借助高科技舞台灯光色彩过渡等手段,将辽金时代发生在鹤岗地区的"鹰路之战"等真实历史故事加以呈现。在基调上追求热烈、粗犷、豪放,以突出北方少数民族的威猛刚毅,舞台背景运用黑龙江畔及鹤岗市一年四季的秀美风光,以展现鹤岗地区的历史纵深感、地域特色和民俗风情。结构上采用无主持、无间隙的方式,始终用音乐和画外音串联故事情节。利用背景大屏幕LED的现代化高科技手段和美轮美奂的舞台灯光、音响效果、极具民族特色的舞蹈表演形式,展示了北方特有的民族民俗风情。让人们感受到生活在这片黑土地的祖先自强不息,英勇顽强的精神和各民族和谐相处,团结互助,共建美好家园的追求。

电视剧《黑河风云》

30集电视连续剧《黑河风云》,是以黑河旅俄华侨戴志远一生坎坷经历为主线,以电视艺术的手法向广大观众展示黑河自1917年到1949年这30余年间的历史史实。该剧以黑河市侨联主席曹明龙为主创,由黑河本土影视工作者任出品人、编剧和制片,著名演员斯琴高娃、雷恪生、舒耀瑄、王斑、李玲玉等在该剧中出演。《黑河风云》是首部反映旅俄华侨历史题材的电视剧，是目前唯一反映新中国成立前黑龙江三大历史阶段史实的电视剧,也是黑河市以出品人身份与央视合作以及黑河本土影视工作者担任主要出品人、编剧和制片的第一部电视剧。这部作品的拍摄,对于全景展现黑河的风土人情、自然风光、人文景观、历史文化,促进黑河影视产业加快发展,提升黑河市的知名度和美誉度,具深远意义。

电影《草上飞》

龙江电影制片厂承制,CCTV电影频道出品,编剧:李黎明(肇东),导演:吕行。

民国初年,北大荒。青年女艺人在亲人被官府杀害、丈夫又被土匪杀戮的情况下,走上誓为亲人报仇的江湖草莽之路,她报号"草上飞",靠着一匹马两支短枪闯荡天下。一次进城路上，她救下被土匪抢劫的地方乡绅周五爷，可是周五爷恩将仇报，将她行踪向县知事告密，县知事带警察围捕,草上飞拼死突围出城。由此她和周五爷结下梁子,在周老太爷寿诞之日,她劫走了周五爷独子周正达。

草上飞此举是为了报复周五爷,可是她在与周正达相处的日子里,二人结下姐弟之情。周正达对她由最初的抵触渐变为好感和信任。周五爷为救儿子,勾结土匪罢魁诱捕草上飞,为了取悦黑魁不惜将小妾玉娥许配给黑魁。草上飞出于对周正达的感情同意并放他回家,可是周正达此时已认清其父的不良行径,铁心追随草上飞,所以在回家路上,在大车店打尖时,在店老板娘崔寡妇的帮助下逃走去寻找草上飞。周五爷迁怒于崔寡妇,将其绑在野外让蚊虫活活叮死。

草上飞几次撵周正达回家未果,而周正达发誓为崔寡妇报仇。期间,周五爷已侦得草上飞露营之处,勾结县知事制订围剿草上飞计划。他觉得黑魁已失去作用,所以在黑魁迎娶玉娥之时,通报县知事调动警备队包围剿灭了黑魁绺子。之后,他依仗警备队和炮手突击草上飞。当把草上飞和周正达二人包围后,县知事突然翻脸,不顾周五爷苦苦哀求,欲将周正达与草上飞一起歼灭。草上飞为救周正达阻击警备队,使周正达突围逃走,草上飞中弹后,用匕首捅死周五爷后惨烈死去。

从此,北大荒又涌现出一位报号"草上飞"的杀富济贫、除暴安良的"单挑"侠客,他就是——周正达。

电视连续剧《樱桃》

本剧根据鲍十同名电影改编。编剧:李景宽、李晨雨(肇东)。

故事发生在上个世纪七十年代,东北的一个小山村里。

葛望要去相亲,弟弟葛顺把自己结婚时做的制服上衣拿给他穿。葛母感叹家境贫寒落下眼泪,葛望慌忙安慰,并承诺一定会领个媳妇回来,除非是傻子。葛望瘸着腿相亲去了,走到河边看见叫喊着“快去救命”的孩子们。葛望不顾一切跳到河里救人,想不到救上来的是流浪姑娘樱桃。樱桃见他手里拎着卢果包,嚷着要吃卢果。葛望看她怪可怜,就给了她两块卢果,就匆忙去相亲。浑身湿漉漉的葛望相亲未成,回来时,见樱桃在等着她,认定他是好人,跟着他。葛望发现她无家可归,决心帮助她,不料却遭到乡亲们的误会,以为这个就是葛望领回来的媳妇。一番热闹后,大家才发现樱桃“傻”。弟媳山菊破口大骂,葛望带着樱桃伤心地离家,却意外捡了一个弃婴,樱桃给取名叫红红。葛望无奈,只好领着樱桃抱着红红再次回家。葛望为了樱桃能有个安定的家,只好娶她。在山菊的挑唆下,葛望同意把捡到的红红送人。山菊进城,联系到收养人,竟是人贩子。不但抱走了红红,还拐跑了她的儿子东东。樱桃进城寻找红红,意外地从人贩子手里抢下东东。在民警的协助下,终于救下了红红。

樱桃把红红抱回家,发现她病了,奄奄一息。樱桃不离不弃,感动了卫生院的大夫,免费救治。一晃五年过去,红红可以跟着樱桃上山采樱桃了,母女俩相偎相依,即使受了欺负,也互相安慰,幸福不已。只是旁人叫樱桃“傻子”,幼小的红红不解。

转眼间,红红 13 岁了,是班里学习尖子,却因为樱桃在同学面前一次次给她“丢人”,她变得越来越自卑,心里怨恨自己摊上个傻妈。当怨气越积越深,已经让红红迷失了心灵。红红想让樱桃永远消失,竟把樱桃扔进了山里。在众人的痛骂下,红红终于意识到自己错了。可就在红红打算痛改前非好好对待母亲的时候,那个埋藏已久的秘密终于浮出水面,红红知道了自己的身世,决定寻找自己的生身父母。樱桃为了博得红红一笑,竟然帮助她寻找线索。

红红终于找到了城里当老板的亲爸爸,这才知道妈妈早已不在人间了。爸爸为了补偿红红,让她留在自己身边。却遭到同父异母的妹妹和其小舅的排斥，红红正当要遭到小舅雇的坏小子伤害时,樱桃及时赶到救了红红,她却不幸被刀子刺伤。在医院病房里,红红精心护理樱桃,决心离开亲爸爸家。樱桃不愿意红红再跟她过苦日子,偷偷离家出走跑进山里。村里人到处寻找樱桃,红红想到妈妈曾领她在山里小木屋避雨,领人去找,果然樱桃在这里躲藏。当红红见到樱桃时,发现她已双目失明。樱桃不愿意回家,在即将消失于雨雾之中的时候,红红唱起了妈妈曾教她的儿歌。樱桃沉浸在美好回忆中,人们趁机将她抬回家。

红红的亲爸爸患了肝癌,临终时,向医生表达了要把自己的眼角膜捐给樱桃的愿望。樱桃的眼睛又复明了……

本剧由黑龙江电视台、本山传媒、北京世纪东泽影视文化有限公司联合出品，自 2012 年 2 月 19 日 19 时 34 分起,黑龙江卫视台、辽宁卫视台、吉林卫视台、山东卫视台等同时播出,创下最高收视率。

数字电影《呼玛河的孩子》

《呼玛河的孩子》是由省委宣传部、天津展望文化传媒有限公司、地委宣传部、呼玛县委县政府联合拍摄的一部以素质教育为主题的数字电影。该电影运用当前最先进设备,以呼玛县为拍摄地,以城里的孩子走出县城,走进大山,进行野外训练并最终克服困难、磨炼意志、提升品质为主线。故事主要反映现在多数孩子缺少走进自然机会,缺乏野外适应能力,缺少协作互助、关爱他人的精神等,旨在引发更多教育工作者的思考，引起更多家长的关注,引发全社会对现代教育思路、教育体制、教育形式的思索。该电影开辟了我省儿童数字电影拍摄的先河,同时填补了该区原创影视作品的空白。

文化场馆(爱国主义教育基地)

侵华日军第七三一部队罪证陈列馆

侵华日军第七三一部队罪证陈列馆位于哈尔滨市平房区新疆大街25号的原731部队本部大楼,经过重新修缮,已对外开放。总面积1500平方米,15个展厅,这里以大量的图证、物证、实证,控诉了731部队的血腥罪行。

侵华日军第七三一部队是由当年日军组建的一支特种部队。该部队于1935年在中国哈尔滨市平房地区筹建了生物武器研究、试验和生产基地,并成为迄今为止世界上进行最大规模生物战的指挥中心。在这个被称为"食人魔窟"的基地里,他们以活人为试验材料进行生物武器的研究与生产,从而在野心、规模、技术、实战、残忍性、生物战"人才"培养等方面创下了所谓的"六个世界第一"。从1939年至1945年,至少有三千人被当作试验材料惨遭杀害,而在侵华日军发动的生物战中,遭到屠杀和残害的达三十万。

1945年8月,日本战败投降前夕,为了掩盖其残暴罪行,731部队溃逃时,对这一国家最高核心机密的设施进行了大规模的销毁和破坏,目前,尚有重点保护罪证遗址23处。1996年被命名为黑龙江省国防教育基地。1997年被中宣部授予全国百个爱国主义教育示范基地,2005年,被国务院定为全国百个红色旅游景点景区,2006年,被国务院定为全国重点文物保护单位。

侵华日军东宁要塞遗址

东宁要塞博物馆位于黑龙江省东宁县三岔口镇南山村北2公里的勋山上,是亚洲最大的军事要塞,是第二次世界大战的最后战场,有"东方马其诺防线"之称。

1934年至1939年,日本关东军在我国东北与苏联接壤的边境地区修筑了一系列的军事要塞,其中东宁要塞是东部一线的军事重地。作为战略要地,日军在这里部署了大量兵力。据《东宁县志》记载,1941年,日本关东军在东宁县驻扎有3个师团、1个独立旅、1个国境守备队,总兵力达到13万人,其他要塞的驻军最高长官多为少将,而这里仅中将就有3位,少将11位。驻东宁地区的关东军不仅数量多,而且兵种齐全,有步兵、骑兵、坦克兵、装甲兵、通信兵、航空兵、各种炮兵、工程兵、舟桥兵、汽车兵、卫生兵等。

"东宁要塞陈列馆"于1999年6月18日正式向社会开放。2008年正式命名东宁要塞博物馆。东宁要塞博物馆占地15000多平方米,在要塞入口处,树立原中央军委副主席张万年为东宁要塞题词"勿忘国耻、强我中华"纪念碑。在广场的中心竖立的是"苏联红军烈士纪念碑"和原国家副主席李德生题词"第二次世界大战最后战场"纪念碑,在广场左侧是"劳工殉难纪念碑",右侧是"抗联英雄纪念碑",可供上万人在此集会活动。1999年被命名为省级国防教育基地。2006年5月列为全国重点文物保护单位。

哈尔滨美术馆

哈尔滨美术馆是全省最大的艺术品展览馆,也是中国最具现代化标准的美术馆之一。由哈药集团投资,建于2012年7月,位于道里区群力大道1号。

美术馆分为四层，共30余个展厅，展厅面积约7000平方米，展线近1500延长米。展厅内配有中央空调系统、中央安全监控系统、红外报警系统、自动喷淋系统等设施，达到国际先进水平，是集展览、陈列、典藏、创作、学术研究、艺术交流、文化休闲等功能于一体的现代化、高品位的当代美术馆。

美术馆藏品主要为近现代美术精品、中国当代著名美术家的代表作品和重大美术展览获奖作品。开馆至今，成功主办协办了“纪念韩景生诞辰100周年大型油画艺术展”、“第24届黑龙江省摄影艺术展览”、“石油人的眼界——大庆七人摄影展”、“生命北极——王建男环北极摄影考察作品展”、“美丽哈尔滨、浪漫松花江——名家画名城大型美术作品展”及“大众摄影资深主编的摄影讲座”、“环北极十六回合人文考察研讨及讲座”等多项具有知名度及影响力的大型活动，得到社会各界人士的广泛好评。

哈尔滨市未成年人安全自护教育基地

哈尔滨市未成年人安全自护教育基地位于哈尔滨市道外区大新街291号。隶属于哈尔滨市妇女联合会。基地于2012年6月1日正式落成并投入使用，是省内第一家具有综合性、实用性、专业性的未成年人安全自护教育基地。

自护基地共设五个场馆，分别是生命教育馆、预防意外伤害教育馆、交通安全教育馆、消防安全教育馆、环境保护教育馆，使用面积近1400平方米。主要围绕提高自救自护意识、普及自救自护知识、体验自救自护技能设计开发，重点针对尊重生命、热爱生命、紧急避险、被害预防、低碳生活、珍爱地球等方面内容，开发寓教于乐、喜闻乐见、分阶段、适合未成年人特点的实践教学课程。具体项目包括雷电、火灾、拥挤等紧急情况下的避险逃生技能；身体受到侵害时的自卫技能；盗窃、抢劫、性侵犯等侵害防范技能；交通事故、运动创伤等意外伤害预防；紧急救护、疾病防控等知识和技能等等。教学模式充分发挥中心活动实践育人的工作优势，以体验式和参与式为主要方式，增强未成年人自我保护意识，培养未成年人文明礼仪素养，并呼吁全社会都来关心、爱护未成年人，提升公众特别是中、小学生的防灾减灾意识及自救互救技能，以达成“一次体验，经久难忘，终生受益”的教育目的。

基地自建成以来，先后接待了哈尔滨市近万名的未成年人，并接待了全国人大副委员长、全国妇联主席陈至立、哈尔滨市委书记林铎、市人大主任王颖、市委常委、统战部部长王铁强、副市长、公安局长任锐忱、中国公安部消防局副局长陈非和交管局刘艳处长及全国妇联的百余位妇女干部。未成年人在这里受到了实际有效的安全自护教育，社会各界人士对基地各场馆的设计和教育内容都给予了高度评价。

黑龙江省珠宝玉石产业基地

2012年，东宁县利用自身的口岸、区位和邻国资源优势，对接境外资源和境内市场，将俄罗斯玉石资源和国人崇尚玉文化的消费心理结合起来，创造性地提出了建设珠宝玉石文化产业基地的思路，并凭借与俄罗斯进行珠宝玉石贸易便捷的通关条件，多措并举，举全县之力打造全省唯一的珠宝玉石文化产业基地，成为哈牡绥东乃至全国对俄贸易加工区和引领文化产业发展的开放亮点。一是举办首届东北亚珠宝玉石文化节，邀请了新华社、中央电视台等50多家主流媒体参与宣传报道，节会盛况分别在中央电视台、黑龙江电视台新闻联播节目播出。二是通过举办培训、知识竞赛，普及珠宝玉石文化知识。三是实行佛教文化与珠宝玉石文化捆绑战略，打造了全国唯一的佛教用品系列珠宝玉石市场。四是引进投资达8000万元的姑苏白玉堂，聘请了一大批在国内享有盛名的工美大师到东宁坐堂设厂。基地现已入驻企业160户，2012年实现300多吨俄珠宝玉石毛料和3万件成品交易量，毛料交易额达3.6亿元，被省委宣传部批准为黑龙江省文化产业试验园区。

杜尔伯特县草原影城

杜尔伯特县草原影城于 2012 年 11 月正式向公众开放，是该县一家按照国际影院标准打造的集 NEC-2K 数字放映机，美国进口主动式 3D 眼镜，超大荧幕于一体的数字化新型国际影城。

草原影城营业面积 520 平方米，拥有一个 240 平方米的豪华放映厅，可同时容纳 168 名观众观看，所有坐椅均采用仰卧式观影。影城已加盟中影数字院线，播放首轮影片，全国同步上映。超强的画面冲击力，立体环绕音响以及大荧幕共同打造的震撼放映效果，力求让广大影迷真正地感受到数字 3D 电影的奇幻魅力。

肇源县华誉影院

肇源县华誉影院建成于 2012 年 7 月，影院营业面积 1700 平方米。影院内设售票区、小卖区、休闲区、候影区等四个功能区；有电影放映厅 3 个，面积 750 平方米，可同时容纳 333 人观看影片。影院投入 570 万元进行室内装修，投资 260 万元购置了 3D 放映等设备并可播放 3D 电影。华誉影院播放的影片与全国各大影院同步，是肇源县首座星级影院。华誉影院建成并投入使用，活跃了广大群众的文化生活，同时也带动了影院周边的经济发展。

黑龙江流域博物馆

该馆是我国唯一的界江流域博物馆，是我省第一家全方位展示黑龙江全流域自然、历史、文化和民俗的综合性博物馆，也是反映黑龙江流域权威的自然历史百科全书，集文物保护，陈列展示和科学研究于一体，是我省史馆建筑史上的又一亮点，填补了我国史馆领域的一项空白。该馆始建于 2008 年 3 月，2009 年 8 月正式全面对外开放，馆区占地 18330 平方米，建筑面积 6399 平方米，分设自然、历史和民俗三个大型展馆，其中自然馆由大厅、峡谷、植物厅、古生物厅、动物厅、鱼类厅和矿产厅组成；历史馆由史前文化、新石器时代、青铜时代、秦汉到明清的各历史时期，以及近代的闯关东、抗战、垦荒、知青等文化组成。民俗馆主要展示历史上生活在我国北方的游牧、游猎、渔猎民族，诸如满族、蒙古族、达斡尔、鄂伦春、鄂温克、朝鲜族、赫哲族等，以及他们奇特的生产、生活习俗，同时还展示了生活在黑龙江北岸的俄罗斯和犹太民族的历史文化。该馆展出内容丰富，高度浓缩了黑龙江流域辉煌灿烂的自然变迁，涵盖了从远古生物、史前文化到 6000 年的人类文明历史，时间跨度上亿年，馆内展出文物、标本、实物 4000 余件，布展采用声、光、电等现代高科技模拟场景，形象逼真，构筑体验式、具有震撼力的观展效果，让人有身临其境之感，流连忘返，将回眸历史与放松心弦结合起来，在静谧幽雅的气氛里，使观众与历史、自然做一次愉快的沟通。

孟祥顺美术馆

该馆是鹤岗市政府出资建设的，面积 1300 平方米，一楼左右分设鹤岗书画院、鹤岗市美术家协会办公室和面向游人的休闲咖啡厅，用意在于拉近高雅书画艺术与一般民众的距离，让更多的市民能近距离地接触书画家，普及书画艺术。二楼除了专设的孟祥顺书画创作室和培训室，还提供了一个能为一般书画爱好者免费提供展览场地的空间。三楼为孟祥顺书画艺术展厅，展示他不同创作时期的代表作。

绥化市西湖公园

绥化市西湖公园于 2011 年 10 月开工建设，2012 年 9 月建成投入使用，占地 35.9 公顷，是绥化最大的开放式园林景观。

西湖公园由哈尔滨工业大学城市规划设计研究院、黑龙江省规划设计研究院按照“自然生态”、“城市共享”、“经济适用”的全新规划理念设计，高标准建设，采用“一心”、“两轴”、“五线”的空间布局。“一心”是中央的文化广场，广场向南延伸的终点规划建设一个现代广场为公园轴线的交汇点，承接各条轴线。“两轴”是东部和北部两个主要出入口至现代广场构成的两条园区内部主要轴线，将公园的各功能分区联系起来。“五线”是由现代广场发散到几个主要景观节点方向的视觉轴线，各个方向都有不同的景观序列供人们观赏。

公园规划为文化广场区、生态控制区、滨水休闲活动区、休闲活动区四个功能分区。注重强调自然化、生态化和宜人性，通过对自然地形、水体的利用和改造，形成有山、有水，有花草树木的城市自然生态绿地中心。在绿化配置上充分考虑防灾避险、生态、景观功能，充分突出保健植物、抗污染植物、芳香植物、引鸟植物的应用。园中有35种花卉、50种树木，利用植物资源，借山、映水、融文，形成风格鲜明、文化内涵丰富、生态自然景观良好的自然园林景观。通过设置多种设施和多样性的活动，提升了整个公园的功能适用性。

庆安县文化馆

庆安县文化馆新馆2009年投入使用，位于县文化艺术中心，文化馆面积3000平方米，设有舞蹈排练厅600平方米、展览厅900平方米、报告厅400平方米、器乐工作室50平方米、美术工作室150平方米、书法工作室50平方米、雕塑工作室50平方米、摄影工作室50平方米及办公室750平方米；文化馆编制12人，实有人数14人，其中，中专2人，大专9人，本科以上3人。初级职称3名。中级职称8名，副高1名，高工2名。平均年龄45岁，财政全额拨款单位。

2011年向上争取资金40万元对舞蹈排练厅、更衣室、美术工作室，器乐工作室进行提档升级。升级后的舞蹈排练厅内部设施更加完善，配有练功镜14面、音响一套、地毯80平方米，电脑、电视、把杆12套，吸尘器。可同时分三个区进行教学，可容纳人数150人，近两年辅导全县中小学生共分60期3000多人；美术工作室配有黑板、讲台、讲桌、电脑、电视、画架15个、静物一套、静物摆放台一组、静物摆放桌1个、书法练功桌4张、笔墨纸砚等一系列用品；展厅900平方米，升级后共分7个展室，可悬挂书画作品100多件、摄影作品120件，利用展厅先后举办了纪念抗日战争胜利67周年图片展、全县中小学生书画展、中小学生版画展、纪念建党90周年书法摄影展、廉政文化书法摄影作品展、喜迎十八大职工干部书法绘画摄影作品展、宣传文化系统干部摄影作品展等一系列展览，成为全县的又一爱国主义基地，特别是纪念抗日战争胜利67周年图片展，参观的中小学生及群众多达2万多人。

文化馆文学创作室的辅导工作起到了率先垂范作用，为免费开放起到了引领作用，使庆安县的文学、文艺爱好者积极参与到创作中来并取得了丰硕成果。文学创作、书法篆刻、音乐、舞蹈等作品曾多次在国家级和省级的各种评比大赛中获奖。书法篆刻、摄影作品还多次在国家、省展览中参展，其中30多幅作品获国家级重奖。近年来在文学创作上也是硕果累累，出版长篇小说4部、中篇小说7部、诗歌集7部、散文诗60多首。

2012年11月，庆安文化馆被文化部评为县级一级文化馆。

绥棱县文化艺术中心

绥棱县文化艺术中心于2012年落成，隶属于绥棱县文广新局，位于绥棱县兴旺街18号，总投资近亿元，建筑面积18702平方米。艺术中心的主体、外观由国家著名建筑设计院哈尔滨工业大学建筑设计院设计，外观线条流畅、大气磅礴、气势恢宏；内部格局匠心独具，科学实用、功能齐备。整个大楼充满强烈的现代感和浓厚的文化气息，已成为绥棱县城内最具代表性的现代建筑之一。中心设有图书馆、文化馆、展览馆、文管所、电影公司、电影院、文联和青少年活动中心八个单位。两个剧场主要承办各型文艺文化活动，开办各类主题讲座，还可以承接各种大中型会议。电影放映区共设有3个数字影院，正式运营后，可为城乡群众提供高清晰数字电影服务。展览大厅建筑面积为723平方米，主要展示绥棱的历史和发展，绥棱的经济、文化、农业和城市面貌的日新月异的巨大变化。书画区共有 8 间功能室,为广大书画爱好者创造优秀作品提供优良的环境和平台。音乐区、舞蹈演练区其功能主要以声乐、器乐和地方戏的辅导、培训、练习为主。文学艺术家活动区为全县文学艺术爱好者提供一个学习、交流、研讨活动的平台。电子阅览室运用现代计算机和网络技术,建立电子图书系统,为广大读者提供方便、快捷和资源、信息更加强大的阅读服务。辅导区,主要进行各种辅导培训。包括舞蹈、声乐、乐器、美术、摄影、文学创作、编演等各级各类的培训活动。

北大荒鱼展馆

国家 AAA 级旅游景区,垦区第二批北大荒精神教育基地。北大荒鱼展馆地处勤得利农场古城山庄域内,北距黑龙江主航道 1500 米,东临勤得利灌区 700 米。展馆建成于 2011 年底,2012 年投入使用,展馆占地面积 1113 平方米。展馆内共分四类展区,有鱼标本 81 个,分 31 种鱼类;标本瓶 84 个,分 39 种鱼类。鱼产品展示区是以大马哈鱼、鲟鳇鱼为主要原料做成的鱼类酒,大马哈鱼鱼块、鱼子酱以及一些鱼肉加工产品等。赫哲文化展示区是以勤得利江边及额图渔村境内的赫哲族渔民利用鱼皮制作了饰品,包含鱼皮衣服、鱼皮画以及一些鱼皮挂饰。鲟鱼展览区是以黑龙江、松花江、乌苏里江水域仅有的鲟鱼为主,它起源于距今有两亿多年历史,曾与恐龙共生存而称为“活化石”。是当今存活在世界上稀有的古生物之一。标本瓶展示区是以黑龙江水系的鲟鱼、鳇鱼、三花五罗十八子七十二杂鱼为主。

北大荒鱼展馆依托于北大荒勤龙渔业有限公司而建,是以鲟鱼产业化为主线,发展四大家鱼等传统养殖品种的规模化生产。以现代科学技术为先导,建立集苗种繁育、增殖放流、成鱼养殖、精深加工、科学普及和旅游度假于一体的产业化基地,打造高效、节能、环保、名优鱼类养殖产业。展馆聚集黑龙江水系的各种鱼类标本,是北大荒人对古代生态环境的一种复原,更是留给未来北大荒人的遗产,作为新时期北大荒渔业种类的活体教材,入选垦区第二批北大荒精神教育基地。

黑龙江工程学院工程文化博物馆

黑龙江工程学院工程文化博物馆坐落在哈尔滨市道外区红旗大街 999 号黑龙江工程学院校园内,2012 年 9 月 27 日正式开馆,建筑面积 3147.8 平方米,展厅面积 1500 平方米,隶属于黑龙江工程学院,接受哈尔滨市文物管理站属地化行业管理,是黑龙江省科普教育基地,面向社会公众免费开放。

黑龙江工程学院工程文化博物馆是全国首家传播工程文化理念的博物馆,集收藏、展示、科研、教学功能为一体。整个展览利用多媒体视频、触摸屏和模拟操作互动装置等先进的数字技术,展现了工程文化的无限魅力。展览主题分为“工具系统和改善的环境使人类的生活更美好”、“工程文化向着更人性化、更生态化的方向发展”两个部分,由序厅、机械工程展厅、汽车工程展厅、测绘工程展厅、路桥工程展厅和工程师召唤仪式六个展厅构成。展览保存和展陈了黑龙江工程学院土木与建筑工程、测绘工程、汽车与交通工程、机电工程四个主干专业在办学和发展中积累的珍贵历史史料,积淀的深厚文化资源和形成的宝贵精神财富,同时将工程文化理念巧妙地贯穿于专业与技术发展史的展览叙述中,使参观者在潜移默化中受到文化素养、人文关怀、审美情趣、职业道德等的熏陶和感召,培养工程人对工程文化的自觉意识,唤起工程师热爱本职工作、恪守职业操守的精神。

黑龙江工程学院工程文化博物馆序厅通过人类历史上“伟大与失败”两组命运迥异的工程项目的对比,展示了工程文化在整个工程建设中扮演了什么样的角色,为什么它决定了工程的成败。机械工程展厅展示了以“精准、精密、精细、创新”为特色的机械文化,以及机械文化与现代文明的密切关系。汽车工程展厅在展览与互动中,通过汽车零部件的“国籍”、被分解的汽车、流水线生产车间等技术细节，展现了汽车发展历程中人类对高效、环保、人本、智能的追求和工程项目团队合作的文化精神。测绘工程展厅以厚重的史料、生动的人物场景、不同年代的测绘仪器，直观地展现了测绘人的科学严谨、精益求精、顽强拼搏和无私奉献的文化品质。路桥工程展厅则以气势宏大的道路与桥梁之美，突出了路桥工程在安全、审美与对环境保护方面的思考，展示了以人为本的路桥工程文化。最后的工程师召唤仪式警醒每位毕业生要牢记身为工程师的责任与职业准则，并再次诠释了工程文化在整个工程建设中的重要作用：一项工程成功的关键，从来都不仅仅是技术，更是背后的工程文化。

黑龙江工程学院工程文化博物馆始终坚持文化育人、服务社会的理念与思路，立足学校，面向社会，积极开展内涵丰富、形式多样的文化育人活动，充分发挥高校博物馆的文化育人功能和作用，努力营造文化育人氛围，打造文化育人品牌。

“工程文化教育”将工程教育与人文素质教育、科学精神教育有机融合，是黑龙江工程学院创新应用型人才培养模式提出的先进育人理念。工程文化博物馆作为学校开展工程文化教育的重要基地，以服务大学文化建设，服务于应用型人才培养为己任，紧密结合学校学科专业建设，为课堂实践教学提供辅助场所，将工程文化感知教育融入专业教学当中，以工程文化塑造学生的优秀品质和工程师的职业理想。同时将育人活动的覆盖面扩大到全校师生，不断创新育人的形式和手段，从根本上提升博物馆的吸引力，促进学生的全面发展，增强广大师生的自豪感，增强学校的凝聚力。

黑龙江工程学院工程文化博物馆努力承担服务社会的责任。面向社会公众传播科普知识，弘扬工程文化，扩大工程文化博物馆的影响力，让更多的人走进博物馆，了解博物馆，认识博物馆。先后接待了哈尔滨市中小学师生家长等社会团体与个人，发挥了辐射带动作用，拓展了文化育人的内涵，推进了工程文化的传播与创新。

精品图书

《科学发展之路——黑龙江“八大经济区”“十大工程”发展战略思行录》

本书由黑龙江人民出版社出版，由省委宣传部牵头，会同省直有关部门共同编辑完成。本书分为“思考篇”、“实践篇”、“经验篇”三个部分，体现了各市地、宣传文化系统和省直有关部门主要领导对本地区本部门贯彻落实省委“八大经济区、十大工程”发展战略的思考和思路，展示了各地区各部门贯彻省委发展战略的丰富实践和取得的阶段性成果，总结了各地区各部门及基层单位创造的成功经验，是帮助广大干部群众深化对省委“八大经济区、十大工程”发展战略的理解和认识的通俗读物。对广大干部群众深入贯彻落实省十一次党代会精神，坚定不移地走符合龙江实际的科学发展道路，为实现建设富强龙江、文明龙江、和谐龙江、大美龙江、幸福龙江的美好目标而顽强拼搏、不懈奋斗，具有一定的引导作用。

《中国流人史》(上、下册)

作者李兴盛，黑龙江人民出版社出版。本书在系统论述中国流人史相关理论的基础上，以历代王朝起止为线索，上起夏代，下迄晚清，全面系统地对我国4000年来历代流人进行了梳理与考证，以全新的视角阐释了历代流人开发边疆、传播中原文明的业绩与历史作用，特别是对清代以来流人在反对外敌入侵、保卫国家领土完整等方面所做出的巨大牺牲与贡献给予了充分肯定。作者继承发扬了前人以诗证史、以诗补史、诗史互证的研究方法，深化了主题。将流人作为主体加以系统研究，不仅开拓了我国学术研究，尤其是边疆历史研究的新领域，填补了边疆历史文化研究中的空白，对边疆地区历史文化的研究是很有意义的贡献。开创了流人研究的完整领域。中国流人的源起很早，但过去只有一些对个别地区、个别人物、个别问题的零散论述，不仅数量少而且大都是从刑法、文学、移民、边疆开发和人物等角度的探讨论述。该书则是对流人问题进行全方位、多层次、各区域的完整论述，开创了流人史研究的新体系。全新的《中国流人史》的出版将极大地促进我国边疆开发史、边疆文化史、刑法史、移民史、民族关系史、人口迁徙史以及旅游文化等学科的发展。“天下才子半流人”，该书抓住这一关键，系统论述，使之成为记述中国知识分子历经坎坷经历、不幸命运、悲惨处境而仍能百折不挠、利国利民、奋发向上的感人史诗。充满着浓郁的现实意义，体现的正是中华民族的人文精神所在。《中国流人史》的出版树立了准确评价流人历史贡献的范例，以大量篇幅、详尽的史料记述了自先秦至清代中国流人的状况，对中国社会发展所做出的贡献与所起的历史作用。

《黑龙江流域少数民族英雄叙事诗·赫哲族卷》

由黄任远主编，黑龙江人民出版社出版。该书系全国少数民族优秀图书出版项目、“十一五”国家重点图书出版规划增补项目和黑龙江省精品图书出版工程项目。全称《黑龙江流域少数民族英雄叙事诗》(三卷册)，赫哲族是我国北方唯一的渔猎民族，人口稀少，只有语言(阿尔泰语系，满-通古斯语支)而没有文字，但他们的口头传承文化却很丰富，其独有的古老的文学样式——伊玛堪，已成为赫哲民族文化的标志与象征。随着时代变迁和长期的民族融合，其民族语言正面临消失。赫哲族伊玛堪被联合国教科文组织列入“急需保护的非物质文化遗产”名录。上世纪七八十年代黑龙江省民间文学研究者录制并整理了一批伊玛堪讲唱资料。这些原汁原味的录音资料不仅为后世保存了濒临消失的民族语言，而且为研究伊玛堪及其民族语言形态提供了鲜活生动的语言语音资料，符合国际学术文化交流的规范和要求。本书为国际音标注音、汉语直译意译对照本，收入了葛德胜、吴连贵、吴进才、尤金良四位歌手讲唱的《香叟莫日根》等八部伊玛堪。通过民间歌手的原声讲唱，为读者呈现了黑龙江流域的古老文明、鲜明的地域特色和民族风情。

《最美丽的岁月电波——纪念广播100周年1910—2010》

由王铁主编，哈尔滨出版社出版，本书是已知国内少有的，以收音机和广播电台为载体的，集史料、回忆、图片为一体的资料性、收藏性极强的出版物，获2012年精品工程奖。作品以收音机和广播电台在世界的发展、国民政府时期广播在中国的发展以及新民主主义革命时期、社会主义改造和建设时期，尤其是改革开放三十年来的发展等三条线并行，以公共广播问世100年为线索，真实、客观、周详地记录了无线电的诞生，广播电台在世界的普及，特别是收音机作为人类传递信息、获取知识、享受欣赏的伴随性，及其近现代对人类政治、军事、经济和社会发展巨大的影响力，具有时代回忆的史料价值。作品呈现五大特点：一是群众参与广泛，收录了上百篇无线电爱好者及不少听众的心得、体会和故事；二是广播工作者的参与度高，以哈尔滨电台这一全国解放后第一家城市电台的工作者为主体，集中了不少对哈尔滨市广播事业发展做出决定性贡献的老领导、老同志的文章，回忆了广播工作的甜酸苦辣，阐述了广播的不可替代性；三是专家参与度高，权威性强，既有新闻工作专家又有广播史研究学者，体现了对史料收集的严肃性、客观性；四是收藏家的参与使作品更显珍贵；五是图片收集广泛，国内出版社鲜有此类书籍出版。此次收集、整理、出版，向读者展示了哈尔滨广播事业的发展与变革，提升了广播除收听实用以外的文化价值。通过收音机的发展变革及听众与广播之间的故事，反映新中国成立 60 多年来广播传媒的发展历程，同时，对挖掘和抢救广播史料给社会和后代以留存，具有重要的史料价值和学术研究价值。

《AK47——枪》

【美】克里斯托弗·约翰·奇弗斯著，陶炜、鄂丽燕译，哈尔滨出版社出版。AK47 在世界范围内拥有广泛的知名度，它的历史也是数十年枪械发展的一个华美的缩影。书中着重讲述了该枪在各类战争中的实际应用策略和突出的战地表现，将一支支钢铁身躯和一位位血肉战士联系在一起，赋予了 AK47 更为饱满的灵魂。此版《AK47——枪》为国外优秀版权图书，该书未引进时已备受国外媒体赞誉。本书特色在于资料翔实、内容精彩、图片珍贵等几个方面。用丰富、生动的语言，向读者描述了每一场战争给 AK47 带来的变革，让人清晰透彻地了解 AK47 的发展历史。书中引用大量的数据来介绍 AK47 的枪械功能以及运用此种武器的战争实况，再现了一幕幕惨烈的战争场景，让读者有如身临其境的感觉。

本书是为了使军事知识在社会中得到普及而出版的，通过对 AK47 的发展、使用，以及对当时政治环境的大量论述，表现了战争的残酷场面，不仅从战争武器的角度给予读者科普方面的知识，也让处于和平年代的人们得到更多的启示。

《现代电子战导论》

作者司锡才、司伟建，哈尔滨工程大学出版社出版，该书是 2012 年度黑龙江省精品图书。无论是高技术战争，还是信息化战争，电子战都是战争的主要内容，是战争的主要手段。电子战的概念、内涵、内容随着时代的变化而变化，但电子战是战争永恒的话题。本书按照电子战的新概念，注入了新内容，增加了数字接收机、宽频数字信道化、信号细微特征(指纹)分析、识别与提取，超分辨高精度空间谱估计测向，立体基线测向以及虚拟基线与立体基线解超宽频带测向解模糊，单站无源定位等一系列的先进理论、技术与方法。分别论述了“电子进攻”“电子防护”“电子支援”，重点是电子进攻。本书内容丰富，知识面广，可用于相关专业硕士、博士及科研人员研究和参考。

《红旗 热血 黑土
——100 位抗联英雄的故事》

作者姜雅君，黑龙江教育出版社出版。《红旗 热血 黑土——100 位抗联英雄的故事》是中宣部和新闻出版总署“迎接党的十八大主题出版重点选题”，入选迎接党的十八大主题出版工程重点图书，并被列入国家出版基金资助项目。全书主题——“不忘历史 振兴中华”。东北抗日联军的历史，是中国共产党历史的一部分，是中国抗日战争历史的一部分。抗日联军以顽强的意志和巨大的牺牲，抒写了中华民族发展历史中的悲壮篇章。作为世界反法西斯战场的一部分都应为世人所铭记。本书由东北烈士纪念馆研究部资深研究员根据东北抗日联军中涌现出的抗日民族英雄的事迹编写而成。全书依史实为据，按时序排列，截取 100 位抗联英雄故事的片断，用故事性语言、艺术画作、烈士遗物图片再现了抗联这段可歌可泣的战斗历史。全景式、多角度地再现了东北抗联的发展、战斗历程，使读者更系统、更全面地了解抗联的历史，为抗联史的研究提供了可靠的平台，为打造丰富的抗联文化品牌提供了有益的尝试。对于读者尤其是青少年来说，是一次深刻的爱国主义教育，尤其对加强未成年人思想道德建设有着深远的现实意义。除回顾历史、缅怀先烈，更重要的是从那段凝重的历史中汲取伟大的精神力量，振奋精神、团结奋斗、锐意创新、勇于开拓。

《人的家园——新文化论》

由李德顺、孙伟平、孙美堂共同撰写完成，黑龙江教育出版社出版。《人的家园——新文化论》是国家新闻出版总署社会主义核心价值体系建设“双百”出版工程首批重点图书之一，得到了国家出版基金的资助。

全书分为三个部分，上篇集中解决文化是什么的问题，从哲学层面较系统地阐述了大文化观的基本内容和观点。中篇对中国文化传统进行深入剖析，以当代中华文化主体的视角对中华传统文化中若干基本理念进行了较为深入的考察和反思。下篇着眼于中华民族的振兴和中国社会现代化的建设，探讨了中国从物质文化、制度文化、精神文化三大文化领域走向现代化所面临的机遇、条件、问题和挑战，对于如何避免转型中的失误，以实现中华文化的现代化和真正复兴，阐明了独到见解。全书内容安排深入浅出，讲解生动细致，适合不同程度的人群阅读。全书言辞犀利而恳切，表达了新时期中国文化工作者面对祖国深厚的文化底蕴而不消极崇古，想要大力改造、发展而又面对全球化趋势的浪潮不盲从，走自己道路的信心。相信无论是对文化一知半解而感兴趣的人，还是从事文化工作对文化有一定研究的人，都能从本书中受到启发。

《内蒙古大兴安岭林区林木种质资源图鉴》

由韩志坚、张重岭、王耀国、徐成才主编，东北林业大学出版社出版。内蒙古大兴安岭林区是我国最大的重点国有林区，其森林生态系统维系着呼伦贝尔大草原、松嫩平原乃至整个东北粮食主产区的生态安全，被称为“北疆的绿色长城”、“祖国北方的重要生态屏障”。林木种质资源是林木多样性的载体，是生物多样性的组成部分，是开展林木育种的基础材料。因此，收集和研究林木种质资源，建设林木种质资源库，建立种质资源开发和利用的材料共享平台是我国林业一项十分紧迫的任务，是一件功在当代，利在千秋的大事。

《内蒙古大兴安岭林区林木种质资源图鉴》作为广大林业工作者的参考工具书，共收录内蒙古大兴安岭林区林木种质资源30科61属180种(含变种及变型)，其中乡土树种142种，外来树种38种。国家II级珍稀保护植物有钻天柳、黄檗、紫椴、红松(人工引种)等4种。内蒙古自治区林木种质资源普查名录中未记载的有47种。每个树种以图片形式展示了全株、茎、叶、花、果等形态特征，附有中名、拉丁名、别名，并简要描述了分布范围、形态特征、生境、繁殖方法、经济价值及用途。该书的出版对内蒙古大兴安岭林区建设林木种质资源库、建立种质资源开发和利用的材料共享平台、建立林木种质资源信息管理系统，制定林木种质资源长期保护与利用规划、实现林业可持续发展具有重要意义。

《黑龙江传》(上、下册)

作者范震威，黑龙江美术出版社出版。该书系黑龙江省精品工程资助项目，“世界读书日”哈尔滨市全民阅读活动推荐图书，荣获第二十一届“金牛杯”铜奖。本书详细介绍了祖国东北黑龙江的由来，是一部记述黑龙江的书。黑龙江同中国人的关系，可以追溯到远古的苍茫岁月。生活在黑龙江流域的肃慎(也称息慎)人，已经同中原、黄河流域的黄帝或其他以后的政权有了密切往来。在此之前，黄帝分封他的二十五个儿子，或布列于内大鲜卑山(鲜卑二字的快读，就是兴安)，被帝舜封为田祖。田祖始均的后代们，有一支居住在大兴安岭北部的嘎仙洞。公元前2231年，是黑龙江原生民最早同中原发生从主关系的时间坐标，居于黑龙江上游大兴安岭及嫩江支流甘河支流嘎仙河畔上的息慎人，成为黑龙江全流域同中原联系的历史象征。从公元前2231年到笔者写竣《黑龙江传》，中间经历了4241年。弱水是黑龙江的第一个名字，比黑龙江这个名要早。黑龙江与黑龙江人，黑龙江的史传，有史以来这是第一部，具有重要的史学价值、研究价值和历史传承意义。

《中国民间情歌精选》

由顾桐山主编，黑龙江美术出版社出版。该书荣获第四届中华优秀出版物奖提名奖。民间情歌是在民间生活的沃土中长成的一树奇花，以抒情示爱为主旨，朴素自然，情真意切，曲调优美，生动多趣。《中国民间情歌精选》举凡333首，涵盖了各民族、各地域较为经典的情歌，并为每一首歌配图，诗画并茂。哲学家从中看到哲学，历史学家看到昔日不见于经传的社会生活历史，作家可以从中找到无尽的创作素材，人类学家从中悟到人类发展的进程，社会学家从中研究各个历史时期底层的社会状况，民俗学家从中看到民俗事项的渊源流变。民间情歌反映了劳动人民纯朴健康的恋爱观和婚姻观，是人民大众生产生活劳动的成果，积聚了中国人民千百年来的生活经验，走过了悠长的历史发展的道路，集中闪烁着中国人民智慧的光辉。从这些民间情歌中，人们感受到爱的伟大和真情的可贵，从而得到一次情感的陶冶和美的感受，并能激发起对幸福的生活的热爱与追求。

《爱铸师魂——学习宣传时代楷模张丽莉英雄事迹读本》

黑龙江少年儿童出版社出版。对平民英雄内在精神价值进行深入浅出、寓教于乐的展现，是出版人的责任。本书由省委书记吉炳轩题写书名，省委常委、宣传部长张效廉作序，副省长程幼东担任编委会主任。该书全面介绍了张丽莉的英雄模范事迹，记录了党和国家领导人及各级领导对张丽莉的关心、慰问及高度评价，再现了社会各界对张丽莉英雄事迹的强烈反响，是学习宣传张丽莉英雄事迹的最好材料，展现了社会主义核心价值体系的基本内涵。读本以全面反映张丽莉英雄事迹为主体，以“学高为师，身正为范，师爱为魂”为主线，充分诠释了张丽莉以挚爱铸就师魂的心路历程，同时为广大读者了解英雄、学习英雄提供了精神食粮，引领了社会新风尚。

《抗战时期黑土作家丛书——萧军集》

黑龙江大学出版社出版。本书为萧军的文集，摘选了其在抗战期间所创作的小说、诗歌、散文等，真实地反映了其在抗日战争中的创作心路历程，具有较高文学艺术价值。本书是《抗战时期黑土作家丛书》中的一种，全套丛书是抗日战争时期(东北沦陷以后至抗日战争胜利)与黑龙江文学有密切关系的作家作品选集，收录了金剑啸、萧红、高兰、萧军、塞克、舒群、罗烽、白朗、罗荪、关沫南等有重要影响的黑土作家的作品。本丛书的出版，将使广大读者以及专业的文学研究者全面了解抗战时期黑龙江的文学创作风貌，无论是对龙江文学的作品解读，还是对龙江文学史的研究，都极具价值。

《风雪人间北大荒——丁玲在北大荒的日子》

作者赵国春，北方文艺出版社出版。作为一部纪实文学作品，《风雪人间北大荒》以饱含感情的笔触叙述描摹了丁玲在北大荒的这段风雨兼程的峥嵘岁月。全书脉络清晰，叙述有条不紊，记录的不仅是一个时代的历史，而且是一位女性文学家和革命家心灵的历史。该书以对历史的严肃检视和对人物心灵的深切体察，确立了其独特的价值。平实的文风之下，丁玲在困境中的坚忍不拔，以及她由此焕发出来的精神光彩，得到了极为充分和自然的展现，令这部作品成为北大荒历史的一缕生动剪影。

《七七级》

北方文艺出版社出版。这是我国第一部全景式描写七七级大学生爱情、学习和工作的长篇小说。“老三届”下乡知青郑风华、黄夫子和“新三届”毕业生韩小冬立志让青春在新的历史时期的教育复兴中闪光。作品以郑风华和郝美丽错位的爱情、教学关系为主线，描写了郑风华、黄夫子和韩小冬这“七七三兄弟”在相同的追求中，在爱情、学业及工作中所遭遇的种种冲击、矛盾纠葛和酸甜苦辣。

作品围绕这些错综复杂的关系，铺展开了七七级大学生，从恢复高考入学到毕业参加工作，30年来广阔的生活画卷。作者本身就是七七级大学生，反映的生活真实，人物个性鲜明，故事曲折生动而又耐人寻味。

《中韩词典》《韩中词典》

黑龙江朝鲜民族出版社出版。作为东北亚最大的中朝、中韩双语出版基地，黑龙江朝鲜民族出版社聘请数十名专家历经十数年的艰苦奋斗，出版了《中韩词典》《韩中词典》。其文化使命就是要纠正已经出现并流传的各种各样的对中韩语言词汇的不正确、不准确的释义，还这些词汇的真实科学内含。《中韩词典》《韩中词典》的出版，代表中国该类出版物一流的出版水平，成为我省实施文化战略、达成“走出去”总目标的具有国际影响力的双语工具书和标志性出版物。

《数学世界探险记》系列图书

哈尔滨工业大学出版社出版。该书在2012年获黑龙江省科普优秀图书殊荣。《数学世界探险记》系列图书是按儿童数学教育内容，为学校和家庭向儿童进行数学教育的数学知识书，每本设计配以贴近儿童生活的画面和文字，让孩子通过看、想、说、数、算等，在探险故事中摸索，尝试和不断发现中步入数学世界。主要特点：一是数形结合。从图表入手，构建数与形结合的数学启蒙模式，变抽象数学为形象数学，以符合孩子们的年龄特点，吸引他们亲近数学。二是玩中学习。给孩子们一把打开数学宝库的金钥匙——兴趣，提供有情景、讲故事、富情趣、多变化、可游戏、贴近少年儿童生活的设计，调动学习积极性，激发求知欲。三是注重操作。孩子们学习数学的三个层次中操作层次是首要的，设计注重让孩子们通过多种形式的操作实践，获取数学感性经验，理解数的概念。四是发展思维。再简单的数学知识和关系也需一番分析与综合，抽象与概括、判断与推理的过程，设计力求充分发掘孩子们的大脑智能和潜力，培养良好的思维品质，以使孩子们终生受益。五是引导欣赏。数学的科学美、抽象美、创造美，让孩子们在探险故事中感知数学独具的美的感染力，吸引力，从中获得智与美的满足，进而喜欢数学。

该套书通过在探险过程中发生的有趣故事讲述数学知识，让孩子们轻轻松松爱上数学。它与目前出版的数学启蒙书相比，是最具趣味性、最系统、数学知识点涵盖面最广的一套书，而且有科学的排序，让家长有径可循。

《黑龙江社会发展报告(2012)》

本书是黑龙江省社会科学院关于“黑龙江省社会形势分析与预测”的第15个年度报告，由社科文献出版社出版。该报告以其丰富的信息以及突出原创性、科学性、权威性、前沿性、前瞻性的特色，得到社会的广泛认同。报告以千份随机抽样问卷调查和专题研究为依据，从社会学的视角客观地描述了2011年黑龙江省人民生活、就业、住房、教育、医疗、社会保障、人口与环境、城镇化发展、社会管理与创新等方面的现状，深入分析了当前黑龙江省社会形势和热点、焦点问题，提出了2012年社会发展的主要趋势和政策建议。本书对全面了解2011年黑龙江省社会发展情况和2012年社会发展趋势具有重要的参考价值。

《黑龙江经济发展报告(2012)》

本书是黑龙江省社会科学院关于“黑龙江经济形势分析与预测”的第15个年度报告，由社科文献出版社出版。报告认为，2011年，黑龙江省在“十二五”规划、“双倍增”目标的激励下，经济保持了快速增长的良好态势；城镇化建设取得了突破性进展；千人问卷调查显示，民众对黑龙江2011年的经济形势总体评价较好。2012年，国内外经济形势依然严峻，在稳定经济增长与抑制通货膨胀中寻求平衡仍是宏观调控的首要任务。黑龙江省要坚持好发展、快发展的目标不放松，以“八大经济区”建设为引领，推进经济持续发展。本书对全面了解2011年黑龙江省经济发展情况和2012年经济发展趋势具有重要的参考价值。

《21世纪初的西伯利亚》

《21世纪初的西伯利亚》是一部译著，原书的主编是俄罗斯科学院西伯利亚分院经济与工业生产组织研究所所长库列绍夫院士，参加撰写工作的还有其他十多位资深的西伯利亚区域经济学家。全书近90万字，共14部分，50章，图文并茂，阐述了西伯利亚经济发展的历史、现状和走势预测，涉及到工业、农业、林业、能源、交通、基础设施、人口、创新经济、投资环境、外经活动等很多重要领域。西伯利亚的开发不仅对今后俄罗斯的发展具有重要的战略意义，而且也关系到中俄区域合作的进程。《21世纪初的西伯利亚》这部精品力作对研究俄罗斯特别是东部地区问题的专家、学者及政界、实业界人士大有裨益，对深入了解东部地区经济社会发展状况具有重要的参考和借鉴作用。

《黑龙江省非物质文化遗产名录图典》

本书作者为宋宏伟，出版单位为黑龙江人民出版社，本书汇集了黑龙江省非物质文化遗产2个世界级、27个国家级、194个省级三级保护项目，简要介绍了项目内容、传承人、保护单位等。该书全面记录了黑龙江省自有命名保护非物质文化遗产以来的全部项目，反映了黑龙江省非物质文化遗产的多样性、特殊性。

《东北三江流域文化丛书》(第二辑)

本书由张树东、吕品等编著，出版单位为黑龙江教育出版社，本丛书内容丰富，在第一辑的基础上，详细地介绍了三江流域少数民族的灿烂文化，图文并茂地描绘了抗日战争时期中国共产党人在三江流域的历史活动，生动地描绘了解放战争时期三江流域的文化名人及其文化活动，填补了三江流域文明研究的空白。该丛书深入探讨了三江流域文明的地域特色及其对中华文明的重要贡献，使许多令人赞叹不已而又鲜为人知的重大历史事件、人物浮出水面，具有重要的学术价值和现实意义。

《犴角号》

本书作者为谭德生，该书是描写我国人口较少的民族——鄂伦春族的第一部长篇小说，民族特色、儿童特色尤为鲜明，故事精彩、曲折，人物形态丰满，文字干练、幽默，是一部难得的也是目前唯一一部描写鄂伦春族的独特作品。历史上，鄂伦春族因为地理、历史的局限，有语言而没有文字，为此造成了文学的劣势，本书的出版，填补了鄂伦春族文学方面的空白。特别是书中对鄂伦春族生产生活习俗、宗教信仰等文化精髓的刻画，使读者对鄂伦春族的传统文化有了一定的了解与认识，起到了宣扬鄂伦春族传统文化的作用。

《一个城市的记忆与梦想
——哈尔滨百年过影》

本书作者为范震威，出版单位为黑龙江美术出版社，本书以时间为经，以事件为纬，从哈尔滨的史前人类遗迹开始，跨越到清政府设官卡，再到19世纪末的历史，再现了哈尔滨经历日本鬼子的侵占与蹂躏、抗联战士浴血斗争以及新中国成立后的飞速发展等历史片段，作者以散文、随笔的方式对哈尔滨从19世纪末到21世纪初的100多年的历程做了散点式的回顾，也对未来哈尔滨的发展做了美好的憧憬，这也是关于哈尔滨历史的第一本书，填补了空白。

《松花江上大型文学系列丛书》

组织创作《松花江上大型文学系列丛书》，来自全国各地的201位作家创作了200余部作品。经过评审委员会的实名制投票排序，遴选出30部优秀作品。首批10部作品于2012年1月出版发行，在北京举行了首发式，其余20部作品于8月份出版发行，在哈尔滨市举办了发行式，并向中国现代文学馆赠阅了图书,同时召开文学丛书座谈会。系列丛书的问世,是哈尔滨市文学创作十几年来的一次大检阅,也是哈尔滨文坛新的希望和生命力,被专家称之为“文学井喷”。

小说《曾国藩发迹史》

汪衍振著,上海锦绣文章出版社出版。道光二十八年(1848 年)的一天下午,38 岁的曾国藩,为表清白,堵住政敌的恶言诽谤,当众把自己脱个精光,光着屁股走进银库清点现银,查清了国库亏空真相。此时已身居四品的曾国藩,一脱惊艳,赢得道光皇帝的空前信任,仕途踏上全新境界。本书讲述的是曾国藩仕途初期,九年内连升十级的谋略与细节。由于这段历史的相关史料一部分毁于战火,一部分被史书刻意回避,百余年来,一直讳莫如深。本书作者耗费 21 年心血,搜阅近千万字珍稀资料,第一次全面揭开曾国藩初入官场前 12 年,一路升迁的谋略与细节,将仕途上升期曾国藩独有的“光屁股精神”阐述得淋漓尽致,堪称一部升迁教科书。

《北大荒精神》

《北大荒精神》由人民出版社出版发行,黑龙江省委宣传部统筹部署,农垦总局党委宣传部与国防大学全军中国特色社会主义制度理论体系研究中心密切合作,历时 4 年完成的一部北大荒思想文化体系研究的重大成果。该书融汇了军队与省农垦总局双方近 20 名理论与实践工作者的智慧和心血,将北大荒精神与井冈山精神、长征精神、延安精神、西柏坡精神以及新中国成立后形成的种种革命精神一并作为应大力弘扬的革命精神,是继《北大荒精神》(1995 年黑龙江人民出版社)之后的又一部精品力作。全书共 21 万字。

《北大荒源流考》

《北大荒源流考》由黑龙江人民出版社出版发行,该书遵循历史唯物主义和辩证唯物主义,运用中国历史地理学理论和地名学知识,追本溯源,从源头梳理了北大荒历史疆域变迁,阐释北大荒文明进程,展现一个由多民族、多元文化构成的开放包容的北大荒。该书以“中国历史地理学”为主脉,以“地名学”演变规律为踪,揭示“北大荒—北国—北疆”沿革发展过程,特别是通过对历史典籍和考古发现的研究,将北大荒的形成及其名称来源、地望方舆变化、民族方国变革、众多方国与中央王朝的统属关系,以及近三千余年中所建城邑、山河的变迁情况进行了考证,进而对北大荒的地理实体进行了准确定位,探寻其四至空间与沿革,确保国家领土主权和民族生存空间,并对北大荒三代人的开发对地理变化的贡献做了纪实。全书 85 万字,分为“北大荒地名、方舆、地望考”等十一章。该书作为现代北大荒文明繁荣昌盛的产物,对更好地传播历史文化、振奋民族精神、弘扬人间正气、塑造时代文明起到不可估量的作用。

《大庆精神:中国共产党的伟大精神》

该书由中共大庆市委宣传部和大庆市社科联联合编辑,由中国广播电视出版社出版。该书收录了近年来市内外专家学者、领导干部关于大庆精神的最新研究成果,总计 31 篇。其中既有发表于报刊的文章,也有座谈发言材料,这些研究成果从不同角度和侧面,较为深入地挖掘了大庆精神作为中国共产党的伟大精神的深刻内涵和时代意义,较为全面地阐述了用大庆精神武装头脑、指导实践的重要作用和实现途径。2012 年正值纪念大庆二次创业 20 周年,这本书的出版,对于更好地宣传推介大庆精神,用大庆精神构建市民核心价值体系,塑造城市人文精神,激励人们不断创业创新创优,加快推进科学和谐跨越发展,建设现代化国际化城市,必将起到重要作用。

“北方作家文丛”第三辑

“北方作家文丛”第三辑是由大庆市作家协会主编,由北方文艺出版社出版。该书收入了大庆近年来创作成绩突出的十位作家作品：有孙彦军的《生活拨浪鼓》(散文集)；蔺全胜的《印记》(散文随笔集)；李广生的《回忆是一种美丽的痛》(散文小说集)；丁丹的《时光花瓣》(诗集)；孙玉章的《涉旅红尘》(诗集)；崔武的《崔武散文选》(散文集)；窦宪君的《没心草》(散文集)；相茵的《独语者》(诗集)；姜宝库的《游子在路上》(诗集)；乔艳波的《手捧书香》(散文集)。

这些作品大多是作者发表在各报刊有关生活感悟的文章，短小、精辟、贴近生活。作品均为作者亲身经历的生活，亲切、真实，具有文献价值。诗歌作品深邃、精辟、哲理性强。

文化建设项目

Wenhua Jianshe xiangmu

农垦 现代化大农业

文化建设项目

中国动漫声音及语音生产平台项目

本项目由黑龙江龙脉影艺影视有限公司负责建设。公司设有先进的音乐创作、制作录音混音系统工作站，拥有目前世界最先进的 PRO TOOLS 录音合成系统，可实现数字与模拟技术的完美结合且灵活多变的制作方式，是目前全国各广播电台中唯一声音类节目的编、导、演、音乐、音效、录制合成、编辑播出、市场运营“一条龙”生产体系的专业制作平台。本平台项目的建立实施，有利于我省动漫产业集群发展、有利于提升声音制作产业公共服务平台能力、有利于提升动漫后期制作整体人才竞争力、有利于树立我省文化产业品牌形象、有利于完善我省文化产业链条建设，对打造中国动漫产业发展规模有着重要意义。

我国年产原创动画 20 万分钟之多，约有 1000 亿元声音产品市场份额，与此同时，有声版图书、故事类广播节目、服务类别语音培训、专业声音制品及新媒体电子设备等有关声音制作市场需求日益增大，以声音为资源的文化产业发展前景广阔，目前全国性的动漫声音和语音产品生产平台还是空白。

“中国动漫声音及语音生产平台”以声音资源优势为切入点，叫响“中国符号，龙江声音”，搭建动漫声音制作平台、动漫配音及声音服务人才培训平台、专业语音制品服务与专业播放器平台、广播电视节目营销与制作播出服务平台、动漫衍生产品市场服务平台，形成以声音制作为中心、市场主体多元化、产业链相对成熟的文化产业框架。本项目建设占地面积 8000 平方米，总投资 1200 万元。预计 3 年营业总额超过 5000 万元，单体项目实行利润比为 35%。依托平台开展动漫后期制作、广播节目销售、专业声音制品、中国听库－专业播放器、影视方面、培训项目、动漫衍生品等项目。

到 2014 年将形成以平台为中心、市场主体多元、动漫产业链相对成熟的产业框架。平台不仅会成为黑龙江省文化产业的主要支柱之一，更会成为我国声音产业的行业引领者，树立中国动漫声音及语音制品的行业标准，推动文化产业大发展，大繁荣。

龙广全媒体电子商务平台项目

本项目由黑龙江瑞科数码科技有限公司负责建设，瑞科数码拥有丰富的增值业务运营经验，是集信息传播、网络营销、文化娱乐等多种功能于一身的服务型企业，为用户提供全新的媒体服务平台。

项目将从以下三个方面进行业务的发展：文化产品的电子商务服务；绿色农产品电子商务；龙广商城电商平台商品的多样化。项目将发挥助力政府中心工作的媒体定位作用，借助传统媒体的广告资源，从媒体宣传方面介入建设基于文化产业的电子商务平台，探索广播购物的新途径，推动黑龙江电子商务行业发展，拓展电子商务的广告市场。

引入电子商务也可以加强企业的信息交流，给企业提供新的商机，减少交易成本以及库存成本等。电子商务以它的快捷、低成本正吸引着越来越多的企业加入其中。

龙广全媒体电子商务采用的模式是“龙广电子商务=传统媒体+新媒体+线下活动+生产基地+物流配送+会员制营销”。

建设规模涉及云计算以及电子商务平台建设

需要投入的服务器以及IDC机房。平台上的电子商务、溯源查询、供应链管理、客户关系管理、呼叫中心、数据挖掘等应用需要进行定制化开发。产品供应需要有1000平方米的仓储中心进行储存以及物流配送团队,至少50坐席的呼叫中心。

预计2013年正式上线后当年实现营业收入150万元,2014年实现销售收入约500万元,全部达产预计实现销售收入800万元。其发挥的社会效益,将提高黑龙江文化产业的电子商务应用水平,增加创收途径,促进文化产业发展;将满足农村市场电子商务的需求,提高农民群众电子商务的应用水平,促进农业经济的发展;帮助消费者解除对于食品安全问题的顾虑,使其可以放心食用绿色农产品,为绿色农产品走向全国市场提供通道和平台,促进黑龙江网络诚信的建设;加速推进创建哈尔滨市电子商务示范城市的工作,带动云计算、物流、呼叫中心、IDC中心等相关产业的发展。

黑龙江广播电视网络股份有限公司

2012年,黑龙江广播电视网络股份有限公司深化网络整合,继续加大有线电视数字化整转力度,加快推进网络基础建设,不断开拓新的领域和增值项目,取得显著经济效益和社会效益。本年度经营收入突破12亿元,同比增长10%;全省广播电视网络第二次增资扩股工作全面完成,公司总资产达29.11亿元;有线电视数字化整转全面推进,数字电视用户达420万户;网络基础设施建设不断加强,新建省级干线网1600公里,有线电视总前端系统平台即将投入使用。

(一)网络整合工作取得新成果

2012年已完成东安有线台全面整合,完成哈轴、省政府、哈工大等大型中省直企事业有线台网业务、技术整合,以及肇州、汤原、克山等小片网整合,整合用户8.5万户。

(二)经营创收再创新高

围绕全年创收11个亿的奋斗目标,科学制定创收项目和经营策略;积极发展有线数字电视用户,确保广播电视用户规模稳步增长;加大工程配套费的收缴力度,实现新的经济增长点;大力开展高清电视、新媒体广告、VOD互动点播、互联网宽带等增值业务,初步形成传统业务和增值业务优势互补、相互融合,共同发展的新格局。

(三)省网直管用户全面实现数字化

加快整转步伐,推动尚未全部实现有线数字电视整转的市县抢抓机遇,迎难而上,确保全部整转;鼓励已经完成整转的市县大力推广高清电视二次转换。2012年整转数字电视用户80余万户,省网直管用户数字化率达100%,其中高清化率达30%。

(四)全面加强广播电视网络基础建设

全面启动NGB(下一代广播电视网)规划建设(该项目已被列入全省“十二五”重点发展专项),加快构建全省有线电视总前端(安全监测)系统综合平台,积极推进全省广播电视干线网建设和各地接入网的升级改造,不断促进全省广播电视网络高速化、双向化、网格化和IP化。2012年,完成城域网新建、改建项目1200余个,为联网市县分公司有线电视数字整转提供了强大的传输保障,形成东、西两环数个大环套小环的安全稳定格局,大大提高了省干线网的传输能力和安全传输等级。全省有线电视总前端(安全监测)系统平台建设已经接近尾声,一个覆盖全省、可管可控、技术领先、功能齐备、多业务繁荣的广播电视网络平台将逐步形成。

黑龙江龙视文化传媒集团有限公司

2012年,黑龙江龙视文化传媒集团实现总收入12080万元,同比增长49%,利润总额289万元,同比增长198%。

(1)完成旅游板块的初步整合。人才、营销、财务、采购基本实现融合发展。通过营销整合,扩大了营销团队的力量;通过财务、人力等工作的统一管理,提高规范化管理水平;初步尝试集中采购,已实现了粮油类和调料类物品的集中采购。旅游板块收入和利润均超额完成任务指标。

(2)优化集团产业结构。通过对龙视通信有限公司进行业务划转调整、对龙视通移动传媒公司实现转让剥离,进一步优化集团产业结构,促进集团经济快速发展。

演艺公司整合内部资源,加强与旅游产业的直接互动,同时积极开发商业演出和其他商业活动、行业晚会等,以打造"龙视演艺"品牌为产业发展战略重点,实现多方共赢。

(3)新兴业务迅速发展。由黑龙江电视台控股的龙视东方电视购物有限公司成立并开始运营。经过经营层和全体员工不懈努力,合作双方在价值观认同和文化磨合上渐趋渐近,公司业绩也逐月走高,从4月份开始试运行时每天销售额6万元,至12月份每天销售额增长到10万元。在上海东方购物先期成立的成都、甘肃、南京等合资公司仍未度过盈亏平衡点的前提下,龙视东方业务增长速度在五家合资公司中是最快的,预计明年即实现盈利。

作为集团公司的另一项新业务,龙视人才服务公司通过积极承揽集团内外的劳务派遣和台内编目工作,使集团产业结构得到进一步完善。

电视剧《闯关东前传》已进入中宣部和央视一套黄金档审查阶段,预计春节之后播出;《警中警之警中兄弟》近期将完成后期制作,利润率预计在50%以上;参股投资的两部电视剧《狂飙支队》和《樱桃》实现税后利润170万元。

经营性节目《风采龙江》,得到了社会各方面的认可。

黑龙江都市传媒有限公司

依照中央领导刘云山在黑龙江电视台视察时做出的"你们可以拿出一个频道(都市频道)进行制播分离试点"的重要指示精神,在省委、省政府的关怀与支持下,2010年1月18日,我省第一个制播分离试点——黑龙江都市传媒有限责任公司正式成立,标志着我省广播电视行业制播体制改革向前迈出了坚实一步。黑龙江都市传媒有限公司是黑龙江电视台独家注资公司,两年来取得了较大发展成效:

(1)节目生产效率极大提高

改革前,都市频道只有三档自办栏目和一档引进编辑类节目,全天节目自制量约为120分钟。改革后陆续制作《王牌美食》、《健康总动员》、《都市不眠夜》、《都市乐翻天》、《都市传奇》、《自游自在》、《沟通》、《娱人行动》、《故事天下》、《小周帮你找工作》、《交锋》、《第一财经》、《特工大挑战》、《第一房产》、《生活魔方》、《都市团购》、《汽车时代》等近20档节目,节目影响力不断提升。

(2)广告创收实力显著增长

2010年广告收入5555.11万元,2011年收入7900.33万元,2012年收入1.1亿元,收入平均年增长率达40%;2010年利润率为13%,2011年利润率达15%,2012年利润率为18%。

(3)积极拓展产业开发

2012年都市传媒依托《第一房产》、《汽车时代》、《自游自在》节目积极向相关的房产、汽车、旅游等潜力巨大的市场要效益,实现了节目制作与产业经营的有机统一;创办《悦都市》;与黑龙江江龙集团合作共同开发五常二河乡葫芦湾风景区"开心农场"项目;举办近百场活动,为都市传媒带来1800万元左右经济效益。

手机电视媒体

2012年,黑龙江电视台全面开展以手机电视为代表的新媒体业务,将内容产业和新媒体运营作为业务发展的重点,努力从单一的播出机构向内容提供商、内容运营商延伸。

筹建中的黑龙江电视台手机电视内容服务平台将依托网络特色,力争建设成为黑龙江省最具权威性的手机视频互动传播平台,制订了三阶段发展步骤,逐步壮大手机电视业务。

(1)基础设施升级改造及推广

搭建符合手机电视技术发展,规划科学合理的技术平台;对台内节目长视频进行碎片化和个性化精加工,研发符合手机电视传播特色的短、频、快节目;实现台、网、手机互动,迅速提升影响力。

(2)研发符合互联网手机传播特性的新型内容

积极进行3G手机客户端的实践与创新，实现传统电视节目与网络电视、手机电视的有机融合；重点打造时政新闻类节目，突出主流媒体的喉舌属性，同时辅以文艺、娱乐、体育等类别节目；发挥手机电视特色，以最快的速度，最真实的记录，第一时间对外发布最真实、最权威的视频新闻；大力发展UGC(用户生产内容)，鼓励网民从单纯的看手机电视转变到积极上传、分享视频，自主有机地组织“个人网络电视内容”；开发各类客户端。

(3)实现多渠道的媒体营销策略

根据未来手机电视业务多元化发展特点，实现多渠道媒体营销策略从三个方面入手，一是加强自身电视业务特点的运作能力，向手机电视用户延伸；二是以品牌优势拓展新的领域以覆盖更多的用户群体，在此基础上开发具有地域特色的符合各种群体的手机电视消费模式；三是根据手机电视业务的消费习惯和消费特点进行创新服务设计。

哈尔滨市印刷出版文化科技产业园区

该项目总投资16亿元，于2011年7月举行开工奠基仪式并入区35家企业，园区项目的详细规划、竖向设计、环评、地勘、建筑设计已完成，并通过预审；园区项目土地指标已落实，完成了土地征迁和平整工作，有3家入区企业进行开工建设，已完成年计划投资8900万元，预计2013年4月底入区企业全面进入主体厂房建设阶段，10月底完成后进入设备进行调试阶段。

黑龙江省新华书店图书配送中心

整体规划和前期手续基本办结，消防、人防、物流现代化等园区内部设计完成，前期已投资2260万元用于支付土地购置费和审批手续费，2012年8月份已完成4家投标施工单位的初审和6家监理公司的候审工作，一期工程投资1.6亿元，预计2013年年底完成主体工程建设，2014年下半年投入使用。

黑龙江新媒体产业基地项目
(绿色包装数字印刷子项目)

该项目已完成了备案确认、环评批复、工程建设和监理招标、规划设计、消防建审等建设审批手续，缴纳了土地出让金和契税，办理了土地证。目前，由省内甲级施工单位黑龙江省建工集团承建的11000平方米的研发、办公综合楼建筑工程已完成外建筑所有工程，累计投资3875万元。下一步将着力拓宽融资渠道，寻找战略投资者，浙江新湖集团、山东华泰集团、江苏泰州油墨厂已明确表示有投资意向。

吉成动画设计有限公司

齐齐哈尔市吉成动画设计有限公司成立于2010年，是一家集动漫人才培养、影视动画制作、文化创意服务、工艺美术设计、品牌形象策划于一体的民营文化企业，现拥有员工59人，是齐齐哈尔市第一家以动漫教学和三维影视动画制作为主要业务的民营文化公司。2011年实现销售收入2000万元，利润400万元，税金100万元；2012年预计实现销售收入2500万元，利润420万元，税金110万元。

公司致力于构建黑龙江省西部地区及辐射内蒙古东部地区最大的动漫人才培养及产业基地，先后为市、省及国家培养输送动漫设计制作专业人才近800人。公司面向齐市16个县区及大庆、绥化、内蒙古等地，宣传推荐毕业生，100%安置就业，实现了民营办学的一个奇迹。积极融入社会，为地方发展助力添薪，参与了大型系列动画片《神鹤丹丹》的前期制作，高标准完成了该片1/4的生产任务，成为央视动画的协作单位。公司先后与齐齐哈尔职业学院、齐齐哈尔大学、齐齐哈尔职业教育中心、鹤文化产业发展中心、丹顶鹤艺术研发中心建立了共建共育关系，有效拓展了教学研发及人才培育的触角，先后被列为铁锋区动画制作教学基地、齐齐哈尔大学动画实训基地、齐齐哈尔市人才培育基地。公司不但汇集了包括毕业于国家重点动漫学校的尖端人才在内的一大批精良的师资力量，而且高薪聘请了中国玛雅讲师来校亲自授课,有效提升了教学层次。公司主营项目有动漫创作、动漫制作外包服务、动漫人才培养。

该基地占地5万平方米,建筑面积5000平方米。其中,生产制作基地3000平方米,人才培养基地2000平方米。项目总投资5500万元。其中,基础设施建设1500万元,设备购置投资1000万元,人才培养投资1000万元,动漫产品制作投资2000万元。项目建成后,将形成原创动漫产品3000分/年、制作产品5000分/年的能力,年销售收入达1亿元,税金550万元。

鹤文化产业园项目

鹤文化产业园项目以打造"城市主题文化品牌"为主线,依托铁锋区扎龙乡得天独厚的地理资源优势,坚持"产业带动文化,产业服务社会,产业促进繁荣"的宗旨,大力实施产业项目化战略,拟于三年内初步建成集"活化资源、物化鹤城、商化经营"为一体的"世界鹤文化特色产业园",进而打造"世界鹤城"。

项目拟选址在齐扎公路21公里处,拟投资25亿元,总用地面积约为15万平方米。计划总建设规模约为35万平方米,其中公共建筑部分约为16万平方米,其余约19万平方米用于招商引资。建设内容包括:多功能综合性的"丹顶鹤文化宫"(文化产业生产设计中心、文化产品展示中心、文化艺术消费中心),以鹤为主题的文化广场、主题公园、鹤类保护知识科普馆,以鹤为主题的文化节以及民族风情餐饮中心等。鹤文化产业园包括:

鹤图展。从生物进化角度陈列鹤的演化过程,运用图解方式说明鹤作为鸟类的共同点和独到之处。

鹤文化视角。搜集整理鹤文化相关书籍资料,建立鹤文化资料库。作为中华民族传统文化一部分,重点演示鹤文化的形成过程以及鹤文化的内涵。制作古代竹简室,进一步阐述中国儒、道、佛文化渊源。

养鹤姑娘徐秀娟蜡像馆。重点展示徐秀娟从满族渔民家庭出生,到个人成长路上爱鹤、养鹤、为鹤溺水牺牲的光荣事迹。设立"中国第一位驯鹤姑娘"标志型图标。

丹顶鹤栖息环境立体展示。设立立体图像展示厅,感受地壳变迁运动变化及湿地形成过程。悬挂世界环卫组织授予的湿地保护标识,设立趣味性保护生态环境答题卡,现场感受生态环境破坏的后果。

游乐区。暖季开放滑、转、碰、升降等大型游乐器械项目;寒季开放溜冰、滑雪、橇车等游乐项目。

生活区。设立原生态农作物采摘园、科技生态园、黑龙江省农作物品种展示园。建立原生态满族村落,开展打马球、赛马等民族传统游艺活动。

穆棱市李范五公园项目

李范五公园位于穆棱市长征路西端的市区西山,公园以出生于穆棱的原林业部第一副部长、原黑龙江省省长李范五同志的名字命名。李范五公园以宣传李范五精神为主线,以弘扬爱国主义为主题,主景区面积23公顷,由山上和山下两部分构成,其中山上由主题教育园、廉政文化园及自然景观组成,山下由主题广场、两个游园和一个健身场组成。公园建设期限三年,将建设成为穆棱市爱国主义教育、革命历史教育及廉政文化宣传基地,集休闲、健身、度假、旅游、观光、集会、演艺、展览等功能于一身,体现新时期穆棱人"激情、敢为、坚韧、包容"的人文精神。

牡丹江中俄文化交流中心项目

作为牡丹江会展中心项目群的主要建筑之一,牡丹江中俄文化交流中心项目位于牡丹江市江南新区城市中轴线——镜泊湖东路以东,与牡丹江北岸的"八女投江"雕塑群隔江相望,并被省发改委、省文化厅列为全省调整产业结构资金支持项目。该项目总投资3亿元,占地面积9031.91平方米,建筑面积30653.72平方米,由主剧场、音乐厅和地下停车场组成。主剧场按1200座标准设计,可容纳1135人,音乐厅按500座标准设计,可容纳638人。该项目于2012年初开始建筑基础施工,截至2012年10月末累计完成投资1.24亿元,并完成主体封闭，计划2013年6月前投入使用。项目建成后，将与牡丹江国际会展中心、联华国际五星级酒店以及乌苏里路金融商贸一条街形成完整的配套服务体系，成为黑龙江省对俄经贸和文化交流的重要功能区。

穆棱文化艺术中心

穆棱文化艺术中心位于穆棱市八面通镇中心地段，面积约16000平方米，项目总投资1.8亿元，于2012年10月开始施工。

按照穆棱市关于加快构建"文化穆棱"及公共文化服务设施建设步伐的总体设想，穆棱文化艺术中心将建设成为一座集图书、博物、文学研究、文化娱乐为一体的综合性活动场所，主要由四部分组成：一是面积为6400平方米的会演大厅，包括900个座位的大会场(大剧院)和不低于350个座位的多功能演播厅；二是面积为3000平方米的文化活动中心，主要包括文化馆、朝族馆、文工团等场所；三是面积为3300平方米的图书馆，主要包括多媒体阅览室、自然科学外借部、社会科学外借部、综合阅览室、少儿阅览室、采编、档案、微机室机房、综合培训室，以及与其他单位共享的300个座位的多功能报告厅；四是面积为3300平方米的博物馆，主要包括陈列区、藏品储藏区、技术及办公用房。

东宁县宣传文化中心

2012年，为深入挖掘国际、国内两大文化产业市场潜能，科学整合中俄远东、东北亚地区的地方特色和文化资源，进一步提升东宁的文化品质和城市内涵，东宁县正式启动了县宣传文化中心项目建设。

东宁县宣传文化中心占地面积14000平方米，建筑面积为11800平方米，总投资9500万元，将进行历史博物馆、城市规划展馆、图书馆、文化馆、城市建设展厅、中俄文化艺术展厅、室外广场等项建设，整个项目预计于2013年底正式投入使用。项目建成后，将有力推动东宁县文化旅游产业的发展，丰富全县人民群众的精神文化需求，提高人民群众的综合文化素质，进一步推动核心文化建设，增强东宁县的文化软实力和城市竞争力。

牡丹江书画摄影基地项目

为吸引全国高端文化进入牡丹江市，2012年，牡丹江市文联依托社会力量，创建了中国美术家协会牡丹江写生创作基地、中国风景名胜区镜泊湖摄影基地、"中国·横道河子油画村"、"龙江书刻"牡丹江创作基地等四个文艺基地。

其中，中国美术家协会牡丹江写生创作基地是中国美术家协会在东北三省设立的唯一一个美术写生创作基地，自2012年7月10日正式签约以来，基地已接待来自省内外的美术名家采风团20余个，为牡丹江市增加美术创作精品、发展旅游文化、扩大城市知名度、提升城市文化品位起到积极的推动作用。中国风景名胜区镜泊湖摄影基地由牡丹江市文联、镜泊湖管委会共同申报，基地自2011年7月启动以来，已成功举办"迷奇火山·秀美镜泊湖"全国摄影大赛，先后邀请国内著名摄影家、主要媒体摄影记者等共计200余人会聚镜泊湖进行实地拍摄和采风创作，有效推动了牡丹江市的摄影创作。"中国·横道河子油画村"由牡丹江市文联依托横道河子百年老镇及俄式建筑群的品牌特色创建而成，该项目预计投资2000万元，规划建设10万平方米，分三期建设。目前，油画村内的油画创作展示基地、百米油画长廊、俄式风情广场等一期工程已经完成；到2015年，将配套建成画家服务接待中心、油画交流、交易、展览中心以及画家创意长廊。"龙江书刻"牡丹江创作基地由牡丹江市文联在黑龙江幼儿师范高等专科学校创建，并在该校开设了刻字艺术课程，吸引了全市100多名刻字作者和300多名在校大学生参与其中。2012年以来，该基地组织创作的刻字作品已有100多件参加了国家和省级展览。

同江市俄罗斯风情园

同江市委、市政府为大力推动文化产业的发展，提升“百年口岸”旅游文化内涵，为同江这座旅游城市树立一个新的城市名片和标志点，规划建设了以文化、生态、休闲、体验为核心，以中俄两国文化为基础，融合中俄两国在艺术、文化及园林等方面风格特色的综合性城市公园俄罗斯风情园。

俄罗斯风情园位于同江市的西北部，风情园西侧距松花江 1 公里。公园西起港口备用地，东至西外环路，北起连港路旁建设用地，南至通港路。规划总用地面积 73 公顷。风情园规划分两期实施。其中一期规划面积为 20 公顷，二期规划面积为 53 公顷，总投资 10000 万元。俄罗斯风情园建设以欧式建筑艺术博览、画之塔、欧风大道、欧式园林为主题，突出欧式风格的建筑园林要素，以画之塔为灵魂，以俄罗斯艺术为主题，定期开展俄罗斯风土民风、民俗的展示，重点是俄罗斯文化艺术展示。俄罗斯风情一条街，以欧式建筑风格为主要特点，集购物、餐饮、旅游、观光、休闲、娱乐为一体，突出俄罗斯的文化、艺术、餐饮等特色。

风情园分成七大功能区，分别是文化风情展示区、休闲体验区、青年儿童活动区、运动健身区、植物观赏区、俄式园林区、生态休闲区。目前一期建设主要以文化风情展示区、休闲体验区、青年儿童活动区、运动健身区、植物观赏区为主要内容。其中，文化风情展示区占地 1.5 公顷，由主入口标志、铺装广场、建筑艺术博览、林荫大道、画之塔、欧式园林、古典雕塑、喷泉、景观灯柱、友谊门廊等组成。休闲体验规划占地面积 5.2 公顷，由天鹅湖、滨水木屋、体验中心、建筑艺术博览、观景平台等功能组成。青年儿童活动区位于风情园的东北侧，占地面积 2.1 公顷。该区是一个集标识性、演艺性、娱乐性等综合功能于一体的空间，主要针对儿童的心理和活动特点设置不同的活动项目，同时还设置小品雕塑、寓言故事小品等增加景观效果。运动健身区占地面积 3.8 公顷，为同江市民提供健身运动的良好场所，设置有健身器材广场、太极拳广场、健足道、散步小径及运动情景雕塑，同时设有花架、座椅等休息设施。植物观赏区规划占地面积 7.2 公顷，有樟子松林、杂木林及塔头等水生植物。规划该区以观赏植物为主，种植观果、观叶、观干等树种，同时种植千屈菜、芦苇、莲花等水生植物，为游客提供一处集观赏、休闲及科普、教育于一体的植物区。

肇源龙江剧艺术中心

肇源龙江剧艺术中心成立于 2012 年，前身为肇源县文工团(成立于 1958 年)，主要进行龙江剧及综艺晚会的创作和演出，是省龙江剧联合体成员之一，现有在编人员 35 人，小型演出剧场 400 平方米。

中心成立以来，成功承办了“莲花节”开幕式大型文艺演出活动，先后创排了大型龙江剧《肇源烽火》、龙江剧《莲花开了》、大型古装龙江剧《莲花仙子》。其中龙江剧《莲花开了》在黑龙江省第三届龙江剧“白淑贤杯”创作剧目评比演出活动中荣获了编剧、编曲、导演、伴奏、表演五项一等奖。与长春和平大戏院联手打造“二人转大舞台”，邀请知名“转星”来肇源演出。2012 年，中心开展对外商演出 50 多场(次)，实现利润 8 万元，进一步拓展了发展空间。

百湖文化广场

百湖文化广场项目，地下部分已经完成，公寓楼 23 层封顶，写字楼 24 层封顶，裙楼已完成四层局部封顶。计划 2013 年 10 月建成投用。

联想科技城项目，“地块一” 各单体全部封顶，将于 2013 年 10 月建成投入使用；“地块二”的云计算中心、科技孵化器、青年创富中心、科技金融中心正在规划设计，2013 年 4 月启动建设。

百湖影视基地项目，影视创作中心、影视多功能演播厅已投入使用，22 层传媒大厦已封顶，数码印务中心及印务车间进行外部装饰及内部施工，两栋综合服务中心进行内部装修，计划 2013 年底全部建成。

百湖数码设计大厦项目，A 座单体进行内外装修，2012 年底达到入驻条件；B 座单体年底完成土建；C 座单体 2012 年 10 月开工，计划 2013 年 7 月全部完工投入使用。

侏罗纪公园项目,过山车已施工28根桩基础;城市漫步A区、B1区、B2区、C区一层顶板浇筑完成;餐厅一层顶板浇筑完成;行政管理及售票一层顶板浇筑完成。

黑龙江国际艺术村项目,主栈桥结构工程已完成;建筑群七个单体主体结构、砌筑已完成,现正进行室内外装修;图腾柱及文化石项目已完成;温泉会馆正在进行主体施工,全部工程计划于2013年10月竣工投入使用。

奥林匹克公园项目,体育场设备安装全部完成,工程全部竣工,各项设备正进行安装和调试;新闻中心项目主体工程基本完工,游泳馆、速滑馆正进行钢结构收尾工程。

阿木塔蒙古风情园项目,哈萨尔文化广场、贵宾别墅包、接待中心、会议中心、就餐中心以及职工公寓主体完成,预计2013年6月全部建成投入使用。

七星峰红色文化旅游景区

双鸭山市集贤县七星峰红色文化旅游景区项目由集贤县腾升投资有限公司施工建设,项目建设起止年限为2012年至2022年,项目总投资23000万元,景区规划总面积165平方公里,按4A级规划建设,由鲁迅美术学院艺术工程总公司负责规划设计。

七星峰红色文化旅游景区将建设占地7000平方米的抗联影视基地,含军部、干校、后方医院等外景地;占地350平方米的抗联瀑景区;占地14000平方米的英雄广场,含英雄广场、抗联英雄纪念碑;占地13000平方米的野外博物馆,用生态标牌、仿真电动动物复原等方式开发鹿饮泉等场景;占地90000平方米的景区服务区,含票务、商务中心等群体建筑和抗联文化演绎场;占地13500平方米的望峰阁景区,含望峰亭、情人谷;占地7500平方米的古城遗址,复原水库北岸山上一处古城遗址;占地30000平方米的烟囱砬子景区,含拓展训练营、滑雪场等景观。

七星峰具有丰富的森林、地质、水体和动物资源,气候温和,集保护、科考、生态、人文为一体。七星峰也是东北抗联的密营地和最大的后方基地,是最具代表性的抗联遗址。景区开发优势明显,景区规划区500公里的范围内覆盖人口400余万。该项目建成后预计年收入4800万元,年缴纳税金1920万元,将吸引更多的国内外旅游客源。

饶河县中俄经贸文化展览交流中心

双鸭山市饶河县中俄经贸文化展览交流中心项目由饶河县鸿饶股份有限公司投资建设,项目总投资14000万元,占地26831平方米,总建筑面积17157平方米。建筑构架为三层,主要包括经贸展览商务洽谈馆、文化馆及体育赛事馆三部分。设立了展区(活动区)、新闻媒体发布区、贵宾区、会议区、办公区等多个功能区。体育赛事馆设3300个观众席位,其中可活动观众席位2100个,可承办国际及国内大型经贸文化展览及举办地区性和全国单项比赛。饶河县中俄经贸文化展览交流中心建成后,预计年均营业收入将达到560万元。该项目对增强城市功能,提高城市品位,推进对外交流合作以及县域经济和社会事业的发展产生积极而深远的影响。

饶河雪松赫哲工艺文化产业中心

双鸭山市饶河雪松赫哲工艺文化产业中心项目由饶河县兴艺赫哲族工艺品作坊投资建设,项目占地面积6800平方米,建筑面积1380平方米。建设内容包含主体主车间厂房750平方米,办公室150平方米,样品展示室150平方米,原料库100平方米,成品库100平方米,化料库50平方米,锅炉房80平方米,鱼皮革生产线一套,鱼皮制品生产线一套。

赫哲族是我国56个民族中人口最少的民族,世代以渔猎为生,自古以来一直生活在黑龙江、松花江、乌苏里江流域。赫哲族独有的桦树皮工艺、鱼皮制作工艺品加工在全省乃至全国都绝无仅有,市场开发前景良好,可以弥补饶河县旅游产品开发利用不足的现状,对推动饶河县经济发展,激活饶河文化旅游市场具有重要意义。

项目建成后,可安排180人就业,为大中专毕业生、下岗失业人员、农村妇女提供就业途径和致富渠道。预计年产鱼皮工艺品5万件、鱼皮具7万件,实现年销售收入6200万元,年上缴税款496万元。该项目可以丰富饶河县旅游纪念品种类,进一步推动县域经济发展,对传承挖掘保护赫哲民族工艺起到积极作用。

勃利县松林玉木雕文化产业园建设项目

勃利县松林玉木雕文化产业园区建设项目由勃利县松林玉木制品加工厂建设,项目占地7.42平方公里,总投资17000万元,计划5年建成。松林玉木雕文化产业园区重点项目包括木雕主题公园、木雕艺术学校、木雕艺术展馆、木雕工艺品加工厂。项目建成后每年将为国家创收500万元,整个园区未来5年将上缴利税千万元。2012年完成投资1300万元。2012年在七台河市新兴区建设原料粗加工区,该区占地14000平方米,计划投入6000万元,主要建设:水上乐园、水上索道、汽车影院、滑草场、野外烧烤露营区、景观大门、红色故事立体雕刻墙、山顶飞机模型等。厂区主建展示馆、培训基地等。

七台河蓝鼎文化旅游观光园建设项目

蓝鼎文化旅游观光园成立于2012年,注册资本2600万元,股份制企业。项目总投资6700万元,项目占地30公顷,该项目位于七台河市茄子河区铁山乡四新村。主要经营范围为:文化旅游、水上游乐园、大雁放飞观光、水产品销售等相关服务。建设内容主要是种养、大雁放飞观光、产品深加工、冷藏、餐饮。该项目计划三年建成,项目是一个以生态开发为宗旨,集科研、种植、养殖、旅游休闲为一体的绿色生态基地,为确保产品优质高产,生态园聘请农业专家为技术指导,将畜禽的养殖与销售,果树、蔬菜的种植,以及观光休闲集于一体。项目建成后可拉动七台河市旅游业快速发展。

北安市文化综合体

北安市文化综合体项目占地面积10万平方米,建筑面积约23万平方米。其中计划建设休闲广场、绿地占地面积2万平方米,商业和住宅开发占地7万平方米,其他配套设施占地面积1万平方米。综合体中拟建文化服务区、文化休闲区和文化消费区三个功能区。文化服务区中拟建电视台、文化中心、文化宫等。文化休闲区中拟建休闲广场、绿地以及其他公益性群众文体设施。文化消费区拟建影剧院、品牌消费品商城。为了丰富建筑内容,拟用一部分土地建设富有现代文化内涵的高档住宅小区。具体建设内容和实际建设面积有待黑龙江文化投资控股集团具体设计而定。

北安市采取招商引资的形式建设文化综合体,通过多方努力,最终与黑龙江文化产业投资控股集团达成投资建设协议,目前,该集团已组成专门工作组进驻北安,开展建设前期准备工作。建成后的北安市文化综合体可辐射周边10个县(市)区、200多万人口,为北安市广大市民和周边市县、农林牧场群众提供一个集影视、科技、文化、娱乐、观光、休闲、消费为一体的综合性文化场所,以满足人们的文化需求,提升北安城市品位及辐射带动能力。

"红灯记"文化产业园

海伦市"红灯记"文化产业园建立于2012年3月,占地面积48594平方米,建筑面积2.3万平方米,是绥北最大的文化产业园。由企业家朱志海投资1亿元,提供80套商服房,作为艺术工作者的活动场所,免租金使用二年。已入驻文学、书法、剪纸、篆刻、油画、国画、根雕、泥塑、葫芦雕刻、筷雕、黑陶、刺绣、古玩、艺术学校、残疾人工艺品制作培训基地和民间工艺等17个艺术门类及组织,进驻园区文化企业44户,从业艺术工作者1382余人。"红灯记"文化产业园现已成为海伦市文化产业项目的聚集地、黑土文化的传承地、新兴文化的创研地,成为集创作、生产、交易、休闲、居住为一体的多功能文化园区。

园区设有200平方米《红灯记》展览馆一处,展有抗联战士用过的实物、《红灯记》原型所用的实物、缴获日军战利品十多件,影视作品《红灯记》宣传画,《红灯记》人物原型的史实资料及《红灯记》原型历史照片等。

为挖掘红色旅游资源,海伦市以进驻园区的艺术团体为主体,组建了"红灯记文学艺术联合会",吸纳海伦市作家协会、书法家协会、摄影家协会、大地书法协会、老兵书法研究会、剪纸学会、雕塑学会、篆刻学会及海伦市残联创业基地等文学艺术团体11家,选举出了主席、名誉主席、秘书长等,现有会员408人。

海伦市"红灯记"文化产业园,采用了全国各地先进成功的管理方式,秉承市场化经营、生产与商场化管理的经营模式,凭借美术工艺专业化、标准化的管理和优惠的招商引资政策,吸入了众多的文化艺术产业户来"红灯记"文化产业园区入驻经营。产品销售到韩国、俄罗斯、新加坡等市场,取得了可观的经济效益。宋广文葫芦雕刻、李永祥书法会馆、老兵书画工作室等,形成了前店后厂,批发直销、产加销一条龙的服务体系。

海伦市"红灯记"文化产业园定位为东北亚文化艺术品交流交易中心,成功引进了绥棱黑陶、兰西亚麻画、伊春桦树皮画、大庆麦秸画,还将积极努力将辽宁、吉林,俄罗斯、韩国、朝鲜、蒙古、日本等地区和国家艺术品迎进园区。该园区建设规划分两期进行,一期建设展销区,二期建设生产区和设计区,最终建成集研发、生产和销售为一体的综合园区。在培养造就一批具有一定影响力的当代青年艺术家的基础上,吸引国内外高端艺术人才来海伦进行艺术交流和创作,设立工作室,生根发芽。项目全面实施后,不仅能满足海伦市日益增加的文化市场需求,还将为海伦带来可观的经济效益。项目投产后年销售收入预计可实现4000万元贸易额,可实现利税500万元。

庆安版画创作营销基地

庆安县版画是以农民创作为主体,以反映农村的田园生活为主题,以构思巧妙意境高远为主线,形成了独特的艺术魅力,受到社会各界的高度评价,有一定的社会认知度。近年来,庆安县农民版画发展迅速,成绩显著,被黑龙江省版画院命名为黑龙江省版画院庆安分院,并设有创作基地。现有版画主创人员40余人,职业创作人员20余人,每年创作版画300幅,生产版画2000幅,销售版画1300幅,年产值150万元,是庆安县文化产业的支柱。

庆安县注重产业文化的发展,把版画作为主打品牌加以扶持和重点建设,并配以专业创作人员和管理人员。解决编制问题,成立了县版画创作室。投入资金120万元,购进了版画制作印刷设备。

2003年5月,庆安县成立了"版画工作者协会",协会制定了自己的章程、确立了组织机构、制定了版画创作方案与发展规划。版画带头人魏巍、杨明军、吴蔚、杨贺岩及文化馆美术组的全体创作者克服各种困难,坚持创作生产,反映北方地域特色、创意新颖、技术过硬的作品参加历届省、市展览,并有很多作品在《黑龙江日报》、《农村报》、《文化生活》、《天鹅月刊》等报纸、杂志上发表。坚持每年选送版画创作人员到省版画院、大庆版画院学习深造,开拓视野,提高水平。举办城镇中小学美术教师版画培训班,提高版画创作水平,在城镇初中一年级开展版画教学,培养版画创作后备人才。

庆安版画之所以向产业化方向迈进,不仅因其拥有艺术水平过硬的创作群体,更因作品具有鲜明的地方特色。版画有油印、水印、丝网印刷几个分类,每个印刷品种都有自己的品牌。庆安版画在创作风格上,既有北大荒版画的传承,也有独特的创作个性和风格,画面上多以小见大,抒情色彩浓厚,写实与装饰结合;明快的色调、夸张变幻的线条和对比强烈的色块,汲取了西方印象派的精华;鸟瞰视角,继承了农民画的传统,形式悦目,富于美感,形成了庆安版画独特的艺术风格。

庆安县的版画销售主要是借大型会议推介,每有重大会议,都举行版画展览,展览会上,客人看好的作品当场进行销售。庆安版画去省进京展览时,也有部分精品被港、澳商家看好,参加展览会也成为版画销售的一条出路。庆安版画还在省版画院开设庆安版画销售专柜,坚持常年销售。并积极参加国家和省市举办的艺术作品展销活动、省内外大型经贸洽谈会和文博会，向外推介庆安版画。

绥棱现代黑陶文化艺术有限公司

绥棱现代黑陶文化艺术有限公司独创的灵透黑陶，具有较高的艺术价值。公司现有员工80余人，年可生产灵透黑陶30000余件，实现税金30余万元。先后被评为中国工艺美术协会理事单位、中国黑陶研究所副所长单位、中国黑陶艺术专业委员会副会长单位。

企业致力于研发创新，经过不懈的努力，取得了丰硕的成果。目前已从当初单一的黑陶作品发展到灵透黑陶、黄陶、漆陶、刻陶、灵光黑陶等五大类，成功获得了"黑色陶器制备方法"、"炎黄陶制备方法"、"油陶制备方法"、"外观设计专利四项"等专利，并在全国首家制定了"黑陶生产标准"(标准号：Q/SXHT001-2008)。

水与火牌灵透黑陶获得了省级名牌称号，被钓鱼台国宾馆选中的就是这类黑陶，其特点是"黑中透亮，亮中透着柔和，柔和中透着灵妙"。早中晚自然光看颜色不同，早上看黑中透青，中午看黑中透紫，晚上看黑中透亮，目前居世界首位，是世界黑陶发展史上的一颗璀璨明珠。企业拥有了高新技术，不断发展壮大，先后在大庆市、五大连池市、山东省龙山镇，建立了分厂，形成了可以调控的市场体系，销售网络遍布大江南北，形成了依靠绥棱，发展全国，走向世界的发展格局。

北林区乡村度假旅游建设项目

北林区放大生态、民俗等资源优势，完善现有景区景点，加快四方台山旅游综合开发项目建设进度，培育优秀旅游企业和精品旅游线路。初步建设以四方台山建设为重点，集人文古迹、民俗风情、农业观光、度假休闲于一体的旅游文化产业基地。黑龙江塞北圣龙农业科技开发有限公司四方台山旅游综合开发项目由山东莱州环宇有限公司投资建设，位于北林区四方台镇欢喜岭水库，总投资10亿元，一期圣龙湖规划投资1.2亿元，一期项目建设起止年限为2012年4月至2013年9月，后续开发预计在5年内完成。项目区内农田广袤，水草茂密，河流纵横，具有开发旅游资源得天独厚的自然环境、生态环境和人文环境。四方台山历史悠久，史称"金兀术点将台"。据出土文物考证，已有1300多年历史，为金代贮粮窑穴，原山有四方形古城墙，黑龙江省人民政府于1990年把四方台山定为省级文物保护单位。项目总规划开发面积近200公顷，项目建设面积15000平方米，涵盖一山、一湖、一寺、一景观，形成以四方台山为主，集滑雪、游泳、度假、寺院于一体的综合旅游风景区。项目全部建成营业后，预计年可实现销售收入6亿元，利润2亿元，税金1亿元。四方台普光寺始建于1995年，2005年投资1000多万元进行大规模扩建，已对外开放，现任主持释传文。金龟山庄是国家AA级旅游景区和全国休闲渔业示范基地，具有风光游、民俗游、生态游和冰雪游等多种旅游资源。自2010年末起，曾在这里连续两年举办了中国黑龙江国际冰雪节绥化冰壶节，2012年冬举办了绥化市首届冰雪节及第三届户外冰壶节。金龟山庄水产养殖已经成为绥化渔业生产和休闲旅游的亮点和名片，2010年被评为省级水产健康养殖示范场；2011年被评为国家级水产健康养殖示范场；2012年特产的鲜鱼申报了"金龟湖"牌商标，被国家农业部授权使用无公害农产品标志，金龟山庄被批准为全国休闲渔业示范基地。

绥化泥河陶艺

2012年，北林区委宣传部针对北林区文艺品牌特色不突出的问题，组织人力进行全面整理挖掘，确定泥河陶艺为重点打造的文化名片，并将其列为区级文化产业建设重要项目。泥河陶，即土陶(黑陶、黄陶、红陶、彩陶)，可上溯到史前，距今至少有五万年。泥河陶艺是土陶的再现，素有中国土陶之乡的北林区已有百年生产烧制历史，第四代传承人陈枢先生继承先人制陶工艺，汲取古今造型精华，使其成为极具寒地黑土特色的艺术品。2012年哈洽会上泥河陶艺成为绥化市文化展区一大亮点，作品《绳锯木断》在第七届中国·龙江国际文化艺术产业博览会上获“创新产品铜奖”。

漠河(国家)森林文化园项目

“漠河(国家)森林文化园”以大兴安岭地区尚处于空白的“森林文化旅游”命名，将观音山、老金沟、采金小镇及原始森林纳入园区内，以“旅游、文化、体验、产业”为核心，以创建国家级森林文化主题公园、国际旅游休闲度假基地为目标，遵循科学规划、可持续发展、突出特色、注重环保、系统性及可操作性原则，在现有基础上形成以森林文化、观音文化及采金文化三大主题为主的文化产业旅游区，规划并建设森林文化主题区，同时对观音文化、采金文化进行更为系统、深入、完善的规划，将“漠河(国家)森林文化园”打造成集旅游、体验、休闲、购物、参观、会议接待、创意、现代服务等于一体的国家级文化旅游产业示范地、国际艺术创意策源地，使之成为“神州北极”的又一大品牌名片。项目规划呈“三区鼎立”格局，由森林文化主题区、观音文化主题区及采金文化主题区组成，分别集中展示各主题资源，对现有资源进行整合，对景点进行重新定位并丰富内涵。项目占地18平方公里，预计总投资58亿元，2012年已投入4000万元，2013年计划投资3亿元，拟在8年内分三期建设完成。

赫哲族民俗风情园项目

目前项目正处在建设中。抚远县抓吉镇赫哲村建设融入赫哲文化的元素，现已建设赫哲新村住房20余栋，鱼文化一条街（百锅宴）已完成工程的40%。同时规划建设赫哲新居200栋及民俗馆等项目。建设规模14000平方米，总投资9500万元，包括200栋赫哲新居、百口大锅宴(百锅宴)、民俗馆、道路基础设施等。

黑瞎子岛东极宝塔景区

省交通厅承建的东极宝塔项目建在抚远黑瞎子岛东部极角，宝塔采用八角形塔身，汉唐风格，塔高81米，共9层。宝塔设太极图案圆形广场，广场直径171米，代表黑瞎子岛回归的171平方公里领土；广场两个极点分别布设龟和麒麟；广场布设60根青石盘龙浮雕杆，周边的56根(民族龙柱)代表中华56个民族，另有4根(四季龙柱)擎天精雕龙柱设置在塔基四角和12根引道龙柱。目前，已完成地宫主体建筑面积803平方米；完成一层裙房基础2300平方米到第八层。完成广场第一道钢筋混凝土挡墙537米，浇筑混凝土1700立方米；广场回填砂50000立方米；56根民族龙柱已竖立完成。现正在进行塔基清理工作，预计11月前完成龙柱、广场雕塑、塔基浮雕等艺术雕塑，12月根据上级确定的计划要求进行验收。建成后，登塔远望，俄罗斯风光尽收眼底。

“华夏东极”太阳广场项目

华夏东极太阳广场，占地约3.6万平方米，总投资3222万元。主要建设内容包括：河口广场、太阳亭、两处游廊、极标、四处华表、四处水榭、两处界碑、四极文化墙、游船码头等。太阳广场背倚祖国、面向东方，三角形的河口沙洲形状如同锋利的军舰舰艏，劈波斩浪，将乌苏里江分为主航道和抚远水道两股。以“起航”为总体景观意象，以高39.5米寓意八面来风的极标雕塑为桅杆，以昂然挑起的河口观景广场为舰艏，象征着中国这艘巨轮正起航驶向东方，而“华夏东极”抚远，正是这艘中华巨轮高昂的船头，每天都在为祖国迎来朝阳。该项目一期工程已于2011年末建设完成并投入使用。

鸡西穆棱河文化产业园区

穆棱河文化产业园区位于鸡西市穆棱河两岸，占地面积400公顷，拥有大剧院、文化展馆、百人铜像雕塑、千米文化防浪墙、演艺广场、文化商城、湿地公园、水上公园、图腾柱广场、浮雕墙广场等多个文化景观，是市民休闲观光、感受鸡西文化底蕴和特色的绝佳去处。

目前，图腾柱广场、浮雕墙广场、穆棱河大剧院已经建成。湿地公园、观光园、穆棱河广场、水上公园建设全面展开,百米百人铜像雕塑已基本安装完成,穆棱河文化馆正在布展。均于今天三月开(复)工。截至2012年已完成投资2000余万元,全年计划投资37000万元。

鸡西版画创作生产中心

鸡西版画以森林、平原、湖泊、湿地、冰雪、矿山为主要创作题材,版画风格深厚、奔放、自然、优美,富有时代气息,具有很强的艺术感染力,许多作品在国家级美术展览中获奖。多次在国内外展示,近百幅作品分别被国内外美术馆、博物馆等单位收藏。鸡西市1993年被国家文化部命名为"中国版画艺术之乡"。版画作品市场广阔,效益可观。

建设1500平方米的版画创作生产中心,成立版画研究开发部,加大版画传承培训力度及版画相关产品的研发工作。年主营收入600万元,年利税50万元,年利润80万元。

虎林众孚木业文化旅游纪念品公司

虎林众孚木业文化旅游纪念品公司是国内首家木制厨房工艺品公司。其中程师傅实木菜墩以世界领先独特的立茬干燥技术为支撑,生产出国内独有的实木菜墩。"程师傅菜墩"和"除夕饺子宴专用厨具"等两个产品荣获了黑龙江省名牌产品称号,"程师傅牌饺子宴厨具"和"木制地图"两个产品被评为第二届中国国际林业产业博览会暨第四届中国义乌国际森林产品博览会金奖。2012年获"黑龙江品牌节推介品牌"。

公司正在研发的"文化家园"包括木制台历、笔筒、花架、艺术书柜、木制美术图板,以及工艺菜几、桌子、椅子等十多个品种。

公司总资产1200万元,其中固定资产800万元,10000平方米厂房。2012年实现销售收入800万元、利润90万元。计划新建生产车间、库房及相关配套设施,购置木制工艺品加工生产线。

鸡西墨玉文化产品

鸡西墨玉发现于穆棱河流域鸡西段,以浅黑色、墨绿色为主,为墨玉家庭一新成员。充分利用鸡西墨玉文化资源,建立鸡西玉石产业,将促进鸡西墨玉乃至全省全国玉石文化的发展。

现已开发生产各类玉件120余种,产值300多万元。主要产品鸡西墨玉印章、鸡西墨玉砚台镇纸作为政府专供礼品,生产1000件,鸡西墨玉公司按目前生产销售水平,年产值为500万元,通过进一步的产品开发和市场开拓,预计2014年的产值将达到2000万元。

荣誉奖励

Rongyu Jiangli

抚远 太阳广场

荣誉奖励

中宣部第十二届精神文明建设“五个一工程”奖优秀作品奖

电影《萧红》
电视剧《松花江上》
舞蹈诗剧《鹤鸣湖》
歌曲《爱我中华》
广播剧《中国有个北大仓》

中宣部第十二届精神文明建设“五个一工程”奖组织工作奖

黑龙江省委宣传部

全国文化体制改革工作先进地区

哈尔滨市
大庆市
鸡西市

全国文化体制改革工作先进单位

大庆文化体育旅游集团公司
侵华日军第七三一部队罪证陈列馆
牡丹江市图书馆
大庆市林甸县花园乡综合文化服务站
鸡西市文化市场综合执法支队

全国文化文物系统“创先争优”活动先进基层党组织

黑龙江艺术职业学院

全国文物系统先进集体

黑龙江省博物馆

全国文物系统先进个人

张凤礼　大庆市博物馆

全国文化市场工作先进集体

牡丹江市文化市场综合执法支队
佳木斯市文化市场综合执法支队

全国文化市场行政执法优秀办案集体

黑龙江省文化市场行政执法总队
双鸭山市文化市场综合执法支队
鹤岗市文化市场综合执法支队
佳木斯市文化市场综合执法支队

“国家舞台艺术精品工程”资助剧目

原创大型现代评剧《半江清澈半江红》
话剧《大湿地》

第四届全国少数民族会演金奖

大型风情音画《达斡尔人》

第五批国家文化产业示范基地

黑龙江省同源文化发展有限公司
黑龙江省伊春市柏承工艺品有限公司

国家文化出口重点企业

黑龙江省冰尚杂技舞蹈演艺制作有限公司
哈尔滨松雷股份有限公司
齐齐哈尔市马戏团
黑龙江省冰雪艺术发展有限公司
东宁县新华美经贸有限公司

牡丹江渤海民族工艺品有限公司
伊春市美江木艺有限责任公司
哈尔滨英立科技开发有限公司
黑龙江龙德天合动漫有限公司
哈尔滨三六九科技开发有限公司
哈尔滨极光文化传播有限公司
哈尔滨品格文化传播有限公司
黑龙江伊瑷斯霹电子音响有限公司
牡丹江和音乐器有限公司
尚志市联宇木业有限责任公司
黑龙江省译捷翻译服务有限责任公司

国家文化出口重点项目

赫哲鱼皮桦树皮工艺品项目

全国“文化共享之星”

杜东林　漠河县北极镇文化资源共享工程服务点

中国新闻奖一等奖

《农耕之梦》　黑龙江人民广播电台

全国广播电影电视系统先进集体

黑龙江电视台新闻中心

全国广播电影电视系统先进个人

张广雷　黑龙江人民广播电台

中国播音主持“金话筒奖”电视播音作品奖

陈　聪　李　莉　黑龙江电视台

全国小说演播艺术家

王淑萍　黑龙江人民广播电台

全国“扫黄打非”先进集体

大庆市“扫黄打非”办公室
牡丹江市文化市场综合执法支队

全国“扫黄打非”先进个人

王恩民　新闻出版局
谷晓龙　鹤岗市
果　然　齐齐哈尔市
姜铁城　佳木斯市

全国新闻出版系统先进集体

黑龙江人民出版社有限公司
黑龙江格言杂志社有限公司
新闻出版局反非法和违禁出版物处

全国新闻出版系统先进工作者

陈东升　鹤岗市

全国新闻出版系统劳动模范

丁一平　黑龙江教育出版社有限公司

全国新闻出版行业第二批领军人才

丁一平　黑龙江教育出版社有限公司
杨殿军　黑龙江日报报业集团

全国农家书屋工程建设突出贡献单位

新闻出版局
新华书店

全国示范农家书屋

哈尔滨市尚志市元宝镇元宝村
哈尔滨市通河县祥顺镇东六方村
齐齐哈尔市富裕县二道湾镇林业村
鸡西市密山市杨木乡朝阳村
鹤岗市绥滨县绥滨镇向日村
双鸭山市尖山区安邦乡双兴村
大庆市林甸县三合乡五星村
大庆市杜尔伯特蒙古族自治县克尔台乡太平庄村
伊春市铁力市工农乡五花村
佳木斯市同江市街津口赫哲族乡卫明村
七台河市勃利县吉兴乡东吉兴村

牡丹江市林口县龙爪镇红林村
黑河市北安市城郊乡建民村
绥化市肇东市昌五镇二街村
大兴安岭地区加格达奇区加北乡加北村

全国农家书屋优秀管理员

陈　丽　哈尔滨市延寿县延河镇平安村
孙绍清　哈尔滨市呼兰区方台镇大方村
黄光磊　齐齐哈尔市龙江县白山乡八村
吕佩春　鸡西市鸡东县平阳镇永长村
王海涛　鹤岗市萝北县团结镇东风村
孟广弟　双鸭山市尖山区安邦乡双兴村
魏景利　大庆市龙凤区前进村
陈宝双　大庆市大同区祝三乡聚宝村
崔永利　伊春市嘉荫县保兴乡马连村
周彦强　佳木斯市同江市街津口赫哲族乡卫星村
曹庆国　七台河市茄子河区中心河乡新立村
刘春艳　牡丹江市东宁县东宁镇北河沿村
杨　永　黑河市爱辉区爱辉镇外三道沟村
王凤林　绥化市庆安县同乐乡同发村
杜东林　大兴安岭地区漠河县北极镇北极村

全国“3·15”质检活动先进集体

新闻出版局
黑龙江新华印刷二厂有限责任公司

全国“3·15”质检活动先进个人

毛宇新　黑龙江出版集团
李双虔　新闻出版鉴定站

2011 年度全国查处侵权盗版案件有功单位(2012 年评出)

黑龙江“3.15”征途私服网络游戏侵权案专案组

2011 年度全国查处侵权盗版案件有功个人(2012 年评出)

闫　石　版权局
何东春　双鸭山市文化市场稽查支队

全国军民共建社会主义精神文明先进单位

哈尔滨市散装水泥办公室
中国移动通信集团黑龙江有限公司黑河分公司

中宣部舆情信息工作先进单位

省委宣传部舆情信息中心

国家互联网信息办舆情信息工作先进单位

省网信办舆情信息处

国家互联网信息办党的十八大网上宣传工作先进个人

刘国民　省网信办

全省宣传文化系统“创先争优”活动先进单位和个人

宣传思想文化工作创新奖

张丽莉同志先进事迹学习宣传活动　佳木斯市委宣传部及省内宣传文化系统有关单位
风情音画《达斡尔人》　齐齐哈尔市委宣传部
哈尔滨风尚”系列活动　哈尔滨市委宣传部
发掘并利用“肃慎文化”牵动“文化大市”建设　鸡西市委宣传部
建设国家级公共文化服务体系示范区　牡丹江市委宣传部
分类实施并完成国有文艺院团改革　省文化厅
“辉煌大庆”2012 北京·大庆文化艺术周活动　大庆市委宣传部
2012 中国国际文化休闲周活动　黑河市委宣传部
开办 CNTV 韩语频道　黑龙江新闻社
开展“学习培训之冬”活动　服务经济社会发展全局　绥化市委宣传部

全省宣传文化系统“创先争优”活动单项工作先进单位

落实文化素质提升工程先进单位

理论武装工作

绥化市委宣传部
齐齐哈尔市委宣传部
大庆市委宣传部
双鸭山市委宣传部
鸡西市委宣传部
黑河市委宣传部
省直机关工委宣传部
省委高校工委宣传部

思想道德建设工作

哈尔滨市委宣传部
佳木斯市委宣传部
哈尔滨铁路局党委宣传部
牡丹江市委宣传部
齐齐哈尔市委宣传部
双鸭山市委宣传部
绥化市委宣传部
鹤岗市委宣传部
黑河市委宣传部

“三优”文明城市创建工作

优秀单位

哈尔滨市委宣传部
牡丹江市委宣传部
大庆市委宣传部
双鸭山市委宣传部
伊春市委宣传部
七台河市委宣传部
大兴安岭地委宣传部

进步单位

齐齐哈尔市委宣传部
佳木斯市委宣传部
鸡西市委宣传部
鹤岗市委宣传部
黑河市委宣传部
绥化市委宣传部

农村精神文明建设工作

哈尔滨市委宣传部
黑河市委宣传部
齐齐哈尔市委宣传部
鸡西市委宣传部
大兴安岭地委宣传部
省森工总局党委宣传部
省农垦总局党委宣传部
黑龙江人民广播电台

未成年人思想道德建设工作

哈尔滨市委宣传部
齐齐哈尔市委宣传部
大庆市委宣传部
大兴安岭地委宣传部
双鸭山市委宣传部
大庆油田党委宣传部

落实文化事业惠民工程先进单位

公共文化服务体系建设工作

大庆市委宣传部
牡丹江市委宣传部
省文化厅
省广播电影电视局
省新闻出版局
齐齐哈尔市委宣传部
双鸭山市委宣传部
绥芬河市委宣传部

大兴安岭地委宣传部

七台河市委宣传部

抚远县委宣传部

落实文化产业开发工程先进单位

文化产业发展工作

哈尔滨市委宣传部

黑龙江广播电视网络股份有限公司

黑龙江电视台

牡丹江市委宣传部

佳木斯市委宣传部

出版工作先进单位

黑龙江出版集团

黑河市委宣传部

落实文化体制创新工程先进单位

文化体制改革工作

哈尔滨市委宣传部

黑龙江人民广播电台

黑龙江出版集团

黑龙江日报报业集团

落实文化精品打造工程先进单位

文化精品创作生产工作

黑龙江人民广播电台

省文化厅

省文学艺术界联合会

黑龙江电视台

黑龙江出版集团

落实文化传播促进工程先进单位

新闻宣传工作

黑龙江日报报业集团

黑龙江电视台

佳木斯市委宣传部

大庆市委宣传部

大兴安岭地委宣传部

东北网络台

省森工总局党委宣传部

鹤岗市委宣传部

对外宣传工作

牡丹江市委宣传部

大庆市委宣传部

大兴安岭地委宣传部

双鸭山市委宣传部

鸡西市委宣传部

绥芬河市委宣传部

伊春市委宣传部

齐齐哈尔市委宣传部

网络文化建设工作

哈尔滨市委宣传部

绥化市委宣传部

哈尔滨铁路局党委宣传部

省直机关工委宣传部

舆情信息工作

佳木斯市委宣传部

绥化市委宣传部

鹤岗市委宣传部

落实文化人才建设工程先进单位

干部人才队伍建设工作

佳木斯市委宣传部

鸡西市委宣传部

伊春市委宣传部

大兴安岭地委宣传部

省社会科学界联合会

落实文化发展保障工程先进单位

调研督办工作

鸡西市委宣传部

绥化市委宣传部

鹤岗市委宣传部
省社会科学院

其他

报刊发行工作先进单位

哈尔滨市委宣传部
齐齐哈尔市委宣传部
牡丹江市委宣传部
佳木斯市委宣传部
大庆市委宣传部
鸡西市委宣传部
双鸭山市委宣传部
伊春市委宣传部
七台河市委宣传部
鹤岗市委宣传部
黑河市委宣传部
绥化市委宣传部
大兴安岭地委宣传部
绥芬河市委宣传部
抚远县委宣传部
省农垦总局党委宣传部
省森工总局党委宣传部
哈尔滨铁路局党委宣传部
大庆油田党委宣传部
省委高校工委宣传部
黑龙江出版集团

全省优秀宣传文化干部

苏晓明　哈尔滨市通河县委常委、宣传部长
王向东　哈尔滨市木兰县吉兴乡综合文化站站长
刘志强　齐齐哈尔市泰来县江桥蒙古族镇党委宣传委员
王富华　牡丹江市穆棱市马桥河镇党委宣传委员
崔国新　佳木斯市委宣传部干部科科长
李玉忠　佳木斯市郊区四丰乡党委宣传委员
贾海燕　大庆市委宣传部宣教科科长
王宪丽　大庆市杜尔伯特县泰康镇党委宣传委员
隋云岩　鸡西市密山市和平朝鲜族乡党委宣传委员
李国金　双鸭山市宝清县委宣传部副部长
魏景利　伊春市铁力市工农乡党委宣传委员
王世骏　七台河市委宣传部理论科科长
荀亚茹　鹤岗市委宣传部新闻科科长
于俊庆　黑河市逊克县文化广播电视局副局长
刘向东　绥化市庆安县文工团团长
牟海军　大兴安岭地区文明办主任科员
钟　攀　绥芬河市委宣传部副部长
陈茂贤　抚远县文化广电新闻出版局副局长
史桂霞　省农垦总局党委宣传部调研员、副部长
姜春雷　哈尔滨铁路局党委宣传部副部长
于　涛　大庆油田党委宣传部企业文化科科长
牟曦东　省直机关工委宣传部副主任科员
裘　杰　省委高校工委宣传部部长
李玉田　省广播电影电视局办公室主任
金　威　黑龙江人民广播电台新闻中心主任
包临轩　黑龙江日报报业集团生活报社社长
任国君　省新闻出版局印刷发行管理处副处长
孙　琦　省社会科学界联合会主任科员
张新民　省京剧院院长
段君凯　黑龙江电视台都市频道副总监

第七届黑龙江省“十佳文艺工作者”

黑　鹤　全勇先

第七届黑龙江省文艺奖一等奖

报告文学《仰视你北大荒》　贾宏图
长篇小说《狂奔穿越黑夜》　常新港

黑龙江省新闻一等奖

黑龙江人民广播电台

《他，让建筑诉说历史》
《乌苏人家的守望》
《龙江粮熟天下丰足》
《追寻红色印记》
《行风热线》
《救助哈工大附中 14 岁白血病女孩王新迪》
《医泽北国南疆构建跨省医疗》

《黑龙江大小兴安岭全面停止主伐》

黑龙江电视台

《新闻联播》12月12日编排

《一生只为两个字》

《羊肉卷的秘密》

《“北大仓”助力全球粮食安全》

《场县共建:双城、五常不一样》

《难产的供热补偿款》

《寻回》

《保护湿地　构筑北大荒生态屏障》

《黑龙江:保障性住房建设圆百姓安居梦》

《千里送温暖》

黑龙江网络广播电视台

《红色家园—黑龙江爱国主义教育基地网上展馆》

第四届全省“十佳和谐单位(家庭)”获奖名单

十佳和谐机关

伊春市工商行政管理局

中共黑龙江省委统战部

哈尔滨市南岗区地方税务局

省森工总局桦南林业局

鹤岗市物价监督管理局

黑龙江省镜泊湖风景名胜区自然保护区管理委员会

大庆市龙凤区人民检察院

中共黑龙江省委组织部

中共黑龙江省委政策研究室

大庆市庆北新城开发建设管委会

十佳和谐企业

黑龙江出版集团

哈尔滨物业供热集团有限责任公司

七台河电业局

省森工总局绥棱林业局

伊春市桃山林业局

黑龙江青化民爆器材有限公司

哈尔滨铁路局绥化工务段

大兴安岭新林林场

哈电集团哈尔滨汽轮机厂有限责任公司

鸡西天盛非金属矿业有限公司

十佳和谐社区

拜泉县国富镇自治社区

黑河市爱辉区花园街博文社区

富锦市繁荣社区管理处

北安市和平办弘北社区

哈尔滨南岗区荣市街道三姓社区

齐齐哈尔市建华区西大桥街道办事处方兴社区

大兴安岭加格达奇曙光社区

牡丹江市东安区新安街道办事处柴市社区

鸡东县振兴社区

农垦建三江管理局八五九农场街道社区

十佳和谐村屯

五常市二河乡新庄村

嘉荫县向阳乡雪水温村

兰西县远大乡胜利村

富裕县绍文乡齐心村

林甸县东兴乡旭日村

孙吴县西兴乡平度村

宁安市渤海镇江西村

宝清县夹信子镇徐马村

农垦北兴农场第四作业站

萝北县团结镇勤俭村

十佳和谐校园

黑龙江中医药大学佳木斯学院

七台河市第十中学

肇源县超等蒙古族乡学校

大庆市第三十六中学

齐齐哈尔中学

大兴安岭呼玛二小学

哈尔滨市第九中学校

哈尔滨工业大学

森工苇河林业局高级中学
哈尔滨德强商务学院

十佳和谐家庭

赵龙、吴喜亮家庭(森工)
马才锐家庭(农垦)
王凯、王锐家庭(绥化)
王洪涛、王虹家庭(省直)
姜丽芹、王云辉家庭(佳木斯)
郭肖岐家庭(鸡西)
吕帅军、王胜男家庭(哈尔滨铁路局)
赵冬梅和巴特家庭(省直)
任宪武、陈兆英家庭(双鸭山)
马健、于英家庭(省直)

第四届全省和谐单位(家庭)获奖名单

和谐机关

佳木斯市住房保障局
齐齐哈尔市工商行政管理局
鹤岗市文化广电新闻出版局
七台河市教育局
青冈县财政局
审计署驻哈办
黑河市城市管理行政执法局
大兴安岭呼中区委宣传部
七台河市民政局
绥化市安达市房产管理局
齐齐哈尔市直属机关工委
汤原县财政局
大庆油田直属机关
双鸭山市地税局
中共鸡西市委组织部
牡丹江市经济合作促进局
哈尔滨市政府行政服务中心
省政协办公厅
双鸭山市商务局
省农垦总局江滨农场机关

和谐企业

华电能源股份有限公司富拉尔基热电厂
中国联通萝北县分公司
双鸭山市兴亚商厦
黑龙江比优特商贸有限责任公司
林口县邮政局
牡丹江热电有限公司
黑龙江恰恰知心仁食品有限公司
龙江银行七台河分行
孙吴县移动分公司
绥化市华辰实业有限公司
大庆油田有限责任公司化工有限公司
大唐黑龙江电力技术开发有限公司
黑龙江珍宝岛药业股份有限公司
大庆东华油气开发股份有限公司
佳木斯电业局
大庆市东安阳光商场
龙煤双鸭山分公司新安煤矿
嫩江县自来水公司
省农垦总局红旗岭农场
大兴安岭农工商联合公司

和谐社区

哈尔滨市道里区新华街道办事处乡政社区
七台河市桃山区桃南街道运管社区
大庆市红岗区八百垧街道远航社区
双鸭山市尖山区铁西街道民生社区
鹤岗市兴山区岭南办事处东华社区
庆安县庆丰社区
牡丹江市爱民区泰安社区
双鸭山市四方台集贤办翠园社区
密山市中心街道办事处学府社区
佳木斯市东风区育宾社区
大兴安岭韩家园林业局家园社区
农垦格球山农场社区
尚志市尚志镇红星社区
森工绥棱林业局红星社区简要事迹
鹤岗市南山区麓林山办麓强社区

大庆市大同区庆葡街道葡北社区居委会
森工东京城林业局公共事业管理处第一社区
伊春区前进街道新欣社区
铁力市铁力镇向阳社区
大庆油田杏南小区

和谐村屯

七台河市茄子河区茄子河镇东胜村
集贤县兴安乡仁德村
农垦二九〇农场第三管理区
逊克县车陆乡宏伟村
安达市卧里屯乡东清村
鸡西市城子河区永丰乡永红村
塔河县开库康乡开库康村
杜尔伯特县他拉哈镇永升村
哈尔滨市呼兰区双井街道办事处护路村
铁力市年丰朝鲜族乡吉松村
齐齐哈尔市铁锋区扎龙乡先锋村
穆棱市下城子镇保安村
同江市八岔赫哲族乡八岔村
鸡西市鸡冠区经星乡红星村
依兰县宏克力镇哈蜚村
佳木斯市郊区沿江乡黑通村
七台河市勃利县永恒乡丰收村
海伦市向荣乡向新村
鹤岗市兴安区红旗镇新农村
双鸭山林业局宝山中心林场

和谐校园

哈尔滨市第一二二中学校
伊春市实验小学
齐齐哈尔市龙沙区永安小学
七台河市第七小学
肇东市第十一中学
农垦红兴隆管理局局直中学
佳木斯市第十一小学
庆安县第四中学
双鸭山市第一中学
鹤岗市红军小学
哈尔滨市铁岭小学校
五大连池市第二中学
黑河市实验小学
鹤岗市第十七中学
东宁县朝鲜族中学
大兴安岭松岭二小学
牡丹江市职业教育中心学校
铁力林业局第一中学
鸡西市鸡冠区第九中学
鸡西市麻山区英林学校

和谐家庭

李凯荣、杨文学家庭(大庆)
全继英、任海峰家庭(大庆)
林　海、孙翠霞家庭(牡丹江)
张　宇、李秀莲家庭(七台河)
陈宪法、葛春林家庭(大兴安岭)
杨俊荣、李志国家庭(黑河)
雷永祥、刘玉梅家庭(伊春)
杨光星、冯思瑶家庭(佳木斯)
张津礼、唱云华家庭(哈尔滨)
成凤余、宋传礼家庭(鹤岗)
阚新红、李国纯家庭(黑河)
姜道龙、王淑春家庭(鹤岗)
王素香、孟宪宇家庭(哈尔滨)
聂兰凤、韦洪基家庭(牡丹江)
王乃芝、崔云英家庭(大兴安岭)
王春艳、李学军家庭(哈尔滨)
赵春波、郭守峰家庭(齐齐哈尔)
王志明、代其蕊家庭(齐齐哈尔)
张文才、刘淑杰家庭(绥化)
刘庆君、夏忠秀家庭(鸡西)

领导讲话

Lingdao Jianghua

领导讲话

在全省国有文艺院团体制改革推进会议上的讲话

省委常委、副省长　刘国中

这次会议是省委、省政府决定召开的。会议的主要任务是贯彻落实中央和省委、省政府关于深化文化体制改革的要求，总结近年来国有文艺院团体制改革进展情况，部署下一阶段国有文艺院团体制改革任务。刚才，程幼东副省长宣读了《关于加快全省国有文艺院团体制改革的实施意见》，各地各有关部门要认真抓好贯彻落实。下面，我讲三点意见。

一、全省国有文艺院团体制改革取得积极进展，当前加快推进改革的时间紧迫、任务艰巨、责任重大

深化文化体制改革，是中央着眼于我国经济社会发展全局作出的重大决策。经过多年试点和准备，2009年改革进入全面铺开、快速推进的阶段。从全国看，最早实现转企改制的江苏演艺集团2010年实现营业收入1.25亿元，人均收入8.2万元，比转制前分别增长了16.4倍和4.8倍。安徽演艺集团在组建集团后又联合省内28家演艺单位组建安徽演出联盟，2011年演出场次达2155场，经营收入4500万元。目前，全国通过转企改制、整合资源，组建起的演艺集团公司达50余家。中国东方演艺集团有限公司、重庆演艺集团有限责任公司等也相继迈入营业收入超亿元行列。

在中央的统一部署下，全省各级党委、政府将国有文艺院团体制改革摆上重要工作日程，加强领导、全力推进，各级党委宣传部门和各级政府文化部门积极行动、狠抓落实，全省国有文艺院团体制改革取得了积极进展。

一是转企改制取得新的突破，国有文艺院团市场拓展能力进一步增强。2009年，省委、省政府作出加快推进文化体制改革的决定后，我省文化体制改革扎实推进。全省国有文艺院团由94家整合到79家，演艺业结构调整步伐不断加快，文化艺术资源配置进一步优化，拓展市场能力和整体发展实力明显增强。哈尔滨、大庆3个试点市在全省率先组建演艺集团，2011年大庆文化集团演出300余场，实现营业额2000万元，哈尔滨演艺集团演出1996场，实现纯收入557万元。哈尔滨、大庆、鸡西3市在今年全国文化体制改革工作会议上被评为全国文化体制改革先进单位。2009年省杂技团作为改革试点单位，转企改制为省冰尚杂技舞蹈演艺制作有限公司后，连续打造了《幻境极光》、《舞向蔚蓝》等6台大型杂技主题晚会，开拓了以色列、美国等国外演出市场，在北京的驻场演出场次已达700余场，接待观众50余万人次，实现了票房演出收入超千万。这些探索与实践，为国有文艺院团全面改革积累了经验，奠定了基础。

二是改革的思路日益明确，改革的政策日趋完善。省委十届十八次全会认真贯彻党的十七届六中全会精神，将国有文艺院团体制改革列为重点突破的改革任务之一。今年以来，先后召开省委常委办公会议和省政府第70次常务会议，研究部署国有文艺院团体制改革工作，吉炳轩书记和王宪魁省长分别做出重要指示，提出了改革的基本思路，明确了政策的总体框架，完善了工作的领导机制。张效廉部长、程幼东副省长多次听取汇报，部署改革工作。省文化体制改革和发展工作领导小组成员单位，深入各级院团调查研究，摸清底数，了解诉求，听取建议。在学习借鉴外省市成功经验的基础上，省及各地都形成了改革方案，这次印发的《关于加快全省国有文艺院团体制改革的实施意见》和《黑龙江省演艺集团有限责任公司组建方案》，对改革的思路、政策、步骤、措施等都进一步作出规定，这标志着我省国有文艺院团体制改革取得了实质性进展。各级宣传、发改、财政、编制、人社、国土、工商、税务等部门，站在全省高度，从改革大局出发，积极研究提出一系列更加优惠、更具操作性的政策，为改革的顺利推进发挥了保障作用。

三是干部职工参与改革的积极性得到充分调动，加快推进改革的氛围更加浓厚。各地认真学习中央和我省关于国有文艺院团体制改革的一系列重要精神，坚持以人为本，把维护职工的合法权益作为制定改革政策的出发点和落脚点，尊重职工的主体地位。及时地把省委、省政府对改制院团的关怀传达到每一位干部职工，听取和吸纳合理诉求和建议，做好政策解读和思想疏导，使广大文艺工作者对改革的认识不断深化，参与改革的积极性不断提高。各级党委、政府能够把中央和省委、省政府的要求与本地实际紧密结合，积极探索研究本地国有文艺院团体制改革的模式与路径，制定落实改革方案和配套政策。多数地方的主要领导高度重视，切实狠抓改革“路线图”、“时间表”和“任务书”的落实，推动了改革进程的加快。

国有文艺院团体制改革是文化体制改革的重要内容，直接关系文化体制改革的整体进程与成效，关系改革目标任务的如期完成。我们要看到，深化国有文艺院团体制改革是党中央在市场经济条件下繁荣发展文艺事业的重大举措，是我省文艺院团抢抓机遇、加快发展的必由之路，我们只有加快改革创新，才能更大限度地解放发展文艺生产力，更好地满足人民群众多样化、多层次、多方面的文化需求。我们更要看到，改革的目的是文艺的繁荣和发展，而绝不是政府“甩包袱”。在改革过程中，政府的扶持只会加强，不会削弱，政府的责任只会加强，不会削弱。改革是要通过改变院团发展体制和政府扶持方式，让文艺院团通过进入市场获得更多发展资源，在竞争中做大做强。当前改革的目标任务和完成时限已经明确，从全省看还有大量艰苦细致的工作要做，可以说各级党委、政府的责任十分重大。各地各有关部门必须把思想统一到党的十七届六中全会和省委十届十八次全会精神上来，坚定信心，认真负责，攻坚克难，扎实工作，确保改革任务如期完成。

二、结合实际，制定好工作措施和方案，加快推进国有文艺院团体制改革

在“区别对待、分类指导”的总原则下，根据国有文艺院团的不同性质和功能，中央提出了“五个一批”的改革意见，即转制一批、整合一批、撤销一批、划转一批、保留一批，要求各地结合实际情况，自行选择，我省主要采取四种方式。一是进行转企改制，将省杂技团、省歌舞剧院、省曲艺团、北方剧场整体转企改制，组建黑龙江省演艺集团有限责任公司，成为独立企业法人。二是经中央批准，保留黑龙江省京剧院。三是进行划转，将黑龙江省龙江剧院和黑龙江省评剧院分别更名为黑龙江省龙江剧艺术中心和黑龙江省评剧艺术中心。四是进行整合，将哈尔滨市京剧评剧院整合到省京剧院、省评剧艺术中心。市(地)、县国有文艺院团体制改革的模式，各地可结合实际按以下要求自行确定。

一要坚决执行中央决定。2011年中央公布了国有文艺院团体制改革予以保留事业单位的院团名单，重申中央确定的保留事业单位性质的国有文艺院团名单不再更改，各地也不得自行确定新的保留事业单位性质院团。我省只有省京剧院列入了中央公布的予以保留的院团名单，各市(地)、县在确定国有文艺院团体制改革的模式时不得再按“保留一批”方式进行，只能采取四种方式，即：转制一批、整合一批、撤销一批、划转一批。

二要认真选择改革模式。各地要准确理解“四个一批”的内涵，准确把握“四个一批”的条件与标准。在转制方面，一般国有文艺院团都要转制为企业，今后不再新设或恢复事业单位性质的文艺院团。在整合方面，要把转制改革与资源整合、结构调整结合起来，同一个城市内不同层级的同类国有文艺院团，原则上要予以合并。鼓励转制院团以资本为纽带，跨区域、跨所有制进行兼并重组。通过资源整合，引进战略投资者，不断壮大国有演艺企业实力，培育演艺产业的骨干企业。在撤销方面，少数经营困难、不具备进入市场条件，也不具备基本创作演出条件，不宜再保留建制的国有文艺院团，应提出注销申请，报同级文化行政部门和编制管理部门批准，依法履行注销手续。在划转方面，地方戏曲、曲艺等国有文艺院团中，演出剧种、曲种属濒危稀有且具有重要文化遗产价值的，按照规定的程序和权限经批准可不再保留文艺院团建制，可转为公益性的保护、研究和传承机构，或将相关保护传承职能连同相关人员、编制和经费转入当地文化馆、群众艺术馆、艺术院校、艺术研究院所等机构，专门从事研究、传承和展演。不管采取哪种方式进行改革，都要着眼于长远发展，通过改革创新体制机制，转变发展方式，激发生机与活力，努力形成出人才、出精品、出效益的良好局面。

三要准确把握支持政策。国有文艺院团大部分底子薄、包袱重，经费自给率低，盈利能力弱，在我省演艺市场发育程度还比较低的情况下，各地各有关部门要加大对国有文艺院团转企改制改革的支持力度。为推进文化体制改革，中央和省委、省政府制定出台了一系列扶持政策，这些政策都体现在《实施意见》中。主要包括三个方面。一是在国家政策的基础上有所突破。省财政平均对每个转企改制的省属国有文艺院团给予一次性经费补助1000万元，主要用于公司注册资金、设备和服装购置。二是最大限度保证转制院团和演职人员的利益。过渡期内，在财政投入、税收减免等方面对转制院团的优惠政策保持不变。对于在编在职人员通过实名制的方式，解除其后顾之忧。三是兼顾当前改革与长远发展。院团转企改制后，原有正常事业费继续拨付，在专项资金、政府购买服务、演出场次补贴等方面加大支持力度，总体支持力度要高于改革前的水平，以利于改革院团的后续发展。各市（地）、县要认真研究，参照省里的做法制定好各自的优惠政策，总的要求是对转企改制院团的支持力度只能加大不能减小。

四要全面落实改革任务。6月底前完成国有文艺院团体制改革，是中央和省委确定的时限。各级文化体制改革和发展工作领导小组和宣传、文化部门要迅速进入攻坚收尾阶段，加快推进国有文艺院团体制改革步伐，确保如期完成改革任务。确定转企改制的院团，要尽快完成企业工商注册登记，核销事业编制，注销事业单位法人，与职工签订劳动合同，按照企业办法参加社会保险。确定划转、撤销、整合的院团，要依法依规履行相关手续。改革必然涉及利益调整，尤其是一些院团由事业单位转制为企业，不论怎样讲，职工的心理都会有不同程度的波动。各地要把改革的形势和任务向职工讲清楚，要把党委、政府对院团和艺术家的关怀讲清楚，要把改革的政策保障讲清楚，关键要向大家交底，让大家心里有底，使转制院团和干部职工理解改革、支持改革、积极参与改革。要通过周密、细致的工作，积极稳妥地推进改革。

三、加强领导，确保国有文艺院团体制改革任务如期完成

一要摆上重要位置。各级党委、政府要切实把国有文艺院团体制改革纳入重要议事日程，主要领导要负总责，分管领导要具体抓。要进一步坚持和完善“党委统一领导、政府组织实施、宣传部门协调指导、文化行政主管部门具体落实、各有关部门密切配合”的领导体制和工作机制，形成推动改革的工作合力。各级文化体制改革和发展工作领导小组要切实发挥统筹领导作用，精心组织实施，确保各项任务落到实处。

二要落实相关政策。国有文艺院团体制改革涉及面广，政策性强，情况复杂，需要各地各有关部门的共同努力。各级宣传、文化、财政、人社、编制、工商、土地、税务等部门要通力合作，密切配合，按照责任分工，发挥各自职能，对改革中遇到的重点难点问题，要"特事特办"，积极给予支持。省直院团改革所涉及的政策，相关部门要抓紧兑现落实。

三要加强督促检查。推进改革既要保证时间进度，更要严格标准，特别是转企改制要"真改真转"，切实做到"可核查、不可逆"。对院团改革任务完成情况，各地各有关部门要按照验收标准组织检查验收，及时查找不足，不断完善提高，确保改革健康有序、如期完成、取得实效。七月份，中央和省里要组织开展督查验收工作。

全面实施文化科学发展工程
开创宣传思想文化工作新局面

省委常委、宣传部长　张效廉

1月4日，全国宣传部长会议在北京召开，李长春同志和刘云山同志发表重要讲话。1月15日，省委常委会听取了全国宣传部长会议精神和贯彻落实意见的汇报。省委书记吉炳轩强调：做好今年的宣传工作，一定要贯彻落实好六中全会精神和省委全会提出的各项任务要求，全面推进"八大工程"建设；一定要把迎接宣传贯彻党的十八大和省第十一次党代会作为宣传工作的重中之重，努力营造健康向上的舆论氛围；一定要持之以恒地抓好"三优"文明城市创建工程。

2012年是学习宣传贯彻党的十七届六中全会精神、迎接党的十八大和省第十一次党代会胜利召开的重要一年，是深入贯彻省委十届十八次全会精神，推进文化建设"八大工程"的关键之年。做好今年的宣传思想文化工作，机遇宝贵、意义重大。下面，我就抓好今年的工作讲五点意见。概括起来就是五句话：把握宝贵经验、抓住难得机遇、实施文化工程、突出重点工作、明确原则要求。

一、把握宝贵经验

在全国宣传部长会议上，李长春同志把党的十六大以来十年的宣传思想文化工作纳入到我国科学发展、社会主义建设的波澜壮阔的历史进程中，进行了一次全景式、扫描式的回顾，对我们实践探索积累的宝贵经验进行了精辟概括。从我省情况看，近些年来，特别是2008年以来，全省宣传思想文化战线认真贯彻中央和省委的决策部署，按照高举旗帜、围绕大局、服务人民、改革创新的总要求，真抓实干，积极探索，大胆创新，努力为全省经济社会发展提供有力的思想保证、舆论支持、精神动力和文化条件，历程极不平凡，成绩来之不易，经验弥足珍贵。

1. 高举旗帜、保持一致，始终坚持把坚定正确的政治立场作为宣传思想文化工作的根本保证。高举旗帜，就是高举中国特色社会主义伟大旗帜，坚持马克思主义在意识形态领域的指导地位，全面贯彻科学发展观，努力用党的理论创新成果武装党员、教育人民；保持一致，就是在思想上、政治上、行动上始终同党中央和省委保持高度一致，坚决贯彻中央和省委精神，坚决维护中央和省委权威，努力把干部群众的思想统一到中央和省委的要求部署上来。近年来，我们坚持把学习宣传贯彻党的十七大和十七届三中、四中、五中、六中全会精神作为头等大事，着力宣传"一面旗帜、一条道路、一个理论体系、一套制度"，加强和改进各级党委（党组）中心组学习，扎实推进学习型党组织建设，召开理论研讨会，编写通俗理论读物，拍摄播出大型理论文献片，统一全省广大干部群众思想，推动科学发展观入脑入心。

2. 围绕中心、服务大局，始终坚持把推动我省经济社会更好更快发展作为宣传思想文化工作的根本职责。围绕中心，就是围绕经济建设这个中心；服务大局，就是服从服务于党和国家工作大局，推动党委政府各项战略决策部署的贯彻落实。近年来，我们以科学发展为主题，以加快转变经济发展方式为主线，紧紧围绕省委省政府"八大经济区"和"十大工程"发展战略，着力组织开展"振兴中的黑龙江"、"崛起中的黑龙江"、"辉煌十一五展望十二五”、“促发展、求实效、惠民生”、“龙江交通建设巡礼”、“粮食大丰收”等一系列主题宣传战役，在全省营造了聚精会神搞建设、一心一意谋发展的良好氛围。围绕全省经济社会发展重大理论实践问题，组织社科理论界选题破题，推出了《北国风光显神韵》、《龙江崛起在此时》等一系列有价值的研究成果，为省委省政府科学决策提供了重要咨询。成功举办5届网络媒体龙江行，一年一个主题，邀请人民网、新华网等国内主要新闻网站记者深入全省各地采访，报道我省经济社会发展成就和城乡巨大变化，形成了龙江形象网上宣传强势。

3. 凝魂聚气、强基固本，始终坚持把建设社会主义核心价值体系作为宣传思想文化工作的根本任务。凝魂聚气，就是将社会主义核心价值体系作为兴国之魂，坚持用社会主义核心价值体系引领社会思潮，在全党全社会努力形成统一指导思想、共同理想信念、强大精神力量、基本道德规范；强基固本，就是把社会主义核心价值体系融入国民教育、精神文明建设和党的建设全过程，贯穿改革开放和社会主义现代化建设各领域，体现到精神文化产品创作生产传播各方面。近年来，我们深入开展“凝神聚力、创新发展”为主题的学习和弘扬大庆精神教育实践活动，持续开展“感动龙江”、“十佳公仆”等评选活动，相继推出为救落水群众而英勇牺牲的少数民族边防军人郃忠利、一生为百姓看病的仁爱大医于维汉、40年如一日为群众义务摆渡的农民赵永禄等一批全国重大典型，树立了践行社会主义核心价值体系的模范榜样，有力引领社会道德风尚。我们积极推进“三优”文明城市创建工程，着力解决由尘土、垃圾、污水、烟尘带来的脏，由交通、市场、管线、装饰带来的乱，由设施、服务、管理带来的差，努力打造“天蓝、水清、地绿、路畅、夜美、城靓”的黑龙江现代城市，努力为群众营造视觉、听觉、嗅觉俱佳的生产生活人居环境，增强了人民群众对家乡的归属感和自豪感，激发了龙江儿女热爱家乡、建设家乡的信心和热情。

4. 以人为本、服务群众，始终坚持把满足人民精神文化需求作为宣传思想文化工作的根本目的。以人为本，就是牢记全心全意为人民服务的根本宗旨，突出地解决好为了谁、依靠谁、我是谁的问题；服务群众，就是把一切为了群众、一切依靠群众的要求化为推进文化建设的实际行动，不断满足人民群众的精神文化需求。近年来，我们在全省新闻战线广泛深入开展“走基层、转作风、改文风”活动。组织全省新闻工作者，到田间、访农户、走社区、进厂矿，把版面留给基层，把镜头对准群众，宣传报道基层的生动实践和群众当中的新闻，说群众想说的话、办群众欢迎的事。在党和政府与人民群众之间搭建维护群众切身权益、帮助群众解决实际困难的“同心桥”。我们把保障和改善文化民生作为工作的重中之重，大力推进公共文化服务体系建设和群众性文化活动，密切了党和政府同人民群众的血肉联系，赢得了人民群众的拥护和赞扬，提高了人民群众的文化生活质量。

5. 解放思想、与时俱进，始终坚持把改革创新作为宣传思想文化工作的根本动力。解放思想，就是摒弃不符合文化科学发展的旧观念，牢固树立科学发展观引领下的文化科学发展新理念；与时俱进，就是改革不适合文化科学发展的旧体制机制，探索建立符合文化科学发展的新体制机制。近年来，我们认真贯彻中央和省委关于文化体制改革的决策部署，结合我省文化建设的实际，积极推进文化事业单位改革，全面完成了电影制作发行放映、市地级综合执法、三局合并、广电传输网络等领域改革任务。以资本为纽带，推动文化产业跨行业、跨地区、跨所有制整合重组，实现了集约经营，壮大了发展实力。确立以大开发牵动大发展、以大融合促进大跨越的文化产业发展思路，创建助推文化产业发展“四大平台”，文化产业呈现迅猛发展态势，2011年文化产业增加值初步统计实现285亿元，增长率达36%，增速是全省GDP同期增速的3倍。

6. 守土有责、把握好度，始终坚持把树立正确导向作为宣传思想文化工作的根本要求。守土有责，就是坚持对省委负责、对全省人民负责、对龙江发展历史负责，守好自己的阵地，管好自己的队伍；把握好度，就是把握好火候、分寸，审时度势、积极稳妥，在宽严、松紧、刚柔、内外、虚实方面恰到好处。近年来，我们着力加强宣传思想文化阵地建设，按照“研究无禁区，宣传有纪律”的原则，注意区分政治问题、学术问题和思想问题，切实加强对各类讲座论坛、研讨会报告会的管理。我们着力建立完善新闻管理制度，不折不扣地落实谁主管谁负责、谁主办谁负责和属地管理原则，注意在新闻宣传中拿捏尺度、把握角度、讲究艺术，取得了一些“化危为机、变坏为好”的效果。

这六个方面的宝贵经验，继承发扬了我们党领导宣传思想文化工作的优良传统，反映了宣传思想文化工作的本质要求，体现了我们省宣传思想文化工作的成功探索，我们一定要长期坚持，倍加珍惜，并在实践中不断加以丰富完善。

二、抓住难得机遇

当前，宣传思想文化工作面临一系列新情况新问题，有利因素与不利因素交织，机遇与挑战并存，内部问题外部问题叠加。

从有利方面来看：

一是世界正处在大发展大变革大调整时期，国际形势总体对我有利。当前的国际形势，可以概括为“几个局”：世界经济走势的迷局、地缘政治动荡的乱局、国际治理的变局。世界经济走势充满变数，国际金融危机持续发酵，主要发达国家复苏步履艰难；西亚北非发生大范围政治波动，美国高调重返东亚，南海局势较为紧张；国际政治经济格局正处在重塑过程中，以金砖国家为代表的新兴国家与发达国家的实力正在缩小，旧将破而新未立。总的看，世界多极化、经济全球化深入发展，各国相互依存和利益交融加深，世界政治力量对比有利于保持国际形势总体稳定，和平与发展仍然是世界的主题，随着我国综合国力和国际地位不断提升，国际社会更加关注我国、借重我国，我国仍然拥有可充分利用的宝贵的战略机遇期。这样一个总体态势，既为我国经济社会的全面发展，同时也为宣传思想文化工作实现新的跨越创造了有利的条件。

二是我国经济社会发展一枝独秀，国内形势十分良好。在西方发达国家经济持续低迷、民众不满情绪不断上升的时候，我国经济继续领跑世界，在世界上的地位更加显著，影响力更加深刻广泛。“十二五”开局之年，中央牢牢把握主题主线，加强和改善宏观调控，国民经济呈现增长较快、价格趋稳、效益较好、民生改善的良好态势，GDP实现47万亿元，经济增长9.2%。中央经济工作会议明确指出，今年和今后一个时期，我国将牢牢把握扩大内需这一战略基点，发展实体经济这一坚实基础，加快改革创新这一强大动力，保障和改善民生这一根本目的，突出把握好稳中求进的工作总基调。西方的经济低迷和应对无措，进一步揭露了资本主义理论、制度、模式的颓势；我国的经济成就和应对从容，进一步彰显了中国特色社会主义发展理念、发展模式、发展道路、发展制度的优势，这为我们开展中国特色社会主义道路、理论体系和制度宣传教育提供了最有说服力的鲜活教材，使我们有了底气，长了志气，增了勇气。

三是我省“八大经济区”和“十大工程”战略深入推进，宣传工作环境非常优越。省委省政府扎实推进“八大经济区”和“十大工程”战略部署，加快发展“十大重点产业”，全省经济呈现增长加快、结构转优、质量向好、民生改善的良好态势。预计经济增长12%以上，粮食产量跃居全国第一，经济总量止退晋位，社会民生持续改善，现代交通网络已经形成，城乡面貌发生了翻天覆地的变化，走出了一条具有龙江特色的科学发展之路。省委经济工作会议提出，今年要着力推进现代农业大发展、产业项目大建设、贸易旅游大提高、文化产业大开发、城乡面貌大改善、区域一体大合作、科技创新大进步、人民生活大改善。现在全省人民精神振奋，力量凝聚，信心坚定，为我们做好宣传工作提供了良好的外部环境和丰富的素材，奠定了牢固的群众基础。

四是六中全会和省委全会胜利召开，文化建设迎来历史性机遇。党的十七届六中全会，在我们党成立以来,新中国成立以来,改革开放以来,第一次以全会的形式专题研究文化建设,在我国社会主义文化发展史上具有里程碑的重要意义,全会审议通过的《中共中央关于深化文化体制改革推动社会主义文化大发展大繁荣若干重大问题的决定》,全面总结党领导文化建设的巨大成就和宝贵经验,深刻分析文化建设面临的新形势和新任务,在集中全党智慧的基础上,确立了建设社会主义文化强国的宏伟目标,阐述了中国特色社会主义文化发展道路,提出了新形势下推进文化改革发展的指导思想、重要方针、目标任务、政策举措,是当前和今后一个时期指导我国文化改革发展的纲领性文件。省委十届十八次全会深入贯彻落实六中全会精神,制定我省《实施意见》,提出了文化建设"八大工程"战略,进一步明确了推动我省文化建设的目标任务、总体要求和重大举措,是当前和今后一个时期我省文化建设的行动指南。特别是中央《决定》和省委《实施意见》提出了一系列利好政策措施。一个"文化的春天"正在向我们走来,一个文化建设的新高潮正在全国和全省兴起。文化事业正处于难得的大有作为的"黄金期"。

同时,我们也要清醒地看到,宣传思想文化工作也面临诸多现实挑战:主要是我国总体实力的跃升,引起国际敌对势力的恐慌和忌恨,各国又面临选战纷争,对外转嫁矛盾,加紧对我西化分化、牵制遏制;我国正处于加快改革的关键期和深化改革的攻坚期,不平衡、不协调、不可持续问题依然突出,社会热点问题叠加,人民的期望值和经济社会发展现实水平之间的矛盾依然明显;我省经济社会发展还存在不少困难和问题,体制性、结构性矛盾尚未彻底解决,科技创新能力还不适应发展需要,就业和社会保障压力仍然较大,城乡居民收入持续增长难度加大,经济发展环境还不够宽松。社会舆论场更加复杂,舆论发声源日益多样,舆论引导出现新的格局,舆论控制难度明显增大;我省文化发展同经济社会发展和人民日益增长的精神文化需求还不完全适应,队伍实际建设能力和观念还存在一定差距,束缚文化生产力发展的体制机制问题尚未根本解决。

总之,宣传思想文化工作面临的有利条件很多,发展机遇宝贵,困难挑战不少,机遇大于挑战。只要我们善于用好机遇,勇于应对挑战,就一定能够扎实有效推进各项工作,创造出新的辉煌业绩!

三、实施文化工程

今年,我们将全面实施龙江文化科学发展工程,即省委《实施意见》所确定的文化建设"八大工程",努力兴起我省文化建设新高潮。

"文化素质提升工程"。实施中国特色社会主义理论体系普及计划,各级党委(党组)中心组学习4次以上,学习型党组织达标率达到80%以上,学习型党组织、学习型领导班子、学习型领导干部、学习型党员四类标兵达到200个;推出1—2个在全国有重大影响的新典型,基层思想政治工作示范点由现有20个发展到50个;全省城镇基本消灭绿化超高土,建筑工地文明施工达标率全省平均达到91%。

"文化事业惠民工程"。抓好我省《公共文化服务体系建设"十二五"规划纲要》的编制和实施,推进重大标志性公共文化设施建设,省博物馆新馆主体完工,渤海上京博物馆、东北抗联博物馆投入使用;推动重大文化惠民工程建设,构建城乡一体的公共文化服务网络,建设24个乡镇综合文化服务站,实现全覆盖;完成10个发射台、20个县级城镇数字化影院建设改造和200个村直播卫星覆盖工作;完成1537个农家书屋和伊春市205个林场农家书屋的建设任务,实现全省行政村全覆盖;广泛开展群众性文化活动,组织各类活动2万场以上。

"文化产业开发工程"。实施我省《文化产业发展"十二五"规划纲要》,实施大开发大融合牵动文化大发展大跨越战略,推动重大项目和产业园区(基地)建设,建成15个省级以上文化产业园区(基地),11个重大项目和64个纳入省"十二五"时期文化产业重点项目如期完成阶段性建设目标,完成6大产业集团组建并实现运营,充分发挥4大平台推动作用，在有条件的市地建设3—5个城市文化综合体，全省文化产业年增速超过36.6%，增加值超400亿元。

"文化体制创新工程"。推进经营性国有文化单位转企改制，6月底前基本完成国有文艺院团改革，9月底前基本完成非时政类报刊社改革，年底前完成东北网络台转企改制；深化公益性文化事业单位劳动人事、收入分配、社会保障制度改革，深化文化行政管理体制改革；完成省出版集团上市准备工作，广播电视网络股份有限公司建立健全法人治理结构。

"文化精品打造工程"。推进文化产品创作生产引导能力提升计划，完善我省《精神文明建设重点文艺作品专项引导资金使用管理办法》，制定我省《繁荣文艺精品创作的实施方案》，成立省文化艺术专家委员会；建立龙江文艺精品储备库，策划、打造、推出一批具有龙江特色、龙江风格、龙江气派的文学、舞蹈、音乐、美术等精品力作。

"文化传播促进工程"。推进省报、省电台、省电视台、东北网络台等新闻媒体建设，省报数字出版转型工作落地见效，省电台开通《黑龙江之窗》俄语广播栏目，省电视台开办新闻频道，省新闻发布微博平台体系进一步完善；加强新闻发布工作和新闻发言人队伍建设；制定我省《关于加强和改进互联网管理工作的实施意见》、《网络媒体新闻信息服务自律公约》，发展互联网等新兴传播载体；成立外宣品制作、推介和播映中心，深化对外文化交流，充分利用"中俄旅游年"、"滑雪节"、"哈洽会"、"大美大爱黑龙江"和第六届网络媒体龙江行等载体开展系列主题外宣活动，打造对俄宣传的"桥头堡"。

"文化人才建设工程"。培训新任市（地）、县（市、区）常委宣传部长和省直宣传文化系统负责人，举办各级各类培训班10期；实施"六个一批"人才培养工程，资助扶持"六个一批"人才80人；推进"基层文化英才"工程，选拔"基层文化英才"200人，评选首批"文化名家"40人，制定我省文化荣誉制度。

"文化发展保障工程"。出台落实从城市住房开发投资中提取1%用于社区公共文化设施建设和提高彩票公益金用于文化事业比重的具体实施方案；设立文化产业发展基金和农村文化建设专项资金，募集文化产业基金4个亿；修订完成文化市场管理条例、文物管理条例、文化艺术规划课题管理办法、优秀文艺作品奖励办法。

四、突出重点工作

今年，我省宣传思想文化工作的谋篇布局是"一条主线、两大热潮、五项重点工作"，即始终坚持"迎接宣传贯彻党的十八大"这条主线，着力兴起"宣传贯彻党的十八大、省第十一次党代会"和"文化建设"两大热潮，突出抓好"迎接宣传贯彻党的十八大和省第十一次党代会、核心价值体系建设、文化改革发展、加强外宣网宣、干部人才队伍建设"五项重点工作。

1. 紧紧围绕迎接宣传贯彻党的十八大和省第十一次党代会，大力营造自豪自信自觉自强的社会氛围。今年，我们党将召开十八大，我们省将召开第十一次党代会。这是对我们宣传思想文化工作的"大考"、"会考"。全省宣传思想文化战线要把迎接宣传贯彻党的十八大和省第十一次党代会作为最重要的政治任务，作为贯穿全年工作的主线，作为重中之重的工作，切实抓紧抓好。

一要精心组织开展"科学发展 成就辉煌"主题教育。组织各级各类新闻媒体在重要时段、重要版面推出专栏专题，深入宣传党的十六大特别是十七大以来党和国家走过的不平凡历程，深入宣传改革开放特别是2008年以来我们省"八大经济区"、"十大工程"建设取得的辉煌成就；深入宣传全省各级党组织、广大党员践行科学发展观、执政为民的生动实践；深入宣传全省各地各行业创先争优的先进典型和优秀党员，向社会展现"祖国科学发展，龙江沧桑巨变"的美好画卷，进一步唱响共产党好、中国特色社会主义好、改革开放好、科学发展好、社会和谐好的主旋律。

二要精心组织党的基本理论、基本路线、基本纲领和基本经验学习教育。深入实施《中国特色社会主义理论体系普及计划》,通过历史与现实、国际与国内的比较,深刻阐释中国特色社会主义道路是党领导人民立足国情、借鉴人类文明优秀成果作出的重大创新,是人类文明史上的伟大创举,是中国对世界的历史性贡献,引导干部群众更加自信地走中国特色社会主义道路;深度阐明高举中国特色社会主义伟大旗帜,坚持中国特色社会主义道路、理论体系和制度,是实现社会主义现代化、创造人民美好生活的根本保证,引导干部群众更加自觉地为坚持和发展中国特色社会主义而努力奋斗;深入宣传"稳中求进"的工作总基调,展示我省更好更快的新发展,引导干部群众更加自觉地按照中央和省委省政府的战略部署而团结奋进。

三要精心组织好迎庆和学习宣传活动。组织各级党委中心组集中学习、召开座谈会研讨会、开展巡回宣讲、组织"龙江发展讲坛"等多种形式,深入学习、广泛宣传;引导文艺创作单位和文艺工作者创作一批弘扬主旋律的文艺精品,以"哈尔滨之夏"音乐会、"黑龙江之冬"国际文化艺术节、"送欢乐下基层"等为载体,组织开展文艺演出、成就展览和各种主题实践活动,营造隆重热烈氛围,兴起学习宣传贯彻热潮。

2. 贯彻落实《社会主义核心价值体系建设实施纲要》,进一步巩固全省人民共同奋斗的思想道德基础。社会主义核心价值体系是我们党的精神旗帜。建设社会主义核心价值体系是文化建设的根本任务,今年,中央将颁布《社会主义核心价值体系建设实施纲要》,省委也将制定实施意见,全省宣传思想文化战线要高度重视,抓好贯彻落实。

一要广泛开展"创三优、强素质、建美好家园"主题创建活动,将"三优"文明城市创建工程持续引向深入。我省"十大工程"中,"三优"文明城市创建工程是由我们宣传部门牵头主抓的,这是省委书记吉炳轩和省委省政府对我们宣传思想文化战线的高度信任和更高要求。今年是各市(地)、县(市)新一届党政领导班子任职履新的第一年,如何以崭新的形象和面貌回应组织的信任和群众的期待,抓好"三优"文明创建,应该是一个很好的抓手。要努力取得党政主要领导的认可和关注,协调各方力量,广泛开展"创三优、强素质、建美好家园"主题创建活动,继续抓好城乡环境治理、交通秩序整治和市民素质提升。要大力推进文明示范村建设,推动"三优"文明城市创建向县(市)延伸,向百镇和旅游名镇延伸。

二要广泛开展学习型党组织建设达标验收,将学习型党组织建设持续引向深入。学习型党组织建设三年规划,今年是收官之年。要着力选树一批学习型党组织、学习型领导班子、学习型领导干部、学习型党员典型,制定出台《领导干部理论素养和学习能力考核意见》。要加强和改进高校思想政治理论课和哲学社会科学专业课教学,推动中国特色社会主义理论体系进教材、进课堂、进头脑,坚定青年学生共产主义远大理想和中国特色社会主义共同理想。要深化重大理论和现实问题的研究,发挥社科研究基地和哲学社会科学基金的作用,推出一批推动"八大经济区"、"十大工程"建设的有影响力的研究成果。

三要广泛开展学雷锋活动,将社会主义核心价值观实践教育引向深入。社会主义核心价值观建设,贵在自觉修身,重在自觉实践。雷锋具有坚定理想信念和高尚道德操守,是践行社会主义核心价值观的楷模。雷锋精神概括起来就是,服务人民、助人为乐的奉献精神,干一行爱一行、专一行精一行的敬业精神,锐意进取、自强不息的创新精神,艰苦奋斗、勤俭节约的创业精神。在新的历史条件下,大力弘扬雷锋精神,对于激发人们思想道德建设热情,倡导文明新风,匡正道德失范,矫正诚信缺失,具有十分重要的现实意义。中央决定,在全社会广泛深入地开展学雷锋活动,并使之常态化。要深入开展学雷锋活动和以弘扬雷锋精神为主题的社会志愿服务活动,用雷锋精神提升志愿者精神境界,用雷锋式志愿者提升志愿活动美誉度,在全社会形成我为人人、人人为我的良好氛围。要深入开展以"知荣辱、树新风、促和谐”为主题的社会主义核心价值体系“六进”系列宣传教育活动，组织开展第四届“六个十佳”和谐单位创建、“感动龙江”年度人物(群体)评选活动。要大力加强公民道德规范教育，举办龙江道德讲坛，开展公民道德教育实践活动，选树群众身边的“草根英雄”。深入开展“做一个有道德的人”主题活动，加强大学生思想政治教育和未成年人思想道德建设。

3. 深化文化体制改革，进一步发展壮大文化事业文化产业。2010 年 7 月 23 日，胡锦涛总书记在中央政治局第二十二次集体学习会上发表重要讲话，明确提出“三加快一加强”要求，六中全会通过的中央《决定》和省委全会通过的《实施意见》，都将其作为主体内容加以部署。去年年底，中央下发了《国家“十二五”时期文化改革发展规划纲要》，作为贯彻六中全会精神的一个重要配套文件，进一步明确文化改革发展的路线图、时间表、任务书。能不能在年底前完成中央和省委确定的文化体制改革任务，能不能为“十二五”期末实现“基本建成覆盖城乡的公共文化服务体系”和“把文化产业打造成为国民经济支柱性产业”两大目标奠定坚实的基础，今年是关键之年，我们已经到了改革的冲刺阶段和发展的爬坡时期，我们肩上的担子十分沉重。全省宣传思想文化战线都要增强紧迫感、责任感，确保“三加快一加强”今年的阶段性任务顺利完成。

一要加强公共文化服务体系建设。尽快完成我省《公共文化服务体系建设“十二五”规划纲要》编制并组织实施，加快省博物馆新馆、渤海上京博物馆、东北抗联博物馆等一些重大标志性公共文化设施建设；继续实施广播电视村村通和直播卫星公共服务、公共文化信息共享、乡镇和社区综合文化站、农村电影放映、农家书屋等文化惠民工程，推动各级公共图书馆、博物馆、纪念馆、非物质文化遗产馆(所)等公共文化场馆全面免费开放；加强公共文化设施管理，鼓励社会力量参与公益性文化场馆的管理，提高公共文化服务设施的使用效率。

二要加快文化体制机制改革创新步伐。尽快完善实施相关改革方案。加快推进国有文艺院团、非时政类报刊社和重点新闻网站等国有经营性文化单位转企改制，确保按时完成任务。整合省杂技团、省歌舞剧院、省曲艺团、北方剧场，组建黑龙江省演艺集团有限责任公司。省级和哈尔滨市党委机关报所属的非时政类报刊出版单位，文化、艺术、生活、科普类报刊出版单位，专业技术性较强的行业类报刊出版单位，隶属于企业法人的报刊出版单位，要率先转企改制。对转企改制单位实行“老人老政策，新人新办法”，建立现代企业制度，完善法人治理结构，着力培育合格文化市场主体。

三要加速文化产业发展。着力实施我省《文化产业发展“十二五”规划纲要》，实施大开发大融合战略，围绕城市新区、产业园区、旅游景区、文化资源核心区的开发，重点抓好哈尔滨群力新区、齐齐哈尔南苑新城、大庆北国之春梦幻城等文化新城建设；实施“文化+科技、金融、旅游、地产、教育、体育休闲、物流、信息”“1+8”融合发展模式，深入实施“六个一批”发展战略，完善项目动态管理机制，抓好文化旅游、新闻传媒、出版发行、动漫游戏、网络信息、影视剧制作、数字文化、演艺娱乐、印刷、工美会展等十大重点文化产业项目的谋划、生成和建设。加强文化产业园区基地建设，力争大庆国家文化创意产业试验园区晋级国家示范园区，加快推进动漫产业基地、冰雪大世界等 5 个国家级文化产业示范基地建设，着力加强群力文化产业示范区、龙江传媒产业园等 15 个省级文化产业示范园区（基地)建设，加快文化改革和发展促进会、北方文化产权交易所、文盛文化投资公司、文化产业发展基金四大平台建设，推进文化金融创新，引导社会资本参与文化产业发展。

四要加大文化产品生产创作引导力度。以第十二届“五个一工程”评奖和纪念毛泽东同志延安文艺座谈会讲话 70 周年为契机，引导文艺工作者树立以人民为中心的创作导向，更好地为人民群众服务，为社会主义服务。实施“龙江制作”文艺作品题材规划和精品立项制度，推动创作力量向文艺精品倾斜，妥善处理好评奖与市场、产品与精品、作品与商品的关系，加强和改进文艺评论和批评。积极按照市场规律组织艺术生产，推动艺术创作与现代科技融合，创意策划一批富有龙江特色、具有发展前景的文化产品项目。今年重点打造《赵一曼》、《喊一声北大荒》、《红雪花》等剧目，《萧红》、《焦裕禄》、《返城年代》、《闯关东前传》、《东北抗日联军》等影视剧，组织好“五个一工程”参评工作，力争取得佳绩。

4. 统筹对外宣传和文化交流，加强互联网的建设运用管理，进一步提升文化传播力和舆论引导力。现在，宣传文化事业快速发展、领域不断扩大、阵地不断拓展，建设和管理的任务都更加繁重。

一要大力加强对外宣传和对外文化交流，切实提高对外宣传的实际效果。重点抓好“感知中国”龙江行、黑龙江文化周等活动，推动《伙伴》杂志、《远东经贸导报》、东北网俄文频道、《你好，俄罗斯》俄语电视节目在俄宣传推广、印刷发行和节目落地，成立“俄罗斯中国文化中心”，在对俄口岸开通《黑龙江之窗》俄语广播栏目。抓好“大美大爱黑龙江”外宣精品打造，制作《中国·黑龙江》系列外宣出版物、电视片及富有龙江特色的外宣品，推进大型纪录电影《龙江行》多语种出版发行工作。有效利用深圳文博会、北京文博会、哈洽会文化产业展区、黑龙江文博会等载体平台，拓展对外文化交流渠道。

二要大力加强网络建设管理。认真贯彻中央关于《加强和改进互联网管理工作的意见》，出台我省实施意见。推进东北网等重点新闻网站基础设施建设，改造和升级现有技术装备，加快建设网络视频内容传播和共享平台，发展健康向上的网络文化。大力加强对手机报纸、手机网站、手机电视、网络电视等具有新闻舆论和社会动员功能的新媒体的管理，统筹规范“舆论场”建设。

5.加强干部人才培养工作，进一步提升宣传文化人才队伍整体素质。今年我们宣传思想文化战线大事多、喜事多，宣传思想文化工作逢机遇、起作用、有地位；同时我们战线新人多、新事多，对我们工作要求高、任务重、挑战大。今年一个突出的重点工作，就是加强干部人才队伍建设，为文化繁荣发展提供人力资源保障。

一要加强干部培训工作。根据地方换届、宣传部长大规模调整的实际情况，分期分批分类开展大规模培训，举办高级研修班，培训市(地)常委宣传部长和省直宣传文化系统负责人；举办培训班，对新任县委宣传部长轮训一遍。我们这些新任宣传部长，既有历练多年的老宣传，又有驾驭过全局、主政过一方的新成员，大家生机勃勃、阅历丰富、能力突出，为我们宣传思想文化队伍增添了新鲜血液。不过我们也要看到，宣传工作政治性、政策性、业务性、艺术性、技术性很强，既有很强的连续性、稳定性，也有很强的创新性、开创性，是常干常新的工作，需要通过集中培训等方式尽快熟悉工作、进入角色。

二要加强人才培养工作。着力培养引进高层次文化专业人才和领军人才，深入实施“六个一批”人才培养工程，广泛开展项目资助、学习考察、调研采风等培养培训活动。组织实施“黑龙江文化名家”工程，在重大课题、重点项目、重要演出活动中给予重点扶持。组织实施“黑龙江基层文化英才”工程，抓好文化艺术、新闻出版、新媒体业态等专业人才的培训，加强对基层优秀文化人才的选拔与培养。

三要选配好宣传文化系统领导班子。推进宣传文化单位干部人才实践锻炼，适当扩大交流轮岗、挂职锻炼人员规模。检查并促进基层配齐配好乡镇、街道党委宣传委员、宣传干事和乡镇文化站专职人员，充实街道和村(社区)的文化工作人员。

五、明确原则要求

现在，任务已经下达，目标已经明确。下一步，就是以更高的标准要求自己，以过硬的作风推动工作，努力在增强文化建设自觉性方面获得新提升、在促进改革发展稳定方面做出新贡献、在壮大主流思想舆论方面取得新成绩、在推动文化改革发展方面迈出新步伐、在满足群众精神文化需求方面实现新进展。工作中，要把握好以下四点要求：

一要切实增强政治意识、大局意识、责任意识。要始终保持清醒的政治头脑，进一步增强政治敏锐性和鉴别力，在事关政治方向、政治原则问题上旗帜鲜明，切实把思想和行动统一到中央的决策和省委的部署上来；要密切关注社会思想动态，及时发现苗头性问题，及时果断处置。做到冷静观察，科学分析，正确判断，沉着应对；要始终认清大局，把握大局，聚焦大局，服务大局，唱兴不唱衰，帮忙不添乱，没事别惹事，化解矛盾别激发矛盾，更不能制造矛盾；要坚持守土有责，守土尽责，按照属地管理和谁主管谁负责的要求，坚守好思想理论阵地、新闻舆论阵地，为党和人民把好关、尽好责。

二要妥善处理改革、发展、稳定的关系。改革是动力，发展是目的，稳定是前提。改革促进发展，发展借力改革。改革发展稳定是全党全国的工作大局，我们宣传思想文化的各项工作都要主动维护这个大局。同时，今年是文化体制改革关键之年，深化改革的任务十分紧迫，加快发展的任务十分繁重，维护稳定的任务十分艰巨。工作中，要把改革的力度、发展的速度和社会承受程度统一起来，一方面要坚定不移地加大改革力度，确保如期完成各项改革任务；另一方面要想方设法加快发展速度，以改革发展成果惠及于民，使广大群众认同改革；要充分发挥政治优势，着力做好干部职工思想工作，切实维护好广大职工合法权益，避免因为决策失误和工作不当损害职工利益、引起群众不满，使广大干部职工真心拥护改革、积极投身改革。

三要着力加强基层建设、基础工作、机制创新。要发扬“走转改”精神，坚持眼睛向下、重心下移，推动更多的理论、新闻、文艺、出版工作者到一线，把资源、项目和服务更多更好地投向基层、落到基层，通过以城带乡、对口帮扶、资金支持、政策扶持等多种形式，逐步改变基层建设薄弱状况。要加强基础工作，深入基层开展调查研究，摸清底数，建立台账，围绕实际工作开展课题研究，集思广益，努力做到心中有数、胸有成竹。要进一步建立健全宣传思想文化工作制度，形成党委统一领导、党政齐抓共管、宣传部门组织协调、有关部门分工负责、社会力量积极参与的工作体制和机制。各级党委宣传部门要主动加强与各有关部门和社会有关方面的沟通联系，不断增强推进文化发展繁荣的整体合力。

四要大力发扬求实、务实、扎实作风。要大力弘扬“走转改”精神，推进“走转改”向宣传文化工作领域全方位延伸拓展。要坚持项目化管理、工程式推进，对工作任务进行认真梳理、逐项分解，把目标任务细化为可实施的工作项目，把原则要求具体为可操作的工作措施，明确时间表、路线图，加强动态跟踪、加强督促检查。要善于抓住重点工作和关键环节，克服浮躁心理，摒弃短期意识，真正取得经得起群众、时间、历史检验的工作业绩。在座的各位宣传部长，现在就要考虑在自己这一届任期中干些什么，将来届满离任后留下什么。今年，我们将省委确定的文化建设“八大工程”细化为147个具体项目，由我同各位部领导分别签订责任状。俗话说，“军中无戏言”，我们要把责任状落实情况作为考核干部工作的基本依据，定期检查考核，及时通报交流，对落实责任状实绩突出的单位和个人要给予奖励；对未完成任务的单位和个人要追究责任，做到“千斤重担大家挑，人人肩上有指标”，努力把各项任务抓紧、抓实、抓出成效，以更加负责的精神、更加扎实的工作、更加出色的业绩，迎接党的十八大和省十一次党代会的胜利召开。

深入学习贯彻胡锦涛总书记重要讲话精神　努力营造迎接党的十八大胜利召开的良好氛围

——在全省宣传部长座谈会上的讲话

省委常委、宣传部长　张效廉

这次全省宣传部长座谈会的主要任务，是深入学习贯彻胡锦涛总书记重要讲话精神，总结前一阶段工作，部署下一阶段任务，为迎接党的十八大胜利召开营造良好的氛围。昨天，大家实地考察了哈尔滨市的文化建设成果。今天上午，大家进行了深入的座谈交流。大家谈得都很好，有思路，有举措，有成果，有分析，有建议。我们既为龙江文化建设取得的成就感到振奋，也对龙江文化发展的未来充满信心。刚才，李寅奎同志对前八个月的工作做了通报，张翔、赵德信同志分别传达了全国理论宣传工作座谈会和全国宣传部长座谈会精神。下面，我就认真学习贯彻胡锦涛总书记重要讲话精神、努力做好迎接党的十八大胜利召开的各项工作、深入推进文化建设“八大工程”，谈几点意见。

一、认真学习贯彻胡锦涛总书记重要讲话精神，把思想和行动统一到中央精神上来

7月23日至24日，中央举行省部级主要领导干部专题研讨班，胡锦涛总书记在开班式上发表重要讲话。这是总书记在重要时刻、重要场合，面对重要对象，针对重要问题发表的重要讲话，我们一定要认真学习、深刻领会，真正把思想和行动统一到讲话精神上来。

（一）充分认识胡锦涛总书记重要讲话的重大意义

在我们党即将召开十八大的关键时刻，胡锦涛总书记发表重要讲话，从坚持和发展中国特色社会主义的政治高度和宽广视野，精辟分析了当前我国面临的新形势新任务，系统总结了党的十六大以来的伟大实践，科学阐述了事关党和国家全局的若干重大问题，深刻回答了党和国家未来发展的一系列理论和实践问题。讲话高屋建瓴、总揽全局，主题鲜明、内涵丰富，是一篇马克思主义中国化的光辉文献，是一个坚持和发展中国特色社会主义的行动纲领，是一个全面建成小康社会的科学指南，具有很强的政治性、理论性、指导性，为党的十八大胜利召开奠定了重要的政治、思想和理论基础，对于团结动员全党全国各族人民解放思想、实事求是、与时俱进、开拓创新，满怀信心地为全面建成小康社会而奋斗具有十分重要的意义。

（二）深刻把握胡锦涛总书记重要讲话的精神实质

刘云山同志在全国宣传部长座谈会上把胡锦涛总书记重要讲话的基本精神概括为五个“准确把握”。我们要准确把握当前和今后一个时期党和国家工作的总要求，切实做到高举中国特色社会主义伟大旗帜不动摇，坚定对中国特色社会主义道路的自觉自信不怀疑，保持奋发有为的精神状态不松懈，为实现全面建成小康社会宏伟目标而奋斗；要准确把握贯彻落实科学发展观的重大意义和实践要求，以更加坚定的决心、更加有力的举措、更加完善的制度来贯彻落实科学发展观，更加自觉地走科学发展之路；要准确把握坚持和发展中国特色社会主义的深刻内涵，将中国特色社会主义道路、理论体系和制度有机统一于中国特色社会主义伟大实践；要准确把握经济建设、政治建设、文化建设、社会建设以及生态文明建设的重大部署，全面推进中国特色社会主义事业总体布局；要准确把握全面推进党的建设新的伟大工程的新任务新要求，更好地保持党的先进性、纯洁性，提高党的执政能力。

（三）迅速兴起学习宣传贯彻胡锦涛总书记重要讲话精神的热潮

当前，摆在宣传思想文化战线面前的重要的政治任务和工作的重中之重，就是深入学习宣传贯彻胡锦涛总书记重要讲话精神，迅速兴起热潮。

一要认真组织好讲话精神的学习。要把学习胡锦涛总书记重要讲话精神作为当前党员干部特别是各级党委（党组）中心组学习的重要内容，集中一段时间认真学习、深刻领会讲话的基本精神，准确把握各方面的重大决策部署，进一步统一思想、提高认识。我们宣传思想文化战线要先学一步，学深一点、学透一些，准确深入地领会好讲话精神，更加自觉地贯彻好讲话精神。

二要广泛开展好讲话精神的宣传。要深入宣传讲话的重大意义，深入宣传讲话的一系列重要论述，及时报道全省干部群众对讲话精神的热烈反响和各地各部门学习贯彻讲话精神的实际行动。党报、党刊、电台电视台和新闻网站，要利用重要时段、重要版面，刊发评论、言论，进行多种形式的宣传，形成声势、兴起热潮。

三要切实抓好讲话精神的贯彻。全省宣传文化战线要按照讲话关于文化建设的重要阐述和部署，大力推进社会主义核心价值体系建设，继续深化文化体制机制改革创新，推动文化事业产业快速发展，努力开创我省文化改革发展的新局面。

二、精心开展迎接党的十八大各项工作，为十八大胜利召开营造良好氛围

胡锦涛总书记强调，要围绕迎接党的十八大，切实加强宣传舆论工作。我们要按照中央的要求部署，以高度的政治自觉，精心组织、迅速行动，切实把这项工作摆上重要日程，落实到具体工作中去。从现在开始到十八大召开，我们最主要、最重要的工作任务，就是为党的十八大胜利召开营造良好的舆论、思想和文化氛围。

(一)认真组织“科学发展 成就辉煌”主题宣传，为党的十八大胜利召开营造良好的舆论氛围

六月份以来，按照中央要求，结合我省实际，我们开展了“科学发展 成就辉煌”主题宣传活动，省内媒体精心策划、各展所长，推出了一批重点报道、重点文章、重要评论，形成了展示大美大爱龙江形象、深化龙江科学发展实践、助力“五个龙江”建设的舆论热潮。党的十八大召开前，我们还要进一步浓墨重彩地展示龙江科学发展辉煌成就，把“科学发展 成就辉煌”主题宣传不断引向深入。

一要全面展示龙江发展成就。要从经济、政治、文化、社会建设及生态文明建设各方面，多层次、多角度、立体化展示10年来龙江巨大发展变化，展示龙江百姓安居乐业、和谐幸福的美好生活。要深入宣传各地各部门贯彻稳中求进总基调，加快建设“八大经济区”、实施“十大工程”，推动龙江经济社会好发展、快发展、大发展的成功做法和典型经验。要深入宣传各级党组织和广大党员推动科学发展的实际行动，深入宣传各行各业涌现出的优秀党员，展示我们党立党为公、执政为民的优秀品格。要从制度体制的深度阐释我们所取得成就的价值内涵，讲清中国特色社会主义理论体系的独特价值，讲清中国特色社会主义制度的独特优势，揭示中国特色社会主义道路的光明前景。

二要精心组织主题宣传。按照中宣部和省委要求，科学部署、统筹谋划，认真开展“十八大代表风采录”、“十八大精神在龙江”等重大主题宣传，全力做好会前、会中和会后宣传，形成迎接十八大胜利召开和宣传贯彻会议精神的持续热潮。要深入开展“大美大爱黑龙江”、“黑龙江—首尔经贸合作宣传推介活动”、“俄罗斯、乌克兰—中国黑龙江电视周”等重要外宣活动，研究制定《新闻网站考核管理办法》、《关于加强网站互动业务管理的意见》等文件。统筹省外媒体和省内媒体，统筹传统媒体和新兴媒体，做到一同组织策划、一同部署安排，形成同频共振宣传效果。

三要切实提高宣传效果。要大力发扬“走转改”精神，组织新闻工作者深入一线采访报道，继续创新内容、形式与手段，把新闻性与思想性统一起来，用群众易于接受的方式，讲群众听得懂的语言，挖掘鲜活事例素材，既要从宏观上展示成就、总结经验，又要善于以小见大、以理服人，用人们的切身感受反映发展变化，真正做到热在基层、热在群众。

(二)积极应对思想理论领域热点难点问题，为党的十八大胜利召开营造正确的思想氛围

在我国经济社会发展面临不少矛盾和问题、热点难点多发频发的背景下，思想理论领域的复杂性、敏感性、不可预见性就更加突出。党的十八大召开在即，引导好、处理好热点难点问题，意义尤为重要。

一要加强经济和民生热点问题引导，坚定广大群众发展信心。随着经济下行压力加大，涉及百姓切身利益的民生问题成为热点问题。要树立高度理论自信，敢于面对热点、善于化解难点，用全面的、历史的、辩证的观点认识分析问题，帮助人们解疑释惑。要找准理论宣传的落脚点，围绕人们关心的具体问题，既要有理论阐释，又要有实践支撑，避免

说空话、讲大话。当前,要重点围绕缩小收入差距、解决住房问题、降低看病费用、净化道德风气、保障食品安全等实际问题,着力把背景成因、现实状况讲清楚,把党和政府解决问题的思路办法、进展成效说透彻,把群众的利益安排、实惠好处讲明白,做到理顺情绪、平衡心理、扩大共识,更好地坚定广大群众跟党走谋发展的信心。

二要加强敏感问题和突发事件引导,培育良好社会心态。我省正处在新的关键发展时期,在十八大召开前这一敏感时期,任何风吹草动都有可能被舆论炒作放大,成为影响和谐稳定局面的大事件。要进一步增强政治敏锐性和政治鉴别力,做好随时准备打大仗、打硬仗的思想准备。面对敏感问题和突发事件,既要积极发声、主动应对,占领舆论制高点,又要引导舆论理性看待,避免炒作,把人们的注意力吸引到主流思想舆论上来。坚定自觉地服务全省工作大局,推动人们把思想认识统一到省委的决策部署上来,把智慧力量凝聚到实现经济社会发展的各项目标任务上来。

三要加强思想理论领域深层次问题引导,增进凝聚社会共识。当前国际形势纷繁复杂、国内深刻变革,一些深层次问题日益凸显,各种力量都要发出自己的声音。要准确把握世界发展大势和我国基本国情,紧密结合这些年改革建设和成功应对国际金融危机的生动实践,深入解读中国发展理念、发展道路、发展制度的独特优势。要紧密关注思想理论领域的动态动向,在处理意识形态领域的杂音噪音和国外敌对势力攻击的问题上,做到旗帜鲜明、慎重处置,坚持团结稳定鼓劲、正面宣传教育,不影响、不干扰改革稳定的大局。要继续围绕"六个为什么"、"四个重大界限"等,加强正面引导、深度引导,旗帜鲜明地阐明立场观点,帮助人们辨明理论是非,澄清模糊认识,最大限度凝聚社会共识。

(三)广泛开展群众性文化活动,为党的十八大胜利召开营造浓郁的文化氛围

要把组织好精神文化产品创作生产和群众性文化活动,作为迎接党的十八大宣传工作的一项重要任务,精心策划、深入实施,展示龙江社会发展进步主流,反映龙江儿女昂扬向上精神风貌,营造和谐团结文化氛围。

一要做好龙江文化精品展演展播展映。十六大以来,我省创作生产了长篇小说《额尔古纳河右岸》,电影《铁人王进喜》、《萧红》,电视剧《松花江上》、《焦裕禄》,评剧《半江清澈半江红》,龙江剧《鲜儿》,舞剧《鹤鸣湖》,音乐剧《蝶》,京剧《赵一曼》,广播剧《中国有个北大仓》,歌曲《这片黑土地》等一大批思想性艺术性观赏性俱佳的文艺精品。十八大前后,要充分利用省内报纸、广播、电视、网络等媒体,集中开展展演、展播、展映活动,彰显龙江文化力量,大力唱响共产党好、社会主义好、改革开放好、伟大祖国好、各族人民好的时代主旋律。

二要组织丰富多彩的群众文化活动。举办"党的旗帜高高飘扬"——迎接党的十八大胜利召开大型广场群众文艺演出。深入开展"火热时代 多彩龙江"全省艺术家深入生活采风创作活动,努力推出一批反映我省经济发展、社会进步、人民幸福生活的文艺作品,在中央媒体专题推出优秀作品,出版优秀文学作品集、歌曲作品集,举办美术、书法、摄影大展,以文艺的形式,表现和讴歌龙江的"大美大爱"和"八大经济区"、"十大工程"建设的伟大成就。广泛开展"城市之光"、"金色田野"、"欢乐校园"、"文化下乡"、"送欢乐下基层"等系列文化活动,让广大城乡群众尽享龙江文化发展成果。各地各部门要结合实际组织开展形式多样、群众喜闻乐见的文化活动,展现龙江广大群众昂扬向上的精神风貌。

三要着力打造优秀文艺作品。由省委宣传部牵头,整合省内外优势资源,精心策划打造一批具有品牌影响力的文艺精品,努力推出一批优秀文艺产品,筹备拍摄大型史诗电视连续剧《东北抗日联军》、电影《张丽莉》等影视作品,推出风情音画歌舞剧《达斡尔人》、话剧《大湿地》、交响诗剧《生命的绽放》等优秀剧目,隆重举办电视连续剧《焦裕禄》、《返城年代》中央电视台首映活动。力争在第十二届中宣部"五个一工程"评选活动中取得好成绩,向全

国推出更多“龙江创作”的文艺精品。

三、深入推进文化建设“八大工程”，确保年初确定的各项目标任务顺利完成

年初，为全面贯彻落实党的十七届六中全会和省委十届十八次全会精神，我们将全省文化建设“八大工程”分解为148项重点工作，并以两办文件下发了《任务分解方案》。在年初全省宣传部长会议上，我同部领导班子成员、省直宣传文化系统各单位负责人签署了《责任状》。从进展情况看，各责任单位高度重视，狠抓落实，各项工作有序推进。目前，时间已经过半，年初确定的各项目标任务已进入冲刺阶段，希望各责任单位进一步加强领导，精心组织，切实按照《任务分解方案》和《责任状》规定的要求和时限，将各项目标任务落到实处。

1.进一步加强理论武装工作。要进一步加强和改进中心组学习，及时总结推广各级党委(党组)中心组学习的好经验好做法，加强党委讲师团工作，认真搞好理论宣讲，组织好基层干部群众的学习，引导全省干部群众进一步统一思想、凝聚共识。要进一步加强学习型党组织建设，紧紧围绕省委提出的“提高素质，解放思想，凝聚力量，促进发展”的主题，加快综合评价体系和常态化工作机制建设，确保学习型党组织达标率80%以上。完善下发《关于加强和改进理论宣传工作的意见》，进一步提升理论宣传工作的规范化和科学化水平。进一步加大重大理论难点热点问题研究阐释力度，组织好全省社科规划和社科评奖工作，组织省内专家学者重点围绕事关我省和我国经济社会发展的全局性、战略性重大问题，结合我省“八大经济区”、“十大工程”建设实际，开展课题研究攻关，推出一批高质量、有影响的研究成果，为党委政府科学决策提供咨询。

2.大力加强思想道德建设。继续做好“时代楷模”张丽莉同志先进事迹的学习宣传工作，省委省政府在哈尔滨举行了张丽莉同志先进事迹报告会，吉炳轩书记亲切接见了报告团成员。9月初，中宣部、教育部和省委将在人民大会堂举行张丽莉同志先进事迹报告会，李长春、刘云山、刘延东等中央领导同志将接见张丽莉同志和报告团成员。报告团还将赴甘肃、湖北、重庆、安徽四省市做巡回报告，进一步掀起学习宣传张丽莉等道德模范的热潮，用榜样的力量引领社会风气。要做好“六个十佳”和谐单位(家庭)评选表彰及2012“感动龙江”年度人物和群体评选活动，举办“感动网民的龙江好人榜”十大好人事迹评选活动，广泛宣传“时代楷模”、“平民英雄”的感人事迹和高尚品质。深入开展学雷锋活动和以弘扬雷锋精神为主题的社会志愿服务活动，努力在全社会形成我为人人，人人为我的良好氛围。要加强公民道德规范和未成年人思想道德教育，开展道德楷模巡讲(演)暨道德讲堂活动，通过“唱歌曲、学模范、诵经典、发善心、送吉祥、做感悟”等形式，传播道德理念，弘扬社会风尚。要继续开展“三下乡”活动，为广大农民提供更多更好的科技、文化、卫生服务。以食品行业、窗口行业、公共场所为重点，加大道德领域突出问题的治理力度，着力解决诚信缺失和公德失范问题，引导人们树立社会主义荣辱观，形成知荣辱、讲正气、促和谐的良好风尚。

3.深入推进“三优”文明创建。7月份，在全省创建“三优”文明城市座谈会上，吉炳轩书记作了重要讲话，我们要切实按照讲话精神，不断将“三优”文明创建活动推向深入。要进一步加强环境整治，突出抓好垃圾治理、绿化硬化美化、街道修整等工作，加强城市主街综合整饰，加快推进县级以上城市“三供两治”项目建设，不断改善城乡环境。进一步加强秩序整顿，切实加大交通秩序、市场秩序、公共安全等整治力度，重点治理交通、市场、管线、装饰、建筑等方面的城市乱象，不断优化公共秩序。进一步加强诚信建设，推进政务诚信、商务诚信和社会诚信建设进程，推动行政服务机关转变作风、提升效能，推动社会公共服务窗口创暖心服务、树满意品牌，深入开展“争做人民满意公务员”、“讲文明、树新风”、“文明餐桌”等多种形式的群众性精神文明创建活动和文明养成活动，不断提升城乡文明程度和市民文明素质。以全国城市文明程度指数测评为契机，进一步改善公共环境、优化公共秩序、完善公共服务、普及公益活动。

4.着力推进文化体制改革。目前，全省国有文艺院团改革已基本结束，少数还没有最后完成院团改革任务的市地，要加大力度、加快进度，务必在十八大前完成任务。下一步，要着力巩固改革成果，对已转企的院团要按照现代企业制度要求，完善法人治理结构，加快股份制改造，建立充分体现艺术规律和市场规律的经营管理体制，切实把演艺产业的主体培育好、结构调整好、环境营造好。保留事业性质的院团，要按照“转换机制、面向市场、增强活力、改善服务”的要求，深化劳动人事、收入分配、社会保障制度改革，拓宽服务领域，创新服务方式，提高服务质量。要加强省演艺集团建设，跟踪落实好各项扶持、支持政策，扶上马、送一程。加快第二批非时政类报刊改革步伐，完成东北网络台转企改制，确保在“十八大”召开前基本完成阶段性改革任务。推进省出版集团、龙江传媒股份制改造，力争如期上市融资。

5.加快推进文化产业发展。全面落实我省《文化产业发展‘十二五’规划纲要》，抓紧制定十大产业专项规划。壮大市场主体，重点培育省出版集团、演艺集团、网络集团、文盛文化投资集团等骨干企业。省文投集团要加强与有关方面的合作，加快推进七台河、北安等城市文化综合体建设，探索推进文化事业、文化产业与其他产业融合发展的新模式。完善市场体系，有效发挥省文化改革和发展促进会、北京龙江国际文化交流中心、北方文化产权交易所、文盛文化产业投资集团、省文化产业发展基金等平台作用。加强园区建设，做好首批省级文化产业园区、示范基地评定工作，全面提升大庆国家级文化创意产业试验园、省群力文化产业示范区、省动漫产业基地等重点园区(基地)建设规模。办好第七届中国龙江国际文化艺术产业博览会，开展好与韩国文化产业合作发展交流活动，扩大龙江文化企业对外影响。突出项目带动，重点推进文化大世界、“音乐之城”哈尔滨、冰雪大世界、新华(大庆)国际石油资讯中心等125个省级重点项目建设。力争今年全省文化产业增加值超400亿元。

6.持续推进公共文化服务体系建设。推进重大标志性公共文化设施建设，尽早实现省博物馆新馆主体完工，渤海上京博物馆、东北抗联博物馆投入使用。加快推进“文化大世界”项目对接筹建工作，打造文化事业和产业融合发展平台。加强重点文化惠民工程建设，确保年内完成24个乡镇综合文化站，10个发射台、20个县级城镇数字化影院改造和200个村直播卫星覆盖，1537个农家书屋建设任务，推动公共文化服务向社区、农村、边远地区、民族地区延伸，构建城乡一体的公共文化服务网络。加强公共文化设施管理，鼓励社会力量参与公益性文化场馆建设，提高公共文化服务设施使用效率。

深化文化体制改革　加快文化产业发展　不断开创我省文化繁荣发展新局面

——在全省文化体制改革和发展工作会议上的讲话

省委常委、宣传部长 张效廉

值此全省深入贯彻落实党的十七届六中全会和省第十一次党代表大会精神、喜迎党的十八大胜利召开之际，我们召开全省文化体制改革和发展工作会。会议有三个明显特点：一是形式新颖。这次采取实地考察、开现场会的形式，令人耳目一新。大家普遍反映，这样的开会形式，增强了亲身体验和现场感受，获得了更为深刻的实践启示和思想启迪。二是内容丰富。通过实地考察、书面介绍、现场观摩、表彰先进等多种形式，集中展示了近年来我省文化改革发展的成果，呈现了一批新亮点，涌现了一批新典型，形成了一批值得学习的好的做法和经验，为我们今后工作提供了有益的借鉴和启示。三是成效显著。大家边看边比、边比边议、边议边学，既看到了变化和成绩，也看到了差距和不足，坚定了抓项目、抓工作、抓落实的决心，增强了加快发展、赶超先进的动力。

此次会议，原计划由省委常委、常务副省长、省文化体制改革和发展工作领导小组组长刘国中同志出席并作重要讲话，但是由于国中同志临时有会不能出席，因此，受国中同志委托，我就深入推进全省文化体制改革和文化产业发展，讲三点意见。

一、在探索中创新、在创新中发展，我省文化改革发展取得历史性成就

党的十七大以来，我省以科学发展观为指导，从中国特色社会主义事业“四位一体”总体布局的战略高度，积极推进文化体制改革，加快文化产业发展，全省文化改革发展走过不平凡历程，取得历史性成就。主要体现在以下五个方面：

1.以思想解放为先导，打开文化改革发展“总阀门”。我们按照胡锦涛总书记“三加快、一加强”的要求，以高度的文化自觉、文化自信、文化自强，把文化改革发展作为推动科学发展、加快经济发展方式转变的重要任务大力推进。一是顶层设计。省委省政府多次召开省委常委会、中心组学习会和省政府常务会，认真学习贯彻中央关于文化建设的总体要求，认真研究部署文化改革发展工作。二是战略谋划。吉炳轩书记、王宪魁省长多次组织开展文化改革发展调研，提出并实施文化建设“八大工程”。把文化产业纳入全省重点推进的“十大产业”。三是合力推进。将省文化体制改革领导小组调整为省文化体制改革和发展工作领导小组，成立省重点文化企业股改上市工作领导小组，健全了协同推进工作格局。

2. 以和谐改革为取向，注重统筹兼顾“弹钢琴”。科学把握改革的力度、速度和可承受程度，和谐推进改革。一是自下而上。从市县行政事业机构改革入手，推动“三局合一”、“两台合并”、电影管理职能划转以及文化市场综合执法机构组建。二是先易后难。从市场化程度较高的出版发行领域入手，率先进行经营性文化单位转企改制；从基础条件较好的省杂技团、大庆文体旅集团、鸡西演艺集团等入手，积极探索国有文艺院团改革路径和措施。三是由点到面。2006 年上半年，以哈尔滨、大庆、鸡西 3 地和省报业集团、省杂技团、省图书馆等 9 个单位为试点，启动全省文化体制改革工作。2008 年文化体制改革全面推开。截至目前，中央要求的文化体制改革阶段性任务已基本完成。全省 276 家文化单位实现转企改制，11246 个事业编制完成核销。

3. 以创新机制为抓手，实施倒逼推进“责任制”。用经济领域抓项目抓工程推动工作的思路和办法抓文化改革发展，形成了推进工作的责任机制。一是项目式管理。将六中全会《决定》和省委《实施意见》确定的目标任务分解为可操作的 148 个项目。全力推进列入全省“十二五”文化产业规划的 125 个重点项目。目前，全省已建、在建超千万元文化产业项目 83 个，其中超亿元项目 59 个，去年实现投资 109.3 亿元。二是工程式推进。精心设计目标任务和工作标准，科学制定各单位改革任务书，签订工作责任状。建立综合协调、联席会商、信息反馈等制度，把握节奏进度、关键领域和重要节点，倒排改革期限，实时动态跟踪，有序强力推进。三是台账式督查。建立文化改革发展工作台账，对改革工作完成情况进行检查验收，做到真转真改。制定奖励办法，对改革重点领域、重点企业取得的成就给予资金扶持，增强了各主体参与改革的积极性。

4.以融合发展为途径，实现整体实力“大跃升”。实施“以大开发大融合牵动文化大发展大跨越”发展战略，借助城市新区、重点产业园区、重点旅游景区、文化资源核心区，推进文化产业发展，在七台河、北安等地谋划建设城市文化综合体。推动文化与科技、金融、旅游、地产、教育、体育休闲、物流、信息的融合发展，推进“中国云谷”、新华(大庆)国际石油资讯中心等文化与科技、文化与信息融合发展重大项目。加强园区和基地建设，促进文化资源和要素的有效集聚，建成国家级文化产业试验园区1个、国家级文化产业示范基地8个、省级文化产业园区基地55个。省出版集团、省报业集团、省广播电视网络有限公司等10家重点文化企业的总资产、总收入、税收总额分别达102.79亿元、63.84亿元和1.9亿元。2011年，我省文化产业实现增加值285亿元，同比增长36%，按可比价格计算增长28.9%，增速是全省GDP同期增速的2.4倍。

5.以完善制度为保障，提高政策支持"含金量"。适应改革进度，根据实际需要，不断完善政策体系、优化制度安排，为推进改革发展创造良好政策环境。一是区别对待。分别确定了转企改制、事业单位内部改革、党报党刊"两分开"等试点单位。根据国有文艺院团改革的特点和功能，采取保留一批、转企一批、划转一批、注销一批的办法分类推进。二是衔接配套。坚持宏观与微观配套，制定《关于深化文化体制改革的实施意见》，并出台相关领域专项政策文件；坚持生产与消费配套，明确政府补贴购买文化产品、培育文化消费市场的办法；坚持产业项目与园区基地配套，既投资引导支持重点项目，又明确省级文化产业园区优惠政策。三是破解难点。为解决国有文艺院团改革、非时政类报刊出版发行单位改革等重点难点问题，采取"老人老办法、新人新办法"破解了人员安置、社保衔接等改革瓶颈，确保两项重点改革任务如期完成。

近几年来全省文化建设取得的重大进展和成就，为我们进一步推进文化改革发展打下了坚实基础，积累了宝贵经验。同时，我们也要清醒地看到，与推动文化大发展大繁荣的任务和要求相比，我省文化改革发展还存在一些矛盾和问题，我把它概括为"四个不适应"：一是文化产品和服务与人民群众日益增长的精神文化需求还不相适应，基层文化生活仍不够丰富；二是文化体制机制与完善社会主义市场经济体制的要求还不相适应，文化改革任务还很艰巨；三是文化实力和竞争力与全面建成小康社会的进程还不相适应，文化产业对经济增长的贡献份额还比较小；四是文化人才队伍与文化改革发展的需要还不相适应，尤其是文化拔尖人才和优秀文化经营管理人才比较缺乏。

二、深化改革、加快发展，不断开创文化繁荣发展新局面

加快全省文化改革发展，必须深入贯彻落实科学发展观，坚持社会主义先进文化的前进方向，以科学发展为主题，以改革创新为动力，以满足人民群众精神文化需求为出发点和落脚点，进一步解放和发展文化生产力，努力开创我省文化改革发展新局面。这里我着重强调五点：

1.扎实推进国有文化企业改革。按照中央的要求，深入推进经营性文化单位转企改制，做到真转真改。加快实施第二批非时政类报刊出版单位和东北网络台转企改制工作。加强转企改制后文化企业公司制股份制改造工作，完善法人治理结构，强化企业内部管理，不断提高企业在市场竞争中的生存能力。鼓励和支持有条件的文化企业，加强资本运作，面向资本市场融资，重点推进省出版集团、黑龙江日报报业集团所属的龙江传媒集团股份制改造，力争早日实现上市。要把深化改革与做大、做强、做优结合起来，推动文化资源向优势领域、优质企业集中，加快培育一批改革到位、成长性好的大型国有文化企业，推进跨地域、跨行业、跨所有制经营和重组，重点推进省报业集团、出版集团、演艺集团、网络集团、文投集团、文旅集团6大骨干企业建设。

2.深入推进文化事业单位改革。建立健全稳定的投入保障机制，明确经费渠道和投入标准，努力形成同公共财力相匹配、同人民群众基本文化需求相适应的政府投入保障机制。创新投入方式，鼓励社会资本参与公共文化事业，促进公共文化服务多元化、社会化。结合全省事业单位分类改革，按照"转换机制、面向市场、增强活力、改善服务"的要求，深化劳动人事、收入分配、社会保障制度改革，引入竞争和激励机制，建立健全事业单位法人治理结构，创新服务方式，提高服务质量。图书馆、博物馆、文化馆等公益性文化单位，要针对不同程度存在的有人没活干、有活没人干的问题，积极探索实行绩效工资，着力转换用人机制。党报党刊和电台电视台，要在坚持党管媒体、党管干部，确保正确舆论导向的前提下，完善管理和运营机制，深入探索“宣传与经营相对分开”的有效途径和具体办法。一般时政类报刊社、公益性出版社、保留事业体制的文艺院团等单位，要创新经营管理机制，更好地面向市场、服务群众。进一步完善公共文化设施长期免费开放机制，在公共博物馆、纪念馆、文化馆免费开放的基础上，推动公共美术馆、科技馆、工人文化宫、青少年宫等免费开放。公共文化服务也有一个成本与效益的问题，要进一步完善激励机制、激发内部活力，注重科学管理、发挥最大效益。要统筹规划和建设基层公共文化服务设施，坚持项目建设和运营管理并重。探索市场化的管理机制和方式，扶持公共文化机构的技术改造和设备投入，吸纳有代表性的社会人士、专业人士、基层群众参与公共文化服务设施管理，提高现有公共文化设施的服务效能和使用效益。

3.进一步深化文化领域结构调整。坚持以规划引领文化产业发展，深入实施《省文化产业发展十二五规划纲要》，抓紧出台“十大文化产业”专项规划，加强地域主题文化建设，促进各种文化资源合理配置和产业分工。充分调动各方面参与文化建设的积极性，毫不动摇地支持和壮大国有和国有控股文化企业，毫不动摇地鼓励和引导各种非公有制文化企业健康发展，努力形成公有制为主体、多种所有制共同发展的文化产业格局。要积极探索和拓展文化产业与相关产业融合发展，特别是文化与科技、旅游、金融等融合发展新模式，推动传统文化产业升级，发展新兴文化产业，增强文化产业核心竞争力。大力发展文化旅游、新闻传媒、动漫游戏等十大文化产业，重点推进黑龙江文化大世界、哈尔滨“音乐之城”、冰雪大世界、新华(大庆)国际石油资讯中心等125个省级重点文化产业项目建设。进一步完善《省级文化产业园区(基地)认定和管理暂行办法》，实施动态管理，建立退出机制，重点提升1个国家级文化产业试验园、8个国家级文化产业示范基地、55个省级园区和基地的规模效益，有效发挥集聚效应和孵化功能，使之真正成为文化产业跨越发展的助推器。

4.加快完善现代文化市场体系。积极培育和拓展大众文化消费市场，引导出版适应群众购买能力的图书报刊，鼓励在商业演出中和电影放映中安排低价场次和门票，创新引领新型文化消费，以市场消费为导向组织文化生产。加大优秀文化产品的推广力度，运用主流媒体、公共文化场所等资源，在资金、频道、版面、场地等方面，为展演展映展播展览弘扬主流价值的精品力作提供条件。要建立和完善演艺、影视、图书、报刊、音像、网络、会展、动漫游戏、文化旅游等文化产品市场，重点发展哈尔滨群力文化艺术工艺品广场、齐齐哈尔中环艺术品广场、大庆百湖艺术群落等文化市场。加快培育产权、版权、资金、技术、人才、信息等文化要素市场，完善省文化改革发展促进会、北京·龙江国际文化发展中心、省文化产权交易所、省文化产业发展基金等平台，助推文化产业跨越发展。要加强创意引领，科学谋划项目，注重招商引资，推动文化资源优势向产业优势、产品优势、项目优势转化。要办好龙江文博会、哈洽会文化产业展，加大展示力度，拓展合作领域，推动我省文化“走出去”。积极探索市场化、商业化、产业化的运作方式，加快培育对外文化贸易主体，推进具有较强实力的外向型文化企业和企业集团建设。

5.着力健全文化宏观管理体制。要深化文化管理体制改革。全面完成组建统一的文化行政责任主体和市场综合执法主体，深入推进“三网融合”试点工作。加强各级文化行政管理主体的组织建设、素质建设、装备建设和业务建设，完善制度，充实力量，提高管理效益和服务水平。要加快转变政府职能。坚持政企、政事、政资分开，政府与中介组织分开，推动文化行政管理部门由办文化为主向管文化为主转变，由行政手段为主向综合运用法律、经济、行政、技术等多种管理手段转变。按照市场经济条件下文化产业文化事业发展规律，结合文化改革发展的新形势新任务新要求，进一步创新管理理念，完善管理制度，丰富管理方式，切实加强新兴领域和新兴产业的管理。要加强国有资产管理。按照中央有关要求，加快建立相关机构，建立健全责权利统一、管人管事管资产相结合的国有文化资产管理体制和运行机制，明确出资人职责，完善国有文化资本经营预算、收益分享制度以及国有文化企业评估、监测和经营业绩考核体系，加强重大国有文化资产监管，确保国有资产保值增值。

三、强化责任、加强领导，为实现我省文化改革发展各项任务目标提供有力保障

各地各有关部门要充分认识加快文化改革发展的重要性和紧迫性，加强组织领导，明确任务要求，兴起文化改革发展的新高潮。

一要加强组织领导，完善工作机制。按照党委统一领导、政府组织实施、宣传部门协调指导、文化行政部门具体落实、各有关部门密切配合的要求，进一步完善和加强各级文化体制改革和发展工作领导小组的职能，督促各相关部门抓紧推进各项任务。去年以来，在各地党委和政府换届中上任了一批新的宣传部长和分管副市长，大家要在全面了解宣传文化工作的同时，抓紧掌握文化改革发展的相关政策和工作要求，推动文化改革发展取得新突破。文化、广电、新闻出版部门作为行业主管部门，要履行好自身职责，加强与各地沟通联系，帮助解决工作中的实际问题，确保本系统本领域改革发展深入推进。

二要改进工作方法，确保任务落实。充分学习借鉴全国和我省试点地区、试点单位的好做法、好经验，认真加以总结，转化为推进改革发展的工作思路。深入研究人员安置、资金投入、社会保障、国有文化资产管理等制约文化改革发展重点难点问题，寻求解决问题的思路办法。按照中央和省委的要求，对基本完成阶段性改革任务的地区要切实开展检查验收和回头看，严格标准、查缺补漏、验收整改，确保改革规范到位、真正经得起历史和实践的检验。各地各部门要按时上报改革进展情况，严格报批有关重大事项、重大问题，扎实细致地做好各项工作。要加大宣传力度，推广先进经验，为改革营造良好氛围。要做好深入细致的思想政治工作，充分调动广大职工群众的积极性主动性创造性，确保改革平稳有序推进。

三要制定配套政策，提供有力保证。要认真落实中央和省委关于支持文化改革发展的一系列政策措施，用足用好其他领域与文化相关的各项优惠政策，着重抓好十七届六中全会《决定》和我省《实施意见》中有关政策的落实。各地也要因地制宜，积极研究制定推动本地改革发展的地方性政策，加强政策创新，确保改革成本支付到位、遗留问题解决到位、推进发展扶持到位。

履行职责　发挥优势　深入学习研究宣传党的十八大精神

——在省社科联七届三次主席团扩大会议上的讲话

省委常委、宣传部长、省社科联主席 张效廉

今天，我们召开省社科联主席团扩大会议，深入学习党的十八大精神，动员全省广大社科理论工作者进一步研究好宣传好贯彻好党的十八大精神。

一、充分认识、深入理解党的十八大的重大意义

党的十八大，是在我国进入全面建成小康社会决定性阶段召开的一次十分重要的会议，是我们党奋斗历程中又一次承前启后、继往开来的重要会议。在国际形势风云变幻、国内经济社会深刻变革的情况下，大会深刻回答了一系列带有根本性的重大问题，科学规划了改革开放和现代化建设的宏伟蓝图，进一步明确了党和国家的前进方向，为夺取中国特色社会主义新胜利、开创中国特色社会主义新局面提供了坚强的思想、政治和组织保障。

我理解，党的十八大主要有以下三大历史性贡献：

——党的十八大将科学发展观确立为党必须长期坚持的指导思想，实现了党的指导思想的又一次与时俱进，为夺取中国特色社会主义新胜利、开创中国特色社会主义新局面提供了坚强的思想保证。

指导思想是党和国家全部工作必须遵循的根本原则，一个先进的政党必须要有科学的理论来武装，开辟伟大的事业必须要有科学的理论来指导。党的一大、七大、十五大和十六大，分别将马克思列宁主义、毛泽东思想、邓小平理论和“三个代表”重要思想确立为我们党的指导思想，指引我们党实现了新民主主义革命、社会主义革命、改革开放和社会主义现代化建设的一个又一个伟大胜利。

举世皆知，过去十年，以胡锦涛同志为总书记的党中央，带领全党全国各族人民，创造了史无前例的黄金十年伟大奇迹。中国在这十年中保持了GDP年均10.7%的增长率，远高于世界经济年均3.9%的增速；经济总量从当时全球经济规模排名的第六位，连续超越英国、法国、德国、日本，跃居世界第二。人均国内生产总值由1135美元提高到5432美元，年均增长10.1%，迈进“中等收入”国家门槛。中国的综合实力和世界影响力获得了空前的提升。就我们省来说，2010年地区生产总值超过1万亿元，成为我国万亿元俱乐部的第16个成员，2011年达到12503.8亿元，比2006年翻了一番，年均增长12%，地方财政收入达到1620.3亿元，是2006年的3.4倍，年均增长27.6%，固定资产投资总额达到7206.3亿元，是2006年的3.2倍，年均增长32%，粮食总产量达到1114.1亿斤，总量、增量、商品量、调出量均居全国第一位。这五年是改革开放以来我省发展速度最快的时期。综观这些年，我们国家之所以能取得这样的历史性成就和进步，最重要的就是勇于推进实践基础上的理论创新，形成和贯彻了科学发展观，为经济社会发展提供了有力指导。我们省之所以能取得这样的历史性成就和进步，最重要的就是我们以科学发展观为指导，提出并大力实施“八大经济区”、“十大工程”发展战略，走出了一条符合龙江实际的科学发展道路。

当然，我们也应清楚地看到，我们的发展还面临许多困难，发展中不平衡、不协调、不可持续问题依然突出，城乡区域发展差距和居民收入分配差距依然较大，一些基层党组织软弱涣散，一些领域消极腐败现象易发多发，反腐败斗争形势依然严峻。这些矛盾和困难存在的深层次原因，恰恰是我们在头脑中还存有不适应科学发展观的思想观念，在实践中还存在不符合科学发展要求的体制机制。我们既不能妄自尊大，也不能妄自菲薄。我们有理由相信，在科学发展观的指导下，我们一定能够克服和破解这些矛盾和困难，顺利实现全面建成小康社会的奋斗目标，进一步开创改革开放和现代化建设的新局面，进一步迎来中华民族伟大复兴的光辉前景。

——党的十八大坚持和发展了中国特色社会主义的主题，回答了我们党在新的历史关头，举什么旗、走什么路、以什么样的精神状态、朝什么样的目标继续前进的重大问题，为夺取中国特色社会主义新胜利、开创中国特色社会主义新局面提供了坚强的政治保证。

旗帜就是方向，旗帜就是形象。道路关乎党的命脉，关乎国家前途、民族命运、人民幸福。在中国这样一个经济文化十分落后的国家探索民族复兴道路，是极为艰巨的任务。自改革开放以来的34年中，我们党的七次代表大会都是以中国特色社会主义为主题。十二大主题是：全面开创社会主义现代化建设的新局面，第一次提出中国特色社会主义这个命题；十三大主题是：沿着有中国特色的社会主义道路前进，提出社会主义初级阶段理论；十四大主题是：加快改革开放和现代化建设步伐，夺取有中国特色社会主义事业的更大胜利，提出建立社会主义市场经济新体制；十五大主题是：高举邓小平理论伟大旗帜，把建设有中国特色社会主义事业全面推向二十一世纪，提出社会主义公有制的多种实现方式；十六大主题是：全面建设小康社会，开创中国特色社会主义事业新局面，提出全面建设小康社会的奋斗目标；十七大主题是：高举中国特色社会主义伟大旗帜，为夺取全面建设小康社会新胜利而奋斗，全面阐释科学发展观的科学内涵、精神实质和基本要求。

党的十八大的主题是：高举中国特色社会主义伟大旗帜，以邓小平理论、“三个代表”重要思想、科学发展观为指导，解放思想，改革开放，凝聚力量，攻坚克难，坚定不移沿着中国特色社会主义道路前进，为全面建成小康社会而奋斗。这既是十八大的主题，也是当前和今后一个时期党和国家工作的主题。这个主题向党内外、国内外昭示了在新的历史条件下，我们党举什么旗、走什么路、以什么样的精神状态、朝着什么样的奋斗目标继续前进这个重大问题，鲜明地回应了我国发展的新要求和人民群众的新期待。中国特色社会主义是当代中国发展进步的旗帜，是全党全国各族人民团结奋斗的旗帜。高举这面旗帜，就能坚定主心骨，把握发展的正确方向，最广泛地凝聚起全体人民的智慧和力量。党领导人民开辟的中国特色社会主义道路，是符合中国国情、创造人民美好生活的必由之路。这条道路，就是在中国共产党领导下，以经济建设为中心，坚持四项基本原则，坚持改革开放，解放和发展生产力，建设社会主义市场经济、民主政治、先进文化、和谐社会、生态文明，建设富强民主文明和谐的社会主义现代化国家。这是一条充满希望和无限光明的人间正道。无论形势如何变化，我们都必须坚定不移沿着这条道路前进，不为任何风险所惧、不为任何干扰所惑，既不走封闭僵化的老路，也不走改旗易帜的邪路。解放思想是发展中国特色社会主义的一大法宝，改革开放是发展中国特色社会主义的强大动力。抓住机遇，加快发展，应对挑战，战胜困难，就要保持积极进取、奋发有为的精神状态，在解放思想、改革开放上不断开辟新境界，在凝聚力量、攻坚克难上不断取得新突破。全面建成小康社会，是我们党对人民的庄严承诺，预示着中国人民将过上更加幸福的生活，社会主义现代化建设将取得又一个伟大胜利，中华民族伟大复兴将达到新的里程碑。在我国这样一个人口众多的发展中国家，实现这样的目标并不容易，必将载入史册。

——党的十八大选举产生了新一届中央领导集体，实现了我们党中央领导集体的新老交替和顺利交接，为夺取中国特色社会主义新胜利、开创中国特色社会主义新局面提供了坚强的组织保证。

中国特色社会主义事业的领导核心是中国共产党。加强和改进党的领导关键在有一个坚强的领导集体。在我们党的历史上，党中央领导权力的平稳交接一直是一个敏感而突出的问题。党的十六大顺利实现了党和国家高层领导的新老交替和平稳过渡，积累了成功经验；十七大又一次顺利完成党的领导机构新老交替，把党和国家高层领导新老交替制度化、规范化、程序化建设又往前推进了重要一步。

此次十八大换届，更是举世瞩目。十八大和十八届一中全会选举产生了以习近平同志为总书记的新一届中央领导集体，集中体现了全党的意志，反映了全国各族人民的心愿。新一届中央领导集体，有智慧，有见地，有谋略，有才干，有经验，有能力，有魄力，有定力，有亲和力，有号召力，是一个实践经验丰富、勇于改革创新、深得人民群众信任和拥护的领导集体，充分显示了中国特色社会主义事业蓬勃兴旺、薪火相传、后继有人。我们相信，以习近平同志为总书记的新一届党中央，一定能团结带领全党全国各族人民齐心协力，承前启后，不畏艰险，共度时艰，继往开来，发扬光大，不断开创中国特色社会主义事业新局面，为实现中华民族伟大复兴，为人类社会发展进步、为世界文明做出更加伟大的历史贡献。

二、深刻领会、准确把握党的十八大的基本精神

胡锦涛同志代表十七届中央委员会所作的报告，高屋建瓴、总揽全局，解放思想、求真务实，内涵丰富、思想深刻，是科学发展观在中国特色社会主义建设中的直接应用，是马克思主义中国化与时俱进的光辉文献，是党的理论创新、实践创新、制度创新、管理创新、政策创新的凝聚集成，是全党全国各族人民集体智慧的结晶，是我们党全面建成小康社会、坚持和发展中国特色社会主义的政治宣言和行动纲领。

学习领会十八大报告的基本精神，我的体会主要是“五个深刻领会、牢牢把握”：

1. 深刻领会科学发展观的历史地位，牢牢把握深入贯彻落实科学发展观的实践要求。党的十八大报告在总结过去十年成就和经验的基础上，把科学发展观同马克思列宁主义、毛泽东思想、邓小平理论、“三个代表”重要思想一道，确立为我们党必须长期坚持的指导思想，我们必须从新的思想高度提升对贯彻落实科学发展观的认识。充分认识科学发展观在党的理论创新发展中的历史贡献，全面落实科学发展观的实践要求，一定牢记“过去十年的成就得益于科学发展观，现在的实践仍然依靠科学发展观，未来发展更需要以科学发展观为指导”，切实做到“四个更加自觉”，即更加自觉地把推动经济社会发展作为深入贯彻落实科学发展观的第一要义，更加自觉地把以人为本作为深入贯彻落实科学发展观的核心立场，更加自觉地把全面协调可持续作为深入贯彻落实科学发展观的基本要求，更加自觉地把统筹兼顾作为深入贯彻落实科学发展观的根本方法，使科学发展观真正成为指导我们全部工作的强大思想武器。

2. 深刻领会中国特色社会主义的丰富内涵，牢牢把握夺取中国特色社会主义新胜利的基本要求。党的十八大报告对坚持和发展中国特色社会主义做了迄今为止最系统、最深刻、最集中的阐述，可以说是一篇光辉的中国特色社会主义论，将我们党对中国特色社会主义规律的认识提高到了一个新的高度。要深入领会中国特色社会主义道路是实现途径，理论体系是行动指南，制度是根本保障，三者统一于中国特色社会主义伟大实践。中国特色社会主义理论体系，就是包括邓小平理论、“三个代表”重要思想、科学发展观在内的科学理论体系，是对马克思列宁主义、毛泽东思想的坚持和发展。中国特色社会主义制度，就是人民代表大会制度的根本政治制度，中国共产党领导的多党合作和政治协商制度、民族区域自治制度以及基层群众自治制度等基本政治制度，中国特色社会主义法律体系，公有制为主体、多种所有制经济共同发展的基本经济制度，以及建立在这些制度基础上的经济体制、政治体制、文化体制、社会体制等各项具体制度。要科学把握中国特色社会主义的总依据是社会主义初级阶段，总布局是五位一体，总任务是实现社会主义现代化和中华民族伟大复兴。要准确理解夺取中国特色社会主义新胜利“八个坚持”的基本要求：即必须坚持人民主体地位，必须坚持解放和发展社会生产力，必须坚持推进改革开放，必须坚持维护社会公平正义，必须坚持走共同富裕道路，必须坚持促进社会和谐，必须坚持和平发展，必须坚持党的领导。

3. 深刻领会全面建成小康社会和全面深化改革开放的总体目标，牢牢把握新阶段推进现代化建设的努力方向。我们知道，“小康社会”是中国古代儒家追求的，与“大同”相对，人人可安居乐业的理想社会状态。改革开放初邓小平同志借用这一老百姓耳熟能详的概念，来“本土化”、具体化、形象化地表述我国基本实现社会主义现代化目标。随着中国特色社会主义的深入发展，小康社会内涵和意义不断得到丰富和发展。在20世纪末基本实现“小康”的情况下，党的十六大明确提出了“全面建设小康社会”。党的十七大根据形势发展提出了实现全面建设小康社会奋斗目标的新要求。经过10年的努力，全面建设小康社会取得重大成就，为到2020年实现全面建成小康社会奠定了决定性的坚实基础。党的十八大在十六大、十七大的基础上，立足新的起点，进一步提出了全面建成小康社会、全面深化改革开放的目标，赋予改革发展更高的标准、更丰富的内涵。要深刻认识全面建成小康社会的新要求。由“建设”到“建成”，虽然只有一字之改，但却是一个质的飞跃，它把全面小康社会的美好图景更具体更生动地呈现在全国人民面前，也把我们党对发展中国特色社会主义的坚强决心和信心展现出来。特别是报告提出“实现国内生产总值和城乡居民人均收入比2010年翻一番”的“两个翻番”，体现了富民惠民、共建共享的发展理念。要深刻认识全面深化改革开放的目标要求。即“五个加快”：加快完善社会主义市场经济体制，加快推进社会主义民主政治制度化、规范化、程序化，加快完善文化管理体制和文化生产经营机制，加快形成科学有效的社会管理体制，加快建立生态文明制度，显示了我们党坚持改革开放的坚定决心，顺应了人民对深化改革的期望，也表明到2020年各项富民制度将更加成熟定型。

4. 深刻领会中国特色社会主义事业总体布局，牢牢把握"五大建设"重大战略部署。对中国特色社会主义事业总体布局的认识，我们党经历了一个初步探索、逐步深化和日益完善的过程。改革开放初期，以邓小平为核心的第二代中央领导集体，提出要坚持物质文明、精神文明"两个文明"一起抓。党的十三届四中全会后，以江泽民同志为核心的党的第三代中央领导集体进一步提出在建设"两个文明"的同时，努力建设社会主义政治文明，形成了经济建设、政治建设、文化建设"三位一体"的总体布局。党的十六大以来，以胡锦涛同志为总书记的党中央，提出构建社会主义和谐社会的战略思想和重大任务，从而使中国特色社会主义事业的总体布局由"三位一体"扩展为经济建设、政治建设、文化建设、社会建设"四位一体"。在深入贯彻落实科学发展观的过程中，我们党对于生态文明建设的认识不断深化，党的十七大提出建设生态文明的目标。党的十八大明确把生态文明建设上升为中国特色社会主义事业总体布局的重要组成部分。

十八大对"五位一体"总体布局的战略任务都有新论断、新要求。比如：在经济建设部分，提出"坚持走中国特色新型工业化、信息化、城镇化、农业现代化'四化同步'的发展道路"；在政治建设部分，提出"确保决策权、执行权、监督权既相互制约又相互协调，国家机关按照法定权限和程序行使权力"；在文化建设部分，从国家、社会、个人三个层面提炼了社会主义核心价值观，提出"倡导富强、民主、文明、和谐，倡导自由、平等、公正、法治，倡导爱国、敬业、诚信、友善"；在社会建设部分，在党的十七大提出的"两提高"即"提高居民收入在国民收入分配中的比重和提高劳动报酬在初次分配中的比重"基础上，进一步提出了"两同步"，即"努力实现居民收入增长和经济发展同步、劳动报酬增长和劳动生产率提高同步"，等等。给我感触最深的还是报告对建设生态文明提出的新思想、新要求。报告指出，建设生态文明，是关系人民福祉、关乎民族未来的长远大计。面对资源约束趋紧、环境污染严重、生态系统退化的严峻形势，必须树立尊重自然、顺应自然、保护自然的生态文明理念，把生态文明建设放在突出地位，融入经济建设、政治建设、文化建设、社会建设各方面和全过程，努力建设美丽中国，实现中华民族永续发展。给自然留下更多修复空间，给农业留下更多良田，给子孙后代留下天蓝、地绿、水净的美好家园。这是我们党10年来努力实现科学发展、可持续发展的思想认识和实践探索。

5. 深刻领会全面提高党的建设科学化水平的时代课题，牢牢把握推进党的建设新的伟大工程的重点任务。党的十八大报告，通篇贯穿关键在党、党要管党、从严治党的要求，对党的建设面临形势、重大意义、原则要求、基本任务作出深入系统的阐释，为加强党的建设，提高党的执政水平、实现党的执政使命提供了根本遵循。要充分认识全面提高党的建设科学化水平的重要性紧迫性。清楚地看到党面临的"四大考验"、"四大危险"，即执政考验、改革开放考验、市场经济考验、外部环境考验，精神懈怠的危险、能力不足的危险、脱离群众的危险、消极腐败的危险。要全面把握加强和改进党的建设总体布局。即贯穿"一条主线"：执政能力建设、先进性和纯洁性建设，做到"两个坚持"：坚持解放思想、改革创新，坚持党要管党、从严治党，推进"五大建设"：思想建设、组织建设、作风建设、反腐倡廉建设、制度建设，增强"四自能力"：自我净化、自我完善、自我革新、自我提高能力，实现"三型一核心的一个总目标"：建设学习型、服务型、创新型的马克思主义执政党，确保党始终成为中国特色社会主义事业的坚强领导核心。要深刻领会新形势下党的建设的重点任务。即"八个必须"：必须坚定理想信念，坚守共产党人精神追求；必须坚持以人为本、执政为民，始终保持党同人民群众的血肉联系；必须积极发展党内民主，增强党的创造活力；必须深化干部人事制度改革，建设高素质执政骨干队伍；必须坚持党管人才原则，把各方面优秀人才集聚到党和国家事业中来；必须创新基层党建工作，夯实党执政的组织基础；必须坚定不移反对腐败，永葆共产党人清正廉洁的政治本色；必须严明党的纪律，自觉维护党的集中统一。

三、履行职责、发挥优势，持续兴起学习研究宣传贯彻党的十八大精神的热潮

当前和今后一个时期全党的首要政治任务，就是认真学习宣传和全面贯彻落实党的十八大精神，把全党全国各族人民的思想统一到党的十八大精神上来，把力量凝聚到实现党的十八大确定的各项任务上来，为实现党的十八大确定的奋斗目标和工作任务而奋斗。对于我们社科理论战线而言，学习好、研究好、宣传好、贯彻好党的十八大精神，是义不容辞的光荣使命和当前工作的重中之重。社科联系统要切实履行桥梁纽带、组织协调、咨询服务、宣传普及的职责，发挥智力人才聚集、联系面广泛的优势，引领和带动全省广大社科理论工作者，持续兴起学习研究宣传贯彻党的十八大精神的热潮。

一要认真学习，努力用十八大精神武装头脑。社科联系统要认真履行“组织协调”的工作职责，充分发挥“联络各方”的优势，切实组织好广大社会科学工作者的学习。要动员组织各级社科联组织及所属各社会科学学术团体，认真研读党的十八大文件，原原本本学习党的十八大报告和党章，学习习近平总书记在党的十八届一中全会上的重要讲话精神。深刻领会党的十八大的主题，深刻领会过去5年和10年党和国家以及我省各项事业取得的新的历史性成就，深刻领会科学发展观的历史地位和指导意义，深刻领会中国特色社会主义的丰富内涵和夺取中国特色社会主义新胜利的基本要求，深刻领会全面建成小康社会和全面深化改革开放的目标，深刻领会社会主义经济建设、政治建设、文化建设、社会建设、生态文明建设等方面的重大部署，深刻领会全面提高党的建设科学化水平的重大任务。广大社会科学理论工作者要先学一步，多学一点、学深一些，既要从整体上把握，又要注意抓住重点，全面把握十八大报告的基本精神，深刻领会其中的重大理论观点、重大战略思想、重大工作部署，真正做到学深学透学懂。

二要深入研究，努力以十八大精神破解难题。社科联系统要认真履行“咨询服务”的工作职责，充分发挥“思想库”、“智囊团”的优势，召开座谈会、研讨会、研讨班，组织指导广大社科理论工作者，紧密结合我省实际，用党的十八大和省委十一届二次全会精神努力破解我省经济社会发展中的重大理论和现实问题。比如：如何加快完善社会主义市场经济体制，加快转变经济发展方式、坚持走龙江特色新型工业化、信息化、城镇化、农业现代化道路；如何积极稳妥地推进政治体制改革，深化行政体制改革，着力构建充满活力、富有效率、利于科学发展的体制机制；如何大力实施文化改革发展“八大工程”，推动龙江文化大发展大繁荣，扎实推进社会主义文化强国建设；如何加快健全基本公共服务体系，进一步改善民生和创新管理，推动社会主义和谐社会建设；如何树立尊重自然、顺应自然、保护自然的生态文明理念，着力推进绿色发展、循环发展、低碳发展，努力建设美丽中国和大美龙江，实现中华民族永续发展；如何加强党的思想、作风、制度、队伍、组织和反腐倡廉建设，努力做到干部清正、政府清廉、政治清明，不断提高党的领导水平和执政水平，等等。省社科规划和社科评奖要发挥导向引领作用，列出一些选题，推出一批有说服力、有分量的研究成果，为推动“八大经济区”、“十大工程”战略和富强文明和谐大美幸福龙江建设提供强有力的智力支持。

三要广泛宣传，努力让十八大精神深入人心。社科联要认真履行“宣传普及”的工作职责，充分发挥理论宣传“资源丰富”的优势，积极开展党的十八大精神宣传普及活动。要积极探索有效模式，利用优势平台，面向社会、面向基层、面向群众，用灵活多样的形式、深入浅出的内容、通俗易懂的语言，解读十八大，宣传十八大，为学习贯彻十八大精神营造深厚氛围，做出积极贡献。要发挥“龙江讲坛”等平台载体的品牌效应，邀请省内知名专家学者开展系列讲座，从各自研究领域多角度解读阐释十八大精神；要利用“社科普及月”、“科普三下乡”、“送理论下基层”等有效渠道，深入基层，深入一线，为广大干部群众解疑释惑；要充分利用社科网、短信平台、微博客等网络媒介，借助文字、图画、声音、影像多维手段，营造立体浓厚的网络宣传氛围；要在省内主要媒体、社科学术刊物上开辟专栏，组织刊发一批有深度、有建树的理论文章，彰显龙江宣传普及十八大精神的理论深度和学术品位。

创三优文明城市　建大美大爱龙江

——在全省创建“三优”文明城市现场推进会上的讲话

省委常委、宣传部长　张效廉

在全省广大干部群众深入贯彻落实省第十一次党代会精神、掀起建设“五个龙江”新高潮的关键时刻，省委省政府召开了这次创建“三优”文明城市现场会，意义十分重大。前天晚上、昨天一天和今天上午，我们在七台河、双鸭山和哈尔滨学习考察了棚户区改造、保障房建设、路桥建设、市政亮化、城市管理、公共服务等17个项目。一路上，我们再一次亲眼看到了各地城乡环境翻天覆地的变化、交通和市场秩序日新月异的优化、政府和社会公共服务精益求精的强化；我们再一次亲耳听到了干部群众对党委政府的赞誉，对“三优”文明城市创建工程的美誉，对城市文明建设者的盛誉；我们再一次亲身感受到了省委省政府实施“三优”文明创建这一全省“民生工程”、“民心工程”、“民主工程”，取得的重大生态效益、社会效益和经济效益。刚才，听了于莎燕副省长的讲话、三个部门和五个市地的发言，很受启发，很受鼓舞。接下来，吉炳轩书记、王宪魁省长还要发表重要讲话，我们要认真学习领会，抓好贯彻落实。

今年年初以来，按照炳轩书记的指示要求，我们以“创三优，强素质，建大美大爱龙江”为主题，深入推进“三优”文明创建，工作呈现新特点，推出新举措，取得新成效。我主要的感受有三点：

第一点感受：稳步推进，创建活动呈现“三个转变”新特点

一是从“要我创”向“我要创”转变。各市地普遍把“三优”文明创建作为“一把手”工程，纳入当地经济社会发展规划，主动学习先进地区经验，主动研究文明创建措施。哈尔滨积极开展“弯弯腰、伸伸手，我与文明同步走”主题活动，动员广大人民群众自觉投入创建文明城市的活动中。众人同走文明路，众手浇开幸福花，“全省动员、全民参与、全力推进”的良好态势已经形成。

二是从强调硬件建设向软件硬件并重转变。各市地各部门通过专家学者讨论、市民意见征集、开展文化活动等方式，着力塑造城市、行业精气神。深入开展各项主题创建活动，继承传统美德，普及礼仪知识，弘扬文明风尚。全省开展“迎盛会讲文明树新风”活动，齐齐哈尔开展“感动鹤城人物”评选活动，牡丹江开展文明礼仪进课堂、进社区、进企业、进乡村、进机关“百场礼仪讲座”活动，大庆开展最具影响力“大庆人十大观念”评选和“我最厌恶的十大陋习”查议改活动，黑河开展“创暖心服务、树满意品牌、讲文明诚信”单位创建活动。说文明话、行文明事、做文明人的良好风气悄然兴起。

三是从注重建设向创新管理转变。各地各部门相继建立了领导包保制、投入保障制、目标考核制、督办奖惩制、社会监督制等工作机制，哈尔滨实施党政机关包庭院责任制，佳木斯开展“爱护公共设施、共建美好家园”活动，七台河实行“六化一考”城市管理新机制，绥化形成“三点四带十城区”城乡区域连片创建格局，大兴安岭实行重奖重罚制，森工总局采取场地共建共管共享。各地不断创新完善城市管理长效机制，探索形成具有龙江特色的城市管理“六化”模式（管理法制化、运作市场化、作业精细

化、考核标准化、监督社会化、保障制度化），我省城市管理科学化、规范化、精细化水平日益提高的良好局面不断拓展。

第二点感受：勇于开拓，创建活动推出“三大载体”新举措

一是组织开展“春风行动”。从3月开始，利用两个月时间在全省集中打响一场清除冬季垃圾突击战。重点治理围城垃圾，公路、铁路沿线、车站、出城口、城乡结合部和背街背巷及庭院积存垃圾，在3月31日“春风行动”集中日当天，全省就有110万人参与，清理垃圾1.4万多吨。鹤岗开展了“五湖一道”治理工程和八大整治战役，全方位建设“滨水生态新城”。

二是组织开展“弘扬雷锋精神”主题实践活动。开展“寻找身边的美”道德实践和“最美教师”张丽莉集中宣传活动，塑造群众心目中的“平民英雄”，展现他们身上的“最美瞬间”、“最美坚守”，传播主流价值观念，唤起人们道德共鸣。探索建立帮扶道德楷模的长效机制，发起设立“温暖龙江基金”，倡导好人好报的价值导向。

三是组织开展志愿服务活动。目前全省志愿服务网上管理系统已注册志愿者143万人，开展了以整治环境、文明交通、爱心互助等为主题的系列志愿活动，省电台“星期六义务劳动”和“我为家乡种棵树”活动、省电视台“夜航志愿服务队”等影响不断扩大。

第三点感受：攻坚克难，创建活动取得“三个不断”新成效

一是环境面貌不断改善。今年以来，治理裸土410万平方米，清理绿化超高土90多万平方米，建筑工地文明施工达标率平均超过90%。截至5月底，全省城市新植树木2467.3万株（完成全年计划的74.93%），城区新增绿地面积4839公顷（完成全年计划的75.3%）。完成滨水城市建设投资74.8亿元。双鸭山实施了道路绿化等七项工程，以山水做文章，突出打造生态之城。鸡西实行环境卫生清扫、保洁、垃圾收集、运输和无害化处理城乡一体化管理。伊春规划建设“倚山亲水”的现代组群城市。农垦总局不断加大基础设施投入力度，城镇化率提高到85%。

二是公共秩序不断优化。实施“文明交通行动计划”，一般以上事故、死亡人数、受伤人数、财产损失同比分别下降7.12%、4.86%、4.8%、17.29%。开展市容环境和市场秩序专项整治行动，拆除违章建筑40万平方米。

三是服务水平不断提升。全省成立各级服务队6454个，建立党员先锋岗22590个，划分党员责任区11870个，解决群众关心热点难点问题15万余件。以食品工业领域和工程建设领域诚信体系建设为重点，加强诚信龙江建设，效果显著。

今年是建设“五个龙江”的启动之年，也是“三优”文明城市创建工程“五年规划、三步实施”承前启后的关键之年。我们要在狠抓落实上下功夫，在重点难点上谋突破，在塑形塑品上求实效，不断掀起“三优”文明创建的热潮。

一要在狠抓落实上下功夫。要进一步提高对“三优”文明城市创建工作重要性的认识，不断完善领导体制，健全工作格局。要进一步强化以政府政策扶持和投入为导向、投资主体多元化的投融资机制，多元化、多渠道、多方式地筹集创建资金。要进一步树立群众观点，倾听群众意见，调动群众参与，发挥群众主体作用。要进一步规范跟踪问效、督查考评工作机制，进一步完善测评体系和考评细则。按照工程实施方案，今年要命名一批省级文明城市。

二要在重点难点上谋突破。现在，盛夏已至，作为天然氧吧、避暑胜地，我省迎来了旅游高峰，这是集中展示和检验我省“三优”文明创建成果的重要时刻。我们要把握契机，突出抓好垃圾治理、交通秩序整治、公共安全整治、诚信建设、市民素质提升等重点工作，着力推进小城镇净化、绿化、美化和百镇主次干道硬化工程，加强沿边口岸城市建筑风貌改造和环境综合整治，加大城镇园林绿化建设力度，加强市容和市场秩序整治，推动创建活动向县城、重点旅游名镇和“百镇”延伸，向游人全面展示我省

“三优”文明创建的丰硕成果,向世人呈献一个大美大爱的龙江印象。

三要在塑形塑品上求实效。我们要坚持塑形与塑品相结合，做到硬件更硬、软件不软,“三优”并举,全面提高。要广泛开展学雷锋等社会志愿服务、道德模范学习宣传、“争做人民满意公务员”、“文明餐桌”等多种形式的群众性精神文明创建活动和文明养成活动,让群众在参与中将道德准则内化为行为规范,提升城乡文明程度和市民文明素质。要加大对道德领域突出问题治理,重点抓好诚信体系建设,推进政务诚信、商务诚信和社会诚信建设进程,建设“诚信龙江”。

在全省新闻出版工作会议上的讲话(摘要)

副省长　程幼东

过去的一年,在省委、省政府的领导下,全省新闻出版战线认真贯彻落实科学发展观，围绕中心,服务大局,开拓创新,扎实工作,各项工作全面推进,实现了“十二五”的良好开局。主要体现在:新闻出版体制改革向深度拓展,非时政类报刊改革稳步推进;产业发展迈出新步伐,项目建设有序开展;龙版精品影响力和竞争力不断提升,出版了一批质量好、品位高、特色鲜明的优秀出版物;版权保护工作扎实推进,打击侵犯知识产权专项整治行动成效显著。成功举办了第二十一届全国图书交易博览会,实现了社会效益和经济效益双丰收,进一步激发了全社会读书求知的热情,营造了全民阅读的书香氛围,在社会各界产生了极大反响。这些成绩,是全省新闻出版系统广大干部职工迎难而上、锐意进取、团结奋斗的结果。

一、提高认识,进一步明确新时期新闻出版工作发展方向

全面贯彻落实好党的十七届六中全会精神和省委十届十八次全会精神,把思想统一到全会的各项要求部署上来，以全会精神指导新闻出版工作,是今年新闻出版工作的重点。

(一)认真学习领会六中全会和省委全会精神,就要科学定位2012年新闻出版工作思路。党的十七届六中全会是在我国全面建设小康社会关键时期和文化改革发展重要阶段,召开的一次里程碑式的会议,集中了党对文化建设的认识和实践,明确了在新的历史起点上推进文化改革发展的指导思想、重要方针和政策举措,确定了中国特色社会主义文化发展道路,努力建设社会主义文化强国的战略目标,是今后十年我国文化工作的纲领。省委十届十八次全会贯彻落实六中全会精神,结合我省实际,提出了文化建设“八大工程”,目标要求清晰,贯彻措施坚决有力,是新时期我省文化建设的行动指南。我们学习领会六中全会和省委全会精神,就要领会实质、抓住关键,科学谋划好各项工作。省政府对2012年新闻出版工作的总体要求是，紧紧围绕科学发展这一主题，突出转变发展方式这一主线,巩固发展思想文化主阵地,深化改革,壮大实力,推进公共文化服务体系建设，创造良好的发展环境,努力推动我省文化建设“八大工程”的实施,为文化大发展大繁荣做出应有的贡献。

(二)认真学习领会六中全会和省委全会精神,就要全面抓好2012年新闻出版各项工作。我省新闻出版业具有良好的发展优势和机遇,为做好今年的工作奠定了基础。一是经过改革开放30多年的发展和积淀，我省新闻出版业形成了门类齐全,多种媒体方式共有,出版物贸易市场相对完备的产业格局和产业体系。二是文化底蕴独特厚重,历史文化、少数民族文化、流寓文化、俄侨文化等,形成了深厚的文化底蕴和丰富的经济价值、社会价值。三是中央和省里陆续出台了一系列支持文化建设的政策措施,将在资金、立项等方面加大支持和倾斜力度,全社会重视支持文化发展的浓厚氛围正在形成。我们一定要充分发挥好、挖掘好、利用好这些资源优势和机遇，按照六中全会和省委全会的部署,准确定位，把握正确的出版导向，不断创新体制机制，加强监督管理，抓好各项工作的落实，确保各项工作协调、稳步推进。

（三）认真学习领会六中全会和省委全会精神，就要让广大人民群众共享改革发展成果。文化发展为了人民、文化发展依靠人民、文化发展成果就应该由人民共享。全省新闻出版系统要切实肩负起责任，着力推进各项惠民工程，努力实现人民群众共享改革成果这一目标。一是继续以全民阅读工程、农家书屋工程等惠民工程建设为抓手，加快推进公共服务体系建设，不断扩大服务范围、提高服务标准、优化服务质量。二是广泛开展出版物进学校、进企业、进社区、进农村、进军营“五进”活动和“龙江百姓文化季”等活动，充分满足人民群众精神文化需求。三是积极扶持公益性出版业，调动经营性出版单位积极性，为人民群众提供质优价廉的出版产品，不断满足人民群众日益增长的精神文化需求。

二、全面落实全会提出的各项任务，推动我省新闻出版业科学发展

六中全会和省委全会明确了今后发展的各项工作任务，我们要充分领会，准确把握新时期对新闻出版事业发展的新要求，开拓创新，扎实工作，以高度的文化自觉和坚定的文化自信，推动新闻出版事业跨越式发展。

（一）加强组织出版和宣传工作，积极发挥新闻出版在社会主义核心价值体系建设中的作用。一是把社会主义核心价值体系要求贯穿于新闻出版工作全过程，无论图书、期刊、音像电子产品，还是古籍、科普、少儿作品，都要把弘扬社会主义核心价值体系作为重要内容，努力贴近读者需求，打造精品、打造品牌。二是紧密结合社会主义核心价值体系教育、建设学习型党组织等活动，推出一批有分量的优秀理论读物，帮助党员干部提高理论水平和党性修养。三是结合各行业群众性精神文明建设活动，推出一系列倡导爱国敬业、诚信友爱的优秀作品，在全社会形成“知荣辱、树新风、促和谐”的良好风尚。

（二）把握正确出版导向，为党的十八大和省第十一次党代会召开营造良好氛围。迎接、宣传党的十八大和省第十一次党代会是今年重要的政治任务，是贯彻全年工作的主线。一要认真做好“科学发展、辉煌成就”为主题的宣传活动，组织相关新闻媒体在重要时段、重要版面推出专栏专题，大力唱响共产党好、社会主义好、改革开放好、科学发展好的主旋律。二要全面做好党的十八大和省第十一次党代会文件、辅导读物、重点出版物的出版发行工作，集中推出一批有影响力的优秀出版物，为全社会学习宣传贯彻会议精神营造舆论氛围。三要做好热点引导，在事关政治方向、政治原则上旗帜鲜明，审慎应对社会关注高的敏感问题，引导干部群众准确判断形势，正确处理好各种利益关系，维护稳定发展的大局。

（三）深化新闻出版体制改革，不断解放和发展文化生产力。当前，新闻出版改革正处于攻坚冲刺的关键时期，必须着眼于创新机制、转变方式、增强活力，抓住改革的关键环节，加大力度，确保各项任务顺利完成。一是坚持统筹规划、突出重点、分类指导的原则，积极推进非时政类报刊改革。转企改制后的非时政类报刊，作为重要宣传舆论阵地的性质没有变，要把增强活力与提高舆论引导能力有机统一起来，进一步增强导向意识，在壮大主流舆论方面发挥更大作用。二是着力转变发展方式，建立现代企业制度。通过联合、兼并和重组等方式，推动出版传媒集团“三改一加强”，使其成为有实力、有活力、有竞争力的大型文化企业。坚持传统出版业与现代出版业相结合，做强做大企业与发展名优特色中小企业相结合，建立空间布局合理、体现特色差异的产业格局。三是强化科技创新，扩大消费热点，实施多业态发展。大力调整出版产品结构，从依赖教材教辅向做强专业出版、学术出版、大众出版转变，从注重品种数量向注重打造高品位原创作品、实现良性发展转变。

（四）深入实施精品战略，切实加强精品力作创作生产。要把遵循社会主义先进文化前进方向和人民满意作为标准，建立健全鼓励精品力作创造生产的产品评价体系和激励机制。全面贯彻“二为”方向和“双百”方针，充分发挥新闻出版引领风尚、教育人民、服务社会、推动发展的作用。围绕全省经济社会发展的大局，着力挖掘我省“八大经济区”和“十大工程”建设实践中涌现出的典型，策划重大选题，大力弘扬龙江精神。坚持打造知名品牌，逐步形成以品牌为核心，各具特色、优势互补的龙江文化体系，生产出更多的龙版精品。

(五)加大新闻出版监管力度，营造新闻出版业发展良好的社会环境。新闻出版行政部门要加强对新闻出版市场的有效监管，进一步完善监管机制，营造良好的发展环境。一要依法加强对新闻出版活动的监管，把好行业准入关。继续开展印刷企业专项整治工作，进一步规范印刷业市场秩序。二要继续加大“扫黄打非”力度。坚持专项治理与日常监管相结合，彻底清查市场，依法查办大案，坚决整治和取缔经营混乱的出版物市场，重点查缴政治性非法出版物，取缔淫秽色情出版物，打击非法出版、印制活动。三要高度重视版权保护工作，坚决打击侵权盗版行为。要按照国家要求，加大资金落实力度，大力推进政府机关软件正版化工作。以提高全社会版权保护意识为核心，以整治盗版光盘、盗版软件、网络侵权和盗版教材教辅案件为重点，对全省各地的图书、音像、电子出版物市场进行集中整治，强化管理，严格执法，标本兼治。

三、完善体制机制，为全省新闻出版业发展提供有力保障

新闻出版是思想文化的主阵地，是文化产业发展的主力军。全省新闻出版系统一定要切实增强责任意识，从强基固本入手，进一步加强领导，完善体制机制，创新管理方法，更好地适应新形势、新任务的要求。

(一)健全工作机制。各地要切实加强对新闻出版工作的领导，按照六中全会和省委全会的要求，把新闻出版工作作为文化建设的重要内容，摆在更加突出的位置，科学规划、协调推进。要准确把握新时期新闻出版工作的发展方向，加强沟通协作，密切配合，不断健全领导机制、协调机制和监督机制，认真解决好发展中遇到的困难和问题，共同推进新闻出版工作科学发展。

(二)强化政策保障。近年来，国家相继出台了一系列支持文化发展的法律法规和政策措施，今年，省里将出台设立文化产业发展基金、农村文化专项资金等政策措施，并将出台从城市住房开发投资中提取1%用于社区公共文化设施建设和提高彩票公益金用于文化事业比重的具体实施方案。各地要充分利用好这些有利的政策措施，制定相应的配套方案，坚持用政策引路、用政策激励、用政策保障，构建推进新闻出版业健康快速发展的政策保障体系。

(三) 加强队伍建设。要加快培养造就德才兼备、结构合理、学养深厚、能力卓越的人才队伍，加大领军人物和高素质人才培养力度。遵循新闻出版发展规律和人才成长规律，加大政策扶持力度，拓宽人才培养渠道，创新人才培养方式，建立有利于人才脱颖而出的工作机制。按照“标本兼治、综合治理、惩防并举、加强预防”的要求，加强职业道德和党风廉政建设，不断强化出版单位领导班子的廉政教育，加强出版业的反腐倡廉建设。

在全省未成年人思想道德建设工作视讯会上的讲话

副省长　程幼东

全国会议刚刚结束，我省立即召开会议进行传达贯彻，主要就是迅速落实全国会议特别是云山同志的重要讲话精神，安排部署我省未成年人思想道德建设工作任务。刚才，省文明委对2011年度未成年人思想道德建设工作先进城市和先进单位进行了表彰，在此，我代表省文明委，向受到表彰的先进城市和单位表示热烈的祝贺。下面，我就贯彻落实全国电视电话会议精神，进一步做好未成年人思想道德建设工作，再强调三点意见。

一、充分肯定近年来全省未成年人思想道德建设取得的成就

《中共中央国务院关于进一步加强和改进未成年人思想道德建设的若干意见》颁布以来，省委、省政府高度重视，将其作为精神文明建设的重中之重，纳入全省经济社会发展规划和文化建设的十大工程，未成年人思想道德建设得到全面加强，始终保持了积极健康向上的良好态势。主要体现在：一是社会主义核心价值体系建设扎实推进，广大未成年人的思想道德素质明显增强。据测评结果显示，对德育课教学的满意程度和比较满意程度达到97.1%，对“国家强盛、民族复兴”充满信心和比较有信心的比例达到99%，广大未成年人自律意识和荣辱是非观念显著增强。二是未成年人思想道德建设环境进一步改善。广大未成年人对全省爱国主义教育基地和公益性文化设施免费开放和提供服务的满意度接近100%，对校外文化活动中心建设的满意度达到95.6%。三是未成年人成长环境进一步优化。全省未成年人的身体健康指数得到全面提升，素质教育得到普遍重视，学生课业负担有所减轻。广大未成年人对教师师德总体评价满意和比较满意的比例达到96%，对个人未来充满希望和比较有希望的比例高于91%。四是创新实践取得较大进展。未成年人心理健康教育得到加强，乡村学校少年宫建设得到落实，各地涌现出一批品牌活动和成果，文化服务创新成为我省未成年人工作新亮点。

在充分肯定成绩的同时，我们必须清醒地看到，当前全省未成年人思想道德建设仍面临着新形势、新挑战：一是关爱未成年人、关爱留守儿童、关爱贫困儿童、关爱残疾儿童任务还相当繁重；二是齐抓共管、整合资源，充分调动全社会力量共同做好未成年人思想道德建设工作尚需进一步加强；三是实现建设社会主义文化强国的战略目标，为加强和改进未成年人思想道德建设提出了更高的要求。而且，今年是我省未成年人思想道德建设三年规划的最后一年，各地、各有关单位要根据任务分工，狠抓工作落实，坚决打好未成年人思想道德建设三年规划的攻坚战。

二、突出重点，扎实推进未成年人思想道德建设工作

根据中央文明委和省委的部署，当前和今后一个时期，全省未成年人思想道德建设的总体要求是：深入贯彻落实科学发展观，坚持贴近实际、贴近生活、贴近未成年人，以建设社会主义核心价值体系为根本，扎实有效地推进文化素质提升工程，着力构建学校、家庭、社会紧密协作的教育网络，着力营造有利于未成年人健康成长的社会文化环境，着力解决制约未成年人思想道德建设深入发展的突出问题，着力完善社会各方面共同参与的长效机制，努力培育德智体美全面发展的中国特色社会主义事业合格建设者和可靠接班人。为此，要重点抓好六项工作。

（一）以“身边变化、身边楷模”为活教材，扎实推进未成年人社会主义核心价值体系建设。我省“八大经济区”和“十大工程”战略取得的重要成果就是我们的“身体变化”，民生建设为百姓带来的实惠就是我们的“身边变化”，各地涌现出来的一大批道德模范、优秀志愿者就是我们的“身边楷模”。各地、各单位要把握机遇，组织汇总近年来“身边变化”的主要成果和生动事迹，挖掘总结“身边楷模”的高尚道德品质和艰难成长道路，通过新闻宣传、文艺展演、事迹展览等形式，培养广大未成年人热爱祖国、热爱家乡、热爱人民的道德情感。省文明办、省教育厅要在全省广泛组织宣传“身边变化、身边楷模”和“龙江变化、龙江楷模”活动，加大对未成年人思想道德建设的正确引导，营造有利于社会主义核心价值体系建设的舆论环境。

（二）以主题宣传教育活动为载体，广泛开展未成年人思想道德实践活动。一是以雷锋精神为旗帜，把学雷锋活动作为弘扬社会主义核心价值体系的重要载体，作为未成年人道德实践的重点内容。发挥青少年学雷锋的骨干作用，组织各级学校结合新的时代特点，广泛开展学雷锋主题班日、主题队日、主题团日等活动，增加未成年人对核心价值体系的认同感和践行力。二是以典型示范为引领，筑牢道德实践的社会基地。充分发挥未成年人思想道德先进城市、先进单位、先进工作者的典型示范作用，发挥各级未成年人思想道德建设联系点的示范引导作用，发挥各级未成年人思想道德建设阵地网络作用，以项目推进的形式，深入开展各项主题宣传教育活动。三是以学校、家庭、社会紧密协作的教育网络为基础，发挥学校主渠道、主阵地、主课堂，家庭第一课堂及社区重要桥梁和纽带的作用，从倡导"学会快乐、学会欣赏、学会合作、学会感恩、学会承担"入手，扎实推进争做"美德阳光学生、美德阳光老师、美德阳光家长、美德阳光学校"为目标的美德阳光活动，培养广大未成年人树立道德自觉、坚定道德自信、崇尚道德自强的良好社会风尚。

（三）以关爱特殊儿童群体为重点，积极开展暖心志愿服务行动。将对留守儿童、残疾儿童、贫困儿童等特殊儿童群体的关心帮助作为一项重要工作，重点帮助其解决就学难、行路难、就医难和文化生活单调、心理障碍等方面的实际问题。组织动员广大未成年人积极参加关爱特殊儿童的暖心志愿服务行动，以实际行动弘扬志愿服务精神。由各级文明办牵头，会同教育、民政、卫生、妇联、共青团、残联等部门，依托学校和社区，动员社会力量，在今年3月5日前形成学雷锋暖心志愿服务行动的高潮。

（四）以加强校外活动场所建设为突破，推动公共文化服务普惠广大未成年人。首先，要把青少年校外活动场所纳入公共文化服务体系建设，进一步完善爱国主义教育基地和公共博物馆、纪念馆、图书馆等公益性文化设施向社会免费开放的措施，拓展面向未成年人的文化服务渠道。其次，要在首批乡村学校少年宫项目建设的基础上，进一步落实美德阳光书屋、美德阳光科技展室、美德阳光校园网站建设，发挥基层未成年人思想道德阵地建设的示范作用。第三，要引导鼓励社会力量参与学校文化科技活动场所建设和服务，及时配套资金、推进项目建设、完善后续管理，拓宽面向未成年人的文化服务阵地，让城市特别是农村未成年人共享文化发展成果。

（五）以优秀文化产品为抓手，为广大未成年人健康成长提供精神营养。要抢抓推进文化改革发展的重要契机，扎实推进少儿文艺出版精品工程建设，加大对青少年题材优秀影视剧创作、书刊、音像制品出版的引导扶持工作，全力推动精品文化活动进校园、进社区活动，推动开展红色旅游主题活动，鼓励志愿者、科技人员、专业人才参加未成年人思想道德建设创新活动，以形式多样、喜闻乐见的优秀文化产品，以丰富、健康、营养的精神食粮，促进广大未成年人全面发展。

（六）以思想道德建设工作测评为导向，建立健全未成年人思想道德建设考核体系。一要发挥未成年人思想道德建设工作测评体系的目标引导、约束规范和考核评价作用，明确考核职责，细化分解过程，实现测评考核工作科学化、规范化、系统化。二要强化未成年人思想道德建设工作的责任机制，推动未成年人思想道德建设进学校、进社区、进家庭。三要落实大中小学学生守则和日常行为规范，推进未成年人心理健康指导站建设，促进未成年人思想道德建设工作协调发展。

三、加强领导，确保各项任务落到实处

（一）明确职责，健全机制。一要强化制度保障。坚持和深化党委统一领导、党政群齐抓共管、文明委组织协调、有关部门各负其责、全社会积极参与的未成年人思想道德建设领导体制和工作机制建设，加强调查研究和工作指导，总结先进经验，提高工作指导水平。二要强化组织保障。各地要抓紧建立健全未成年人思想道德建设领导体制和有效的工作机制，各区县都要明确专职工作人员，切实把建立健全未成年人工作机构的任务落到实处。三要强化经费保障。各地要按照中央文明委的要求，将未成年人思想道德建设专项经费尽快落实到位。

（二）创新载体，筑牢阵地。一要着眼于满足未成年人健康成长的物质、精神和文化需求，拓展工作思路，创新工作载体，实现项目化规划、工程化推进和效能化考核，提高未成年人思想道德建设工作的质量和水平。二要主动运用新媒体、新手段，总结和宣传一批优秀教育阵地典型和品牌活动典型，充分发挥现有德育教育阵地的作用，为未成年人健康成长提供良好环境和有利条件。三要整合各方资源，建立宣传协调组织和工作机制，把未成年人思想道德教育阵地建设作为2012年考核评选的重要条件，推动未成年人思想道德建设健康发展。

(三)加强考评，强化责任。按照《全国未成年人思想道德建设工作测评体系》要求，建立更加广泛和连续的考核体制和工作机制；加大测评考核的培训工作，强化各部门规范创建意识和责任意识；加强测评成果的运用，分析和把握工作规律和发展趋势，促进未成年人思想道德建设全面健康协调发展。

在全省“创三优、强素质、建大美大爱龙江”视频会上的讲话

副省长　于莎燕

这次会议的主要任务是，贯彻落实省委、省政府关于深化创建“三优”文明城市工程的部署和炳轩书记关于“建设大美大爱龙江”的要求，动员各方面力量，调动一切积极因素，以“创三优、强素质、建大美大爱龙江”活动为契机，再掀“三优”文明城市创建新潮，进一步提升全省城乡文明程度和群众文明素质，展现一个富饶美丽、环境优美、和谐文明的新龙江。特别是要抓住天气转暖的有利时机，从现在起全省上下利用一个月时间，动员各方面力量，全面开展“净城”活动，打好打赢春季城市综合整治战役。刚才，省文明办、住建厅等5个成员单位和哈尔滨市政府做了很好的发言，很受启发。下面，我讲三点意见：

一、创建成效显著，全省城市正向“三优”文明标准大步迈进

自开展“三优”文明城市创建工作以来，各级创建工作领导小组成员单位密切配合，履职尽责，重点工作协调推进、重大问题共同研究、重要行动统一部署，以抓工程、搞行动的方式，强化措施，加大投入，健全机制，全省上下形成了省、市、县、乡联动，各职能部门齐抓共管，社会各界积极参与的创建新局面，城市发生了日新月异的变化，赢得广大人民群众的普遍赞誉。

(一)坚持从治“脏”抓起，城市环境卫生明显改善。各地及住建系统认真落实炳轩书记指示精神，大力开展“三土”专项治理行动，着力解决因“土”和垃圾致“脏”问题。2011年，哈尔滨、齐齐哈尔等大中城市积极完善垃圾收运体系，全力治理“三土”，清除“白色垃圾”，全省城市主次干道、公共场所、社区街巷保洁率达100%，县级以上城市裸土整治面积1120万平方米，文明工地达标率平均超过90%。在去年的“春风会战”中，共清理各类积存垃圾304万吨，中心城市主次干道、县城主要街路垃圾清运设施配备率接近100%。城市环境面貌得到极大改善。

(二)坚持在“绿”和“水”上做文章，生态滨水园林城市建设取得积极进展。许多市(地)、系统都依托本地森林、湿地、江河、湖泊等环境资源，系统规划，多元投入，立体开发，加大滨水景观建设、夜色景观建设、特色街路广场建设、园林绿化建设，努力打造天蓝地绿、水清城净、空气清新、环境优美、生态良好的宜居城市。去年，全省城市新植树木6725万株，城市建成区新建绿地面积10005公顷(其中新增4600公顷)、新建公园15个。滨水城市规划建设开复工项目140个，完成投资206.3亿元，规划建设了大庆龙凤国家城市湿地公园、双鸭山安邦河景观治理、鹤岗天水湖公园等一批具有典型示范意义的滨水项目。大庆投资6亿多元建设湿地高架桥，齐齐哈尔市政府花费2亿多元退楼还绿7处，哈尔滨开发万顷松江湿地旅游，都显示了当地党委政府注重生态环境建设、促进可持续发展的决心。全省城市空气环境质量优良天数比例达92.3%，在全国居上游水平。

(三)坚持从文化发掘和风貌特色改造入手，城市品位和形象大幅度提升。城市是文化的集中地、生产地和输出地。各地在城市规划建设中，从楼体

改造、雕塑设计、历史遗迹保护等方面入手，着力塑造城市风格，提升城市文化品位。18个边境城镇投入12.7亿元进行建筑风貌改造及环境综合整治，通过注重城镇主色调、建筑立面、屋面风格的差异化的整治改造，楼体靓丽了，环境改善了，形成了各具特色的城市风格。齐齐哈尔对500多处历史遗迹进行了挂牌保护，对百年老街中华路进行改造，对昂昂溪古文化进行抢救性发掘，提升了城市的历史文化内涵。黑河打造了一系列充满情趣、反映时代风貌、体现异域风格的雕塑，增加了城市的艺术气息。各地还大力实施了主街路综合改造工程，全省对1508条街路、1002栋建筑实施主街路“穿衣戴帽”工程和既有建筑节能综合改造，在保民生的同时进一步提升了城市形象。

（四）坚持从治理城市“乱象”着手，城市秩序进一步好转。各地继续完善交通基础设施建设，加强道路安全管理，普及交通安全法规，规范交警执法行为，建立交通长效机制。去年，全省一般以上道路交通事故发生起数、死亡人数、受伤人数同比分别下降2.89%、3.42%和4.47%。加强公共场所秩序和沿街市容整顿管理，拆除违章建筑2.43万处、100多万平方米，清理乱贴、乱画、乱挂和违章设置牌匾广告300多万处。开展了市场秩序专项整治行动，规范商服市场摊位设置，依法取缔违规占道经营作业、露天烧烤等行为，市容市貌和城市秩序明显改观。

（五）坚持从优化经济发展环境出发，窗口服务水平和市民素质逐步提升。省委组织部把窗口单位和服务行业作为创先争优活动的重点，抓好为民服务工作。全省窗口单位和服务行业党组织和党员成立服务队6454个，建立党员先锋岗22590个，划分党员责任区11870个，解决群众关心热点难点问题15万余件。省纪委在推进“作风建设工程”中，加强了行政效能监察力度，精简行政审批（许可）500项，行政审批（许可）办理时限压缩约41%，受理效能投诉314件（次）。文明办、工会、团委、妇联、省工商局、省商务厅等部门广泛开展了“文明机关”、“青年文明号”先进单位等争创活动，打造了一批文明窗口。省诚信办以食品工业领域和工程建设领域诚信体系建设为重点，全面推进信息共享、诚信奖惩、培育市场、规划编制、宣传教育等工作，促进诚信龙江建设。全省广泛开展的道德模范评选、社会志愿服务、讲文明树新风、邻居节、我们的节日等活动，促进了市民文明素质的提升和社会道德风尚的形成。

尽管我们工作取得了一定成绩，但仍存在不可忽视的问题：一些地方和部门认为创建“三优”文明城市是阶段性、突击性的工作，缺乏长期作战、一抓到底的思想；有些干部还习惯于要钱干事、等钱干事，运用市场化手段引进资本的能力还不强；城市管理缺少务实创新的科学方法、操作性较强的具体措施、现代先进的管理手段、长效持久的监督机制等。这些问题，我们一定要认真加以研究解决。

二、深化创建工作，在全省迅速掀起“创三优、强素质、建大美大爱龙江”活动热潮

今年创建工作总的要求是：坚持城市规划、城市建设、城市管理、城市经营统筹发展的原则，以创“三优”、强素质、建大美大爱龙江活动为载体，以健全机制和提升素质为目标，以抓好“四化”、街道整治、思想道德建设为重点，科学谋划，整体实施，进一步改善城乡环境面貌，优化社会公共秩序，提升市民文明素质和社会服务水平，推动“三优”文明城市创建工作向纵深发展。到今年年底，县以上城市文明工地达标率达到91%，城镇绿化覆盖率达到36.4%，县以上城市污水处理率达到62%，城市生活垃圾无害化处理率达56%。要达到这些目标就需要我们加大“五个力度”、开展“四项活动”：

加大五个力度：

（一）加大城市垃圾治理力度。一是要分别在初春和秋末集中两个月时间，组织开展“春风行动”和“秋风行动”两次大规模群众性集中整治战役。从四月一日开始，各市、县要迅速行动起来，进入实战状态，彻底清理清运城市垃圾，重点治理围城垃圾，公路、铁路沿线、车站、出城口、城乡结合部和背街背巷及庭院积存垃圾，消除死角死面。要广泛开展群众性爱国卫生运动和志愿服务活动，提高全民环卫意识和公德素质，养成爱护环境、讲究卫生的良好习惯，形成政府组织、全民参与的浓厚氛围。二是要组织推广使用新能源和可循环利用物品，积极推行垃圾分类，建立餐厨垃圾排放登记制度，切实控制城市生活垃圾产生；建立生活垃圾收运网络和处理技术评估制度，加快生活垃圾处理设施建设，加强污染物排放日常监测，全面提高城市生活垃圾处理能力和水平；落实“门前四包”制度，县级以上城市做到“门前四包”普及率达到75%以上。三是要结合“三供两治”和小城镇建设，加快建设垃圾无害化处理厂，多方筹资，试点先行，建设一批生活垃圾、餐厨垃圾处理厂，建设一批重点市县的生活垃圾处理项目，全省新增垃圾日处理能力5510吨；各地要加大投入，加强垃圾中转站、环卫运输车辆、清扫车辆、垃圾箱、果皮箱等环卫设施的建设。

（二）加大“三土”治理力度。要抓住因“土”致“脏”问题不放松，进一步治理裸土、绿化超高土和建筑残土，切实解决好城市“脏乱差”问题。一要继续抓好街路硬化。今年县以上城市巷道以上道路和小城镇主、次干道要全部实现硬化。各市县要抓紧制订城市街路、巷道建设计划，对城市道路、大街小巷、人行步道、城市出入口全面实行裸土地面硬化，努力解决街路“尘土飞扬”现象。二要继续抓绿化超高土治理。目前看，大多数城市原有的绿化超高土清理不到位，新上绿化工程又有超高土产生，必须引起高度重视。对具备绿化条件的裸土地面采取补植栽种草坪等方式绿化，做到无绿化死角，无裸露泥土；对人行道树池要采取铺设树篦子、草坪砖、鹅卵石等防尘保洁措施；对建成区的所有绿化超高土进行清理、围挡或覆盖，彻底杜绝超高土现象。三要继续抓建筑残土治理。在工地围挡、主体封闭、场地硬化、车辆封闭运输和出场前清洗等环节严格实行“一条龙”管控，坚持集中整治和日常监管相结合，在春秋两季集中开展整治残土车辆野蛮运输行为，夏季集中开展整治商品混凝土运输车沿路遗撒行为。要对建筑工程、路改工程、绿化工程特别严加管理，保证施工标准化、规范化、精细化，出台管理办法，明确管理内容、相关标准和处罚条款。

（三）加大城镇和村庄综合整治力度。各地要认真落实吉炳轩书记“利用三年时间完成我省城市主要街路整饰任务，哈尔滨、大庆、伊春、黑河、绥芬河、抚远六个城市主要街路、商业区和沿江亮起来”的指示精神，按照省住建厅印发的《全省城市主要街路整饰工作实施方案》(黑建城〔2012〕50号）的通知要求，围绕年初与省政府签订的责任状，抓紧组织编制主要街路综合改造“十二五”规划，制定2012年工作方案，对主街路及周边区域土地利用、空间形态、功能业态、风貌特色、建筑风格、广场绿地、既有建筑及市政设施等进行综合规划，统筹安排，今年13个市(地）和绥芬河、抚远至少要拿出两条主街路进行综合改造。哈尔滨等六个城市要突出抓好主街路和沿江、沿河城市段亮化工程，结合街路及周边用地的功能，按照夜景观总体色彩、基调、层次的控制要求，搞好道路、建筑、主要节点、设施小品的灯饰亮化设计，加大投入力度，确保今年初见成效。要切实把创建工作向县城、农垦、森工小城镇以及重点旅游名镇和“百镇”延伸，全面实施小城镇净化、绿化、美化和“百镇”主次干道硬化工程。大力开展村镇环境卫生整治会战，做到道路平整、边沟畅通、禽畜圈养、柴草出村、庭院整洁、院墙整齐。加强沿边口岸城市建筑风貌改造和环境综合整治，继续抓好18个沿边口岸城镇主要街道建筑立面改造、街道设施规整、沿街园林绿化、街道亮化、广告牌匾规范、道路硬化等工作，使城市环境面貌有较大改观，把我省对俄边境线打造成千里文明沿边城镇带。

（四）加大城市园林绿化建设力度。今年全省城市建成区人均公园绿地面积达到11.7平方米、绿化覆盖率达到36.4%，新增5个省级园林城市。一要大力推进城郊林建设。哈尔滨、大庆要抓紧编制“十二五”城郊林建设规划，明确年度建设计划和三年期建设任务，确定建设时间、地点、苗源、责任主体和建设时序等。城郊林一定要高标准规划和建设，突出面积的规模性、树种的地域性和布局的科学性，丰富廊道景观内涵，不断增强城市防护林防护和空气净化功能。二要提高新区园林绿化建设水平。城市新区各类工程项目的配套建设一定要坚持做到与绿化工程同步设计、同步施工、同步验收，新区绿化一定要达到35%绿地率强制标准。三要深入推进滨水景观建设。各地要依据滨水景观规划要求，对城市的江、河、湖、泊沿岸绿化进行提档升级，建成一批滨水景观标志性工程。同时，继续开展城市湿地景观带建设，打造“万顷松江湿地，百里生态长廊”等一批城市湿地标志性公园。四要增加城市公园数量。结合棚户区改造、旅游名镇、滨水城市建设和低碳城市建设，围绕景区和沿江沿河做文章，突出绿色主题，精心打造城镇景观风景带，新建30个景观公园、大型公园和街区游园。五要扩充城市中心区绿量。按照城区步行500米见绿岛的要求，通过拆违建绿、拆临补绿、建篱增绿、见缝插绿等灵活多样的方式，合理布局公园绿地。对老城区内现有绿地进行增植、补植大乔木、花灌木，使绿化覆盖面积中乔、灌木所占比例达到60%，提高老城居住区绿地率。

（五）加大城市秩序整治力度。一要加强市容、市场秩序整治。组织开展拆除违法违章建筑行动，加强建筑市场、建筑垃圾整治，推行标准化工地、安全工地建设，实行全封闭运输，下大力气解决沿街撒落问题；积极开展乱贴乱画整治，清理“小广告”，开辟信息栏，减少视觉污染；开展广告牌匾的整治，规范广告牌匾设置；深入开展市场摊区整治，确保市场摊区管理规范、环境整洁、经营有序。二要加强交通秩序整治。加强道路交通标志、标线、安全防护、信号灯等设施建设。开展集中整治超速、超员、超载、酒后驾驶、涉牌涉证等重点违法行为专项行动，加大违法停车、占道等静态违法行为的整治力度，维护和改善交通秩序。抓住城市公交车、出租车、长途客货运输司机等重点人群和驾校、交通运营企业、高速公路等关键环节，切实加强交通安全教育。三要加强公共安全秩序整治。整合综治、安监、药监、防疫等部门力量，抓好安全保障、食品药品安全、突发公共事件应急处理、安全生产等，逐步建立良好的公共安全环境。

开展四项活动：

在党政机关开展“争做人民满意公务员”活动。按照省委“创业、创新、创优”活动部署要求，在广大公务员队伍中深入开展“带头创先争优、争做人民满意公务员”活动，加强思想道德修养，增进与人民群众感情，提高为人民服务本领，发扬求真务实作风，树立公正廉洁形象，创造人民满意业绩，促进公务员服务意识和责任意识的提升。在各窗口部门和各类企业中开展“诚信服务”活动。以建设、交通、通信、卫生、公安、海关、税务、工商、旅游、电力、市政等窗口行业为重点，加强政风行风建设，提高办事效率和服务水平；在各类企业中开展“负责任地做产品”活动，以乳制品、肉类、酒类、饮料、调味品行业为重点，开展诚信企业联盟活动，集中树立和宣传一批诚信企业典型；进一步建立健全企业诚信体系，完善省公共信用平台，逐步采集整合个人、事业单位及其他社会组织的信用信息，加大失信行为曝光力度，推进诚信龙江建设。在全社会组织开展道德教育系列活动。各地要按照省委办公厅印发《关于深入开展学雷锋活动的实施方案》（黑办发〔2012〕4号）的通知要求，以传承和弘扬雷锋精神为主题，以青少年为重点，广泛开展“弘扬雷锋精神、共建美好家园”和向雷锋式模范人物学习活动，推进公民道德建设，提升社会道德水平；以“让我们的孩子更自信”为主题，组织开展关爱留守儿童、残疾儿童和贫困儿童志愿活动，帮助他们解决实际困难；以“让我们的家园更美好”为主题，开展美化家园、绿化家园、文明缅怀、文化志愿者边疆行、邻里互助、暖心行动等系列志愿活动，宣传志愿服务理念，弘扬志愿服务新风，完善志愿服务制度体系，提升全省志愿服务工作的整体水平。在全社会开展文明养成系列活动。开展“文明有礼龙江人”主题活动，引导人们在言谈举止、邻里相处、行路驾车、旅游观光、网上交流等方面文明有礼，树立文明龙江、礼仪龙江的良好形象；开展“文明餐饮”创建活动，组织优秀文明箴言进餐厅，摆设文明用餐告示牌，张贴企业文明服务守则，在全社会倡导健康饮食、节约消费和文明生活方式；开展“漂书站”活动，倡导各级各类文明单位建立图书阅览室，各级图书馆建立流动图书馆，选择一批电业、银行、税务、通信等服务窗口，建立公共图书角，营造书香龙江的良好社会氛围。

三、加强组织领导，不断把创建“三优”文明城市工程引向深入

一要高度重视，精心组织。各地要把创建“三优”文明城市工程作为深入贯彻落实党的十七届六中全会精神，推进大美大爱龙江建设，加强社会主义核心价值体系建设，提高市民文化素质的重要内容，摆上重要位置，提上重要日程，切实抓紧抓好。要加强组织领导，明确责任分工，做好统筹协调，研究制定方案，抓好推进落实。

二要抓住重点，标本兼治。各地要突出抓好垃圾治理、交通秩序整治、诚信建设、市民素质提升等重点工作，形成以点带面、循序渐进、逐步提高、整体推进的工作态势。要把提升市民文化素质作为治本之举，不断创新载体，拓展领域，抓住有利契机，组织开展多种形式创建活动，形成创建热潮，促进全社会文明程度的提高。

三要加大宣传，形成合力。各级新闻媒体要加大宣传力度，建立专题、专栏，深入发掘典型、宣传典型，抓好“大美大爱龙江”外宣精品打造，展示我省良好形象，营造良好的舆论氛围。要整合人才、阵地、活动等资源，充分发挥各职能部门、行业协会、群团组织以及社区居民、志愿者和广大群众的主体作用，形成整体合力，着力解决群众关心的热点、难点问题，形成声势，扩大影响。

四要健全机制，务求实效。省文明办、住建厅要建立健全跟踪问效、督查考评等工作机制，把开展活动情况纳入文明城市、文明城区、文明社区、文明村镇、文明单位评选的重要内容，纳入省直机关和地市目标责任制考核的重要内容，确保各项活动取得实实在在的效果。

在中国记协新闻工作者援助项目座谈会上的致辞

省委宣传部常务副部长　李寅奎

在黑龙江最美丽的季节，中国记协在黑龙江召开新闻工作者援助项目座谈会。启动援助项目，是关心爱护新闻工作者的重要举措，是深受新闻界欢迎的好事实事，必将进一步调动广大新闻工作者的积极性，有力地推动中国新闻事业的发展进步。中国记协把这样重要的会议选在黑龙江举办，是对我们的信任和鼓励，也是对黑龙江宣传工作的大力支持。我代表黑龙江省委宣传部、省记协向与会的各位领导、各位来宾表示热烈欢迎，向一直以来关心支持我省新闻宣传工作的中国记协、中央新闻单位以及兄弟省市记协表示衷心感谢！

黑龙江省地处祖国东北边陲。全省幅员 45.4 万平方公里，下辖 13 个市（地），65 个县（市），境内民族 52 个，总人口 3820 万，地域特征明显，生态环境一流，自然资源丰富，精神资源丰厚，经济社会发展优势很多、潜力很大。特别是近五年来，我省紧紧抓住国家实施振兴东北老工业基地战略的历史机遇，坚定不移地走符合龙江实际的科学发展道路，加快建设“八大经济区”、大力实施“十大工程”，聚精会神搞建设，一心一意谋发展，千方百计促和谐，经济社会建设实现快速发展和显著变化。2011 年全省地区生产总值达到 12503.8 亿元，年均增长 12%，地方财政收入达到 1620.3 亿元，年均增长32%，是改革开放以来发展速度最快的时期。坚持实施建设大水利、应用大农机、推广大科技、开展大合作的现代化大农业发展战略，粮食总产量达到 1114.1 亿斤，总量、增量、商品量、调出量均居全国第一位。高速公路总里程由 1000 多公里增加到 3800 多公里，机场由 5 个增加到 9 个，现代化立体交通网络基本形成。城镇居民人均可支配收入达到 15696 元，农村居民人均纯收入达到 7591 元，进入全国前十名行列。“三棚一草”改造和保障房建设位居全国首位。

当前，全省宣传思想文化战线正在深入贯彻落实党的十七届六中全会精神和省第十一次党代会精神，加快推进文化兴省强省战略，重点实施文化素质提升工程、文化事业惠民工程、文化产业开发工程、文化体制创新工程、文化精品打造工程、文化传播促进工程、文化人才建设工程、文化发展保障工程，积极繁荣文化事业，大力发展文化产业，不断解放和发展文化生产力，加快做大做强新闻出版、广播电视、动漫信息等文化事业和文化产业，努力形成鲜明的龙江文化特色和文化风格，不断增强全省人民的精神力量，不断提高文化对全面建设小康社会的贡献率，促进文化与经济、政治和社会协调发展。

黑龙江是新闻的沃土，是新闻工作者的乐园，这片神奇的土地洋溢着大美大爱。大森林、大草原、大湿地、大湖泊、大界江、大冰雪闻名遐迩，春季林海绿涛，夏季清凉怡人，秋季五花山色，冬季银装素裹，北国风光，大美妖娆。“闯关东精神”、“北大荒精神”、“大庆精神”、“铁人精神”，已经成为全国人民的精神财富；王进喜、马永顺、马祖光、翟志刚等大批先进人物，已经成为中华大地的行为楷模；勇接坠楼少年的谢尚威、三闯火场的高铁成、舍己救人的张丽莉，让最美叔叔、最美战士、最美教师成为新闻热词，龙江大爱传遍神州大地。诚挚地希望大家在工作之余，尽情领略黑龙江的如画美景和风土人情，更多更好地享受黑龙江、了解黑龙江、宣传黑龙江。

在全省关心下一代宣传工作经验交流会上的讲话

省委宣传部常务副部长　李寅奎

这次会议的主要任务是：深入贯彻落实党的十七届六中全会和省委十届十八次全会精神，总结工作，交流经验，研究部署加强和改进关心下一代宣传工作，推动全省关心下一代宣传工作再登新台阶。

刚才，省关工委副主任陈荣吉同志对近年来我省关心下一代宣传工作情况做了全面的总结，听后很受鼓舞、很受启发。近年来，在各级党委的高度重视下，我省关心下一代宣传工作取得了可喜可贺的成就，打造了具有我省特点的知名活动品牌，总结了具有指导性的典型经验，探索建立了较为完善的长效工作机制，初步形成了全省上下共同支持的工作格局，得到了党中央、国务院和中国关工委领导同志的充分肯定和高度评价。借此机会，我代表省委宣传部向孙维本主任、谢勇主任及各位老同志，向全省 40 万辛勤工作在关工战线的“五老”们表示崇高的敬意和亲切的问候，向所有为关心下一代宣传工作做出贡献的各级党委宣传部门以及新闻单位的领导和同志们表示衷心的感谢！

下面，我就进一步加强和改进新形势下关心下一代宣传工作，讲三点意见：

一、进一步深化对关心下一代宣传工作重要性的认识，增强主动做好工作的责任感和使命感

青少年是祖国的未来，民族的希望。以加强和改进青少年思想道德建设为主要任务的关心下一代工作，是关系中华民族伟大复兴的战略工程，是关系中国特色社会主义事业兴旺发达的希望工程，是关系千家万户切身利益的民心工程，是社会主义精神文明建设的基础工程。党中央、国务院高度重视关心下一代工作，中央领导同志对关心下一代工作多次做出重要批示。特别是胡锦涛总书记在庆祝中国共产党成立 90 周年大会上的讲话，再次强调了青少年工作的重要地位和作用，明确指出，“青年是祖国的未来、民族的希望，也是我们党的未来和希望”，号召“全党都要关注青年、关心青年、关爱青年，倾听青年心声，鼓励青年成长，支持青年创业”。胡锦涛总书记的重要讲话为深化对关心下一代工作重要性的认识，进一步做好关心下一代宣传工作指明了方向。占总人口一半以上的青少年是社会成员中最富朝气、最富创造精神、最富生命活力的新生群体，他们既是先进文化的继承者、传承者，又是先进文化的建设者、倡导者。紧紧抓住青少年思想道德建设，既是贯彻党的十七届六中全会精神的要求，也是保证先进文化薪火相传、建设文化强国所需。随着改革开放的深入，我国的经济、政治、文化和社会建设都取得了举世瞩目的成就，国际地位和影响力越来越引起世人的广泛关注。国家的日益强大，给关心下一代工作创造了良好的社会发展环境和前所未有的发展机遇，同时也面临着许多严峻的现实问题和挑战。从国内看，随着改革开放的深入和扩大，必然引起人们利益关系的调整变化，引发一些新的社会矛盾和冲突，引起价值观念的变化，在青少年中也不可避免地产生一些新的问题和困惑。从国际上看，西方敌对势力乘我扩大开放之机，加紧实施西化、分化的图谋，他们通过经济的、技术的、文化的交流与往来，利用广播、电影、电视、书刊、图片、网络等宣传媒体，大肆推销西方生活方式和价值观念，影响腐蚀我们的青少年，在思想文化战线争夺青少年的斗争更加激烈，一刻也没有停止过。因此，各级党委宣传部门、新闻媒体、关工委组织，要从培养社会主义事业可靠接班人的战略高度，充分认识加强和改进新形势下关心下一代宣传工作的重要性紧迫性，切实把加强和改进关心下一代宣传工作摆上重要日程，精心组织，扎实推进，努力开创我省关心下一代宣传工作的新局面，为青少年的健康成长营造良好的舆论氛围。

二、进一步明确新形势下关心下一代宣传工作的内容和特点，切实加大宣传报道工作力度

关心下一代工作是一项庞大的社会系统工程，涉及到党、政、军、群多个部门、行业和系统，内容也十分丰富。关心下一代宣传报道工作必须立足全局、把握规律，抓住重点、突出特色，注重质量、讲究实效。结合我省关心下一代工作实际，当前和今后一个时期应重点抓好以下十个方面的宣传。一要大力宣传党中央、国务院、省委、省政府和各级党委、政府对关心下一代工作的战略部署和重大举措，宣传中央领导的重要批示，宣传各地各部门开展关心下一代工作的经验做法和社会成效。二要大力宣传关心下一代工作的方针、定位、目标及任务，动员更多的老同志参与关心下一代事业，动员全社会人人关注青少年教育引导工作，在全社会大力营造有利于青少年健康成长的良好舆论氛围。三要大力宣传党政军群各部门、社团组织、企事业单位、个体私营经济等各方面支持关心下一代工作或组织领导开展相关活动的经验做法。四要大力宣传用社会主义核心价值体系教育青少年，引导青少年树立正确的世界观、人生观、价值观，坚定中国特色社会主义的共同理想，弘扬以爱国主义为核心的民族精神和以改革创新为核心的时代精神，树立和践行社会主义荣辱观的经验和做法，宣传在“中华魂”主题教育读书活动中涌现出的读书状元、道德楷模等先进人物和集体。五要大力宣传社会各界和广大“五老”普及法律知识，开展法制教育，维护青少年权益，关爱救助弱势群体和特殊群体青少年，创建“未成年人零犯罪”社区、村屯、学校活动的经验、做法及关爱标兵等先进典型的模范事迹。六要大力宣传我省开展场县共建关心下一代工作和农村青少年“学科技、育新人、奔小康”活动的经验和做法，推进活动的普及和创建水平的提高。七要大力宣传充分发挥“五老”义务网吧监督员作用，协助有关部门加强文化市场管理，监督业户守法经营，劝阻未成年人进入网吧，净化社会文化环境的经验和先进典型。八要大力宣传充分发挥创建学校、家庭、社区(村屯)“三位一体”教育格局作用，创办“四点半学校”、“快乐双休日”、留守生义务管理站等，积极占领青少年课外思想文化阵地的经验和做法。九要大力宣传创建“五好”关工组织，争做优秀“五老”，加强各级关工组织思想、作风、制度、队伍建设的经验，宣传和弘扬体现“五老”精神的优秀“五老”的先进事迹和高尚品质。十要大力宣传新闻媒体积极创办关心下一代工作专题、专栏、专版，办好网站，加强记者和通讯员队伍建设，支持关心下一代宣传工作的经验和做法及涌现出的先进单位、优秀记者、优秀通讯员的先进事迹。

在做好上述十项重点内容宣传的同时，各级宣传部门、新闻单位和关工组织要根据形势任务的发展需求，不断调整和充实宣传内容，进一步增强关心下一代宣传工作的针对性和实效性。

三、进一步加强对关心下一代宣传工作的指导和协调，努力开创关心下一代宣传工作的新局面

做好关心下一代宣传工作是一项功在当代、利在千秋的重要工作。各级宣传部门、新闻媒体和关工委必须加强组织领导，搞好统筹协调，形成工作合力，推动关心下一代宣传工作取得新的成绩、更大的进步。一是各级党委宣传部门要高度重视，摆上日程，切实加强指导和协调。各级党委宣传部门要高度重视关心下一代宣传工作，切实纳入工作日程，及时进行协调指导。要把做好关心下一代宣传工作，作为一项重要职责和工作内容，建立健全由主管部长为组长的关心下一代宣传工作领导小组，坚持会议、汇报、规划、协调等项制度，定期与关工委研究制定宣传方案，对重大宣传活动要统一规划、统一部署、统一检查，对临时性的宣传工作要急事急办，特事特办，积极予以协调。要经常分析关心下一代宣传工作的形势，发现新问题，采取新举措，总结新经验，推动关心下一代宣传工作不断创新发展。二是充分发挥主流媒体的引领带动作用，不断创新载体，打造宣传品牌。各级新闻单位要把关心下一代宣传报道工作，纳入总体报道计划，精心策划，统筹安排，抓好落实。要坚持从宏观上谋划，从微观上入手，从难点和热点问题上切入，解疑释惑、强化引导，增强针对性和实效性。要坚持“三贴近”和“小一点、实一点、活一点、新一点”的原则，创新载体，活化主题，努力增强宣传报道的吸引力和感染力。要把日常宣传报道与集中宣传报道结合起来，对重要事件要及时报道，对先进典型要深入报道，对重大活动要跟踪报道，抓住重点，展示亮点，努力做到宣传报道的常态化和连续性。要拓展宣传报道渠道，运用广大青少年乐于接受的各种新载体、新方法、新途径，唱响共产党好、社会主义好、改革开放好、伟大祖国好、各族人民好的时代主旋律，努力增强宣传报道的渗透力和影响力。三是充分发挥各级关工组织的协调配合作用和通讯员的骨干作用，相互支持，专兼结合，齐心合力做好关心下一代宣传工作。据统计，全省参加关心下一代工作的“五老”已超过 40 万人，他们多是从各级党政领导岗位上退下来的领导，具有长期革命建设和工作的经历，具有丰富的组织领导能力和思想政治工作经验，有不少同志是工作多年的老宣传、老新闻工作者，人才济济、宝刀不老。希望各级关工委的老同志多与宣传部门和新闻单位沟通协调，主动向他们通报信息，提供采访报道线索，特别是把那些有价值的线索，有深度的典型，及时提供给新闻单位。要加强通讯员队伍建设，县区以上和有条件的乡镇、街道要成立通讯小组，把那些有一定写作能力，热心关心下一代宣传工作的“五老”、机关干部、教育工作者等吸纳进来。要通过组织学习、业务培训、请专家、记者或老通讯员辅导、传、帮、带等形式，加强对通讯员的培训，提高他们的思想和业务素质。关心下一代宣传工作的基础在关工委，大量的基础材料、采访信息在关工委，宣传部门、新闻媒体和关工委要相互支持、密切协作，专职记者与通讯员要互相配合、互为补充，努力建成全省专兼结合，素质较高、覆盖城乡的关心下一代宣传工作网络。四要认真贯彻落实好省委宣传部、省关工委下发的《意见》精神。会上印发的《关于进一步做好新形势下关心下一代宣传工作的意见》，是省委宣传部、省关工委认真总结 2000 年《关于进一步做好关心下一代工作宣传的通知》下发 10 年来的实践经验而起草的，并征求了市地、系统党委宣传部和关工委的意见。《意见》总结肯定了 2000 年《通知》所发挥的重要作用和取得的成效，对新形势下进一步做好关心下一代宣传工作，从提高认识、明确内容、创新机制、队伍建设、加强领导 5 个方面提出了要求，是做好今后全省关心下一代宣传工作必须遵循的规范性文件。希望各级党委宣传部、关工委、各新闻单位要认真组织学习好、领会好、贯彻落实好。会议印发交流的十几个单位的经验都很好、很全面，既有宣传部如何加强领导的，又有新闻单位如何做好宣传报道的，还有关工委如何搞好协调配合的。希望大家把贯彻《意见》精神和学习典型经验结合起来，借鉴这些成功的经验和做法，推动全省关心下一代宣传工作再登新台阶，开创新局面。

充分发挥社科理论界的职责作用在深入学习宣传贯彻十八大精神热潮中贡献力量

——在全省社科理论界学习贯彻党的十八大精神座谈会上的讲话

省委宣传部副部长　张　翔

党的十八大以来，全国上下、党内党外、社会各界都在深入学习十八大精神。当前，全省社科理论界要把学习宣传贯彻党的十八大精神作为首要的政治任务，深入学习，深刻阐释，积极践行，努力为兴起学习贯彻十八大精神新高潮，推动我省全面建成小康社会贡献力量。

一、深刻认识党的十八大的重大意义，切实肩负起社科理论界的职责使命

党的十八大是在我国进入全面建成小康社会决定性阶段召开的一次十分重要的大会。这次大会深刻分析了国际国内形势的发展变化，回顾和总结了过去5年的工作和党的十六大以来的奋斗历程及取得的历史性成就，确立了科学发展观的历史地位，提出了夺取中国特色社会主义新胜利必须牢牢把握的基本要求，确定了全面建成小康社会和全面深化改革开放的目标，对新的时代条件下推进中国特色社会主义事业作出了全面部署，对全面提高党的建设科学化水平提出了明确要求。认真学习宣传贯彻党的十八大精神，关系党和国家工作全局，关系中国特色社会主义事业长远发展，对于实现全面建成小康社会的奋斗目标，具有重大的现实意义和深远的历史意义。社科理论界作为推进中国特色社会主义事业的重要力量，作为党的理论武装工作的先锋队和主力军，必须切实肩负起自己的职责和使命，深入学习宣传贯彻好党的十八大精神。一要做十八大精神的忠实学者。社科理论工作者必须在深入理解、把握十八大精神上作出表率、当好学者、成为专家。要立足工作思想实际，认认真真地研读党的十八大文件，原原本本地学习党的十八大报告和党章，学习习近平同志在党的十八届一中全会上的重要讲话精神。要注意抓住重点，把握精髓，努力在学懂、学深、学透上下功夫，切不可浮光掠影、浅尝辄止，也容不得一知半解、似是而非，要真正用十八大精神武装我们的头脑，掌握做好社科理论工作的思想武器，指导我们的工作实践。二要做十八大精神的深入宣传者。宣传阐释党的十八大精神，是社科理论界首要的政治任务。我们必须结合省情实际，认真做好解疑释惑工作。要积极参与全省的理论宣讲活动，充分利用课堂教学、专题辅导、座谈交流等形式，广泛宣传十八大精神。特别是要紧紧围绕党的十八大提出的重大理论和实践问题，围绕干部群众关心关注的热点难点问题，开展深入务实的理论宣传，全面准确地深度解读十八大精神。三要做十八大精神的积极践行者。要坚持学以致用、用以促学、学用相长，切实把贯彻落实十八大精神同我们的教学科研工作结合起来，同研究解决经济社会发展中的重大问题结合起来，同研究解决影响人民幸福的利益问题结合起来，同研究解决党的建设中存在的突出问题结合起来，真正把学习党的十八大精神的收获转化为推动科学发展的实际本领。

二、准确把握十八大的精神实质和决策部署，进一步明晰社科理论界的努力方向和工作重点

党的十八大报告已经为我们描绘了全面建成小康社会的宏伟蓝图，为党和国家事业进一步发展指明了前进的方向，是我们党团结带领全国各族人民夺取中国特色社会主义新胜利的政治宣言和行动纲领。这部闪耀着马克思主义真理光芒的纲领性文献，立意高远、思想深刻、内涵丰富，蕴含着大量的新思想、新观点、新论断、新举措、新要求。这些重大战略思想和重大决策部署既为我们社科理论界繁荣学术、创新理论提供了强大的思想武器，同时也为我们施展才华、推动发展提供了广阔的舞台。当前，我们必须结合自己的工作实际，深刻领会和准确把握党的十八大精神，切实用党的十八大精神来指导我们的科研工作，有计划有针对性地深入研究十八大提出的重要课题。

1.要深刻把握科学发展观的历史地位和时代内涵，积极为推动经济社会科学发展建言献策。十八大报告立足战略和全局，着眼中国特色社会主义事业长远发展，郑重地把科学发展观同马克思列宁主义、毛泽东思想、邓小平理论、“三个代表”重要思想一道确立为党必须长期坚持的指导思想。这是党的十八大的一个历史性决策和历史性贡献，实现了党的指导思想和科学理论的又一次与时俱进。总结十年奋斗历程，最重要的就是我们坚持以马克思列宁主义、毛泽东思想、邓小平理论、“三个代表”重要思想为指导，勇于推进实践基础上的理论创新，围绕坚持和发展中国特色社会主义提出一系列紧密相连、相互贯通的新思想、新观点、新论断，形成和贯彻了科学发展观。科学发展观是指导党和国家全部工作的强大思想武器，必须坚定不移地把科学发展观贯彻到现代化建设全过程和党的建设各个方面。深入贯彻落实科学发展观是一项长期艰巨的任务，涉及到思想观念、体制机制、利益格局的深度调整，注定是一场攻坚战、持久战。因此，我们必须深入研究科学发展观的历史地位、重大意义、根本要求；要紧紧围绕省委的中心工作，立足龙江实际，深入研究和破解制约我省经济社会科学发展的重点难点问题。同时，我们也要看到，科学发展观的精神实质是解放思想、实事求是、与时俱进、求真务实，科学发展观本身也需要丰富和发展。我们也要及时总结和提炼基层群众的实践经验，不断增加科学发展观的新内涵。

2.深刻把握中国特色社会主义的丰富内涵，坚持和发展中国特色社会主义。中国特色社会主义是我们党90多年来艰辛探索和成功实践的结晶。十八大报告第一次明确阐述了中国特色社会主义道路、理论体系、制度的基本内涵及其相互关系。中国特色社会主义道路、中国特色社会主义理论体系、中国特色社会主义制度，是党和人民九十多年奋斗、创造、积累的根本成就。中国特色社会主义是由道路、理论体系、制度三位一体构成的，中国特色社会主义道路是实现途径，中国特色社会主义理论体系是行动指南，中国特色社会主义制度是根本保障，三者统一于中国特色社会主义伟大实践，是党领导人民在建设社会主义长期实践中形成的最鲜明特色。建设中国特色社会主义，总依据是社会主义初级阶段，总布局是五位一体，总任务是实现社会主义现代化和中华民族伟大复兴。中国的发展必须始终高举中国特色社会主义伟大旗帜，不断坚持和发展中国特色社会主义。如何坚持和发展中国特色社会主义是一个重大的时代课题，迫切需要我们社科理论工作者深入研究和思考。我们既要进一步从理论上深入阐释坚持和发展中国特色社会主义的重大政治意义、理论意义和实践意义，同时也要努力在道路探索、制度完善、理论创新等方面，为丰富和发展中国特色社会主义做出我们的理论贡献。

3. 深刻把握“全面建成小康社会”的奋斗目标，积极为全面建成小康社会提供理论支持。党的十六大提出了全面建设小康社会的奋斗目标，十七大根据形势发展提出了实现全面建设小康社会奋斗目标的新要求，十八大报告在十六大、十七大确立的全面建设小康社会目标基础上明确提出了全面建成小康社会的目标。十八大报告将全面建设小康社会由“建设”发展为“建成”。一字之变是质的飞跃，含金量很高，为我们扎扎实实迈向中华民族伟大复兴提供了一个看得见、摸得着、感得到的阶段性目标。全面建成小康社会包括五个方面的要求：一是经济持续健康发展，实现国内生产总值和城乡居民人均收入比2010年翻一番。二是人民民主不断扩大,依法治国基本方略全面落实。三是文化软实力显著增强。四是人民生活水平全面提高。五是资源节约型、环境友好型社会建设取得重大进展。这些具体要求,符合中国特色社会主义全面发展的内在需要,更加针对发展难题,更好顺应人民意愿,更具明确政策导向,既鼓舞人心又切实可行,必将极大激励全党全国各族人民为实现全面建成小康社会目标而努力奋斗。为此,我们社科理论工作者要积极做好“全面建成小康社会”的理论阐释工作,把“全面建成小康社会”的重大意义、目标任务、根本要求,向干部群众讲清楚、讲明白;同时要加大对制约全面建成小康社会的重点难点问题的研究力度,推出一批务实管用的对策建议。

4. 高度关注生态文明建设,积极为建设美丽中国贡献力量。党的十八大报告明确指出,建设中国特色社会主义的总布局是经济建设、政治建设、文化建设、社会建设、生态文明建设的“五位一体”。把生态文明建设摆在更加突出的位置,在党代会报告中第一次将“大力推进生态文明建设”作为单独一部分来阐释,表明我们党对生态文明建设的重要性和紧迫性的认识达到了新高度。“建设美丽中国”目标的提出,寓意深刻,令人振奋。生态文明建设是一个世界性的重大课题。因此,我们社科理论工作者必须给予更多的关注,既要深入宣传阐释加强生态文明建设的时代背景、现实原因和重大意义,同时也要在优化国土开发格局、调整产业结构、转变生产方式等方面推出一批具有可操作性的研究成果。

5. 要积极服务政治体制改革,着力健全社会主义协商民主制度。党的十八大把推进政治体制改革作为单独一部分上标题,这在党代会报告中还是第一次。政治体制改革是我国全面改革的重要组成部分,在政治体制改革的问题上,我们党的态度是鲜明的,决心是坚定的,推进是有力的。当代中国的政治发展,要实现自己的目标、完成自己的使命,就必须坚定不移走自己的路,绝不能照搬西方政治制度模式,绝不能搞多党轮流执政、“三权鼎立”和两院制,绝不能放弃我国社会主义政治制度的根本。

其中,十八大报告提出了“社会主义协商民主是我国人民民主的重要形式”的论断,并要求进一步完善社会主义协商民主,推进协商民主广泛、多层、制度化发展。我们社科理论工作者要着力在这方面加强研究,努力在完善社会主义协商民主的制度和工作机制、拓展协商民主的形式渠道、推动协调民主进入决策程序等方面实现突破。

6. 积极培育和践行社会主义核心价值观,加快总结提炼符合我省实际的黑龙江精神体系。党的十八大从巩固全党全国人民团结奋斗共同思想基础的高度提出了“积极培育和践行社会主义核心价值观”的战略任务。十八大报告用24个字,分别从国家、社会、公民三个层面,提出了社会主义核心价值观的深刻内涵,即“三个倡导”,倡导富强、民主、文明、和谐,倡导自由、平等、公正、法治,倡导爱国、敬业、诚信、友善。现在,全国大多数省市区已经形成了自己具有地域特征的精神,在不同社会群体形成了各具特色的价值观。如:北京提出“爱国、创新、包容、厚德”的北京精神,上海提出“海纳百川、追求卓越”的上海精神。近年来,我省大力弘扬了“闯关东精神”、“北大荒精神”、“大庆精神”、“铁人精神”、“大兴安岭精神”和“龙江交通精神”。同时,涌现出一大批践行社会主义核心价值观的楷模,如最美教师张丽莉、最美叔叔谢尚威、救火英雄高铁成,他们都用实际行动诠释了龙江大爱。前段时间,我们组成了“大美大爱龙江”课题组,专题研究我省的黑龙江精神。希望大家关注这个问题,加强研究和思考,积极培育特色黑龙江精神,进而促进共识,凝聚力量。

7.高度关注民生问题,努力使发展成果更多更公平惠及人民群众。十八大明确提出,要“使发展成果更多更公平惠及全体人民”,强调“必须坚持走共同富裕道路”,其中“更多更公平”5个字内涵十分丰富。实现发展成果由人民共享,必须深化收入分配制度改革,努力实现居民收入增长和经济发展同步、劳动报酬增长和劳动生产率提高同步,提高居民收入在国民收入分配中的比重，提高劳动报酬在初次分配中的比重。初次分配和再分配都要兼顾效率和公平，再分配更加注重公平。社科理论工作者要更多地在关注保障和改善民生问题，要重点在分配制度改革、社保制度改革、医疗体制改革、教育体制改革、社会管理体制改革等方面加强研究，积极为党委和政府提供决策参考。

8. 积极推进党的建设，全面提高党的建设科学化水平。办好中国的事情，关键在党。对于长期执政、拥有八千多万党员的中国共产党而言，“建设什么样的党、怎样建设党”，不仅关系自身的前途命运，而且关乎国家繁荣稳定、民族兴旺发达。党的十八大报告提出了建设学习型、服务型、创新型的马克思主义执政党的新要求。这个要求抓住了当前和今后一个时期加强和改进党的建设的关键，是全面提高党的建设科学化水平的根本遵循。此外，十八大报告强调党的建设要“牢牢把握加强党的执政能力建设、先进性和纯洁性建设这条主线”，并提出围绕保持党的先进性和纯洁性，在全党深入开展以为民务实清廉为主要内容的党的群众路线教育实践活动。我们社科理论工作者在今后的研究中，要着重在健全党员民主权利保障制度、完善党内选举制度、创新权力监督机制、强化党员教育等方面加强研究。

三、集中研究力量合力攻关，努力推出哲学社会科学精品力作

当前，我省已经拥有了一支学科齐全、结构合理、科研实力较强的哲学社会科学人才队伍。我们有责任把党的十八大精神学习好、宣传好、贯彻落实好，也有能力结合实际，潜心研究，推出一批高质量的理论研究精品。

一要加大对十八大精神的理论宣传阐释力度。当前，全省社科理论界要迅速启动十八大精神的理论阐释工作，深入解读党的十八大提出的重大理论观点、重大方针政策、重大工作部署，特别是对那些群众关心关注的重点难点问题，更要做好多角度、多层次、全方位的宣传阐释。省中国特色理论体系研究中心要充分发挥牵头整合作用，科学确定研究课题，优化配置研究资源，迅速组织专家学者开展联合攻关，力争在《人民日报》、《光明日报》、《求是》等国家主要媒体上发表一批学术价值高、社会影响大的理论文章，及时发出我们龙江学者的声音，展示我们的研究实力和科研水平。

二要认真做好社科项目研究工作。明年，国家社科规划办一定会把贯彻落实十八大精神作为工作重点，围绕十八提出的一系列重要课题，研究设立一批国家社科基金项目，甚至有可能设立一批重点项目、重大项目。省社科规划项目中不仅要设立一批年度项目，而且要结合省委中心工作，设立一批重大决策咨询项目和重大委托项目。因此，希望大家结合自己的研究方向和专业特长，提前做好相关课题申报的准备工作。一方面，要向国家社科基金项目发起冲击，争取在国家社科基金项目立项特别是重点项目、重大项目的立项上有较大突破；另一方面，要积极参与省社科规划项目的申报工作，积极承担省社科规划项目，争取省重大决策咨询项目和重大委托项目。

三要积极服务我省经济社会发展。党的十八大已经确定了 2020 年全面建成小康社会的宏伟目标。我省作为经济欠发达省份，要完成这一目标，面临着一系列严峻的挑战和困难。我们社科理论界一定要坚持围绕中心、服务大局，积极推进“八大经济区”和“十大工程”建设，更加自觉、更加主动地做好决策咨询和理论支持工作。要积极开展省情调研，找准主攻方向和研究重点，着力研究和解决制约经济社会发展的重点、难点问题，努力在转变经济发展方式、促进资源型城市转型、实现对俄贸易战略升级、加快推动文化产业发展等方面实现大的突破，力争在破解发展难题、服务科学决策方面推出一批操作性强、转化率高、社会成效大的重大研究成果。特别是对那些省委主要领导批示的重点研究课题，我们一定要抓住不放，一抓到底，尽快拿出高质量的研究成果，尽快转化为实际生产力。

文件汇编

Wenjian Huibian

黑河 夜色

文件汇编

关于开展
向张丽莉同志学习活动的决定

黑委〔2012〕11号

中共黑龙江省委、黑龙江省人民政府决定:在全省开展向张丽莉同志学习活动。

张丽莉同志，女,1984年1月19日出生,2007年毕业于哈尔滨师范大学中文系,现任佳木斯市第十九中学语文教师。

2012年5月8日20时38分,张丽莉和下课的学生刚刚走出校门，一辆失控的客车突然冲了过来,在这生死攸关时刻,张丽莉挺身而出,奋力推开身边学生,自己却卷入车下遭到碾轧,导致双腿高位截肢。她把生的希望留给学生,把危险留给自己,用无私大爱谱写了一曲生命的赞歌。她临危不惧、大义大勇,是当之无愧的时代英雄。在客车撞向学生的危险瞬间,她正身面对,本可以躲开,却冲向前去抢救学生，无情的车轮留给她的是肢体残缺,有义的壮举昭示人的是守望相助,她用实际行动涂写了时代的精神底色。她忠诚教育、热爱学生,是名副其实的教师楷模。她说"为师,别吝惜你的爱,将师爱放飞",她视学生为朋友,沟通心灵、循循善诱,心里记挂的事情是学生冷暖,眼里饱含的泪水是学生委屈,脸上得意的笑容是学生进步,她的课堂是知识殿堂又是道德海洋,她用大爱诠释了师德的闪光真谛。她激情进取、奉献担当,是可敬可佩的青年榜样。她说"要么不做,做就做到最好",她超负荷工作,以致期盼的小宝宝与自己擦肩而过,虚心做学问,早早成为了青年骨干,勇于担重任,获得一项又一项荣誉,她把对事业的敬仰当作流行时尚,她用责任演绎了青春的高远追求。她助人为乐、多行善举，是社会推崇的道德典范。她在QQ空间里写到"在有生之年，不倾国、不倾城，只是倾尽所有去爱",她把涓涓暖流送给远亲近邻,把真情大爱传导给学生家庭,把热络柔肠递往同事路人,以向善之心迸发出临危救人的勇气,用厚德匡扶了社会的道义标杆。张丽莉同志的先进事迹和崇高精神,集中体现了中华民族高尚的道德情操,诠释了社会主义核心价值观的丰富内涵,展现了人民教师热爱学生的大爱情怀,塑造了当代青年和人民教师勇于担当的光辉形象,赋予了时代前行的坚定信心。

为了广泛深入学习宣传张丽莉同志的先进事迹,动员广大干部群众以实际行动践行社会主义核心价值观,进一步弘扬社会新风正气,激励全体人民为全面建设小康社会而努力奋斗,省委、省政府决定在全省广泛开展向张丽莉同志学习活动。向张丽莉同志学习，就要学习她舍己救人的高尚情操。要把体现在张丽莉身上的英雄精神化为具体的实际行动,在人民群众生命财产受到严重威胁的危急关头,坚持人民利益高于一切,能站得出来,冲得上去,以过人的胆识和气魄应对困难,迎接挑战。向张丽莉同志学习，就要学习她追求卓越的进取精神。要把体现在张丽莉身上的不甘人后、敢于担当、勇于创新精神落实到事业中,树一流目标,干一流工作,创一流业绩。向张丽莉同志学习,就要学习她无私奉献的大爱情怀。要把体现在张丽莉身上的无私大爱传递给更多的人，始终以一颗纯洁高尚的心，为他人谋利益,为社会创和谐,为龙江添光彩。向张丽莉同志学习，就要学习她爱岗敬业的职业操守。要把体现在张丽莉身上的职业操守转化为做好工作的动力,矢志不渝、执着追求,兢兢业业、躬身实践,把本职工作当作实现人生价值的重要平台。

省委、省政府要求,要在全省迅速掀起向张丽莉同志学习活动的热潮,树立道德尊崇、敬业奉献和自觉担当的时代新风,为推动经济社会发展提供主导价值支撑和强大心灵动力。要强化活动组织领导。把开展向张丽莉同志学习活动作为贯彻落实党的十七届六中全会精神、省第十一次党代会精神的一项重要内容,紧密联系思想和工作实际,精心组织,周密安排,研究制定学习活动方案,层层抓好,推进落实。要培树大美龙江形象。把张丽莉同志的先进事迹和崇高精神作为加强社会主义核心价值体系建设的重要内容和生动教材,与弘扬龙江优秀精神、雷锋精神和开展群众性精神文明创建活动结合起来,内化成个人的自觉体认、道德品质,外铸为社会行为、行动准则。要推动建功立业实践。把开展向张丽莉同志学习活动与开展"创业、创新、创优"活动结合起来,同做好本职工作和完成当前任务结合起来,动员一切力量参与到经济社会发展实践中。要营造浓厚舆论氛围。深入挖掘张丽莉同志的感人事迹和崇高精神,及时宣传各地开展向张丽莉同志学习活动的重大举措和社会成效,努力形成关爱英模、崇尚英模、争做英模的浓厚氛围。要形成多方联动态势。广大党员干部要率先垂范、身体力行,创造出让党和人民满意的业绩。教育工作者要自觉培育高尚师德,弘扬社会正气,在各自岗位争创一流。各地各部门要结合各自实际,开展形式多样的学习实践活动,形成强大声势。

省委、省政府号召,各级党委、政府和全省广大干部群众要积极行动起来,以张丽莉同志为榜样,统一思想、凝聚力量,真抓实干、开拓创新,为加快建设"八大经济区"和实施"十大工程",推动全省经济社会更好更快更大发展作出新的更大的贡献,以优异成绩迎接党的十八大胜利召开!

关于命名表彰第四届全省"六个十佳"和谐单位(家庭)的决定

由省委宣传部、省精神文明办、省直机关工委、省委高校工委、省总工会、团省委、省妇联、黑龙江日报报业集团、黑龙江人民广播电台、黑龙江电视台、东北网络台等11个部门联合组织开展的第四届全省"六个十佳"和谐单位(家庭)创建评选活动,经过各市地(系统)申报推荐、媒体公示、群众投票、评委会复评和组委会研究,决定授予伊春市工商行政管理局等60个单位(家庭)"十佳和谐单位(家庭)"荣誉称号,授予佳木斯市住房保障局等120个单位(家庭)"和谐单位(家庭)"荣誉称号。

希望受到表彰的单位(家庭)珍惜荣誉,再接再厉,不断取得新的成绩。各地、各部门和广大干部群众要认真学习他们的先进事迹,广泛深入开展以"知荣辱、树新风、促和谐"为主题的社会主义核心价值体系"六进"系列教育实践活动,大力培育社会主义核心价值观,进一步强化和谐理念,努力构建和谐文化,推动"六个十佳"和谐单位(家庭)创建评选活动的深入开展,为深入贯彻落实科学发展观,推动全省经济社会科学发展、和谐发展做出新的更大的贡献。

关于深入开展学雷锋活动的实施方案

为贯彻落实党的十七届六中全会和省委十届十八次全会精神,深入开展学雷锋活动,推动学雷锋活动常态化,大力弘扬雷锋精神,促进社会主义核心价值体系建设,不断提升全省公民道德素质和社会文明程度,根据《中共中央办公厅关于深入开展学雷锋活动的意见》(中办发〔2012〕7号)精神,结合我省实际,制定如下实施方案。

一、深入开展学雷锋活动的重要意义及总体要求

1.深入开展学雷锋活动的重要意义:雷锋是实践社会主义、共产主义思想道德的楷模,是全国人民学习的光辉榜样。雷锋精神是中华民族精神的重要内容,哺育了一代又一代人成长。几十年来,雷锋精神始终在广大干部群众中广为传扬,产生了广泛而深远的社会影响。雷锋精神体现了中华民族的传统美德,顺应了社会进步的时代潮流,彰显了我们党的先进本色,内涵十分丰富、意蕴十分深刻,是一面永不褪色、永放光芒的旗帜。当前，要大力弘扬雷锋热爱党、热爱祖国、热爱社会主义的崇高理想和坚定信念，弘扬雷锋服务人民、助人为乐的奉献精神，弘扬雷锋干一行爱一行、专一行精一行的敬业精神，弘扬雷锋锐意进取、自强不息的创新精神，弘扬雷锋艰苦奋斗、勤俭节约的创业精神。新形势下深入开展学雷锋活动，大力弘扬雷锋精神，对于激发人们思想道德建设热情，倡导文明新风，匡正道德失范，矫正诚信缺失，提升社会道德水平，引导人们做中华民族传统美德的传承者、社会主义道德规范的实践者、良好社会风尚的创造者；对于弘扬民族精神和时代精神，促进社会主义核心价值体系建设，形成全民族奋发向上的精神力量；对于凝聚全省人民的意志和力量，积极推进“八大经济区”和“十大工程”建设，促进全省经济社会又好又快发展，具有十分重要的意义。

2.深入开展学雷锋活动的总体要求：认真贯彻落实党的十七届六中全会和省委十届十八次全会精神，以邓小平理论和“三个代表”重要思想为指导，深入贯彻落实科学发展观，着眼于建设社会主义核心价值体系，着眼于推进社会公德、职业道德、家庭美德、个人品德建设，着眼于提升公民思想道德素质和社会文明程度，以传承和弘扬雷锋精神为主题，以青少年为重点，以社会志愿服务为载体，贴近实际、贴近生活、贴近群众，创新内容、创新形式、创新手段，广泛进行雷锋事迹、雷锋精神和雷锋式模范人物的宣传教育，广泛开展学雷锋实践活动和社会志愿服务活动，广泛普及爱国、敬业、诚信、友善基本道德规范，推动学雷锋活动常态化、机制化，形成践行雷锋精神、争当先进模范的生动局面，形成我为人人、人人为我的良好氛围。

二、开展学雷锋活动的具体安排

3.每年3月5日，以毛泽东等老一辈革命家向雷锋同志学习题词纪念日为契机，集中组织开展形式多样的学雷锋实践活动。2012年3月5日，我省有关方面联合组织开展“弘扬雷锋精神、共建美好家园”系列活动，启动全省学雷锋主题实践活动。

4.充分发挥青少年在学雷锋活动中的骨干作用。全省各级各类学校要把弘扬雷锋精神作为校园文化建设的重要内容，把学雷锋活动与开展教育教学活动结合起来、与开展革命传统教育结合起来、与开展社会实践活动结合起来。将每年3月定为全省中小学学习雷锋精神主题实践活动月，组织开展以开一次学雷锋班会、出一期有关雷锋板报、背一句雷锋名言、写一篇学雷锋日记、做一件学雷锋好事为内容的“五个一”主题实践活动。全省大中专院校要深入开展“雷锋精神进课堂”活动，把学习践行雷锋精神纳入教育教学活动中，教育引导青年学生做雷锋精神的学习者、宣传者、实践者和传承者。

5.广泛开展社会志愿服务。各级各类志愿者组织要把弘扬雷锋精神与传播志愿者精神结合起来，适应人们生产生活需要，组织开展贴近实际、内容丰富、形式多样的社会志愿服务，用雷锋精神提升志愿者精神境界，用雷锋式志愿者提升志愿活动美誉度。要围绕扶老助残、帮困解难、应急救助、便民利民、维护秩序、保护环境等人们生产生活需求，确定活动主题，每年定期组织开展志愿服务活动，带动更多的人参与到学雷锋活动中来。要加强志愿者组织自身建设，健全工作机制，创新服务方式，使志愿服务制度化、经常化、规范化。

6.广泛开展“学雷锋、树新风”活动。服务行业、窗口单位和公共场所，要大力开展便民服务、义务劳动、共建共育、捐资助学以及关心帮助社会特殊群体等形式多样的学雷锋活动，使之成为传播雷锋精神的窗口。社区要适应居民需求，广泛开展“学习雷锋、奉献爱心”服务活动，促进邻里关爱、建设和谐社区。企业要围绕生产经营和改革发展中心任务，结合文明单位创建、和谐企业创建、“工人先锋号”创建，广泛开展“岗位学雷锋、争做好员工”活动。

7.加强对雷锋精神的研究。要把对雷锋精神的研究纳入全省社科研究规划，确定一批重点课题，每年推出一批深入阐述雷锋精神宝贵价值、时代意义、实践经验的研究文章。成立省雷锋精神研究会，每年3月初组织召开全省弘扬雷锋精神座谈会，围绕新时期学习弘扬雷锋精神开展座谈讨论。加强对各类学雷锋活动团体的沟通联络，总结交流群众性学雷锋活动的经验和做法。

8.加强对学雷锋活动的新闻宣传。每年3月初，黑龙江日报“理论专刊”要组织刊登一组学习弘扬雷锋精神的理论文章；黑龙江人民广播电台、黑龙江电视台要结合自身特点，在新闻栏目和节目中及时报道我省学雷锋重要活动以及各地各部门各行业和基层单位开展的学雷锋实践活动和志愿服务活动，充分报道学雷锋活动中涌现出的先进集体和模范人物；东北网络台要举办学雷锋网上系列活动，通过开设学雷锋专栏、论坛等形式，与网民进行互动交流，加强网上舆论引导。

9.开展向雷锋式模范人物学习活动。结合开展“发现身边的美”公民道德教育实践活动，宣传树立一批群众学雷锋模范人物(群体)。抓好“感动龙江”年度人物(群体)评选活动。每两年开展一次“全省百名道德模范”评选表彰活动。组织开展走访帮扶道德模范活动。

10.运用文艺形式传扬雷锋精神。组织创作一批弘扬雷锋精神的歌曲、影视剧和文学作品。向基层单位赠送有关雷锋故事和雷锋精神的优秀图书，使雷锋精神进学校、进企业、进社区、进村镇。有计划地组织群众观看雷锋电影、雷锋事迹展。

三、抓好学雷锋活动的组织实施

11.切实加强对学雷锋活动的组织领导。充分认识新形势下开展学习雷锋活动的重要意义，把学雷锋活动摆上重要日程，周密安排部署，精心组织实施。建立精神文明建设指导委员会统一领导、党委宣传部门牵头、有关部门各负其责、社会团体积极配合、各方面广泛参与的工作机制，加强统筹协调，加强工作指导，加强督促检查，做到措施到位、责任到位、保障到位，确保学雷锋活动有力有效开展。各行业和群众团体、学雷锋团体要结合自身实际，发挥自身优势，积极主动地开展学雷锋活动。各级教育行政部门和共青团组织要切实担负起在青少年中开展学雷锋活动、弘扬雷锋精神的重要职责。

12.营造良好氛围。新闻媒体要重视学雷锋活动的宣传报道，制定学雷锋活动新闻宣传方案，形成常态化的学雷锋活动宣传报道机制。报刊、广播、电视、互联网等媒体，要拿出重要版面时段、频率频道，通过新闻报道、言论评论、专家点评、群众讨论等多种形式，扩大学雷锋活动的覆盖面和影响力。着力办好思想道德建设栏目节目，加大思想道德建设正面宣传力度，营造抑恶扬善的舆论环境。组织各种形式的道德模范和德艺双馨文化名人的报告会、人物专访、公益广告等活动，发挥道德模范、德艺双馨文化名人对社会的动员和引导作用。注重运用群众喜闻乐见的文艺形式，艺术地表现雷锋的光辉形象，生动诠释雷锋精神的真谛，让雷锋精神深入人心。

13.增强学雷锋活动的针对性和实效性。要把学习和弘扬雷锋精神作为加快建设“八大经济区”、实施“十大工程”的精神动力，与学习弘扬“闯关东精神”、“北大荒精神”、“大庆精神”、“铁人精神”、“大兴安岭精神”、“龙江交通精神”等黑龙江优秀精神结合起来，精心策划实施，务求取得实效。要把学雷锋活动与学习型党组织建设、创先争优、“创业、创新、创优”等活动结合起来，实现学雷锋活动同其他工作相互融合、协调推进。要把统一组织活动与群众自发开展活动结合起来，把集中活动与日常工作结合起来，使学雷锋活动、志愿服务活动开展到基层，让学雷锋活动成为人们感悟崇高精神、提升价值追求的生动过程。防止在学雷锋活动中搞形式主义。

14.改进创新学雷锋活动的方式方法。深刻把握雷锋精神的本质，坚持以创新精神推进学雷锋活动，使学雷锋活动常做常新，不断焕发出生机活力。在总结和继承长期以来学雷锋活动好做法好经验的基础上，适应时代的发展变化，积极拓展活动内容，不断赋予学雷锋活动以新的时代内涵；积极创新活动载体，不断赋予学雷锋活动以新的形式；积极打造活动特色，不断赋予学雷锋活动以新的吸引力。充分发挥互联网、手机等新兴媒体的优势，充分运用新的传播手段和新的文化样式，宣传雷锋事迹，弘扬雷锋精神，使学雷锋活动深入千家万户，产生广泛而持久的影响。

各地各部门要根据本方案精神制定实施方案。

关于印发《“寻找身边的美”公民道德宣传教育实践活动方案》的通知

黑宣通〔2012〕14号

各市（地）委宣传部、文明办，绥芬河市、抚远县委宣传部、文明办，省农垦总局、省森工总局、哈尔滨铁路局、大庆油田公司党委宣传部、文明办，省直机关工委、省委高校工委宣传部、文明办，省直新闻单位：

现将《“寻找身边的美”公民道德宣传教育实践活动方案》印发给你们，请认真组织实施。

“寻找身边的美”
公民道德宣传教育实践活动方案

为深入贯彻落实党的十七届六中全会和省委十届十八次全会精神，以及省委书记吉炳轩同志关于建设“大美大爱龙江”的指示精神，切实加强公民道德建设，推动形成良好道德风尚，省委宣传部、省文明办决定联合组织开展“寻找身边的美”公民道德宣传教育实践活动。方案如下：

一、活动主旨

通过寻找发现普通百姓日常生活中助人为乐、见义勇为、诚实守信、敬业奉献、孝老爱亲、勤俭自强的典型人物和感人故事，宣传塑造群众心目中的“平民英雄”和经济社会发展中涌现的先进典型，彰显蕴藏在他们心中的真善美和人性光辉，展现他们身上的“最美瞬间”、“最美坚守”，用他们的高尚精神和感人事迹传播主流价值观念，唤起人们道德共鸣，传递人间真情大爱，形成人人参与、从善如流、共创和谐的公民道德建设的浓厚社会环境和舆论氛围。

二、活动时间

2012年3月至2013年3月。

三、活动内容

1.寻找典型。以媒体征集为主，媒体征集、组织推荐、群众推荐相结合。黑龙江日报、黑龙江电台、黑龙江电视台、东北网络台、生活报、黑龙江晨报等省直新闻媒体要采取面向社会征集、记者自行发掘等方式，寻找报道线索。各级党委宣传部、文明办要广泛发动党政机关、企事业单位、人民团体，积极推荐本地、本部门、本单位践行社会主义核心价值体系，在社会公德、职业道德、家庭美德、个人品德建设方面示范带动作用突出的人物或群体。各地要采取多种形式，发动广大群众通过电话、信函、电子邮件等方式，向省委宣传部、省文明办和省直新闻媒体推荐身边凡人善举、好人好事。（本次活动公共邮箱：hljdaode@163.com，密码：daode123）

2.宣传典型。省直新闻媒体要紧紧围绕本次活动主题，发挥各自特点和优势，在重要版面、重要时段开设公民道德建设专栏、专题，组织记者深入挖掘采访线索，聚焦那些发生在我们身边、能够引起共鸣、具有感动性和感召力的事件和人物，放大典型在公民道德建设领域的示范带动效应，使之成为引领价值取向、推动社会进步的重要力量。各媒体可根据自身特点，发挥优势，采取消息、通信、访谈、特写、记者手记、言论评论等灵活形式，深入报道干部群众学习道德典型的实际行动，报道有关部门奖励慰问和社会各界关心、关爱道德典型的有关情况，报道广大群众、网友的感受感悟和真心祝福。省直新闻媒体要在每个季度最后一个月的25日前，把本季度宣传的道德典型事迹及相关图片分类整理后发至活动公共邮箱。省委宣传部、省文明办将典型按助人为乐、见义勇为、诚实守信、敬业奉献、孝老爱亲、勤俭自强六大类，粘贴到东北网首页要闻区的“龙江好人榜”专题，到下一季度首月的月底，根据网民点击率排出上季度人气榜，作为2012“感动龙江”年度人物（群体）以及第四届全国和全省道德模范候选对象。新浪网、腾讯网将链接本活动页面，并适时宣传活动中涌现出的突出典型。

3.学习典型。组织引导广大群众深入学习身边典型的先进事迹，并通过道德讲坛、道德故事汇、道德模范事迹展等多种形式，讲述身边的好人好事，评选心目中最美人物，大力弘扬真善美，鞭挞摒弃假丑恶，以此感受道德力量，升华精神境界，把学习典型转化为道德实践的具体行动。

4.关爱典型。以哈尔滨银行设立的"温暖龙江"基金为带动，号召社会各界关心、关爱典型，解决好典型生产生活方面的实际问题，让典型受到全社会尊重，形成好人得好报的价值取向。

四、几点要求

1.高度重视、精心组织。各市地(系统)党委宣传部、文明办要把这项活动作为深入贯彻落实党的十七届六中全会和省委十届十八次全会精神，加强社会主义核心价值体系建设，提高公民思想道德素质和社会文明程度的重要载体，加强组织领导，研究制定方案，抓好推进落实。要按照真实、感人、可学等原则，加强审核把关，确保典型选得准、叫得响、学得来、树得住。

2.点面结合、突出重点。省直和市地(系统)主要新闻媒体要安排专人负责，结合新闻战线"走转改"活动，组织记者深入采访，办好道德建设专栏、专题。要注重点面结合，充分展示社会道德的主流和全景，既报道个体先进事迹，也可反映群众道德现象，既报道公民自发的道德善举，也可反映有组织的道德行为。同时，要在3月5日"雷锋精神学习宣传日"、9月20日"公民道德宣传日"以及商务部、中宣部等部门每年组织开展的"诚信兴商宣传月"等重要节点和时段，突出宣传重点，使身边典型宣传与重大主题宣传活动紧密契合、形成声势。

3.结合实际、注重实效。要通过新闻热线、有奖征集、表彰奖励等多种形式，吸引广大群众积极参与到活动中来，使之在参与中受到教育、得到提高。要改进典型宣传方式，多运用群众喜爱的语言、多讲述群众身边的故事，多组织群众开展互动交流，不说过头话，不刻意拔高，使典型可敬可亲可学。

关于组织开展第四届全省"六个十佳"和谐单位(家庭)创建评选活动的通知

黑宣通〔2012〕15号

各市(地)委宣传部，绥芬河市、抚远县委宣传部，省农垦总局、省森工总局、哈尔滨铁路局、大庆油田公司党委宣传部，省直机关工委、省委高校工委宣传部，省总工会、团省委、省妇联宣传部：

为深入贯彻落实党的十七届六中全会和省委十届十八次全会精神，促进社会主义核心价值体系建设，大力弘扬雷锋精神和黑龙江优秀精神，进一步提高广大干部群众的思想道德素质和全社会的文明程度，切实解决人民群众最关心、最直接、最现实的利益问题，更好地凝聚全省人民的意志和力量，积极推进我省经济社会又好又快发展，加快"和谐龙江"建设和全面建设小康社会的进程，根据省委宣传部、省文明办等7个部门联合印发的《关于组织开展全省"六个十佳"和谐单位(家庭)创建评选活动的意见》(黑宣发〔2009〕15号)和2012年全省宣传部长会议安排部署，现就组织开展第四届全省十佳和谐机关、十佳和谐企业、十佳和谐社区、十佳和谐村屯、十佳和谐校园、十佳和谐家庭即"六个十佳"和谐单位(家庭)创建评选活动有关事项通知如下：

1.精心组织开展主题教育实践活动。各地、各部门和各基层单位要坚持重在建设的方针，组织深入开展以"知荣辱、树新风、促和谐"为主题的社会主义核心价值体系"六进"系列教育实践活动，不断丰富内容、创新形式，总结经验、选树典型，促进"六个十佳"和谐单位(家庭)创建评选活动深入开展。

2.调动基层单位和广大干部群众广泛参与。要积极采取有效措施，不断延伸触角，扩大覆盖面，调动广大干部群众积极参与到主题教育实践活动和"六个十佳"和谐单位(家庭)创建评选活动中来，把参与创建评选的过程变成群众自我教育、提高素质、共建和谐的过程，增强创建评选活动的实效性。

3.认真做好候选单位(家庭)的推荐申报工作。各地党委宣传部和有关部门要按照《关于组织开展全省“六个十佳”和谐单位(家庭)创建评选活动的意见》规定的标准和程序，于2012年5月31日前，向省组委会办公室(省委宣传部宣传教育处)推荐候选单位(家庭)，每个系列推荐2—3个，附500字简要事迹和2500字综合事迹材料。要对推荐上报单位(家庭)的简要事迹、综合事迹材料严格把关，指导申报单位(家庭)深入挖掘，认真总结，增强典型性、代表性和说服力、感染力。前三届参评未获得“十佳”荣誉称号的单位(家庭)今年可继续申报参评。

4.大力表彰奖励“十佳和谐”单位(家庭)。组委会将于7月中下旬，举办第四届全省“六个十佳”和谐单位(家庭)颁奖晚会，命名表彰获奖单位(家庭)，并组织编印《第四届全省“六个十佳”和谐单位(家庭)先进事迹汇编》，广泛宣传获奖单位(家庭)的先进事迹。获得“十佳”荣誉称号的单位可依据《关于组织开展全省“六个十佳”和谐单位(家庭)创建评选活动的意见》，给予本单位干部职工适当物质奖励，奖金自行解决，数额控制在人均人民币3000元以内。

关于组织开展2012“感动龙江”年度人物(群体)评选活动的通知

黑宣通〔2012〕47号

各市(地)委宣传部，绥芬河市、抚远县委宣传部，省农垦总局、省森工总局、哈尔滨铁路局、大庆油田有限公司党委宣传部，省直机关工委、省委高校工委宣传部，省直主要新闻单位：

按照年初全省宣传部长会议的安排部署，依据“感动龙江”年度人物(群体)评选活动章程，省委宣传部等8个部门决定共同组织开展2012“感动龙江”年度人物(群体)评选活动。现将有关事项通知如下：

一、主题和宗旨

2012“感动龙江”年度人物(群体)评选活动，以“展现大爱、感动龙江”为主题，以迎庆党的十八大胜利召开为契机，深入贯彻落实省第十一次党代会精神，深入开展学雷锋活动，大力弘扬龙江优秀精神，努力建设大美大爱龙江，充分展示黑龙江人爱岗敬业、奋发进取，崇德向善、无私奉献，自强不息、勇于担当的良好形象。要把评选表彰过程转化为一个宣传和学习的过程，着力推出一批先进典型，让人们见贤思齐、择善而从，进而推动社会主义核心价值体系建设，为全省经济社会发展提供强大的道德支撑和精神动力。

二、组委会及组委会办公室组成

2012“感动龙江”年度人物(群体)评选活动组委会由省委宣传部、省精神文明办、省总工会、团省委、省妇联、省报、省电台、省电视台8个单位联合组成。

2012“感动龙江”年度人物(群体)评选活动组委会办公室设在省委宣传部宣传教育处。电话：0451—53642847，邮箱：hljxcjy@163.com。

三、推进步骤

1.启动工作。9月底前印发通知，各市地(系统)及有关单位启动本地本系统候选人的选拔推荐工作。10月19日前完成向省组委会的申报工作(含带电子照片的审核表、500字简要事迹、2500字综合事迹材料)。

2.初评阶段。10月25日前，评委会根据各地各系统推荐的人物(群体)的事迹选出18个人物和6个群体，作为“感动龙江”年度候选人(群体)。

3.投票阶段。10月29日—11月18日，利用报纸、广播、电视、网络等媒体对年度候选人物(群体)事迹进行集中宣传，发动群众通过报纸、网络和手机短信投票。

4.定审阶段。11月22日前，组委会根据群众和专家投票情况，确定最后评选结果。

5.颁奖晚会。12月初，举行颁奖晚会，展现2012

"感动龙江"年度人物(群体)的先进事迹和崇高精神。颁奖晚会由黑龙江电视台承办,在黑龙江卫视频道播出。

6. 后续宣传。编辑制作颁奖晚会光盘,编印2012"感动龙江"年度人物(群体)先进事迹图书,免费发放基层,以获奖人物(群体)的先进事迹和崇高精神教育引导群众。

奖项设置、评选标准及评选程序等,详见《"感动龙江"年度人物(群体)评选活动章程》(黑宣通〔2009〕23号)。

四、原则和要求

1.精心组织,发动群众广泛参与。各地各有关部门特别是各级党委宣传部门要把评选活动作为深入开展学雷锋活动、扎实推进社会主义核心价值体系建设的一项重要举措,制定切实可行的活动方案,动员社会各界积极参与到推荐和评选活动中来。要紧密结合今年组织开展的"寻找身边的美"公民道德宣传教育实践活动,把事迹突出、影响广泛、具有代表性的先进人物宣传推荐好,充分展示我省各地公民道德建设的丰硕成果。

2.集中宣传,营造浓厚舆论氛围。10月19日前,由黑龙江人民广播电台及所属调频广播发布评选活动启动消息。10月29日至11月18日,黑龙江日报、黑龙江电台、黑龙江电视台、东北网络台、生活报、黑龙江晨报等主要新闻媒体,要开辟专题专栏,深入宣传"感动龙江"候选人物(群体)的先进事迹,营造浓厚的舆论氛围。其中,黑龙江人民广播电台及所属调频广播滚动发布评选活动投票等相关消息,黑龙江电视台《新闻联播》每日播发一个候选人的先进事迹。各地市(系统)所属媒体要做好本地本系统推荐的"感动龙江"年度人物(群体)先进事迹的宣传工作。

3.交流互动,扩大评选活动影响。黑龙江日报、生活报、黑龙江晨报等平面媒体,要在广泛宣传"感动龙江"年度候选人物(群体)先进事迹的同时,刊发社会反响和读者反馈信息。黑龙江电台、黑龙江电视台要结合节目特点,办好互动热线。东北网络台开设主题论坛,吸引广大网民参与,进一步扩大评选活动的社会参与面和影响力。

黑龙江省文化发展"十二五"规划

黑发改规划〔2012〕77号

"十二五"时期是全面建设小康社会的关键时期,是加快经济发展方式转变的攻坚时期,也是我省加快文化繁荣发展的重要战略机遇期。为深入贯彻落实党的十七届六中全会和省委十届十八次全会精神,加快文化改革发展步伐,根据《国民经济和社会发展第十二个五年规划纲要》、国家文物局《国家文物博物馆事业发展"十二五"规划》和《黑龙江省国民经济和社会发展第十二个五年规划纲要》、《"十二五"时期黑龙江省宣传思想文化工作繁荣发展规划纲要》,编制本规划。

一、指导思想和方针原则

(一)指导思想

高举中国特色社会主义伟大旗帜,以邓小平理论和"三个代表"重要思想为指导,深入贯彻落实科学发展观,坚持社会主义先进文化前进方向,突出加快发展、科学发展的主题,全面实施文化兴省战略,大力推进文化建设"八大工程",以改革创新为动力,以重点项目建设为突破口,深化文化体制改革,完善公共文化服务体系,壮大文化产业和文化市场,加强对文化产品创作生产的引导,弘扬优秀传统文化,推动龙江文化"走出去",不断满足人民群众日益增长的精神文化需求,切实增强文化软实力,为我省构建和谐社会和全面建设小康社会提供强大的文化支撑。

(二)方针原则

——坚持科学引领。坚持以马克思主义为指导,坚持社会主义先进文化前进方向,坚持为人民服务、为社会主义服务,坚持百花齐放、百家争鸣,坚持继承和创新相统一,以科学的理论引领黑龙江文化发展方向,以促进人的全面发展、建设和谐社会、推动社会全面发展进步为目标，推动我省文化事业和文化产业健康发展。

——坚持协调发展。统筹文化事业和文化产业发展，“两手抓、两加强、两促进”，形成文化两轮驱动、双翼齐飞的局面；统筹城乡之间、区域之间、行业之间文化的协调发展，重点是推进基层特别是农村文化发展，促使文化与经济社会更好地相互交融、协调发展；统筹改革、发展、稳定的关系，推动文化全面协调可持续发展。

——坚持改革创新。推进文化体制机制改革创新，以改革促发展、促繁荣，不断解放和发展文化生产力，不断推动文化理论创新、体制机制创新、内容形式创新、发展业态创新、传播方式创新，不断增强文化的创造力、感染力、辐射力和渗透力。

——坚持文化惠民。坚持文化发展为了人民、文化发展依靠人民、发展成果由人民共享，把更好地满足人民群众的日益增长的精神文化需求作为文化工作的出发点和落脚点，让文化真正融入百姓生活，成为一种生活方式，成为幸福指数，提升人民群众的生活质量和层次。

——坚持对外开放。继承和发扬优秀民族传统文化，吸收优秀的外来文化，实现各种文化要素的多层次、多形式、多样化交流融合，培育龙江特色文化，实施文化走出去战略，提升龙江文化精神的吸引力和凝聚力，扩大龙江文化影响力。

二、发展目标

“十二五”期间，全省文化发展整体水平显著提高，位居全国上游行列，不断开创龙江文化创造活力持续迸发、文艺精品力作不断涌现、社会文化生活更加丰富多彩、人民群众基本文化权益得到更好保障、文化事业稳步推进、文化产业蓬勃发展、龙江文化国际影响力不断提升的新局面，为推动我省经济社会更好更快发展作出更大贡献。

发展的重点目标:

至 2015 年

——公共文化服务体系进一步完善，基本建成覆盖城乡的比较完善的公共文化服务体系，人民群众的基本文化权益得到有效保障。

——文艺精品力作不断涌现，形成以创作为基础、以质量为根本、以群众和市场需求为导向、以优化文化资源和改革创作机制为保障的文化艺术创新体系，推出一批文艺精品和品牌。

——文化遗产得到较好保护利用，形成以政府保护为主，全社会共同参与的文化遗产保护利用体系，使文化遗产得到较好保护、利用、传承和弘扬。

——文化产业发展活力和综合实力明显增强，构建统一开放竞争有序的文化产业和文化市场体系，推动文化产业成为我省国民经济新的增长点和支柱产业。

——文化队伍发展壮大，建立和完善人才培育体系，造就一支规模适度、结构合理、素质较高、作风优良的文化队伍。

——对外文化交流活动更加活跃，搭建对外文化交流与贸易平台，形成全方位、多层次、多领域的对外文化交流与合作新格局，不断扩大龙江文化影响力。

——文化体制机制改革进一步深入，基本完成文化体制改革各项任务，形成有利于文化科学发展的管理体制和运行机制，文化资源配置更加优化、布局更加合理、效益更加明显。

三、加快公共文化服务体系建设

坚持政府主导，按照公益性、基本性、均等性、便利性的要求，加强文化基础设施建设，完善公共文化服务网络，让群众广泛享有免费或优惠的基本公共文化服务。

(一)完善公共文化设施网络。统筹规划和建设惠及全民的基础文化设施，实现资源整合、共建共享。根据城乡一体化的要求，以大中城市公共文化服务设施为骨干，以基层文化设施为重点，以流动文化设施和数字文化阵地建设为补充，进一步加强公共文化设施建设，逐步完善省、市(地)、县(市、区)、乡镇(街道)、行政村(社区)公共文化设施。高起点、高标准建设省博物馆、省群众艺术馆、省数字图书馆、黑龙江大剧院等一批重大标志性文化设施，发挥文化地标的引领带动作用。启动实施市(地)级公共图书馆、群众艺术馆、博物馆和县级图书馆、文化馆达标建设。进一步推进乡镇综合文化站和城市街道文化站(含社区文化中心)建设。实施村级文化活动室建设项目，以行政村为依托，试点建设一批适应需求、功能齐全的村级文化活动室，在试点的基础上扩大覆盖面，拓展农村基层开展公共文化服务的途径。

(二)创新公共文化服务体系建设方式。积极开展公共文化服务体系示范区(项目)申报创建工作，大力培育具有创新性、带动性、导向性、科学性的公共文化服务体系示范项目。全力实施文化信息资源共享工程，建设社会文化数据库和优秀文化资源传输平台，实现市(地)、县(市、区)、乡镇(街道)、行政村(社区)全覆盖。推进数字图书馆建设，加强馆藏特色文献的数字化制作，拓展图书馆优秀数字资源传输渠道和服务平台，实现图书馆资源的无障碍共享。开展公共电子阅览室建设，为基层群众特别是广大青少年提供绿色上网空间，逐步实现电子阅览全覆盖。实施文艺精品上网工程，积极推动文化艺术精品数字化、网络化传播，加快网上图书馆、网上博物馆、网上展览馆、网上剧场建设，构建适应人民群众需要的网络公共文化服务平台。

(三)加大公共文化产品和服务供给力度。加强公益性文化服务，推进博物馆免费开放，实施图书馆、群众艺术馆、文化馆、乡镇综合文化站和爱国主义教育基地免费服务。推广公共图书馆、博物馆总分馆制，鼓励图书馆开展决策咨询服务，组织公共图书馆讲座联盟，实现文化资源的整合与共享。扩大全省专业文艺院团“送欢笑到基层”下乡演出、“文化进社区”等服务的范围和规模，启动“全省高雅艺术进校园”系列演出讲学活动，推动公共文化服务向社区、农村、边远地区、民族地区延伸。坚持政府主导与社会参与相结合，推广政府购买、集中配送、连锁服务等方式，完善服务设施，拓展服务渠道，丰富服务内容，健全公共文化产品多元化供给机制。引导社会力量有序参与公共文化服务，支持各种民办博物馆、图书馆等公益性文化机构发展，形成多元互补的公共文化服务供给体系。

(四)加强公共文化服务体系制度建设。在组织领导、经费保障、队伍建设、服务标准和服务规则等方面搭建起系统的制度框架。建立科学刚性的公共文化服务绩效评估体系，将公共文化服务指标纳人科学发展考核评价体系，纳入各级党委政府目标管理和党政领导干部的绩效考核体系。建立和引入群众评价机制，逐步建立“城乡居民公共文化满意度指数”测评体系。

(五)广泛开展群众文化活动。积极打造丰富广大人民群众文化生活的载体和平台，以重大节庆活动为契机，组织开展人民群众广泛参与的文化活动。提高社区文化、村镇文化、企业文化、校园文化等建设水平。扶持全省城乡群众文化创作群体和活动品牌。组织好“城市之光”、“金色田野”、“龙江百姓文化季”等大型主题系列活动，办好“哈尔滨之夏”音乐会等品牌文化活动。继续开展“群星奖”、民间文化艺术之乡和群众文化活动品牌的评选，激发群众文化创造活力。探索和创新乡镇文化站、村文化活动室和城镇社区文化活动中心(室)的内容和形式，提升文化服务活动的层次和水平。精心打造具有地方特色的艺术品牌，重点扶持“龙江制作”，鼓励面向基层、面向群众的惠民演出。

(六)推进公共文化服务均等化。在加强以全体人民为对象的文化服务工作的同时，采取政府采购和补贴等措施，拓展服务渠道，丰富服务内容，加强面向特别领域、特殊群体的文化服务，保障进城务工人员、下岗失业人员、低收入人群、残障人群、妇女、未成年人和老年人的基本文化需求。开展“百馆千场”为农民工演出活动、“为农村留守儿童送欢笑”活动等，促进社会和谐发展。

——重点项目：

创建公共文化服务体系示范区(项目)：力争到2015年，创建3个国家级公共文化服务体系示范区，3个国家级公共文化服务体系示范项目。

省级重点文化设施建设："十二五"期间，建成省博物馆新馆，规划建设省群众艺术馆新馆、省数字图书馆等重点文化设施。

基础文化设施建设：争取到2015年，全省13个市(地)级城市全部建有博物馆和国家二级以上标准的图书馆、群众艺术馆；采用市场运作和政府投资相结合方式，建设一座综合性、多功能、标志性的黑龙江大剧院。所有县级图书馆、文化馆馆舍面积达到国家三级馆的标准。装备一批社区文化中心、文化活动室。完善行政村文化设施建设，选择基础较好的行政村，推进综合文化活动室试点工作。

乡镇综合文化站工程：到2012年，乡镇综合文化站实现100%全覆盖，保证基本运行经费和活动经费，充分发挥其作用。

文化信息资源共享工程：到2015年，实现县(区)级以上行政区域都有分支中心，所有乡镇、行政村和社区有基层服务点，完成设备升级任务，实现全省全覆盖。完成8个专题地方特色数据库的建设，地方特色数字资源总量达到10TB，到2012年完成《黑龙江流域的自然与文明》大型专题数据库建设任务。

数字图书馆推广工程："十二五"期间，以省数字图书馆为全省"中心馆"，建设数字图书馆143个，争取实现可使用数字资源530TB，实现全省区域图书馆文献资源的统一整合、镜像存储、跨库检索、无缝链接以及无障碍传播。

流动图书馆建设工程："十二五"期间，依托各级公共图书馆，建设流动图书馆(站)2000个，配备流动服务专用图书，提供适量的数字文献资源。

公共电子阅览室建设：依托公共图书馆、文化馆及基层文化设施，建设一批公共电子阅览室，向群众特别是青少年提供绿色上网服务。

社会文化数据库和信息交换平台建设：建设社会文化数据库和信息交换平台，更好地收集全省社会文化数据，增强工作的规范性、系统性和时效性。

四、加快文化艺术创新体系建设

坚持正确创作方向，全面繁荣文艺创作，以加强原创为重点，创作生产更多无愧于历史，无愧于时代，无愧于人民的优秀作品，发挥文艺引领风尚、鼓舞人民、服务社会、推动发展的积极作用。

(一)大力实施文艺精品战略。以提升黑龙江文化精神的吸引力、凝聚力为核心，努力发掘黑龙江冰雪文化、俄侨文化、少数民族文化、抗联文化、开发开放文化的丰富内涵，抓好民族、民俗、油田、森林、农垦、老工业基地等特色题材，打造独具龙江特色、龙江风格、龙江气派的艺术精品。加强现实题材的文艺作品创作，创作出更多具有强烈现实意义、直面社会生活、紧扣时代脉搏、反映当代风貌和时代精神的优秀作品。加强对地方戏、少数民族地区艺术的创作。打造艺术品牌新优势，开创人才佳作辈出的新局面。

(二)完善文艺创作生产机制。建立和完善扶持艺术创作、生产、传播的长效机制。制定艺术精品创作生产的长期规划，出台重点题材和重点剧目规划制度。继续实行为优秀剧院写戏，为优秀演员写戏，加大对重点艺术生产单位和项目的扶持。建立和完善戏剧创作机构，配齐创作人员。整合优秀编导人员等文化资源，集中创排好重点剧目。建立健全对艺术家的信用机制。探索制定重点文艺项目立项、招标、签约等制度，打破地域界限、体制界限，鼓励省内外人士共同参与龙江创作，鼓励不同所有制成分进入艺术创作生产领域。建立艺术精品项目负责制和问责制。定期组织艺术采风、创作活动，定期组织剧本征集评选和文艺汇演、评比。

(三)扩展艺术传播渠道。鼓励各类文艺团体通过组织巡演、下基层慰问演出、高雅艺术进校园等办法，拓展艺术传播渠道，开辟省外市场，进军国际市场。增加艺术院团演出场次，继续培育"每周一戏"、"话剧超市"等演出市场，鼓励有条件的剧场加入中国演出公司的"演出院线"，充分发挥其在提高公共文化鉴赏方面的带动作用。

(四)加强文艺评奖评论与艺术学科研。改进文化艺术评奖机制，将参赛参评与面向市场结合起来，提高评选质量，扩大评奖范围，突出我省特色，打造2—3个具有影响力、权威性的艺术学评奖项目。增强文艺评论的针对性和说服力，引领创作思想，讴歌主流价值取向。加强文艺理论研究和艺术学科研，推出一批具有理论创新价值、决策参考价值、思想教育价值和文化积淀价值的重大理论和艺术学科研成果；加强艺术教育，改善办学条件，提升办学质量，积极推进学演结合、校团合作、产学合作的人才培训新模式；加强社会艺术水平考级的审批、管理、指导和监督，发挥社会艺术水平考级工作机构作用，加快信息化建设，强化内容监管，确保全省社会艺术水平考级管理工作的规范性和权威性。

（五）完善文艺精品奖励激励机制。根据国家实施的“国家舞台精品工程”、“国家重点京剧院团保护与扶持规划”和“国家艺术创作生产引导扶持工程”等项目，制订相应配套的奖励扶持计划，充分调动广大文艺工作者积极性和创造性，促进文艺精品创作生产。设立专业艺术奖励资金，制定评估奖励办法，重点对在艺术创作、生产、演出、营销、管理、研究等各方面表现突出的个人或团体予以表彰和奖励，重磅奖励在国际国内获得大奖的精品力作，为艺术创作生产创造良好环境，提供有效保障。鼓励民营院团健康发展，在政策覆盖、剧目评奖、职称评审、业务培训等方面一视同仁，发挥其在繁荣文艺舞台、文化市场和文化生活中的积极作用。

——重点项目：

打造艺术精品：“十二五”期间，重点打造2—3个达到国家顶级水准的具有代表性和影响力的精品剧目。打造龙江剧《鲜儿》、评剧《半江清澈 半江红》、京剧《赵一曼》、话剧《大湿地》。加工提高一批音乐、舞蹈、杂技、曲艺等优秀舞台艺术作品，作为精品储备剧目。

加强艺术职业教育：省艺术职业学院进一步完善专业设置，加强师资力量，强化专业特色和专业品牌，到2015年，力争新增专业4个，建设1—2个省级重点专业，在校生规模达到2500人左右。

加强社科基金艺术学科研立项：建立艺术学科研资金资助保障机制，建立全省优秀艺术科研人员人才库，推动全省艺术学科研项目向更深层次和更广方向发展，深入挖掘带有地域特色、龙江精髓的艺术学项目选题，鼓励创新艺术科研，加快成果产出。提升艺术学科研工作整体水平，增强国家社科基金艺术学项目的整体竞争水平。促使我省社科艺术学、社科理论研究学、社科教育学同步发展。

打造艺术教育和艺术学科研成果评比品牌：继续做好“全省美术、设计、书法、摄影”和“全省舞台艺术教育”成果评比工作，配合文化部教育部推出一批代表我省水平的艺术教育成果、艺术学科研项目，培养一批艺术教育和艺术学科研项目的领军人物。

五、加快文化遗产保护利用体系建设

坚持抢救为主、保护第一、加强管理、保护传承并重，加强对优秀传统文化的挖掘和阐发，维护民族文化基本元素，使优秀传统文化成为新时代鼓舞人民前进的精神力量。

（一）加强文物保护。健全与国家接轨、科学完备、责权明晰、监管到位的文物保护工作机制，推动抢救性保护与预防性保护有机结合，推动文物保护由以常规保护、行政保护为主向以法制保护、科技保护为主转变。加强重要遗址特别是以抗战文物为代表的革命文化遗产的保护管理和展示利用，重点推进渤海国上京龙泉府遗址、金上京会宁府遗址等大遗址保护和展示工程，积极申报国家考古遗址公园。在全面完成全省长城资源调查的基础上，启动金界壕遗址（黑龙江段）、牡丹江边墙的保护展示工程。搞好重点文物保护单位维修工程，重点开展全省中东铁路建筑群整体保护工程，继续实施哈尔滨文庙等建筑类文化遗产保护维修项目。以配合基本建设为主要形式，争取社会资金投入文物保护工作，做好大型基建项目的考古调查、勘探、发掘工作。加快解决文物资料积压的历史遗留问题，提高考古发掘报告出版质量，促进考古工作成果尽快向社会转化。加强文物法制和执法队伍建设，提高文物执法督察能力和安全监管水平。公布一批国家级、省级、县（市）级文物保护单位，丰富文化遗产体系结构。

（二）加强博物馆业务建设。构建以国有博物馆为主体，行业和民办博物馆为补充，门类齐全、区域发展协调、地方特色互补、不同所有制博物馆均衡发展的博物馆体系。实施陈列展览精品工程,在展示艺术和表现手法上寻求新的探索和突破,推出一批具有地域特色和馆藏特色、高水准的基本陈列和临时展览。创新博物馆管理机制,推进博物馆免费开放,改善服务设施,提高服务质量和水平。积极探索毛皮类民族文物的科技保护,争取建立国家级文物保护科技基地。做好馆藏文物科学保护、学术研究和数字化管理。开展国际间学术与文物展览交流合作,加强博物馆文化产品开发。加强对社会文物收藏、民间文物收藏、文物拍卖和文物出入境的管理。

(三)加强非物质文化遗产保护传承。建立政府主导、多方协力、全面推进、重点突破、依法保护、重在传承的非物质文化遗产工作机制,推动非物质文化遗产由单体保护向整体性保护转变。继续推进名录体系建设,逐步形成以市、县级名录为基础,省级名录为骨干,国家级名录为重点的梯次结构名录体系。开展非物质文化遗产抢救性保护,实施记录工程。加强文化生态保护区、生产性保护示范基地和传习场馆建设,制定实施省级文化生态保护实验区整体规划,积极申报国家级保护区,试点开展非物质文化遗产保护利用设施建设,提高非物质文化遗产保护传承的规模和效益。加强非物质文化遗产知识产权保护。加快非物质文化遗产信息化建设步伐,完善数据库和网络建设。加强非物质文化遗产研究,实施成果出版工程。做好申报世界文化遗产工作,全面提升我省非物质文化遗产的层次和影响力。做好非物质文化遗产保护传承与文化产业、旅游业的结合,推进非物质文化遗产生产性保护,拓展非物质文化遗产保护传承的新途径。

(四)推进古籍保护工作。继续开展全国古籍重点保护单位和《国家珍贵古籍名录》创建申报工作。加强古籍科研出版,基本完成《中华古籍总目·黑龙江卷》编纂工作。继续推进文献微缩数字化工程,启动善本古籍、民国文献和俄文文献微缩数字化工作,争取成立“国家微缩中心黑龙江省分中心”。改善古籍保管条件,有计划、有步骤地开展古籍修复工作。

(五)拓展文化遗产展示传播途径。深入挖掘文化遗产的历史、文化、科学价值,运用现代传播技术,全面提升文化遗产展示、展演和传播水平。大力开展宣传展示活动,组织好“中国文化遗产日”、“国际博物馆日”和“国际古迹遗址日”等活动,提高全社会文化遗产保护意识。推动博物馆教育与国民教育、义务教育紧密结合,推动文化遗产教育和传承进校园、进课堂、进社区、进家庭,积极参与文化遗产国际交流与合作。

——重点项目:

重大文物保护工程:重点实施渤海国上京龙泉府遗址保护展示工程、唐金时代长城保护维修工程、金上京会宁府遗址保护工程、中东铁路建筑群整体保护工程。积极开展现状调查、保护利用规划编制、基础设施和安防设施建设、环境整治工作。加大抢险修缮保护工作力度,加强综合保护利用工作。

文物保护基础建设:全国重点文物保护单位的重大险情排除率达到80%,省级以上文物保护单位的“四有”达标率达到80%,争取1—2家单位获得国家批准的甲级和一级文物保护工程勘察设计、施工资质。

完善博物馆体系:重点建设省博物馆新馆、东北抗联博物馆、渤海上京遗址博物馆,基本实现各市(地)中心城市和文物丰富的县(市)拥有一个功能健全的博物馆,每个少数民族有一座民族、民俗博物馆,大力扶持和发展民办博物馆,全省博物馆总数增加到170余座。力争有2处以上新陈列展览荣获国家级陈列展览精品奖。

非物质文化遗产名录项目保护工程:重点保护具有重大历史、文化和科学价值,生存状况濒危的名录项目。制定名录项目分类保护标准规范,完善名录项目的传承机制。

世界文化遗产申报与履约工程:科学论证筛选重点特色项目,积极申报联合国教科文组织“人类代表作名录”、“急需保护名录”和“优秀实践名册”,力争形成三位一体的世界文化遗产格局。按照缔约国公约和申报承诺,加强组织,健全机制,完善规划,落实投入,切实加大对列入世界文化遗产的名录项目的保护力度。重点做好赫哲族伊玛堪的保护、传承和宣传工作。

非物质文化遗产记录工程：采用录音、录像、数字多媒体等现代信息技术手段，真实、系统地记录代表性传承人口述史、传统技艺流程、代表剧(节)目、仪式规程等全面信息，有计划地开展抢救性记录，为后人留下民族传统文化的珍贵基因。"十二五"期间，完成主要国家级和省级非物质文化遗产项目记录工作。

文化生态保护区建设工程：重点建设赫哲族、达斡尔族、鄂伦春族、鄂温克族、满族、蒙古族等少数民族特别是人口较少民族文化生态保护实验区。在此基础上，积极申报国家级文化生态保护区，"十二五"期间，力争拥有1个国家级文化生态保护区。

非物质文化遗产保护成果出版工程：重点编纂出版《黑龙江省非物质文化遗产名录》和《黑龙江省非物质文化遗产系列丛书》。在具备条件情况下，出版全省非物质文化遗产资源普查分布图集和非物质文化遗产保护年鉴。

非物质文化遗产展示传习场所建设工程：建设一个省级综合性非物质文化遗产展示平台，建设市(地)级区域性非物质文化遗产展示馆，设立县级专题性非物质文化遗产传习馆，设立乡级(仅限专类非物质文化遗产资源比较丰富集中的地方)名录项目传习所，形成省、市、县、乡四级非物质文化遗产传承网络。

六、加快文化产业和文化市场体系建设

贯彻落实国家《文化产业振兴规划》，把文化产业作为战略性新兴产业来抓，以大项目、好项目、特色项目为抓手，以大开放促进文化产业大发展，推动文化产业成为我省经济支柱性产业。

(一)实施文化品牌塑造。依托现有资源，运用现代市场手段，开发、打造具有我省特色和较大市场潜力的文化产品品牌体系。重点打造冰雪文化品牌、特色艺术品牌、文化活动品牌。加大旅游文化含量，努力扩大"哈尔滨冰雪大世界"、"哈尔滨国际冰雪节"、"太阳岛雪博会"等知名品牌的整合升级；加速"冰上杂技"人才培训和大型冰上演艺项目《冰雪凤凰》的生产制作；开发"冰雕艺术展"国际国内的市场份额；实施"哈尔滨冰雪大世界"长远发展规划，加速实现由单一的冰雪景观公园向世界性冰雪主题游乐园转型；开发提升文物大遗址领域的唐渤海国上京龙泉府遗址、金上京遗址、七三一遗址和特色博物馆文物馆藏以及非物质文化遗产的历史文化价值和旅游文化品质，形成具有黑龙江特色的旅游文化品牌。

(二)实施产业集聚发展。按照"坚持标准、突出特色、提高水平"的要求，大力培育规模效益好、产业贡献率高、具有较强竞争力的文化产业园区和基地，提升文化产业的规模化、集约化、专业化水平。建立《黑龙江文化产业重点项目库》，谋划生成一批资源深度开发、产业链条延伸、展现品牌特色的大项目、好项目。以我省五家国家级文化产业示范基地和一家国家文化产业试验园区为龙头，推动哈尔滨"国际音乐城"、哈尔滨群力文化产业园、黑龙江现代艺术产业园、黑龙江"世界冰雪艺术创意中心"、哈尔滨伏尔加庄园、齐齐哈尔昂昂溪俄罗斯风情小镇、黑河民族风情园、佳木斯赫哲族旅游区以及牡丹江和音乐器生产基地和渤海靺鞨绣研发基地等特色项目建设，形成一批具有地方特色的文化产业示范基地，"十二五"期间，力争新增4个国家级文化产业示范基地。

(三)实施重点企业培育。坚持政府引导、市场运作、科学规划、合理布局，选择改革到位、成长性好、竞争力强的文化企业进行重点培育，在资金投入、项目支持、资源配置等方面加大倾斜力度，通过兼并、重组等方式，培育和壮大文化市场主体。重点推进文艺演出院团转企改制，组建黑龙江省演艺集团，形成主业突出、多业并举、体制完善、机制灵活，具有鲜明区域特色和较强竞争力的大型演艺集团。以文化创意为先导，加速节目源开发和演出品种升级；以创新演出形式为手段，继续开发《话剧超市》、《每周一戏》、《百姓剧场》等演出市场，促进文化消费。大力引导社会资本进入文化产业，培育一批能够独立运作、具有自主知识产权、丰富龙江创造的民营骨干企业。

（四）实施科技创新推动。建立以企业为主体、市场为导向、创意与产学研相结合的文化创新体系。以省（平房）动漫基地和黑龙江（大庆）文化创意产业园为依托，推出具有自主知识产权的原创动漫、网络游戏、数字制作等创新品牌，做大做强文化产业新业态；按照《动漫企业认定管理办法》，开展全省动漫企业认定工作；吸引战略投资者，积极促进龙江动漫资源整合以加快上市步伐；支持动漫基地加速中俄动漫游戏产业园和国家4D智能多媒体产业园等重点项目建设；打造推广“龙娃”、“雪娃”、“小笨熊”等龙江动漫品牌，力争进入国家动漫精品工程；支持大庆文化创意产业园与新华08（大庆）国际石油资讯中心、国际动漫城、联想科技城、北国之春梦幻城、黑鱼湖国际艺术村等5个分园实现“捆绑式”发展，重点关注大庆文化集团的演艺品牌建设，以此带动我省文化创意产业的快速发展。

（五）实施文化“走出去”战略。充分利用国家在文化产品和服务项目的出口资助、贷款贴息、税费减免等方面的优惠政策，支持企业积极参与国际文化产品展览贸易活动，加快培育有一定资本实力和国际贸易能力的外向型骨干企业。重点扶持“冰上杂技”、“冰雕艺术展” 等国家文化出口重点企业和重点项目；培育提升我省独创的“冰雪画”、“北大荒版画”和独具魅力的龙江剧、二人转、东北民歌以及鱼皮工艺、桦皮工艺、黑陶工艺、山核桃工艺、剪纸、满绣、根雕、木艺、“艺飞”牌提琴等特色工艺产品在国际国内的市场占有率；支持松雷集团音乐剧、特色艺术表演、动漫游戏等文化产品进入国际市场；积极组织承办或参与国家级重大展会，打造全省文化产品交易平台，扩大对外文化贸易。把文化“走出去”与外贸、科技、旅游、体育等对外交流结合起来，形成文化外向拓展合力。

（六）实施公共服务平台建设。重点从政策支撑、公共服务、投融资、贸易合作、人才培养等五方面打造平台。进一步完善支持文化产业发展的财政、税收、技术创新、土地、奖励等政策；建立健全文化产业投融资体系，为中小企业发展破除资金瓶颈；争取文化部在基地建设、项目评审、企业认定、业务培训以及资金扶持等诸多方面的支持，助推企业快速成长；建立健全文化产业在职人员业务培训和继续教育，重点培养文化产业领军人才、创意创新人才、专业技术人才，增强可持续发展后劲。

（七）加强文化市场建设和监管。坚持“一手抓繁荣、一手抓管理”，综合运用法律、行政、经济等手段，不断完善文化市场管理机制，调整和优化市场结构。鼓励和支持网吧连锁经营，逐步取消单体网吧。发展文艺演出院线，支持文化票务网络建设，覆盖主要城市演出场所，扶持民营文艺表演团体发展。逐步建立健全艺术品市场法规体系，规范艺术品经营秩序。加强文化市场监管，建立新技术监管平台，实行综合动态监管。组织开展专项治理行动，规范经营行为，整顿经营秩序，优化经营环境。加强文化市场诚信建设，强化行业自律，开展信用等级评定，建立信用管理数据库，推进文化市场行风建设。

——重点项目：

文化产业公共服务平台建设：根据文化部的工作要求，加速开通省“文化企业信贷申报系统”、“国家文化出口重点企业和重点项目申报系统”、“动漫企业认定申报系统”和“国家文化产业专项资金申报系统”等多个服务平台，实现系统对接，促进现代文化产业体系的快速形成。

国家级文化产业示范基地建设：重点推进黑龙江（平房）动漫产业基地公共技术服务平台二期、中俄动漫游戏文化产业园、国家4D智能多媒体产业园建设和大庆文化创意产业园新华08国际石油资讯服务、百湖艺术群落建设项目，加速推进“冰上杂技”、“音乐剧” 基地建设项目以及太阳岛风景区俄罗斯文化和哈尔滨冰雪大世界四季冰雪游乐园开发项目，促进示范基地做大做强。

特色产业集群项目建设：重点促进哈尔滨“国际音乐城”、哈尔滨群力文化产业园、黑龙江现代艺术产业园、黑龙江“世界冰雪艺术创意中心”等区域性集群式发展。"十二五"期间,力争推出4—5家国家级文化产业示范基地。

重点演艺项目建设:重点推进大型冰上杂技《幻境极光》、《冰火凤凰》、《舞向蔚蓝》,大型原创音乐剧《爱上邓丽君》、《王牌游戏》、《妈妈再爱我一次》以及俄罗斯大剧院和莫斯科风情小镇的俄罗斯风情歌舞等演艺项目建设。"十二五"期间,力争推出2—3台具有市场竞争力的演艺品牌及国家级文化旅游演艺项目。

重点出口企业和出口项目建设:重点开发黑龙江冰上杂技品牌、黑龙江冰雕艺术展、齐齐哈尔马戏团"空中浪桥"、牡丹江和音乐器"艺飞"牌提琴和牡丹江"渤海靺鞨绣"以及原创动漫品牌项目。"十二五"期间,力争推出5—6家国家文化出口重点企业和重点项目。

文化市场繁荣:到2015年,全省网吧连锁覆盖率达到国家基本要求或其他省份平均水平,全省新发展60家具有企业特色、区域特色、民族特色的娱乐场所,培育1—2个具有规模性、导向性,主业突出、核心能力强的演艺产业集团。力争文化市场年均增长不低于三个百分点,全省各类文化市场经营单位总量不低于1万家,年营业收入不少于20亿元,安排就业人员不少于8万人。

全省网络文化市场计算机监管平台建设:建立省级文化市场计算机监管平台监控指挥中心,升级、整合原有网吧计算机经营管理系统,增加全省网吧实时视频监管系统和网络文化执法取证系统,强化网络内容和网吧经营活动的实际监管效用。

七、加强文化人才体系建设

坚持尊重劳动、尊重知识,深入实施人才强省、人才兴文战略,牢固树立人才是第一资源思想,加快培养造就德才兼备、锐意创新、结构合理、规模宏大的文化人才队伍。

(一)加强人才培养。重点突出高层次人才、拔尖人才和急需奇缺人才的培养。加强艺术人才培养,办好艺术职业教育,以高等艺术院校为依托,创新专业设置,改善办学条件,加强各类专业艺术人才的培养,重点加强编导、舞美、表演等人才培养,为艺术事业发展提供人才支撑和储备后继力量。加强文化产业人才培养,着眼于提高现代化经营管理水平和国际、国内竞争力,培养一批懂文化艺术,了解市场经济规则,具有较强企业管理、项目策划、资本运作、市场营销能力的复合型人才。加强文化遗产人才的培养,着眼于科学有效地开展抢救、保护和传承,培养一批熟悉我省历史文化,懂政策法规,具有较强的创新意识、统筹协调、学术研究能力的专业人才。实施艺术院团优秀演员再教育工程。用好人才培养资金,适时选送有潜力有前途的各类青年人才,到国家和发达省市学习深造。

(二)加强在职培训。以高、中等院校为依托,重点面向基层,以"学得会、用得上、有实效"为出发点,突出基层文化工作者在学习培训中的主体地位,强化培训需求导向,坚持把提高素质和培养能力贯穿于培训的全过程。围绕国家正在实施的"六大人才工程"做好配套,结合我省实际,采取多种办学形式,有针对性、有计划地开展多批次、多层次、多种类型的培训班,提高在职工作人员的业务素质。

(三)建立健全人才激励保障机制。不断完善人才管理体制,健全能上能下、能进能出、选优汰劣、合理流动的用人机制。完善人才奖励机制,开展授予荣誉称号工作,稳定、用好现有人才。完善人才评价机制,加快推进职称制度改革,实行岗位设置管理,完善专业技术职务任职评价管理使用办法,探索建立从业人员职业资格制度。建立艺术专业人才保障机制,探索建立从事特殊艺术专业人才退出机制。制定人才引进政策,面向社会、面向全国招聘、引进急需的高级专业人才。实施文化名家工程,开展选拔和资助工作,充分发挥名家作为行业先锋的引领与辐射作用。为文化名家脱颖而出搭建平台,将精品创作生产与人才培养结合起来,在打造精品中出名家,以名家保精品、带精品,探索形成出精品、出人才、出名家大师的长效机制。

——重点项目:

文化名家和专业人才队伍建设:建立"黑龙江

省文化人才"数据库，开展灵活多样的培训，探索学术(艺术)助手制度和师承制度，建立高层次人才引进机制，建立奖励机制，做好我省文化人才的储备。每年评选出5名黑龙江省文化名家，10名"六个一批"人才，到2015年力争推荐2—3名进入全国文化名家行列，2—3名进入全国"四个一批"人才行列。

领导班子和干部队伍建设：建立干部考核评价机制，配齐文化系统领导班子；选派干部参加省委党校、行政学院举办的各类培训班，有针对性地组织干部到国内高校、国(境)外参加中短期培训；推进干部定期交流、轮岗，形成上下交流、横向交流的良好机制；加大年轻干部选拔力度，建立后备干部制度。建设一支讲政治、能力强、素质高、懂管理，有较强领导水平和执政能力的梯形干部队伍。

基层文化队伍建设：对全省基层文化、文物工作者等专业人员培训5000人次，业余文化骨干培训10000名；开展城乡文化对口支援，实施引导人才向农村基层和艰苦边远地区流动政策，组织2500名文化工作者到农村、边远艰苦地区进行文化扶贫；对在农村、基层工作的人才，在工资、职务、职称等方面实行倾斜政策，改善工作和生活条件。

优秀艺术人才培养工程：以中青年艺术人才为对象，以中央戏剧学院、北京舞蹈学院、中国传媒大学为阵地，每年培养50名包括编导、策划、主持等专业人才，解决门类不齐，人才断档问题。

八、推动对外文化交流与贸易发展

坚持"走出去"、"请进来"，多渠道多形式多层次地开展对外文化交流，广泛参与文化对话，促进文化相互借鉴，扩大龙江文化影响力。

(一)塑造"文化龙江"新形象。积极参与国家重大对外文化交流项目，积极争取参与文化部在西方大国、新兴大国举办的大型国家文化年活动，争取"欢乐春节"等活动专项，参与国际知名艺术节、文化艺术人才国际培训和中国文化艺术国际名人的推选。依托地缘优势和文化资源优势，开发特色对外文化交流项目，不断扩大"黑龙江中俄文化大集"和"黑龙江友城文化周"品牌活动的规模和影响。积极促进对外及对港澳台地区的文化交流工作，将地方的对外文化规划与项目纳入国家和地方总体对外文化的发展战略之中，拓展对外文化交流空间，提升文化交流水平。突破地域界限，继续开展边疆地区跨境文化交流与文化贸易活动。加强对外文化工作机构建设，成立"黑龙江省中外文化交流中心"，提升我省对外文化工作整体水平。

(二)继续加强对俄和国外友好省州的文化交流。适时在我省和俄罗斯远东及东西伯利亚地区举办文化周以及由中俄双方参加的其他形式的文化活动。建立中俄艺术院团、博物馆、考古机构、图书馆间的友好合作关系，互派导演、演员、舞美、音乐指挥、演奏员、专家以及文艺团体进行合作。在我省与国外友好省州交流与合作框架内，有计划、有针对性地加强文化交流，建立和完善长效交流与合作机制，巩固对口关系。在常规交流基础上，注重在文化公共管理、文化遗产项目、文化人才引进、文化产业发展等方面，开展实质性的交流与合作。积极做好政府间文化交流协定计划的执行和重点外事服务工作。做好沿江开放带和"桥头堡"的文化交流。

(三)大力促进文化服务和产品"走出去"。发掘整理提升黑龙江民族、民间和地域文化资源，形成对外文化交流资源优势和对外文化贸易品牌优势。加强推介，重点扶持黑龙江冰雕、雪雕、冰上杂技、动漫等有特色的文化产业项目"走出去"。拓展对外文化交流渠道，促进理论研讨、经贸洽谈、会展推介与文化活动相互融合，提升对外文化贸易水平。培育扶持优秀涉外社会文化机构和文化服务贸易企业，着力打造具有地域特色、国际竞争力和自主知识产权的外向型文化品牌。搭建对外文化贸易平台，加强国际营销网络建设，建设黑龙江对外文化交流项目数据库，改进文化出口奖励机制，构建完整有效的投资信息平台和文化贸易统计系统。同时，积极引进外国及港澳台地区优秀文化团体和企业来我省进行商业演出和交流，吸收借鉴世界优秀文明成果和先进的管理经验，促进文化创新。

——重点项目：

黑龙江中俄文化大集：坚持以“文化贸易、文化交流、友好合作、繁荣发展”为主题，以市场机制为基础，以文化贸易和文化交流为主要内容，以搭建中俄文化产品展销和文化项目合作的平台为着眼点，培育市场，不断扩大活动规模和影响，“十二五”期间，建设区域性、规模性、综合性的对俄文化贸易活动品牌和文化贸易项目。

黑龙江友城文化周：本着“针对主流，注重实效，量力而行”原则，根据国外不同省州市的文化特点确定不同文化活动内容，开展全方位、多层次、宽领域、多渠道、形式多样、内容丰富的文化交流与合作，使其成为国家文化形象中独特的优势品牌项目。

建立黑瞎子岛国际文化交流圈：依托黑瞎子岛及周边资源，重点打造中俄(国际)文化交流圈。与经贸、旅游等活动相结合，积极组织文艺演出和创作、文化艺术品展览展销、文物考古研究、非物质文化遗产考察研究、历史文化研究等对外文化交流和文化贸易活动。

对外文化贸易出口基地和服务平台建设：积极探索以政府扶持和市场化、商业化、产业化运作相结合的方式，发挥国有文化企业骨干作用，鼓励非公有制文化企业积极参与，加快培育一批有实力、有竞争力的外向型文化企业。推动文化产品的内容创新，充分挖掘和展示中华文化的独特魅力，贴近国外受众文化需求和消费习惯，增强文化产品和服务的表现力吸引力，形成核心竞争力强、附加值高的国际知名品牌。拓宽对外文化贸易渠道，完善对外文化贸易政策，培育对外文化贸易服务和中介机构，以口岸为依托，重点打造哈尔滨、黑河、绥芬河、黑瞎子岛等对外文化贸易平台。

九、加快推动文化体制改革

坚持解放思想、更新观念，加大力度、加快进度，重点突破、全面推进，全面完成文化体制改革的各项任务，创新体制机制，增强文化发展活力。

(一)加快推进国有专业院团体制改革。全面推进我省专业院团的体制改革，重点做好国有文艺院团转企改制的工作，建立现代企业制度，完善法人治理结构，积极参与市场竞争，自觉承担社会责任，形成符合现代企业制度要求、体现文化企业特点的资产组织形式和经营管理模式。制定出台《黑龙江省国有文艺院团改革实施方案》，积极争取优惠政策，落实保障措施。重点推进黑龙江演艺集团有限公司组建，建立现代企业制度和企业法人治理结构，整合优质资源、打造精品力作、开拓演艺市场。推进省京剧院、省评剧院、哈尔滨市京评剧院合并重组，整合资源、调整布局、优化结构、提高效益，增强整体实力。加强对地市、县级专业院团改革的指导，出台指导意见，强化统筹、督导和检查。确保在2012年6月底前完成改革任务。

(二)积极推进公益性文化事业单位改革。着眼于突出公益属性、强化服务职能、增强发展活力，进一步深化文化事业单位改革，形成责任明确、行为规范、富有效率、服务优良的运行机制。扎实推进图书馆、博物馆、纪念馆、文化馆等公益性文化事业单位内部改革，重点深化人事、收入分配、社会保障制度改革，在延伸服务领域、增加服务项目、提高服务水平方面下功夫。按照政府扶持、转换机制、面向市场、增强活力的方针，推进少数保留事业体制的国有文艺院团完善创作生产机制、经营机制、分配机制、用人机制、竞争机制和奖励机制，增强发展活力。

(三)深化综合执法改革。全面完成副省级以下城市文化市场综合执法改革工作。按照“统一领导、统一协调、统一执法”的要求，建立完善统一的综合执法工作制度，建立培训考核机制，建立以行政执法、社会监督、行业自律、技术监控为主要内容的文化市场监管体系。建立和完善省直部门对地方综合执法机构的分口指导以及省直部门间的协作配合机制，做到横向支持，上下理顺，形成合力。加强文化市场综合执法队伍素质建设、装备建设、形象建设和业务建设，建立一支政治强、业务精、纪律严、作风正、形象好，适应文化市场管理工作需要的执法队伍。

(四)加快推进文化行政管理体制改革。转变文化工作方式，推动文化行政部门实现由办文化为主向管文化为主转变、由管微观向管宏观转变、由主要面向直属单位向面向全社会转变。进一步理顺文化行政管理部门与文化企事业单位的关系，推进政企分开、政事分开、管办分离，加强在政策调节、市场监管、社会管理和公共服务等方面的宏观调控。创新管理手段，综合运用法律、经济、行政、技术等多种手段，实现科学管理、依法管理。完善领导小组、厅际联席会议等制度，建立和完善文化市场管理、文化遗产保护、对外文化交流、文化体制改革等方面的统筹协调机制。

重点项目：

组建黑龙江演艺集团：2012年5月底前，以黑龙江省歌舞剧院、黑龙江省杂技团、黑龙江省曲艺团和黑龙江省北方剧场为主体，组建集舞台艺术创意、生产、演出为一体的综合性大型演艺集团，承担舞台艺术精品打造、策划组织生产大型综艺活动以及文化交流、文化贸易、服务社会、承接各类演出活动、活跃演出市场等职能。“十二五”期间，集团培养一批适应文化发展的专业人才，打造2—3台特色演艺项目，开辟演出渠道，扩大市场份额。

十、保障措施

（一）完善文化政策保障体系。建立公共财政对文化建设投入的稳定增长机制，保证公共财政对文化建设投入的增长幅度高于财政经常性收入增长幅度，提高文化支出占财政支出比例。扩大公共财政覆盖范围，保障公共文化服务体系建设和运行。把主要公共文化产品和服务项目、公益性文化活动纳入公共财政经常性支出预算。研究建立文化消费政府补贴机制，提高文化消费在城乡居民日常消费结构中的比重。从城市住房开发投资中提取1%用于社区公共文化设施建设。省、市（地）、县设立农村文化建设专项资金，扩大已有文化专项资金规模，落实中央投入的地方配套，保障重点文化单位和文化项目、艺术精品创作生产、公益性文化场所免费开放、文化遗产保护利用、对外文化交流、文化人才培养奖励等资金需求。继续执行文化体制改革配套政策，制定我省更加优惠、更具操作性的地方性政策。落实艺术学科研专项资金，保障年度艺术学科研规划项目实施。活化金融服务，建立文化产业信用担保和文化类无形资产评估、质押和交易制度，支持担保和再担保机构开放适应文化产业发展需要的担保服务，不断提高文化资本运营质量和效益。保障土地需求，将文化产业建设用地纳入土地利用总体规划和年度计划。强化税收支持，对列入鼓励类企业目录的文化企业，按规定享受减免税政策，对文化企业自主创新、文化内容创意生产、非物质文化遗产项目经营实行税收优惠。放宽市场准入，鼓励和支持非公有制资本以多种形式投资文化产业，非公有制企业在土地使用、技术创新、财税政策、对外贸易等方面与国有文化企业享受同等待遇。鼓励对外出口，扶持外向型产品研发及出口和企业落地经营，对出口业绩优秀的企业和项目予以奖励。

（二）完善文化法规制度体系。加强文化立法，修订《黑龙江省文化市场管理条例》、《黑龙江省文物管理条例》和《黑龙江省文化艺术规划课题管理办法》，起草《黑龙江省非物质文化遗产条例》，制定出台《黑龙江省重点文艺作品扶持办法》、《黑龙江省优秀文艺作品奖励办法》和《黑龙江省文艺精品工程立项、招标、签约制度》。深化行政审批制度改革，创新行政许可实施机制，提高审批效率。加强执法监督，提高行政执法责任制实施质量，做好执法监督和年度检查。推进政务信息公开，完善行政复议，加强行政监督和问责。加强文化普法，开展“六五”普法工作。

（三）加强组织实施。各级政府和有关部门要统一思想，充分认识编制和实施《黑龙江省文化发展“十二五”规划》的重要意义，加强组织领导，积极推进实施。各级文化行政部门与发改、财政、国资、人事编制、劳动保障、住建、工商、税务、国土、统计等政府职能部门，要各司其职，形成合力，扎实推进各项工作，确保规划顺利实施。要建立规划评估机制，加强对《规划》执行的评估督察，做好中期评估和期末评估，确保各项任务的落实。

黑龙江省社会科学优秀成果评奖办法

黑办发〔2012〕21 号

第一章 总 则

第一条 为繁荣发展我省社会科学事业,充分调动全省社会科学工作者科研的积极性和创造性,更好地为经济社会发展服务,制定本办法。

第二条 黑龙江省社会科学优秀成果奖(以下简称省社科奖),是我省社会科学研究领域的最高奖,由省委、省政府批准设立。

第三条 评奖工作在省社会科学优秀成果评奖委员会(以下简称评委会)领导下进行。

评委会下设省社会科学优秀成果评奖委员会办公室(以下简称评奖办)。办公室设在省社会科学界联合会,负责评奖日常工作。

评委会根据工作需要组建评审组负责评审工作。

第四条 省社科奖每两年评选 1 次。评奖办依据本办法制定评奖方案,报评委会批准后组织实施。

第五条 省社科奖奖励资金由省财政厅核拨。

第二章 奖 励

第六条 省社科奖分为专著、编译著、论文、研究报告四类。

第七条 省社科奖设特等奖、一等奖、二等奖、三等奖、佳作奖。特等奖数量根据每届成果质量严格控制,可以空缺。根据实际需要可增设特别贡献奖和荣誉奖。

第八条 对社会科学优秀成果的评价,主要从成果的科学性、创新性、理论性、应用性、研究方法、逻辑结构、语言文字及所产生的经济社会效益等方面进行综合考评,根据学术价值和社会价值优中选优,评定等级。

第九条 为鼓励青年优秀人才,获奖成果中,青年作者的成果总量不低于获奖总数的 25%,青年作者获一等奖的数量不低于一等奖总数的10%。

第十条 对获奖的优秀成果给予奖励。获奖结果记入获奖者档案,作为考核、评定专业技术职务的依据。

第三章 申 报

第十一条 申报省社科奖,必须具备下列条件:

(一)申报成果应属社会科学研究范畴;

(二)申报者应在本省行政区域内从事社会科学研究;

(三)著作、论文应公开出版,研究报告应已结题或已被决策机构或实际部门采纳并取得社会效益和经济效益,出版、结题时间为当届评奖前 3 年的 1 月 1 日至前 2 年的 12 月 31 日;

(四)历届评奖中从未申报的作者,其成果可放宽至规定时限之前 5 年内。

第十二条 申报者向各省级社团、各市(地)社科联、各系统(高校)社科组织申报成果。申报者以第一作者申报的成果,只限 1 项。

第四章 评 选

第十三条 成果评选坚持公开、公平、公正的原则,以成果质量为依据,按照评审标准和要求进行综合评定,经过专家审读、量化打分、民主评议、投票表决等环节确定成果获奖等级。

第十四条 成果评审按初评、复评、终评三级程序逐级进行。

第十五条 终评结果报评委会审定后予以公示。公示期间,对成果有异议的,可向评奖办提出申诉或投诉。评奖办核实后提出处理意见,报评委会审定。

第五章 监 督

第十六条 评审实行严格的回避制度。参与评奖工作的人员如申报成果,须实行回避。

第十七条 评委会设立评奖工作纪律监督组，对评奖工作进行全程监督。

第十八条 参与评奖工作的人员不得弄虚作假，徇私舞弊；不得对外透露讨论、表决情况。如违反工作纪律，评委会将取消其参加评奖工作资格，并建议所在单位予以批评或处分。

第十九条 申报者如有弄虚作假或剽窃等违反本办法的行为，由评委会取消其当届参评资格，已经获奖的撤销奖励，情节严重的，4年内不允许申报参评。

第六章 附 则

第二十条 本办法由评委会负责解释并组织实施。

第二十一条 评委会根据本办法制定实施细则。

第二十二条 本办法自发布之日起施行。1988年6月7日中共黑龙江省委办公厅、黑龙江省人民政府办公厅印发的《黑龙江省社会科学优秀科研成果评奖暂行办法》停止执行。

黑龙江省社会科学优秀成果评奖办法

实施细则

第一条 根据中共黑龙江省委办公厅、黑龙江省人民政府办公厅印发的《黑龙江省社会科学优秀成果评奖办法》，制定本实施细则。

第二条 评奖工作在黑龙江省社会科学优秀成果评奖委员会(以下简称评委会)领导下进行。

评委会由省委主管领导和有关部门、主要社会科学研究机构等单位的负责人、专家组成。评委会主任由省委常委、宣传部长担任，副主任由省委宣传部主管副部长和省社会科学界联合会党组书记或主席担任。

评委会下设省社会科学优秀成果评奖委员会办公室(以下简称评奖办)。办公室设在省社会科学界联合会，设主任1名，由省社会科学界联合会党组书记或主席兼任，副主任2—3名。

第三条 省社会科学优秀成果奖(以下简称省社科奖)参评成果主要类别：专著、编译著、论文、研究报告。

编译著包括编著、译著、工具书、古籍整理、科普作品等。

研究报告包括立项课题和已被决策机构或实际部门采纳并取得社会效益和经济效益的应用性研究成果。

以上各类成果可以是电子出版物。

第四条 以下成果不在申报范围：教材、教学参考书、年鉴、志书、文学作品、文件、领导讲话、工作总结、时事新闻、大事记、概览、辑集的人物传略、回忆录、统计资料；著作权有争议的研究成果；按照《中华人民共和国保密法》规定涉及国家机密的研究成果；已获得省部级及以上奖励的研究成果(不包括民间奖励)。

第五条 具有重要的社会影响力，对我省经济社会发展有特殊贡献的成果可授予特别贡献奖。

担任一定职务的领导干部的优秀成果可授予荣誉奖。

第六条 对社会科学优秀成果的评价，主要从成果的科学性、创新性、理论性、应用性、研究方法、逻辑结构、语言文字及所产生的经济社会效益等方面进行综合考评，根据学术价值和社会价值优中选优，评定等级。

专著：对某一领域的现实或历史问题能够进行比较深入、系统、全面的研究，有学术创见和理论创新，具有理论价值和应用价值。

编著：对现有理论进行梳理完善，有独特见解，有个人研究、发现的成果，具有理论价值和应用价值。

译著：译文准确流畅，表意贴切，忠实于原著，对解决重要理论和现实问题，促进学科发展有积极作用。

古籍整理：注释准确，修辞严谨，有补阙拾遗，钩沉补漏的作用，对历史考证、研究有价值。

工具书：数据、资料准确齐全，内容编排科学，检索方便，适应经济社会发展需要，有实用价值。

科普作品：有较强的科学性、知识性、应用性，通俗易懂，在传播和普及社会科学知识方面有积极作用和贡献。

论文：能够科学地论证和回答所提出的重要理论问题和现实问题，观点、内容有创新，有理论价值和应用价值。

研究报告：能够抓住经济社会发展中的重大问题以及领导和群众所关心的热点、难点问题，通过调研和科学分析，提出可行性对策、建议和措施，经实践，有理论价值和应用价值。

在此基础上，根据学术价值和社会价值大小程度不同，综合比较，优中选优，列为一、二、三等奖和佳作奖。

第七条 青年作者指出版成果时年龄在39周岁(含39周岁)以下。

第八条 对获得省社科奖的成果，按精神奖励和物质奖励相结合的原则进行表彰奖励，以评委会名义向作者颁发获奖证书和奖金。获奖结果记入获奖者档案，作为考核、评定专业技术职务的依据。

第九条 以单位名义申报的成果获奖，证书、奖金授予单位，其参加人可发给“获奖证明”；多人合作成果获奖，证书发至论文的前两名作者、著作的前3名作者和研究报告的前5名作者。其余作者可发给获奖证明。合作成果，奖金发给申报者，由合作者根据劳动量和承担的责任协商分配。

第十条 申报者以第一作者申报的成果只限1项，不同情况按以下办法确定申报人。

(一)合作成果：

1. 合作成果应以第一作者具名申报，并注明“×××等”字样。如果第一作者不能以其名义申报，可出示让权申报的证明，由第二作者申报。

2.可以分割使用的合作成果，作者自己创作的部分可以单独申报。

3.多人合作的同一主编、同一学科的系列丛书，每一分册主编相同的，如果整体参评，不再允许分割参评；如果分割参评，不再允许整体参评。不属于同一主编、同一学科的系列丛书不能整体参评。

(二)多人文章编辑而成的论文集，不能整体申报，只允许其中的某一篇文章单独申报；出自一人之手的论文集，如论述同一课题的或坚持同一领域同一研究方向的，可按专著申报；否则只可取其中一篇文章申报。

(三)成果的作者死亡，申报权属于继承人。

第十一条 申报者按照要求提交申报材料，交纳申报费。

第十二条 申报者向评委会指定的初评单位申报成果。

评委会指定的初评单位包括：市(地)社科联，各系统(高校)的社科联及社科组织，部分省级学术性社会团体。

第十三条 初评评审组的组建。初评评审组由评委会指定的初评单位推选各学科专家组成。初评组在评选工作中，遇到问题须同评奖办联系，严格按操作规则进行评选。

初评评审组的任务：接受成果申报，进行资格审查，按要求打分，分类排序，并按比例推荐入选成果，报送评奖办。

第十四条 复评评审组的组建。复评评审组由评奖办根据各类成果的学科分布情况聘请专家学者组成，省内专家从专家库中抽取，省外专家由所在省(市、区)的社科联推荐。

复评评审组的任务：对初评入选的成果进行分类评审，按照条件与设奖数额，评定三等奖、佳作奖，差额推选二等奖以上成果。

第十五条 终评评审组的组建。终评评审组由省内外专家学者组成，从终评专家库中遴选。

终评评审组的任务：审核复评评定的三等奖、佳作奖；评选二等奖以上成果。

第十六条 终评结果报评委会审定后向社会

公示。公示期为15天。在公示期内,任何单位或个人如对获奖成果有异议的,可向评奖办提出申诉或投诉。评奖办核实后提出处理意见,报评委会审定。

申诉程序为:申诉者本人需提供两名所属学科的专家(学科带头人)出具的鉴定意见,并经申诉人所在单位学术委员会书面同意后,提交评奖办。

投诉程序为:投诉者以书面形式据实向评奖办投诉,并写明投诉人的真实姓名、工作单位和联系方式。匿名投诉不予受理。

第十七条 本实施细则由评奖办负责解释并组织实施。

第十八条 本实施细则自发布之日起施行。

黑龙江省志愿服务条例

(2003年6月20日黑龙江省第十届人民代表大会常务委员会第三次会议通过 2012年6月14日黑龙江省第十一届人民代表大会常务委员会第三十三次会议修订)

第一章 总 则

第一条 为了促进和规范志愿服务活动,倡导奉献、友爱、互助、进步的志愿服务精神,保障志愿者和志愿服务组织的合法权益,推进精神文明和经济、社会发展,根据宪法、法律的规定,结合本省实际,制定本条例。

第二条 本省行政区域内的志愿服务活动适用本条例。

第三条 本条例所称的志愿服务,是指不以获取报酬为目的,自愿以智力、体力、技能等,为他人和社会提供帮助的公益行为。

本条例所称志愿者,是指在志愿服务组织进行登记,参加志愿服务的人员。

本条例所称志愿服务组织,是指从事志愿服务活动,依法取得法人资格的非营利性社会公益组织。

第四条 志愿服务应当遵循自愿、合法、平等、诚信的原则。

第五条 国家机关、人民团体、企业事业单位和其他社会组织应当提倡和支持具备志愿服务条件的人员积极参加志愿服务活动,维护志愿者和志愿服务组织的合法权益。

第六条 县级以上精神文明建设指导机构负责规划、指导、协调本行政区域内的志愿服务活动。

第七条 县级以上精神文明建设指导机构应当对做出突出贡献的志愿者和志愿服务组织给予表彰。

第二章 志愿者

第八条 具有相应的服务能力,自愿从事志愿服务、遵守国家法律的人员,经向志愿服务组织提出申请并经志愿服务组织同意,可以登记成为志愿者。

第九条 志愿者可以在专门网站自行注册或者经本人同意由所属志愿服务组织代为注册成为注册志愿者。

注册志愿者完成志愿服务的时间和业绩,作为表彰和在需要帮助时优先获得志愿服务的依据。

第十条 志愿者的权利:

(一)自愿加入或者退出志愿服务组织;

(二)根据自己的意愿和时间、能力等条件,申请参加志愿服务活动,接受与所参加的志愿服务活动有关的教育、培训;

(三)请求志愿服务组织帮助协调解决在志愿服务活动中遇到的实际困难和问题;

(四)监督志愿服务组织的工作,对志愿服务组织的工作提出批评、建议和意见;

(五)有困难时可以优先获得志愿服务。

第十一条 志愿者的义务:

(一)遵守有关志愿服务的法律法规、社会公德和志愿服务组织的章程及制度;

(二)宣传志愿服务精神;

(三)履行志愿服务承诺;

(四)不损害志愿服务对象的合法权益;

(五)保守志愿服务对象的隐私和商业秘密。

第三章 志愿服务组织

第十二条 县级以上行政区域可以依法建立志愿者联合会或者协会。行业根据需要可以建立行业志愿服务组织。

第十三条 国家机关、人民团体、企业事业单位、社区、居民委员会、村民委员会和其他社会组织可以以志愿服务站、志愿服务队等多种形式开展志愿服务活动。

各种志愿服务站、志愿服务队或者其他参与志愿服务的社会组织,可以申请成为志愿者联合会或者协会的团体会员。

第十四条 志愿者联合会或者协会履行下列职责:

(一)制定志愿服务的各项制度;

(二)制订志愿服务计划,发布志愿服务信息;

(三)指导、协调团体会员开展志愿服务活动;

(四)开展志愿服务法律、政策宣传和对外交流合作;

(五)维护团体会员和志愿者的合法权益。

第十五条 其他志愿服务组织按照其设立的宗旨和确定的职责开展志愿服务活动。

第四章 志愿服务活动

第十六条 志愿者和志愿服务组织可以在下列范围内开展志愿服务活动:

(一)扶贫济困;

(二)帮老助幼、帮残助弱;

(三)应急救援、抢险救灾;

(四)环境保护;

(五)社区服务;

(六)国际组织资助的工作项目;

(七)教育科技、医疗卫生、法律服务、文化、体育、经贸活动;

(八)其他社会公益事业。

县级以上精神文明建设指导机构可以建立突发事件志愿者快速动员机制,动员具有相关知识和技能的成年志愿者迅速投入突发事件的辅助救援工作。

第十七条 志愿服务组织应当通过适当方式向社会公示其志愿服务范围和联系方式。

第十八条 志愿服务组织应当积极组织、推荐志愿者到需要和接受志愿服务的地方开展志愿服务活动,为志愿者提供适当的志愿服务岗位。

第十九条 志愿者可以主动联系志愿服务岗位,经所属志愿服务组织同意后参加志愿服务活动。

第二十条 志愿服务组织向社会招募志愿者时,应当公布与志愿服务项目有关的真实、准确、完整的信息。

第二十一条 志愿服务组织应当对志愿者进行志愿服务基础知识和有关志愿服务专业知识的培训。

第二十二条 志愿者联合会或者协会的团体会员应当对志愿者参加志愿服务活动的情况进行记录,并根据志愿者的要求,就其参加志愿服务活动的情况出具有关的证明。

国家机关、人民团体、企业事业单位在组织本单位人员开展志愿服务活动时,应当充分体现自愿原则。

第二十三条 未经志愿者本人同意,志愿服务组织不得公开或者向第三方提供志愿者的个人信息。

第二十四条 志愿服务组织安排志愿者从事有安全风险的志愿服务活动时,应当提前告知志愿者。

第二十五条 从事有职业资格要求的志愿服务时,应当选派有职业资格证书或者执业许可证书的志愿者参加。

第二十六条 无民事行为能力或者限制民事行为能力的志愿者应当征得监护人的同意或者由监护人陪同,参加与其年龄、身心状况相适应的志愿服务。

第二十七条 志愿服务组织安排志愿者从事志愿服务,有下列情形之一的,志愿服务组织与志愿者、志愿服务组织与志愿服务对象之间应当签订书面协议:

(一)有安全风险的;

(二)连续三个月以上专职服务的;

(三)为大型社会公益活动提供志愿服务的;

(四)组织志愿者在本行政区域以外开展志愿服务活动的;

(五)涉及外籍人员的;

(六)任何一方要求签订书面协议的。

第二十八条 志愿服务协议应当包括以下主要内容:

(一)志愿服务内容、时间和地点;

(二)参加志愿服务的条件;

(三)志愿者的培训;

(四)志愿服务成本的分担;

(五)风险保障措施;

(六)志愿者责任的免除;

(七)协议的变更和解除;

(八)争议解决方式;

(九)需要明确的其他事项。

第二十九条 志愿者提出需要安全、卫生保障的,志愿服务组织或者服务对象,应当为其提供。

第三十条 举办大型社会公益活动需要志愿服务的,举办者应当委托志愿服务组织招募志愿者。

第三十一条 任何组织和个人不得利用或者借用志愿服务的名义进行营利性和其他违背志愿服务宗旨的活动。

第三十二条 志愿者开展志愿服务时,应当佩戴统一的志愿服务标志。

第三十三条 志愿服务组织可以按照有关规定开展与国内、国外志愿服务组织间的工作交流或者支援活动;志愿服务站、志愿服务队或者其他参与志愿服务的社会组织与国内、国外志愿服务组织间的工作交流或者支援活动,应当通过志愿者联合会或者协会进行。

第五章 志愿服务经费

第三十四条 志愿服务组织可以根据志愿服务活动的需要和志愿者的意愿,为参加志愿服务的志愿者提供必要的经费。

第三十五条 本省应当依法设立省志愿服务基金会,其他具备条件的地方,可以依法设立志愿服务基金会,为发展志愿服务事业提供支持和保障。

第三十六条 志愿服务组织和志愿服务活动经费来源于:

(一)国内、国外组织和个人的捐赠;

(二)政府资助;

(三)志愿服务基金会的资助;

(四)其他合法收入。

第三十七条 鼓励国内、国外组织和个人对志愿服务组织和志愿服务活动进行捐赠。

第三十八条 志愿服务组织接受的资助、捐赠等,应当在志愿服务的宗旨和范围内使用,或者按照与资助人、捐赠人的约定合法使用。

第三十九条 志愿服务组织和志愿服务活动经费的筹集、管理和使用应当公开、透明,依照法律、法规规定的范围和标准进行,接受有关部门和志愿者的监督。

第四十条 志愿服务组织接受捐赠、资助的财产及其增值为社会公共财产,受法律保护,任何单位和个人不得侵占、挪用和损毁。

第四十一条 政府可以对符合志愿服务组织完成的公益事业项目委托志愿服务组织实施,并给予适当资助。

志愿服务组织完成政府委托实施的公益事业项目后,应当将项目的开支及绩效情况向政府有关部门报告,并向社会公开。

第六章 社会支持

第四十二条 县级以上人民政府应当将志愿服务纳入国民经济和社会发展规划,促进志愿服务事业的发展。

县级以上人民政府有关部门根据各自职责做好与志愿服务活动相关的服务和行政管理工作。

乡、镇人民政府和街道办事处应当支持和帮助本辖区内志愿服务活动的开展。

第四十三条 全社会应当尊重志愿服务组织和志愿者的劳动。

第四十四条 国家机关、企业事业单位在录用公务员、招聘人员时,在同等条件下对参加志愿服务活动成绩突出者可以优先录用、聘用。

第四十五条 教育部门和有关社会团体应当将培养青少年志愿服务意识纳入思想品德教育的范围。鼓励中学和大学学生利用课余时间参加适合自身特点的志愿服务活动。

第四十六条 广播、电视、报刊、网站等媒体应当积极开展志愿服务活动的公益性宣传。

第七章 法律责任

第四十七条 志愿者在参加经志愿服务组织安排的志愿服务过程中, 因志愿者过错造成志愿服务对象人身财产损失或者其他损害的, 志愿服务组织应当依法承担民事责任。

如果损失或者损害是因志愿者故意造成的,志愿服务组织承担民事责任后,可以向其追偿。

第四十八条 志愿者在参加经志愿服务组织安排的志愿服务过程中,因志愿服务组织或者志愿服务对象过错受到人身财产损失或者其他损害的,志愿服务组织或者志愿服务对象应当依法承担民事责任。

志愿者在参加经志愿服务组织安排的志愿服务过程中,因不可抗力受到损害的,志愿服务组织应当给予适当补偿;因第三人的原因受到损害的,志愿服务组织应当协助志愿者向第三人取得赔偿。

第四十九条 对利用志愿服务组织或者志愿者的名义、标志等进行非志愿服务活动的,志愿者或者志愿服务组织可以通过有关行政机关、司法机关依法追究其责任。

第八章 附 则

第五十条 本条例自 2012 年 8 月 1 日起施行。

《中共黑龙江省委关于贯彻落实〈中共中央关于深化文化体制改革推动社会主义文化大发展大繁荣若干重大问题的决定〉的实施意见》责任分解方案

省委十届十八次全会审议通过的《中共黑龙江省委关于贯彻落实<中共中央关于深化文化体制改革推动社会主义文化大发展大繁荣若干重大问题的决定>的实施意见》(以下简称《实施意见》),全面贯彻党的十七届六中全会精神,提出了推动文化大发展大繁荣的指导思想和总体要求,围绕建设核心价值体系,切实打牢共同思想道德基础;打造文化精品力作,扎实推进龙江特色文化建设;丰富群众文化生活,积极培育健康文明社会风尚;发展公益文化事业,健全完善公共文化服务体系;提升文化产业实力,培育形成经济发展新增长极;深化文化体制改革,不断解放和发展文化生产力;推进文化交流合作,提升黑龙江对外开放的影响力;抓好文化对外建设,强化文化繁荣发展人才支撑等重点问题,提出了八项工程、三十二项任务,对深化我省文化体制改革、推动龙江文化大发展大繁荣作出安排部署。认真贯彻实施这些重要举措,对于坚持中国特色社会主义文化发展道路,在新的历史起点上深化文化体制改革,更加自觉、更加主动地推动文化繁荣发展,进一步兴起社会主义文化建设新高潮至关重要。吉炳轩同志在省委十届十八次全会上的重要讲话,对贯彻落实好中央和省委全会精神提出明确要求, 强调要进一步增强推动文化改革发展的责任感和紧迫感, 紧紧抓住党的十七届六中全会给文化改革发展带来的重大历史机遇, 充分利用我省当前经济发展、社会安定、政通人和、风清气正、心齐气顺的有利基础条件,坚定信心、鼓足干劲,攻坚克难、乘势而上, 努力推动全省文化改革发展取得新的更大成效。现就贯彻《实施意见》确定的目标任务提出如下责任分解方案。

一、重要任务及分工

省委十届十八次全会《实施意见》中需要由省直有关部门和各市(地)组织实施的主要任务共144项,具体分工如下:

(一)实施文化素质提升工程

1. 深入推进马克思主义理论研究和建设工程,大力实施中国特色社会主义理论体系普及计划,推动学习实践科学发展观向深度广度拓展。扎实开展学习型党组织和学习型社会建设,不断完善党委(党组)中心组学习制度,继续办好“龙江发展讲坛”,切实提高各级党组织、党员干部理论素养和运用理论指导实践的能力。组织好高校青年马克思主义者培养工程,扎实推进中国特色社会主义理论体系进教材、进课堂、进头脑。加强省、市(地)党委讲师团建设,提高理论宣传的受众面和实效性。

牵头部门:省委宣传部

责任部门:省委组织部、省委党校、省教育厅、省社会科学院、省社会科学界联合会、共青团黑龙江省委员会、省委讲师团

2.深入开展理想信念教育,更加坚定广大干部群众对中国特色社会主义的信心。深入贯彻《爱国主义教育实施纲要》,加强爱国主义和国防教育基地建设,利用重大节庆日、纪念日,组织开展内容丰富、形式多样的群众性爱国主义教育活动,在全社会唱响改革创新的时代旋律,激发爱国热情、凝聚民众力量,培育民族精神和时代精神。广泛开展“六个十佳”和谐单位(家庭)创建评选活动,形成知荣辱、讲正气、作奉献、促和谐的良好风尚。

牵头部门:省委宣传部

责任部门:省委统战部、省直机关工委、省财政厅、省文化厅、省教育厅、省民政厅、省总工会、共青团黑龙江省委员会、黑龙江省妇女联合会

3.切实加强国防教育基地建设,深入开展军队历史使命、理想信念、战斗精神和社会主义荣辱观教育,着力抓好军民共建文明融合,以军队的优良传统和英雄事迹引领社会风尚,充分发挥军队在构建社会主义核心价值体系中的重要作用。

牵头部门:省委宣传部

责任部门:省军区、省民政厅

4.深入实施《公民道德建设实施纲要》,大力开展“增强社会责任感,做现代文明公民”主题实践活动,强化公民的国家意识、社会责任意识和民主法治意识。倡导爱国、敬业、诚信、友善等道德规范,组织开展公民道德宣传日和“道德模范”、“十佳公仆”、“感动龙江”年度人物(群体)评选等活动,推动学雷锋活动常态化,引领社会公德、职业道德、家庭美德和个人品德建设,培育有理想、有道德、有文化、有纪律的社会主义公民。

牵头部门:省委宣传部

责任部门:中共黑龙江省纪律检查委员会、省委组织部、省人力资源和社会保障厅、省精神文明办公室、省总工会、共青团黑龙江省委员会、黑龙江省妇女联合会

5.扎实推进未成年人思想道德建设,加强和改进学校德育工作,开展“做一个有道德的人”主题活动,不断提高未成年人思想道德建设水平。

牵头部门:省精神文明办公室

责任部门:省委宣传部、省教育厅、共青团黑龙江省委员会、黑龙江省妇女联合会、省关心下一代工作委员会

6.切实加强法制宣传教育,认真组织实施“六五”普法规划,提高全民法律素质,推动人人学法遵法守法用法,维护法律权威和社会公平正义。大力弘扬科学精神,普及科学知识,倡导移风易俗,抵制封建迷信。

牵头部门:省司法厅、省科协技术协会

责任部门:省委宣传部、省委政法委、省委对外宣传办公室、省委防范和处理邪教办、省人大内务司法委员会、省总工会、共青团黑龙江省委员会、黑龙江省妇女联合会、省高级人民法院、黑龙江省人民检察院、省政府法制办公室、省教育厅、省公安厅、省文化厅、省广播电影电视局、省新闻出版局、省社会科学界联合会

7.深入开展反腐倡廉教育,扎实推进廉政文化建设,大力实施廉政文化精品工程,努力在全社会营造崇廉鄙腐的良好氛围。

牵头部门:中共黑龙江省纪律检查委员会

责任部门:省委组织部、省委宣传部、省委对外宣传办公室、省政府办公厅、省教育厅、省文化厅、省广播电影电视局、省新闻出版局、黑龙江日报报业集团、黑龙江人民广播电台、黑龙江电视台、省直机关工委、省委党校、黑龙江省人民检察院、省社会科学院

8.坚持把诚信建设摆在突出位置,加强政务诚信、商务诚信、社会诚信和司法公信建设,形成守信光荣、失信可耻的社会氛围。

牵头部门:省诚信龙江建设工作领导小组办公室

责任部门:省委宣传部、省委政法委、省政府办公厅、省政府法制办、省人力资源和社会保障厅、省商务厅、省工商行政管理局、省质监局、省精神文明办公室、省公安厅、省教育厅、省文化厅、省高级人民法院、中国银监会黑龙江监管局、中国人民银行哈尔滨中心支行

9.注重思想政治工作,建立一批机关、企业、学校、新经济组织和新社会组织思想政治工作示范点,着力构建覆盖全社会的思想政治工作网络,切实消除基层思想政治工作的"死角"和"盲区"。

牵头部门:省委宣传部

责任部门:省委组织部、省国有资产监督管理委员会、省委高校工委、省关心下一代工作委员会、共青团黑龙江省委员会、黑龙江省妇女联合会、省总工会

10.大力弘扬以"闯关东精神"、"北大荒精神"、"大庆精神"、"铁人精神"、"大兴安岭精神"和"龙江交通精神"等为代表的"爱国奋斗、艰苦创业,求真务实、开拓进取,顾全大局、无私奉献"的黑龙江优秀精神,深入开展创业、创新、创优活动,与时俱进地赋予新的时代内涵,形成具有鲜明时代特征和强烈时代气息的当代精神品格,引领和鼓舞全省人民牢记历史使命,锐意改革创新,继续艰苦创业,把坚定的理想信念贯穿于"八大经济区"和"十大工程"建设之中,更好地推动龙江科学发展、和谐发展、跨越发展。

牵头部门:省委宣传部

责任部门:省委组织部、省委政策研究室、省教育厅、省交通运输厅、省精神文明办公室、省总工会、共青团黑龙江省委员会、黑龙江省妇女联合会

11.充分发挥典型示范引领作用,积极培育各条战线典型人物和群体,深入挖掘先进典型内涵,大力宣传新时期创业之星、劳动模范和英雄人物的先进事迹和崇高精神,对先进典型人物做到政治上给待遇、生活上解难题、工作上创条件,努力形成崇尚先进、学习先进、赶超先进的创业创新创优良好风尚。

牵头部门:省委宣传部

责任部门:省委组织部、省人力资源和社会保障厅、省民政厅、省总工会、共青团黑龙江省委员会、黑龙江省妇女联合会

12.大力创建优美环境,开展综合整治活动,抓好硬化、绿化、净化、美化、亮化,到2015年县级以上城市核心区巷道、重点旅游名镇主次干道、"百镇"主干道全面实现硬化目标,全省所有城镇绿化无超高土,建筑工地文明施工达标率95%以上;积极开展城镇园林绿化活动,力争30%以上市级城市达到国家园林城市标准,10%以上县城达到国家园林县城标准;强化垃圾处理硬件设施建设,城市主次干道、县城主要街道垃圾收运设备配备率100%,县以上城市全部消除积存垃圾;加大城市棚户区改造力度,加快城市供热、供气、供水等基础设施建设,加强生活污水和雨水排放治理,力争全省3万人口以上小城镇全部拥有污水处理厂,污水处理率85%以上。

牵头部门:省住房和城乡建设厅、省精神文明办公室、省财政厅

责任部门:省委宣传部、省爱国卫生运动委员会办公室、省环境保护厅

13.大力创建优良秩序,广泛开展文明交通行为

教育活动,实施文明交通行动计划,完善安全和管理设施,提升交通执法水平,加强对出租车、公交车辆运营管理。

牵头部门:省交通运输厅、省公安厅

责任部门:省精神文明办公室、省教育厅、省司法厅、省安全生产监督管理局

14.强化占道市场监督管理,倡导健康文明的经营方式,营造便民、规范、有序的市场环境;下大力气治理线缆、广告牌匾、建筑等混乱问题,打造城市良好形象。

牵头部门:省住房和城乡建设厅

责任部门:省精神文明办公室、省工商行政管理局

15. 大力创建优质服务,开展文明机关创建活动,抓好政府公共服务平台和社会公共服务窗口建设,创暖心服务,树满意品牌,全面提高规范化服务水平。

牵头部门:省精神文明办公室

责任部门:省委办公厅、省政府办公厅、省住房和城乡建设厅

16. 广泛开展多种形式的群众性精神文明创建活动,引导广大公民养成遵守秩序、爱惜公物、维护公共环境等良好习惯,在全社会形成积极向上的精神追求和健康文明的生活方式。到2015年,使更多的城市、社区进入全国文明城市、文明社区行列。

牵头部门:省精神文明办公室

责任部门:省委宣传部、省总工会、共青团黑龙江省委员会、黑龙江省妇女联合会、各有关市(地)

(二)实施文化事业惠民工程

17.加快公益性文化事业发展,统筹规划和建设惠及全民的公共文化基础设施,实现资源整合、共建共享。建设和完善省博物馆、省群众艺术馆、省美术馆、省数字图书馆、哈尔滨大剧院、哈尔滨音乐厅、图书大厦、新闻大厦、网络大厦等一批重大标志性文化设施和符合国家标准的基础文化设施。全省各市(地)全部建有博物馆和国家二级以上标准图书馆、群众艺术馆。县级图书馆、文化馆全部达到国家三级馆标准,有条件的进一步提档升级。

牵头部门:省文化厅

责任部门:省委宣传部、省广播电影电视局、省新闻出版局、黑龙江日报报业集团、黑龙江人民广播电台、黑龙江电视台、黑龙江出版集团、黑龙江广播电视网络股份有限公司、省发展和改革委员会、省财政厅

18.推进广播电视全覆盖,逐步实现“户户通”。整合农村数字电影放映资源,确保一村一月放映一场电影。

牵头部门:省广播电影电视局

责任部门:省财政厅、省发展和改革委员会、黑龙江人民广播电台、黑龙江电视台、黑龙江广播电视网络股份有限公司

19. 积极推进乡镇综合文化站和城市社区文化中心建设,实现乡镇综合文化站全覆盖和村村建有文化室目标。全力实施文化信息资源共享工程,建设社会文化数据库和优秀文化资源传输平台,实现市(地)、县(市、区)、乡镇(街道)、行政村(社区)全覆盖。完善图书馆功能,推进数字化建设,逐步实现电子阅览全覆盖。

牵头部门:省文化厅

责任部门:省发展和改革委员会、省财政厅、省民政厅、省住房和城乡建设厅

20.推进农家书屋和新农村阅报栏建设,逐步推进农家书屋数字化阅读,基本实现行政村、农垦作业区和林场全覆盖。

牵头部门:省新闻出版局

责任部门:省财政厅、黑龙江日报报业集团、省农垦总局、省森工总局

21.坚持政府主导,鼓励社会参与,优化资源配置,创新运行方式,完善覆盖城乡、结构合理、功能健全、实用高效的公共文化服务体系,让群众广泛享有免费或优惠的基本公共文化服务,切实保障人民群众基本文化权益。以大中城市公共文化服务设施为骨干,以基层文化设施为重点,以流动文化设施和数字文化阵地建设为补充,逐步完善省、市

(地)、县(市、区)、乡镇(街道)、行政村(社区)公共文化服务设施。加强农村和城市社区文化建设,推动公共文化资源向基层延伸,推进文化馆(站)、图书馆、美术馆、博物馆、科技馆等免费开放,促进各行业文化设施共用共享。积极推进公共文化服务均等化,完善服务设施,拓展服务渠道,丰富服务内容,健全公共文化产品市场化提供机制。完善面向妇女、未成年人、老年人、残疾人的公共文化服务设施,尽快把农民工纳入城市公共文化服务体系。引导社会力量参与公共文化服务,深入开展文化志愿者服务活动,鼓励艺术院校学生、文艺工作者和热心文化公益事业的各界人士义务开展文化服务,支持各种民办博物馆、图书馆等公益性文化机构发展,形成多元互补的公共文化服务供给体系。

牵头部门:省文化厅

责任部门:省教育厅、省科协技术协会、省民政厅、省广播电影电视局、省新闻出版局、省体育局、省总工会、共青团黑龙江省委员会、黑龙江省妇女联合会、省文学艺术界联合会、省作家协会、省发展和改革委员会、省财政厅

22. 积极打造丰富广大人民群众文化生活的载体和平台,以重大节庆活动为契机,开展社会力量组织、文化部门协助、人民群众广泛参与的文化活动。提高社区文化、村镇文化、企业文化、校园文化等建设水平,引导群众在文化建设中自我表现、自我教育、自我服务。扶持全省城乡群众文化创作群体和活动品牌,组织好“城市之光”、“金色田野”、“欢乐校园”和“送欢乐下基层”、“全民阅读”等大型主题系列活动,办好“哈尔滨之夏”音乐会、“黑龙江之冬”文化艺术节等具有全国影响的品牌文化活动,丰富人民群众精神文化生活。

牵头部门:省委宣传部

责任部门:省国有资产监督管理委员会、省文化厅、省新闻出版局、省教育厅、省农业委员会、哈尔滨市

23.开展“群星奖”、民间文化艺术之乡和群众文化活动品牌评选,激发群众文化创造活力。探索和创新乡镇文化站、村文化室和社区文化中心的活动内容和形式,提升文化服务活动的层次和水平。

牵头部门:省文化厅

责任部门:省新闻出版局、省广播电影电视局、省文学艺术界联合会

24.依托文化产品现代传输平台、群众性主题文化活动、便民文化服务活动等载体,建立健全以城带乡、送文化下乡长效机制,推动各级文化单位向农村特别是边远乡村送演出、送展览、送图书、送电影。鼓励文化艺术机构和单位深入社区、厂矿、校园、军营和农民工、低收入居民当中,开展文艺活动、艺术展览、电影放映等,为城乡群众提供更多更好的公益性、普及性、经常性、特色性文化活动。精心打造具有地方特色的艺术品牌,重点扶持“龙江制作”,鼓励面向基层、面向群众惠民演出。

牵头部门:省文化厅

责任部门:省广播电影电视局、省新闻出版局、省文学艺术界联合会、省作家协会、省财政厅

25.加快推进渤海国上京龙泉府遗址、金上京会宁府遗址等重点文化遗产保护和展示工程建设,探索带动城镇和城市发展的新途径。开展金界壕遗址(金长城)、牡丹江边墙长城保护工程。加大国家级、省级历史文化名城、街区和村镇保护力度,实施中东铁路建筑群、哈尔滨文庙等建筑类保护维修项目。加快推进呼兰河流域、金上京等方面课题的考古调查和发掘。大力推进非物质文化遗产名录体系、文化生态保护区、传习场所和生产性保护示范基地建设。大力推进代表性传承人抢救性记录、非物质文化遗产传播和保护成果出版等工程建设,积极申报世界文化遗产。开展少数民族特色文化保护,繁荣发展少数民族文化事业。大力弘扬中华民族传统文化,发挥国民教育在文化传承创新中的基础性作用,加强优秀传统文化教学研究基地建设。

牵头部门:省文化厅

责任部门:省广播电影电视局、省新闻出版局、省发展和改革委员会、省财政厅、省住房和城乡建设厅、省旅游局、省民族事务委员会、省社会科学

院、省文学艺术界联合会、省作家协会、省教育厅、有关市(地)县(区)

26.实施陈列展览精品工程,推出具有地域特色和馆藏特色、高水准的基本陈列和临时展览,建立省非物质文化遗产综合展示平台。积极做好国家级保护单位申报工作,省级保护单位达到300处以上,市(县)达到1000处以上。鼓励引导更多社会资金投入文化遗产保护事业,提高全社会文化遗产保护利用意识。

牵头部门:省文化厅

责任部门:省财政厅、各市(地)县(区)

(三)实施文化产业开发工程

27.大力发展文化旅游业,打造文化旅游品牌,拓展文化旅游市场,扩大文化旅游影响力和竞争力。

牵头部门:省旅游局

责任部门:省委宣传部、省发展和改革委员会、省文化厅、省广播电影电视局、省委对外宣传办公室、黑龙江人民广播电台、黑龙江电视台

28.大力发展新闻传媒业,推进数字化和信息化技术应用,到2015年行业整体水平和综合实力步入全国前列。

牵头部门:省委宣传部

责任部门:省广播电影电视局、省新闻出版局、省财政厅、省科学技术厅、省工业和信息化委员会、省发展和改革委员会、黑龙江日报报业集团、黑龙江人民广播电台、黑龙江电视台、黑龙江出版集团、黑龙江广播电视网络股份有限公司、东北网络台

29.大力发展出版发行业,打造出版精品,推动版权贸易和产权保护,构建布局合理、门类齐全、机制灵活、网络健全、竞争力较强的出版发行体系。

牵头部门:省新闻出版局

责任部门:省发展和改革委员会、省财政厅、省邮政管理局、省工业和信息化委员会、省知识产权局、黑龙江出版集团

30.大力发展动漫游戏业,坚持规模化、集聚化发展,扶持具有竞争力的企业和具有特色的原创动漫游戏产品。

牵头部门:省委宣传部

责任部门:省发展和改革委员会、省工业和信息化委员会、省科学技术厅、省文化厅、省新闻出版局、省教育厅、哈尔滨市

31.大力发展网络信息业,加快数字网络平台建设和业务开发,加快构建以有线数字电视平台为基础的数字多媒体综合平台。

牵头部门:省广播电影电视局

责任部门:省工业和信息化委员会、省发展和改革委员会、省财政厅、省通信管理局、黑龙江日报报业集团、黑龙江人民广播电台、黑龙江电视台、黑龙江出版集团、黑龙江广播电视网络股份有限公司、东北网络台

32. 大力发展影视剧制作业,推动电影院线发展,加强影视基地建设,构建较为完善的影视剧创作生产和营销体系。

牵头部门:省广播电影电视局

责任部门:省委宣传部、省发展和改革委员会、省财政厅、黑龙江人民广播电台、黑龙江电视台

33.大力发展数字文化产业,加快文化与科技融合,用数字技术改造提升传统文化产业,推进文化生产、传播、消费的数字化。

牵头部门:省文化厅

责任部门:省委宣传部、省广播电影电视局、省新闻出版局、省发展和改革委员会、省工业和信息化委员会、省科学技术厅、省财政厅

34.大力发展演艺娱乐业,培育市场主体,实现多样化、规模化、层次化、品牌化发展。

牵头部门:省文化厅

责任部门:省广播电影电视局、黑龙江人民广播电台、黑龙江电视台

35.大力发展印刷业,加快数字化升级和集约化发展,形成合理产业链条,增强核心竞争力。

牵头部门:省新闻出版局

责任部门:省发展和改革委员会、省工业和信息化委员会、省科学技术厅、黑龙江出版集团

36.大力发展工艺美术业，推动传统艺术、民间艺术和工艺美术等领域产业化、市场化发展。

牵头部门：省文化厅

责任部门：省文学艺术界联合会、省工业和信息化委员会

37.推动文化产业与旅游、科技、体育、信息、物流、建筑等产业融合发展，延伸文化产业链，提高附加值。到2015年，全省文化产业增加值力争超1000亿元，占全省地区生产总值5%左右，切实把文化产业打造成龙江经济支柱性产业。

牵头部门：省委宣传部

责任部门：省文化厅、省广播电影电视局、省新闻出版局、省旅游局、省科学技术厅、省体育局、省工业和信息化委员会、省商务厅、省住房和城乡建设厅、省统计局、黑龙江人民广播电台、黑龙江电视台、黑龙江广播电视网络股份有限公司

38.着力构建“一核、三点、五区”文化产业发展总体布局。以哈尔滨为全省文化产业发展核心，推进哈尔滨中国国际音乐之城建设，重点建设具有孵化和带动作用的文化产业园区(基地)，文化人才培育基地，重大公共技术、服务、信息平台，区域特色文化交流展示平台。以大庆、牡丹江、佳木斯为全省文化产业发展战略支点，发挥区域中心城市集聚、辐射和带动作用。以哈尔滨为重点，打造全省文化产业核心聚集区；以大庆、齐齐哈尔为重点，打造辐射大兴安岭、绥化、黑河的西部文化产业聚集区；以牡丹江为重点，打造辐射鸡西、七台河的东南部文化产业聚集区；以佳木斯为重点，打造辐射双鸭山、鹤岗、伊春的东北部文化产业聚集区；以大小兴安岭为重点，打造北部生态旅游文化产业聚集区。

牵头部门：省委宣传部

责任部门：省文化厅、省广播电影电视局、省新闻出版局、省发展和改革委员会、省财政厅、省林业厅、黑龙江人民广播电台、黑龙江电视台、黑龙江广播电视网络股份有限公司、各有关市(地)

39.着力构建城市特色文化布局，根据各地文化资源特质，依托金源、古渤海国遗址、挹娄、新开流、赫哲、欧陆、火山、黑土、冰雪、森林、湿地、石油等文化资源优势，实施大开发带动文化大发展战略，在城市新区开发和旧城改造中融入文化元素，优先建设文化基础设施，着力打造具有鲜明特色的文化新城，重点抓好哈尔滨群力新区、齐齐哈尔南苑新城、大庆北国之春梦幻城等新城建设，提升城市文化品位，塑造区域文化形象，促进文化产业特色化发展。

牵头部门：省委宣传部

责任部门：省文化厅、省广播电影电视局、省新闻出版局、省发展和改革委员会、省住房和城乡建设厅、省林业厅、省民族事务委员会、省文学艺术界联合会、黑龙江人民广播电台、黑龙江电视台、黑龙江广播电视网络股份有限公司、哈尔滨市、齐齐哈尔市、牡丹江市、大庆市

40.着力构建“一核、两翼、三圈、一带”文化旅游业布局，依托哈尔滨，建设具有较强集聚力、辐射力、牵动力的文化旅游核心区。由哈尔滨向西北延伸至大庆和齐齐哈尔，向东南延伸至牡丹江和鸡西，形成两翼文化旅游区。依托大兴安岭、伊春、黑河、绥化，重点打造生态文化休闲圈；依托佳木斯、双鸭山、七台河、鹤岗，重点打造历史民俗文化圈；依托黑瞎子岛及周边资源，重点打造中俄国际文化交流圈。沿黑龙江和乌苏里江一线，依托重点口岸打造以界江风情、跨国游等为主要内容的边境特色文化旅游带。

牵头部门：省委宣传部

责任部门：省旅游局、省文化厅、省发展和改革委员会、省林业厅、省民族事务委员会、省委对外宣传办公室、各有关市(地)

41.按照“坚持标准、突出特色、提高水平”的要求，大力培育规模效益好、产业贡献率高、具有较强竞争力的文化产业园区和基地，提升文化产业的规模化、集约化、专业化水平。建立《黑龙江文化产业重点项目库》，编制《黑龙江文化产业发展投资指导目录》，谋划生成一批资源深度开发、产业链条延伸、展现品牌特色的大项目、好项目。

牵头部门：省委宣传部

责任部门：省发展和改革委员会、省财政厅、省文化厅、省广播电影电视局、省新闻出版局、省旅游局、黑龙江人民广播电台、黑龙江电视台、黑龙江广播电视网络股份有限公司

42.加快建设群力文化产业示范区，推动北方展艺中心、山水书城等10个项目建设。

牵头部门：省委宣传部

责任部门：省发展和改革委员会、省财政厅、哈尔滨市

43.加快建设现代文化艺术产业园，推动世界冰雪艺术创意中心、"三屏时代"传媒创新实验室等项目建设。

牵头部门：省委宣传部

责任部门：省教育厅、哈尔滨师范大学

44.加快建设数字新媒体产业园，推动哈尔滨国家现代服务业新媒体产业化基地和数字新媒体发展园、数字创意设计园、软件制作中心等项目建设。

牵头部门：省科学技术厅

责任部门：省委宣传部、省新闻出版局、省发展和改革委员会、省财政厅、省文化厅、哈尔滨市

45.加快建设省广播影视产业园，推动特色拍摄基地、影视制作中心、影视旅游景区、青少年活动基地等项目建设。

牵头部门：黑龙江电视台

责任部门：省教育厅、省旅游局、共青团黑龙江省委员会、黑龙江人民广播电台

46.加快建设数字印刷基地，推动黑龙江出版集团印刷总部智能大厦、仿真印艺博物馆、新媒体园区等项目建设。

牵头部门：省新闻出版局

责任部门：省发展和改革委员会、黑龙江出版集团

47. 加快建设龙江传媒产业园及高档数码包装印刷基地，推进省报业集团跨地域信息资源共享平台、数码印刷设计中心、新媒体研究院等项目建设。

牵头部门：黑龙江日报报业集团

责任部门：省发展和改革委员会、大庆市

48.加快建设哈尔滨印刷出版文化科技产业园，推进印刷物流配送中心等项目建设。

牵头部门：省新闻出版局

责任部门：省新闻出版局、省科学技术厅、省国土资源厅、省地方税务局、哈尔滨市

49. 加快建设大庆文化创意产业园，推动新华08国际石油资讯中心、百湖艺术群落等项目建设。

牵头部门：大庆市

责任部门：省委宣传部、省文化厅

50.加快建设动漫产业基地，推动平房动漫产业发展基地二期、大庆网络游戏研发基地、牡丹江动漫园区等项目建设。

牵头部门：哈尔滨市、大庆市、牡丹江市

责任部门：省委宣传部、省文化厅、省广播电影电视局、省新闻出版局、黑龙江人民广播电台、黑龙江电视台

51.加快建设特色工艺品产业基地，推进木制工艺品、鱼皮和核桃工艺品、桦树皮工艺品、黑陶、剪纸等项目建设。到2015年，建设10个省级以上文化产业园区(基地)。

牵头部门：省文化厅

责任部门：省委宣传部、省发展和改革委员会

52.以黑龙江出版集团、黑龙江日报报业集团、黑龙江广播电视网络集团、黑龙江演艺集团、黑龙江文化旅游集团、黑龙江文盛文化产业投资集团等重点文化企业为龙头，鼓励有实力文化企业进行跨地区、跨行业、跨所有制经营和重组，提高产业集中度。

牵头部门：省委宣传部

责任部门：省发展和改革委员会、省文化厅、省广播电影电视局、省新闻出版局、省旅游局、黑龙江日报报业集团、黑龙江人民广播电台、黑龙江电视台、黑龙江出版集团、黑龙江广播电视网络股份有限公司

53.引导社会资本进入文化产业，培育能够独立运作、具有自主知识产权、丰富龙江创造的民营骨干企业。大力推动符合条件的文化企业上市融资，

充分利用资本市场做大做优做强，打造一批主业突出、核心竞争力强的上市文化公司。健全以企业为主体、市场为导向、产学研相结合的文化技术创新体系，培育一批特色鲜明、创新能力强的文化科技企业。加快发展一批具有专、精、特、新等优势的中小文化企业，扶持一批具有一定资本实力和国际贸易能力的外向型企业，支持一批具有自主开发、文化创新和运营能力的新兴文化企业，引导社会资本向影视、动漫、创意、网络文化、文化产品数字制作、旅游、工艺设计等领域流动。到2015年，打造10个年产值超50亿元的文化企业集团，力争1—2家企业集团进入全国文化企业30强。

牵头部门：省委宣传部

责任部门：中国证监会黑龙江监管局、省工业和信息化委员会、省财政厅、省国家税务局、省地方税务局、省科学技术厅、省国土资源厅、省文化厅、省广播电影电视局、省新闻出版局

（四）实施文化体制创新工程

54. 按照中央关于分类推进事业单位改革的指导意见，坚持公益性文化事业政府主导，推进图书馆、博物馆、纪念馆、文化馆、科技馆、群众艺术馆、美术馆等公益性文化事业单位内部改革。

牵头部门：省文化厅

责任部门：省机构编制委员会办公室、省人力资源和社会保障厅、省科学技术厅、省文学艺术界联合会

55.整合我省朝文宣传优势资源，组建融广播、新闻出版、网络于一体的公益性文化实体。

牵头部门：省委宣传部

责任部门：省机构编制委员会办公室、省发展和改革委员会、省人力资源和社会保障厅、省新闻出版局、省广播电影电视局、省民族事务委员会、黑龙江人民广播电台

56.引导各类公益性文化事业单位健全决策、执行和监督机制，提高运行效率。深化人事、收入分配、社会保障制度改革，着力转换用人机制、搞活用人制度，推行聘用制度和岗位管理制度，完善工资分配激励约束机制，逐步建立多渠道、多层次、社会化的社会保险体系。完善事业单位绩效考评制度，探索符合基层特点、适应群众需要的公共文化服务方式，鼓励有条件的文化单位开展流动服务、联网服务。创新公共文化服务设施运行机制，吸纳有代表性的社会人士、专业人士、基层群众参与管理。

牵头部门：省委宣传部

责任部门：省文化厅、省广播电影电视局、省新闻出版局、省人力资源和社会保障厅、省发展和改革委员会、各市（地）

57.推动国有文化企业建立现代企业制度，完善法人治理结构，积极参与市场竞争，自觉承担社会责任，形成符合现代企业制度要求、体现文化企业特点的资产组织形式和经营管理模式。创新投融资体制，支持国有文化企业面向资本市场融资，吸引社会资本进行股份制改造。出版发行领域要在率先完成全行业转企改制基础上，积极推进股份制改造，实现集团化发展。

牵头部门：省委宣传部

责任部门：省国有资产监督管理委员会、省发展和改革委员会、省财政厅、省金融工作办公室、省文化厅、省广播电影电视局、省新闻出版局、黑龙江出版集团

58. 加快推进国有文艺院团转企改制和资源整合，早日完成专业院团体制改革任务。

牵头部门：省文化厅、省委宣传部

责任部门：省财政厅、省国有资产监督管理委员会、省发展和改革委员会、省机构编制委员会办公室、省人力资源和社会保障厅、省国土资源厅、省国家税务局、省地方税务局、省工商行政管理局、各市（地）

59.整合有线电视网络，积极推进“三网融合”，建设新媒体集成播控平台和内容监管平台。

牵头部门：省广播电影电视局、省通信管理局

责任部门：省财政厅、省机构编制委员会办公室、省工业和信息化委员会、黑龙江电视台、黑龙江广播电视网络股份有限公司

60.在坚持党管媒体、坚持正确导向的前提下，支持报纸、广播、电视等媒体按公益宣传属性和产业经营属性，在单一媒体内分类定性，承担新闻宣传和公共文化服务职能的定性为公益一类；依托媒体资源和渠道承担一般性服务和产业运营的部分，实行事业体制企业化管理，赋予其充分的编制、机构、人员等管理上的自主权和国有资产的使用管理权，自主经营，自收自支，负责国有资产的保值增值。

牵头部门：省委宣传部

责任部门：省委组织部、省发展和改革委员会、省机构编制委员会办公室、省财政厅、省人力资源和社会保障厅、省广播电影电视局、省新闻出版局、黑龙江日报报业集团、黑龙江人民广播电台、黑龙江电视台、各市(地)

61. 进一步推动省级和省会城市党报党刊发行体制改革和非时政类报刊转企改制，整合各类报刊资源，优化报刊结构，以知名品牌为核心，组建大型期刊集团，提升全省期刊产业集中度和市场竞争力。

牵头部门：省委宣传部、省新闻出版局

责任部门：省财政厅、省审计厅、省机构编制委员会办公室、省地方税务局、省人力资源和社会保障厅、省国土资源厅、省工商行政管理局、黑龙江日报报业集团、省邮政管理局

62.积极探索重点新闻网站转企改制工作，鼓励其他新闻单位网站按政策规定转企改制。

牵头部门：省委宣传部

责任部门：省发展和改革委员会、省机构编制委员会办公室、省人力资源和社会保障厅、省互联网宣传管理领导小组办公室、东北网络台

63.建立和完善演艺、影视、图书、报刊、音像、网络、会展、动漫游戏、文化旅游等产品市场，重点发展群力文化艺术工艺品、哈尔滨中华巴洛克、齐齐哈尔中环、大庆百湖艺术群落等文化市场。

牵头部门：省委宣传部

责任部门：省发展和改革委员会、省商务厅、省文化厅、省广播电影电视局、省新闻出版局、各有关市(地)

64.加快培育产权、版权、资金、技术、人才、信息等文化要素市场，推进黑龙江北方文化产权交易所、中俄艺术品交易中心建设，建立健全文化资产评估和文化产权交易体系，引导和规范各类文化资产交易。有序开展产权评估、质押、变现和转让业务，为文化产品和版权交易搭建专业化平台。

牵头部门：省委宣传部

责任部门：省文化厅、省广播电影电视局、省新闻出版局、省发展和改革委员会、省财政厅、省金融工作办公室、省商务厅、省工商行政管理局

65.发展连锁经营、物流配送、电子商务等现代物流组织和流通形式，构建以省新华书店发行网络为基础，市(地)为中心、县(市、区)相配套、贯通城乡的文化产品流通网络。

牵头部门：省新闻出版局

责任部门：省商务厅、省工业和信息化委员会、黑龙江出版集团、各市(地)

66.建立文化产业综合服务平台，为文化企业提供非营利性公共技术支撑、信息发布、资源共享、统计分析等第三方服务，降低文化企业创业和运营成本。积极发展文化中介组织，充分发挥文化经纪人和中介组织在市场培育中的重要作用。

牵头部门：省委宣传部

责任部门：省工业和信息化委员会、省文化厅、省广播电影电视局、省新闻出版局、省委对外宣传办公室

67.加强文化产品和服务对外贸易，加快培育外向型骨干企业，重点扶持冰雕、冰上杂技、特色工艺品、文化用品等产品和服务出口，支持文艺表演、艺术展览、动漫游戏、电子出版物等文化产品进入国际市场。

牵头部门：省商务厅

责任部门：省文化厅、省委宣传部、省文学艺术界联合会、省新闻出版局、省委对外宣传办公室、哈尔滨海关

68.加强具有龙江特色的文化产品商标、服务商标、原产地商标等保护工作,依法保护全省文化企业和文化产品市场权益。创新商业模式和文化产品服务,加快拓展大众文化消费市场,积极培育新的消费热点,不断提高城乡居民文化消费意识,努力扩大文化消费服务。

牵头部门:省工商行政管理局

责任部门:省文化厅、省广播电影电视局、省新闻出版局、黑龙江人民广播电台、黑龙江电视台、省高级人民法院

69.加快政府职能转变,理顺文化行政管理部门与所属企事业单位、中介组织的关系,积极推进政企分开、政事分开、政资分开、政府与市场中介组织分开和管办分离,更好地履行政策调节、市场监管、社会管理、公共服务职能。推动文化行政管理部门由主要管理直属单位向社会管理转变,由行政手段为主向综合运用法律、经济、行政、技术等多种管理手段转变,建立党委领导、政府管理、行业自律、社会监督、企事业单位依法运营的文化管理体制,形成职责明确、反应灵敏、运转有序、统一高效的宏观调控体系。

牵头部门:省委宣传部

责任部门:省委组织部、省机构编制委员会办公室、省人力资源和社会保障厅、省文化厅、省广播电影电视局、省新闻出版局、各市(地)

70.坚持主管主办制度,落实谁主管谁负责和属地管理原则,严格执行文化资本、文化企业、文化产品市场准入和退出政策,不断提高管理效能。建立健全责任权利统一、管人管事管资产相结合的国有文化资产管理体制和运行机制,明确出资人职责,完善国有文化企业资本经营预算、收益分享制度以及评估、监测和经营业绩考核体系,加强重大国有文化资产变动监管,落实国有文化资产保值增值责任。

牵头部门:省委宣传部

责任部门:省发展和改革委员会、省财政厅、省文化厅、省广播电影电视局、省新闻出版局、省工商行政管理局、各市(地)

71.深化文化市场综合执法改革,建立以行政执法、社会监督、行业自律、技术监控为主要内容的文化市场监管体系,加强综合执法队伍素质建设、装备建设、形象建设和业务建设,提高市场监管效率和依法行政水平,全面完成城市文化市场综合执法改革工作。

牵头部门:省委宣传部

责任部门:省文化厅、省广播电影电视局、省新闻出版局、省机构编制委员会办公室、省国有资产监督管理委员会、省发展和改革委员会

72. 依法严厉打击破坏文化建设的各类违法犯罪行为,深入开展“扫黄打非”,坚决扫除毒害人们心灵的腐朽文化垃圾。加快完善版权法律政策体系,提高版权执法监管能力。

牵头部门:省新闻出版局

责任部门:省人大常委会法制工作委员会、省人大常委会教育科学文化卫生委员会、省政府法制办公室、省文化厅、省公安厅、省高级人民法院、省工商行政管理局、省通信管理局、哈尔滨海关、各市(地)

73.加强文化及相关产业统计,完善统计指标,规范统计方法,增强统计数据的科学性和可比性。

牵头部门:各级人民政府

责任部门:省委宣传部、省文化厅、省新闻出版局、省广播电影电视局、省统计局、省机构编制委员会办公室、省财政厅

(五)实施文化精品打造工程

74.推动文化理论创新,依托省社会科学院、高等院校及其他科研机构,围绕经济社会发展重大问题搞好决策咨询和战略性研究,推出一批具有重大理论和实践价值的优秀成果。鼓励支持哲学社会科学界总结历史经验,关注时代风云,盯紧技术进步,服务科学发展。加强社科研究基地建设,增设党建、生态文明、文化创意产业等 10 个研究基地,不断加大对科研项目的扶持和资助力度,保障规划项目立项和经费逐年增长,支持省社会科学院进入全国一

流行列。

牵头部门:省委宣传部

责任部门:省财政厅、省社会科学院、省社会科学界联合会、省教育厅、省委党校

75.推动文化内容创新,深入发掘历史文化、民族民俗文化、流寓文化、外来文化、革命文化、创业文化的丰富内涵,充分利用冰雪、森林、草原、湿地、油田、农垦、煤矿、老工业基地等特色题材,鼓励文化产品原创,催生新的文艺品种和形式。

牵头部门:省委宣传部

责任部门:省文化厅、省文学艺术界联合会、省作家协会、省广播电影电视局、省旅游局、省社会科学院、省画院

76.推动文化科技创新,实施一批文化科技创新项目,开发一批具有自主知识产权的核心技术,构建完备的文化系统信息数据库,提升文化事业与产业的科技装备水平。

牵头部门:省文化厅

责任部门:省科学技术厅、省教育厅、省工业和信息化委员会、省统计局

77.推动文化业态创新,采用数字、网络、光电等高新技术,改造传统文化业态,发展新兴文化业态,重点推进文学、舞台艺术、广播影视、造型艺术、民间民俗工艺、出版、动漫及网络游戏、旅游八大文化创意中心建设,形成从创意到加工、制作、传播和销售的链条化运行机制。

牵头部门:省委宣传部

责任部门:省文化厅、省广播电影电视局、省新闻出版局、省财政厅、省旅游局、省科学技术厅、省文学艺术界联合会、省作家协会

78.培育一批非物质文化遗产品牌,重点扶持发展达斡尔族说唱文学《乌钦》、赫哲族说唱文学《伊玛堪》、鄂伦春族说唱文学《摩苏昆》、达斡尔族鲁日格勒舞以及东北二人转、东北民歌等。

牵头部门:省文化厅

责任部门:省文学艺术界联合会、省作家协会、省财政厅

79.培育一批民间手工艺品牌,切实打造具有历史特色、地域特征、民族特点的艺术精品。

牵头部门:省文学艺术界联合会

责任部门:省委宣传部、省文化厅、省工业和信息化委员会

80.培育一批优秀文化流派品牌,不断扩大黑龙江版画、冰雪山水画、北方少数民族人物画、冰上杂技、戏曲等优势艺术门类和艺术流派影响,抢救保护老一代文艺领军人物艺术成就。

牵头部门:省委宣传部

责任部门:省文化厅、省文学艺术界联合会、省作家协会、省画院

81.培育一批舞台艺术品牌,加快推出一批龙江剧、话剧、音乐剧、歌舞剧、舞蹈诗剧新剧目,确保每个评奖年度有 1—2 台剧目入围或入选“五个一工程”奖、文华奖和国家舞台艺术精品工程。

牵头部门:省文化厅

责任部门:省委宣传部、省新闻出版局、省财政厅

82.培育一批龙江图书品牌,实施精品图书出版工程,加快推出一批优秀哲学学术著作、朝文和俄文辞书、历史文化系列丛书,大幅度提高精品图书比例和再版率。

牵头部门:省新闻出版局

责任部门:黑龙江出版集团、省教育厅、省社会科学院

83.培育一批广播影视艺术节目品牌,确保每年有 1—2 部电视剧在央视黄金时段播出,每届有 1—2 部电影、2 部以上广播剧获国家级奖项。

牵头部门:黑龙江人民广播电台、黑龙江电视台

责任部门:省文化厅、省广播电影电视局、省文学艺术界联合会、省作家协会

84.培育一批文学作品品牌,加强以萧红文学、北方民族题材文学等为重点的文学资源开发,推动文学作品创造生产,争取更多作品获得国家级奖项。

牵头部门:省作家协会

责任部门:省财政厅、省文学艺术界联合会、省社会科学院、省新闻出版局

85.培育一批企业文化品牌,鼓励和扶持大型国有文化企业、有实力的文化单位开发具有良好市场前景的原创品牌,挖掘已有文化品牌内涵,提高品牌营销能力。

牵头部门:省委宣传部

责任部门:省文化厅、省广播电影电视局、省新闻出版局、省文学艺术界联合会、省作家协会

86.坚持把遵循社会主义先进文化前进方向、人民群众满意作为评价作品最高标准, 科学设置票房、收视收听率、点击率、发行量等市场接受程度量化指标,切实把群众评价、专家评价和市场检验统一起来,形成客观全面、公开公平公正的文化产品评价标准。

牵头部门:省委宣传部

责任部门:省文化厅、省广播电影电视局、省新闻出版局、黑龙江日报报业集团、黑龙江人民广播电台、黑龙江电视台、省互联网宣传管理领导小组办公室

87.健全文艺评论工作机制,培养高素质评论队伍,搭建文艺作品、艺术成就和艺术理论研讨等学术平台,深入开展文艺思潮、文艺现象、文艺热点问题研究分析,及时把握文艺动向动态,及时发布文艺舆情信息,促进各艺术门类交流。

牵头部门:省委宣传部

责任部门:省文化厅、省广播电影电视局、省新闻出版局、省广播电影电视局、省文学艺术界联合会、省作家协会、省画院、省社会科学院、省社会科学界联合会

88.积极参与“五个一工程”、“国家舞台精品工程”等国家级评选活动,加强和改进各门类专项奖评选。

牵头部门:省委宣传部

责任部门:省文化厅、省广播电影电视局、省新闻出版局、黑龙江人民广播电台、黑龙江电视台、省文学艺术界联合会、省作家协会、省社会科学界联合会

89. 设立优秀文艺作品、文艺人才专项奖励基金,加大对民营院团、地方戏、少数民族地区及优秀艺术院团支持力度,促进新闻出版、广播影视、文学艺术、舞台艺术、群众文化等全面发展。

牵头部门:省委宣传部

责任部门:省财政厅、省文化厅、省人力资源和社会保障厅、省民族事务委员会、省新闻出版局、省广播电影电视局、黑龙江人民广播电台、黑龙江电视台、省文学艺术界联合会、省作家协会

90.健全完善扶持艺术创作生产长效机制,继续实行为优秀剧院写戏、为优秀演员写戏制度,推行重点剧目集中创排方式,探索建立重点文艺项目立项、招标、签约等制度。

牵头部门:省委宣传部

责任部门:省文化厅、省广播电影电视局、省新闻出版局、省文学艺术界联合会、省作家协会

91.加大优秀文化产品宣传推广力度,运用主流媒体、公共文化场所等资源,在资金、频道、版面、场地等方面为展演展映展播展览弘扬主流价值的精品力作提供条件,扩大优秀文化产品社会覆盖面和影响力。

牵头部门:省委宣传部

责任部门:省文化厅、省广播电影电视局、省新闻出版局、省文学艺术界联合会、省作家协会、省画院、黑龙江人民广播电台、黑龙江电视台、东北网络台

92.加强对社会艺术考级的审批、监督、管理和指导,确保艺术考级工作规范性和权威性。

牵头部门:省文化厅

责任部门:省文学艺术界联合会

(六)实施文化传播促进工程

93.建立健全媒体合力宣传机制,形成中央媒体与省直媒体、省直媒体与市(地)媒体、传统媒体与新兴媒体宣传互动。以党报党刊、电台电视台为主,整合都市类媒体、网络媒体等宣传资源,把握主基调,唱响主旋律,占领主阵地,构建统筹协调、责任明

确、功能互补、覆盖广泛、富有效率的舆论引导格局，不断提高新闻传播能力。加大重要媒体建设力度，进一步完善采编、发行、播发系统，加快数字化转型，扩大有效覆盖面。

牵头部门：省委宣传部

责任部门：省广播电影电视局、黑龙江日报报业集团、黑龙江人民广播电台、黑龙江电视台、省委对外宣传办公室、省互联网宣传管理领导小组办公室、东北网络台

94.鼓励条件成熟的重点新闻单位跨媒体、跨行业、跨区域发展，扩大新闻信息采集和产品营销网络，支持黑龙江电视台等重点媒体在境内外扩大落地率。建立统一联动、安全可靠的应急广播系统。

牵头部门：黑龙江人民广播电台、黑龙江电视台、黑龙江日报报业集团

责任部门：省委宣传部、省广播电影电视局、省新闻出版局、省委对外宣传办公室

95.大力发展数字出版、手机报纸、手机网站、手机电视、网络电视、移动多媒体广播电视等新兴传播载体，拓展传播平台，丰富服务内容，提供个性化、分众化、专精化的产品和服务。

牵头部门：省委宣传部

责任部门：省新闻出版局、省广播电影电视局、黑龙江日报报业集团、黑龙江人民广播电台、黑龙江电视台、东北网络台、省发展和改革委员会、省科学技术厅、省工业和信息化委员会、省财政厅、省发展和改革委员会、省地方税务局

96.坚持走新闻传媒内涵式发展之路，通过深化内部机制改革，打造一批优秀报纸、频道、频率、栏目和主持人，形成富有龙江特色和风格的传媒体系。

牵头部门：黑龙江人民广播电台、黑龙江电视台

责任部门：省广播电影电视局、省新闻出版局、黑龙江日报报业集团、省互联网宣传管理领导小组办公室、东北网络台

97.实施文艺精品上网工程，积极推动文化艺术精品数字化、网络化传播，加快网上图书馆、网上博物馆、网上展览馆、网上剧场建设，构建适应人民群众需要的网络公共文化服务平台。

牵头部门：省文化厅

责任部门：省广播电影电视局、省新闻出版局、省互联网宣传管理领导小组办公室、东北网络台

98.发展积极向上的网络文化，广泛开展文明网站创建活动，加快重点新闻网站建设，培育一批积极健康的网络内容生产骨干企业，鼓励网民创作格调高雅的网络文化产品，促进高品位文化信息传播。

牵头部门：省互联网宣传管理领导小组办公室

责任部门：省委宣传部、省精神文明办公室、省通信管理局、省公安厅、省文化厅、省广播电影电视局、省新闻出版局

99.加快形成法律规范、行政监管、行业自律、技术保障、公众监督、社会教育相结合的互联网管理体系，强化以互联网信息内容管理部门为主的网上信息管理机制。

牵头部门：省互联网宣传管理领导小组办公室

责任部门：省人大常委会教育科学文化卫生委员会、省人大常委会法制工作委员会、省公安厅、省工业和信息化委员会、省通信管理局、省机构编制委员会办公室、省政府法制办公室、省监察厅、省维稳办

100.大力净化网络环境，建立网络舆情监测体系，加强网络舆情分析和研判，严厉打击网络违法犯罪，引导网络运营服务企业履行法律义务和社会责任，切实提高网络文化建设和管理水平。

牵头部门：省互联网宣传管理领导小组办公室

责任部门：省公安厅、省通信管理局、省高级人民法院

101. 精心办好中国·哈尔滨国际经济贸易洽谈会、中国·哈尔滨国际冰雪节、中国国际青少年动漫周、黑龙江国际文化艺术产业博览会、哈尔滨民间民俗艺术博览会等国际性展会活动，打造一批文化交流、经贸合作、旅游观光平台。积极参与中国(深圳)国际文化产业博览会、中国国际广播影视博览会、中国(北京) 文化创意产业博览会和国家重大对外文化交

流项目、国家在西方大国及新兴大国举办的大型文化年活动,展现龙江巨大变化和良好形象。

牵头部门:省委宣传部

责任部门:省文化厅、省广播电影电视局、省新闻出版局、省商务厅、省委对外宣传办公室、省旅游局、黑龙江人民广播电台、黑龙江电视台、哈尔滨市

102.鼓励和支持各市(地)立足实际,科学规划建设会展基础设施,积极举办承办各类会展活动,形成以哈尔滨为中心,布局合理、竞合发展的文化会展产业布局。

牵头部门:省委宣传部

责任部门:省发展和改革委员会、省财政厅、省住房和城乡建设厅、省国土资源厅、省商务厅

103.大力发展文化会展中介组织,培育网上展览会等新型业态,抓好工艺美术品网络视频商城(东北网)建设,完善以展览、工程、会议等为主要内容的服务体系,加速会展业市场化、专业化、网络化进程。

牵头部门:省委宣传部

责任部门:省商务厅、省互联网宣传管理领导小组办公室、省工商业联合会

104.组织开展"文化遗产日"、"博物馆日"等群众性文化展示活动,积极参与文化遗产国际交流合作,拓展文化遗产展示传播途径,提高文化成果展示水平。

牵头部门:省文化厅

责任部门:省委对外宣传办公室

105.构建以俄、日、韩和欧美发达国家为重点的对外文化交流机制,发挥海外华侨华人社团和留学生组织作用,依托省内高校推进海外孔子学院建设,积极做好沿边开放带和东北亚"桥头堡"文化交流,增进友好城市之间的文化往来和互信,通过文化周、电影电视周等活动载体,提高黑龙江文化国际影响力。

牵头部门:省委对外宣传办公室

责任部门:省文化厅、省广播电影电视局、省教育厅、省政府外事办公室、省商务厅、黑龙江人民广播电台、黑龙江电视台

106.加强外宣阵地建设,发挥新闻媒体对外宣传主导作用,有效整合外宣资源,统筹外宣品制作、推介和广告播映。加强与境内外重点媒体合作,深化与中国日报、中国国际广播电台、中央电视台战略伙伴关系,组织开展中国东北地区与俄罗斯联邦远东地区媒体定期交流合作,建立与凤凰卫视、《欧洲时报》等境外媒体的实质性合作机制,不断提高各媒体黑龙江专版质量。推进大型记录电影《龙江行》的宣传推介和多语种出版发行。

牵头部门:省委对外宣传办公室

责任部门:省广播电影电视局、省新闻出版局、黑龙江日报报业集团、黑龙江人民广播电台、黑龙江电视台、东北网络台

107.鼓励广电、报业、出版、文艺表演团体等与国际知名的电影、出版、演艺、展览等机构合作,通过独资、合资、控股、参股等多种形式在国外兴办文化实体。

牵头部门:省委宣传部

责任部门:省文化厅、省广播电影电视局、省委对外宣传办公室、省新闻出版局、黑龙江日报报业集团、省商务厅、黑龙江人民广播电台、黑龙江电视台、省财政厅

108.坚持以民间为主体、市场为杠杆,通过民间发动、商业演出等途径,组织文艺院团、文化企业、高等院校赴国外演出,推动由文化交流向科技、教育、卫生、体育交流等方面延伸。

牵头部门:省文化厅

责任部门:省政府外事办公室、省科学技术厅、省教育厅、省卫生厅、省体育局

109.加强文化国际营销网络建设,建立黑龙江对外文化交流项目数据库,改进文化出口奖励机制,构建完整有效的投资信息平台和文化贸易统计系统。

牵头部门:省委宣传部

责任部门:省委对外宣传办公室、省财政厅、省国家税务局、省地方税务局、省商务厅、省统计局、

省文化厅、省广播电影电视局、省新闻出版局、各有关银行

110.积极开展“引进来”工作，邀请国外及港澳台地区优秀文化单位来龙江演出交流，吸收借鉴世界优秀文化成果。

牵头部门:省文化厅

责任部门:省委对外宣传办公室、省政府外事办公室

111. 抓住国家实施兴边富民行动规划契机，扎实推进文化固边工程，科学规划建设口岸城市，加强城市文化生态保护，建设一批重点文化设施，在城市建设中充分彰显中华文化风格，提升口岸城市文化形象，筑成坚实的文化安全屏障和精神桥头堡。

牵头部门:省文化厅

责任部门:省发展和改革委员会、省财政厅、省住房和城乡建设厅、省交通运输厅、省国土资源厅、省商务厅

112.积极开展对俄文化交流，在省内和俄罗斯远东及东西伯利亚地区适时举办黑龙江友城国际文化节、黑龙江中俄青年文化节等活动，扩大“黑龙江中俄文化大集”品牌活动规模和影响，不断增强口岸城市文化影响力。深化同俄友好城市间的文化合作，完善文化交流长效机制，推动城市艺术院团互派演员、专家及演艺团体等，不断开辟对俄文化交流新领域。

牵头部门:省委对外宣传办公室

责任部门:省文化厅、省政府外事办公室、省商务厅、共青团黑龙江省委员会

113.加强口岸城市外宣力量建设，邀请国际国内知名媒体到口岸城市设立工作室，支持广播、电视、报刊等开设俄语栏目，打造对俄宣传优秀品牌。

牵头部门:省委对外宣传办公室

责任部门:黑龙江日报报业集团、黑龙江出版集团、黑龙江人民广播电台、黑龙江电视台、省新闻出版局、东北网络台

114.积极发挥沿边口岸城市独特的地缘和资源优势，大力发展文化娱乐、休闲度假、异国风情等特色旅游，以旅游大发展推动对外文化大交流。

牵头部门:省旅游局

责任部门:省委宣传部、省商务厅、省文化厅、省广播电影电视局、省委对外宣传办公室、省作家协会、黑龙江人民广播电台、黑龙江电视台

115.坚持文化交流和文化贸易并重，在重点口岸建立对外文化贸易出口基地和服务平台，积极输出优秀文化资源和文化产品。

牵头部门:省文化厅

责任部门:省商务厅、省委对外宣传办公室、省政府外事办公室、哈尔滨海关

(七)实施文化人才建设工程

116.壮大文化精英群体，深入实施“六个一批”人才培养计划，加强理论、新闻、出版、文艺领域拔尖人才和高层次经营管理、专门技术人才培养，并将新媒体业态人才、基层宣传文化骨干人才、民营文化企业和民间文化人才纳入培养范围，打造一支德才兼备、锐意创新、结构合理、规模宏大的高素质文化人才队伍。继续实施黑龙江省英才开发计划，加大青年人才培养力度，推动青年文化人才快速成长。造就文化大家名家，在哲学社会科学、新闻出版、广播影视、文学艺术、文物保护等领域，培养造诣高深、成就突出、影响广泛、体现龙江文化发展水平的杰出人才，每两年评选一次“黑龙江文化名家”，对其承担的重大课题、重点项目、重要演出等给予重点扶持。

牵头部门:省委宣传部

责任部门:省委组织部、省人力资源和社会保障厅、省文化厅、省广播电影电视局、省新闻出版局、省教育厅、省工商业联合会、省文学艺术界联合会、省社会科学院、省社会科学界联合会、共青团黑龙江省委员会

117.培养文化领导人才，加大干部轮训力度，健全省、市(地)、县(市、区)、乡镇(街道)四级干部人才教育培训体系，把文化建设纳入干部培训计划和各级党校、行政学院、干部学院教学内容，丰富培训内

容、活化培训方式、扩大培训范围、提高培训实效。

牵头部门:省委宣传部

责任部门:省委组织部、省人力资源和社会保障厅、省文化厅、省广播电影电视局、省新闻出版局、省委党校

118. 推进宣传文化单位干部人才实践锻炼,使其经受磨炼、增长才干、丰富经验,打造一支高素质党政文化领导人才队伍。培育后备文化人才,引导和支持文化企事业单位与教育机构联合搭建文化人才培养基地,提高文化工作者专业水平和技能。发挥老专家、老学者、知名艺人的作用,推动“名师带徒”,大力培养“接班人”。到 2015 年,选拔“六个一批”人才 240 名,力争有 5—10 名进入全国“四个一批”人才行列,评选“黑龙江文化名家”120 名,力争有 5—10 名进入全国文化名家行列。

牵头部门:省委宣传部

责任部门:省委组织部、省人力资源和社会保障厅、省教育厅、省广播电影电视局、省文化厅、省新闻出版局、黑龙江人民广播电台、黑龙江电视台、省文学艺术界联合会、省作家协会

119.制定出台文化领域高层次人才引进办法和实施细则,建立“统一领导、集中受理、专家评审”的文化人才引进“绿色通道”,定期编制和发布紧缺急需高层次文化人才引进目录,组织开展高层次文化人才招聘活动,面向国内外重点引进社科理论和文学艺术名家大师、文化创意和文化产业领军人物,有条件的城市要积极争取国内外知名的高端文化实体进驻,使黑龙江成为富有吸引力的文化人才荟萃地。

牵头部门:省委宣传部

责任部门:省委组织部、省人力资源和社会保障厅、省商务厅、省工商业联合会、省文化厅、省广播电影电视局、省新闻出版局

120.充分发挥用人单位主体作用,推动传统文化企事业单位扩大发展,加快新媒体、新业态的开发与建设,引导和扶持一批文化骨干企业、重点园区建立高层次文化人才引进平台,以项目引才、产业聚才、待遇留才、以才引才等方式吸引高端人才和创新团队。

牵头部门:省委宣传部

责任部门:省委组织部、省人力资源和社会保障厅、省商务厅、省财政厅、省文化厅、省广播电影电视局、省新闻出版局

121.创新人才引进方式,鼓励文化行业以岗位聘用、项目聘任、客座邀请、兼职、定期服务、项目合作等多种形式引进高层次文化人才。发挥文化群团的组织协调和桥梁纽带作用,培育文化人才中介机构,促进人才流动。

牵头部门:省委宣传部

责任部门:省委组织部、省人力资源和社会保障厅、省文化厅、省广播电影电视局、省新闻出版局

122.坚持以用为本,建立能上能下、能进能出、择优汰劣、合理流动的用人机制。完善以业绩为依据,建立品德、知识、能力等要素构成的人才选拔机制,注重在重大文化工程、重点文化项目实施中发现、选拔优秀人才。强化事业单位专业技术职务聘任制度,建立按需设岗、按岗聘任、竞争择优的聘任机制,形成有利于各类文化人才脱颖而出、施展才干的选人用人机制。

牵头部门:省委宣传部

责任部门:省委组织部、省人力资源和社会保障厅、省文化厅、省广播电影电视局、省新闻出版局、黑龙江人民广播电台、黑龙江电视台

123.充实壮大县级和城乡基层宣传文化部门力量,加强改进县级和城乡基层宣传文化干部管理,从大学生村官、支教大学生中选拔优秀人才充实到基层宣传文化单位,配齐配好乡镇、街道党委宣传委员、宣传干事和乡镇综合文化站专职人员。设立城乡社区公共文化服务岗位,对服务期满高校毕业生报考文化部门公务员、相关专业研究生实行定向招录。重视发现和培养扎根基层的乡土文化能人,鼓励和引导群众中涌现出更多的网络作家、业余诗人、民间歌手,发展壮大民间文化人才队伍。

牵头部门:省委宣传部

责任部门:省委组织部、省教育厅、省人力资源和社会保障厅、省文化厅、省文学艺术界联合会、省作家协会

124.完善人才激励机制,制定出台文化企事业单位智力贡献参与分配的具体办法,允许文化人才通过技术、专利、品牌入股,探索高层次文化人才协议工资、项目工资等多种分配形式。

牵头部门:省委宣传部

责任部门:省委组织部、省人力资源和社会保障厅

125.健全以政府奖励为导向、用人单位和社会力量奖励为主体的人才奖励体系,建立省级文化荣誉制度,探索特级专家聘任、文化大师工作室制度,对突出贡献者、重大文化成果进行重奖,调动人才的积极性、主动性、创造性。

牵头部门:省委宣传部

责任部门:省委组织部、省人力资源和社会保障厅、省财政厅、省文化厅、省广播电影电视局、省新闻出版局

126.在评定职称、参与培训、申报项目、表彰奖励等方面,对非公有制文化单位人员给予同等对待。健全管理人才和专业技术人才发展"双通道"晋升制度,突破行政级别为主的单一晋升途径,提供项目平台,设置首席岗位,促进各类文化人才各尽所能、各得其所。

牵头部门:省委宣传部

责任部门:省委组织部、省人力资源和社会保障厅、省文化厅、省广播电影电视局、省新闻出版局、黑龙江人民广播电台、黑龙江电视台

127.建立健全人才服务体系,构建覆盖体制内外、功能齐全、服务优质的文化人才公共服务平台,完善全省宣传文化系统高级人才信息库,拓宽与人才联系沟通渠道,推进落实项目扶持、挂职锻炼、调研采风、休假疗养等各项人才政策。

牵头部门:省委宣传部

责任部门:省委组织部、省人力资源和社会保障厅、省文化厅、省广播电影电视局、省新闻出版局

128.完善高层次文化人才服务机制,为高层次人才创业发展提供个性化、专业化服务。深化文化人才认证工作,拓展水平认证项目开发领域,建立文化人才职业能力社会化评价体系,开展党政领导群众认可、经营人才市场认可、专业技术人才业内认可的分类评估。适应文化体制改革需要,为文化企事业单位提供人才招聘、人事代理、人才派遣、政策咨询等专业配套服务。实施特殊文化专业人才自主择业保障金计划,建立从事特殊艺术专业人才退出机制。

牵头部门:省委宣传部

责任部门:省委组织部、省人力资源和社会保障厅、省财政厅

(八)实施文化发展保障工程

129.牢固树立科学文化发展观,把推动文化大发展大繁荣纳入各级党委、政府重要议事日程,深入研究意识形态和宣传文化工作新情况新特点,及时研究文化改革发展重大问题,加强和改进思想政治工作,牢牢把握意识形态工作主导权,掌握文化改革发展领导权。把文化建设纳入经济社会发展总体规划,做到与经济建设、政治建设、社会建设一同研究部署、一同组织实施、一同督促检查。把文化改革发展成效纳入科学发展考核评价体系,作为衡量领导班子和领导干部工作业绩的重要依据。

牵头部门:省委宣传部

责任部门:省委办公厅、省政府办公厅、省发展和改革委员会、省财政厅、省委组织部、省委政策研究室、省直机关目标责任制领导小组办公室、省社会科学院

130.各级人大要加强文化建设立法工作,检查有关法律法规执行情况,推动文化建设步入法制化轨道。各级政协要加强调查研究,为文化建设建言献策,提供智力支持。深入做好文化领域知识分子工作,充分尊重知识分子创造性劳动,善于同知识分子特别是有影响的代表人士交朋友,把广大知识分子紧紧团结在党的周围。

牵头部门:省人大有关专门委员会、省人大常委会法制工作委员会、省政协有关专门委员会

责任部门:省委组织部、省委宣传部、省人力资源和社会保障厅、省政府法制办公室

131.各级党委要高度重视宣传思想文化系统的领导班子建设和领导干部配备。坚持德才兼备、以德为先用人标准，选好配强文化领域领导班子，把政治立场坚定、思想理论水平高、熟悉文化工作、善于驾驭意识形态领域复杂局面的干部充实到领导岗位上来，把宣传思想文化领域各级领导班子建设成为坚强领导集体。

牵头部门:省委组织部

责任部门:省委宣传部

132.加强宣传思想文化领域领导班子思想政治建设，增强政治敏锐性和政治鉴别力，筑牢思想防线，确保文化阵地导向正确。宣传思想文化领域领导干部要高度重视并切实抓好文化工作，加强文化理论学习和文化问题研究，把握文化发展规律，提高文化理论素养，改进工作方式方法，增强领导文化建设本领，努力成为行家里手。

牵头部门:省委宣传部

责任部门:省委组织部

133.保证公共财政对文化建设投入的增长幅度高于财政经常性收入增长幅度，提高文化支出占财政支出比例。扩大公共财政覆盖范围，完善投入方式，加强资金管理，提高资金使用效益，保障公共文化服务体系建设和运行。

牵头部门:省财政厅

责任部门:省发展和改革委员会、省委宣传部、省文化厅、省广播电影电视局、省新闻出版局

134.把主要公共文化产品和服务项目、公益性文化活动纳入公共财政经常性支出预算，采取政府采购、项目补贴、定向资助、贷款贴息、税收减免等政策措施鼓励各类文化企业参与公共文化服务。研究建立文化消费政府补贴机制，提高文化消费在城乡居民日常消费结构中的比重。从城市住房开发投资中提取1%用于社区公共文化设施建设。

牵头部门:省财政厅、省住房和城乡建设厅

责任部门:省发展和改革委员会、省委宣传部、省文化厅、省广播电影电视局、省新闻出版局、省商务厅

135.设立文化产业发展基金和农村文化建设专项资金，扩大已有文化基金和专项资金规模，保障重点文化单位和文化项目、艺术精品创作生产、公益性文化场所免费开放、文化遗产保护利用、思想政治工作、未成年人思想道德建设、哲学社会科学研究、文化人才培养奖励等资金需求。

牵头部门:省财政厅

责任部门:省委宣传部、省文化厅、省广播电影电视局、省新闻出版局、省精神文明办公室

136.提高彩票公益金用于文化事业比重，逐步将政府对国有文化经营单位的无偿投入转为国有资本金的投入。

牵头部门:省财政厅

责任部门:省委宣传部、省民政厅、省体育局

137.鼓励石油、煤炭、农垦、森工等大型企业安排一定资金，以自办或参股的方式用于文化产业发展。

牵头部门:省委宣传部

责任部门:大庆油田、省国有资产监督管理委员会、省农垦总局、省森工总局

138.继续执行文化体制改革配套政策，对转企改制国有文化单位扶持政策执行期限再延长5年。

牵头部门:省委宣传部

责任部门:省财政厅、省工商行政管理局、省国家税务局、省地方税务局、省国土资源厅、省文化厅、省广播电影电视局、省新闻出版局

139.活化金融服务，建立文化产业信用担保和文化类无形资产评估、质押和交易制度，支持担保和再担保机构开放适应文化产业发展需要的担保服务，加快推动黑龙江文盛文化产业投资集团发展，不断提高文化资本运营质量和效益。

牵头部门:省财政厅

责任部门:省委宣传部、省发展和改革委员会、省工商行政管理局、省金融工作办公室、省文化厅、省广播电影电视局、省新闻出版局

140.保障土地需求，将文化产业建设用地纳入

土地利用总体规划和年度计划。

牵头部门:省国土资源厅

责任部门:省委宣传部、省财政厅、省发展和改革委员会、省住房和城乡建设厅、省文化厅、省广播电影电视局、省新闻出版局

141.强化税收支持,对列入鼓励类企业目录的文化企业,按规定享受减免税政策,对文化企业自主创新、文化内容创意生产、非物质文化遗产项目经营实行税收优惠。

牵头部门:省地方税务局

责任部门:省委宣传部、省发展和改革委员会、省国家税务局、省文化厅、省广播电影电视局、省新闻出版局、省财政厅

142.放宽市场准入,鼓励和支持非公有制资本以多种形式投资文化产业,非公有制企业在土地使用、技术创新、财税政策、对外贸易等方面与国有文化企业享受同等待遇。鼓励对外出口,扶持外向型产品研发及出口和企业落地经营,对出口业绩优秀的企业和项目予以奖励。

牵头部门:省工业和信息化委员会

责任部门:省委宣传部、省国土资源厅、省财政厅、省商务厅、省国家税务局、省地方税务局、省商务厅、省国有资产监督管理委员会、省工商行政管理局、省文化厅、省广播电影电视局、省新闻出版局

143.加强法律支撑,加快修订和完善文化市场管理条例、文物管理条例、文化艺术规划课题管理办法、优秀文艺作品奖励办法等地方性文化法规和制度。

牵头部门:省人大常委会教育科学文化卫生委员会、省人大常委会法制工作委员会

责任部门:省委宣传部、省政府法制办公室、省文化厅、省广播电影电视局、省新闻出版局

144.民主党派、无党派人士和工会、共青团、妇联、文联、作协、记协、社科联等人民团体,要充分发挥联系群众、组织群众的重要作用,动员和推动全社会广泛参与文化建设。报纸、广播、电视、网络等各类媒体,要发挥舆论引导作用,大力宣传社会主义文化建设的重要意义和有效举措,宣传推广繁荣文化事业、发展文化产业的先进典型,积极倡导健康文明的文化消费理念,积极培育品位高雅的文化消费习惯,积极营造加快文化发展的浓厚舆论氛围。尊重人民群众的主体地位,发挥人民群众的主体作用,充分调动广大群众参与文化建设的积极性、主动性和创造性,形成推动龙江文化大发展大繁荣的强大合力。

牵头部门:省委宣传部

责任部门:省政协、省委统战部、省总工会、共青团黑龙江省委员会、黑龙江省妇女联合会、省文学艺术界联合会、省记者协会、省社会科学界联合会、黑龙江日报报业集团、黑龙江人民广播电台、黑龙江电视台、省互联网宣传管理领导小组办公室、省精神文明办公室、省民政厅、东北网络台

二、贯彻实施分解方案的基本要求

1.加强组织领导。各地各部门要把实施“八大工程”,推动文化繁荣发展作为坚持发展是硬道理、发展是党执政兴国第一要务的重要内容,作为深入贯彻落实科学发展观的一个基本要求,纳入各级党委政府重要议事日程,纳入经济社会发展总体规划,纳入科学发展考核评价体系,做到与经济建设、政治建设、社会建设一同研究部署、一同组织实施、一同督促检查,及时研究解决文化改革发展重大问题,作为衡量领导班子和领导干部工作业绩的重要依据。要建立健全领导机构,省里成立以省委副书记杜家毫同志为组长,省委常委、常务副省长刘国中同志,省委常、委宣传部长张效廉同志,省政府副省长程幼东同志为副组长的领导小组(详见附件),各市(地)、县(市)也要参照省里的做法成立领导小组及工作机构,办公室设在各级宣传部,负责文化繁荣发展的规划指导、统筹协调、组织实施、督促检查。

2.注重统筹协调。要构建责任到位、沟通顺畅、密切配合、齐抓共管的工作格局。各牵头部门要对分解方案中明确的牵头项目,切实担负起规划之职,协调之职,落实之职。所有分工项目,都要在今年上半年明确提出具体解决方案或推进方案以及阶段性时

间进度安排，保障贯彻实施工作按进度推进。各责任部门要在认真履行自身职责的同时，大力支持、密切配合牵头部门的工作，及时落实牵头部门的有关事项，保证文化改革发展各项任务有序、有力、有效的推进和完成。要切实强化党委领导核心和政府主导作用，充分发挥各部门的优势和协同作用，有效调动人民群众参与文化改革发展的积极性、主动性、创造性，形成推动文化繁荣发展的强大合力。

3.改进工作方法。要在明确分工的基础上，建立文化建设"八大工程"项目库，按照项目名录确定的任务书、时间表、路线图，科学规划、动态管理、跟踪问效，不断提高工作质量水平。要建立健全项目包保、组织协调、考核督导机制，协同各方，形成合力。对已经明确的工作任务、具体项目，要狠狠地抓，一刻不放松地抓，一抓到底，直到实现预期的目标。各地各部门要把贯彻实施分工项目同推动当前工作紧密结合起来，深入实际、深入基层、深入群众，加强工作指导，及时了解、掌握、解决贯彻实施过程中存在的问题，促进分工项目顺利实施。要开展经常性督促检查和分类指导，不断深化本地本部门文化改革发展，及时总结推广好的经验和做法，确保省委《实施意见》和责任分解方案落实到位。

中共黑龙江省委宣传部 2012年宣传思想工作要点

2012年，是深入贯彻落实科学发展观、加快转变经济发展方式，全面推进"十二五"规划各项目标任务的承上启下之年；是认真贯彻落实党的十七届六中全会精神，积极推动社会主义文化大发展大繁荣的关键之年。2012年，我们党还将召开第十八次全国代表大会，对社会主义现代化建设做出新部署。做好2012年宣传思想文化工作，对于夺取我省全面建设小康社会新胜利，开创社会主义文化建设新局面，具有十分重要的意义。

2012年宣传思想文化工作的总体思路是：全面贯彻党的十七大和十七届三中、四中、五中、六中全会精神，以邓小平理论和"三个代表"重要思想为指导，深入贯彻落实科学发展观，以学习宣传贯彻党的十八大和省十一次党代会为主线，紧紧围绕全省工作大局，深入学习宣传贯彻党的十七届六中全会精神，按照高举旗帜、围绕大局、服务人民、改革创新的要求，牢牢把握社会主义先进文化的前进方向，着力推进马克思主义学习型政党建设，着力加强社会主义核心价值体系建设，着力巩固壮大积极健康向上的主流思想舆论，着力繁荣发展文化事业，着力推进文化体制改革、推动文化产业跨越式发展，着力提高我省宣传思想文化工作科学化水平，全力推进我省文化建设"八大工程"，为党的十八大和省十一次党代会胜利召开营造良好思想舆论氛围，为深入实施"八大经济区"和"十大工程"发展战略，推动全省经济社会又好又快、更好更快发展，提供坚强思想保证、强大精神动力、有力舆论支持和良好文化条件。

按照这个总体思路，2012年要重点抓好以下十个方面的工作。

一、牢牢把握正确导向，营造浓厚社会氛围，兴起迎接宣传贯彻党的十八大和省第十一次党代会热潮

1.大力宣传十七大以来的辉煌成就。会议召开前，以"科学发展、成就辉煌"为主题，集中开展群众性宣传教育活动，大力宣传十七大以来党的理论创新和党的建设取得的伟大成果，大力宣传省十次党代会以来我省各地区各部门认真贯彻落实科学发展观、加快转变经济发展方式、促进社会和谐取得的巨大成就，大力宣传我省各级党组织在执政能力建设、先进性建设和党风廉政建设上取得的重大进展，大力宣传我省出席党的十八大代表和省十一次党代会代表选举工作的新举措、新气象，大力宣传生产工作一线代表的先进模范事迹，大力宣传我省广大干部群众立足本职、努力工作，以实际行动迎接党的十八大和省十一次党代会的崭新风貌。

2.开展多种形式的迎庆活动。举办大型成就展，制作播出电视专题片，省内各媒体开设专题专栏，推出一批迎庆党的十八大的重点文艺作品、理论文章和重点出版物。会议召开期间，省内各媒体要认真做好会议宣传报道和新闻发布工作。

3.搞好会议精神的传达学习贯彻。会议结束后，要按照中央和省委部署，抓好会议精神的学习宣传贯彻。我省出席十八大代表要深入基层，及时向全省各界人士传达会议盛况和会议精神。各级党委中心组要适时召开专题学习会。编写党的十八大和省十一次党代会精神宣传提纲、举办十八大和省十一次党代会精神研讨班、组建宣讲团赴各地宣讲、组织媒体开设专题专栏专版，全面准确深入地学习宣传贯彻十八大精神和省十一次党代会精神，迅速兴起学习宣传贯彻落实会议精神的热潮。

二、深入贯彻落实党的十七届六中全会和省委十届十八次全会精神，大力推进文化建设“八大工程”

4.做好工作任务规划和责任目标分解。各地、各部门要按照《中共黑龙江省委关于贯彻落实〈中共中央关于深化文化体制改革推动社会主义文化大发展大繁荣若干重大问题的决定〉的实施意见》确定的任务要求，分解责任目标，制定各地、各部门具体实施办法，细化工作内容，把省委《实施意见》确定的目标任务细化为可操作的工作项目。根据“八大工程”项目内容，编制好本地区本部门的具体规划，形成国家、省、市(地)层级规划相衔接，各领域、各行业专项(专业)规划相配套的文化建设规划体系。

5.建立健全工作推进落实机制。各级宣传部门要掌握文化发展建设的基本情况，为党委决策当好参谋助手。积极与有关部门沟通协调，解决好文化发展建设中的困难和问题。建立工作任务目标包保责任制，明确每一个项目的时间表、路线图、任务书，确定责任主体，规定完成时限，签订责任状。制定年度工作目标考核奖励办法，加强年度工作目标的督办考核，推动责任目标有效落实。

6.切实加强组织领导。把文化改革发展成就纳入科学发展考核体系，作为衡量领导班子和领导干部工作业绩的重要依据。制定可操作性的配套政策措施。建立健全党委统一领导、党政齐抓共管、宣传部门组织协调、有关部门分工负责、社会力量积极参与的工作机制和工作格局。

三、实施中国特色社会主义理论体系普及计划，坚持不懈地用马克思主义中国化的最新成果武装党员、教育人民

7. 加强中国特色社会主义理论体系学习教育。以领导班子和领导干部为重点，加强中国特色社会主义理论体系学习教育，推动学习实践科学发展观向深度和广度拓展。大力弘扬理论联系实际的学风，坚持把学习党的理论创新成果与推动黑龙江科学发展结合起来，真正把学习成果转化为指导工作的科学思维方法和工作方法，转化为切合实际的工作思路。积极创新党委中心组学习方式，把集体学习研讨作为中心组学习的主要形式，倡导领导干部带学帮学促学述学，完善领导干部基层联系点制度。加强对基层党委中心组学习的指导，集中开展学习情况专项督导，做好省委中心组学习服务工作，召开全省党委(党组)中心组学习经验交流会。

8.深入推进学习型党组织建设。召开全省学习型党组织建设领导小组会议和全省学习型党组织建设推进会议。开展学习型党组织建设专项督导、网上测试、征文和演讲比赛活动。组织专项调研，着力解决学习型党组织建设工作中遇到的重点难点问题。进一步加大典型选树力度，集中开展学习型党组织、学习型领导班子、学习型领导干部、学习型党员典型的选树和宣传工作。完善学习组织、考核评价和督导检查等机制，推动学习型党组织建设长效化、常态化。制定出台《领导干部理论素养和学习能力考核意见》。

9.做好中国特色社会主义理论体系宣传普及工作。在省内主要媒体开辟专栏，围绕人民群众关心的重大理论和现实问题，深入开展思想理论引导。精心组织基层理论宣讲，继续办好“龙江发展讲坛”、“龙江讲坛”、“黑龙江理论网”。拍摄发行大型文献电视片《文化的力量》。编辑出版通俗理论读物，深入推进高校中国特色社会主义理论体系进头脑、进课堂、进教材工作,进一步提升青年学生马克思主义理论水平。围绕文化大发展大繁荣、提高我省文化软实力建设,举办中青年理论骨干研讨班。召开全省理论宣传工作研讨会,研究制定《加强和改进理论宣传工作的意见》。

10.做好哲学社会科学规划工作。哲学社会科学研究要以我省重大现实问题为主攻方向,加强对全局性、战略性、前瞻性问题研究,加快哲学社会科学成果转化,加强与国家级主要媒体的协调沟通,进一步扩大我省理论研究成果的影响力。抓好国家哲学社会科学基金项目的申报立项工作,搞好省社科项目年度立项评审特别是重大决策咨询项目的立项评审工作。建立和完善科学有序的项目评审机制,研究制定规划项目奖励和后期资助项目评审方案。建立全省哲学社会科学专家数据统计管理系统,编辑出版"十一五"期间国家社科基金项目和省社科规划项目优秀成果汇编。积极推进社科研究基地建设,建立文化建设工程研究基地。推进省社科基金资助学术期刊试点工作。

四、推进社会主义核心价值体系建设,努力提高全省人民思想道德素质

11.加强社会主义思想道德建设。抓好《社会主义核心价值体系建设实施纲要》的贯彻实施。深入开展理想信念教育、国情教育、革命传统教育、改革开放教育和社会主义荣辱观教育,扎实开展学习弘扬黑龙江优秀精神主题教育实践活动。在全省各条战线培育树立宣传一批体现社会主义核心价值体系本质要求的先进典型,精心组织党的十七大以来我省的全国重大典型回顾性宣传。继续加强社会公德、职业道德、家庭美德和个人品德建设,着力加强师德、医德、公务员道德和企业道德建设。针对一些领域道德失范、诚信缺失的突出问题,集中开展教育和治理。加强诚实守信宣传教育,大力推进政务诚信、商务诚信、社会诚信和司法公信建设。深化"做一个有道德的人"主题活动,继续开展"我推荐、我评议身边好人"和道德模范与身边好人交流活动。举办龙江道德讲坛,组织系列公益讲座。继续组织开展"道德模范"、"六个十佳"和谐单位(家庭)评选活动,大力宣传坚守道德底线、弘扬中华民族传统美德的典范。搞好社会主义核心价值体系"六进"主题教育实践活动。推动各行各业概括提炼行业、企业的核心价值观、行业精神和企业精神,使社会主义核心价值体系日常化、具体化。扎实推进未成年人思想道德建设,推进未成年人心理健康指导站建设,做好"乡村少年宫"项目的落实工作。

12.广泛开展学雷锋活动。组织开展"雷锋精神学习宣传日"。3月5日前后,组织好学雷锋座谈会和以弘扬雷锋精神为主题的社会志愿服务等活动,省内媒体要大力宣传雷锋精神和雷锋式模范人物。结合新的时代特点,研究制定学雷锋活动常态化措施办法,采取群众喜闻乐见的形式,推动学雷锋实践活动扎实有效、持久深入。

13.加强和改进思想政治工作。广泛开展形势政策教育,有针对性地做好进城农民工、失业大学生等重点人群思想工作,理顺情绪、平衡心理、化解矛盾。大力推进基层思想政治工作示范点建设,扩大数量、优化结构。抓好我省《关于加强和改进新形势下国有及国有控股企业思想政治工作的意见》的组织实施,集中总结宣传一批国有企业创新思想政治工作的成功经验,总结宣传非公有制企业思想政治工作的新经验。召开全省企业思想政治工作经验交流会。组织高校师生开展校园红色短信大赛等社会主义核心价值体系系列主题实践活动,开展思想政治教育评课评奖和校园道德人物评选活动,深入开展文化科技卫生"三下乡"和科教文体法律卫生"四进社区"活动。广泛开展法制宣传教育和科普宣传,弘扬社会主义法治精神和科学精神。以广大党员、团员青年为重点,加强爱党爱国教育,广泛开展党课送基层活动。

14.深入实施爱国主义教育和国防教育。加强爱国主义教育示范基地建设,制定《全省爱国主义教育基地动态管理办法》,举办红色讲解员电视风采大赛,推进"红色家园"——爱国主义教育基地网上展馆建设工作。协调有关部门推进红色经典景区建设，做好红色旅游的推广实施工作。搞好民族团结进步宣传教育。以领导干部为重点，深入开展国防教育。以“热爱人民军队，共筑钢铁长城”为主题，广泛开展纪念建军85周年活动。以“迎庆十八大，军民话国防”为主题，组织开展第12个全民国防教育日活动。组织评选推荐第二批国家国防教育示范基地，逐步在全省各地建设一批主题鲜明、特色突出的国防教育主题公园，做好在城镇公共场所设立国防教育标识工作。

五、切实加强宣传思想文化领域管理，巩固壮大积极健康向上的主流舆论

15.精心组织重大主题宣传。搞好经济工作宣传报道。全面准确宣传中央经济工作会议和省委经济工作会议精神，大力宣传我省各地区各部门在提高质量、增强效益上的新突破，在调整结构、转变方式上的新举措，在深化改革、扩大开放上的新作为，在备足后劲、打牢基础上的新进展，在改善民生、促进和谐上的新成效，重点组织开展我省“八大经济区”和“十大工程”建设宣传报道。精心组织民生宣传报道。配合党和国家及省委省政府重大政策措施出台，围绕经济社会发展中的重大问题和干部群众普遍关心的房价物价、收入分配等社会热点问题，有重点分专题地做好政策解读。围绕省委省政府中心工作，组织开展主题宣传报道活动，充分反映我省经济社会发展所取得的巨大成就。以“科学发展、文兴龙江”为主题，开展第六届网络媒体龙江行活动。做好哈洽会、冰雪节、滑雪节等重大常规活动的专题宣传。

16.加大舆论引导力度。加强对热点难点敏感问题以及突发事件的舆论引导，进一步完善工作机制，增强舆论引导的及时性、权威性和公信力、影响力。加强对思想理论领域问题的引导，增强政治敏锐性和鉴别力，维护意识形态安全和文化安全。完善网上舆论引导机制，继续推进网络发言人和网络评论员制度建设，规范网上舆论引导规程。加强和改进舆论监督，推动解决党委和政府高度重视、群众反映强烈的实际问题。完善重大突发事件新闻发布工作机制，充分发挥微博的即时、互动作用，畅通权威信息发布渠道，提升重大突发事件新闻发布的首发率和落地率，最大限度压缩谣言传播空间。组织开展进一步规范新闻宣传工作的调研，出台《关于进一步改进和加强新闻宣传管理工作的意见》，形成健康的新闻秩序。梳理编印涉省敏感热点问题答问口径，为全省新闻发布和舆论引导提供支持。大力发展健康向上的网络文化，推动优秀传统文化瑰宝和当代文化精品网络传播。推进网络问政建设，制定出台《关于在全省推进网络问政建设的意见》，明确网络问政建设的程序和办法。

17.进一步规范信息传播秩序和加强有关机构及文化市场管理。坚持主管主办制度，落实谁主管谁负责和属地管理原则。严格规范新闻采编行为，加强子报子刊管理，维护新闻传播的健康秩序。加大虚假新闻的治理力度，树立新闻媒体的公信力。加强报告会、研讨会、座谈会及论坛等管理，加强民办社科研究机构、民间文化工作室、民营文化服务机构管理，加强高校课堂、讲座及校报、校刊、校内广播电视和校园网管理。进一步加强互联网特别是微博等新兴媒体的管理。开展网站互动业务审批备案工作和新闻网站备案年检工作，完善网站内容信息发布、责任追究等各项制度。进一步推行行业自律，制定出台《黑龙江省网络媒体新闻信息服务自律公约》。完善网上不良信息监督举报制度，依法打击利用互联网、手机等新媒体传播政治类有害及淫秽色情信息等违法犯罪活动。深入开展创建“文明网站”活动。扎实推进“扫黄打非”工作，组织开展打击政治性非法出版物、整治低俗音像制品等专项行动。

18.加强互联网建设、运用和管理。推动市地成立互联网信息管理工作机构、县区设立专职互联网信息管理工作人员。加大网络新闻媒体从业人员资质认证体系建设，建立新闻编辑记者和版主、栏目主持人持证上岗制度。建立互联网联席会议制度，加强对互联网管理工作的统筹协调，加强与省直有关部门的沟通协调，不断健全完善我省互联网信息内容管理机构，建设覆盖全省的网上舆情监测管理指挥平台，进一步提高互联网管理能力和水平。统一整合各地、各部门官方微博，发挥“黑龙江发布”官方微博作用。

19.继续抓好舆情信息报送。紧密跟踪国内外热点，把握好网络舆情发展趋势，提高对上舆情信息报送的时效性和准确性。进一步提升舆情信息的稿件质量，提高对上信息报送的采用率。密切关注干部群众各种思想反映，及时做好突发性、苗头倾向性舆情事件的报送。着力办好《舆情信息》、《舆情专报》、《舆情抄告》，认真落实《舆情信息分析研判联席会议制度》，不断提高舆情分析研判能力。

六、扎实推进“三优”文明城市创建工作，进一步提高城乡文明程度

20.大力推进“三优”文明城市创建工程。广泛开展“创三优、强素质、建美好家园”主题创建活动。抓好城乡环境治理、交通秩序整治、市民素质提升三大工程，促进环境优化、秩序改善、服务提升、素质提高。深入推进垃圾整治、硬化绿化净化、街道整修、穿衣戴帽以及文明交通行动计划等专项工作。在党政机关开展“创文明机关、做人民满意公务员”活动，在窗口服务行业开展“礼貌待人、诚信服务”活动，在各类企业开展“践行道德承诺、负责任地做产品”活动。推进“三优”文明城市建设向县城、重点旅游名镇和“百镇”延伸，做到县级以上城市核心区巷道、重点旅游名镇主次干道、“百镇”主干道基本实现硬化，全省所有城镇基本消灭绿化超高土，建筑工地文明施工达标率全省平均达到91%。组织城市公共文明指数测评。做好省级群众性精神文明建设先进集体创评工作。

21.广泛开展“讲文明树新风”活动。开展“做文明有礼的中国人”主题活动。引导人们言谈举止、公共场合、邻里相处、行路驾车、旅游观光、网上交流文明有礼，树立文明龙江的良好形象。开展“文明大行动”。实施环境整治、秩序维护、文明旅游、文明餐桌行动。广泛开展优秀传统文化教育普及活动，深化“我们的节日”主题活动，组织群众性中华经典诵读活动，办好邻居节。依托城市公园、广场、楼院及农村文化广场，广泛开展爱国歌曲大家唱、激情广场、农民红歌赛、道德模范故事汇基层巡演、网上爱国歌曲汇演等活动。深入开展廉政文化创建活动，努力营造廉荣贪耻的良好社会氛围。

22.继续推进农村精神文明建设工作。加强文明村示范工程建设，探索近郊城乡一体化、远郊城镇化、中心村社区化文明乡风建设新模式。推广“55345”模式，制定全省文明村镇建设测评体系。组织全省农村环境整治战役，开展洁净户创评和宣传活动。广泛开展文明小城镇、文明社区、文明集市、文化广场、文明户和城乡共建活动，开展创业之星、公益之星、孝老之星和文艺之星评比活动，选树表彰一批农村精神文明工作先进典型。举办第二届全省农民红歌赛。

23.继续推进社会志愿服务工作。把学雷锋活动和广泛开展社会志愿服务活动结合起来，深化拓展关爱空巢老人、留守儿童、农民工和残疾人志愿服务活动，修订《黑龙江省志愿服务工作条例》，筹建黑龙江省志愿者组织，组织“五个一百”先进集体和个人的评选表彰和经验交流活动，实现志愿服务队伍由青年为主向全体社会成员共同参与转变，志愿服务活动由阶段性为主向经常性转变，志愿服务管理由松散型向规范化转变。

七、大力推进公共文化服务体系建设，满足人民基本文化权益

24.加快构建城乡公共文化服务体系。按照公益性、基本性、均等性、便利性的要求，加速构建覆盖城乡的公共文化服务体系。制定《黑龙江省公共文化服务体系建设“十二五”规划纲要》。加快推进省博物馆新馆、渤海上京遗址博物馆和东北抗联博物馆等重大标志性公共文化设施建设。积极推动省美术馆、省群众艺术馆新馆、省数字图书馆、省图书大厦建设立项工作，启动城市文化综合体建设。推进市(地)级博物馆、图书馆、群众艺术馆和县级图书馆、文化馆的达标建设，进一步推动免费开放。推进牡丹江国家公共文化服务体系示范区建设。实现我省900个乡镇乡乡有文化站的目标。组建黑龙江省演出院线，实现演出资源共建共享。

25.推进公共文化惠民工程。深入实施文化信息资源共享工程，加快建设社会文化数据库和优秀文化资源与传输平台，力争年底实现全覆盖。启动"公共电子阅览室建设计划"，完成省图书馆、哈尔滨市图书馆、牡丹江市图书馆、伊春市图书馆的数字图书馆硬件设施和软件平台搭建工作。推进广播电视覆盖工程，加快20户以下自然村"村村通"建设。继续推进农村数字电影放映工程，启动乡镇固定放映点试点工作和27个县级试点数字影院建设工程。加快推进农家书屋建设工程，完成剩余1537个行政村和伊春市205个林场的书屋建设。

26.大力实施精品战略。积极打造和推出"龙江创作"的文艺精品和龙江特色文化品牌。重点打造推出话剧《大湿地》、《索菲亚教堂的枪声》，评剧《风雪夜归人》，龙江剧《渤海郡王》，民族风情歌舞《我的达斡尔》等新剧目，重点制作推出电视剧《焦裕禄》、《闯关东前传》、《东北抗日联军》和电影《萧红》等。深入开发龙江地域文学资源，出版《黑龙江中青年作家"野草莓"丛书》。鼓励和扶持美术、音乐、舞蹈、曲艺、杂技、书法、摄影、民间艺术等各艺术门类的创作，打造龙江艺术品牌。精心打造"黑龙江之冬"国际文化艺术节、"哈尔滨之夏"音乐会、"城市之光"、"金色田野"、"欢乐校园"等文化活动品牌。做好2012年黑龙江精品图书出版工程的申报、论证、评审工作。组织实施"社会主义核心价值体系出版工程"，全力推动数字出版工作，组织开展"书香龙江"全民阅读活动和农家书屋阅读主题讲演活动。组织好纪念毛泽东同志《在延安文艺座谈会上的讲话》发表70周年暨第七届"黑龙江文艺奖"颁奖晚会。

27.推动文艺产品创作生产。制定《繁荣黑龙江省文艺精品创作的实施方案》，从文学、舞台艺术、影视艺术、造型艺术、文学评论等五个方面，对全省文学艺术事业发展进行规划。开展不同艺术门类、艺术流派、艺术风格和艺术家艺术成就理论交流研讨活动。组织优秀艺术家进行采风创作、专题巡回展览。加速推进黑龙江电视台《艺术龙江》栏目、东北网《龙江文艺精品荟萃》栏目、黑龙江日报"北国风"专版建设，强化对我省文学艺术精品和优秀文艺人才宣传推介。策划组织全省青年歌手电视大奖赛、全省小戏小品大赛、全省新剧目调演等艺术赛事，丰富人民群众文化生活，发现培养文艺新人。加强对文化产品创作生产的引导，制定出台《黑龙江省获得重要国家级奖项的优秀文艺作品奖励办法》，制定下发《黑龙江省重点精神文明建设产品扶持资金使用办法》。成立黑龙江省文化艺术专家委员会，黑龙江省文化志愿者协会，精心组织第十二届中宣部"五个一工程"奖申报工作和第七届"黑龙江十佳文艺工作者"的评选工作。

八、深入推进文化体制改革，进一步推动文化产业跨越发展

28.加快文化体制改革。按照"加大力度、加快进度、巩固提高、重点突破、全面推进"的总要求和中央、省委确定的时间表、路线图、任务书，全面完成今年改革任务。着力推进经营性文化单位转企改制、培育合格文化市场主体。6月底前基本完成国有文艺院团改革，9月底前基本完成非时政类报刊社改革，年底前完成东北网络台、省广电网络公司转企改制。加快推进已完成转企改制168家单位建立现代企业制度和法人治理结构。着力深化事业单位内部改革、提高公共文化服务能力。清理规范现有文化事业单位，全面推进公益性文化事业单位人事、收入分配、社会保险制度改革，推进报纸、广播、电视等在单一媒体内的分类定性工作，做好公益性文化事业单位探索建立事业单位法人治理结构试点工作。着力深化文化行政管理体制改革、促进政府职能转变，切实做到政企分开、政资分开、政事分开、政府与市场中介组织分开。探索符合我省实际的国有文化资产管理体制，确保国有文化资产保值增值。建立文化产业发展基金，探索建立多种融资渠道，鼓励社会力量参与文化建设。年底前召开全省文化体制改革工作会议。

29.实施规划统筹和重点项目带动战略。全面落实

《中共黑龙江省委关于贯彻落实〈中共中央关于深化文化体制改革推动社会主义文化大发展大繁荣若干重大问题的决定〉的实施意见》、《黑龙江省文化产业发展规划纲要》,制定出台文化旅游、新闻传媒、出版发行、动漫游戏、网络信息、影视剧制作、数字内容、演艺娱乐、印刷复制、工美和会展十大重点文化产业规划。实施文化产业开发工程,全面加强项目建设,扎实推进列入2011年国家和省发改委的在建项目,确定一批列入今年国家和省发改委计划的新项目,全力抓好列入省文化产业"十二五"《规划纲要》的重点项目。重点加快哈尔滨中国国际音乐城、大庆新华08国际石油资讯中心、齐齐哈尔南苑新城、省新华书店物流配送中心等重大项目建设进程。建立《黑龙江文化产业重点项目库》,编制《黑龙江文化产业发展投资指导目录》。全年文化产业项目投资总额力争突破260亿元,比上年翻一番,力争全省文化产业增加值达到400亿元。

30.抓好重点园区和基地建设。完善《黑龙江文化产业园区(基地)建设管理办法》。统筹规划全省文化产业园区和基地,增强园区和基地对优质文化资源、重点产业项目的集聚和承载能力。按照国家级文化产业示范园区的标准和要求,加速推动大庆国家级文化创意产业试验园区建设。加快推进黑龙江动漫产业(平房)发展基地、哈尔滨新媒体产业化基地、马迭尔集团、松雷集团、黑龙江冰尚杂技舞蹈演艺制作有限公司、哈尔滨太阳岛风景区资产经营有限公司等国家级文化产业示范基地建设。切实加强群力文化产业示范区、省现代艺术产业园、省龙江传媒产业园、牡丹江综合信息产业园等15个省级文化产业示范园区(基地)建设。

31.加快资源整合,培育骨干文化企业。强化龙头培育,加大政策支持,整合优质资源,做大做强一批文化市场主体。加快省出版集团股改上市步伐,发展壮大黑龙江日报报业集团和文盛文化产业投资集团,整合广播电视网络有限公司及相关优质资源,打造新闻传媒集团。结合文艺院团改革,整合省、哈尔滨等优质演艺资源,组建演艺集团。整合文化、旅游优质资源,打造文化旅游集团。支持以哈尔滨同源文化发展有限公司、哈尔滨盛源文化传播公司等民营文化企业上市融资。充分发挥省文化改革与发展促进会、北方文化产权交易所等平台作用,推进文化资源、文化产品、文化资本与国内外文化市场的联结互动。充分利用深圳文博会、"哈洽会"国际化展会的推介平台作用,扩大招商引资,促进交流合作,提升龙江文化影响力。开展全省文化产业普查工作。

九、积极开展对外宣传和文化交流活动,进一步提升我省对外形象和影响力

32.积极推进主题外宣活动。打造我省哈尔滨等重点城市名牌,扩大知名度,提高美誉度。继续开展"大美大爱黑龙江"系列宣传报道。邀请中央主要新闻单位,俄、日、韩以及香港、澳门、台湾等国家和地区的主流媒体,围绕"八大经济区"、"十大工程"建设开展采访报道,全方位展示龙江风采;邀请国内外知名媒体人、摄影家赴我省采访采风,深层次展示龙江的秀美山川、历史文化和经济社会发展成就;邀请境内外著名节目主持人来我省专访,突出宣传我省在确保国家粮食安全、能源安全、生态安全中的重要作用和文化产业取得的重大成就。依托"哈洽会"、"新博会"、"名优会"、"滑雪节"、"冰雪节"、"2012俄罗斯旅游年"、"2012中国欢乐健康游"、"2012省政府境外招商推介"等重大活动,精心策划组织主题外宣。围绕省委省政府中心工作和重大活动,召开新闻发布会,推动党委新闻发布工作规范化、制度化、经常化。积极策划旅游文化系列发布,在国内外推介14个旅游名镇,为实现我省由旅游资源大省向旅游经济大省跨越营造良好的舆论氛围。

33.深化对外交流合作。实施文化走出去工程,不断拓展我省文化对外交流的渠道。与凤凰卫视、《欧洲时报》等境外媒体建立合作机制,借用外力实现信息落地。深化与《中国日报》、中国国际广播电台、中央电视台等战略伙伴关系,提高我省在国内主流媒体的形象和声音。推进大型纪录电影《龙江行》的宣传推介和多语种出版发行,让世界更好地了解黑龙江、喜爱黑龙江。举办"中韩媒体文化产品创新与传播”研讨会，提升活动的国际档次，拓展中韩文化的传播途径。加强境外常驻记者的分类与管理，做好境外记者在我省采访的管理服务工作。健全完善省对外文化交流协会组织机构。

34.打造对俄宣传的桥头堡。充分发挥我省对俄宣传优势，支持对俄媒体在俄的宣传推广、印刷发行和节目落地。积极促进我国东北地区与俄罗斯远东地区媒体定期交流协作机制建设。举办“黑龙江友城国际文化节”、“中俄区域媒体论坛”等活动，扩大黑龙江中俄文化大集品牌效应。

35.整合对外宣传资源。加强对各地外宣工作的指导和协调，进一步畅通信息沟通交流渠道，及时传达政策、沟通信息、通报情况、交流经验。加强各地、各部门和各外宣媒体之间的协调配合，善于借助外宣媒体发出声音、塑造形象。加强与中央外宣办的沟通，加强省直各部门、省与各市地、国内与国外、外宣与内宣之间的协调配合。注重外宣与外交、外事、侨务、商务、旅游、体育、文化、教育等部门工作相结合，各级政府公关与民间团体交流相结合。配合中央外宣办，携手吉林、辽宁、内蒙古等边境省份，整合对俄、日、韩宣传资源，形成东北地区对俄、日、韩宣传的整体合力。建立外宣品制作、推介和播映中心。

十、进一步加强队伍建设和人才培养工作，努力提高宣传思想文化工作队伍的素质和能力

36.把“走基层、转作风、改文风”活动引向深入。扩大“走、转、改”活动范围，在宣传思想文化战线做到全面覆盖、全员参与，推动宣传思想文化工作者提高服务基层、服务群众的水平。建立健全基层联系点、蹲点调研等制度，建立完善新闻工作者考核评价体系等制度，推动深入基层、服务群众制度化常态化。加强社科调研基地、社会实践基地、文艺采风基地建设，推动宣传文化工作者深入基层提高锻炼、服务人民。在资源投入、文化服务、队伍建设上，加大对基层倾斜扶持力度。继续开展“新春走基层”、“送欢乐下基层”、“三下乡”、“四进社区”等活动。

37.加强各级领导干部的选拔任用和管理。按照德才兼备、以德为先的用人标准，进一步加强系统领导班子建设和重要岗位干部、部机关干部的选拔任用和管理。按照干部管理权限，与有关单位密切配合，做好系统内领导班子、后备干部、重要岗位干部的考核与配备。扩大全省宣传文化系统的干部交流，加大轮岗、挂职力度，在全省宣传文化战线选拔一批干部进行上下挂职锻炼。充实工作力量，做好公务员公开考录和事业单位工作人员的选聘工作。开展基层宣传干部队伍建设专项检查，进一步指导和促进基层配齐乡镇宣传委员和综合文化站工作人员，充实街道和村(社区)的文化工作人员。

38.加强干部培训工作。制定《2012年度干部教育培训工作计划》。加强对市(地)、县(市、区)委宣传部长培训，举办市地和省直宣传文化系统厅局级干部研讨班、新任县(市、区)委宣传部长培训班。组织开展对理论、新闻、出版、文艺、舆情信息等工作骨干专题培训。举办全省党委、政府新闻发言人培训班。与省内高校合作，建立新闻发言人培训基地。深入开展“创先争优”、“创业创新创优”、“三项教育”等活动，加强职业道德和作风建设，进一步提高宣传文化队伍的思想政治素质和业务素质。

39.搞好文化人才选拔培养。启动黑龙江文化名家工程，制定工程实施方案，选拔并扶持首批文化名家。深入实施“六个一批”人才培养工程以及各地领军人才开发计划，开展“六个一批”人才项目资助工作，落实各项人才政策。加快培养和引进高级复合型人才、文化中介人才等急需紧缺人才。加强对文化领军人才的宣传与推介，扩大文化领军人才的社会影响。实施“基层文化英才”工程，加强对基层文化人才的选拔与培养。研究制定文化荣誉制度。

40.做好调查研究工作。重点围绕文化建设“八大工程”、十七大以来我省宣传思想工作实践开展调查研究。认真做好调研的选题、立项、实施、论证和成果推广工作，进一步提高调查研究的质量和水平，更好地为领导决策服务、为中心工作服务。

迎接党的十八大宣传报道意见

中国共产党第十八次全国代表大会是我们党在全面建设小康社会关键时期和深化改革开放、加快转变经济发展方式攻坚时期召开的一次十分重要的会议，是全党全国各族人民政治生活中的一件大事。做好迎接党的十八大宣传报道工作，为十八大的胜利召开营造良好舆论氛围，是当前新闻宣传战线的首要任务，必须高度重视，精心组织。现结合我省实际，制定宣传报道方案如下：

一、指导思想

高举中国特色社会主义伟大旗帜，以邓小平理论和“三个代表”重要思想为指导，深入贯彻落实科学发展观，深入宣传胡锦涛总书记在省部级主要领导干部专题研讨班上的重要讲话精神，全面反映党的十六大特别是十七大以来经济建设、政治建设、文化建设、社会建设以及生态文明建设和党的建设所取得的辉煌成就，深入阐释高举中国特色社会主义伟大旗帜，坚持中国特色社会主义道路、理论体系和制度，是建设社会主义现代化、创造人民美好生活最根本的保证，唱响共产党好、社会主义好、改革开放好、伟大祖国好、各族人民好的时代主旋律，把广大干部群众的思想统一到胡锦涛总书记重要讲话精神上来，统一到中央的方针政策和决策部署上来，进一步坚定深入贯彻落实科学发展观、走中国特色社会主义道路的信心和决心，为党的十八大胜利召开营造良好舆论氛围。

二、宣传重点

1.深入宣传胡锦涛总书记在省部级主要领导干部专题研讨班上的重要讲话精神。全面准确深入宣传胡锦涛总书记重要讲话的重大意义、主要内容和精神实质，宣传讲话总揽全局，内容丰富，思想深刻，富于创新，是一篇马克思主义的纲领性文献，为党的十八大胜利召开奠定了重要的政治、思想和理论基础。宣传讲话从坚持和发展中国特色社会主义的政治高度和宽广视野，精辟分析当前我国面临的新形势新任务，系统总结党的十六大以来的伟大实践，科学阐述了事关党和国家全局的若干重大问题，深刻回答了党和国家未来发展的一系列理论和实践问题，对于统一全党思想、明确前进方向具有十分重要的意义。组织刊播系列评论文章和重点理论文章，深入阐释讲话提出的一系列重要思想、重要论断。针对干部群众关注的重大理论和实践问题，组织发表署名文章，解疑释惑，统一思想。深入报道各地各部门贯彻胡锦涛总书记重要讲话精神，紧密联系各自实际情况，大力推动科学发展、促进社会和谐的具体实践和工作成效。通过广泛宣传，大力营造解放思想、改革开放、凝聚力量、攻坚克难的浓厚氛围，把广大干部群众的思想和行动统一到讲话精神上来。

2.深入宣传毫不动摇地坚持和发展中国特色社会主义。深入宣传中国特色社会主义是当代中国发展进步的旗帜，是全党全国各族人民团结奋斗的旗帜。宣传坚持和发展中国特色社会主义取得了重大理论和实践成果，开辟了中国特色社会主义道路，形成了中国特色社会主义理论体系，确立了中国特色社会主义制度，这是党和人民90多年奋斗、创造、积累的根本成就，必须倍加珍惜、始终坚持、不断发展。宣传在新的历史条件下，我们继续推进中国特色社会主义，必须毫不动摇走党和人民在长期实践中开辟出来的正确道路，不为任何风险所惧、不为任何干扰所惑，不断丰富中国特色社会主义的实践特色、理论特色、民族特色、时代特色。宣传中国特色社会主义的总体布局和重大部署，推动经济建设、政治建设、文化建设、社会建设以及生态文明建设全面发展。通过广泛宣传，进一步统一思想、凝聚共识，增强广大干部群众走中国特色社会主义道路的信心和决心，为创造幸福生活和美好未来而奋斗。

3.深入宣传贯彻落实科学发展观的重大意义和根本要求。大力宣传党的十六大以来我们之所以能取得历史性成就和进步，最重要的就是坚持以马克思列宁主义、毛泽东思想、邓小平理论、“三个代表”重要思想为指导，勇于推进实践基础上的理论创新，形成和贯彻了科学发展观。宣传深入贯彻落实科学发展观仍然是一项长期艰巨的任务，面临着一系列极具挑战性的矛盾和困难，必须以更加坚定的决心、更加有力的举措、更加完善的制度来贯彻落实科学发展观，真正把科学发展观转化为推动经济社会又好又快发展的强大力量。通过广泛宣传，充分展示科学发展观丰富的思想内涵和巨大的理论价值，展示我国和我省科学发展和调整经济发展方式的成就进展，进一步增强广大干部群众贯彻落实科学发展观的自觉性和坚定性，把科学发展观贯彻落实到经济社会发展各个方面。

4.大力宣传党的十六大以来我国和我省经济社会发展取得的辉煌成就。深入宣传党的十六大以来，以胡锦涛同志为总书记的党中央带领人民紧紧抓住和用好我国发展的重要战略机遇期，战胜一系列严峻挑战，奋力把中国特色社会主义事业推进到一个新的发展阶段。紧密联系十六大以来党和国家办大事、克难事的成功实践，联系具有标志性意义的重大成果，从加快发展、深化改革、维护稳定各个方面，从国家发展、社会进步、人民生活改善各个角度，多层次、立体化地展示10年来的历史跨越。大力宣传我国和我省经济实力大幅提升，经济发展方式加快转变；大力宣传我国和我省民主法制建设不断完善，政治体制改革稳步推进；大力宣传我国和我省文化体制改革深入推进，文化事业文化产业繁荣发展；大力宣传我国和我省社会事业加快发展，和谐社会建设取得积极成效；大力宣传能源资源节约和生态环境保护不断加强，可持续发展能力得到提升。进一步深化宣传主题，深入揭示成就背后的体制制度原因，深入阐明发展成果蕴含的价值内涵，深入展示伟大实践昭示的发展方向。通过广泛宣传，充分展示我国现代化建设的辉煌成就和强大生机活力，展示我省“八大经济区”和“十大工程”建设取得的重大成果，进一步增强广大干部群众对我国和我省经济社会发展前景的信心，增强对党和政府的信任。

5.大力宣传全面推进党的建设新的伟大工程的丰硕成果。深入宣传改革开放以来我们紧紧围绕中国特色社会主义伟大事业，全面推进党的建设新的伟大工程，取得了明显成效。宣传党的理论创新和理论武装卓有成效，马克思主义学习型政党建设取得积极进展，全党思想政治水平有新的提高。宣传党的领导制度得到坚持和完善，党员主体地位和民主权利得到保障，党代表大会制度和党内选举制度不断完善，党内民主决策机制不断健全。宣传党的选人用人机制不断健全完善，党管干部原则得到坚持，领导班子和领导干部推动科学发展、促进社会和谐的能力进一步提高。宣传党的基层组织进一步巩固和加强，覆盖面不断扩大，生机活力进一步增强。宣传理论联系实际、密切联系群众、批评和自我批评的作风在全党得到进一步弘扬，创先争优活动取得显著成效，党的作风建设得到加强。宣传廉洁从政教育和领导干部廉洁自律不断加强，权力运行制约和监督机制不断健全，反腐败斗争取得新成效。通过广泛宣传，充分展示我们党立党为公、执政为民的政治本色和始终走在时代前列的先进性质，引导广大干部群众坚定不移地跟党走中国特色社会主义道路。

6.大力宣传党的十八大准备工作进展情况以及广大干部群众迎接十八大的实际行动和良好精神风貌。宣传党的十八大是在全面建设小康社会关键时期和深化改革开放、加快转变经济发展方式攻坚时期召开的一次十分重要的会议，是全党全国各族人民政治生活中的一件大事。宣传开好十八大，对于统一全党思想，振奋人民精神，动员和激励全国各族人民在党中央带领下，沿着中国特色社会主义道路前进，为全面建成小康社会而奋斗，具有十分重要的意义。认真做好党的十八大代表选举工作宣传报道，宣传十八大代表选举结果，宣传代表产生过程中学习贯彻党章履行党章、严格把握标准和程序、充分发扬党内民主、确保选好选优的情况，宣传代表构成“两增两减，一个提高”，特别是工人党员代表数量有较大增加等突出特点，宣传各选举单位对当选代表进行履职培训，组织开展调研、联系党员群众等活动的情况。集中展示十八大代表特别是工人、农民和专业技术人员等生产和工作一线党员代表的精神风貌和先进事迹。宣传各地各部门坚持稳中求进的工作总基调，把稳增长放在更加重要的位置，齐心协力，真抓实干，努力实现经济社会发展预期目标。宣传广大干部群众同心同德、团结奋进、勤奋工作，以饱满的热情投身中国特色社会主义事业伟大实践，以实际行动和优异成绩喜迎党的十八大胜利召开。

三、报道安排

从9月初开始，省直和各市(地)主要新闻媒体全面启动迎接党的十八大宣传报道工作。报道总体分为三个阶段：

(一)9月初至9月中旬：全面展开、迅速升温

1.深入做好"科学发展成就辉煌"主题宣传，全面展示党的十六大特别是十七大以来改革开放和社会主义现代化建设的辉煌成就，生动展示科学发展的成功实践，充分反映科学发展给人们生活带来的巨大变化，着力彰显中国特色社会主义制度的巨大优越性，彰显中国共产党驾驭复杂局面的卓越执政能力。

2.刊播系列理论和评论文章，围绕迎接党的十八大，深入学习宣传贯彻胡锦涛总书记在省部级主要领导干部专题研讨上的重要讲话精神，推出一批有深度、有说服力的重点文章，既系统展示建设中国特色社会主义的历史进程和巨大成就，又着力揭示原因、讲清道理，深刻阐明高举中国特色社会主义伟大旗帜，坚持中国特色社会主义道路、理论体系和制度，对全面推进中国特色社会主义伟大事业的巨大指导意义。

3.十八大代表全部产生后，各媒体按照《党的十八大代表选举工作下一阶段宣传报道方案》安排，做好代表总名单集中公布、十八大代表选举工作新闻发布会以及代表履职培训、调研和联系党员群众等报道，刊播好评论员文章、综述稿件、专题节目。

4.省直新闻媒体在重要版面、重要时段统一开设"十八大代表风采录"、"十八大精神在龙江"等专栏，集中宣传十八大代表特别是工人、农民和专业技术人员等生产和工作一线代表的先进模范事迹。黑龙江日报在头版或要闻版刊发，黑龙江人民广播电台、黑龙江电视台在新闻联播播出。

5.继续深入开展"三优"文明创建活动，进一步加大改善公共环境、优化公共秩序、完善公共服务、普及公益活动等多项工作的宣传报道，充分展现不断提升的城乡文明程度和市民文明素质。

6.做好"党的旗帜高高飘扬"——迎接党的十八大胜利召开大型广场群众文艺演出，"城市之光"、"金色田园"、"欢乐校园"和"文化下乡"、"送欢乐下基层"等公益性文化活动的宣传报道，展示群众的精神风貌，营造良好社会文化氛围。

7.继续开展"大美大爱黑龙江"的主题宣传活动，推出更多体现时代精神，引领道德风尚的先进典型，宣传"最美人物"、倡导"最美精神"，着力弘扬社会正气、培育文明新风。

(二)9月中旬至9月底：加大力度、形成声势

1.省直主要新闻媒体在重要版面、重要时段统一开设"十年回眸"专栏(各媒体据此自行确定栏目名称)，按照经济建设、政治建设、文化建设、社会建设以及生态文明建设的大格局，设计若干组系列报道，梳理各方面工作成绩，系统展示发展成就。组织省直主要新闻单位围绕主题宣传集中开展"走转改"大型采访活动，深入一线挖掘鲜活素材，深入群众发现生动事例，推出一批以小见大、生动活泼的精品佳作，用基层的生动实践展示社会进步，用人民群众的切身感受反映发展变化。

2.省直主要新闻媒体在重要版面、重要时段统一开设"党建巡礼"专栏专题(各媒体据此自行确定栏目名称)，深入宣传我们党紧紧围绕中国特色社会主义伟大事业，全面推进党的建设新的伟大工程，坚持党要管党、从严治党，全面加强党的思想建设、组织建设、作风建设、反腐倡廉建设、制度建设，提高党的建设科学化水平，取得了明显成效，创造了宝贵经验。

3.省直主要新闻媒体在重要版面、重要时段统一开设"喜迎十八大"专栏(各媒体据此自行确定栏目名称)，大力宣传召开十八大的重要意义，及时报道广大干部群众对召开十八大的积极反应，报道全省各地以优异的成绩迎接十八大的实际行动。

4.加强党史知识和党的知识普及教育,充分宣传党的光荣历史和丰功伟绩,介绍党的历次代表大会的情况,进一步在全社会普及党史知识和党的知识,充分证明中国共产党的领导是我们最正确的选择,增强人民群众对党的信任和热爱。

(三)9 月底至十八大召开:深入推进、掀起高潮

1.做好国庆节宣传报道,着重宣传建设成就和庆祝活动,营造热烈、祥和的节日氛围,激发爱国热情,振奋民族精神,凝聚党心民心,形成弘扬以爱国主义为核心的民族精神的热潮。

2.做好党的十七届七中全会的宣传报道,在党的十七届七中全会闭幕后,新华社播发全会决议和公报、中央纪委会议公报,黑龙江日报全文刊登会议内容,黑龙江人民广播电台、黑龙江电视台对会议进行报道。

3.省直新闻媒体安排更多版面、时段,继续大力宣传党的理论创新成果,宣传党的建设的新经验新成果,宣传改革开放和现代化建设的伟大成就,反映各行各业广大干部群众以优异成绩迎接十八大的实际行动,把各项主题宣传、成就宣传、典型宣传推向高潮,喜庆热烈地迎接十八大召开。人民日报刊发任仲平文章,黑龙江日报全文转载。

4.中宣部会同中央有关部门联合摄制大型电视文献片《科学发展铸辉煌》,党的十八大召开前夕在中央电视台一套黄金时段播出,黑龙江电视台在黄金时段安排播出。

5.中央电视台拍摄出大型电视文艺专题片《为时代放歌》,全面回顾总结党的十六大以来文艺界大团结大发展大繁荣的生动景象。各媒体做好宣传推介。

6.重点新闻网站首页开设专栏专题,集纳相关报道和重点文章,根据网络特点,策划好网络宣传,综合运用各种网络传播手段,通过专题集成、在线访谈、网上讲堂、跟帖讨论等多种形式,全方位展开迎接十八大宣传报道,着力营造网上正面舆论强势。

以上安排,每个阶段各有侧重,相互贯通,层层递进,逐步升温,到十八大召开前夕形成宣传报道高潮,与十八大会议的宣传报道自然衔接。各市(地)委宣传部要依照上述安排,组织本地新闻媒体做好迎接十八大宣传报道。

四、工作要求

1.加强组织领导,精心安排部署。做好迎接党的十八大宣传工作,意义重大、使命光荣。各地各新闻单位要进一步增强政治意识、大局意识、责任意识,把迎接党的十八大宣传工作作为当前新闻宣传战线的头等大事,精心策划、用心谋划、科学筹划,全力以赴投入工作,聚精会神抓好落实。要制定具体工作方案,明确任务、责任到位。省直新闻单位和市(地)宣传部门要成立专门工作班子,集中优势资源和力量,确保各项宣传报道任务落到实处。主要负责同志要靠前指挥,及时掌握工作动态,加强指导协调和督促检查,切实负起领导责任、把关责任。

2.把握正确导向,营造浓厚氛围。迎接党的十八大的宣传,政治性、政策性很强,要进一步强化导向意识,切实贯彻团结稳定鼓劲、正面宣传为主的方针。要牢牢把握团结奋进、昂扬向上的宣传基调,着眼于振奋精神、鼓舞士气,着眼于统一思想、凝聚力量,兴起宣传科学发展生动实践和辉煌成就的热潮,兴起宣传改革开放和现代化建设伟大成就的热潮,在全社会营造庄重热烈、喜庆祥和的浓厚舆论氛围。开展舆论监督、进行突发事件报道时,要充分考虑迎接十八大这一重要因素,放在十八大召开的大背景下考虑报道选题、把握报道分寸。

3.突出宣传重点,掌握报道节奏。迎接党的十八大的宣传报道持续时间长、报道任务重,必须突出报道重点,统筹安排部署。要紧紧围绕六个方面的宣传重点,策划好主打专题专栏,抓好重头新闻综述、理论文章、专题节目,既见事见物,又见思想见精神,全面反映十六大以来党和国家各项事业取得的巨大成绩,体现中国特色社会主义理论体系的独特价值,彰显中国特色社会主义的制度优势,展示中国特色社会主义道路的光明前景。要统筹做好迎接十八大宣传报道和各项日常宣传报道工作,有机结合、交相辉映。要把握好宣传报道节奏,既保持连续性,又体现阶段性特点,做到前后呼应、层层递进、逐步升温。

4.着力改进创新，增强宣传实效。迎接党的十八大的宣传报道既要有声势、有力度，更要重实际、求实效。要切实落实“三贴近”原则，大力发扬“走转改”精神，注意用好以往的成功经验，积极适应社会生活和人们接受习惯的新变化，在拓展广度深度上下功夫，在丰富内容和形式上下功夫，在调动各方面参与的积极性上下功夫，提高宣传报道的吸引力影响力。要善于把理论与实践、宏观与微观、历史与现实结合起来，深入浅出地进行宣传报道，通过重要的选题、独特的角度、新颖的表现形式，使迎接党的十八大的宣传报道深入人心。各新闻媒体要各展所长、发挥特色，协作联动、形成合力，共同为迎接十八大营造良好舆论氛围。

5.加强热点引导，凝聚社会共识。要有针对性地加强社会热点难点问题的舆论引导，坚持积极引导、深入引导、有效引导，不断巩固壮大积极健康向上的主流思想舆论。要加强对经济和民生问题的引导，振奋精神、鼓舞士气，坚定克服困难、推动发展的信心；切实做好敏感问题和突发事件舆论引导工作，及时发布权威信息，引导人们用平和的心态看待矛盾，用理性的方式处理问题；加强对思想理论领域深层次问题的引导，旗帜鲜明地阐述立场观点，有针对性地澄清模糊认识。要坚决防止为吸引眼球渲染炒作敏感热点问题，诱发不稳定因素。

6.严格媒体管理，严肃宣传纪律。要认真落实谁主管谁负责和属地管理的原则，严格遵守党的政治纪律和宣传纪律，前移关口、堵塞漏洞，加强对重点领域、重点部位、薄弱环节的管理，加强对都市类报刊的管理，加强对互联网、微博客、社交网站、即时通信工具的管理，绝不给错误思想言论提供传播渠道。各级各类新闻媒体要切实加强内部管理，严格规章制度、细化工作流程，确保内容安全、刊播安全、传输安全。对一些重大理论问题的阐释，对一些重要事件和人物评价，要按照中央精神和统一的宣传口径来把握。拿不准的问题要及时请示，重要稿件要按规定程序送审。严禁以迎接十八大宣传报道为名违规开展经营活动。

关于命名省级文化产业园区和基地的决定

各市(地)及绥芬河市、抚远县党委宣传部、文广新局(文新局、广电局)，省直宣传文化系统各单位：

近年来，在党的十六大关于大力发展文化产业的精神指引下，在省委、省政府的有力推动下，全省文化产业快速发展，涌现出一批具有一定规模、市场竞争力较强、经济和社会效益明显的骨干文化企业和产业聚集区，为推动我省文化繁荣发展，满足人民群众多层次多方面文化需求，促进经济社会全面协调可持续发展做出积极贡献。

为深入贯彻落实党的十七届六中全会和省委十届十八次全会精神，加强示范、树立典型，加快区域性特色文化产业园区和文化产业基地建设，推动文化产业跨越式发展，根据中共黑龙江省委《关于贯彻落实〈中共中央关于深化文化体制改革推动社会主义文化大发展大繁荣若干重大问题的决定〉的实施意见》提出的任务要求，按照《黑龙江省省级文化产业园区、示范基地认定和管理暂行办法》，省文化体制改革和发展工作领导小组决定命名黑龙江(大庆)文化创意产业园等10个园区为省级文化产业示范园区、黑龙江影视产业园等10个园区为省级文化产业试验园区，命名黑龙江出版集团有限公司等30家企业为省级文化产业示范基地、黑龙江北方文化产权交易所有限公司等15家企业为省级文化产业试验基地。

希望被命名的省级文化产业园区和基地，珍惜荣誉，再接再厉，不断推动文化内容形式、体制机制和传播手段创新，为繁荣社会主义文化、满足人民群众日益增长的精神文化需求，促进我省经济增长方式转变，推动文化产业成为国民经济支柱性产业做出新的更大贡献。

我省学习宣传贯彻落实党的十八大精神的报道意见

党的十八大是在我国进入全面建成小康社会决定性阶段召开的一次十分重要的大会，是党的奋斗历程中又一次承前启后、继往开来的大会，对于团结动员全党全国各族人民在以习近平同志为总书记的党中央领导下，为全面建成小康社会而奋斗，不断夺取中国特色社会主义新胜利，共同创造中国人民和中华民族更加幸福美好的未来，具有十分重大的意义。为深入学习宣传贯彻落实党的十八大精神，省委专门组织召开十一届二次全会作出全面部署。各地党委宣传部和各级新闻单位一定要按照中央宣传部和省委要求，把宣传党的十八大精神作为当前和今后一个时期首要政治任务，加强组织领导，精心组织实施，迅速在全省兴起学习宣传贯彻落实党的十八大精神的热潮。

一、总体要求

高举中国特色社会主义伟大旗帜，以邓小平理论、“三个代表”重要思想、科学发展观为指导，紧紧围绕党的十八大主题，全面、准确、深入地宣传胡锦涛同志所作的报告，宣传新修订的《中国共产党章程》，宣传党的十八大的重大意义和重要内容，引导广大干部群众认真学习、深刻领会、围绕主题、把握精髓，联系实际、讲求实效，把思想统一到党的十八大精神上来，把力量凝聚到实现党的十八大确定的各项任务上来，开拓进取，攻坚克难，努力开创龙江更好更快更大发展新局面。

二、宣传重点

1.深入宣传党的十八大的主题。深入宣传胡锦涛同志所作的报告是新形势下夺取中国特色社会主义新胜利的政治宣言和行动纲领。深入阐述党的十八大主题：高举中国特色社会主义伟大旗帜，以邓小平理论、“三个代表”重要思想、科学发展观为指导，解放思想，改革开放，凝聚力量，攻坚克难，坚定不移沿着中国特色社会主义道路前进，为全面建成小康社会而奋斗。宣传这个主题鲜明地向党内外、国内外宣示我们党将举什么旗、走什么路、以什么样的精神状态、朝着什么样的目标继续前进。深入阐述这个主题的时代背景、精神内涵和重大意义，引导全党清醒认识当前世情、国情、党情继续发生深刻变化，清醒认识我们面临的发展机遇和风险挑战前所未有，全面把握我国发展新要求和人民新期待，在新的历史征程上继往开来、与时俱进，全面建成小康社会、加快推进社会主义现代化，完成时代赋予的崇高使命。

2.深入宣传过去五年的重大成就和十年的历史性进步。大力宣传十七大以来的五年，是我们在中国特色社会主义道路上奋勇前进的五年，是我们经受住各种困难和风险考验、夺取全面建设小康社会新胜利的五年。宣传十六大以来的十年，以胡锦涛同志为总书记的党中央领导全党全国各族人民，紧紧抓住和用好我国发展的重要战略机遇期，战胜一系列重大挑战，奋力把中国特色社会主义推进到新的发展阶段，为全面建成小康社会打下了坚实基础。宣传十六大以来的十年，是我国经济持续发展、民主不断健全、文化日益繁荣、社会保持稳定的时期，是着力保障和改善民生、人民得到实惠更多的时期。

3.深入宣传科学发展观是党必须长期坚持的指导思想。深入阐述科学发展观是马克思主义同当代中国实际和时代特征相结合的产物，是马克思主义关于发展的世界观和方法论的集中体现，同马克思列宁主义、毛泽东思想、邓小平理论、“三个代表”重要思想一道，是党必须长期坚持的指导思想。深入阐述科学发展观科学回答了新形势下实现什么样的发展、怎样发展等重大问题，开辟了当代中国马克思主义发展新境界，是中国特色社会主义理论体系最新成果，是中国共产党集体智慧的结晶，是指导党和国家全部工作的强大思想武器。宣传必须更加自觉地把推动经济社会发展作为深入贯彻落实科学发展观的第一要义，把以人为本作为深入贯彻落实科学发展观的核心立场，把全面协调可持续作为深入贯彻落实科学发展观的基本要求，把统筹兼顾作为深入贯彻落实科学发展观的根本方法，深刻把握解放思想、实事求是、与时俱进、求真务实是科学发展观最鲜明的精神实质。引导人民以更加坚定的决心、更加有力的举措、更加完善的制度来贯彻落实科学发展观，真正把科学发展观转化为推动经济社会又好又快发展的强大力量。

4.深入宣传必须坚持和发展中国特色社会主义。深入阐述中国特色社会主义道路、中国特色社会主义理论体系和中国特色社会主义制度，是党和人民九十多年奋斗、创造、积累的根本成就，必须倍加珍惜、始终坚持、不断发展。深入阐述中国特色社会主义道路、中国特色社会主义理论体系、中国特色社会主义制度的深刻内涵，阐述三者统一于中国特色社会主义伟大实践，是党领导人民在建设社会主义长期实践中形成的最鲜明特色。深入宣传建设中国特色社会主义，总依据是社会主义初级阶段，总布局是五位一体，总任务是实现社会主义现代化和中华民族伟大复兴。宣传中国特色社会主义从理论和实践结合上系统回答了在中国这样人口多底子薄的东方大国建设什么样的社会主义、怎样建设社会主义这个根本问题，是当代中国发展进步的根本方向。深入阐述必须毫不动摇坚持、与时俱进发展中国特色社会主义，不断丰富中国特色社会主义的实践特色、理论特色、民族特色、时代特色。宣传在新的历史条件下夺取中国特色社会主义新胜利，必须坚持人民主体地位，必须坚持解放和发展社会生产力，必须坚持推进改革开放，必须坚持维护社会公平正义，必须坚持走共同富裕道路，必须坚持促进社会和谐，必须坚持和平发展，必须坚持党的领导。引导人们深刻理解，只要我们坚定不移走中国特色社会主义道路，就一定能够在中国共产党成立一百年时全面建成小康社会，就一定能在新中国成立一百年时建成富强民主文明和谐的社会主义现代化国家。

5.深入宣传全面建成小康社会和全面深化改革开放的目标。大力宣传党的十八大适应国内外形势的新变化，顺应全国各族人民过上更好生活的新期望，描绘了到2020年实现全面建成小康社会的美好蓝图。宣传全面建成小康社会宏伟目标是经济持续健康发展，人民民主不断扩大，文化软实力显著增强，人民生活水平全面提高，资源节约型、环境友好型社会建设取得重大进展。宣传全面建成小康社会，必须以更大的政治勇气和智慧，不失时机深化重要领域改革，坚决破除一切妨碍科学发展的思想观念和体制机制弊端，构建系统完备、科学规范、运行有效的制度体系，使各方面制度更加成熟更加定型。宣传我省不断深化改革，毫不动摇地巩固和发展公有制经济，鼓励、支持、引导非公有制经济发展，深化国有企业产权和股份制改革，积极推进事业单位分类改革，努力构建充满活力、富有效率、利于科学发展的体制机制；实行更加积极主动的开放战略，推进境内外进出口加工园区建设，加快陆海联运通道建设，积极构建绥满沿边开放带，深化对俄经贸合作，形成对外开放和多元化贸易新格局，不断提高对外开放水平。引导广大干部群众全面把握机遇，沉着应对挑战，埋头苦干、顽强拼搏，赢得主动、赢得优势、赢得未来，确保到2020年实现全面建成小康社会宏伟目标。

6.深入宣传加快完善社会主义市场经济体制和加快转变经济发展方式。深入阐述以经济建设为中心是兴国之要，发展仍是解决我国所有问题的关键，必须坚持发展是硬道理的战略思想，决不能有丝毫动摇。宣传在当代中国，坚持发展是硬道理的本质要求就是坚持科学发展。深入阐述以科学发展为主题、以加快转变经济发展方式为主线，是关系我国发展全局的战略抉择。宣传全面深化经济体制改革，实施创新驱动发展战略，推进经济结构战略性调整，推动城乡发展一体化，全面提高开放型经济水平等战略部署。宣传我省着力推动经济发展，坚持走新型工业化、信息化、城镇化、农业现代化道路，加快建设现代化大农业，坚持以两大平原农业综合开发试验区为牵动，以千亿斤粮食产能巩固提高工程为抓手，紧紧围绕保障国家粮食安全，推进水利化、机械化、科技化、合作化、产业化、市场化、城镇化、生态化建设；大力构筑新型工业体系，坚持以哈大齐工业走廊建设区、东部煤电化基地建设区、高新科技产业集中开发区为牵动，以重点产业大项目建设工程为抓手，突出抓好十大重点产业建设；繁荣发展现代服务业，坚持以北国风光特色旅游开发区为牵动，以贸易旅游综合开发工程为抓手，加快重点旅游名镇建设等。引导广大党员干部坚定信心、振奋精神，打胜全面深化经济体制改革和加快转变经济发展方式这场硬仗，把我省经济发展活力和竞争力提高到新的水平。

7.深入宣传坚持走中国特色社会主义政治发展道路和推进政治体制改革。深入阐述人民民主是我们党始终高扬的光辉旗帜，改革开放以来，我们不断推进政治体制改革，成功开辟和坚持了中国特色社会主义政治发展道路。宣传继续积极稳妥推进政治体制改革，必须坚持党的领导、人民当家做主、依法治国有机统一，以保证人民当家做主为根本，以增强党和国家活力、调动人民积极性为目标，扩大社会主义民主，加快建设社会主义法治国家，发展社会主义政治文明。宣传要支持和保证人民通过人民代表大会行使国家权力，健全社会主义协商民主制度，完善基层民主制度，全面推进依法治国，深化行政体制改革，建立健全权力运行制约和监督体系，巩固和发展最广泛的爱国统一战线。引导人民坚定不移沿着中国特色社会主义政治发展道路前进，努力使我国社会主义民主政治展现出更加旺盛的生命力。

8.深入宣传扎实推进社会主义文化强国建设。深入阐述全面建成小康社会，实现中华民族伟大复兴，必须推动社会主义文化大发展大繁荣，兴起社会主义文化建设新高潮。大力宣传建设社会主义文化强国，必须坚持走中国特色社会主义文化发展道路，坚持“二为”方向、“双百”方针、“三贴近”原则，增强全民族文化创造活力。宣传要切实加强社会主义核心价值体系建设，积极培育和践行社会主义核心价值观，全面提高公民道德素质，丰富人民精神文化生活，增强文化整体实力和竞争力。宣传我省深入实施文化改革发展“八大工程”，大力发展公益性文化事业，加快发展文化产业，进一步深化文化体制改革，积极推进文化交流与文化贸易，加强文化人才培养和引进，推动我省文化大发展大繁荣。引导全省人民坚持社会主义先进文化前进方向，树立高度的文化自觉和文化自信，向着建设社会主义文化强国宏伟目标跨步前进。

9.深入宣传在改善民生和创新管理中加强社会建设。深入阐述必须从维护最广大人民根本利益的高度，加快健全基本公共服务体系，加强和创新社会管理，推动社会主义和谐社会建设。宣传必须以保障和改善民生为重点，解决好人民最关心最直接最现实的利益问题，在学有所教、劳有所得、病有所医、老有所养、住有所居上持续取得新进展。宣传必须加快推进社会体制改革，围绕构建中国特色社会主义社会管理体系，加快形成社会管理体制、基本公共服务体系、现代社会组织体制、社会管理机制。宣传要努力办好人民满意的教育，推动实现更高质量的就业，千方百计增加居民收入，统筹推进城乡社会保障体系建设，提高人民健康水平，加强和创新社会管理。宣传我省切实改善群众生产生活条件，巩固和扩大“三优”文明城市建设成果，加快小城镇建设步伐，加快保障性安居工程建设和农村泥草房改造；扎实做好扶贫开发工作，不断增强扶贫对象自我发展能力，尽快使困难群众富裕起来。宣传我省着力维护社会和谐，加快建设平安和谐幸福龙江，最大限度增强和谐因素，切实增强社会创造力，确保人民安居乐业、社会安定有序。动员全省人民行动起来，开创社会和谐人人有责、和谐社会人人共享的生动局面。

10.深入宣传大力推进生态文明建设。深入阐述建设生态文明，是关系人民福祉、关乎民族未来的长远大计，必须树立尊重自然、顺应自然、保护自然的生态文明理念，把生态文明建设放在突出地位，融入经济建设、政治建设、文化建设、社会建设各方面和全过程，努力建设美丽中国，实现中华民族永续发展。宣传坚持节约资源和保护环境的基本国策，坚持节约优先、保护优先、自然恢复为主的方针，着力推进绿色发展、循环发展、低碳发展，为人民创造良好生产生活环境。宣传要优化国土空间开发格局，全面促进资源节约，加大自然生态系统和环境保护力度，加强生态文明制度建设。宣传我省坚持以大小兴安岭生态功能保护区为牵动，以生态环境建设保护工程为抓手，大力加强生态建设，加快发展循环经济，切实做好节能减排工作，全面强化生态保护，积极推动林区转型发展，加强城乡环境保护，加强生态文明制度建设和生态文明宣传教育。引导人们更加自觉地珍爱自然，更加积极地保护生态，努力走向社会主义生态文明新时代。

11.深入宣传全面提高党的建设科学化水平。深入阐述党坚强有力,党同人民保持血肉联系,对于国家繁荣稳定,人民幸福安康的重大意义,阐述新形势下全面提高党的建设科学化水平的必要性紧迫性,引导全党深刻认识面临的四种考验和四大危险,把握党的建设主线,全面加强党的思想建设、组织建设、作风建设、反腐倡廉建设、制度建设,确保党始终成为中国特色社会主义事业的坚强领导核心。宣传我省党建以坚定理想信念为重点来加强思想建设,以保持党同人民群众的血肉联系为重点来加强作风建设,以发展党内民主为重点来加强制度建设,以深化干部人事制度改革为重点来加强队伍建设,以抓基层打基础为重点来加强组织建设,以完善惩治和预防腐败体系为重点来加强反腐倡廉建设。引导全省党员增强忧患意识、创新意识、宗旨意识、使命意识,不辜负人民的信任和重托,始终保持共产党人的政治本色。

12. 深入宣传修改党章的重大意义和新修订党章的重要内容。深入宣传党的十八大通过的《中国共产党章程(修正案)》,把党的十八大报告确立的重大理论观点和重大战略思想写入党章,充分体现了马克思主义中国化最新成果,体现了党的十七大以来党中央提出的一系列重大战略思想,体现了党的工作和党的建设的新鲜经验,适应新形势、新任务对党的工作、加强党的建设提出的新要求。宣传新修订的党章既保持了党章总体稳定,又实现了与时俱进, 有利于党章更好地发挥规范和指导作用。引导广大党员干部充分认识修改党章的重大意义,全面了解和掌握党章修改的内容,更好学习和遵守党章,更好地贯彻落实党的理论和路线方针政策。

13.深入宣传广大干部群众学习贯彻党的十八大精神的实际行动。充分宣传中央和省委关于学习贯彻党的十八大精神的工作部署,宣传全省上下深入学习贯彻落实党的十八大精神,切实把思想统一到中央决策部署上来,准确把握科学发展观战略思想的历史地位,加快推进富强文明和谐大美幸福龙江建设。报道全省广大干部群众和社会各方面对党的十八大的热烈反响,大力宣传各地、各部门结合工作实际和思想实际学习贯彻党的十八大精神,加强思想武装,推动实际工作,解决突出问题的情况,充分反映各级领导干部继续推动科学发展、促进社会和谐,继续改善人民生活、增进人民福祉的实际行动,展示广大干部群众在党的十八大精神指引下,奋发有为、攻坚克难,努力为全面建成小康社会而奋斗的精神风貌。

三、报道安排

从现在开始,各级新闻媒体要在重要版面和时段统一开设“学习宣传贯彻落实十八大精神”宣传专栏,并结合自身特点多层次、多角度宣传党的十八大精神;党报、党刊要集中推出一批有深度、有分量的理论文章和评论言论,全面准确报道,加大宣传力度,迅速形成声势、形成热潮。

1.做好重要决议、决定和文件的发布、报道。胡锦涛同志在党的十八大所作的报告、新修订的《中国共产党章程》、大会审议通过的中央纪律检查委员会工作报告等重要文件以及党的十八大报告诞生记、新修订的党章诞生记、中央机构诞生记等,由新华社统一播发, 各媒体要及时转发或参照中央主要媒体摘要播发。各媒体要及时反映党的十八大报告、新修订的党章单行本、学习辅导读物出版发行情况。

2.组织刊播系列评论和理论文章。黑龙江日报要及时转发人民日报、新华社等中央主要媒体的系列评论、理论文章,深入阐释党的十八大报告中提出的一系列重大理论观点、重要战略思想和重大战略部署。各级报刊的理论专版、专刊要刊发一批学习体会文章,帮助广大干部群众准确理解党的十八大报告的新思想、新观点、新论断。黑龙江人民广播电台、黑龙江电视台要制作播出系列专题节目,以专家访谈等形式增强阐释力度。

3.充分反映中央和省委宣讲团在各地的宣讲活动。黑龙江日报、黑龙江人民广播电台、黑龙江电视台、东北网等省直主要新闻媒体要及时报道学习贯彻党的十八大精神以及中央和省委宣讲团在各市(地)的宣讲活动和主要内容,反映宣讲活动的实际效果和干部群众的积极反应。各地媒体要及时为省直主要新闻媒体提供新闻素材,并对宣讲团的活动和报告会内容进行充分报道。

4.组织开展"学习宣传贯彻落实十八大精神"大型主题采访活动。黑龙江日报、黑龙江人民广播电台、黑龙江电视台、东北网等省直主要新闻媒体要抽调精干力量,分赴各市(地)、各部门深入采访,在"学习宣传贯彻落实十八大精神"专栏中集中推出相关报道,通过一线见闻、生动事例和群众的鲜活语言,反映基层党员干部群众对党的十八大精神的理解和拥护,对贯彻落实好党的十八大精神的期盼和心愿,报道各级党委政府落实党的十八大精神的新思路、新举措、新进展。

5.精心组织对上报道和网络宣传。黑龙江人民广播电台、黑龙江电视台要加强对上报道,及时反映我省贯彻落实十八大精神的情况。东北网、黑龙江网络广播电视台等新闻网站,要及时转发中央和省直主要媒体关于学习贯彻党的十八大精神的重要报道和重点理论文章。充分发挥网络特点和优势,通过网上访谈、网民互动、背景介绍、资料链接等多种形式,帮助网民学习领会党的十八大精神。围绕网民关注的内容,主动设置议题,有针对性地回答网民关心的热点和难点问题,形式网上良好舆论氛围。

各市(地)党委宣传部要组织本地媒体及时刊播省直主要新闻媒体的重点稿件,并参照上述安排制定具体工作方案,组织好本地宣传报道。

四、工作要求

1.高度重视,切实加强组织领导。认真做好党的十八大精神的宣传,是当前和今后一个时期新闻宣传战线的头等大事。各级党委宣传部和新闻单位必须增强政治意识、大局意识、责任意识,把学习宣传贯彻落实党的十八大精神摆到十分突出的位置,以对党和人民事业高度负责的态度,扎扎实实做好各项工作,努力为实现党的十八大确定的奋斗目标和工作任务提供有力的思想保证和舆论支持。主要负责同志要亲自抓、负总责,加强组织领导,制定工作方案,抽调精兵强将,策划重点选题,推出重头报道,迅速形成学习贯彻党的十八大精神的浓厚氛围。

2.深刻领会,全面掌握精神实质。党的十八大精神意蕴深远、内涵丰富,涉及经济、政治、文化、社会、生态文明、外交、国防、党的建设各个方面,既有重大理论观点、战略思想,又有政策措施、工作部署。新闻宣传战线要先学一步,学深学透。要认真研读党的十八大文件,原原本本学习党的十八大报告和新修订的党章,用党的十八大精神统一思想、提高认识,把握科学内涵,理解精神实质,在认真学习、深刻理解的基础上进行全面准确、深入系统的宣传报道。

3.改进创新,增强吸引力感染力。要落实"三贴近"原则,发扬"走转改"精神,创新内容、创新形式、创新手段。各级党报要改进版面设计、创新编排样式、丰富报道内容,把思想性、指导性与可读性有机统一起来。电台、电视台要充分发挥独特优势,通过丰富多彩的音频视频报道,增强宣传报道的吸引力、感染力、亲和力。要坚持面向基层、面向群众,多反映基层百姓的心声,多联系群众身边的事例,多采用群众喜闻乐见的形式,努力做到有声有色、出新出彩、深入人心。

4.各展所长,形成宣传报道合力。党的十八大精神的宣传报道需要举全战线之力,调动各方面的积极性,形成整体合力。传统媒体和新兴媒体都要发挥各自优势,加强策划、精心选题,从不同角度、不同层次、不同侧面,全面系统地宣传党的十八大精神,做到相互响应、同频共振,努力扩大党的十八大精神的社会影响。要统筹省直媒体与市地媒体,统筹对内宣传和对外报道,综合发挥理论阐释、政策解读和新闻报道、文化传播的作用,实现传播效应的最大化。

5.加强管理,严格遵守宣传纪律。党的十八大精神的宣传报道政治性、政策性、理论性很强,各新闻单位要把正确导向的要求贯穿到宣传报道的各个方面、各个环节,把好关、把好度。要严格宣传纪律,重要稿件要按程序审批,拿不准的问题要及时请示,涉及敏感问题的稿件要送有关部门审定。要严格工作流程,确保编辑、传输、播出、印刷等各个环节的安全,避免因管理上的疏漏出现重大事故,杜绝由于技术上的差错导致政治差错。要加强对都市类媒体和互联网的管理,及时发现和处理倾向性、苗头性问题,坚决封堵和删除各种有害信息,防止刊发与党的十八大精神相悖的错误观点和言论。

机构设置

Jigou Shezhi

哈尔滨
湿地风光

机构设置

机构设置和人员状况

省委宣传部

张效廉　省委常委、宣传部长
李寅奎　常务副部长、省广播影视局党组书记
陈永芳　副部长
张　翔　副部长
赵德信　副部长
刘光慧　部务委员
李　红　部务委员
刘维宽　办公室主任
闫东明　研究室主任
庞玉红　理论处处长
黄树峰　出版处处长
黄锦秋　文艺处处长
王春涛　宣传教育处处长
赵成森　教育体育卫生政治工作处处长（简称“教体卫处”）
姜晓安　文化体制改革和文化产业发展办公室主任(简称“改发办”)
孟祥武　干部处处长
徐　力　机关党委专职副书记
刘亚和　国防教育办公室主任
董克岩　机关资料室主任

省文化厅

宋宏伟　厅长、党组书记
白淑贤　副厅长
韩慧峰　副厅长、党组成员
綦　军　副厅长、党组成员
姜一海　纪检组长、党组成员
王珍珍　巡视员
张学文　副巡视员

省广播影视局

李寅奎　党组书记
赵洪生　局长、党组副书记
王春莉　总编辑、党组副书记
傅景平　纪检组长、党组成员
朱凯杰　副局长、副总编辑、党组成员
樊占盛　副局长、副总编辑、党组成员

省新闻出版局

赵勤义　局长、党组书记
张松滨　副局长、党组成员
唐衍伟　副局长、党组成员
曹　敏　纪检组长、党组成员
朱德宝　副巡视员

黑龙江日报报业集团

杨殿军　社长、党组书记
段文斌　总编辑、党组副书记
袁晓光　副总编辑、党组成员
李立华　副总编辑、党组成员
崔宗安　纪检组长、党组成员
胡建平　副社长、党组成员
徐　峰　副总编辑、党组成员
洪仁福　副社长、党组成员

省电台

杨　晶　省广播影视局党组成员、台长
李　皎　省广播影视局党组成员、副台长
赵鸿洋　省广播影视局党组成员、副台长

省电视台

刘玉平　省广播影视局党组成员、台长
刘　宁　省广播影视局党组成员、副台长
王文堂　省广播影视局党组成员、副台长
李锡文　省广播影视局党组成员、副台长

省社会科学院

艾书琴　党委书记
曲　伟　党委副书记、院长
朱　宇　副院长、党委委员
张新颖　副院长、党委委员
刘　爽　副院长、党委委员
战纪发　纪委书记、党委委员
任　玲　副院长、党委委员
刘伟民　哲学所所长
赵玉贵　学习与探索杂志社主编
陈　静　政治所所长
丛　坤　文学所所长
王爱丽　社科所所长
赵儒军　历史所所长

省文学艺术界联合会

傅道彬　主席
计世伟　副主席、党组成员

省作家协会

赵　毅　党组书记
迟子建　主席
何中生　副主席、党组成员
王立民　副主席、党组成员
李滨庆　秘书长、党组成员

省社会科学界联合会

张效廉　主席
李己华　副主席、党组书记
韩　伟　副主席、党组成员(正厅级)
刘　幸　副主席、党组成员
张正明　副主席、党组成员

黑龙江出版集团有限公司

李久军　董事长、总经理、党委书记
杨英岐　副总经理、党委委员
于晓北　副总经理、党委委员
龚江红　党委委员、黑龙江人民出版社社长
徐　彤　纪委书记、党委委员
田凤志　副总经理、党委委员
毛宇新　总会计师、党委委员
丁一平　副总经理、党委委员
李　彤　副总经理

省委外宣办

谭宇宏　主任
魏松贤　副主任
沙育超　副主任
朱元刚　秘书处处长
于连慕　外联处处长
王国璇　新闻发布处处长
王　石　对外新闻处处长

省文明办

袁克敏　专职副主任
王政玺　副主任
牟喜颖　秘书处处长
姚　丹　创建协调处处长
杜　丹　未成年人思想道德建设处处长

省网信办

谭宇宏　主任
司兆国　专职副主任

李作成　副主任
张延明　网络管理处处长
刘国民　网络评论处处长
冯晓峰　舆情信息处处长

省画院

张智深　副院长、党组成员
曹香滨　副院长

黑龙江新闻社

韩光天　社长、总编辑、党组书记
任国铉　副总编辑、党组成员
郑惠俊　副社长、党组成员
朴白林　副总编辑、党组成员
朱星一　副总编辑、党组成员

省新闻工作者协会

崔　尊　秘书长、党组成员

省委讲师团

陈永恩　团长
贾世超　副团长

市(地)、县(市、区)委宣传部

张丽欣　哈尔滨市委常委、宣传部长
勾庆杰　道里区委常委、宣传部长
刘喜林　道外区委常委、宣传部长
陈爱华　南岗区委常委、宣传部长
王　思　香坊区委常委、宣传部长
卜丽梅　平房区委常委、宣传部长
贾连琦　松北区委常委、宣传部长
严　凛　呼兰区委常委、宣传部长
孙德志　阿城区委常委、宣传部长
张国臣　五常市委常委、宣传部长
景丽玲　双城市委常委、宣传部长
汤继福　尚志市委常委、宣传部长
金海燕　巴彦县委常委、宣传部长
陈艳荣　宾县县委常委、宣传部长
张淑秋　依兰县委常委、宣传部长
张凤平　延寿县委常委、宣传部长
郭本刚　木兰县委常委、宣传部长
苏晓明　通河县委常委、宣传部长
张立岩　方正县委常委、宣传部长

高　虹　齐齐哈尔市委常委、宣传部长
葛　鑫　龙沙区委常委、宣传部长
王文峰　铁锋区委常委、宣传部长
耿　正　建华区委常委、宣传部长
黄　鹤　富拉尔基区委常委、宣传部长
李井泉　昂昂溪区委常委、宣传部长
李　莉　梅里斯区委常委、宣传部长
丁晓辉　碾子山区委常委、宣传部长
陈永刚　讷河市委常委、宣传部长
崔宇彤　龙江县委常委、宣传部长
李　岩　拜泉县委常委、宣传部长
顾玉国　依安县委常委、宣传部长
张敬国　克山县委常委、宣传部长
段　芃　甘南县委常委、宣传部长
杜秀玲　泰来县委常委、宣传部长
姚　强　克东县委常委、宣传部长
杨　丽　富裕县委常委、宣传部长

闫　岩　牡丹江市委常委、宣传部长
姚景林　东安区委常委、宣传部长
鞠　军　西安区委常委、宣传部长
王奉君　爱民区委常委、宣传部长
李丽红　阳明区委常委、宣传部长
杨冬梅　宁安市委常委、宣传部长
纪丽宏　海林市委常委、宣传部长
褚建华　穆棱市委常委、宣传部长
杨秀英　林口县委常委、宣传部长
齐淑伟　东宁县委常委、宣传部长

赫贵涛　佳木斯市委常委、宣传部长
郑昌辉　郊区区委常委、宣传部长
付　昕　前进区委常委、宣传部长
鲍延懿　东风区委常委、宣传部长
王　威　向阳区委常委、宣传部长
王淑华　富锦市委常委、宣传部长
李建和　同江市委常委、宣传部长
阚学章　桦南县委常委、宣传部长
吕村笙　桦川县委常委、宣传部长
张兆峰　汤原县委常委、宣传部长

郑新英　大庆市委常委、宣传部长
穆贵发　萨尔图区委常委、宣传部长
刁雁林　让胡路区委常委、宣传部长
汪严明　龙凤区委常委、宣传部长
窦立雪　大同区委常委、宣传部长
王　明　红岗区委常委、宣传部长
黄远志　肇州县委常委、宣传部长
何连珍　肇源县委常委、宣传部长
宋玉红　杜尔伯特县委常委、宣传部长
杜宏伟　林甸县委常委、宣传部长

董　濮　鸡西市委常委、宣传部长
李冬华　虎林市委常委、宣传部长
刘　峰　鸡东县委常委、宣传部长
蔡文艳　密山市委常委、宣传部长
解统华　鸡冠区委常委、宣传部长
孙洪英　城子河区委常委、宣传部长
周　宇　滴道区委常委、宣传部长
王伟泉　麻山区委常委、宣传部长
崔仁臣　恒山区委常委、宣传部长
张久仁　梨树区委常委、宣传部长

朱晓华　双鸭山市委常委、宣传部长
韩炳义　尖山区委常委、宣传部长
许广军　宝山区委常委、宣传部长
韩恩波　四方台区委常委、宣传部长
张启鹏　岭东区委常委、宣传部长
于　平　集贤县委常委、宣传部长
史　鉴　宝清县委常委、宣传部长
孙同刚　饶河县委常委、宣传部长
邵瑞芬　友谊县委常委、宣传部长

王雪梅　伊春市委常委、宣传部长
李东辉　铁力市委常委、宣传部长
董　丽　嘉荫县委常委、宣传部长
邸湘巍　乌伊岭区委常委、宣传部长
穆桂彬　汤旺河区委常委、宣传部长
杨凤芝　新青区委常委、宣传部长
高爱民　红星区委常委、宣传部长
李业君　五营区委常委、宣传部长
唐桂荣　上甘岭区委常委、宣传部长
丁智慧　友好区委常委、宣传部长
王跃富　伊春区委常委、宣传部长
殷艳秋　翠峦区委常委、宣传部长
王林雪　乌马河区委常委、宣传部长
吴明芝　美溪区委常委、宣传部长
肖国文　西林区委常委、宣传部长
王　巍　金山屯区委常委、宣传部长
于学琴　南岔区委常委、宣传部长
张　南　带岭区委常委、宣传部长

郭占力　七台河市委常委、宣传部长
张　崴　勃利县委常委、宣传部长
于百学　桃山区委常委、宣传部长
孙安红　茄子河区委常委、宣传部长
韩冬梅　新兴区委常委、宣传部长

刘春波　鹤岗市委常委、宣传部长
张志彦　绥滨县委常委、宣传部长
郭凤春　萝北县委常委、宣传部长
陈华明　东山区委常委、宣传部长
孙　光　向阳区委常委、宣传部长

腾惠英　工农区委常委、宣传部长
杨晓丽　南山区委常委、宣传部长
宋玉英　兴山区委常委、宣传部长
李秀兰　兴安区委常委、宣传部长

李洪祥　黑河市委常委、宣传部长
郭建华　爱辉区委常委、宣传部长
郭志峰　北安市委常委、宣传部长
刘艳霞　五大连池市委常委、宣传部长
刘剑利　嫩江县委常委、宣传部长
马秀慧　孙吴县委常委、宣传部长
王晓华　逊克县委常委、宣传部长

于丽颖　绥化市委常委、宣传部长
王顺福　肇东市委常委、宣传部长
贾立燕　安达市委常委、宣传部长
陈春杰　海伦市委常委、宣传部长
苏　洋　兰西县委常委、宣传部长
宋心海　庆安县委常委、宣传部长
付少波　绥棱县委常委、宣传部长
赵忠良　望奎县委常委、宣传部长
李　昕　明水县委常委、宣传部长
陆洪艳　青冈县委常委、宣传部长
仇文会　北林区委常委、宣传部长

王利文　大兴安岭地委委员、宣传部长
张晓晨　呼玛县委常委、宣传部长
夏　岩　塔河县委常委、宣传部长
刘广林　漠河县委常委、宣传部长
刘海英　新林区委常委、宣传部长
周晶岩　松岭区委常委、宣传部长
张瑞杰　呼中区委常委、宣传部长
李　宁　加区区委常委、宣传部长

数据统计

Shuju Tongji

数据统计

2012 年文化产业分行业基本情况

类　别　名　称	单位数(个)	从业人员(人)	增加值(万元)
合　计	65064	362167	3985504
第一部分　文化产品的生产	44896	258930	3116969
一、新闻出版发行服务	4730	30361	385506
(一)新闻服务	42	1959	41703
(二)出版服务	196	15445	277020
(三)发行服务	4492	12957	66783
二、广播电视电影服务	356	17318	174533
(一)广播电视服务	38	11350	100419
(二)电影和影视录音服务	318	5968	74114
三、文化艺术服务	20305	61997	594150
(一)文艺创作与表演服务	380	7298	53909
(二)图书馆与档案馆服务	7716	11223	49043
(三)文化遗产保护服务	322	2877	21653
(四)群众文化服务	1641	4333	17925
(五)文化研究和社团服务	1654	13330	118185
(六)文化艺术培训服务	1488	12793	302963
(七)其他文化艺术服务	7104	10143	30472
四、文化信息传输服务	779	33668	789147
(一)互联网信息服务	221	7723	117008
(二)增值电信服务(文化部分)	344	15782	572468

续表

类别名称	单位数(个)	从业人员(人)	增加值(万元)
(三)广播电视传输服务	214	10163	99671
五、文化创意和设计服务	4374	32608	403986
(一)广告服务	2736	13314	164915
(二)文化软件服务	1057	7405	53308
(三)建筑设计服务	176	5799	160661
(四)专业设计服务	405	6090	25102
六、文化休闲娱乐服务	13374	70942	641286
(一)景区游览服务	566	20545	149437
(二)娱乐休闲服务	10710	43011	407425
(三)摄影扩印服务	2098	7386	84424
七、工艺美术品的生产	978	12036	128361
(一)工艺美术品的制造	511	9220	106829
(二)园林、陈设艺术及其他陶瓷制品的制造	1	25	61
(三)工艺美术品的销售	466	2791	21471
第二部分　文化相关产品的生产	20168	103237	868535
八、文化产品生产的辅助生产	8998	59507	475526
(一)版权服务	76	198	450
(二)印刷复制服务	1564	28462	191334
(三)文化经纪代理服务	150	1601	21556
(四)文化贸易代理与拍卖服务	646	9405	100900
(五)文化出租服务	4584	8074	64778
(六)会展服务	822	6973	42618
(七)其他文化辅助生产	1156	4794	53890
九、文化用品的生产	10781	38472	328417
(一)办公用品的制造	230	4344	59321
(二)乐器的制造	9	338	3100
(三)玩具的制造	1	46	1798

续表

类　别　名　称	单位数(个)	从业人员(人)	增加值(万元)
(四)游艺器材及娱乐用品的制造	86	329	2351
(五)视听设备的制造	1	312	2033
(六)焰火、鞭炮产品的制造	1	21	112
(七)文化用纸的制造	194	6741	102206
(八)文化用油墨颜料的制造	2	37	481
(九)文化用化学品的制造	—	—	—
(十)其他文化用品的制造	92	2358	27101
(十一)文具乐器照相器材的销售	7890	14631	61491
(十二)文化用家电的销售	358	5769	52403
(十三)其他文化用品的销售	1917	3546	16020
十、文化专用设备的生产	389	5258	64592
(一)印刷专用设备的制造	18	1350	12701
(二)广播电视电影专用设备的制造	1	139	695
(三)其他文化专用设备的制造	1	18	76
(四)广播电视电影专用设备的批发	228	1345	21307
(五)舞台照明设备的批发	141	2406	29813

主要文化机构和人员情况

机构类别	机构(个)		从业人员(人)	
	2011年	2012年	2011年	2012年
新闻出版				
图书出版社	13	13	1018	1014
印刷	4037	4050	32720	33138
出版物发行	2826	2826	11136	10736
广播、电视				
行政管理	89	89	1521	1582
广播电台	14	14	4495	4540
电视台	15	15	5455	5537
区县广播电视台	66	66	12565	12816
艺术机构				
艺术表演团体	82	78	5064	4915
艺术表演场所	44	43	367	316
艺术教育机构	6	6	324	323
文艺科研机构	3	3	72	71
文物保护				
文物保护管理机构	92	93	364	380
博物馆	103	104	1636	1788
文物商店				
公共图书馆	107	106	1772	1796
档　案				
行政管理机构	130	132	1156	1286
档案馆	166	158	1280	1034
群众文化				
群众艺术馆	17	17	445	432
文化馆	131	131	1427	1496
文化站	1504	1493	2658	2705
文化娱乐				
娱乐机构	8864	8864	29401	24520
其他文化				
文化市场管理机构	106	106	905	811

2012年市(地)公共文化设施情况

单位:个

市(地)	图书馆	艺术表演场所	群众艺术馆、文化馆	文化站	公园
哈尔滨市	18	8	21	288	98
齐齐哈尔市	12	9	17	180	20
鸡西市	4	1	12	91	15
鹤岗市	3	3	9	73	7
双鸭山市	5	1	9	100	15
大庆市	6	1	6	82	13
伊春市	18	—	18	84	42
佳木斯市	6	1	11	73	21
七台河市	2	1	5	81	16
牡丹江市	8	3	15	104	43
黑河市	6	4	7	86	5
绥化市	11	6	11	215	9
大兴安岭地区	6	3	6	36	—

大事记

Dashiji

大 事 记

一月

1月1日,《梁军传》发行签售会在哈尔滨市哈药古玩艺术品广场举行。中共中央政治局委员、十一届全国人大常委会副委员长、中华全国总工会主席王兆国为该书作序，省委书记吉炳轩题写书名，省农垦总局党委书记、局长隋凤富撰写了题为《一曲北大荒巾帼英雄的赞歌》的序言,省农垦总局党委委员、宣传部长高跃辉出席签售仪式。

1月6日—8日,在哈尔滨市,作为"黑龙江之冬"国际文化艺术节的一项主要内容,举办交流活动对丰富和提升文化艺术节的内容及国际知名度、影响力产生了积极影响。

省委常委、宣传部长张效廉亲自审定活动方案并提出总体要求；副省长孙尧出席交流活动并致辞;省委宣传部常务副部长李寅奎全程参加座谈交流;副部长赵德信也在会前对活动安排给予了具体指导。

韩国驻沈阳总领事馆总领事赵百相、韩国放送公社(KBS)、SBS股份有限公司、朝鲜日报社,日本文化专家，俄罗斯克拉斯诺亚尔斯克市文化局、体育旅游局以及我省新闻出版、文化界等中韩日俄文化和媒体界专家共60余人参加了座谈交流。

1月8日，中国博物馆协会纪念馆专业委员会2011年度工作总结会议在黑河市举行,来自专委会的24家主任委员、秘书长委员单位的30余名代表出席会议。中国博协常务理事、专委会主任委员、中国人民抗日战争纪念馆馆长沈强主持会议。

1月18日，全省宣传部长会议在哈尔滨召开。会议传达了全国宣传部长会议精神，表彰了2011年度全省宣传思想文化战线先进集体和个人,省委常委、宣传部长张效廉主持会议并讲话。

1月19日,省委宣传部、省文明办、省委外宣办、省网信办共同召开总结大会,省委常委、宣传部长张效廉主持会议并讲话。

1月30日,垦区"十佳宜居农垦城"命名表彰大会在总局机关二楼大会堂召开，红兴隆管理局局直、普阳农场等10个城镇被命名为"十佳宜居农垦城"。此次评选活动由省农垦总局、省住房和城乡建设厅、黑龙江日报报业集团联合举办。省农垦总局党委书记、局长隋凤富等领导出席会议。

1月,"新春走基层"活动正式启动。省直各新闻单位编辑记者深入基层一线、深入群众生产生活进行实地采访报道。通过聚焦基层发展变化,结合基层发展实际,反映群众切身感受,全面展示了我国和龙江经济社会发展取得的巨大成就,深入宣传了各地保障和改善民生的显著成果,生动呈现了基层群众的幸福生活和对未来的美好期望。

1月,中国文联"送欢乐、下基层"赴黑龙江边防线慰问演出采风活动盛装启幕。该活动由中国文联、中共黑龙江省委宣传部、黑龙江省文联、黑龙江省军区政治部主办。中国文联党组书记、副主席赵实亲自带队,省委常委、宣传部长张效廉,省军区政治部主任夏中国,佳木斯市委书记王兆力,省委宣传部副部长赵德信，省文联主席傅道彬等领导,以及来自全国各地包括黑龙江省在内的40余位书法、美术、摄影、曲艺、戏剧、音乐等门类的著名文艺家和文艺工作者参加活动。中央电视台、黑龙江电视台、中国艺术报、光明日报、黑龙江日报记者随行采访。

1月,第五届"黑龙江之冬"国际文化艺术节开幕式在哈尔滨国际会展中心环球剧场举行。省人大常委会副主任陈述涛、省政府副省长程幼东、省政协副主席陶夏新及省直文化单位领导和千余名观众出席了开幕式。开幕式由省委宣传部副部长赵德信主持,程幼东代表省委省政府致辞。

1月,电视连续剧《闯关东前传》关机仪式在黑龙江电视台举行。省委常委、宣传部长张效廉,省委宣传部常务副部长、省广电局党组书记李寅奎,省委宣传部副部长赵德信等参加关机仪式。

1月,2012年黑龙江电视台春节联欢晚会《龙行盛世欢乐年》在黑龙江电视台2800平方米演播大厅举行,省委常委、宣传部长张效廉,省委宣传部副部长赵德信出席并观看演出。

二月

2月8日,中国社科院党组成员、中央纪委驻院纪检组组长李秋芳率团来省社会科学院调研。党委书记艾书琴,党委副书记、院长曲伟,副院长朱宇、刘爽和院部分专家学者就当前反腐倡廉形势及对一些重大问题的认识等进行了座谈。省社会科学院组织20位专家学者参与了调研组的问卷调查活动。

2月8日,省文明委修改《黑龙江省志愿服务条例》。为规范和推进全省志愿服务活动,同省人大协商,将修改条例列为2012年立法计划,共同调研考察,初步形成《黑龙江省志愿服务条例(修订草案)》,并发省志愿服务协调小组成员单位和各地志愿服务协调小组办公室征求意见。4月10日省十一届人大常委会第三十二次会议对征求意见后的《黑龙江省志愿服务条例(修订草案)》进行了审议,省人大内司委、省人大法工委、省人力资源和社会保障厅、省财政厅、省民政厅对修订草案进行了认真修改,书面征求了省法院、团省委等有关单位的意见,并在东北网向社会各界公开征求意见。5月23日经法制委审议,形成修订草案修改稿,于6月14日黑龙江省第十一届人民代表大会常务委员会第三十三次会议正式修订了2003年6月20日黑龙江省第十届人民代表大会常务委员会第三次会议通过的《黑龙江省志愿服务条例》,自2012年8月1日起正式施行重新修订的《黑龙江省志愿服务条例》,从法律上规范了我省志愿服务工作。

2月8日,全国、全省未成年人思想道德建设工作视讯会议召开。大庆市在全国未成年人思想道德建设工作测评中取得地市级第一名的好成绩,并首次被授予"全国未成年人思想道德建设工作先进城市"荣誉称号。

2月8日,省农垦总局党委作出决定,要求在全垦区范围内集中开展以"凝神聚力,创先争优,全力打好新型工业化攻坚战"为主题的解放思想大讨论活动。

2月14日,全省新闻出版工作会议在和平邨宾馆召开,副省长程幼东出席会议并作讲话,局党组书记、局长赵勤义作工作报告。党组成员、副局长张松滨主持会议,党组成员、副局长唐衍伟、张雨虹,党组成员、纪检组长曹敏参加会议。

2月17日至18日,全国文化体制改革工作会议在太原举行,大庆再次荣膺全国文化体制改革先进地区。

2月22日,省社科联第七届委员会第七次全体会议在哈尔滨召开。省委宣传部副部长张翔,省社科联党组书记、副主席李己华,省社科联专兼职副主席以及来自全省社会科学界的200余名委员和代表聚集一堂,回顾总结过去一年的工作,共商哲学社会科学发展大计。会上,李己华书记代表主席团作七届七次全委会工作报告,省委宣传部副部长张翔到会祝贺并讲话。会议表彰了第十四次省社科联系统先进集体和先进工作者,授予哈尔滨市社科联等12个单位"十一五"时期黑龙江省社会科学普及先进单位荣誉称号,授予36人"十一五"时期黑龙江省社会科学普及先进工作者标兵和先进工作者荣誉称号;与会领导为全省首届社会科学普及基地授牌。

2月28日,全市加快文化体制改革文化产业发展推进会暨大庆文化体育旅游集团成立大会召开。省委宣传部副部长赵德信，中国对外文化交流协会副会长董俊新等出席会议。

2月，“大美龙江竞风流” 宣传报道正式启动。通过组织省直新闻单位在重要版面、时段和位置统一开设专栏专题，集中刊发相关报道，盘点发展新亮点、新态势、新进展，促进了旅游业繁荣发展，旅游经济各项指标开创新高，推动龙江经济快速发展。

2月，“回眸发展路　喜迎党代会” 主题宣传报道战役正式打响。全省新闻媒体全方位展现了省十次党代会以来，黑龙江省在“八大经济区”和“十大工程”发展战略的指引下，统筹推进经济建设、政治建设、文化建设、社会建设、生态文明建设和党的建设所取得的巨大成就和宝贵经验，为省十一次党代会召开营造了良好舆论氛围。

2月，全省社会各界学习谢尚威、郭肖岐事迹座谈会召开。座谈会上，社科专家、义工代表、社区工作者和媒体代表座谈交流了谢尚威、郭肖岐的事迹，并围绕“公民道德建设”进行了深入讨论。谢尚威、郭肖岐分别接受了有关单位颁发的“筑德基金”和“爱心基金”。同时，下发《关于印发陈永芳同志在社会各界学习谢尚威、郭肖岐事迹座谈会上讲话的通知》。

2月，全省未成年人思想道德建设工作电视会议召开。会议对2012年的相关工作进行了部署，确定以主题宣传教育活动为载体，以关爱特殊儿童群体为重点，以加强校外活动场所建设为突破，以优秀文化产品为抓手，以思想道德建设工作测评为导向，建立健全未成年人思想道德建设考核体系，推动全省美德阳光建设工程全面展开。黑龙江省文明委副主任、副省长程幼东出席会议并作重要讲话

2月，黑龙江电视台导视频道正式开播。频道全天播出18小时，主要节目为《龙视新干线》、《就爱侃电视》、《黄金谍报站》和《龙视一箩筐》等。导视频道是黑龙江电视台新增的通过省网覆盖全省的地面频道，也是黑龙江省唯一以全面推介龙视节目为核心的电视指南专业性频道。

三月

3月12日，2012年国家出版基金项目评审结果公布，黑龙江人民出版社《中国流人史》成功入选，这是继2010年《感动一个国家的人物》等4种图书和2011年《马克思主义哲学形态演变史》之后出版集团在国家出版基金资助项目上取得的又一重要成果。

3月21日，省人大常委会副主任陈述涛率调研组抵达大庆，就全省深化文化体制改革、促进文化发展繁荣情况进行专题调研。省委常委、市委书记韩学键会见调研组一行。

3月26—27日，由新闻出版总署副署长阎晓宏率领的推进政府机关软件正版化工作督察组到我省检查指导工作，省新闻出版局局长赵勤义、副局长张雨虹陪同督查组走访，并在花园邨宾馆召开工作汇报会议。

3月27日，省政府常务副省长刘国中召开国有文艺院团和非时政类报刊改革有关问题协调会。

3月28日，黑龙江省科普大集暨农业科技致富套餐配送工程在海伦启动。此次活动由省委宣传部、省科协、省科技厅、省财政厅和绥化市委宣传部、市科协、市科技局、市财政局共同主办，活动的主题是：农业科技创新与现代农业、新农村建设同行。

3月31日，召开全省“创三优、强素质、建大美大爱龙江”活动视频会。同时下发《关于印发于莎燕同志在全省2012年“创三优、强素质、建大美大爱龙江”活动视频会上的讲话，省委宣传部常务副部长李寅奎主持会议。于莎燕指出，各地各部门要按照省委省政府总体要求，突出重点，科学谋划，整体实施，加大城市垃圾治理力度，加大城镇和村庄综合整治力度，加大城市园林绿化建设力度，加大城市秩序整治力度，把“三优”文明城市创建工作推向

深入。要在党政机关开展“争做人民满意公务员”活动,在各窗口部门和各类企业中开展“诚信服务”活动,在全社会开展道德教育和文明养成系列活动,提升市民文明素质和社会服务水平,不断把创建“三优”文明城市工程引向深入。

3月,省委宣传部与省社科联共同命名了省图书馆等6家单位为首批科普基地,隆重举办了命名挂牌仪式,《中国社会科学报》进行了专题报道。

3月,全省美德阳光建设工程启动仪式在齐齐哈尔市举行。活动提出把握四个环节深化美德阳光建设工作,全面开展“两推进一建站”(围绕学雷锋,推进网上签名寄语活动和美德阳光建设工程,建立中小学校学雷锋志愿服务站)活动。省委宣传部副部长陈永芳出席活动并讲话。

3月,“弘扬雷锋精神、共建美好家园”学雷锋主题社会实践活动正式启动,该活动由省委宣传部、省文明办、团省委、哈尔滨市委宣传部、哈尔滨市文明办、团市委联合组织开展。省委副书记杜家毫出席活动启动仪式并讲话。

3月,全省舆情信息工作会议召开。直宣传文化系统各单位、省农垦总局、省森工总局、哈尔滨铁路局、大庆油田有限责任公司党委宣传部、省直机关工委、省委高校工委宣传部舆情信息工作主管领导、部门负责人和舆情信息直报点信息员、省委宣传部部内各处(室)共计170余人参加了会议。会议全面总结了2011年全省舆情信息工作,传达学习了中宣部2011年舆情信息工作会议精神,对2012年舆情信息工作进行了研究部署,并对舆情信息工作人员进行了培训。

3月,首届“黑龙江建龙经济论坛”在黑龙江电视台2800平方米演播厅举行。本届论坛由省政府办公厅、省发改委、省政府研究室、省科顾委主办,省广播影视局等单位协办,黑龙江电视台承办。省委副书记、省长王宪魁,省委常委、常务副省长刘国中,省政府秘书长李海涛,省政府副秘书长、办公厅主任赵铭,省委宣传部常务副部长、省广电局党组书记李寅奎等出席论坛。

四月

4月11日,齐齐哈尔市举行了100集中国原创动画系列片《神鹤丹丹》的宣传推介活动。中央文明办、省文明办,央视动画有限公司有关领导,以及来自全国各地的一些企业家参加了本次宣传推介会。该片由中共齐齐哈尔市委宣传部、央视动画公司和神鹤影视传媒公司联合打造,齐齐哈尔市邱利锋等28位优秀的本土作家集体创作,由齐齐哈尔市阳光集团所属的神鹤影视文化传媒公司策划和投资,并与国内实力型企业央视动画公司联合制作和出品。预计2013年暑期在央视少儿频道播出。

4月13日,“辉煌大庆”2012北京·大庆文化艺术周在北大百年纪念讲堂正式拉开帷幕。国务院研究室信息研究司司长忽培元,省文联副主席、著名剧作家杨利民等出席开幕式。

4月14日,文化部市场司副司长庹祖海、省文化厅副厅长韩慧峰等一行对黑河市承办2012中国国际文化旅游周活动筹备工作进行检查指导。

4月17日,多媒体话剧《大湿地》在北京保利剧院精彩首演。文化部艺术司司长董伟、中国国际湿地公约履约办公室主任马广仁、中国话剧艺术研究会副会长兼秘书长王福麟、中国戏剧家协会副秘书长周光等应邀观看演出。

4月18日,中共中央政治局常委李长春同志出席黑龙江中医药大学与英国伦敦南岸大学、哈尔滨师范大学共同创建的伦敦中医孔子学院成立五周年庆典并致辞。

4月18日,省政府副秘书长王国才主持召开我省软件正版化工作领导小组会议,研究省级政府机关正版软件采购问题。省新闻出版局局长赵勤义、副局长张雨虹参加。

4月21日,首批非时政类报刊专其改制工作推进会召开,省文化体制改革工作领导小组成员单位、首批转制报刊出版单位及其主管单位负责人参加会议。省委宣传部常务副部长李寅奎,省新闻出版局局长赵勤义、副局长唐衍伟，纪检组长曹敏参加。

4月23日—5月23日，2012“书香龙江”读书节活动在全省开展，期间全省各级新华书店举办了图书展、名家签售、捐书赠书等大批文化惠民活动。活动由省委宣传部、省新闻出版局、黑龙江出版集团等联合主办，省图书音像发行集团组织承办。

4月26日，在2012年全省全民阅读活动启动暨2011年度全省全民阅读活动总结表彰会上，省图书音像发行集团荣获“2011年度全省全民阅读活动组织工作先进单位”，“书香龙江”读书节活动荣获“2011年度全省全民阅读活动优秀项目”。省政协主席杜宇新，省政府副秘书长王国才，省委宣传部副部长赵德信，省新闻出版局局长赵勤义等出席表彰会。

4月，中国共产党黑龙江省第十一次代表大会宣传报道工作正式启动。通过会前、会中和会后的深入宣传，充分反映了黑龙江省第十次党代会以来，全省经济、政治、文化、社会、党的建设以及生态文明建设取得的重大进展和显著成就，全面介绍了黑龙江省第十一次党代会盛况，为大会胜利召开和会议精神贯彻落实营造了良好舆论氛围。

4月，全省第五届全民读书月活动暨文明单位漂书活动启动仪式正式举行。该活动由省委宣传部、省文明办、省文化厅、省新闻出版局、省残联联合举办，旨在培养全省人民崇尚阅读、自觉阅读的良好习惯，提高全社会文明程度和广大群众整体文明素质。

4月，全省宣传文化系统调研部刊工作会议在哈尔滨召开。省委宣传部部务委员刘光慧出席会议并讲话。

4月，第八届中国国际动漫节在杭州举办。龙脉影艺动漫声优团队成功摘取“金猴奖”声优大赛一等奖桂冠，龙脉影艺获得2012中国国际动漫节组委会颁发的特别支持奖。

4月，2012中国·鸡西首届兴凯湖国际春季观鸟节盛装开幕，本次观鸟节由鸡西市委宣传部、黑龙江省旅游局、兴凯湖管委会共同主办。活动期间举办了鸟类科普展、《兴凯湖爱鸟宣言》签名仪式、鸟类摄影展等多项活动。省人大常委会副主任申立国和鸡西市领导及中外嘉宾参加开幕式。

五月

5月3日，省委宣讲团省第十一次党代会精神首场报告会在省委党校“龙江发展讲坛”举行。报告会由省委宣传部常务副部长李寅奎主持，省委宣讲团副团长、党代会报告和文件起草组组长、省委政研室主任艾立明作报告。

5月6日，中国音乐文学学会第八次代表大会召开。中国文联副主席、著名词作家陈晓光，中国文联副主席、著名作曲家徐沛东和来自全国的150余位音乐文学家出席了大会。会议听取并审议通过了《推动中国音乐文学事业进入到一个崭新里程》的工作报告和《关于修改学会章程》的报告。会议选举产生了新一届中国音乐文学学会主席、副主席、理事，聘任了学会正、副秘书长。我省出席大会的代表胡小石、张虹、张书君、王继祥、戚婉秋、付广慧等七位词作家当选为理事。

5月8日，佳木斯市第十九中学教师张丽莉在交通事故中，为救学生而受重伤，致使双腿高位截肢。5月12日—9月2日，张丽莉在哈医大一院接受救治。住院期间，中共中央政治局委员、国务委员刘延东，全国人大常委会副委员长、全国妇联主席陈至立专程到哈尔滨看望张丽莉，省委书记吉炳轩和教育部长袁贵仁等领导也到医院看望张丽莉，向张丽莉及其家属表示慰问和敬意。全国各界高度关注张丽莉的病情，纷纷捐款，表达关切之情。6月13日，中央宣传部、中央文明办、教育部、解放军总政治部、全国总工会、共青团中央、全国妇联在京召开学习时代楷模座谈会。会上，中共中央政治局委员、中宣部部长刘云山将张丽莉、吴斌、高铁成称为当之无愧的“时代楷模”。9月4日，张丽莉同志先进事迹报告会在北京人民大会堂举行。报告会前，中共中央政治局常委李长春看望了张丽莉和报告团全体成员，代表党中央和胡锦涛总书记对张丽莉表示亲切问候和致以崇高敬意。10月16日，张丽莉被增选为省残联第五届主席团委员、副主席。张丽莉先后获得全国五一劳动奖章、全国三八红旗手、全国模范教师、全国教书育人楷模、“2012年感动中国人物”等30多项荣誉称号。

5月8日，省农垦总局北安管理局锦河农场与黑河市旅游局共同举办的“2012中国黑河锦河大峡谷杜鹃文化节”隆重开幕，副省长孙尧代表省政府发来贺电，省旅游局副局长刘显富在开幕式上致辞，新华社、大公报社、中国旅游报社等29家新闻单位、80多家省内外旅行社代表和2000多名国内外宾客参加了开幕式。

5月8—9日，省作协六届二次主席团会议在哈尔滨召开。省作协主席迟子建，党组书记赵毅，党组成员、副主席何中生、王立民，副主席王左泓、王阿成、李琦、徐岩、常新港、韩乃寅、黑鹤等出席会议。省委宣传部副部长赵德信到会指导工作。

5月13日至17日，中央文明办志愿服务局有关领导同志参加了哈尔滨市、大庆市、伊春市、绥芬河市和安达市的“三关爱”志愿服务活动启动仪式。全省各地按照中央文明办的部署，将全省学雷锋“三关爱”活动逐渐推向高潮，为迎接党的十八大胜利召开创造良好社会环境。

5月16日，下发《关于授予张丽莉同志省级道德模范荣誉称号的决定》。要求各地各部门在精神文明建设先进集体中广泛开展向张丽莉同志学习活动，不断提升公民文明素质，建设大爱大美龙江。

5月16—18日，新闻出版总署党组成员、纪检组长宋明昌一行来我省检查指导工作，省新闻出版局局长赵勤义、纪检组长曹敏陪同。

5月17日，《光明日报》在头版头条以《善思者行无疆——黑龙江省社科院“走转改”活动纪实》为题，刊发记者朱伟光长篇报道。这是《光明日报》近年来对我省分量最重、编排最突出的报道。该报道先后在黑龙江日报、东北网等30余家报刊、媒体转载。

5月23日“回顾传统、放眼未来——纪念《在延安文艺座谈会上的讲话》发表70周年座谈会”召开。与会作家、评论家围绕《讲话》的历史意义及其当前创作面临的一些具体问题，展开了深入热烈的讨论。

5月24日，由省委宣传部、省广播影视局、省电台、哈尔滨市委宣传部、中影集团等单位投资拍摄的电影《萧红》在北京人民大会堂举行首映礼。省委常委、宣传部长张效廉，中央宣传部文艺局副巡视员李小红，广电总局电影局局长童刚，哈尔滨市委常委、宣传部长张丽欣，省广播影视局总编辑王春莉，省电台台长杨晶，浙江唐德影视股份有限公司董事长吴宏亮等领导及嘉宾出席首映礼并致词。导演霍建起、编剧乙福海、苏小卫携主演小宋佳、黄觉等主创人员集体亮相首映礼。省委常委、宣传部长张效廉在致辞中指出，电影《萧红》是黑龙江省发掘萧红历史文化资源、打造萧红文化品牌的一次重要举措，也是近年来我省影视产业大投入、大制作的扛鼎之作。

5月25日，省农垦总局党委、总局作出了关于开展向徐连斌同志学习活动的决定。

5月27日，省萧红文学院与北大荒作协联合举办了第四期垦区文学讲习班。讲习班在哈尔滨举办，省萧红文学院针对垦区作者的实际情况和需求，聘请授课老师，安排课程，并协调文学期刊编辑为学员辅导。

5月28日，由中宣部、中央文明办、新闻出版总署联合推介的百种优秀思想道德读物评选结果公布，黑龙江人民出版社出版的《公民道德修身课程》、黑龙江教育出版社出版的《精神家园丛书·民族精神》和黑龙江少年儿童出版社出版的《感动一个国家的人物》成功入选。

5月31日，新闻出版总署公布入选社会主义核心价值体系建设“双百”出版工程首批重点选题，出版集团《马克思主义与社会主义新论》等6种图书入选。

5月，“最美女教师张丽莉”宣传报道正式启动。省直主要新闻单位不断加大报道力度，进行正面宣传，同时以中共中央政治局委员、国务委员刘延东代表党中央国务院慰问张丽莉为契机，进行新闻盘点式报道，推出爱心篇、救治篇、宣传篇、关怀篇、反响篇等几个有分量、有深度的综述报道，升华了报道思想，掀起了宣传高潮。

5月，“建设现代化大农业”主题宣传报道战役正式打响。全面反映了黑龙江省建设现代化大农业的基本经验和成效进展，宣传建设大水利、应用大农机、推广大科技、开展大合作的美好前景，为全省进一步夯实农业基础，加快农业现代化建设步伐，推进粮食产量再上新台阶营造了良好的舆论氛围。

5月，全省“三关爱”志愿服务活动正式启动。中央文明办巡视员王朝彬、黑龙江省文明办专职副主任袁克敏等出席活动。

5月，黑龙江省戏剧大赛第十二届“小梅花奖”评选活动正式启动。该活动由黑龙江省剧协、黑龙江省京剧院共同举办。大赛共有200多名选手参赛，从京剧、龙江剧、小品、话剧片段表演等类别中评选出各类奖项。

5月，“这片黑土地——纪念毛泽东同志《在延安文艺座谈会上的讲话》发表70周年‘龙歌’音乐会”在哈尔滨举行。音乐会由省委宣传部、省文联、省延安精神研究会主办，省音协、哈尔滨师范大学音乐学院承办，省军区政治部、武警黑龙江总队政治部、省歌舞剧院协办。省人大常委会副主任陈述涛，黑龙江省政协副主席陶夏新，黑龙江省军区政治部主任夏中国，武警黑龙江总队政治部主任刘振所，省委副秘书长、省直机关工委书记王晓明，省政府副秘书长王国才，省委宣传部常务副部长李寅奎，省委宣传部副部长赵德信，省政协科教文卫体委员会主任潘春良，省文联主席傅道彬，省文化厅副厅长綦军等领导，与现场两千余名观众一起观看了演出。

六月

6月1日，黑龙江出版集团所属黑龙江朝鲜民族出版社与韩国最大门户网站Naver就《中韩·韩中辞典》数字版权交易签订合同，交易额1亿韩元，标志着我省在数字出版和文化“走出去”方面迈出了重要的实质性步伐。

6月1日，省委宣传部第三次部长办公会议通过了审议《黑龙江省社会科学优秀成果评奖办法》及其实施细则，省委常委、宣传部长张效廉对修改后的评奖办法进行了肯定，并进一步提出了修改完善的建议。

6月5日，中国记协在哈尔滨市召开新闻工作者援助项目调研座谈会。中国记协党组副书记、书记处书记高善罡出席会议并讲话。省委宣传部常务副部长李寅奎出席会议并讲话。

6月5—12日，中国记协党组副书记、书记处书记高善罡一行深入黑龙江省属主要新闻媒体，伊春市、双鸭山日、牡丹江市等主要单位进行调研座谈。

6月6—7日，中央“三项学习教育”活动调研组组长、中国记协党组副书记、书记处书记高善罡到伊春市调研，对全市新闻战线开展的“三项学习教育”活动，特别是“走基层、转作风、改文风”活动进行检查指导。调研组一行先后深入到汤旺河区和嘉荫县进行实地调研，并于6月7日在市区召开了全市新闻战线“走转改”座谈会。市委书记、市人大常委会主任王爱文出席座谈会并致辞。市委副书记、纪委书记刘君主持座谈会，就全市新闻战线开展的“走基层、转作风、改文风”活动的情况作了介绍。中央调研组对全市“走转改”工作给予充分肯定，就全市下一步“走转改”工作提出具体要求。

6月8日，《中共黑龙江省委办公厅 黑龙江省人民政府办公厅关于加快全省国有文艺院团体制改革的实施意见》和《黑龙江省演艺集团有限责任公司组建方案》(黑办发【2012】19号)正式出台。《实施意见》和《组建方案》，是推动全省国有文艺院团改革的主体性文件。为院团改革提供了重要的遵循和保障，对如期完成全省院团改革任务起到了关键性作用。《意见》分六个部分，系统阐述了黑龙江省国有文艺院团体制改革的指导思想、目标要求、基本原则、主要任务、保障政策和有关要求。其中,改革的保障政策涵盖了人员安置政策、社会保障政策、医疗保险政策和财税政策四个方面，共计16条，涵盖了支持国有文艺院团体制改革的主要方面。主要特点有:一是体现了最大限度地保障转制院团和干部职工的切身利益,既调动了他们的积极性,又解除了他们的后顾之忧;二是体现了省委、省政府对转制院团“扶上马、送一程”的精神,既考虑到当前改革的保障，又兼顾到长远发展的支持;三是体现了较强的可操作性,既有原则的规定,又有具体的操作办法,实现了宏观政策和具体办法的有机结合；四是较好地体现了政策的连续性和协调性，十分注重院团改革政策与其他政策的衔接,既贯彻了中央的政策要求，又结合了黑龙江省的实际,既考虑到当前改革的保障,又兼顾到了长远发展的支持。特别是保障所有财政供养人员退休后的事业身份待遇及对每个转制的省直院团平均给予一次性经费补助1000万元，在全国也是力度较大的举措。这些核心政策的出台,突破了改革的难点和瓶颈,保障和指导作用巨大。

6月9日,在国新办六局支持下,我省再次牵头协调吉林、辽宁两省政府新闻办和中国驻哈巴总领事馆、俄罗斯驻沈阳总领事馆,以俄媒体回访的方式,在哈尔滨举办了“中国东北地区与俄罗斯远东地区媒体定期交流(2012)”活动。以哈巴边区州长及政府政策信息与公共关系总局副局长为团长的俄远东媒体代表团一行10人应邀出席了研讨交流和考察活动。本次活动得到中央外宣办和省委省政府的重视,将其列入省领导在哈洽会期间的活动日程,孙尧副省长到会致辞,中央外宣办六局领导、中国驻哈巴总领事、上合组织中国国家协调员、俄罗斯驻沈阳总领事代表出席了中俄媒体研讨会。双方围绕如何建立平等互信的交流机制,拓展两国民众信息需求渠道;如何以中俄“旅游年”为契机,推进双边人文领域的广泛合作等问题进行了广泛交流。

6月9日,中国记协双鸭山新闻战线“走、转、改”座谈会在双鸭山市政府接待中心会议大厅举行。中国记协党组副书记、书记处书记高善罡,黑龙江省记协、黑龙江省新闻单位的相关负责人,双鸭山市委宣传部和市直各新闻单位的有关负责人及部分新闻工作者代表出席会议。会议由市委常委、宣传部长朱晓华主持,市委书记、市人大常委会主任李显刚参加会议并讲话。高善罡书记在座谈会上发表了讲话,并对双鸭山市“走转改”活动开展情况给予高度评价。

6月11日,黑龙江省国有文艺院团体制改革推进会在哈尔滨召开。会议的主要任务是:贯彻落实中央和省委、省政府关于深化文化体制改革的要求，总结近年来国有文艺院团体制改革进展情况，部署下一阶段国有文艺院团体制改革任务。这次会议是对全省国有文艺院团改革进行的再动员、再部署,明确提出了坚决执行中央决定,全面落实改革任务的总原则,要求各级文化体制改革和发展工作领导小组和宣传、文化部门迅速进入攻坚收尾阶段,确保如期完成既定改革任务。会议由省委常委、宣传部长张效廉主持,省政府副省长、省文化体制改革和发展工作领导小组副组长程幼东宣读了《关于加快全省国有文艺院团体制改革的实施意见》。省委常委、常务副省长、省文化体制改革和发展领导小组组长刘国中作了重要讲话。

6月13—14日,由省社会科学院同广西社会科学院联合主办的首届沿边地区发展高层论坛在哈尔滨举行。来自中国社会科学院及黑龙江、广西、吉林、辽宁、云南、内蒙古、新疆、西藏等沿边八省区社会科学院的领导及专家学者60余人参加论坛。中国社会科学院副院长武寅,省委宣传部副部长张翔莅临论坛并致辞。

6月14—15日,由黑龙江省人民政府、中国社会科学院主办,省社会科学院承办的第五届东北亚区域合作发展国际论坛在哈尔滨举行。中、俄、日、韩、朝、蒙等东北亚各国及欧美国家官员、学者、企业家等300余名嘉宾莅会。省政府副省长于莎燕作主旨演讲,中国社科院副院长武寅、哈尔滨市市长宋希斌等嘉宾代表作大会发言。

6月20日，省文明办下发《关于转发中央文明办关于印发〈关于对全国文明城市（区）和提名资格城市（区）实行动态化管理，促进创建工作常态化的意见的通知〉的通知》，通知要求各地认真贯彻落实中央文明办关于文明城市创建和管理的意见，推动文明城市建设常态化发展。

6月24日，黑龙江电台参与投拍的首部电影《萧红》在第15届上海国际电影节上荣获"金爵奖"最佳摄影奖；9月24日，在中宣部组织的第十二届精神文明建设"五个一工程"颁奖晚会上获得"五个一工程"奖。至此，黑龙江电台共有15部作品获得"五个一工程"奖。

6月26日，黑龙江省演艺集团有限责任公司在省歌舞剧院门前举行了隆重的揭牌仪式。省委常委、常务副省长刘国中，省委常委、宣传部长张效廉，副省长程幼东为黑龙江省演艺集团成立揭牌。黑龙江省演艺集团有限责任公司的组建，是贯彻落实中央和省深化文化体制改革精神的重要举措，是黑龙江省文化体制改革取得的重大成果，也是黑龙江省文化体制改革和文化产业发展的新的里程碑。它标志着黑龙江省文化体制改革迈出实质性步伐。黑龙江省演艺集团有限责任公司的成立对整合文艺演出资源、提高全省国有文艺院团发展活力和竞争力、推动文化事业和文化产业繁荣发展、更好地满足人民群众日益增长的精神文化需求、进一步解放和发展文化生产力，促进文化强省建设具有重要意义。

6月，第二十二届中国·大兴安岭·漠河北极光节开幕。本届北极光节活动以"欢乐中俄年、神州北极光"为主题，汇集了群众文化活动、俄罗斯风情演出、森林音乐会等多项内容。

6月，2012中国·哈尔滨国际啤酒节在冰雪大世界园区举行开幕式。中国轻工业联合会会长步正发、名誉会长杨志海，省委常委、哈尔滨市委书记林铎，省政府副省长孙尧等出席开幕式。

6月，"第三届中国·黑龙江万象国际木雕艺术节"在宾西中俄木材交易中心开幕。本届木雕节由国家住建部城市雕塑建设指导委员会艺术委员会、省委宣传部、省文联主办，中俄木材交易中心有限公司、中国·黑龙江造型艺术产业园区承办，省美术家协会雕塑艺委会、省木材行业协会、黑龙江万象艺术交流中心、黑龙江新望广告文化传播有限公司、黑龙江北大荒文化发展有限公司协办。原省委书记孙维本，原省委副书记单荣范，省军区政治部主任夏中国，省政协副主席陶夏新，省委宣传部副部长赵德信，省文联主席傅道彬等相关单位领导出席了开幕式。

6月，2012年黑龙江省"城市之光金色田野"群众文化系列活动启动仪式暨"龙腾盛世大地飞歌"文艺晚会在牡丹江宁安市举行。本次活动由省委宣传部，省文化厅，牡丹江市委、市政府共同主办。

6月，首届"世界非物质文化遗产——伊玛堪"学术研讨会在省社会科学院隆重召开。中国社会科学院副院长武寅、省委宣传部副部长张翔、省社会科学院党委书记艾书琴、省文化厅副巡视员张学文在开幕式上致辞。

七月

7月6日，由省民委，省文化厅，齐齐哈尔市委、市政府联合主办，齐齐哈尔市戏曲剧院(市艺术团)、齐齐哈尔大学联合承办，梅里斯达斡尔族区、齐齐哈尔铁路老年大学艺术团加盟演出的大型民族风情音画《达斡尔人》在第四届全国少数民族文艺会演上，荣获文艺会演表演金奖、优秀组织奖、导演奖、编剧奖、音乐奖、舞美奖、演员奖、节目奖等十一个奖项。

7月6—8日，召开全省创建"三优"文明城市现场会。省委书记吉炳轩主持8日下午召开的座谈会并作了重要讲话。省委副书记、省长王宪魁出席座谈会并讲话，省领导刘国中、张效廉、韩学键、林铎、杨东奇、于莎燕，哈尔滨市长宋希斌出席座谈会。吉炳轩指出，要继续大力推动"三优"文明城市建设，完善建设规划，深入总结各地创建的经验做法，确保组织领导到位，资金投入到位。王宪魁强调，文明创建工作要与安居工程结合，与产业发展结合，与城乡一体化发展结合，与城市精细化管理结合。会议还考察了七台河市、双鸭山市、哈尔滨市“三优”文明城市亮化绿化、棚户区改造、路桥建设和滨水城市建设等17个项目。

7月9—13日，国家软件正版化督查工作组到我省检查软件正版化工作。10日上午，省政府副秘书长王国才主持会议并代表我省汇报情况，下午，检查组听取六家受检单位情况汇报。11日上午，检查组深入省直部分机关检查。12日，集中梳理检查和汇报的情况。13日，检查组向我省反馈意见。省新闻出版局副局长、省使用软件正版化工作领导小组办公室主任张雨虹全程陪同检查。

7月9日，省作协召开了2012至2016年度合同制作家聘任大会暨“野草莓”丛书首发式。省委宣传部副部长赵德信，省作协主席迟子建，党组成员、副主席何中生、王立民等出席会议。会前，省作协党组成员、副主席王立民代表省作协与王鸿达（大庆）、王若楠（哈尔滨）、朱珊珊（哈尔滨）、全勇先（佳木斯）、刘浪（鹤岗）、孙且（省直）、何凯旋（哈尔滨）、宋成君（齐齐哈尔）、陈力娇（绥化）、徐岩（部队）、唐飙（哈尔滨）、桑克（省直）、萧笛（牡丹江）、梁帅（省直）、程琳（牡丹江）、黑鹤（大庆油田）等16位作家分别签约，聘任于2012年7月9日生效。本届合同制作家聘期为四年，省作协为主聘单位，省萧红文学院为具体管理部门。本届合同制作家的聘任工作得到了省委宣传部的大力支持，专门划拨专项经费，保证了省作协有史以来第一次能够在聘任期间全程向作家发放定额创作补贴。

7月10日，中国报业协会授予黑龙江日报美术馆为“中国报业书画艺术研究院黑龙江分院”的揭牌仪式在黑龙江日报美术馆举行。

7月10日，中国报业协会授予黑龙江日报报业集团漠河新建工程为“中国报业北极传媒基地”揭牌仪式举行。“中国报业北极传媒基地”是地处中国北极的一个文化标志，也是中国报业和传媒人士进行培训、交流的重要基地。

7月11日，中国新闻技术工作者联合会（简称“中国新闻技联”）2012年学术年会、五届四次理事会暨第六届王选新闻科学技术奖（简称“王选奖”）人才奖和优秀论文奖颁奖大会在哈尔滨举行。黑龙江日报报业集团党组书记、社长杨殿军荣获王选新闻科学技术奖特别贡献奖。“王选奖”是经国家科技部和国家奖励办公室批准设立的新闻界唯一的科技奖项，旨在表彰那些在新闻科技领域作出过不可估量的贡献的新闻科技工作者，以推动新闻传媒界的科技进步，服务广大相关从业人员。

7月13日，省委办公厅、省政府办公厅下发了关于印发《黑龙江省社会科学优秀成果评奖办法》的通知（黑办发【2012】21号）。

7月14—15日，由中央电视台副台长孙玉胜率领的全国电视新闻年会央视考察团一行，在省委宣传部常务副部长、省广播影视局党组书记李寅奎，省农垦总局党委副书记李涛等领导的陪同下到红兴隆管理局，就现代化大农业建设及小城镇建设工作进行调研。

7月20日，中国（大庆）第五届湿地旅游文化节启幕。全国政协社会和法制委员会副主任王巨禄，省委常委、市委书记韩学键等领导出席开幕式。

7月23日，黑龙江省社会科学优秀成果评奖委员会印发了《黑龙江省社会科学优秀成果评奖办法实施细则》。省评委会组建了第十五届社会科学优秀成果评奖委员会。评委会主任由省委常委、宣传部长张效廉担任，副主任由省委宣传部副部长、省社科联兼职副主席张翔，省社科联党组书记、副主席李己华担任。

7月23日，省委宣传部召开专门会议，落实省委常委办公会议精神，将东北网络台正式划归出版集团。省委宣传部副部长赵德信主持会议，出版集团李久军、毛宇新、曲剑飞和相关部门同志，及东北网络台中层以上管理人员参加交接会。出版集团依托东北网成立了东北数字出版传媒公司，努力建成我省出版转型和数字传媒的“省队”,力争建设国家级数字出版基地。

7月23—31日,省委宣传部主办、省互联网宣传管理领导小组办公室承办的“科学发展,大美龙江”——第六届全国网络媒体龙江行活动在哈尔滨、绥化、伊春、黑河等地举办。人民网、新华网等11家中央重点新闻网站,千龙网、东方网等19家省市区重点新闻网站,新浪、凯迪等2家全国知名商业网站,人民网地方频道等4家中央重点新闻网站黑龙江分站,东北网、黑龙江新闻网等6家本省新闻网站总计41家网络媒体参与本次采访活动。来访媒体网站共制作宣传黑龙江专题42个,刊发稿件合计2000余篇,图片3000多幅,新浪、腾讯、搜狐等多家商业网站、社会网站转载相关新闻报道,网上黑龙江的正面影响力得到有效提升。

7月24日,以“科学发展,大美龙江”为主题的第六届全国网络媒体龙江行采访团60多位主要网络媒体记者走进绥化,进行集中采访。

7月25日,省军区原司令员寇铁率全国人大代表黑龙江文化产业调研组来大庆调研。省委常委、市委书记韩学键会见寇铁一行。

7月26日,全省青少年“学雷锋、心向党、讲品德、见行动”主题教育活动北大荒夏令营开营仪式在省农垦总局哈尔滨管理局香坊实验农场北大荒现代农业园隆重举行。中国关心下一代工作委员会主任顾秀莲,省关工委主任孙维本,省关工委常务主任谢勇,省委常委郝会龙,省农垦总局党委书记、局长隋凤富等领导出席开营仪式。

7月27—29日,新闻出版总署副署长邬书林来我省参加第八届海峡两岸经贸文化论坛。省新闻出版局局长赵勤义、副局长张松滨陪同接待。

7月,电视系列专题节目《艺术龙江》在黑龙江电视台文艺频道开播。该节目由省委宣传部主办,黑龙江电视台文艺频道具体承办,每周播出一期。此节目为一档以介绍黑龙江文化艺术名人为主要内容的访谈节目,目的是通过电视媒体向国内外、省内外宣传推出黑龙江省的文化艺术精英人才,扩大黑龙江的文化影响力,树立黑龙江的文化形象。

7月,电视连续剧《东北抗日联军》创作策划论证会在哈尔滨召开。该剧是省委宣传部重点投资的影视项目。中共黑龙江省委宣传部副部长赵德信、省内知名艺术家、党史研究专家代表和剧组主创人员参会。

7月,“火热时代　多彩龙江”2012·黑龙江省文艺家深入生活采风创作活动座谈会在哈尔滨举行,会议由省委常委、宣传部长张效廉主持,省委书记吉炳轩作了重要讲话,省委宣传部常务副部长李寅奎、副部长赵德信,省文化厅厅长宋宏伟、省广电局局长赵洪生、省新闻出版局局长赵勤义等19个省直有关单位主要负责同志以及全省各界30位文艺家代表出席座谈会。会上,省委书记吉炳轩要求文艺工作者深入到全省经济社会发展一线中去,创作出更多更好反映生活、揭示生活、升华生活、引领生活的优秀作品,倾情讴歌火热时代和多彩龙江。

7月,龙广云绿电子商务股份有限公司正式成立。公司采用“会员制营销+农场订单+电子商务+生态旅游”的经营模式,标志着黑龙江电台成功迈入电子商务运营领域。

7月,2012中国广播电台台长论坛在哈尔滨太阳岛宾馆国际交流平台举行。本届年会由中国广播电视协会交通宣传委员会、省委宣传部主办,龙广交通台、龙广私家车频道、省公安交通管理局、哈尔滨市公安交通管理局、黑河市委市政府、哈尔滨交通广播协办。中国广播电视协会会长李丹、省政府副省长程幼东、省政府副秘书长王国才、省委宣传部常务副部长李寅奎、黑龙江人民广播电台台长杨晶等出席开幕式。省委常委、秘书长杨东奇出席并致辞。

7月,“黑龙江·台湾艺术论坛暨书法交流展”在哈尔滨学院艺术馆举行。展览由省书协、省高校书协、台湾省书画教育协会、台湾省书法教育发展协会、台湾中华文物协会共同主办。展览共展出两省书法作品100件。开幕式后,举行了两地书法家交流笔会。

7月，“东北地区电视舞蹈大赛”在长春举行，黑龙江省最终有28个节目进入决赛，其中6个节目获得金奖，9个节目获得银奖，其余为铜奖。

7月，“大爱满龙江”英模先进事迹首场报告会在哈尔滨和平邨宾馆和平会堂举行。该报告会由省委宣传部、省教育厅、省总工会、团省委和省妇联联合主办。省委常委、宣传部长张效廉亲切会见了报告团成员。报告团先后赴哈尔滨、绥化、伊春、鹤岗、密山等市地作巡回报告，在各界干部群众中引起强烈反响。

7月，“神韵龙江——联合国书法作品走进黑龙江艺术交流展”在黑龙江省科技馆展厅开幕。该展览由省教育厅、省书协、省高等院校书协共同主办。省委书记吉炳轩，省委秘书长杨东奇，省政府副省长程幼东，哈尔滨市政府市长宋希斌等省市领导和中国书法家协会分党组书记、驻会副主席赵长青，原省政协主席、省书协主席马国良，省文联主席傅道彬，中国书协理事、省书协常务副主席兼秘书长张戈，以及40余位联合国官员出席了开幕式。吉炳轩书记题写的巨幅“龙”字参加了展览，并向联合国赠送了书法作品《神韵龙江》。联合国文化交流代表团团长何勇向黑龙江省赠送了联合国旗，部分联合国官员现场挥毫。展览共展出书法作品47幅。

7月，纪念姜椿芳同志百年诞辰暨《姜椿芳文集》出版座谈会在北京举行。省委宣传部副部长赵德信出席并致辞。

7月，中国(大庆)第五届湿地旅游文化节炫彩启幕。全国政协社会和法制委员会副主任王巨禄，省委常委、大庆市委书记韩学键，原省军区司令员寇铁，国家旅游局副局长杜江，省政协副主席陶夏新，中国旅游协会秘书长蒋齐康等领导出席开幕式。

7月，全省行政村农家书屋建设工程全部完成。全省13个市地、65个县（市）、907个乡镇、37个林业局、113个农牧场，共建成书屋10040家。不仅实现了行政村全覆盖，而且实现了农场、林场、种畜场、牧场农家书屋全覆盖，超额完成“十二五”规划，惠及全省农村、垦区、林区人口近2000万人。

7月，《爱铸师魂——学习宣传时代楷模张丽莉英雄事迹读本》一书在哈尔滨首发，该书由省委宣传部、省新闻出版局、省教育厅、省总工会、团省委、省妇联、黑龙江出版集团、佳木斯市委宣传部8个部门联合编辑出版。省委书记吉炳轩同志为该书题写书名，省委常委、宣传部长张效廉作序，省政府副省长程幼东担任编委会主任，省委宣传部常务副部长李寅奎担任主编。编著组一行8人来到哈尔滨医科大学附属第一医院看望“最美女教师”张丽莉，并向她赠送了新书。

7月，2012年全国卫视综合频道电视剧播出工作会议在哈尔滨举行，会议由国家广电总局电视剧管理司主办，黑龙江电视台承办。国家广电总局电视剧管理司司长李京盛、副司长宋鲁曼和全国30多家省级台领导及卫视总监出席会议。省委宣传部常务副部长、省广电局党组书记李寅奎，省委宣传部副部长赵德信，省广电局总编辑王春莉，黑龙江电视台台长刘玉平出席。

7月，2012年全国电视新闻年会在哈尔滨召开，省委书记吉炳轩出席开幕式并发表讲话。中共中央宣传部副部长、国家广播电影电视总局局长蔡赴朝致贺信。中央电视台台长胡占凡，省委常委、宣传部长张效廉，省政府副省长程幼东，以及中央电视台、36个省级电视台和计划单列市电视台的负责同志出席会议。

7月，首届龙视观众节开幕式在黑龙江电视台2800平方米演播厅举行。省委宣传部常务副部长、省广电局党组书记李寅奎，省广电局局长赵洪生，黑龙江电视台台长刘玉平、黑龙江人民广播电台台长杨晶、省委宣传部部务委员李红等出席开幕式。来自全省各地近千人现场观看开幕式演出。

八月

8月4日，由齐齐哈尔市委宣传部、齐齐哈尔市文学艺术界联合会主办的“真情雪花·醉美鹤城”首届齐齐哈尔鹤文化艺术节在美丽的劳动湖文化广场开幕。省委宣传部副部长赵德信、省文联副主席曲冬梅出席开幕式并剪彩。首届鹤文化艺术节从8月4日至11日，历时8天，开展了20多场文艺演出、展览、比赛等活动，举办了鹤文化论坛、鹤文化采风等活动，弘扬了城市主题文化，全面展示了鹤文化建设成果。

8月7日，省农垦总局党委、总局作出了关于开展向"全国创先争优优秀共产党员"关龙有同志学习活动的决定。

8月11日，中央电视台《行进中国》摄制组到省农垦总局建三江管理局二道河农场万亩大地号进行拍摄。总局党委书记、局长隋凤富就垦区航化作业的特点、优势和作用以及未来发展前景等问题回答了记者提问。

8月16—17日，全国第一期基层版权执法培训班工作在哈尔滨举行，国家版权局版权管理司司长于慈珂出席开班式并讲话，省新闻出版局副局长张雨虹及省内各级版权行政管理部门80余人参加。

8月17日，由省妇联、齐齐哈尔市委、市政府主办，由市委宣传部、齐齐哈尔日报报业集团等14部门承办，大金山婚庆文化传媒有限公司、烟台天马栈桥文化发展有限公司协办的首届"中国·齐齐哈尔扎龙国际婚礼文化节"在扎龙国家级自然保护区举行。来自俄罗斯、韩国、塞拉利昂，以及中国台湾和大庆、齐齐哈尔等地的近百对新人和庆祝金婚的老人，共同携手，感受人与人、人与自然的相亲相爱、幸福和谐。同时，套开了"城市文化与湿地"论坛。全国人大常委会副委员长周铁农为婚礼文化节和湿地联盟成立题词，中国妇联、省妇联、省报业集团领导，以及俄罗斯阿穆尔州青年特长教育机构主席别兹娜秀克·利莉娅·彼得罗芙娜参加了开幕式。

8月19日，第三届中俄文化大集暨2012中国国际文化休闲周开幕式在黑河市举行。省长王宪魁在开幕式上致辞。文化部副部长赵少华、俄罗斯阿穆尔州州长科热米亚科夫出席并致辞；副省长程幼东主持开幕式。出席开幕式的中方嘉宾还有省部分离退休老领导，文化部外联局、市场司负责同志，国内其他省市文化部门代表，省有关部门负责同志，国内知名艺术家和客商代表；出席开幕式的俄方嘉宾还有俄罗斯阿穆尔州政府代表团成员、俄罗斯联邦文化部代表、俄方文化代表团成员以及艺术家、客商代表。

8月20日，在黑龙江黑河段江面游船上，龙江"船"说——2012中国国际文化休闲周高峰论坛，由旅游卫视《看今天》栏目以电视访谈的形式进行录播。中宣部原常务副部长龚心瀚、省文化厅厅长宋宏伟、黑河市市长张恩亮作主要发言。上海第二工业大学党委书记阮显忠、吉林省文化厅副厅长朱成华、省文化厅副厅长姜一海、省旅游局副局长侯伟；黑河市相关领导、旅游企业负责人等作为互动嘉宾参加了访谈。新华社、央视俄语频道、中国旅游报、中国文化报、黑龙江日报、东北网等媒体进行了现场采访。

8月20—21日，全省宣传部长座谈会在哈召开。会议对学习贯彻胡锦涛总书记在省部级主要领导干部专题研讨班上的重要讲话精神作出安排部署。张效廉出席会议并讲话。

8月20日，全国政协常委、香港星岛新闻集团主席何柱国一行到省农垦总局牡丹江管理局八五七农场，就现代化大农业发展、小城镇建设等情况进行考察。

8月23日，台湾中华新闻记者协会理事长袁天明率领的台湾新闻代表团一行18人到省农垦总局红兴隆管理局友谊农场北大荒农业公园、北大荒农机博览园等现场，对垦区的现代大农业、城镇建设等方面工作进行参观采访。

8月24日,2012中国国际文化休闲周在五大连池风景区落下帷幕。原省政协主席马国良，中国艺术摄影学会主席杨元惺，原全国文联副主席吕厚民，原省委副书记、省纪委书记王海彦，原省委副书记杨光洪，原省纪委书记谢勇，原省人大常委会副主任单荣范，原省人大常委会副主任张成义，省人大常委会党组书记盖如垠，文化部市场司副司长孙秋霞，省政府副秘书长王国才，黑河市委书记刘刚、市长张恩亮，省文化厅厅长宋宏伟，文化部市场司副司长刘鲁平等领导出席闭幕式。中国艺术摄影学会以及来自各省文化厅和参与城市之歌评选的有关单位领导嘉宾应邀参加了闭幕式。

8月26日，由中央外宣办、外交部组织的阿根廷《阿根廷时报》、《联邦》杂志，墨西哥《金融家报》、RADIOVOX传播公司，智利《金融日报》、《信使报》等组成的新闻媒体采访团，先后到省农垦总局哈尔滨管理局香坊实验农场北大荒现代农业园、完达山阳光乳业公司进行集体采访。中央外宣办、省委外宣办有关负责人及人民日报社、中央人民广播电台的记者一同参加采访。省农垦总局党委委员、宣传部长高跃辉陪同采访。

8月27—28日，由阿根廷、智利、墨西哥、西班牙四国主流媒体7位记者组成的拉美记者采访团来到绥化市，就绥化农牧产业、现代化大农业建设方面所取得的成果进行采访和考察，寻求和探讨中国农业发展与拉美国家开展农业合作的前景和契合点，为预热拉中之间的农业深入合作奠定基础。中央外宣办处长杨卓凡，《人民日报》、中央人民广播电台记者以及省委外宣办对外新闻处负责人，绥化市委常委、宣传部长于丽颖陪同考察采访。

8月28日，省政府召开市(地)级政府机关软件正版化工作推进会议，省政府副秘书长王国才主持会议，副省长程幼东讲话，省新闻出版局局长赵勤义、副局长张雨虹参加。

8月28日，省“扫黄打非”工作领导小组办公室召开会议，传达贯彻全国“扫黄打非”办、中宣部、新闻出版总署“迎接党的十八大，深化“扫黄打非”专项行动”工作部署会议精神，安排部署我省下一步工作任务。省新闻出版局局长、省“扫黄打非”工作领导小组副组长兼办公室主任赵勤义，副局长、省“扫黄打非”工作领导小组办公室副主任唐衍伟参加会议。

8月，黑龙江省第一部儿童数字电影《呼玛河的孩子》举行开机仪式，实现了大兴安岭原创影视作品零的突破。

8月，龙广新闻评论类栏目《朝朝侃谈》节目在全国广电座谈会上被国家广电总局授予“2012年度广播电视创新创优栏目”。

8月，第二届“文化的力量”论坛在哈尔滨太阳岛宾馆国际交流平台举办。本届论坛由黑龙江省人民政府、国务院侨务办公室、联合国教科文组织和世界华商联合促进会共同主办，省委宣传部和哈尔滨市政府承办，黑龙江电台作为执行机构，承办本次论坛。全国政协副主席李金华，省委书记吉炳轩，省委副书记、省长王宪魁，全国政协外事委员会主任赵启正，国务院侨务办公室纪检组长王杰，联合国教科文组织总干事特别代表桑塔，黑龙江省及哈尔滨市领导张效廉、林铎、杨东奇、刘东辉、盖如垠、孙尧、陶夏新、宋希斌以及中国社会科学院、世界华商联合促进会等各界嘉宾出席开幕式。

8月，“第七届中国·龙江国际文化艺术产业博览会”在哈尔滨国际会展中心举行。博览会由中国工艺美术协会、省委宣传部、省文化厅、省广播电影电视局、省新闻出版局、省文联等部门主办，黑龙江日报报业集团、黑龙江出版集团、黑龙江电视台、黑龙江人民广播电台、黑龙江省文盛文化投资集团、北京龙江国际文化发展中心、黑龙江北方文化产权交易所、东北网、哈尔滨日报报业集团、《新晚报》等单位协办，黑龙江省文化体制改革与发展促进会、省工艺美术行业协会、中国国际贸易促进委员会哈尔滨分会、哈尔滨冰城国际展览有限公司承办。本届文博会设工艺美术书画馆、文化综合馆、精品油画馆、艺术设计馆等四个主题展馆，“黑龙江首届设计艺术奖获奖作品和优秀设计成果作品展”同时举办。

九月

9月4—5日，全国“扫黄办”深化“两个专项行动”督查组一行到我省检查指导工作。4日，督查组深入我省部分印刷发行企业进行检查，5日上午，向我省反馈了督查情况，并对下步工作提出了要求。省新闻出版局副局长，省“扫黄打非”工作领导小组办公室副主任唐衍伟全程陪同，并代表我省汇报工作。

9月4—9日，由中国记协党组成员、书记处书记祝寿臣带队，新华社副总编辑夏林为团长的由中国记协组织的新闻界长江韬奋奖获得者休养考察团到哈尔滨、亚布力林业局、省农垦总局红兴隆管理局、友谊农场和伊春等地进行考察活动。

9月15日，黑龙江电台与中央人民广播电台、中国移动联手开发的网络广播正式上线，从而实现手机、PC机等多终端广播直播、回播和音频节目点播收听，开创广播业先河，填补了国内空白。

9月18日，省政协主席杜宇新考察了省网络公司与黑龙江大学联合建设的数字电视实验室、四季上东小区用户家庭业务演示、省广电大厦数字电视总前段机房、IPTV集成播控平台及监管平台建设现场，并听取了省广电局、省网络公司等有关单位的汇报。杜宇新强调，要深刻认识“三网融合”是现代信息技术融合发展的必然趋势，要真正做到传输网络、基础设施、用户服务等方面的开放性融合，达到互利互赢。要大力推动业务创新与应用，从便民的角度，开发多领域产品。要强化网络信息安全建设，进一步提升网络管控能力，各部门和社会各界要进一步加大对“三网融合”的支持力度，创建更加优良的产业发展环境，推动全省的信息化事业进一步加快发展。

9月19日，中共中央编译局大庆调研基地正式建立。省委常委、大庆市委书记韩学键会见前来参加基地揭牌仪式的中央编译局副局长俞可平一行。

9月20日，中共黑龙江省委宣传部、中共黑龙江省委对外宣传办公室、黑龙江省互联网信息工作领导小组办公室联合印发了《关于进一步加强全省网上舆论引导工作的实施意见》和《黑龙江省突发网络舆情应急处置办法》两个规范性文件(黑网信通〔2012〕20号)，加强对基层工作指导，推动了网上舆论引导工作的规范有序健康发展。《关于进一步加强全省网上舆论引导工作的实施意见》阐述了加强网上舆论引导工作的重要意义和基本原则，确定了网上舆论引导工作的四个方面工作，提出了加强网上舆论引导工作的具体操作办法，是第一份全面明确互联网新闻宣传工作基本架构、操作规程、组织保障的指导性文件。《黑龙江省突发网络舆情应急处置办法》从编制依据与原则、舆情分级、组织协调、监测预警、宣传引导、协调管理、工作保障等几个部分规定了全省突发网络舆情的一系列处置办法。文件把舆情监测、舆论引导、协调管理这三个环节一体化，明确了上下级网宣机构、网宣机构与其他机构、网宣机构与事件主体之间的关系，构建了全省突发网络舆情的应急指挥、监测预警和引导调控体系，明确了不同级别突发网络舆情的处置办法，是第一份处置全省网上突发舆情的指导性文件。

9月21日，《龙江讲坛》2012年首次走出国门，作为中蒙两国文化交流活动之一，在蒙古国首都乌兰巴托开讲。邀请了黑龙江大学历史文化旅游学院院长段光达教授主讲了题目为《城市遗产与文化记忆》的讲座；东北林业大学教授尚杰作了题为《黑龙江经济发展与环境保护》的精彩讲座，《黑龙江日报》进行了报道。

9月21日，首届龙江医派学术文化节开幕式在黑龙江中医药大学主楼礼堂举行。副省长孙尧宣布首届龙江医派学术文化节开幕。

9月24日，中宣部第十二届精神文明建设“五个一工程”颁奖晚会在北京举行，电视连续剧《松花江上》喜获全国“五个一工程”奖。该剧在5月还荣获了第七届“黑龙江省文艺奖”电视剧(电视文艺)类一等奖。

9月25日，由佳木斯市创排的《赫哲渔歌》，代表黑龙江省参加全国渔歌邀请赛，夺得金奖。

9月26日，在北京召开的全国文化体制改革工作表彰大会上，黑龙江出版集团黑龙江电台龙广之声公司被中宣部等四部委联合授予“全国文化体制改革工作先进单位”荣誉称号，集团党委书记、董事长、总经理李久军获“全国文化体制改革工作先进个人”称号。

9月26日,全国文化体制改革工作表彰大会在北京人民大会堂举行。大庆被评为全国文化体制改革工作先进地区,这是大庆继2010年和2011年后第三次获此殊荣。

9月27日,在黑龙江工程学院建校60周年之际,作为全国首个以传播工程文化理念为主题的博物馆,黑龙江工程学院工程文化博物馆开馆。省人大常委会副主任王东华参加开馆典礼仪式,并为新落成的博物馆剪彩。

9月30日,黑龙江铁军书画院将军笔会暨黑龙江国际艺术村和黑龙江铁军书画院揭牌仪式在大庆举行。省委书记吉炳轩,省委常委、大庆市委书记韩学键出席揭牌仪式。

9月,中宣部第十二届精神文明建设“五个一工程”颁奖晚会在中央电视台隆重举行。中共中央政治局常委李长春出席晚会并颁发“五个一工程”组织工作奖,中共黑龙江省委常委、宣传部长张效廉参加颁奖晚会并受奖。

9月,张丽莉同志先进事迹报告会在北京人民大会堂举行。报告会前,中共中央政治局常委李长春,中共中央政治局委员、中央书记处书记、中宣部部长刘云山,中共中央政治局委员、国务委员刘延东亲切接见了报告团成员,并代表党中央和胡锦涛总书记对张丽莉表示亲切问候和崇高敬意。中宣部副部长申维辰主持报告会,教育部副部长刘利民,省委书记吉炳轩,省委常委、宣传部长张效廉,省委常委、省委秘书长杨东奇等出席报告会。报告团先后赴甘肃兰州、湖北武汉、重庆和安徽合肥等四省市举办巡回报告4场,在社会各界特别是广大师生和青年学生中引起强烈反响。

9月,在第五届中国旅游电视艺术周暨优秀旅游电视作品评选中,黑龙江省选送的《林都伊春》、《驶向记忆深处》荣获电视专题类最佳作品奖,《自由自在——越柬穿越之旅》荣获电视栏目最佳作品奖,《迷人的哈尔滨之夏》、《红松之美》荣获好作品奖。

9月,“中德建交四十周年——中国文化艺术周暨‘田野丹青乡土风’黑龙江农民画优秀作品展”在德国慕尼黑泽费尔德市古堡艺术馆开幕。展览由省文联、省美协、德国慕尼黑泽费尔德市政府主办,德国慕尼黑泽费尔德市古堡艺术馆、省当代艺术研究院承办。省文联主席傅道彬,副主席、省美协主席吴团良,省美协常务副主席兼秘书长赵丹琪等一行6人出席了在德国举行的开幕式。这次活动促进了双方文化机构之间的长期合作,增进了两国人民之间的相互理解与尊重,提升了黑龙江省在国际间的影响力。

9月,黑龙江历史文化研究工程的核心项目《黑龙江通史》编纂工作在黑龙江省社会科学院启动,会议由黑龙江省社会科学院院长曲伟主持。省内各主要文史机构和高校专家学者40余人出席会议,省委宣传部副部长张翔出席启动仪式并致辞。

十月

10月17日,团中央书记处第一书记陆昊莅临哈尔滨工业大学,与黑龙江省共青团干部和哈尔滨工业大学团员青年代表座谈,并在省委常委郝会龙,共青团黑龙江省委书记、党组书记李豪岩等陪同下,参观了哈工大博物馆和位于一校区活动中心的学生活动排练厅。

10月20日,省委常委、大庆市委书记韩学键在北京新华社新闻大厦会见了新华社党组成员、副总编辑、中经社控股有限公司董事长慎海雄,双方就加快新华(大庆)国际石油资讯中心建设交换了意见。

10月20日,省萧红文学院举办了十三届黑龙江省青年作家班。作家班学员来自全省各地,经由各地市、产业作协及省内文学杂志推荐。33位学员皆是本省文学创作队伍的新生力量。学习期间,还组织了参观萧红故居的文学采风活动。

10月22—23日,省委宣传部常务副部长李寅奎率全省文化体制改革和发展工作会议与会人员来大庆参观考察。省委宣传部副部长赵德信等参加考察。

10月22—24日，在全省文化改革发展工作会议上，拜泉县被命名为全省文化体制改革工作先进地区；讷河市二克浅镇农村数字电影放映队被命名为全省文化体制改革工作先进单位；齐齐哈尔市中环艺术品广场被命名为省级文化产业示范园区；齐齐哈尔市鹤文化产业园被命名为省级文化产业试验园区；黑龙江金龙马集团有限公司、黑龙江满艺工艺品有限公司分别被命名为省级文化产业试验基地。

10月23日，国家深化“扫黄打非”专项督查工作组杨梦东一行到我省检查工作，省“扫黄打非”工作领导小组办公室副主任、副局长唐衍伟陪同检查并汇报我省工作情况。

10月23日，由国务院发展研究中心农村经济研究部副部长刘守英率队组成的调研组到绥化，围绕在保证粮食安全的前提下，如何推进城市化、工业化；创新农业制度，发展现代农业；发展农民专业合作社，实现土地规模经营等方面进行深入调研。

10月24日，北大荒日报刊登了省委书记吉炳轩的署名文章《新桃花源记》。文中，作者借逊克农场这一个点，运用散文生动自然的笔触，对垦区工作给予高度评价，对未来发展寄予殷切期望。

10月25日，大型舞蹈诗剧《绽放的生命》在哈尔滨国际会议中心环球剧场举行首场汇报演出。省委常委、宣传部长张效廉，省委宣传部常务副部长李寅奎，副部长赵德信等共同观看演出。

10月28日，为表彰“喜迎十八大、放歌新生活”主题的第二届全省农民歌咏活动，推动农村群众文化和精神文明建设，省文明委决定授予哈尔滨市等65个单位全省第二届农民歌咏活动优秀组织奖，授予高阳等58名同志优秀创作奖，授予孙丽丽等99名同志优秀表演奖。

10月，由龙广选送的现场直播节目《农耕之梦》获中国新闻奖一等奖，这是黑龙江电台连续第五年获此殊荣。

10月，中国移动杯·第四届全省“六个十佳”和谐单位(家庭)创建评选活动颁奖晚会在黑龙江电视台演播大厅举行。本届评选活动由省委宣传部、省精神文明办、省直机关工委、省委高校工委、省总工会、团省委、省妇联、黑龙江日报报业集团、黑龙江人民广播电台、黑龙江电视台和东北网络台11个部门联合组织开展，经过申报推荐、媒体公示、群众投票等环节，最终授予伊春市工商行政管理局等60个单位(家庭)“十佳和谐单位(家庭)”荣誉称号，授予佳木斯市住房保障局等120个单位 (家庭)“和谐单位(家庭)”荣誉称号。省委常委、宣传部长张效廉，省人大常委会副主任陈述涛，省政府副省长程幼东，省政协副主席孙东生等领导为获奖单位 (家庭)颁奖，并观看晚会《龙江情和谐颂》。

10月，2013年度全省党报党刊发行工作视频会议召开。省委常委、宣传部长张效廉参加会议并作重要讲话。

10月，中宣部正式公布精神文明建设“五个一工程”第十二届获奖名单，省委宣传部荣获优秀“组织工作奖”，电影《萧红》、电视剧《松花江上》、舞蹈诗剧《鹤鸣湖》、歌曲《爱我中华》、广播剧《中国有个北大仓》等5部作品荣膺“优秀作品奖”。

10月，电视连续剧《焦裕禄》央视首播仪式暨新闻发布会在北京举行。省委宣传部副部长赵德信出席并致辞。

10月，“党的旗帜高高飘扬——迎接党的十八大胜利召开文艺晚会隆重开幕。晚会由省委宣传部、省文联、哈尔滨市委宣传部、哈尔滨市文联主办，省歌舞剧院、省音乐家协会、省舞蹈家协会、哈尔滨市歌剧院、哈尔滨市音乐家协会承办，武警黑龙江总队、哈尔滨师范大学、东北农业大学协办。省政协副主席陶夏新，省委宣传部常务副部长李寅奎，省委宣传部副部长赵德信等领导与现场观众两千余人一起观看了演出。

10月，“火热时代　多彩龙江”——2012黑龙江省文艺家深入生活采风活动美术书法摄影展在省博物馆举办，省委常委、宣传部长张效廉，省政协副主席陶夏新，省政协主席、省书法家协会主席马国良，省人大秘书长胡世英，省委宣传部副部长赵德信，省文化厅厅长宋宏伟，省广电局总编辑王春莉等出席开幕式并为展览剪彩，部分文艺工作者、获奖艺术家代表、高等院校艺术系学生、社会观众400多人参加开幕式并参观了展览。

十一月

11月3日，黑龙江高校思想政治工作网开通仪式暨网络文化建设与管理培训班在黑龙江大学举行。

11月12日，纪念垦区开发建设65周年北大荒人先进事迹首场报告会在省农垦总局机关举行，省农垦总局党委书记、局长隋凤富等领导出席报告会。报告会由省农垦总局党委委员、宣传部长高跃辉主持。

11月15日，由省政府新闻办、省对外文化交流协会与韩国21世纪韩中交流协会共同举办的文化产业合作发展交流活动在韩国首尔、光州、全罗南道举行。赴韩交流期间，我省召开了黑龙江省文化产业发展情况推介会；围绕省电视台与KBS合作建立影视工厂、省出版集团引进18本韩文图书版权、哈尔滨品格文化传播有限公司与RJ公司合作“008倒霉熊”3D动画电影项目、黑龙江新闻社与KK4旅游公司共同开发韩国中部地区旅游和特色旅游项目、哈尔滨群力创意文化有限公司与韩国世界精品名品博览大会合作、省电台朝语广播少儿合唱团与富川音协定期互访演出、黑龙江新闻社与EJCNC公司签署网络电视项目、香港《大公报》驻黑龙江办事处与韩国碑林博物馆合作中韩书法名家交流展等20个重点合作项目举行了签约仪式。在此基础上，省电台与KBS分支机构签订了友好台协议，黑龙江新闻社与韩国日报社签署了战略合作框架协议。同时，以“黑龙江自然与人文旋律”为主题，在韩国举办了图片、图表展览展示等活动。

11月27日，省社科联七届三次主席团(扩大)会议在哈召开，省社科联主席团成员、各市地社科联代表和省社科联团体会员单位代表共60余人出席会议。就学习和贯彻十八大和省委全会精神进行了座谈，省委常委、宣传部长、省社科联主席张效廉莅临会议并作重要讲话。

11月29日，中央宣讲团党的十八大精神报告会在省委党校报告厅举行。党的十八大精神中央宣讲团成员、教育部部长袁贵仁作辅导报告，省委书记吉炳轩主持报告会。

11月，“第三届东北三省魔术比赛”在哈尔滨举行。比赛由黑龙江省文联、吉林省文联、辽宁省文联主办，黑龙江省杂协、黑龙江省杂技团承办。参加本次决赛的30个节目是从初赛的120多个节目中选出，共评出舞台魔术类金奖5名，银奖5名，铜奖5名，特别奖1名；近景魔术类金奖5名，银奖5名，铜奖5名。

11月，“大庆杯”第九届东北三省戏剧小品大赛在大庆举办。本次大赛由东北三省文联和三省戏剧家协会主办，大庆市文化广电新闻出版局、大庆市文联、大庆文化体育旅游集团和大庆新闻传媒集团承办。中国剧协分党组成员、副秘书长周光，省委宣传部副部长赵德信，大庆市委常委、宣传部长郑新英，辽宁省文联副主席洪兆惠，吉林省文联党组成员、秘书长盖秀臣，省文化厅副厅长綦军，省文联党组成员、副主席计世伟，中国剧协副主席、省剧协主席白淑贤等领导和艺术家出席了开闭幕式。大赛共有24个专业院团、院校及文化馆站带来的29个小品参赛。

11月，黑龙江省庆祝党的十八大胜利闭幕大型魔术歌会《笑满神州歌满天》在省杂技团举行。此次活动由省委宣传部、省文化厅、省广电局、省文联共同主办，省杂技团承办。

十二月

12月5日，由省委宣传部、省电台等多家单位和黑龙江电视台联合主办的2012“感动龙江”年度人物(群体)颁奖晚会在黑龙江电视台2800平方米演播厅举行。省人大副主任符凤春、省政协副主席赵雨森、省政府副秘书长王国才、省委宣传部副部长陈永芳、省电视台副台长刘宁、省电台副台长赵鸿洋等出席活动并为获奖代表颁奖。“最美教师”张丽莉等荣获“2012感动龙江”年度人物奖。黑龙江电台获得“2012感动龙江群体”称号。

12月5日,省委宣讲团党的十八大精神首场报告会在哈尔滨和平会堂举行,省委宣讲团成员、省社科院院长曲伟作辅导报告。

12月6日,省委宣讲团党的十八大精神报告会在省农垦总局机关举行。省委宣讲团成员、省委政策研究室主任艾立明作了题为《中国特色社会主义若干问题解读》的辅导报告。省农垦总局党委书记、局长隋凤富主持会议并讲话。总局领导、机关全体干部、总局在哈直属单位干部代表在主会场参加报告会;各管理局、农(牧)场党委理论中心组全体成员、机关全体干部、直属单位干部代表在分会场收听收看了报告会。

12月7日,省记协举办全省“新闻媒体改革与发展”培训班。中国记协党组书记、副主席翟惠生出席并讲话。

12月7日,由省残联和省社会科学院共同成立的“黑龙江省残疾人事业发展研究中心”揭牌仪式在省社会科学院举行。省残联主席何玉华,省委副秘书长兼政策研究室主任艾立明,省纪委常委、省监察厅副厅长吕娟,省财政厅副厅长陈佩钢,鸡西市委副书记、组织部长范宏,省社会科学院党委成员以及中心专家委员会委员和相关专家学者出席揭牌仪式。

12月10—14日、17—21日,2012俄罗斯、乌克兰中国黑龙江电视周分别在俄罗斯首都莫斯科和乌克兰首都基辅举行。黑龙江电视台副台长刘宁出席开幕式,并与乌克兰基辅地区国家电视台签署了《中国黑龙江电视台与乌克兰基辅地区国家电视台》会谈纪要。电视周期间,莫斯科州电视台播出了黑龙江电视台制作的《活力》、《发展中的口岸》、《哈洽会欢迎您》、《在他乡》和《跨出国门的信誉》等5集反映我省对俄经贸主题的专题片。乌克兰基辅地区国家电视台也播出了黑龙江电视台制作的10集反映黑龙江省工业、农业、文化、经贸和旅游的电视片。

12月16日,第二届“感动北大荒”人物(群体)评选活动结果揭晓,杜俊起、安玉惠、程江、刘永林、赵秀琴、林秀华、徐连斌、王静贤、关龙有及以王丹为首的前进农场农业科技园区大学生科技服务团队被评为第二届“感动北大荒”人物(群体),姜松获“感动北大荒”特别奖。省农垦总局党委书记、局长隋凤富等领导出席颁奖典礼并为获奖者(代表)颁奖。

12月20日,省委明确了黑龙江演艺集团有限责任公司实行党的领导与公司法人治理结构相结合的管理制度,主要领导由省委管理,副职由省委宣传部管理。

12月25日,《光明日报》第十五版整版刊登省社会科学院课题组撰写的黑龙江省经济社会发展报告。调查报告发表后,获得省委书记吉炳轩肯定性批示,并于12月28日转载于《黑龙江日报》。

12月26日,召开省委宣传部机关工作务虚会,张效廉主持并讲话.

12月28—29日,“学习宣传贯彻十八大精神 创新内容建设 增强文化实力”——第十二届中国网络媒体论坛在哈尔滨举行。国家互联网信息办公室副主任李伍峰,省委常委、宣传部长张效廉,光明日报社总编辑何东平,中央电视台分党组成员、中国国际电视总公司董事长兼总裁梁晓涛出席开幕式并致辞。全国网络文化建设和管理有关部门、新闻网站、商业网站、互联网企业负责人和业内专家等400多名代表,围绕“创新内容建设,增强网媒影响力”、“技术驱动网络媒体建设”、“新媒体投融资机遇与挑战”、“移动媒体的应用需求与产品创新”、“网络整合营销与模式创新”、“传统电视看法,网络电视的应用与未来”等议题进行了深入探讨交流。本届中国网络媒体论坛通过了《哈尔滨宣言》,光明网总裁陆先高代表全国网络媒体宣读了宣言。本届论坛的网络媒体层次高，是最具影响力的网络媒体年度盛会。

12月28日，省农垦总局在哈尔滨举行纪念垦区开发建设65周年系列图书出版发行座谈会。省农垦总局党委副书记李涛出席座谈会，并向省图书馆、农垦职业学院等相关单位赠送图书，省农垦总局党委委员、宣传部长高跃辉主持座谈会。系列图书包括《北大荒精神新论》、《北大荒源流考》、《黑土军魂——北大荒老兵群像》、《黑龙江垦区地图集》、《北大荒文化地理标志》、《北大荒流人图》等。

12月，黑龙江出版集团利润突破1亿元，在前三年利润翻一番的基础上又实现了20%增长，推动了我省文化产业实力进一步增强。

12月，2013龙广之声新年音乐会在哈尔滨环球剧场举行。中国三大男高音戴玉强、魏松、莫华伦再次汇聚一堂，演唱多首中外名曲。由龙广打造的三高新年音乐会已连续举办三年，现已成为龙江百姓迎接新年的重要文化仪式，体现了哈尔滨这座“音乐之都”对音乐的热爱与坚持。

12月，《铁人王进喜》在第四届澳门国际电影节颁奖典礼上荣获“金莲花优秀影片奖”，编剧马岱山获“金莲花最佳编剧奖”。该片由中共黑龙江省委宣传部，大庆市委、市政府，大庆油田有限责任公司，长春电影制片厂联合摄制。

12月，“画说龙江——黑龙江省美术馆50年馆藏经典版画作品特展”在中国美术馆展出。展览由省政府主办，省委宣传部、省文联承办，省美术馆、省版画院协办。展览展出馆藏经典版画作品195件。此次展览是首次由省政府主办的反映黑龙江地域文化风貌的大型美术作品专题展览，也是省美术馆首次在中国美术馆展示馆藏精品。

12月，“中韩画家交流展暨黑龙江省第六届水彩画双年展”在哈尔滨禹舜美术馆开幕。展览由省文联、省美协主办，省美协水彩画专业委员会、哈尔滨师范大学美术学院承办。省政协主席杜宇新，省政协副主席郭晓华，省委宣传部副部长张翔出席开幕式。

12月，《黑龙江省文艺家深入生活采风创作活动优秀文学作品集》、《黑龙江省文艺家深入生活采风创作活动优秀美术书法摄影作品集》、《黑龙江省文艺家深入生活采风创作活动优秀歌曲集》正式出版首发，这三部作品集均由省委常委、宣传部长张效廉任编委会主任，省委宣传部常务副部长李寅奎任主编，省委宣传部副部长赵德信任执行主编，黑龙江人民出版社编辑出版。